Kohlhammer | *Krankenhaus*

Die Autoren

RA Norbert Ellermann
Rechtsanwalt/Steuerberater in der Steuerabteilung von PricewaterhouseCoopers AG Wirtschaftsprüfungsgesellschaft in Berlin mit besonderen Fachkenntnissen im Non-Profit-Bereich, u.a. mit Schwerpunkt Krankenhäuser.

Dipl.-Betriebswirt (FH) Ulf Gietz
Ebenfalls langjähriger Mitarbeiter der Steuerabteilung von PricewaterhouseCoopers AG Wirtschaftsprüfungsgesellschaft in Berlin, u.a. in der Beratung von Einrichtungen des Gesundheitswesens als Steuerberater tätig, jetzt Leiter der Steuerabteilung eines Stadtwerkekonzerns.

Norbert Ellermann
Ulf Gietz

Steuerrecht der Krankenhäuser

Ein Wegweiser für die Praxis

Verlag W. Kohlhammer

Dieses Werk einschließlich aller seiner Teile ist urheberrechtlich geschützt. Jede Verwendung außerhalb der engen Grenzen des Urheberrechts ist ohne Zustimmung des Verlags unzulässig und strafbar. Das gilt insbesondere für Vervielfältigungen, Übersetzungen, Mikroverfilmungen und für die Einspeicherung und Verarbeitung in elektronischen Systemen.

Die Wiedergabe von Warenbezeichnungen, Handelsnamen oder sonstigen Kennzeichen in diesem Buch berechtigt nicht zu der Annahme, dass diese von jedermann frei benutzt werden dürfen. Vielmehr kann es sich auch dann um eingetragene Warenzeichen oder sonstige gesetzlich geschützte Kennzeichen handeln, wenn sie nicht eigens als solche gekennzeichnet sind.

Aus Gründen der flüssigeren Schreibweise und besseren Lesbarkeit wird im Text nicht explizit zwischen weiblichen und männlichen Wortformen unterschieden. Falls nicht anders hervorgehoben, ist jedoch die so ausgeschlossene Geschlechtsform selbstverständlich immer miteinbezogen.

1. Auflage 2007

Alle Rechte vorbehalten
© 2007 W. Kohlhammer GmbH Stuttgart
Umschlag: Gestaltungskonzept Peter Horlacher
Gesamtherstellung:
W. Kohlhammer Druckerei GmbH + Co. KG, Stuttgart
Printed in Germany

ISBN 978-3-17-018247-9

Inhaltsverzeichnis

Vorwort/Hinweise zur Nutzung des Buches 11

1 Der steuerliche Begriff „Krankenhaus" 13
Norbert Ellermann

2 Ertragsbesteuerung der Krankenhäuser 18
Ulf Gietz/Norbert Ellermann

2.1	Besteuerung der Krankenhäuser privater Träger	18
2.1.1	Systematik der Einkommens- und Ertragsbesteuerung........	18
2.1.2	Krankenhausbetriebe freiberuflicher Ärzte.................	19
2.1.3	Krankenhausbetriebe von Personengesellschaften............	22
2.1.4	Krankenhausbetriebe von Kapitalgesellschaften	23
2.2	Besteuerung der Krankenhäuser steuerbegünstigter Träger	27
2.2.1	Ausgangslage..	27
2.2.2	Steuerbegünstigte Krankenhäuser	28
2.2.2.1	Körperschaften..	28
2.2.2.2	Steuerbegünstigung	31
2.2.2.3	Keine Vorteile für steuerpflichtigen wirtschaftlichen Geschäftsbetrieb	32
2.2.2.4	Der steuerfreie Krankenhaus-Zweckbetrieb.................	33
2.2.2.5	Anwendungsbereiche des § 67 AO in den Steuergesetzen	35
2.2.2.6	Steuerbegünstigte Tätigkeitsbereiche und partielle Steuerpflicht .	36
2.2.3	Steuerpflichtige wirtschaftliche Geschäftsbetriebe (Grundzüge)..	40
2.2.4	Ausländische Körperschaften.............................	42
2.3	Grundsätze der Gewinnermittlung........................	43
2.3.1	Grundlagen der steuerlichen Gewinnermittlung	43
2.3.2	Bilanzierungspflichtige Krankenhäuser	44
2.3.3	Von der Handelsbilanz zur Steuerbilanz	45
2.3.3.1	Umfang der Maßgeblichkeit der Handelsbilanz für die steuerliche Gewinnermittlung	45
2.3.3.2	Aufstellung der Steuerbilanz	47
2.3.4	Besonderheiten bei bilanzierungspflichtigen steuerbegünstigten Krankenhäusern (Spartenrechnung)........................	50
2.3.4.1	Spartenrechnung durch Aufspaltung der Gewinn- und Verlustrechnung...	50
2.3.4.2	Ansatz von gemischt veranlassten Kosten bei der Gewinnermittlung	54
2.3.4.3	Gewinnermittlung beim Betrieb gewerblicher Art (BgA)	55

	2.3.5	Gewinnermittlung durch Einnahmenüberschussrechnung bei Krankenhäusern niedergelassener Ärzte.	56
	2.3.5.1	Die Einnahmenüberschussrechnung gemäß § 4 Abs. 3 EStG.	56
	2.3.5.2	Besonderheiten der Gewinnermittlung für Privatkliniken niedergelassener Ärzte unter Berücksichtigung des Trennungsgebots	57
	2.4	ABC der Ertragsbesteuerung der Krankenhäuser	60

3 Lohnsteuer-ABC 116
Ulf Gietz

	3.1	Vorbemerkungen	116
	3.2	Lohnsteuer-ABC	117

4 Umsatzsteuer 139
Ulf Gietz

	4.1	Grundzüge des Umsatzsteuerrechts	139
	4.1.1	Steuerfreie Umsätze der Krankenhäuser	140
	4.1.2	Die mit dem Betrieb der Krankenhäuser eng verbundenen Umsätze	142
	4.1.3	Die begünstigten Einrichtungen	142
	4.1.3.1	Krankenhäuser	142
	4.1.3.2	Diagnosekliniken und andere Einrichtungen ärztlicher Heilbehandlung, Diagnostik oder Befunderhebung	143
	4.2	Umsatzsteuer-ABC	145

5 Sonstige Steuern 246
Ulf Gietz/Norbert Ellermann

	5.1	Grundsteuer	246
	5.1.1	Grundzüge	246
	5.1.2	Steuerbefreiung für Grundbesitz der Krankenhäuser der jPdöR	248
	5.1.3	Steuerbefreiung für Grundbesitz der steuerbegünstigten Krankenhäuser	248
	5.1.4	Steuerbefreiung für Grundbesitz der nicht steuerbegünstigten Krankenhäuser	250
	5.1.5	Einschränkungen der Steuerbefreiungen bei Nutzungen zu Wohnzwecken	251
	5.1.6	Teilweise Benutzung des Grundbesitzes für steuerbegünstigte Zwecke	251
	5.1.7	Übersicht des steuerbefreiten oder steuerpflichtigen Grundbesitzes	253
	5.1.8	Wegfall der Voraussetzungen für die Steuerbefreiung	254
	5.2	Grunderwerbsteuer	255
	5.2.1	Allgemeines und Grundzüge	255
	5.2.2	Steuerbare Erwerbsvorgänge	257
	5.2.3	Steuerbefreiungen	258

5.3	Erbschaft- und Schenkungsteuer	260
5.3.1	Wesentliche steuerpflichtige Vorgänge	260
5.3.2	Steuerbefreiungen für Krankenhäuser	261
5.4	Ökosteuern	264
5.4.1	Begriff	264
5.4.2	Systematik des Mineralölsteuergesetzes	265
5.4.3	Systematik des Energiesteuergesetzes	265
5.4.4	Systematik des Stromsteuergesetzes	266
5.4.5	Möglichkeiten zur Reduzierung der Ökosteuern	267
5.5	Kraftfahrzeugsteuer	268
5.5.1	Allgemeines	268
5.5.2	Steuerbefreiungen	269

6 Steuerbegünstigung im Krankenhausbetrieb ... 271
Norbert Ellermann

6.1	Grundlagen der Steuerbegünstigung (§§ 51–54, 56, 57 AO)	272
6.1.1	Steuerbegünstigte Zwecke (§ 51 AO)	272
6.1.2	Gemeinnützigkeit (§ 52 AO)	273
6.1.3	Mildtätigkeit (§ 53 AO)	275
6.1.4	Kirchliche Zwecke (§ 54 AO)	276
6.1.5	Gebot der Ausschließlichkeit (§ 56 AO)	276
6.1.6	Gebot der Unmittelbarkeit (§ 57 AO)	278
6.2	Die eine Steuerbegünstigung rechtfertigende Selbstlosigkeit und unschädliche Betätigungen (§§ 55, 58 AO)	279
6.2.1	Keine prägenden eigenwirtschaftlichen Zwecke	280
6.2.2	Umfang der wirtschaftlichen Betätigung (Geprägetheorie)	283
6.2.3	Keine eigennützige Mittelverwendung (Grundsatz)	286
6.2.3.1	Begriffe: Mittel und Vermögen	287
6.2.4	Mittelverwendung nur für die satzungsmäßigen Zwecke (§ 55 Abs. 1 Nr. 1 Satz 1 AO)	288
6.2.5	Keine Zuwendungen an Mitglieder (§ 55 Abs. 1 Nr. 1 Satz 2 AO)	291
6.2.5.1	Grundsätze der versteckten Gewinnausschüttung als Beurteilungsmaßstab	293
6.2.6	Zweckfremde Begünstigung (§ 55 Abs. 1 Nr. 3 AO)	297
6.2.7	Keine Mittel für den Verlustausgleich im steuerpflichtigen wirtschaftlichen Geschäftsbetrieb (Grundsatz)	300
6.2.7.1	Ist ein Verlustausgleich ausgeschlossen? (Bestandsaufnahme und Appelle)	301
6.2.7.2	Verlustausgleich anhand von Beispielsfällen	304
6.2.7.3	Abschließende Betrachtung zum Verlustausgleich	316
6.2.8	Die zeitnahe Mittelverwendung (§ 55 Abs. 1 Nr. 5 AO)	317
6.2.8.1	Gegenwartsnahe Zweckverfolgung als ein Grundprinzip	317
6.2.8.2	Zeitnahe Verwendung von Mitteln	318
6.2.8.3	Beispiel: Nutzungsänderung im Zweckbetrieb	321
6.2.9	Steuerlich unschädliche Betätigungen (§ 58 AO)	326

6.2.9.1	Förderkörperschaften zur Mittelbeschaffung (§ 58 Nr. 1 AO)...	326
6.2.9.2	Zuwendung von Mitteln an andere Körperschaften (§ 58 Nr. 2 AO)...............................	327
6.2.9.3	Überlassung von Arbeitskräften und Arbeitsmitteln (§ 58 Nr. 3 AO)................................	330
6.2.9.4	Überlassung von Räumen (§ 58 Nr. 4 AO)	332
6.2.10	Mittelverwendung durch Rücklagenbildung (§ 58 Nr. 6 und 7 AO)	333
6.2.10.1	Grundlagen, Rechnungslegung und Aufzeichnungspflichten	334
6.2.10.2	Bildung zweckgebundener Rücklagen (§ 58 Nr. 6 AO)	339
6.2.10.3	Bildung sogenannter freier Rücklagen (§ 58 Nr. 7 AO).......	347
6.2.10.4	Bildung weiterer Rücklagen und Vermögenszuführungen	354
6.2.11	Steuerliche Mittelverwendungsrechnung	360
6.2.11.1	Aufzeichnungspflichten und Kontrollinstrument	360
6.2.11.2	Berechnungsschema und Erläuterungen.................	362
6.3	Satzungsgestaltung und steuerliche Anerkennung........	368
6.3.1	Satzungsgestaltung und notwendiger Inhalt (§§ 59, 60, 61 AO) .	368
6.3.1.1	Anforderungen an die Bestimmtheit der Satzung............	369
6.3.1.2	Vermögensbindung (§§ 55 Abs. 1 Nr. 4, 61 AO)	374
6.3.1.3	Anregungen zur Satzungsgestaltung	381
6.3.2	Verfahren der steuerlichen Anerkennung.................	391
6.3.2.1	Vorläufige Anerkennung	392
6.3.2.2	Abschnittsbesteuerung als abschließende Wertung	395
6.3.3	Anforderungen an die tatsächliche Geschäftsführung (§ 63 AO).	398
6.3.3.1	Prüfungsmaßstäbe für das Gesamtverhalten der Körperschaft...	399
6.3.3.2	Beginn bzw. Beendigung der steuerbegünstigten Zwecke......	399
6.3.3.3	Tatsächliche Geschäftsführung und Zurechenbarkeit	407
6.3.3.4	Ordnungsmäßige Aufzeichnungen (§ 63 Abs. 3 AO).........	409
6.3.3.5	Mögliche Verstöße und die Rechtsfolgen.................	412
6.4	Der Krankenhausbetrieb mit seinen Aktivitäten	418
6.4.1	Allgemeine ertragsteuerliche Zuordnung	418
6.4.2	Krankenhaus-Zweckbetrieb und weitere Zweckbetriebe......	420
6.4.2.1	Krankenhaus-Zweckbetrieb (§ 67 AO)	420
6.4.2.2	Besondere eigenständige Zweckbetriebe (§§ 66, 68 AO)......	422
6.4.2.3	Der allgemeine Zweckbetrieb (§ 65 AO)	425
6.4.2.4	Mittelausstattung des Zweckbetriebs	428
6.4.3	Steuerpflichtige wirtschaftliche Geschäftsbetriebe (§ 64 AO)....	428
6.4.3.1	Steuerbegünstigung und Entfaltung wirtschaftlicher Aktivitäten .	429
6.4.3.2	Mittelausstattung des steuerpflichtigen wGb	430
6.4.3.3	Besteuerung des steuerpflichtigen wGb (§ 64 AO)...........	434
6.4.3.4	Mehrere steuerpflichtige wGb (§ 64 Abs. 2 AO)	436
6.4.3.5	Besteuerungsgrenze und deren Wirkungen (§ 64 Abs. 3 AO) ...	437
6.4.4	Steuerfreie Vermögensverwaltung	438
6.4.4.1	Vermögensverwaltung im Rahmen der Steuerbegünstigung.....	439
6.4.4.2	Gesetzliche Grundlagen der Steuerbefreiung	439
6.4.4.3	Grenzbereiche der Vermögensverwaltung	440
6.4.4.4	Verluste im Bereich der Vermögensverwaltung	449

6.5	Einzelne ertragsteuerliche Regelungen..................	451
6.5.1	Entgegennahme steuerlich abzugsfähiger Spenden............	451
6.5.1.1	Mögliche Spender und Begriff der „Spende"................	452
6.5.1.2	Rechtsgrundlagen des Spendenabzugs.....................	453
6.5.1.3	Spendenarten..	454
6.5.1.4	Spendenabzugsbeschränkung der Höhe nach	456
6.5.1.5	Ausstellung von Zuwendungsbestätigungen (Spendenbescheinigungen)	457
6.5.1.6	Vertrauensschutz des Spenders und Spendenhaftung der Körperschaft.....................................	458
6.5.1.7	Abgrenzung des Spendenabzugs vom Sponsoring	459
6.5.2	Beginn und Erlöschen einer Steuerbefreiung (§ 13 KStG)	461
6.5.2.1	Anwendungsbereiche des § 13 KStG für steuerbegünstigte Körperschaften	461
6.5.2.2	Regelungsinhalte des § 13 KStG (Überblick).................	462
6.5.2.3	Rechtsfolgen nach einem Wechsel in der Besteuerung	463
6.6	ABC der wirtschaftlichen Tätigkeiten	470
6.6.1	ABC der Tätigkeiten im Betrieb eines steuerbegünstigten Krankenhauses	471
6.6.2	Erläuterungen zu den einzelnen Aktivitäten.................	484
6.7	ABC der Grundlagen der Steuerbegünstigung	506

Anhang 534

Beispiel einer Steuererklärung für gemeinnützige Krankenhaus-GmbH:
Vordruck Gem 1, Muster einer Spartenrechnung, Rücklagenbildung, Mittelverwendungsrechnung, Umsatzsteuerverprobung mit der Gewinn- und Verlustrechnung *(Bearbeitung durch Wolfgang Risch)*

Abkürzungsverzeichnis... 553

Vorwort/Hinweise zur Nutzung des Buches

Vorwort

Aufgrund der wirtschaftlichen Entwicklungen im Gesundheits- und Krankenhauswesen kann und wird eine Neubewertung der steuerlichen Rahmenbedingungen für Krankenhäuser gefordert werden. Zusätzliche Belastungen durch das Steuerrecht sind in der Regel nicht tragbar und eine Stabilisierung der anfallenden Einnahmen bei den Krankenhäusern daher unabdingbar. Lamentieren hilft da wenig, Übersicht behalten ist das Gebot der Stunde. Kompetente Hilfe bei der Anwendung steuerrechtlicher Regelungen erscheint wichtiger denn je.

Im Einzelfall die richtige Entscheidung zu treffen, kann schwer fallen. Wer die alten und neuen Wege durch den Steuerdschungel mit den Vorschriften zur Auslegung und mit all den Reparaturstellen kennt, ist gut beraten. Die z. B. gegen Ende des Jahres 2006 erfolgte sprachliche Anpassung des § 67 AO (Krankenhaus als Zweckbetrieb) an die seit Jahren bestehende Gesetzeslage durch das Begriffspaar „Belegungs-/ Berechnungstage" ist zu begrüßen, aber wenig zielführend. Neben den allgemeinen Krankenhausleistungen nimmt nahezu jeder Krankenhauspatient weitere Gestellungsleistungen in Anspruch, so dass die konsequente Anwendung der (Neu-)Regelung nach wie vor zu Abgrenzungsfragen führt. Das BMF hat mit Schreiben vom 11.12.2006 an die DKG zu umsatzsteuerlichen Bewertungen von Krankenhausleistungen Stellung genommen und angekündigt, dass ertragsteuerliche Fragen zum Leistungskatalog in einem gesonderten Schreiben beantwortet werden. Auch die Rechtsprechung der Finanzgerichte und des Europäischen Gerichtshofs setzt wiederholt Signale. Verzweiflung ist nicht angesagt, wenn die Signale verstanden werden.

Dieses Buch soll der steuerlichen Praxis dort helfen, wo es möglich ist. Für die Anwendung des Steuerrechts werden die nötigen Standards geliefert. Beispiele sowie Stichworte tragen zum Verständnis, Problembewusstsein und zur Wiedererkennung bei. Über tägliche Fallgestaltungen wird umfassend informiert; komplexe Sachverhalte mit Untiefen des Rechts gehören bitte in die Hände von ausgewiesenen Beratern. Die Autoren waren bestrebt, den aktuellen **Stand per 31.12.2006** einzuarbeiten, was nicht heißt, dass alles richtig bleibt.

Wir danken allen Personen, die uns unterstützt haben. Die Kollegen von PricewaterhouseCoopers AG in Berlin, Frau Denise Trinks, die Herren Dr. Dirk Sommerfeld, Klaus Haftenberger und Wolfgang Risch, begleiten das Manuskript fachlich und technisch mit Anregungen. Herr Risch hat den Anhang gestaltet und zur praktischen Umsetzung steuerlicher Sachverhalte beigetragen. Einen besonderen Dank sprechen wir unseren Ehepartnern und Kindern aus, die auf viele gemeinsame Stunden verzichtet haben.

Berlin und Potsdam, im Februar 2007　　　　　　　　Norbert Ellermann, Ulf Gietz

Hinweise zur Nutzung des Buches

Einen Einstieg in das steuerliche Umfeld aller Krankenhausträger geben die allgemeinen Hinweise zu allen Steuerarten und den gemeinnützigkeitsrechtlichen Vorschriften. Diese Grundlagen in den Kapiteln 1 bis 6 jeweils am Anfang bilden die Basis für die A-B-C-Stichwortverzeichnisse, die sich für alle wesentlichen Steuerarten anschließen. Als Stichworte werden bekannte Begriffe oder Bezeichnungen für Einzelfälle aus der Krankenhauspraxis und dem Steuerrecht verwendet und teilweise mit Beispielen steuerlichen Lösungen zugeführt. Kapitel 6 befasst sich ausschließlich mit Themen der Steuerbegünstigung für Krankenhauskörperschaften, auch hier mit Beispielen und A-B-C-Stichwortverzeichnissen.

Ein Verzeichnis gilt grundsätzlich nur für die jeweilige Steuerart in dem Kapitel. In einem Verzeichnis bzw. im Kapitel 6.1 bis 6.5 kann auf weitere → *Stichworte* zur Erklärung verwiesen werden. Auf ein Kapitel im Buch wird entweder in der Fußnote oder im laufenden Text in Klammern verwiesen (z. B. vgl. 6.1.2), soweit sich dieses Kapitel dem Begriff inhaltlich und ggf. mit Beispielen widmet. Querverweise zu anderen Steuerarten erfolgen unter Angabe weiterer Fundstellen. Das Kapitel 6 hat am Schluss zwei Verzeichnisse, die sich mit wirtschaftlichen Aktivitäten nur im steuerbegünstigten Krankenhausbereich sowie mit Grundlagenbegriffen aus dem Recht der Steuerbegünstigung auseinandersetzen. Hinweise zur Nutzung dieser beiden Verzeichnisse werden auf den Seiten 470 und 506 gegeben. Das Beispiel einer Steuererklärung mit Anlagen im Anhang spricht im Aufbau für sich selbst, vermittelt klare, mit den Finanzämtern erprobte Strukturen und rundet das Gesamtkonzept ab.

Das Inhaltsverzeichnis des Buches ist zu den einzelnen Kapiteln sehr detailliert und die A-B-C-Stichwortverzeichnisse beginnen jeweils mit der Aufzählung der folgenden Begriffe unter Hinweis auf die Seite/Fundstelle. Ein gesondertes Stichwortverzeichnis ist daher entbehrlich; die Handhabung des Buches gleichwohl nicht beeinträchtigt. Auf ein gesondertes Literaturverzeichnis haben wir verzichtet, weil die Fußnoten als Nachschlagehinweise vollständige Angaben zu den Fundstellen enthalten.

Wir vertiefen die Diskussion mit dem Leserkreis gern, freuen uns auf konstruktive Anregungen und natürlich auf Zuspruch, denn die Empfehlung des Buches als Wegweiser für die Praxis ist unser Ziel. Danke.

Norbert.Ellermann@de.pwc.com
Ulf.Gietz@swp-potsdam.de

1 Der steuerliche Begriff „Krankenhaus"

Norbert Ellermann

Die Verwendung des Begriffs „Krankenhaus" setzt auch für das Steuerrecht voraus, die Merkmale zu kennen, die dem Begriff für steuerliche Zwecke einen Inhalt geben. Der Steuergesetzgeber hat den Begriff nicht definiert, auch nicht in der Abgabenordnung (vgl. § 67 AO), in der lediglich geregelt wird, unter welchen Voraussetzungen ein „Krankenhaus" als steuerbegünstigter Zweckbetrieb anzusehen ist.[1]

Was unter einem „Krankenhaus" zu verstehen ist und welche Voraussetzungen dieses erfüllen muss, erfolgt unter Bezug auf das Krankenhausfinanzierungsgesetz (KHG) und auf das Sozialgesetzbuch Fünftes Buch (SGB V).[2] Laut § 2 Nr. 1 KHG sind **Krankenhäuser**:

> „Einrichtungen, in denen durch ärztliche und pflegerische Hilfeleistung Krankheiten, Leiden oder Körperschäden festgestellt, geheilt oder gelindert werden sollen oder Geburtshilfe geleistet wird und in denen die zu versorgenden Personen untergebracht und verpflegt werden können."

Diese gesetzliche Definition nutzen Finanzrechtsprechung und Finanzverwaltung, um sie im **Einzelfall** erläuternd grundsätzlich für **alle Steuerarten** heranzuziehen.[3] So sind neben allgemeinen Krankenhäusern auch Spezialkliniken (Fach- oder Sonderkrankenhäuser), Krankenanstalten, Belegkrankenhäuser, Säuglingsheime, Entbindungsheime, Kurkrankenhäuser, Diagnosekliniken, teilstationäre Einrichtungen, Fast- oder Short-Track-Center sowie Vorsorge- und Rehabilitationseinrichtungen davon erfasst, wenn die folgenden Merkmale gegeben sind.[4]

Die Einkommensteuer-Richtlinien 1999 (R 82 EStR[5]) gehen für **drei Fallgruppen** davon aus, dass eine **Einrichtung stets als Krankenhaus** anzusehen ist (R 82 Abs. 1 EStR),
- soweit sie im **Krankenhausbedarfsplan** aufgenommen ist *oder*
- soweit in ihr aufgrund eines Vertrags mit einem Sozialversicherungsträger oder einem sonstigen öffentlich-rechtlichen Kostenträger **ausschließlich** zum

---

1 Vgl. 2.2
2 BFH-Urteil vom 02.10.2003, IV R 48/01, DStR 2004, S. 221; BFH-Urteil vom 22.10.2003, I R 65/02, DStR 2004, S. 337; BFH-Urteil vom 06.04.2005, I R 85/04, BStBl II 2005, S. 545.
3 EStR (2003) R 82; GewStR (1998) R 31 Abs. 3 Satz 1; UStR R 96 Abs. 1.
4 Vgl. z. B. EStR (1999) 82 Abs. 3.
5 R 82 EStR zu § 7 f EStG letztmalig in EStR 1999 abgedruckt, weil die Vorschrift bis zum 01.01.1996 eine Bewertungsfreiheit für abnutzbare Wirtschaftsgüter des Anlagevermögens für private Krankenhäuser gewährte; R 82 EStR 1999 ist weiter anzuwenden (R 82 EStR 2003).

Zweck stationärer oder teilstationärer medizinischer Behandlung ärztliche Leistungen, Pflege, Verpflegung, Unterkunft, Nebenleistungen, z. B. die Versorgung mit Arzneimitteln, Heilmitteln oder Hilfsmitteln und ggf. sonstige Leistungen, z. B. nichtärztliche psychotherapeutische oder sozialtherapeutische Leistungen, soziale Betreuung und Beratung der Patienten erbracht werden *oder*
- wenn sie ein **Hochschulkrankenhaus** ist.

Soweit die vorgenannten drei **Hauptgruppen nicht vorliegen,** sind die Voraussetzungen für das Vorliegen eines Krankenhauses im **Einzelfall zu prüfen.** Danach ist die Einrichtung ein Krankenhaus, wenn sie folgende **Merkmale** erfüllt (R 82 Abs. 2 EStR 1999):

- Die ärztliche und die pflegerische Hilfeleistung müssen in der Einrichtung gegenüber den zu versorgenden Personen planmäßig erbracht werden, dem einzelnen Patienten gewidmet sein und die Versorgung in der Einrichtung wesentlich mitbestimmen.
- Die Einrichtung darf nur Patienten und deren Begleitpersonen offen stehen. Begleitperson ist eine nicht in der Einrichtung beschäftigte Person, die im Einzelfall an der Versorgung des Patienten – in der Regel durch pflegerische Hilfeleistung – beteiligt ist und deren Unterbringung in der Einrichtung für die Erbringung von Leistungen im Sinne der Begriffsbestimmung des § 2 Nr. 1 KHG (Behandlung) oder für den Behandlungserfolg medizinisch notwendig oder medizinisch zweckmäßig ist; davon ist stets auszugehen bei Kindern bis zu 14 Jahren und bei Schwerbehinderten.
- Mit der Aufnahme in die Einrichtung muss die Lebensweise der aufgenommenen Patienten und Begleitpersonen den medizinisch begründeten Verhaltensregeln unterworfen sein.
- Ein wesentlicher Teil der Gesamtleistung der Einrichtung muss auf stationäre oder teilstationäre Leistungen im Sinne der Begriffsbestimmung des § 2 Nr. 1 KHG entfallen. Dabei ist auf das Verhältnis der Entgelte abzustellen. Teilstationäre Leistungen liegen vor, soweit die in die Einrichtung aufgenommenen Patienten dort zur Behandlung nicht ständig, sondern z. B. nur während des Tages für mehrere Stunden, während der Nacht oder an Wochenenden untergebracht und ggf. verpflegt werden.
- Die Einrichtung muss zur stationären oder teilstationären Behandlung der Personen, die nach der Zweckbestimmung der Einrichtung in ihr versorgt werden sollen, geeignet sein. Sie muss auf die dazu notwendige Betreuung durch jederzeit rufbereite Ärzte und qualifiziertes Pflegepersonal eingerichtet sein und über die dazu notwendige medizinisch-technische Ausstattung verfügen.

Treffen die genannten Voraussetzungen **nur** auf **einen Teil** der Einrichtung zu, ist die Einrichtung **insoweit** als Krankenhaus anzusehen, wenn dieser Teil räumlich oder nach seiner Versorgungsaufgabe als Einheit, z. B. als Abteilung oder besondere Einrichtung, abgrenzbar ist.

Einrichtungen, in denen **ausschließlich ambulant** behandelt wird, z. B. Dialysestationen, die nur ambulante fachärztliche Leistungen abrechnen, und

Röntgeninstitute, Alten- und Pflegeheime sowie die Nachfolgeeinrichtungen der ehemaligen staatlichen Polikliniken im Gebiet der früheren DDR, gelten **nicht** als **Krankenhäuser**.[6] Entsprechendes gilt für ein medizinisches Versorgungszentrum (MVZ), das nicht zur stationären Versorgung von Patienten dient.[7]

Klarstellend ist darauf hinzuweisen, dass bei Prüfung der Merkmale nicht auf „kranke" Personen abzustellen ist, sondern die Voraussetzungen generell für „Personen" und „Patienten" gelten. Das „Krankenhaus" heißt auch nicht deshalb so, weil es krank macht.

Für den Regelfall haben sich die Merkmale eines Krankenhauses grundsätzlich bewährt; im Einzelfall kann es zu **Abgrenzungsproblemen**[8] kommen, die hier aber nicht aufgeführt werden können. Jeder Einzelfall sollte sorgfältig geprüft werden, wenn es um steuerliche Entlastungen geht.

Anschaulich ist insoweit das Urteil des BFH[9] zu einem ambulanten **Rehabilitationszentrum** mit der (nicht überraschenden) Feststellung, dass dies kein von der Gewerbesteuer befreites Krankenhaus ist. Die Erfordernisse des Krankenhausbegriffs werden hier nachvollziehbar geprüft, nachdem zuvor eine „denkbare Kollision" zwischen dem Begriff des Krankenhauses in § 2 Nr. 1 KHG und § 107 SGB V herausgearbeitet worden ist. Denkbar sei die Kollision, weil der gesetzliche Krankenhausbegriff in § 2 Nr. 1 KHG teilweise weiter, teilweise enger gefasst sei als jener in § 107 Abs. 1 SGB V. Insbesondere werden Vorsorge- oder Rehabilitationseinrichtungen in § 107 Abs. 2 SGB V von Krankenhäusern i.S.d. § 107 Abs. 1 SGB V begrifflich ausdrücklich abgegrenzt, während solche Einrichtungen grundsätzlich in den Krankenhausbegriff des § 2 Nr. 1 KHG einbezogen werden.

Nach mehreren Zitaten legt sich der BFH indes nicht fest, weil er eine „derartige Gesetzeskonkurrenz" hier nicht zu entscheiden habe, denn nach dem Sachverhalt seien bereits die Voraussetzungen des § 2 Nr. 1 KHG nicht erfüllt. Eine lediglich ambulante Rehabilitationseinrichtung, so heißt es, erfülle nicht die Voraussetzungen, welche an ein Krankenhaus zu stellen seien. Die tatbestandlichen Voraussetzungen müssen gleichermaßen und in vollem Umfang erfüllt sein. Dazu gehöre u.a. ausdrücklich die Möglichkeit der „Unterbringung" oder „Unterkunft" sowie der „Verpflegung" der Patienten, was erfordere, dass sich der Lebensmittelpunkt des Kranken für die Dauer der Behandlung in das Krankenhaus verlagere, wo seine gewohnten Aktivitäten weitestgehend zum Stillstand kommen. Der Patient müsse physisch und organisatorisch in das Versorgungssystem des Krankenhauses einbezogen werden und sich damit in der Obhut einer Einrichtung befinden, in der er zumindest auf einige Dauer verbleiben und versorgt werden könne. Das bedinge die stationäre Behandlung des Kranken außerhalb

---

6 EStR (1999) 82 Abs. 4; Knorr/Klaßmann: Die Besteuerung der Krankenhäuser, 3. Auflage (Stand 01.01.2004), Düsseldorf, IDW Verlag GmbH: S. 22.
7 Vgl. Thomas: Wann lohnt sich ein MVZ? Krhs 2005, S. 865 ff; Scherff/Höche: Gemeinnützigkeit für MVZ!? f&w 2005, S. 602 ff.; OFD Frankfurt, Vfg. v. 26.9.2006, DB 2006, S. 2261.
8 Vgl. Thier: Teilstationäre Krankenhausleistung (Rechtliche Definition und Abgrenzung) Krhs 2006, S. 969 ff.
9 BFH-Urteil vom 22.10.2003, I R 65/02, DStR 2004, S. 337.

des eigenen Haushalts. Gerade darin – in der so verstandenen Unterbringung und Verpflegung – unterscheide sich die ambulante von der (voll-)stationären Behandlung. Die Behandlung des Patienten in einer Rehabilitationseinrichtung ohne die Möglichkeit der stationären Unterbringung und einer durchgängigen Vollverpflegung sei daher keine Unterbringung und Verpflegung in einem Krankenhaus i.S.d. § 2 Nr. 1 KHG (und des § 107 Abs. 2 SGB V).[10]

Ob **Vorsorge- und Rehabilitationseinrichtungen** zukünftig tendenziell nicht mehr als Krankenhäuser im steuerlichen Sinn anzusehen sind[11], sollte in der weiteren Entwicklung aufmerksam verfolgt werden; die Finanzverwaltung geht in den EStR 1999 (R 82 Abs. 3 i.V.m. Abs. 2) noch davon aus. Zur Abgrenzung von stationärer Krankenhausbehandlung und medizinischer Rehabilitation wird auch auf das Urteil des Bundessozialgerichts verwiesen.[12]

Der steuerliche Krankenhausbegriff hat nicht nur **grundsätzliche Bedeutung** für die Inanspruchnahme von **Steuervergünstigungen** durch steuerbegünstigte Körperschaften i.S.d. §§ 51 bis 68 AO, hier insbesondere Krankenhäuser i.S.d. § 67 AO, sondern auch für die nicht begünstigten Körperschaften, für natürliche Personen und Personengesellschaften, die eine Einrichtung als Krankenhaus bzw. Privatklinik betreiben, und für die als Betreiber die Inanspruchnahme von Steuerbefreiungen nach den Einzelsteuergesetzen, z.B. gemäß § 7 f EStG, § 3 Nr. 20 lit. b) GewStG, § 4 Nr. 6 GrStG und § 4 Nr. 16 UStG in Betracht kommt.[13] Allerdings hat der BFH stets klargestellt, dass die an den steuerlichen Krankenhausbegriff geknüpften Vergünstigungen nur dann zu gewähren sind, wenn die ärztliche und pflegerische Hilfeleistung im Vordergrund steht und ein wesentlicher Teil der Unternehmensleistung auf den stationären Bereich der betreffenden Einrichtung entfällt. Eine Leistung ist dem stationären oder teilstationären Bereich zuzurechnen, wenn mit den Krankenversicherungsträgern ein Pflegesatz für teilstationäre oder stationäre Behandlungen abgerechnet werden kann.[14]

Aus dem Vorstehenden wird bereits deutlich, dass die Krankenhäuser steuerlich nicht gleich behandelt werden, sondern für **steuerliche Zwecke** auf den jeweiligen Betreiber, also auf den **Rechtsträger** abzustellen ist.[15] Dieser kann bekanntermaßen sowohl öffentlich-rechtlich als auch privat-rechtlich strukturiert sein. Bei den Krankenhäusern in **privater Trägerschaft** ist zu differenzieren zwischen freigemeinnützigen Krankenhäusern und privaten (erwerbswirtschaftlich orientierten) Krankenhäusern. Als Rechtsformen kommen für privatrechtliche gemeinnützige Träger der Verein, die Aktiengesellschaft, die Gesellschaft mit beschränkter Haf-

---

10 BFH-Urteil vorstehende Fn.; BFH-Beschluss vom 01.03.1995, IV B 43/94, BStBl II 1995, S. 418.
11 Knorr/Klaßmann: a.a.O., zu I., S. 20 ff, m.w.N.
12 Urteil vom 20.01.2005, B 3 KR 9/03 R, Anm. von Nösser, Krhs 2005, S. 879 ff.
13 Vgl. anschaulich BFH-Urteil vom 02.10.2003, IV R 48/01, DStR 2004, S. 221; Schmidbauer/Wittstock: Umsatzsteuerliche Behandlung einer Privatklinik im Lichte der BFH-Rechtsprechung, UR 2005, S. 297 ff.
14 BFH-Beschluss vom 01.03.1995, IV B 43/94, BStBl II 1995, S. 418; EStR (1999) 82 Abs. 2.
15 Vgl. 2

tung oder auch die Stiftung des privaten Rechts in Betracht. Von natürlichen Personen oder Personengesellschaften kann prinzipiell keine Steuervergünstigung aufgrund von Gemeinnützigkeit in Anspruch genommen werden, weil der Staat unterstellt, dass sie immer (überwiegend) eigenwirtschaftliche Zwecke verfolgen. **Öffentlich-rechtliche** Krankenhäuser sind nicht rechtsfähige Einrichtungen der jeweiligen Körperschaft (z.B. Gemeinde, Stadt), die die Gemeinnützigkeit erhalten können, wenn sich die Einrichtung eine eigene Satzung gegeben hat.[16]

Ob die partielle **steuerliche Bevorzugung** freigemeinnütziger Träger unter den heutigen Bedingungen des Krankenhausmarktes noch erforderlich und gerechtfertigt ist, scheint auch unter dem Einfluss der europäischen Rechtsprechung und des europäischen Wettbewerbsrechts fraglich zu sein.[17] So wäre bei einem Abbau der Vergünstigungen auf einen behutsamen Übergang zu achten, um die Versorgung nicht zu gefährden und den freigemeinnützigen Trägern die Chance zu eröffnen, sich den neuen Wettbewerbsbedingungen anzupassen.

---

16 BFH-Urteil vom 31.10.1984, BStBl II 1985, S. 162.
17 Berhanu/Henke/Mackenthun: Die Zukunft der Gemeinnützigkeit von Krankenhäusern unter besonderer Berücksichtigung freigemeinnütziger Krankenhäuser, ZögU Bd. 27, 3/2004, S. 223 ff.; Helios: Steuerliche Gemeinnützigkeit und EG-Beihilferecht, Promotion 2005; s.a. Helios: EWS 2006, S. 61 ff, zu I. und II.

2 Ertragsbesteuerung der Krankenhäuser

Ulf Gietz/Norbert Ellermann

Gliederung

2.1 Besteuerung der Krankenhäuser privater Träger (Ulf Gietz)
2.2 Besteuerung der Krankenhäuser steuerbegünstigter Träger (Norbert Ellermann)
2.3 Grundsätze der Gewinnermittlung (Ulf Gietz)
2.4 ABC der Ertragsbesteuerung (Ulf Gietz)

2.1 Besteuerung der Krankenhäuser privater Träger

2.1.1 Systematik der Einkommens- und Ertragsbesteuerung

Die Ertragsbesteuerung der Krankenhäuser ist abhängig von deren **Rechtsform**. Die natürlichen Personen und Personengesellschaften unterliegen der **Einkommensteuer (ESt)**. Die Körperschaften, also Kapitalgesellschaften, Vereine, Stiftungen, Betriebe gewerblicher Art (BgA) der juristischen Personen des öffentlichen Rechts (jPdöR) und die steuerpflichtigen wirtschaftlichen Geschäftsbetriebe (wGb) der steuerbegünstigten Körperschaften unterliegen der **Körperschaftsteuer (KSt)**. Von der **Gewerbesteuer (GewSt)** werden unabhängig von der Rechtsform alle Gewerbebetriebe erfasst.

Einkommensteuerpflichtig sind daher die Einkünfte freiberuflicher Ärzte aus einem selbst betriebenen Krankenhaus und die Einkünfte der Gesellschafter aus dem Betrieb eines Krankenhauses in der Rechtsform einer Personengesellschaft (z. B. GbR, KG oder GmbH & Co. KG). Die Höhe der Einkommensteuer ist abhängig von der Höhe der aus dem Krankenhausbetrieb bezogenen Einkünfte und den sonstigen Einkünften des freiberuflichen Arztes bzw. des Gesellschafters einer Krankenhaus-Personengesellschaft und dem sich daraus ergebenden individuellen ESt-Satz.

Der **Körperschaftsteuer** unterliegen gemäß § 1 Abs. 1 KStG grundsätzlich Krankenhäuser in der Rechtsform einer Kapitalgesellschaft (AG, GmbH), Krankenhaus-Vereine (e. V.) oder Krankenhaus-Stiftungen. Ebenfalls körperschaftsteuerpflichtig sind die Krankenhausbetriebe der jPdöR (z. B. die Krankenhaus-Eigenbetriebe von Gebietskörperschaften). Die KSt beträgt 25 %[1] des zu versteuernden Einkommens des Krankenhauses. Von der KSt befreit sind die

---

1 Ab VZ 2001, nur für VZ 2003 betrug der Körperschaftsteuersatz 26,5 %.

Krankenhaus-Zweckbetriebe der steuerbegünstigten Körperschaften (z. B. Krankenhaus einer gemeinnützigen GmbH).

Auf die Einkommen- und Körperschaftsteuer wird zusätzlich der **Solidaritätszuschlag** (SolZ) als sog. Zuschlagsteuer in Höhe von derzeit 5,5 % der jeweils festgesetzten ESt bzw. KSt erhoben.

Der **Gewerbesteuer**[2] unterliegen alle Krankenhäuser, die als Gewerbebetrieb gemäß § 2 Abs. 1 GewStG gelten. Dazu gehören grundsätzlich die in der Rechtsform der Kapitalgesellschaft betriebenen Krankenhäuser. Daneben werden die von Personengesellschaften und Ärzten betriebenen Krankenhäuser erfasst, soweit diese Krankenhäuser als gewerbliche Unternehmen i. S. v. § 2 Abs. 1 GewStG i. V. m. § 15 EStG anzusehen sind. Dagegen unterliegen die niedergelassenen Ärzte mit ihren freiberuflichen Einkünften, auch soweit diese aus einem Krankenhaus stammen, nicht der GewSt. Im Gegensatz zur einkommensteuerlichen Behandlung ist für gewerbesteuerliche Zwecke die Personengesellschaft und nicht deren Gesellschafter Steuersubjekt. Gemäß § 5 Abs. 1 GewStG ist eine gewerbliche Personengesellschaft daher auch Steuerschuldner der GewSt.

Die Krankenhäuser sind aber gemäß § 3 Nr. 20 b) GewStG von der **GewSt befreit**, wenn sie im Erhebungszeitraum die in § 67 Abs. 1 oder 2 AO bezeichneten Voraussetzungen der Krankenhaus-Zweckbetriebe[3] erfüllen. Das ist der Fall, wenn mindestens 40 % der jährlichen Pflegetage auf Patienten entfallen, bei denen für die Krankenhausleistungen keine höheren Entgelte als nach §§ 11, 13 und 26 der BPflV berechnet werden. Der für die GewSt maßgebende Gewerbeertrag errechnet sich nach dem Gewinn[4] des Krankenhauses (unter Berücksichtigung von bestimmten Hinzurechnungen und Kürzungen gemäß §§ 7, 8, 9 und 10 GewStG). Die GewSt wird auf der Basis des Steuermessbetrags (Gewerbeertrag × 5 %) mit einem Hundertsatz (Hebesatz) festgesetzt und erhoben. Der Hebesatz wird gemäß § 14 GewStG von der hebeberechtigten Gemeinde bestimmt. In Abhängigkeit von der Höhe des Hebesatzes der Gemeinde kann die GewSt z. B. zwischen 13 % (bei einem Hebesatz von 300 %) und 20 %[5] (bei einem Hebesatz von 500 %) des Gewerbeertrags betragen.

2.1.2 Krankenhausbetriebe freiberuflicher Ärzte

Der niedergelassene Arzt unterliegt mit seinen Einkünften aus **freiberuflicher Tätigkeit** der ESt (§ 8 Abs. 1 Nr. 1 EStG). Als ärztliche Tätigkeit wird dabei jede berufsmäßig oder gewerbsmäßig vorgenommene Tätigkeit zur Feststellung, Heilung und Linderung von Krankheiten, Leiden oder Körperschäden verstanden,

---

[2] Seit dem Erhebungszeitraum 1998 wird die GewSt nur noch nach dem Gewerbeertrag erhoben. Die Erhebung nach dem Gewerbekapital wurde aufgehoben.
[3] Vgl. auch 2.2.2.4
[4] Der Gewinn wird im Wesentlichen nach den Vorschriften des EStG bzw. des KStG ermittelt; vgl. auch 2.3.
[5] Die höchsten Hebesätze haben Frankfurt am Main, München und Bottrop mit 490 % (Stand: 24.07.2006).

die leitend und eigenverantwortlich ausgeübt wird.[6] Zur freiberuflichen Tätigkeit des Arztes kann **auch der Betrieb eines Krankenhauses** gehören, wenn der Krankenhausbetrieb ein notwendiges Hilfsmittel für die ärztliche Tätigkeit darstellt (z.B. Klinik eines Chirurgen) und aus dem Krankenhausbetrieb ein besonderer Gewinn nicht angestrebt wird.[7] Zu den Einnahmen aus freiberuflicher Tätigkeit aus einem Krankenhausbetrieb gehören jedoch **nur** die Einnahmen aus **ärztlichen Leistungen**. Einnahmen aus der Unterbringung und Verpflegung der Patienten im Krankenhaus des Arztes gehören zu den gewerblichen Einkünften gemäß § 15 EStG. Insoweit sind die **Einnahmen** des Arztes aus dem Betrieb eines Krankenhauses **aufzuteilen**.

Wird die **Grenze** zur **gewerblichen Tätigkeit** überschritten, weil z.B. Patienten anderer Ärzte in der Klinik aufgenommen und behandelt oder Patienten des Arztes mit **Gewinnerzielungsabsicht** untergebracht und verpflegt werden, ist zu prüfen, ob der Betrieb der Klinik insgesamt als Gewerbebetrieb anzusehen ist. Dies ist nur dann der Fall, wenn die freiberufliche ärztliche Tätigkeit und die gewerbliche Tätigkeit (Unterbringung und Verpflegung der Patienten) als eine einheitliche Tätigkeit zu qualifizieren ist. Die im Rahmen des Betriebs einer Privatklinik anfallenden Tätigkeiten lassen sich in der Regel voneinander trennen und auch gesondert abrechnen.[8] Insofern werden die eine eigene Klinik betreibenden Fachärzte gegenüber den reinen Belegärzten auch nicht benachteiligt. Die Belegärzte behandeln ihre Patienten in Krankenhäusern anderer Betreiber. Sie erzielen also lediglich Einnahmen aus ärztlichen stationären Leistungen, während die Pflegesatzerlöse aus Unterbringung und Verpflegung der Patienten dem Krankenhausbetreiber zufließen. In beiden Fällen unterliegen also die stationären ärztlichen Leistungen als freiberufliche Einkünfte nicht der GewSt.

Beispiel: Trennung der Einkünfte aus einer Privatklinik

> Ein niedergelassener Facharzt (Chirurg) betreibt für die Behandlung, Unterbringung und Versorgung von Patienten eine eigene Privatklinik mit Gewinnerzielungsabsicht. Die Erlöse aus den Klinikpflegesätzen und aus seinen stationären ärztlichen Leistungen werden vom Chirurgen getrennt erfasst. Die vom Chirurgen für die erbrachten Operationen getrennt nach der GOÄ abgerechneten ärztlichen Leistungen gehören zu den freiberuflichen Einkünften. Die gesondert berechneten Pflegesatzerlöse sind gewerbliche Einkünfte, da der Chirurg aus den Pflegesatzerlösen einen Gewinn erzielt hat und der Betrieb der Klinik daher nicht als bloßes Hilfsmittel für die ärztliche Tätigkeit anzusehen ist. Die gewerblichen Einkünfte aus dem Krankenhaus unterliegen grundsätzlich der GewSt. Es kann aber eine GewSt-Befreiung nach § 3 Nr. 20 b) GewStG in Betracht kommen, wenn die Privatklinik die Voraussetzungen des § 67 Abs. 1 oder 2 AO erfüllt.[9]

---

6 Hutter, in: Blümich: EStG-Kommentar, § 18 Rz. 115 a.
7 EStR H 136, Stichwort: Heil- und Heilhilfsberufe.
8 BFH-Urteil vom 02.10.2003, IV R 48/01, DB 2004, S. 284.
9 Vgl. 2.4: Stichwort: Gewerbesteuerbefreiung.

Das Beispiel verdeutlicht, dass beim Betrieb einer mit Gewinnerzielungsabsicht betriebenen Privatklinik die Gewinne aus der freiberuflichen stationären ärztlichen und der gewerblichen Betätigung durch den Betrieb der Klinik gesondert zu ermitteln sind. Bei der getrennten Gewinnermittlung ist zu beachten, dass der Gewinn aus den ärztlichen stationären Leistungen der Klinik im Rahmen einer Einnahmenüberschussrechnung gemäß § 4 Abs. 3 EStG und der Gewinn aus dem Gewerbebetrieb durch Bestandsvergleich gemäß § 4 Abs. 1 EStG (Bilanzierung) zu errechnen ist.[10]

Schließen sich mehrere niedergelassene Ärzte zum Betrieb eines Krankenhauses in einer GbR zusammen (sog. **Freiberufler-GbR**), können die anteiligen Einkünfte der beteiligten Ärzte zu den Einkünften aus selbständiger freiberuflicher Tätigkeit gehören, wenn die o. g. Kriterien für das Vorliegen freiberuflicher Einkünfte erfüllt sind.

Keine freiberuflichen, sondern **gewerbliche Einkünfte** liegen vor, wenn:

- die Krankenhaus-GbR Leistungen an Patienten nicht beteiligter Ärzte erbringt[11] oder
- an der Krankenhaus-GbR eine Person nur kapitalmäßig oder außer den niedergelassenen Ärzten eine oder mehrere Personen beteiligt sind, die keine Zulassung zur Ausübung einer freiberuflichen ärztlichen Tätigkeit besitzen oder
- es an einer leitenden und eigenverantwortlichen Tätigkeit der an der Krankenhaus-GbR beteiligten Ärzte fehlt.

Im Gegensatz zu den Einkünften aus einer Freiberufler-GbR unterliegen die gewerblichen Einkünfte aus einer gewerblich geprägten GbR gemäß § 2 GewStG grundsätzlich der GewSt.[12]

Beispiel: Gewerblich geprägte Klinik-GbR

> Drei niedergelassene Chirurgen betreiben gemeinsam ein Krankenhaus in der Rechtsform einer GbR. In dem Krankenhaus werden zunächst nur die Patienten der an der GbR beteiligten Ärzte stationär behandelt. Ein besonderer Gewinn aus dem Krankenhausbetrieb wird nicht angestrebt. Die Chirurgen beziehen daher hinsichtlich ihrer ärztlichen Leistungen freiberufliche Einkünfte. Um die Auslastung künftig zu steigern, soll das Krankenhaus Leistungen an Patienten nicht beteiligter Ärzte erbringen.
> Durch die Behandlung fremder Patienten wandelt sich das Krankenhaus von einer Freiberufler-GbR in eine „gewerbliche" GbR. Die aus dem Kranken-

---

10 Vgl. 2.3: Grundsätze der Gewinnermittlung
11 Wien: Ertragsteuerliche und umsatzsteuerliche Probleme ärztlicher Praxen, DStZ 1998, S. 753–756.
12 Hutter, in: Blümich: EStG-Kommentar, § 18 Rdnr. 119; Lang/Burhoff: Besteuerung der Ärzte, Zahnärzte und sonstiger Heilberufe, 3. Aufl., Herne/Berlin, NWB 1999, Rdnr. 631.

> haus bezogenen Einkünfte der beteiligten Ärzte zählen deshalb nicht mehr zu den freiberuflichen Einkünften. Es liegen insoweit gewerbliche Einkünfte vor. Daneben ist gesondert zu prüfen, ob die Einkünfte des Krankenhauses auch der GewSt unterliegen und ob ggf. eine GewSt-Befreiung gemäß § 3 Nr. 20 b) GewStG in Betracht kommt.

Sollten sich Ärzte in einer **Kapitalgesellschaft** zusammenschließen,[13] können sie keine Einkünfte aus freiberuflicher Tätigkeit erzielen, weil gemäß § 8 Abs. 2 KStG alle Einkünfte einer Kapitalgesellschaft als Einkünfte aus einem Gewerbebetrieb zu behandeln sind und direkt der Kapitalgesellschaft zugerechnet werden. Die Einkünfte der Kapitalgesellschaft unterliegen der KSt und der GewSt. Offene und verdeckte[14] Gewinnausschüttungen der Kapitalgesellschaft an die beteiligten Ärzte führen bei diesen zu Einkünften aus Kapitalvermögen (§ 20 Abs. 1 Nr. 1 EStG). Sind die Ärzte gleichzeitig bei der Kapitalgesellschaft angestellt, liegen bezüglich der vereinbarten und angemessenen Bezüge Einkünfte aus nichtselbständiger Arbeit vor (§ 19 Abs. 1 EStG).

2.1.3 Krankenhausbetriebe von Personengesellschaften

Die Personengesellschaft ist nicht Steuersubjekt im Einkommensteuerrecht. **Steuersubjekt** sind die **einzelnen Gesellschafter** der Personengesellschaft. Gesellschafter können natürliche und juristische Personen sein. Die Einkünfte eines Krankenhauses in der Rechtsform einer Personengesellschaft werden deshalb den Gesellschaftern der Personengesellschaft anteilig zugerechnet und unterliegen dort der ESt bzw. der KSt.

Die Einkunftsart der Personengesellschaft wird durch die jeweilige Betätigung der Gesellschaft, d. h. durch die Tätigkeit der Gesellschafter in ihrer gesamthänderischen Verbundenheit bestimmt.[15] Die natürlichen Personen als Gesellschafter einer **Freiberufler-GbR** erzielen deshalb Einkünfte aus selbständiger Arbeit (§ 18 Abs. 1 Nr. 1 EStG) und die Gesellschafter einer **gewerblichen Personengesellschaft** (sog. Mitunternehmer) Einkünfte aus Gewerbebetrieb (§ 15 Abs. 1 Nr. 2 EStG).

Aus der einkommensteuerlichen Qualifizierung der Einkünfte einer Krankenhaus-Personengesellschaft als gewerbliche Einkünfte folgt unmittelbar, dass die Krankenhaus-Personengesellschaft der GewSt unterliegt (§ 2 Abs. 1 GewStG). Eine Befreiung von der GewSt kommt aber für bestimmte Krankenhäuser gemäß § 3 Nr. 20 GewStG in Betracht.

---

13 Mit Urteil vom 04.03.1998 zu den Umsätzen einer Zahnarzt-GmbH hat der BFH für Zwecke der Umsatzsteuer klargestellt, dass er in Übereinstimmung mit dem BGH die Erbringung zahnärztlicher Leistungen durch eine GmbH für zulässig erachtet (vgl. UR 1998, S. 279).
14 Begriff der „verdeckten Gewinnausschüttung" s. KStR 36, m. w. N.
15 Söffing: Die Zebragesellschaft, DB 1998, S. 896.

Die Annahme von **Einkünften aus Gewerbebetrieb** bei den Gesellschaftern einer Krankenhaus-Personengesellschaft setzt voraus, dass die Gesellschaft ein gewerbliches Unternehmen betreibt und die Gesellschafter Mitunternehmer sind. Bei der Gesellschaft selbst müssen alle Merkmale eines gewerblichen Unternehmens i. S. v. § 15 Abs. 1 Nr. 1 EStG und bei den Gesellschaftern die Merkmale eines Mitunternehmers i. S. v. § 15 Abs. 1 Nr. 2 EStG gegeben sein.[16] Als Gewerbebetrieb gilt nach § 15 Abs. 2 EStG jede selbständige nachhaltige Betätigung, die mit der Absicht, Gewinn zu erzielen, unternommen wird und sich als Beteiligung am allgemeinen wirtschaftlichen Verkehr darstellt, wenn die Betätigung weder in Ausübung eines freien Berufs noch als eine andere selbständige Arbeit anzusehen ist. Die Einkünfte aus dem mit Gewinnerzielungsabsicht geführten Betrieb eines Krankenhauses in der Rechtsform einer Personengesellschaft gehören daher regelmäßig zu den Einkünften aus Gewerbebetrieb.

Zu beachten ist die sog. → *Abfärbetheorie* des § 15 Abs. 3 Nr. 1 EStG, wonach die gesamte Tätigkeit einer Personengesellschaft als Gewerbebetrieb behandelt wird, wenn die ansonsten nicht gewerbliche Gesellschaft auch gewerblich tätig wird. Erzielt z. B. eine Gemeinschaftspraxis freiberuflicher Ärzte auch Einnahmen aus dem Betrieb einer gewerblichen Klinik, gelten die (ansonsten freiberuflichen) ärztlichen Leistungen der Gemeinschaftspraxis in vollem Umfang als Einkünfte aus Gewerbebetrieb, für die jedoch die GewSt-Befreiung gemäß § 3 Nr. 20 b) GewStG in Betracht kommen kann.[17] Ein „Infizieren" der eigentlich freiberuflichen Einkünfte durch den Gewerbebetrieb Privatklinik kann durch das auch von der Finanzverwaltung anerkannte Ausgliederungsmodell vermieden werden.[18]

Beziehen Ärzte als Freiberufler oder Gesellschafter einer Personengesellschaft aus einer gewerbesteuerpflichtigen Privatklinik gewerbliche Einkünfte, erhalten sie zum Ausgleich für die GewSt-Belastung der Privatklinik im Rahmen der ESt-Festsetzung gemäß § 35 EStG eine **Steuerermäßigung** auf diese gewerblichen Einkünfte.

2.1.4 Krankenhausbetriebe von Kapitalgesellschaften

Ist der Krankenhausträger eine Kapitalgesellschaft, Stiftung, Körperschaft des privaten Rechts oder gilt das Krankenhaus als Betrieb gewerblicher Art von jPdöR unterliegen die Träger der KSt. **Nicht körperschaftsteuerpflichtig** sind Krankenhäuser von jPdöR, die zur Erfüllung hoheitlicher Aufgaben betrieben werden (§ 4 Abs. 5 KStG). Von der **KSt befreit** sind die gemäß §§ 51 bis 68 AO steuerbegünstigten Krankenhäuser, die sogenannte Krankenhaus-Zweckbetriebe (§ 5 Abs. 1 Nr. 9 KStG).

---

16 BFH-Urteil vom 25.06.1984, BStBl II 1984, S. 760.
17 BFH-Urteil vom 30.08.2001, BStBl II 2002, S. 152; zur möglichen „Infizierung" in Fällen der integrierten Versorgung nach §§ 140 a ff. SGB V: OFD Rheinland, Info v. 09.06.2006, StuB 2006, S. 600; Nauen, Krhs 2006, S. 1046 f.
18 Vgl. BMF-Schreiben vom 14.05.1997, BStBl I 1997, S. 566.

Der **KSt-Tarif** beträgt gemäß § 23 Abs. 1 KStG einheitlich 25 % des Gewinns des Krankenhauses.[19] Daneben wird als Zuschlagsteuer ein Solidaritätszuschlag von derzeit 5,5 % der festgesetzten KSt erhoben.[20]

Die Tätigkeit einer Krankenhaus-Kapitalgesellschaft gilt stets und in vollem Umfang als ein der **GewSt** unterliegender Gewerbebetrieb (§ 2 Abs. 2 GewStG). Die für Personengesellschaften relevante Problematik der → *Abfärbetheorie* spielt somit bei Kapitalgesellschaften keine Rolle. Die Einkünfte der Kapitalgesellschaft sind auch gewerbesteuerpflichtig, wenn eine Steuerbefreiung für steuerbegünstigte (z. B. gemeinnützige) Krankenhäuser oder bestimmte andere Krankenhäuser gemäß §§ 3 Nr. 6 oder 3 Nr. 20 b GewStG nicht in Betracht kommt, wie es regelmäßig der Fall ist.

Die **Steuerbelastung** der nicht steuerbegünstigten Krankenhauskörperschaften schwankt für den Veranlagungszeitraum 2006 in Abhängigkeit von einer etwaigen GewSt-Befreiung gemäß § 3 Nr. 20 GewStG und vom GewSt-Hebesatz zwischen 26,37 % (bei einer GewSt-Befreiung) und 40,87 % (bei einem Hebesatz von 490 %) des Gewinns vor Ertragsteuer.

Die Berechnung der **Ertragsteuerquoten** ergibt sich aus den nachfolgenden **Tabellen 1 und 2**.

Die offenen und verdeckten **Gewinnausschüttungen** der Krankenhaus-GmbH unterliegen dem Abzug von Kapitalertragsteuer in Höhe von 20 % der Dividende und SolZ in Höhe von 5,5 % der Kapitalertragsteuer. Diese von der Krankenhaus-GmbH an das Finanzamt abgeführten Steuern werden auf Ebene der unbeschränkt einkommensteuerpflichtigen bzw. körperschaftsteuerpflichtigen Anteilseigner auf deren Steuerschuld angerechnet.

Die von der Krankenhaus-GmbH ausgeschütteten Gewinne werden bei den inländischen Anteilseignern in Abhängigkeit von deren Rechtsform besteuert (in der Übersicht vgl. **Tabelle 3**):

Tab. 1: Maximale Steuerbelastung einer **ertragsteuerpflichtigen** Krankenhauskörperschaft

			Steuern	
		TEUR	TEUR	Prozent
+	Gewinn vor Ertragsteuern	120,00		100,00
-	GewSt (Hebesatz 490 %)	-23,62	23,62	
=	zu versteuerndes Einkommen	96,38		
-	KSt (25 %)	-24,10	24,10	
-	SolZ (5,5 % der KSt)	-1,33	1,33	
=	ausschüttbarer Gewinn	70,95		59,13
=	**Ertragsteuerbelastung**		49,05	40,87

---
19 Ab VZ 2001, nur für den VZ 2003 beträgt der Steuersatz 26,5 %.
20 § 2 Nr. 3, § 3 Abs. 1 Nr. 1 und § 4 SolZG.

Tab. 2: Maximale Steuerbelastung einer von der **GewSt befreiten** Krankenhauskörperschaft

			Steuern	
		TEUR	TEUR	Prozent
+	Gewinn vor Ertragsteuern	120,00		100,00
-	GewSt	0,00	0,00	
=	zu versteuerndes Einkommen	120,00		
-	KSt (25 %)	-30,00	30,00	
-	SolZ (5,5 % der KSt)	-1,65	1,65	
=	ausschüttbarer Gewinn	88,35		73,63
=	**Ertragsteuerbelastung**		31,65	26,37

Liegen die Anteile an der Krankenhaus-GmbH im Privatvermögen einer unbeschränkt einkommensteuerpflichtigen **natürlichen Person**, kommt für die Dividenden und verdeckten Gewinnausschüttungen das sogenannte → *Halbeinkünfteverfahren* zur Anwendung. Die Dividendeneinnahmen werden bei der natürlichen Person zur Hälfte besteuert, da gemäß § 3 Nr. 40 a) EStG nur die Hälfte der Dividenden zu den Einnahmen aus Kapitalvermögen gehören. Zu beachten ist aber, dass die mit diesen Dividendeneinnahmen im wirtschaftlichen Zusammenhang stehenden Werbungskosten ebenfalls nur zur Hälfte abgezogen werden dürfen.[21] Die/der bei der Gewinnausschüttung von der Krankenhaus-GmbH einbehaltene Kapitalertragsteuer/Solidaritätszuschlag werden auf die festzusetzende ESt des Anteilseigners angerechnet (§ 36 Abs. 2 Nr. 2 EStG).

Werden die Anteile an der Krankenhaus-GmbH von einer unbeschränkt **körperschaftsteuerpflichtigen Körperschaft** gehalten, bleiben die Dividendeneinkünfte und Bezüge aus verdeckten Gewinnausschüttungen in vollem Umfang außer Ansatz (allgemeine Dividendenfreistellung gemäß § 8 b Abs. 2 KStG). Diese Regelung hat aber Einschränkungen beim Betriebsausgabenabzug zur Folge. So gelten grundsätzlich 5 % der bezogenen Dividendeneinkünfte als nicht abziehbare Betriebsausgaben (§ 8 b Abs. 3 KStG). Außerdem dürfen Gewinnminderungen, die im Zusammenhang mit dem Anteil an der Krankenhaus-GmbH stehen bei der Ermittlung des Einkommens des Gesellschafters nicht berücksichtigt werden. So sind z. B. Abschreibungen auf die Beteiligung an der Krankenhaus-GmbH möglich, aber diese Abschreibungen mindern nicht das steuerliche Einkommen. Die bei der Gewinnausschüttung von der Krankenhaus-GmbH einbehaltene Kapitalertragsteuer sowie der Solidaritätszuschlag werden auf die festzusetzende KSt des Anteilseigners angerechnet.

Ist an einer Krankenhaus-GmbH eine **steuerbefreite Körperschaft** beteiligt und wird die Beteiligung **nicht** in einem steuerpflichtigen wirtschaftlichen Geschäfts-

---

21 § 3 c Abs. 2 EStG.

Tab. 3: Besteuerung der **Ausschüttung** einer körpersteuerpflichtigen, von der GewSt befreiten Krankenhaus-GmbH bei ihren möglichen **Anteilseignern** (in TEUR):

	Kranken-haus-GmbH	natürliche Person	Kapital-gesellschaft	steuerbegünstigte Körperschaft *		jPöR
				wGb**	Verm. Verw.****	
Gewinn vor Steuern	120,00					
Ertragsteuern (KSt, SolZ; vgl. Tab. 2)	-31,65					
Gewinn nach Steuern	88,35					
Gewinnausschüttung		88,35	88,35	88,35		88,35
Kapitalertragsteuer (20 %/10 %)		-17,67	-17,67	-17,67	0,00	-8,84
Solidaritätszuschlag (5,5 % der KapESt)		-0,97	-0,97	-0,97	0,00	-0,49
Auszahlungsbetrag		69,71	69,71	69,71	88,35	79,02
Dividendeneinkünfte		88,35	88,35	88,35	88,35	
davon steuerfrei*** bzw. nicht steuerbar		-44,18	-83,93	-83,93	-88,35	
steuerpflichtige Einkünfte		44,17	4,42	4,42	0,00	
ESt (42 %) bzw. KSt (25 %) und SolZ		-19,57	-1,17	-1,17	0,00	
anrechenbare KapESt/SolZ		18,64	18,64	18,64	0,00	
verbleibende ESt bzw. KSt		-0,93	17,47	17,47	0,00	
Dividende nach Steuern		68,78	87,18	87,18	88,35	79,02

*   zu 6.4.4.3 und 6.6.2
** ohne Berücksichtigung des Freibetrages gemäß § 24 KStG
*** bei natürlichen Personen als Anteilseigner 50 % steuerfrei; bei steuerpflichtigen Körperschaften 95 % steuerfrei
**** bei Vorlage einer Nichtveranlagungsbescheinigung gemäß § 44a Abs. 7 EStG

betrieb gehalten, gehören die Dividendeneinkünfte zu den nach § 5 Abs. 1 Nr. 9 KStG steuerbefreiten Einkünften (da insoweit steuerfreie Vermögensverwaltung). Bei Vorlage einer Freistellungsbescheinigung wird von der Ausschüttung keine Kapitalertragsteuer und kein Solidaritätszuschlag einbehalten (§ 44 a Abs. 7 EStG).

Wird die Beteiligung an einer Krankenhaus-GmbH von einer **juristischen Person des öffentlichen Rechts** (jPdöR) gehalten und gehört die Beteiligung **nicht** zu einem steuerpflichtigen Betrieb gewerblicher Art (BgA), unterliegen die Dividendeneinkünfte nicht der Besteuerung. In diesem Fall reduziert sich die Kapitalertragsteuer auf die Dividende von 20 % auf 10 % (§ 43 Abs. 1 Nr. 4 EStG). Die ermäßigte Kapitalertragsteuer, die ab dem 01. Januar 2004 zur Anwendung kommt, berücksichtigt, dass bei der jPdöR eine Anrechnung der einbehaltenen Kapitalertragsteuer nicht möglich ist.[22]

2.2 Besteuerung der Krankenhäuser steuerbegünstigter Träger

2.2.1 Ausgangslage

Ist die Ertragsbesteuerung der Krankenhäuser grundsätzlich von deren Rechtsform abhängig, wäre es nahe liegend, allen Trägern von Krankenhäusern – gleich welcher Rechtsform – **steuerliche Vergünstigungen** zu gewähren. Ein derart weites Konzept steuerlicher Vergünstigungen für alle Krankenhausträger besteht nicht, weil das Sozialstaatsprinzip im Grundgesetz (GG) den Staat verpflichtet, eine bedarfsgerechte Versorgung der Bevölkerung mit leistungsfähigen Krankenhäusern sicherzustellen. Wie der Staat dieser Aufgabe nachkommt, bleibt ihm überlassen. Sie kann entweder durch den Staat selbst über die öffentlichen Krankenhausträger oder durch die Gewährung bzw. Beauftragung von privaten und/oder steuerbegünstigten Krankenhausträgern erfolgen.

In den maßgebenden Steuergesetzen nennt der Staat als Adressaten der steuerlichen Förderung **körperschaftlich strukturierte Organisationen**, da diese gegenüber ihren Mitgliedern grundsätzlich organisatorisch und vermögensrechtlich verselbständigt sind und deshalb überindividuellen Zwecken (**Gemeinwohlförderung**) dienen können. Bei natürlichen Personen oder Personengesellschaften wird dagegen unterstellt, dass sie immer eigenwirtschaftliche Ziele (z. B. Sicherung eigener Existenz) verfolgen. Steuerliche Anreize für gemeinwohlförderndes Han-

---

22 Bis zum 31.12.2003 war auch bei Ausschüttungen an jPdöR die Kapitalertragsteuer in voller Höhe (20 %) einzubehalten. Auf Antrag der jPdöR beim BfF wurde gemäß § 44 c Abs. 2 EStG die Hälfte der einbehaltenen Kapitalertragsteuer und des Solidaritätszuschlags erstattet.

deln sollen beim Bürger durch den Spendenabzug erfolgen.[1] Die Frage nach der Rechtfertigung, Beibehaltung oder Änderung dieser praktizierten partiellen steuerlichen Bevorzugung steuerbegünstigter Krankenhausträger ist angesichts des Wandels auf dem Krankenhausmarkt sicherlich zu stellen,[2] soll hier aber nicht thematisiert werden.

Für die Träger der Krankenhäuser ist die Frage nach dem Umfang der Gewährung von Steuervergünstigungen einerseits und/oder der Besteuerung andererseits nicht mit „entweder/oder" bzw. „ganz oder gar nicht" zu beantworten. Die Beurteilung ist abhängig von den **Steuerarten nach den Einzelsteuergesetzen** unter besonderer Berücksichtigung der Vorschriften der Abgabenordnung für steuerbegünstigte Zwecke sowie deren Anwendung und Umsetzung im Einzelfall durch die Finanzverwaltung. Zur **Übersicht** vgl. **Abb. 1** und **Abb. 2** Seiten 29 und 30.

2.2.2 Steuerbegünstigte Krankenhäuser

Krankenhäuser, deren Träger eine privatrechtliche oder öffentlich-rechtliche Körperschaft ist, können nach §§ **51 bis 68 AO** Steuervergünstigungen in Anspruch nehmen, wenn die Voraussetzungen dafür vorliegen. Unter Körperschaften sind die Körperschaften, Personenvereinigungen und Vermögensmassen im Sinne des KStG zu verstehen. Dazu gehören auch die juristischen Personen des öffentlichen Rechts (jPdöR) mit ihren Betrieben gewerblicher Art (BgA).

2.2.2.1 Körperschaften

Als **privatrechtliche Körperschaften** kommen in der Praxis folgende Rechtsformen in Betracht:

- Aktiengesellschaft (AG)
- Gesellschaft mit beschränkter Haftung (GmbH)
- Stiftung des privaten Rechts
- Verein (eingetragen und rechtsfähig (e. V.) sowie nicht eingetragen und nicht rechtsfähig).

Weitere mögliche Rechtsformen, wie Kommanditgesellschaft auf Aktien (KGaA), Genossenschaft (e.G.), Versicherungsverein auf Gegenseitigkeit (VVaG), Anstalt des privaten Rechts, finden in der Praxis keine Verwendung.

Als **öffentlich-rechtliche Körperschaften** sind zunächst die Gebietskörperschaften (Bund, Länder, Städte, Gemeinden, Gemeindeverbände, Zweckverbände), die Religionsgemeinschaften und die Personalkörperschaften (z.B. Universitäten) zu nennen, sofern sie mit dem Krankenhaus einen Betrieb gewerb-

---

[1] Vgl. Hüttemann, Grundprinzipien des steuerlichen Gemeinnützigkeitsrechts, DStJG Bd.26, 2003, S.49 ff; Berhanu/Henke/Mackenthun, Die Zukunft der Gemeinnützigkeit von Krankenhäusern unter besonderer Berücksichtigung freigemeinnütziger Krankenhäuser, ZögU Bd 27, 2004, S.223 ff.
[2] Berhanu/Henke/Mackenthun vorstehende Fn, S.223 ff.

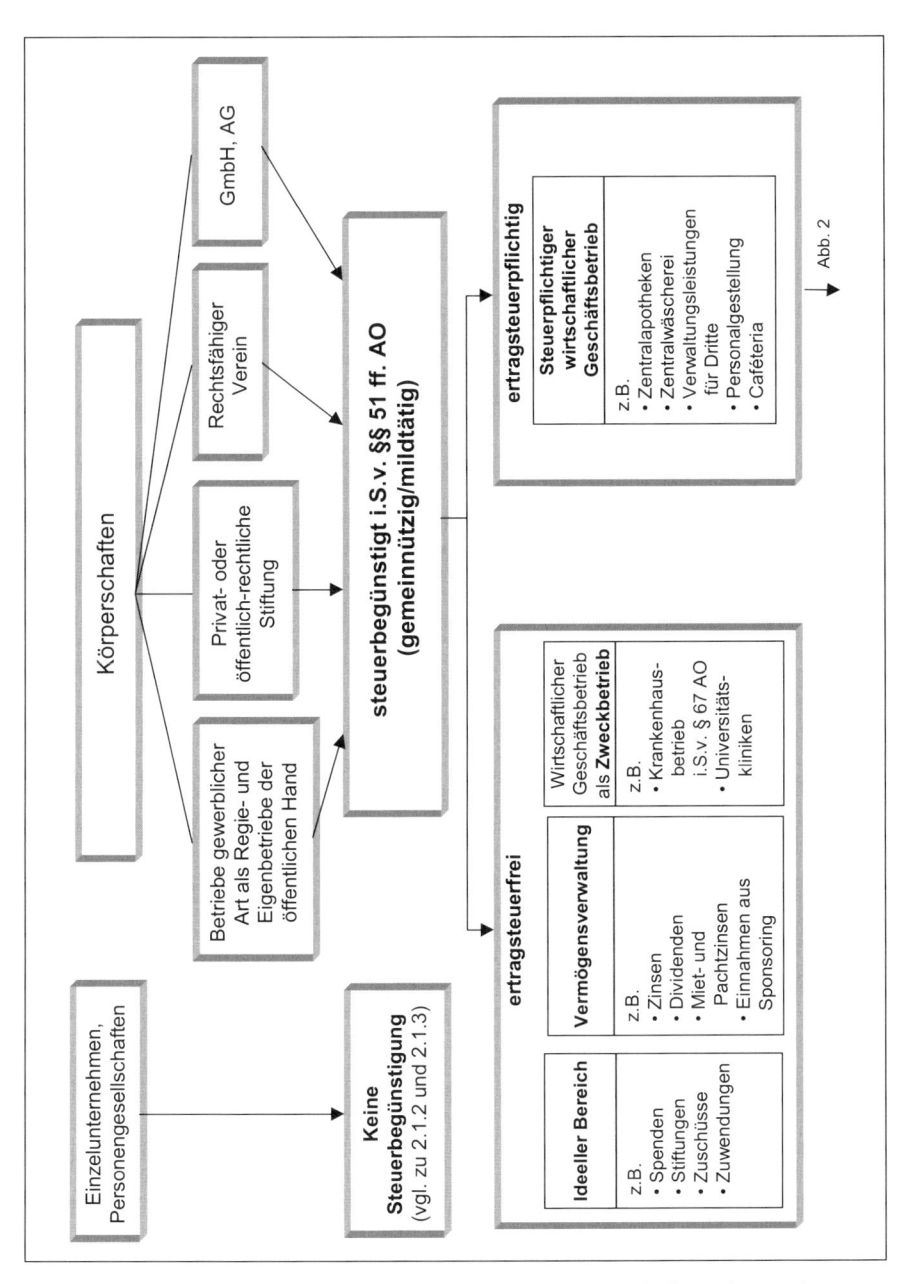

2.2 Besteuerung der Krankenhäuser steuerbegünstigter Träger

Abb. 1: Steuerliche Einordnung der Krankenhäuser nach der Rechtsform der Krankenhausträger

2 Ertragsbesteuerung der Krankenhäuser

```
                         Körperschaften
                        /              \
        Steuerbefreiung                  Keine Steuerbefreiung
        i.S.d. § 5 Nr. 9 Satz 1 KStG     i.S.d. § 5 Nr. 9 Satz 2 KStG
                                                    |
              Abb. 1                        Steuerbare Einkünfte
                                         (§ 8 Abs. 1 KStG i.V.m. § 2 Abs. 1 EStG)
```

- **LuF** (§ 13 EStG)
- **Gewerblich** (§ 15 EStG)
- **Sonstige** (§ 22 Nr. 3 EStG)
- **KapVerm** (§ 20 EStG)
- **VuV** (§ 21 EStG)

Steuerpflichtiger wirtschaftlicher Geschäftsbetrieb
(über den Rahmen Vermögensverwaltung hinaus)
(§§ 14, 64 Abs. 1 AO)

→ **Steuerfreie Vermögensverwaltung**
(§§ 5 Abs. 1 Nr. 9 KStG, 14 AO)

Mehrere steuerpflichtige wirtschaftliche Geschäftsbetriebe gelten als ein einheitlicher wirtschaftlicher Geschäftsbetrieb
(§ 64 Abs. 2 AO)

Besteuerungsgrenze
(§ 64 Abs. 3 AO)

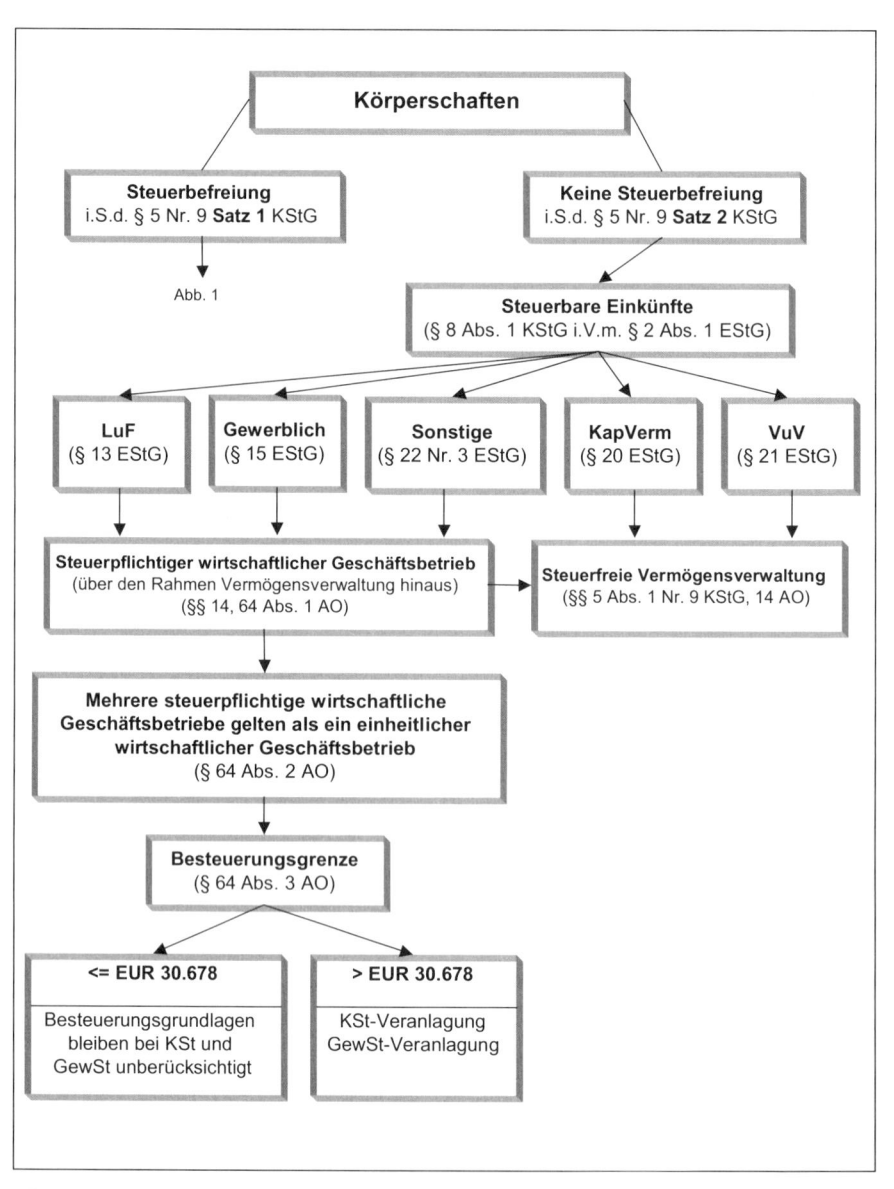

<= EUR 30.678	> EUR 30.678
Besteuerungsgrundlagen bleiben bei KSt und GewSt unberücksichtigt	KSt-Veranlagung GewSt-Veranlagung

Abb. 2: Partielle Ertragsteuerpflicht der Krankenhausträger (gilt nicht für die Umsatzsteuer)

licher Art unterhalten (§§ 1 Abs. 1 Nr. 6, 4 KStG). Als **Betrieb gewerblicher Art** werden alle Einrichtungen bezeichnet, die einer nachhaltigen wirtschaftlichen Tätigkeit zur Erzielung von Einnahmen dienen. Sie müssen sich innerhalb der Gesamtbetätigung der juristischen Person wirtschaftlich herausheben. Als Einrichtung ist daher jede nachhaltige und selbständige Tätigkeit zu verstehen, die sich als wettbewerbsrelevante Tätigkeit von den übrigen Aufgaben der jPdöR abgrenzen lässt. Verschiedene Einzeltätigkeiten einer jPdöR sind zwar grundsätzlich jeweils für sich zu beurteilen, sie sind jedoch dann als Einheit (als ein Betrieb gewerblicher Art) zu behandeln, wenn dies der Verkehrsauffassung entspricht. Im Regelfall ist davon auszugehen, dass die wirtschaftlichen Tätigkeiten wie der Betrieb einer Kantine oder einer Apotheke typische Bestandteile eines Krankenhausbetriebs sind.

Entsprechendes gilt für **öffentlich-rechtliche Religionsgemeinschaften**,[3] wobei hier auf den Verkündungsauftrag der jeweiligen Kirche abzustellen ist. Ob öffentlich-rechtliche Religionsgemeinschaften mit dem Betrieb von Krankenhäusern auch den **kirchlichen Verkündungsauftrag** verfolgen und damit **nicht** gemäß § 4 KStG der **Besteuerung unterworfen werden**, ist zurzeit nicht zweifelsfrei geklärt; dies wird teilweise bei Alten- und Pflegeheimen, Krankenhäusern, Mahlzeitendiensten oder Sozialstationen der Kirchen vertreten.[4] Steht der Träger unter kirchlicher Aufsicht (z. B. Ordensgemeinschaft) heißt dies in der Regel noch nicht, dass ohne weitere Prüfung von einem Krankenhaus einer öffentlich-rechtlichen Religionsgemeinschaft auszugehen ist.

2.2.2.2 Steuerbegünstigung

Körperschaften, die mit dem Betrieb eines Krankenhauses **steuerbegünstigte Zwecke** i. S. v. §§ 51 bis 68 AO fördern, können die Steuervergünstigungen nach den Einzelsteuergesetzen in Anspruch nehmen. Nach § 51 AO können **gemeinnützige, mildtätige oder kirchliche Zwecke** (steuerbegünstigte Zwecke) gefördert werden. Wenn in diesem Zusammenhang häufig von „gemeinnützigen Zwecken" gesprochen wird, ist dies nach dem Gesetzeswortlaut zwar untechnisch, aber für den Betrieb eines Krankenhauses in den weit überwiegenden Fällen zutreffend. Auf mildtätige Zwecke ist der Krankenhausbetrieb auch gerichtet, weil Personen, die infolge ihres körperlichen, geistigen oder seelischen Zustandes auf die Hilfe anderer angewiesen sind, im Krankenhaus selbstlos unterstützt werden. Im Vordergrund steht jedoch die **Förderung des öffentlichen Gesundheitswesens** und dies ist ein gemeinnütziger Zweck.[5] Die Förderung des öffentlichen Gesundheitswesens ist sehr vielseitig, aber wenn der Betrieb eines Krankenhauses überwiegend auf die Verbesserung der Gesundheit von Menschen sowohl in der Diagnose als auch in der Therapie ausgerichtet ist, liegen die entsprechenden Voraussetzungen

---

3 Knorr/Klaßmann: Die Besteuerung der Krankenhäuser, 3. Aufl. 2004, Düsseldorf, IDW Verlag GmbH: S. 31/32.
4 OFD Koblenz, Vfg. v. 20.02.2003 (S 2726 B St 34 1); OFD Hannover, Vfg. v. 19.02.2004, DStZ 2004, S. 350.
5 Einzelheiten vgl. 6

grundsätzlich vor. Ob die Voraussetzungen des Begriffs „Krankenhaus" im Einzelfall vorliegen,[6] ist nicht zuletzt an den Inhalten der Tätigkeit eines Krankenhauses und damit am öffentlichen Gesundheitswesen zu messen.

2.2.2.3 Keine Vorteile für steuerpflichtigen wirtschaftlichen Geschäftsbetrieb

Die steuerbegünstigten Körperschaften (gemeinnützige/mildtätige Krankenhäuser) sind gemäß § 5 Abs. 1 Nr. 9 Satz 1 KStG von der **Körperschaftsteuer** und gemäß § 3 Nr. 6 Satz 1 GewStG von der **Gewerbesteuer befreit**. Unterhalten diese Körperschaften jedoch einen wirtschaftlichen Geschäftsbetrieb gemäß § 14 AO, der kein Zweckbetrieb i.S.v. §§ 65 bis 68 AO ist, sind die Steuerbefreiungen insoweit ausgeschlossen (§ 64 Abs. 1 AO).

Ein **wirtschaftlicher Geschäftsbetrieb** (§ 14 AO) stellt eine selbständige nachhaltige Tätigkeit zur Erzielung von Einnahmen oder anderen wirtschaftlichen Vorteilen dar, die über eine bloße Vermögensverwaltung hinausgeht. Eine Gewinnerzielungsabsicht ist nicht erforderlich. Nach diesen Kriterien stellt der Betrieb eines Krankenhauses grundsätzlich einen wirtschaftlichen Geschäftsbetrieb dar. Krankenhäuser kommen daher nur dann in den Genuss von Steuervergünstigungen, wenn der Betrieb eines Krankenhauses als ein steuerbegünstigter Zweckbetrieb i.S.d. §§ 65 bis 68 AO anzusehen ist.

Die wirtschaftlichen Aktivitäten eines Krankenhauses mit körperschaftlicher Struktur sind vielschichtig. Der **Betrieb eines Krankenhauses** (mit all seinen Tätigkeiten) wird unter steuerlichen Kriterien daher im ersten Schritt **ganz allgemein als wirtschaftlicher Geschäftsbetrieb** gewertet, ohne auf jede einzelne Tätigkeit im konkreten Fall abzustellen. Erst im zweiten Schritt muss eine systematische Prüfung erfolgen, um festzustellen, ob für die konkrete Tätigkeit die Steuervergünstigungen gewährt werden oder nicht. Die Abgrenzung kann schwierig sein, weil die Tätigkeiten in der Regel eine Einheit bilden (natürliche Zugehörigkeit bzw. Sachzusammenhang) und nicht isoliert betrachtet und daher abgespalten werden können. Grundsätzlich zählen Leistungen zu einem Krankenhaus, die regelmäßig und allgemein beim laufenden Betrieb des Krankenhauses vorkommen, für diesen typisch sind und damit unmittelbar oder mittelbar zusammenhängen und in der Regel dem Patienten gewidmet sind.[7] Danach muss stets die Frage gestellt und kritisch geprüft werden, ob die einzelne Leistung noch dem **Kernbereich des Krankenhausbetriebs** zugerechnet werden kann oder ob bereits eine zusätzliche Leistung außerhalb dieses Kernbereichs vorliegt.

Nachfolgend wird – für die Anerkennung der Steuerbegünstigung als steuerlicher Vorteil – auf die Zweckbetriebseigenschaften eines Krankenhauses eingegangen und anschließend auf die Grundzüge der **steuerlichen Rechtsfolgen** eines steuerpflichtigen wirtschaftlichen Geschäftsbetriebs.[8]

---

6 Vgl. 1
7 Vgl. 1., m.w.N.; BFH-Urteil v. 18.10.1990, V R 35/85, BStBl II 1991, S. 157.
8 Einzelheiten vgl. 6.4

2.2.2.4 Der steuerfreie Krankenhaus-Zweckbetrieb

Der Gesetzgeber hat in § 65 AO definiert, wann ein (steuerbegünstigter) Zweckbetrieb vorliegt. Daneben werden in den §§ 66 bis 68 AO einzelne Zweckbetriebe aufgezählt, die kraft Gesetzes als begünstigte Zweckbetriebe gelten. Die gesetzliche Fiktion greift, wenn die **Voraussetzungen** der (eigenständigen) **Zweckbetriebsregelung für Krankenhäuser in § 67 AO** erfüllt sind:

> (1) „Ein Krankenhaus, das in den Anwendungsbereich des Krankenhausentgeltgesetzes oder der Bundespflegesatzverordnung fällt, ist ein Zweckbetrieb, wenn mindestens 40 Prozent der jährlichen Belegungstage oder Berechnungstage auf Patienten entfallen, bei denen nur Entgelte für allgemeine Krankenhausleistungen (§ 7 des KHEntgG, § 10 der BPflV) berechnet werden.
> (2) Ein Krankenhaus, das nicht in den Anwendungsbereich des Krankenhausentgeltgesetz oder der Bundespflegesatzverordnung fällt, ist ein Zweckbetrieb, wenn mindestens 40 Prozent der jährlichen Belegungstage oder Berechnungstage auf Patienten entfallen, bei denen für die Krankenhausleistungen kein höheres Entgelt als nach Absatz 1 berechnet wird."
> **Hinweis**: Der Gesetzeswortlaut entspricht dem **Jahressteuergesetz 2007 vom 13. Dezember 2006** mit den Änderungen zur AO. Danach ist die aktuelle Fassung bereits ab dem 01.01.2003 anzuwenden (Art. 97 § 1c Abs. 3 EGAO)[9].

Nach **§ 67 Abs. 1 AO** ist festzuhalten, dass grundsätzlich alle Krankenhäuser, die der **BPflV** bzw. dem **KHEntgG** unterliegen, als Zweckbetriebe gelten.

Die in § 1 Abs. 2 BPflV i. V. m. §§ 3 und 20 Satz 1 KHG genannten Krankenhäuser fallen nicht in den Anwendungsbereich der BPflV bzw. des KHEntgG, können aber gleichwohl Zweckbetriebe i. S. v. **§ 67 Abs. 2 AO** sein. Es handelt sich dabei um:

- Krankenhäuser, deren Träger der Bund ist
- Krankenhäuser im Straf- oder Maßregelvollzug
- Polizeikrankenhäuser
- Krankenhäuser der Träger der gesetzlichen Rentenversicherung der Arbeiter und Angestellten oder gesetzlichen Unfallversicherung (Ausnahme: Fachkliniken zur Behandlung der Atmungsorgane)
- Krankenhäuser, die die in § 67 Abs. 1 AO genannten Voraussetzungen nicht erfüllen
- Tuberkulosekrankenhäuser (Ausnahme: Fachkliniken zur Behandlung der Atmungsorgane)

---

9 Vgl. zur Geltung des § 67 AO vor Änderung: OFD Rheinland, Vfg. v. 10.03.2006 (Az.: S 0186-1000-St 1/S 7172-1000-St 4): § 67 AO sei ab dem 01.01.2004 dahingehend auszulegen, dass an die Stelle der BPflV die entsprechenden Regelungen des KHEntgG treten. Demzufolge sind weiterhin gesonderte Aufzeichnungen über die Anzahl der Pflegetage zu führen. Vgl. auch Nauen, Auslegung des § 67 AO, Krhs 2006, S. 521 f.

- Kurkrankenhäuser sowie Vorsorge- oder Rehabilitationseinrichtungen nach § 107 Abs. 2 SGB V.

Ob für die Krankenhausleistungen dieser Einrichtungen kein höheres Entgelt verlangt wird, ist anhand einer **Vergleichsrechnung** zu prüfen[10] bzw. es genügen als Nachweis die Vereinbarung über Entgelte mit Sozialleistungsträgern oder zuständigen Landesbehörden.[11]

Pflegesätze werden zur Abgeltung der allgemeinen Krankenhausleistungen erhoben, wobei es sich um die Entgelte der Patienten oder ihrer Kostenträger für die stationären und teilstationären Leistungen des Krankenhauses handelt. Bis zur **Einführung des DRG-Fallpauschalensystems**[12] ab 01. Januar 2004 mag die Unterscheidung in § 67 AO nach dem Anwendungsbereich der BPflV sachgerecht gewesen sein, entsprach dann aber nicht mehr der aktuellen Krankenhaus-Finanzierungssystematik.[13] Grundsätzlich ist für die Vergütung ein durchgängiges, leistungsorientiertes und pauschalierendes Entgeltsystem eingeführt worden, das für stationäre und teilstationäre Behandlungsfälle gilt.[14] Der Vorschlag[15], die Regelung des § 67 AO mit der neuen Krankenhausfinanzierung in Übereinstimmung zu bringen, ist frühzeitig gemacht worden. Die Praxis musste § 67 AO bis zur Änderung im JStG 2007 sachgerecht und zweckmäßig anwenden und gleichzeitig durch geeignete Aufzeichnungen sicherstellen, dass die **Anzahl der Pflegetage** nachgewiesen werden kann.

Welchen Inhalt **allgemeine Krankenhausleistungen** haben, ist in der jetzigen Fassung des § 67 AO nach § 2 Abs. 2 KHEntgG zu beurteilen. Sie sind definiert als:

> „[…] die Krankenhausleistungen, die unter Berücksichtigung der Leistungsfähigkeit des Krankenhauses im Einzelfall nach Art und Schwere der Krankheit für die medizinisch zweckmäßige und ausreichende Versorgung des Patienten notwendig sind."

Die Abgeltung der Leistungen nach § 2 BPflV oder § 2 KHEntgG erfassen die

- ärztliche Behandlung,
- Krankenpflege,

---

10 Buchna: Gemeinnützigkeit im Steuerrecht, 8. Aufl. 2003, Achim b. Bremen, Erich Fleischer Verlag: zu 2.17.2 S. 262, m. w. N.
11 Knorr/Klaßmann: a. a. O., S. 150.
12 Vergütungssystem auf der international bereits eingesetzten Grundlage „Diagnosis Related Groups" (DRG).
13 Ausführliche Darstellung bei Knorr/Klaßmann: a. a. O., S. 147 ff mit Ausführungen zum Wechsel der Anwendungsbereiche BPflV/KHEntgG.
14 Gesetz über die Entgelte für voll- und teilstationäre Krankenhausleistungen (KHEntgG); vgl. zum Vergütungsrecht, Thier: Teilstationäre Krankenhausleistungen (Rechtliche Definition und Abgrenzung), Krhs 2006, S. 969 ff.
15 Knorr/Klaßmann: a. a. O., S. 153.

- Versorgung mit Arznei-, Heil- und Hilfsmitteln, die für die Versorgung im Krankenhaus notwendig ist
- sowie die Unterkunft und Verpflegung.

Hier wurden bis zum 31. Dezember 2003 nach dem Prinzip der Vorauskalkulation grundsätzlich Pflegesätze erhoben. Das ab 01. Januar 2004 geltende Vergütungssystem sieht grundsätzlich leistungsbezogene Fallpauschalen und Zusatzentgelte nach vereinbartem Entgeltkatalog vor.[16]

Daneben dürfen (nach wie vor) sog. **Wahlleistungen** (z.B. besondere Unterbringung in Ein- oder Zweibettzimmer, Zimmerausstattung, Behandlung durch einen bestimmten Arzt, bessere Verpflegung) erbracht werden, die neben den anderen allgemeinen Leistungen gesondert auszuweisen und abzurechnen sind (in der Regel nach Pflegetagen). Diese **Zusatzleistungen** wären bei der Ermittlung der 40%-Grenze grundsätzlich **nach § 67 AO schädlich**,[17] da sie nach der o.a. Definition nicht als notwendig angesehen werden. Aus **Billigkeitsgründen unschädlich,** d.h. für die 40%-Grenze, sind dagegen die entgeltliche Überlassung von Telefon-, Rundfunk- oder Fernsehgeräten an Patienten, weil diese Leistungen von der Finanzverwaltung (derzeit) als „Annehmlichkeiten" (auch nach praktischen Erfahrungen) eingestuft werden. Sollten sie (unzutreffend) mit den Wahlleistungen in einer Summe abgerechnet worden sein, können sie insoweit als unschädlich i.S.v. § 67 AO eingestuft und wieder heraus gerechnet werden.

Bei (reinen) **Belegkrankenhäusern**, in denen die ärztlichen Leistungen ausschließlich von einem Belegarzt mit Liquidationsberechtigung (z.B. niedergelassener Arzt) erbracht und abgerechnet werden, müssen mindestens 40% der jährlichen Pflegetage auf Patienten entfallen, deren ärztliche Behandlung der Belegarzt über Krankenschein oder entsprechend den für Kassenabrechnungen geltenden Vergütungssätzen abrechnet. Die Arztkosten wären hier in der Art und Weise zu berücksichtigen, wie dies im Rahmen des § 67 Abs. 1 AO bei Krankenhäusern mit angestellten Ärzten geschieht, um in den Anwendungsbereich des § 67 AO zu fallen.[18]

2.2.2.5 Anwendungsbereiche des § 67 AO in den Steuergesetzen

Die Bedeutung des § 67 AO liegt im Grundlagenrecht für steuerbegünstigte Einrichtungen. Er regelt nicht den Begriff „Krankenhaus", sondern legt für steuerliche Zwecke fest, welche Voraussetzungen einen Zweckbetrieb begründen. Die **Anwendung** in der o.a. geltenden Fassung[19] lässt mit Bezug auf die BPflV und das KHEntgG grundsätzlich keine Zweifel mehr aufkommen. Die **Praxis** ist zur Ermittlung und Feststellung der **eigenständigen Zweckbetriebsgrenze** grundsätzlich zu sachgerechten Ergebnissen gekommen, weil die Grenze selbst nicht im Streit gestanden hat. Damit wird der Betrieb eines Krankenhauses, der Zweck-

---

16 Knorr/Klaßmann: a.a.O., S. 147 ff.
17 Buchna: a.a.O., zu 2.17.1, S. 261.
18 BFH-Urteil vom 25.11.1993, V R 64/89, BStBl II, 1994, S. 212.
19 JStG 2007 vom 13.12.2006 zu § 67 AO.

betrieb ist, von den Ertragsteuern befreit. Werden von den Einzelsteuergesetzen steuerbegünstigte Zwecke vorausgesetzt (z. B. § 5 Abs. 1 Nr. 9 KStG, § 3 Nr. 6 GewStG), gilt § 67 AO unmittelbar.

Sind die Voraussetzungen des § 67 AO nicht gegeben, weil z. B. mehr als 60 % auf Wahlleistungen entfallen, begründet die (im Übrigen z. B. gemeinnützige) Einrichtung auch mit der Erbringung von allgemeinen Krankenhausleistungen insgesamt einen steuerpflichtigen wirtschaftlichen Geschäftsbetrieb i. S. d. §§ 14, 64 AO, es sei denn, die Einrichtung begründet einen Zweckbetrieb außerhalb von § 67 AO. Dann ist auf die konkreten Tätigkeiten der steuerbegünstigten Einrichtung abzustellen und zu prüfen, ob Steuervergünstigungen zu gewähren sind oder nicht.[20]

§ 67 AO gilt nicht nur für steuerbegünstigte Körperschaften, sondern hat auch **Bedeutung im Bereich einzelner Steuergesetze**, die auf den Betrieb eines Krankenhauses abstellen und auf diese Bestimmung Bezug nehmen:

- § 3 Nr. 20 GewStG befreit u. a. Krankenhäuser von der Gewerbesteuer, wenn diese Einrichtungen von jPdöR betrieben werden (**Buchst. a**) – das gilt generell –
  oder wenn bei Krankenhäusern im Erhebungszeitraum die in § 67 AO bezeichneten Voraussetzungen erfüllt worden sind (**Buchst. b**).
- § 4 Nr. 6 GrStG befreit Grundbesitz von der Grundsteuer, der für Zwecke eines Krankenhauses benutzt wird, sofern die Voraussetzungen des § 67 AO erfüllt sind.
- § 4 Nr. 16 UStG befreit die mit dem Betrieb der Krankenhäuser eng verbundenen Umsätze von der Umsatzsteuer, wenn diese Einrichtungen von jPdöR betrieben werden (**Buchst. a**) – das gilt generell –
  oder wenn bei Krankenhäusern im vorangegangenen Kalenderjahr die in § 67 AO bezeichneten Voraussetzungen erfüllt worden sind (**Buchst. b**).

Der Status der Steuerbegünstigung ist für die Anwendung dieser Bestimmungen nicht erforderlich; sie gelten somit grundsätzlich auch für natürliche Personen oder Personengesellschaften, von denen ein Krankenhaus betrieben wird. Auch hier gilt, dass ein **Krankenhausbetrieb** nur **mit** seinem **Kernbereich** gemeint ist und z. B. die Befreiung von der Gewerbesteuer **nicht für** die **Nebenbetriebe** (z. B. Cafeteria, Wäscherei) gilt.

Auf § 7 f EStG, der Sonderabschreibungen bei privaten Krankenhäusern regelt, wird hingewiesen; die Vorschrift galt nur für private Investitionen vor dem 01. Januar 1996.

2.2.2.6 Steuerbegünstigte Tätigkeitsbereiche und partielle Steuerpflicht

Eine steuerbegünstigte Körperschaft muss grundsätzlich das Ziel verfolgen, all ihre Tätigkeiten auf die Erreichung der steuerbegünstigten satzungsmäßigen Zwecke auszurichten. Wirtschaftliche Aktivitäten sind daher nicht verboten,

---
20 Prüfungsfolge nachfolgend zu 2.2.3.

sondern mit den Möglichkeiten der Gesetze in einem gewissen Rahmen zulässig und wohl auch erforderlich, um Mittel zur Verfolgung der steuerbegünstigten Zwecke zu erhalten. Die steuerbegünstigte Körperschaft darf für sich selbst **primär keine eigenwirtschaftlichen Vorteile anstreben** (§ 55 AO). Dieser gesetzliche Ansatz führt zu einer **funktionalen Unterordnung** der wirtschaftlichen Tätigkeiten unter den steuerbegünstigten Hauptzweck.[21] Die Steuergesetze schreiben den Körperschaften keine bestimmten, an den verfolgten Zwecken ausgerichteten Tätigkeiten vor, sondern stellen diese mit der satzungsmäßigen Ausübung in das Ermessen der handelnden Organe. Allerdings werden die **Einnahmen**, die der Körperschaft aufgrund ihrer Tätigkeiten zufließen, **steuerlich unterschiedlich behandelt**.

Wie den vorangestellten **Schaubildern**[22] zu entnehmen ist, gibt es Einnahmen der verschiedensten Art:

- im **ideellen Bereich** (z.B. Mitgliedsbeiträge, Spenden, Zuschüsse, Zuwendungen)
- in der **Vermögensverwaltung** (z.B. Zinsen, Miet- und Pachtzinsen, Dividenden, Einnahmen aus Sponsoring[23], Spenden[24])
- im **Zweckbetrieb** (z.B. Kursgebühren, Eintrittsgelder, Honorare, Vergütungen, Zuschüsse, Spenden)
- im **steuerpflichtigen wirtschaftlichen Geschäftsbetrieb (wGb)** (z.B. Entgelte aus Verkäufen, Einnahmen, Honoraren, Vergütungen, Provisionen).

Weder eine festgelegte Reihenfolge noch eine steuerliche Präferenz gehen allein mit der Unterscheidung oder Bezeichnung der Einnahmen in diesen (bis zu vier möglichen) Bereichen einher. Allerdings ist zu beachten, dass den Einnahmen stets eine gewisse **Indizwirkung** zukommt. Dies ist z.B. dann der Fall, wenn für die im Einzelfall zutreffenden Feststellungen, welcher Hauptzweck von der Körperschaft tatsächlich verfolgt wird, allein auf die Höhe der Einnahmen als (angeblich maßgebende) Bezugsgröße abgestellt wird. So ist es in der Praxis häufig anzutreffen, dass aufgrund der Höhe der Einnahmen angenommen wird, die Körperschaft habe mit diesen Einnahmen auch den Schwerpunkt ihrer (Haupt-) Tätigkeit.

Beispiel: Indizwirkung von Einnahmen aus wirtschaftlichen Aktivitäten

> Der gemeinnützige Förderverein e.V. hat im Kalenderjahr 2006 geringere Einnahmen aus Eintrittsgeldern zu Ausstellungen zur Geschichte deutscher Krankenhäuser gegenüber den höheren Einnahmen aus dem gut besuchten Bistro mit Verkaufsshop.

---

21 Koenig in Pahlke/Koenig, Abgabenordnung (AO), 2004, zu § 55 Rn 10; vgl. 6.2.
22 Vgl. 2.2.1, Abb. 1 und 2.
23 OFD Frankfurt am Main v. 07.05.2003, DB 2003, S. 1544; Buchna: a.a.O., zu 2.14.4.1, S. 215 ff.
24 Buchna: a.a.O., zu 3.1, S. 300 ff.

> Auf die (Höhe der) Einnahmen allein kommt es nicht an, denn im Rahmen der steuerlichen Beurteilung der verfolgten steuerbegünstigten Zwecke kann z. B. auf die Gesamtaktivitäten und den Zeitaufwand abzustellen sein. Im Ausstellungsbereich arbeiten qualifizierte Mitarbeiter in der Vorbereitung und Durchführung, während im Bistro der Personaleinsatz und der Zeitaufwand geringer sind. Dass der steuerpflichtige wGb „Bistro" den Verein ggf. überwiegend finanziert, ist gewollt und im Rahmen der Steuerbegünstigung zulässig.

Als Abgrenzungskriterium zwischen steuerbegünstigtem und wirtschaftlichem Handeln ist das Verhältnis der Einnahmen zwar tauglich, aber für die abschließende Beurteilung der zu fördernden Tätigkeit nicht alleiniges Mittel, sondern nur ein (mögliches) Kriterium von mehreren Bezugsgrößen.[25] Es ist u.E. sehr wichtig, in diesen Bereichen ein **Problembewusstsein** zu haben oder zu entwickeln, um den Einstieg in mögliche Fehlentwicklungen rechtzeitig zu erkennen.

Nachfolgend geben wir einen **Überblick** über die verschiedenen **Tätigkeitsfelder** einer steuerbegünstigten Körperschaft, die **bis zu vier Bereiche** umfassen können.[26] Häufig wird auch von **Vermögenssphären** der Körperschaft gesprochen. Bedeutung hat diese Unterscheidung z. B. für die Zuordnung der täglichen Abläufe innerhalb der Körperschaft, für die steuerlichen Anforderungen an die Rechnungslegung (z. B. Spartenrechnung[27]) und für die Begriffe nach den Steuergesetzen, soweit sie dort verwendet werden.

- **Ideeller Bereich:** In der Regel wird in diesem Bereich die Möglichkeit geschaffen, die steuerbegünstigte Tätigkeit zu entfalten (z. B. gemeinnütziger Sportverein). Hierzu zählen die innere Verwaltung (z. B. mit einer Geschäftsstelle) und deren Aufgaben, die Beschaffung der sächlichen Mittel, die zur Verwirklichung der ideellen Zwecke erforderlich sind, sowie deren sinnvolle Mittelbewirtschaftung und -verwendung für satzungsmäßige Zwecke. Einnahmen in diesem Bereich sind von den Ertragsteuern grundsätzlich befreit (z. B. § 8 Abs. 5 KStG für Mitgliedsbeiträge für unbeschränkt und beschränkt körperschaftsteuerpflichtige Vereine). Umsatzsteuerrechtlich fallen die Einnahmen im nichtunternehmerischen Bereich an. Die Steuergesetze verwenden diesen Begriff nicht; in den Erlassen der Finanzverwaltung ist dieser Bereich zur Abgrenzung üblich. Bei einer **Krankenhauskörperschaft** ist der **ideelle Bereich** mit seinen Zuordnungen u.E. grundsätzlich **selten gegeben** (Ausnahmen dürften der Verein oder die Stiftung sein), da die den Kernbereich betreffenden Aufgaben dem Zweckbetrieb „Krankenhaus" zuzuordnen sind; dies gilt insbesondere für die Verwaltung eines Krankenhauses.

---

25 Vgl. 6.2.2.
26 Buchna: a.a.O., zu 2.14, S. 202/203; Neuhoff: Drei, vier oder fünf steuerliche Sphären, insbesondere bei Stiftungen? DStZ 2005, S. 191 ff.
27 Vgl. 2.3.4 mit Beispiel; vgl. auch Anhang: Beispiel einer Steuererklärung mit Spartenrechnung.

- **Vermögensverwaltung:** Dieser Bereich liegt in der Regel vor, wenn Vermögen genutzt wird, z. B. Kapitalvermögen verzinslich angelegt oder unbewegliches Vermögen gegen Entgelt überlassen wird (§ 14 Satz 3 AO). „**Vermögen nutzen**" setzt voraus, dass Vermögen vorhanden ist und der Fruchtziehung aus zu erhaltenden Substanzwerten dient.[28] Die bloße Verwaltung eigenen Vermögens ist grundsätzlich nicht wettbewerbsrelevant und wird deshalb vom wirtschaftlichen Geschäftsbetrieb i. S. v. § 14 AO nicht erfasst. Die Einnahmen aus der Vermögensverwaltung sind für die steuerbegünstigte Körperschaft ertragsteuerfrei (z. B. §§ 5 Abs. 1 Nr. 9 Satz 1 KStG, 14 AO); umsatzsteuerrechtlich werden in diesem Bereich zwar Leistungen ausgeführt, die aber in vielen Fällen von der USt befreit sind. Eine **Krankenhauskörperschaft** ist grundsätzlich auch in diesem Bereich tätig.
- **Zweckbetrieb:** In diesem Bereich entfaltet die Körperschaft ihre steuerbegünstigten Zwecke. In seiner Gesamtrichtung muss der Zweckbetrieb dazu dienen, die steuerbegünstigten satzungsmäßigen Zwecke der Körperschaft zu verwirklichen, die von der Körperschaft nur durch einen solchen Geschäftsbetrieb erreicht werden können und die Körperschaft durch diese Tätigkeit nicht in den (potenziellen) Wettbewerb zu nicht begünstigten Betrieben tritt, wie es bei Erfüllung der steuerbegünstigten Zwecke unvermeidbar ist (§ 65 AO). Das Gesetz regelt in § 65 AO die allgemeinen Voraussetzungen eines Zweckbetriebs, die kumulativ zu erfüllen sind. Daneben enthalten die §§ 66 bis 68 AO spezielle, vorrangige Regelungen für Einrichtungen der Wohlfahrtspflege, Krankenhäuser, sportliche Veranstaltungen und einzelne im Gesetz genannte Zweckbetriebe. Die Tätigkeit einer Körperschaft kann sich im Unterhalten eines Zweckbetriebs erschöpfen, wie es z. B. mit dem **Betrieb eines Krankenhauses nach § 67 AO** der Fall ist. Die Einnahmen aus dem Zweckbetrieb sind ertragsteuerfrei (z. B. §§ 5 Abs. 1 Nr. 9 KStG, 14, 64 Abs. 1, 65 bis 68 AO); umsatzsteuerrechtlich führen die Aktivitäten im Zweckbetrieb grundsätzlich zur Steuerbarkeit, aber in vielen Fällen sind sie von der USt befreit.[29]
- **Steuerpflichtiger wirtschaftlicher Geschäftsbetrieb (wGb):** Dieser Bereich bedeutet für die steuerbegünstigte Körperschaft eine sachlich auf den wirtschaftlichen Geschäftsbetrieb beschränkte partielle Steuerpflicht, sofern er kein Zweckbetrieb ist (§ 64 Abs. 1 AO). Würde die Steuerpflicht insoweit nicht eintreten, hätte die steuerbegünstigte Körperschaft einen nicht gerechtfertigten Kosten- und damit Wettbewerbsvorteil gegenüber steuerpflichtigen Unternehmen.[30] Aus diesem Grund wird der steuerpflichtige wirtschaftliche Geschäftsbetrieb grundsätzlich mit KSt, GewSt, USt und GrSt belastet.

Einleitend ist bereits darauf hingewiesen worden, dass es der steuerbegünstigten Körperschaft grundsätzlich freisteht, auf welche Weise sie die von ihr benötigten Mittel erwirtschaftet. **Zwei Grundsätze** sind dabei zu beachten:

---

28 Koenig: a. a. O., zu § 14 AO Rn 22.
29 Vgl. 4.2, Umsatzsteuer-ABC.
30 BFH-Urteil v. 26.04.1995, I R 35/93, BStBl II 1995, S. 767.

- **Mittel** sind grundsätzlich **für den steuerbegünstigten satzungsmäßigen Zweck** zu erwirtschaften. Dabei ist es egal, ob dies durch den wirtschaftlichen Geschäftsbetrieb oder durch Vermögensanlagen geschieht. Diese Tätigkeiten dürfen kein Selbstzweck werden oder gleichberechtigt neben die steuerbegünstigte Zweckverfolgung treten.
- **Mittel** aus allen vier Bereichen sind grundsätzlich **zeitnah** von der steuerbegünstigten Körperschaft für ihre steuerbegünstigten satzungsmäßigen Zwecke zu **verwenden**.

Einzelheiten, die bei der Steuerbegünstigung eines Krankenhausträgers zu beachten sind, werden im Hauptteil des 6. Kapitels umfassend dargestellt.

2.2.3 Steuerpflichtige wirtschaftliche Geschäftsbetriebe (Grundzüge)

Eine steuerbegünstigte Körperschaft kann für den **Betrieb eines Krankenhauses** die Vorteile der Steuervergünstigungen nur in Anspruch nehmen, wenn – abgestellt auf die überwiegende Tätigkeit der Einrichtung – folgende Voraussetzungen vorliegen:[31]

- Die Körperschaft verfolgt steuerbegünstigte Zwecke (gemeinnützig, mildtätig oder kirchlich) im Sinne von § 51 AO.
- Die ärztlichen und pflegerischen Leistungen bilden den Kernbereich der Krankenhausleistungen, so dass der eigenständige Zweckbetrieb nach § 67 AO greift *oder*
- die Tätigkeiten begründen einen anderen eigenständigen Zweckbetrieb nach den speziellen Vorschriften der §§ 66, 68 AO oder nach der allgemeinen Zweckbetriebsdefinition des § 65 AO.

Bei einem steuerbegünstigten **Krankenhausträger mit Zweckbetrieb** gibt es regelmäßig **weitere wirtschaftliche Aktivitäten**, die danach zu beurteilen sind,

- ob sie mit dem Status der Körperschaft nach den Grundlagen für steuerbegünstigte Zwecke vereinbar sind (einschließlich der eigenen Satzung; Voraussetzungen nach §§ 51 bis 68 AO);
- ob sie neben dem steuerfreien Zweckbetrieb (Kernbereich) zu einer partiellen Steuerpflicht führen (insbesondere KSt und GewSt) und in welchem Umfang.

Die Beurteilung ist (wie immer) vom **Einzelfall** abhängig und verlangt ein – außerhalb regelmäßig wiederkehrender typisierender Sachverhalte – gezieltes Prüfungsvorgehen nach feststehenden Grundsätzen. Werden **nach den Einzelsteuergesetzen** (steuerpflichtige) wirtschaftliche Geschäftsbetriebe (wGb) von den Steuervergünstigungen ausgenommen, muss die Körperschaft nach Maßgabe dieser Gesetze von ihren **erzielten Einnahmen** teilweise auch **Steuern finanzieren**.

---

31 Einzelheiten vgl. 6.; Hobelsberger: Steuerpflicht ja oder nein? Gemeinnützig – dennoch KSt und GewSt zahlen? Krankenhaus Umschau, 2005, S. 924–927.

Diese Regelungen werden von dem gesetzgeberischen Gedanken getragen, dass die Körperschaft mit ihren übrigen Aktivitäten am wirtschaftlichen Verkehr teilnehme und damit regelmäßig in Konkurrenz zu anderen Steuerpflichtigen ohne Steuervergünstigungen trete und deshalb grundsätzlich nicht besser gestellt werden dürfe als die anderen Steuerpflichtigen.[32]

Hinsichtlich der Steuerbegünstigung der Körperschaft ist es also **unschädlich**, wenn zusätzlich **ein oder mehrere steuerpflichtige wirtschaftliche Geschäftsbetriebe** (wGb) unterhalten werden. Die Grenze nebeneinander bestehender steuerpflichtiger Geschäftsbetriebe ist **jedoch** dann zu ziehen, wenn diese Tätigkeiten in den Vordergrund der (noch) steuerbegünstigten Körperschaft rücken und sich der Eindruck aufdrängt, dass hier in erster Linie eigenwirtschaftliche Zwecke verfolgt werden, was schädlich ist (§ 55 Abs. 1 AO). Eine Körperschaft ist dann **nicht** mehr steuerbegünstigt, wenn ihr die wirtschaftlichen Aktivitäten das **Gepräge geben**. Diese Gefahr dürfte bei einer Körperschaft mit Krankenhaus als Zweckbetrieb grundsätzlich nicht bestehen, weil die Praxis in der Regel zeigt, dass die allgemeinen Krankenhausleistungen (und die hierfür erzielten Entgelte) gegenüber den üblichen entgeltlichen Wahlleistungen stets eindeutig dominieren.

Sämtliche steuerpflichtigen wirtschaftlichen Geschäftsbetriebe werden nach § 64 Abs. 2 AO als *ein* wirtschaftlicher Geschäftsbetrieb behandelt. **Steuersubjekt** ist nicht der wirtschaftliche Geschäftsbetrieb, sondern die **Körperschaft** selbst. Es gelten die gleichen Grundsätze der Ermittlung des zu versteuernden Einkommens (z. B. Art und Umfang der Buchführungspflicht, Gewinnermittlung, Überschussermittlung, Zuordnung von Einnahmen und Ausgaben) und der Besteuerung einschließlich des Verfahrens wie bei steuerpflichtigen Körperschaften. Grundsätzlich liegen **Einkünfte aus Gewerbebetrieb** vor; bei Vereinen und Stiftungen kann es Ausnahmen geben.[33]

Auf die **Besteuerungsgrenze** nach § 64 Abs. 3 AO ist hinzuweisen, obwohl die Praxis zeigt, dass diese Grenze von den Krankenhäusern mit ihren steuerpflichtigen wirtschaftlichen Geschäftsbetrieben regelmäßig überschritten wird und sie somit nicht vollends von der KSt und GewSt freigestellt werden können. Mit Einnahmen (einschließlich Umsatzsteuer) von 30.678 € im Jahr[34], die nicht überschritten werden dürfen, ist der Betrag relativ gering. Übersteigen die Einnahmen diese Grenze, ist der Überschuss bzw. Gewinn zu ermitteln und der KSt und GewSt zu unterwerfen, soweit die **Freibeträge** des § 24 KStG (3.835 €) und des § 11 Abs. 1 GewStG (3.900 €) überschritten sind. Die Freibeträge gelten zwar auch für die Besteuerungsgrundlagen aus wirtschaftlichen Geschäftsbetrieben, bezüglich der KSt aber nicht für die Kapitalgesellschaft als Steuersubjekt (§ 24 Satz 2 Nr. 1 KStG).

Der **Körperschaftssteuersatz** nach § 23 Abs. 1 KStG beträgt 25 % (ab 2001 mit Ausnahme 2003: 26,5 %). Der SolZ nach § 4 SolZG in Höhe von 5,5 % wird von der festgesetzten KSt erhoben. Die Berechnung der **GewSt** ist abhängig vom

---

32 Buchna: a. a. O., zu 2.14.1: Grundsätzliches, S. 204 f, m. w. N.
33 Zum Besteuerungsverfahren nach dem KStG und GewStG vgl. Buchna: a. a. O., zu 4.1 und 4.3.
34 Ab 01.01.2007 möglicherweise 35.000 € (lt. Referentenentwurf v. 14.12.2006).

Steuermessbetrag und dem Hebesatz, der von der hebeberechtigten Gemeinde festgelegt wird.

2.2.4 Ausländische Körperschaften

Der Umfang der Steuerbefreiung wird vom Gesetzgeber nach geltendem Recht weiter eingeschränkt: Körperschaften, die im Inland weder ihre Geschäftsleitung noch ihren Sitz haben (sog. ausländische Körperschaften) können die maßgebenden steuerlichen Vergünstigungen nicht beanspruchen. Sie **unterliegen stets mit ihren inländischen Einkünften der KSt** (§§ 5 Abs. 2 Nr. 2, 2 Nr. 1 KStG). Dieser Ausschluss von der KSt-Befreiung wurde bisher zwar gesehen, aber auch mit Nennung von Rechtfertigungsgründen hingenommen.[35]

Angesichts der **Ausrichtung des Steuerrechts** für steuerbegünstigte Zwecke sowie deren Umsetzung in den Einzelsteuergesetzen **auf das Inland** war es absehbar, dass der Europäische Gerichtshof (EuGH) mit Fragen der Besteuerung von Betroffenen in grenzüberschreitenden Fällen konfrontiert werden würde. Der Bundesfinanzhof (BFH) hat mit dem Vorlagebeschluss im Juli 2004[36] nunmehr seine Zweifel geäußert, ob der Ausschluss von der KSt-Befreiung **gemeinschaftsrechtlichen Anforderungen** ohne weiteres **standhält**. Der Ausschluss könnte gegen die Grundfreiheiten der Niederlassungsfreiheit, der Dienstleistungsfreiheit und/oder der Kapitalverkehrsfreiheit verstoßen, deren Auslegung dem EuGH vorbehalten ist. Ferner ist festzuhalten, dass der BFH eine Förderung der Allgemeinheit im Sinne von § 52 AO auch für gegeben hält, wenn die steuerbegünstigten Zwecke ausnahmslos oder überwiegend im Ausland erfüllt werden.

Da die Ungleichbehandlung durch § 5 Abs. 2 Nr. 2 KStG allein auf den **steuerlichen Sitz** einer EU-ausländischen gemeinnützigen Stiftung zurückzuführen war, hat der EuGH[37] nunmehr entschieden, dass diese Ausnahmebestimmung für ausländische (gemeinnützige) Körperschaften gemeinschaftswidrig ist.

Zweifel werden geäußert, ob der **Begriff der Allgemeinheit** im Sinne von § 52 AO die vom BFH getroffene (weite) Auslegung verträgt, weil sie nicht zwingend sei.[38] So sieht Schäfers[39] den Personenkreis der Allgemeinheit (vorerst wohl noch) auf die Deutschen begrenzt, und zwar mit folgender Argumentation:

---

35 Buchna: a.a.O., zu 2.1.1, S. 20; zu 4.1.3, S. 385; Knorr/Klaßmann: a.a.O., S. 32/33, m.w.N.
36 BFH-Beschluss v. 14.07.2004, I R 94/02, BStBl II 2005, S. 721.
37 EuGH-Urteil v. 14.09.2006, C-386/04, DStR 2006, S. 1736 ff; vgl. zu den Grundsatzfragen auch Helios/Müller: Vereinbarkeit des steuerlichen Gemeinnützigkeitsrechts mit dem EG-Vertrag, BB 2004, 2332 ff; Kube: Die Zukunft des Gemeinnützigkeitsrechts in der europäischen Marktordnung, IStR 2005, S. 469 ff.
38 Schäfers in Anmerkung zum Vorlagebeschluss des BFH v. 14.07.2004, IStR 2004, S. 752 (S. 755 ff); BMF-Schreiben v. 20.09.2005, DStR 2005, S. 1732; a.A.: Thömmes/Nakhai: Anm. zum BMF-Schreiben, DB 2005, S. 2259.
39 Schäfers, wie in vorstehender Fn, S. 755.

„Die europäische Integration sei jedenfalls noch nicht soweit fortgeschritten, dass die Gemeinwohlverpflichtung des deutschen Staates durch eine staatsübergreifende bzw. europäische Gemeinwohlförderung abgelöst würde. Insbesondere bewirke auch die Unionsbürgerschaft nicht, dass die Staatsangehörigen der anderen Mitgliedsstaaten dem deutschen Staat wie dessen Staatsangehörige gegenübertreten. Daher wäre es vertretbar gewesen, den Personenkreis der Allgemeinheit weiterhin auf die deutschen Staatsangehörigen und die deutsche Bevölkerung begrenzt zu verstehen." Der Begriff der Allgemeinheit wirke in der Auslegung des BFH damit „nur als Abgrenzungsmerkmal zur Verfolgung von Individual- bzw. Partikularinteressen." Der strukturelle Inlandsbezug rechtfertigt u.E. eine engere Auslegung des Begriffs für das deutsche Gemeinnützigkeitsrecht. Im Zuge des Zusammenwachsens von Europa wird sich der Schwerpunkt der Förderung allerdings auf die Unterstützung der europäischen Allgemeinheit verschieben.

2.3 Grundsätze der Gewinnermittlung

2.3.1 Grundlagen der steuerlichen Gewinnermittlung

Sofern die Einkünfte des Trägers eines Krankenhauses der ESt oder KSt und der GewSt unterliegen, ist das zu versteuernde Einkommen bzw. der Gewerbeertrag grundsätzlich nach den Vorschriften des EStG, des KStG und des GewStG zu ermitteln. Für alle drei Ertragsteuerarten sind dabei die im EStG vorgeschriebenen Gewinnermittlungsmethoden verbindlich.

Vollkaufleute und bestimmte andere Gewerbetreibende, die aufgrund gesetzlicher Vorschriften verpflichtet sind Bücher zu führen und regelmäßig Abschlüsse zu machen, oder die dies freiwillig tun, haben den Gewinn durch Betriebsvermögensvergleich (**Bilanzierung**) unter Berücksichtigung der handelsrechtlichen Bilanzierungsgrundsätze zu ermitteln (§ 4 Abs. 1, § 5 Abs. 1 EStG). Ausgehend von der maßgeblichen Handelsbilanz zum Schluss des Wirtschaftsjahres wird eine Steuerbilanz erstellt, welche die steuerlichen Vorschriften der Gewinnermittlung beachtet, die von den handelsrechtlichen Gewinnermittlungsvorschriften abweichen. **Bilanzierungspflichtig** sind danach folgende Steuerpflichtige:

- Alle **gewerblichen Betriebe**, die nach § 238 HGB der Buchführungspflicht unterliegen. Von der handelsrechtlichen Buchführungspflicht ausgenommen sind lediglich die Kaufleute, deren Unternehmen nach Art oder Umfang einen in kaufmännischer Weise eingerichteten Geschäftsbetrieb nicht erfordert (§ 1 HGB). Da die Krankenhausträger mit dem Krankenhausbetrieb kein Handelsgewerbe i.S.d. HGB betreiben, unterliegen sie auch nicht der gesetzlichen Buchführungspflicht gemäß §§ 238 ff HGB. Dennoch bilanzieren viele Krankenhausträger nach den handelsrechtlichen Grundsätzen. Die Verpflich-

tung zur Bilanzierung ergibt sich in der Praxis insbesondere aus einer entsprechenden Regelung im Gesellschaftsvertrag des Krankenhausträgers.
- Steuerpflichtige, die **nach anderen Gesetzen** als den Steuergesetzen buchführungspflichtig sind (§ 140 AO). Dazu gehören auch die Steuerpflichtigen, die nach der **Krankenhaus-Buchführungsverordnung** (KHBV) oder der **Pflegebuchführungsverordnung** (PBV) Bücher zu führen haben.
- Gewerbliche Unternehmer, die nach den **Feststellungen des Finanzamtes** für den einzelnen Betrieb Umsätze von mehr als 350.000 € im Kalenderjahr ausweisen (für Kalenderjahre die nach dem 31.12.2006 beginnen: mehr als 500.000 € im Kalenderjahr[1]) oder einen Gewinn aus Gewerbebetrieb von mehr als 30.000 € im Wirtschaftsjahr haben (sog. steuerliche Buchführungspflichten nach Aufforderung durch das Finanzamt; § 141 AO).

Steuerpflichtige, die nicht verpflichtet sind ihren Gewinn nach Bilanzierungsgrundsätzen zu ermitteln, können als Gewinn den Überschuss der Betriebseinnahmen über die Betriebsausgaben ansetzen (sog. **Einnahmenüberschussrechnung**; § 4 Abs. 3 EStG).

Zur **Ermittlung des steuerpflichtigen Einkommens** ist der nach §§ 4 Abs. 1, 5 Abs. 1 bzw. § 4 Abs. 3 EStG ermittelte Gewinn um Hinzurechnungen (z.B. nicht abziehbare Betriebsausgaben gemäß § 4 Abs. 5 EStG) und Kürzungen (z.B. steuerfreie Betriebseinnahmen gemäß § 3 EStG) zu korrigieren.

2.3.2 Bilanzierungspflichtige Krankenhäuser

Die meisten Krankenhausträger in Deutschland gehören zu den buchführungspflichtigen Steuerpflichtigen, die Bücher führen und regelmäßig Abschlüsse machen. Die Buchführungspflichten für die unter den Anwendungsbereich des KHEntG bzw. der BPflV fallenden Krankenhäuser ergeben sich aus der KHBV. Deshalb bilanzieren in der Praxis neben den Krankenhäusern der Kapitalgesellschaften auch die Krankenhäuser der jPdöR, die Krankenhäuser in der Rechtsform der Stiftung oder des eingetragenen Vereins und die Krankenhäuser der Personengesellschaften.

Zu den **bilanzierungspflichtigen Krankenhäusern** zählen insbesondere:

- Krankenhäuser, die von **Kapitalgesellschaften** betrieben werden (§ 238 Abs. 1 HGB); dazu gehören auch die Krankenhäuser der steuerbegünstigten Kapitalgesellschaften.
- Krankenhäuser, die in den **Anwendungsbereich der KHBV** fallen, unabhängig von ihrer Rechtsform und rechtlichen Selbständigkeit (§ 1 KHBV). Die Buchführungspflichten erstrecken sich nur auf die wirtschaftliche Einheit „Krankenhaus", nicht aber auf andere Einrichtungen des Krankenhausträgers (z.B. Pflegeeinrichtungen, Ausbildungseinrichtungen, medizinische Versorgungszentren, Rehabilitationseinrichtungen, Vermietung von Wohnungen oder

---

[1] § 141 Abs. 1 Satz 1 AO in der Fassung des Gesetzes zum Abbau bürokratischer Hemmnisse v. 22.08.2006, BGBl. 2006, S. 1971, 1972.

Wohnheimen usw.). Für die anderen Einrichtungen kann aber ebenfalls eine Buchführungspflicht in Betracht kommen, z. B. nach der PBV, nach § 141 AO oder nach der Satzung des Trägers.
- Die **steuerpflichtigen wirtschaftlichen Geschäftsbetriebe** der steuerbegünstigten Krankenhausträger, sofern sie gemäß § 141 Abs. 2 AO vom Finanzamt auf die steuerlichen Buchführungspflichten hingewiesen wurden und sich eine Buchführungspflicht nicht bereits aus § 238 HGB oder § 140 AO ergibt. Das setzt aber voraus, dass der Krankenhausträger mit seinem steuerpflichtigen wirtschaftlichen Geschäftsbetrieb als gewerblicher Unternehmer anzusehen ist, z. B. die Belieferung anderer Träger mit Medikamenten aus der Krankenhausapotheke. Das gilt auch für die **ertragsteuerpflichtigen Aktivitäten der Krankenhäuser der jPdöR** (Betriebe gewerblicher Art).

Nicht bilanzierungspflichtig sind die Privatkliniken der freiberuflichen Ärzte und Personengesellschaften, die nicht in den Anwendungsbereich der KHBV fallen.

Auf die **Besonderheiten der KHBV und der PBV** gegenüber den handelsrechtlichen Bilanzierungsregeln soll hier nicht weiter eingegangen werden, da diese im Wesentlichen die **Gliederungsvorschriften** betreffen. Nach der sogenannten Formblatt-Ermächtigung des § 330 Abs. 1 HGB dürfen Krankenhaus-Kapitalgesellschaften ihren Jahresabschluss in einer von den handelsrechtlichen Vorschriften abweichenden Gliederung (§§ 266, 275 HGB) aufstellen, sofern dies die entsprechenden Formblattverordnungen zur Berücksichtigung der KHBV und der PBV vorsehen. Hinsichtlich der Ansatz- und Bewertungsvorschriften bestehen zwischen HGB und KHBV bzw. PBV aber keine wesentlichen Unterschiede.

2.3.3 Von der Handelsbilanz zur Steuerbilanz

2.3.3.1 Umfang der Maßgeblichkeit der Handelsbilanz für die steuerliche Gewinnermittlung

Krankenhäuser, die ihren Gewinn durch Betriebsvermögensvergleich ermitteln (§ 4 Abs. 1 EStG), haben die Grundsätze der **Maßgeblichkeit der Handelsbilanz** für die steuerliche Gewinnermittlung zu beachten. Gemäß § 5 Abs. 1 Satz 1 EStG ist zum Schluss des Wirtschaftsjahres das Betriebsvermögen anzusetzen, das nach den handelsrechtlichen Grundsätzen ordnungsgemäßer Buchführung (GoB) auszuweisen ist (materielle Maßgeblichkeit). Der Maßgeblichkeitsgrundsatz wird ergänzt durch die **umgekehrte Maßgeblichkeit**, die besagt, dass die steuerrechtlichen Wahlrechte bei der Gewinnermittlung in Übereinstimmung mit der handelsrechtlichen Jahresbilanz anzusetzen sind (formelle Maßgeblichkeit). Vom Grundsatz der umgekehrten Maßgeblichkeit werden ausschließlich die Regelungen erfasst, nach denen steuerrechtliche Ansatz- und Bewertungswahlrechte in die Handelsbilanz übernommen werden dürfen, obwohl sie den GoB widersprechen. Hierzu gehören z. B. §§ 273, 279 Abs. 2 HGB für überhöhte Abschreibungen (z. B. Sonderabschreibungen nach dem FördG) und Sonderposten mit Rücklageanteil (z. B. Rücklage gemäß § 6 b EStG oder Rücklage für Ersatzbeschaffung gemäß EStR 35).

Der Maßgeblichkeitsgrundsatz steht in der Kritik, da er die teilweise unterschiedlichen Zielsetzungen der handelsrechtlichen und steuerrechtlichen Gewinnermittlung vernachlässigt. Dieser Zielkonflikt wird durch den immer stärker werdenden Einfluss der internationalen Rechnungslegungsgrundsätze (IAS, US-GAAP) auf das deutsche Handelsrecht noch verstärkt.[2] Den handelsrechtlichen Bilanzierungsregeln steht insbesondere die stärkere Bedeutung des Objektivierungsgedankens für das Steuerbilanzrecht entgegen. Da die Besteuerung in die Rechte der Steuerpflichtigen eingreift, werden an die Besteuerungstatbestände besondere Anforderungen gestellt. Sie müssen nach Inhalt, Gegenstand, Zweck und Ausmaß für den Steuerpflichtigen vorhersehbar und berechenbar sein.[3] Daher wird der Maßgeblichkeitsgrundsatz bei der Ermittlung des Steuerbilanzgewinns häufig durchbrochen.

Abweichungen zwischen Handels- und Steuerbilanz ergeben sich insbesondere in folgenden Fällen:

- **Handelsrechtliche Ansatz- und Bewertungswahlrechte**: Es dürfen keine Ansatzwahlrechte aus der Handelsbilanz übernommen werden (Beispiel: Aufwandsrückstellungen dürfen gemäß § 249 Abs. 2 HGB angesetzt werden; für die Steuerbilanz gilt ein Ansatzverbot).
- **Handelsrechtliche Ermessensspielräume**: Die Steuerbilanz folgt dem Objektivierungsgedanken, so dass insbesondere an die Bewertung der Aktiva und Passiva in der Steuerbilanz höhere Ansprüche gestellt werden. Das im HGB verankerte Vorsichtsprinzip wird für steuerliche Zwecke relativiert (Beispiel: Pensionsrückstellungen dürfen gemäß § 6 a EStG nur gebildet werden, wenn eindeutige Angaben zu Art, Form, Voraussetzungen und Höhe der in Aussicht gestellten künftigen Leistungen vorliegen).

Unterschiede zwischen Handelsbilanz und steuerrechtlicher Gewinnermittlung bestehen auch in konzeptioneller Hinsicht, die nach Scheffler[4] in 4 Gruppen eingeteilt werden können, von denen die folgenden auch für Krankenhäuser bedeutsam sind:

- **Rechtsformbesteuerung**: Als Ergebnis des steuerlichen Mitunternehmerkonzeptes bei der Besteuerung von Personengesellschaften ist neben der Handelsbilanz der Personengesellschaft (Gesamthandsvermögen) auch das dem Betrieb der Personengesellschaft dienende Sonderbetriebsvermögen, das einem Gesellschaftern gehört, für steuerliche Zwecke in einer Sonderbilanz zu erfassen. Die (hälftige) Steuerbefreiung für Dividenden und Veräußerungsgewinne beim Verkauf von Anteilen an Kapitalgesellschaften und die Behandlung der damit im Zusammenhang stehenden Aufwendungen unterscheidet sich grundlegend

---

2 Weber-Grellet, in: Schmidt: EStG 2004, § 5 Rz 27.
3 Scheffler: Abweichungen zwischen Handels- und Steuerbilanz, BBK Beilage 1/2004, S. 7.
4 Scheffler: a. a. O., S. 10.

von der ergebniswirksamen Erfassung der Beteiligungserträge und -aufwendungen in der Handelsbilanz.
- Genaue **Abgrenzung des betrieblichen Bereichs von der privaten bzw. gesellschaftsrechtlichen Sphäre** durch außerbilanzielle Korrektur des Bilanzergebnisses bei Entnahmen/Einlagen bzw. verdeckten Gewinnausschüttungen/verdeckten Einlagen.
- **Spezielle steuerrechtliche Besonderheiten:** Handelsrechtliche Steuerabgrenzungsposten (§ 274 HGB) sind für die steuerliche Gewinnermittlung ohne Bedeutung. Bestimmte steuerfreie Betriebseinnahmen (z. B. § 3 EStG) und nicht abziehbare Betriebsausgaben (z. B. § 4 Abs. 5 EStG) sind im Gegensatz zur handelsrechtlichen Gewinnermittlung zu beachten. Außerdem sind die eigenständigen steuerrechtlichen Vorschriften zur Bilanzänderung und Bilanzberichtigung (§ 4 Abs. 2 EStG) einzuhalten.

Bei der Ableitung des steuerlichen Gewinns aus dem Handelsbilanzergebnis wird zwischen steuerbilanziellen und außerbilanziellen Korrekturen unterschieden. Die **steuerbilanziellen Unterschiede** betreffen die Unterschiede hinsichtlich des Ansatzes und der Bewertung von Bilanzposten. Sie werden bei der Aufstellung der Steuerbilanz berücksichtigt. Die **außerbilanziellen Korrekturen** im Rahmen der Steuererklärungen werden außerhalb der Steuerbilanz durch Hinzurechnungen und Kürzungen des Steuerbilanzergebnisses vorgenommen und betreffen insbesondere die Erfassung von steuerfreien Betriebseinnahmen bzw. nicht abziehbaren Betriebsausgaben sowie von Einlagen/Entnahmen und verdeckten Gewinnausschüttungen/verdeckten Einlagen.

2.3.3.2 Aufstellung der Steuerbilanz

Sofern keine Steuerbilanzabweichungen vorhanden sind entspricht das Steuerbilanzergebnis dem Handelsbilanzergebnis (**sog. Einheitsbilanz**).

Bestehen nur bei Einzelposten Abweichungen zwischen den Bilanzen wird in der Praxis häufig von der Aufstellung einer gesonderten Steuerbilanz Abstand genommen und nur der Gewinnunterschied zur Handelsbilanz in der Steuererklärung erfasst. Die Gewinnunterschiede sind dann aber in einer Ergebnisfortschreibung als Anlage zur Steuererklärung zu erläutern (§ 60 Abs. 2 Satz 1 EStDV).

Wir empfehlen zur Erfassung der steuerbilanziellen Unterschiede **grundsätzlich** die Aufstellung einer **Steuerbilanz**. Die Erfahrung zeigt, dass die Erstellung einer Steuerbilanz nicht schwieriger ist als die anderweitige Erfassung und Dokumentation steuerlicher Gewinnunterschiede. Zudem hat die Aufstellung einer Steuerbilanz u.E. folgende **Vorteile**:

- Vermögensunterschiede zwischen Handelsbilanz- und Steuerbilanzposten, die über einen längeren Zeitraum bestehen, können besser nachvollzogen werden. Im Jahr des Ausgleichs von Vermögensunterschieden werden die sich daraus ergebenden Gewinnunterschiede nicht „vergessen" (vgl. nachfolgendes Beispiel).
- Die im Rahmen von steuerlichen Betriebsprüfungen entstehenden Vermögensunterschiede können leichter nachvollzogen und fortentwickelt werden. Au-

ßerdem ist die Beherrschung der Technik des Aufstellens von Steuerbilanzen für das Lesen von Betriebsprüfungsberichten hilfreich, da die Betriebsprüfung die festgestellten Beanstandungen ebenfalls bilanziell darstellt (sog. Prüferbilanz).
- Aus der Steuerbilanz ist das steuerliche Eigenkapital zum Bilanzstichtag sofort ersichtlich. Damit entfällt z. B. eine gesonderte Ermittlung des steuerlichen Eigenkapitals für die Ermittlung des ausschüttbaren Gewinns von Körperschaften (§ 27 Abs. 1 KStG).
- Steuerbilanzwerte können auch für andere Steuerarten von Bedeutung sein. So ist z. B. für Zwecke der GrESt und ErbSt im Sachwertverfahren u. a. der Steuerbilanzwert der Gebäude zu ermitteln (§ 147 Abs. 2 BewG).

Die **Steuerbilanz** ist grundsätzlich ausgehend von der (maßgeblichen) Handelsbilanz (oder Bilanz nach der KHBV) aufzustellen. Für jeden einzelnen Posten der Handelsbilanz ist zu prüfen, ob sich steuerrechtliche Ansatz- und Bewertungsunterschiede ergeben. Bestehen keine Unterschiede entspricht der Steuerbilanzwert dem Handelsbilanzwert. Bestehen steuerbilanzielle Abweichungen sind diese in der Steuerbilanz zu erfassen. Anschließend werden die aktiven und passiven Vermögensunterschiede zwischen Handels- und Steuerbilanz ermittelt. Aus der Entwicklung des Vermögensunterschieds im Vergleich zum Vorjahr kann dann für jeden Bilanzposten der Gewinnunterschied errechnet werden (Ergebnis der steuerlichen Mehr- oder Wenigerrechnung).

Beispiel: Technik der steuerlichen Mehr- oder Wenigerrechnung
(Vergleich von Handels- und Steuerbilanz)

Die bilanzierungspflichtige Krankenhaus-GmbH hat **zum 31. Dezember 2004** einen handelsrechtlichen Jahresüberschuss in Höhe von 250.000 € ermittelt. Auf Wertpapiere des Umlaufvermögens (AK: 50.000 €) hat die GmbH Abschreibungen auf den niedrigen Kurswert von 45.000 € zum Bilanzstichtag in Höhe von 5.000 € vorgenommen (§ 253 Abs. 3 HGB). Im Februar 2005 hat sich der Kurswert wieder erhöht und beträgt fortan 51.000 €. Außerdem hat die GmbH eine Rückstellung für drohende Verluste aus schwebenden Geschäften (Drohverlustrückstellung) in Höhe von 10.000 € passiviert. In der Handelsbilanz zum **31. Dezember 2005**, die einen Jahresfehlbetrag von 5.000 € ausweist, werden die Wertpapiere des Umlaufvermögens wieder mit den AK aktiviert (Zuschreibung). Die Drohverlustrückstellung beträgt nach einem Verbrauch nur noch 5.000 €. Im Geschäftsjahr 2003 entsprach die Steuerbilanz der Handelsbilanz.
Für steuerbilanzielle Zwecke sind zum 31. Dezember 2004 die Wertpapiere des Umlaufvermögens mit 50.000 € anzusetzen, da keine dauerhafte Wertminderung vorliegt.[5] Die Drohverlustrückstellung darf in der Steuerbilanz gemäß § 5 Abs. 4 a EStG nicht angesetzt werden.

---
5 BMF v. 25.02.2000, BStBl I 2000, S. 372, Rz. 23

2.3 Grundsätze der Gewinnermittlung

> Zur Berücksichtigung dieser Unterschiede zur Handelsbilanz sind die Steuerbilanzposten und die steuerliche Mehr- oder Wenigerrechnung wie folgt zu entwickeln:

Zum 31.12.2004

Handelsbilanz	Steuerbilanz	Vermögens-unterschied 31.12.2003	Gewinn-unterschied 2004	Vermögens-unterschied 31.12.2004
Wertpapiere	Wertpapiere			
45.000 €	50.000 €	0 €	+ 5.000 €	+ 5.000 €
Drohverlust-rückstellung	Drohverlust-rückstellung			
10.000 €	0 €	0 €	+ 10.000 €	+ 10.000 €
Gewinn lt. GuV			+ 250.000 €	
	Gewinn		**+ 265.000 €**	

Zum 31.12.2005

Handelsbilanz	Steuerbilanz	Vermögens-unterschied 31.12.2004	Gewinn-unterschied 2005	Vermögens-unterschied 31.12.2005
Wertpapiere	Wertpapiere			
50.000 €	50.000 €	+ 5.000 €	- 5.000 €	0 €
Drohverlust-rückstellung	Drohverlust-rückstellung			
5.000 €	0 €	+ 10.000 €	- 5.000 €	+ 5.000 €
Verlust lt. GuV			- 5.000 €	
	Verlust		**- 15.000 €**	

> Für das **Geschäftsjahr 2004** ergibt sich aus der Steuerbilanz ein um 15.000 € höheres Betriebsvermögen. In Höhe des Vermögenszuwachses errechnet sich ein Mehrergebnis laut Steuerbilanz von 15.000 €, so dass der Steuerbilanzgewinn 265.000 € beträgt. Im **Geschäftsjahr 2005** wird der Vermögensunterschied im Vergleich zum Vorjahr abgebaut. Die Vermögensminderung führt zu einem Minderergebnis von 10.000 €, so dass der Steuerbilanzverlust 15.000 € beträgt.
> Die erstellte Steuerbilanz ist der Steuererklärung gemäß § 60 Abs. 2 EStDV beizufügen.

Zur Aufstellung einer **Steuerbilanz** bzw. zur Erläuterung von Gewinnunterschieden sind **auch** die (partiell) **steuerbefreiten Krankenhausträger** verpflichtet (§ 60 Abs. 2 EStDV), sofern steuerbilanzielle Unterschiede zur Handelsbilanz bestehen. Jedoch wird im Hinblick auf die Steuerbefreiungen (§ 5 Abs. 1 Nr. 9 KStG, § 3 Nr. 6 und 20 GewStG) in der Praxis häufig darauf verzichtet. Auch die Finanzverwaltung beanstandet dies bei den steuerbegünstigten Krankenhausträgern in der Regel nicht, sofern eine gesonderte Gewinnermittlung für die steuerpflichtigen Aktivitäten der wirtschaftlichen Geschäftsbetriebe eingereicht wird.[6]

2.3.4 Besonderheiten bei bilanzierungspflichtigen steuerbegünstigten Krankenhäusern (Spartenrechnung)

2.3.4.1 Spartenrechnung durch Aufspaltung der Gewinn- und Verlustrechnung

Der steuerbegünstigte Krankenhausträger ist nur mit seinen Einkünften aus dem steuerpflichtigen wirtschaftlichen Geschäftsbetrieb (wGb) ertragsteuerpflichtig.[7] Bei der steuerlichen Gewinnermittlung für diesen partiell steuerpflichtigen Bereich sind die erläuterten Vorschriften des EStG und KStG grundsätzlich zu beachten.

Die steuerbegünstigten Krankenhausträger ermitteln den Gewinn in der Regel gemäß §§ 238 ff HGB bzw. nach den Vorschriften der KHBV.[8] Insofern ist Ausgangspunkt für die Berechnung des steuerpflichtigen Gewinns im wirtschaftlichen Geschäftsbetrieb der Jahresabschluss des Krankenhausträgers.

Fraglich könnte sein, ob der Gewinn des wGb durch Bilanzierung oder im Wege einer Einnahmenüberschussrechnung zu ermitteln ist oder ob insoweit ein Wahlrecht besteht. U.E. sind die steuerbegünstigten Krankenhausträger in der Rechtsform der Kapitalgesellschaft bereits nach dem Wortlaut von § 5 Abs. 1 EStG auch für ihren steuerpflichtigen Bereich zur Bilanzierung verpflichtet. Für die anderen steuerbegünstigten Krankenhausträger (z. B. Vereine, Stiftungen und öffentliche Träger) folgt die Verpflichtung zur Bilanzierung für den wGb der Be-

---

6 Vgl. 2.3.3.
7 Vgl. 2.2.
8 Vgl. 2.3.2.

triebseinheit „Krankenhaus" (§ 140 AO i. V. m. der KHBV). Der steuerliche Gewinn des steuerpflichtigen wirtschaftlichen Geschäftsbetriebs ist also regelmäßig durch Bilanzierung zu ermitteln. Diese Auffassung wird auch von der Finanzverwaltung vertreten.[9]

In der **Praxis** wird der Gewinn der ertragsteuerpflichtigen Aktivitäten der steuerbegünstigten Krankenhausträger durch Aufspaltung der Gewinn- und Verlustrechnung des Trägers ermittelt (**Spartenrechnung**). Für jedes der bis zu vier möglichen Tätigkeitsfelder/Sphären[10] hat der Träger eine gesonderte Gewinn- und Verlustrechnung zu erstellen. Die **Technik** zur Erstellung der Sparten- Gewinn- und Verlustrechnungen ist unterschiedlich. In der Praxis werden **zwei Methoden** angewandt:

- **Direkte Methode**: In der Buchhaltung werden die Erträge und Aufwendungen im Rahmen einer Kostenstellenrechnung erfasst und direkt den zuvor in der Finanzbuchhaltung eingerichteten Sparten (Kostenstellen) ideeller Bereich, Vermögensverwaltung, Krankenhaus-Zweckbetrieb, andere Zweckbetriebe und steuerpflichtigen wGb zugerechnet (alternativ: Profitcenter-Rechnung). Gemeinkosten, die alle Sparten betreffen bzw. interne Verrechnungen werden durch eine interne Leistungsverrechnung auf die Sparten nach einem zuvor eingerichteten Schlüssel verteilt, der einer ständigen Überprüfung und ggf. Anpassung unterliegen sollte.
- **Indirekte Methode**: In einer Nebenrechnung, außerhalb der Finanzbuchhaltung, wird für die Bereiche Vermögensverwaltung und steuerpflichtige wGb jeweils eine Gewinn- und Verlustrechnung erstellt. Das Ergebnis der Sparte Krankenhaus-Zweckbetrieb (und ggf. anderer Zweckbetriebe) wird dann rechnerisch ermittelt (Differenz aus Gesamt-Gewinn- und Verlustrechnung abzüglich der Bereiche Vermögensverwaltung und steuerpflichtige wGb). Im ideellen Bereich werden grundsätzlich Spendeneinnahmen erfasst, die u. E. auch dem Zweckbetrieb zugeordnet werden können, weil bei einem steuerbegünstigten Krankenhausträger (z. B. GmbH) ein ideeller Bereich nicht unbedingt gegeben sein muss; ausnahmsweise kann für einen Verein aufgrund der Mitgliederstruktur etwas anderes gelten (z. B. Einnahmen aus Mitgliedsbeiträgen).

Wir **empfehlen**, die Spartenergebnisse grundsätzlich nach der indirekten Methode (nachträglich) zu ermitteln. Wird die direkte Methode gewählt, muss bereits bei der Einbuchung der einzelnen Geschäftsvorfälle eine genaue Abgrenzung nach den steuerbegünstigten Sphären erfolgen, was in der Praxis häufig mit Schwierigkeiten verbunden sein dürfte, da nicht alle Mitarbeiter der Finanzbuchhaltung und Kostenrechnung mit den steuerrechtlichen Abgrenzungskriterien vertraut sind. Außerdem dient die Kostenstellenrechnung bzw. Profitcenter-Rechnung betriebswirtschaftlichen Zielen und dem Controlling, so dass die zusätzliche Abbildung der Spartenergebnisse zu Problemen führen könnte. Im Rahmen der Vorbe-

---

9 Vgl. Anleitung zum Vordruck „Einnahmenüberschussrechnung-Anlage EÜR".
10 Vgl. 2.2.2.6.

reitung der Steuererklärungen sollte die Spartenrechnung von der Körperschaft selbst oder dem Steuerberater erstellt werden.[11]

Beispiel: Spartenrechnung nach der indirekten Methode

Die gemeinnützige Krankenhaus-GmbH weist in ihrer Gewinn- und Verlustrechnung für das Geschäftsjahr 2005 einen Jahresüberschuss von 50.000 € aus. Darin enthalten sind Erträge und Aufwendungen der steuerpflichtigen wirtschaftlichen Geschäftsbetriebe (wGb) „Apotheke" (Verkauf an Dritte) und „Cafeteria" sowie der Vermögensverwaltung (VermVerw), welche die Bereiche „Wohnungsvermietungen" und „Wertpapiere" umfasst.

1. Schritt: Gewinn- und Verlustrechnung für den einheitlichen Bereich wGb:

Posten der Gewinn- und Verlustrechnung	Apotheke	Cafeteria	Gesamt
	Euro	Euro	Euro
Sonstige betriebliche Erträge			65.500
Erlöse: Verkauf von Medikamenten	45.000		
Erlöse: Verkauf von Speisen		20.500	
Materialaufwand (Wareneinsatz)	20.000	8.000	28.000
Personalaufwand			25.000
Apotheke (anteilige Kosten)	15.000		
Cafeteria		10.000	
Abschreibungen (anteilig)	3.000	3.000	6.000
Sonstige betriebliche Aufwendungen			5.000
Anteile an den Gemeinkosten	2.000	1.500	
Direkte Fremdkosten	1.000	500	
Steuern vom Einkommen und Ertrag	500		500
Jahresüberschuss/-fehlbetrag	3.500	-2.500	1.000

---

11 Vgl. Anhang: Beispiel einer Steuererklärung mit Spartenrechnung, die entweder aus der direkten Methode folgt oder in Abstimmung zwischen Finanzbuchhaltung und Steuerberater u.a. aus der Summen- und Saldenliste entwickelt werden kann.

2.3 Grundsätze der Gewinnermittlung

2. Schritt: Gewinn und Verlustrechnung für den Bereich Vermögensverwaltung:

Posten der Gewinn- und Verlustrechnung	Wohnungen	Wertpapiere	Gesamt
	Euro	Euro	Euro
Sonstige betriebliche Erträge			25.000
Mieterträge	20.000		
Kursgewinne		5.000	
Personalaufwand (anteilig)	1.000	-	1.000
Abschreibungen (Gebäude-AfA)	10.000	-	10.000
Sonstige betriebliche Aufwendungen			6.500
Anteile an den Gemeinkosten	2.000	500	
Instandhaltungskosten	4.000		
Zinserträge		10.000	10.000
Wertpapierabschreibungen		6.000	6.000
Posten der Gewinn- und Verlustrechnung	**Wohnungen**	**Wertpapiere**	**Gesamt**
	Euro	Euro	Euro
Zinsaufwendungen	5.000		5.000
Jahresüberschuss/-fehlbetrag	**-2.000**	**8.500**	**6.500**

3. Schritt: Ermittlung des Ergebnisses für den Krankenhaus-Zweckbetrieb: Unter Berücksichtigung der Gesamt-Ergebnisse aus den Sparten wirtschaftliche Geschäftsbetriebe (+ 1.000 €) und Vermögensverwaltung (+ 6.500 €) errechnet sich für den Krankenhaus-Zweckbetrieb ein Jahresüberschuss in Höhe von 42.500 €. Die Gewinn- und Verlustrechnung für den Krankenhaus-Zweckbetrieb ergibt sich aus der Differenz der Werte der Gewinn- und Verlustrechnung des Krankenhausträger und der Werte aus den obigen Sparten-Gewinn- und Verlustrechnungen.

2.3.4.2 Ansatz von gemischt veranlassten Kosten bei der Gewinnermittlung

Bei der Ermittlung des Gewinns aus dem steuerpflichtigen wGb sind alle Betriebsausgaben zu berücksichtigen, die durch den Betrieb veranlasst sind. Dazu gehören die Ausgaben, die **unmittelbar dem Betrieb zuzuordnen** sind, da sie ohne den Betrieb nicht oder zumindest nicht in dieser Höhe angefallen wären.[12]

Gemischt veranlasste Kosten, die sowohl durch die steuerfreien als auch durch die steuerpflichtigen Tätigkeiten veranlasst sind,[13] dürfen grundsätzlich nicht abgezogen werden, wenn diese Kosten ihren primären Anlass im steuerfreien Bereich haben (**sog. Primärkosten**). Mit dieser Auffassung folgt die Finanzverwaltung zunächst der Rechtsprechung des BFH.[14] Allerdings lässt die Finanzverwaltung[15] im Gegensatz zum BFH den **weiteren Abzug von indirekten Kosten**, (die primär durch die steuerfreien Tätigkeiten, z.B. Krankenhaus-Zweckbetrieb, veranlasst sind) zu, wenn **ein objektiver Maßstab für die Aufteilung** der Aufwendungen besteht. Danach können auch Personal- und Sachkosten für die allgemeine Verwaltung im steuerpflichtigen wGb (anteilig) abgezogen werden.

Bei einer **Gewichtung der verschiedenen Anlässe** kommen bei der Zuordnung der Ausgaben als (objektive und leicht nachvollziehbare) **Maßstäbe** für die Aufteilung gemischter Kosten insbesondere in Betracht:

- Aufteilung nach **zeitlichen** Kriterien, z.B. Kostenaufteilung nach dem zeitlichen Nutzungsanteil bei der entgeltlichen Überlassung medizinisch-technischer Großgeräte oder zeitanteilige Berücksichtigung von Personalkosten für Arzthelferinnen, Schreibdienst und Buchhaltung nach dem Tarifrecht
- Aufteilung nach dem Verhältnis der Betriebseinnahmen
- Aufteilung nach dem Verhältnis des **Wareneinsatzes**, z.B. Kostenaufteilung bei Krankenhaus-Apotheken, die Leistungen an andere Träger erbringen.

Nach unseren **Erfahrungen** wird die Finanzverwaltung dem gewählten Aufteilungsmaßstab immer dann folgen, wenn das Ergebnis (anteiliger Betriebsausgabenabzug) wirtschaftlich vertretbar und nach der Lebenserfahrung maßvoll und angemessen ist sowie die angesetzten Maßstäbe nachvollziehbar und dokumentiert sind. Auch die Finanzverwaltung verfügt aus den Betriebsprüfungen über Erfahrungen, so dass das Führen eines Rechtsstreit über den Ansatz gemischt veranlasster Kosten wohl überlegt sein sollte, zumal angesichts der restriktiven Rechtsprechung des BFH die Erfolgsaussichten (vorab) einzuschätzen sind.

---

12 AEAO zu § 64 Tz 4.
13 Vgl. 2.2.2.6.
14 AEAO zu § 64 Tz 5; BFH-Urteil v. 27.03.1991, I R 31/89, BStBl II 1992, S. 103; BFH-Urteil v. 21.07.1999, I R 55/98, BFH/NV 2000, S. 85; BFH-Urteil v. 05.06.2003, I R 76/01, BStBl II 2005, S. 305; DB 2003, S. 2526.
15 AEAO zu § 64 Tz 6; AEAO zu § 55 Tz 5 Abs. 2; vgl. dazu Buchna: a.a.O., zu 4.1.4.1, S. 398 ff (400/401); OFD Düsseldorf und OFD Münster, Vfg. v. 29.04.2005, Krhs 2005, S. 889 f; Winheller: Aktuelle Entwicklungen im Gemeinnützigkeitsrecht 2005, DStZ 2006, S. 215 ff, (S. 217 zu II.1.d) Zahlung von Umlagen an die Trägerkörperschaft).

2.3.4.3 Gewinnermittlung beim Betrieb gewerblicher Art (BgA)

Die Krankenhäuser der jPdöR werden nicht von den Buchführungspflichten des HGB erfasst, da der Betrieb eines Krankenhauses kein Handelsgewerbe ist. Für diese Krankenhäuser gelten regelmäßig die **Vorschriften der KHBV**, die den Krankenhausträgern Rechnungslegungs- und Buchführungsvorschriften hinsichtlich ihrer Krankenhausbetriebe auferlegen. Folglich kann der steuerliche Gewinn eines Krankenhaus-BgA aus dem nach den Vorschriften der KHBV aufgestellten Jahresabschluss abgeleitet werden.

Die aus Sicht der Finanzverwaltung zu beachtenden Besonderheiten bei der steuerlichen Einkommensermittlung eines BgA werden in den KStR erläutert.

Danach ist das zu versteuernde Einkommen für jeden einzelnen BgA gesondert zu ermitteln. Eine **Zusammenfassung von verschiedenen BgA** einer jPdöR, insbesondere zur Verrechnung von Gewinnen und Verlusten, ist nur bei gleichartigen BgA zulässig.[16] Deshalb darf z. B. ein Krankenhaus-BgA, der mit seinen ertragsteuerlichen Aktivitäten ein positives zu versteuerndes Einkommen erzielt, nicht mit den typischen Verlustbetrieben (z. B. Verkehrsbetrieb oder Bäderbetrieb) zum Zwecke des Verlustausgleichs zusammengefasst werden.

Wesentliche Betriebsgrundlagen des BgA sind auch ohne eine entsprechende Widmung stets als notwendiges Betriebsvermögen des BgA zu behandeln, es sei denn, das Wirtschaftsgut gehört zum Hoheitsbereich der Trägerkörperschaft. Die (wegen der fiktiven Verselbstständigung des BgA) grundsätzlich zulässigen Miet- und Pachtvereinbarungen des BgA mit seiner Trägerkörperschaft werden in diesem Zusammenhang für steuerliche Zwecke nicht anerkannt, da die überlassenen wesentlichen Betriebsgrundlagen bereits als notwendiges Betriebsvermögen des BgA gelten.

Besonderheiten ergeben sich bei **Darlehensverträgen** zwischen der Trägerkörperschaft und dem BgA. Die an die Trägerkörperschaft gezahlten Zinsen werden nur dann als Betriebsausgaben anerkannt, wenn der BgA ein angemessenes Eigenkapital ausweist. Ein BgA ist nach Auffassung der Finanzverwaltung grundsätzlich dann angemessen mit Eigenkapital ausgestattet, wenn das Eigenkapital mindestens 30 % des Aktivvermögens beträgt.[17] Ist der BgA nicht angemessen mit Eigenkapital ausgestattet wird das Darlehen als Eigenkapital behandelt mit der Folge, dass die insoweit angefallenen Zinsen als verdeckte Gewinnausschüttungen (vGA) des BgA an die Trägerkörperschaft anzusehen sind.[18]

Die möglichen Auswirkungen einer vGA haben für den Krankenhaus-BgA grundsätzlich keine Bedeutung, weil dieser in der Regel als steuerbegünstigter Zweckbetrieb einzuordnen ist und die Gewinne des Krankenhaus-Zweckbetriebs ertragsteuerbefreit sind. Sobald der Krankenhaus-BgA aber ertragsteuerpflichtige Aktivitäten entfaltet, sind die Besonderheiten bei der steuerlichen Gewinnermittlung zu beachten. Hinsichtlich der Technik der Gewinnermittlung für den parti-

---
16 Vgl. KStR 7.
17 Vgl. KStR 33 Abs. 2.
18 Vgl. 6.2.5, insbes. 6.2.5.1: Zuwendungsverbot an Trägerkörperschaft; zu Umlagenzahlungen eines BgA an seine Trägerkörperschaft: vgl. OFD Düsseldorf und OFD Münster, Vfg. v. 29.04.2005, Krhs 2005, S. 889 f.

ell steuerpflichtigen Bereich eines Krankenhaus-BgA wird auf die Ausführungen zur Gewinnermittlung der steuerpflichtigen wGb der steuerbegünstigten Krankenhäuser verwiesen.

2.3.5 Gewinnermittlung durch Einnahmenüberschussrechnung bei Krankenhäusern niedergelassener Ärzte

2.3.5.1 Die Einnahmenüberschussrechnung gemäß § 4 Abs. 3 EStG

Steuerpflichtige, die nicht aufgrund gesetzlicher Vorschriften verpflichtet sind, Bücher zu führen und regelmäßig Abschlüsse zu machen, und die auch keine Bücher führen und keine Abschlüsse machen, können als Gewinn gemäß § 4 Abs. 3 EStG den Überschuss der Betriebseinnahmen über die Betriebsausgaben ansetzen (sog. Einnahmenüberschussrechnung).

Die Ermittlung des Gewinns gemäß § 4 Abs. 3 EStG kommt nur bei den Krankenhausbetrieben der freiberuflichen Ärzte und bei Krankenhausbetrieben in der Rechtsform der Personengesellschaft in Betracht, sofern diese Krankenhausbetriebe nicht in den Anwendungsbereich der KHBV fallen. Die zum Anwendungsbereich des KHEntgG bzw. der BPflV gehörenden Krankenhäuser haben unabhängig von ihrer Rechtsform und rechtlichen Selbstständigkeit die Vorschriften der KHBV anzuwenden, soweit die stationären und teilstationären Leistungen dieser Einrichtungen nach dem KHEntgG bzw. der BPflV vergütet werden.[19]

Somit dürften nur die ertragsteuerpflichtigen Privatkliniken der freiberuflichen Ärzte und Personengesellschaften in den Anwendungsbereich von § 4 Abs. 3 EStG fallen.

Gemäß § 60 Abs. 4 EStDV müssen die Steuerpflichtigen, die den Gewinn nach § 4 Abs. 3 EStG ermitteln, ihrer Steuererklärung eine Gewinnermittlung nach amtlich vorgeschriebenem Vordruck beifügen. Diese Regelung gilt erstmals für Wirtschaftsjahre, die nach dem 31. Dezember 2004 beginnen. Davon ausgenommen sind Steuerpflichtige, deren Betriebseinnahmen die Grenze von 17.500 € unterschreiten.[20] Der amtlich vorgeschriebene Vordruck „**Einnahmenüberschussrechnung-Anlage EÜR**" und die Anleitung zum Ausfüllen des Vordrucks stehen auf den Internetseiten des BMF zum Download bereit. In der Praxis umstritten ist zurzeit der von der Finanzverwaltung vorgegebene Umfang der Angaben im „neuen" Vordruck.

Wie den Hinweisen auf Seite 1 der Anleitung zum Vordruck der Anlage EÜR entnommen werden kann, gilt die Abgabepflicht auch für steuerbegünstigte Körperschaften, die nicht zur Buchführung verpflichtet sind, wenn die Einnahmen einschließlich Umsatzsteuer aus steuerpflichtigen wGb die Freigrenze von 30.678 € übersteigen. Da die steuerbegünstigten Krankenhausträger in der Regel bilanzieren, dürfte u.E. die Verwendung dieses Vordrucks kaum in Betracht kommen.

---

19 Knorr/Klaßmann: a.a.O., S. 239, m.w.N.
20 BMF v. 24.01.2005, IV A 7-S 1451-10/05.

2.3.5.2 Besonderheiten der Gewinnermittlung für Privatkliniken niedergelassener Ärzte unter Berücksichtigung des Trennungsgebots

Ein Arzt, der eine Privatklinik mit Gewinnerzielungsabsicht betreibt, erzielt aus dem Betrieb der Klinik freiberufliche und gewerbliche Einkünfte, wenn die Leistungen der Klinik einerseits und die ärztlichen Leistungen andererseits gesondert abgerechnet werden. Aus dem **Trennungsgebot** folgt, dass die freiberuflichen und gewerblichen Einkünfte gesondert festzustellen sind. Die **Einkünfte** aus den **stationären ärztlichen Leistungen** sind im Rahmen einer Einnahmenüberschussrechnung gemäß § 4 Abs. 3 EStG und die Einkünfte aus den **gewerblichen Pflegeleistungen** (Pflegesatzerlöse, Telefon und Getränke usw.) gemäß § 4 Abs. 1 EStG durch Bestandsvergleich (Bilanzierung) zu ermitteln.

Die getrennte Gewinnermittlung kann nach **zwei Methoden** erfolgen:

- Die Klinik errechnet den gesamten Gewinn durch doppelte Buchführung (Bilanzierung) und erstellt aus der Gewinn- und Verlustrechnung mittels einer Überleitung eine Einnahmenüberschussrechnung für die stationären ärztlichen Leistungen.
- Alternativ wird umgekehrt der Gesamtgewinn durch eine Einnahmenüberschussrechnung ermittelt und für den gewerblichen Bereich daraus eine Gewinn- und Verlustrechnung abgeleitet.

Im Folgenden soll anhand eines Beispiels die getrennte Gewinnermittlung erläutert werden.

Beispiel: Getrennte Gewinnermittlung gemäß § 4 Abs. 3 EStG

> Ein Chirurg betreibt eine Facharztpraxis und eine Privatklinik. Die ärztlichen Leistungen rechnet der Chirurg nach der GOÄ gesondert ab. Je nach der Belegung in einem Einzel-, Zwei- oder Dreibettzimmer berechnet der Chirurg seinen Patienten Pflegesätze. Eine Pflegesatzvereinbarung mit Kranken- oder Ersatzkassen besteht nicht. Die Einnahmen und Ausgaben werden mittels einer Einnahmenüberschussrechnung gemäß § 4 Abs. 3 EStG aufgezeichnet.

Für das **Geschäftsjahr 2004** ergibt sich folgendes Bild:

Betriebseinnahmen	Euro	Euro
Arzthonorar ambulant	130.000	
Arzthonorar stationär	370.000	
Kassenhonorare	210.000	
Pflegesatzerlöse	505.000	
Telefon und Getränke	7.000	1.222.000

2 Ertragsbesteuerung der Krankenhäuser

Betriebsausgaben (brutto)	Euro	Euro
Personalkosten	450.000	
Material- und Arzneimittelkosten	100.000	
Abschreibungen medizinischer Geräte	100.000	
Laborkosten	30.000	
Abschreibungen Klinik- und Praxisgebäude	20.000	
Abschreibung Praxiswert	4.000	
Sonstige Kosten	75.000	
Gewerbesteuer	20.000	799.000
Überschuss		**423.000**

Im **1. Schritt** werden nun die aufgezeichneten Einnahmen und Ausgaben nach Tätigkeitsbereichen (freiberufliche ärztliche Tätigkeit und gewerbliche Tätigkeiten) getrennt. Um eine möglichst genaue Zuordnung der Kosten zu erzielen, sollten bereits im Verlaufe des Geschäftsjahres einzeln zuordenbare Kosten gesondert erfasst werden. Kosten die auf beide Tätigkeitsbereiche entfallen, wie z. B. Abschreibungen oder Personalkosten, müssen nach einem wirtschaftlich vertretbaren Schlüssel verteilt werden.
Anschließend erfolgt im **2. Schritt** für die gewerblichen Einkünfte eine Überleitung zum Betriebsvermögensvergleich (Bilanzierung) in dessen Ergebnis eine Gewinn- und Verlustrechnung erstellt wird. Im Rahmen einer Überleitungsrechnung werden die nichtzahlungswirksamen Erträge und Aufwendungen erfasst.

1. Schritt: Trennung der Einnahmen/Ausgaben nach Tätigkeitsbereichen

	Gesamt	Ärztliche Leistungen	Pflegeleistungen
Betriebseinnahmen	Euro	Euro	Euro
Arzthonorar ambulant	130.000	130.000	0
Arzthonorar stationär	370.000	370.000	0
Kassenhonorare	210.000	210.000	0
Pflegesatzerlöse	505.000	0	505.000
Telefon und Getränke	7.000	0	7.000
	1.222.000	**710.000**	**512.000**

2.3 Grundsätze der Gewinnermittlung

Betriebsausgaben (brutto)	Euro	Euro	Euro
Personalkosten	450.000	200.000	250.000
Material- und Arzneimittelkosten	100.000	40.000	60.000
Abschreibungen medizinischer Geräte u. a.	100.000	85.000	15.000
Laborkosten	30.000	30.000	0
Abschreibungen Klinik- und Praxisgebäude	20.000	10.000	10.000
Abschreibung Praxiswert	4.000	4.000	0
Sonstige Kosten	75.000	50.000	25.000
Gewerbesteuer	20.000	0	20.000
	799.000	419.000	380.000
Überschuss	**423.000**	**291.000**	**132.000**

2. Schritt: Überleitung der Einnahmenüberschussrechnung für die Pflegeleistungen in eine Gewinn- und Verlustrechnung

	Euro
Überschuss lt. Einnahmenüberschussrechnung	132.000
Korrekturen; insbesondere zur Berücksichtigung der nicht zahlungswirksamen Geschäftsvorfälle:	
Bestandserhöhung bei den Arzneimitteln	+ 3.000
Im Überschuss enthaltene Einnahmen aus Zahlungseingängen auf Forderungen aus Vorjahren	− 10.000
Zugang der Forderungen im Geschäftsjahr	+ 12.000
Im Überschuss enthaltene Ausgaben für Verbindlichkeiten und Rückstellungen der Vorjahre	+ 15.000
Zugang bei den Verbindlichkeiten und Rückstellungen im Geschäftsjahr	− 12.000
Gewinn	**140.000**

Die im Beispiel dargestellte Verfahrensweise zur Berücksichtigung des Trennungsgebots kann nicht auf den Krankenhausbetrieb einer Personengesellschaft übertragen werden. In dem Fall ist die sogenannte → *Abfärbetheorie* zu beachten.

2.4 ABC der Ertragsbesteuerung der Krankenhäuser

Nach der Einführung in die Grundlagen der Ertragsbesteuerung der Krankenhäuser werden nachfolgend Einzelfragen zu den Steuerarten **Einkommensteuer (ESt)**, **Körperschaftsteuer (KSt)** und **Gewerbesteuer (GewSt)** erläutert. Im nach **Stichworten** sortierten ABC der Ertragsbesteuerung werden auch allgemein gültige Vorschriften erläutert, sofern diese vom Krankenhausträger besonders zu beachten sind. Da sich viele Träger von Krankenhäusern durch Umstrukturierungen zu Krankenhauskonzernen gewandelt haben, werden auch typische Fragen der Konzernbesteuerung behandelt. Die wesentlichen Grundlagen der Steuerbegünstigung nach der AO sind in Stichworten im Kapitel 6.7 in ABC-Form aufgeführt.

Stichworte

A	Abfärbetheorie 60		L	Laborleistungen............................93
	Apparate-, Großgeräte- und Laborgemeinschaften................................62		M	Medizinische Großgeräte 93
				Medizinisches Versorgungszentrum.94
B	Bauabzugsteuer 64		N	Nichtveranlagungsbescheinigung.....94
	Betriebsaufspaltung........................67		O	Organgesellschaft 95
D	Dividendenbesteuerung 74			Organschaft 95
F	Freibeträge (KSt/GewSt).................74			Organträger 103
G	Gesellschafter-Fremdfinanzierung....75		P	Praxisgebühr 104
	Gewerbesteuerbefreiung.................81		R	„Reichensteuer" 104
	Gewerbesteuerentlastung................84		S	Steuerbefreiung (Beginn und Erlöschen nach § 13 KStG)............105
	Gewinnausschüttung......................85			
	Gutachterleistungen 85		V	Verdeckte Einlagen......................105
H	Halbeinkünfteverfahren 85			Verdeckte Gewinnausschüttung.....106
	Heilberufe 88			Vermögensverwaltung..................111
K	Kapitalertragsteuer........................89			Verlustabzug 111
	Körperschaftsteuerbefreiung...........92		W	Wirtschaftlicher Geschäftsbetrieb..115
	Krankenhaus.................................93		Z	Zweckbetrieb 115

Abfärbetheorie
1. Begriff und Rechtsfolgen
2. Krankenhäuser von Personengesellschaften
3. Krankenhäuser freiberufliche Ärzte

1. Begriff und Rechtsfolgen

Die Abfärbetheorie ist von Krankenhäusern der **Freiberufler und Ärzten** in Gemeinschaftspraxis zu beachten. Wird eine an sich freiberuflich tätige Personengesellschaft durch den Betrieb einer Klinik auch gewerblich tätig, hat dies die Gewerblichkeit sämtlicher Einkünfte der Personengesellschaft zur Folge (sog. Abfärbetheorie gemäß § 15 Abs. 3 Nr. 1 EStG). Im Ergebnis der Abfärbung unterliegen alle Einkünfte der Personengesellschaft der Gewerbesteuer.

2. Krankenhäuser von Personengesellschaften

Die schädliche Rechtsfolge der Abfärbung, nämlich die Gewerbesteuerpflicht, kann dadurch vermieden oder wieder beseitigt werden, dass die → *Gewerbesteuerbefreiung für Krankenhäuser* gemäß § 3 Nr. 20 b) GewStG auch für die Tätigkeiten in Betracht kommt, die ohne Abfärbung freiberuflich wären.[1]

Beispiel: Rechtsfolgen bei Abfärbung

> Eine von drei Ärzten in der Rechtsform der GbR betriebene Gemeinschaftspraxis unterhält eine Augenklinik. Aufgrund der Aufteilung der beiden Tätigkeitsbereiche Praxis und Klinik wird für die Klinik hinsichtlich der Beköstigung und Beherbergung der Patienten ein Gewinn erzielt. Da der Krankenhausbetrieb einen Gewinn anstrebt, stellt sich der Klinikbetrieb nicht als notwendiges Hilfsmittel der freiberuflichen ärztlichen Tätigkeit der GbR dar. Die GbR ist daher teilweise freiberuflich und teilweise gewerblich tätig, so dass die freiberuflichen Einkünfte zwingend in gewerbliche Einkünfte umzuqualifizieren sind (Abfärbung gemäß § 15 Abs. 3 Nr. 1 EStG). Die Gesellschafter erzielen also gewerbliche Einkünfte (insgesamt).
>
> Die Einkünfte aus der Gemeinschaftspraxis und die Einkünfte aus dem Klinikbetrieb bleiben aber gemäß § 3 Nr. 20 b) GewStG gewerbesteuerfrei, sofern der Klinikbetrieb die dort genannten Voraussetzungen für die Gewerbesteuerbefreiung erfüllt.[2]

Immer dann, wenn § 3 Nr. 20 b) GewStG nicht greift, kann ein „Infizieren" der eigentlich freiberuflichen Einkünfte durch den Gewerbebetrieb Privatklinik nach der Abfärbetheorie dadurch vermieden werden, dass die gewerbliche Tätigkeit der Privatklinik eindeutig von der Tätigkeit der Gemeinschaftspraxis abgegrenzt wird. Diese Abgrenzung wird dadurch erreicht, dass die gewerbliche Betätigung durch eine zweite Personengesellschaft der gemeinschaftlich tätigen Ärzte ausgeübt wird.[3] Dieses sogenannte Ausgliederungsmodell wird von der Finanzverwaltung anerkannt.[4]

Beispiel: Ausgliederungsmodell zur Vermeidung der Abfärbung

> Zur gemeinsamen Ausübung einer Facharztpraxis für Augenkrankheiten schließen sich drei Ärzte in der Rechtsform der GbR zu einer Gemeinschaftspraxis (Augenarztpraxis) zusammen. Zur Erbringung von stationären ärztlichen Leistungen gründen die drei Augenärzte eine zweite personenidentische Klinik-GbR (Augenklinik). Die Augenklinik wird in eigenen Räumen mit eigenem Hinweisschild tätig, hat von der Augenarztpraxis getrennte Bank-

---

[1] BFH-Urteil v. 30.08.2001, BStBl II, 2002, S. 152.
[2] Ebenda.
[3] BFH-Urteil v. 19.02.1998, BStBl II 1998, S. 603.
[4] BMF-Schreiben v. 14.05.1997, BStBl I 1997, S. 566.

> konten, einen eigenen Briefkopf und eine eigenständige Buchhaltung. Die
> Augenklinik erzielt Gewinne. Die Voraussetzungen des § 3 Nr. 20 b) GewStG
> liegen bei der Augenklinik nicht vor.
> Die Tätigkeit der Augenklinik wird gewerblich ausgeübt, so dass die beteiligten Augenärzte insoweit gewerbliche Einkünfte beziehen. Da sich die Tätigkeit der Augenklinik nach außen eindeutig erkennbar von der Augenarztpraxis abgrenzen lässt, kommt es nicht zur Anwendung der Abfärbetheorie, so dass die Einkünfte der Augenarztpraxis weiterhin als freiberufliche Einkünfte der Ärzte zu behandeln sind.

Durch die oben erläuterte Rechtsprechung des BFH, wonach die Gewerbesteuerbefreiung gemäß § 3 Nr. 20 b) GewStG auf ursprünglich freiberufliche Einkünfte anzuwenden ist, kommt dem Ausgliederungsmodell nur dann Bedeutung zu, wenn die Einkünfte aus der Privatklinik, wie im Beispielsfall, **nicht** von der Gewerbesteuer befreit werden. In diesem Fall würden infolge der Abfärbung auch die eigentlich freiberuflichen ärztlichen Einkünfte der Gewerbesteuer unterliegen, sofern die gewerbliche Tätigkeit (Klinik) nicht in eine gesonderte Gesellschaft ausgegliedert wird. Die Wirkungen der Abfärbung können auch in den Fällen der → *Betriebsaufspaltung* eintreten.

3. Krankenhäuser freiberuflicher Ärzte

Die Anwendung der Abfärbetheorie ist auf die Personengesellschaften beschränkt. Bei den Krankenhäusern freiberuflicher Ärzte sind die Einkünfte aus gemischten Tätigkeiten, freiberufliche ärztliche Tätigkeiten und gewerbliche Tätigkeiten (Beköstigung und Verpflegung der Patienten), grundsätzlich getrennt zu ermitteln, sofern dies nach der Verkehrsauffassung möglich ist (vgl. 2.1.2: Beispiel).

Apparate-, Großgeräte- und Laborgemeinschaften
1. Wesen der Apparate-, Großgeräte- und Laborgemeinschaften
2. Ertragsteuerliche Behandlung
3. Beteiligung von Krankenhauskörperschaften
4. Gewerbebetrieb (als Ausnahme)

1. Wesen der Apparate-, Großgeräte- und Laborgemeinschaften

Aus Kostengründen schließen sich Krankenhäuser und niedergelassene Ärzte häufig zu Apparate-, Großgeräte- und Laborgemeinschaften zusammen, vorwiegend in Form einer GbR. Gesellschaftszweck ist der gemeinsame Betrieb von medizinischen Apparaten und Großgeräten bzw. medizinischen Laboren. Die Apparate-, Großgeräte- und Laborgemeinschaften mieten die für den Betrieb von medizinischen Apparaten, Großgeräten und Laboren notwendigen Räume, stellen das erforderliche Hilfspersonal ein und mieten oder beschaffen die notwendigen Apparate, Großgeräte und Einrichtungen. In der Regel arbeiten die Gemeinschaften lediglich kostendeckend, wobei die laufenden Betriebskosten von den beteiligten Krankenhäusern und Ärzten nach dem jeweiligen Grad der Inanspruchnahme der Geräte oder des Labors im Umlageverfahren erhoben werden.

Die Gemeinschaften treten nicht in Rechtsbeziehungen zu den Patienten. Die Liquidationen erfolgen ausschließlich durch die behandelnden Krankenhäuser und Ärzte, getrennt nach ihren Patienten.

2. Ertragsteuerliche Behandlung

Die zu einer Apparate-, Großgeräte- und Laborgemeinschaft zusammengeschlossenen Ärzte und Krankenhäuser sind an dem Geräte- und Laborbetrieb, der Gegenstand der Einkunftserzielung ist, beteiligt.

Diese Gemeinschaften unterliegen regelmäßig wegen fehlender Gewinnerzielungsabsicht nicht der Gewerbesteuer.

Bei der Tätigkeit der Apparate-, Großgeräte- und Laborgemeinschaft handelt es sich um Hilfstätigkeiten der ärztlichen Tätigkeit. Die entsprechenden Einnahmen aus einer solchen Gemeinschaft bzw. aus deren Leistungen sind daher den Einnahmen aus selbstständiger Arbeit der beteiligten Ärzte oder den Einkünften der Krankenhäuser zuzurechnen. Auf der Ebene der jeweiligen Gemeinschaft werden die anteiligen Betriebsausgaben der Beteiligten gesondert festgestellt und als Betriebsausgaben im Rahmen der Gewinnermittlung der beteiligten Ärzte und Krankenhäuser erfasst. Hinsichtlich der Zuordnung zu den freiberuflichen Einkünften der Ärzte spielt es keine Rolle, dass aus abrechnungstechnischen Gründen die Laborleistungen in einen analytischen und einen ärztlichen Honoraranteil aufgeteilt werden.

Die ertragsteuerliche Behandlung der von den Apparate-, Großgeräte- und Laborgemeinschaften erhobenen Umlagen zur Deckung der laufenden Betriebskosten ist von der **Buchung der Umlagen** bei der Gemeinschaft abhängig.

- Werden die Umlagen erfolgsneutral als Einlagen gebucht, darf der beteiligte Arzt oder das beteiligte Krankenhaus die gezahlten Umlagen nicht als gewinnmindernde Betriebsausgabe abziehen, sondern hat sie auf dem Beteiligungskonto zu aktivieren. Diese erhobenen Umlagen dienen dann lediglich der Finanzierung der laufenden Betriebskosten. Die bei der Gemeinschaft entstandenen abziehbaren Betriebsausgaben werden über die gesonderte Feststellung des Verlustes der Gemeinschaft den Beteiligten anteilig zugerechnet.
- Werden die Umlagen von der Gemeinschaft als Betriebseinnahmen erfasst, müssen die Beteiligten die Umlagen in ihrer Gewinnermittlung als Betriebsausgaben ausweisen. Da sich bei den Gemeinschaften in diesem Fall Einnahmen und Ausgaben in gleicher Höhe gegenüberstehen (sollten), erhalten die Beteiligten aus der Gemeinschaft keinen Verlust zugewiesen.

In beiden Fällen wirken sich bei den Beteiligten nur die anteilig anfallenden Aufwendungen der Gemeinschaft gewinnmindernd aus. Wir empfehlen die erfolgsneutrale Buchung der Umlagen durch die beteiligten Ärzte bzw. Krankenhäuser. Dadurch wird auch buchhalterisch deutlich gemacht, dass die Gemeinschaft keine Einnahmen erzielt, sondern sich lediglich auf die Aufteilung der Ausgaben beschränkt. Gemäß § 2 Abs. 1 der Verordnung über die gesonderte Feststellung von Besteuerungsgrundlagen nach § 180 Abs. 2 AO ist für das Feststellungsverfahren das Betriebsfinanzamt (§ 19 Abs. 1 Nr. 2 AO) zuständig. Das ist das Finanzamt, in dessen Bezirk sich die Behandlungsräume der Gemeinschaft befinden.

3. Beteiligung von Krankenhauskörperschaften

Beteiligen sich Krankenhauskörperschaften an Apparate-, Großgeräte- bzw. Laborgemeinschaften ändert sich der beschriebene steuerliche Charakter der Gemeinschaft nicht, sofern die Gemeinschaft nicht nach außen, also gegenüber den Patienten in Erscheinung tritt. Insbesondere entsteht nur durch die Beteiligung z. B. einer Krankenhaus-GmbH keine gewerblich geprägte Personengesellschaft (§ 15 Abs. 3 Nr. 1, 2 EStG).

Die von einer Apparate-, Großgeräte- bzw. Laborgemeinschaft zugerechneten anteiligen Aufwendungen gehören bei der GmbH zum Krankenhausbetrieb und bei einer gemeinnützigen Krankenhaus-GmbH zum Zweckbetrieb (§ 67 AO). Die Beteiligung eines steuerbegünstigten Krankenhauses an einer solchen Gemeinschaft verstößt grundsätzlich nicht gegen die Vorschriften des Gemeinnützigkeitsrechts.[5]

4. Gewerbebetrieb (als Ausnahme)

In folgenden Fällen werden Apparate-, Großgeräte- bzw. Laborgemeinschaften ausnahmsweise gewerblich tätig:

- Erbringt eine Laborgemeinschaft auch Laboruntersuchungen an Nichtmitglieder und ist nach der sogenannten Stempeltheorie eine eigenverantwortliche Tätigkeit der Laborgemeinschaft nicht mehr gegeben, wird die Laborgemeinschaft insgesamt gewerblich tätig (dito bei Behandlung fremder Patienten durch eine Großgerätegemeinschaft).
- Eine Apparate- bzw. Großgerätegemeinschaft überlässt infolge eigener mangelnder Auslastung Apparate/Großgeräte anderen niedergelassenen Ärzten oder Krankenhäusern zur entgeltlichen Nutzung. Das berechnete Nutzungsentgelt enthält neben den Kosten auch einen Gewinnaufschlag, so dass die Gemeinschaft mit Gewinnerzielungsabsicht tätig wird.

Es ist darauf hinzuweisen, dass die Finanzverwaltung die **gemeinsame Nutzung** medizinischer Großgeräte insoweit begünstigt, als sie die Entgelte aus einer mit Gewinnzuschlag berechneten Überlassung durch Gemeinschaftspraxen nicht als Einkünfte aus Gewerbebetrieb einstuft.[6]

Bauabzugsteuer

1. Steuerabzug bei Bauleistungen
2. Begriff der Bauleistung
3. Abzugsverpflichtung
4. Abstandnahme vom Steuerabzug/Freistellungsbescheinigung
5. Verfahren und Haftung

1. Steuerabzug bei Bauleistungen

Durch das Gesetz zur Eindämmung illegaler Betätigungen im Bauwesen wurde mit Wirkung vom 01.Januar 2002 die gesetzliche Regelung zum Steuerabzug

---

5 BMF-Schreiben v. 25.03.1987, DB 1987, S. 1016.
6 OFD Rheinland, Vfg. v. 02.02.2006, DB 2006, S. 304; BMF-Schreiben v. 25.03.1987, DB 1987, S. 1016.

bei Bauleistungen (§§ 48–48 c EStG) eingeführt. Danach ist der Empfänger einer Bauleistung, sofern er ein Unternehmer i. S. d. § 2 UStG oder eine jPdöR ist, verpflichtet, von der Gegenleistung (Bruttorechnungsbetrag) einen Steuerabzug von 15 % für Rechnung des Leistenden (Bauunternehmer) vorzunehmen (§ 48 Abs. 2 EStG). Der Steuerabzug (Bauabzugsteuer) ist nicht vorzunehmen, wenn der Leistende dem Leistungsempfänger eine im Zeitpunkt der Gegenleistung gültige Freistellungsbescheinigung nach § 48 b EStG vorlegt (§ 48 Abs. 2 EStG).

Diese Regelung gilt grundsätzlich auch für die steuerbegünstigten Krankenhausträger, da diese im Rahmen ihrer Zweckbetriebe, der Vermögensverwaltung oder der steuerpflichtigen wirtschaftlichen Geschäftsbetriebe als umsatzsteuerliche Unternehmer tätig werden. Ebenfalls erfasst werden die Krankenhausträger der jPdöR; auch jene die mit ihren Krankenhausbetrieben hoheitlich tätig werden (z. B. Krankenhäuser der Religionsgemeinschaften).[7]

2. Begriff der Bauleistung

Unter Bauleistung versteht der Gesetzgeber alle Leistungen, die der Herstellung, Instandsetzung, Instandhaltung, Änderung oder Beseitigung von Bauwerken dienen (§ 48 Abs. 1 EStG). Der Begriff des „Bauwerks" ist nach Auffassung der Finanzverwaltung[8] weit auszulegen und umfasst demzufolge nicht nur Gebäude, sondern darüber hinaus sämtliche irgendwie mit dem Erdboden verbundene oder infolge ihrer eigenen Schwere auf ihm ruhende, aus Baustoffen oder Bauteilen mit baulichem Gerät hergestellte Anlagen. Dazu gehören z. B.:

- Einbau von Fenstern und Türen
- Einbau von Bodenbelägen, Aufzügen, Rolltreppen und Heizungsanlagen
- Einbau von Einrichtungsgegenständen, wenn sie mit einem Gebäude fest verbunden sind (Praxiseinbauten, Einbau von Großgeräten)
- Installation von Lichtwerbeanlagen
- Dachbegrünung
- Erstellung von Hausanschlüssen durch Energieversorgungsunternehmen.

Keine Bauleistungen sind z. B.:

- die ausschließlich planerischen Leistungen der Statiker, Architekten, Vermesser und Bauingenieure
- die Arbeitnehmerüberlassung, auch wenn der Entleiher Bauleute überlässt
- die Reinigung von Gebäuden
- die Materiallieferungen der Baustoffhändler und Baumärkte
- der Gerüstbau.

3. Abzugsverpflichtung

Der Steuerabzug ist grundsätzlich von jedem umsatzsteuerlichen Unternehmer vorzunehmen, sofern die Leistung für den unternehmerischen Bereich bezogen wird. Die Abzugsverpflichtung besteht auch für Unternehmen, die ausschließlich

---

[7] Vgl. Einzelheiten zur Bauabzugsteuer: BMF-Schreiben v. 27.12.2002 und 04.09.2003, BStBl I 2002, S. 1399 und BStBl I 2003, S. 431.
[8] BMF v. 27.12.2002 und 04.09.2003 vorstehende Fn.

steuerfreie Umsätze ausführen. Daher gehören auch die Krankenhausträger zum Kreis der Abzugsverpflichteten. Abzugsverpflichtet sind ferner die jPdöR.

Der Steuerabzug ist unabhängig von der Person (Unternehmer oder Privatperson) und der Ansässigkeit des Leistenden (Inländer oder Ausländer) vorzunehmen. Es spielt auch keine Rolle, ob die Leistung zum Unternehmenszweck des Leistenden gehört oder nicht. Bauleistungen, die jPdöR im Rahmen ihrer hoheitlichen Tätigkeit erbringen, unterliegen nicht dem Steuerabzug.

Bemessungsgrundlage für den Steuerabzug ist das Bruttoentgelt, ggf. abzüglich von Skonti. Das gilt auch, wenn der Leistungsempfänger die Umsatzsteuer schuldet (§ 13 b UStG). Auch auf nachträglich ausgezahlte Sicherheitseinbehalte ist der Steuerabzug vorzunehmen.[9]

4. Abstandnahme vom Steuerabzug/Freistellungsbescheinigung

In den zwei nachfolgenden Fällen darf der Leistungsempfänger vom Steuerabzug Abstand nehmen (§ 48 Abs. 2 EStG):

- Der Bauunternehmer legt eine gültige Freistellungsbescheinigung gemäß § 48 b EStG vor.
- Die Gegenleistungen an einen Leistenden übersteigen im laufenden Kalenderjahr voraussichtlich nicht den Betrag von 5.000 € (bei Leistungsempfängern, die ausschließlich steuerfreie Vermietungsumsätze gemäß § 4 Nr. 12 UStG erbringen, erhöht sich der Betrag auf 15.000 €) – sog. Bagatellregelung.

Die „Echtheit" einer vorgelegten Freistellungsbescheinigung kann über das Bundesamt für Finanzen (BfF) geprüft werden.[10]

5. Verfahren und Haftung

Sofern eine Befreiung von der Bauabzugsteuer nicht besteht, muss der Abzugsverpflichtete den Steuerabzug vornehmen, wenn er die Rechnung des Leistenden bezahlt. Der Abzugsverpflichtete darf also nur 85 % des Rechnungsbetrags an den Leistenden zahlen. Die Steuer ist bis zum 10. des Folgemonats nach einem amtlichen Vordruck bei dem für den Abzugsverpflichteten zuständigen Finanzamt anzumelden und abzuführen.

Der Leistende erhält vom Leistungsempfänger (z. B. Krankenhausträger) eine Bescheinigung, die folgende Angaben enthalten muss:

- Name und Anschrift des Leistenden
- Rechnungsbetrag, Rechnungsdatum und Zahlungstag
- Höhe des Steuerabzugs
- Finanzamt, bei dem der Abzugsbetrag angemeldet worden ist.

Ist der Steuerabzug nicht ordnungsgemäß durchgeführt worden, haftet der Leistungsempfänger für den nicht oder zu niedrig abgeführten Betrag. Es kann daher zu einer doppelten Zahlung des Abzugsbetrags kommen: Zunächst durch Zahlung des vollen Rechnungsbetrags, obwohl keine (oder keine gültige) Frei-

---

9 BMF v. 27.12.2002/04.09.2003, Fn. 7, Rz 81, 82.
10 Online verfügbar unter: http://www.bff-online.de oder auf schriftliche Nachfrage.

stellungsbescheinigung vorlag und anschließend im Fall der Haftung für den unterlassenen Steuerabzug.

Die Krankenhausträger sind also gut beraten, wenn sie bei der Vergabe von Bauaufträgen nur solche Unternehmen berücksichtigen, die eine gültige Freistellungsbescheinigung vorlegen können.

Betriebsaufspaltung
1. Begriff und Rechtsfolgen
2. Bedeutung für den Krankenhausbereich
3. Betriebsaufspaltung bei steuerbegünstigten Krankenhäusern
4. Beispiele

1. Begriff und Rechtsfolgen

Eine Betriebsaufspaltung liegt vor, wenn ein einheitliches Unternehmen in eine **Besitzgesellschaft** und eine **Betriebsgesellschaft** aufgespalten wird. Bei der Betriebsaufspaltung sind folgende Erscheinungsformen möglich:

- Grundfall: Das Besitzunternehmen ist ein Einzelunternehmen, eine Personengesellschaft oder eine Gemeinschaft und das Betriebsunternehmen ist eine Kapitalgesellschaft.
- Umgekehrte Betriebsaufspaltung: Das Besitzunternehmen ist eine Kapitalgesellschaft und das Betriebsunternehmen ist die Personengesellschaft.
- Mitunternehmerische Betriebsaufspaltung: Beide Unternehmen sind Personengesellschaften.
- Kapitalistische Betriebsaufspaltung: Beide Unternehmen sind Kapitalgesellschaften.

Eine Betriebsaufspaltung setzt voraus, dass zwischen Besitzunternehmen und Betriebsunternehmen eine sachliche und personelle Verflechtung vorliegt.

Eine **sachliche Verflechtung** wird durch die Überlassung einer wesentlichen Betriebsgrundlage durch das Besitzunternehmen an das Betriebsunternehmen begründet. Zu den wesentlichen Betriebsgrundlagen zählen insbesondere die Wirtschaftsgüter des Anlagevermögens, die zur Erreichung des Betriebszwecks erforderlich sind und ein besonderes wirtschaftliches Gewicht für die Betriebsführung des Betriebsunternehmens haben. Eine wirtschaftliche Bedeutung wird grundsätzlich angenommen bei der Überlassung bebauter und unbebauter Grundstücke, dazu zählen auch reine Büro- und Verwaltungsgebäude.

Eine **personelle Verflechtung** liegt vor, wenn eine Person oder Personengruppe sowohl das Besitz- als auch das Betriebsunternehmen beherrscht. Ausreichend ist bereits eine faktische Beherrschung. Davon ist auszugehen, wenn die Personen, die das Besitzunternehmen tatsächlich beherrschen, in der Lage sind, auch in der Betriebsgesellschaft ihren Willen durchzusetzen, also eine Beherrschungsidentität besteht. Der beherrschende Einfluss an der Betriebsgesellschaft kann einem Gesellschafter auch durch eine mittelbare Beteiligung zustehen.

Eine Betriebsaufspaltung liegt nicht vor, wenn die Betriebsgesellschaft kein gewerbliches Unternehmen ist. Für die Annahme einer Betriebsaufspaltung reicht es aber aus, wenn das Betriebsunternehmen eine gewerblich geprägte Personengesellschaft, z. B. eine Klinik GmbH & Co. KG ist (sog. gewerblich geprägte Betriebsaufspaltung).

Sind die Voraussetzungen für das Vorliegen einer Betriebsaufspaltung gegeben, gehören die Einkünfte der Besitzgesellschaft, die aus der Vermietung und Verpachtung der Wirtschaftsgüter an die Betriebsgesellschaft stammen, zu den Einkünften aus Gewerbebetrieb (§ 15 Abs. 1 und 2 EStG) und unterliegen damit auch der Gewerbesteuer (§ 2 Abs. 1 GewStG). Im Ergebnis der Betriebsaufspaltung wird eine ihrer Art nach nicht gewerbliche Betätigung einer natürlichen Person (Arzt) oder Personengesellschaft (Klinik), nämlich die Vermietung von Wirtschaftsgütern, in eine gewerbliche Tätigkeit umqualifiziert.

Eine weitere Rechtsfolge der Betriebsaufspaltung besteht darin, dass auch die Gewinnausschüttungen der Betriebs-Kapitalgesellschaft zu den gewerblichen Einkünften des Besitzunternehmens gehören, da die Anteile an der Betriebs-Kapitalgesellschaft zum notwendigen Betriebsvermögen (Einzelunternehmen) bzw. zum notwendigen Sonderbetriebsvermögen (Personengesellschaft) des Besitzunternehmens zählen.

Ist das Besitzunternehmen eine freiberuflich tätige Personengesellschaft (z. B. Ärzte-GbR) gelten infolge der Betriebsaufspaltung nicht nur die Vermietungseinkünfte, sondern sämtliche Einkünfte der im Übrigen nicht gewerblich tätigen Besitzgesellschaft als solche aus Gewerbebetrieb (→ *Abfärbetheorie*).[11]

Nach der neuesten BFH-Rechtsprechung (in Abweichung von der bisherigen Rechtsprechung) erstreckt sich eine Gewerbesteuerbefreiung der Krankenhaus-Betriebskapitalgesellschaft nach § 3 Nr. 20 GewStG auch auf die Mieteinkünfte des Besitzpersonenunternehmens, so dass die Umqualifizierung der Vermietungseinkünfte nicht zu einer Gewebesteuermehrbelastung beim Besitzpersonenunternehmen führt.[12] Einzelheiten dazu und zur Gewerbesteuerfreiheit der Tätigkeiten, die vor der Abfärbung freiberuflich waren, sind erläutert unter dem Stichwort → *Gewerbesteuerbefreiung für Krankenhäuser*.

Hinzuweisen ist auf die kapitalistische Betriebsaufspaltung bei der Auslagerung von Teilbereichen aus Krankenhäusern steuerbegünstigter Träger. Hinsichtlich der Rechtsfolgen ist die kapitalistische Betriebsaufspaltung ertragsteuerlich unproblematisch, da die (Besitz-)Kapitalgesellschaft grundsätzlich gewerbliche Einkünfte erzielt, weshalb es bezogen auf die Mieteinkünfte nicht zu einer Änderung der Einkunftsart kommt. Probleme können sich aber aus dem Gemeinnützigkeitsrecht ergeben, welche hier unter Punkt 3. erläutert werden.

Der Gewinn des Besitzunternehmens ist durch Betriebsvermögensvergleich (Bilanzierung) zu ermitteln. Deshalb muss z. B. eine Klinik-GbR, die erstmals gewerbliche Einkünfte infolge einer Betriebsaufspaltung erzielt und die bislang ihren Gewinn durch eine Einnahmenüberschussrechnung gemäß § 4 Abs. 3 EStG

---

11 EStR 137 Abs. 4: Hinweis H 137 Abs. 4, Stichwort: gewerbliche Besitzpersonengesellschaft.
12 BFH-Urteil v. 29.03.2006, X R 59/00, DB 2006, S. 1352.

ermittelte, ihre Gewinnermittlung umstellen und zum Betriebsvermögensvergleich übergehen.[13]

2. Bedeutung für den Krankenhausbereich

Dem Rechtsinstitut der Betriebsaufspaltung kommt im Krankenhausbereich erhebliche Bedeutung zu.

Insbesondere im Zuge der Umstrukturierung von Krankenhäusern, z.B. bei der Auslagerung nicht medizinischer Abteilungen (Küche, Wäscherei, Serviceleistungen usw.) entsteht häufig eine personelle und sachliche Verflechtung zwischen dem Krankenhausträger als Besitzunternehmen und den durch Ausgliederungen entstandenen Tochtergesellschaften (Betriebsgesellschaften). Dies ist darauf zurückzuführen, dass bei derartigen Umstrukturierungen zur Vermeidung der Grunderwerbsteuer bzw. zur Einhaltung von gemeinnützigkeitsrechtlichen Vorschriften (z.B. Mittelverwendung) regelmäßig Grundstücke und anderes betriebsnotwendiges Vermögen nicht auf die Tochtergesellschaften übertragen, sondern an diese vermietet werden. Eine sachliche Verflechtung ist in diesen Fällen nicht zu vermeiden.

Ertragsteuerlich relevant sind Betriebsaufspaltungen auch bei Verflechtungen von Arztpraxen und Kliniken niedergelassener Ärzte mit Krankenhaus-Betriebsgesellschaften oder Betriebsaufspaltungen, die im Zuge von Erbfällen entstehen können. Sofern als Besitzunternehmen Arztpraxen oder Privatkliniken auftreten, ist neben der Umqualifizierung von Vermietungseinkünften auch die sogenannte → *Abfärbetheorie* zu beachten, bei der freiberufliche durch gewerbliche Einkünfte infiziert werden können.

Auch aus Sicht der Steuerbegünstigung spielen Betriebsaufspaltungen im Krankenhausbereich eine häufig unterschätzte Rolle. Zu beachten sind hier insbesondere Gestaltungen, bei denen steuerbegünstigte Krankenhausträger als Besitzunternehmen in Erscheinung treten. Neben den ertragsteuerlichen Rechtsfolgen sind hier die (restriktiven) Vorschriften der Abgabenordnung zu den steuerbegünstigten Zwecken (§§ 51 ff AO) zu beachten.

3. Betriebsaufspaltung bei steuerbegünstigten Krankenhäusern

Eine Betriebsaufspaltung kann grundsätzlich auch zwischen einem steuerbegünstigten Krankenhausträger als Besitzunternehmen und einem gewerblichen Betriebsunternehmen vorliegen, wenn zwischen den Unternehmen eine sachliche und personelle Verflechtung besteht. Die Grundsätze und Rechtsfolgen der Betriebsaufspaltung kommen hingegen **nicht** zum Tragen, wenn sowohl die Betriebs- als auch die Besitzgesellschaft steuerbegünstigt (§§ 51 ff AO) sind, denn aufgrund der (überwiegenden) Steuerbefreiung beider Einrichtungen gehen die Rechtsfolgen ins Leere.[14]

Liegt eine Betriebsaufspaltung zwischen einem steuerbegünstigten Krankenhausträger und seiner (steuerpflichtigen) Tochtergesellschaft vor, so bezieht der Krankenhausträger gewerbliche Mieteinkünfte und begründet damit einen wirtschaftlichen Geschäftsbetrieb. Dieser ist grundsätzlich steuerpflichtig, sofern in

---

13 Vgl. 2.3.4.
14 AEAO zu § 64 Tz 3.

die Betriebsgesellschaft nicht medizinische Leistungen (Reinigungsdienst, Küche, technischer Dienst, Nähstube, Bettenzentrale, Hol- und Bringedienst, Apotheke usw.) ausgegliedert wurden.[15]

Wird die Vermietung im Rahmen der Betriebsaufspaltung als steuerpflichtiger wGb qualifiziert und übersteigen die Einnahmen aus der Vermietung und die Ausschüttungen der Betriebsgesellschaft die Freigrenze gemäß § 64 Abs. 3 AO von 30.678 €, unterliegen die Einkünfte der Körperschaft- und Gewerbesteuer. Die Einkünfte des Krankenhausträgers aus den Ausschüttungen der Betriebsgesellschaft sind gemäß § 8 b Abs. 1 KStG steuerfrei.

Wird die Beteiligung des Krankenhausträgers an einer Tochter-Kapitalgesellschaft aufgrund einer Betriebsaufspaltung dem steuerpflichtigen wGb zugeordnet, sind bei der Ausgestaltung der Rechtsbeziehungen zwischen den beiden Gesellschaften die vom Krankenhausträger anzuwendenden Grundsätze über die Mittelverwendung zu beachten.[16]

4. Beispiele

4.1 Kapitalistische Betriebsaufspaltung

Beispiel: a) Rechtsfolgen bei steuerbegünstigten Krankenhausträgern

Die gemeinnützige Krankenhaus-gGmbH gliedert ihre Küche in eine 100 %ige Tochtergesellschaft aus (Catering-GmbH). Es ist vorgesehen, dass die Tochter-GmbH zur besseren Kapazitätsauslastung künftig auch andere Krankenhäuser und Pflegeeinrichtungen mit Essen beliefert. Der Krankenhausträger vermietet die Küche mit sämtlichen Einrichtungsgegenständen an die Tochtergesellschaft, da ein Erwerb der Einrichtung mangels Liquidität vorerst ausscheidet.

Es liegt eine kapitalistische Betriebsaufspaltung vor, da zwischen dem gemeinnützigen Krankenhausträger (Besitzunternehmen) und der Catering-GmbH (Betriebsunternehmen) eine sachliche und personelle Verflechtung vorliegt und die Catering-GmbH als Betriebsgesellschaft kraft Rechtsform gewerblich tätig ist. Die vermietete Küche ist für die Catering-GmbH eine wesentliche Betriebsgrundlage (sachliche Verflechtung).

Die Beteiligung an der Catering-GmbH gehört bei der Krankenhaus gGmbH aufgrund der Betriebsaufspaltung zu ihrem steuerpflichtigen wGb.

Die Besteuerung des Gewinns bei der Catering-GmbH kann nicht durch die Begründung einer ertragsteuerlichen → *Organschaft* vermieden werden, da die steuerbefreite Krankenhaus-gGmbH (anders als bei der umsatzsteuerlichen Organschaft[17]) nicht als → *Organträger* in Betracht kommt.

---

15 OFD Koblenz, Vfg. v. 07.10.2003, DB 2003 S. 2413; Arnold: Gemeinnützigkeit von Vereinen und Beteiligung an Gesellschaften, DStR 2005, S. 581 ff.
16 Vgl. 6.2.8.; OFD Frankfurt am Main v. 09.09.2003, DStZ 2004, S. 55 (Mittelverwendung i.S.v. § 55 Abs. 1 AO) und v. 08.12.2004, DStR 2005, S. 600 (Nutzungsüberlassung an Dienstleistungs-GmbH).
17 Vgl. 4.2, Stichwort: Organträger.

b) Rechtsfolgen bei nicht steuerbegünstigten Krankenhausträgern

Die Krankenhaus-GmbH gliedert ihre EDV-Abteilung in eine 100%ige Tochtergesellschaft aus (Service-GmbH). Um die Rückzahlung von Investitionszuschüssen zu vermeiden, wird das EDV-Equipment an die Service-GmbH vermietet, welche auch die erforderlichen Räumlichkeiten im Krankenhaus-Verwaltungsgebäude anmietet. Es ist vorgesehen, dass die Tochtergesellschaft wie bisher nicht nur für die Krankenhaus-GmbH, sondern auch für Konzerngesellschaften und fremde Krankenhäuser tätig wird. Man geht davon aus, dass die Service-GmbH Gewinne erwirtschaften wird.

Es liegt eine kapitalistische Betriebsaufspaltung vor, da die Krankenhaus-GmbH und die Service-GmbH sachlich und personell verflochten sind. Durch die gesellschaftsrechtliche Separierung der EDV-Sparte kann kein interner Verlustausgleich mit anderen nicht profitablen Sparten der Krankenhaus-GmbH durchgeführt werden. Der Verlustausgleich kann durch Abschluss eines Ergebnisabführungsvertrags mit der Krankenhaus-GmbH und Begründung einer steuerlichen → *Organschaft* zur Krankenhaus-GmbH z.T. wieder erreicht werden. Bei der Gewerbesteuer kommt eine Organschaft nicht in Betracht, wenn die Krankenhaus-GmbH gemäß § 3 Nr. 20 GewStG von der Gewerbesteuer befreit ist, was in der Regel der Fall sein dürfte.

4.2 Beteiligung von Freiberuflern und Personengesellschaften

Beispiel: a) Rechtsfolgen Betriebsaufspaltung

Die beiden je zur Hälfte an einer Klinik-GbR beteiligten Ärzte gründen zur Ausweitung ihrer Geschäftstätigkeit ein ambulantes Reha-Zentrum in der Rechtsform der GmbH. Beide Ärzte sind zu jeweils 50% am Stammkapital der GmbH beteiligt. Die Klinik-GbR vermietet der GmbH die zum Betrieb des Reha-Zentrums erforderlichen Räumlichkeiten mit sämtlichen Einrichtungsgegenständen.

Es liegt eine Betriebsaufspaltung vor. Zwischen der Klinik-GbR (Besitzunternehmen) und dem Reha-Zentrum (Betriebsunternehmen) besteht eine sachliche und personelle Verflechtung. Die sachliche Verflechtung ist dadurch gekennzeichnet, dass die von der GmbH angemieteten Räumlichkeiten zu deren wesentlichen Betriebsgrundlagen gehören. Die beiden Ärzte beherrschen gemeinsam die Klinik-GbR und die GmbH, so dass auch eine personelle Verflechtung vorliegt. Die Einkünfte der Klinik-GbR aus der Vermietung gehören somit zu den gewerblichen Einkünften. Außerdem gehört die Beteiligung der beiden Ärzte an der GmbH zum Sonderbetriebsvermögen der Klinik-GbR, so dass die Gewinnausschüttungen der GmbH ebenfalls zu den gewerblichen Einkünften der Klinik-GbR zählen. Die gewerblichen Einkünfte aus der Betriebsaufspaltung infizieren auch alle übrigen Einkünfte der Klinik-GbR, so dass alle Einkünfte der Klinik-GbR als gewerbliche Einkünfte gelten. Für die Gewinnausschüttungen der GmbH kommt das sogenannte Halbeinkünfteverfahren zur Anwendung. Danach ist die Hälfte der Gewinnausschüttungen gemäß § 3 Nr. 40 a) EStG steuerfrei.

Die Klinik-GbR unterliegt mit ihren gesamten Einkünften der Gewerbesteuer. Die für Krankenhäuser geltende Vorschrift zur Befreiung von der Gewerbesteuer (§ 3 Nr. 20 b) GewStG) beschränkt sich auf den Klinikbetrieb der GbR (→ *Gewerbesteuerbefreiung*). Sofern für das Reha-Zentrum eine Gewerbesteuerbefreiung gemäß § 3 Nr. 20 b) GewStG in Betracht kommt, erstreckt sich diese nicht nur auf das Betriebsunternehmen (GmbH), sondern auch auf das Besitzunternehmen (Klinik-GbR), so dass die Vermietungseinkünfte der Klinik-GbR von der Gewerbesteuer befreit werden. Die bei der Ermittlung des Gewinns aus Gewerbebetrieb gemäß § 3 Nr. 40 a) EStG nicht berücksichtigte halbe Gewinnausschüttung der GmbH wird bei der Ermittlung des Gewerbeertrags der Klink-GbR gemäß § 8 Nr. 5 GewStG hinzugerechnet (→ *Halbeinkünfteverfahren*), sofern nicht eine Gewebesteuerbefreiung gemäß § 3 Nr. 20 b) GewStG in Betracht kommt. Bezüglich der insoweit gewerbesteuerpflichtigen Einkünfte der Klinik-GbR erhalten die Gesellschafter der GbR gemäß § 35 EStG eine Ermäßigung der tariflichen Einkommensteuer (→ *Gewerbesteuerentlastung*).

b) Keine Betriebsaufspaltung bei nicht gewerblicher Betriebsgesellschaft

Die beiden je zur Hälfte an einer Ärzte-GbR beteiligten Ärzte gründen eine Privatklinik, in der Patienten stationär behandelt werden sollen. An der Klink-GbR sind die beiden Ärzte je zur Hälfte beteiligt. Zum Betrieb der Klinik vermietet die Ärzte-GbR ein bebautes Grundstück an die Klinik-GbR. Sofern die Klinik-GbR eine Freiberufler-GbR ist, die Klinik-GbR also selbst nur freiberufliche Einkünfte erzielt,[18] führt die Überlassung des Grundstücks der Ärzte-GbR nicht zu einer Betriebsaufspaltung.

4.3 Besonderheiten zur personellen Verflechtung

Beispiel: a) Faktische Beherrschung und Ehegattenanteile

Ein Chirurg, der eine Privatklinik betreibt, gründet zur Ausweitung seiner Geschäftstätigkeit gemeinsam mit einer Beteiligungs-GmbH und einem Krankengymnasten ein ambulantes Reha-Zentrum in der Rechtsform der GmbH. Am Stammkapital der GmbH sind der Chirurg und die Beteiligungs-GmbH jeweils mit 40 % und im Fall a ein Krankengymnast bzw. im Fall b die Krankengymnastin und Ehefrau des Chirurgen mit 20 % beteiligt. Alleiniger Geschäftsführer der GmbH ist der Chirurg. Die GmbH mietet die zum Betrieb des Reha-Zentrums erforderlichen Räumlichkeiten von der Privatklinik des Chirurgen.
Eine Betriebsaufspaltung zwischen dem Chirurgen (Besitzunternehmer) und dem Reha-Zentrum (Betriebsunternehmen) läge vor, wenn der Chirurg auch

---

18 Vgl. 4.2, Stichwort: Organträger.

> das Reha-Zentrum beherrschen würde. Seine Minderheitsbeteiligung (im Fall a) ist gesellschaftsrechtlich nicht ausreichend, um mit Stimmenmehrheit das Reha-Zentrum zu beherrschen.
> Ausnahmsweise kann durch eine faktische Beherrschung die Stimmenmehrheit erlangt werden. Eine faktische Beherrschung läge vor, wenn der Chirurg aufgrund einer tatsächlichen Machtstellung jederzeit in der Lage wäre, die Stimmenmehrheit im Reha-Zentrum zu erlangen, z. B. indem der Chirurg die dem Reha-Zentrum zur Verfügung gestellten unverzichtbaren Betriebsgrundlagen jederzeit entziehen könnte.[19]
> Im Fall b liegt ebenfalls keine personelle Verflechtung vor, da die Zusammenrechnung von Ehegattenanteilen verfassungswidrig ist, sofern sie ausschließlich auf der Ehe beruht oder nur mit der Lebenserfahrung begründet wird.[20]

b) Einstimmigkeitsabreden beim Besitzunternehmen

> An einer Klinik-GbR sind zwei Ärzte beteiligt, ein Chirurg **A** mit 40 % und ein Orthopäde **B** mit 60 %. Im Gesellschaftsvertrag der Klinik-GbR sind keine Regelungen über die Zulässigkeit von Mehrheitsentscheidungen bei Gesellschafterbeschlüssen getroffen. Zur Ausweitung seiner Geschäftstätigkeit gründet der Orthopäde **B** gemeinsam mit einem Krankengymnasten **C** ein ambulantes Reha-Zentrum in der Rechtsform der GmbH. Der Orthopäde **B** ist mit 60 % am Stammkapital der Reha-Zentrum GmbH beteiligt. Geschäftsführer dieser GmbH ist der Orthopäde **B**. Die Klinik-GbR vermietet der GmbH die zum Betrieb des Reha-Zentrums erforderlichen Räumlichkeiten mit sämtlichen Einrichtungsgegenständen.
> Eine Betriebsaufspaltung liegt nur dann vor, wenn der das Reha-Zentrum beherrschende Orthopäde **B** auch in der Klinik-GbR seinen Willen durchsetzen kann und insoweit eine personelle Verflechtung zwischen dem Besitzunternehmen (Klinik-GbR) und dem Betriebsunternehmen (Reha-Zentrum) besteht. Da im Gesellschaftsvertrag der Klinik-GbR keine Regelungen über Mehrheitsentscheidungen getroffen wurden, gilt der Grundsatz der Ein stimmigkeit. Für jedes Geschäft der Klinik-GbR ist die Zustimmung aller Gesellschafter erforderlich (§ 709 Abs. 1 BGB). Da der nur an der Klinik-GbR beteiligte Chirurg **A** ein Widerspruchsrecht hat, kann der Orthopäde **B** seinen geschäftlichen Betätigungswillen in der Klinik-GbR nicht durchsetzen, so dass damit keine personelle Verflechtung gegeben ist. Eine Betriebsaufspaltung liegt daher nicht vor, so dass die Vermietungseinkünfte der GbR solche aus § 21 EStG sind und nicht in gewerbliche Einkünfte umzuqualifizieren sind.
> Etwas anderes gilt für den Fall, dass der Orthopäde **B** die Klinik-GbR faktisch beherrschen würde. Eine faktische Beherrschung könnte vorliegen,

---

19 EStR 137: Hinweise H 137, Stichwort: Faktische Beherrschung.
20 BVerfG Beschluss v. 12.03.1985, BStBl II 1985, S. 475; weitere Einzelheiten OFD Frankfurt am Main v. 07.04.2004, Tz 2.2.3.

> wenn der Orthopäde **B** Einfluss auf den anderen Gesellschafter zur Erzielung der Stimmenmehrheit ausüben kann. Dazu kann es z. B. kommen, wenn der Orthopäde **B** der Klinik-GbR unverzichtbare Betriebsgrundlagen zur Verfügung gestellt hat, die er der Klinik-GbR ohne weiteres wieder entziehen kann.[21]

Dividendenbesteuerung
→ *Halbeinkünfteverfahren*

Freibeträge für bestimmte Körperschaften bei der KSt und GewSt
Vom Einkommen der unbeschränkt steuerpflichtigen Körperschaften, Personenvereinigungen und Vermögensmassen, mit Ausnahme der Kapitalgesellschaften, ist gemäß § 24 KStG ein Freibetrag von 3.835 € abzuziehen. Der Freibetrag kommt in der Regel nur bei Krankenhäusern der jPdöR und bei bestimmten steuerbegünstigten Krankenhäusern (außer Kapitalgesellschaften) in Betracht. Bei der Ermittlung des zu versteuernden Einkommens des steuerpflichtigen BgA bzw. des steuerpflichtigen wGb wird er abgezogen. Zu beachten ist die Freibetragsregelung insbesondere bei der Ermittlung des optimalen Verlustrücktrags (→ *Verlustabzug*).

Beispiel: Freibeträge für bestimmte Körperschaften

> Für den steuerpflichtigen wGb eines gemeinnützigen Krankenhaus-Vereins wird für das Jahr 2005 ein Verlust von 3.000 € ermittelt. Im Vorjahr betrug das zu versteuernde Einkommen nach Berücksichtigung des Freibetrags 1.165 € (Einkommen: 5.000 € abzüglich Freibetrag von 3.835 €).
> Der optimale Verlustrücktrag in das Jahr 2004 beträgt 1.165 €. Im Rahmen der KSt-Erklärung für das Jahr 2005 ist der optimale Verlustrücktrag gesondert und unter Angabe der gewünschten Höhe des Verlustrücktrags, zu beantragen (Vordruck KSt 1A). Der Rest (1.835 €) verbleibt als Vortrag für das Jahr 2006.
> Würde das Krankenhaus einen Verlustrücktrag in Höhe von 3.000 € beantragen, würde sich der Freibetrag für das Jahr 2004 nicht mehr auswirken. Wird kein Antrag auf Verlustrücktrag gestellt, trägt das Finanzamt den Verlust in voller Höhe vor.

Krankenhäuser der jPdöR und der steuerbegünstigten Körperschaften (außer Kapitalgesellschaften), deren Einkommen den Freibetrag von 3.835 € nicht übersteigt, sind nicht zu veranlagen und haben Anspruch auf Erteilung einer Nichtveranlagungsbescheinigung.[22]

Bei der Ermittlung des Gewerbesteuermessbetrags für den steuerpflichtigen BgA bzw. den steuerpflichtigen wGb können die gemäß § 3 **Nr. 6** GewStG steuer-

---
21 BMF-Schreiben v. 07.10.2002, BStBl I 2002, S. 1028.
22 KStR 72 Abs. 23.

begünstigten Krankenhausträger einen Freibetrag in Höhe von 3.900 € abziehen. Dieser GewSt-Freibetrag gilt auch für Kapitalgesellschaften.

Gesellschafter-Fremdfinanzierung
1. Grundfall
2. Fremdfinanzierung durch einen rückgriffsberechtigten Dritten
3. Bedeutung für den Krankenhausbereich und zusammenfassende Beispiele
4. Maßnahmen zur Vermeidung von Hinzurechnungen gemäß § 8 a KStG

1. Grundfall

Unter den Voraussetzungen des § 8 a KStG gelten Vergütungen für Fremdkapital (Zinsen), die Kapitalgesellschaften an ihre Anteilseigner zahlen als → *verdeckte Gewinnausschüttungen (vGA)*, wenn folgende **Voraussetzungen** erfüllt sind:

- Die Vergütungen (Zinsen) werden für eine nicht nur kurzfristige Überlassung von Fremdkapital gezahlt.
- Der das Darlehen gewährende Anteilseigner war zu einem Zeitpunkt im Wirtschaftjahr wesentlich, d.h. mindestens zu 25 %, unmittelbar oder mittelbar an der Kapitalgesellschaft beteiligt.
- Die Höhe der im Wirtschaftsjahr für Gesellschafter-Fremdkapital gezahlten Vergütungen (Zinsen) betragen insgesamt mehr als 250.000 €.
- Das Gesellschafter-Fremdkapital der Kapitalgesellschaft übersteigt das anteilige Eigenkapital des Anteilseigners um das 1,5fache. Ausgangspunkt für die Ermittlung des anteiligen Eigenkapitals ist das Eigenkapital, das die Kapitalgesellschaft am 31. Dezember des Vorjahres in der Handelsbilanz ausgewiesen hat. Zum maßgeblichen Eigenkapital gehört auch die Hälfte des Sonderpostens mit Rücklageanteil gemäß §§ 273, 281 HGB.
- Die Kapitalgesellschaft hätte bei sonst gleichen Verhältnissen von einem fremden Dritten kein Fremdkapital erhalten.

Liegen die o.g. Voraussetzungen insgesamt vor, werden die von der Kapitalgesellschaft gezahlten Zinsen in eine vGA umqualifiziert. Der steuerliche Gewinn der Kapitalgesellschaft ist außerbilanziell, um die als vGA geltenden Zinsen zu erhöhen. Ferner wird auf den als vGA qualifizierten Zinsbetrag gemäß § 43 Abs. 1 Nr. 1 EStG Kapitalertragsteuer erhoben.[23]

Grundfall:

> Die Krankenhaus-GmbH als Alleingesellschafterin gewährt ihrer Service-Tochter-GmbH im Geschäftsjahr 2005 ein langfristiges Darlehen in Höhe von 5 Mio. €. Die Tochtergesellschaft zahlt für das Darlehen jährlich 300.000 € Zinsen. Das Eigenkapital der Service-GmbH zum 31. Dezember 2004 ist mit 150.000 € ausgewiesen und der Jahresüberschuss 2005 beträgt 5.000 €.

---

23 Die Finanzverwaltung hat sich in zwei umfangreichen Anwendungsschreiben zur Auslegung von § 8 a KStG geäußert: BMF-Schreiben v. 15.12.1994, BStBl I 1994, S. 25; BMF-Schreiben v. 15.07.2004, BStBl I 2004, S. 593.

> Da alle Voraussetzungen vorliegen, wird die Zinszahlung der Service-GmbH an die Alleingesellschafterin als verdeckte Gewinnausschüttung (vGA) umqualifiziert. Nach der außerbilanziellen Berücksichtigung der vGA beträgt das zu versteuerndes Einkommen der Service-GmbH 305.000 €. Bei der Krankenhaus-GmbH ist die vGA gemäß § 8 b Abs. 1 KStG i. V. m. § 8 b Abs. 5 KStG in Höhe von 95 % steuerfrei.

Bei der Gewerbesteuer erhöhen die Vergütungen gemäß § 8 a KStG den Gewerbeertrag. Die bis zum 31. Dezember 2003 geltende Kürzung des Gewerbeertrags (§ 9 Nr. 10 GewStG) um Vergütungen nach § 8 a KStG wurde aufgehoben.[24]

Seit dem 01. Januar 2004 gelten die Grundsätze der Gesellschafter-Fremdfinanzierung für alle beschränkt und unbeschränkt steuerpflichtigen Kapitalgesellschaften. Bis zum 31. Dezember 2003 war § 8 a KStG auf Kapitalgesellschaften nicht anwendbar, deren Anteilseigner im Inland steuerlich veranlagt wurden. Deshalb waren bis zu diesem Stichtag nur Kapitalgesellschaften betroffen, die im Besitz von ausländischen Anteilseignern, von jPdöR oder von steuerbefreiten Körperschaften waren.

Auf die Sonderregelungen für Holdinggesellschaften (§ 8 a Abs. 4 KStG) und Personengesellschaften (§ 8 a Abs. 5 KStG) wird hier nicht eingegangen.

Auf der Ebene des Anteilseigners werden die als vGA umqualifizierten Zinszahlungen als Beteiligungserträge nach dem → *Halbeinkünfteverfahren* besteuert. Ist der Gesellschafter (s. Beispielsfall) eine Kapitalgesellschaft wird die vGA gemäß § 8 b KStG in Höhe von 95 % von der KSt befreit. Ist der Gesellschafter eine natürliche Person ist die vGA gemäß § 3 Nr. 40 a) EStG zur Hälfte von der ESt befreit; die damit im Zusammenhang stehenden Werbungskosten sind ebenfalls nur zur Hälfte abzugsfähig (§ 3 c Abs. 2 EStG).

Die Grundsätze der Gesellschafter-Fremdfinanzierung gelten auch im Fall der → *Organschaft*. Die Zinsen gelten als vorweggenommene Gewinnabführungen der Organgesellschaft an den Organträger; Kapitalertragsteuer fällt nicht an.[25]

2. Fremdfinanzierung durch einen rückgriffsberechtigten Dritten

§ 8 a KStG kommt auch bei Vergütungen (Zinsen) für Fremdkapital zur Anwendung, welches die Kapitalgesellschaft von einem Dritten (Bank, Tochter- oder Schwestergesellschaft usw.) erhalten hat, der auf den Anteilseigner der Kapitalgesellschaft zurückgreifen kann (sog. rückgriffsberechtigter Dritter), wenn die nachfolgenden Voraussetzungen erfüllt sind:

- Der Anteilseigner unterhält beim darlehensgewährenden Dritten (z. B. Kreditinstitut)
- eine nicht nur kurzfristige Einlage und
- die Zinsen für diese Einlage stehen im Zusammenhang mit dem gewährten Fremdkapital an die Kapitalgesellschaft (**sog. Back-to-Back-Konstellation**).

---

24 Gesetz zur Änderung des GewStG und anderer Gesetze v. 23.12.2003, BGBl. I 2003, S. 2922.
25 BMF-Schreiben v. 15.07.2004, BStBl I 2004, S. 593, Rdn. 26.

Liegt eine Fremdfinanzierung durch einen rückgriffsberechtigten Dritten vor, ist die Höhe der vGA auf die Zinserträge des Anteilseigners aus der jeweiligen Einlage begrenzt.

Beispiel: Fremdfinanzierung durch rückgriffsberechtigtes Kreditinstitut

> Wie im Grundfall, nur dass die Service-GmbH nun von der Sparkasse das Darlehen über 5 Mio. € erhält. Die Krankenhaus-GmbH unterhält bei der Sparkasse ein Guthaben in Höhe von 5 Mio. €, welches der Sparkasse als Sicherheit für das Darlehen an die Service-GmbH dient. Diese Einlage wird mit jährlich 260.000 € verzinst.
> Die vGA an die Krankenhaus-GmbH beträgt 260.000 €.

3. Bedeutung für den Krankenhausbereich

Durch die Freigrenze von 250.000 € sind zunächst nur Finanzierungen betroffen, bei denen das Darlehensvolumen in Abhängigkeit vom Zinssatz einen Betrag von 3 Mio. € (Zinssatz 8 %) bis 5 Mio. € (Zinssatz 5 %) übersteigt.[26] Darunter liegende Finanzierungsbeträge werden von § 8 a KStG nicht erfasst. Daher dürfte sich der Anwendungsbereich der Gesellschafter-Fremdfinanzierung im Krankenhausbereich auf die folgenden Einzelfälle beschränken:

- Finanzierung im Krankenhauskonzern
- Privatisierung von Krankenhäusern der öffentlichen Hand (Umwandlung in Kapitalgesellschaften) und Übertragung von Kommunalkrediten
- Ausgliederung von größeren Krankenhausabteilungen in Tochterkapitalgesellschaften und anschließende Finanzierung der Tochtergesellschaft durch den Gesellschafter oder sog. Back-to-Back-Konstellation.

Anhand der beiden nachfolgenden Beispiele sollen insbesondere die **Rechtsfolgen** für die finanzierte Gesellschaft und deren Anteilseigner dargestellt werden.

Beispiel: Gesellschafter-Fremdfinanzierung durch die Kommune

> Die nicht steuerbegünstigte Krankenhaus-GmbH ist durch Umwandlung eines städtischen Krankenhauses der Stadt P entstanden. Nach einem Verkauf von 40 % der Anteile an einen privaten Krankenhausträger hält die Stadt P im Jahr 2005 noch 60 % der Anteile. Das Eigenkapital des Krankenhauses betrug zum 31. Dezember 2004 1,0 Mio. € und die Sonderposten für Fördermittel nach KHG 6 Mio. €. Im Zuge der Privatisierung hat das Krankenhaus von der Stadt P ein langfristiges Darlehen von 7,5 Mio. € erhalten und zahlt dafür jährlich Zinsen in Höhe von 300.000 €. Für das Geschäftsjahr 2005 weist das Krankenhaus ein Jahresergebnis von 0 € aus.
> Das anteilige Eigenkapital der Stadt P am Krankenhaus beträgt 2,4 Mio. € (1,0 Mio. € + 3,0 Mio. €, 50 % des Sonderpostens, = 4,0 Mio. € × 60 %). Das

---

26 Bei Holdinggesellschaften im Sinne von § 8 a Abs. 4 KStG und in den Fällen des § 8 a Abs. 6 KStG kommt die Freigrenze nicht zur Anwendung.

langfristig überlassene Darlehen übersteigt das 1,5fache anteilige Eigenkapital der Stadt P (2,4 Mio. € × 1,5 = 3,6 Mio. €) deutlich. Die vom Krankenhaus an die Stadt P gezahlten Zinsen liegen über der Freigrenze von 250.000 €. Da die weiteren Voraussetzungen des § 8 a KStG erfüllt sind, gelten die vom Krankenhaus gezahlten Zinsen in voller Höhe als vGA.

Krankenhaus-GmbH	Euro
Gewinn lt. Handelsbilanz (= Steuerbilanz)	0
Verdeckte Gewinnausschüttung (§ 8 a KStG)	300.000
Einkommen, unterliegt der KSt/SolZ	300.000
Gewerbeertrag, steuerfrei gemäß § 3 Nr. 20 b) GewStG	300.000
Kapitalertragsteuer/Solidaritätszuschlag gemäß § 44 a Abs. 8 EStG (10,55 %)	31.650

Auf das infolge der vGA erhöhte Einkommen des Krankenhauses fällt Körperschaftsteuer und Solidaritätszuschlag in Höhe von insgesamt 79.125 € an (300.000 × 26,375 %).
Die Stadt P unterliegt mit den in eine vGA umqualifizierten Zinseinkünften nicht der Körperschaft- und Gewerbesteuer, da die Beteiligung an der Krankenhaus-GmbH der Vermögensverwaltung der Stadt P zugerechnet wird. Die von der Krankenhaus-GmbH gemäß § 44 a Abs. 8 Nr. 2 EStG einbehaltene → *Kapitalertragsteuer* /Solidaritätszuschlag ist daher nicht anrechenbar und somit definitiv.

Beispiel: Fremdfinanzierung durch eine rückgriffsberechtigte Bank

Im Jahr 2003 gliedert die gemeinnützige Krankenhaus-GmbH ihre Küche und die Reinigung in eine 100 %ige Tochter-GmbH aus. Die GmbH-Beteiligung gehört beim Krankenhaus zu einem steuerpflichtigen wGb. Die Tochter-GmbH erhält von der Sparkasse im Jahr 2004 ein Darlehen in Höhe von 7,5 Mio. €. Die jährlichen Zinsen betragen 375.000 €. Das Krankenhaus hat zur Besicherung des Darlehens bei der Sparkasse eine Einlage in Höhe von 7,0 Mio. € hinterlegt und erhält dafür jährlich 240.000 € Zinsen ohne Abzug von Kapitalertragsteuer/Solidaritätszuschlag, da eine Nichtveranlagungsbescheinigung gemäß § 44 a Abs. 4 EStG vorgelegt wurde.[27] Außerdem hat die

---

27 Fallen die Zinserträge im steuerfreien Bereich der Vermögensverwaltung an, werden nach Vorlage einer Nichtveranlagungsbescheinigung keine Kapitalertragsteuer und kein Solidaritätszuschlag auf die Zinsen erhoben.

Tochter-GmbH im Jahr 2004 vom Krankenhaus noch ein Gesellschafterdarlehen in Höhe von 500.000 € für die Laufzeit von 2 Jahren erhalten, auf das 25.000 € Zinsen im Jahr gezahlt werden. Zur Finanzierung der Darlehen stehen der gemeinnützigen Krankenhaus-GmbH freie Mittel zur Verfügung, so dass keine schädliche Mittelverwendung vorliegt. Eine vGA liegt nur dann vor, wenn die Freigrenze von 250.000 € überschritten wird. Das ist hier der Fall, da die insgesamt im Jahr 2005 gezahlten Zinsen der Tochter-GmbH an das Krankenhaus (25.000 €) und die von der Sparkasse gezahlten Zinsen (240.000 €)[28] die Freigrenze überschreiten. Somit gelten 265.000 € als vGA gemäß § 8 a KStG.

Da die als vGA umqualifizierten Zinszahlungen beim Krankenhaus in einem steuerpflichtigen wGb anfallen, kommt bzgl. der Kapitalertragsteuer/Solidaritätszuschlag eine Nichtveranlagung gemäß § 44 a Abs. 4 Satz 5 EStG nicht in Betracht. Somit hat die Tochter-GmbH auf die vGA Kapitalertragsteuer/Solidaritätszuschlag in Höhe von 55.915 € einzubehalten. Hätte die Sparkasse bereits Kapitalertragsteuer/Solidaritätszuschlag auf die an das Krankenhaus gezahlten Zinsen erhoben (z. B. weil keine Nichtveranlagungsbescheinigung vorgelegt wurde), wäre diese auf die von der Tochter-GmbH abzuführende Kapitalertragsteuer/Solidaritätszuschlag anzurechnen.[29]

Wirtschaftlicher Geschäftsbetrieb des Krankenhauses	Euro	Euro
Gewinn (VGA)		
Zinsertrag aus Einlage bei der Sparkasse	240.000	
Zinsertrag aus Darlehen an die Tochter-GmbH	25.000	265.000
Steuerbefreiung (§ 8 b Abs. 1 KStG)		-265.000
Betriebsausgaben-Abzugsverbot, 5 % der verdeckten Gewinnausschüttungen (§ 8 b Abs. 5 KStG)		13.250
Einkommen, unterliegt der KSt/SolZ		13.250
Gewerbeertrag (nach Freibetrag gemäß § 11 Abs. 1 GewStG)		9.350
Anrechenbare Kapitalertragsteuer/Solidaritätszuschlag		55.915

---

28 BMF-Schreiben v. 15.07.2004, BStBl I 2004, S. 593, Rn 28, 29.
29 Ebenda, S. 593, Rn 23.

> Die Zinserträge gemeinnütziger Krankenhäuser gehören regelmäßig zu den Einkünften aus Vermögensverwaltung, die nicht der Körperschaft- und Gewerbesteuer unterliegen. Wie im Beispielsfall ersichtlich, kann es durch die Regelungen in § 8 a KStG zu einer „Umwandlung" steuerfreier Zinserträge in steuerpflichtige Gewinnausschüttungen kommen.[30]

Fraglich ist, ob die infolge von § 8 a KStG als vGA geltenden Zinserträge auch gemeinnützigkeitsrechtlich als schädliche Ausschüttungen anzusehen sind. Dies könnte bei Zinsen, die z. B. von steuerbegünstigten Krankenhäusern gezahlt werden, eine schädliche Mittelverwendung nach sich ziehen. U.E. greift § 55 Abs. 1 Nr. 1 Satz 2 AO nicht ein, da hier eine gesetzliche Fiktion zur Anwendung kommt, durch die in der Regel angemessene Vergütungen umqualifiziert werden. Liegen unangemessene Vergütungen vor, ist ein Verstoß gegen das Zuwendungs- und Begünstigungsverbot gegeben (nach den Grundsätzen der → *verdeckten Gewinnausschüttung*).[31]

5. Empfehlungen zur (künftigen) Vermeidung von Hinzurechnungen

Zunächst sollten die Krankenhäuser und ihre Tochtergesellschaften im Rahmen einer Bestandaufnahme ihr Fremdkapital auf mögliche § 8 a-Probleme überprüfen, beginnend ab dem Veranlagungszeitraum 2004. Sofern mögliche Gesellschafter-Fremdfinanzierungen identifiziert wurden ist weiter zu prüfen, ob das anteilige Eigenkapital ausreichend ist und ob die Freigrenze von 250.000 € überschritten wurde. Kommt es im Rahmen dieser Bestandsaufnahme zur Feststellung einer vGA sind die Rechtsfolgen (Mehrsteuern) zu ermitteln.

Für abgelaufene Wirtschaftsjahre kann in der Regel keine Vermeidung der Umqualifizierung von Zinsen in eine vGA erreicht werden. Es kann jedoch z. B. durch Herbeiführung eines Drittvergleichs versucht werden, eine drohende Anwendung von § 8 a KStG zu vermeiden. In Rückgriffsfällen ist es möglich auch für abgelaufene Wirtschaftsjahre noch eine Bescheinigung der finanzierenden Bank zu beschaffen, um einen Zusammenhang zwischen der Verzinsung von Einlagen des Anteilseigners und der Darlehensfinanzierung der Gesellschaft durch die Bank zu entkräften (Gegenbeweis).[32]

Gestaltende Maßnahmen zur Vermeidung von § 8 a-Problemen greifen meist erst in der Zukunft. Die beiden folgenden Maßnahmen sind z. B. technisch leicht durchführbar, sollten aber vorab wegen möglicher anderer Folgen gut überlegt sein:

- Erhöhung des Eigenkapitals der Gesellschaft durch offene oder verdeckte Einlagen oder Umwandlung von Gesellschafterdarlehen in Eigenkapital. Zu beachten ist, dass sich Maßnahmen zur Eigenkapitalerhöhung erst im Folgejahr auswirken, da für die Ermittlung des maßgeblichen anteiligen Eigenkapi-

---

30 Vgl. Knorr/Klaßmann: a. a. O., zu III. 2.1.1.5, S. 252.
31 Vgl. ebenda, S. 250 ff.
32 Zu Einzelheiten vgl. BMF-Schreiben v. 15.07.2004, BStBl I 2004, S. 593, Rn 20, 21.

tals immer auf die Handelsbilanz zum 31. Dezember des Vorjahres abgestellt wird.
- Erlass von Zinsen, um die Freigrenze nicht zu überschreiten.

Die Maßnahmen zur Vermeidung der Rechtsfolgen von § 8a KStG müssen bei steuerbegünstigten Krankenhaus-Körperschaften auch immer hinsichtlich ihrer gemeinnützigkeitsrechtlichen Folgen untersucht werden (insbesondere Vermeidung von Mittelfehlverwendungen[33]).

Gewerbesteuerbefreiung
1. Voraussetzungen
2. Betriebsaufspaltung
3. Abfärbetheorie

1. Voraussetzungen
Gemäß § 3 Nr. 20 GewStG werden u. a. **Krankenhäuser** von der Gewerbesteuer befreit. Ist ein Krankenhaus als steuerbegünstigt anerkannt gilt vorrangig die Gewerbesteuerbefreiung gemäß § 3 Nr. 6 GewStG. Der Begriff → *Krankenhaus* ist im GewStG nicht definiert. Nach der BFH-Rechtsprechung gelten die Einrichtungen als Krankenhäuser, die die Voraussetzungen des Krankenhausbegriffs gemäß § 2 Nr. 1 KHG erfüllen.

Ohne weitere Voraussetzungen werden die Krankenhäuser der jPdöR von der Gewerbesteuer befreit (§ 3 Nr. 20 a) GewStG). Diese Regelung gilt nicht, wenn der Träger als jPdöR zu 100 % an einer Krankenhaus-Kapitalgesellschaft beteiligt ist.

Der Betrieb von Krankenhäusern durch natürliche Personen, Personengesellschaften oder juristische Personen des privaten Rechts ist von der Gewerbesteuer befreit, wenn sie die in § 67 Abs. 1 oder Abs. 2 AO bezeichneten Voraussetzungen erfüllen (§ 3 Nr. 20 b) GewStG). Danach ist wie folgt zu differenzieren:

a) Krankenhäuser, die in den Anwendungsbereich des KHEntG oder der BPflV fallen (**§ 67 Abs. 1 AO n. F.**), wenn mindestens 40 % der jährlichen Belegungstage oder Berechnungstage auf Patienten entfallen, bei denen nur Entgelte für allgemeine Krankenhausleistungen (§ 7 KHEntgG, § 10 BPflV) berechnet werden. Dazu gehören die Fallpauschalen und Sonderentgelte (§ 11 BPflV), Gesamtbeiträge (§ 12 BPflV) und die tagesgleichen Pflegesätze (§ 13 BPflV).[34] In der Literatur wurde zu Recht darauf hingewiesen, dass die in § 67 a. F. AO vorgenommenen Abgrenzungen nicht mehr zu der ab dem 01. Januar 2004 maßgeblichen Krankenhausfinanzierungssystematik (KHG) „passen".[35]

---

[33] Vgl. 6.2.
[34] Glanegger/Güroff: Kommentar GewStG, 5. Auflage, § 3 Rz 178; Vgl. auch zu 1.
[35] Vgl. 2.2.2.4 und 6.4.2.1, m. w. N.; vgl. auch OFD Rheinland, Vfg. v. 10.03.2006 (S 0186-1000-St 1/S 7172); Änderung des § 67 AO im Jahressteuergesetz 2007, BGBl 2006, S. 2902; Klähn: Zur Gewerbesteuerpflicht von Krankenhäusern, BP 2006, S. 380–382.

b) Krankenhäuser, die nicht in den Anwendungsbereich des KHEntgG oder der BPflV fallen (§ 67 Abs. 2 AO n. F.), wenn mindestens 40 % der jährlichen Belegungstage oder Berechnungstage auf Patienten entfallen, bei denen für allgemeine Krankenhausleistungen keine höheren Entgelte als nach § 67 Abs. 1 AO berechnet werden.

Entgelte für sogenannte Wahlleistungen, wie z. B. die besondere Unterbringung im Einzelzimmer, gehören nicht zu den Pflegesätzen i. S. d. AO und sind daher bei der Ermittlung der 40-Prozent-Grenze des § 67 AO nicht mit einzubeziehen.

Hinsichtlich der verbleibenden 60 % der jährlichen Pflegetage unterliegen die Krankenhäuser keinen Beschränkungen. Die sich daraus ergebenden **Aufzeichnungspflichten** für die Krankenhäuser, zum Nachweis der 40-Prozent-Grenze, sollten u. E. ernst genommen werden, um die Gewerbesteuerbefreiung nicht zu gefährden. In Zeiten der digitalen Betriebsprüfung fällt es den Finanzämtern nicht schwer, eine Überprüfung von Massendaten vorzunehmen, so dass künftig verstärkt mit einer Prüfung der maßgeblichen Anzahl der Pflegetage zu rechnen ist.

Werden die o. a. Voraussetzungen erfüllt, ist der Krankenhausbetrieb mit der Gesamtheit seiner allgemeinen Krankenhausleistungen von der Gewerbesteuer befreit. Entfallen jedoch mehr als 60 % der Pflegetage auf Patienten, mit denen allgemeine Krankenhausleistungen nach Wahlleistungen abgerechnet werden, ist das Krankenhaus insgesamt gewerbesteuerpflichtig, auch hinsichtlich der gemäß § 7 KHEntgG und § 10 BPflV berechneten Entgelte.

Da die Gewerbesteuerbefreiung eine persönliche Befreiungsvorschrift ist, wird das begünstigte Krankenhaus grundsätzlich mit allen Einkünften von der Gewerbesteuer befreit. Die **Befreiung** betrifft aber **nur** die **Einkünfte aus dem Betrieb** des Krankenhauses, so dass andere, nicht zum Krankenhaus gehörende Einrichtungen des Trägers der Gewerbesteuer unterliegen. Zu den Einkünften aus dem Betrieb gehören im Wesentlichen die Entgelte für die in der BPflV und im KHEntgG genannten allgemeinen Krankenhausleistungen.[36] Werden daneben auch andere Einkünfte erzielt, ist bei der Ermittlung des Gewerbeertrags eine Aufteilung vorzunehmen. Das gilt im Falle der gewerbesteuerlichen → *Organschaft* auch für die Gewerbeerträge des Organträgers, die nicht aus einem Krankenhausbetrieb stammen (z. B. Gewerbeerträge aus einer Organgesellschaft, die kein Krankenhaus betreibt).

Die Gewerbesteuerbefreiung kommt nur in Betracht, wenn für das Krankenhaus die geforderten Voraussetzungen während des gesamten und bei Neugründungen während des verbliebenen Erhebungszeitraums vorgelegen haben.[37]

---

36 Vgl. insbesondere § 2 BPflV, ab 2004 auch nach dem KHEntgG.
37 Glanegger/Güroff: a. a. O., Rn 3.

Beispiel: Aufteilung des Gewinns

> Eine Krankenhaus-GmbH weist einen Gewinn von 2.000 T€ aus. Davon entfallen auf den Krankenhausbetrieb 550 T€ und auf den Betrieb von Pflegeheimen 950 T€. Daneben enthält der Gewinn 50 T€ aus Cateringleistungen der Krankenhausküche für fremde Dritte und Beteiligungserträge von Tochter-Kapitalgesellschaften in Höhe von 450 T€. Die Krankenhaus-GmbH erfüllt die Voraussetzungen des § 3 Nr. 20 b) GewStG. Gemäß § 3 Nr. 20 b) GewStG ist der aus dem Krankenhausbetrieb stammende Gewinn in Höhe von 550 T€ befreit. Für den auf die Pflegeheime entfallenden Gewinn kommt eine Befreiung gemäß § 3 Nr. 20 c) GewStG in Betracht. Die gemäß § 8 b Abs. 1 und 5 KStG zu 95 % steuerfreien Beteiligungserträge (427,5 T€) werden bereits bei der Ermittlung des zu versteuernden Einkommens berücksichtigt.[38] Somit ermittelt die Krankenhaus-GmbH einen steuerpflichtigen Gewerbeertrag von 72,5 T€ (Gewinn aus Cateringleistungen und 5 % der Beteiligungserträge[39])

Erfüllt ein Krankenhaus die im Gesetz genannten Voraussetzungen wird es nicht dadurch gewerbesteuerpflichtig, dass es – ohne sein Wesen als Krankenhaus zu ändern – noch an anderen gewerblichen Betrieben beteiligt ist.[40] So ist die Gewerbesteuerbefreiung eines Krankenhauses insbesondere dann nicht gefährdet, wenn nicht medizinische Abteilungen in Tochtergesellschaften ausgegliedert werden.

Bei Krankenhäusern von freiberuflich tätigen Ärzten, die als notwendiges Hilfsmittel der freiberuflichen ärztlichen Tätigkeit angesehen werden können, bedarf es keiner Prüfung nach § 3 Nr. 20 b) GewStG, da die Einkünfte aus derartigen Krankenhäusern freiberuflicher Art sind und daher nicht der Gewerbesteuer unterliegen.

2. Betriebsaufspaltung

Im Falle einer → *Betriebsaufspaltung* kommt die Gewerbesteuerbefreiung gemäß § 3 Nr. 20 GewStG nach Auffassung des BFH nicht nur dem Betriebsunternehmen, sondern auch dem Besitzunternehmen (Verpachtungsbetrieb) zugute.[41]

---

38 Dötsch/Eversberg/Jost/Pung/Witt: Die Körperschaftsteuer, § 8 b KStG n. F., Tz 108 c, m. w. N.
39 Zur Kürzungsvorschrift des § 9 Nr. 2 a GewStG, vgl. Kap. 2.4, Stichwort: Halbeinkünfteverfahren.
40 GewStR 31 Abs. 4.
41 Änderung der Rechtsprechung durch BFH-Urteil v. 29.03.2006, X R 59/00, DB 2006, S. 1352.

Beispiel: Gewerbesteuerbefreiung bei Betriebsaufspaltung

> Die X-GmbH betreibt ein nach § 3 Nr. 20 b) GewStG von der Gewerbesteuer befreites Krankenhaus. Anteilseigner der GmbH ist der Alleingesellschafter X, der Eigentümer und Vermieter der Gebäude ist, in denen die X-GmbH das begünstigte Krankenhaus betreibt. Seine Vermietungstätigkeit als Besitzunternehmen erfolgt im Rahmen einer Betriebsaufspaltung.
> Die Vermietungseinkünfte des X gelten deshalb zwar als gewerbliche Einkünfte, die aber ebenfalls gemäß § 3 Nr. 20 b) GewStG von der Gewerbesteuer befreit sind. Auch die Gewinnausschüttungen der X-GmbH an den X werden von der Gewerbesteuerbefreiung erfasst.[42] Zwar hat die Finanzverwaltung unter Bezug auf die bisherige BFH-Rechtsprechung dem Besitzunternehmen die Gewerbesteuerbefreiung für die Mieteinkünfte versagt, aber sie wird sich der u.E. zutreffenden Änderung der Rechtsprechung nicht verschließen können.[43]

3. Abfärbetheorie

Übt eine Personengesellschaft neben einer freiberuflichen auch eine gewerbliche Tätigkeit aus, so ist die Tätigkeit auch dann infolge der sogenannten. Abfärbetheorie des § 15 Abs. 3 Nr. 1 EStG insgesamt als gewerblich anzusehen, wenn die gewerbliche Tätigkeit von der Gewerbesteuer befreit ist (vgl. → *Abfärbetheorie*, Beispiel zu 2.). Sind danach die Einkünfte insgesamt als gewerblich zu qualifizieren, erstreckt sich die Gewerbesteuerbefreiung auch auf die Tätigkeit, die ohne die Abfärbung freiberuflich wäre.[44] Sofern also freiberufliche Einkünfte einer Gemeinschaftspraxis von Ärzten durch die gewerblichen Einkünfte einer angeschlossenen Klinik infiziert werden, kommt für die freiberuflichen Einkünfte eine Gewerbesteuerbefreiung in Betracht, wenn die Klinik gemäß § 3 Nr. 20 b) GewStG von der Gewerbesteuer befreit ist. Ist die Klinik hingegen nicht von der Gewerbesteuer befreit, unterliegen die infizierten Einkünfte der Gemeinschaftspraxis ebenfalls der Gewerbesteuer.

Gewerbesteuerentlastung

Beziehen Ärzte aus einer gewerbesteuerpflichtigen Privatklinik Einkünfte, werden sie von Amts wegen zum Ausgleich für die Gewerbesteuerbelastung der Privatklinik im Rahmen ihrer Einkommensteuerfestsetzung entlastet. Bis zum 31. Dezember 2000 erhielten die Ärzte nur eine teilweise Entlastung (§ 32 c EStG a.F.). Ab dem 1. Januar 2001 wird die Gewerbesteuer gemäß § 35 EStG nahezu vollständig auf die Einkommensteuer der Gesellschafter angerechnet. Die tarifliche Einkommensteuer des Gesellschafters einer gewerblichen Klinik wird um das 1,8fache des Gewerbesteuermessbetrags der Klinik ermäßigt, wenn die Einkommensteuer

---

42 Fischer, Gewerbesteuerbefreiung erstreckt sich auch auf Besitzunternehmen, NWB Fach 5 S. 1603.
43 GewStR 31 Abs. 6 mit Hinweis auf das BFH-Urteil v. 19.03.2002, BStBl II 2002, S. 662.
44 BFH-Urteil v. 30.08.2001, IV R 43/00, http://www.bundesfinanzhof.de.

anteilig auf gewerbliche Einkünfte entfällt, die im zu versteuernden Einkommen enthalten sind. Nach diesem Berechnungsmuster tritt im Jahr 2006 bei einem Gewerbesteuerhebesatz von 330% eine fast vollständige Entlastungswirkung ein, wenn neben der einkommensteuerlichen Entlastung gemäß § 35 EStG auch berücksichtigt wird, dass die Gewerbesteuer als Betriebsausgabe abzugsfähig ist. Unter diesen Hebesatzwerten erfolgt eine Überkompensation. Übersteigen die Hebesätze diesen Referenzhebesatz kann eine vollständige Gewerbesteuerentlastung nicht erreicht werden.

Gewinnausschüttung
→ *Dividendenbesteuerung* → *Halbeinkünfteverfahren* → *Kapitalertragsteuer*

Gutachterleistungen
Erbringen Krankenhäuser durch ihre angestellten Krankenhausärzte Gutachterleistungen stellt sich die Frage, ob diese Tätigkeiten zum Krankenhausbetrieb (bzw. bei steuerbegünstigten Krankenhäusern zum Krankenhaus-Zweckbetrieb) gehören und insofern nicht der Gewerbesteuer unterliegen. Nach der hier vertretenen Auffassung sind bei der Abgrenzung zwischen gewerbesteuerfreien und gewerbesteuerpflichtigen Gutachterleistungen die für umsatzsteuerliche Zwecke entwickelten Grundsätze zu beachten. Liegen danach umsatzsteuerpflichtige Gutachterleistungen[45] vor gehören diese Tätigkeiten nicht mehr zu den von der Gewerbesteuer befreiten Leistungen. Bei steuerbegünstigten Krankenhäusern sind diese Einnahmen grundsätzlich auch dem steuerpflichtigen wGb zuzuordnen.

Halbeinkünfteverfahren

1. Wirkungsweise
2. Dividendenbesteuerung bei natürlichen Personen und Personengesellschaften
3. Dividendenbesteuerung bei Körperschaften
4. Auswirkungen auf die Gewerbesteuer

1. Wirkungsweise
Durch das Steuersenkungsgesetz wurde mit Wirkung ab dem 01. Januar 2001 die vollständige Trennung der Besteuerung der Kapitalgesellschaften und der Gesellschafter eingeführt und das bis dahin geltende Anrechnungsverfahren abgeschafft. Die Angleichung an die Besteuerung anderer Einkünfte soll nicht mehr durch eine anrechnende Verknüpfung von Körperschaftsteuer und Einkommensteuer erreicht werden, sondern durch separate Steuervergünstigungen.[46]

- Kapitalgesellschaften versteuern alle Einkünfte mit 25% Körperschaftsteuer, unabhängig davon ob die Gewinne ausgeschüttet oder thesauriert werden (sog. Definitivverfahren).

---

45 Vgl. Kapitel 4.2: Umsatzsteuer-ABC.
46 Heinicke, in: Schmidt: a. a. O., § 3; ABC-Stichwort (2.4): Halbeinkünfteverfahren, Tz 1.

- Beim Gesellschafter ist die Besteuerung unterschiedlich geregelt. Bei Körperschaften als Anteilseigner werden die Gewinnausschüttungen umfassend von der Körperschaftsteuer befreit (§ 8 b KStG). Natürliche Einzelpersonen und Personengesellschaften versteuern dagegen ihre Beteiligungseinkünfte im Betriebs- oder Privatvermögen, jedoch nur zur Hälfte (§ 3 Nr. 40 EStG). Die mit den steuerfreien Gewinnausschüttungen zusammenhängenden Betriebsausgaben sind gemäß § 8 b Abs. 5 KStG bzw. § 3 c EStG zum Teil nicht abzugsfähig.

2. Dividendenbesteuerung bei natürlichen Personen und Personengesellschaften

Das Halbeinkünfteverfahren wird bei natürlichen Personen und Personengesellschaften durch die hälftige Einkommensteuerbefreiung der in § 3 Nr. 40 EStG genannten Betriebsvermögensmehrungen oder Einnahmen umgesetzt. Dazu gehören insbesondere Betriebsvermögensmehrungen oder Einnahmen aus der:

- Veräußerung oder Entnahme der Beteiligung an Kapitalgesellschaften
- Auflösung oder Liquidation einer Kapitalgesellschaft/Körperschaft
- Teilwertzuschreibung (nach steuerpflichtiger Wertaufholung)
- Veräußerung oder → *verdeckten Einlage (vE)* von Beteiligungen an Kapitalgesellschaften
- offenen und → *verdeckten Gewinnausschüttungen (vGA)*.

Die hälftige Steuerbefreiung erfolgt außerbilanziell bei der Ermittlung des zu versteuernden Einkommens.

Die hälftige Steuerbefreiung der Einnahmen/Betriebsvermögensmehrungen hat gemäß § 3 c EStG Beschränkungen beim Betriebsausgabenabzug bzw. Ansatz von Werbungskosten zur Folge. Gemäß § 3 c Abs. 2 EStG sind die im wirtschaftlichen Zusammenhang mit den (zur Hälfte) steuerfreien Einnahmen bzw. Betriebsvermögensmehrungen stehenden Betriebsausgaben und Werbungskosten nur zur Hälfte abzugsfähig. Ferner sind Veräußerungs- oder Entnahmeverluste sowie Teilwertabschreibungen nur noch zur Hälfte abziehbar.

Nicht gekürzt werden die Werbungskostenpauschbeträge und Freibeträge (Sparerfreibetrag und Veräußerungsfreibetrag gemäß §§ 17 Abs. 3 und 16 Abs. 4 EStG).

Auf die Bemessungsgrundlage der → *Kapitalertragsteuer* hat das Halbeinkünfteverfahren keine Auswirkung. Die Kapitalertragsteuer wird z. B. bei offenen Gewinnausschüttungen auf den vollen Ausschüttungsbetrag erhoben.

Zu den steuerlichen Auswirkungen des Halbeinkünfteverfahrens bei den natürlichen Personen als Gesellschafter von steuerpflichtigen Krankenhaus-Kapitalgesellschaften wird an dieser Stelle auf das Beispiel in Abschnitt 2.1.4 verwiesen.

3. Dividendenbesteuerung bei Körperschaften

Die Steuerbefreiungen für Beteiligungserträge aus Kapitalgesellschaften, die bei einer Körperschaft als Gesellschafter anfallen, sind in § 8 b Abs. 1 bis Abs. 4 KStG geregelt. Von der Körperschaftsteuerbefreiung werden im Wesentlichen erfasst:

- Beteiligungserträge, insbesondere Dividendenerträge aus offenen und → *verdeckten Gewinnausschüttungen (vGA)* (§ 8 b Abs. 1 KStG)
- Gewinne aus der Veräußerung von Beteiligungen an Kapitalgesellschaften (§ 8 b Abs. 2 KStG)
- Gewinnminderungen i. V. m. Beteiligungen an Kapitalgesellschaften, insbesondere Teilwertabschreibungen (§ 8 b Abs. 3 KStG).

Gemäß § 8 b Abs. 5 KStG gelten 5 % der steuerfreien Dividendeneinkünften i. S. v. § 8 b Abs. 1 KStG pauschal als nichtabzugsfähige Betriebsausgaben. § 3 c Abs. 1 EStG ist insoweit nicht anwendbar. Das heißt, dass

- auch dann, wenn nach den Grundsätzen des § 3 c Abs. 1 EStG die nichtabziehbaren Betriebsausgaben den Betrag von 5 % der Dividendeneinkünfte übersteigen, nur 5 % der steuerfreien Bezüge als nicht abziehbare Betriebsausgaben gelten
- auch dann, wenn es keine Betriebsausgaben gibt, sind 5 % der steuerfreien Bezüge als nichtabziehbare Betriebsausgaben hinzuzurechnen.[47]

Auf die → *Kapitalertragsteuer* hat § 8 b Abs. 1 KStG keine Auswirkungen. Ungeachtet der Steuerbefreiung unterliegen die Gewinnausschüttungen in voller Höhe der Kapitalertragsteuer.

Die Rechtsfolgen von § 8 b Abs. 1 bis 5 KStG gelten auch dann, wenn die Beteiligungserträge aus der Kapitalgesellschaft von der Körperschaft mittelbar über eine Personengesellschaft (Mitunternehmerschaft) erzielt werden (§ 8 b Abs. 6 KStG).

Zu den steuerlichen Auswirkungen des Halbeinkünfteverfahrens bei den Körperschaften als Gesellschafter von steuerpflichtigen Krankenhaus-Kapitalgesellschaften wird hier auf das Beispiel in Abschnitt 2.1.4 verwiesen.

4. Auswirkungen auf die Gewerbesteuer

Über § 7 Satz 1 GewStG wirkt sich das Halbeinkünfteverfahren auch auf die Gewerbesteuer aus, da der Gewinn aus Gewerbebetrieb nach den Vorschriften des EStG bzw. des KStG zu ermitteln ist.

Dem Gewinn aus Gewerbebetrieb sind gemäß § 8 Nr. 5 GewStG die nach § 3 Nr. 40 EStG oder § 8 b Abs. 1 KStG außer Ansatz bleibenden Gewinnanteile (Dividenden) **hinzuzurechnen**, sofern sie nicht die Voraussetzungen des § 9 Nr. 2 a GewStG erfüllen. Danach unterbleibt eine Hinzurechnung, wenn die Gewinnausschüttung von einer **nicht steuerbefreiten** inländischen Kapitalgesellschaft bezogen wird und die Beteiligung an dieser Kapitalgesellschaft mindestens 10 % beträgt (sog. Schachteldividenden).

Gemäß § 9 Nr. 2 a GewStG ist der Gewinn aus Gewerbebetrieb um die im Gewinn enthaltenen Gewinne aus sog. Schachteldividenden **zu kürzen**. Damit soll der doppelte Anfall von Gewerbesteuer (auf Ebene der Kapitalgesellschaft und auf Ebene des Anteilseigners) vermieden werden. Durch das Halbeinkünfteverfahren ist diese Kürzungsvorschrift unmittelbar nur noch auf die steuerpflichtige

---

47 Dötsch/Eversberg/Jost/Pung/Witt: a. a. O., § 8 b KStG n. F., Rz 113 c.

Hälfte der Gewinnanteile natürlicher Personen anzuwenden.[48] Die Vorschriften zur Beschränkung des Betriebsausgabenabzugs (§ 3 c EStG und § 8 b Abs. 5 KStG) wirken sich aber ebenfalls bei der GewSt aus, so dass bei Körperschaften 5 % der Dividendeneinkünfte auch der Gewerbesteuer unterliegen.[49]

Gemäß § 8 Nr. 5 GewStG sind hingegen die Gewinnanteile (Dividenden) **hinzuzurechnen**, die nicht die Voraussetzungen des § 9 Nr. 2 a GewStG erfüllen. Dazu gehören neben den sog. Streubesitzdividenden (Dividenden von Kapitalgesellschaften an denen die Beteiligung kleiner als 10 % ist) auch die Gewinnausschüttungen von gewerbesteuerfreien Kapitalgesellschaften (z. B. Gewinnanteile von Krankenhaus-Kapitalgesellschaften, die gemäß § 3 Nr. 20 GewStG von der Gewerbesteuer befreit sind).

Ist die ausschüttende Krankenhaus-Kapitalgesellschaft teilweise von der Gewerbesteuer befreit und übt sie teilweise eine gewerbesteuerpflichtige Tätigkeit aus, ist die Hinzurechnung nach dem Verhältnis der steuerfreien Gewinnanteile zum Gesamtgewinn vorzunehmen.[50]

Beispiel: Hinzurechnung gemäß § 8 Nr. 5 GewStG

Die (teilweise) von der Gewerbesteuer befreite Krankenhaus-GmbH schüttet an den Alleingesellschafter, die Gesundheitsdienste-AG, den gesamten Gewinn des Geschäftsjahres 2005 (100.000 €) aus. Vom Gewinn sind 90.000 € gemäß § 3 Nr. 20 GewStG gewerbesteuerfrei.
Im Gewinn aus Gewerbebetrieb der Gesundheitsdienste-AG ist die Dividende gemäß § 8 b Abs. 1, 5 KStG nur in Höhe von 5.000 € enthalten (5 % von 100.000 €). Bei der Ermittlung des Gewerbeertrags ist die Dividende gemäß § 8 Nr. 5 GewStG in Höhe von 85.500 € hinzuzurechnen (90 % von 95.000 €). Im Ergebnis werden bei der Gesundheitsdienste-AG 90.500 € besteuert; eine → *Gewerbesteuerbefreiung* für diese Erträge gemäß § 3 Nr. 20 GewStG kommt nicht in Betracht.
Liegt zwischen der Gesundheitsdienste-AG und der Krankenhaus-GmbH aber eine kapitalistische → *Betriebsaufspaltung* vor dürfte hingegen (bei Anwendung des BFH-Urteils vom 29.03.2006[51]) die Gewerbesteuerbefreiung für das Betriebsunternehmen (Krankenhaus-GmbH) auch auf das Besitzunternehmen (Gesundheitsdienste-AG) durchgreifen.

Heilberufe
Der Begriff der Heil- und Heilhilfsberufe wurde hinsichtlich der Einordnung von Einkünften aus freiberuflicher Tätigkeit (§ 18 Abs. 1 Nr. 1 EStG) oder als Einkünfte aus Gewerbebetrieb (§ 15 EStG) entwickelt. Eine freiberuflich ausgeübte Tätigkeit wird im Rahmen eines Heil- oder Heilhilfsberufs ausgeübt, wenn

---

48 Lenski/Steinberg: Kommentar GewStG, § 9 Nr. 2 a, Rz 13.
49 Lenski/Steinberg: a. a. O., § 9 Nr. 2 a, Rz 44; vgl. Dötsch/Eversberg/Jost/Pung/Witt: a. a. O., § 8 b KStG n. F., Rz 108 c.
50 GewStR 61 Abs. 1 Satz 13.
51 BFH-Urteil v. 29.03.2006, X R 59/00, DB 2006, S. 1352.

diese Tätigkeit der Feststellung, Heilung oder Linderung von Krankheiten, Leiden oder Körperschäden beim Menschen dient. Dazu gehören auch Leistungen der vorbeugenden Gesundheitspflege. Zu den Heilberufen gehören danach neben den in § 18 Abs. 1 Nr. 1 EStG genannten Katalogberufen (Ärzte, Zahnärzte, Krankengymnasten, Heilpraktiker und Dentisten) auch die Berufe, die den Katalogberufen ähnlich sind.[52]

Bezüglich der Einkünfte aus dem Betrieb eines Krankenhauses hat diese Abgrenzung praktisch nur für die Einkünfte eines freiberuflichen Arztes aus einem Krankenhausbetrieb Bedeutung und zwar hinsichtlich des Umfangs der freiberuflichen Einkünfte aus dem Krankenhaus.[53] Für Zwecke der → *Gewerbesteuerbefreiung* gemäß § 3 Nr. 20 GewStG wird allein auf den steuerlichen Begriff → *Krankenhaus* abgestellt, so dass es hinsichtlich der im Krankenhaus angestellten Personen nicht in erster Linie auf deren berufliche Qualifikationen ankommt. Ein Krankenhaus muss aber u. a. für die Betreuung der Patienten erforderliches Personal beschäftigen, z. B. Ärzte und qualifiziertes Pflegepersonal.[54]

Kapitalertragsteuer

1. Grundsätzliches
2. Kapitalerträge mit Steuerabzug
3. Abzugsverfahren bei Gewinnausschüttungen der Kapitalgesellschaften
4. Besonderheiten bei steuerbegünstigten Krankenhäusern (Abstandnahme vom Kapitalertragsteuerabzug)

1. Grundsätzliches

Die Kapitalertragsteuer ist die auf bestimmte Kapitalerträge i. S. v. § 20 EStG vorab erhobene Einkommensteuer (§§ 43 ff EStG) bzw. Körperschaftsteuer (§ 32 KStG).

Sie ist von den in § 43 EStG genannten Kapitalerträgen vorzunehmen. Die Höhe der Kapitalertragsteuer ist in § 43 a EStG, die Entstehung, der Einbehalt und die Abführung der Kapitalertragsteuer sowie die Haftung in § 44 EStG, die Freistellung und Abstandnahme vom Steuerabzug insbesondere in den §§ 43 b und 44 a EStG, das Bescheinigungsverfahren in § 45 a und d EStG und die Erstattung insbesondere in den §§ 44 b bis 45 c geregelt.

Zum Kapitalertragsteuerabzug gehört auch die Erhebung der sog. Zinsabschlagsteuer (§ 43 Abs. 1 Nr. 3 EStG).

2. Kapitalerträge mit Steuerabzug

Gemäß § 43 EStG unterliegen insbesondere die folgenden Kapitalerträge dem Steuerabzug:

- Gewinnanteile (Dividenden) und verdeckte Gewinnausschüttungen (§ 43 Abs. 1 Nr. 1 EStG). Der Steuerabzug beträgt 20 % bzw. 25 %, wenn der Schuldner (ausschüttende Körperschaft) die Kapitalertragsteuer trägt (§ 43 a

---

52 BMF v. 03.03.2003, BStBl I 2003, S. 183; BMF v. 22.10.2004, DStR 2004, S. 1963.
53 Vgl. 2.1.2.
54 EStR (1999) 82 Abs. 2 Nr. 5.

Abs. 1 Nr. 1 EStG). Ausschüttungen aus dem steuerlichen Einlagekonto der Körperschaft (ehemals: EK 04) sind nicht steuerpflichtig.
- Bezüge aus der Auflösung einer unbeschränkt steuerpflichtigen Körperschaft, die nicht in der Rückzahlung von Nennkapital bestehen (§ 43 Abs. 1 Nr. 1 EStG). Der Steuerabzug beträgt 25 % bzw. 33,3 %, wenn der Schuldner (aufgelöste Körperschaft) die Kapitalertragsteuer trägt (§ 43 a Abs. 1 Nr. 2 EStG).
- Zinserträge aus sonstigen Kapitalforderungen jeder Art, sofern es sich um verbriefte oder registrierte Anleihen und ähnliche festverzinsliche Forderungen i. S. v. § 20 Abs. 1 Nr. 7 EStG handelt (§ 43 Abs. 1 Nr. 7 a) EStG). Zinsen aus sonstigen Kapitalforderungen gegen inländische Kreditinstitute (§ 43 Abs. 1 Nr. 7 b) EStG). Bei Sichteinlagen für die kein Zinssatz von mehr als 1 % gezahlt wird (z.B. Girokonten), ist kein Zinsabschlag vorzunehmen. Der Steuerabzug (Zinsabschlag) beträgt 30 % bzw. 42,85 %, wenn der Schuldner die Kapitalertragsteuer trägt (§ 43 a Abs. 1 Nr. 2 EStG).
Private Zinsen (Schuldner der Kapitalerträge ist kein inländisches Kredit- oder Finanzdienstleistungsinstitut) unterliegen nicht dem Steuerabzug.
- Kapitalerträge i. S. v. § 20 Abs. 1 Nr. 10 a) und b) EStG, bei denen die nicht steuerbefreiten BgA Schuldner der Kapitalerträge sind („Ausschüttung" des BgA an die nicht steuerbefreite Trägerkörperschaft); bei BgA mit eigener Rechtspersönlichkeit gemäß § 43 Abs. 1 Nr. 7 a EStG und bei BgA ohne eigene Rechtspersönlichkeit gemäß § 43 Abs. 1 Nr. 7 b EStG. Der Steuerabzug beträgt bei BgA mit eigener Rechtspersönlichkeit 20 % bzw. 25 %, wenn der Schuldner (BgA) die Kapitalertragsteuer trägt (§ 43 a Abs. 1 Nr. 4 EStG). Der Steuerabzug beträgt bei BgA ohne eigene Rechtspersönlichkeit 10 % bzw. 11,1 %, wenn der Schuldner (BgA) die Kapitalertragsteuer trägt (§ 43a Abs. 1 Nr. 5 EStG).

Bemessungsgrundlage für den Steuerabzug ist der volle Kapitalertrag, unabhängig davon, ob die Kapitalerträge beim Empfänger zum Teil (Halbeinkünfteverfahren) oder fast vollständig unbesteuert bleiben (z.B. Dividendeneinkünfte von Körperschaften gemäß § 8 b Abs. 1 und 5 KStG: 95 % steuerfrei). Ausnahmsweise unterbleibt der Steuerabzug, wenn der Gläubiger der Kapitalerträge eine Nichtveranlagungs- oder Freistellungsbescheinigung vorlegt (z.B. gemäß § 44 a Abs. 4 Satz 3 EStG).

Außerdem fällt zusätzlich Solidaritätszuschlag in Höhe von derzeit 5,5 % der Kapitalertragsteuer an (§ 1 Abs. 3 SolZG).

3. Abzugsverfahren bei Gewinnausschüttungen der Kapitalgesellschaften

Grundsätzlich ist der Schuldner der Kapitalerträge zum Abzug der Kapitalertragsteuer verpflichtet. Bei Gewinnausschüttungen von Kapitalgesellschaften hat demnach die ausschüttende Kapitalgesellschaft die Kapitalertragsteuer einzubehalten und an das Finanzamt abzuführen. Das Verfahren zur Entrichtung der Kapitalertragsteuer ist in § **44 EStG** geregelt. Demzufolge entsteht die Kapitalertragsteuer in dem Zeitpunkt, in dem die Kapitalerträge dem Gläubiger zufließen.

Hinsichtlich der Entstehung der Kapitalertragsteuer ist auf die Besonderheiten bei Gewinnausschüttungen von Kapitalgesellschaften hinzuweisen. Die Gewinnausschüttungen fließen den Gesellschaftern an dem Tag zu, der im Gewinnverwendungsbeschluss als **Tag der Ausschüttung** bestimmt ist. Wird hingegen nur die Gewinnausschüttung, aber nicht der Tag der Ausschüttung bestimmt, so gilt als Zuflusszeitpunkt der Tag nach der Beschlussfassung (§ 44 Abs. 2 EStG). Damit können der Ausschüttungszeitpunkt und somit auch der Zeitpunkt der Entstehung der Kapitalertragsteuer genau bestimmt werden.

Die ausschüttende Gesellschaft hat die einbehaltene Kapitalertragsteuer gemäß § 45 a Abs. 1 EStG in dem Zeitpunkt an das Finanzamt anzumelden und abzuführen, in dem die Gewinnausschüttung dem Gläubiger zugeflossen ist. Diese Regelung gilt für alle Ausschüttungen, die nach dem 31. Dezember 2004 erfolgen.[55] Nach der bis zum 31. Dezember 2004 geltenden Altregelung war die innerhalb eines Monats entstandene Kapitalertragsteuer bis zum 10. des Folgemonats abzuführen.

Beispiel: Zeitpunkt der Abführung

Die Catering-GmbH, eine Tochtergesellschaft der Krankenhaus-AG, fasst für das Geschäftsjahr 2005 am 20. April 2006 den folgenden Gewinnverwendungsbeschluss: „Vom Jahresüberschuss wird ein Betrag von 500.000 € ausgeschüttet. Der Restbetrag von 345,20 € wird auf neue Rechnung vorgetragen [...]". Am 10. Juni 2006 überweist die Catering-GmbH ihrem Gesellschafter nach Abzug von Kapitalertragsteuer (100.000 €) und Solidaritätszuschlag (5.500 €) einen Betrag von 394.500 €. Mit selbem Datum entrichtet sie an das Finanzamt die Abzugssteuern.

Da im Gewinnverwendungsbeschluss der Catering-GmbH der Tag der Gewinnausschüttung nicht festgelegt wurde, gilt die Gewinnausschüttung gemäß § 44 Abs. 2 EStG bereits als am 21. April 2006 abgeflossen. Die Kapitalertragsteuer war daher am 21. April 2006 an das Finanzamt zu entrichten.

Infolge der verspäteten Abgabe der Kapitalertragsteueranmeldung kann das Finanzamt einen Verspätungszuschlag festsetzen.

Die ausschüttende Kapitalgesellschaft hat dem Gesellschafter die einbehaltene Kapitalertragsteuer nach einem amtlich vorgeschriebenen Muster zu bescheinigen (§ 45 a Abs. 2 EStG). Auf Vorlage dieser **Kapitalertragsteuer-Bescheinigung** im Veranlagungsverfahren des Gesellschafters erfolgt eine Anrechnung der Kapitalertragsteuer auf die Einkommen- oder Körperschaftsteuer des Gesellschafters.

Besonderheiten ergeben sich bei Ausschüttungen an steuerbegünstigte Körperschaften und jPdöR. Bei Gewinnausschüttungen an steuerbegünstigte Krankenhäuser wird keine Kapitalertragsteuer erhoben (s. u.). Bei Gewinnausschüttungen an jPdöR wird die Kapitalertragsteuer seit dem 01. Januar 2004 nur noch zur Hälfte erhoben (§ 44 a Abs. 8 EStG). In beiden Fällen ist die Voraussetzung für die (teilweise) Abstandnahme vom Kapitalertragsteuerabzug, dass der Gläubiger der Gewinnausschüttung (der Gesellschafter) eine entsprechende → *Nichtveranlagungsbescheinigung* vorweist.

---

[55] Neuregelung durch Gesetz v. 21.07.2004, BGBl. I 2004, S. 1753 § 52 Abs. 55 e EStG.

4. Besonderheiten bei steuerbegünstigten Krankenhäusern

4.1 Steuerbegünstigte Krankenhäuser als Gläubiger von Kapitalerträgen

Sind steuerbegünstigte Krankenhäuser Gläubiger von Kapitalerträgen und fallen diese Kapitalerträge im Bereich der Vermögensverwaltung (oder ausnahmsweise im Zweckbetrieb des Krankenhauses) an, kommt insbesondere für Zinserträge eine Abstandnahme vom Steuerabzug in Betracht. Voraussetzung ist jedoch, dass das Krankenhaus dem Schuldner der Kapitalerträge (einem Kreditinstitut) eine → *Nichtveranlagungsbescheinigung* gemäß § 44 a Abs. 7 EStG vorgelegt hat. Zinserträge, die in einem steuerpflichtigen wGb anfallen, unterliegen dem Steuerabzug beim Kreditinstitut als Schuldner. Für Gewinnausschüttungen an steuerbegünstigte Krankenhäuser gilt Entsprechendes; die Kapitalertragsteuer wird ebenfalls nicht erhoben.

4.2 Steuerbegünstigte Krankenhäuser als Schuldner von Kapitalerträgen (Gewinnausschüttung als Ausnahme)

Die Gewinnausschüttung einer steuerbegünstigten Krankenhaus-gGmbH an einen (nicht steuerbegünstigten) Gesellschafter ist nicht zulässig (vgl. § 55 Abs. 1 Nr. 1 Satz 2 AO) und für die Steuerbegünstigung der gGmbH grundsätzlich schädlich.

Die „Gewinnausschüttung" (im Sinn einer Zuwendung) einer steuerbegünstigten Krankenhaus-gGmbH ist nur dann zulässig, wenn der **Empfänger** der „Ausschüttung" ebenfalls eine **steuerbegünstigte Körperschaft** ist und die Ausschüttung/Zuwendung bei ihr zeitnah für steuerbegünstigte Zwecke verwendet wird (Ausnahme nach § 58 Nr. 2 AO). Liegen diese Voraussetzungen nicht vor, ist die Ausschüttung als schädliche Mittelverwendung durch die steuerbegünstigte Körperschaft zu qualifizieren.[56] Auf die „Gewinnausschüttung" fällt gemäß § 44a Abs. 4 Satz 2 EStG keine Kapitalertragsteuer an, da der Gesellschafter gemäß § 5 Abs. 1 Nr. 9 KStG von der Körperschaftsteuer befreit ist. Den für die Abstandnahme vom Steuerabzug notwendigen Nachweis (→ *Nichtveranlagungsbescheinigung*) hat die ausschüttende Krankenhaus-gGmbH zu den Akten zu nehmen.[57]

4.3 Erstattung von Kapitalertragsteuer

Ist die Kapitalertragsteuer einbehalten und abgeführt worden, obwohl eine Verpflichtung hierzu nicht bestand oder hat der Gläubiger der Kapitalerträge die → *Nichtveranlagungsbescheinigung* erst zu einem Zeitpunkt vorgelegt, in dem die Kapitalertragsteuer bereits abgeführt war, kommt eine Erstattung der Kapitalertragsteuer in Betracht. In diesen Fällen wird **auf Antrag** des zum Steuerabzug Verpflichteten die Kapitalertragsteueranmeldung geändert (§ 44 b Abs. 5 EStG).

Körperschaftsteuerbefreiung

Für **nicht** steuerbegünstigte Krankenhäuser gibt es – anders als bei der Gewerbesteuer (→ *Gewerbesteuerbefreiung* gemäß § 3 Nr. 20) – keine persönliche oder

---

56 Vgl. 6.2.5.1 und 6.2.9.2.
57 Vgl. Gietz/Sommerfeld: Zulässigkeit von Gewinnausschüttungen steuerbegünstigter Kapitalgesellschaften, BB 2001, S. 1501.

sachliche Befreiung von der Körperschaftsteuer. Für die steuerbegünstigten Krankenhauskörperschaften kommt eine Körperschaftsteuerbefreiung gemäß § 5 Nr. 9 KStG in Betracht.[58] Danach werden Körperschaften, die nach ihrer Satzung und nach der tatsächlichen Geschäftsführung u. a. ausschließlich und unmittelbar gemeinnützigen oder mildtätigen Zwecken dienen, von der Körperschaftsteuer befreit. Wird ein steuerpflichtiger → *wirtschaftlicher Geschäftsbetrieb (wGb)* unterhalten, ist die Steuerbefreiung insoweit ausgeschlossen (§§ 14, 64 AO). Die steuerbegünstigten Krankenhäuser unterliegen daher mit ihren satzungsmäßigen Tätigkeiten (in der Regel → *Zweckbetrieb*) nicht der Körperschaftsteuer; sie sind insoweit gemäß § 3 Nr. 6 GewStG auch von der Gewerbesteuer befreit.

Die Körperschaftsteuerbefreiung gemäß § 5 Nr. 9 KStG setzt u. a. voraus, dass die Satzung der steuerbegünstigten Krankenhaus-Körperschaft (§§ 59, 60 AO) und die tatsächliche Geschäftsführung (§ 63 AO) während des gesamten Veranlagungszeitraumes den Erfordernissen für die Befreiung von der Körperschaftsteuer entsprechen.

Krankenhaus
Der Begriff „Krankenhaus" bestimmt sich nach § 2 Nr. 1 KHG.[59] Danach sind Krankenhäuser Einrichtungen, in denen durch ärztliche und pflegerische Hilfeleistung Krankheiten, Leiden oder Körperschäden festgestellt, geheilt oder gelindert werden sollen oder Geburtshilfe geleistet wird und in denen die zu versorgenden Personen untergebracht und verpflegt werden können. Die Rechtsprechung hat zusätzlich auch den seit dem 01. Januar 1989 geltenden Begriff des Krankenhauses nach § 107 Abs. 1 SGB V herangezogen.[60] Nach Auffassung des BFH ergibt sich der Bezug zum Sozialrecht aus § 67 AO; diese Norm bezieht sich auf die BPflV (und nach einer Gesetzesänderung auch auf das KHEntgG). Außerdem zielt die Befreiung von der Gewerbesteuer (§ 3 Nr. 6 und Nr. 20 GewStG) darauf ab, die bestehenden Versorgungsstrukturen bei der Behandlung kranker und pflegebedürftiger Personen zu verbessern und die Sozialversicherungsträger von Aufwendungen zu entlasten.

Laborleistungen
→ *Apparate-, Großgeräte- bzw. Laborgemeinschaft*

Medizinische Großgeräte
→ *Apparate-, Großgeräte- bzw. Laborgemeinschaft*

---

58 Vgl. 2.2.2.
59 EStR 82 Abs. 1; vgl. 1.
60 Vgl. z. B. BFH-Urteil v. 02.10.2003, IV R 48/01, DStR 2004, S. 221; BFH-Urteil v. 22.10.2003, I R 65/02, DStR 2004, S. 337.

Medizinisches Versorgungszentrum

Medizinische Versorgungszentren (MVZ),[61] die gemäß § 95 SGB V ab dem 01. Januar 2004 an der ambulanten Versorgung der gesetzlich Krankenversicherten teilnehmen können, sind keine → *Krankenhäuser*, da diese Einrichtungen keine stationären Leistungen erbringen.

Da sich die medizinischen Versorgungszentren aller zulässigen Organisationsformen bedienen können, kommen in Abhängigkeit etwaiger Beschränkungen der Kammer- und Heilberufegesetze der Länder alle gesellschaftsrechtlich anerkannten Organisationsformen in Betracht (GbR, GmbH, Verein usw.).[62] Die ertragsteuerliche Einordnung der Einkünfte der medizinischen Versorgungszentren ist daher von der gewählten Rechtsform abhängig. In der Rechtsform einer steuerbegünstigten GmbH ist ein MVZ zwar denkbar,[63] aber in der Umsetzung und abhängig vom Einzelfall u.E. nicht sinnvoll (z. B. keine Gewinnausschüttungen, Vermögensbindung).

Erzielt das MVZ gewerbliche Einkünfte ist eine → *Gewerbesteuerbefreiung* für Krankenhäuser gemäß § 3 Nr. 20 GewStG wegen der fehlenden Krankenhauseigenschaft nicht möglich.

Nichtveranlagungsbescheinigung

Bei Vorlage einer sogenannten Nichtveranlagungsbescheinigung des Finanzamts wird vom Kapitalertragsteuerabzug auf die Kapitalerträge Abstand genommen. In folgenden Fällen erteilt das Finanzamt **auf Antrag** eine Nichtveranlagungsbescheinigung (Vordruck NV):

- Nichtveranlagung bei natürlichen Personen, soweit anzunehmen ist, dass für sie keine Veranlagung zur Einkommensteuer in Betracht kommt (§ 44 a Abs. 2 Nr. 2 EStG; NV 1 A) bzw. bei Körperschaften, deren Einkommen den → *Freibetrag* von 3.835 € gemäß § 24 KStG nicht übersteigt (§ 44 a Abs. 2 Nr. 2 EStG i. V. m. § 31 KStG; NV 3 A).
- Nichtveranlagung von jPdöR und körperschaftsteuerbefreiten Körperschaften (§ 44 a Abs. 4 Nr. 1 EStG; NV 2 A). Die NV 2 A wird nicht erteilt, wenn die Kapitalerträge in einem steuerpflichtigen BgA oder einem steuerpflichtigen → *wirtschaftlichen Geschäftsbetrieb (wGb)* anfallen. Bei Kapitalerträgen aus Gewinnausschüttungen wird zusätzlich vorausgesetzt, dass die Ausschüttungen von einer steuerbefreiten Körperschaft bezogen werden (§ 44 a Abs. 4 1 Satz 2 EStG).
- Nichtveranlagung bei betrieblichen Gläubigern wegen Überbesteuerung (§ 44 a Abs. 5 EStG).

---

61 Behnsen: Medizinische Versorgungszentren – die Konzeption des Gesetzgebers, Krhs 2004, S. 602 ff und S. 698 ff; Thomas:.Wann lohnt sich ein MVZ?, Krhs 2005, S. 865 ff.
62 Bohle/Grau: Krankenhaus, Vertragsarzt und MVZ, Krhs 2004, S. 885 ff.
63 Pfeiffer/Patzschke: MVZ oder IV: Alternative Modelle im Vergleich, f&w 2004 S. 590 ff; Scherff/Höche: Gemeinnützigkeit für MVZ!?, f&w 2005, S. 602 ff; OFD Frankfurt, Vfg. v. 29.09.2006, DB 2006, S. 2261.

- Nichtveranlagung der gemäß § 5 Abs. 1 Nr. 9 KStG steuerbefreiten Körperschaften, auch hinsichtlich der Kapitalerträge aus Gewinnausschüttungen steuerpflichtiger Körperschaften (§ 44 a Abs. 7 Nr. 1 bis 3 EStG; NV 2 B). Die NV 2 B wird nicht erteilt, wenn die Kapitalerträge in einem steuerpflichtigen BgA oder einem steuerpflichtigen wGb anfallen.
- Hälftige Nichtveranlagung (bis zum 31. Dezember 2003 hälftige Erstattung) bei jPdöR, die nicht bereits von § 44 a Abs. 7 Nr. 2 und 3 EStG erfasst werden, da die Kapitalerträge nicht in einem steuerbegünstigten Bereich der jPdöR anfallen (§ 44 a Abs. 8 Nr. 2 EStG), z. B. Gewinnausschüttungen steuerpflichtiger Körperschaften.

Für die steuerbegünstigten Krankenhausträger wird in der Regel ein Antrag auf Ausstellung der NV 2 B in Betracht kommen. Die Finanzverwaltung lässt es auch zu, wenn dem Kreditinstitut oder der ausschüttenden Körperschaft statt einer NV 2 B eine amtlich beglaubigte Kopie des zuletzt erteilten Freistellungsbescheids eingereicht wird.[64]

Organgesellschaft
Als Organgesellschaften im Rahmen einer → *Organschaft* kommen nach §§ 14 Abs. 1 und 17 KStG nur die Aktiengesellschaften, Kommanditgesellschaften auf Aktien (KGaA) und andere Kapitalgesellschaften (GmbH und die neue Europäische AG), mit Geschäftsleitung und Sitz im Inland in Betracht.[65] Andere Körperschaften, wie z. B. Vereine, Stiftungen und Betriebe gewerblicher Art (BgA) sowie Personengesellschaften können nicht Organgesellschaft sein.

Eine von der Körperschaft- bzw. Gewerbesteuer befreite Kapitalgesellschaft kann keine Organgesellschaft für ertragsteuerliche Zwecke sein, da sie ihre Mittel für eigene steuerbegünstigte satzungsmäßige Zwecke verwenden muss und daher bereits aus Gründen der Steuerbegünstigung eine Gewinnabführung unzulässig ist.[66]

Organschaft

1. Wesen und Voraussetzungen
2. Rechtsfolgen
3. Vor- und Nachteile sowie deren Bedeutung

1. Wesen und Voraussetzungen
Das Rechtsinstitut der steuerlichen Organschaft ist im Wesentlichen dadurch gekennzeichnet, dass das Einkommen einer Tochtergesellschaft (→ *Organgesellschaft*) mit dem Einkommen des Gesellschafter-Unternehmens (→ *Organträger*) zusammengerechnet wird und beim Organträger der Besteuerung (KSt, ESt, SolZ, GewSt) unterliegt. Die Zusammenfassung rechtlich selbstständiger

---
64 BMF v. 05.11.2002, BStBl I 2002, S. 1346, Tz 32, S. 33.
65 Vgl. auch § 2 Abs. 2 Nr. 2 UStG, § 2 Abs. 2 GewStG.
66 Dötsch/Eversberg/Jost/Pung/Witt: a. a. O., § 14 KStG n. F., Rn 43; Buchna: a. a. O., zu 2.14.3, S. 213.

Unternehmen im Rahmen einer Organschaft sehen das Körperschaftsteuerrecht (§§ 14–19 KStG), das Gewerbesteuerrecht (§ 2 Abs. 2 Satz 2 GewStG) und das Umsatzsteuerrecht (§ 2 Abs. 2 Nr. 2 UStG) vor. Die Voraussetzungen zur Begründung der körperschaftsteuerlichen und gewerbesteuerlichen Organschaft sind seit dem Jahr 2002 identisch. Die davon abweichenden Voraussetzungen zum Vorliegen der umsatzsteuerlichen Organschaft sind im Kapitel Umsatzsteuer erläutert.[67]

Seit der Einführung des → *Halbeinkünfteverfahrens* ist zu beachten, dass die körperschaftsteuerliche Organschaft wegen der möglichen Verrechnung von Gewinnen der Organgesellschaft mit möglichen Verlusten des Organträgers oder umgekehrt an Bedeutung gewonnen hat.[68]

Nach den in §§ 14 bis 17 KStG genannten **Voraussetzungen** liegt eine **körperschaftsteuerliche Organschaft** in folgenden Fällen vor:

- Eine → *Organgesellschaft* verpflichtet sich durch einen **Gewinnabführungsvertrag** i. S. v. § 291 Abs. 1 AktG ihren ganzen Gewinn an einen → *Organträger* abzuführen. Als zivilrechtliche Folge dieses Vertrags besteht zwischen den beiden Rechtsträgern gemäß § 302 Abs. 1 AktG auch eine Verlustausgleichsverpflichtung. Danach muss der Organträger einen Verlust der Organgesellschaft übernehmen und ausgleichen.
- Der Organträger muss an der Organgesellschaft vom Beginn ihres Wirtschaftsjahres an ununterbrochen mit der Mehrheit der Stimmrechte beteiligt sein (**finanzielle Eingliederung**). Mittelbare Beteiligungen des Organträgers sind zu berücksichtigen, wenn die Beteiligung des Organträgers an jeder vermittelnden Gesellschaft die Mehrheit der Stimmrechte gewährt.
- Der Gewinnabführungsvertrag muss **mindestens** auf **fünf Jahre** abgeschlossen sein und während seiner gesamten Geltungsdauer durchgeführt werden. Eine Kündigung aus wichtigem Grund innerhalb der 5-Jahresfrist ist unschädlich.
- Die Organgesellschaft darf Beträge aus dem Jahresüberschuss nur insoweit in die **Gewinnrücklagen** einstellen, als dies bei vernünftiger kaufmännischer Beurteilung wirtschaftlich begründet ist.
- Die §§ 14 bis 16 KStG gelten zunächst nur für die Organgesellschaften in der Rechtsform der Aktiengesellschaft (AG) und Kommanditgesellschaft auf Aktien (KGaA). Gemäß § 17 KStG gelten die Vorschriften der §§ 14 bis 16 KStG entsprechend, wenn sich eine andere als die in § 14 Abs. 1 Satz 1 KStG genannte Kapitalgesellschaft (z. B. GmbH) wirksam zur Gewinnabführung verpflichtet.

Das Einkommen der Organgesellschaft ist dem Organträger erstmals für das Kalenderjahr zuzurechnen, in dem das Wirtschaftsjahr der Organgesellschaft endet und in dem der Gewinnabführungsvertrag wirksam wird. Der Gewinnabführungsvertrag wird mit **Eintragung im Handelsregister** der Organgesellschaft

---

67 Vgl. 4.2 Umsatzsteuer-ABC, Stichwort: Organschaft.
68 Dötsch/Eversberg/Jost/Pung/Witt: a. a. O., § 14 KStG n. F., Rn 1.

wirksam.[69] Für den Organträger ergibt sich aus dem AktG keine Verpflichtung zur Eintragung des Gewinnabführungsvertrags in das Handelsregister.

Die Organgesellschaft gilt gemäß § 2 Abs. 2 Satz 2 GewStG für Zwecke der **Gewerbesteuer** als **Betriebsstätte des Organträgers** (gewerbesteuerliche Organschaft).

Nachfolgende **Beispiele** erläutern die einzelnen Voraussetzungen:

1. Beispiel: Finanzielle Eingliederung; Stimmrechtsmehrheit

> Die steuerpflichtige Krankenhaus-GmbH und der Einzelunternehmer R. Kochmütze gründen eine Catering-GmbH. Beide bringen ihre Küchenbetriebe in die Catering-GmbH ein, an welchem das Krankenhaus mit 51 % und R. Kochmütze mit 49 % beteiligt sind. Zum Schutz seiner Interessen hat Kochmütze durchgesetzt, dass wichtige Entscheidungen der Catering-GmbH, wie z. B. die Feststellung des Jahresabschlusses einer Stimmenmehrheit von 60 % bedürfen. Das Krankenhaus-Management möchte mit der Catering-GmbH einen Gewinnabführungsvertrag abschließen, um eine ertragsteuerliche Organschaft zum Krankenhaus herzustellen.
>
> Trotz der Anteilsmehrheit der Krankenhaus-GmbH von 51 % kann eine Organschaft nicht begründet werden, da die Anteilsmehrheit nicht zugleich die Stimmrechtsmehrheit sichert. Der Abschluss eines Gewinnabführungsvertrags wäre daher nicht zielführend. Eine umsatzsteuerliche Organschaft wäre ebenfalls nicht möglich.

2. Beispiel: Finanzielle Eingliederung bei mittelbarer Beteiligung

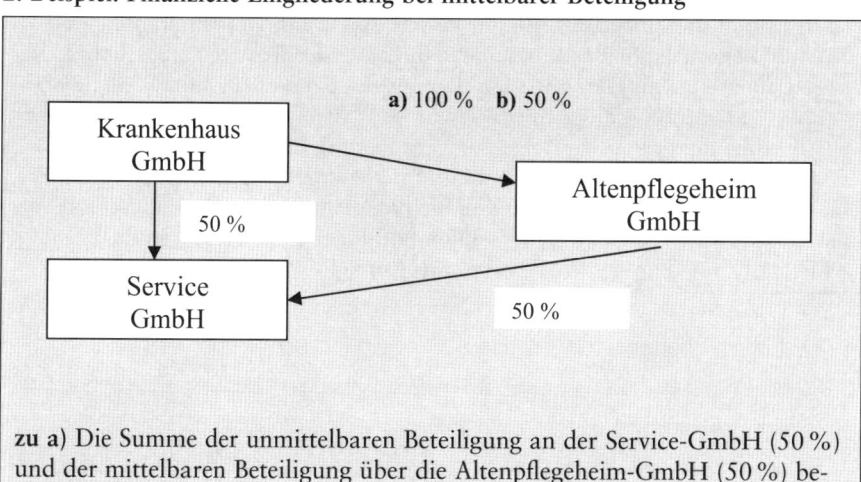

> ```
>                          a) 100 %   b) 50 %
>   ┌──────────────┐ ─────────────────────────► ┌──────────────┐
>   │ Krankenhaus  │                            │ Altenpflege- │
>   │    GmbH      │                            │ heim GmbH    │
>   └──────┬───────┘                            └──────┬───────┘
>          │ 50 %                                      │
>          ▼                                           │
>   ┌──────────────┐                                   │
>   │   Service    │ ◄──────────── 50 % ───────────────┘
>   │    GmbH      │
>   └──────────────┘
> ```
>
> **zu a)** Die Summe der unmittelbaren Beteiligung an der Service-GmbH (50 %) und der mittelbaren Beteiligung über die Altenpflegeheim-GmbH (50 %) beträgt 100 %, so dass die Service-GmbH finanziell in die Krankenhaus-GmbH eingegliedert ist.

---

69 Für das zivilrechtliche Wirksamwerden des Gewinnabführungsvertrags ist die Handelsregistereintragung gemäß § 294 Abs. 2 AktG konstitutiv.

zu b) Würde die Krankenhaus-GmbH hingegen nur 50 % der Anteile an der Altenpflegeheim-GmbH halten, wäre die Service-GmbH nicht finanziell in die Krankenhaus-GmbH eingegliedert, obwohl die Krankenhaus-GmbH rein rechnerisch mit 75 % an der Service-GmbH beteiligt wäre. Die 50 %ige Beteiligung an der vermittelnden Altenpflegeheim-GmbH zählt aber nicht mit, da dies keine Mehrheitsbeteiligung ist. Genügen würde eine Beteiligung an der Altenpflegeheim-GmbH von 50,1 %.

3. Beispiel: Beginn des Gewinnabführungsvertrags; Kündigung aus wichtigem Grund

Die Krankenhaus-GmbH schließt mit ihrer 100 %igen Tochtergesellschaft der X-GmbH am 02. November 2004 einen Gewinnabführungsvertrag (GAV) mit Wirkung ab dem 01. Januar 2004, dessen Mindestlaufzeit 5 Jahre beträgt.
Am a) 20. Dezember 2004 bzw. b) Januar 2005 wird der GAV in das zuständige Handelsregister der X-GmbH eingetragen. Bei beiden Gesellschaften entspricht das Wirtschaftsjahr dem Kalenderjahr. Im Dezember 2007 verkauft das Krankenhaus alle Anteile an der X-GmbH.
zu a) Der GAV wird mit seiner Eintragung im Handelsregister der X-GmbH am 20. Dezember 2004 wirksam. Die Rückwirkung auf den 01. Januar 2004 ist zivilrechtlich und steuerrechtlich zulässig.[70] Gemäß §§ 14 Abs. 1 Satz 2, 17 KStG ist das Einkommen der X-GmbH (Organgesellschaft) erstmals für das Wirtschaftsjahr 2004 der Krankenhaus-GmbH zuzurechnen.
zu b) Erfolgt die Eintragung erst im Januar 2005, kann das Einkommen der X-GmbH erstmals für das Wirtschaftsjahr 2005 der Krankenhaus-GmbH zugerechnet werden. Dies gilt auch dann, wenn der Vertrag mit Wirkung ab dem 01. Januar 2004 abgeschlossen wurde.
Die Beendigung des GAV infolge der Veräußerung der Anteile an der X-GmbH ist ein wichtiger Grund, so dass die steuerliche Wirksamkeit des GAV für die Jahre 2004 bis 2006 erhalten bleibt. Wichtige Gründe sind außerdem die Verschmelzung, Spaltung oder Liquidation der Organgesellschaft.[71] Eine schlichte Kündigung des GAV wäre hingegen kein wichtiger Grund.

---

70 Dötsch/Eversberg/Jost/Pung/Witt: a.a.O., § 14 KStG n.F., Rn 82.
71 KStR 60 Abs. 6.

4. Beispiel: Abführung des ganzen Gewinns; Rücklagenbildung; steuerliche Folgen der Nichtdurchführung des Vertrags

> Die X-GmbH ist seit 2003 wirksam anerkannte Organgesellschaft der Krankenhaus-GmbH. In den Wirtschaftsjahren 2003 und 2004 hat die X-GmbH zum Ausweis eines möglichst niedrigen steuerlichen Einkommens zulässigerweise Rücklagen gemäß § 6 b EStG gebildet (zur Übertragung stiller Reserven aus der Veräußerung bestimmter Anlagegüter). Den nach der Rücklagenbildung verbleibenden Gewinn hat die X-GmbH an die Krankenhaus-GmbH abgeführt. Für das Wirtschaftsjahr 2005 konnten keine gewinnmindernden Rücklagen gebildet werden. Die X-GmbH hat daher ohne weitere Begründung die Hälfte des handelsrechtlichen Gewinns in die Gewinnrücklagen eingestellt und die andere Hälfte im Rahmen des GAV an die Krankenhaus-GmbH abgeführt.
> Es steht der Durchführung des GAV für die Wirtschaftsjahre 2003 und 2004 nicht entgegen, dass die X-GmbH die 6 b-Rücklagen gebildet hat. Unschädlich wären auch die Bildung von Sonderposten mit Rücklageanteil (z.B. für Sonderabschreibungen), die Bildung von Rücklagen für Ersatzbeschaffung gemäß EStR 35 oder die Bildung stiller Reserven.[72]
> Die Bildung der Gewinnrücklage im Wirtschaftsjahr 2005 widerspricht hingegen den gesetzlichen Regelungen zur Durchführung des GAV, wonach die Organgesellschaft Beträge aus dem Jahresüberschuss nur insoweit in die Gewinnrücklagen einstellen darf, als dies bei vernünftiger kaufmännischer Beurteilung wirtschaftlich begründet ist. Für die Bildung der Gewinnrücklage durch die X-GmbH ist kein konkreter Anlass ersichtlich. Konkrete Anlässe wären z.B. die Verbesserung der Kapitalstruktur, eine geplante Betriebsverlegung oder Werkserneuerung, umfangreiche Gebäudesanierungen usw.[73]
> Da die X-GmbH im Wirtschaftjahr 2005 nicht den gesamten Gewinn an die Krankenhaus-GmbH abgeführt hat, gilt der GAV als nicht durchgeführt. Wird der GAV in einem Jahr des 5-Jahreszeitraums nicht durchgeführt, ist er steuerrechtlich von Beginn an als unwirksam anzusehen. Die X-GmbH ist deshalb ab dem Veranlagungszeitraum 2003 nach den allgemeinen steuerrechtlichen Vorschriften zur Körperschaftsteuer zu veranlagen.[74]

2. Rechtsfolgen der Organschaft (Einkommensermittlung)

Die wesentlichste Rechtsfolge der Organschaft besteht darin, dass das Einkommen der Organgesellschaft dem Organträger zuzurechnen ist. Die Zurechnung erfolgt grundsätzlich außerhalb der Bilanz.

Dieser Grundsatz wird durchbrochen, wenn die Organgesellschaft an außen stehende Gesellschafter Ausgleichszahlungen gemäß § 304 Abs. 1 AktG zahlt. In diesem Fall hat sie ihr Einkommen in Höhe von 4/3 der geleisteten Ausgleichs-

---

[72] KStR 60 Abs. 5.
[73] KStR 60 Abs. 5.
[74] KStR 60 Abs. 8.

zahlungen selbst zu versteuern (§§ 16, 17 KStG). Dies gilt auch dann, wenn die Verpflichtung zum Ausgleich vom Organträger erfüllt wurde.

Ein körperschaftsteuerlicher Verlustabzug kommt bei der Einkommensermittlung der Organgesellschaft grundsätzlich nicht in Betracht (§§ 15, 17 KStG). Für den Zeitraum der Organschaft bleiben die vororganschaftlichen Verlustvorträge „eingefroren". Mit Wirkung ab dem 01. Januar 2004 dürfen auch bei der Gewerbesteuer die Verlustvorträge aus vororganschaftlicher Zeit bei der Ermittlung des Gewerbeertrags der Organgesellschaft nicht mehr abgezogen werden.[75]

Beispiel: Ermittlung des Einkommens der Organgesellschaft

	Euro
Jahresüberschuss lt. Handelsbilanz (nach Ergebnisausgleich)	0
Steuerbilanzielle Korrekturen (z. B. Aufwandsrückstellung)	100.000
Jahresüberschuss lt. Steuerbilanz	100.000
Außerbilanzielle Korrekturen :	
Nicht abziehbare Betriebsausgaben (z. B. Geschenke, § 4 Abs. 5 EStG)	2.000
Steuerfreie Einnahmen (z. B. Beteiligungserträge, § 8 b KStG)	-22.000
Zwischensumme	80.000
Gewinnabführung an den Organträger lt. GAV	20.000
Zwischensumme	100.000
Dem Organträger zuzurechnendes Einkommen	-100.000
Einkommen der Organgesellschaft	0

Beispiel: Ermittlung des Einkommens des Organträgers

	Euro
Jahresüberschuss lt. Handelsbilanz	100.000
Steuerbilanzielle Korrekturen (z. B. Beteiligung Personengesellschaft)	20.000
Jahresüberschuss lt. Steuerbilanz	120.000
Außerbilanzielle Korrekturen :	
Nicht abziehbare Betriebsausgaben (z. B. Geschenke, § 4 Abs. 5 EStG)	4.000
Steuerfreie Einnahmen (z. B. Beteiligungserträge, § 8 b KStG)	-34.000

---

75 Vgl. § 10 a Satz 3 GewStG.

	Euro
Zwischensumme	90.000
Gewinnabführung der Organgesellschaft lt. GAV	-20.000
Zwischensumme	70.000
Zuzurechnendes Einkommen der Organgesellschaft	100.000
Einkommen des Organträgers	**170.000**

Die Beispiele zur Einkommensermittlung verdeutlichen, dass erst auf Ebene des Organträgers die Besteuerung des Einkommens der Organgesellschaft erfolgt. Um eine Doppelerfassung der im handelsrechtlichen Jahresüberschuss enthaltenen Gewinnabführung und des zuzurechnenden Einkommens zu vermeiden, sind im Rahmen der Einkommensermittlung bei der Organgesellschaft und beim Organträger jeweils die handelsrechtliche Gewinnabführung bzw. die Verlustübernahme zu neutralisieren. Auf die Darstellung weiterer Einzelheiten der Einkommensermittlung soll hier verzichtet werden.[76]

Im Falle der **gewerbesteuerlichen Organschaft** zwischen einem gewerbesteuerbefreiten Krankenhaus (Organträger) und einer Organgesellschaft die kein Krankenhaus i.S.v. § 3 Nr. 20 GewStG betreibt (z.B. Service-Tochtergesellschaft) wird auf Ebene des Organträgers nur der Gewerbeertrag aus dem Krankenhausbetrieb gemäß § 3 Nr. 20 GewStG von der Gewerbesteuer befreit. Der von der Organgesellschaft bezogene Gewerbeertrag unterliegt der Gewerbesteuer.

3. Vor- und Nachteile der Organschaft sowie deren Bedeutung
3.1 Körperschaftsteuerliche Organschaft

Organschaften spielen praktisch nur im Krankenhauskonzern eine Rolle. Da Umstrukturierungen im Krankenhauskonzern (insbesondere Ausgliederungen) in der Regel nicht allein steuerrechtlich motiviert sind, geben wir nur Hinweise, wann sich **steuerliche** Vor- und Nachteile ergeben können. Da aber immer der Einzelfall begutachtet werden muss, sollten Umstrukturierungen nicht ohne Berater erfolgen. Ausdrücklich ist darauf hinzuweisen, dass der Abschluss eines GAV, als eine grundlegende Voraussetzung für die Begründung einer Organschaft, für den Organträger immer mit dem Verlustausgleichsrisiko nach § 302 Abs. 1 AktG verbunden ist.

3.1.1 Vorteile
Bei der Auslagerung von Krankenhausabteilungen in Tochterkapitalgesellschaften des Krankenhausträgers kommt es gelegentlich zu einer rechtlichen Separierung von Verlust- und Gewinnbetrieben. Solange diese „Betriebe" als unselbstständige Krankenhausabteilungen geführt wurden, fand eine interne Verrechnung von Gewinnen und Verlusten bei der Ermittlung des zu versteuernden Einkommens des

---

76 Zu Einzelheiten (auch zu den sog. Mehr- und Minderabführungen): Dötsch/Eversberg/Jost/Pung/Witt: Kommentierung der §§ 14, 15 und 16 KStG n.F.

Krankenhausträgers statt. Nach der Ausgliederung dieser Abteilungen in rechtlich selbstständige Tochterkapitalgesellschaften des Krankenhausträgers ist die Verrechnung von Gewinnen und Verlusten nicht mehr möglich.

Im Rahmen der Organschaft können die möglichen Verluste eines organschaftlich verbundenen Unternehmens mit den steuerlichen Gewinnen der anderen Unternehmen des Organkreises verrechnet werden. Dieser Vorteil kann außerhalb der Organschaft nicht erzielt werden. Auch nicht durch Ausschüttungen eines Gewinnunternehmens an ein Verlustunternehmen, da die Beteiligungserträge im Wesentlichen gemäß § 8 b KStG von der KSt befreit sind und daher nicht zum Ausgleich mit den Verlusten des Ausschüttungsempfängers zur Verfügung stehen.[77]

Erzielen die organschaftlich verbundenen Unternehmen steuerliche Gewinne, was u.E. die Regel sein sollte, ergeben sich gegenüber nicht organschaftlich verbundenen Unternehmen keine Vorteile, da in beiden Fällen die Gewinne mit jeweils 25 % KSt versteuert werden.

Im Zuge der Ausgliederung von Krankenhausabteilungen kann es sein, dass die Herstellung der körperschaftsteuerlichen Organschaft vorteilhaft ist, wenn dadurch ein Verlustausgleich innerhalb der Organschaft hergestellt werden kann. Ein weiterer Vorteil kann in der Nutzung steuerlicher Verlustvorträge (→ *Verlustabzug*) des Organträger-Krankenhauses durch die Organgesellschaften liegen.

3.1.2 Nachteile

Nach Begründung einer Organschaft werden die steuerlichen Verlustvorträge der Organgesellschaften aus vororganschaftlicher Zeit „eingefroren". Solange eine Organgesellschaft noch eigene steuerliche Verlustvorträge nutzen kann, wäre die Begründung einer Organschaft insoweit nachteilig.

3.2 Gewerbesteuerliche Organschaft

Die bereits erläuterten Vor- und Nachteile der körperschaftsteuerlichen Organschaft gelten auch für die gewerbesteuerliche Organschaft. Daneben besteht ein Vorteil bei der Gewerbesteuer darin, dass die Dauerschuldentgelte zwischen den im Organkreis verbundenen Unternehmen bei der Ermittlung des Gewerbeertrags nicht hinzugerechnet werden dürfen.

Da eine Vielzahl von Krankenhäusern von der Gewerbesteuer befreit ist, hat die gewerbesteuerliche Organschaft für den Krankenhausbereich kaum eine Bedeutung.

---

77 Während der Geltung des steuerlichen Anrechnungsverfahrens konnte eine Verlustverrechnung auch außerhalb der Organschaft vorgenommen werden. Die Erträge aus den Ausschüttungen der Gewinngesellschaft wurden bei der Empfängerkörperschaft mit deren Verlusten verrechnet. Die anrechenbare KSt aus der Ausschüttung wurde auf die KSt der Empfängerkörperschaft angerechnet und daher vollständig erstattet, wenn die Empfängerkörperschaft ein negatives zu versteuerndes Einkommen auswies. Im Idealfall (Vollausschüttung des Gewinns der Tochtergesellschaft und 100 %iger Anteilsbesitz) konnte die gesamte festzusetzende KSt der Tochtergesellschaft bei der Muttergesellschaft im Anrechnungswege „zurückgeholt" werden.

Organträger

1. Welche Personen können Organträger sein?
2. Das nicht steuerbegünstigte Krankenhaus als Organträger
3. Das steuerbegünstigte Krankenhaus als Organträger

1. Welche Personen können Organträger sein?

Der Organträger muss nach § 14 Abs. 1 Satz 1 KStG grundsätzlich ein gewerbliches Unternehmen i.S.v. § 2 GewStG sein. In § 14 Abs. 1 Nr. 2 KStG wird der Kreis der Personen, die als Organträger in Betracht kommen, abschließend festgelegt:

- unbeschränkt einkommensteuerpflichtige natürliche Personen. Freiberuflich tätige Ärzte können nicht Organträger sein, da sie keine gewerblichen, sondern freiberufliche Einkünfte erzielen
- unbeschränkt körperschaftsteuerpflichtige, **nicht steuerbefreite** Körperschaften, Personenvereinigungen und Vermögensmassen mit Geschäftsleitung im Inland (dazu gehören die BgA der jPdöR)
- Personengesellschaften, bei denen der Gesellschafter als Mitunternehmer anzusehen ist (sog. Mitunternehmerschaften) mit Geschäftsleitung im Inland, die gewerbliche Einkünfte beziehen.

Bei der Gewerbesteuer[78] können grundsätzlich alle gewerblichen Unternehmen Organträger sein.

2. Das nicht steuerbegünstigte Krankenhaus als Organträger

Die körperschaftsteuerpflichtigen Krankenhäuser können grundsätzlich Organträger nach dem KStG sein.

Bei der Gewerbesteuer ist zu beachten, dass gewerbesteuerbefreite Krankenhäuser grundsätzlich als Organträger in Betracht kommen. Von der Gewerbesteuerbefreiung des § 3 Nr. 20 GewStG werden jedoch nur die Gewerbeerträge aus dem Betrieb des Krankenhauses des Organträgers oder der Organgesellschaft erfasst.

3. Das steuerbegünstigte Krankenhaus als Organträger

Der Organträger darf nicht steuerbefreit sein (§§ 14 Abs. 1 Nr. 2, 17 KStG). Sofern aber steuerbefreite Körperschaften **partiell steuerpflichtig** sind, z.B. mit Einkünften aus einem steuerpflichtigen → *wirtschaftlichen Geschäftsbetrieb (wGb)* können sie Organträger sein, wenn die Beteiligung an der Organgesellschaft im steuerpflichtigen wGb gehalten wird. Somit kann grundsätzlich auch eine gemeinnützige Krankenhaus-GmbH Organträgerin sein.

Das schließt die gemeinnützigen Krankenhäuser der juristischen Personen des privaten Rechts ein (z.B. Krankenhausvereine). Deren Tätigkeit gilt gemäß § 2 Abs. 3 GewStG als Gewerbebetrieb, wenn sie einen steuerpflichtigen wGb unterhalten. Auf Gewinnerzielungsabsicht und die Beteiligung am allgemeinen wirt-

---

78 § 2 Abs. 2 Satz 2 GewStG.

schaftlichen Verkehr kommt es zur notwendigen Qualifizierung als gewerbliches Unternehmen insoweit nicht an.

Wegen der Steuerbegünstigung ist grundsätzlich von der Eingehung einer körperschaftsteuerlichen Organschaft durch ein steuerbegünstigtes Krankenhaus als Organträger abzuraten. Der für die Organschaft zwingend erforderliche Abschluss eines Gewinnabführungsvertrags schließt grundsätzlich auch die Verpflichtung des Organträgers ein, Verluste der Organgesellschaft zu übernehmen (§ 302 Abs. 1 AktG). Allein die Möglichkeit der drohenden Verlustübernahme beinhaltet grundsätzlich das Risiko einer schädlichen Mittelverwendung i.S.v. § 55 AO.[79]

Praxisgebühr

Die vom versicherten Patienten als Zuzahlung zu den ärztlichen **ambulanten** Behandlungen an den Leistungserbringer gezahlte Praxisgebühr (§§ 28 Abs. 4, 43 b und 61 Abs. 2 SGB V) stellt beim Arzt eine Betriebseinnahme und keinen durchlaufenden Posten dar. Die zeitliche Erfassung dieser Betriebseinnahme richtet sich nach den allgemeinen Gewinnermittlungsgrundsätzen.[80]

Bei der Gewinnermittlung durch Betriebsvermögensvergleich (Bilanzierung) wird die Betriebseinnahme im Zeitpunkt des Anspruchs auf die Praxisgebühr (zu Beginn des entsprechenden Kalendervierteljahres) erfasst. Bei der Einnahmenüberschussrechnung wird die Praxisgebühr erst mit der Zahlung erfasst. In Höhe der vereinnahmten Zuzahlungen der Patienten verringert sich der Vergütungsanspruch der Ärzte gegenüber den Krankenkassen. Im Falle der Nichtzahlung der Praxisgebühr geht das Ausfallrisiko auf die Krankenkassen über, so dass der Vergütungsanspruch der Ärzte gegenüber den Krankenkassen in vollem Umfang erhalten bleibt.

„Reichensteuer"

Im Rahmen des Steueränderungsgesetzes 2007[81] hat der Gesetzgeber die so genannte Reichensteuer eingeführt. Für private zu versteuernde Einkommen ab 250.000 € (zusammenveranlagte Ehegatten: 500.000 €) ist ein Zuschlag von 3 % auf den ESt-Spitzensteuersatz zu zahlen. Von der Reichensteuer ausgenommen sind die im zu versteuernden Einkommen enthalten Gewinneinkünfte, zu denen auch die Einkünfte aus Gewerbebetrieb und selbständiger Arbeit gehören. Daher werden die Einkünfte aus den Krankenhäusern der freiberuflichen Ärzte und der Personengesellschaften unverändert mit maximal 42 % ESt belastet. Private Einkünfte aus Krankenhaus-Kapitalgesellschaften können dagegen der Reichensteuer unterliegen, so dass die ESt hier auf 45 % ansteigen kann.

---

79 Vgl. Knorr/Klaßmann: a.a.O., zu 5.3.3.5., S. 217; Buchna: a.a.O., zu 2.14.3, S. 213; a.A.: Milatz/Schäfers: Ausgliederung im Gemeinnützigkeitssektor am Beispiel von Krankenhäusern, DB 2005, S. 1766 ff.
80 BMF-Schreiben v. 25.04.2004, http://www.bundesfinanzministerium.de.
81 § 32a Abs. 1 EStG in der Fassung des Steueränderungsgesetzes 2007 v. 19.07.2006, BGBl 2006, S. 1654.

Steuerbefreiung (Beginn und Erlöschen nach § 13 KStG)
Besonderheiten hinsichtlich des Beginns und des Erlöschens einer Steuerbefreiung regelt § 13 KStG. Die Vorschrift bestimmt den Wertansatz von Wirtschaftsgütern in den Fällen, in denen eine bislang steuerpflichtige Körperschaft die Steuerfreiheit beanspruchen kann bzw. eine bislang steuerbefreite Körperschaft steuerpflichtig wird.[82]

Verdeckte Einlage
Eine verdeckte Einlage (vE) liegt vor, wenn ein Gesellschafter oder eine ihm nahe stehende Person der Körperschaft außerhalb der gesellschaftsrechtlichen Einlagen einen einlagefähigen Vermögensvorteil zuwendet und diese Zuwendung durch das Gesellschaftsverhältnis veranlasst ist.[83] Gegenstand einer verdeckten Einlage können daher aus Sicht der Körperschaft nur bilanzierungsfähige Vermögensvorteile sein, die zum Ansatz eines Aktivpostens oder zum Wegfall oder zur Minderung eines Passivpostens geführt haben.[84]

Verdeckte Einlagen dürfen sich grundsätzlich nicht auf die Höhe des Einkommens der Körperschaft auswirken. Sie sind daher außerbilanziell bei der Ermittlung des zu versteuernden Einkommens in Abzug zu bringen, soweit sie in der Steuerbilanz ergebniswirksam eingebucht wurden (§ 8 Abs. 3 Satz 3 KStG n. F. JStG 2007, § 4 Abs. 1 EStG).

Die Bewertung der verdeckten Einlagen hat gemäß § 6 Abs. 1 Nr. 5 und Abs. 6 EStG grundsätzlich mit dem Teilwert zu erfolgen. Es sind jedoch höchstens die Anschaffungs- oder Herstellungskosten anzusetzen, wenn das eingelegte Wirtschaftsgut innerhalb der letzten 3 Jahre vor dem Zeitpunkt der Einlage angeschafft oder hergestellt wurde oder das Wirtschaftsgut ein (mindestens 1 %iger) Anteil an einer Kapitalgesellschaft ist (§ 6 Abs. 1 Nr. 5 a) und b) EStG).

Beim einlegenden Gesellschafter erhöhen sich im Falle der verdeckten Einlage die Anschaffungskosten der Beteiligung um den Teilwert des eingelegten Wirtschaftsguts (§ 6 Abs. 6 Satz 2 EStG), so dass es zu einer Gewinnrealisierung kommen kann, wenn der Teilwert größer ist als der Buchwert.

Im Krankenhausbereich spielt die Problematik der verdeckten Einlagen praktisch nur im Krankenhauskonzern eine Rolle. Soweit steuerbegünstigte Krankenhausträger als Gesellschafter beteiligt sind, kommen verdeckte Einlagen nur unter Beachtung der Mittelverwendungsvorschriften in Betracht.[85] Ist danach eine verdeckte Einlage erfolgt, weil z. B. das eingelegte Wirtschaftsgut von der steuerbegünstigten Körperschaft mit frei verfügbaren Mitteln angeschafft wurde, sind die realisierten stillen Reserven des verdeckt eingelegten Wirtschaftsguts unter den Voraussetzungen der § 5 Nr. 9 KStG und § 3 Nr. 6 GewStG steuerfrei.

---

82 Einzelheiten vgl. 6.5.2.
83 KStR 40 Abs. 1.
84 KStR 40 Hinweise, Stichwort: einlagefähiger Vermögensvorteil.
85 Vgl. 6.2.3.

Beispiel: Rechtsfolgen einer verdeckten Einlage

> Die Krankenhaus-GmbH legt ein Grundstück im Geschäftsjahr 2005 verdeckt in ihre Tochter-Kapitalgesellschaft (Catering-GmbH) ein. Zum Zeitpunkt der Einlage betrug der Buchwert (= Anschaffungskosten) des im Geschäftsjahr **a)** 2000 bzw. **b)** 2003 angeschafften Grundstücks 100.000 € und der Teilwert 120.000 €.
> Die Catering-GmbH bucht den Grundstückszugang mit dem Teilwert **c)** ergebnisneutral (per Grundstücke an Kapitalrücklage) bzw. **d)** ergebniswirksam (per Grundstücke an Erträge aus Zuschreibungen).
> Aus Sicht der **Krankenhaus-GmbH** ist im **Fall a)** die verdeckte Einlage mit dem Teilwert anzusetzen, so dass stille Reserven in Höhe von 20.000 € aufgedeckt werden (per Finanzanlagen 120.000 € an Grundstücke 100.000 € und Buchgewinn 20.000 €). Die Besteuerung des Gewinns kann ggf. gemäß § 6 b EStG durch Übertragung der stillen Reserven auf bestimmte Wirtschaftsgüter oder durch die Bildung einer gewinnmindernden Rücklage vermieden werden. Der Buchwert der Beteiligung (Catering-GmbH) ist um 120.000 € zu erhöhen. Im **Fall b)** ist die verdeckte Einlage gemäß § 6 Abs. 1 Nr. 5 a) EStG höchstens mit den Anschaffungskosten (= Buchwert) anzusetzen, da dass Grundstück innerhalb von 3 Jahren seit der Anschaffung eingelegt wurde. Der Vorgang ist daher ergebnisneutral. Der Buchwert der Beteiligung erhöht sich um 100.000 € (per Finanzanlagen an Grundstücke).
> Bei der **Catering GmbH** ist das Grundstück zum Teilwert von 120.000 € (a) bzw. mit den ursprünglichen Anschaffungskosten von 100.000 € (b) anzusetzen. Im **Fall c)** wurde die Einlage zutreffend ergebnisneutral bilanziert. Sofern die Catering-GmbH den Vorgang in der Steuerbilanz ergebniswirksam eingebucht hat (**d**) ist der Ertrag (20.000 €) außerbilanziell zu kürzen.

Verdeckte Gewinnausschüttung

1. Begriff und Bedeutung (Grundzüge)
2. Beispiele
3. Rechtsfolgen
4. Verdeckte Gewinnausschüttung eines steuerbegünstigten Krankenhauses

1. Begriff und Bedeutung (Grundzüge)

Gemäß § 8 Abs. 3 KStG dürfen verdeckte Gewinnausschüttungen (vGA) das zu versteuernde Einkommen von Körperschaften nicht mindern, da es für die Ermittlung des Einkommens von Körperschaften ohne Bedeutung ist, ob das Einkommen verteilt wird. Eine verdeckte Gewinnausschüttung ist eine Vermögensminderung oder verhinderte Vermögensmehrung, die durch das Gesellschaftsverhältnis veranlasst ist, sich auf die Höhe des Gewinns auswirkt und nicht auf einem den gesellschaftsrechtlichen Vorschriften entsprechenden Gewinnverteilungsbeschluss beruht.[86]

---

86 KStR 36 Abs. 1.

Eine Veranlassung durch das Gesellschaftsverhältnis ist auch in den folgenden Fällen gegeben:

- Vermögensminderung/verhinderte Vermögensmehrung bei der Körperschaft zu Gunsten einer nahe stehenden Person des Gesellschafters
- Verträge zwischen der Gesellschaft und dem beherrschenden Gesellschafter, wenn es an einer zivilrechtlich wirksamen, klaren, eindeutigen und im voraus abgeschlossenen Vereinbarung darüber fehlt, ob und in welcher Höhe ein Entgelt für eine Leistung des Gesellschafters zu zahlen ist, oder wenn nicht nach einer klaren Vereinbarung entsprechend verfahren wird.

Beispiel: Grundfall

> Der Arzt A ist beherrschender Gesellschafter-Geschäftsführer der Krankenhaus-GmbH. Zum Jahresende des Geschäftsjahres 2005 genehmigt er sich nur aufgrund des guten Jahresergebnisses des Krankenhauses eine Sonderzahlung. Die Sonderzahlung wird als Personalaufwand gebucht und mindert den Gewinn des Krankenhauses.
> Eine im Voraus geschlossene Vereinbarung über die Gewährung einer Sonderzahlung gibt es nicht. Auch sein Dienstvertrag sieht keine Sonderzahlung oder diesbezügliche Tantieme-Regelung vor.
> Die Sonderzahlung ist eine vGA der GmbH an ihren Gesellschafter.

Verdeckte Gewinnausschüttungen können grundsätzlich auch bei BgA von jPdöR (z. B. städtisches Krankenhaus) und bei Vereinen vorliegen.[87]

Die Regelungen über die Hinzurechnung von vGA bewirken, dass die Vorgänge auf der Ebene Gesellschaft/Gesellschafter, anders als betriebliche Vorgänge, grundsätzlich keinen Einfluss auf die Höhe des Einkommens der Körperschaft haben. Die praktische Relevanz des § 8 Abs. 3 KStG ergibt sich daraus, dass es im Geschäftsleben häufig geschäftliche Beziehungen zwischen Gesellschaft und Gesellschafter gibt und die Abgrenzung zwischen betrieblicher und gesellschaftsrechtlicher Veranlassung von Geschäftsvorfällen an Bedeutung gewinnt. Zudem ist schlicht festzustellen, dass die Versuchung groß ist, im Verhältnis Gesellschaft/Gesellschafter Gewinnausschüttungen als „Betriebsausgaben" steuermindernd geltend zu machen. Insoweit spielen die typischen Abgrenzungsprobleme zwischen betrieblicher und gesellschaftsrechtlicher Veranlassung auch im Krankenhausbereich eine Rolle.

Besonderheiten ergeben sich dann, wenn steuerbegünstigte Krankenhäuser als Gesellschafter oder Gesellschaften beteiligt sind. In den letzten Jahren sind im Zuge von Umstrukturierungen steuerbegünstigter Krankenhäuser häufig ganze Krankenhausabteilungen in steuerpflichtige Tochterkapitalgesellschaften ausgelagert worden, wodurch typische Konzernstrukturen entstanden sind. Vielfältige Rechts- und Vertragsbeziehungen zwischen den Konzerngesellschaften sind die Folge. Dabei ist von besonderer Bedeutung, dass in der Regel steuerbegünstigte

---

87 KStR 36 Hinweise.

und steuerpflichtige Körperschaften im Krankenhaus-Konzernverbund miteinander verflochten sind. Die sich daraus ergebenden Probleme werden manchmal unterschätzt, insbesondere dann, wenn die Steuerung der neuen Tochtergesellschaften aus der gemeinnützigen Muttergesellschaft heraus vorgenommen wird. Dort können Erfahrungen in der Führung steuerpflichtiger Kapitalgesellschaften fehlen, so dass die Gefahr von vGA häufig erst zu spät erkannt wird. Außerdem ziehen vGA im steuerbegünstigten Raum regelmäßig Probleme (→ *Mittelverwendung* in Kapitel 6.7) nach sich.[88]

2. Beispiele

Beispiele für vGA lassen sich in **vier Grundfälle**[89] zusammenfassen:

- Die GmbH **erwirbt** vom Gesellschafter Wirtschaftsgüter gegen ein unangemessen hohes Entgelt.
- Die GmbH **nutzt** Dienste, Kapital oder Wirtschaftsgüter des Gesellschafters gegen ein ungemessen hohes Entgelt.
- Die GmbH **veräußert** Wirtschaftsgüter an den Gesellschafter unentgeltlich oder gegen ein unangemessen niedriges Entgelt.
- Die GmbH **überlässt** dem Gesellschafter Dienste, Kapital oder Wirtschaftsgüter zur Nutzung unentgeltlich oder gegen ein unangemessen niedriges Entgelt.

Eine vGA liegt nicht vor, wenn die GmbH bei Anwendung der Sorgfalt eines ordentlichen und gewissenhaften Geschäftsleiters die Vermögensminderung oder verhinderte Vermögensmehrung unter sonst gleichen Umständen auch gegenüber einem Nichtgesellschafter hingenommen hätte.

Der BFH hat in den vergangenen Jahrzehnten eine kaum noch zu überschauende Anzahl von Urteilen zu vGA gesprochen und die Finanzverwaltung ist diesen Urteilen teilweise in ihren Verlautbarungen gefolgt.[90] Die nachfolgend genannten **Beispiele** stellen daher nur einen kleinen Ausschnitt der umfangreichen BFH-Rechtsprechung dar:

- *Darlehensvereinbarungen*: Der Gesellschafter erhält von der Gesellschaft ein zinsloses oder außergewöhnlich niedrig verzinstes Darlehen. Der Gesellschafter gibt der Gesellschaft ein Darlehen zu einem außergewöhnlich hohen Zinssatz. Bei Hingabe eines Darlehens an den Gesellschafter muss bereits mit der Uneinbringlichkeit gerechnet werden.
- *Gründungskosten*, soweit die Gesellschaft höhere als im Gesellschaftsvertrag vorgesehene Gründungskosten trägt.
- *Nutzungsüberlassungen und Mietverhältnisse* zwischen Gesellschafter und Gesellschaft zu einem unangemessenen Preis.
- *Pensionszusagen* an beherrschende Gesellschafter, die unangemessen sind oder nicht mehr erdient werden können. Die Gewährung von Nur-Pensionen. Pensionszusagen der Gesellschaft ohne Warte- bzw. Probezeit.

---

88 Vgl. 6.2.3 bis 6.2.6 mit Hinweisen zur Bemessung von Vergütungen für Geschäftsführer.
89 Dötsch/Eversberg/Jost/Pung/Witt: a. a. O., § 8 Abs. 3 KStG n. F., Rdn. 7.
90 KStR 36 u. H 36.

- *Rechtsverzichte*, wenn eine Gesellschaft gegenüber ihrem Gesellschafter auf die ihr zustehenden Rechte verzichtet.
- *Rückwirkende Vereinbarungen* zwischen Gesellschaft und beherrschendem Gesellschafter.
- *Schuldübernahme*, wenn eine Gesellschaft eine Schuld oder sonstige Verpflichtung eines Gesellschafters übernimmt.
- *Tantiemen an Gesellschafter-Geschäftsführer*: Gewinntantiemen, die dem Grunde oder der Höhe nach unangemessen sind. Umsatztantiemen, die statt einer Gewinntantieme gewährt werden, die branchenunüblich sind bzw. die vertraglich, zeitlich und betragsmäßig nicht begrenzt sind.
- *Vergütungen an Gesellschafter-Geschäftsführer*, die eine angemessene Gesamtausstattung übersteigen.[91]
- *Vergütungen gemäß § 8 a KStG* → Gesellschafter-Fremdfinanzierung.
- *Verlustgeschäfte*, die eine Gesellschaft vorrangig im Interesse des beherrschenden Gesellschafters eingeht und bei denen keine Chance zur Erzielung eines angemessenen Gewinns besteht.
- *Waren*, die ein Gesellschafter zu ungewöhnlichen Preisen an die Gesellschaft liefert oder die er von der Gesellschaft unter Einräumung besonderer Preisnachlässe und Rabatte bezieht.

3. Rechtsfolgen

Da eine vGA das Einkommen der Körperschaft nicht mindern darf, ist sie dem Ergebnis der Gesellschaft wieder hinzuzurechnen. Weitere wichtige Rechtsfolgen einer vGA sind:

- *Ergebniskorrekturen bei der Gesellschaft*: Bei laufenden Betriebsausgaben ist der Betrag, der im laufenden Wirtschaftsjahr als vGA das Einkommen gemindert hat, außerbilanziell hinzuzurechnen. Eine davon abweichende Behandlung (Korrektur innerhalb oder außerhalb der Steuerbilanz) kann sich bei einer vGA bei Posten der Aktivseite und bei der Passivierung von Verpflichtungen ergeben, wie z.B. beim Erwerb von Wirtschaftsgütern vom Gesellschafter zu einem unangemessen Preis (Aktivierung zum üblichen Preis in der Steuerbilanz).[92]
- *Einkünftekorrekturen beim Gesellschafter*: Eine vGA unterliegt als Kapitalertrag dem Halbeinkünfteverfahren. Bei *natürlichen Personen* ist die Hälfte der vGA gemäß § 3 Nr. 40 a) EStG steuerfrei. Sofern die vGA als Einkünfte aus nichtselbständiger Arbeit zugeflossen sind (z.B. bei Tantiemen), sind diese Einkünfte nunmehr in Höhe der als Kapitalerträge zu erfassenden (verdeckten) Gewinnausschüttung umzuqualifizieren. Bei *Körperschaften* wird die vGA zunächst gewinnerhöhend außerbilanziell erfasst. Da die vGA gemäß § 8 b Abs. 1 KStG steuerfrei sind, werden die Einkünfte entsprechend gekürzt. In Höhe von 5 % der vGA sind aber gemäß § 8 b Abs. 5 KStG nichtabziehbare Betriebsausgaben gewinnerhöhend zu berücksichtigen. Bei bestandskräftiger

---

91 BMF-Schreiben v. 14.10.2002, BStBl I 2002, S. 972; vgl. auch 6.2.6.
92 BMF-Schreiben v. 28.05.2002, BStBl I 2002, S. 603 mit weiteren Beispielen.

Steuerfestsetzung kann beim Gesellschafter der Steuerbescheid gemäß § 32a KStG n. F. (JStG 2007) geändert werden.
- *Höhe der vGA*: Bei der Hingabe von Wirtschaftsgütern ist vom gemeinen Wert und bei Nutzungsüberlassungen von der erzielbaren Vergütung auszugehen.
- *Kapitalertragsteuer*: Die vGA unterliegen grundsätzlich der Kapitalertragsteuer, dies gilt auch bei vGA eines BgA von jPdöR. Die → **Kapitalertragsteuer** beträgt regelmäßig 20 % und in Ausnahmefällen 10 %. Die vGA an steuerbefreite Gesellschafter mit Nichtveranlagungsbescheinigung oder an Gesellschafter mit Freistellungsbescheinigung und die vGA, die aus dem steuerlichen Einlagekonto finanziert werden, unterliegen nicht der Kapitalertragsteuer.
- *Nahestehende Personen*: Die vGA an nahestehende Personen sind steuerrechtlich stets dem Gesellschafter als Einnahme zuzurechnen, auch wenn dieser keinen Vermögensvorteil erlangt.
- *Organschaft*: Auch im körperschafts- und gewerbesteuerlichen Organkreis sind vGA möglich. Sie stellen die tatsächliche Durchführung des Gewinnabführungsvertrags nicht in Frage. Die vGA an den → *Organträger* sind vorweggenommene Gewinnabführungen. Um eine Doppelerfassung der vGA zu vermeiden sind diese aus dem Einkommen des Organträgers auszuscheiden, da sie bereits im Einkommen der → *Organgesellschaft* enthalten sind.
- *Rückgängigmachung* der vGA zur Vermeidung der Rechtsfolgen ist nur in besonders gelagerten Ausnahmefällen möglich.
- *Schwestergesellschaften*: Bei vGA zwischen Schwestergesellschaften ist wie folgt zu verfahren: Bei der Gesellschaft, die die vGA gewährt hat, erfolgt eine gewinnerhöhende Korrektur. Bei der Muttergesellschaft der beiden Schwestergesellschaften ist ein Beteiligungsertrag aus der vGA zu erfassen. Der an die andere Schwestergesellschaft „weitergegebene" Vorteil ist bei der Muttergesellschaft als verdeckte Einlage bzw. bei Nutzungsvorteilen als fiktiver laufender Aufwand auf die Beteiligung der Schwestergesellschaft zu erfassen. Die Schwestergesellschaft, die den einlagefähigen Vorteil erhalten hat, kürzt in Höhe der Einlage außerbilanziell den Gewinn. Erhält die Schwestergesellschaft keinen einlagefähigen Vorteil (z. B. bei Nutzungsvorteilen) ergibt sich kein Korrekturbedarf.
- *Umsatzsteuer*: Die Umsatzsteuer auf eine vGA ist gemäß § 10 Nr. 2 KStG nicht abziehbar. Löst eine vGA Umsatzsteuer aus, ist diese bei der Gewinnermittlung nach § 10 Nr. 2 KStG nicht zusätzlich hinzuzurechnen.[93]

4. Verdeckte Gewinnausschüttung eines steuerbegünstigten Krankenhauses
Bei den steuerbegünstigten Trägern kommen die Rechtsfolgen einer vGA u. E. nicht zum Tragen, weil bereits die abgabenrechtlichen Vorschriften zum Zuwendungsverbot (§ 55 Abs. 1 Nr. 1 Satz 2 AO) oder das Begünstigungsverbot (§ 55 Abs. 1 Nr. 3 Satz 2 AO) greifen.[94] Bei „Gewinnausschüttungen" an Gesellschaf-

---
93 KStR 37.
94 Vgl. 6.2.5 und 6.2.6; vgl. 6.2.9.2.

ter, die selbst eine steuerbegünstigte Körperschaft sind, liegt in der Regel kein Verstoß gegen die Mittelverwendung vor, da nach § 58 Nr. 2 AO unter bestimmten Voraussetzungen Zuwendungen zugelassen sind. Die Grundsätze der vGA können den steuerbegünstigten Krankenhäusern deshalb allenfalls als Beurteilungsmaßstab für Verstöße gegen die o. a. Verbote dienen. Im Übrigen wären vGA eines steuerbegünstigten Trägers steuerfrei, wenn sie im Zweckbetrieb oder in der Vermögensverwaltung anfallen. Denn nur weil eine vGA vorliegt, kommt es nicht zu einer steuerpflichtigen Tätigkeit im Rahmen eines wGb.

Vermögensverwaltung
Die Einkünfte eines steuerbegünstigten Krankenhauses aus Vermögensverwaltung, z. B. Zins- und Mieteinkünfte, unterliegen nicht der Gewerbe- und Körperschaftsteuer.[95]

Verlustabzug
1. Verlustrücktrag
2. Verlustvortrag
3. Zusätzliche Voraussetzungen bei einer Körperschaft
4. Verlustabzug im steuerpflichtigen wGb eines steuerbegünstigten Krankenhauses

Negative Einkünfte, die bei der Ermittlung des Gesamtbetrags der Einkünfte des Steuerpflichtigen (natürliche Person oder Körperschaft) nicht ausgeglichen werden, sind gemäß § 10 d EStG zunächst zurückzutragen (Verlustrücktrag, § 10 d Abs. 1 EStG) und verbliebene Beträge vorzutragen (Verlustvortrag, § 10 d Abs. 1 EStG), soweit nicht auf Antrag des Steuerpflichtigen auf einen Verlustrücktrag ganz oder teilweise verzichtet wird.

1. Verlustrücktrag
Beim Verlustrücktrag dürfen die nicht ausgeglichenen Verluste, die ab dem Veranlagungszeitraum 2001 entstanden sind, vom Gesamtbetrag der Einkünfte des unmittelbar vorangegangenen Veranlagungszeitraums bis zu einem Betrag von 511.500 € (Körperschaften und einzelveranlagte natürliche Personen) und bei Ehegatten bis zu einem Betrag von 1.023.000 € abgezogen werden. Auf Antrag des Steuerpflichtigen kann auf den Verlustrücktrag ganz oder teilweise verzichtet werden. Möglich ist auch eine betragsmäßige Begrenzung des Verlustrücktrags. Letzteres ist von Bedeutung, um z. B. den → *Freibetrag* für bestimmte Körperschaften (nicht GmbH) gemäß § 24 KStG optimal auszunutzen. Im Gegensatz zur Einkommen- und Körperschaftsteuer ist bei der Gewerbesteuer ein Verlustrücktrag nicht vorgesehen.

2. Verlustvortrag
Die nach einem Verlustrücktrag verbleibenden nicht ausgeglichenen Verluste dürfen im Rahmen des Verlustvortrags zeitlich unbegrenzt vorgetragen werden. In

---

[95] Vgl. Schaubilder zu 2.2, insbesondere zu 2.2.2.6; vgl. Einzelheiten zu 6.4.4 und ABC der Tätigkeiten zu 6.6.

den auf das Verlustentstehungsjahr folgenden Zeiträumen dürfen diese Verluste für einkommen- und körperschaftsteuerliche Zwecke bis zu einem Betrag von 1 Mio. € (Körperschaften und einzelveranlagte natürliche Personen) unbeschränkt und darüber hinaus bis zu 60 % des 1 Mio. € übersteigenden Gesamtbetrags der Einkünfte abgezogen werden. Bei zusammen veranlagten Ehegatten erhöht sich der unbegrenzt abziehbare Betrag auf 2 Mio. €. Bei der Gewerbesteuer gelten die Regelungen zum unbegrenzten und begrenzten Abzug von Gewerbeverlusten der Vorjahre seit dem Erhebungszeitraum 2004 analog (§ 10 a GewStG).

Beispiel: Maximaler Abzug von Verlustvorträgen (Auswirkungen für Körperschaften bzw. einzelveranlagte natürliche Personen)

	Verluste Euro	Euro
Verlust des Geschäftsjahres 2003	3.500.000	
Gewinn des Geschäftsjahres 2002		800.000
Verlustrücktrag nach 2002[96]	- 500.000	- 500.000
Einkommen 2002 nach Verlustabzug		300.000
Verbleibender Verlustvortrag zum 31.12.2003	3.000.000	
Gesamtbetrag der Einkünfte 2004		2.500.000
Unbegrenzt abziehbarer Verlustvortrag	-1.000.000	-1.000.000
Zwischensumme	2.000.000	1.500.000
Begrenzt abziehbarer Verlustvortrag (60 % von 1,5 Mio. €)	- 900.000	- 900.000
Einkommen nach Verlustabzug		600.000
Verbleibender Verlustvortrag zum 31.12.2004	1.100.000	

Das Beispiel verdeutlicht, dass durch die Begrenzung des Verlustabzugs die Verwendung der steuerlichen Verlustvorträge zeitlich gestreckt wird.

3. Zusätzliche Voraussetzungen bei einer Körperschaft

Zusätzliche Voraussetzung für einen Verlustabzug gemäß § 10 d EStG ist bei einer Körperschaft, dass die Körperschaft nicht nur rechtlich, sondern auch wirtschaftlich mit der Körperschaft identisch ist, die den Verlust erlitten hat (§ 8 Abs. 4 KStG). Diese Vorschrift soll den in der Vergangenheit betriebenen sog. Mantelkauf unterbinden, bei dem insbesondere GmbH-Mäntel mit steuerlichen Verlustvorträgen gehandelt wurden. Ist die wirtschaftliche Identität der Verlust-Körperschaft nicht mehr gegeben, verliert sie den Verlustabzug.

Wirtschaftliche Identität liegt insbesondere dann nicht vor, wenn mehr als die Hälfte der Anteile an einer Kapitalgesellschaft übertragen werden und die Kapi-

---

96 Der maximale Verlustrücktag würde 511.500 € betragen. Aus Darstellungsgründen werden nur 500.000 € zurückgetragen.

talgesellschaft in einem zeitlichen Zusammenhang zur Anteilsübertragung ihren Geschäftsbetrieb mit überwiegend neuem Betriebsvermögen fortführt oder wieder aufnimmt. Welcher Zeitraum für die Annahme eines zeitlichen Zusammenhanges zur Anteilsübertragung anzusetzen ist, ist umstritten.[97] Das gilt auch im Rahmen einer konzerninternen Umstrukturierung.[98] Unschädlich für die Fortführung der Verluste ist die Zuführung überwiegend neuen Betriebsvermögens zum Zwecke der Sanierung des Geschäftsbetriebs.

Die Verlustabzugsbeschränkungen gelten bei der Gewerbesteuer analog (§ 10 a Satz 6 GewStG).

Beispiel: Einschränkung Verlustabzug gemäß § 8 Abs. 4 KStG

> Eine gemeinnützige Krankenhaus-gGmbH will ihre Küche auslagern. Zu diesem Zweck erwirbt sie am 01. Januar 2002 alle Anteile einer Catering-GmbH, die bereits seit einigen Jahren auf dem Gebiet der Versorgung von Krankenhäusern und Pflegeeinrichtungen tätig ist. Die Catering-GmbH weist einen steuerlichen Verlustvortrag in Höhe von 100.000 € aus, der insbesondere durch die Inanspruchnahme von Sonderabschreibungen entstanden ist. Zum Zeitpunkt des Erwerbs der Anteile betrug das Betriebsvermögen (Summe der Aktiva) der Catering-GmbH 10 Mio. €. Noch im Jahr 2002 wurde die Krankenhausküche in die Catering-GmbH eingegliedert. Das übertragene Aktivvermögen hatte einen Wert von 5 Mio. €. Im Jahr 2003 erwarb die Catering-GmbH ein neues Betriebsgebäude für 10 Mio. €. Diese Investition wurde über ein langfristiges Darlehen finanziert. Zum 31. Dezember 2002 betrug das Aktivvermögen der Catering-GmbH 15 Mio. € und zum 31. Dezember 2003 25 Mio. €. Der steuerpflichtige Gewinn beträgt a) im Wirtschaftsjahr 2002 10.000 € und b) im Wirtschaftsjahr 2003 15.000 €. Infolge des Erwerbs aller Anteile an der Catering-GmbH ist die wirtschaftliche Identität der Körperschaft nach § 8 Abs. 4 KStG zu prüfen. Dazu ist das Aktivvermögen der Catering-GmbH zum Zeitpunkt des Erwerbs aller Anteile durch die Krankenhaus-gGmbH (01. Januar 2002) mit dem Aktivvermögen innerhalb der 5-Jahresfrist (nach Auffassung der Finanzverwaltung) zu vergleichen. Bis zum 31. Dezember 2002 ist das Aktivvermögen der Catering-GmbH von 10 Mio. € auf 15 Mio. € angestiegen. Überwiegend neues Betriebsvermögen wurde nicht zugeführt, da das über Einlagen (5 Mio. €) und Fremdmittel zugeführte Aktivvermögen das vor der Anteilsübertragung vorhandene Aktivvermögen (10 Mio. €) nicht übersteigt. Bis zum 31. Dezember 2003 wurde überwiegend neues Betriebsvermögen zugeführt (2002 Einlage 5 Mio. € zzgl. in 2003 Gebäude 10 Mio. €, zusammen 15 Mio. € fremdfinanziert).

---

97 Die Finanzverwaltung geht von einem 5-Jahreszeitraum aus (BMF-Schreiben v. 16.04.1999, BStBl. I 1999, S. 455, Rz 12). Der BFH lehnt eine feste zeitliche Grenze i. S. d. BMF-Schreibens ab. Vgl. BFH-Urteil v. 14.03.2006, IR 8/05, GmbHR 2006, S. 767; BFH-Beschluss v. 15.12.2004, DB 2005, S. 644.
98 KStR 41 Hinweise.

> zu a) Somit kann die Gesellschaft zum 31. Dezember 2002 einen Verlustabzug in Höhe von 10.000 € vornehmen.
> zu b) Der danach verbleibende Verlustabzug in Höhe von 90.000 € darf nicht mehr abgezogen werden, da die GmbH zum 31. Dezember 2003 ihre wirtschaftliche Identität verloren hat. Der Gewinn des Jahres 2003 ist daher in vollem Umfang steuerpflichtig.

4. Verlustabzug im steuerpflichtigen wGb eines steuerbegünstigten Krankenhauses

Steuerbegünstigte Krankenhäuser unterliegen gemäß § 64 Abs. 3 AO mit ihren Einkünften aus → *wirtschaftlichen Geschäftsbetrieben (wGb)* erst dann der Körperschaft- und Gewerbesteuer, wenn die maßgeblichen Einnahmen die Freigrenze in Höhe von 30.678 € übersteigen. Für den Verlustabzug nach § 10 d EStG i. V. m. § 8 Abs. 1 KStG bedeutet dies, dass Verluste und Gewinne aus Jahren, in denen die Besteuerungsgrenze nicht überschritten wurde, außer Ansatz bleiben. Ein Verlustrücktrag bzw. Verlustvortrag bzw. ein Verlustverbrauch kann deshalb nur in den Jahren entstehen, in denen die Einnahmen die Besteuerungsgrenze übersteigen.[99]

Beispiel: Verlustabzug im steuerpflichtigen wGb

Der steuerpflichtige wGb der gemeinnützigen Krankenhaus-Stiftung weist folgende Ergebnisse aus:				
	2002	2003	2004	2005
	Euro	Euro	Euro	Euro
Einnahmen einschließlich USt	25.000	40.000	35.000	10.000
Steuerlicher Gewinn/Verlust	10.000	-10.000	10.000	6.000
Verlustabzug	–		-6.165	–
Freibetrag gemäß § 24 KStG	–	–	-3.835	–
Zu versteuerndes Einkommen	–	-10.000	0	–

---

99 AEAO zu § 64 Abs. 3, Tz 23.

> Der Verlust des Jahres 2003 in Höhe von 10.000 € ist rück- und vortragbar, da die Einnahmen des Jahres 2003 die Freigrenze von 30.678 € übersteigen. Ein Verlustrücktrag nach 2002 und ein Verlustvortrag nach 2005 sind nicht zulässig, da in diesen Jahren die Besteuerungsgrenze nicht überschritten wird. Wegen Überschreitens der Besteuerungsgrenze in 2004 darf der Verlust aus 2003 abgezogen werden. Zum 31. Dezember 2004 ist ein verbleibender Verlustvortrag gemäß § 10 d Abs. 4 EStG festzustellen (bei einer gGmbH kommt ein → *Freibetrag* nicht zur Anwendung, so dass bereits zum 31. Dezember 2004 sämtliche Verluste verbraucht wären).
> Würden im Jahr 2003 die maßgebenden Einnahmen unterhalb der Freigrenze bleiben wäre der Verlust nicht rück- oder vortragsfähig.

Wirtschaftlicher Geschäftsbetrieb (wGB)
Übersteigen die Einnahmen einschließlich Umsatzsteuer aus steuerpflichtigen wGb insgesamt 30.678 € im Jahr (§ 64 Abs. 3 AO), so unterliegt ein steuerbegünstigtes Krankenhaus insoweit der Gewerbe- und Körperschaftsteuer.[100] Wird die Freigrenze überschritten werden sämtliche Einkünfte des steuerpflichtigen wGb von der Besteuerung erfasst. Besonderheiten sind beim → *Verlustabzug* zu beachten.

Zweckbetrieb
Die Einkünfte eines steuerbegünstigten Krankenhauses aus dem Zweckbetrieb, z. B. Krankenhaus-Zweckbetrieb gemäß § 67 AO, unterliegen nicht der Gewerbe- und Körperschaftsteuer.[101]

---

[100] Vgl. Schaubilder zu 2.2, insbesondere zu 2.2.2.6 und 2.2.3; vgl. Einzelheiten zu 6.4.3 und ABC der wirtschaftlichen Tätigkeiten zu 6.6.
[101] Vgl. Schaubilder zu 2.2., insbesondere zu 2.2.2.6; vgl. Einzelheiten zu 6.4.2 und ABC der wirtschaftlichen Tätigkeiten zu 6.6.

3 Lohnsteuer-ABC

Ulf Gietz

3.1 Vorbemerkungen

Grundsätzlich ergeben sich für Träger von Krankenhäusern hinsichtlich ihrer Lohnsteuerabzugsverpflichtungen für ihre **Arbeitnehmer** keine Besonderheiten gegenüber anderen Arbeitgebern. Die steuerrechtlichen Grundlagen des Lohnsteuerabzuges sind im Einzelnen in den §§ 38 bis 42 f EStG geregelt.

Mit der Zielrichtung dieses Buches wird in diesem Kapitel bewusst darauf verzichtet, auf allgemeine Grundlagen im Lohnsteuerrecht einzugehen. Den Einzelfällen zum Lohnsteuerrecht, die den Träger eines Krankenhauses evtl. betreffen, haben wir uns praxisorientiert gewidmet. Nach einigen allgemein gehaltenen Hinweisen werden wiederkehrende lohnsteuerliche Aspekte in der bewährten ABC-Form dargestellt.

Die Erhebung der **Lohnsteuer** ist auf die **Einkünfte der** nicht selbständig beschäftigten **Arbeitnehmer** des Krankenhauses beschränkt. Hinsichtlich der im Krankenhaus tätigen Ärzte scheidet eine Lohnsteuerabzugsverpflichtung immer dann aus, wenn die Ärzte selbständig tätig werden. Gemäß § 1 Abs. 3 LStDV sind Ärzte dann keine Arbeitnehmer, wenn sie ärztliche Leistungen innerhalb der von ihnen selbständig ausgeübten beruflichen Tätigkeit gegen Entgelt ausführen. Keine Arbeitnehmer sind daher z.B. die selbständig tätigen Belegärzte. Die angestellten Krankenhausärzte, denen das Recht zur Behandlung eigener Privatpatienten eingeräumt wird (sog. liquidationsberechtigte Krankenhausärzte) und bei denen laut Dienstvertrag die Durchführung gesondert abrechenbarer wahlärztlicher Leistungen gegenüber den stationär oder ambulant zu behandelnden Privatpatienten zu den Dienstaufgaben gehört, gelten seit dem 01. Januar 2006 auch insoweit als Arbeitnehmer. In **Abgrenzung** zu den selbständig tätigen Chefärzten dürften hier zukünftig neue Probleme in lohnsteuerrechtlicher Hinsicht entstehen (→ *Lohnsteuer-ABC: Chefarzt*).

Grundsätzlich **haften Arbeitgeber und Arbeitnehmer** gesamtschuldnerisch für die einzubehaltende und abzuführende Lohnsteuer. Nach pflichtgemäßem Ermessen kann das zuständige Betriebsstättenfinanzamt die Steuerschuld gegenüber jedem Gesamtschuldner geltend machen. Erfahrungsgemäß wird der Arbeitgeber für Lohnsteuernachforderungen, die im Ergebnis einer Lohnsteueraußenprüfung erhoben werden, in Haftung genommen, wenn die Lohnsteuerverkürzung durch den Arbeitgeber zu vertreten ist, was häufig der Fall sein dürfte. Auch wenn der betroffene Arbeitnehmer bereits aus dem Arbeitsverhältnis ausgeschieden ist, wird regelmäßig auf den Arbeitgeber zurückgegriffen, falls dieser nicht von sich aus die Übernahme der Lohnsteuer erklärt hat.

Hat der Arbeitgeber in schwierigen Einzelfällen Zweifel, ob er die steuerliche Rechtslage richtig bewertet, kommt als Hilfsmittel zur Klärung der Rechtslage die sog. **Anrufungsauskunft** beim zuständigen Finanzamt gemäß § 42 e EStG in Betracht (diese bleibt gebührenfrei, da § 89 Abs. 3 AO i. d. F. d. JStG 2007 nicht greift). Wird davon kein Gebrauch gemacht, so ist ein auf diese Unterlassung beruhender Rechtsirrtum nach Auffassung des BFH[1] grundsätzlich nicht entschuldbar und steht der Inanspruchnahme des Arbeitgebers im Wege der Haftung nicht entgegen.

Seit **dem 01. Januar 2005** sind die Arbeitgeber verpflichtet, die **Lohnsteuer-Anmeldung** nach amtlich vorgeschriebenem **Vordruck auf elektronischem Weg** nach Maßgabe der Steuerdaten-Übermittlungsverordnung zu übermitteln (§ 41 a Abs. 1 Satz 2 EStG). Dies wird regelmäßig durch den Einsatz der Software der Finanzverwaltung (ELSTER[2]) erfolgen, wenn nicht bereits die im Unternehmen genutzte Anwendersoftware (z. B. SAP) die Übermittlung gewährleistet. Es sollte insbesondere darauf geachtet werden, dass **Sendeprotokolle** vorliegen, um in Streitfällen die pünktliche Übermittlung der Daten nachweisen zu können. Probleme haben sich in den ersten Monaten des Jahres 2005 insbesondere bei der Versendung der Daten am 10. eines Monats ergeben, da offenbar die Server der Finanzämter überlastet waren. Sollte die Versendung der Lohnsteuer-Anmeldung bis zum 10. eines Monats aus technischen Gründen nicht gelingen, ist dem Finanzamt vorsorglich ein Papierexemplar bzw. ein Fristverlängerungsantrag einzureichen. Nach Auffassung des Finanzministeriums Nordrhein-Westfalen[3] ist die Abgabe von Lohnsteueranmeldungen in Papierform bis auf weiteres zulässig. Insbesondere sind Sanktionen (Schätzung, Verspätungszuschlag und Zwangsgeld) bei der Abgabe von Lohnsteueranmeldungen in Papierform unzulässig.
Ab dem **01. Januar 2007** können die Arbeitgeber die ESt auf Sachzuwendungen pauschal mit 30 % versteuern (→ *Sachbezüge*).[4]

3.2 Lohnsteuer-ABC

Stichworte

A	Arbeitslohnspende 118		Lohnsteuerliche Vergünstigungen 131
	Arbeitslohnzahlung von 3. Seite 118		Lohnsteuerpauschalierung 133
	Aufwandsentschädigung für neben-	O	Ordensangehörige 134
	berufliche Tätigkeit 119	R	Rabattfreibetrag 134
C	Chefarzt 121		Rufbereitschaftsentschädigung 135
D	Diakonissen....................................126	S	Sachbezüge 135
E	Einsatzwechseltätigkeit....................126		Sachbezugsverordnung 135
G	Geldwerter Vorteil...........................127		Spende...136
	Gutachten im Krankenhaus.............130	V	Verdienstausfallentschädigung.........136
L	Liquidationspool 130	Z	Zuschläge für Sonntags-, Feiertags-
	Lohnspende 130		oder Nachtarbeit 136

---
1 BFH-Urteil v. 18.08.2005, VI R 32/03, NJW 2006, S. 172.
2 ELSTER: elektronische Steuererklärung.
3 Finanzministerium Nordrhein-Westfalen v. 07.04.2005, S 0061-65-V1.
4 Vgl. § 37b EStG in der Fassung des JStG 2007, BGBl 2006, S. 2883 f.

Arbeitslohnspende
→ *Lohnspende*

Arbeitslohnzahlung von dritter Seite
Seit dem 01. Januar 2004 unterliegt auch der im Rahmen des Arbeitsverhältnisses von einem Dritten gewährte Arbeitslohn dem Lohnsteuerabzug beim Arbeitgeber, wenn dieser weiß oder erkennen kann, dass derartige Vergütungen erbracht werden (§ 38 Abs. 1 Satz 3 EStG). Dies ist insbesondere anzunehmen, wenn der Arbeitgeber und der Dritte verbundene Unternehmen im aktienrechtlichen Sinne darstellen(Konzernfälle). Daneben kann u. a. in den folgenden Fällen davon ausgegangen werden, dass der Arbeitgeber weiß oder erkennen kann, dass seine Arbeitnehmer von einem Dritten als Arbeitslohn anzusehende Vergütungen erhalten haben:

- Der Arbeitgeber vereinbart mit einem Dritten die Gewährung von Vorteilen an seine Arbeitnehmer.
- Der Arbeitgeber macht Angebote Dritter in seinem Unternehmen bekannt bzw. duldet Angebote Dritter an seine Arbeitnehmer.[5]

Die Gewährung von Vorteilen im Krankenhauskonzern dürfte regelmäßig unproblematisch sein, da der für die Erfüllung der lohnsteuerlichen Pflichten erforderliche Informationsfluss vorliegen sollte.

Beispiel: Gewährung von Vorteilen im Krankenhauskonzern

> Die Catering-GmbH (Konzerntochter) beliefert die Arbeitnehmer der Krankenhaus-GmbH (Konzernmutter) kostenlos bzw. verbilligt mit Mittagessen. Beide Unternehmen sind verbundene Unternehmen im aktienrechtlichen Sinne. Das Krankenhaus hat den von der Konzerntochter gewährten geldwerten Vorteil an seine Arbeitnehmer zu versteuern.

Problematischer gestalten sich die Fälle, in denen die Lohnbuchhaltung keine Kenntnis von der Lohnzahlung durch einen Dritten hat oder wenn nicht erkannt wird, dass eine Lohnzahlung durch einen Dritten vorliegt. Dazu gehören beispielsweise die Mitarbeiterbeteiligungen an Liquidationseinnahmen der → *Chefärzte* oder Vorteile, die angestellten Krankenhausärzten von Pharmaunternehmen gewährt werden, z. B. im Rahmen von Fachkongressen im Ausland mit touristischem Begleitprogramm.

Beispiel: Gewährung von Vorteilen durch Gesellschafter-Geschäftsführer

> Ein angestellter Arzt erhält vom Gesellschafter-Geschäftsführer einer Klinik-GmbH aus dessen Privatvermögen ein unverzinsliches Baudarlehen von 20.000 €. Eine private Veranlassung scheidet aus.

---
5 Vgl. Plenker, DB 2004, S. 894 mit weiteren Einzelheiten und Beispielen.

> Die Klinik-GmbH hat für den geldwerten Vorteil (ersparte Zinsen) als Arbeitgeber Lohnsteuer einzubehalten, da dieser Vorteil von einem Dritten im Rahmen des Dienstverhältnisses des angestellten Arztes gewährt wurde und anzunehmen ist, dass die Klinik-GmbH von der Gewährung des Vorteils Kenntnis hat.

Ob der Arbeitgeber eine Drittzuwendung hätte erkennen können, wird das Finanzamt nachweisen müssen. Es ist insoweit beweispflichtig, wobei häufig auf die Lebenserfahrung hingewiesen wird.

Damit der Arbeitgeber den von dritter Seite zufließenden Arbeitslohn richtig ermitteln kann, hat der Arbeitnehmer die von einem Dritten erhaltenen Bezüge anzugeben (§ 38 Abs. 4 EStG). Auf diese Anzeigepflicht sollte der Arbeitgeber seine Arbeitnehmer hinweisen. Tut er dies nicht, dürften daraus keine Konsequenzen für den Arbeitnehmer abzuleiten sein, da das Gesetz keine konkreten Verpflichtungen zum Aufbau eines Kontroll- und Überwachungssystem enthält.[6]

Aufwandsentschädigung für nebenberufliche Tätigkeit

Einnahmen aus nebenberuflicher Tätigkeit, u.a. als Übungsleiter, Ausbilder, Erzieher, Betreuer oder vergleichbaren nebenberuflichen Tätigkeiten oder der nebenberuflichen Pflege alter, kranker oder behinderter Menschen im Dienst oder im Auftrag einer inländischen jPdöR oder einer steuerbegünstigten Körperschaft (z.B. gemeinnütziges Krankenhaus), sind bis zur Höhe von insgesamt 1.848 € im Jahr steuerfrei (§ 3 Nr. 26 EStG). Diese Einnahmen werden als steuerfreie Aufwandsentschädigungen bezeichnet.

Der Freibetrag von 1.848 € kann für alle begünstigten nebenberuflichen Tätigkeiten nur einmal beansprucht werden. Die begünstigten Tätigkeiten können sowohl freiberuflich als auch im Rahmen eines Dienstverhältnisses erbracht werden.

Im Krankenhausbereich dürfen Aufwandsentschädigungen gemäß § 3 Nr. 26 EStG nur von steuerbegünstigten Einrichtungen oder Krankenhäusern der jPdöR steuerfrei gezahlt werden. Weitere Bedingung ist, dass die nebenberuflich ausgeübten Tätigkeiten nicht für einen steuerpflichtigen wGb des steuerbegünstigten Krankenhauses erbracht werden.

Große Bedeutung hat diese Befreiungsvorschrift für die **Lehr-, Vortrags- und Prüfungstätigkeit** im Rahmen der allgemeinen Aus- und Fortbildung z.B. an Schulen, Hochschulen, Universitäten sowie Krankenpflegeschulen, die sich in der Trägerschaft steuerbegünstigter Krankenhäuser befinden; sie können an nebenberuflich tätige Lehrkräfte steuerfreie Aufwandsentschädigung zahlen. Das gilt auch dann, wenn die Lehrkräfte hauptberuflich in einer anderen Einrichtung des Krankenhausträgers beschäftigt sind, z.B. als Ärzte, Physiotherapeuten oder Krankenschwestern.

Im Zusammenhang mit der ab dem 01. Januar 2000 aufgenommenen **Tätigkeit des nebenberuflichen Betreuers** in den **Katalog** der gemäß § 3 Nr. 26 EStG be-

---

6 Vgl. Schmidt: EStG-Kommentar, 24. Auflage 2005, § 38 EStG Rz. 11.

günstigten Tätigkeiten hat sich die Finanzverwaltung[7] u. a. zu den nachfolgenden Einzelfällen geäußert, die auch für die Einrichtungen des Gesundheitswesens von Bedeutung sein können:

- **Ärzte im Behindertensport:** Nach § 11 a des Bundesversorgungsgesetzes ist Rehabilitationssport unter ärztlicher Aufsicht durchzuführen. Die Tätigkeit eines Arztes im Rahmen dieser Vorgabe fällt dem Grunde nach unter § 3 Nr. 26 EStG, so dass entsprechende Aufwandsentschädigungen steuerfrei gezahlt werden dürfen.
- **Ärzte im Koronarsport:** Die Tätigkeit der im Koronarsport (Sport für Patienten mit Herzkreislauferkrankungen) eingesetzten Ärzte, die auf den Ablauf der Übungseinheiten und die Übungsinhalte aktiv Einfluss nehmen, ist – bei Vorliegen der übrigen Voraussetzungen – nach § 3 Nr. 26 EStG begünstigt.
- **Ehrenamtliche Bereitschaftsdienste der Wohlfahrtsverbände** fallen nicht unter die Begünstigung von § 3 Nr. 26 EStG.
- **Sanitätshelfer:** Tätigkeiten von Rettungssanitätern und Ersthelfern des DRK im sogenannten Bereitschafts- und Sanitätsdienst, z. B. bei Sportveranstaltungen oder kulturellen Veranstaltungen, fallen nicht unter die Begünstigung von § 3 Nr. 26 EStG, da es sich hier um Sofortmaßnahmen gegenüber Schwerkranken und Verunglückten handelt, die nicht als Pflegeleistungen von alten, kranken oder behinderten Menschen angesehen werden.
- **Hauswirtschaftliche Tätigkeiten in Krankenhäusern, Alten- und Pflegeheimen sowie Behinderteneinrichtungen:** Für reine Hilfsdienste, wie z. B. Putzen, Waschen oder Kochen kommt eine Begünstigung gemäß § 3 Nr. 26 EStG nicht in Betracht, da keine häusliche Betreuung im engeren Sinne stattfindet und damit kein unmittelbarer persönlicher Bezug zu den gepflegten Personen entsteht. Die Leistungen werden unmittelbar für das jeweilige Krankenhaus oder Heim erbracht und betreffen daher nur mittelbar die pflegebedürftigen Personen.
- **Patientenfürsprecher:** Die Tätigkeit als Patientenfürsprecher stellt weder die Pflege alter, kranker oder behinderter Menschen dar noch ist sie als Betreuungstätigkeit anzusehen. An Patientensprecher gezahlte Aufwandsentschädigungen sind daher nicht nach § 3 Nr. 26 EStG steuerfrei.

Wird die nebenberufliche Tätigkeit i.S.v. § 3 Nr. 26 EStG in einem **Dienstverhältnis** ausgeübt, so bleibt der Freibetrag bei der Prüfung der Frage, ob ein sogenanntes 400-Euro-Arbeitsverhältnis vorliegt (Minijob), außer Betracht.

---

7 Vgl. z. B. OFD Berlin v. 11.07.2001, NWB-Deutschland Ost Spezial 43/2001, S. 4; OFD Frankfurt am Main v. 09.07.2003, DStR 2003, S. 2116.

Beispiel: Minijob unter Anrechnung des Freibetrags für Lehrtätigkeit

> Die Krankenpflegeschule eines gemeinnützigen Krankenhausträgers will einen Physiotherapeuten nebenberuflich im Rahmen eines Dienstverhältnisses als Ausbilder beschäftigen. Der Physiotherapeut soll monatlich 550 € (alternativ: 600 €) erhalten.
> Unter Anrechnung des monatlichen Freibetrags gemäß § 3 Nr. 26 EStG in Höhe von 154 € (1.848 €/12 Monate) beträgt der monatliche steuerpflichtige Arbeitslohn 396 € (550 € abzgl. 154 €). Somit liegt ein Minijob vor, für den eine Pauschalabgabe von 25 % zu leisten ist. Bei einer monatlichen Vergütung von 600 € beträgt der monatliche steuerpflichtige Arbeitslohn 446 € (600 € abzgl. 154 €). Der Physiotherapeut unterliegt mit seinem steuerpflichtigen Arbeitslohn dem normalen Lohnsteuerabzugsverfahren (Lohnsteuerkarte), da die 400-Euro-Grenze überschritten wird.

Chefarzt
1. Steuerliche Qualifikation der Einkünfte eines Chefarztes aus Privatliquidationen
1.1 Liquidationseinnahmen der Chefärzte als lohnsteuerpflichtiger Arbeitslohn
1.2 Liquidationseinnahmen der Chefärzte als Einkünfte aus selbständiger Tätigkeit
2. Anteil des Krankenhauspersonals an den Liquidationseinnahmen der Chefärzte

1. Steuerliche Qualifikation der Einkünfte eines Chefarztes aus Privatliquidationen

Bis ins Jahr 2005 ging die h.M. davon aus, dass angestellte Krankenhaus-Chefärzte, denen das Liquidationsrecht im stationären Bereich und zur eigenen ambulanten Behandlung laut des mit dem Krankenhausträger geschlossenen Vertrags zusteht, Einkünfte aus selbständiger Arbeit gemäß § 18 EStG beziehen.[8] Nach dem viel beachteten Urteil des BFH[9] vom 05. Oktober 2005 ist nun eine Neubewertung der lohnsteuerlichen Einordnung der Einkünfte angestellter Chefärzte aus ärztlichen Wahlleistungen erforderlich.

1.1 Liquidationseinnahmen der Chefärzte als lohnsteuerpflichtiger Arbeitslohn

Bereits das FG München[10] als Vorinstanz zum o.a. BFH-Urteil hatte entschieden, dass ein angestellter Chefarzt, dem ein vertragliches Liquidationsrecht zusteht, mit den Liquidationseinnahmen lohnsteuerpflichtig ist, wenn nach dem Gesamtbild der Umstände die Merkmale einer nichtselbständigen Arbeit überwiegen. Indizien dafür sind nach Auffassung des Gerichts u.a., dass die dem Liquidationsrecht unterliegenden Aufgaben nach dem Arbeitsvertrag zu den Dienstaufgaben des Chefarztes gehören und an dem gleich bleibenden Ort (Krankenhaus) zu festen Zeiten ausgeübt werden müssen.

---

8 Vgl. Knorr/Klaßmann: Die Besteuerung der Krankenhäuser, 3. Aufl. 2004, S. 323 ff; BMF-Schreiben v. 27.04.1982, BStBl II 1982, S. 530.
9 BFH-Urteil v. 05.10.2005, VI R 152/01, BStBl II 2006, S. 94–96, auch, DStR 2005, 1982.
10 FG München Urteil v. 27.04.2001, EFG 2002 S. 623.

Die Entscheidung des FG München wurde im Revisionsverfahren durch den BFH bestätigt. Nach **Auffassung des BFH** kann der Chefarzt eines Krankenhauses wahlärztliche Leistungen selbständig oder unselbständig erbringen. Insoweit wird an der bisherigen BFH-Rechtsprechung festgehalten.[11] Für die Abgrenzung der Tätigkeitsmerkmale kommt es insbesondere darauf an, ob wahlärztliche Leistungen innerhalb oder außerhalb des Dienstverhältnisses erbracht werden. Bei folgenden **Merkmalen** ist demzufolge hinsichtlich der wahlärztlichen Leistungen eines Chefarztes von einem **Arbeitsverhältnis** auszugehen:

- Das Liquidationsrecht für die wahlärztlichen Leistungen steht dem Chefarzt nur aufgrund der ausdrücklichen Einräumung dieses Rechts durch das Krankenhaus im Dienstvertrag zu. Laut Dienstvertrag unterliegt der Chefarzt, mit Ausnahme seiner rein ärztlichen Tätigkeit, den Weisungen des Krankenhausträgers und des leitenden Arztes des Krankenhauses.
- Der Chefarzt ist hinsichtlich der Erbringung der wahlärztlichen Leistungen in den geschäftlichen Organismus des Krankenhauses eingebunden; er hat z.B. die mit den wahlärztlichen Leistungen zusammenhängenden ärztlichen Leistungen ausschließlich im Krankenhaus mit dessen Geräten und Einrichtungen zu erbringen. Für die organisatorische Einbindung spricht auch, wenn die dienstvertragliche Urlaubsregelung nicht zwischen der vom Chefarzt geschuldeten allgemeinen ärztlichen Leistungen und den wahlärztlichen Leistungen unterscheidet.
- Die Verträge über die Erbringung der wahlärztlichen Leistungen werden unmittelbar zwischen dem Krankenhaus und den Patienten vereinbart. Der Chefarzt kann aufgrund seiner Dienstpflichten die Erbringung der vom Krankenhaus vereinbarten wahlärztlichen Leistungen grundsätzlich nicht ablehnen (keine Unternehmerinitiative).
- Das vom Chefarzt zu tragende Risiko eines Forderungsausfalls ist nach dem Dienstvertrag als gering einzuschätzen, wenn z.B. die Einziehung der Honorarforderungen aus den wahlärztlichen Leistungen durch das Krankenhaus übernommen wird oder wenn die an das Krankenhaus zu leistende Kostenerstattung, die Einzugsgebühr und der zu leistende Vorteilsausgleich sich nur nach den tatsächlichen Zahlungseingängen richten und somit ein echtes Verlustrisiko für den Chefarzt nicht besteht (kein Unternehmerrisiko).

Im Lichte dieser Rechtsprechung sollten die Krankenhausträger die Dienstverträge mit den angestellten Chefärzten neu bewerten. Sind demnach die wahlärztlichen Leistungen der Chefärzte als Arbeitseinkünfte zu qualifizieren, unterliegen diese dem Lohnsteuerabzug.

Da das Urteil vom 05. Oktober 2005 im Bundessteuerblatt[12] veröffentlicht wurde ist die **Finanzverwaltung** verpflichtet, die Urteilsgrundsätze über den entschiedenen Einzelfall hinaus anzuwenden. Von den Krankenhausträgern geäußerte Befürchtungen, dass die Finanzverwaltung diese Grundsätze bereits auf frühere (nicht bestandskräftige) Lohnsteuer-Veranlagungen anwenden könnte,

---
11 Vgl. z.B. BFH-Urteil v. 27.02.1964, V 300/61, HFR 1965, S. 45–46.
12 BStBl II 2006, S. 94–96.

haben sich nach den ersten Stellungnahmen der Finanzverwaltung nicht bestätigt. So wurde in diversen Veröffentlichungen[13] darauf hingewiesen, dass die Grundsätze des Urteils für Lohnzahlungszeiträume ab Januar 2006 zur Anwendung kommen und daraus bis zum 31. Dezember 2005 keine haftungsrechtlichen Konsequenzen für Lohnzahlungszeiträume gezogen werden. Ferner hat die OFD Karlsruhe[14] darauf hingewiesen, dass es aus **Vereinfachungsgründen** nicht beanstandet wird, wenn der Lohnsteuerabzug erst für die ab dem Kalenderjahr 2007 ausgezahlten Liquidationseinnahmen vorgenommen wird. Diese Vereinfachungsregelung setzt aber voraus, dass die liquidationsberechtigten Ärzte für das Kalenderjahr 2006 ihre Einkommensteuervorauszahlungen geleistet haben; die zutreffende Einordnung der Einnahmen (§ 18 oder § 19 EStG) kann dann bei der Einkommensteuerveranlagung vorgenommen werden. Eine Billigkeitsregelung, wonach über diesen Zeitraum hinaus an der bisherigen Einordnung der Einkünfte als solche aus selbständiger Arbeit der Ärzte festgehalten werden könne, ist offenbar nicht vorgesehen.

Die OFD Münster hat weiter mitgeteilt, dass in den Fällen, in denen die Behandlungsverträge über wahlärztliche Leistungen unmittelbar zwischen dem Patienten und dem Krankenhaus abgeschlossen worden sind, dieser Umstand als maßgebliches Abgrenzungskriterium[15] für das Vorliegen von lohnsteuerpflichtigen Einkünften der Chefärzte zu werten sei.[16]

Bezüglich der durch die Chefärzte erzielten Liquidationseinnahmen aus wahlärztlichen Leistungen haben die Krankenhausträger künftig die zutreffende **lohnsteuerliche Bemessungsgrundlage** zu ermitteln. Gemäß § 38 a EStG ist die Lohnsteuer von Einnahmen des Arbeitnehmers zu berechnen. Fraglich ist nun, ob die Brutto-Liquidationseinnahmen oder die Netto-Liquidationseinnahmen anzusetzen sind. Lohnsteuerpflichtig sind alle Einnahmen und geldwerten Vorteile, die dem Chefarzt im Rahmen seines Dienstverhältnisses aus wahlärztlichen Leistungen **zufließen**. Somit unterliegen u.E. nur die Netto-Liquidationseinnahmen (also die Brutto-Liquidationseinnahmen abzüglich der vom Krankenhaus einbehaltenen Beträge für Vorteilsausgleich, Kostenerstattung und Mitarbeiterbeteiligung) der Lohnsteuer.[17] Die Brutto-Liquidationseinnahmen sind lediglich die Ausgangsbasis für die Berechnung des vertraglich fixierten „Lohnes" der Chefärzte für die erbrachten Wahlarztleistungen. Dies sollte ggf. durch eine individuelle Anpassung des Dienstvertrags mit dem Arzt klargestellt werden.

---

13 OFD Münster, Vfg. v. 02.02.2006, DStR 2006, S. 325/326; Ministerium der Finanzen Saarland, Erlass vom 14.02.2006, DStZ 2006, S. 278.
14 OFD Karlsruhe, Vfg. v. 24.04.2006, DStR 2006, S. 1041.
15 Und zwar zusätzlich zu den bereits in den LStR (H 67) beschriebenen Abgrenzungskriterien.
16 So auch OFD Karlsruhe, a. a. O.; OFD Rheinland und Münster, Vfg. v. 28.04.2006, DB 2006, S. 1083.
17 So Ministerium der Finanzen Saarland, Erlass vom 14.02.2006, DStZ 2006, S. 278; Nauen: Äußerungen der Finanzverwaltung zum Liquidationsrecht der Chefärzte, Krhs 2006, S. 229–230.

Sofern dem Chefarzt **weitere Aufwendungen** im Zusammenhang mit den Wahlarztleistungen entstehen, die nicht vom Krankenhaus einbehalten werden, können diese im Rahmen der jährlichen ESt-Veranlagung als Werbungskosten bei den lohnsteuerpflichtigen Arbeitseinkünften geltend gemacht werden. Ggf. können diese Kosten durch Eintragung eines Lohnsteuerfreibetrags bereits bei der monatlichen Lohnsteuerberechnung berücksichtigt werden.

Sollten die Brutto-Liquidationseinnahmen als Bemessungsgrundlage für die Lohnsteuer herangezogen werden müssen,[18] können bei den betroffenen Chefärzten zum Teil empfindliche Liquiditäts- und Zinsnachteile entstehen, sofern die von den Krankenhausträgern einbehaltenen Kostenanteile nicht bereits als Werbungskosten auf der Lohnsteuerkarte eingetragen wurden. Letzteres dürfte aber praktisch kaum möglich sein, weil die Höhe der Kostenanteile regelmäßig durch die Brutto-Liquidationseinnahmen bestimmt wird, die im Vorhinein aber nicht feststellbar sind. Es ist davon auszugehen bzw. für die Praxis zu wünschen, dass die Finanzverwaltung zu den anstehenden Fragen alsbald verbindlich Stellung nimmt.

1.2 Liquidationseinnahmen der Chefärzte als Einkünfte aus selbständiger Tätigkeit

Zählt die Erbringung wahlärztlicher Leistungen nicht zu den vertraglich geschuldeten Dienstaufgaben des angestellten Chefarztes, gehören die Liquidationseinnahmen zu den Einkünften des Chefarztes aus selbständiger Arbeit, für die der Krankenhausträger keine Lohnsteuer einzubehalten hat. Um mögliche Lohnsteuerhaftungsrisiken für den Krankenhausträger zu begegnen, empfehlen wir den Krankenhausträgern, ihre Chefarztverträge arbeits- und steuerrechtlich prüfen zu lassen und ggf. den Sachverhalt mittels eines allgemeingültigen Mustervertrags mit dem Chefarzt im Rahmen einer lohnsteuerlichen Anrufungsauskunft dem zuständigen Finanzamt vorzulegen.[19]

Es können evtl. **selbständige Einkünfte** des Chefarztes **aus Wahlarztleistungen** vorliegen, wenn die folgenden (von Schade/Bechtel[20] im Umkehrschluss aus dem BFH-Urteil abgeleiteten) **Merkmale** vorliegen:

- Der Arzt erbringt die wahlärztlichen Leistungen außerhalb seines Dienstverhältnisses, weil die Erbringung dieser Leistungen vertraglich nicht geschuldet wird.
- Bei der Erbringung der wahlärztlichen Leistungen ist der Arzt nicht in den geschäftlichen Organismus des Krankenhauses eingebunden. Er darf insbesondere auf eigenes Personal bei der Erbringung der Wahlarztleistungen zugreifen.

---

18 So Schade/Bechtel: Die steuerrechtliche Einstufung von Einkünften eines Chefarztes aus Privatliquidation, DB 2006, S. 358–361.
19 Vgl. Vorbemerkungen; Müller: Einkommensbesteuerung von Chefärzten, INF 2005, S. 185 f.
20 Schade/Bechtel: DB 2006, S. 358 ff (360).

- Die Unternehmerinitiative und das Unternehmerrisiko liegen überwiegend beim Arzt, da er unmittelbar Vertragspartner des Patienten ist und den Forderungseinzug auf eigene Kosten und eigenes Risiko durchführt.

Die lohnsteuerliche Praxis bei den Krankenhausträgern und die ungewisse Einnahmenseite mit ihren Auswirkungen (z. B. ESt-Vorauszahlungen im laufenden Kalenderjahr) für die Ärzte verlangen kurzfristig nach sachgerechten Lösungen, die wir hier nur ansatzweise vorstellen konnten, u. a. mit dem Ziel, das Problembewusstsein zu schärfen.

2. Anteil des Krankenhauspersonals an den Liquidationseinnahmen der Chefärzte

Vergütungen, die Assistenz- und Oberärzte sowie das übrige Krankenhauspersonal an den Liquidationseinnahmen der liquidationsberechtigten Chefärzte erhalten, gehören zu den Einkünften aus nichtselbständiger Arbeit. Sofern die Erbringung von wahlärztlichen Leistungen zu den Dienstaufgaben des Chefarztes gehört und dieser sich dabei der Mitarbeit des Krankenhauspersonals bedient ist u.E. immer von einer unselbständigen Tätigkeit des eingesetzten Krankenhauspersonals auszugehen. Wird der Chefarzt hingegen mit den Wahlarztleistungen selbständig tätig, kommt es darauf an, ob und gegenüber wem die Mitarbeit des Krankenhauspersonals dienstvertraglich geschuldet wird. Denkbar ist demzufolge, dass das Krankenhauspersonal gegenüber dem Krankenhaus bzw. (bei entsprechender vertraglicher Gestaltung) gegenüber dem Chefarzt als unselbständig beschäftigt gilt. Die Finanzverwaltung geht für den **Regelfall** davon aus, dass die Mitarbeit des Krankenhauspersonals im Liquidationsbereich der Chefärzte im Rahmen des Dienstverhältnisses zum Krankenhaus geschuldet wird.[21] Das soll selbst dann gelten, wenn die Tätigkeit im Arbeitsvertrag nicht ausdrücklich vorgesehen ist, ihre tatsächliche Erfüllung aber vom Krankenhaus nach der Gestaltung des Dienstverhältnisses und nach der Verkehrsauffassung erwartet werden kann. Das gilt auch für die Vertretungstätigkeit eines angestellten Krankenhausarztes bei der Behandlung der Privatpatienten des Chefarztes.

Sofern die Vergütungen direkt von den Chefärzten gezahlt werden und eine gegenüber dem Krankenhaus geschuldete Dienstaufgabe abgelten, liegen → *Arbeitslohnzahlungen von dritter Seite* i. S.v. § 38 Abs. 3 EStG vor. Für diese Vergütungen muss das Krankenhaus als Arbeitgeber Lohnsteuer einbehalten. Dabei spielt es keine Rolle, ob der liquidationsberechtigte Chefarzt die Vergütungen erbringt oder ob sie direkt aus einem Liquidationspool (Mitarbeiter-Fonds) gezahlt werden.

Um seinen Lohnsteuerabzugsverpflichtungen nachkommen zu können, sollte der Krankenhausträger in jedem Fall sicherstellen, dass die Mitarbeiter und die liquidationsberechtigten Chefärzte verpflichtet werden, den Personalabteilungen monatlich Angaben über Empfänger, Höhe der Zahlungen und den Auszahlungsmonat mitzuteilen. Seit dem 01. Januar 2004 unterliegen auch die Mitarbeiter, die Lohnzahlungen von Dritten erhalten, gemäß § 38 Abs. 4 EStG entsprechenden **Anzeigepflichten**.

---

21 BMF-Schreiben v. 27.04.1982, BStBl II 1982, S. 530.

Besteht gegenüber dem Krankenhaus ausnahmsweise keine Verpflichtung des Krankenhauspersonals zur Mitarbeit im Liquidationsbereich des Chefarztes, besteht auch keine Lohnsteuerabzugsverpflichtung für den Krankenhausträger. In diesen Fällen ist der Chefarzt als Arbeitgeber anzusehen, zu dem das Krankenhauspersonal in einem zweiten Dienstverhältnis steht. Die entsprechenden lohnsteuerlichen Pflichten muss dann der Chefarzt erfüllen.[22]

Hinzuweisen ist hier noch auf ein Urteil des FG Düsseldorf[23] zum **Abzug von Betriebsausgaben**. Danach waren die vom liquidationsberechtigten Arzt an das Krankenhauspersonal gezahlten Vergütungen nicht zum Betriebsausgabenabzug zugelassen worden. Nach der (u.E. nicht überzeugenden) Auffassung des Gerichts sollten die Zahlungen mangels vertraglicher Gegenleistungsvereinbarung Geschenke i.S.v. § 4 Abs. 5 Nr. 1 Satz 2 EStG gewesen sein. Dieses Ergebnis führt zu einer Doppelbesteuerung, da die vom Arzt gezahlten Vergütungen beim Krankenhauspersonal der Lohnsteuer unterliegen, aber bei ihm nicht als Betriebsausgaben anerkannt werden.[24] Das Urteil ist u.E. über den entschiedenen Einzelfall hinaus nicht anwendbar, weil im Regelfall vertragliche Vereinbarungen vorliegen dürften, die einen Vergütungsanspruch begründen.

Diakonissen
Werden Diakonissen von kirchlichen Einrichtungen (z.B. Diakonissen- und Mutterhäuser, kirchliche Orden usw.) an Krankenhäuser u.a. Einrichtungen eines Krankenhausträgers für bestimmte Leistungen (z.B. Krankenpflege, Lehrtätigkeit) abgestellt, liegt in der Regel zwischen dem Krankenhausträger und den Diakonissen kein lohnsteuerpflichtiges Dienstverhältnis vor. In diesen Fällen werden nur Rechtsbeziehungen zwischen den Krankenhausträgern und den kirchlichen Einrichtungen in Form von Gestellungsverträgen angenommen.[25]

Ein Dienstverhältnis liegt ausnahmsweise dann vor, wenn eine bestimme Diakonisse abgestellt wird und die Diakonisse (oder ihre kirchliche Einrichtung für sie) mit dem Krankenhausträger einen Dienstvertrag abschließt (lohnsteuerpflichtiges Arbeitsverhältnis).

Einsatzwechseltätigkeit
Im Rahmen der Abrechnung von Reisekosten können Arbeitnehmer mit einer Einsatzwechseltätigkeit Fahrtkosten (§ 9 Abs. 1 Nr. 4 EStG) und Verpflegungsmehraufwendungen (§ 4 Abs. 5 EStG) als Werbungskosten geltend machen. Erstattet der Arbeitgeber dem Arbeitnehmer diese Aufwendungen bleiben diese Vergütungen lohnsteuerfrei, soweit der Arbeitgeber die steuerlich zulässigen

---

22 Vgl. zu den sozialversicherungsrechtlichen Folgen: BAG-Urteil v. 28.09.2005, 5 AZR 408/04, DB 2006 S. 512; Nach der u.E. unzutreffenden Auffassung von Hagen/Lucke sind die Zahlungen der Chefärzte ggf. steuerfreie Trinkgelder gemäß § 3 Nr. 51 EStG, Hagen/Lucke: NWB, Fach 6, S. 4693–4702.
23 FG Düsseldorf Urteil v. 29.04.2002 (rkr.), EFG 2002, S. 971.
24 Zu Einzelheiten Knorr/Klaßmann: a.a.O., S. 323 f.
25 Zur Sozialversicherungspflicht: Lohnsteuerlexikon 2005, Stichwort: Ordensangehörige, S. 410.

Höchstsätze nicht überschreitet. Eine Einsatzwechseltätigkeit liegt bei Arbeitnehmern vor, die bei ihrer individuellen beruflichen Tätigkeit typischerweise nur an ständig wechselnden Tätigkeitsstätten eingesetzt werden. Dies ist z. B. bei Bau- und Montagearbeitern der Fall.

Keine Einsatzwechseltätigkeit liegt hingegen vor, wenn ein **Springer** zu rund ¾ seiner Arbeitszeit innerhalb eines zusammenhängenden ca. 50 ha großen Klinikareals in unregelmäßigen Abständen in verschiedenen Abteilungen eingesetzt wird.[26]

Dagegen kann eine Einsatzwechseltätigkeit vorliegen, wenn Arbeitnehmer in verschiedenen Einrichtungen eines Krankenhausträgers (Krankenhaus, Altenheim, Krankenpflegeschule usw.) außerhalb eines Klinikareals eingesetzt werden und es sich bei den verschiedenen Einsatzorten nicht um regelmäßige Arbeitsstätten handelt. Für eine (weitere) regelmäßige Arbeitsstätte reicht es dabei nicht aus, wenn der Arbeitnehmer dort sporadisch an bis zu 30 Tagen pro Jahr beschäftigt wird.

Geldwerter Vorteil
Nach § 19 Abs. 1 Nr. 1 EStG gehören zum steuerpflichtigen Arbeitslohn auch Vorteile, die für eine Beschäftigung im öffentlichen oder privaten Dienst gewährt werden. Unter welcher Bezeichnung und in welcher Form die Einnahmen gewährt werden, ist dabei unerheblich. Arbeitslohn ist deshalb auch jeder geldwerte Vorteil, der durch das individuelle Arbeitsverhältnis veranlasst ist. Ab dem 01. Januar 2007 können Sachzuwendungen pauschal mit 30 % besteuert werden (→ *Lohnsteuerpauschalierung*). Im Rahmen des sogenannten → *Rabattfreibetrags* von 1.080 € können dem Grunde nach steuerpflichtige Sachbezüge steuerfrei gewährt werden.

Zu beachten ist ferner, dass die lohnsteuerpflichtigen Sachbezüge in der Regel der Umsatzsteuer unterliegen. Die von den Krankenhausträgern gewährten Sachbezüge an ihre Mitarbeiter können aber ggf. von der Umsatzsteuer befreit sein.[27]

Davon abzugrenzen sind geldwerte Vorteile, die in ganz überwiegend eigenbetrieblichem Interesse des Arbeitgebers gewährt werden. Die betriebliche Veranlassung kann sich u. a. aus Begleitumständen wie Anlass, Art und Höhe des Vorteils, Auswahl der Begünstigung, Freiwilligkeit oder Zwang zur Annahme des Vorteils und seiner besonderen Geeignetheit für den jeweiligen verfolgten betrieblichen Zweck ergeben.[28] Leistungen an Arbeitnehmer, die in ganz überwiegend eigenbetrieblichem Interesse des Arbeitgebers gewährt werden, unterliegen nicht der Umsatzsteuer.[29]

Die nachfolgende **Tabelle** enthält eine Reihe von lohnsteuerpflichtigen und lohnsteuerfreien **Sachbezügen**, die Krankenhausträger ihren Mitarbeitern üblicherweise einräumen.

---
26 FG Baden-Württemberg, Urteil v. 27.11.2003, 3 K 145/01 (rkr), EFG 2004, S. 876 ff.
27 Vgl. Umsatzsteuer-ABC, Stichwort: Personal.
28 BFH-Urteil vom 30.05.2001, BStBl II 2001, S. 671.
29 Umsatzsteuer-ABC, Stichwort: Leistungen an Arbeitnehmer im überwiegend betrieblichen Interesse.

Art des geldwerten Vorteils	LSt-pflichtig	LSt-frei
Ärztefortbildung (Fachkongresse):		
überwiegend betriebliches Interesse		X
Programm und Durchführung sehen in nicht unerheblichem Maße eine Verfolgung privater Erlebnis- und Erholungsinteressen vor (ggf. → *Arbeitslohnzahlung von dritter Seite*, wenn die Kosten z. B. von einem Pharmaunternehmen getragen werden)	X	
Begleitung des Partners	X	
Aufmerksamkeiten:		
z. B. Sachzuwendungen bis zu 40 € anlässlich eines persönlichen Ereignisses (z. B. Geburtstag, Hochzeit usw.)[30]		X
Berufskleidung:		
Ärzte, medizinisches und nichtmedizinisches Hilfspersonal		X
Betriebskindergarten:		
Unterbringung und Betreuung von nicht schulpflichtigen Kindern der Belegschaft, § 3 Nr. 33 EStG		X
Betriebsveranstaltungen:		
z. B. Weihnachtsfeier, Betriebsausflug usw. wenn die Aufwendungen je Arbeitnehmer 110 € pro Veranstaltung für maximal 2 Veranstaltungen im Jahr nicht übersteigen[31]		X
Fort- und Weiterbildungsleistungen:		
Bildungsmaßnahmen im ganz überwiegenden betrieblichen Interesse des Arbeitgebers		X
Incentive-Reisen[32]	X	
Internetnutzung am Arbeitsplatz:		
§ 3 Nr. 45 EStG		X
Jobticket (seit dem 01.01.2004):		
Pauschalbesteuerung mit 15 % möglich (§ 40 Abs. 2 Satz 2 EStG); Weitergabe eines Preisvorteils an Arbeitnehmer aufgrund eines Vertrags zwischen Verkehrsunternehmen und Krankenhausträger unterliegt nicht der LSt.	X	

---

30 LStR 73.
31 LStR 72.
32 Vgl. Einzelheiten, BMF-Schreiben v. 14.10.1996, BStBl I 1996, S. 1192.

Art des geldwerten Vorteils	LSt-pflichtig	LSt-frei
Kantinenmahlzeiten und Essenmarken:		
Pauschalbesteuerung mit 25% möglich (§ 40 Abs. 2 Satz 1 EStG)	X	
Medikamente u.a. Leistungen der Krankenhausapotheke:		
ggf. Inanspruchnahme des → *Rabattfreibetrages* möglich	X	
Parkplatzüberlassung:		
bestimmte Arbeitnehmer, die für den betriebsinternen Ablauf sowie für die Aufgabenerfüllung im Krankenhaus eine besondere Rolle spielen (z.B. Personen im Schichtbetrieb, Bereitschaftsdienste, Außendienstmitarbeiter usw.)[33]		X
Belohnung für geleistete Dienste des Arbeitnehmers	X	
PKW-Sicherheitstraining:		
überwiegend betriebliches Interesse (z.B. bei Fahrern von Notarztwagen, Rettungssanitätern und Notärzten)		X
Belohnung für geleistete Dienste des Arbeitnehmers	X	
Private Nutzung von Dienstfahrzeugen:		
z.B. 1%-Regelung	X	
Schwesternwohnheim:		
verbilligte oder kostenlose Unterbringung	X	
im Rahmen der doppelten Haushaltsführung		X
Telefonnutzung am Arbeitsplatz:		
§ 3 Nr. 45 EStG		X

Die **Sachbezüge** sind wie folgt zu **bewerten**:
- Private Nutzung von betrieblichen Kraftfahrzeugen gemäß § 8 Abs. 2 Satz 2 bis 5 EStG (pauschale 1%-Regelung oder Fahrtenbuch).
- Sachbezüge gemäß § 8 Abs. 2 Satz 6 EStG nach den Sachbezugswerten der amtlichen → *Sachbezugsverordnung*.
- Sachbezüge, für die gemäß § 8 Abs. 3 EStG ein → *Rabattfreibetrag* in Betracht kommt, mit den um 4% geminderten Endpreisen, zu denen der Arbeitgeber die Waren und Dienstleistungen fremden Letztverbrauchern anbietet.
- Sonstige Sachbezüge sind mit den um übliche Preisnachlässe geminderten üblichen Endpreisen am Abgabeort, zum Zeitpunkt der Abgabe, anzusetzen.

---

33 Vgl. ausführlich: Zinnkann/Adrian: Lohnsteuerliche Behandlung der Parkplatzgestellung, DB 2006, S. 2256–2259.

Die sonstigen Sachbezüge bleiben gemäß § 8 Abs. 2 Satz 9 EStG außer Ansatz, wenn die Vorteile im Kalendermonat insgesamt 44 € nicht übersteigen (sog. **Sachbezugsfreigrenze**). Auf zweckgebundene Geldleistungen des Arbeitgebers kommt die Sachbezugsfreigrenze nicht zur Anwendung.[34]

Gutachten im Krankenhaus
Erstellen angestellte Krankenhausärzte ärztliche Gutachten[35] unterliegen die Entgelte für die gutachtlichen Tätigkeiten der Lohnsteuer, falls das Erstellen der Gutachten nach dem Arbeitsvertrag zu den Dienstaufgaben der Krankenhausärzte gehört (→ *Chefarzt*).

Liquidationspool
→ *Chefarzt*

Lohnspende
Die zurückliegenden Naturkatastrophen geben Anlass, kurz auf das Thema „Lohn und Gehalt spenden" (Arbeitslohnspende) einzugehen. Die Arbeitnehmer „verzichten" auf einen Teil ihrer Vergütung für einen bestimmten Zweck. Dies kann u. a. ein gemeinnütziger oder mildtätiger Zweck sein. Die zivil- bzw. arbeitsrechtliche Behandlung der Arbeitslohnspende kann durchaus viele Fragen aufwerfen, auf die wir hier nicht eingehen können.[36] In diesen Fällen ist zur steuerlichen Behandlung von Maßnahmen zur Unterstützung der Opfer (dies können auch von der Katastrophe betroffene Kollegen bzw. Arbeitnehmer des Arbeitgebers sein) grundsätzlich auf die dann kurzfristig ergehenden **Verwaltungsregelungen** der Finanzverwaltung zu **achten** und entsprechend (ggf. in Abstimmung mit dem Berater) zu handeln. So regeln z. B. **BMF-Schreiben** konkrete Fälle vielfach praxisnah und unter Billigkeitsgesichtspunkten.[37]

Verzichten die Arbeitnehmer auf die Auszahlung von Teilen des Arbeitslohns oder auf Teile eines angesammelten Wertguthabens können diese Lohnteile bei der Feststellung des steuerpflichtigen Arbeitslohns außer Ansatz bleiben, wenn der Arbeitgeber die Verwendungsauflage erfüllt und dies dokumentiert. Der außer Ansatz bleibende Arbeitslohn ist im **Lohnkonto** aufzuzeichnen. Auf die Aufzeichnung kann verzichtet werden, wenn stattdessen der Arbeitnehmer seinen Verzicht schriftlich erklärt hat und diese Erklärung zum Lohnkonto genommen worden ist. Der außer Ansatz bleibende Arbeitslohn ist nicht in der Lohnsteuerbescheinigung anzugeben. Die steuerfrei belassenen Lohnteile dürfen im Rahmen der ESt-Veranlagung **nicht** als **Spende** berücksichtigt werden.[38]

---

34 BFH-Urteil v. 27.10.2004, BB 2005, S. 29.
35 Zur Abgrenzung zwischen ärztlichen Bescheinigungen und ärztlichen Gutachten vgl. Korthus: Ärztlichen Bescheinigungen und Gutachten im Krankenhaus, Krhs 2006, S. 222–226.
36 Vgl. Koss: Lohn und Gehalt spenden, DB 2005, S. 414.
37 BMF-Schreiben v. 14.01.2005 zur Seebeben-Katastrophe im Dezember 2004, DB 2005, S. 134.
38 So das BMF-Schreiben v. 14.01.2005, DB 2005, S 134, zu II.2.

3.2 Lohnsteuer-ABC

Lohnsteuerliche Vergünstigungen
Die nachfolgende Tabelle enthält eine Übersicht über einige ausgewählte Lohnbestandteile, die unter bestimmten Voraussetzungen, die hier z. T. nicht näher erläutert werden, steuerfrei oder teilweise steuerfrei gewährt werden können.[39]

Gewährte Lohnbestandteile/ Sachbezüge	Art der Vergünstigung
Bis 31.12.2005 zugesagt und vor dem 01.01.2008 zugeflossene[40] **Abfindungen** wegen einer vom Arbeitgeber veranlassten oder gerichtlich ausgesprochenen Auflösung des Dienstverhältnisses;	Freibeträge von 7.200 €, 9.000 € oder 11.000 € in Abhängigkeit vom Lebensalter und der Dauer der Betriebszugehörigkeit (§ 3 Nr. 9 EStG)
ab **01.01.2006** zugesagte **Abfindungen** aus o. a. Anlässen	keine Vergünstigungen[39]
Altersteilzeit:	Leistungen des Arbeitgebers teilweise steuerfrei (§ 3 Nr. 28 EStG)
Aufmerksamkeiten: z. B. Sachleistungen anlässlich eines besonderen persönlichen Ereignisses; Getränke und Genussmittel; Arbeitsessen	Freigrenze von 40 € je Sachzuwendung und Anlass (LStR 73)
Aufwandsentschädigung für nebenberufliche Tätigkeit:	bis zu 1.848 € je Kalenderjahr steuerfrei (§ 3 Nr. 26 EStG) vgl. → *Stichwort-ABC*
Auslandstätigkeit:	Arbeitslohn unter bestimmten Voraussetzungen steuerfrei nach DBA oder Auslandstätigkeitserlass,[41] i. d. R. nach mehrmonatiger Tätigkeit
Bahncard-Kosten: Einsatz für Dienstreisen	steuerfreier Reisekostenersatz, wenn die Kosten der Bahncard dem Arbeitgeber an Reisekostenersatz mehr als ihren Preis erspart; Privatnutzung ist dann unbeachtlich

---

39 Weitere Vergünstigungen: § 3 EStG, LStR H 70, Drenseck, in: Schmidt: a. a. O., § 19 Rz 50.
40 § 3 Nr. 9 EStG i.d.F. des Gesetzes zum Einstieg in ein steuerliches Sofortprogramm vom 22.12.2005, BGBl I 2005, S. 3682.
41 Gesetz zum Einstieg in ein steuerliches Sofortprogramm vom 22.12.2005, BGBl I 2005, S. 3682.
42 BMF-Schreiben v. 31.10.1983, BStBl I 1983, S. 470

Gewährte Lohnbestandteile/ Sachbezüge	Art der Vergünstigung
Belegschaftsrabatt: → *Rabattfreibetrag*	Rabattfreibetrag 1.080 € (§ 8 Abs. 3 EStG)
Berufskleidung:	steuerfreie Überlassung, so auch bei Barablösung des Anspruchs (§ 3 Nr. 31 EStG)
Betriebsveranstaltung: z. B. Weihnachtsfeier, Betriebsausflug	Freigrenze von 110 € je Arbeitnehmer für maximal 2 Veranstaltungen im Jahr (LStR 72)
Bildschirmbrille: gestellt vom Arbeitgeber aufgrund gesetzlicher Verpflichtung	steuerfrei
Darlehen: (im Arbeitsverhältnis durch Arbeitgeber oder Dritten zinsgünstig gewährt)	Zinsvorteile, soweit der effektiver Zins > 5 % bzw. Zinsvorteile (unabhängig vom Zinssatz) auf Darlehen < 2.600 € (LStR 31 Abs. 11)[43]
Direktversicherung:	
Bei Zusagen **vor** dem 01.01.2005	Lohnsteuerpauschalierung mit 20 %, sofern die Zuwendung des Arbeitgebers 1.752 € nicht überschreitet (§ 40 b EStG)
Bei Zusagen **nach** dem 31.12.2004	Beiträge der Arbeitgeber sind in bestimmten Grenzen steuerfrei (§ 3 Nr. 63 EStG)
Doppelte Haushaltsführung: (berufliche Veranlassung)	Verpflegung, Fahrtkosten und Unterkunft dürfen vom Arbeitgeber in bestimmten Grenzen steuerfrei erstattet werden (§ 3 Nr. 16 EStG)
Gruppen- und Sammelversicherungen:	in bestimmten Grenzen steuerfrei
Mahlzeiten:	bei unentgeltlicher oder verbilligter Abgabe durch den Arbeitgeber Ansatz nur mit dem Sachbezugswert (z. B. 2006/07: 2,64/2,67 € für Mittag- oder Abendessen)
Massagen: (Vorbeugung oder Linderung berufsbedingter Beschwerden)	steuerfrei

---

43 Zur Marktüblichkeit vgl. BFH-Urteil v. 04.05.2006, VI R 28/05, BStBl II 2006, S. 781.

Gewährte Lohnbestandteile/ Sachbezüge	Art der Vergünstigung
Pensionskasse, Pensionsfonds	Beiträge der Arbeitgeber sind in bestimmten Grenzen steuerfrei (§ 3 Nr. 63 EStG)
Trinkgelder	steuerfrei (§ 3 Nr. 51 EStG).
Waren- und Sachbezüge	Freigrenze von 44 € je Monat für bestimmte → *geldwerte Vorteile*

Lohnsteuerpauschalierung

Der Krankenhausträger kann u.a. für folgende Leistungen die Lohnsteuer pauschal abgelten (Stand 2006):

Art der Leistungen des Arbeitgebers	Pauschaler Steuersatz
Beschäftigung von Aushilfen, Teilzeitkräften und geringfügig Beschäftigen (§ 40 a EStG):	
Minijobber (sozialversicherungspflichtig)	2 %
Minijobber (nicht sozialversicherungspflichtig)	20 %
Aushilfen (kurzfristig Beschäftigte)	25 %
Beförderung der Arbeitnehmer zwischen Wohnung und Arbeitsstätte: unentgeltlich oder verbilligt, auch bei Zuschüssen an die Arbeitnehmer (§ 40 Abs. 2 Satz 2 EStG)	15 %
Betriebsveranstaltung: Sachbezug, wenn die Freigrenze von 110 € nicht beansprucht werden kann oder überschritten wurde (§ 40 Abs. 2 Nr. 2 EStG)	25 %
Direktversicherung: Zusage vor dem 01.01.2005, sofern die Zuwendung des Arbeitgebers 1.752 € nicht überschreitet (§ 40 b EStG)	20 %
Lohnsteuernachforderungen und sonstige Bezüge: größere Zahl von Lohnsteuerfällen, z.B. im Rahmen von Lohnsteuer-Außenprüfungen (§ 40 Abs. 1 EStG)	Durchschnittssteuersatz
Mahlzeiten: im Betrieb, sofern der Preis unter dem amtlichen Sachbezugswert liegt (§ 40 Abs. 2 Nr. 2 EStG); bei Ausgabe von Essenmarken bzw. Restaurantschecks gelten Besonderheiten (LStR 31 Abs. 7)	25 %
Sachzuwendungen: einheitlich für alle innerhalb eines Wirtschaftsjahres gewährten Zuwendungen, bis maximal 10.000 €/Empfänger (§ 37b EStG i.d.F. JStG 2007).	30 %

Ordensangehörige
→ *Diakonissen*

Rabattfreibetrag

Gemäß § 8 Abs. 3 EStG bleiben bestimmte → *geldwerte Vorteile,* die der Arbeitgeber im Rahmen des sog. Rabattfreibetrags einräumt, lohnsteuerfrei. Der Rabattfreibetrag kommt für Waren und Dienstleistungen zur Anwendung, die vom Arbeitgeber nicht überwiegend für den Bedarf seiner Arbeitnehmer hergestellt, vertrieben oder erbracht werden. Die sich danach ergebenden Vorteile sind steuerfrei, wenn sie im Kalenderjahr 1.080 € nicht übersteigen. Maßgebend für die Bewertung der Vorteile sind die um 4 % geminderten Endpreise, zu denen der Arbeitgeber die Waren und Dienstleistungen fremden Letztverbrauchern anbietet.

Im Krankenhausbereich kann die Inanspruchnahme des Rabattfreibetrags für die folgenden geldwerten Vorteile an die Belegschaft eines Krankenhauses in Betracht kommen:

- Abgabe von Medikamenten u. a. Apothekenartikeln durch eine Krankenhausapotheke
- Wäschereileistungen der Krankenhauswäscherei

Auf die verbilligte Abgabe von Kantinenmahlzeiten an die Krankenhausmitarbeiter kommt der Rabattfreibetrag nicht zur Anwendung, weil Kantinenmahlzeiten überwiegend für die Arbeitnehmer hergestellt werden.[44]

Der den Rabattfreibetrag übersteigende geldwerte Vorteil ist lohnsteuerpflichtig.

Der Hauptanwendungsfall ist die Abgabe verbilligter **Apothekenartikel**. Der BFH hat in zwei Urteilen entschieden,[45] dass hierfür der Rabattfreibetrag beansprucht werden kann. Bezieht das Krankenhaus neben Medikamenten für den eigenen Bedarf auch solche, die die Beschäftigten bestellen durften, so ist der Rabattfreibetrag auf die von den Beschäftigten bestellten Medikamente nur dann anwendbar, wenn Medikamente dieser Art mindestens in gleichem Umfang an Patienten abgegeben werden. Daher kommt der Rabattfreibetrag z. B. für Windeln, Antibabypillen u. a. nicht im Krankenhausbetrieb benötigte Apothekenartikel nicht in Betracht.

Die Inanspruchnahme des Rabattfreibetrags ist bei Konzernleistungen ausgeschlossen. Daher kommt der Rabattfreibetrag bei Leistungen einer ausgegliederten Krankenhausapotheke an die Belegschaft der Krankenhaus-Konzernmuttergesellschaft bzw. an Konzernschwestergesellschaften nicht in Betracht.

---

44 LStR H 32.
45 BFH-Urteil v. 27.08.2002, VI R 158/98, BStBl II 2002, S. 95; BFH-Urteil v. 27.08.2002, VI R 63/97, DB 2002, S. 2416.

Beispiel: Rabattfreibetrag einer Krankenhausapotheke

Die Belegschaft eines Kreiskrankenhauses darf in der Krankenhausapotheke Medikamente u. a. Artikel verbilligt zum Selbstkostenpreis einkaufen. Die Handelsspanne beträgt 10 %. Apothekenartikel, die nicht auch an die Patienten abgegeben werden, dürfen nicht bestellt werden. Da aus abrechnungstechnischen Gründen nicht nachgewiesen werden kann, wie hoch der geldwerte Vorteil des einzelnen Arbeitnehmers ist, macht das Krankenhaus folgende Rechnung auf.

	Euro	Prozent
Apothekenartikel zum Verkaufspreis am Abgabeort p. a.	18.000	100
Wert gemäß § 8 Abs. 3 EStG, um 4 % geminderte Endpreise	17.280	96
Selbstkostenpreis	16.200	90
geldwerter Vorteil = Rabattfreibetrag	1.080	6

Die Rechnung verdeutlicht, dass bei einem Medikamentenbezug zum Selbstkostenpreis von insgesamt 16.200 € der geldwerte Vorteil genau 1.080 € beträgt und damit lohnsteuerfrei bleibt. Da es u.E. lebensfremd ist anzunehmen, dass ein Arbeitnehmer Apothekenartikel im Wert von mehr als 16.200 € p. a. kauft, dürfte das Finanzamt der Inanspruchnahme des Rabattfreibetrags bei der Ermittlung der Lohnsteuer auch ohne gesonderten Einzelnachweis zustimmen. Diese Verfahrensweise sollte u.E. aber unbedingt vorab mit dem zuständigen Finanzamt abgestimmt werden, z. B. im Rahmen einer Anrufungsauskunft gemäß § 42 e EStG. Auch bei einer Lohnsteueraußenprüfung kann dieses Verfahren angesprochen werden.

Rufbereitschaftsentschädigung
→ *Zuschläge für Sonntags-, Feiertags- oder Nachtarbeit*

Sachbezüge
→ *geldwerter Vorteil*

Sachbezugsverordnung
Die amtlichen Sachbezugswerte werden durch die Sachbezugsverordnung (SachBezV) festgesetzt. Die Sachbezugswerte kommen gemäß § 8 Abs. 2 Satz 6 bis 8 EStG für die folgenden Sachbezüge zum Ansatz:
- freie bzw. verbilligte Verpflegung (§§ 1, 5 SachBezV)
- freie bzw. verbilligte Unterkunft (§§ 2, 3, 4, 5 SachBezV)

Die Sachbezugsverordnung ist nach Auffassung des Niedersächsischen Finanzgerichts[46] auch dann anzuwenden, wenn Arbeitnehmer für die von einem Arbeitgeber gestellten Unterkünfte das tariflich vereinbarte und ortsübliche Entgelt zahlen, die Werte nach der Sachbezugsverordnung aber höher liegen. Die Differenz zwischen dem gezahlten Entgelt und dem Wert der Sachbezugsverordnung soll der lohnsteuerpflichtige Bezug sein. Im Urteilsfall hatte ein Landeskrankenhaus verschiedenen Arbeitnehmern u.a. im Schwesternwohnheim Unterkünfte zur Verfügung gestellt. Die Zuzahlungen der Arbeitnehmer nach dem Bundesangestelltentarif (BAT) unterschritten die Sachbezugswerte.

Spende
→ *Lohnspende*

Verdienstausfallentschädigung
Der Ersatz, der dem Arbeitnehmer für entgangenen oder entgehenden Arbeitslohn zufließt, gehört grundsätzlich auch zu den Einkünften aus nichtselbständiger Arbeit. Wird der Verdienstausfall aber nicht über den Arbeitgeber, sondern von einem Dritten gezahlt, so ist das Steuerabzugsverfahren nicht durchführbar. Insbesondere besteht keine Lohnsteuerabzugsverpflichtung des Arbeitgebers, so z.B. bei der Verdienstausfallentschädigung von Krankenhausmitarbeitern, die als Schöffe oder Zeuge bei Gerichten tätig sind. Dagegen gehören die Einkünfte der Chefärzte aus Gerichtsgutachten regelmäßig zu ihren freiberuflichen Einkünften.[47]

Zuschläge für Sonntags-, Feiertags- oder Nachtarbeit
1. Voraussetzungen für die Steuerfreiheit der Zuschläge gemäß § 3 b EStG
2. Zuschläge zu Rufbereitschaftsentschädigungen
3. Besonderheiten bei Wechselschichtzuschlägen

1. Voraussetzungen für die Steuerfreiheit der Zuschläge gemäß § 3 b EStG
Steuerfreie Zuschläge für Sonntags-, Feiertags- oder Nachtarbeit dürfen gemäß § 3 b EStG unter den folgenden Voraussetzungen an Arbeitnehmer gewährt werden:

- Die Zuschläge werden für tatsächlich geleistete Sonntags-, Feiertags- oder Nachtarbeit gezahlt. Dazu gehören auch Bereitschaftsdienste.
- Die Zuschläge werden neben dem Grundlohn gezahlt. Es wird also vorausgesetzt, dass es sich bei den Zuschlägen um Zeitzuschläge zum Grundlohn handelt, die für die begünstigten Zeiten gezahlt wird. Zulagen für Bereitschaftsdienste, Schicht- und Wechselschichtzulagen, die keinen Zuschlag zu einer Grundvergütung vorsehen, sind daher steuerpflichtig.

---
46 Niedersächsisches FG, Urteil v. 02.09.2004, Revision BFH, VI R 74/04, DStRE 2005, S. 499.
47 Vgl. Schliephorst: Ärztliche Bescheinigungen und Gutachten im Krankenhaus, Krhs 2006, S. 222 ff.

- Steuerfrei sind die Zuschläge nur bis zu der in § 3 b Nr. 1 bis 4 EStG vorgesehenen Höhe.

Als Nachtarbeit gilt die Arbeit in der Zeit von 20.00 Uhr bis 6.00 Uhr. Die gesetzlichen Feiertage werden durch die am Ort der Arbeitsstätte geltenden Vorschriften bestimmt.

Grundsätzlich dürfen steuerfreie Zuschläge auch an Minijobber, Aushilfskräfte und pauschal besteuerte Arbeitnehmer gezahlt werden; nicht hingegen an Selbständige.

Für die Steuerfreiheit der Zuschläge ist weiterhin unbeachtlich, ob vom Arbeitgeber angeordnete Sonntags-, Feiertags- oder Nachtarbeit gegen Vorschriften des Arbeitszeitgesetzes (ArbZg) verstößt.[48] Insoweit spielt das Urteil des EuGH vom 09. September 2003 zu den Bereitschaftsdiensten deutscher Krankenhausärzte für die Steuerfreiheit keine Rolle.[49]

2. Zuschläge zu Rufbereitschaftsentschädigungen

Steuerfrei sind die Zuschläge, die für die Telefon-Rufbereitschaft der Bereitschaftsärzte von Krankenhäusern zu den begünstigten Zeiten *zusätzlich* zu den Rufbereitschaftsentschädigungen gezahlt werden.[50] Voraussetzung ist aber, dass die Zuschläge für Rufbereitschaften zu den in § 3 b EStG genannten Zeiten gezahlt werden und die Zuschläge die in § 3 b EStG vorgesehenen prozentualen Höchstsätze, gemessen an der Rufbereitschaftsentschädigung, nicht übersteigen.

Beispiel: Rufbereitschaftsentschädigungen

> Für die Telefonrufbereitschaft von Bereitschaftsärzten zahlt das Krankenhaus eine Rufbereitschaftsentschädigung in Höhe von 20 % des Stundenlohnes. Fällt die Telefonruf-Bereitschaft auf einen Sonn- oder Feiertag wird zusätzlich ein Zuschlag von 50 % auf die Rufbereitschaftsentschädigung gewährt. Bei einem Stundenlohn von 30 € beträgt die steuerpflichtige Rufbereitschaftsentschädigung 6 €/Stunde und der steuerfreie Zuschlag 3 €/Stunde.

3. Besonderheiten bei Wechselschichtzuschlägen

Geklärt ist nunmehr auch die Rechtsfrage, inwieweit steuerfreie Zuschläge gemäß § 3 b EStG im Rahmen sogenannter Wechselschichtzuschläge gezahlt werden dürfen. Das Problem wird anhand des nachfolgenden Beispiels erläutert:

---

48 Lohnsteuerlexikon 2004, S. 654.
49 EuGH-Urteil v. 09.09.2003, C-151/02, BB 2003, S. 2063 ff mit BB-Kommentar S. 2070 f.
50 BFH-Urteil v. 27.08.2002, BStBl II 2002, S. 883.

Beispiel: Wechselschichtzuschläge bei Nachtarbeit

> Das Krankenpflegepersonal eines Krankenhauses ist in Wechselschichten tätig (Früh-, Spät- und Nachtschichten). Laut Tarifvertrag erhält das Krankenpflegepersonal für geleistete Arbeitszeiten zwischen 6.00 Uhr und 20.00 Uhr einen Wechselschichtzuschlag von 10 % auf den Grundlohn und für geleistete Arbeitszeiten zwischen 20.00 Uhr und 6.00 Uhr einen Zuschlag für Nachtarbeit von 25 % auf den Grundlohn.
> Der Wechselschichtzuschlag in Höhe von 10 % ist kein Zeitzuschlag zum Grundlohn, sondern ein Erschwerniszuschlag, der wegen der Besonderheit der Schichtarbeit gewährt wird. Deshalb ist der Nachtschichtzuschlag in Höhe von 10 % steuerpflichtig (Wechselschichtzuschlag) und nur in Höhe von 15 % („echter" Nachtarbeitszuschlag) gemäß § 3 b EStG steuerfrei.

Die Lösung im Beispielsfall berücksichtigt das BFH-Urteil vom 07. Juli 2005[51], wonach Wechselschichtzuschläge, die der Arbeitnehmer für seine Wechselschichttätigkeit regelmäßig und fortlaufend bezieht, zum steuerpflichtigen Grundlohn gehören. Sie sind auch während der durch § 3 b EStG begünstigten Nachtzeit nicht steuerbefreit. Damit wurde das Urteil des FG Brandenburg vom 11. Dezember 1996[52] aufgehoben. Nach Auffassung des BFH kommt es nicht darauf an, wie der Zuschlag bezeichnet wird (**Wechselschichtzuschlag** für die Zeit von 06.00 Uhr bis 20.00 Uhr und **Nachtschichtzuschlag** für die Zeit von 20.00 Uhr bis 06.00 Uhr). Entscheidend ist, ob den in Wechselschichten tätigen Arbeitnehmern die Wechselschichtzuschläge regelmäßig und fortlaufend zufließen. Ist dies der Fall, dann ist der Wechselschichtzuschlag (im Beispiel: 10 %) als laufender Arbeitslohn dem Grundlohn zuzurechnen.

---

51 BFH-Urteil v. 07.07.2005, IX R 81/98, BStBl II 2005, S. 888.
52 FG Brandenburg, 1 K 1677/95, EFG 2005, S. 879.

4 Umsatzsteuer

Ulf Gietz

Gliederung

4.1 Grundzüge des Umsatzsteuerrechts
4.2 Umsatzsteuer-ABC

4.1 Grundzüge des Umsatzsteuerrechts

Das **deutsche Umsatzsteuersystem** ist gekennzeichnet durch die **Besteuerung der Ausgangsumsätze** der Unternehmen bei gleichzeitigem **Vorsteuerabzug aus** den bezogenen **Eingangsleistungen**. Im Ergebnis versteuern die Unternehmen deshalb nur den selbst geschaffenen Mehrwert, weshalb die Umsatzsteuer (USt) auch als Mehrwertsteuer (MwSt) bezeichnet wird. Der am Ende des Wertschöpfungsprozesses stehende Endverbraucher wird mit der gesamten USt belastet. Aus Sicht der nicht vorsteuerabzugsberechtigten Endverbraucher ist die USt daher ein entscheidender Kostenfaktor. Diese Feststellung trifft in besonderer Weise auf die Krankenhäuser und Heilberufe zu, denen im Zusammenhang mit ihren steuerfreien Umsätzen regelmäßig der Vorsteuerabzug nicht zusteht.

Das **Umsatzsteuerrecht** der Mitgliedsstaaten der **Europäischen Gemeinschaft** ist weitgehend harmonisiert, da die Mitgliedsstaaten hinsichtlich des nationalen Umsatzsteuerrechts durch die Regelungen der 6. EG-Richtlinie gebunden sind. Daher wird das deutsche Umsatzsteuerrecht, im Gegensatz zum Ertragsteuerrecht, auch maßgeblich von der Rechtsprechung des EuGH geprägt.

Der **Aufbau des Umsatzsteuergesetzes** berücksichtigt die beschriebene Systematik. Die §§ 1 bis 13 UStG enthalten die Regelungen zur Besteuerung der Ausgangsumsätze. Dazu gehören insbesondere die Bestimmungen zur Steuerbarkeit der Umsätze und zum Unternehmerbegriff (§§ 1 bis 3 f) UStG), die Aufzählung der steuerfreien Umsätze (§ 4 UStG) und die Regelungen zum Verzicht auf die Steuerbefreiung (§ 9 UStG) sowie die Bestimmungen zur Bemessungsgrundlage für die USt (§ 10 UStG), zur Höhe des Steuersatzes (§ 12 UStG) und zum Zeitpunkt der Entstehung der USt (§ 13 UStG). Die §§ 15 und 15 a) UStG befassen sich mit dem Vorsteuerabzug. Die in §§ 14 und 14 a) UStG getroffenen Regelungen zum Begriff der Rechnungen betreffen sowohl die Besteuerung der Aus-

gangsumsätze als auch den Vorsteuerabzug. Die §§ 16 bis 22 e) UStG behandeln verfahrensrechtliche Fragen, wie z. B. Korrektur der Bemessungsgrundlage (§ 17 UStG) und Freistellung der Kleinunternehmer von der Besteuerung (§ 19 UStG). Es folgen die §§ 23 bis 29 UStG die insbesondere Sonderregelungen und Übergangsvorschriften enthalten, auf die hier nicht einzugehen ist.
Das Umsatzsteuerrecht unterscheidet die nachfolgenden drei **Umsatzarten**:

- Lieferungen und sonstige Leistungen gegen Entgelt
- Innergemeinschaftlicher Erwerb
- Einfuhr von Gegenständen ins Zollgebiet

Charakteristisch für alle drei Umsatzarten ist, dass zwischen dem leistenden Unternehmer und dem Leistungsempfänger ein **Leistungsaustausch** begründet wird, wobei das Entgelt des Leistungsempfängers die Gegenleistung für die vom leistenden Unternehmer erbrachte Leistung ist. Das Hauptanwendungsgebiet, auch für die Krankenhäuser, sind ohne Zweifel die Lieferungen und sonstigen Leistungen gegen Entgelt. Werden diese im Inland erbracht, liegen steuerbare Umsätze vor. In weiteren Schritten ist dann zu prüfen, ob die Umsätze steuerfrei bzw. steuerpflichtig sind und bei letzteren, welcher Steuersatz zur Anwendung kommt. Von den steuerbaren Umsätzen sind die nicht der USt unterliegenden Vorgänge abzugrenzen. Zu diesen gehören insbesondere die außerhalb eines Leistungsaustausches vollzogenen Leistungen (z. B. Schadensersatzleistungen oder echte Zuschüsse usw.) und die Leistungen, die von Nichtunternehmern (z. B. Gebühren der Hoheitsbetriebe) erbracht werden.

Der **Vorsteuerabzug** kommt hinsichtlich der USt, der Einfuhrumsatzsteuer und der Steuer auf den innergemeinschaftlichen Erwerb infrage. Der Vorsteuerabzug ist allerdings in manchen Fällen ausgeschlossen und zwar regelmäßig dann, wenn die Vorsteuerbeträge im Zusammenhang mit bestimmten steuerfreien Umsätzen stehen. Diese werden auch als sog. Ausschlussumsätze bezeichnet. Die von den Krankenhäusern und den anderen Heilberufen erbrachten steuerfreien Umsätze gehören zum Kreis der Ausschlussumsätze. Die Steuerfreiheit der Krankenhausumsätze hat daher grundsätzlich den Verlust des Vorsteuerabzugs zur Folge. Führen die Krankenhäuser jedoch steuerpflichtige Umsätze aus, steht ihnen insoweit der Vorsteuerabzug zu.

4.1.1 Steuerfreie Umsätze der Krankenhäuser

Die Krankenhausträger sind unabhängig von ihrer Rechtsform Unternehmer i. S. v. § 2 Abs. 1 UStG. Sofern sie im Rahmen ihres Unternehmens „Krankenhaus" Lieferungen und Leistungen im Inland gegen Entgelt erbringen, unterliegen sie dem UStG, d. h. die Umsätze sind grundsätzlich umsatzsteuerbar. Anschließend ist zu prüfen, ob für die Umsätze eine Befreiung von der USt in Betracht kommt. Die im UStG geregelten Steuerbefreiungen sind in § 4 UStG abschließend aufgeführt. Fällt der Umsatz unter keine der dort aufgeführten Befreiungstatbestände, ist er umsatzsteuerpflichtig. Von den in § 4 UStG aufgeführten Befreiungstatbeständen sind insbesondere die nachfolgenden für die Krankenhausträger von **praktischer Relevanz** (sortiert in gesetzlicher Reihenfolge):

- Ausfuhrlieferungen (§ 4 Nr. 1 a) UStG); Lieferung von Gegenständen in Staaten außerhalb der Europäischen Gemeinschaft (sog. Drittländer).
- Innergemeinschaftliche Lieferungen (§ 4 Nr. 1 b) UStG); Lieferung von Gegenständen an Mitgliedsstaaten der Europäischen Gemeinschaft (sog. Gemeinschaftsgebiet).
- Bestimmte Finanzumsätze (§ 4 Nr. 8 a)-k) UStG); zu nennen sind insbesondere die Umsätze aus der Kreditgewährung und aus dem Verkauf von Gesellschaftsanteilen.
- Umsätze, die unter das Grunderwerbsteuergesetz fallen (§ 4 Nr. 9 a) UStG), z. B. Veräußerung von unbebauten und bebauten Grundstücken.
- Vermietung und Verpachtung von Grundstücken (§ 4 Nr. 12 a) UStG), z. B. Vermietung von unbebauten Grundstücken, Gebäuden und Gebäudeteilen. Nicht befreit sind Umsätze aus kurzfristiger Beherbergung von Fremden, die Vermietung von Parkplatzflächen und die Vermietung von Betriebsvorrichtungen.
- Umsätze der Heilberufe (§ 4 Nr. 14 UStG); z. B. Umsätze der Ärzte aus heilberuflicher Tätigkeit. Dazu gehören auch die Umsätze aus einer Privatklinik eines freiberuflich tätigen Arztes.
- Die mit dem Betrieb der Krankenhäuser (**Hauptanwendungsfall**), Diagnosekliniken und anderen Einrichtungen ärztlicher Heilbehandlung, Diagnostik oder Befunderhebung sowie der Altenheime, Altenwohnheime, Pflegeheime, Einrichtungen zur vorübergehenden Aufnahme pflegebedürftiger Personen und der Einrichtungen zur ambulanten Pflege kranker und pflegebedürftiger Personen eng verbundenen Umsätze (**§ 4 Nr. 16 UStG**).
- Die Lieferungen von menschlichen Organen, menschlichem Blut und Frauenmilch (§ 4 Nr. 17 a) UStG).
- Die Beförderung von kranken und verletzten Personen mit Fahrzeugen, die eigens dafür eingerichtet sind (§ 4 Nr. 17 b) UStG).
- Die Leistungen der amtlich anerkannten Verbände der freien Wohlfahrtspflege und der der freien Wohlfahrtspflege dienenden steuerbegünstigten Körperschaften, wenn die im Gesetz im Einzelnen genannten Voraussetzungen erfüllt sind (§ 4 Nr. 8 UStG).
- Umsätze der steuerbegünstigten Einrichtungen aus Vorträgen, Kursen und anderen Veranstaltungen wissenschaftlicher oder belehrender Art, wenn die Einnahmen überwiegend zur Deckung der Kosten verwendet werden (§ 4 Nr. 22 a) UStG).
- Die Gestellung von Mitgliedern geistlicher Genossenschaften und Angehörigen von Mutterhäusern für steuerbegünstigte Zwecke (§ 4 Nr. 27 a) UStG).
- Die Lieferung von Gegenständen, für die der Vorsteuerabzug ausgeschlossen ist oder wenn der Unternehmer die gelieferten Gegenstände ausschließlich für eine nach den Nummern 8 bis 27 steuerfreie Tätigkeit verwendet hat (§ 4 Nr. 28 UStG), z. B. die Veräußerung von gebrauchten Gegenständen eines

Krankenhauses, die zuvor für steuerfreie Krankenhausumsätze verwendet wurden.

Welche Umsätze im Einzelnen von dieser und den anderen Befreiungsvorschriften erfasst werden, wird im → *Umsatzsteuer-ABC* erläutert.

4.1.2 Die mit dem Betrieb der Krankenhäuser eng verbundenen Umsätze

§ 4 Nr. 16 UStG ist die zentrale USt-Befreiungsvorschrift für die Krankenhausträger.

Durch die Befreiungsvorschrift werden bestimmte soziale Leistungen von der USt freigestellt. Dadurch wird, insbesondere für die Sozialversicherungsträger und die Bevölkerung, eine Kostenbegrenzung erreicht. Die Kostendämpfungseffekte beschränken sich allerdings auf den Bereich der Personalkosten. Hinsichtlich der Sachkosten wird keine Entlastung erzielt, da die Krankenhäuser für den Kernbereich ihrer Leistungen nicht vorsteuerabzugsberechtigt sind und sie daher die Brutto-Einkaufspreise an ihre Patienten weitergeben.

§ 4 Nr. 16 UStG entspricht dem Gemeinschaftsrecht, wonach die Mitgliedsstaaten die Krankenhausbehandlung und die ärztliche Heilbehandlung sowie die mit ihnen eng verbundenen Umsätze bestimmter Einrichtungen von der USt zu befreien haben (Art. 13 Teil A Abs. 1 b der 6. RL).

Die deutsche Befreiungsnorm knüpft die USt-Befreiung an zwei Voraussetzungen:

- Befreit werden nur die Umsätze der begünstigten Einrichtungen.
- Der Umfang der Steuerbefreiung ist begrenzt auf die Umsätze, die mit dem Betrieb der begünstigten Einrichtung eng verbunden sind.

4.1.3 Die begünstigten Einrichtungen

Von § 4 Nr. 16 UStG werden u. a. Krankenhäuser, Diagnosekliniken und andere Einrichtungen ärztlicher Heilbehandlung, Diagnostik oder Befunderhebung erfasst. Die verwandten Begriffe werden im Gesetz nicht definiert. Für die weitere Abgrenzung ist der Krankenhausbegriff von besonderer Bedeutung, da die Steuerbefreiung für die Umsätze der Krankenhäuser an weitere Voraussetzungen geknüpft wird.

4.1.3.1 Krankenhäuser

Zu den begünstigten Einrichtungen gehören **Krankenhäuser**. Der umsatzsteuerliche Krankenhausbegriff wird aus § 2 Nr. 1 KHG abgeleitet. Krankenhäuser sind danach Einrichtungen, in denen durch ärztliche und pflegerische Hilfeleistung Krankheiten, Leiden oder Körperschäden festgestellt, geheilt oder gelindert werden sollen oder Geburtshilfe geleistet wird und in denen die zu versorgenden Personen untergebracht und verpflegt werden können.[1] Somit unterscheidet sich der umsatzsteuerliche Krankenhausbegriff nicht von dem in der AO oder in den anderen Steuergesetzen.[2]

Zu den von § 4 Nr. 16 UStG begünstigten Krankenhäuser zählen:

- Die von juristischen Personen des öffentlichen Rechts (jPdöR) betriebenen Krankenhäuser (§ 4 Nr. 16 a) UStG).
- Krankenhäuser privater Träger, die im vorangegangenen Kalenderjahr die in § 67 Abs. 1 oder 2 AO bezeichneten Voraussetzungen erfüllt haben (§ 4 Nr. 16 b) UStG).

In § 67 AO werden die Krankenhäuser danach unterschieden, ob sie in den Anwendungsbereich der BPflV oder des KHEntgG[3] fallen (§ 67 Abs. 1 AO) oder nicht (§ 67 Abs. 2 AO). In beiden Fällen sind die Krankenhäuser privater Träger umsatzsteuerlich begünstigt, wenn mindestens 40 % der jährlichen Belegungstage oder Berechnungstage auf Patienten entfallen, bei denen nur Entgelte für allgemeine Krankenhausleistungen berechnet werden oder bei Krankenhäusern, die nicht in den Anwendungsbereich des KHEntgG oder der BPflV fallen, keine höheren Entgelte berechnet werden.[4]

Betreibt ein freiberuflich tätiger Arzt ein Krankenhaus, werden die ärztlichen Leistungen von § 4 Nr. 14 UStG erfasst. Für die übrigen Umsätze aus dem Krankenhausbetrieb (z. B. Unterbringung und Verpflegung) kommt eine Steuerbefreiung nur unter den Voraussetzungen von § 4 Nr. 16 b) UStG in Betracht.

4.1.3.2 Diagnosekliniken und andere Einrichtungen ärztlicher Heilbehandlung, Diagnostik oder Befunderhebung

Diagnosekliniken und andere Einrichtungen ärztlicher Heilbehandlung oder Diagnostik sind Einrichtungen, in denen durch ärztliche Leistungen Krankheiten, Leiden oder Körperschäden festgestellt, geheilt oder gelindert werden sollen oder Geburtshilfe geleistet wird. Nicht erforderlich ist, dass den untersuchten und behandelten Personen Unterkunft und Verpflegung gewährt werden.[5] Einrichtungen der Diagnostik, in denen die Patienten untergebracht und verpflegt werden (Diagnosekliniken), können auch als Krankenhaus eingestuft werden, wenn die in § 4 Nr. 16 b) UStG genannten Voraussetzungen vorliegen.

Einrichtungen ärztlicher Befunderhebung sind Einrichtungen, in denen durch ärztliche Leistungen der Zustand menschlicher Organe, Gewebe, Körperflüssigkeiten usw. festgestellt werden soll. Die Feststellung des Zustandes muss nach

---

1 UStR 96.
2 Vgl. 1.
3 § 67 AO in der Fassung des Jahressteuergesetz 2007 v. 13. Dezember 2006.
4 Vgl. 2.2.2.4.
5 UStR 97 Abs. 1.

Auffassung der Finanzverwaltung nicht zwingend für diagnostische oder therapeutische Zwecke erfolgen.[6]

Die Steuerbefreiung gemäß § 4 Nr. 16 c) UStG setzt aber voraus, dass die Leistungen der dort genannten Einrichtungen unter ärztlicher Aufsicht erbracht werden und im vorangegangenen Kalenderjahr mindestens 40 % der Leistungen den Sozialversicherten, Sozialhilfeempfängern oder Versorgungsberechtigten der Kriegsopferversorgung/-fürsorge zugute gekommen sein müssen. Während das Merkmal der ärztlichen Aufsicht bei den Einrichtungen ärztlicher Heilbehandlung und Diagnostik als gegeben unterstellt wird,[7] ist bei den Einrichtungen der ärztlichen Befunderhebung ein entsprechender Nachweis durch den Unternehmer zu führen.[8] Die Feststellungslast für das Merkmal „zugute kommen" trägt die Einrichtung, welche die Steuerbefreiung beanspruchen will. Die Nachweisführung ist im Einzelfall schwierig, da auch bei einer Hintereinanderschaltung von Leistungsbeziehungen (Krankenhaus – Laborgesellschaft – Patient) der letzte Abnehmer (Patient) in den Genuss der Maßnahme gelangt. Nicht erforderlich ist ferner, dass die Träger der Sozialversicherung usw. die Kosten auch tatsächlich übernommen haben, es reicht aus, dass die Leistungsempfänger z.B. sozialversichert sind.

Im Rahmen der Umstrukturierungen im Gesundheitswesen kooperieren die Krankenhäuser stärker untereinander, mit niedergelassenen Ärzten oder anderen Einrichtungen des Gesundheitswesens. Ärztliche Heilbehandlungen und Leistungen der ärztlichen Befunderhebung werden daher häufig außerhalb des Krankenhauses, z.B. in Beteiligungsgesellschaften unterschiedlichster Rechtsformen erbracht. Die Steuerbefreiungsnorm des § 4 Nr. 16 c) UStG gewinnt deshalb für die Krankenhausträger künftig an Bedeutung. Ein typisches Beispiel für eine Einrichtung ärztlicher Befunderhebung ist z.B. eine aus niedergelassenen Ärzten und Krankenhausträgern bestehende Gesellschaft, die mit medizinischen Großgeräten, die von eigenem Personal der Gesellschaft bedient werden, für die Gesellschafter medizinische Untersuchungen durchführt. Bei Vorliegen der weiteren Voraussetzungen des § 4 Nr. 16 c) UStG sind die Leistungen einer Großgeräte-Gesellschaft daher von der USt befreit.[9]

---

6 UStR 98 Abs. 1.
7 UStR 97 Abs. 2.
8 UStR 98 Abs. 3.
9 UStR 98 Abs. 4.

4.2 Umsatzsteuer-ABC

Das „Umsatzsteuer-ABC" enthält in **alphabetischer Reihenfolge** die Begriffe, denen unserer Erfahrung nach in der Krankenhauspraxis eine umsatzsteuerliche Relevanz zukommt. Neben der Erläuterung zum jeweiligen Stichwort wird auch auf andere → *Stichworte* in diesem ABC zur weiteren Erklärung verwiesen.

Sofern der Krankenhausträger steuerbegünstigt ist, erfolgt die ertragsteuerliche Beurteilung zusätzlich im „ABC der wirtschaftlichen Tätigkeiten" zu 6.6.

Stichworte

A Allgemeine Krankenhausleistungen . 146
  Altenheime, Altenwohnheime und
  Pflegeheime 147
  Alternative Heilbehandlungen 147
  Ambulantes Operieren 148
  Anzahlungen 149
  Apotheke 149
  Arbeitnehmerüberlassung 152
  Arbeitnehmerüberlassung
  zwischen Universität und
  Universitätsklinikum 152
  Arbeitstherapie 152
  Arzneimittelverkauf 152
  Aufmerksamkeiten an das Personal . 152
  Auftragsforschung durch steuer-
  begünstigtes Krankenhaus 152
  Aufwandserstattung für Sach-
  und Personalkosten bei Organ-
  entnahmen 153
  Automatenumsätze 154
B Babyschwimmen 154
  Begleitpersonen 154
  Beistandsleistung einer jPdöR 155
  Besucher 155
  Betrieb gewerblicher Art (BgA) 157
  Blutkonserven 159
  Blutspenden 159
C Cafeteria 159
  Cateringleistungen im Krankenhaus-
  betrieb 160
D Diakonissen 162
E Einrichtungen ärztlicher Befund-
  erhebung 162

  Einrichtungen der freien Wohlfahrts-
  pflege 164
  Elektronische Abgabe von Umsatz-
  steuer-Voranmeldungen 165
  Eng (mit dem Krankenhausbetrieb)
  verbundene Umsätze 165
  Ermäßigter Steuersatz 168
G Gemeinnützige Krankenhäuser 169
  Gemischter Vertrag 169
  Geschäftsbesorgungsleistungen für
  Dritte 169
  Geschäftsveräußerung im Ganzen ... 170
  Gestellung von Diakonissen 170
  Großgeräteüberlassung 171
  Gutachten 171
  Gutschrift 174
H Heilbäder 175
  Hilfsgeschäfte 175
I Innenumsätze 175
  Innergemeinschaftliche Lieferungen
  und Erwerbe 175
  Integrierte Versorgung durch
  Managementgesellschaften 177
  Istversteuerung 178
K Kleinunternehmer 178
  Kliniken für Ganzheitsmedizin 179
  Konkurrentenschutzklage 180
  Kosmetische Chirurgie 181
  Krankenfahrten 181
  Krankenhausapotheke 182
  Krankenhausküche 182
  Krankenhäuser der öffentlich-recht-
  lichen Religionsgemeinschaften 183
L Laborleistungen 183

Leistungen an Arbeitnehmer im ganz überwiegenden betrieblichen Interesse 183
Leistungsempfänger als Steuerschuldner 184
Lieferungen und Leistungen an Besucher, Begleitpersonen, Patienten und Personal.......... 185
Lieferung von Gegenständen, die im Wege der Arbeitstherapie hergestellt wurden.......... 185
M Medizinische Wahlleistungen.......... 186
Menschliche Organe.......... 186
Mindestbemessungsgrundlage 186
Mitgliederbeiträge 187
N Nicht steuerbare Innenumsätze 187
Notrufzentrale.......... 187
Nutzungsentgelte der Ärzte 188
Nutzungsüberlassung medizinisch-technischer Großgeräte.......... 189
O Option zur Umsatzsteuer.......... 190
Organentnahmen (Aufwandserstattung durch die DSO) 190
Organgesellschaft 190
Organschaft.......... 191
Organträger.......... 195
Orthopädische Versorgungseinrichtungen 196
P Pathologie 196
Patienten 196
Personal.......... 199
Personalgestellung 202
Pflegeheime.......... 205
Plastische Chirurgie.......... 205
Praxisklinik 206
Privatklinik 206
Präventivbehandlungen 208
R Rechnung 208
Rechtsform des Unternehmers (Arzt, Krankenhaus).......... 212
Rettungsdienst.......... 214
Reverse-Charge-Verfahren.......... 215
S Sachspenden.......... 215
Sachverständigentätigkeit 217
Sachzuwendungen und sonstige Leistungen an das Personal 217
Schönheitsoperationen.......... 219
Selbstversorgungseinrichtungen steuerbegünstigter Krankenhäuser 220
Sollversteuerung 220
Sponsoring 221
Steuerbegünstigte Krankenhäuser 223
Steuersatz 224
T Tauschähnlicher Umsatz.......... 224
U Überlassung von medizinischem und nichtmedizinischem Personal.......... 224
Umsatzsteuervergütung 224
Umsatzsteuerverprobung 225
Unentgeltliche Wertabgaben 227
Universitätsklinikum 228
V Verkauf von Gegenständen des Anlagevermögens 229
Vermietung und Verpachtung von Wirtschaftsgütern 230
Vertrag besonderer Art.......... 233
Verwaltungsdienstleistungen.......... 233
Verzicht auf Steuerbefreiungen 234
Vorsteuerabzug.......... 235
Vorträge und Kurse 240
W Wahlleistungen.......... 240
Wäscherei 242
Wechsel der Steuerschuldnerschaft .. 242
Wellnessbehandlungen.......... 242
Werbemobil.......... 242
Werbung.......... 244
Z Zentrale Beschaffungsstellen 244
Zentralwäscherei.......... 244
Zuschüsse.......... 244

Allgemeine Krankenhausleistungen
Krankenhausleistungen gemäß § 1 Abs. 1 KHEntgG sind insbesondere ärztliche Behandlung, Krankenpflege, Versorgung mit Arznei-, Heil- und Hilfsmitteln, die für die Versorgung im Krankenhaus notwendig sind, sowie Unterkunft und Verpflegung (§ 2 Abs. 1 KHEntgG). Krankenhausleistungen umfassen allgemeine Krankenhausleistungen und → *Wahlleistungen*.

Allgemeine Krankenhausleistungen sind gemäß § 2 Abs. 2 KHEntgG die Krankenhausleistungen, die unter Berücksichtigung der Leistungsfähigkeit des Krankenhauses im Einzelfall nach Art und Schwere der Krankheit für die medizinisch zweckmäßige und ausreichende Versorgung des Patienten notwendig sind. Diese Regelung korrespondiert mit dem in § 39 Abs. 1 SGB V verankerten Anspruch der gesetzlich versicherten Patienten auf eine ausreichende, zweckmäßige und wirtschaftliche Leistung des Krankenhauses.

Nach dem Sinn und Zweck der Steuerbefreiungsnorm des § 4 Nr. 16 a) und b) UStG gehören die Umsätze aus den allgemeinen Krankenhausleistungen in der Regel zu den steuerbefreiten → eng verbundenen Umsätzen des Krankenhauses. Da die Vorschrift zur Steuerbefreiung der Umsätze der Krankenhäuser der Senkung der Kosten im Gesundheitsbereich und nicht etwa der wirtschaftlichen Entlastung der Krankenhäuser dient, werden insbesondere die allgemeinen Krankenhausleistungen von der Steuerbefreiung erfasst. Es ist aber darauf hinzuweisen, dass für die Abgrenzung zwischen den steuerbefreiten und steuerpflichtigen Umsätzen der Krankenhäuser allein der für das Umsatzsteuerrecht entwickelte Begriff der eng (mit dem Krankenhausbetrieb) verbundenen Umsätze maßgeblich ist. Daher können auch Umsätze aus Wahlleistungen zu den von der USt befreiten eng verbundenen Krankenhausumsätzen gehören.

Altenheime, Altenwohnheime und Pflegeheime
Krankenhauträger betreiben häufig auch Altenheime, Altenwohnheime und Pflegeheime. Unter den Voraussetzungen des § 4 Nr. 16 d) UStG sind die Umsätze dieser Einrichtungen von der USt befreit, wenn im vorangegangenen Kalenderjahr mindestens 40 % der Leistungen den in § 61 Abs. 1 SGB XII oder den in § 53 Nr. 2 AO genanten Personen zugute gekommen sind.

Pflegebedürftig sind nach § 61 Abs. 1 SGB XII solche Personen, die wegen einer körperlichen, geistigen oder seelischen Krankheit oder Behinderung für die gewöhnlichen und regelmäßig wiederkehrenden Verrichtungen im Ablauf des täglichen Lebens der Hilfe bedürfen. Liegt mindestens ein Schweregrad der Pflegebedürftigkeit i. S. v. § 61 Abs. 1 SGB XII vor, bleibt die wirtschaftliche Lage dieser Personen unberücksichtigt.

Wirtschaftlich hilfsbedürftig nach § 53 Nr. 2 AO sind Personen, deren Bezüge nicht höher sind als das Vierfache des Regelsatzes der Sozialhilfe i. S. v. § 28 SGB XII. Beim Alleinstehenden oder Haushaltsvorstand tritt an die Stelle des Vierfachen das Fünffache des Regelsatzes.[1]

Für ambulante Pflegeeinrichtungen kommt eine Steuerbefreiung gemäß § 4 Nr. 16 e) UStG in Betracht.[2]

Alternative Heilbehandlungen
→ *Kliniken für Ganzheitsmedizin*

---

1 UStR 99 Abs. 2.
2 Vgl. OFD Düsseldorf, Kurzinformation USt Nr. 10 v. 13.05.2005, DB 2005, S. 1144.

Ambulantes Operieren

Zur besseren und effektiveren Auslastung ihrer Kapazitäten räumen die Krankenhäuser niedergelassenen Ärzten die Möglichkeit ein, im Krankenhaus ambulant zu operieren. Zu diesem Zweck erbringen die Krankenhäuser häufig ein ganzes Bündel an Leistungen. Dazu gehören vor allem die zeitweise Überlassung voll eingerichteter Operationssäle, die Überlassung von medizinischem Personal und die Lieferung bzw. Benutzung von medizinischem Verbrauchsmaterial, Medikamenten und medizinischem Zubehör.

Diese Leistungen gehören nicht mehr zu den eng verbundenen Krankenhausumsätzen, da die Umsätze im Wesentlichen dazu bestimmt sind, dem Krankenhaus zusätzliche Einnahmen zu verschaffen und das Krankenhaus dadurch in einem unmittelbaren Wettbewerb mit nicht begünstigten Unternehmern steht (z. B. Privatkliniken, Medizinische Versorgungseinrichtungen usw.). Eine Steuerbefreiung gemäß § 4 Nr. 16 UStG scheidet daher aus.

Zu prüfen ist aber ferner, ob diese Leistungen insgesamt oder zum Teil zu den steuerfreien Vermietungsleistungen gemäß § 4 Nr. 12 a) UStG gehören. Die Vermietung von Räumlichkeiten kann nämlich von der USt befreit sein. Bei der umsatzsteuerlichen Beurteilung der Leistungen, die im Rahmen des ambulanten Operierens von den Krankenhäusern erbracht werden, kommen zwei Möglichkeiten in Betracht:

- Es liegt ein sogenannter → *gemischter Vertrag*[3] vor, der sowohl die Merkmale einer Vermietung als auch die Merkmale anderer Leistungen aufweist, die jeweils selbständig bewertet werden können. Bei einem derart gelagerten Vertragsverhältnis ist das Entgelt in eine steuerfreie Grundstücksvermietung und einen auf die steuerpflichtige Leistung anderer Art entfallenden Teil aufzugliedern.
- Es kann aber auch ein sogenannter → *Vertrag besonderer Art*[4] vorliegen, bei dem die Gebrauchsüberlassung des Grundstücks gegenüber anderen wesentlichen Leistungen zurücktritt und das Vertragsverhältnis ein einheitliches, unteilbares Ganzes darstellt. Bei einem Vertrag besonderer Art kommt die Steuerbefreiung nach § 4 Nr. 12 a) UStG weder für die gesamte Leistung noch für einen Teil der Leistung in Betracht.

Bei der zeitweisen Überlassung von Operationssälen tritt aus der Sicht der Nutzer (niedergelassenen Ärzte) die Vermietungsleistung gegenüber der Benutzung der Operationstechnik und der Inanspruchnahme des medizinischen Personals derart in den Hintergrund, dass die Raumüberlassung keinen leistungsbestimmenden Bestandteil mehr ausmacht. Daher ist die Überlassung voll ausgestatteter Operationssäle einschließlich der genannten zusätzlichen Leistungen insgesamt eine umsatzsteuerpflichtige Leistung eigener Art.

Insoweit steht dem Krankenhaus aber auch der (anteilige) Vorsteuerabzug zu. Der Anteil der abziehbaren Vorsteuerbeträge ist u.E. anhand des Verhältnisses der Nutzungszeiten zu ermitteln (→ *Vorsteuerabzug*, 2.).

---

3 UStR 80 Abs. 1.
4 UStR 81 Abs. 1.

Die Umsätze einer → *Praxisklinik* aus der Überlassung des Operationsbereichs und die damit verbundene Gestellung von medizinischem Hilfspersonal an selbständige Ärzte für deren ambulante Operationen im Rahmen einer Heilbehandlung sollen gemäß § 4 Nr. 16 c) UStG steuerfrei sein (→ *Einrichtungen ärztlicher Befunderhebung*).

Anzahlungen
Erhält ein Krankenhaus einen Teil des Entgelts für eine steuerpflichtige Leistung (z. B. Anzahlungen, Abschlagszahlungen, Vorauszahlungen) vor Ausführung der Leistung oder Teilleistung entsteht die USt gemäß § 13 Abs. 1 Nr. 1 lit. a) UStG bereits mit Ablauf des Voranmeldungszeitraums, in dem das Entgelt oder Teilentgelt vereinnahmt worden ist (sog. → *Istversteuerung* von Anzahlungen). Das gilt auch dann, wenn die Anzahlung in einer Lieferung oder sonstigen Leistung besteht, die im Rahmen eines → *tauschähnlichen Umsatzes* erfolgt (dazu beispielhaft → *Werbemobil*).[5]

Apotheke
Die umsatzsteuerliche Behandlung der entgeltlichen Abgabe von Medikamenten durch Krankenhausapotheken wurde durch die **UStR 2005** neu gefasst. Die Abgabe von Medikamenten ist nur noch dann steuerfrei, wenn sie mit der Heilbehandlung des Krankenhauses eng verbunden ist. Aus Wettbewerbsgründen unterliegen ab dem 01. Januar 2005 eine Reihe von Umsätzen der Krankenhausapotheken der USt.[6] Aus Vertrauensschutzgründen beanstandet es die Finanzverwaltung aber nicht, wenn Umsätze, die bis zum 31. Dezember 2004 ausgeführt wurden und die nach den UStR 2005 umsatzsteuerpflichtig wären, noch als steuerfreie eng verbundene Umsätze angesehen werden.[7]

Abgabe von Arzneimittel durch die Krankenhausapotheke an	Steuerfrei	Steuerpflichtig
Ambulante Patienten:		
bis zum 31.12.2004[8]	X	
ab dem 01.01.2005: zur unmittelbaren Anwendung durch ermächtigte Krankenhausambulanzen an Patienten während der ambulanten Behandlung und durch Krankenhausapotheken an Patienten im Rahmen der ambulanten Behandlung im Krankenhaus, wenn das Krankenhaus dazu ermächtigt bzw. vertraglich berechtigt ist[9]		X

---

5 UStR 181 Abs. 2.
6 Vgl. Böhme: Krankenhausapotheken und Umsatzsteuer, Die steuerliche Betriebsprüfung 2006, S. 317–321, mit kritischen Anmerkungen zu den Neuregelungen der UStR 100 Abs. 3 Nr. 2–4, m. w. N.
7 OFD Münster v. 25.10.2004, DB 2004, S. 2453.
8 UStR (2000) 100 Abs. 2 Nr. 2.
9 UStR 100 Abs. 3 Nr. 4.

Abgabe von Arzneimittel durch die Krankenhausapotheke an	Steuerfrei	Steuerpflichtig
Angestellte Krankenhausärzte (für deren Privatambulanzen):		
Nach dem Apothekengesetz dürfen die Krankenhausapotheken Arzneimittel auch an ermächtigte Privatambulanzen des Krankenhauses abgegeben. Eine Umsatzsteuerbefreiung kommt nicht in Betracht, weil die Krankenhausapotheke nicht unmittelbar die Patienten beliefert, sondern die Medikamente an den behandelnden Arzt abgegeben werden.[10]		X
Besucher[11]:		
Entgeltliche Abgabe.		X
Ehemals ambulante oder stationäre Patienten:		
bis zum 31.12.2004	X	
ab dem 01.01.2005: zur Überbrückung, wenn die Medikamente entgeltlich abgegeben werden.[12]		X
(Andere) Einrichtungen des Gesundheitswesens:		
z. B. an ermächtigte Ambulanzen des Krankenhauses, Polikliniken, Institutsambulanzen, sozialpädiatrische Zentren usw.[13]		X
Krankenhauspersonal:		
bis zum 31.12.2004[14]	X	
ab dem 01.01.2005[15]		X
Krankenhäuser anderer Träger:		
gehört nicht zu den eng mit dem Betrieb des (eigenen) Krankenhauses verbunden Umsätzen. Das gilt auch für den Fall der Kooperation mehrer Krankenhäuser zum gemeinsamen Einkauf von Arzneimitteln, z. B. durch Bildung einer Einkaufsgemeinschaft. Eine Steuerbefreiung gemäß § 4 Nr. 18 UStG kommt ebenfalls nicht in Betracht.[16]		X

---

10 UStR 100 Abs. 3 Nr. 3; OFD Münster v. 25.10.2004, a.a.O., S. 2453; zur Rechtslage bis zum 31.12.2004 vgl. Knorr/Klaßmann: Die Besteuerung der Krankenhäuser, 3. Aufl. 2004, S. 380, m.w.N.
11 UStR 100 Abs. 3 Nr. 2.
12 UStR 100 Abs. 3 Nr. 2.
13 UStR 100 Abs. 3 Nr. 3.
14 OFD Hannover, Vfg. v. 21.10.1998, UVR 1999, S. 113.
15 UStR 100 Abs. 3 Nr. 2.
16 UStR 100 Abs. 3 Nr. 3 und 103 Abs. 13.

Abgabe von Arzneimittel durch die Krankenhausapotheke an	Steuerfrei	Steuerpflichtig
Notarztdienst mit Notarztwagen:		
Das Krankenhaus erbringt durch den Notarzt eine steuerfreie Krankenhausleistung, zu der auch die Bereitstellung von Medikamenten gehört (einheitliche Leistung).[16]	X	
Öffentliche Apotheken[17]:		
Entgeltliche Abgabe.		X
Patienten des Krankenhauses:		
gehört als Bestandteil der ärztlichen und pflegerischen Betreuung der im Krankenhaus stationär oder teilstationär aufgenommenen Patienten zu den eng verbundenen Umsätzen.[18]	X	
Rettungszweckverband[19]:		
Entgeltliche Abgabe.		X

Die Umsätze aus der Abgabe von Arzneimitteln durch eine aus einem Krankenhaus ausgegliederte (ehemalige) Krankenhausapotheke sind grundsätzlich umsatzsteuerpflichtig. Eine Steuerbefreiung gemäß § 4 Nr. 16 UStG ist nicht mehr möglich, da die ausgegliederte Apotheke nicht zu dem durch diese Vorschrift begünstigten Kreis der Krankenhäuser und anderer medizinischer Einrichtungen gehört. Die Steuerpflicht ließe sich aber durch Begründung einer umsatzsteuerlichen → *Organschaft* der Apotheke (Tochtergesellschaft) zum Krankenhaus (Muttergesellschaft) hinsichtlich der Belieferung der Muttergesellschaft und anderer Gesellschaften des Organkreises vermeiden, sofern dies berufsrechtlich zulässig ist.

Nach dem Beitragssatzsicherungsgesetz (BSSichG) vom 23. Dezember 2002 erhalten die gesetzlichen Krankenkassen von den Apotheken für Arzneimittel, die ab dem 01. Januar 2003 zu ihren Lasten abgegeben wurden, einen Abschlag von 6 % des Herstellerabgabepreises (§ 130 a Abs. 1 Satz 1 SGB 5; **Rabattregelung nach dem BSSichG**). Die pharmazeutischen Unternehmen sind verpflichtet, den Apotheken den Abschlag zu erstatten (§ 130 a Abs. 1 Satz 2 SGB 5). Die **Erstattung des Abschlags** durch die Hersteller an die Apotheken kann bei den Apothe-

---

17 OFD Hannover, Vfg. v. 21.10.1998, a.a.O., S. 113.
18 UStR 100 Abs. 3 Nr. 3.
19 OFD Hannover, Vfg. v. 21.10.1998, a.a.O., S. 113.
20 UStR 100 Abs. 2 Nr. 1.

ken zu einem Entgelt von dritter Seite für die Lieferung der Arzneimittel führen (→ *Zuschüsse*).[21]

Arbeitnehmerüberlassung
→ *Personalgestellung im Krankenhausbereich*

Arbeitnehmerüberlassung zwischen Universität und Universitätsklinikum
→ *Universitätsklinikum*

Arbeitstherapie
In Krankenhäusern, in denen körperlich und geistig behinderte Patienten untergebracht sind, werden die Patienten vielfach im Rahmen der Arbeitstherapie beschäftigt. Die dabei hergestellten Gegenstände werden von den Krankenhäusern im eigenen Namen verkauft. Die hieraus erzielten Umsätze sind gemäß § 4 Nr. 16 UStG steuerfrei, sofern kein nennenswerter Wettbewerb zu den entsprechenden Unternehmen der gewerblichen Wirtschaft besteht. Nach Auffassung der Finanzverwaltung ist ein solcher Wettbewerb anzunehmen, wenn das Krankenhaus für den Absatz der hergestellten Gegenstände wirbt.[22]

Arzneimittelverkauf
→ *Apotheke*

Aufmerksamkeiten an das Personal
Aufmerksamkeiten an das Personal gehören nicht zu den umsatzsteuerbaren → *Sachzuwendungen*. Aufmerksamkeiten sind Zuwendungen des Arbeitgebers, die nach ihrer Art und nach ihrem Wert Geschenken entsprechen, die im gesellschaftlichen Verkehr üblicherweise ausgetauscht werden und zu keiner ins Gewicht fallenden Bereicherung des Arbeitnehmers führen. Dazu gehören gelegentliche Sachzuwendungen bis zu einem Wert von 40 €, z.B. Blumen, Genussmittel oder ein Buch, die dem Arbeitnehmer oder seinen Angehörigen aus Anlass eines besonderen persönlichen Ereignisses zugewendet werden. Gleiches gilt für Getränke und Genussmittel, die den Arbeitnehmern zum Verzehr im Betrieb unentgeltlich überlassen werden. Aufmerksamkeiten sind auch Speisen, die der Arbeitgeber dem Arbeitnehmer anlässlich und während einer außergewöhnlichen betrieblichen Besprechung oder Sitzung, im ganz überwiegenden betrieblichen Interesse unentgeltlich überlässt und deren Wert 40 € nicht überschreitet[23].

Auftragsforschung durch steuerbegünstigtes Krankenhaus
Die pharmakologische und fachmedizinische Forschung durch ein steuerbegünstigtes Krankenhaus stellt nach der Rechtsprechung[24] keinen steuerbegünstigten

---

21 OFD Düsseldorf, Kurzinformation Umsatzsteuer Nr. 6/2005 v. 15.03.2005, DB 2005, S. 642.
22 UStR 100 Abs. 2 Nr. 7; OFD Hannover, Vfg. v. 21.10.1998, a.a.O., S. 113.
23 UStR 12 Abs. 3.
24 FG Baden-Württemberg, Urteil vom 11.07.2002, EFG 2003, S. 22; vgl. auch 6.6, ABC der wirtschaftlichen Tätigkeiten.

→ *Zweckbetrieb*[25] dar. Es liegt weder ein Krankenhauszweckbetrieb (§ 67 AO) noch ein Zweckbetrieb gemäß § 68 Nr. 9 AO vor, so dass der für Zweckbetriebsumsätze geltende → *ermäßigte Steuersatz* nicht zur Anwendung kommen kann. Die entsprechenden Umsätze unterliegen daher dem Regelsteuersatz von 16 %.

Da bei der pharmakologischen und fachmedizinischen Auftragsforschung in der Regel kein therapeutisches Ziel unmittelbar im Vordergrund steht, zählen die Umsätze aus den entsprechenden → *Gutachten* nicht zu den steuerfreien Krankenhausumsätzen.

Aufwandserstattung für Sach- und Personalkosten bei Organentnahmen
Nach § 8 Abs. 2 der Vereinbarung, die gemäß § 11 TPG[26] geschlossen wurde, erhalten die Krankenhäuser und Transplantationszentren von der Deutschen Stiftung Organtransplantation (DSO) eine Abgeltung für Leistungen, die von diesen im Zusammenhang mit einer postmortalen Organentnahme vermittlungspflichtiger Organe nach § 9 TPG und deren Vorbereitung erbracht werden (Aufwandserstattung). Die Vergütung ist nicht davon abhängig, ob eine Transplantation erfolgt. Die Abgeltung dieser Leistungen erfolgt aus der Organisationspauschale der DSO nach § 8 Abs. 1 der Vereinbarung. Die Leistungen im Zusammenhang mit der Organentnahme und deren Vorbereitung werden durch ein Modulsystem erstattet, das einzelne Prozessschritte der Organspende abbildet. In der o. a. Vereinbarung, die seit dem 01. Januar 2004 gilt, werden der Umfang und die Höhe der Leistungsvergütung im Zusammenhang mit einer postmortalen Organentnahme festgelegt. Die Krankenhäuser stellen die für die Organentnahme notwendigen räumlichen, sächlichen und personellen Strukturen mit Ausnahme der Ärzte, die die Organentnahme durchführen. Die Organentnahme wird ausschließlich durch die für die DSO tätigen Ärzte vorgenommen, deren Nebentätigkeit für die DSO genehmigt wurde.

Zur Rechnungslegung erhalten die Krankenhäuser nach der Meldung eines Organspenders bzw. der durchgeführten Organentnahme von der DSO in der Regel eine schriftliche Mitteilung über die Art und Höhe der abrechnungsfähigen Pauschalen, die sich abhängig vom Einzelfall unterschiedlich zusammensetzen. Werden abgestimmte ärztliche Leistungen durch das Krankenhaus erbracht (z. B. Feststellung des Hirntodes) werden diese ebenfalls vergütet.

Die o. a. Vereinbarung enthält keine Hinweise zur **umsatzsteuerlichen Behandlung der Pauschalen** durch das Krankenhaus. Gemäß § 4 Nr. 16 UStG sind die mit dem Betrieb eines Krankenhauses → *eng verbundenen Umsätze* von der USt befreit. Eng mit dem Betrieb verbunden sind die Lieferungen und sonstigen Leistungen, die im Rahmen der typischen Tätigkeit des Krankenhauses anfallen. Die hier vom Krankenhaus als Vorbereitung auf eine Organtransplantation erbrachten Leistungen sind typische Tätigkeiten eines Krankenhauses und damit umsatzsteuerfrei. Sie dienen zur Vorbereitung der Organentnahme gleichzeitig dem

---

25 Im ABC der Ertragsbesteuerung, Kapitel 2.4.
26 Vereinbarung über die Durchführungsbestimmungen zur Aufwandserstattung zwischen den Spitzenverbänden der Krankenkassen und der Deutschen Krankenhausgesellschaft (DKG) sowie der Deutschen Stiftung Organtransplantation (DSO).

möglichen Organempfänger, der nicht im Krankenhaus des soeben verstorbenen Organspenders operiert werden muss. Auf die Bestandteile des o.a. Leistungskatalogs des Krankenhauses, der sog. Gestellungs- oder Überlassungsleistungen nahelegt, ist u.E. nicht entscheidend abzustellen, da eine einheitliche Leistung „Organtransplantation" vorliegt, die auch bei einem Abbruch der Organentnahme (aus welchen Gründen auch immer) nicht in einzelne Leistungen aufzuteilen ist. Mit Feststellung des Hirntodes endet u.E. die ärztliche Leistungspflicht des Krankenhauses gegenüber dem Organspender, so dass die Leistungen zur Organentnahme quasi mit oder unmittelbar nach der Feststellung des Hirntodes beginnen.

Automatenumsätze
Die Umsätze aus den in Krankenhäusern aufgestellten Automaten (z.B. Süßigkeiten-, Getränke- oder Spielzeugautomaten) sind in der Regel den Automatenaufstellern zuzurechnen. Für die Automatenaufsteller kommt eine Steuerbefreiung gemäß § 4 Nr. 16 UStG nicht in Betracht. Die Umsätze des Krankenhauses aus der entgeltlichen Überlassung des Rechts zur Aufstellung der Automaten gelten nach Auffassung der Finanzverwaltung (noch) als eng verbundene Krankenhausumsätze. Ist das Krankenhaus ausnahmsweise selbst Aufsteller der Automaten, sollen auch die entsprechenden Umsätze aus dem Verkauf von Waren an die Patienten, das Personal und die Besucher als eng verbundene Umsätze anzusehen sein.[27]

Ab dem **01. Januar 2005** dürfte im Zusammenhang mit der Geltung der UStR 2005 eine andere Beurteilung der Leistungen des Krankenhauses **als Automatenaufsteller** vorzunehmen sein. Da die Krankenhäuser im Wettbewerb zu den gewerblichen Aufstellern stehen, sind u.E. bereits aus Wettbewerbsgründen die Umsätze der Krankenhäuser aus selbst aufgestellten Automaten umsatzsteuerpflichtig mit dem Regelsteuersatz.

Babyschwimmen
Krankenhäuser bieten mitunter auch Babyschwimmen gegen Entgelt an. Das Babyschwimmen erfolgt unter Anleitung des fachlich qualifizierten Krankenhauspersonals. Die Krankenkassen erstatten die Kosten für das Babyschwimmen regelmäßig nicht. Die Umsätze gehören nicht zu eng verbundenen Krankenhausumsätzen, da das Babyschwimmen weder als Krankenhausbehandlung noch als Heilbehandlung zu qualifizieren ist. Außerdem werden derartige Leistungen auch von anderen Wettbewerbern, wie z.B. öffentlichen Schwimmbädern oder Thermalbädern angeboten, die mit derartigen Umsätzen nicht von der USt befreit sind. Das Babyschwimmen unterliegt der USt. Es kommt aber der → *ermäßigte Steuersatz* von 7 % gemäß § 12 Abs. 2 Nr. 9 UStG zur Anwendung.

Begleitpersonen
Die Umsätze aus der Beherbergung und Verpflegung ärztlich verordneter Begleitpersonen fallen unter die Steuerbefreiung gemäß § 4 Nr. 16 UStG. Voraussetzung

---

27 OFD Hannover, Vfg. v. 21.10.1998, a.a.O., S. 113.

für den Status als ärztlich verordnete Begleitung ist, dass die Begleiter an der Versorgung der Patienten beteiligt sind und ihre Anwesenheit für die Behandlung oder den Behandlungserfolg medizinisch notwendig oder medizinisch zweckmäßig ist.[28] Letzteres wird bei der Begleitung von Kindern bis zu 14 Jahren und bei Schwerbehinderten grundsätzlich angenommen. Ob aufgrund der aktuellen Entscheidung des EuGH[29] mit Änderungen in der Besteuerungspraxis zu rechnen sein wird, bleibt vorerst abzuwarten.

Beistandsleistungen einer jPdöR
→ *Betrieb gewerblicher Art (BgA)* → *Personalgestellung* → *Universitätsklinikum*

Beistandsleistungen einer jPdöR an eine andere jPdöR können im Rahmen einer öffentlich-rechtlichen Verpflichtung (Amtshilfe) bzw. Vereinbarung oder aufgrund einer privatrechtlichen Vereinbarung übernommen werden.[30] Werden die Beistandsleistungen einer jPdöR gegenüber einer anderen jPdöR in Wahrnehmung hoheitlicher Aufgaben erbracht, wird dadurch kein → *Betrieb gewerblicher Art* begründet. Die Wahrnehmung wirtschaftlicher Aufgaben einer anderen jPdöR durch eine jPdöR im Wege der Beistandsleistung ist hingegen bei der Beistand leistenden jPdöR als wirtschaftliche Tätigkeit anzusehen. Diese Beistandsleistung begründet einen BgA (§§ 1 Abs. 1 Nr. 6, 4 KStG), sofern die Voraussetzungen für einen BgA vorliegen.[31]

Besucher
Die Leistungen der Krankenhausträger an die Besucher von Krankenhäusern gehören regelmäßig zu den steuerpflichtigen Umsätzen. Bis zum 31. Dezember 2004 gewährte die Finanzverwaltung jedoch für einige Umsätze an die Besucher die Steuerfreiheit gemäß § 4 Nr. 16 UStG. Diese Ausnahmen entfallen nach Geltung der **UStR 2005 ab dem 01. Januar 2005.**

ABC möglicher Leistungen	Steuerfrei	Steuerpflichtig
Arzneimittelverkauf:		
→ *Krankenhausapotheke*		X
Automatenumsätze:		
→ *Automatenumsätze* Umsätze aus den vom Krankenhaus selbst aufgestellten Automaten bis zum 31.12.2004[32]	X	

---

28 OFD Hannover, Vfg. v. 21.10.1998, a. a. O., S. 113.
29 EuGH-Urteil v. 01.12.2005, Rs. C-394/04 und C-395/04, UR 2006, S. 171 ff; Böhme: Begleitpersonen in Krankenhäusern und ihre umsatzsteuerliche Behandlung, Bp 2006, S. 347 ff mit kritischen Hinweisen auf die aktuelle Besteuerungspraxis.
30 Knorr/Klassmann: a. a. O., S. 349.
31 OFD Rostock v. 21.11.2002, UR 2003, S. 129.
32 Ebenda S. 113.

4 Umsatzsteuer

ABC möglicher Leistungen	Steuer-frei	Steuer-pflichtig
ab dem 01.01.2005		X
Beherbergung:		
kein eng verbundener Umsatz, da das Krankenhaus in Konkurrenz zu den gewerblichen Beherbergungsbetrieben tritt. Ebenfalls nicht in Betracht kommt eine Steuerbefreiung gemäß § 4 Nr. 12 UStG (steuerfreie Vermietungsumsätze), da die Vermietung von Wohn- und Schlafräumen zur kurzfristigen Beherbergung (nicht länger als 6 Monate) ausdrücklich von der Steuerbefreiung ausgenommen ist.		X
Beköstigung:		
→ *Cafeteria* → *Krankenhausküche* Die Lieferung von Essen, Speisen und Getränken an die Besucher und Gäste durch die vom Krankenhausträger selbst betriebene Cafeteria oder Krankenhausküche gehört nicht mehr zu den üblichen und deshalb steuerfreien Leistungen des Krankenhauses.[33]		X
Fernsprechgebühren:		
Erstattung der Fernsprechgebühren für die Benutzung der Telefonanlage des Krankenhauses bis zum 31.12.2004[34]	X	
ab dem 01.01.2005: im Zuge der engeren Auslegung des Begriffs der eng verbundenen Umsätze durch die UStR 2005 gilt die günstige Verwaltungsauffassung nicht mehr.		X
Parkplatzüberlassung:		
Nutzungsentgelt		X

---

33 UStR 100 Abs. 3 Nr. 1.
34 UStR (2000) 100 Abs. 2 Nr. 6; OFD Hannover, Vfg. v. 21.10.1998, a.a.O., S. 113.

Betrieb gewerblicher Art (BgA)

1. Bedeutung und Begriff
2. Krankenhaus als BgA
3. Besonderheiten bei der Personalgestellung durch jPdöR an Krankenhäuser bzw. von Krankenhäusern an jPdöR
4. Besonderheiten bei Krankenhäusern der öffentlich-rechtlichen Religionsgemeinschaften

1. Bedeutung und Begriff

Gemäß § 2 Abs. 3 UStG sind die jPdöR nur im Rahmen ihres BgA als Unternehmer tätig. Von den Umsätzen des BgA sind die hoheitlichen Tätigkeiten der jPdöR abzugrenzen, die nicht der USt unterliegen. Für die Frage, ob ein BgA vorliegt, ist auf § 1 Abs. 1 Nr. 6 und § 4 KStG abzustellen.[35]

Mit dem Betrieb eines Krankenhauses begründet eine jPdöR in der Regel einen BgA. Daher gelten z.B. städtische Krankenhäuser oder Universitätskliniken als BgA, das heißt sie sind Unternehmer.

Vom BgA einer jPdöR sind die Betriebe zu unterscheiden, die in eine privatrechtliche Form gekleidet sind, wie z.B. Eigengesellschaften der jPdöR (AG, GmbH). Solche Eigengesellschaften sind grundsätzlich Unternehmer.[36]

2. Krankenhaus als BgA

Hinsichtlich der unternehmerischen Tätigkeiten der Krankenhäuser der jPdöR gelten die allgemeinen Grundsätze. Zu berücksichtigen sind dabei auch die für die → *steuerbegünstigten Krankenhäuser* anzuwendenden Besonderheiten, wenn das Krankenhaus steuerbegünstigt (§§ 51 ff AO) ist. Die auf die USt durchschlagende abgabenrechtliche Qualifizierung einzelner Tätigkeiten,[37] insbesondere die Abgrenzung zwischen steuerbegünstigten Tätigkeiten (ideeller Bereich, Vermögensverwaltung, Zweckbetrieb) und nicht begünstigten Tätigkeiten (steuerpflichtiger wirtschaftlicher Geschäftsbetrieb – wGb) gilt für den steuerbegünstigten BgA als Krankenhaus entsprechend. Sofern ihre Tätigkeiten nicht unter eine der Befreiungsvorschriften fallen, unterliegen sie der USt.

3. Besonderheiten bei der Personalgestellung durch jPdöR an Krankenhäuser bzw. von Krankenhäusern an jPdöR

Die Gestellung von Personal durch jPdöR gegen Erstattung der Kosten stellt grundsätzlich einen Leistungsaustausch dar, sofern die jPdöR Arbeitgeber bleibt. Erfolgt die Personalgestellung im Rahmen eines BgA, unterliegt der Leistungsaustausch der USt. Die Finanzverwaltung hat anhand von Beispielen in den UStR eine Abgrenzung vorgenommen.[38]

In folgenden Fällen liegt **kein BgA** vor:

---

35 UStR 23 Abs. 4.
36 UStR 23 Abs. 19.
37 Vgl. 2.2.2.6.
38 UStR 23 Abs. 16.

- Die Stadt P setzt Bedienstete ihres Hoheitsbereiches im städtischen Krankenhaus-BgA ein. Es liegt eine nicht steuerbare Innenleistung vor.
- Die Überlassung des wissenschaftlichen Personals einer Universität an ein → *Universitätsklinikum* für Zwecke der Forschung und Lehre dient unmittelbar dem hoheitlichen Bereich, so dass die Universität insoweit nicht unternehmerisch tätig wird. Wird das wissenschaftliche Personal hingegen im Bereich der Krankenversorgung eingesetzt, liegt keine hoheitliche Tätigkeit vor.

In den folgenden Fällen, in denen die Personalgestellung nicht durch hoheitliche Zwecke veranlasst ist, sondern wirtschaftlichen Zwecken dient, liegt **ein BgA** vor, sofern die körperschaftsteuerlichen Voraussetzungen gegeben sind:

- Die Stadt P stellt Bedienstete ihres Hoheitsbereiches an den Krankenhaus-BgA der Stadt L ab.
- Die Stadt P stellt Bedienstete ihres Hoheitsbereichs an die Krankenhaus-Eigengesellschaft der Stadt P ab.
- Die Stadt P stellt Bedienstete aus ihrem Krankenhaus-BgA an den Krankenhaus-BgA oder den Hoheitsbereich der Stadt L ab.
- Die Stadt P stellt Bedienstete aus ihrem Krankenhaus-BgA an den eigenen Hoheitsbereich ab. Es liegt eine → *unentgeltliche Wertabgabe* gemäß § 3 Abs. 9 a) UStG vor.

Besonderheiten können sich im Zuge der Überführung eines bisher als Eigenbetrieb geführten Krankenhauses in private Trägerschaft ergeben, wenn die wegen ihrer Anstellung im öffentlichen Dienst unkündbaren Arbeitnehmer gegen Entgelt an den privaten Träger überlassen werden. In diesen **Sonderfällen** begründet die jPdöR mit der entgeltlichen Personalgestellung nach Auffassung der Finanzverwaltung[39] dann keinen BgA, wenn die folgenden Voraussetzungen vorliegen:

- Die entgeltliche Personalgestellung ist eine Folge organisatorisch bedingter äußerer Zwänge (z. B. Unkündbarkeit der Bediensteten).
- Die Überlassung gegen Kostenerstattung erfolgt im Interesse der betroffenen Bediensteten zur Sicherstellung der erworbenen Rechte aus dem Dienstverhältnis mit einer jPdöR.
- Die Personalüberlassung ist begrenzt auf den zum Zeitpunkt einer Umwandlung vorhandenen Personalbestand.
- Die Personalüberlassung darf nicht das äußere Bild eines Gewerbebetriebs annehmen.

4. Besonderheiten bei Krankenhäusern der öffentlich-rechtlichen Religionsgemeinschaften

Besonderheiten ergeben sich bei der Erfassung und Besteuerung von BgA der öffentlich-rechtlichen Religionsgemeinschaften. Nach Auffassung der Finanzverwaltung[40] ist der Betrieb von Krankenhäusern durch öffentlich-rechtliche Religionsgemeinschaften Gegenstand des kirchlichen Verkündigungsauftrags und Aus-

---

39 ODF Hannover v. 22.08.2002, UR 2003, S. 42.
40 OFD Hannover, Vfg. v. 19.02.2004, DStZ 2004, S. 350; vgl. auch 2.2.2.1.

druck der tätigen Nächstenliebe und daher nicht als BgA, sondern als Hoheitsbetrieb zu qualifizieren.

Andere Tätigkeiten, wie z.B. Kantinenbetriebe, Personalverpflegung, Cafeterien, Kioske, Krankenhauswäschereien und Krankenhausapotheken stehen hingegen in keinem besonderen Verhältnis zum Verkündigungsauftrag und sind daher als BgA anzusehen.

Blutkonserven
Die Lieferungen von Blut ist gemäß § 4 Nr. 17 a) UStG von der USt befreit. Zum menschlichen Blut gehören folgende Erzeugnisse: Frischblutkonserven, Vollblutkonserven, Serum- und Plasmakonserven, Heparin-Blutkonserven und Konserven zellulärer Blutbestandteile. Steuerpflichtig sind dagegen die aus Mischungen von humanem Blutplasma hergestellten Plasmapräparate. Dazu gehören z.B. Faktoren-Präparate, Humanalbumin, Fibrinogen und Immunglobuline.[41]

Die Lieferung von Blutkonserven durch Krankenhäuser ist gemäß § 4 Nr. 16 UStG befreit. Daher kommt diese Befreiungsnorm u.a. den nicht bereits gemäß § 4 Nr. 16 UStG befreiten Krankenhäusern zugute.

Blutspenden
→ *Einrichtungen der freien Wohlfahrtspflege*

Cafeteria
Ob die Umsätze einer vom Krankenhaus betriebenen Cafeteria steuerpflichtig oder gemäß § 4 Nr. 16 UStG steuerbefreit sind, hängt von der Person des Leistungsempfängers ab. Die Lieferungen und Leistungen der Krankenhaus-Cafeteria an die → *Patienten* des Krankenhauses gehören zu den eng mit dem Krankenhausbetrieb verbundenen steuerfreien Krankenhausumsätzen.[42] Dagegen sind die Umsätze aus den Lieferungen und Leistungen an die → *Besucher* und das → *Personal* des Krankenhauses (ab **01. Januar 2005**[43]) grundsätzlich steuerpflichtig.

In der Vergangenheit war in der Praxis die Abgrenzung zwischen steuerfreien und steuerpflichtigen Umsätzen sehr problematisch, da für das Personal der Cafeteria häufig nicht auf den ersten Blick erkennbar war, zu welcher Personengruppe die Kunden der Cafeteria gehören. Diese Problematik hat sich seit dem 01. Januar 2005 deutlich entschärft, da jetzt nur noch die Umsätze der Cafeteria an die Patienten steuerbefreit sind. Grundsätzlich steuerpflichtig sind die Umsätze aus dem Verkauf von Getränken, da die bislang geltende Steuerbefreiung für die zusätzliche Lieferung von Getränken an Patienten ab dem 01. Januar 2005 ersatzlos gestrichen wurde.[44] Hinsichtlich der Umsätze aus dem Verkauf von Speisen ist unverändert eine Differenzierung in steuerfreie und steuerpflichtige Umsätze vorzunehmen, was mitunter Schwierigkeiten verursacht. Nach un-

---
41 UStR 101.
42 UStR 100 Abs. 1.
43 Bis zum 31.12.2004 steuerfrei gemäß UStR (2000) 100 Nr. 5.
44 Bis zum 31.12.2004 war die Lieferung zusätzlicher Getränke an die Patienten steuerfrei (UStR (2000) 100 Abs. 2 Nr. 4).

seren Erfahrungen wird häufig im Nachhinein, z. B. im Rahmen einer steuerlichen Außenprüfung eine Schätzung vorgenommen. Diese geht jedoch regelmäßig zu Lasten des Krankenhauses, da die Finanzverwaltung aus den Umsätzen die USt herausrechnet und dadurch die Umsätze der Cafeteria mindert. Ein praktischer Weg zur sachgerechten Ermittlung des Anteils der steuerfreien Umsätze könnte darin liegen, dass die Patienten zunächst den vollen Preis (incl. 16 % USt) zahlen und ihnen die USt bei Entlassung aus dem Krankenhaus auf Antrag und nach Vorlage der Kassenzettel erstattet wird. Die Cafeteria könnte dann die ursprünglich eingebuchten steuerpflichtigen Umsätze stornieren und steuerfreie Umsätze einbuchen. Damit ist allerdings zusätzlicher Aufwand verbunden, der in Grenzen zu halten ist. In diesem Zusammenhang wären ferner die Möglichkeiten des Vorsteuerabzugs zu beachten.

Zu beachten ist ferner der Ansatz des → *ermäßigten Steuersatzes* beim Verkauf von Speisen außer Haus (→ *Cateringleistungen im Krankenhausbetrieb*).

Die Umsätze aus der von einem **Pächter** betriebenen Krankenhaus-Cafeteria unterliegen grundsätzlich der Umsatzsteuer beim Pächter selbst. Die Umsätze des Krankenhauses aus der Vermietung der Cafeteria sind gemäß § 4 Nr. 12 a) UStG steuerfrei, sofern das Krankenhaus nicht zur USt optiert (→ *Verzicht auf Steuerbefreiungen*). Werden auch Einrichtungsgegenstände an den Pächter zur Nutzung überlassen (Mobiliar, Kücheneinrichtung) sind die Umsätze insoweit steuerpflichtig (→ *Vermietung und Verpachtung von Wirtschaftsgütern*).

Cateringleistungen im Krankenhausbetrieb
Beim Catering beliefert ein Unternehmer die Krankenhäuser mit portionierten Speisen und Getränken. Die beauftragten Cateringunternehmen sind fremde Dritte oder aber im Gefolge der Ausgliederung von Krankenhausküchen entstandene Tochtergesellschaften der Krankenhäuser.

Aus umsatzsteuerlicher Sicht ist häufig die Bestimmung des Steuersatzes für die von den Caterern erbrachten Umsätze problematisch. Gemäß § 3 Abs. 9 Satz 4 UStG gelten die zum Verzehr an Ort und Stelle abgegebenen Speisen und Getränke als sonstige Leistungen, die dem Regelsteuersatz unterliegen. Dagegen kommt bei der Lieferung von Speisen im Außerhausverkauf der → *ermäßigte Steuersatz* zur Anwendung, sofern die Speisen in der Anlage 2 zu § 12 Abs. 2 Nr. 1 und 2 UStG aufgeführt sind. Getränkelieferungen unterliegen dem Regelsteuersatz. Bei Außer-Haus-Lieferung eines Menüs, das Getränke einschließt, ist das Gesamtentgelt ggf. in zwei Lieferungen zum ermäßigten Steuersatz und zum Regelsteuersatz aufzuteilen.

Speisen und Getränke werden dann zum Verzehr an Ort und Stelle abgegeben, wenn sie dazu bestimmt sind, an einem Ort verzehrt zu werden, der mit dem Abgabeort in einem räumlichen Zusammenhang steht und besondere Vorrichtungen für den Verzehr an Ort und Stelle bereitgehalten werden (z. B. Kantinen und ähnliche Einrichtungen). Dabei kommt es nicht darauf an, wer die besonderen Vorrichtungen zur Verfügung stellt. Der Regelsteuersatz kommt also immer dann zur Anwendung, wenn sich der Umsatz nicht auf die Lieferung von Nahrungsmitteln zum Mitnehmen beschränkt, sondern auch Dienstleistungen im sogenannten **Darreichungsbereich** umfasst. Typische Dienstleistungen im Darreichungsbereich sind z. B. die Ausgabe oder das Servieren von Speisen und die Reinigung der Tische, Stühle und des Geschirrs.[45] Nach Auffassung des BFH[46] stellt die Auslieferung portionierter Speisen durch einen Mahlzeitendienst an Menschen, die alters- oder krankheitsbedingt nicht mehr kochen können oder wollen, eine sonstige Leistung dar, die dem Regelsteuersatz unterliegt. Dagegen hat das FG Rheinland-Pfalz entschieden, dass die Abgabe von Mahlzeiten an die Bewohner einer Seniorenresidenz auf den einzelnen Stationen als Lieferung dem ermäßigten Steuersatz unterliegen, auch wenn der Caterer dabei weitere Dienstleistungen erbringt, die er dem vollen Steuersatz unterworfen hat.[47]

Beispiele:

> **a) Lieferung von Speisen zum Verzehr an Ort und Stelle; Regelsteuersatz**
> Ein Cateringunternehmen verabreicht in einer Krankenhauskantine aufgrund eines mit dem Krankenhausträger geschlossenen Vertrags verzehrfähig angeliefertes Mittagessen an das Krankenhauspersonal. Der Caterer übernimmt mit dem eigenen Personal die Ausgabe des Essens, die Reinigung der Räume sowie der Tische, des Geschirrs und des Bestecks.
> Es liegen sonstige Leistungen gemäß § 3 Abs. 9 Satz 4 und 5 UStG vor, die dem Regelsteuersatz unterliegen, da der Caterer im Darreichungsbereich (Krankenhauskantine) weitere Dienstleistungen erbringt. Sofern der Caterer **keine** Darreichungsleistungen erbringt, kommt der ermäßigte Steuersatz in Betracht.
> **b) Lieferung von Speisen zum „Mitnehmen" (sog. Hol- und Bringedienst); ermäßigter Steuersatz**
> Ein Cateringunternehmen beliefert ein Krankenhaus mit Mittag- und Abendessen für Patienten. Er bereitet die nur teilweise verzehrfähig angelieferten Speisen bzw. Nahrungsmittel in der Krankenhausküche des auftraggebenden Krankenhauses fertig zu und portioniert sie. Den Transport auf die Stationen, die Ausgabe der Speisen an die Patienten und die anschließende Reinigung des Geschirrs und Bestecks übernimmt das Krankenhauspersonal.
> Es liegen Lieferungen i. S. v. § 12 Abs. 2 Nr. 1 UStG vor, für die der ermäßigte Steuersatz anzuwenden ist.
> **Abwandlung:** Sofern das Cateringunternehmen verpflichtet wäre, das Geschirr und Besteck selbst zu reinigen, was gängige Praxis sein dürfte, läge nach der **Auffassung der Finanzverwaltung** eine sonstige Leistung vor, die den **Regelsteuersatz** zur Folge hat.[48]
> Ob eine **differenzierte Betrachtung** bzgl. der Spülleistungen des Caterers auch ein anderes Ergebnis rechtfertigt, erscheint angesichts der neuen BFH-Rechtsprechung zweifelhaft. Holt der Caterer das schmutzige Geschirr von den

---

45 UStR 25 a Abs. 3
46 BFH-Urteil v. 10.08.2006, V R 55/04, DStRE 2006, S. 1347 ff; vgl. auch BFH-Urteil v. 10.08.2006, V R 38/08, DStR 2006, S. 1888 ff.
47 FG Rheinland-Pfalz, Urteil v. 14.09.2004, 1 K 2250/02, EFG. 2006, S. 694, Revision BFH, V R 8/06.
48 UStR 25 a Abs. 4, Beispiel 4.

> Patientenstationen ab und spült er es **außerhalb** des Darreichungsbereichs soll für die Speisen der ermäßigte Steuersatz und für die Reinigung der Regelsteuersatz anzuwenden sein.[49] Da im Beispiel die jeweiligen Patientenstationen wohl dem (umsatzsteuerlich schädlichen) Darreichungsbereich zuzurechnen sind, kann der Transport des Geschirrs sowie das Spülen in einem anderen Gebäude (z.B. in der vom Caterer gepachteten Krankenhausküche auf dem Krankenhausgelände oder gar außerhalb des Krankenhausgeländes) evtl. unschädlich sein. Die Caterer sind durchaus in der Lage, ihre Leistungen getrennt zu erbringen und abzurechnen, wenn dafür zuvor die einzelvertraglichen Grundlagen mit dem Krankenhausträger getroffen worden sind. Letztlich ist der Einzelfall zu prüfen, ob zusätzliche Dienstleistungen der **Gesamtleistung das Gepräge geben.**[50]
> In der **Praxis** ist auch anzutreffen, dass der Hol- und Bringedienst nicht vom Caterer, sondern von weiteren Vertragspartnern des Caterers oder des Krankenhauses übernommen werden. Dies spricht u.E. für eine getrennte Abrechnung der jeweiligen Leistungen, so dass für die Speisen der ermäßigte Steuersatz zur Anwendung kommen kann. Aus Kostengründen wird die Praxis sicherlich auf die restriktive Auffassung der Finanzverwaltung reagieren und neue Wege gehen.

Bei der Lieferung von **Trink- und Sondennahrung** für Patienten des Krankenhauses ist nach Auffassung der Finanzverwaltung[51] der Steuersatz davon abhängig, ob die Nahrung zolltariflich als Getränk einzustufen ist oder nicht. Der volle Steuersatz kommt zur Anwendung, wenn es sich um flüssige Lebensmittelzubereitungen handelt, die zolltariflich als Getränk einzustufen sind. Der ermäßigte Steuersatz ist anzuwenden, wenn es sich um pulverförmige Zubereitungen zur Herstellung von Trinknahrung handelt, die zolltariflich nicht als Getränk einzustufen sind.

Diakonissen
→ *Gestellung von Diakonissen*

Einrichtungen ärztlicher Befunderhebung
Einrichtungen ärztlicher Befunderhebung sind Einrichtungen, in denen durch ärztliche Leistungen der Zustand menschlicher Organe, Gewebe, Körperflüssig-

---

49 So Bock: Umsatzsteuerliche Behandlung von Catering-Leistungen im Krankenhausbereich, DB 2002, S. 450–453; Mende/Schaefer: Restaurationsleistungen im Umsatzsteuerrecht, StB 2003, S. 402–406; vgl. auch FG Rheinland-Pfalz, Urteil v. 14.09.2004, a.a.O.
50 Anm. von Meyer zum Urteil des FG Baden-Württemberg v. 14.09.2004, S. 1798, bestätigt durch BFH-Urteil v. 10.08.2006, V R 55/04, DSt RE 2006, S. 1347 ff.
51 PwC/WIBERA NON PROFIT: Informationen zum Gemeinnützigkeitsrecht, September 2004, S. 3.

keiten usw. festgestellt werden soll. Die Umsätze dieser Einrichtungen sind gemäß § 4 Nr. 16 c) UStG unter den folgenden Voraussetzungen steuerfrei:

- Die von der Einrichtung erbrachten Leistungen dienen therapeutischen Zwecken. Bis zum 31. Dezember 2002 waren auch die Leistungen ärztlicher Befunderhebung, bei denen ein nicht medizinisches Ziel im Vordergrund stand (z. B. Blutalkoholuntersuchungen), von der USt befreit.
- Die Leistungen werden unter ärztlicher Aufsicht erbracht. Dies ist der Fall, wenn der Arzt aufgrund seiner persönlichen Anwesenheit in der Einrichtung die Analysen stichprobenartig überprüft und seinen Mitarbeitern jederzeit für Rückfragen zur Verfügung steht.[52]
- 40 % der Leistungen der Einrichtung müssen Sozialversicherten, Beziehern von Leistungen nach dem 2. Buch SGB, den Empfängern von Sozialhilfe und den Versorgungsberechtigten zugute kommen. Das Merkmal „zugute kommen" setzt lediglich voraus, dass die Sozialleistungsempfänger in den Genuss der Maßnahmen kommen müssen. Eine Übernahme der Leistungen durch die Träger der Sozialleistungen ist daher nicht erforderlich.[53]
- Die Steuerbefreiung kann nur für die unmittelbar durch den Betrieb der Einrichtung selbst bewirkten Umsätze beansprucht werden.[54]

Soweit § 4 Nr. 16 c) UStG die Steuerbefreiung davon abhängig macht, dass die „Leistungen **unter ärztlicher Aufsicht** erbracht werden" verstößt die Vorschrift nach Auffassung des EuGH, der auf Vorlage des BFH[55] zu entscheiden hatte, gegen das Gemeinschaftsrecht.[56] Unter Bezug auf das insoweit günstigere Gemeinschaftsrecht können nun auch private Labore außerhalb von Arztpraxen und Krankenhäusern unter den weiteren Voraussetzungen dieser Vorschrift die Steuerbefreiung beanspruchen.

Zu den Einrichtungen ärztlicher Befunderhebung zählen neben den **Laborgesellschaften** insbesondere die sogenannten **Großgerätegesellschaften**. Zu Letzteren gehört auch die aus niedergelassenen Ärzten und Krankenhäusern bestehende Gesellschaft, welche mit medizinischen Großgeräten, die von eigenem Personal der Gesellschaft bedient werden, für die Gesellschafter medizinische Untersuchungen durchführt (→ *Nutzungsüberlassung medizinisch-technischer Großgeräte*).

Infolge dieser Steuerbefreiungsvorschrift ist die Auslagerung eines Krankenhauslabors bzw. der medizinisch-technischen Großgeräte eines Krankenhauses umsatzsteuerlich problemlos möglich, ohne dass die Steuerbefreiung auf die Leistungen dieser Einrichtungen verloren geht. Das ist insbesondere für die Auslagerung in eine GbR (Zusammenschluss mit anderen Krankenhausträgern und/oder niedergelassenen Ärzte) von Bedeutung, da eine GbR nicht → *Organgesellschaft*

---

52 UStR 98 Abs. 3.
53 UStR 97 Abs. 3.
54 UStR 98 Abs. 6; BFH-Urteil v. 22.05.2003, BStBl II, 2003, S. 954.
55 BFH-Beschluss v. 25.11.2004, V R 55/03, DB 2005, S. 594.
56 EuGH-Urteil v. 08.06.2006, Rs. C-106/05, L.u.P. GmbH, UR 2006, S. 464-470 mit Anm. von Klenk und IStR 2006, S. 453-457 mit Anm. von Dziadkowski.

sein kann und damit nicht in eine → *Organschaft* mit dem beteiligten Krankenhausträger einbezogen werden könnte.

Nach Auffassung der Finanzverwaltung zählen auch die → **Praxiskliniken** zu den Einrichtungen ärztlicher Befunderhebung. Die Heilbehandlungen einer Praxisklinik sind daher unter den Voraussetzungen des § 4 Nr. 16 c) UStG steuerfrei. Von der Steuerfreiheit erfasst werden auch die Umsätze der Praxisklinik aus der Überlassung des Operationsbereiches und die damit verbundene Gestellung von medizinischem Hilfspersonal an selbständige Ärzte für deren ambulante Operationen im Rahmen einer Heilbehandlung.[57]

Einrichtungen der freien Wohlfahrtspflege
Die Leistungen der amtlich anerkannten Verbände der freien Wohlfahrtspflege und der der freien Wohlfahrtspflege dienenden Körperschaften, Personenvereinigungen und Vermögensmassen, die einem Wohlfahrtsverband als Mitglied angeschlossen sind, werden gemäß § 4 Nr. 18 UStG von der USt befreit, wenn

- diese Unternehmer ausschließlich und unmittelbar gemeinnützigen, mildtätigen oder kirchlichen Zwecken dienen,
- die Leistungen unmittelbar dem laut Satzung, Stiftung oder sonstiger Verfassung begünstigten Personenkreis zugute kommen **und**
- die Entgelte für die in Betracht kommenden Leistungen hinter den durchschnittlich für gleichartige Leistungen von Erwerbsunternehmen verlangten Entgelten zurückbleiben.

Steuerfrei sind auch die Beherbergung, Beköstigung und die üblichen Naturalleistungen, die diese Unternehmer den Personen, die bei den Leistungen nach § 4 Nr. 18 Satz 1 UStG tätig sind, als Vergütung für die geleisteten Dienste gewähren.

Von dieser Befreiungsvorschrift werden grundsätzlich auch die Leistungen der steuerbegünstigten Krankenhausträger erfasst, die Mitglied in einem der Verbände der freien Wohlfahrtspflege sind (z. B. Deutsches Rotes Kreuz e. V., Deutscher Paritätischer Wohlfahrtsverband e. V., Deutscher Caritasverband e. V., Diakonisches Werk der Evangelischen Kirche in Deutschland e. V. u. a.).[58] Jedoch sind bei den Leistungen der steuerbegünstigten Krankenhausträger zuerst die Voraussetzungen der Steuerbefreiung gemäß § 4 Nr. 16 UStG zu prüfen. Eine Steuerbefreiung kommt daher in der Regel nur für die Einrichtungen der Krankenhausträger in Betracht, die nicht bereits in § 4 Nr. 16 a) bis e) UStG genannt sind.

Nicht begünstigt sind die kaufmännischen Verwaltungsleistungen (→ *Verwaltungsdienstleistungen*) eines Landesverbandes des Deutschen Paritätischen Wohlfahrtsverbandes e. V. an seine Mitglieder, weil diese Leistungen dem begünstigten Personenkreis des § 4 Nr. 18 b) UStG nicht unmittelbar zugute kommen.[59] Das gleiche gilt für Leistungen eines Mitgliedes der Verbände der freien Wohlfahrts-

---

57 BMF-Schreiben v. 15.06.2006, BStBl I 2006, S. 405; DStR 2006, S. 1136.
58 § 23 UStDV nennt die amtlich anerkannten Verbände der freien Wohlfahrtspflege.
59 BFH-Urteil v. 07.11.1996, DB, 1997, S. 859.

pflege, die im Wesentlichen in der Werbung und Durchführung der **Blutspendetermine** einschließlich der nichtmedizinischen **Betreuung der Spender** bestehen. Auch diese Leistungen kommen nicht unmittelbar dem begünstigten Personenkreis, also Personen, die aufgrund einer Notlage Blut oder Blutderivate benötigen, zugute. Allerdings kann der ermäßigte Steuersatz zur Anwendung kommen, wenn bzgl. dieser Leistungen ein Zweckbetrieb nach § 65 AO vorliegt.[60]

Ebenfalls nicht begünstigt sind **Krankenfahrten** durch die begünstigten Einrichtungen mit Personenkraftwagen, die für diese Beförderung nicht besonders eingerichtet sind. Diese Leistungen unterliegen dem Regelsteuersatz.[61] Steuerpflichtig sind auch die Umsätze aus der Mitwirkung am ärztlichen Notfalldienst (→ *Notrufzentrale*).

Elektronische Abgabe von Umsatzsteuer-Voranmeldungen
Seit dem 01. Januar 2005 sind die Unternehmer verpflichtet die periodischen USt-Voranmeldungen nach amtlich vorgeschriebenem Vordruck auf elektronischem Weg nach Maßgabe der Steuerdaten-Übermittlungsverordnung zu übermitteln (§ 18 Abs. 1 Satz 1 UStG). Dies wird regelmäßig durch Einsatz der Software der Finanzverwaltung (ELSTER[62]) erfolgen, wenn nicht bereits die im Unternehmen genutzte Anwendersoftware (z. B. SAP) die Übermittlung gewährleistet. Es sollte darauf geachtet werden, dass Sendeprotokolle vorliegen, um in Streitfällen die pünktliche Übermittlung der Daten nachweisen zu können. Sofern die Versendung der USt-Voranmeldung bis zum 10. des Monats aus technischen Gründen nicht gelingt, ist dem Finanzamt vorsorglich ein Papierexemplar bzw. ein Fristverlängerungsantrag einzureichen. Nach Auffassung einiger Länder-Finanzverwaltungen[63] ist die Abgabe von USt-Voranmeldungen in Papierform bis auf weiteres zulässig (sog. Härtefallregelungen). In Härtefällen sind Sanktionen (z. B. Schätzung, Verspätungszuschlag und Zwangsgeld) bei der Abgabe von Umsatzsteuer-Voranmeldungen in Papierform unzulässig.

Eng (mit dem Krankenhausbetrieb) verbundene Umsätze
Gemäß § 4 Nr. 16 UStG sind die mit dem Krankenhausbetrieb eng verbundenen Umsätze von der USt befreit. Die Formulierung im deutschen UStG berücksichtigt die gemeinschaftsrechtlichen Vorgaben der 6. EG-Richtlinie.[64] Durch die USt-Befreiung der Krankenhausumsätze sollen die Kosten der Sozialversicherungsträger, der betroffenen Bevölkerungskreise und der im Gesundheitswesen tätigen Einrichtungen gedämpft werden.[65]

---

60 FG Düsseldorf, Urteil v. 22.08.2001, EFG 2002, S. 304; BFH-Urteil v. 18.03.2004, V R 101/01, BStBl II, 2004, S. 798; FG-Düsseldorf, Urteil v. 08.11.2006, 5 K 3447/04 U.
61 UStR 103 Abs. 12.
62 ELSTER: elektronische Steuererklärung.
63 Finanzministerium Mecklenburg-Vorpommern v. 01.07.2005, IV 320-O 2200-16/04; OFD Chemnitz v. 04.07.2005, 02 000-56/13-St 11.
64 Art. 13 Teil A Abs. 1 Buchst. B der 6. EG-Richtlinie.
65 Weymüller, in: Sölch/Ringleb: Kommentar § 4 Nr. 16 UStG, Rdn 5.

Eng mit dem Betrieb von Krankenhäusern **verbunden** sind die Lieferungen und sonstigen Leistungen, die im Rahmen der **typischen Tätigkeit** des Krankenhauses anfallen. Dies sind nur die Umsätze eines Krankenhauses, die nach der Verkehrsauffassung typisch und unerlässlich sind, regelmäßig und allgemein beim laufenden Krankenhausbetrieb vorkommen und damit unmittelbar oder mittelbar zusammenhängen. Welche Lieferungen und sonstigen Leistungen im Einzelnen zu den eng verbundenen Umsätzen eines Krankenhauses gehören, wird im UStG aber nicht gesondert definiert. Im Zweifel muss die Abgrenzung unter Berücksichtigung der Rechtsprechung und der Verwaltungsauffassung vorgenommen werden.

Nach der ständigen Rechtsprechung des EuGH sind Steuerbefreiungsvorschriften eng auszulegen, da die Steuerbefreiungen Ausnahmen von der Regel der allgemeinen Erhebung der Steuer darstellen.[66] Dieser Grundsatz gilt natürlich auch für die aufgrund der 6. EG-Richtlinie befreiten Krankenhausumsätze. Daher ist die mit den **UStR 2005** einhergehende **Verschärfung** zur Auslegung des Begriffs der eng verbundenen Krankenhausumsätze nachvollziehbar.[67] Einen Überblick über die von der Finanzverwaltung (noch) anerkannten eng verbundenen Umsätze vermittelt R 100 Abs. 2 UStR. Weitere Grenzfälle werden u. a. in einer Verfügung der OFD Hannover[68] behandelt.

Krankenhausumsätze sind dann **nicht mehr eng** verbundene Umsätze, wenn die ihnen zugrunde liegenden Leistungen in einem abgrenzbaren Bereich außerhalb der typischen Tätigkeit des Krankenhauses erbracht werden. Das ist insbesondere dann der Fall, wenn sich das Krankenhaus zusätzliche Einnahmen durch Tätigkeiten verschafft, mit denen es in unmittelbarem Wettbewerb zu steuerpflichtigen Umsätzen anderer Unternehmen steht. Daher sind derartige Leistungen nach **Auffassung der Finanzverwaltung**[69] grundsätzlich dann nicht mehr steuerfrei, wenn eine **vergleichbare Leistung nach § 4 Nr. 14 UStG** steuerpflichtig ist. Die Krankenhäuser müssen künftig stets prüfen, ob die von ihnen erbrachten Leistungen auch von den durch § 4 Nr. 14 UStG erfassten Heilberufen steuerfrei erbracht werden könnten. Ferner gehören alle Dienstleistungen, die den **Komfort und** das **Wohlbefinden** der Patienten verbessern sollen, nicht zu den eng verbundenen Umsätzen.[70] Dazu gehören z. B. die entgeltliche Überlassung von Büchern, Telefon und Fernsehen an einen Patienten sowie die Bereitstellung von Unterkünften und Verpflegung für Begleitpersonen im Rahmen einer Krankenhausbehandlung.

---

66 EuGH-Urteil v. 14.09.2000, HFR 2000, S. 918.
67 Kritisch: Kohlhepp/Kohlhepp: Kritische Anmerkungen zur Verschärfung der USt-Erhebung, Krhs 2005, S. 975–980; Böhme: Zur Änderung der USt-Besteuerung bei Krankenhäusern ab 1. Januar 2005, DStZ 2005, S. 629–634; beide Abhandlungen mit praxisbezogenen Beispielen.
68 OFD Hannover, Vfg. v. 21.10.1998, a. a. O., S. 113.
69 UStR 100 Abs. 1 Satz 3.
70 Vgl. EuGH-Urteil v. 1.12.2005, C-394/04, C-395/04, Rechtsangelegenheit aus Griechenland, UR 2006, S. 171 ff; DStRE 2006, S. 286 ff.

Die **Änderungen bei der Abgrenzung** der eng verbundenen Umsätze der Krankenhäuser durch die **UStR 2005** werden in einer Verfügung der OFD Münster[71] näher erläutert. Mit Wirkung **ab** dem **01. Januar 2005** wurden die folgenden Lieferungen und Leistungen aus dem bisherigen Katalog der eng verbundenen Umsätze (UStR 2000 R 100 Abs. 2) **gestrichen**:

- Nr. 4: Lieferungen zusätzlicher Getränke an Patienten und Heimbewohner
- Nr. 5: Gewährung von Beherbergung, Beköstigung und sonstigen Naturalleistungen an das Personal
- Nr. 6: Überlassung von Fernsprechanlagen an Patienten, Heimbewohner, Personal oder Besucher zur Mitbenutzung

Nach der o. a. Auffassung der OFD Münster kommt regelmäßig der **volle Steuersatz** zur Anwendung. Dies gelte auch für steuerbegünstigte Krankenhäuser, weil die Ermäßigungsvorschrift des § 12 Abs. 2 Nr. 8 a) UStG (→ *ermäßigter Steuersatz*) mangels vorliegen der Voraussetzungen nicht eingreife.

Hinsichtlich der Umsätze aus den **entgeltlichen Nebenleistungen** (z. B. Überlassung von Telefon- und Fernsehgeräten an Patienten, Unterbringung und Verpflegung von Begleitpersonen) hat die o. a. Auffassung der Finanzverwaltung eine weitgehende Bestätigung durch das **EuGH-Urteil** vom 1. Dezember 2005 erfahren.[72] Danach liegen **regelmäßig keine eng** (mit dem Krankenhausbetrieb) **verbundenen Umsätze** vor. Etwas anderes könne nur gelten, wenn diese Leistungen zur Erreichung der mit der Krankenhausbehandlung und der ärztlichen Heilbehandlung verfolgten therapeutischen Ziele unerlässlich seien und nicht im Wesentlichen dazu bestimmt sind, ihrem Erbringer zusätzliche Einnahmen durch die Erzielung von Umsätzen zu verschaffen, die in unmittelbarem Wettbewerb mit Umsätzen gewerblicher Unternehmen getätigt werden. Der konkrete **Einzelfall** ist entscheidend. Ferner sollten u. E. nicht nur bei Patienten bis zu 14 Jahren oder bei Schwerbehinderten gewisse Ausnahmen zugelassen werden (→ *Begleitpersonen*), sondern bzgl. der Überlassung von **Fernsprechanlagen** generell, da u. E. die Möglichkeit der Kommunikation einen hohen Stellenwert für den Heilungsprozess hat und ein Mobiltelefon im Krankenhaus nicht benutzt werden darf.[73] Trotz des o. a. EuGH-Urteils sind insoweit weitere Verlautbarungen von der Finanzverwaltung und der Rechtsprechung zu erwarten.

Die USt-Befreiung der eng verbundenen Umsätze hat den **Verlust des** → *Vorsteuerabzugs* zur Folge. Ein Verzicht auf die Steuerbefreiung gemäß § 9 UStG (→ *Option zur USt*) zum Erhalt des Vorsteuerabzugs ist nicht möglich.

Zur umsatzsteuerlichen Einordnung von einzelnen Leistungen im Krankenhausbetrieb siehe Stichworte in der Gliederung des Umsatzsteuer-ABC.

---

71 OFD Münster, Vfg. v. 22.02.2005, Kurzinformation Nr. 3/2005, DStR 2005, S. 1011; vgl. auch OFD Hannover, Vfg. v. 15.06.2005, UR 2006, S. 365.
72 EuGH C-394/04, C-395/04, UR 2006, S. 171; DStRE 2006, S. 286 ff.
73 Vgl. zu 6.6.2.4: Überlassung von Fernsprechanlagen im Rahmen des Zweckbetriebs.

4 Umsatzsteuer

Ermäßigter Steuersatz

Der ermäßigte Steuersatz beträgt zurzeit 7 % (§ **12 Abs. 2** UStG). Für folgende Umsätze, die bei Krankenhäusern typischerweise vorkommen, ist der ermäßigte Steuersatz anzuwenden:

- **Verkauf** der in Nr. 52 der Anlage 2 zu § 12 Abs. 1, 2 UStG im Einzelnen aufgeführten Körperersatzstücke, orthopädischer Apparate und anderer orthopädischer Vorrichtungen sowie Vorrichtungen zum Beheben von Funktionsschäden oder Gebrechen für Menschen (z. B. durch → *orthopädische Versorgungseinrichtungen*). Dazu gehören u. a. künstliche Gelenke (Nr. 52), orthopädische Apparate und andere orthopädische Vorrichtungen einschließlich Krücken sowie medizinisch-chirurgische Gürtel und Bandagen (Nr. 52 b) und Prothesen (Nr. 52 c). Der ermäßigte Steuersatz erstreckt sich aber nicht auf Teile und Zubehör zu den genannten Gegenständen.
- **Leistungen** der → *steuerbegünstigten Krankenhäuser*. Das gilt gemäß § 12 Abs. 2 Nr. 8 a) UStG nicht für Leistungen, die im Rahmen eines steuerpflichtigen wGb ausgeführt werden.[74] Der ermäßigte Steuersatz kommt nur auf die steuerpflichtigen Umsätze im Krankenhaus-Zweckbetrieb und in der Vermögensverwaltung zur Anwendung. Die gesetzliche Klarstellung in § 12 Abs. 2 Nr. 8a Satz 2 UStG n. F. (JStG 2007) ändert an der Anwendung des ermäßigten Steuersatzes für den Krankenhaus-Zweckbetrieb nichts.

Beispiele: Steuerbegünstigtes Krankenhaus

> a) **Vermietung von Pkw-Stellplätzen gegen Entgelt**
> Die Vermietung ist umsatzsteuerpflichtig. Eine Steuerbefreiung kommt weder gemäß § 4 Nr. 12 UStG (steuerfreie Grundstücksvermietung) noch gemäß § 4 Nr. 16 UStG (steuerfreie Krankenhausumsätze) in Betracht. Da die Vermietung von unbeweglichem Vermögen grundsätzlich zur Vermögensverwaltung gehört (§ 14 Satz 3 AO), unterliegen die Umsätze dem ermäßigten Steuersatz.
> b) **Verkauf von Medikamenten an Krankenhäuser fremder Träger**
> Die steuerpflichtigen Umsätze der Krankenhausapotheke sind dem steuerpflichtigen wGb des Krankenhauses zuzuordnen. Eine Steuerermäßigung kommt nicht in Betracht. Die Umsätze unterliegen dem Regelsteuersatz.

- Die **Abgabe von Speisen** außer Haus durch die selbst betriebene Krankenhausküche, Cafeteria, Kiosk oder Automaten. Bei Außer-Haus-Lieferung eines Menüs, das Getränke einschließt, ist für umsatzsteuerliche Zwecke das Gesamtentgelt der Lieferung aufzuteilen. Die Lieferung der Speisen unterliegt dem ermäßigten Steuersatz und die Lieferung der Getränke dem Regelsteuersatz.[75] Dem ermäßigten Steuersatz können auch die Lieferung portionierter Speisen, mit denen Krankenhäuser fremder Träger beliefert werden, unterliegen, sofern keine sonstigen Darreichungsleistungen vorliegen (→ *Cateringleistungen im*

---

74 Vgl. 6.7.
75 Finanzministerium Nordrhein-Westfalen v. 23.09.2004, DB 2004, S. 2192.

Krankenhausbetrieb; dort auch Einzelheiten zur Lieferung von Trink- und Sondennahrung). Werden die Speisen hingegen zum Verzehr an Ort und Stelle (z. B. in der selbst betriebenen Cafeteria) abgegeben, kommt der Regelsteuersatz zur Anwendung (§ 3 Abs. 9 UStG).
- Die Verabreichung von **Heilbädern** (§ 12 Abs. 2 Nr. 9 UStG) muss der Behandlung einer Krankheit oder einer anderen Gesundheitsstörung und damit dem Schutz der menschlichen Gesundheit dienen.[76] Die Nutzung einer Krankenhaus-Sauna durch Patienten, Besucher oder das Personal dient regelmäßig dem allgemeinen Wohlbefinden, so dass der Regelsteuersatz gilt.
- Die **Beförderung** von Kranken zu einer Beschäftigungstherapie oder zu sonstigen Behandlungszwecken durch Krankenhäuser oder Heilanstalten mit eigenen Fahrzeugen (§ 12 Abs. 2 Nr. 10 UStG).[77]

Gemeinnützige Krankenhäuser
→ *steuerbegünstigte Krankenhäuser*

Gemischter Vertrag
Ein gemischter Vertrag liegt vor, wenn er sowohl Merkmale einer Grundstücksvermietung als auch Merkmale anderer Leistungen aufweist, ohne dass eines der Merkmale überwiegt. Bei einem gemischten Vertrag ist das Entgelt in eine steuerfreie Grundstücksvermietung und einen auf die steuerpflichtige Leistung anderer Art entfallenden Teil aufzugliedern.[78]
Ein gemischter Vertrag liegt z. B. im Fall des betreuten Wohnens vor, wenn die pflegerische Betreuung und Versorgung die Raumüberlassung nicht überlagern.
Der gemischte Vertrag ist vom → *Vertrag besonderer Art* abzugrenzen, weil beim Letzteren eine Aufteilung der (einheitlichen) Leistung nicht in Betracht kommt. Probleme die sich bei der Abgrenzung ergeben können, werden unter → *ambulantes Operieren* erläutert.

Geschäftsbesorgungsleistungen für Dritte
Aufgrund des immer größer werdenden Kostendrucks im Gesundheitswesen sind nun auch häufig Gestaltungen vorzufinden, bei denen → *Verwaltungsleistungen* von einer zentralen Verwaltungsstelle eines Krankenhausträgers für andere Krankenhausträger und medizinische Einrichtungen bzw. für ausgegliederte ehemalige Krankenhausabteilungen (vorwiegend nicht medizinische Abteilungen) erledigt werden. Diese Umsätze der Krankenhausträger gehören **nicht** zu den → *eng verbundenen Umsätzen* und unterliegen regelmäßig der Umsatzsteuer.

---

76 BFH-Urteil v. 12.05.2005, V R 54/02, DB 2005, S. 2610 (Verfassungsbeschwerde eingelegt, Az. 1 BvR 1563/05); OFD Hannover, Verfügung v. 21.8.2006, DB 2006, S. 2204.
77 Klenk, in: Kommentar UStG Sölch/Ringleb: § 12 Rdn 492. Der ermäßigte Steuersatz gilt nur dann, wenn das Beförderungsentgelt nicht von den beförderten Personen selbst zu entrichten ist.
78 UStR 80 Abs. 1.

Beispiel: Dienstleistungen an ausgegliederte nunmehr selbständige Einrichtungen

Ein Krankenhausträger gliedert die Krankenhausküche in eine Catering-GmbH und die Abteilungen Reinigung, Wäscherei und technischer Service in eine Service-GmbH aus. Im Rahmen der Ausgliederung übernehmen die leitenden Angestellten der ausgegliederten Abteilungen die Mehrheit der Gesellschaftsanteile (Management-Buy-Out/MBO). Die Verwaltung des Krankenhausträgers soll für die ausgegliederten Abteilungen u. a. die typischen Verwaltungsleistungen (z. B. Finanzbuchhaltung, Lohnbuchhaltung, Bestellwesen usw.) gegen Entgelt übernehmen. Außerdem werden derartige Verwaltungsleistungen auch für einen anderen, kleineren Krankenhausträger gegen Entgelt erledigt.

Die Erbringung von Geschäftsbesorgungsleistungen gegen Entgelt für Dritte gehört nicht zu den eng verbundenen Krankenhausleistungen, so dass für diese Umsätze keine Steuerbefreiung greift. Da der Krankenhausträger bei den Gesellschaften aufgrund des MBO nicht über eine finanzielle Mehrheit verfügt, kann die USt auf seine Leistungen durch eine umsatzsteuerliche → *Organschaft* nicht vermieden werden. Dies gilt auch für die Geschäftsbesorgung an den kleineren Krankenhausträger.

Abwandlung: Handelt es sich bei dem Geschäftsbesorger um ein → *steuerbegünstigtes (z. B. gemeinnütziges) Krankenhaus*, kommt der ermäßigte USt-Satz nicht zur Anwendung, weil die o. g. Leistungen im Rahmen eines steuerpflichtigen wGb anfallen. Auch eine Steuerbefreiung gemäß § 4 Nr. 18 UStG entfällt, da die Erbringung von Verwaltungsleistungen gegenüber anderen Einrichtungen nicht (unmittelbar) hilfsbedürftigen Personen zugute kommt.[79]

Geschäftsveräußerung im Ganzen

Die Umsätze im Rahmen einer Geschäftsveräußerung im Ganzen an einen anderen Unternehmer unterliegen gemäß § 1 Abs. 1 a UStG nicht der USt. Eine Geschäftsveräußerung liegt vor, wenn ein Unternehmen oder ein in der Gliederung eines Unternehmens gesondert geführter Betrieb im Ganzen entgeltlich oder unentgeltlich übereignet oder in eine Gesellschaft eingebracht wird. Dies setzt die Übertragung der wesentlichen Grundlagen des Unternehmens/Unternehmensteils voraus. Sie kann z. B. vorliegen, wenn ein Krankenhausträger eines seiner Krankenhäuser oder die Krankenhausapotheke im Ganzen, also mit allen wesentlichen Betriebsgrundlagen an einen anderen Krankenhausträger veräußert oder im Rahmen einer Ausgliederung in eine Tochtergesellschaft einbringt (vgl. auch → *Verkauf von Anlagevermögen*).

Gestellung von Diakonissen

Die Umsätze aus der Gestellung von Diakonissen durch Diakonissen- und Mutterhäuser an steuerbegünstigte Krankenhausträger sind gemäß § 4 Nr. 27 a) UStG steuerfrei. Die Steuerbefreiung kommt nur für die Gestellung von Mitgliedern

---

79 BFH-Urteil v. 07.11.1996, DB 1997, S. 859.

geistlicher Genossenschaften und Angehörigen von Mutterhäusern für gemeinnützige, mildtätige, kirchliche oder schulische Zwecke in Betracht.[80]

Großgeräteüberlassung
→ *Nutzungsüberlassung medizinisch-technischer Großgeräte* → *Einrichtungen ärztlicher Befunderhebung*

Gutachten
Die Umsätze aus der Erstellung ärztlicher Gutachten durch angestellte Krankenhausärzte im Namen und für Rechnung des Krankenhauses gehören zu den steuerfreien Umsätzen, wenn die Gutachten auch von niedergelassenen Ärzten gemäß § 4 Nr. 14 UStG steuerfrei erbracht werden könnten. Die für die freiberuflichen Ärzte maßgebliche Abgrenzung der steuerfreien von den steuerpflichtigen Umsätzen aus der Erstellung von ärztlichen Gutachten gilt daher für die entsprechenden Umsätze der Krankenhäuser, Diagnosekliniken und anderen Einrichtungen ärztlicher Heilbehandlung, Diagnostik oder Befunderhebung analog.[81]

Demzufolge sind die Umsätze aus ärztlichen Gutachten dann steuerfrei, wenn sie der medizinischen Betreuung von Personen durch das Diagnostizieren und Behandeln von Krankheiten oder anderen Gesundheitsstörungen dienen. Dies gilt unabhängig davon, um welche konkrete heilberufliche Leistung es sich handelt (z. B. Untersuchung, Attest oder Gutachten). Ferner ist es unbeachtlich, für wen das Gutachten erbracht wird (z. B. Patient, Gericht, Sozialversicherung) und wer sie erstellt (freiberuflicher oder angestellter Arzt, Physiotherapeut usw.). Die Erstellung ärztlicher Gutachten ist also nur dann von der Umsatzsteuer befreit, wenn ein therapeutisches Ziel im Vordergrund des Gutachtens steht. Diese (strenge) Auslegung geht auf die Rechtsprechung des EuGH zurück und wird von der deutschen Finanzverwaltung auf die Umsätze, die nach dem 31. Dezember 2001 erbracht wurden in vollem Umfang angewandt.

Seither hat die Finanzverwaltung umfangreiche Übersichten zur Abgrenzung der einzelnen **Gutachterleistungen** erstellt,[82] die hier, sofern sie für Krankenhäuser relevant sind, nach Stichworten sortiert zusammengefasst dargestellt werden:

---
80 Zu Einzelheiten vgl. Klass/Möhrle: Umsatzsteuer bei Personalgestellungen im Rahmen von Krankenhausprivatisierungen, DStR 2006, S. 1162 -1167.
81 BMF-Schreiben v. 08.11.2001, BStBl I 2001, S. 826.
82 UStR 91 a Abs. 3; BMF-Schreiben vom 08.11.2001, BStBl I 2001, S. 826; diverse Verwaltungsanweisungen z. B. OFD Erfurt v. 25.07.2001; OFD Karlsruhe v. 25.03.2002 und OFD Nürnberg v. 11.04.2002.

Gutachterleistungen (ärztliche Leistungen)	Steuerfrei	Steuerpflichtig
Alkohol- und Drogengutachten zum Zweck einer anschließenden Heilbehandlung (z. B. zur Feststellung eines körperlichen Defekts beim Abbau von Alkohol und Medikamenten)	X	
Anthropologisch-erbbiologische Gutachten (z. B. in Vaterschafts- und Ehelichkeitsprozessen)		X
Arbeitsunfähigkeitsbescheinigungen u. a. kurze Bescheinigungen und Zeugnisse, die nach Nr. 70 GOÄ gesondert berechnet werden (Nebenleistungen zur steuerfreien Untersuchungs- und Behandlungsleistung)	X	
Äußere Leichenbeschau und Ausstellen von Todesbescheinigungen als letzte Maßnahme im Rahmen einer Heilbehandlung	X	
Befundberichte gegenüber den Versorgungsämtern, die nach dem Zeugen- und Sachverständigenentschädigungsgesetz entschädigt werden	X	
Blutalkoholuntersuchungen zum Nachweis der Blutalkoholkonzentration lebender und verstorbener Personen (auch bei Drogengutachten)		X
Blutgruppenuntersuchungen für Vaterschaftstests		X
Chemisch-toxikologische Untersuchung von Körperflüssigkeiten lebender Personen bei Vergiftungsverdacht	X	
Dermatologische Untersuchung von kosmetischen Stoffen		X
Entschädigungsansprüche; Feststellung über körperliche Beschädigungen als Grundlage für Entschädigungsleistungen		X
Forensische Gutachten		X
Gerichtsgutachten, z. B. über Schuld- bzw. Handlungsfähigkeit von Personen, zur Klärung ärztlicher Fehlleistungen und über die Minderung der Erwerbsfähigkeit in Schadensersatzprozessen		X
Gutachten, Berichte und Bescheinigungen, die der schriftlichen Kommunikation unter Ärzten dienen und bei denen die medizinische Betreuung im Vordergrund steht (und gem. Nr. 71 ff des einheitlichen Bewertungsmaßstabes, EBM)	X	

4.2 Umsatzsteuer-ABC

Gutachterleistungen (ärztliche Leistungen)	Steuerfrei	Steuerpflichtig
Invaliditätsgutachten; ärztliches Gutachten als Grundlage für die Feststellung einer Invalidität[83]		X
Krematoriumsleichenschau		X
Medizinisch-psychologische Gutachten über die Fahrtauglichkeit auffällig gewordener Verkehrsteilnehmer		X
Musterungs-, Tauglichkeits- und Verwendungsfähigkeitsuntersuchungen und -gutachten		X
Obduktionen		X
Obduktionen, die im Falle des Seuchenverdachts für Kontaktpersonen von therapeutischer Bedeutung sind	X	
Pflegegutachten, Feststellung der Pflegebedürftigkeit gem. § 18 Abs. 1 SGB XI und externe Gutachten für den Medizinischen Dienst der Krankenversicherung		X[84]
Pharmakologische Untersuchungen und Gutachten über die Wirkung von Medikamenten beim Menschen		X
Polizeigewahrsam, z. B. körperliche Untersuchung von lebenden Personen zur Überprüfung der Verwahrfähigkeit in der Zelle	X	
Prognosegutachten, die im Rahmen des Strafvollzugs erstattet werden		X
Psychologische Tauglichkeitstests, die sich ausschließlich auf die Berufsfindung erstrecken		X
Psychotherapie-Gutachten gem. § 12 Abs. 1 der Psychotherapievereinbarung		X
Rehabilitationsmaßnahmen, z. B. Gutachten zur Feststellung der persönlichen Voraussetzungen für eine medizinische Rehabilitation	X	
Rentenantrag, z. B. Gutachten zum voraussichtlichen Erfolg von Rehabilitationsleistungen auf Veranlassung der Rentenversicherungsträger („Rehabilitation vor Rente")		X

---

83 EuGH-Urteil v. 20.11.2003, DStRE 2004, S. 44.
84 Ggf. aber Steuerfreiheit gem. § 4 Nr. 15 a UStG; Umsätze des Medizinischen Dienstes der Krankenversicherung (§ 278 SGB V) und des Medizinischen Dienstes der Spitzenverbände der Krankenkassen (§ 282 SGB V) untereinander und für die gesetzlichen Träger der Sozialversicherung und deren Verbände.

Gutachterleistungen (ärztliche Leistungen)	Steuerfrei	Steuerpflichtig
Sehvermögen, Zeugnisse oder Gutachten über das Sehvermögen, sofern sie nur der Begutachtung und nicht der Heilung dienen (z. B. Fahrtauglichkeit)		X
Sozialversicherung, Gutachten zur Minderung der Erwerbsfähigkeit		X
Untersuchungen und Gutachten zur Feststellung des Zustands der Organe, Gewebe und Körperflüssigkeiten für diagnostische oder therapeutische Zwecke (auch zur Kontrolle von Blutspenden)	X	
Untersuchungen und Gutachten zur Spurenauswertung bei Tötungsdelikten (z. B. DNA-Analysen)		X
Versicherungsgutachten, z. B. zur Bestimmung des Kausalzusammenhangs von bestimmten Vorerkrankungen und Todeseintritt des Versicherten oder über den Gesundheitszustand als Grundlage für Versicherungsabschlüsse		X
Vorsorgeuntersuchungen zur Krankheitserkennung, z. B. Krebsfrüherkennung oder Glaukomfrüherkennung und betriebsärztliche Vorsorgeuntersuchungen, die nicht nach dem ASiG erbracht werden	X	
Wasseruntersuchungen, z. B. Gutachten über die chemische Zusammensetzung und über die Freiheit des Trinkwassers von Krankheitserregern		X
Zeugenentschädigungen, Entschädigung des sachverständigen Zeugen gem. § 2 ZSEG (**nicht steuerbarer echter Schadensersatz**)	X	

Sofern die Umsätze für die Sachverständigentätigkeit der USt unterliegen kommt der **Regelsteuersatz** zur Anwendung. Nach Auffassung der Finanzverwaltung unterliegen **auch** die steuerpflichtigen Umsätze von **steuerbegünstigten Krankenhäusern** dem Regelsteuersatz, da die Erstellung von Gutachten mit nicht therapeutischem Ziel durch angestellte Krankenhausärzte nicht zum steuerbegünstigten Zweckbetrieb gehört (vgl. auch → *Auftragsforschung durch steuerbegünstigtes Krankenhaus*).[85]

Gutschrift
→ *Rechnung*

---

85 OFD Frankfurt am Main, Vfg. v. 06.06.2002, UR 2003, S. 257.

Heilbäder
→ *ermäßigter Steuersatz*

Hilfsgeschäfte
Die Umsätze aus den Hilfsgeschäften sind regelmäßig nicht nach § 4 Nr. 16 UStG steuerfrei (vgl. auch → *eng verbundene Umsätze*).[86] Zu den steuerpflichtigen Hilfsgeschäften gehören z.B. bestimmte → *Sachzuwendungen an das Personal* (private PKW-Nutzung, verbilligtes Mittagessen usw.) und die → *Personalgestellung*.

Eine Steuerbefreiung gemäß § 4 Nr. 16 UStG bzw. § 4 Nr. 28 UStG kommt aber für Umsätze aus dem → *Verkauf von Gegenständen des Anlagevermögens* des Krankenhauses in Betracht. Dies können Gegenstände sein, die z.B. infolge von Abnutzung, technischer Veralterung oder wegen Einstellung eines Geschäftsbereiches nicht mehr benötigt werden.[87]

Innenumsätze
Als Innenumsätze werden die Umsätze zwischen den Unternehmen eines Organkreises bezeichnet (→ *Organschaft*). Die Innenumsätze sind nicht steuerbar.

Innergemeinschaftliche Lieferungen und Erwerbe
Lieferungen zwischen Unternehmern innerhalb des Gebiets der Mitgliedsstaaten der Europäischen Gemeinschaft (sog. Gemeinschaftsgebiet) sollen grundsätzlich im Bestimmungsland von der Umsatzbesteuerung erfasst werden. Zur Umsetzung dieses Grundsatzes enthält das deutsche UStG die Regelungen zum innergemeinschaftlichen Erwerb (§ 1 a UStG) und zur innergemeinschaftlichen Lieferung (§ 6 a UStG). Danach werden die innergemeinschaftlichen Lieferungen aus dem übrigen Gemeinschaftsgebiet in Deutschland nach den Vorschriften über den innergemeinschaftlichen Erwerb in Deutschland besteuert und die innergemeinschaftlichen Lieferungen von Deutschland in das übrige Gemeinschaftsgebiet von der Umsatzsteuer befreit.

Innergemeinschaftliche Lieferungen liegen vor, wenn bei einer Lieferung die folgenden **Voraussetzungen** insgesamt erfüllt sind:

- Der Liefergegenstand wird vom liefernden Unternehmer oder dem Abnehmer in das übrige Gemeinschaftsgebiet befördert oder versandt.
- Der Abnehmer ist ein Unternehmer, der den Liefergegenstand für sein Unternehmen erworben hat oder eine jPdöR, die nicht Unternehmer ist oder die den Liefergegenstand nicht für ihr Unternehmen erworben hat.
- Der (innergemeinschaftliche) Erwerb des Liefergegenstands unterliegt beim Abnehmer in einem anderen Mitgliedstaat den Vorschriften der Umsatzbesteuerung.

Ein **innergemeinschaftlicher Erwerb** gegen Entgelt liegt vor, wenn die folgenden **Voraussetzungen** insgesamt erfüllt sind:

---

86 Vgl. sinngemäß UStR 91 a Abs. 4.
87 UStR 100 Abs. 2 Nr. 6.

- Der Liefergegenstand gelangt bei einer Lieferung an den Abnehmer (Erwerber) aus dem Gebiet eines Mitgliedstaates in das Gebiet eines anderen Mitgliedstaates.
- Der Erwerber ist ein Unternehmer, der den Liefergegenstand für sein Unternehmen erworben hat oder eine jPdöR, die nicht Unternehmer ist oder die den Liefergegenstand nicht für ihr Unternehmen erworben hat.
- Die Lieferung an den Erwerber wird durch einen Unternehmer gegen Entgelt im Rahmen seines Unternehmens ausgeführt und ist nach dem Recht des Mitgliedstaates, der für die Besteuerung des Lieferers zuständig ist, aufgrund der Sonderregelung für → *Kleinunternehmer* nicht steuerfrei.

Liegen die Voraussetzungen für einen in Deutschland steuerpflichtigen innergemeinschaftlichen Erwerb vor, muss der Erwerber die Steuer auf den innergemeinschaftlichen Erwerb anmelden und abführen. Sofern der Erwerber vorsteuerabzugsberechtigt ist, kann er die Steuer auf den innergemeinschaftlichen Erwerb als → *Vorsteuer* abziehen. Voraussetzung dafür ist u.a., dass eine ordnungsgemäße → *Rechnung* des Lieferers vorliegt.

Für bestimmte Unternehmer kommt ausnahmsweise die Anwendung der Vorschriften über den innergemeinschaftlichen Erwerb nicht zur Anwendung. Dazu gehören z.B. Unternehmer, die nur steuerfreie Umsätze ausführen (§ 1 a Abs. 3 Nr. 1 a) UStG) und bei denen die Entgelte für Erwerbe den Betrag von 12.500 € im vorangegangenen Jahr nicht überstiegen hat und auch im laufenden Jahr voraussichtlich nicht übersteigen wird (sog. Erwerbsschwelle). Zu diesen Unternehmern können **grundsätzlich auch Krankenhäuser** gehören, die ausschließlich steuerfreie Krankenhausumsätze erbringen. Jedoch kann auf die Anwendung dieser Ausnahmeregelung verzichtet werden. Ein Verzicht ist immer dann vorteilhaft, wenn die deutsche Umsatzsteuer niedriger ist als die Umsatzsteuer im Land des Lieferers. Der Verzicht ist gegenüber dem Finanzamt zu erklären und bindet das Krankenhaus mindestens für zwei Kalenderjahre (§ 1 a Abs. 3 UStG).

Beispiel: Verzicht auf die Nichtanwendung der Erwerbsbesteuerung

> Ein Krankenhaus, welches ausschließlich steuerfreie Krankenhausumsätze erbringt und die sogenannte Erwerbsschwelle in 2005 nicht überschritten hat, will im letzten Quartal des Jahres 2006 außerhalb des vorgesehenen Planungsbudgets einen neuen Computertomographen anschaffen. Aus den zwei vorliegenden Angeboten eines deutschen (Nettopreis: 2,1 Mio. €) und österreichischen Lieferanten (Nettopreis: 2,0 Mio. €) ist ersichtlich, dass der günstigste Nettopreis von einem Lieferer aus Wien (Österreich) angeboten wird. Unter Berücksichtigung der USt, die das Krankenhaus nicht als Vorsteuer ziehen darf, ergibt sich ein anderes Bild. Die Bruttoangebotspreise sind im Wesentlichen gleich, was auf die unterschiedlichen USt-Sätze zurück zu führen ist. Auf den Nettopreis entfällt in Deutschland der Regelsteuersatz von 16 % (Bruttopreis: ca. 2,4 Mio. €) und in Österreich zzt. 20 %[88] USt

---

88 Stand 01.01.2006

> (Bruttopreis: 2,4 Mio. €). Durch die in Deutschland in 2006 um 4 Prozentpunkte niedrigere USt ergibt sich bezogen auf den deutschen Nettoangebotspreis von 2,1 Mio. € ein USt-Vorteil von ca. 84 T€ gegenüber dem österreichischen Anbieter, so dass dessen niedriger Nettopreis von 100 T€ nahezu ausgeglichen wird.
> Optiert aber das Krankenhaus zur Erwerbsbesteuerung, dann unterliegt der Erwerb des Computertomographen in Deutschland der USt und der niedrigere deutsche Steuersatz kommt auf den Nettoangebotspreis zur Anwendung. Das Krankenhaus kann das Gerät also zu einem Bruttopreis von 2,3 Mio. € erwerben. Das setzt aber auch voraus, dass das Krankenhaus eine USt-IdNr. beantragt und diese bei der Bestellung des Gerätes gegenüber dem Lieferer angibt.
> Kauft das Krankenhaus das Gerät in Österreich, ohne zur Erwerbsbesteuerung zu optieren, unterliegt die Lieferung der österreichischen USt. Der Bruttopreis würde dann 2,4 Mio. € betragen.
> Es könnte auch die Auffassung vertreten werden, dass mit dem Kauf des Computertomographen die Erwerbsschwelle im Jahr 2006 überschritten und dadurch die Erwerbsbesteuerung ausgelöst wird. Dann käme es auch ohne einen Verzicht auf die Nichtanwendung der Erwerbsbesteuerung zu deren Anwendung.[89]

Das Beispiel verdeutlicht, dass in Abhängigkeit von der Höhe der **Steuersatzdifferenzen** durch eine Option zur Erwerbsbesteuerung Kosteneinsparungen für die betroffenen Krankenhäuser realisiert werden können. Ab 01. Januar 2007 reduzieren sich mögliche Steuersatzdifferenzen, da der deutsche Regelsteuersatz auf 19 % angehoben wird (→ *Steuersatz*).

Für die Erklärung des Verzichtes auf die Befreiung von der Erwerbsbesteuerung ist keine besondere Form vorgeschrieben. Es dürfte ausreichen, wenn das Krankenhaus eine USt-IdNr. beim zuständigen Finanzamt beantragt und der entsprechende steuerpflichtige Erwerb in der betreffenden USt-Voranmeldung deklariert wird. Im Beispielsfall müsste das Krankenhaus wegen der zweijährigen Bindungsfrist alle innergemeinschaftlichen Erwerbe der Kalenderjahre 2006 und 2007 der Erwerbsbesteuerung unterwerfen. Zu Beginn des Kalenderjahres 2008 könnte die Option zur Erwerbsbesteuerung widerrufen werden.

Integrierte Versorgung durch Managementgesellschaften
Die integrierte Versorgung gemäß §§ 140a bis 140d SGB V kann auch unter Einschaltung einer Managementgesellschaft erfolgen. Im Falle der Übertragung des Versorgungsauftrages mit Budgetverantwortung durch die gesetzliche Krankenkasse auf die Managementgesellschaft erbringt diese steuerfreie Leistungen gemäß §§ 4 Nr. 14 und 16 UStG an die Krankenkassen. Für die beteiligten Kran-

---
89 Vgl. Mößlang, in: Sölch/Ringleb: a.a.O., § 1 a Rz 35.

kenhäuser treten keine Änderungen bzgl. ihrer steuerfreien Umsätze (an die Managementgesellschaften) ein.[90]

Istversteuerung
Bei der Berechnung der Steuer nach vereinnahmten Entgelten gemäß § 20 UStG (sog. Istversteuerung) entsteht die Steuer unabhängig vom Zeitpunkt der steuerpflichtigen Leistung gemäß § 13 Abs. 1 Nr. 1 b) UStG mit Ablauf des Voranmeldungszeitraums, in dem die Entgelte vereinnahmt wurden.

Auf **Antrag** des Steuerpflichtigen (Wahlrecht) **kann** das Finanzamt in den folgenden 3 Fällen die Istversteuerung erlauben (Ermessensentscheidung):

- Der Gesamtumsatz des Steuerpflichtigen betrug im vorangegangenen Wirtschaftsjahr nicht mehr als 250.000 €[91] (in den neuen Bundesländern bis zum 31. Dezember 2009: nicht mehr als 500.000 €). Die steuerfreien Umsätze gemäß § 4 Nr. 11 bis 28 UStG gehören nicht zum maßgeblichen Gesamtumsatz. Da die steuerfreien Krankenhausumsätze nicht zum Gesamtumsatz zählen, kann somit auch für Krankenhäuser ein Antrag auf Istversteuerung infrage kommen.
- Der Steuerpflichtige ist gemäß § 148 AO von der Verpflichtung befreit, Bücher zu führen und aufgrund jährlicher Bestandsaufnahmen regelmäßig Abschlüsse zu machen (bestimmte gewerbliche Unternehmer und Land- und Forstwirte).
- Der Steuerpflichtige führt Umsätze aus einer Tätigkeit als Angehöriger eines freien Berufs im Sinne von § 18 Abs. 1 Nr. 1 EStG aus (z. B. freiberuflich tätige Ärzte).

Von dieser Regelung nicht betroffen ist der → *Vorsteuerabzug* gemäß § 15 UStG, der auch im Falle der Istversteuerung bereits vor Zahlung der entsprechenden Eingangsrechnungen beansprucht werden kann.

Die Vorteile der Istversteuerung liegen im Vergleich zur → *Sollversteuerung* in der aufgeschobenen Steuerentstehung bei gleichzeitigem Sofortabzug der Vorsteuer (Liquiditätsvorteil). Unabhängig von einem Antrag unterliegen → *Anzahlungen* grundsätzlich der Istversteuerung.

Kleinunternehmer
Die USt, die ein sogenannter Kleinunternehmer für seine steuerpflichtigen Umsätze schuldet, wird nicht erhoben, wenn die in **§ 19 Abs. 1 UStG** genannten Voraussetzungen erfüllt werden.

Die Kehrseite dieser Regelung, die der Verwaltungsvereinfachung dient, ist, dass für Kleinunternehmer die Vorschriften über den → *Vorsteuerabzug* nicht zur Anwendung kommen. Für die Krankenhäuser ist diese Regelung insbesondere dann interessant, wenn sie infolge der Ausweitung der Steuerpflicht für bis-

---

90 Vgl. ausführlich Zenker: Integrierte Versorgung im Gesundheitswesen, NWB, Fach 7, S. 6773–6780; Stopper/Schillhorn/Dietze: Gemeinnützige Krankenhäuser: Rechtliche Umsetzung einer integrierten Versorgung, Krhs 2005, S. 281 ff.
91 bis 30.6.2006: 125.000 €.

lang steuerfreie Krankenhausumsätze mit ihren nun erstmals steuerpflichtigen Umsätzen unter den Anwendungsbereich von § 19 UStG fallen.

Als Kleinunternehmer gelten Unternehmer, deren Gesamtumsatz im vorangegangenen Jahr 17.500 € nicht überstiegen hat und im laufenden Kalenderjahr 50.000 € voraussichtlich nicht übersteigen wird. Nicht zum maßgeblichen Gesamtumsatz, der stets nach vereinnahmten Entgelten zu berechnen ist, gehören z. B. die steuerfreien Umsätze gemäß § 4 Nr. 11 bis 28 UStG.

Beispiel: Inanspruchnahme der Kleinunternehmerregelung

> Die Städtische Krankenhaus GmbH hat bislang ausschließlich steuerfreie Krankenhausumsätze gemäß § 4 Nr. 16 b) UStG und steuerfreie Vermietungsumsätze gemäß § 4 Nr. 12 UStG erbracht. Daneben fielen noch steuerfreie Zinseinkünfte gemäß § 4 Nr. 8 a) bis h) UStG an. Im Kalenderjahr 2004 betrugen die Umsätze insgesamt 25,5 Mio. €. Im Kalenderjahr 2005 wird das Krankenhaus nach erstmaliger Anwendung der UStR 2005 steuerpflichtige Umsätze in Höhe von schätzungsweise 45.000 € vereinnahmen. Dabei handelt es sich im Wesentlichen um Umsätze aus der Gewährung von Beköstigung und sonstigen Naturalleistungen an das Personal, die bislang zu den steuerfreien Krankenhausumsätzen gehörten. Zum Jahresende 2005 stellt sich heraus, dass die steuerpflichtigen Umsätze tatsächlich 55.000 € betragen haben, weil zusätzlich noch ungeplante steuerpflichtige Umsätze aus ärztlichen Gutachten angefallen sind.
> Im vorangegangenen Kalenderjahr 2004 betrug der maßgebliche Gesamtumsatz 0 €, da die steuerbaren Umsätze von 25,5 Mio. € um die nicht zu berücksichtigenden steuerfreien Umsätze zu kürzen waren. Da nach der Umsatzprognose zu Beginn des Jahres 2005 ein Überschreiten der Gesamtumsatzgrenze von 50.000 € für das laufende Jahr nicht zu erwarten war, durfte das Krankenhaus für das Kalenderjahr 2005 die Kleinunternehmerregelung des § 19 UStG in Anspruch nehmen. Für das Kalenderjahr 2006 kann sich das Krankenhaus nicht mehr auf die Kleinunternehmerregelung berufen, da der Gesamtumsatz des Vorjahres (2005: 55.000 €) die Gesamtumsatzgrenze von 17.500 € überschritten hatte.

Wird die Kleinunternehmerregelung in Anspruch genommen dürfen keine → *Rechnungen* mit gesondert ausgewiesener USt ausgestellt werden.

Gemäß § 19 Abs. 2 UStG kann auf die Anwendung der Kleinunternehmerregelung verzichtet werden. Die **Verzichtserklärung** bindet den Unternehmer für mindestens 5 Jahre. Ein Verzicht ist z. B. dann sinnvoll, wenn die erwarteten Vorsteuerbeträge höher sind als die geschuldete USt.

Kliniken für Ganzheitsmedizin

In den sogenannten Kliniken für Ganzheitsmedizin werden neben der Schulmedizin alternative Heilmethoden in Form der Natur- und Erfahrungsheilkunde praktiziert. In der Gesamtheit der angewendeten Heilmethoden wird ein ganzheitlicher medizinischer Ansatz bei der Behandlung der Patienten verfolgt. Ob derartige Kliniken als Krankenhäuser im steuerlichen Sinne anzusehen sind, ist nach den einschlägigen gesetzlichen Vorschriften (§ 4 Nr. 16 a UStG) zu beurteilen.

In der Regel werden auch die Kliniken für Ganzheitsmedizin jedenfalls zum Teil steuerfreie Krankenhausumsätze erbringen. Denn für die umsatzsteuerliche Einordnung kommt es nicht darauf an, welche medizinischen Behandlungsmethoden zur Behandlung einer Krankheit oder einer anderen Gesundheitsstörung eingesetzt werden. Daher können grundsätzlich auch die alternativen Heilbehandlungen von Krankenhäusern in den Genuss der USt-Befreiung gelangen.

Die **Finanzverwaltung** steht dieser Beurteilung allerdings **kritisch** gegenüber, insbesondere dann, wenn die zusätzlich angebotenen alternativen Heilmethoden als wahlärztliche Leistungen in Anspruch genommen werden oder wenn die Krankenversicherungen die Kosten nicht übernehmen.[92] In diesen Fällen wird von der Finanzverwaltung geprüft, ob die angewendeten alternativen Behandlungsmethoden zum Bereich der vorbeugenden Gesundheitsmaßnahmen gehören (→ *Präventivmaßnahmen*), für die eine Steuerbefreiung ausgeschlossen sein soll. Damit soll aus fiskalischer Sicht verhindert werden, dass Behandlungen, die dem allgemeinen Wohlbefinden der Patienten (→ *Wellnessbehandlungen*) und nicht unmittelbar der Heilung von Krankheiten dienen, der Steuerbefreiung unterliegen. U.E. ist zwischen Präventivmaßnahmen und Wellnessbehandlungen zu differenzieren. Richten sich die Präventivmaßnahmen in erster Linie auf den Schutz der Gesundheit der betroffenen Patienten, sind sie von der Umsatzsteuer zu befreien. Die vorbeugenden Behandlungsleistungen dienen genauso dem Schutz der Gesundheit wie die Diagnose und Therapie.[93] Daher kommt u.E. die Steuerbefreiung auch für vorbeugende Gesundheitsmaßnahmen in Betracht, sofern keine offenkundigen Wellnessbehandlungen vorliegen.

Aufgrund der Abgrenzungsschwierigkeiten, die dieser Bereich mit sich bringt, wird die Finanzverwaltung insbesondere die Behandlungsfälle näher prüfen, bei denen die Krankenkassen die Kosten für die Behandlungen nicht übernommen haben. Aus diesem Grund sollten die Krankenhäuser auf die internen Nachweise achten, aus denen sich ergibt, dass die (alternativen) Heilbehandlungen als medizinische Behandlung von Krankheiten bzw. als ärztliche Heilbehandlungen zu qualifizieren sind. Eine Einsichtnahme in die entsprechenden Krankenakten sollte u.E. der Finanzverwaltung unter Aufsicht gewährt werden, da die beteiligten Krankenhäuser und Ärzte Mitwirkungspflichten (§ 90 AO) im Steuerverfahren zu beachten haben.

Konkurrentenschutzklage
Bislang war ungeklärt, ob ein umsatzsteuerpflichtiger Unternehmer die Nichtbesteuerung einer mit ihm im Wettbewerb stehenden Körperschaft des öffentlichen Rechts (vgl. § 2 Abs. 3 UStG) im Rechtsbehelfsverfahren vor dem zuständigen Finanzamt des Wettbewerbers prüfen lassen kann. Der BFH hat in einem Revisionsverfahren die Auffassung vertreten, dass die USt-Pflicht der im Wettbewerb

---

92 Vgl. Klähn: BP 2004, S. 334–336.
93 Z.B. EuGH-Urteil v. 06.11.2003, DStRE 2004, S. 99 (Christoph Dornier-Stiftung).

stehenden Körperschaft des öffentlichen Rechts auf Antrag des steuerpflichtigen Konkurrenten geprüft werden könne. Dies würde aber verfahrensrechtlich voraussetzen, dass dem steuerpflichtigen Unternehmer eine entsprechende Klagebefugnis zusteht, er also die Verletzung eigener Rechte geltend machen könnte.

Zur Klärung dieses Rechtsproblems hat der BFH[94] den EuGH zur Beantwortung der folgenden Frage angerufen: Kann sich ein privater Steuerpflichtiger, der mit einer Körperschaft des öffentlichen Rechts im Wettbewerb steht, auf die Regelung im europäischen Recht berufen, wonach öffentliche Einrichtungen ausnahmsweise dann als umsatzsteuerpflichtig gelten, wenn die von ihnen ausgeübten Tätigkeiten auch von Privaten ausgeführt werden? Der EuGH hat diese Frage unter Hinweis auf den drittschützenden Charakter der entsprechenden 6. RL bejaht.[95] Somit kann ein Einzelner, der mit einer Einrichtung des öffentlichen Rechts im Wettbewerb steht und der geltend macht, diese Einrichtung werde für ihre Tätigkeiten nicht oder zu niedrig zur Mehrwertsteuer herangezogen, zukünftig im Klageweg **Auskunft bei den Finanzbehörden** über die Besteuerung dieser Einrichtung **verlangen** und damit eine „zutreffende Besteuerung" des Konkurrenten gerichtlich herbeiführen können.

Kosmetische Chirurgie
→ *Plastische Chirurgie* → *Schönheitsoperationen*

Krankenfahrten
Steuerfrei sind gemäß § 4 Nr. 17 b) UStG die Umsätze aus der Beförderung von kranken und verletzten Personen mit Fahrzeugen, die für diesen Zweck besonders eingerichtet sind.

Fahrzeuge, die nach dem Fahrzeugschein als Krankenkraftwagen anerkannt sind, gehören grundsätzlich zu den begünstigten Krankenfahrzeugen. Umsätze mit Fahrzeugen, die nicht für die Beförderung von kranken und verletzten Personen besonders eingerichtet sind (z. B. weil sie keine Liegen und Spezialsitze aufweisen) bzw. die in erster Linie für die Beförderung anderer Personen bestimmt sind (z. B. Taxis), werden nach bisheriger Auffassung der Finanzverwaltung nicht von der USt befreit. Das gilt auch dann, wenn diese Fahrzeuge mit einem blauen Rundumlicht und einem Martinshorn ausgerüstet sind oder wenn die Fahrzeuge lediglich eine Trage und eine Grundausstattung für „Erste Hilfe" besitzen.[96]

Dieser strengen Auslegung des Begriffs „Krankenwagen" ist der BFH[97] nicht gefolgt. Er hat entschieden, dass der Transport von Personen, die körperlich oder geistig behindert sind und auf die Nutzung eines Rollstuhls angewiesen sind, unter die Steuerbefreiung gemäß § 4 Nr. 17 b UStG fällt und das ein Fahrzeug

---
94 BFH-Beschluss v. 08.07.2004, VII R 24/03, BStBl II 2004, S. 1034.
95 EuGH-Urteil v. 08.06.2006, Rs. C-430/04, UVR 2006, S. 459 ff mit Anm. von Widmann; Küffner: Dammbruch der umsatzsteuerlichen Neutralität, DStR 2006, S. 1120 ff; BFH-Urteil v. 05.10.2006, VII R 24/03, DStR 2006, S. 2310: Es kommt ernstlich in Betracht, § 2 Abs. 3 UStG drittschützende Wirkung beizulegen.
96 UStR 102 Abs. 1, 2.
97 BFH-Urteil v. 12.08.2004, V R 45/03, BFH/NV 2005, S. 149.

dann für die Beförderung von kranken und verletzten Personen besonders eingerichtet ist, wenn es im Zeitpunkt der Beförderung nach seiner gesamten Bauart und Ausstattung speziell für die Beförderung verletzter und kranker Personen bestimmt ist. Unerheblich ist, ob das Fahrzeug zum Zweck einer anderweitigen Verwendung umgerüstet werden kann.

Dieser Auffassung hat sich die Finanzverwaltung nunmehr angeschlossen.[98] Für die Inanspruchnahme der Steuerbefreiung nach § 4 Nr. 17 b UStG wird nun nicht mehr gefordert, dass das verwendete Fahrzeug dauerhaft zur Beförderung kranker und verletzter Personen eingerichtet ist. Sofern Fahrzeuge verwendet werden, die zum Zweck einer anderweitigen Verwendung umgerüstet werden können, besteht die Finanzverwaltung aber darauf, dass z. B. mittels eines Fahrtenbuches die Voraussetzungen der Steuerbefreiung für jede einzelne Fahrt nachgewiesen werden.

Eine Steuerbefreiung für Krankenfahrten durch → *Einrichtungen der freien Wohlfahrtspflege* mit Personenkraftwagen, die für die Beförderung von Kranken nicht besonders eingerichtet sind, kann auch nicht gemäß § 4 Nr. 18 UStG gewährt werden.[99]

Hinsichtlich des Transportes von Medikamenten, Blutkonserven und Organen kommt die Steuerbefreiung gemäß § 4 Nr. 17 b) UStG nicht in Betracht.

Krankenhausapotheke
→ *Apotheke*

Krankenhausküche
Die Leistungen der Krankenhausküche zur Versorgung der → *Patienten* des Krankenhauses gehören zu den gemäß **§ 4 Nr. 16 UStG** steuerfreien Krankenhausumsätzen. Die Umsätze der Krankenhausküche aus der Versorgung des → *Personals* des Krankenhauses sind seit Geltung der UStR 2005 (ab dem 01. Januar 2005) nicht mehr von der USt befreit. Bis zum 31. Dezember 2004 galten die Umsätze aus der Verpflegung des Krankenhauspersonals als eng verbundene Umsätze.[100] Ferner sind alle weiteren Leistungen der Krankenhausküche an Nichtpatienten steuerpflichtig. Dazu gehören z. B. Leistungen im Rahmen eines Partyservices, die Beköstigung von Besuchern des Krankenhauses und Cateringleistungen für andere Einrichtungen, wie z. B. Schulen und Unternehmen (→ *Cateringleistungen im Krankenhausbereich*).

Wird eine Krankenhausküche aus dem Krankenhaus ausgegliedert, kommt für die Umsätze der rechtlich selbständigen Krankenhausküche eine Steuerbefreiung gemäß § 4 Nr. 16 UStG nicht mehr in Betracht, da die Krankenhausküche dann nicht unselbständiger Bestandteil des begünstigten Krankenhauses ist. Das gilt auch für die Fälle, in denen die Krankenhausküche als Mehrheitsbeteiligung des Krankenhausträgers ausschließlich Umsätze an die Krankenhäuser der Muttergesellschaft erbringt. Zur Vermeidung von Mehrkosten durch die Besteuerung der

---
98 BMF v. 22.03.2005, IV A 6–S 7174–6/05, http://www.bundesfinanzministerium.de
99 UStR 103 Abs. 12.
100 UStR (2000) 100 Abs. 2 Nr. 5.

Umsätze der Krankenhausküche sollte deshalb in Ausgliederungsfällen die Begründung einer umsatzsteuerlichen → *Organschaft* zwischen der Krankenhausküche und dem Krankenhausträger angestrebt werden. Sofern eine Organschaft besteht, gelten die Umsätze der Krankenhausküche (→ *Organgesellschaft*) an die Krankenhäuser und anderen Einrichtungen des Krankenhausträgers (→ *Organträger*) als nicht steuerbare Innenumsätze. Allerdings unterliegen die Umsätze aus der Beköstigung des Krankenhauspersonals und der Krankenhausbesucher auch im Falle der Organschaft der Umsatzsteuer.

Krankenhäuser der öffentlich-rechtlichen Religionsgemeinschaften
→ *Betrieb gewerblicher Art (BgA)*

Laborleistungen
Die Umsätze der Krankenhäuser aus medizinischen Laborleistungen, für die im Krankenhaus untergebrachten Patienten, gehören zu den eng mit dem Krankenhausbetrieb verbundenen Umsätzen gemäß § 4 Nr. 16 b) UStG. Sie sind daher umsatzsteuerfrei. Ebenfalls steuerfrei sind die Umsätze der Privatkliniken niedergelassener Ärzte aus Laborleistungen für ihre Patienten (§ 4 Nr. 14 UStG).

Erbringt das Krankenhauslabor darüber hinaus Laborleistungen für fremde Krankenhäuser oder niedergelassene Ärzte kommt eine Steuerbefreiung gemäß § 4 Nr. 16 c) UStG in Betracht, sofern die Laborleistungen des Krankenhauslabors „unter ärztlicher Aufsicht" erbracht werden und mindestens 40 % der Laborleistungen bestimmten begünstigten Personen (z. B. den gesetzlich Versicherten) zugute kommen (→ *Einrichtungen ärztlicher Befunderhebung*). Nach dem EuGH-Urteil vom 08.06.2006[101] ist der Begriff der ärztlichen Heilbehandlung nicht sehr eng auszulegen und Labormedizin im Auftrag von Arztpraxen originär als Teil der ärztlichen Heilbehandlung anzusehen. Die Steuerbefreiung kann u.E. mit dem Argument der fehlenden ärztlichen Aufsicht nicht mehr versagt werden. Ob der Gesetzgeber bzgl. der Tatbestandsmerkmale in § 4 Nr. 16 c) UStG kurzfristig handeln wird oder vorerst Verlautbarungen der Finanzverwaltung folgen, bleibt abzuwarten.

Eine aus niedergelassenen Ärzten und Krankenhäusern bestehende Laborgesellschaft gilt unter den genannten Voraussetzungen des § 4 Nr. 16 c) UStG ebenfalls als Einrichtung ärztlicher Befunderhebung.

Laborleistungen, die keinem therapeutischen Zweck dienen, z. B. Blutalkoholuntersuchungen, sind umsatzsteuerpflichtig.[102]

Leistungen an Arbeitnehmer im ganz überwiegenden betrieblichen Interesse
Leistungen, die der Arbeitgeber im ganz überwiegenden betrieblichen Interesse an die Arbeitnehmer erbringt (vgl. auch Lohnsteuer-ABC), unterliegen nicht der

---

101 EuGH, Rs. C-106/05, UVR 2006, S. 464 ff; Michels/Ketteler-Eisung: Umsatzsteuerliche Regelungen für medizinische Analysen und Abgrenzung zwischen § 4 Nr. 14 UStG und § 4 Nr. 16 UStG, UR 2006, S. 619 ff.
102 UStR 98 Abs. 1.

USt. Davon abzugrenzen sind die umsatzsteuerbaren → *Sachbezüge an das Personal*.

Zu den **nicht steuerbaren Umsätzen** gehören insbesondere:

- Leistungen zur Verbesserung der Arbeitsbedingungen, wie z.B. die Bereitstellung von Aufenthalts- und Erholungsräumen oder von Bade- und Sporteinrichtungen (Benutzung der dem Krankenhaus gehörenden Sauna, Schwimmbad usw.)
- betriebsärztliche Betreuung
- betriebliche Fort- und Weiterbildungsleistungen
- Überlassung von Arbeitsmitteln zur beruflichen Nutzung einschließlich der Arbeitskleidung, wenn es sich um typische Berufskleidung handelt, deren private Nutzung so gut wie ausgeschlossen ist. Dazu gehört natürlich die Berufsbekleidung der Ärzte und Schwestern, aber auch die Sportbekleidung der angestellten Physiotherapeuten.
- das unentgeltliche Bereitstellen von Parkplätzen auf dem Betriebsgelände
- Zuwendungen im Rahmen von Betriebsveranstaltungen (z.B. Weihnachtsfeier und jährlicher Betriebsausflug), sofern diese sich im üblichen Rahmen halten. Die Üblichkeit der Zuwendung gilt als gegeben, wenn sie einen Betrag von 110 € (einschließlich USt) je Arbeitnehmer und Betriebsveranstaltung nicht überschreitet. Diese Regelung gilt nicht für mehrtägige Betriebsveranstaltungen und nicht für mehr als zwei Betriebsveranstaltungen im Jahr.
- das Bereitstellen von Betriebskindergärten.

Leistungsempfänger als Steuerschuldner
Seit dem 01. Januar 2002 schuldet in bestimmten Fällen der Leistungsempfänger die USt für die an ihn erbrachten Umsätze. § 13 b UStG regelt, für welche Umsätze der Leistungsempfänger die USt einzubehalten und an das Finanzamt abzuführen hat (**sog. Reverse-Charge-Verfahren**). Damit werden auch Unternehmen, die im Wesentlichen nur steuerfreie Umsätze ausführen, wie z.B. die Krankenhäuser, zum Einbehalt der USt verpflichtet, sofern die Voraussetzungen des § 13 b UStG erfüllt sind. Die Anwendungsfälle für das Reverse-Charge-Verfahren wurden seit 2002 beständig ausgeweitet. Ab 2008 sollen nach den Plänen der Bundesregierung die Anwendungsfälle für die Umkehr der Steuerschuldnerschaft auf den Leistungsempfänger deutlich erweitert werden.

Zu den derzeit für die Krankenhäuser relevanten Umsätzen, die unter diese Vorschrift fallen, zählen insbesondere die **Werklieferungen** oder **sonstigen Leistungen der im Ausland ansässigen Unternehmer**.

Erbringt ein im Ausland ansässiger Unternehmer sonstige Leistungen an ein deutsches Krankenhaus und unterliegen diese Umsätze in Deutschland der USt, so muss das Krankenhaus (als Leistungsempfänger) die USt einbehalten, in seiner USt-Erklärung anmelden und abführen. Der ausländische Unternehmer hat (nur) Anspruch auf das Nettoentgelt und darf über die erbrachte Leistung nur eine Nettorechnung erstellen. Zahlt das Krankenhaus das (möglicherweise in der Rechnung ausgewiesene) Bruttoentgelt an den leistenden ausländischen Unternehmer, so schuldet das Krankenhaus dennoch die in der Rechnung ausgewiesene USt und muss sie an das Finanzamt abführen. Die Krankenhäuser sind gut beraten, bei Leistungsbeziehungen mit ausländischen Unternehmern die Regelungen zum Wechsel der Steuerschuldnerschaft zu beachten. Den Nachweis über den Ansässigkeitsort des leistenden Unternehmers hat das Krankenhaus als Leistungsempfänger zu erbringen.

Bei den **folgenden Umsätzen** ausländischer Unternehmer sind die Krankenhäuser in der Regel **Steuerschuldner**:

- Leistungen im Zusammenhang mit Krankenhaus-Immobilien (Leistungen der Architekten und Ingenieure, Makler und Rechtsanwälte)
- Werbeleistungen
- EDV-Leistungen
- Reparatur- und Wartungsleistungen, die im Krankenhaus erbracht werden, wie z.B. die Wartung und Reparatur medizinischer Großgeräte des Krankenhauses.

Beispiel: Reverse-Charge-Verfahren bei ausländischen Unternehmern

> Ein in Österreich ansässiger Architekt erbringt Bauplanungsleistungen für ein Krankenhaus in Deutschland. Das Nettohonorar beträgt 50.000 €.
> Mit seinen Umsätzen unterliegt der Architekt der deutschen USt. Das Krankenhaus ist als Empfänger der Bauplanungsleistungen verpflichtet, die deutsche USt einzubehalten und abzuführen. Der Architekt hat über seine erbrachten Leistungen eine Nettorechnung vorzulegen. Der darin ausgewiesene Nettobetrag stellt die Bemessungsgrundlage für die vom Krankenhaus abzuführende USt dar. Die Bemessungsgrundlage (50.000 €) und die abzuführende USt (8.000 €) sind in der einzureichenden USt-VA anzumelden. Dies gilt auch, wenn das Krankenhaus die → *Kleinunternehmer*-Besteuerung (§ 19 UStG) beansprucht.[103]

Der Nettobetrag ist auch dann Bemessungsgrundlage für die Steuerberechnung durch den Leistungsempfänger, wenn in der Rechnung entgegen den Vorschriften die USt ausgewiesen wird. Sofern eine Korrektur der Rechnung unterbleibt, würde der Leistende auch die in Rechnung gestellte USt schulden. Ein „doppelter" Vorsteuerabzug für den Leistungsempfänger kommt aber nicht infrage. Erhält ein Krankenhaus statt einer Nettorechnung eine Bruttorechnung, so sollte diese zurückgeschickt und die Ausstellung einer Nettorechnung gefordert werden.

Lieferungen und Leistungen an
→ *Begleitpersonen;* → *Besucher;* → *Patienten;* → *Personal*

Lieferung von Gegenständen, die im Wege der Arbeitstherapie hergestellt wurden
→ *Arbeitstherapie*

---

103 § 19 Abs. 1 Satz 3 UStG.

Medizinische Wahlleistungen
→ *Wahlleistungen*

Menschliche Organe
Die Lieferung menschlicher Organe oder von Teilen eines menschlichen Organs ist gemäß § 4 Nr. 17 a) UStG steuerfrei, sofern diese Lieferungen nicht bereits gemäß § 4 Nr. 16 UStG befreit werden.

Die Lieferung künstlicher Organe (z. B. künstliches Herz) oder künstlicher Geräte (z. B. Herzschrittmacher) fällt nicht unter die Befreiungsvorschrift. Auch die Lieferung einer „Perücke", die keine „Prothese" oder ein „Körperersatzstück" ist, wenn sie das verloren gegangene Haupthaar ersetzt, dürfte nach § 4 Nr. 17 a) UStG nicht steuerfrei sein. Der BFH[104] hat diese Befreiungsvorschrift nicht einmal erwähnt und die Lieferung von maßangefertigtem medizinischem Haaransatz nach Ablehnung des ermäßigten Steuersatzes nach § 12 Abs. 2 Nr. 1 UStG dem Regelsteuersatz unterworfen.

Mindestbemessungsgrundlage
Lieferungen und sonstige Leistungen an Gesellschafter oder diesen nahestehenden Personen und an das Personal oder dessen Angehörige zu unangemessen niedrigen Entgelten sind gemäß § 10 Abs. 5 UStG nach den gleichen Grundsätzen zu bewerten wie die Abgabe unentgeltlicher Leistungen (→ *Sachzuwendungen und sonstige Leistungen an das Personal*). Für eine Lieferung sind als Bemessungsgrundlage mindestens der Einkaufspreis zuzüglich der Nebenkosten oder die Selbstkosten anzusetzen, bei sonstigen Leistungen mindestens die bei der Ausführung der Umsätze entstandenen Kosten. Der Einkaufspreis entspricht in der Regel dem Wiederbeschaffungspreis.[105]

Der Begriff der **nahestehenden Person** ist im UStG nicht definiert, aber von der Rechtsprechung zur verdeckten Gewinnausschüttung (vGA) im KSt-Recht entwickelt worden. Nahestehende Personen sind z. B. die Familienmitglieder eines Arztes (als Inhaber einer Privatklinik). Nahestehende Personen von Krankenhausträgern in der Rechtsform von Kapitalgesellschaften sind neben den Gesellschaftern auch die Schwestergesellschaften. Von praktischer Relevanz sind aber nur die Leistungen zwischen Schwestergesellschaften im Krankenhauskonzern außerhalb einer umsatzsteuerlichen → *Organschaft* an nicht vorsteuerabzugsberechtigte Unternehmer. Innerhalb einer Kette von Unternehmern, die zum Vorsteuerabzug berechtigt sind, wirken sich niedrige Bemessungsgrundlagen nicht aus, weil sich die USt und die Vorsteuer aufheben. Jedoch können sich Zinsbelastungen auf die USt ergeben, wenn die USt im Rahmen einer steuerlichen Außenprüfung nach Ansatz der Mindestbemessungsgrundlage nachgefordert wird (Verzinsung gemäß § 233 a AO).

---

104 BFH-Beschluss v. 28.12.2005, V B 95/05, DStRE 2006, S. 681
105 UStR 155 Abs. 1.

Beispiel: Mindestbemessungsgrundlage

> Die Catering-GmbH beliefert ihre Schwestergesellschaft, die Krankenhaus-GmbH, auf Veranlassung des Gesellschafters mit Mittagessen. Die von der Krankenhaus-GmbH zu leistenden Nettoentgelte für die gelieferten Essensportionen in Höhe von 100.000 € liegen unter den Selbstkosten von netto 120.000 €. Zwischen den beiden Gesellschaften besteht keine umsatzsteuerliche Organschaft.
> Unter Berücksichtigung der Mindestbemessungsgrundlage von 120.000 € beträgt die USt 19.200 €.

Mitgliederbeiträge

Soweit eine Vereinigung zur Erfüllung ihrer den Gesamtbelangen sämtlicher Mitglieder dienenden satzungsgemäßen Gemeinschaftszwecke tätig wird und dafür echte Mitgliederbeiträge erhebt, die dazu bestimmt sind, ihr die Erfüllung dieser Aufgaben zu ermöglichen, fehlt es an einem Leistungsaustausch mit dem einzelnen Mitglied. Echte Mitgliederbeiträge unterliegen daher nicht der USt.

Erbringt die Vereinigung dagegen Leistungen, die den Sonderbelangen der einzelnen Mitglieder dienen, und erhebt sie dafür Beiträge entsprechend der tatsächlichen oder vermuteten Inanspruchnahme ihrer Tätigkeit, so liegt ein Leistungsaustausch vor. Die insoweit berechneten unechten Mitgliederbeiträge unterliegen der USt.[106]

Auch im Hinblick auf die Rechtsprechung des EuGH in der Rs. „Kennemer Golf & Country Club", Niederlande[107] hält die Finanzverwaltung an der bisherigen Auffassung fest, dass Mitgliedsbeiträge grundsätzlich nicht der USt unterliegen.[108]

Nicht steuerbare Innenumsätze

→ *Organschaft*

Notrufzentrale

Die Mitwirkung einer → *Einrichtung der Wohlfahrtspflege* am ärztlichen Notfalldienst durch den Betrieb einer Notrufzentrale und/oder der Durchführung des Fahrdienstes gegen Entgelt ist eine umsatzsteuerpflichtige Leistung. Eine Steuerbefreiung gemäß § 4 Nr. 18 UStG kommt nicht in Betracht, wenn den Leistungen eine Vereinbarung mit der Kassenärztlichen Vereinigung zugrunde liegt, die auch die Zahlungen erbringt. Es werden bei einer derartigen Vertragsgestaltung die Leistungen nicht unmittelbar an den von § 4 Nr. 18 UStG begünstigen Personenkreis erbracht.[109]

---

106 UStR 4 Abs. 1.
107 EuGH-Urteil v. 21.03.2002, C-174/00, UR 2002, S. 320.
108 Vgl. Stellungnahme der Parlamentarischen Staatssekretärin Dr. Hendricks vom 10.05.2005, Verbandsnachrichten Steuerberaterverband Berlin-Brandenburg 3/2005, S. 15: eine dahingehende gesetzliche Regelung sei wahrscheinlich.
109 FG Düsseldorf, Urteil v. 24.10.2001 (nrkr.), DStRE 2002, S. 582.

4 Umsatzsteuer

Nutzungsentgelte der Ärzte
Zu den von Krankenhäusern vereinnahmten Nutzungsentgelten der Ärzte gehören:

- Nutzungsentgelte für wahlärztliche Leistungen (Behandlung von Krankenhauspatienten durch die liquidationsberechtigten Ärzte des Krankenhauses);
- Nutzungsentgelte für von Ärzten berechnete ambulante ärztliche Leistungen (Nebentätigkeitsbereich angestellter Krankenhausärzte);
- Nutzungsentgelte der Belegärzte;
- Nutzungsentgelte für Gutachtertätigkeit u.ä. (Nebentätigkeitsbereich angestellter Krankenhausärzte);
- Nutzungsentgelte für die anteilige Abschreibung medizinisch-technischer Großgeräte (betreffen nur den Teil der Abschreibungen, der nicht durch Fördermittel gedeckt wird; → *Nutzungsüberlassung medizinisch-technischer Großgeräte*).

Die berechneten Nutzungsentgelte dienen der Kostenerstattung und dem Vorteilsausgleich. Sie sind aus Sicht der Krankenhäuser Erlöse aus → *Wahlleistungen*.[110] Es wurde und wird davon ausgegangen, dass die den Ärzten berechneten Nutzungsentgelte zu den eng verbundenen Krankenhausumsätzen zählen und daher von der USt befreit sind.[111]

Seit dem BFH-Urteil vom 05.10.2005[112] zur lohnsteuerrechtlichen Bewertung der Liquidationseinnahmen der Chefärzte aus Wahlarztleistungen ist auch eine differenzierte umsatzsteuerliche Bewertung der im Einzelnen berechneten Nutzungsentgelte angebracht.[113] Nutzungsentgelte für Kostenerstattung und Vorteilsausgleich können u.E. künftig nur noch den Chefärzten berechnet werden, die Wahlarztleistungen **selbständig** erbringen. Werden die Chefärzte bei der Erbringung von wahlärztlichen Leistungen unselbständig tätig, weil sie die Wahlarztleistungen laut Dienstvertrag mit dem Krankenhaus schulden, kann u.E. keine Berechnung von Kostenerstattungen und Vorteilsausgleich mit USt erfolgen. Den Krankenhäusern fließen als Erlöse aus wahlärztlichen Leistungen die gesamten Brutto-Liquidationseinnahmen zu. Die Chefärzte beziehen insoweit Gehalt in Höhe der Netto-Liquidationseinnahmen, so dass der Ausweis von USt durch das Krankenhaus entfällt.[114]

Die **Nutzungsentgelte** der liquidationsberechtigten Ärzte des Krankenhauses **für selbständig** erbrachte **wahlärztliche Leistungen** (Behandlung von Krankenhauspatienten) und die **Nutzungsentgelte der Belegärzte** gehören u.E. zu den eng verbundenen Krankenhausumsätzen, da sie Teil der einheitlichen Krankenhausbehandlung sind. Da die Patienten bzw. die Krankenkassen die Kosten der Kran-

---

110 Vgl. Einzelheiten: Hentze/Kehres: Buchführung und Jahresabschluss in Krankenhäusern, 2. Auflage, Verlag W. Kohlhammer, Stuttgart, S. 116–121.
111 Vgl. Knorr/Klaßmann: a.a.O., S. 385; Böhme: Zur Änderung der Umsatzbesteuerung bei Krankenhäusern ab 1. Januar 2005, DStZ 2005, S. 629.
112 BFH-Urteil v. 05.10.2005, VI R 152/01, BStBl II 2006, S. 94.
113 Vgl. 3. Lohnsteuer–ABC, Stichwort: Chefarzt.
114 A.A.: Hentze/Kehres: a.a.O., S. 112.

kenhausbehandlung tragen, zu denen im Ergebnis auch die an das Krankenhaus weitergeleiteten Nutzungsentgelte der Krankenhausärzte gehören, sind diese, dem Zweck von § 4 Nrn. 14 und 16 UStG folgend, auch von der USt zu befreien. Würden hingegen die Nutzungsentgelte für wahlärztliche Leistungen der USt unterliegen (die in der Regel bei den Chef- bzw. Belegärzten nicht als Vorsteuer abziehbar wäre[115]) käme es aus Sicht des Patienten zu einer umsatzsteuerlichen Aufsplittung der einheitlichen Krankenhausbehandlung in einen steuerpflichtigen und steuerfreien Teil, was kaum sachgerecht sein dürfte.

Die **Nutzungsentgelte für die Gutachtertätigkeiten** der angestellten Krankenhausärzte unterliegen hingegen der USt, sofern die gutachterliche Tätigkeit nicht als Bestandteil der Krankenhausbehandlung eines Patienten angesehen werden kann. Sofern die steuerpflichtigen Nutzungsentgelte im Rahmen der Erstellung steuerpflichtiger → *Gutachten* anfallen, kann der Krankenhausarzt unter den Voraussetzungen des § 15 UStG bzgl. der in Rechnung gestellten USt den Vorsteuerabzug beanspruchen.

Das Krankenhaus kann den (anteiligen) Vorsteuerabzug aus den steuerpflichtigen Eingangsleistungen geltend machen, die im Zusammenhang mit den steuerpflichtigen Nutzungsentgelten stehen (zur Ermittlung des Anteils der abziehbaren Vorsteuerbeträge → *Vorsteuerabzug*).

Sind angestellte Krankenhausärzte nach dem Dienstvertrag mit dem Krankenhaus verpflichtet gutachtlich tätig zu werden, können im Verhältnis Krankenhaus/Krankenhausarzt keine steuerbaren Umsätze aus Nutzungsentgelten für die Gutachtentätigkeit vorliegen (s. o.).

Nutzungsüberlassung medizinisch-technischer Großgeräte
Die Umsätze aus der Überlassung von medizinisch-technischen Großgeräten und damit verbundene Gestellungen von medizinischem Hilfspersonal an angestellte Krankenhausärzte für deren selbständige Tätigkeit, an niedergelassene Ärzte und an andere Krankenhäuser zur Mitbenutzung gelten als steuerfreie eng verbundene Umsätze.[116]

Zu den **Großgeräten** gehören folgende Geräte: Linkskathetermessplätze, Computertomographiegeräte, Kernspintomographie-Geräte, Positronen-Emissions-Computertomographen, Linearbeschleuniger, Telecobaltgeräte, Geräte zur extrakorporalen Stoßwellenlithotripsie, Nieren- und Gallenlithotripter und Diagnostische Bio-Magnetismus-Anlagen.[117]

Hinzuweisen ist in diesem Zusammenhang auf das Urteil des BFH[118], wonach die Geräte- und Personalüberlassung durch ein gemeinnütziges Krankenhaus an

---

115 Ein Vorsteuerabzug wäre nur möglich, wenn die berechneten Nutzungsentgelte im Rahmen einer steuerpflichtigen Leistung der Chef- bzw. Belegärzte anfallen würden, z. B. bei Schönheitsoperationen, die nicht medizinisch indiziert sind.
116 UStR 100 Abs. 2 Nr. 5; vgl. BFH-Urteil v. 25.01.2006, V R 46/04, DStRE 2006, S. 548 (→ *Personalgestellung*).
117 BMF-Schreiben v. 16.10.1997, BStBl I 1997, S. 887.
118 BFH-Urteil v. 06.04.2005, I R 85/04, BStBl II 2005, S. 545; vgl. 6.6.1 und 6.6.2.5: Gestellung.

eine ärztliche Gemeinschaftspraxis einen steuerpflichtigen wGb darstellt. Der BFH begründet seine Auffassung u. a. damit, dass die entgeltliche Überlassung des MRT und des nichtärztlichen Personals des Krankenhauses an die Gemeinschaftspraxis nicht als ärztliche oder pflegerische Leistung zu qualifizieren sei und es sich auch nicht um eine andere, typischerweise von einem Krankenhaus erbrachte Leistung gegenüber ihren Patienten handele. Daraus schließt der BFH, dass die Einnahmen nicht dem Zweckbetrieb „Krankenhaus" zuzurechnen seien. Folgt man dieser Argumentation für die USt, so käme für die Nutzungsüberlassung der medizinischen Großgeräte und der damit in der Regel einhergehenden Personalüberlassung die Steuerbefreiung gemäß § 4 Nr. 16 UStG nicht in Betracht. Solange aber die Finanzverwaltung diese Umsätze zu den eng verbundenen Umsätzen zählt (UStR 100 Abs. 2 Nr. 5), können sich die Krankenhäuser darauf berufen.

Option zur Umsatzsteuer
→ *Verzicht auf Steuerbefreiungen*

Organentnahmen (Aufwandserstattung durch die DSO)
→ *Aufwandserstattung*

Organgesellschaft
Als Organgesellschaft einer → *Organschaft* kommen gemäß **§ 2 Abs. 2 Nr. 2** UStG nur juristische Personen des Zivil- und Handelsrechts in Betracht, die nach dem Gesamtbild der Verhältnisse finanziell, organisatorisch und wirtschaftlich in das Unternehmen eines → *Organträgers* eingegliedert sind. Als Organgesellschaft kommen daher nur die Kapitalgesellschaften (AG, KGaA, GmbH und die neue Europäische AG) in Betracht.

Ob die Organgesellschaft eine steuerbegünstigte Kapitalgesellschaft ist und/oder nur steuerfreie Umsätze ausführt, ist für die Qualifikation als Organgesellschaft unbeachtlich. Daher kann z. B. eine gemeinnützige Krankenhaus-GmbH als Organgesellschaft in Betracht kommen.

Personengesellschaften und Einzelunternehmer können **nicht** Organgesellschaft sein. Dies gilt auch für Vereine und Stiftungen; sie zählen als Körperschaften zwar zu den juristischen Personen, aber sie können nicht finanziell in ein anderes Unternehmen eingegliedert werden, da kapitalmäßige Beteiligungen an einem Verein oder einer Stiftung nicht möglich sind.

Organschaft

1. Wesen
2. Voraussetzungen
3. Rechtsfolgen
4. Organschaft im Krankenhausbereich

1. Wesen

Die umsatzsteuerliche Organschaft ist dadurch gekennzeichnet, dass das Unternehmen der untergeordneten → *Organgesellschaft* für umsatzsteuerliche Zwecke als unselbständig angesehen wird. Wegen der fehlenden Selbständigkeit der Organgesellschaft gilt diese gemäß § 2 UStG nicht als umsatzsteuerlicher Unternehmer. Die Organgesellschaft wird deshalb wie eine interne Abteilung des → *Organträgers* behandelt.

2. Voraussetzungen

Eine Organschaft liegt nach **§ 2 Abs. 2 Nr. 2 UStG** vor, wenn eine Organgesellschaft nach dem Gesamtbild der tatsächlichen Verhältnisse finanziell, organisatorisch und wirtschaftlich in das Unternehmen des Organträgers eingegliedert ist. Dabei ist es nicht erforderlich, dass alle drei Eingliederungsvoraussetzungen gleichermaßen ausgeprägt vorliegen.

Unter der **finanziellen** Eingliederung ist der Besitz der entscheidenden Anteilsmehrheit an der Organgesellschaft zu verstehen, die es ermöglicht, Beschlüsse in der Organgesellschaft durchzusetzen.[119]

Die **organisatorische** Eingliederung liegt vor, wenn der Organträger durch organisatorische Maßnahmen sicherstellt, dass in der Organgesellschaft sein Wille auch tatsächlich ausgeführt wird. Das ist z. B. durch Personalunion der Geschäftsführer in beiden Gesellschaften oder nach Abschluss eines Beherrschungsvertrags zwischen Organträger und Organgesellschaft der Fall.

Wirtschaftliche Eingliederung bedeutet, dass die Organgesellschaft gemäß dem Willen des Organträgers im Rahmen des Gesamtunternehmens, und zwar in einem engen wirtschaftlichen Zusammenhang mit diesem, wirtschaftlich tätig ist. Sie kann bei entsprechend deutlicher Ausprägung der finanziellen und organisatorischen Eingliederung bereits dann vorliegen, wenn zwischen dem Organträger und der Organgesellschaft aufgrund gegenseitiger Förderung und Ergänzung mehr als nur unerhebliche Beziehungen bestehen. Eine Abhängigkeit der Organgesellschaft vom Organträger braucht dann nicht zu bestehen.[120]

---

119 Vgl. 2.4 Ertragsteuer-ABC, Stichwort: Organschaft.
120 UStR 21 Abs. 5.

Beispiel: Eingliederungsvoraussetzungen

> Eine gemeinnützige Krankenhaus-GmbH ist zu 75 % an einer Krankenhauswäscherei GmbH beteiligt. Der beim Krankenhaus angestellte Prokurist A ist zugleich alleiniger Geschäftsführer der Krankenhauswäscherei GmbH. Die Krankenhauswäscherei reinigt gegen Entgelt u. a. die Wäsche ihrer Muttergesellschaft und wird auch für Dritte tätig.
> Es besteht eine umsatzsteuerliche Organschaft zwischen der Krankenhaus-GmbH (Organträger) und der Krankenhauswäscherei (Organgesellschaft). Die Krankenhauswäscherei ist finanziell, organisatorisch und wirtschaftlich in die Krankenhaus-GmbH eingegliedert. Mit 75 % Beteiligung besteht ein Mehrheitsverhältnis; die Prokurastellung des Geschäftsführers bei der Muttergesellschaft reicht aus, um die Voraussetzungen der organisatorischen Eingliederung zu bejahen. Die Wäscherei wird somit für die Muttergesellschaft im Rahmen des Gesamtunternehmens tätig. Es liegt ein → *Innenumsatz* vor, so dass USt nicht auszuweisen ist.

Die Voraussetzungen für die umsatzsteuerliche Organschaft sind nicht identisch mit den Voraussetzungen der körperschaftsteuerlichen oder gewerbesteuerlichen Organschaft. Insbesondere ist das Vorliegen eines Ergebnisabführungsvertrags (EAV) für die umsatzsteuerliche Organschaft nicht erforderlich.

3. Rechtsfolgen
Wenn eine Organschaft besteht, hat das folgende Auswirkungen:

- Die Umsätze der Organgesellschaft werden dem Organträger zugerechnet.
- Organträger und Organgesellschaft(en) bilden ein Unternehmen.
- Der Organträger ist Schuldner der USt für alle Leistungen des Organkreises und Vorsteuerabzugsberechtigter für alle Eingangsumsätze des Organkreises. Er hat für den gesamten Organkreis die umsatzsteuerlichen Pflichten zu erfüllen, was insbesondere die Abgabe der USt-Voranmeldungen und der USt-Jahreserklärung einschließt.
- Die Umsätze zwischen der Organgesellschaft und dem Organträger bzw. zwischen mehreren Organgesellschaften gelten als sogenannte nicht steuerbare → *Innenumsätze*. Diese Umsätze sind für die USt irrelevant.

Die **Abrechnungen** zwischen den Gesellschaften des Organkreises gelten nicht als → *Rechnungen* i.S.d. § 14 UStG. Wird fälschlicher Weise innerhalb des Organkreises eine „Rechnung" mit USt ausgestellt, handelt es sich umsatzsteuerlich nicht um Rechnungen, sondern um unternehmensinterne Belege, so dass natürlich ein Vorsteuerabzug aus diesen Belegen nicht in Betracht kommt. Für die in diesem Beleg ausgewiesene USt ist § 14 c UStG, demzufolge die unberechtigt ausgewiesene USt vom Aussteller der Rechnung geschuldet wird, nicht anzuwenden.[121]

---

121 UStR 183 Abs. 4.

Besonderheiten ergeben sich für die **Rechnungslegung**. Da allein der Organträger umsatzsteuerlicher Unternehmer ist, muss die Organgesellschaft in ihren Rechnungen entweder die Steuernummer oder die USt-IdNr. des Organträgers oder ihre eigene USt-IdNr. angeben.[122] Nicht korrekt wäre daher, wenn die Organgesellschaft lediglich ihre eigene Steuernummer auf der Rechnung angeben würde.

Bei größeren Organkreisen mit mehreren Organgesellschaften, z. B. im Krankenhauskonzern, kann es empfehlenswert sein, wenn die einzelnen Organgesellschaften interne USt-Voranmeldungen und interne USt-Jahreserklärungen erstellen und dem Organträger in dieser Form zur Erstellung der einheitlichen Erklärung für den Organkreis gegenüber dem Finanzamt vorlegen. Außerdem dienen die internen Unterlagen in der Regel der Zahlungsabwicklung im Organkreis, da im Verhältnis zu den Organgesellschaften der Organträger Gläubiger der USt-Abschlusszahlung bzw. Schuldner der USt-Erstattungsansprüche (bei Vorsteuerüberhang) der Organgesellschaften ist.

4. Organschaft im Krankenhausbereich

4.1 Organschaft in Ausgliederungsfällen

Die Möglichkeiten zur Begründung einer umsatzsteuerlichen Organschaft spielen im Krankenhausbereich eine wesentliche Rolle. Die Krankenhäuser erbringen in der Regel überwiegend steuerfreie Ausgangsumsätze gemäß § 4 N. 16 UStG, die den Vorsteuerabzug ausschließen. Werden nun im Ergebnis von Ausgliederungen bisher vom Krankenhaus selbst erbrachte medizinische und nicht medizinische Leistungen von Tochter- oder Servicegesellschaften außerhalb einer Organschaft eingekauft, führt die beim Krankenhaus nicht als Vorsteuer abziehbare Umsatzsteuer zu Mehrkosten. Dass für eine Ausgliederung diverse Motive und Interessenlagen sprechen können, trifft zu, soll hier aber nicht vertieft werden. Häufig kann eine Servicegesellschaft besser ausgelastet werden und daher zu anderen Konditionen (auch am Markt) tätig werden.

Beispiel: a) USt als Kostenfaktor

> Ein Krankenhaus gliedert ihre Reinigungsabteilung in eine Servicegesellschaft aus. Durch diesen Schritt sollen Kosteneinsparungen und Kapazitätsauslastungen erreicht werden. Die Reinigungsabteilung hat im Krankenhaus Kosten in Höhe von insgesamt 158.000 € verursacht. Davon entfielen auf Personalkosten 100.000 € und auf Sachkosten für Reinigungsmittel usw. brutto 58.000 € (incl. 16 % USt). Ein Vorsteuerabzug war nicht möglich.
> Nach der Ausgliederung der Reinigungsabteilung hat sich zunächst an der Höhe der Kosten nichts geändert. Jedoch steht der Servicegesellschaft der Vorsteuerabzug zu, da die Gesellschaft steuerpflichtige Ausgangsumsätze an das Krankenhaus erbringt. Die Servicegesellschaft berechnet dem Krankenhaus die entstandenen Kosten wie folgt:

---

[122] UStR 185 Abs. 6.

Personalkosten	100.000 €
Sachmittelkosten (netto)	50.000 €
Gewinnzuschlag (5 %)	7.500 €
Summe	157.500 €
USt 16 %	25.200 €
Rechnungsbetrag	**182.700 €**

Infolge der Ausgliederung erhöhen sich für das Krankenhaus die Reinigungskosten somit um 24.700 €. Der Anstieg der Kosten ist zurückzuführen auf den Gewinnzuschlag und auf die Umsatzsteuer, die auf die Personalkosten und den Gewinnzuschlag erhoben wird.

Beispiel: b) Organschaft bei Ausgliederungen von Abteilungen

Das (unbefriedigende) Ergebnis zu a) kann durch die Begründung einer umsatzsteuerlichen Organschaft überwiegend beseitigt werden. Voraussetzung: die Servicegesellschaft müsste finanziell, organisatorisch und wirtschaftlich in das Krankenhaus eingegliedert werden. Für ihre Leistungen an das Krankenhaus (Organträger) rechnet die Servicegesellschaft (Organgesellschaft) dann wie folgt ab:

Personalkosten	100.000 €
Sachmittelkosten (brutto!)	58.000 €
Gewinnzuschlag (5 %)	7.900 €
Summe	**165.900 €**

Ein Vorsteuerabzug aus den Sachmittelkosten kommt nicht infrage, da dieser Leistungsbezug infolge der Organschaft direkt den steuerfreien Krankenhausumsätzen des Organträgers zugerechnet wird, für die der Vorsteuerabzug ausgeschlossen ist.

Die Beispiele verdeutlichen, dass mit der umsatzsteuerlichen Organschaft die Erhöhung der Kosten durch die USt-Belastung der Personalkosten teilweise vermieden werden kann. In Ausgliederungsfällen sollten daher Gestaltungen gewählt werden, bei denen die Begründung einer umsatzsteuerlichen Organschaft möglich ist. Andererseits wird das Krankenhaus aus ertragsteuerlichen Gründen zur Vermeidung einer verdeckten Gewinnausschüttung (vGA) bei der Tochtergesellschaft mit einem Gewinnzuschlag belastet (vgl. ABC der Ertragsbesteuerung, Stichwort: verdeckte Gewinnausschüttung), der auf Ebene der Tochtergesellschaft ggf. zu Ertragsteuern führt. Dies zeigt, dass eine isoliert umsatzsteuerliche Bewertung möglicher Rechtsfolgen in Ausgliederungsfällen nicht der steuerlichen Komplexität von Ausgliederungsvorgängen Rechnung trägt. Steuerliche Beratung ist deshalb vor der Ausgliederung einzuholen.

In den folgenden Ausgliederungs- und Kooperationsfällen ist eine umsatzsteuerliche Organschaft **nicht** möglich:

- Errichtung einer Einkaufsgesellschaft oder gemeinsamen Tochtergesellschaft, an der die beteiligten Krankenhäuser keine finanzielle Mehrheit besitzen. Bei einer Beteiligung von jeweils 50 % ist eine finanzielle Eingliederung der Tochtergesellschaft nicht möglich.
- Der Zusammenschluss von Gesellschaftern zu einer Personengesellschaft, z. B. Gesellschaft bürgerlichen Rechts, begründet keine Organgesellschaft.
- Tochtergesellschaft, bei der den Minderheitsgesellschaftern besondere Stimmrechte eingeräumt werden, so dass dem Krankenhausträger auch bei Kapitalmehrheit die Stimmrechtsmehrheit nicht vermittelt wird

4.2 Umsatzsteuerliche Organschaft und Steuerbefreiung (§ 4 Nr. 16 UStG)

Die Steuerbefreiungen gemäß § 4 Nr. 16 UStG können grundsätzlich nur von den dort genannten Einrichtungen beansprucht werden. Somit schlägt die Organschaft bzgl. der Steuerbefreiung für Krankenhausumsätze nicht automatisch auf die → *Organgesellschaften* des Organkreises durch. Die Steuerbefreiungen sollen nämlich nur den **begünstigten Einrichtungen** zugute kommen. Daher können die Außenumsätze einer Organgesellschaft, die für sich allein betrachtet steuerpflichtig sind, nicht auf Ebene des → *Organträgers* in steuerfreie Krankenhausumsätze umgewandelt werden. Der BFH begründet dies damit, dass die Befreiung der Umsätze nicht den Träger des Krankenhauses begünstigen soll, sondern den Zweck hat, die Kosten der ärztlichen Heilbehandlung zu senken.[123]

Beispiel: Steuerbefreiung gemäß § 4 Nr. 16 UStG bei Organschaft

> Zwischen der ein Krankenhaus betreibenden Klinik-GmbH (Organträger) und der Kur-GmbH (Organgesellschaft) besteht eine umsatzsteuerliche Organschaft. Die Klinik-GmbH erbringt ausschließlich steuerfreie Krankenhausumsätze. Zu den Außenumsätzen der Kur-GmbH gehören u. a. auch Leistungen aus der ambulanten Durchführung von Heil- und ähnlichen Behandlungen aufgrund ärztlicher Verordnungen.
> Die Umsätze aus der Behandlung und Versorgung ambulanter Patienten durch die Kur-GmbH sind nur dann gemäß § 4 Nr. 16 UStG steuerfrei, wenn die Umsätze durch eine Einrichtung der Kur-GmbH erbracht werden, die als Krankenhaus i. S. v. § 4 Nr. 16 UStG zu qualifizieren ist. Da die Kur-GmbH kein Krankenhaus betreibt, kommt die Steuerbefreiung nicht in Betracht. Die Umsätze der Kur-GmbH können auch nicht als unselbständige Nebenleistungen der steuerfreien Hauptleistung (Krankenhausumsätze der Klinik-GmbH) angesehen werden. Nach der neueren Rechtsprechung des BFH scheidet auch die Inanspruchnahme der Steuerbefreiung gemäß § 4 Nr. 14 UStG für die ärztlichen Leistungen der Kur-GmbH aus (→ *Rechtsform des Unternehmers*).

Organträger

Organträger kann jeder im Inland tätige umsatzsteuerliche Unternehmer sein. Als Organträger kommen daher Einzelunternehmer (freiberuflich tätige Ärzte), Personengesellschaften (Sanatorium GmbH & Co. KG) und Kapitalgesellschaften

---

123 BFH-Urteil v. 22.05.2003, UR 2003, S. 541.

(Krankenhaus-GmbH, Krankenhaus-Stiftung usw.) in Betracht. Auch eine jPdöR kann Organträger sein, wenn sie unternehmerisch tätig ist (Krankenhaus-BgA).

Die die Unternehmereigenschaft begründenden entgeltlichen Leistungen können auch ausschließlich gegenüber → *Organgesellschaften* erbracht werden, so dass insbesondere auch geschäftsleitende Holdinggesellschaften als Organträger infrage kommen können.[124]

Auch steuerbegünstigte Körperschaften, die ausschließlich steuerbefreite Umsätze erbringen, z.B. eine gemeinnützige Krankenhaus-GmbH, können Organträger sein.

Orthopädische Versorgungseinrichtungen
Insbesondere Unfallkrankenhäuser unterhalten ggf. orthopädische Werkstätten, in denen Körperersatzstücke und orthopädische Hilfsmittel hergestellt werden. Sofern Patienten des Krankenhauses mit diesen Gegenständen im Zusammenhang mit der stationären oder ambulanten Heilbehandlung versorgt werden, liegt ein → *eng verbundener* (steuerfreier) *Umsatz* vor, da diese Lieferung als unmittelbarer Bestandteil der Heilbehandlung anzusehen ist.

Hingegen ist die Lieferung von Körperersatzstücken und orthopädischen Hilfsmitteln steuerpflichtig, wenn sie nicht unmittelbar mit einer vom Krankenhaus durchgeführten Heilbehandlung zusammenhängt, z.B. bei Lieferungen an Wiederverkäufer.[125] Die steuerpflichtigen Umsätze der orthopädischen Werkstätten unterliegen dem → *ermäßigten Steuersatz*, wenn die verkauften Gegenstände in der Nr. 52 der Anlage 2 zu § 12 Abs. 1, 2 UStG aufgeführt sind.

Pathologie
Gelegentlich wird Bestattungsunternehmern gegen Entgelt das Recht eingeräumt, Leichen vorübergehend zur Kühlung in der Krankenhauspathologie einzulagern. Die umsatzsteuerliche Behandlung dieser Umsätze ist unklar. Nach der hier vertretenen Auffassung erbringt das Krankenhaus eine Kühlleistung, die dem Regelsteuersatz unterliegt. Sofern die Leichenkühlung bei einem steuerbegünstigten Krankenhaus im Rahmen eines Zweckbetriebs (→ *Selbstversorgungseinrichtung*) erbracht wird, ist der ermäßigte Steuersatz anzuwenden. Auch bei einer langfristigen Überlassung von Kühlzellen ist u.E. nicht von einem Vermietungsumsatz i.S.v. § 4 Nr. 12 UStG auszugehen, weil auf die Kühlung abzustellen ist.

In der Praxis ist zunehmend anzutreffen, dass die Krankenhausträger mit örtlichen Bestattungsunternehmen Vereinbarungen treffen, die das **Sterbefallmanagement** zum Inhalt haben. Abhängig vom Einzelfall sind verschiedene Gestaltungsmodelle denkbar, die z.B. die Aufgabenverteilung, die Nutzung der Infrastruktur einschließlich Kühlung und die Vergütung regeln. Die umsatzsteuerliche Einordnung richtet sich nach der getroffenen Vereinbarung.

Patienten
Die Umsätze aus der Behandlung der Patienten im Krankenhaus gehören zum Kerngeschäft. Sie sind als typische Krankenhausumsätze im Wesentlichen von

---
124 UStR 21 Abs. 2.
125 OFD Hannover, Vfg. v. 21.10.1998, UVR 1999, S. 113.

der USt befreit. Die Steuerbefreiung umfasst nicht nur die von den Sozialversicherungsträgern und privaten Kassen erstatteten Kosten, sondern auch die von den Patienten selbst zu tragenden Kosten der Krankenhausbehandlung. Dies ergibt sich aus der Rechtsprechung des BFH, wonach die Steuerbefreiung der Krankenhausumsätze auch der Kostenentlastung der betroffenen Bevölkerungskreise dient. Die Grenze zwischen steuerfreien und steuerpflichtigen Krankenhausleistungen ist sicherlich dort zu ziehen, wo die Krankenhausbehandlung nicht mehr vorrangig medizinisch indizierten Zwecken dient (→ *Schönheitsoperation*) bzw. die im Rahmen der Krankenhausbehandlung anfallenden Behandlungskosten nicht mehr angemessen sind.

Die nachfolgende Tabelle gibt einen **Überblick** über die steuerliche Einordnung der typischen Lieferungen und Leistungen eines Krankenhauses an die Patienten:

Lieferungen und Leistungen an Patienten	Steuerfrei	Steuerpflichtig
Ambulante Behandlung und Versorgung:		
Besonderheiten gelten für → *ambulantes Operieren* fremder Ärzte im Krankenhaus	X	
Arzneimittellieferung:		
bei stationärer bzw. teilstationärer Krankenhausbehandlung	X	
Arzneimittellieferung bei ambulanter Behandlung:		
ab 01.01.2005 nach Auffassung der Finanzverwaltung → *Apotheke*		X
Ästhetisch-plastische Leistungen:		
→ *Schönheitsoperationen*[126]		X
Automatenumsätze:		
→ *Automatenumsätze* vom Krankenhaus selbst betriebene Automaten[127]: bis 31.12.2004 Auffassung der Finanzverwaltung	X	
ab 01.01.2005 wegen des Wettbewerbs zu den gewerblichen Aufstellern[128]		X

---

126 OFD Düsseldorf, Kurzinfo USt v. 16.11.2005, DB 2005, S. 2555; BFH-Urteil v. 15.07.2004, V R 27/03, BStBl II 2004, S. 862; mit Anm. dazu: Ganse: in Krhs 2005, S. 38–39; BFH-Beschluss v. 22.02.2006, V B 30/05, BFH/NV 2006, S. 1168: keine weitere Klärung durch die Rechtsprechung erforderlich.
127 OFD Hannover, Vfg. v. 21.10.1998, UVR 1999, S. 113.
128 Bislang wurden die Umsätze aus den selbst betriebenen Automaten ohne nähere Begründung als eng verbundene Umsätze eingestuft. Es wurde auf die Verfahrensweise bei der Erstattung von Fernsprechgebühren verwiesen (vgl. nachstehende Fußnote). U.E. waren diese Umsätze bereits in der Vergangenheit aus Wettbewerbsgründen umsatzsteuerpflichtig.

4 Umsatzsteuer

Lieferungen und Leistungen an Patienten	Steuerfrei	Steuerpflichtig
Umsätze aus der entgeltlichen Überlassung des Rechts zur Aufstellung fremder Automaten[129]	X	
Beköstigung:		
→ Cafeteria → Krankenhausküche bis 31.12.2004 (auch Lieferung zusätzlicher Getränke[129a]):	X	
ab 01.01.2005: nur Lieferung zusätzlicher Getränke		X
Kindertagesstätte des Krankenhauses:		
Betreuungs- und Beköstigungsleistungen für die Kinder der im Krankenhaus untergebrachten Patienten (z. B. bei alleinstehenden Müttern), da diese Leistungen i. d. R. einen unmittelbaren Einfluss auf den Heilungsprozess haben. Insoweit keine Konkurrenz zu anderen Einrichtungen, da die Umsätze der freien Träger von Kindertagesstätten ebenfalls befreit sind (§ 4 Nr. 23 UStG).	X	
Körperersatzstücke und orthopädische Hilfsmittel:		
Versorgung bei stationärer oder ambulanter Behandlung gilt als Bestandteil der Heilbehandlung	X	
Lieferung an Wiederverkäufer		X
Präventivmaßnahmen:		
→ Präventivbehandlungen	X	
Schönheitsoperationen:		
einschließlich der Pflege- und Betreuungsleistungen sowie der Unterbringung und Beköstigung		X
Stationäre und teilstationäre Aufnahme:		
einschließlich der ärztlichen und pflegerischen Betreuung	X	
Überlassung von Büchern, Rundfunk-, Fernseh- und Telefongeräten, Internetanschluss (entgeltliche Nebenleistungen):		
bis 31.12.2004[130]	X	

---

129 OFD Hannover, Vfg. v. 21.10.1998, UVR 1999, S. 113; n. E. Überlassung von Rechten im Rahmen der Vermögensverwaltung, die dem ermäßigten Stuersatz unterliegt.
129a UStR (2000) 100 Abs. 2 Nr. 4.
130 UStR (2000) 100 Abs. 2 Nr. 6; OFD Hannover, Vfg. v. 21.10.1998, UVR 1999, S. 113.

Lieferungen und Leistungen an Patienten	Steuerfrei	Steuerpflichtig
ab 01.01.2005 mit Bezug auf UStR 2005: Dienstleistungen, die (nur) den Komfort und das Wohlbefinden der Patienten verbessern, wie z. B. die Überlassung von Telefon- und Fernsehgeräten, gehören (auch) nach Auffassung des EuGH[131] regelmäßig nicht (mehr) zu den → *eng verbundenen Umsätzen* (s. weitere Ausführungen auch zu den möglichen Ausnahmen dort).		X
Unterbringung:		
stationärer Aufenthalt	X	
Warenverkauf:		
z. B. Süßigkeiten, Getränke, Zeitungen, Postkarten und ähnliche Gegenstände bis 31.12.2004[132]	X	
ab 01.01.2005: (Beachte: werden Waren von Kantinen- oder Kioskpächtern im Krankenhaus an Patienten verkauft liegen steuerpflichtige Umsätze dieser Pächter vor.)		X
Wellnessbehandlungen:		
→ *Wellnessbehandlungen*		X

Personal

Eine Vielzahl von Lieferungen und Leistungen an das Krankenhauspersonal wurden von der Finanzverwaltung bislang als mit dem Krankenhausbetrieb → *eng verbundene Umsätze* angesehen. Das galt auch dann, wenn diese Leistungen nicht Vergütungen für geleistete Dienste sind.[133] Dies wurde im Wesentlichen damit begründet, dass die Umsätze an das Krankenhauspersonal regelmäßig und allgemein bei laufendem Betrieb eines Krankenhauses vorkommen und mit diesem Betrieb zumindest mittelbar zusammenhängen. Dies ist z. B. hinsichtlich der Lieferungen und Leistungen an angestellte Ärzte für deren freiberufliche Tätigkeiten zutreffend. Zum Teil war es aber nicht nachvollziehbar, weshalb bestimmte Leistungen an das Krankenhauspersonal von der Umsatzsteuer befreit wurden (z. B. Umsätze aus der Beherbergung, Beköstigung und sonstigen Naturalleistungen).

Mit Veröffentlichung der **UStR 2005** wurden Steuerbefreiungen für einige der o. g. Umsätze an das Personal des Krankenhauses gestrichen. Bis zum 31. De-

---

131 Vgl. EuGH-Urteil v. 1.12.2005, C-394/04, C-395/04, Rechtsangelegenheit aus Griechenland, UR 2006, S. 171 ff; DStRE 2006, S. 286 ff.
132 OFD Hannover, Vfg. v. 21.10.1998, UVR 1999, S. 113.
133 UStR (2000) 100 Abs. 2 Nr. 5 und Nr. 6; OFD Hannover, Vfg. v. 21.10.1998, UVR 1999, S. 113.

zember 2004 können sich die Krankenhausträger auf die insoweit großzügige Verwaltungspraxis verlassen, da die Finanzämter an die UStR und die jeweiligen Ländererlasse gebunden sind. Gemäß UStR 284 gelten die UStR 2005 für Umsätze, die **nach dem 31. Dezember 2004** ausgeführt werden.

Die mitunter etwas unsystematisch erscheinenden **Abgrenzungen** zwischen den steuerbefreiten und steuerpflichtigen Umsätzen an das Krankenhauspersonal können der nachfolgenden Tabelle entnommen werden. Zum Krankenhauspersonal zählen auch Auszubildende und Praktikanten, die nicht zu den Angestellten des Krankenhauses gehören, aber wie eigene Arbeitnehmer in den Arbeitsprozess des Krankenhauses eingebunden sind. Nicht (mehr) zum Krankenhauspersonal gehören die Arbeitnehmer der in rechtlich selbständige Gesellschaften ausgegliederten Krankenhausabteilungen (z.B. Krankenhausküche und Krankenhausapotheke). Das gilt u.E. auch dann, wenn diese Gesellschaften durch eine umsatzsteuerliche → *Organgesellschaft* in das Unternehmen des Krankenhausträgers eingegliedert sind.

Lieferungen und Leistungen an das Krankenhauspersonal	Steuerfrei	Steuerpflichtig
Arzneimittelverkauf:		
→ *Apotheke* bis 31.12.2004[134]	X	
ab 01.01.2005[135]		X
Beherbergung:		
(z.B. im Schwesternwohnheim) bis 31.12.2004[136]	X	
ab 01.01.2005 Steuerbefreiung (§ 4 Nr. 12 a UStG)[137]	X	
u.E. bei nur kurzfristiger Beherbergung (→ *Vermietung*)		X
Beköstigung:		
→ *Cafeteria* → *Krankenhausküche* bis 31.12.2004[138]	X	

---

134 UStR (2000) 100 Abs. 2 Nr. 5.
135 UStR 100 Abs. 3 Nr. 2.
136 UStR (2000) 100 Abs. 2 Nr. 5.
137 Vermietung möblierter Zimmer: auf Einrichtungsgegenstände entfallende Leistung u.U. steuerpflichtig, vgl. Klenk, in: Sölch/Ringleb: a.a.O., § 4 Nr. 12 Rz 21, Stichwort: Einbaumöbel; a.A.: Nauen: Umsatzsteuerliche Behandlung der Vermietung; Krhs 2005, S. 1025–1026.
138 UStR (2000) 100 Abs. 2 Nr. 5.

Lieferungen und Leistungen an das Krankenhauspersonal	Steuerfrei	Steuerpflichtig
Beköstigung:		
ab 01.01.2005[139]		X
Ausnahme: Beköstigung von Medizinstudenten im Uni- und Lehrkrankenhaus[140] (→ *Universitätsklinikum*)	X	
Fernsprechgebühren:		
Erstattung für die Benutzung der Telefonanlage bis 31.12.2004[141]	X	
Erstattung für die Benutzung der Telefonanlage ab 01.01.2005		X
Kindertagesstätte des Krankenhauses:		
Die unentgeltliche Betreuung der Kinder von Arbeitnehmern in Betriebskindergärten gehört zu den → *Leistungen an Arbeitnehmer im ganz überwiegend betrieblichen Interesse*; sie unterliegt nicht der Umsatzsteuer, so dass es auf eine USt-Befreiungsnorm nicht ankommt.[142]	nicht steuerbar	
Die entgeltliche Betreuung der Kinder von Arbeitnehmern in Betriebskindergärten gehört zu den → *eng verbundenen Krankenhausumsätzen*.[143]	X	
Überlassung von Einrichtungen und medizinisch-technischen Großgeräten sowie die Gestellung von medizinischem Hilfspersonal an angestellte Krankenhausärzte für deren selbständige Tätigkeit:		
Auffassung der Finanzverwaltung[144]	X	

---

139 Nach Auffassung von Kohlhepp/Kohlhepp soll die Verpflegung der Mitarbeiter unverändert steuerfrei sein, weil die Krankenhausküche in der Regel nicht im Wettbewerb zu Drittanbietern steht (Krhs 2005, S. 975–980, Kritische Anm. zur Verschärfung der Umsatzsteuererhebung). U. E. stehen die Krankenhausküchen im Wettbewerb zu anderen Anbietern (Kantinen, Caterer usw.), so dass die Steuerpflicht insofern gerechtfertigt ist.
140 Die Finanzverwaltung wird voraussichtlich (s.a. UStR 2005) hier noch eine andere Bewertung vornehmen und diese Umsätze den eng verbundenen Umsätzen nicht zuordnen.
141 UStR (2000) 100 Abs. 2 Nr. 6; OFD Hannover, Vfg. v. 21.10.1998, UVR 1999, S. 113.
142 UStR 12 Abs. 4 Nr. 7 UStG.
143 Knorr/Klaßmann: a.a.O., S. 379.
144 UStR 100 Abs. 2 Nr. 4 und 5.

4 Umsatzsteuer

Lieferungen und Leistungen an das Krankenhauspersonal	Steuer-frei	Steuer-pflichtig
bei sinngemäßer Anwendung des BFH-Urteils vom 06.04.2005[145] (→ *Nutzungsüberlassung medizinisch-technischer Großgeräte*)		X
Überlassung von Parkplätzen auf dem Betriebsgelände:		
Die **unentgeltliche** Überlassung gehört zu den → Leistungen *an Arbeitnehmer im ganz überwiegend betrieblichen Interesse*; sie unterliegt nicht der Umsatzsteuer, so dass es auf eine USt-Befreiungsnorm nicht ankommt.[146]	nicht steuer-bar	
entgeltliche Überlassung bis 31.12.2004[147]	X	
ab 01.01.2005:		X

Personalgestellung
→ *Gestellung von Diakonissen*
Für die Personalgestellung von Ärzten und medizinischem Hilfspersonal sind die in der nachfolgenden Tabelle aufgeführten **Abgrenzungen** zu beachten:

Personalgestellung an:	Steuer-frei	Steuer-pflichtig
angestellte Ärzte		
Umsätze an angestellte Krankenhausärzte für deren selbständige Tätigkeiten (z. B. Überlassung von Assistenzärzten und Hilfspersonal) gehören zu den → *eng verbundenen Umsätzen*.[148]	X	
Krankenhäuser und Einrichtungen anderer Träger		
Gestellung von Ärzten und medizinischem Hilfspersonal an diese Träger gehört zu den → *eng verbundenen Umsätzen*.[149]		

---

145 BFH-Urteil vom 06.04.2005, I R 85/04, DStR 2005, S. 1002.
146 UStR 12 Abs. 4 Nr. 5.
147 UStR (2000) 100 Abs. 5.
148 UStR 100 Abs. 2 Nr. 4; OFD Hannover, Vfg. v. 21.10.1998, UVR 1999, S. 113; BMF-Schreiben v. 15.06.2006, IV A 6-S 7170-39 706, BStBl I 2006, S. 405.
149 UStR 100 Abs. 2 Nr. 9.

Personalgestellung an:	Steuerfrei	Steuerpflichtig
Krankenhausapotheken anderer Träger		
Die Leistungen unterliegen grundsätzlich der USt, da sie im Wesentlichen dazu bestimmt sind, dem Krankenhaus zusätzliche Einnahmen im Wettbewerb zu nicht begünstigten gewerblichen Unternehmen (Apotheken) zu verschaffen.[150]		X
Laborgemeinschaften		
Die Leistungen unterliegen grundsätzlich der USt, da die Personalgestellung im Regelfall nicht zu den typischen Krankenhausumsätzen gehört. Außerdem steht sie in unmittelbarem Wettbewerb zu umsatzsteuerlich nicht begünstigten Personalvermittlungsunternehmen.[151]		X
niedergelassene Ärzte		
Leistungen unterliegen regelmäßig der USt.		X
Ausnahmen: a) Nach Auffassung des BFH[152] ist die Personalgestellung dann steuerfrei, wenn der Krankenhausträger das Personal einer aufgelösten und auf die ärztliche Gemeinschaftspraxis übertragenen Krankenhausabteilung gegen Erstattung der tatsächlichen Kosten zur Verfügung stellt. Weitere Voraussetzung ist, dass nach dem Kooperationsvertrag mit der Gemeinschaftspraxis das Krankenhaus und nicht die Gemeinschaftspraxis in unmittelbare Rechtsbeziehungen zu den Patienten tritt. (Hinweis: Dieser Sachverhalt kann eintreten, wenn bei Privatisierungen bzw. Umstrukturierungen das Personal infolge bedingter Zwänge nicht ausgelagert werden kann und deshalb beim Krankenhausträger verbleibt, z.B. Unkündbarkeit wegen Anstellung im öffentlichen Dienst.)	X	

---

150 OFD Hannover, Vfg. v. 21.10.1998, UVR 1999, S. 113.
151 Ebenda S. 113
152 BFH-Urteil v. 18.01.2005, V R 35/02, DStRE 2005, S. 526; Schleswig-Holsteinisches FG, Urteil v. 19.03.2002, EFG 2002, S. 1410.

Personalgestellung an:	Steuer-frei	Steuer-pflichtig
b) Die Personalgestellung kann gemäß BFH-Urteil[153] ebenfalls steuerfrei sein, wenn sie an eine Arztpraxis gegen Kostenerstattung im Gegenzug für die unentgeltliche Nutzung der Großgeräte der Arztpraxis, die in den (angemieteten) Räumen des Krankenhauses betrieben wird, erfolgt. Beide Ausnahmen sind u.E. Einzelfallentscheidungen, die für die Praxis mangels vergleichbar gestaltbarer Sachverhalte kaum relevant sein dürften.	X	
Privatkliniken:		
als Krankenhaus i.S.v. § 4 Nr. 16 UStG anerkannt[154]	X	
kein Krankenhaus i.S.v. § 4 Nr. 16 UStG		X
im Zusammenhang mit der Überlassung von medizinisch-technischen Großgeräten:		
Leistungen unterliegen regelmäßig der USt.		X
Ausnahmen: a) Die Personalgestellung, die im Zusammenhang mit der Nutzungsüberlassung medizinisch-technischer Großgeräte an Krankenhäuser und/oder an niedergelassene Ärzte zur Mitbenutzung erfolgt, wird ausnahmsweise als steuerfreier Umsatz angesehen. Die Finanzverwaltung führt als Begründung an, dass der mit den Krankenhausumsätzen → *eng verbundene Umsatz* der Großgeräteüberlassung nur sinnvoll ausgeführt werden kann, wenn das in der Bedienung der Großgeräte geschulte Personal ebenfalls gestellt wird.[155]	X	
b) Nach Auffassung des BFH[156] kann eine Personalgestellung durch ein Krankenhaus an eine Arztpraxis auch dann steuerfrei sein, wenn das Krankenhaus medizinische Großgeräte der Arztpraxis unentgeltlich durch eigenes Personal nutzen darf und im Gegenzug sein Personal zur Bedienung der Geräte für die Nutzung durch die Arztpraxis gegen Kostenerstattung überlässt.	X	

---

153 BFH-Urteil v. 25.01.2006, V R 46/04, DStRE 2006, S. 548.
154 UStR 100 Abs. 2 Nr. 9.
155 UStR 100 Abs. 2 Nr. 5; OFD Cottbus, Vfg. v. 18.06.1998, NWB D Spezial 1998, S. 5; FG Rheinland-Pfalz, Urteil v. 25.02.2004, EFG 2004, S. 1799.
156 BFH-Urteil v. 25.01.2006, V R 46/04, DStRE 2006, S. 548.

Die Umsätze aus der Überlassung von **nichtmedizinischem Personal**, wie z. B. Verwaltungspersonal, unterliegen in der Regel der USt (→ *Geschäftsbesorgungsleistungen für Dritte*).

Sofern eine **jPdöR** ein bisher als Eigenbetrieb geführtes Krankenhaus in private Trägerschaft (z. B. Krankenhaus-GmbH) überführt und die unkündbar im öffentlichen Dienst beschäftigten Arbeitnehmer dem privaten Träger gegen Entgelt überlässt wird nach Auffassung der Finanzverwaltung bei der jPdöR kein → *Betrieb gewerblicher Art (BgA)* angenommen, so dass die Personalgestellung nicht der USt unterliegt.[157]

Pflegeheime
→ *Altenheime*

Plastische Chirurgie
Grundsätzlich gehören vom Krankenhaus erbrachte Leistungen der plastischen Chirurgie zu den → *eng verbundenen Umsätzen*. In der Vergangenheit wurde kaum danach differenziert, ob es sich um **medizinisch** indizierte **oder** rein **ästhetisch** motivierte Operationen handelte. Dies hat sich inzwischen geändert. Ausgelöst durch den Boom bei den sogenannten → *Schönheitsoperationen* hat sich auch die Finanzverwaltung dieser Problematik angenommen. Unter Beachtung der Rechtsprechung[158] werden künftig nur noch die Leistungen der plastischen Chirurgie von der USt befreit, die einem therapeutischen Zweck dienen.[159] Steuerfrei sind danach unverändert die Behandlung von Patienten zur Linderung und Heilung körperlicher Leiden und Störungen, z. B. nach Verbrennungen und Unfällen (Verbrennungschirurgie, rekonstruktive und konstruktive Chirurgie). Begünstigt sind auch plastisch chirurgische Eingriffe zur Beseitigung oder Vorbeugung psychischer Leiden, z. B. durch Beseitigung körperlicher Entstellungen.

Ob ein operativer Eingriff medizinisch notwendig ist oder eine reine Schönheitsoperation vorliegt, ist aus medizinischer Sicht zu beurteilen. Das folgende Beispiel soll zeigen, dass im Einzelfall eine Abgrenzung schwierig sein kann.

---

157 OFD Hannover v. 22.08.2002, UR 2003, S. 42; Einzelheiten: Knorr/Klaßmann: a. a. O., S. 344–350.
158 BFH-Urteil v. 15.07.2004, V R 27/03, BStBl II 2004, S. 862; Krhs 2005, S. 38–39 mit Anm., BFH-Beschluss v. 22.02.2006, V B 30/05, BFH/NV 2006, S. 1168: keine weitere Klärung durch Rechtsprechung erforderlich.
159 OFD Nürnberg, Vfg. v. 07.04.2003, INF 2003, 410; OFD Düsseldorf, Kurzinfo USt v. 11.11.2005, DB 2005, S. 2555.

Beispiel: Abgrenzung zwischen medizinisch indizierter Behandlung und einem Eingriff aus ästhetischen Gründen[160]

> Der medizinische Eingriff zur Brustverkleinerung kann folgende Ursachen haben:
>
> - Eingriff aus rein ästhetischen Gründen;
> - Eingriff zur Linderung oder Vorbeugung psychischer Erkrankungen der Patientin;
> - Eingriff zur Beseitigung oder Verringerung von Haltungs- und Wachstumsschäden.
>
> Während der Eingriff aus ästhetischen Gründen umsatzsteuerpflichtig ist, sind die Umsätze in den beiden anderen Fällen von der USt befreit.

Die Abgrenzung kann praktisch nur vom behandelnden Mediziner vorgenommen werden. Die Finanzverwaltung ist dazu nicht in der Lage. Sie wird aber anhand vorliegender Dokumente (z.B. Krankenakten, Rechnungen, Schriftwechsel mit den Krankenkassen zur Erstattung der Kosten u.a.) eine Bewertung vornehmen. Es ist daher zu empfehlen, dass die Krankenhäuser von den behandelnden Ärzten Aufzeichnungen abfordern, aus denen sich Einzelheiten zur medizinischen Indikation der Behandlungen ableiten lassen. Die medizinische Veranlassung von Schönheitsoperationen ist nach Auffassung des BFH durch den Steuerpflichtigen nachzuweisen, der die Feststellungslast für das Vorliegen einer steuerbefreiten Heilbehandlung trägt.[161]

Praxisklinik
→ *Einrichtungen ärztlicher Befunderhebung*

Privatklinik
→ *Rechtsform des Unternehmers*
Für die Umsätze aus dem Betrieb einer Privatklinik, die nicht die Voraussetzungen des § 67 AO erfüllt, kommt eine Steuerbefreiung gemäß § 4 Nr. 16 b) UStG nicht in Betracht. Unter Berücksichtigung des Beschlusses des BVerfG[162] zur Rechtsformneutralität des § 4 Nr. 14 UStG herrschte die Meinung vor, dass die ärztlichen und arztähnlichen Leistungen der Privatkliniken unter Bezug auf § 4 Nr. 14 UStG von der USt zu befreien sind.[163] Zur Überraschung vieler kam der BFH[164] bei der Beurteilung dieses Sachverhaltes zu einem anderen Ergebnis. Danach sind die Umsätze der Krankenhäuser, zu denen auch die ärztlichen Heilbehandlungen gehören, nur unter den Voraussetzungen des § 4 Nr. 16 b) UStG

---

160 Vgl. Fuhrmann/Strahl: DStR 2005, S. 268, Beispiel 2.
161 BFH-Beschluss vom 22.02.2006, V B 30/05, UStB 2006, S. 156; BFH/NV 2006, S. 1168.
162 BVerfG, Beschluss v. 10.11.1999, BStBl II 2000, S. 162.
163 So auch UStR 93.
164 BFH-Urteil v. 18.03.2004, V R 53/00, BStBl II 2004, S. 677.

i.V.m. §67 AO steuerfrei. §4 Nr.14 UStG findet demzufolge als Steuerbefreiungsnorm für Krankenhäuser keine Anwendung. Im Ergebnis unterliegen daher auch die Umsätze der Privatkliniken aus ärztlichen und arztähnlichen Leistungen der Umsatzsteuer.

Zur Begründung führt der BFH aus,

- dass die mit dem Betrieb eines Krankenhauses → eng verbundenen Umsätze, die neben den Heilbehandlungen grundsätzlich auch die Betreuung und Pflege der Patienten umfassen, keine ärztlichen Tätigkeiten i.S.v. §4 Nr.14 UStG seien.
- dass eine Privatklinik nicht in ihren Grundrechten aus Art. 3 Abs. 1 GG verletzt sei, da es unabhängig von der Rechtsform Gründe dafür gibt die Heilbehandlung eines Krankenhauses von der Steuerfreiheit auszunehmen.

Die Unterscheidung zwischen der Tätigkeit als Arzt und der Tätigkeit als Krankenhaus soll dadurch gerechtfertigt werden, dass die Tätigkeit als Arzt gemäß §4 Nr.14 UStG regelmäßig außerhalb von Krankenanstalten im Rahmen einer auf Vertrauen begründeten Beziehung zwischen behandelndem Arzt und Patienten erbracht würde, während ärztliche Behandlungen durch Krankenhäuser regelmäßig aus einer Gesamtheit von ärztlichen Heilbehandlungen bestehen. Diese könnten umsatzsteuerlich nur einheitlich behandelt werden. Insoweit sei es nach Auffassung des BFH auch sachgerecht, wenn der Gesetzgeber die Leistungen der Krankenhäuser nur unter den Voraussetzungen des §67 AO von der USt befreit.

Diese Begründung des BFH vermag u.E. nicht zu überzeugen. Sie steht im Widerspruch zum o.g. Urteil des BVerfG und zum europäischen Gemeinschaftsrecht. Wir stimmen der kritischen Bewertung[165] des BFH-Urteils zu, die zu Recht darauf hinweist, dass der BFH Privatkliniken, die die Voraussetzungen des §4 Nr.16 b) UStG nicht erfüllen, gegenüber Belegkrankenhäusern, niedergelassenen Ärzten und natürlichen Personen, die ein Krankenhaus betreiben, benachteiligt. Deshalb sind u.U. die ärztlichen und arztähnlichen Leistungen einer Privatklinik gemäß §4 Nr.14 UStG von der USt zu befreien.

Die Finanzverwaltung[166] hat sich hinsichtlich der Behandlung der ärztlichen und arztähnlichen Leistungen einer Privatklinik dem BFH-Urteil angeschlossen (→ *Rechtsform des Unternehmers*). Andererseits wird in der UStR 93 auf die Rechtsformneutralität des §4 Nr.14 UStG hingewiesen.

U.E. sollten sich die Privatkliniken hinsichtlich ihrer ärztlichen und arztähnlichen Leistungen auf den o.g. Beschluss der BVerfG, die gemeinschaftsrechtlichen Regelungen (Art.13 A. Abs.1 b), c) der 6. EG-Richtlinie) und die Regelungen in der UStR 93 beziehen und die Steuerfreiheit dieser Umsätze geltend machen.

---

165 Vgl. Schmidbauer/Wittstock: Umsatzsteuerliche Behandlung einer Privatklinik im Lichte der BFH-Rechtsprechung, UR 2005, S.297–302.
166 OFD Frankfurt am Main v. 19.08.2004, DStR 2005, S.194.

Präventivbehandlungen
Krankenhäuser erbringen Leistungen im Rahmen von Präventivmaßnahmen. Häufig werden die Kosten derartiger Behandlungen von den Krankenkassen (zum Teil) übernommen. Zu den präventiven Behandlungen zählen neben Früherkennungsmaßnahmen z. B. präventive Rückenschule, Wirbelsäulengymnastik, Herz-Kreislauf-Training, Nordic-Walking und Aqua-Fitness. Neben den Krankenhäusern bieten auch selbständige Heilberufe (Ärzte, Krankengymnasten) u. a. Einrichtungen (Kureinrichtungen usw.) diese Behandlungsformen an. Es ist zu prüfen, ob es sich insoweit noch um → *eng verbundene Krankenhausumsätze* handelt. Eine Krankenhausbehandlung dürfte im Fall von krankheitsvorbeugenden Maßnahmen nicht vorliegen. Nach dem Wortlaut von Art. 13 Teil A Abs. 1 b der 6. EG-Richtlinie sind neben den Krankenhausbehandlungen aber auch die von Krankenhäusern erbrachten ärztlichen Heilbehandlungen von der USt zu befreien. Nach Auffassung der EuGH ist der Begriff der ärztlichen Heilbehandlung weit auszulegen.[167] Voraussetzung ist lediglich, dass die Leistungen zur Vorbeugung, Diagnose oder Therapie erbracht werden, also in erster Linie auf den Schutz der Gesundheit der betroffenen Personen ausgerichtet sind. Diese Voraussetzungen dürften regelmäßig vorliegen, so dass die Präventivbehandlungen zu den eng verbundenen steuerbefreiten Krankenhausumsätzen gehören. Unbeachtlich ist ferner, wer die krankheitsvorbeugenden Maßnahmen veranlasst hat. Damit sind auch die Heilbehandlungen von der Steuerbefreiung erfasst, die von dritter Seite organisiert werden, z. B. durch den Arbeitgeber oder die Krankenkassen.[168] Es gilt aber, die steuerpflichtigen → *Wellnessbehandlungen* von den steuerbefreiten Präventivmaßnahmen abzugrenzen.

Eine andere Auffassung zur steuerlichen Einordnung von Präventivmaßnahmen wird von Klähn vertreten, der für vorbeugende, der Gesundheitsfürsorge allgemein dienende Maßnahmen eine Steuerbefreiung nicht in Betracht zieht.[169] Diese Auffassung ist abzulehnen, da sie u.E. die oben zitierte Rechtsprechung des EuGH nicht berücksichtigt.

Rechnung

1. Rechnung im Umsatzsteuerrecht
2. Verpflichtung zur Erteilung von Rechnungen
3. Pflichtangaben in der Rechnung
4. Sonderfälle

1. Rechnung im Umsatzsteuerrecht
Die Regelungen zur Ausstellung von Rechnungen gehören zu den zentralen Vorschriften des UStG. Die Rechnung dient in erster Linie dem → *Vorsteuerabzug*

---

167 Z.B. EuGH-Urteil v. 06.11.2003, DStRE 2004, S. 99 (Christoph Dornier-Stiftung).
168 EuGH-Urteil v. 20.11.2003, DStRE 2004, S. 44; BFH-Urteil v. 13.07.2006, V R 7/05, www.bundesfinanzhof.de (betriebsärztliche Leistungen auf Veranlassung des AG gemäß § 3 Abs. 1 Nr. 2 ASiG).
169 Klähn: BP 2004, S. 334–336.

und der Prüfung und Sicherstellung der zutreffenden Erhebung der USt in Leistungsketten.[170]

In § 14 UStG werden insbesondere der Rechnungsbegriff, die Verpflichtung zur Ausstellung einer Rechnung (auch bei Erteilung einer Gutschrift) und die erforderlichen Rechnungsangaben geregelt. Die §§ 14 a bis 14 c UStG enthalten Vorschriften zur Rechnungslegung in Sonderfällen (z.B. beim Wechsel der Steuerschuldnerschaft, → *Leistungsempfänger als Steuerschuldner*), zur Aufbewahrung von Rechnungen und zum unrichtigen oder unberechtigten Steuerausweis.

In den letzten Jahren wurden die Vorschriften zur Ausstellung von Rechnungen permanent verschärft, um die z.T. systematische Erschleichung von Vorsteuerbeträgen, die dem Fiskus erheblichen Schaden zugefügt hat, zu vermeiden. Die Fülle der umsatzsteuerlich erforderlichen Rechnungsangaben, die sich nicht nur aus dem Gesetz, sondern auch aus den umfangreichen Anweisungen der Finanzverwaltung[171] ergeben, hat inzwischen bei den betroffenen Unternehmen zu einer echten Kostenbelastung geführt. Dazu gibt es aber offenbar keine Alternativen, da Fehler bei der Rechnungsausstellung sehr teuer werden können, z.B. wenn aus formalen Gründen der Vorsteuerabzug versagt wird.

Als Rechnung gilt jedes Dokument, mit dem über eine Lieferung oder sonstige Leistung abgerechnet wird. Dazu gehören neben der herkömmlichen Rechnung auch die Rechnung in Form der Gutschrift oder die Abrechnung mittels Vertrag, wenn dieser die geforderten Rechnungsangaben enthält (z.B. Mietvertrag). Schriftstücke, die nicht der Abrechnung einer Leistung dienen, sondern sich ausschließlich auf den Zahlungsverkehr beziehen, wie z.B. Mahnungen oder Kontoauszüge, sind keine Rechnungen.[172] Gemäß § 14 Abs. 3 UStG dürfen Rechnungen grundsätzlich auch elektronisch übermittelt werden, sofern die Echtheit der Herkunft und die Unversehrtheit des Inhalts gewährleistet sind.

Die Pflicht zur Ausstellung von Rechnungen besteht nur für die Umsätze, die an andere Unternehmer erbracht werden. Bei Umsätzen an Privatpersonen ist der Unternehmer zur Rechnungslegung berechtigt, aber nicht verpflichtet. Die gemäß § 14 Abs. 4 UStG geforderten Pflichtangaben in der Rechnung gelten daher nur bei der Leistungsabrechnung gegenüber anderen Unternehmern.

Besonderheiten ergeben sich bei der Abrechnung von Umsätzen unter Berücksichtigung von Abschlagszahlungen und geleisteten Anzahlungen (§ 14 Abs. 5 UStG). Vereinfachungen gelten gemäß § 33 UStDV für sogenannte Kleinbetragrechnungen, bei denen der Gesamtbetrag 100 € (150 € ab 1. Januar 2007[173]) nicht übersteigt.

Kopien der Ausgangsrechnungen bzw. die Originale der Eingangsrechnungen sind grundsätzlich 10 Jahre aufzuwahren. Bei Rechnungen, die elektronisch aufbewahrt werden, muss sichergestellt sein, dass die Finanzverwaltung über einen Online-Zugriff die Rechnungen unverzüglich einsehen, herunterladen und verwenden kann, z.B. im Rahmen einer sogenannten digitalen Betriebsprüfung.

---

170 Wagner, in: Sölch/Ringleb: UStG-Kommentar, § 14 Rdn 21.
171 Z.B. BMF-Schreiben v. 29.01.2004, BStBl I 2004, S. 258.
172 UStR 183 Abs. 1, 2.
173 Gesetz zum Abbau bürokratischer Hemmnisse v. 22.08.2006, BGBl S. 1972

2. Verpflichtung zur Erteilung von Rechnungen

Erbringen Krankenhäuser Umsätze **an andere Unternehmen**, z. B. an niedergelassene Ärzte, andere Krankenhausträger usw., sind sie zur Erteilung von Rechnungen gemäß § 14 UStG verpflichtet, die alle Pflichtangaben enthalten müssen. Das gilt unabhängig davon, ob es sich bei den Leistungen des Krankenhauses um steuerfreie oder steuerpflichtige Umsätze handelt.[174]

Abrechnungen zwischen **Krankenhaus-Organgesellschaften** im Falle der umsatzsteuerlichen → Organschaft über nicht steuerbare → Innenumsätze sind keine Rechnungen, sondern unternehmensinterne Buchungsbelege. Die Vorschriften des § 14 UStG kommen daher nicht zur Anwendung.

Besonderheiten ergeben sich bei der Abrechnung in den Fällen der **Patientenbehandlung**. Eine Pflicht zur Erteilung einer Rechnung über die Krankenhausbehandlung i. S. d. UStG besteht grundsätzlich nicht, da das Krankenhaus einen Umsatz an eine Privatperson (und nicht an den Unternehmer) ausführt. Zwar erfolgt die Bezahlung der Behandlungskosten bei den Krankenversicherten in der Regel durch die Krankenkasse, die eine Abrechnung über die Krankenhausleistungen erhält, aber ein Leistungsaustausch zwischen dem Krankenhaus und der Krankenkasse findet nicht statt. Es besteht also in diesen Fällen keine Verpflichtung zur Erteilung einer Rechnung.[175] Nach Auffassung der DKG ist § 14 UStG demnach für die Übermittlung gemäß § 301 SGB V unbeachtlich, so dass eine Anpassung der Vereinbarung nach § 301 SGB V hinsichtlich der Pflichtangaben des § 14 Abs. 4 UStG nicht erforderlich ist. Wird mit den Patienten direkt abgerechnet und werden **Quittungen** erstellt, z. B. über steuerpflichtige Telefongespräche, müssen diese Quittungen nicht die in § 14 Abs. 4 UStG vorgesehenen Pflichtangaben enthalten. Der Patient hat keinen Rechtsanspruch auf die Erteilung einer Rechnung.

3. Pflichtangaben in der Rechnung

Bei Umsätzen an andere Unternehmer muss die Rechnung des Krankenhauses die in § 14 Abs. 4 UStG im Einzelnen aufgeführten Pflichtangaben enthalten:

- Vollständiger Name und Anschrift des leistenden Unternehmers und des Leistungsempfängers
- Steuernummer oder USt-IdNr. des leistenden Unternehmers
- Ausstellungsdatum
- fortlaufende Rechnungsnummer
- Menge und Art der gelieferten Gegenstände oder Umfang und Art der sonstigen Leistung
- Zeitpunkt der Lieferung oder sonstigen Leistung (ausreichend ist der Kalendermonat) oder bei Anzahlungen der Zeitpunkt der Vereinnahmung des Entgelts, sofern dieser nicht mit dem Ausstellungsdatum identisch ist

---

174 UStR 185 Abs. 1.
175 BMF-Schreiben v. 09.11.2004, IV A 5 – S 7280 – 17/04, http://www.bundesfinanzministerium.de.

- nach Steuersätzen und einzelnen Steuerbefreiungen aufgeschlüsseltes Entgelt für die Lieferung oder sonstige Leistungen sowie jede im Voraus vereinbarte Minderung des Entgelts, sofern sie nicht bereits im Entgelt berücksichtigt ist
- der anzuwendende Steuersatz sowie der auf das Entgelt entfallende Steuerbetrag oder im Fall der Steuerbefreiung ein Hinweis darauf, dass für die Lieferung oder sonstige Leistungen eine Steuerbefreiung gilt.

Nachfolgende **Musterrechnung** enthält alle vorgenannten Pflichtangaben:

Städtische Krankenhaus M-GmbH
Persiusallee 1
14480 Potsdam

(Datum)

Steuernummer: 046/120/00001
(oder: USt-IdNr.)

Chirurgische Klinik GmbH
Schinkelallee 100
14470 Potsdam

Bankverbindungen

Rechnung Nr. 144/2006
Lieferdatum: 14. September 2006

	Ohne USt EUR	USt 7 % EUR	USt 16 % EUR	Gesamt EUR
Div. Arzneimittel (Anlage 1)			5.000,-	
Div. Trinknahrung in Pulverform (Anlage 2)		3.000,-		
10 gebrauchte Krankenhausbetten	1.000,-			
Einrichtungsgegenstände (Anlage 3)	5.000,-			
Summe netto	6.000,-	3.000,-	5.000,-	14.000,-
Umsatzsteuer	0,-	210,-	800,-	1.010,-
Rechnungsbetrag				15.010,-

Bei Zahlung bis zum .... wird ein Skonto von 2 % (= 300,20 €) eingeräumt.

Bei den steuerfreien Umsätzen handelt es sich um Krankenhausumsätze (§ 4 Nr. 16 UStG).

(Unterschrift)

(Geschäftsführer, Sitz und HR-Nr.) (Steuernummer oder USt-IdNr) (Bankverbindungen)

Der **Hinweis auf die Steuerbefreiung** kann in umgangssprachlicher Form erfolgen, z. B. „steuerfreie Vermietung", „Krankentransport" oder „Ausfuhrlieferung".[176]

Wer in einer Rechnung einen höheren Steuerbetrag als nach dem Gesetz zulässig ausweist (sog. unrichtiger Steuerausweis) bzw. Steuer gesondert ausweist, obwohl er dazu nicht berechtigt ist (sog. unberechtigter Steuerausweis), schuldet die entsprechenden Steuerbeträge. Gemäß § 14 c UStG darf der Rechnungsaussteller aber den unrichtigen oder unberechtigten Steuerausweis korrigieren, soweit die Gefährdung des Steueraufkommens beseitigt worden ist.

Im Falle der **Gutschrift** muss der Aussteller die notwendigen Dokumente mit den Pflichtangaben erstellen. Keine Gutschrift ist die im allgemeinen Sprachgebrauch ebenso bezeichnete Korrektur einer zuvor ergangenen Rechnung.

Kleinbetragsrechnungen müssen folgende Angaben enthalten (§ 33 UStDV):

- Vollständiger Name und Anschrift des leistenden Unternehmers und des Leistungsempfängers
- Ausstellungsdatum
- Menge und Art der gelieferten Gegenstände oder Umfang und Art der sonstigen Leistung
- das Entgelt und den darauf entfallenden Steuerbetrag für die Lieferung oder sonstige Leistungen **in einer Summe** sowie den anzuwendenden Steuersatz oder im Fall einer Steuerbefreiung einen Hinweis darauf, dass für die Lieferung oder sonstige Leistungen eine Steuerbefreiung gilt.

4. Sonderfälle

Besondere Vorschriften bestehen u.a. bei Übergang der Steuerschuldnerschaft oder bei innergemeinschaftlichen Lieferungen.

Führt ein Unternehmer eine **Leistung i.S.v. § 13 b UStG** aus, für die der → *Leistungsempfänger als Steuerschuldner* gilt, hat er eine Rechnung zu erstellen in der auf die Steuerschuldnerschaft des Leistungsempfängers hinzuweisen ist (§ 14 a Abs. 5 UStG).

Bei einer → *innergemeinschaftlichen Lieferung/innergemeinschaftlicher Erwerb* ist der leistende Unternehmer ebenfalls zur Ausstellung einer Rechnung verpflichtet, die auch die USt-IdNr. des Leistungsempfängers enthalten muss.

In beiden Fällen findet die Vorschrift zum gesonderten Steuerausweis keine Anwendung.

Rechtsform des Unternehmers (Arzt, Krankenhaus)

1. Rechtsform des Unternehmers bei Umsätzen gemäß § 4 Nr. 14 UStG
2. Rechtsform des Unternehmers bei Umsätzen gemäß § 4 Nr. 16 b) UStG
3. Zusammenfassende Übersicht

---

176 BMF-Schreiben v. 29.01.2004, BStBl I 2004, S. 258, Rdn 50.

1. Rechtsform des Unternehmers bei Umsätzen gemäß § 4 Nr. 14 UStG

Nach dem Beschluss des BVerfG vom 10. November 1999[177] kommt es für die Frage der USt-Befreiung ärztlicher Leistungen gemäß § 4 Nr. 14 UStG nicht allein auf die Rechtsform des Unternehmers an. Mit dieser Entscheidung stellte das Gericht klar, dass die unterschiedliche umsatzsteuerliche Behandlung ärztlicher Leistungen gegen den im GG verankerten Gleichheitsgrundsatz verstößt (Artikel 3 GG). Auch der EuGH hat zwischenzeitlich im Fall „Ambulanter Pflegedienst Kügler GmbH" vom 10. September 2002[178] entschieden, dass die Steuerbefreiung der in Art. 13 Teil A Abs. 1 Buchst. c der 6. EG-Richtlinie genannten ärztlichen und arztähnlichen Leistungen unabhängig von der Rechtsform des Steuerpflichtigen zu gewähren ist. Der BFH hat diese Vorgaben umgesetzt und macht die Steuerbefreiung des § 4 Nr. 14 UStG nicht mehr allein vom Vorliegen einer berufsrechtlichen Regelung abhängig.[179] Von der Steuerbefreiung gemäß § 4 Nr. 14 UStG werden alle die Leistungen aus einer heilberuflichen Tätigkeit erfasst, die in der Regel ihrer Art nach von den Sozialversicherungsträgern finanziert werden.

Diese Rechtsprechung wird in den UStR 2005 berücksichtigt. Dort wird klargestellt, dass z. B. ein in der Rechtsform der GmbH & Co. KG betriebenes Unternehmen, eine Stiftung oder eine GmbH, bei Vorliegen der Voraussetzungen die Steuerbefreiung gemäß § 4 Nr. 14 UStG in Anspruch nehmen kann. Dafür reicht es aus, wenn die Leistungen des Unternehmens mit Hilfe von Arbeitnehmern erbracht werden können, die die erforderliche Qualifikation aufweisen.[180]

2. Rechtsform des Unternehmers bei Umsätzen gemäß § 4 Nr. 16 b) UStG

Zweifelhaft war, ob auch Krankenhäuser, die nicht die Steuerbefreiung nach § 4 Nr. 16 b) UStG in Anspruch nehmen können (z. B. Privatkliniken), hinsichtlich ihrer ärztlichen Leistungen der Steuerbefreiungsvorschrift des § 4 Nr. 14 UStG unterliegen. Überraschend hat der BFH[181] entschieden, dass es unabhängig von der Rechtsform Gründe gibt, ein privates Krankenhaus (im Urteilsfall: Sanatorium in der Rechtsform der GmbH & Co. KG als Publikumsgesellschaft) von der Umsatzsteuerbefreiung auszunehmen. Die Begründung ist u.E. kaum überzeugend (→ *Privatklinik*). Nach Auffassung des BFH dürfen nur die Umsätze eines Privatkrankenhauses aus der Tätigkeit eines Heilberufes nach § 4 Nr. 14 UStG von der USt befreit werden, die in besonderem Maße sozial schützenswerten Patienten zugute kommen. Demzufolge unterliegen die Umsätze eines privaten Krankenhauses, das nicht ausschließlich von Berufsträgern betrieben wird

---

177 Beschluss des BVerfG v. 10.11.1999, BB 2000, S. 183.
178 EuGH-Urteil v. 10.09.2002, Rs. C-141/00, HFR 2002, S. 1146.
179 Z.B: BFH-Urteil v. 13.04.2000, V R 78/99, UR 2000, S. 436; vgl. Rechtsprechungsübersicht bei: Heidner: Entwicklung der umsatzsteuerlichen Beurteilung von Heilhilfsberufen, UR 2004, S. 559–565; vgl. auch Nieskens: Die Heilbehandlungen im Umsatzsteuerrecht-Was kann, darf und muss der Arzt steuerfrei behandeln?, UVR 2006, S. 13-20.
180 UStR 93.
181 BFH-Urteil v. 18.03.2004, V R 53/00, DStRE 2004, S. 778.

und das auch nicht unter die Befreiungsvorschrift des § 4 Nr. 16 b) UStG fällt, der USt auch hinsichtlich der von den angestellten Heilberufen erbrachten Leistungen.

Die Finanzverwaltung hat auf dieses BFH-Urteil in den UStR 2005 ausdrücklich Bezug genommen und ausgeführt, dass § 4 Nr. 14 UStG auf Krankenhäuser, die die Voraussetzungen des § 4 Nr. 16 b) UStG i. V. m. § 67 AO nicht erfüllen, grundsätzlich keine Anwendung findet.[182]

3. Zusammenfassende Übersicht

Die nachfolgende Tabelle zur Darstellung der umsatzsteuerlichen Behandlung der ärztlichen Leistungen durch Krankenhäuser ist der Rundverfügung der OFD Franfurt am Main entnommen.[183]

Ärztliche Leistungen durch Krankenhäuser	§ 4 Nr. 14 UStG	§ 4 Nr. 16 b) UStG
Mit dem Betrieb eines Krankenhauses **eng verbundene Umsätze:** Krankenhaus erfüllt § 67 AO		X
Krankenhaus erfüllt § 67 AO nicht	–	–
Leistungen eines Arztes aus dem Betrieb eines Krankenhauses: Krankenhaus erfüllt § 67 AO		X
Krankenhaus erfüllt § 67 AO nicht	–	–
Ärztliche Leistungen, wenn der **Arzt selbst liquidationsberechtigt** ist	X	
Krankenhausambulanzen; Leistungen durch die in § 4 Nr. 14 UStG bezeichneten Personen	X	

Rettungsdienst
→ *Notrufzentrale*

Träger der Notfallversorgung sind das Land, die Landkreise und die kreisfreien Städte. Die **Träger** koordinieren und lenken den **öffentlichen Rettungsdienst**. Dazu gehören u.a. die Unterhaltung von Leitstellen und Rettungswachen. Der Betrieb von Rettungswachen kann **auf Dritte**, z.B. steuerbegünstigte Hilfsorganisationen, **übertragen** werden. Im Rettungsdienst kommen insbesondere Notärzte, Rettungssanitäter und Rettungsassistenten zum Einsatz, die im sogenannten Notarztwagen zum Einsatzort gebracht werden.

---

182 UStR 96 Abs. 2.
183 OFD Frankfurt am Main, Rundverfügung v. 19.08.2004, DStR 2005, S. 194.

In Abhängigkeit von der Art der erbrachten Leistungen kommen im öffentlichen Rettungsdienst überwiegend Steuerbefreiungen zur Anwendung, die hier nicht weiter erläutert werden sollen.[184]

Für die umsatzsteuerliche Bewertung einzelner Leistungen ist es von Bedeutung, ob Hilfsorganisationen mit der Durchführung der Aufgaben des Rettungsdienstes beauftragt werden oder ob sie dem gesetzlichen Träger lediglich Personal und Rettungsmittel zur Verfügung stellen. Im ersten Falle kann die Hilfsorganisation selbst die vielfältigen Steuerbefreiungsnormen, wie z.B. §§ 4 Nr. 14, 16, 17 b) oder 18 UStG beanspruchen. Werden hingegen Gestellungsleistungen erbracht, können diese im Einzelfall steuerpflichtig sein, insbesondere dann, wenn die Hilfsorganisation mit der Gestellung nicht selbst unmittelbar gegenüber den geschädigten Personen tätig wird (§ 4 Nr. 18 UStG).

Reverse-Charge-Verfahren
→ *Leistungsempfänger als Steuerschuldner*

Sachspenden
Krankenhäuser leisten häufig Sachspenden an karitative Einrichtungen im Inland oder an Krankenhäuser in Osteuropa und Entwicklungsländer der Dritten Welt. Während die ertragsteuerliche Behandlung der Sachspenden regelmäßig unproblematisch ist werden die umsatzsteuerlichen Konsequenzen in der Praxis häufig übersehen. Sachspenden gehören umsatzsteuerlich zu den sogenannten → *unentgeltlichen Wertabgaben*, die den Lieferungen gegen Entgelt gleichgestellt sind (§ 3 Abs. 1 b) UStG). Eine Besteuerung der Sachspenden erfolgt dann, wenn die gespendeten Gegenstände zum Vorsteuerabzug berechtigt haben. Als Bemessungsgrundlage für die Umsatzsteuer ist der Einkaufspreis für den gespendeten Gegenstand zzgl. etwaiger Nebenkosten oder es sind mangels eines Einkaufspreises die Selbstkosten anzusetzen (§ 10 Abs. 4 Nr. 1 UStG). Der Einkaufspreis entspricht in der Regel den Wiederbeschaffungskosten.[185] Werden gebrauchte Gegenstände gespendet, müssen die Wertminderungen des Gegenstands seit der Anschaffung durch die Verwendung im Unternehmen berücksichtigt werden. Dies kann pauschal über die Absetzungen für Abnutzung (AfA) erfolgen.[186]

Beispiel: Sachspenden eines Krankenhauses im Inland

> Ein Krankenhaus spendet im Jahr 2005 gebrauchte medizinische Geräte an eine karitative Einrichtung im Inland. Der Restbuchwert der Geräte beträgt 20.000 €. Da das Krankenhaus die Geräte ausschließlich für steuerfreie Krankenhausumsätze verwendet hat, durfte es für diese Geräte keinen Vorsteuerabzug in Anspruch nehmen.

---

184 Holland/Baum: Umsatzsteuerliche Behandlung der Leistungen im Rettungsdienst, DB 2006, S. 11–17; OFD Franktfurt am Main, Vfg. v. 24.02.2006, S 7174 A-1-St I 2.30.
185 UStR 155 Abs. 1.
186 Wagner, in: Sölch/Ringleb: a.a.O., § 10 Rz 273.

> Die Sachspende gilt nicht als steuerpflichtige unentgeltliche Wertabgabe, da
> das Krankenhaus hinsichtlich der gespendeten Geräte nicht zum Vorsteuerabzug berechtigt war.
> **Abwandlung:** Das Krankenhaus war zum Zeitpunkt des Erwerbs der Geräte
> zum Vorsteuerabzug berechtigt, da die Geräte ausschließlich für steuerpflichtige Umsätze verwendet wurden.
> Die Sachspende würde nun gemäß § 3 Nr. 1 b) UStG der Umsatzsteuer unterliegen. Als Bemessungsgrundlage könnte der Restbuchwert herangezogen
> werden, so dass die USt 3.200 € beträgt.

Wird eine umsatzsteuerpflichtige Sachspende erbracht, darf der Spender darüber **keine Rechnung** mit offenem Steuerausweis erteilen, da gemäß § 14 Abs. 2 Satz 1 UStG nur über entgeltliche Leistungen Rechnungen ausgestellt werden dürfen. Somit hat der Spender die USt selbst aufzubringen. In diesem Fall könnte sich als Gestaltung anbieten, dass der Empfänger der Sachspende die USt an den Spender zahlt. Dann handelt es sich aber nicht um eine Sachspende, sondern um eine entgeltliche Leistung, wobei in Höhe der gezahlten USt ein Entgelt vorliegt. Zwar wäre dann die Erteilung einer Rechnung grundsätzlich zulässig (Beachtung der → *Mindestbemessungsgrundlage*), aber es liegt keine Sachspende[187] vor, so dass der steuerbegünstigte Empfänger der „Sachspende" nicht zur Ausstellung einer Zuwendungsbescheinigung berechtigt ist.

Bei **Sachspenden ins Ausland** ist zu beachten, dass gemäß § 3 f UStG die Sachspende grundsätzlich am Ort des zuwendenden Krankenhauses ausgeführt wird, so dass auf diese Sachspenden deutsche USt anfällt. Somit wird im Ergebnis bei einer Sachspende ins Ausland der Vorsteuerabzug in Deutschland rückgängig gemacht.[188]

Beispiel: Steuerpflichtige Sachspenden ins Ausland

> Aus einer Krankenhausapotheke werden im Rahmen der Tsunami-Flutopferhilfe Medikamente an ein ausländisches Krankenhaus gespendet. Der
> Netto-Einkaufspreis der gespendeten Medikamente, die ursprünglich zum
> steuerpflichtigen Weiterverkauf an fremde Krankenhäuser eingekauft wurden,
> beträgt 100.000 €. Wegen der vorgesehen Verwendung der Medikamente hat
> das Krankenhaus Vorsteuern in Höhe von 16.000 € abgezogen.
> Die Sachspende unterliegt als unentgeltliche Wertabgabe der USt. Eine Steuerbefreiung gemäß § 4 Nr. 16 b) UStG kommt nicht in Betracht, weil insoweit
> kein → *eng verbundener Krankenhausumsatz* vorliegt.
> Die Bemessungsgrundlage für den Umsatz beträgt 100.000 € und die USt
> somit 16.000 €.
> Im Einzelfall kann eine → *Umsatzsteuervergütung* in Betracht kommen.

---

187 Widmann: Umsatzsteuerfragen bei Sachspenden, UStB 2003, S. 302–306.
188 Klenk, in: Sölch/Ringleb: a.a.O., § 3 f Rz 3.

Sachverständigentätigkeit
→ *Gutachten*

Sachzuwendungen und sonstige Leistungen an das Personal
Wendet der Krankenhausträger seinem Personal als Vergütung für geleistete Dienste neben dem Barlohn einen Sachlohn zu, bewirkt der Krankenhausträger mit dieser Sachzuwendung eine entgeltliche und damit der USt unterliegende Leistung gemäß § 1 Abs. 1 Nr. 1 UStG. Die Gegenleistung des Arbeitnehmers besteht in einem Teil seiner Arbeitsleistung.

Ausnahmsweise liegen keine umsatzsteuerbaren Sachzuwendungen vor, wenn die vom Krankenhausträger abgegebenen Vorteile als → *Aufmerksamkeiten* gelten oder die → *Leistungen an Arbeitnehmer im ganz überwiegend betrieblichen Interesse* abgegeben werden. Insoweit entspricht die umsatzsteuerliche Behandlung weitgehend den lohnsteuerlichen Vorgaben.

Ebenfalls umsatzsteuerbar sind unentgeltliche Sachzuwendungen (§ 3 Abs. 1 b Nr. 2 UStG) und unentgeltliche Dienstleistungen (§ 3 Abs. 9 a Nr. 1 UStG) an das Personal für dessen privaten Bedarf (→ *unentgeltliche Wertabgaben*). Für die Abgrenzung zwischen entgeltlichen Zuwendungen (s. o.) und unentgeltlichen Zuwendungen ist auf die gegenseitigen rechtlichen Verpflichtungen abzustellen. So ist die im Arbeitsvertrag geregelte private Nutzung eines Dienst-Pkw eine entgeltliche Zuwendung, während z. B. die unentgeltliche Gewährung von Mahlzeiten eine unentgeltliche Dienstleistungszuwendung darstellt.[189]

Die Sachzuwendungen sind umsatzsteuerpflichtig, wenn nicht eine besondere Steuerbefreiung in Betracht kommt.

Folgende Steuerbefreiungen kommen bei Sachzuwendungen der Krankenhausträger an ihr Personal in Betracht (Beispiele und Einzelfälle → *Personal*):

- § 4 Nr. 8 UStG: Zinsvorteile bei der Gewährung von Darlehen;
- § 4 Nr. 10 UStG: Gewährung von Versicherungsschutz;
- § 4 Nr. 12 a UStG: Überlassung von Wohnraum, z. B. unentgeltliche Überlassung von Zimmern im Schwesternwohnheim. Werden möblierte Zimmer überlassen ist gesondert zu prüfen, ob das Mietentgelt in einen steuerfreien und steuerpflichtigen Teil aufzuspalten ist. Die Nutzungsüberlassung der Möbel ist ausnahmsweise steuerfrei, wenn der darauf entfallende Teil des Entgelts nur sehr gering ist.[190]
- § 4 Nr. 16 UStG: eng mit dem Krankenhausbetrieb verbundene Umsätze
- § 4 Nr. 23 UStG: Beherbergung, Beköstigung und die üblichen Naturalleistungen im Rahmen der Ausbildung dem Ausbildungspersonal gewährt werden.[191]

---

189 Klenk, in: Sölch/Ringleb: a. a. O., § 3 Rz 357, S. 674.
190 Klenk, in: Sölch/Ringleb: a. a. O., § 4 Nr. 12 Rz 21, Stichwort: Einbaumöbel; a.A.: Nauen, Umsatzsteuerliche Behandlung der Vermietung von Unterkünften, Krhs 2005, S. 1025–1026.
191 Nauen, a. a. O., S. 1025-1026.

Bei der Ermittlung der Bemessungsgrundlage für die entgeltlichen Lieferungen und sonstigen Leistungen an Arbeitnehmer ist die Vorschrift über die → *Mindestbemessungsgrundlage* (§ 10 Abs. 5 Nr. 2 UStG) zu beachten. Danach ist als Bemessungsgrundlage für die USt mindestens der in § 10 Abs. 4 UStG genannte Wert anzusetzen (der Einkaufspreis zzgl. etwaiger Nebenkosten oder mangels eines Einkaufspreises die Selbstkosten; bei sonstigen Leistungen, die bei ihrer Ausführung angefallenen Kosten, einschließlich der anteiligen Gemeinkosten). Bei unentgeltlichen Sachzuwendungen sind ebenfalls die in § 10 Abs. 4 UStG genannten Werte anzusetzen.

Aus Vereinfachungsgründen wird es nicht beanstandet, wenn die lohnsteuerlichen Werte angesetzt werden. Zu beachten ist aber, dass es sich bei den lohnsteuerlichen Werten um Bruttowerte handelt, aus denen die USt herauszurechnen ist.[192] Erhalten die Arbeitnehmer vom Krankenhaus freie Verpflegung, freie Unterkunft oder freie Wohnung, ist von den Werten der Sachbezugsverordnung auszugehen.

Infolge der UStR 2005 gehört die Beköstigung der Arbeitnehmer des Krankenhauses künftig nicht mehr zu den steuerfreien Umsätzen gemäß § 4 Nr. 16 UStG. Daher werden die Besonderheiten bei der Ermittlung der umsatzsteuerlichen Bemessungsgrundlage bei Abgabe von Mahlzeiten an Arbeitnehmer in Kantinen anhand des Beispiels erläutert.

Beispiel: Abgabe von Mahlzeiten an Arbeitnehmer

a) Die Arbeitnehmer des Krankenhauses erhalten verbilligtes Mittagessen in der vom Krankenhaus **selbst betriebenen Kantine**. Die Bemessungsgrundlage ist aus Vereinfachungsgründen unter Berücksichtigung der Sachbezugswerte zu errechnen[191]:

Wert der Mahlzeit (Sachbezugswert 2006)	2,64 €
Zahlung des Arbeitnehmers	1,50 €
maßgeblicher Wert	2,64 €
abzüglich darin enthaltener USt (16 %)	0,37 €
Bemessungsgrundlage	**2,27 €**

Würde die Zahlung der Arbeitnehmer über dem Sachbezugswert liegen (z. B. 3,00 €), beträgt die Bemessungsgrundlage 2,59 € (Zahlbetrag abzüglich 0,41 € USt).

b) Wie im Fall a), jedoch wird die Kantine durch einen selbständigen Pächter (Caterer) betrieben. Das Krankenhaus zahlt dem Caterer in Höhe der Differenz zwischen dem üblichen Preis einer Mahlzeit (z. B. 3,00 €) und dem Zahlbetrag der Arbeitnehmer des Krankenhauses für die Mahlzeit (z. B. 1,50 €) einen Zuschuss von 1,50 € je Essen.

---

192 UStR 12 Abs. 8.
193 UStR 12 Abs. 9.

> Zwischen dem Caterer und den Arbeitnehmern kommt es zu einem Leistungsaustausch. Bemessungsgrundlage der sonstigen Leistung des Caterers ist der von den Arbeitnehmern gezahlte Preis (1,50 € abzüglich der darin enthaltenen USt von 16 %, also 1,29 €) zuzüglich des Zuschusses des Krankenhauses (ebenfalls 1,50 € abzüglich der darin enthaltenen USt von 16 %, also 1,29 €). Der vom Krankenhaus gezahlte Zuschuss gilt als Entgelt von dritter Seite, der dass steuerpflichtige Entgelt des Caterers erhöht (→ *Zuschüsse*). Da das Krankenhaus keine Leistung vom Caterer erhält, ist es nicht zum Vorsteuerabzug aus der Zahlung des Zuschusses an den Caterer berechtigt.[194]

Schönheitsoperationen
Ästhetisch-plastische Leistungen (kosmetische Chirurgie) sind nach Auffassung der Finanzverwaltung grundsätzlich umsatzsteuerpflichtig.[195] Die Finanzverwaltung stützt sich dabei auf ein BFH-Urteil,[196] demzufolge Schönheitsoperationen die nicht medizinisch indiziert sind nicht der USt-Befreiungsvorschrift des § 4 Nr. 14 UStG unterliegen. Aus Billigkeitsgründen behandelt die Finanzverwaltung Schönheitsoperationen erst ab dem 01. Januar 2003 als steuerpflichtig. Für vor diesem Stichtag ausgeführte Leistungen kann das Krankenhaus die günstigere Variante wählen (also: entweder Steuerpflicht mit entsprechendem Vorsteuerabzug oder Steuerfreiheit ohne Vorsteuerabzug). Günstiger ist regelmäßig die Behandlung als steuerfreier Umsatz, da die Behandlungskosten vor allem Personalkosten enthalten, für die im Falle der USt-Pflicht der Behandlung ein Vorsteuerabzug nicht infrage kommen würde. Zur Abgrenzung der medizinisch nicht indizierten ästhetisch-plastischen Chirurgie von der medizinisch indizierten → *plastischen Chirurgie* prüft die Finanzverwaltung insbesondere, ob die Kosten für den chirurgischen Eingriff von den Krankenkassen übernommen werden. Werden die Kosten nicht übernommen, wird angenommen, dass eine medizinische Indikation nicht vorliegt.

Steuerpflichtige Schönheitsoperationen sind anzunehmen, wenn die Operationen allein persönlich oder beruflich veranlasst sind und insoweit kein therapeutisches Ziel im Vordergrund steht (sog. kosmetische Chirurgie). Beruflich motivierte Eingriffe zur Perfektionierung des äußeren Erscheinungsbildes verfolgen in erster Linie kein therapeutisches Ziel, sondern dienen, z. B. bei Personen, die im öffentlichen Interesse stehen, häufig allein ihrer besseren Vermarktung.[197] Als typische Leistungen der kosmetischen Chirurgie werden z. B. die Fettabsaugung, Faltenbehandlung und Faltenunterspritzung, Lifting, Lippenaufspritzung, Hautverjüngung und Anti-Aging-Behandlung genannt.

---

194 UStR 12 Abs. 11.
195 UStR 91 a Abs. 3 Nr. 8; OFD Nürnberg, Vfg. v. 07.04.2003, INF 2003, S. 410; OFD Düsseldorf, Kurzinfo USt v. 16.11.2005, DB 2005, S. 2555.
196 BFH-Urteil v. 15.07.2004, BStBl II 2004, S. 862; BFH-Beschluss v. 22.2.2006, V B 30/05, BFH/NV 2006, S. 1168.
197 Einzelheiten mit umfangreichen Literaturnachweisen: Eisolt, in: BB 2003 S. 1819–1825; Weber in: UStB 2003, S. 284–286.

Die Umsätze eines Krankenhauses aus Schönheitsoperationen sind im wesentlichen dazu bestimmt, dem Krankenhaus zusätzliche Einnahmen zu verschaffen, wobei das Krankenhaus dabei in unmittelbarem Wettbewerb zu anderen Unternehmern mit steuerpflichtigen Umsätzen steht (z.B. Privatkliniken, niedergelassene Ärzte für plastische Chirurgie). Diese Umsätze können daher nicht gemäß § 4 Nr. 16 UStG von der USt befreit werden. Steuerpflichtig sind deshalb die mit den eigentlichen Schönheitsoperationen im Zusammenhang stehenden sonstigen Leistungen des Krankenhauses, wie Pflege, Unterbringung und Verpflegung der operierten Patienten.[198]

Die steuerpflichtigen Umsätze aus Schönheitsoperationen unterliegen dem Regelsteuersatz. Bei → steuerbegünstigten Krankenhäusern kommt der ermäßigte Steuersatz nicht zur Anwendung, da die Schönheitsoperationen nicht zu den Leistungen des begünstigten Krankenhaus-Zweckbetriebs gehören, sondern dem steuerpflichtigen wGb zuzurechnen sind.

Selbstversorgungseinrichtungen steuerbegünstigter Krankenhäuser
Die gemäß § 68 Nr. 2 b) AO als Zweckbetrieb geltenden Selbstversorgungseinrichtungen dürfen in begrenztem Umfang Lieferungen und Leistungen an Außenstehende erbringen, ohne dass dadurch die Einrichtung ihre Steuerbegünstigung verliert.[199] Unschädlich ist danach, wenn die Lieferungen und sonstigen Leistungen der Einrichtung an Außenstehende dem Wert nach 20 % der gesamten Lieferungen und sonstigen Leistungen des Betriebs nicht übersteigen.

Falls die Umsätze der Selbstversorgungseinrichtung an Außenstehende umsatzsteuerpflichtig sind, stellt sich die Frage nach dem USt-Satz. Auf die steuerpflichtigen Umsätze der steuerbegünstigten Krankenhäuser, die außerhalb eines steuerpflichtigen wGb anfallen, kommt gemäß § 12 Abs. 2 Nr. 8 a) UStG grundsätzlich der → ermäßigte Steuersatz zur Anwendung. Soweit die Umsätze der Selbstversorgungseinrichtungen eines Krankenhauses an Außenstehende unter der 20 %-Grenze bleiben, gehören deshalb auch die steuerpflichtigen Umsätze an Außenstehende zum Zweckbetrieb (§ 68 Nr. 2 b) AO), für die folglich der ermäßigte Steuersatz anzuwenden ist.[200]

Sollversteuerung
Das UStG sieht zwei Berechnungsarten für die USt vor. Die Berechnung nach **vereinbarten Entgelten** (sog. Sollversteuerung) gemäß **§ 16 Abs. 1 UStG** als den Regelfall und die Berechnung nach vereinnahmten Entgelten (sog. → Istversteuerung) gemäß § 20 UStG als Ausnahme von der Regel.

Bei der Sollversteuerung entsteht die Steuer gemäß § 13 Abs. 1 Nr. 1 a) UStG in dem Veranlagungszeitraum in dem die steuerpflichtigen Lieferungen und sonstigen Leistungen ausgeführt wurden. Das gilt auch für Teilleistungen. Eine

---

198 Vgl. Boehmer/Petereit: Umsatzsteuerliche und gemeinnützigkeitsrechtliche Behandlung von Schönheitsoperationen und den damit im Zusammenhang stehenden Leistungen, DStR 2003, S. 2058 (2059 zu 2); **a.A.:** Knorr/Klaßmann: a.a.O., S. 395.
199 Vgl. 6.4.2.2.
200 gl.A. Knorr/Klaßmann: a.a.O., S. 404.

Lieferung ist grundsätzlich dann ausgeführt, wenn der Abnehmer die Verfügungsmacht über den Gegenstand erhalten hat (§ 3 Abs. 1 UStG). Bei sonstigen Leistungen entsteht die USt in der Regel, wenn die Leistung in vollem Umfang bewirkt ist.

Bei → *Anzahlungen* kommt grundsätzlich die Istversteuerung zur Anwendung.

Sponsoring

1. Krankenhäuser und Sponsoring
2. Geldleistungen des Sponsors
3. Sachleistungen des Sponsors (Sachsponsoring)

1. Krankenhäuser und Sponsoring

Unter Sponsoring wird üblicherweise die Gewährung von Geld oder geldwerten Vorteilen (Sachsponsoring) durch Unternehmen zur Förderung von Personen, Gruppen und/oder Organisationen in sportlichen, kulturellen, kirchlichen, wissenschaftlichen, sozialen, ökologischen oder ähnlich bedeutsamen gesellschaftspolitischen Bereichen verstanden, mit der regelmäßig auch eigene unternehmensbezogene Ziele der Werbung oder Öffentlichkeitsarbeit verfolgt werden. Die Leistungen des Sponsors werden häufig in Sponsoring-Verträgen geregelt, in denen Art und Umfang der Leistungen des Sponsors und des Empfängers beschrieben sind.[201]

Im Gegensatz zu den Spenden, die als freigebige Zuwendungen außerhalb eines Leistungsaustausches[202] hingegeben werden, ist die Leistung des Sponsors in der Regel das Entgelt für eine steuerpflichtige Leistung der gesponserten Person oder Körperschaft. Bei den Leistungen im Rahmen eines Sponsoring-Vertrags ist zu unterscheiden zwischen:

- konkreten Werbeleistungen (z. B. Anzeigen, Bandenwerbung usw.) und
- bloßen Duldungsleistungen (z. B. Aufnahme eines Emblems oder Logos des Sponsors in Verbandsnachrichten oder Veranstaltungshinweisen) ohne besondere Hervorhebung des Sponsors oder Nennung von Werbebotschaften.

Krankenhäuser können sowohl **als Sponsor** oder **als Empfänger** von Sponsorleistungen in Erscheinung treten. Insbesondere die steuerbegünstigten Krankenhäuser sind häufig Empfänger von Sponsorleistungen, auch wenn die Werbeeffekte der Sponsoren in anderen Bereichen wie Sport und Kultur größer sein dürften, da sie hier mehr in der Öffentlichkeit stehen. Durch den zunehmenden Wettbewerb zwischen den Krankenhäusern ist zu beobachten, dass diese Einrichtungen verstärkt nach Werbemöglichkeiten suchen und deshalb als Sponsoren auftreten.

---

201 BMF-Schreiben v. 18.02.1998 zur ertragsteuerlichen Behandlung des Sponsoring, BStBl I, 1998, S. 212; vgl. 6.5.1.7: Abgrenzung des Spendenabzugs vom Sponsoring.
202 Leistungsaustausch bei Spenden? Hessisches FG, Urteil v. 12.09.2005, EFG 2006, S. 141–143.

2. Geldleistungen des Sponsors

Bei Zahlungen des Sponsors an steuerbegünstigte Einrichtungen handelt es sich regelmäßig um ein Entgelt für eine steuerbare und steuerpflichtige Leistung. Da eine Steuerbefreiung für derartige Leistungen nicht vorgesehen ist, ist das Entgelt grundsätzlich steuerpflichtig. Werden im Rahmen des Sponsorings konkrete Werbeleistungen erbracht, unterliegen diese grundsätzlich dem Regelsteuersatz. Ausnahmsweise kann bei steuerbegünstigten Krankenhäusern der → *ermäßigte Steuersatz* zur Anwendung kommen, wenn das Krankenhaus im Rahmen des Sponsorings außerhalb eines steuerpflichtigen → *wirtschaftlichen Geschäftsbetriebs* tätig wird. Nach Auffassung der Finanzverwaltung ist dies bei Duldungsleistungen der Fall, die dem Bereich der Vermögensverwaltung zuzurechnen sind (Duldungsleistung: als Überlassung von Werberechten).[203]

Beispiel: Sponsorleistung an steuerbegünstigtes Krankenhaus

> Die Versicherung V zahlt dem steuerbegünstigten Krankenhaus einen Zuschuss in Höhe von 5.000 € zzgl. USt für eine Veranstaltung des Krankenhauses. Auf die finanzielle Unterstützung soll durch Abdruck des Firmenlogos der Versicherung im Veranstaltungsprogramm hingewiesen werden. Gegenüber der Bank B, die ebenfalls einen Zuschuss in Höhe von 10.000 € zzgl. USt zahlt, verpflichtet sich das Krankenhaus neben dem Firmenlogo der Bank auch einen allgemein bekannten Werbeslogan abzudrucken.
>
> Das Krankenhaus erbringt gegenüber der Versicherung V durch den Abdruck des Firmenlogos der Versicherung eine steuerpflichtige Duldungsleistung. Es kommt der → *ermäßigte Steuersatz* zur Anwendung, da das Krankenhaus insoweit im Rahmen der Vermögensverwaltung tätig geworden ist. Die Werbeleistungen an die Bank unterliegen hingegen dem Regelsteuersatz, weil das Krankenhaus hier aktiv tätig wird.[204]
>
> In beiden Fällen hat das Krankenhaus eine → *Rechnung* gemäß § 14 UStG auszustellen. Im Zusammenhang mit den steuerpflichtigen Werbe- und Duldungsleistungen steht dem Krankenhaus grundsätzlich auch der Vorsteuerabzug zu. Dieser ist aber beschränkt auf die Eingangsleistungen, die mit den steuerpflichtigen Umsätzen aus dem Sponsoring im Zusammenhang stehen (z. B. nur anteilige Druckkosten). Hinzuweisen ist auf die Möglichkeit der Inanspruchnahme der → *Kleinunternehmerregelung*.

Tritt das Krankenhaus als Sponsor auf, ist zu prüfen, ob aus der Rechnung der vom Krankenhaus gesponserten Einrichtung ein → *Vorsteuerabzug* möglich ist. Ein Vorsteuerabzug wird regelmäßig nicht in Betracht kommen, da die steuerfreien Umsätze der Krankenhäuser den Vorsteuerabzug ausschließen, es sei denn, die Sponsoringaktion dient einer partiell umsatzsteuerpflichtigen Tätigkeit des Krankenhauses (z. B. Schönheitsoperationen, bestimmte Gutachten).

---

203 OFD Erfurt v. 15.01.2004, UVR 2004, S. 142; vgl. 6.4.4 und 6.4.4.3: Werberechte und -flächen.
204 OFD Erfurt v. 15.01.2004, UVR 2004, S. 142.

3. Sachleistungen des Sponsors (Sachsponsoring)

Neben der Geldzahlung des Sponsors erhalten die gesponserten Einrichtungen häufig Sachleistungen. Da bei dieser Form des Sponsorings kein Geld fließt, kann es vorkommen, dass die Geschäftsvorfälle in der Buchhaltung des Sponsors und des Gesponserten nicht erfasst werden, so dass die Versteuerung der Umsätze unterbleibt. Grundsätzlich kommen beim Sachsponsoring die gleichen Grundsätze zur Anwendung wie beim Geldsponsoring. Als Besonderheit ist zu beachten, dass beim Sachsponsoring ein → *tauschähnlicher Umsatz* nach § 3 Abs. 12 UStG vorliegt. Als Bemessungsgrundlage für die Werbe- oder Duldungsleistung der gesponserten Einrichtung ist grundsätzlich der gemeine Wert der Sach- oder Dienstleistung des Sponsors anzusetzen, die ggf. zu schätzen ist. Der Sponsor und die gesponserte Einrichtung sind verpflichtet, Rechnungen für die erbrachten Leistungen auszustellen.[205]

Weitere Besonderheiten ergeben sich bei der Überlassung sogenannte → *Werbemobile*.

Steuerbegünstigte Krankenhäuser

Krankenhausträger, die steuerbegünstigte (z. B. gemeinnützige oder mildtätige) Zwecke i. S. d. Abgabenordnung verfolgen, erhalten verschiedene Steuerbegünstigungen.[206] Bei der USt kann die Steuerbegünstigung darin bestehen, dass die Leistungen der steuerbegünstigten Krankenhäuser gemäß § 12 Abs. 2 Nr. 8 a UStG (auch nach der Fassung des JStG 2007) dem → *ermäßigten Steuersatz* von derzeit 7 % unterliegen oder aber eine Steuerbefreiung in Betracht kommt (z. B. gemäß §§ 4 Nrn. 18, 22 a) oder 27 a) UStG). Der ermäßigte Steuersatz darf aber nicht auf die Umsätze, die im Rahmen eines steuerpflichtigen wGb des steuerbegünstigten Krankenhauses ausgeführt werden, angewendet werden. Daher kommt der ermäßigte Steuersatz insbesondere für die Leistungen im steuerbegünstigten Krankenhaus-Zweckbetrieb (§ 67 AO) bzw. im Bereich der Vermögensverwaltung (z. B. Umsätze aus Vermietung und Verpachtung, soweit diese nicht bereits gemäß § 4 Nr. 12 a UStG steuerbefreit sind) in Betracht. Da die Umsätze des Krankenhaus-Zweckbetriebs überwiegend gemäß § 4 Nr. 16 UStG und die Umsätze aus Vermietung und Verpachtung von Grundstücken gemäß § 4 Nr. 12 UStG von der USt befreit sind, wird der ermäßigte Steuersatz bei steuerbegünstigten Krankenhäusern nur in Ausnahmefällen (z. B. Duldungsleistungen im Rahmen des → *Sponsoring*, steuerpflichtige Umsätze der → *Selbstversorgungseinrichtungen*) zur Anwendung kommen.

Überwiegend fallen die steuerpflichtigen Umsätze der steuerbegünstigten Krankenhäuser (z. B. Personalgestellungen, Verwaltungsleistungen sowie Apotheken-, Küchen- und Wäschereiumsätze an fremde Träger) in einem steuerpflichtigen wGb an, so dass diese Umsätze dem Regelsteuersatz unterliegen.

Die **Einordnung der Tätigkeiten** steuerbegünstigter Krankenhäuser im Rahmen der Ertragsteuern kann häufig den entscheidenden Hinweis für den anzu-

---

205 Vgl. Hundt-Eßwein: UStB 2004, S. 316 mit weiteren Einzelheiten.
206 Vgl. 2.2 und 6.1.

wendenden USt-Satz geben. Dies sollte bei der Erstellung der **Jahressteuererklärungen** beachtet werden, da die Finanzverwaltung regelmäßig eine Abstimmung der Umsätze aus der Spartenrechnung[207] der Körperschaft mit den erklärten Umsätzen laut Umsatzsteuerjahreserklärung durchführt. So werden die Umsätze mit Regelsteuersatz den Tätigkeiten im steuerpflichtigen wGb und die Umsätze mit → *ermäßigtem Steuersatz* den Tätigkeiten im Zweckbetrieb und der Vermögensverwaltung gegenüber gestellt. Hier sollte ggf. in einer gesonderten Anlage zu den Jahressteuererklärungen[208] auf mögliche Abweichungen hingewiesen werden (vgl. auch → *USt-Verprobung*).

Steuersatz
Der **Regelsteuersatz** beträgt seit dem 01. April 1998 gemäß § 12 Abs. 1 UStG 16 % der umsatzsteuerlichen Bemessungsgrundlage. Der → *ermäßigte Steuersatz* beträgt gemäß § 12 Abs. 2 UStG zurzeit 7 %.

Ab dem 01. Januar 2007 wird der Regelsteuersatz auf 19 % angehoben. Der ermäßigte Steuersatz bleibt unverändert.[209] Zu den Besonderheiten bei der Umstellung auf den Steuersatz von 19 % nimmt die Finanzverwaltung in einem ausführlichen BMF-Schreiben gesondert Stellung.[210]

Tauschähnlicher Umsatz
Ein tauschähnlicher Umsatz liegt vor, wenn das Entgelt für eine sonstige Leistung in einer Lieferung oder sonstigen Leistung besteht (§ 3 **Abs. 12** UStG) z. B. im Falle des → *Sachsponsorings*. Beim tauschähnlichen Umsatz gilt gemäß § 10 Abs. 2 UStG der Wert jedes Umsatzes (abzüglich der enthaltenen USt) als Entgelt für den anderen Umsatz.

Wird ein Geldbetrag zugezahlt, so handelt es sich um einen Tausch oder tauschähnlichen Umsatz mit **Baraufgabe**. In diesen Fällen ist der Wert der Sachleistung um diesen Betrag zu mindern.[211]

Überlassung von medizinischem und nichtmedizinischem Personal
→ *Personalgestellung im Krankenhausbereich*

Umsatzsteuervergütung
Unter den Voraussetzungen des § 4 a UStG können steuerbegünstigte Krankenhäuser, die zu humanitären oder karitativen Zwecken Gegenstände in das Ausland (Drittländer) bringen, von der auf dem gelieferten Gegenstand lastenden deutschen USt entlastet werden. Das gilt z. B. bei der Lieferung von Krankenhausbetten oder Medikamenten in ausländische Katastrophengebiete. Eine Vergütung ist ausgeschlossen, wenn das vergütungsberechtigte Krankenhaus

---

207 Vgl. 2.3.4; Muster einer „Spartenrechnung" im Anhang dieses Buches.
208 Vgl. dazu Beispiel im Anhang: Steuererklärung mit USt-Verprobung Blatt 10.
209 § 12 Abs. 1 UStG in der Fassung des Haushaltsbegleitgesetzes v. 29.06.2006, BGBl 2006, S. 1403.
210 Vgl. BMF-Schreiben v. 11.08.2006, BStBl I 2006, S. 477.
211 UStR 153 Abs. 1.

die Gegenstände vor der Ausfuhr in das Drittland genutzt hat oder wenn das Krankenhaus die gelieferten Gegenstände unentgeltlich erworben hat, z. B. durch Sachspenden.[212] Liegen die Voraussetzungen des § 4 a UStG vor, wird auf **Antrag** und unter Vorlage der Rechnungen die USt vergütet.

Umsatzsteuerverprobung

1. Sinn und Zweck
2. Technik

1. Sinn und Zweck

Im Zuge der Erstellung der jährlich einzureichenden USt-Jahreserklärung empfiehlt sich die Vornahme einer USt-Verprobung. Zunehmend wird sie durch das veranlagende Finanzamt angefordert. Häufig erstellen die Finanzamtsprüfer im Rahmen einer steuerlichen Außenprüfung eine Verprobung oder fordern diese nachträglich an.

Das Ziel dieser Verprobung besteht darin, die im Jahresabschluss des Krankenhausträgers ausgewiesenen Umsatzerlöse und sonstigen Erträge laut Gewinn- und Verlustrechnung mit den in der Umsatzsteuererklärung deklarierten Umsätzen abzustimmen.

Im Ergebnis der USt-Verprobung wird ersichtlich, ob das Krankenhaus alle im Jahresabschluss enthaltenen umsatzwirksamen Geschäftsvorfälle erfasst und richtig besteuert hat. Im Gegensatz zur Ermittlung der für die USt-Erklärung maßgeblichen Daten aus der Finanzbuchhaltung ist die USt-Verprobung eine sinnvolle **Plausibilitätsprüfung**, um mögliche Fehler bei der umsatzsteuerlichen Einordnung der einzelnen Umsätze aufzudecken. Wie der Begriff „Umsatzsteuerverprobung" deutlich macht, kann sie die genaue Ermittlung der für die USt-Erklärung notwendigen Jahresumsätze nicht ersetzen. Dies ist auch nicht erforderlich, weil die modernen Finanzbuchhaltungssysteme die erforderlichen Daten für die USt-Erklärung automatisch ermitteln. Eingabe- oder Buchungsfehler können diese Systeme jedoch nicht verhindern. Dazu gehören z. B. die unzutreffende Auswahl des USt-Schlüssels sowie die fehlerhafte Zuordnung eines USt-Schlüssels zu bestimmten Konten der Finanzbuchhaltung oder Konten der Finanzbuchhaltung, bei denen die USt „händisch" eingebucht wird.

Beispiele:

> **a) Fehlerhafte Zuordnung des USt-Schlüssels**
> Die Sachbezüge Mittagessen des Krankenhauspersonals wurden bislang mit dem Steuerschlüssel A 1 eingebucht, da die Umsätze gemäß § 4 Nr. 16 UStG steuerfrei waren. Trotz der insoweit geänderten Verwaltungsauffassung (UStR 2005) wird der dem Konto hinterlegte Steuerschlüssel versehentlich nicht verändert.

---

212 UStR 124 Abs. 1 und 9.

> b) Unzutreffende Auswahl des USt-Schlüssels
> Die Mieterträge aus der bisher umsatzsteuerfreien Vermietung werden in Unkenntnis des nunmehr in Anspruch genommenen Verzichts (→ *Option*) auf die Steuerbefreiung weiterhin auf das Konto „steuerfreie Mieterträge" gebucht und der Steuerschlüssel A 1 verwendet;
> oder
> die steuerfreien Mieterträge werden auf das Konto „steuerpflichtige Mieterträge" gebucht (Steuerschlüssel A 16), da bislang immer nur steuerpflichtige Mietumsätze angefallen sind und ein Konto „steuerfreie Mieterträge" versehentlich nicht eingerichtet wurde. Die mögliche Korrektur des Vorsteuerabzugs sollte stets beachtet werden.

2. Technik

Im **1. Schritt** werden die Kontensalden der Umsatz- und Ertragskonten in nicht steuerbare Umsätze, steuerfreie Umsätze, Regelsteuersatz und ermäßigter Steuersatz aufgeteilt. Sofern die Umsatz- und Ertragskonten mit mehreren Steuerschlüsseln bebucht wurden (z.B. SAP R/3), sollte zunächst der von der Finanzbuchhaltung vorgegebenen Aufteilung gefolgt werden. Die Summe aller danach erfassten Konten muss den Umsatz- und Ertragsposten der Gewinn- und Verlustrechnung entsprechen.

Im **2. Schritt** müssen alle weiteren Konten identifiziert werden, die umsatzsteuerlich relevant sind, weil sie Umsätze oder Umsatzminderungen enthalten. Dazu gehören z.B. die Konten „Erhaltene Anzahlungen" und „Passive Rechnungsabgrenzung", die gemäß § 13 Abs. 1 Nr. 1 UStG steuerpflichtige und steuerfreie Umsätze beinhalten können und das Konto „Abschreibung auf Forderungen", das häufig Umsatzminderungen enthält. Außerdem muss das Konto „Erlöse aus dem Verkauf von Anlagevermögen" in die Verprobung einbezogen werden, da in der Gewinn- und Verlustrechnung i.d.R. lediglich der Buchgewinn oder Buchverlust aus dem Abgang des Anlagevermögens ausgewiesen wird.

Im **3. Schritt** werden die nach der USt-Verprobung ermittelten Umsätze mit denen in der USt-Jahreserklärung ausgewiesenen Umsätzen verglichen. Sind danach die in der USt-Erklärung deklarierten Umsätze plausibel, bedarf es keiner weiteren Prüfungstätigkeiten.

Ergeben sich hingegen größere Abweichungen sollte zuerst geprüft werden, ob in der USt-Verprobung tatsächlich alle umsatzsteuerlich relevanten Konten erfasst wurden und ob eine zutreffende Aufteilung der Kontensalden erfolgt ist. Zum Abschluss werden dann die Konten der Finanzbuchhaltung auf fehlerhafte Buchungen untersucht.

Im **Anhang** dieses Buches befindet sich zur Muster-Steuererklärung für eine gemeinnützige Krankenhaus-GmbH eine vereinfachte USt-Verprobung.

Unentgeltliche Wertabgaben

1. Unentgeltliche Abgabe von Gegenständen des Unternehmens
2. Unentgeltliche Abgabe von Leistungen des Unternehmens

1. Unentgeltliche Abgabe von Gegenständen des Unternehmens

Die unentgeltliche Abgabe von Gegenständen aus dem Krankenhausunternehmen wird in den nachfolgend genannten Fällen der entgeltlichen Lieferung gleichgestellt, wenn die aus dem Krankenhausunternehmen entnommenen Gegenstände zum vollen oder teilweisen → *Vorsteuerabzug* berechtigt haben (§ 3 Abs. 1 b UStG). Zu den unentgeltlichen Wertabgaben gehören insbesondere:

- die Entnahme eines Gegenstands durch den Unternehmer für unternehmensfremde Zwecke (z. B. Privatentnahmen);
- die unentgeltliche Zuwendung eines Gegenstands durch einen Unternehmer an sein Personal für dessen private Zwecke, sofern keine Aufmerksamkeiten vorliegen;
- jede andere unentgeltliche Zuwendung eines Gegenstands, ausgenommen Geschenke von geringem Wert (> 35 €[213]) und Warenmuster für Zwecke des Unternehmens. Hierunter fällt die Entnahme von Gegenständen aus unternehmerischen Gründen, also insbesondere zu Werbezwecken, zur Verkaufsförderung oder zur Imagepflege (z. B. Warenabgaben anlässlich von Verlosungen oder Preisausschreiben oder → *Sachspenden* an steuerbegünstigte Körperschaften).

Beispiel: Unentgeltliche Wertabgabe aus einer Privatklinik

> Ein Arzt entnimmt aus seiner Privatklinik einen Dienst-Pkw und schenkt diesen seiner Tochter anlässlich des Studienbeginns.
> Wegen der gemäß § 4 Nr. 14 UStG steuerfreien Umsätze des Arztes aus der Klinik war der Vorsteuerabzug aus der Anschaffung des PKW nicht gegeben. Die Entnahme des Gegenstandes für die privaten Zwecke des Arztes unterliegt nicht der Umsatzsteuer, da der entnommene Dienst-Pkw nicht zum Vorsteuerabzug berechtigt hatte.

2. Unentgeltliche Abgabe von Leistungen des Unternehmens

Die unentgeltliche Abgabe von Leistungen eines Krankenhausunternehmens wird einer sonstigen Leistung gegen Entgelt (§ 3 Abs. 9 a UStG) in folgenden Fällen gleichgestellt:

- die Verwendung eines dem Krankenhausunternehmen zugeordneten Gegenstands, der zum vollen oder teilweisen Vorsteuerabzug berechtigt hat für nichtunternehmerische Zwecke oder für den privaten Bedarf des Krankenhauspersonals, sofern keine Aufmerksamkeiten vorliegen;
- die unentgeltliche Erbringung einer anderen sonstigen Leistung durch das Krankenhausunternehmen für nichtunternehmerische Zwecke oder für den

---

[213] UStR 24 b Abs. 9.

privaten Bedarf des Krankenhauspersonals, sofern keine Aufmerksamkeiten vorliegen.

Beispiele:

> a) **Unentgeltliche Wertabgabe bei Parkplatzüberlassung**
> Auf dem Parkplatz eines städtischen Krankenhauses (BgA) darf auch die Stadtverwaltung ihre Dienstfahrzeuge unentgeltlich abstellen. Aus der Herstellung bzw. Anschaffung des Parkplatzes stand dem Krankenhaus-BgA kein Vorsteuerabzug zu, da es ausschließlich steuerfreie Krankenhausumsätze erbringt und insoweit nicht zum Vorsteuerabzug berechtigt ist.
> Es liegt zwar eine unentgeltliche Wertabgabe des Krankenhaus-BgA an die Stadterwaltung vor, diese ist aber nicht steuerbar, da der unternehmerisch genutzte Parkplatz nicht zum Vorsteuerabzug berechtigt hat.
> b) **Unentgeltliche Wertabgabe durch Personalüberlassung**
> Das Personal eines städtischen Krankenhauses (BgA) wird von Fall zu Fall unentgeltlich für die Stadtverwaltung tätig. Es liegt gemäß § 3 Abs. 9 a Nr. 2 UStG eine umsatzsteuerpflichtige Wertabgabe vor, da der Einsatz des Krankenhauspersonals für nichtunternehmerische Zwecke erfolgt.[214]

Universitätsklinikum
1. Arbeitnehmerüberlassung zwischen Universität und Universitätsklinikum
2. Zuschüsse zur Verpflegung von Medizinstudenten

1. Arbeitnehmerüberlassung zwischen Universität und Universitätsklinikum
Im Falle der **entgeltlichen** Arbeitnehmerüberlassung zwischen Universität und Universitätsklinikum ist zwischen der Überlassung des wissenschaftlichen und des nichtwissenschaftlichen Personal zu unterscheiden.

Die Überlassung des **wissenschaftlichen** Personals für Zwecke der Forschung und Lehre dient unmittelbar dem hoheitlichen Bereich, so dass die Universität insoweit nicht unternehmerisch tätig wird. Die entsprechenden Umsätze unterliegen daher nicht der USt. Wird das wissenschaftliche Personal hingegen im Bereich der Krankenversorgung eingesetzt, liegt keine hoheitliche Tätigkeit vor. Die Personalgestellung ist dann als → *Betrieb gewerblicher Art (BgA)* zu qualifizieren, so dass die Umsätze der USt unterliegen können. Ist eine genaue Abgrenzung der Tätigkeiten des überlassenen wissenschaftlichen Personals unmöglich, weil z. B. die Tätigkeiten sowohl der Wissenschaft und Lehre als auch der Krankenversorgung dienen und die überwiegende Zweckbestimmung im Bereich der Forschung und Lehre liegt, ist eine überwiegend hoheitliche Zweckbestimmung anzunehmen.

Die entgeltliche Überlassung des **nichtwissenschaftlichen** Personals fällt in den BgA der Universität, so dass diese Umsätze in der Regel der USt unterliegen.

Ausnahmsweise begründet die Personalgestellung keinen BgA, wenn die entgeltliche Personalgestellung neben anderen Voraussetzungen eine Folge organi-

---

214 UStR 24 c Abs. 5.

satorisch bedingter äußerer Zwänge ist, z. B. im Gefolge eines Rechtsformwechsels.[215]

Sofern die entgeltliche Personalgestellung an das Universitätsklinikum der USt unterliegt, kommt für das Klinikum ein Vorsteuerabzug nicht in Betracht, sofern die eingekauften Personalleistungen für die steuerfreien Krankenhausumsätze bezogen wurden. Dies dürfte regelmäßig der Fall sein. Die Vermeidung der USt durch Begründung einer → *Organschaft* zwischen Universität und Universitätsklinik ist nicht möglich.

Im Falle der **unentgeltlichen** Arbeitnehmerüberlassung liegt unter den Voraussetzungen des § 3 Abs. 9 a UStG eine steuerpflichtige → *unentgeltliche Wertabgabe* vor.

2. Zuschüsse zur Verpflegung von Medizinstudenten

Nach einem Urteil des FG Köln[216] sind die → *Zuschüsse* eines Studentenwerks an ein Universitätskrankenhaus zur preisgünstigeren Verpflegung von Medizinstudenten als preisauffüllendes Entgelt gemäß § 10 Abs. 1 Satz 3 UStG zu beurteilen. Hier versorgte das Universitätskrankenhaus selbst und nicht etwa ein Kantinenpächter die Medizinstudenten unmittelbar mit Mahlzeiten im Krankenhausbereich. Die Zuschüsse des Studentenwerks an das Universitätskrankenhaus stellen kein Entgelt für an das Studentenwerk erbrachte Leistungen dar, sondern es handelt sich um ein zusätzliches Entgelt für die gegenüber den Medizinstudenten erbrachten Lieferungen des Universitätskrankenhauses (sog. preisauffüllendes Entgelt). Nach Ansicht des Gerichts sind die Essenslieferungen an die Medizinstudenten als → *eng verbundene Krankenhausumsätze* gemäß § 4 Nr. 16 UStG zu qualifizieren, so dass die preisauffüllenden Zuschüsse steuerfrei waren. Ob die Beköstigung der Medizinstudenten durch ein Universitäts- und Lehrkrankenhaus auch künftig (nach Geltung der UStR 2005) von der USt befreit bleibt, ist fraglich. Insbesondere nach Streichung der Umsätze aus der Gewährung von Beherbergung, Beköstigung und Naturalleistungen an das Personal aus dem Katalog[217] der → *eng verbundenen Umsätze* ist damit zu rechnen, dass die Finanzverwaltung dem Urteil des FG Köln über den Einzelfall hinaus nicht folgen wird.

Verkauf von Gegenständen des Anlagevermögens

Die Lieferung von Gegenständen des Anlagevermögens, z. B. medizinische Geräte oder sonstige Einrichtungsgegenstände gehören – unabhängig von der Person des Käufers – zu den → *eng verbundenen Umsätzen*.[218] Weil diese Umsätze nicht zum Kernbereich Krankenhaus gehören, werden sie auch als → *Hilfsgeschäfte* bezeichnet.

Wird hingegen das gesamte Anlagevermögen, z. B. im Rahmen der Schließung des Krankenhauses veräußert, liegt kein eng verbundener Krankenhausum-

---

215 OFD Hannover, Vfg. v. 22.08.2002, jurisweb Nr.: FMNR313360002.
216 FG Köln, Urteil v. 31.03.2004 (rkr.), EFG 2004, S. 1404.
217 UStR (2000) 100 Abs. 2 Nr. 5.
218 UStR 100 Abs. 2 Nr. 6.

satz vor.²¹⁹ In diesem Fall kommt eine Steuerbefreiung gemäß § 4 Nr. 28 UStG in Betracht. Nach dieser Vorschrift wird die Lieferung von Gegenständen von der USt befreit, die zuvor ausschließlich für bestimmte steuerfreie Umsätze (z. B. Umsätze der Heilberufe und Krankenhausumsätze) verwendet wurden. Aus Vereinfachungsgründen wird die Steuerbefreiung auch dann gewährt, wenn die verkauften Gegenstände in geringfügigem Umfang (höchstens 5 %) für nicht befreite Umsätze Verwendung fanden.²²⁰

Hinzuweisen ist auf die Veräußerung von Anlagevermögen im Rahmen einer → Geschäftsveräußerung im Ganzen, die nicht der USt unterliegt (§ 1 Abs. 1 a UStG).

Vermietung und Verpachtung von Wirtschaftsgütern
Die Umsätze eines Krankenhauses aus der Vermietung und Verpachtung von Wirtschaftsgütern des Krankenhauses gehören grundsätzlich zu den steuerbaren Umsätzen. Eine Vielzahl von Vermietungsumsätzen ist aber steuerbefreit.

Zu den steuerfreien Krankenhausumsätzen gemäß § 4 Nr. 16 UStG zählen die Umsätze aus der → Nutzungsüberlassung der medizinisch-technischen Großgeräte, aus der Nutzungsüberlassung von Einrichtungsgegenständen des Krankenhauses (z. B. der Röntgenanlage) an angestellte Ärzte für deren selbständige Tätigkeit sowie die Umsätze aus der Beherbergung medizinisch notwendiger → Begleitpersonen. Hinsichtlich der Großgeräteüberlassung an angestellte Krankenhausärzte bestehen nach dem Urteil des BFH vom 06. April 2005²²¹ Zweifel daran, ob die für die Krankenhäuser günstige Verwaltungsauffassung in der Zukunft weiterhin Bestand haben wird.²²²

Die Umsätze der Krankenhäuser aus der Vermietung und Verpachtung von Grundstücken und Grundstücksteilen sind gemäß § 4 Nr. 12 UStG steuerfrei. Unter diese Befreiungsnorm fallen insbesondere die Vermietung von Gebäuden und Gebäudeteilen, wie z. B. Wohnungen oder einzelne Räume. Steuerpflichtig sind dagegen die Umsätze aus der Vermietung von Wohn- und Schlafräumen zur kurzfristigen Beherbergung, bei der die Mietdauer einen Zeitraum von 6 Monaten unterschreitet (z. B. die kurzfristige Vermietung von Gästezimmern). Auch die Vermietung von Parkplätzen für das Abstellen von Fahrzeugen ist in der Regel steuerpflichtig. Die Steuerpflicht für derartige Umsätze besteht unabhängig von der Art der vermieteten Parkplätze (Tiefgaragen, überdachte oder nicht überdachte Parkplätze usw.). Steuerfrei ist aber ausnahmsweise die Vermietung von Parkflächen als Nebenleistung zur Wohnungsvermietung.²²³

Besonderheiten können sich ferner bei der Vermietung von Sachgesamtheiten (z. B. Vermietung von Räumen und Betriebsvorrichtungen) ergeben. Erfolgt die Vermietung im Rahmen eines sogenannten → gemischten Vertrags, z. B. die Vermietung der Krankenhausküche mit allen Einrichtungsgegenständen an eine Catering-GmbH, entfällt das Vermietungsentgelt auf einen gemäß § 4 Nr. 12 UStG

---

219 BFH-Urteil v. 01.12.1977, BStBl II 1978, S. 173.
220 UStR 122 Abs. 2.
221 BFH-Urteil v. 06.04.2005, I R 85/04, DStR 2005, S. 1002.
222 UStR 100 Abs. 2 Nr. 5.
223 UStR 77 Abs. 3.

steuerfreien Vermietungsumsatz und einen ansonsten steuerpflichtigen Umsatz. Vermietungsumsätze die im Rahmen eines → *Vertrags besonderer Art* erbracht werden, z. B. die Vermietung vollständig eingerichteter Operationssäle im Rahmen des → *ambulanten Operierens* sind dagegen i. d. R. insgesamt steuerpflichtig.

Die Umsätze aus der Vermietung von beweglichen Wirtschaftsgütern des Krankenhauses unterliegen grundsätzlich der USt, sofern nicht eine Befreiung gemäß § 4 Nr. 16 UStG (s. o.) in Betracht kommt.

Die nachfolgende Übersicht enthält eine Reihe typischer Vermietungsumsätze der Krankenhäuser:

Vermietungsgegenstand beim Krankenhaus	Steuerpflichtig	Steuerfrei gemäß:
Cafeteria bzw. Krankenhausküche:		
bei vermieteten Einrichtungsgegenständen ist u. U. das Nutzungsentgelt aufzuteilen	X	X § 4 Nr. 12 UStG
Einrichtungsgegenstände:		
Betriebsvorrichtungen, Sachmittel usw.	X	
Einrichtungsgegenstände an angestellte Krankenhausärzte:		
für deren selbständige Tätigkeit; vgl. → *Nutzungsüberlassung von medizinisch-technischen Großgeräten*	X	X § 4 Nr. 16 UStG
Gästezimmer:		
Besonderheiten bei → *Begleitpersonen*.	X	X § 4 Nr. 16 UStG
Gebäude, Gebäudeteile (Räume, Flächen):		
zu den steuerfreien Vermietungsumsätzen gehört die Verpachtung von Gebäudedächern an Telekommunikationsdienstleister zum Betrieb von Funkfeststationen für ihr **Mobilfunknetz (sog. Standortmietverträge)**.[224]		X § 4 Nr. 12 UStG
Außenwandflächen oder Dachflächen des Gebäudes für Werbezwecke (→ *Werbung*):		
es liegt ein → *Vertrag besonderer Art* vor, bei dem die (steuerfreie) Vermietungsleistung in den Hintergrund tritt, so dass eine Steuerbefreiung nicht in Betracht kommt.[225]	X	

---

224 OFD Nürnberg, Vfg. v. 11.08.2003, 7168–104/St 43.
225 UStR 81 Abs. 2 Nr. 6 UstG.

Vermietungsgegenstand beim Krankenhaus	Steuer-pflichtig	Steuerfrei gemäß:
Kiosk:		
oder andere fest eingebaute Verkaufseinrichtung		X § 4 Nr. 12 UStG
Medizinisch-technische Großgeräte:		
→ *Nutzungsüberlassung von medizinisch-technischen Großgeräten*	X[226]	X[227] § 4 Nr. 16 UStG
Operationssäle:		
→ ambulantes Operieren	X	
Parkplätze:		
entgeltlich an Patienten und Gäste	X	
entgeltlich an das Personal bis 31.12.2004[228]		X
ab 01.01.2005	X	
Sporthallen und Schwimmbäder:		
an fremde Dritte, bei denen in erster Linie die sportliche Betätigung mit Hilfe der Vorrichtungen im Vordergrund steht (Gesamtbild)[229]	X	
Unbebaute Grundstücke oder Grundstücksteile:		
entgeltliche Vermietung an fremde Dritte		X § 4 Nr. 12 UStG
Wohnungen (einschließlich wohnungsgebundener Parkplätze):		
an fremde Dritte und an das Krankenhauspersonal, z. B. Schwesternwohnheim		X § 4 Nr. 12 UStG

---

226 BFH-Urteil v. 06.04.2005, I R 85/04, DStR 2005, S. 1002.
227 UStR 100 Abs. 2 Nr. 5.
228 UStR (2000) 100 Abs. 2 Nr. 5.
229 BFH-Urteil v. 31.05.2001, V R 97/98; EuGH-Urteil v. 18.01.2001, Rs. C-150/99, Stockholm Lindöpark AB

Hinsichtlich der steuerfreien Vermietungsumsätze kann das Krankenhaus unter den Voraussetzungen des § 9 UStG auf die Steuerbefreiung verzichten. Ein → *Verzicht auf die Steuerbefreiung* kommt aber bei der Wohnungsvermietung und bei der Vermietung an andere Krankenhäuser, Ärzte und andere Unternehmer, die das Grundstück ausschließlich für steuerfreie Umsätze verwenden, nicht in Betracht.

Vertrag besonderer Art
Ein Vertrag besonderer Art liegt vor, wenn die Gebrauchsüberlassung eines Grundstücks (Vermietung) gegenüber anderen wesentlichen Leistungen zurücktritt und das Vertragsverhältnis ein einheitliches, unteilbares Ganzes darstellt. Bei einem Vertrag besonderer Art kommt die Steuerbefreiung für Grundstücksvermietungen gemäß § 4 Nr. 12 UStG weder für die gesamte Leistung noch für einen Teil der Leistung in Betracht. [230]

Beispiel: Verträge besonderer Art

> Ein Krankenhausträger überlässt einer Werbefirma zu Reklamezwecken für wechselnde Werbung die **Außenwandflächen** des Krankenhausgebäudes für einen Zeitraum von z. B. 5 Jahren. Es liegt ein steuerpflichtiger Umsatz vor.[231] Bei einem steuerbegünstigten Träger kommt für diesen Umsatz der ermäßigte Steuersatz zur Anwendung, da die langfristige Vermietung dem Bereich der Vermögensverwaltung zugeordnet werden kann.
> Ein Krankenhaus überlässt seine vollständig eingerichteten **Operationssäle** zeitweise fremden Ärzten zum → *ambulanten Operieren*.
> Als Betreiber von **Alten- oder Pflegeheimen** erbringt ein Krankenhausträger gegenüber pflegebedürftigen Heiminsassen umfassende medizinische und pflegerische Betreuung und Versorgung. Der Vermietungsumsatz tritt hinter diese Leistungen zurück. Jedoch kommt für die Betreuungsleistungen eine Steuerbefreiung gemäß § 4 Nr. 16 Buchstabe d) UStG in Betracht.

Die Verträge besonderer Art sind sorgfältig von den sogenannten → *gemischten Verträgen* abzugrenzen, da für gemischte Verträge eine Aufteilung der Leistung in Betracht kommt.

Verwaltungsdienstleistungen
→ *Geschäftsbesorgungsleistungen für Dritte*
Verwaltungsdienstleistungen (z. B. Management, Lohnabrechnungen, Finanzbuchhaltung usw.) des Krankenhausträgers für Krankenhäuser und Einrichtungen anderer Träger gehören ohne Zweifel zu den steuerpflichtigen Umsätzen des Krankenhauses. Die Leistungen der (unselbständigen) Verwaltungsabteilungen sind für den eigenen Krankenhausträger umsatzsteuerlich nicht relevant. Die Leistungen, die eine rechtlich selbständige Verwaltungsgesellschaft, die durch

---
230 UStR 81 Abs. 1
231 BFH-Urteil v. 23.10.1957, BStBl. III 1957, 457

Outsourcing entstanden sein kann, an den Krankenhausträger als Gesellschafterin oder an andere Krankenhäuser erbringt, unterliegen der Umsatzsteuer.

Häufig wird die USt-Pflicht durch Begründung einer → *Organschaft* mit dem Gesellschafter vermieden.

Sofern Krankenhausträger Mitglied in einem amtlich anerkannten Verband der freien Wohlfahrtspflege sind, kommt auch für diese Verwaltungsdienstleistungen keine Steuerfreiheit gemäß § 4 Nr. 18 UStG in Betracht. Nach einem BFH-Urteil[232] sind die Leistungen einer → *Einrichtung der Wohlfahrtspflege* an andere steuerbegünstigte Körperschaften und Behörden nicht nach § 4 Nr. 18 UStG steuerfrei, wenn sie nicht unmittelbar den hilfsbedürftigen Personen i.S.d. §§ 53, 66 AO zugute kommen. Da kaufmännische Verwaltungsleistungen allenfalls mittelbar dem begünstigten Personenkreis zugute kommen, scheidet eine Steuerbefreiung für derartige Leistungen aus. Dieses Ergebnis ist im Hinblick auf den Kernbereich eines Krankenhausträgers und der Gleichbehandlung der Wettbewerber in der Branche nur verständlich.

Verzicht auf Steuerbefreiungen
Für bestimmte steuerfreie Umsätze kann der Unternehmer nach den Voraussetzungen des § 9 UStG auf die Steuerbefreiung verzichten (**Option**). Als Rechtsfolgen des Verzichts unterliegen die Umsätze der USt und dem Unternehmer steht der Vorsteuerabzug zu.

Krankenhausträger können insbesondere hinsichtlich der folgenden Umsätze an andere Unternehmer zur Steuerpflicht optieren:

- Umsätze die unter das GrEStG fallen (§ 4 Nr. 9 a) UStG) und
- Vermietungsumsätze (§ 4 Nr. 12 UStG), wenn der Grundstücksmieter das Grundstück ausschließlich für Umsätze verwendet, die den Vorsteuerabzug nicht ausschließen.[233]

Ausgeschlossen ist eine Option grundsätzlich bei Umsätzen an Nichtunternehmer und unabhängig von der Person des Leistungsempfängers z.B. bei den folgenden steuerfreien Umsätzen:

- Krankenhausumsätze (§ 4 Nr. 16 UStG) und Umsätze gemäß § 4 Nrn. 14, 15, 16, 17, 18, 20 bis 28 UStG
- Vermietungsumsätze (§ 4 Nr. 12 UStG) an Unternehmer, die das angemietete Grundstück ausschließlich für den Vorsteuerabzug ausschließende Umsätze verwenden.

Somit kommt eine Option zur USt für die steuerfreien Umsätze eines Krankenhauses nur im Ausnahmefall in Betracht.

---

232 BFH-Urteil v. 07.11.1996, DB 1997, S. 859.
233 Hinsichtlich der besonderen Anwendung vgl. § 27 Abs. 2 UStG.

4.2 Umsatzsteuer-ABC

Beispiel: Verzicht auf die Steuerfreiheit bei Grundstücksvermietungen

Ein Krankenhausträger plant die Errichtung eines neuen Gebäudes auf dem Krankenhausareal. Das Erdgeschoss des Gebäudes soll jeweils zur Hälfte an niedergelassene Ärzte und an eine Apotheke vermietet werden. Im Übrigen dient das Gebäude dem Krankenhausbetrieb. Der Krankenhausträger will zur Finanzierung die Vorsteuerbeträge aus den Herstellungskosten des Gebäudes ziehen und lässt durch seinen Steuerberater die Möglichkeit des Verzichts auf die Steuerbefreiung prüfen.

Soweit mehrere Grundstücksteile räumlich unterschiedlich genutzt werden, ist die Frage der Option zur Steuerpflicht bei jedem Grundstücksteil grundsätzlich gesondert zu prüfen. Hinsichtlich der Vermietung an die niedergelassenen Ärzte kommt ein Verzicht auf die Steuerbefreiung gemäß § 9 Abs. 1 UStG nicht infrage, da die niedergelassenen Ärzte ausschließlich steuerfreie Umsätze gemäß § 4 Nr. 14 UStG ausführen, die nicht zum Vorsteuerabzug berechtigen. Bezüglich der Vermietung an die Apotheke kann wirksam zur Steuerpflicht optiert werden, sofern die Apotheke die Räumlichkeiten ausschließlich für steuerpflichtige Umsätze verwendet, wovon hier ausgegangen werden kann.

Die Höhe der abziehbaren Vorsteuerbeträge aus den Gebäudeherstellungskosten ist gemäß § 15 Abs. 4 UStG zu ermitteln (→ *Vorsteuerabzug*). Ferner regt der Steuerberater an, ihm für die übrigen Flächen, die dem Krankenhausbetrieb dienen sollen, den Nutzungsplan auszuhändigen, um z. B. für den geplanten (steuerpflichtigen) Wellnessbereich weitere Vorsteuerabzugsmöglichkeiten zu prüfen.

Vorsteuerabzug

1. Funktion
2. Vorsteueraufteilung
3. Berichtigung des Vorsteuerabzugs
4. Vorsteuer nach Durchschnittssätzen (§ 23 a UStG)

1. Funktion

Grundsätzlich dürfen Unternehmer unter bestimmten Voraussetzungen die ihnen in Rechnung gestellten Umsatzsteuerbeträge aus Eingangsleistungen anderer Unternehmer als Vorsteuer ziehen. Die einzelnen Voraussetzungen für den Vorsteuerabzug regelt § 15 Abs. 1 UStG. Eine grundlegende Voraussetzung für den Vorsteuerabzug ist der Besitz einer → *Rechnung*, in der die abziehbare Steuer gesondert ausgewiesen ist und die den gesetzlichen Anforderungen der §§ 14, 14 a UStG entspricht.

Vom Vorsteuerabzug ausgeschlossen ist gemäß § 15 Abs. 2 UStG die Steuer für Eingangsleistungen, die für bestimmte steuerfreie Umsätze (sog. Ausschlussumsätze) verwendet werden. Zu diesen Ausschlussumsätzen gehören u. a. die Krankenhausumsätze (§ 4 Nr. 16 UStG) und die Umsätze der Heilberufe (§ 4 Nr. 14 UStG). Daher hat die Befreiung der Krankenhausumsätze von der Umsatzsteuer den Verlust des Vorsteuerabzugs zur Folge. Zur Erlangung des Vorsteuerabzugs kann für bestimmte steuerfreie Umsätze zur Steuerpflicht optiert werden (→ *Verzicht auf Steuerbefreiungen*).

Sofern das Krankenhaus umsatzsteuerpflichtige Umsätze erbringt, steht ihm insoweit der Vorsteuerabzug zu. Nicht vorsteuerabzugsberechtigt sind hingegen Krankenhäuser, die antragsgemäß als → *Kleinunternehmer* behandelt werden. Der Vorsteuerabzug nach § 15 UStG mit den vielen Anweisungen der Finanzverwaltung ist sehr komplex und kann hier nur ansatzweise erläutert werden.

2. Vorsteueraufteilung

Da die Krankenhäuser überwiegend steuerfreie Ausschlussumsätze und nur in geringem Umfang steuerpflichtige Umsätze ausführen, kommt dem System der Ermittlung der abzugsfähigen Vorsteuerbeträge besondere Aufmerksamkeit zu.[234] Verwendet das Krankenhaus Eingangsleistungen sowohl für die steuerfreien Krankenhausumsätze als auch für steuerpflichtige Umsätze, sind die Vorsteuerbeträge in einen abziehbaren und einen nichtabziehbaren Teil aufzuteilen. Danach sind folgende **Gruppen** von Vorsteuerbeträgen zu unterscheiden:

- Vorsteuerbeträge, die in voller Höhe abzugsfähig sind, weil sie ausschließlich Umsätzen zuzurechnen sind, die zum Vorsteuerabzug berechtigen
- Vorsteuerbeträge, die in voller Höhe vom Abzug ausgeschlossen sind, weil sie ausschließlich auf Ausschlussumsätze entfallen
- Übrige Vorsteuerabzüge, die sowohl auf Umsätze entfallen, die zum Vorsteuerabzug berechtigen als auch auf Ausschlussumsätze.

Die **Aufteilungsmethode** für die übrigen Vorsteuerbeträge ergibt sich aus § 15 Abs. 4 UStG. Die Aufteilung der Vorsteuern erfolgt nach dem **Umsatzverhältnis**, sofern keine andere wirtschaftliche Zurechnung möglich ist. Bei Gebäuden ist die Vorsteuer nach Auffassung der Finanzverwaltung in der Regel anhand des Verhältnisses der tatsächlichen **Nutzflächen** aufzuteilen. In bestimmten Fällen kann auch eine Aufteilung nach den einzelnen Verwendungsumsätzen vorgenommen werden.[235]

Die Vorsteueraufteilung nach § 15 Abs. 4 UStG kommt insbesondere hinsichtlich der Vorsteuerbeträge, die mit dem Bau, der Errichtung und der Unterhaltung eines Krankenhausgebäudes in Verbindung stehen, das auch der Ausführung steuerpflichtiger Umsätze dient sowie bei der Aufteilung von Vorsteuerbeträgen aus Verwaltungsgemeinkosten in Betracht.

Beispiel: Vorsteueraufteilung

> Eine Krankenhaus-GmbH erbringt steuerpflichtige Umsätze aus dem Verkauf von Medikamenten der Krankenhausapotheke an fremde Träger (1,0 Mio. €), aus der Lieferung von Speisen und Getränken der Krankenhausküche (0,5 Mio. €) und im Rahmen der umsatzsteuerpflichtigen Vermietung der

---

234 UStR 207.
235 UStR 208 Abs. 2.

1. Etage des Verwaltungsgebäudes an einen Gebäudereiniger (50.000 €).
Nach der Kostenstellenrechnung des Krankenhauses entfallen ca. 40 % der Verwaltungsgemeinkosten der Krankenhausapotheke und der Krankenhausküche auf die steuerpflichtigen Ausgangsumsätze. Die Vorsteuerbeträge auf diese Verwaltungsgemeinkosten betragen insgesamt 10.000 €. Ferner entfallen auf neu angeschaffte Küchengeräte Vorsteuern in Höhe von 5.000 €. Für die laufenden Instandhaltungsarbeiten und sonstige Fremdleistungen an dem Verwaltungsgebäude fielen Vorsteuern in Höhe von insgesamt 12.000 € an. Die vom Reinigungsunternehmen angemietete Fläche beträgt ca. 300 m² bei einer Gebäudegesamtfläche von ca. 900 m².
Die abziehbaren Vorsteuerbeträge können wie folgt ermittelt werden: Zunächst werden die in voller Höhe abziehbaren Vorsteuerbeträge erfasst, z. B. aus dem Wareneinkauf. Danach werden die übrigen Vorsteuerbeträge gemäß § 15 Abs. 4 UStG aufgeteilt. Die auf die Verwaltungsgemeinkosten entfallenden Vorsteuerbeträge sind in Höhe von 4.000 € (40 % von 10.000 €) abziehbar. Von den Vorsteuern aus der Anschaffung der Küchengeräte sind ebenfalls 40 %, also 2.000 €, abziehbar. Die auf die Gebäudekosten entfallenden Vorsteuern werden im Verhältnis der vermieteten Nutzfläche zur gesamten Nutzfläche des Verwaltungsgebäudes aufgeteilt, so dass 1/3 dieser Vorsteuern, also 4.000 €, abziehbar sind.

Es sind aber auch Fälle denkbar, in denen die Vorsteuer nur nach **Nutzungszeiten** aufgeteilt werden kann, z. B. bei der Nutzungsüberlassung eingerichteter Operationssäle im Rahmen des → *ambulanten Operierens*. Eine Aufteilung nach dem Verhältnis der Umsätze dürfte hier nicht möglich sein, da der eigene Nutzungsanteil des Krankenhauses, der in die steuerfreien Krankenhausumsätze einfließt nicht als gesonderter Umsatz separiert werden kann, sondern mit den Fallpauschalen abgegolten ist. Somit kommt eine Aufteilung nur nach dem Verhältnis der Nutzungszeiten der Operationssäle in Betracht. Dies erfordert einen nicht unerheblichen Verwaltungsaufwand, der u. E. im Hinblick auf die erzielbaren Vorsteuerabzugsbeträge nicht gescheut werden sollte.

3. Berichtigung des Vorsteuerabzugs

Ändern sich bei einem Wirtschaftsgut innerhalb von 5 Jahren ab dem Zeitpunkt der erstmaligen Verwendung des Wirtschaftsgutes, bei Grundstücken sowie bei Gebäuden auf fremden Grundstücken innerhalb von 10 Jahren, die für den ursprünglichen Vorsteuerabzug maßgeblichen Verhältnisse, ist der Vorsteuerabzug bzgl. der Anschaffungs- oder Herstellungskosten und der nachträglichen Anschaffungs- oder Herstellungskosten nach Maßgabe des § 15 a UStG zu berichtigen. Dadurch wird der Vorsteuerabzug so ausgeglichen, dass er den Verhältnissen entspricht, die sich für den gesamten, im Einzelfall maßgeblichen Berichtigungszeitraum ergeben. Die Berichtigungsnorm wurde durch das sogenannte Richtlinien-Umsetzungsgesetz mit Wirkung ab dem 01. Januar 2005 grundlegend neu gefasst und zuletzt durch das Gesetz vom 22.08.2006 erneut geändert.[236] Auf Einzelheiten kann hier nicht eingegangen werden.

Eine Änderung der Verhältnisse i.S.v. § 15 a UStG liegt vor, wenn sich im Berichtigungszeitraum die für den ursprünglichen Vorsteuerabzug maßgeblichen Verhältnisse geändert haben. Folgende **Änderungsfälle** sind zu unterscheiden:

- Wechsel zwischen steuerpflichtiger und steuerfreier Verwendung (Hauptanwendungsfall); dazu gehört auch die Änderung der Verwendungsanteile bei gemischter steuerpflichtiger und steuerfreier Verwendung von Wirtschaftsgütern i.S.v. § 15 Abs. 4 UStG (s. o.)
- Rechtsänderungen
- Änderungen bei Wechsel der Besteuerungsform, z.B. von der Kleinunternehmerbesteuerung zur Regelbesteuerung.

Die Änderung der Verhältnisse kann zu einem **höheren** Vorsteuerabzug führen. Das ist der Fall, wenn für das betreffende Wirtschaftsgut, nach dem Wegfall der Voraussetzungen für das Vorliegen von steuerfreien Krankenhausumsätzen gemäß § 4 Nr. 16 UStG, nun der Vorsteuerabzug (zeitanteilig) geltend gemacht werden kann. Die Änderung der Verhältnisse kann einen **niedrigeren** Vorsteuerabzug zur Folge haben, wenn z.B. ein Gebäude zur Verwendung für steuerpflichtige Umsätze angeschafft wurde und im Berichtigungszeitraum steuerfrei gemäß § 4 Nr. 9 a) UStG veräußert wird. Dann müssten die auf die steuerfreie Verwendung entfallenden Vorsteuerbeträge (anteilig) zurückgezahlt werden.[237] Davon betroffen sind insbesondere die nicht nach § 4 Nrn. 14, 16 UStG begünstigten Krankenhäuser.

Die Problematik der Vorsteuerberichtigungen nach § 15 a UStG wird im Krankenhausbereich zunehmend an Bedeutung gewinnen. Das ist vor allem auf die strenge Auslegung des Begriffs der → *eng verbundenen Umsätze* zurück zu führen, mit der eine Änderung der Verhältnisse, Wechsel von steuerfreier zu steuerpflichtiger Verwendung, einhergehen kann (z.B. auch nach Streichung des Katalogs der → *eng verbundenen Umsätze* in den UStR 2005). Das nachfolgende Beispiel soll die Techniken einer Vorsteuerberichtigung näher erläutern.

Beispiel: Berichtigung des Vorsteuerabzugs nach der erstmaligen Ausführung steuerpflichtiger Umsätze durch ein Krankenhaus

> Eine Krankenhaus-GmbH errichtet im Jahr 2003 ein neues Küchengebäude. Die im Zusammenhang mit der Herstellung des Gebäudes in Rechnung gestellte USt beträgt im Jahr 2003 insgesamt 160.000 €. Das Krankenhaus schätzt den abziehbaren Vorsteueranteil auf 20 %, da die Krankenhausküche auch fremde Träger beliefern soll. Der nicht abziehbare Vorsteueranteil

---

236 Vgl. Küffner/Zugmaier: DStR 2005, S. 313 mit erläuternden Beispielen; § 15a UStG in der Fassung des Ersten Gesetzes zum Abbau bürokratischer Hemmnisse insbesondere in der mittelständischen Wirtschaft v. 22.08.2006, BGBl 2006, S. 1970.

237 Zur Vermeidung einer (zeitanteiligen) Vorsteuerrückzahlung im Wege der Vorsteuerberichtigung kann der → *Verzicht auf die Steuerbefreiung* in Betracht kommen.

> von 80 % entfällt auf die Essenslieferungen an die eigenen Patienten und das Krankenhauspersonal, die gemäß § 4 Nr. 16 b) UStG von der USt befreit sind. Im Jahr 2003 (Investitionsphase), noch vor dem Zeitpunkt der erstmaligen Verwendung des neuen Küchengebäudes, beträgt der Vorsteuerabzug der Krankenhaus-GmbH 32.000 €, da eine zum Vorsteuerabzug berechtigende Verwendung von 20 % vorgesehen ist.
> Nach der Fertigstellung des Gebäudes im Januar 2004 wird das Küchengebäude bestimmungsgemäß genutzt (Zeitpunkt der erstmaligen Verwendung). Der Berichtigungszeitraum beginnt am 01. Januar 2004 und endet nach Ablauf von 10 Jahren am 31. Dezember 2013. Gegenüber der im Jahr 2003 geschätzten Verwendung ergeben sich keine Veränderungen, so dass keine Vorsteuerberichtigung erforderlich ist.
> Infolge der ab Januar 2005 geltenden **UStR 2005** unterliegen die Essenslieferungen an das Krankenhauspersonal der USt. Dadurch erhöht sich der abzugsfähige Vorsteueranteil von 20 % auf 30 %, insgesamt um 16.000 € auf 48.000 €. Gegenüber dem Zeitpunkt der erstmaligen Verwendung des Küchengebäudes (2004) haben sich nun, innerhalb des 10-jährigen Berichtigungszeitraumes, die Verhältnisse geändert, so dass eine Vorsteuerberichtigung gemäß § 15 a Abs. 1 UStG zu Gunsten der Krankenhaus-GmbH vorzunehmen ist. Die jährliche Vorsteuerberichtigung beträgt ab dem Jahr 2005 bis zum Ablauf des Berichtungszeitraums im Jahr 2013 jeweils 1.600 € (maximale Änderung gemäß § 15 a Abs. 2 UStG: 160.000 €/10 Jahre = 16.000 € pro Jahr; ab 2005 16.000 € × 10 %). Bis zum Ablauf des Berichtigungszeitraums beträgt die Vorsteuerkorrektur insgesamt maximal 14.400 € (1.600 € × 9 Jahre).

Auf Vorsteuerbeträge, die auf **nachträgliche Anschaffungs- oder Herstellungskosten** entfallen, sind die oben erläuterten Regelungen sinngemäß anzuwenden (§ 15 a Abs. 6 UStG).[238]

Durch die Anhebung der Bagatellgrenzen in § 44 UStDV i.d.F. des Richtlinien-Umsetzungsgesetzes soll die Verpflichtung zur Anwendung der Vorsteuerberichtigung gemäß § 15 a UStG eingeschränkt werden. Danach ist eine Vorsteuerberichtigung nicht vorzunehmen, wenn die Vorsteuer bei Wirtschaftsgütern oder sonstigen Leistungen nicht mehr als 1.000 € beträgt. Außerdem kommt es zu keiner Vorsteuerberichtigung, wenn sich die Verhältnisse um weniger als 10 % ändern und der Berichtigungsbetrag 1.000 € nicht übersteigt.

4. Vorsteuer nach Durchschnittssätzen (§ 23 a UStG)

Für bestimmte steuerbegünstigte Krankenhausträger soll laut Literaturmeinung[239] die Inanspruchnahme von Vorsteuerbeträgen nach Durchschnittssätzen gemäß

---

238 Zur Ermittlung des Berichtigungszeitraums vgl. UStR 216. Eine von der Finanzverwaltung abweichende Berechnung des Berichtigungszeitraums erläutert Wagner, in: Sölch/Ringleb: a.a.O., § 15 a, Rz 245.
239 So Knorr/Klaßmann: a.a.O., S. 443 ff.

§ 23 a UStG in Betracht kommen. In der Praxis spielt diese Vorschrift nach unseren Erfahrungen keine Rolle, da sie nur bei nicht buchführungspflichtigen Krankenhäusern zur Anwendung kommen kann, bei denen die steuerpflichtigen Umsätze des Vorjahres 30.678 € nicht überschritten haben. Unter Berücksichtigung der UStR 2005, die zu einer Ausweitung der steuerpflichtigen Umsätze der Krankenhäuser führt, kommt die Ermittlung der Vorsteuern nach Durchschnittssätzen u.E. nicht mehr in Betracht.

Vorträge und Kurse
Nur für steuerbegünstigte Krankenhausträger und die Krankenhäuser der jPdöR kann die Steuerbefreiung gemäß § 4 Nr. 22 Buchstabe a) UStG für Umsätze aus Vorträgen, Kursen und anderen Veranstaltungen wissenschaftlicher oder belehrender Art infrage kommen,[240] wenn die Einnahmen (Kursgebühren) **überwiegend** zur Deckung der Kosten verwendet werden. „Überwiegend" heißt, dass mehr als 50 % der Einnahmen zur Kostendeckung eingesetzt werden.[241]

Beispiel: Kurse für medizinisches Personal

> In Absprache mit anderen Krankenhausträgern organisiert die gemeinnützige Krankenhaus-GmbH regelmäßig Fortbildungsveranstaltungen für das medizinische Krankenhauspersonal. Die Kursgebühren pro Teilnehmer betragen 200 €/Tag, davon entfallen 20 €/Tag auf die Beköstigung (offen ausgewiesen). Die Kosten je Teilnehmer und Veranstaltungstag sind mit 160 € veranschlagt, davon betreffen 15 € die Verpflegung.
> Die Kursgebühren sind in Höhe von 180 € gemäß § 4 Nr. 22 Buchstabe a) UStG steuerfrei, da diese Einnahmen überwiegend der Deckung der Kosten von 145 € dienen. Die auf die Beköstigung entfallenden Einnahmen mit 20 € werden nach Auffassung der Finanzverwaltung nicht von der Steuerbefreiung erfasst.[242]
> U.E. sind auch diese Einnahmen steuerfrei, weil die Beköstigung der Teilnehmer in den Pausen mit den steuerbefreiten Vorträgen und Kursen verbunden sind und als unselbständige Nebenleistungen das Schicksal der Hauptleistung teilen.[243] Der Sachverhalt sollte gegenüber dem Finanzamt offen gelegt und eine Position erkennbar vertreten werden, so dass unterschiedliche Auffassungen im Wege des Rechtsbehelfs oder im Rahmen einer Außenprüfung geklärt werden können.

Wahlleistungen
Krankenhäuser dürfen gemäß § 17 KHEntgG neben den Entgelten für die voll- und teilstationäre Behandlung Dienste, die nicht zu den → *allgemeinen Krankenhausleistungen* zählen, als Wahlleistungen gesondert berechnen, wenn die all-

---
240 BFH-Beschluss v. 12.05.2005, V B 146/03, DStR 2005, S. 1185.
241 Weymüller, in: Sölch/Ringleb: a.a.O., § 4 Nr. 22 Rz 27.
242 UStR 115 Abs. 2.
243 Vgl. Weymüller, in: Sölch/Ringleb: a.a.O., § 4 Nr. 22 Rz 24.

gemeinen Krankenhausleistungen durch sie nicht beeinträchtigt werden und die gesonderte Berechnung mit dem Krankenhaus vereinbart ist.

Wahlleistungen sind demzufolge ausnahmslos solche Leistungen, die über den für die gesetzlichen Krankenversicherungen gesetzlich vorgeschriebenen Leistungsumfang hinausgehen und von ihr nicht getragen werden.[244] Somit haben gesetzlich Krankenversicherte keinen Anspruch auf Wahlleistungen.

Wie die Umsätze eines Krankenhauses aus Wahlleistungen umsatzsteuerlich einzuordnen sind und ob die Steuerbefreiung gemäß § 4 Nr. 16 UStG zur Anwendung kommt, ist stets gesondert zu prüfen.

Die nachfolgende Übersicht enthält eine **Abgrenzung** zwischen steuerfreien und steuerpflichtigen Umsätzen der Krankenhäuser aus Wahlleistungen. Unterschiede und Einzelheiten zu den verschiedenen Arten werden hier nicht dargestellt.[245]

Art der Wahlleistung	Steuerfrei	Steuerpflichtig
Wahlleistung Unterkunft und Verpflegung:		
z. B. Ein- oder Zweibettzimmer, Wünsche zur Beköstigung	X	
Sonstige nichtärztliche Wahlleistungen:		
z. B. Telefon, Fernsehen, Internet (→ *Patienten*)	X	X
Unterbringung von → *Begleitpersonen*	X	X
Medizinische Wahlleistungen:		
fehlende medizinische Indikation, z. B. → *Schönheitsoperation*		X
Zusatzleistung bei medizinischer Indikation	X	
Alternativleistungen (innovative Leistungen, die mit höheren Kosten verbunden sind)	X	
ambulante (Wahl)Behandlung → *Patienten*, z. B. Behandlung durch liquidationsberechtigte (Chef-)Ärzte des Krankenhauses	X	

Hinzuweisen ist darauf, dass bei Außenprüfungen des Finanzamtes die Besteuerung von Wahlleistungen ein Prüfungsschwerpunkt darstellen wird. Aufgrund

---

244 Vgl. Wagner/Nösser/Korthus: Medizinische Wahlleistungen, Krhs 2005, S. 396–400.
245 Zur Erläuterung der Fallgruppen der Wahlleistungen: Wagner/Nösser/Korthus, a. a. O.; Informationspapier der DKG zum Angebot medizinischer Wahlleistungen durch Krankenhäuser, Krhs 2005, S. 401–406; Trefz: Wahlleistung Unterkunft, f&w 2005, S. 312–316; Henze/Kehres, Buchführung und Jahresabschluss in Krankenhäusern, 2. Auflage, Verlag W. Kohlhammer, Stuttgart, S. 111, 112.

der gesonderten buchhalterischen Erfassung der Erlöse aus Wahlleistungen[246] ist deren Identifizierung durch den Betriebsprüfer kein Problem. Als problematisch kann sich dagegen die steuerliche Einordnung dieser Umsätze herausstellen, z.B. im Bereich der → *plastischen Chirurgie*.

Wäscherei
Die Leistungen der Krankenhauswäscherei an andere Träger gehören seit jeher zu den steuerpflichtigen Umsätzen des Krankenhauses. Der BFH[247] hat bereits 1990 festgestellt, dass die aus Erwägungen der kostendeckenden Auslastung einer Krankenhauswäscherei angeordneten Wäschereileistungen für andere Krankenhäuser nicht vom Begünstigungszweck des § 4 Nr. 16 UStG erfasst werden. Ferner kommt eine Steuerbefreiung gemäß § 4 Nr. 18 UStG im Falle von Wäschereileistungen eines steuerbegünstigten Krankenhauses an Einrichtungen der freien Wohlfahrtspflege nicht in Betracht, da die Wäschereileistungen an Einrichtungen anderer Träger nicht unmittelbar dem begünstigten Personenkreis (im wesentlichen Patienten des Krankenhauses) zugute kommen.

Ist die Krankenhauswäscherei bei einem steuerbegünstigten Krankenhaus als → *Selbstversorgungseinrichtung* zu qualifizieren, können die Umsätze an andere Einrichtungen dem ermäßigten Steuersatz unterliegen.[248]

Wechsel der Steuerschuldnerschaft
→ *Leistungsempfänger als Steuerschuldner*

Wellnessbehandlungen
Für die von Krankenhäusern angebotenen Wellnessbehandlungen kommt eine Steuerbefreiung gemäß § 4 Nrn. 14, 16 UStG nicht in Betracht, da bei diesen Behandlungen kein therapeutisches Ziel im Vordergrund und das Krankenhaus im unmittelbaren Wettbewerb zu Drittanbietern steht. Wellnessbehandlungen dienen fast ausschließlich dem allgemeinen Wohlbefinden der Patienten (vgl. → *Klinik für Ganzheitsmedizin*, → *Schönheitsoperationen*).

Für bestimmte Wellnessbehandlungen (Verabreichung von Heilbädern) kommt ggf. der → *ermäßigte Steuersatz* gemäß § 12 Abs. 2 Nr. 9 UStG zur Anwendung.

Werbemobil
Gelegentlich nutzen insbesondere steuerbegünstigte Krankenhäuser die Angebote von Werbeunternehmen zur „unentgeltlichen" Nutzung oder Übereignung von Fahrzeugen, die mit Werbung bedruckt sind (sog. Werbemobile). Das Krankenhaus verpflichtet sich, das Werbemobil während der Vertragslaufzeit möglichst werbewirksam und häufig zu nutzen und die Werbung an dem Fahrzeug zu dulden. Für die Gebrauchsüberlassung des Werbemobils leistet das Krankenhaus keine Zahlungen an das Werbeunternehmen. Nach Vertragsablauf geht das Ei-

---

246 Vgl. Kontengruppe 41 des Kontenrahmens lt. Anlage 4 der KHBV.
247 BFH-Urteil v. 18.10.1990, BStBl II 1991, S. 157.
248 Knorr/Klaßmann: a.a.O., S. 404.

gentum an dem Werbemobil regelmäßig ohne Zuzahlung an das Krankenhaus über, welches die Werbeflächen auf eigene Kosten zu beseitigen hat.

Umsatzsteuerrechtlich liegen bei diesem Geschäft **zwei verschiedene Leistungen** vor: Die Werbefirma liefert an das Krankenhaus das Werbemobil. Im Gegenzug erbringt das Krankenhaus steuerpflichtige Werbeleistungen an die Werbefirma (→ sog. *tauschähnlicher Umsatz,* → *Sponsoring*). Bemessungsgrundlage für die steuerpflichtige Werbeleistung ist der Wert der Fahrzeuglieferung, also der Einkaufspreis des Fahrzeugs.[249] Eine durch das Bekleben mit Werbefolien eintretende Wertminderung des Fahrzeugs kann nicht im Wege der Saldierung mit dem Einkaufspreis berücksichtigt werden, wenn die Gegenleistung gerade im Dulden des Anbringens von Werbefolien besteht.[250]

Die USt auf die Werbeleistungen des Krankenhauses entsteht zwar erst mit Ablauf der Nutzungsdauer des Werbemobils, also mit Vollendung der Werbeleistungen. Zu beachten sind aber die Grundsätze der Besteuerung von → *Anzahlungen*, da die Lieferung des Werbemobils an das Krankenhaus wie eine Anzahlung auf die noch ausstehenden Werbeleistungen des Krankenhauses zu behandeln ist. Anzahlungen, die vor der Erbringung der Leistungen vereinnahmt werden, sind gemäß § 13 Abs. 1 Nr. 1 UStG im Zeitraum der Vereinnahmung derselben zu versteuern (sog. → *Istversteuerung*). Somit entsteht die USt auf die Werbeleistungen des Krankenhauses bereits im Zeitraum der Vereinnahmung der Anzahlung, also der Fahrzeuglieferung.

Die Werbeleistungen unterliegen dem Regelsteuersatz. Dies gilt auch für steuerbegünstigte Krankenhäuser, wenn diese durch die aktive Mitwirkung an der Werbemaßnahme (z. B. durch werbewirksames Abstellen des Werbemobils oder, wenn das Werbemobil über den zu eigenen Zwecken notwendigen Umfang hinaus eingesetzt wird) einen steuerpflichtigen wirtschaftlichen Geschäftsbetrieb begründen. Ausnahmsweise kann der → *ermäßigte Steuersatz* in Betracht kommen, soweit das steuerbegünstigte Krankenhaus lediglich das Aufbringen von Werbefolien auf dem Werbemobil duldet und ansonsten nicht aktiv an der Werbemaßnahme mitwirkt. In diesem Fall würde der Duldungsumsatz dem begünstigen Bereich der Vermögensverwaltung zugeordnet werden (→ *Sponsoring*).[251]

Das Werbemobil wird regelmäßig für die betrieblichen Zwecke des Krankenhauses genutzt. Ihm steht folglich nur dann der Vorsteuerabzug aus der Fahrzeuglieferung bzw. aus den laufenden Kosten zu, wenn das Werbemobil nicht für steuerfreie Umsätze verwendet wird, die den Vorsteuerabzug ausschließen (sog. Ausschlussumsätze). Da die steuerfreien Krankenhausumsätze zu den Ausschlussumsätzen gehören, kommt ein Vorsteuerabzug in der Regel nicht infrage. Ein anteiliger Vorsteuerabzug ist aber dann möglich, wenn das Krankenhaus zusätzliche Werbefahrten durchführt oder, wenn das Fahrzeug werbewirksam außerhalb des Krankenhausgeländes abgestellt wird. In solchen Fällen ist der anteilige Vorsteuerabzug entsprechend dem Anteil der Werbefahrten/Fahrten zum werbewirksamen Abstellen im Verhältnis zur Gesamtfahrleistung zulässig (→ *Vorsteu-*

---

249 OFD Koblenz, Vfg. v. 23.04.2003, UVR 2003, S. 245.
250 FG München v. 13.05.2004, EFG 2004, S. 1329.
251 A.A. FG Hamburg v. 10.03.2006, EFG 2006, S. 1624, rkr.

erabzug).²⁵² Zur Sicherung des Vorsteuerabzugs durch das Krankenhaus bzw. den Sponsor ist die Ausstellung ordnungsgemäßer → *Rechnungen* zu beachten. Hinsichtlich der vom Krankenhaus als Empfänger des Fahrzeugs auszustellenden Rechnung ist zu beachten, dass die Rechnung über die Werbeleistungen eindeutig als Voraus-Rechnung erkennbar sein muss, sofern die Werbeleistungen noch nicht vollständig erbracht wurden („Anzahlungsrechnung" oder Hinweis auf den in der Zukunft liegenden Zeitpunkt der Werbeleistung).²⁵³

Werbung
→ *Sponsoring*, → *Werbemobil*

Zentrale Beschaffungsstellen
Die Umsätze der zentralen Beschaffungsstellen sind steuerpflichtig. Bei steuerbegünstigten Krankenhäusern kommt der Regelsteuersatz zur Anwendung, da ein wirtschaftlicher Geschäftsbetrieb vorliegt (→ *Geschäftsbesorgungsleistungen für Dritte*).²⁵⁴

Zentralwäscherei
→ *Wäscherei*

Zuschüsse
Zahlungen, die als Zuschuss, Zuwendung, Beihilfe usw. bezeichnet werden, (Zuschüsse) können sein:²⁵⁵

- Entgelt für die Leistung an den Zuschussgeber (Zahlenden),
- zusätzliches Entgelt eines Dritten oder
- echter, nicht steuerbarer Zuschuss.

Diese Differenzierung in unechte (weil steuerbare) Zuschüsse und echte (weil nicht steuerbare) Zuschüsse gilt grundsätzlich auch für Zuschüsse aus öffentlichen Kassen.

Echte Zuschüsse sind Zuwendungen, die nicht aufgrund eines Leistungsaustausches erbracht werden, sondern unabhängig von einer bestimmten Leistung gewährt werden, um dem Empfänger die Mittel zu verschaffen, die er z. B. zur Erfüllung von im allgemeinen Interesse liegenden Aufgaben (z. B. der Gesundheitspflege) benötigt. Die Krankenhäuser erhalten in der Regel echte Zuschüsse, die nicht der USt unterliegen. Dazu gehören insbesondere:

- Zuschüsse der Bundesländer nach dem KHG, z. B. Investitionszuschüsse (§ 9 Abs. 1 KHG) und Zuschüsse zur Darlehensförderung (§ 9 Abs. 2 Nr. 3 KHG);
- Zuschüsse der Bundesanstalt für Arbeit zu den Löhnen/Ausbildungsvergütungen gemäß AFG;

---

252 OFD Koblenz, Vfg. v. 23.04.2003, UVR 2003, S. 245.
253 FG München v. 13.05.2004, EFG 2004, S. 1329.
254 Finanzministerium Thüringen v. 21.07.1994, DB 1994, S. 1700.
255 UStR 150 Abs. 1.

- Zuwendungen aus öffentlichen Kassen zur Projektförderung sowie zur institutionellen Förderung, die auf der Grundlage besonderer Nebenbestimmungen gezahlt werden.[256]

Dagegen unterliegen die Zuschüsse der Umsatzsteuer, wenn die Zuschüsse im Rahmen eines Leistungsaustausches als Entgelt für eine erhaltene Leistung gezahlt werden oder wenn ein Dritter (neben dem Leistungsempfänger) einen Teil des Entgelts entrichtet (sog. Preisauffüllung). Bei den unechten Zuschüssen ist grundsätzlich zu prüfen, ob eine Steuerbefreiung, z. B. gemäß § 4 Nr. 16 UStG, in Betracht kommt.

Beispiel: Zuschüsse der Krankenkassen als Entgelt von dritter Seite

> Im Rahmen von Präventivangeboten der Krankenkassen für ihre Versicherten werden bestimmte Leistungen der Heilberufe an die Versicherten bezuschusst, z. B. Wirbelsäulengymnastik und Rückenschule. Das Krankenhaus rechnet einen Teil der Leistungen mit dem Patienten ab und erhält den Restbetrag (als Preisauffüllung) von den Krankenkassen. Unterliegt die vom Krankenhaus erbrachte Leistung der USt, gilt dies auch für den von der Krankenkasse erhaltenen Zuschuss. Sind die von den Krankenhäusern erbrachten → *Präventivbehandlungen* hingegen von der USt befreit, fällt auch auf den Zuschuss der Krankenkasse keine USt an.

Die umsatzsteuerliche Behandlung der Zuschüsse von Studentenwerken an Universitäts- und Lehrkrankenhäuser zur Beköstigung von Medizinstudenten ist unter dem Stichwort → *Universitätsklinik* thematisiert.

---

256 BMF-Schreiben v. 15.08.2006, BStBl I 2006, S. 502; DStR 2006, S. 1136.

5 Sonstige Steuern

Ulf Gietz/Norbert Ellermann

Gliederung

5.1 Grundsteuer (Ulf Gietz)
5.2 Grunderwerbsteuer (Norbert Ellermann)
5.3 Erbschaft- und Schenkungsteuer (Norbert Ellermann)
5.4 Ökosteuern (Ulf Gietz)
5.5 Kraftfahrzeugsteuer (Norbert Ellermann)

Mit diesem Kapitel und den nachfolgenden Ausführungen setzen wir den Weg durch die Steuergesetze fort. Im Vergleich zu den anderen Kapiteln haben wir uns hier inhaltlich im Wesentlichen auf die Grundzüge der vorstehenden Steuerarten beschränkt. Um dem Anspruch des Buches als Wegweiser gerecht zu werden, haben wir nützliche Hinweise für die Praxis aufgenommen, die eine erste Orientierung ermöglichen. Wir verfolgen hier nur das Ziel, neben der Systematik dieser Steuerarten insbesondere die Auswirkungen für den Krankenhausbetrieb darzustellen, sei es in Form einer steuerlichen Belastung oder Freistellung. Das Steuerrecht verfolgt bekanntermaßen verschiedene Ziele, hier mit einigen Freistellungen von der Steuer als Beitrag zur Finanzierung des Gesundheitswesens.

5.1 Grundsteuer

5.1.1 Grundzüge

Die Grundsteuer ist eine sogenannte Realsteuer, die hinsichtlich des Besteuerungsgegenstands an das Vorhandensein einer bestimmten Sache anknüpft, nämlich an den Grundbesitz als Steuergegenstand. Die Grundsteuer belastet den Grundbesitz ohne Rücksicht auf die persönlichen Verhältnisse und die persönliche Leistungsfähigkeit des Grundstückseigentümers. Die Grundsteuer ist eine Gemeindesteuer. Erhebt eine Gemeinde Grundsteuer, was regelmäßig der Fall ist, so ist sie an die Vorschriften des Grundsteuergesetzes (GrStG) gebunden.

Steuergegenstand ist der Grundbesitz i.S.d. Bewertungsgesetzes (BewG). Der Begriff des inländischen Grundbesitzes umfasst danach das land- und forstwirtschaftliche Vermögen, das Grundvermögen und die Betriebsgrundstücke. Die **Bewertung** des Grundbesitzes erfolgt nach den Vorschriften des BewG. Als Grundlage für die nachfolgende Steuerfestsetzung wird für den Grundbesitz der Einheitswert gesondert festgestellt. Für die Bewertung des Grundbesitzes in den neuen Bundesländern sieht das BewG ein gesondertes Verfahren zur Einheitswertfeststellung vor.[1] Dem Bewertungsverfahren (**Einheitswertverfahren**) folgt das **Steuermessbetragsverfahren**. Durch Ansatz einer Steuermesszahl auf den Einheitswert wird der für die Erhebung der Grundsteuer maßgebende Grundsteuermessbetrag festgesetzt. Schließlich wird im **Festsetzungsverfahren** unter Ansatz eines Grundsteuerhebesatzes auf den Steuermessbetrag die Grundsteuer durch die hebeberechtigte Gemeinde festgesetzt. Während die Festsetzung des Einheitswertes und des Grundsteuermessbetrages durch das für den Grundbesitz zuständige Finanzamt erfolgt, wird die Grundsteuer durch die Gemeinde festgesetzt in dessen Gebiet sich der Grundbesitz befindet.

Das GrStG sieht eine Reihe von **Steuerbefreiungen** vor. Von der Grundsteuer befreit ist der Grundbesitz bestimmter in § 3 Abs. 1 GrStG aufgeführter Eigentümer, soweit diese den Grundbesitz auch unmittelbar selbst nutzen. Zu diesen begünstigten Eigentümern zählen insbesondere auch die nach den Vorschriften der Abgabenordnung (AO) steuerbegünstigten Körperschaften, z. B. gemeinnützige und mildtätige Krankenhäuser. Ferner kommt für Grundbesitz eine Steuerbefreiung in Betracht, der einem der in § 4 GrStG genannten Zwecke dient. Von dieser Befreiungsvorschrift wird u. a. der Grundbesitz erfasst, der für Zwecke eines Krankenhauses, welches die Voraussetzungen des § 67 AO erfüllt, genutzt wird. Schließlich werden in den §§ 5, 6 GrStG die Steuerbefreiungen gemäß §§ 3, 4 GrStG für zu Wohnzwecken genutzten Grundbesitz und für land- und forstwirtschaftlich genutzten Grundbesitz wiederum eingeschränkt.[2]

Steuerschuldner ist derjenige, dem der Grundbesitz im Rahmen der Feststellung des Einheitswertes zugerechnet wurde. Das ist in der Regel der Grundstückseigentümer. Es kann aber auch eine Zurechnung des Grundstücks an den wirtschaftlichen Eigentümer in Betracht kommen (§ 39 Abs. 2 AO).

Die Grundsteuer wird nach den Verhältnissen zu Beginn des Kalenderjahres festgesetzt (**Stichtag**). Sie wird i. d. R. jeweils zu einem Viertel ihres Jahresbetrags am 15. Februar, 15. Mai, 15. August und 15. November fällig.

Der Grundsteuermessbetrag wird auf den sogenannten Hauptfeststellungszeitpunkt allgemein festgesetzt (**Hauptveranlagung**). Ändern sich nach dem Einheitswertverfahren der Einheitswert (Wertfortschreibung), die Grundstücksart (Artfortschreibung) oder der Grundstückseigentümer (Zurechnungsfortschreibung) kommt es zu einer **Neuveranlagung** der Grundsteuer. Entsteht nachträglich ein neuer Steuergegenstand oder entfällt für einen bereits bestehenden Steuergegenstand der Grund für die Grundsteuerbefreiung, wird eine **Nachfeststellung** durchgeführt.

Für bestimmte Fälle sieht das GrStG den Erlass der Grundsteuer vor. Von Relevanz ist insbesondere der Erlass wegen wesentlicher Ertragsminderung (§ 33 GrStG).

Abschnitt IV des GrStG enthält die Vorschriften zur Festsetzung der Grundsteuer für den Grundbesitz in den **neuen Bundesländern**.

---

1 §§ 125 bis 137 BewG.
2 Vgl. BFH-Urteil v. 11.04.2006, II R77/04, DStRE 2006, S. 1345.

5.1.2 Steuerbefreiung für Grundbesitz der Krankenhäuser der jPdöR

Der Grundbesitz, der von einer jPdöR genutzt wird, ist gemäß § 3 Abs. 1 **Nr. 1** GrStG von der Grundsteuer befreit. Von dieser Befreiungsvorschrift sind u.E. auch die Krankenhäuser der jPdöR betroffen, die zur Erfüllung von Hoheitsaufgaben betrieben werden. Sofern der Krankenhausbetrieb einen Betrieb gewerblicher Art (BgA) darstellt, ist eine Steuerbefreiung gemäß § 3 Abs. 1 Nr. 1 GrStG nicht gegeben. Für den Krankenhaus-BgA, insbesondere die Krankenhäuser der Gebietskörperschaften und die Hochschul- und Universitätskliniken kommt regelmäßig eine Steuerbefreiung gemäß § 3 Abs. 1 **Nr. 3 a)** GrStG in Betracht.

Die Krankenhäuser der öffentlich-rechtlichen **Religionsgemeinschaften** sind hingegen keine BgA, da sie grundsätzlich Gegenstand des kirchlichen Verkündigungsauftrages und Ausdruck der tätigen Nächstenliebe sind. Der Grundbesitz der Krankenhäuser öffentlich-rechtlichen Religionsgemeinschaften ist somit gemäß § 3 Abs. 1 Nr. 1 GrStG steuerfrei. Von dieser Vorschrift werden auch die Krankenhäuser und ähnlichen Betriebe der Sozialversicherungsträger erfasst, wenn in diesen überwiegend nur Mitglieder behandelt werden.[3]

5.1.3 Steuerbefreiung für Grundbesitz der steuerbegünstigten Krankenhäuser

Gemäß § 3 Abs. 1 Nr. 3 GrStG wird der Grundbesitz, der von einer

- inländischen jPdöR oder
- einer inländischen Körperschaft, die **gemeinnützigen** oder **mildtätigen** Zwecken dient,

für **gemeinnützige** oder **mildtätige** Zwecke benutzt wird, von der Grundsteuer befreit.

Von dieser Befreiungsnorm werden die als BgA zu qualifizierenden Krankenhäuser der Gebietskörperschaften, Hochschulkliniken und Universitätskliniken sowie die gemeinnützigen oder mildtätigen Krankenhäuser privater Rechtsträger erfasst.

Die Grundsteuerbefreiung hängt von zwei Voraussetzungen ab:

- Der Grundbesitz muss einem bestimmten Rechtsträger ausschließlich zuzurechnen sein (subjektive Voraussetzung).
- Der Grundbesitz muss von dem Rechtsträger, dem er zuzurechnen ist, für einen bestimmten steuerbegünstigten Zweck benutzt werden (objektive Voraussetzung).[4]

---

3 Troll/Eisele: Kommentar GrStG, § 3 GrStG, Rdn 16.
4 GrStR 6 Abs. 1.

Gemäß **§ 3 Abs. 1 Satz 2 GrStG** muss der Grundbesitz ausschließlich demjenigen, der ihn für begünstigte Zwecke benutzt, oder einem anderen in § 3 Abs. 1 GrStG genannten Rechtsträger zuzurechnen sein. Die Befreiungen gelten deshalb auch, wenn der Rechtsträger, dem der Grundbesitz zugerechnet worden ist, seinen Grundbesitz einer anderen nach § 3 Abs. 1 GrStG begünstigten Person überlässt, wenn diese den Grundbesitz für einen der dort angeführten begünstigten Zwecke nutzt.

Beispiel: GrSt-Befreiung in Abhängigkeit von der Zurechung des dem Krankenhausbetrieb dienenden Grundbesitzes

> Die Stadt P überträgt den Betrieb des städtischen Krankenhauses auf eine gemeinnützige Krankenhaus-GmbH. Der dem Krankenhaus dienende Grundbesitz wird von der Stadt P an die Krankenhaus-GmbH vermietet.
> Der Grundbesitz wird der Stadt P zugerechnet, die zu den von § 3 Abs. 1 GrStG begünstigten Rechtsträgern gehört. Die gemeinnützige Krankenhaus-GmbH wird ebenfalls von dieser Befreiungsvorschrift erfasst. Solange die Krankenhaus-GmbH den angemieteten Grundbesitz unmittelbar für den gemeinnützigen Krankenhausbetrieb nutzt, wird die Stadt P von der Grundsteuer befreit.
> Vermietet die Stadt P hingegen den Grundbesitz an eine nicht gemeinnützige Privatklinik scheidet die Steuerbefreiung nach § 3 Abs. 1 GrStG aus. Es ist dann weiter zu prüfen, ob ggf. eine Steuerbefreiung gemäß § 4 Nr. 6 GrStG beansprucht werden kann.

Die Grundsteuerbefreiung erstreckt sich nur auf den Grundbesitz, der unmittelbar für die gemeinnützigen oder mildtätigen Zwecke benutzt wird. Dazu rechnet auch der Grundbesitz, auf dem ein Zweckbetrieb gemäß §§ 65 bis 68 AO unterhalten wird bzw. auf dem die Körperschaft ihre Verwaltungstätigkeit ausübt. Hat die Körperschaft auch wirtschaftliche Geschäftsbetriebe (wGb), die keine Zweckbetriebe sind, so ist der Grundbesitz oder Teile des Grundbesitzes insoweit steuerpflichtig.

Ob eine Körperschaft tatsächlich gemeinnützige oder mildtätige Zwecke verfolgt, muss zwar jeweils selbständig geprüft werden, doch übernimmt die Finanzverwaltung in der Regel eine für Zwecke der Körperschaftssteuer (KSt) bereits getroffene Entscheidung. Sofern dem Krankenhausträger ein für Zwecke der KSt gültiger Freistellungsbescheid vorliegt, ist dieser auch für grundsteuerliche Zwecke bindend.[5]

Dient der Grundbesitz, der für steuerbegünstigte Zwecke benutzt wird, zugleich **Wohnzwecken** oder wird er zugleich auch land- und forstwirtschaftlich genutzt, kommt eine Steuerbefreiung nur unter den in §§ 5, 6 GrStG genannten Voraussetzungen in Betracht.

Bei einem als gemeinnützig anerkannten Krankenhaus kann daher der Grundbesitz in folgenden **Fällen der Grundsteuer** unterliegen:

---

5 GrStR 12 Abs. 3.

- Grundbesitz, der zu Wohnzwecken benutzt wir, wenn er nicht unter § 5 Abs. 1 GrStG fällt
- Grundbesitz auf dem ein wirtschaftlicher Geschäftsbetrieb ausgeübt wird, der nicht Zweckbetrieb i. S. v. §§ 65 bis 68 AO ist
- Grundbesitz, der land- und forstwirtschaftlich genutzt wird, soweit nicht § 6 GrStG anzuwenden ist
- Grundbesitz, der als unbebautes Grundstück bewertet ist, soweit die Voraussetzungen des § 7 GrStG nicht erfüllt sind
- Grundbesitz, der einem Dritten zur Benutzung überlassen ist. Das gilt nicht, wenn auch der Dritte zu den nach § 3 Abs. 1 GrStG begünstigten Rechtsträgern gehört und er den Grundbesitz für einen begünstigten Zweck benutzt.

5.1.4 Steuerbefreiung für Grundbesitz der nicht steuerbegünstigten Krankenhäuser

Gemäß § 4 Nr. 6 GrStG ist der Grundbesitz, der für die Zwecke eines Krankenhauses benutzt wird, steuerfrei, wenn das Krankenhaus in dem Kalenderjahr, das dem Veranlagungszeitpunkt vorangeht, die Voraussetzungen des § 67 Abs. 1 oder 2 AO erfüllt hat. Der Grundbesitz muss ausschließlich demjenigen, der ihn benutzt, oder einer jPdöR zuzurechnen sein.

Diese Befreiungsvorschrift hat nur Bedeutung für die Krankenhäuser, die nicht bereits gemäß § 3 Abs. 1 Nr. 1 oder Nr. 3 GrStG von der GrSt befreit sind, d. h. für **private Krankenhäuser**.

Ob die Voraussetzungen des § 67 Abs. 1 oder 2 AO vorliegen, kann für das gesamte Steuerrecht nur einheitlich entschieden werden. Eine bereits bei der USt (§ 4 Nr. 16 b) UStG) oder bei der GewSt (§ 3 Nr. 20 b) GewStG) getroffene Entscheidung ist daher für die Grundsteuer zu übernehmen.[6]

Zur Abgrenzung des **Begriffs „Krankenhauses"**[7] von anderen ähnlichen Einrichtungen ist es zweckmäßig, auf den im Einkommensteuerrecht verwendeten Begriff abzustellen, der in der EStR 82 ausführlich erläutert wird. Die Steuerbefreiung erstreckt sich auf die Verwaltungs- und Betriebsgebäude und auf den Krankenhausgarten, soweit dieser der Erholung der Patienten dient.[8] Ebenfalls von der Steuerbefreiung erfasst werden die vom Krankenhaus an Fachärzte vermieteten Praxisräume und zwar auch dann, wenn die Fachärzte ambulante Leistungen erbringen.[9]

Hinsichtlich des zu Wohnzwecken benutzen und für land- und forstwirtschaftliche Zwecke genutzten Grundbesitzes sind die **§§ 5, 6 GrStG** zu beachten.

Zu den subjektiven Voraussetzungen gehört, dass der Grundbesitz dem Inhaber des Krankenhauses oder einer jPdöR zuzurechnen ist. Daher reicht es z. B. in

---

6 GrStR 23 Abs. 1.
7 Vgl. 1.
8 GrStR 23 Abs. 3.
9 BFH-Urteil v. 16.01.1991, BStBl II 1991, S. 535.

Ausgliederungsfällen aus, wenn der private Krankenhausträger den Grundbesitz von einer Gebietskörperschaft anmietet.

Die sogenannte **Eigentümer-Benutzer-Identität**[10] ist in den folgenden Fällen nicht gegeben:

- Das Krankenhaus wird nicht vom Grundstückseigentümer, sondern von dessen Ehegatten betrieben.
- Zwischen der Personengesellschaft, der das Grundstück gehört, und den Betreibern des Krankenhauses besteht keine Personenidentität. Personenidentität soll nach dem Urteil des FG Nürnberg[11] selbst dann nicht vorliegen, wenn der Grundstückseigentümer eine Klinik an eine GmbH & Co. KG vermietet und er sowohl alleiniger Kommanditist als auch alleiniger Gesellschafter der Komplementär-GmbH ist.
- Der Grundbesitz, auf dem eine juristische Person des privaten Rechts ein Krankenhaus betreibt, ist den Gesellschaftern zuzurechnen. Das gilt auch im Falle einer „Ein-Mann-GmbH".

Unschädlich ist hingegen eine stille Beteiligung am Krankenhausbetrieb.

5.1.5 Einschränkungen der Steuerbefreiungen bei Nutzungen zu Wohnzwecken

Dient der Grundbesitz eines Krankenhauses, der für steuerbegünstigte Zwecke gemäß §§ 3, 4 GrStG benutzt wird, **zugleich Wohnzwecken**, gilt die Befreiung nur in den in § 5 Abs. 1 GrStG genannten Ausnahmefällen und auch nur dann, wenn diese Räume nicht bereits als Wohnungen[12] zu qualifizieren sind. Denn Wohnungen sind gemäß § 5 Abs. 2 GrStG stets steuerpflichtig. Danach kommt u. a. für die folgenden Räumlichkeiten eine Steuerbefreiung infrage:

- Wohnräume, wenn der steuerbegünstigte Zweck i.S.d. § 3 Abs. 1 Nr. 1, 3 oder 4 GrStG nur durch ihre Überlassung erreicht werden kann
- Räume, in denen sich Personen für die Erfüllung der steuerbegünstigten Zwecke ständig bereithalten müssen (Bereitschaftsräume), wenn sie nicht zugleich die Wohnung des Inhabers darstellen.

5.1.6 Teilweise Benutzung des Grundbesitzes für steuerbegünstigte Zwecke

Wird ein räumlich abgegrenzter Teil des Steuergegenstands für steuerbegünstigte Zwecke (§§ 3, 4 GrStG) benutzt, so ist nur dieser Teil des Steuergegenstands gemäß § 8 Abs. 1 GrStG steuerfrei.

---

10 Knorr/Klaßmann, Die Besteuerung der Krankenhäuser, 3. Auflage 2004, S. 477.
11 FG Nürnberg, Urteil v. 01.12.2005, DStRE 2006, S. 730 (nrkr); Revision BFH: II R 14/06.
12 Vgl. zum Wohnungsbegriff, GrStR 24 Abs. 2; BFH-Urteil v. 11.04.2006, II R 77/04, DStRE 2006, S. 1345.

Beispiel: Teilweise Benutzung eines Krankenhausgrundstücks für nicht begünstigte Zwecke

> Die Krankenhaus-GmbH betreibt auf dem Krankenhaus-Campus ein Hotel. Das Hotelgebäude wurde früher für den Krankenhausbetrieb genutzt. Die Steuerbefreiung gemäß § 4 Nr. 6 GrStG erstreckt sich nicht mehr auf das Hotelgebäude.

Die **Aufteilung des Steuergegenstands** nach seiner Benutzung für die steuerbefreiten und steuerpflichtigen Zwecke erfolgt bereits im Rahmen der Einheitsbewertung des Grundbesitzes. Als Aufteilungsmaßstab (im Beispielsfall zur Ermittlung des auf die steuerfreie Benutzung entfallenden Anteils des Grund und Bodens) dürfte in der Regel das Verhältnis der jeweiligen Nutz- oder Wohnflächen infrage kommen.

Dient der Grundbesitz des Krankenhauses sowohl steuerbegünstigten als auch anderen Zwecken, ohne dass eine räumliche Abgrenzung für die verschiedenen Zwecke möglich ist, so wird gemäß § 8 Abs. 2 GrStG der Grundbesitz nur dann von der Grundsteuer befreit, wenn die steuerbegünstigten Zwecke überwiegen. Die steuerbegünstigten Zwecke überwiegen, wenn der Grundbesitz im Kalenderjahr, das dem Veranlagungszeitpunkt vorangegangen ist, zu mehr als 50 v.H. für diese Zwecke benutzt wurde. Welcher Aufteilungsmaßstab zu wählen ist, ist nicht vorgeschrieben. In Abhängigkeit vom Verwendungszweck des Grundbesitzes ist der Maßstab anzuwenden, der zu einem vertretbaren Ergebnis führt. Dies soll anhand des nachfolgenden Beispiels erläutert werden:

Beispiel: Gleichzeitige Benutzung eines Krankenhausgrundstücks zu steuerbegünstigten und zu anderen Zwecken

> Die gemeinnützige Krankenhaus-GmbH beliefert durch ihre Küche fremde Krankenhausträger mit portionierten Speisen (Cateringservice) und unterhält insoweit einen steuerpflichtigen wirtschaftlichen Geschäftsbetrieb. Für Zwecke der KSt hat die gGmbH insoweit eine Spartenrechnung vorgelegt. Daraus ist ersichtlich, dass der Wareneinsatz für die Belieferung der fremden Träger 60 v.H. des gesamten Wareneinsatzes der Krankenhausküche beträgt.
> Damit produziert die Küche überwiegend Speisen für die Belieferung der anderen Träger, so dass die Benutzung für die nicht steuerbegünstigten Zwecke überwiegt. Das Küchengebäude ist damit grundsteuerpflichtig.

5.1.7 Übersicht des steuerbefreiten oder steuerpflichtigen Grundbesitzes

Art des Grundbesitzes	GrSt-befreit	GrSt-pflichtig
Bereitschaftsräume:		
für das Personal auf dem Krankenhausgrundstück oder in unmittelbarer Nähe[13]	X	
Betriebsgebäude:		
z. B. Heizwerk, Werkstattgebäude u. a. dem Krankenhausbetrieb dienender Grundbesitz	X	
Kantinenräume:		
für Patienten und Personal	X	
Dem Krankenhaus-Zweckbetrieb dienender Grundbesitz:		
einschließlich der Räume zur Unterbringung der Patienten[14]	X	
Krankenhausgarten[15]:		
soweit dieser der Erholung der Genesenden dient	X	
Parkplätze und Parkhäuser:		
Überlassung für Patienten, Personal und Besucher, ob gebührenfrei oder -pflichtig **bis 31.12.2005**	X	
gebührenpflichtig oder gebührenfrei **ab 01.01.2006**		X
Ausnahme bei gebührenfreier Überlassung: das Krankenhaus erfüllt die Voraussetzungen des § 67 Abs. 1 oder Abs. 2 AO[16]	X	
Schwesternwohnheime:		
ausschließlich Wohnräume		X
Unbebaute Grundstücke:		
die (noch) nicht für die steuerbegünstigten Zwecke verwendet werden		X

---

13 GrStR 28 Abs. 1.
14 GrStR 27 Abs. 2.
15 GrStR 23 Abs. 3.
16 Fin.Min. Schleswig-Holstein, Erlass v. 23.11.2005, DStZ 2006, S. 206; so auch OFD Koblenz mit Erlass v. 18.08.2005, G 1107A-095/05-St 3.

Art des Grundbesitzes	GrSt-befreit	GrSt-pflichtig
Vermieteter Grundbesitz:		
Grundbesitz der vermietet ist		X
es sei denn, dieser wird vermietet an: • andere Krankenhausträger für deren Krankenhausbetrieb[17] • an Fachärzte	X	
Verwaltungsgebäude[18] der Krankenhäuser:		
die der Verwaltung von steuerpflichtigem Grundbesitz dienen	X	
Dem wirtschaftlichen Geschäftsbetrieb dienend:		
Grundbesitz, der nur dem wirtschaftlichen Geschäftsbetrieb dient		X
Wohnheime:		
für Zivildienstleistende, sofern keine Wohnungen überlassen werden	X	
für Auszubildende (Ausbildungsheime), sofern keine Wohnungen überlassen werden	X	
Wohnräume von Diakonissen und Ordensschwestern:		
die sich innerhalb des Krankenhauses befinden. Pauschale Aufteilung in steuerfreie Bereitschaftsräume und steuerpflichtige Wohnräume[19]	X	X
Wohnungen:		
z. B. Hausmeisterwohnungen u. a. im Eigentum des Krankenhauses stehende Mietwohnungen		X

5.1.8 Wegfall der Voraussetzungen für die Steuerbefreiung

Gemäß § 19 GrStG müssen die Krankenhausträger jede **Änderung in der Nutzung** oder in den **Eigentumsverhältnissen** eines ganz oder teilweise von der Grundsteuer befreiten Steuergegenstands anzeigen. Die **Anzeige** ist innerhalb von drei Monaten nach Eintritt der Änderung beim zuständigen Finanzamt (Lagefinanzamt) zu erstatten.

---

17 § 3 Abs. 1 Satz 2 und § 4 Nr. 6 Satz 2 GrStG.
18 GrStR 12 Abs. 5.
19 Einzelheiten zum Aufteilungsmaßstab: Finanzministerium Baden-Württemberg v. 25.09.1979, jurisweb, FMNR 102 82 0079.

Bei Nutzungsänderungen wird häufig nicht an die Grundsteuer gedacht und der Wegfall der Voraussetzungen deshalb nicht angezeigt. Sanktionen wegen einer unterbliebenen Anzeige werden von den Finanzbehörden selten getroffen. Gleichwohl sollte diese Pflicht ernst genommen werden, zumal die nicht steuerbegünstigten Nutzungen des Krankenhausgrundbesitzes durch die Krankenhausträger in den letzten Jahren zugenommen haben.

Sofern die Änderungen dem Finanzamt bekannt geworden sind wird im Rahmen einer Nach- oder Neuveranlagung die Grundsteuer erhoben. Stichtag ist dabei der Beginn des Kalenderjahres, der dem Kalenderjahr folgt, in dem die Voraussetzungen der Steuerbefreiungen weggefallen sind. Entfallen die Voraussetzungen für die Grundsteuerbefreiung gemäß § 4 Nr. 6 GrStG beispielsweise am 1. März 2004, wird die Grundsteuer nach den Verhältnissen am 01. Januar 2005 für das Kalenderjahr 2005 festgesetzt. Für das Kalenderjahr 2004 verbleibt es bei der Steuerbefreiung.

5.2 Grunderwerbsteuer

5.2.1 Allgemeines und Grundzüge

Der Grunderwerbsteuer (GrESt) unterliegen Rechtsvorgänge, die das Grunderwerbsteuergesetz (GrEStG) in der jeweils aktuellen Fassung als solche bezeichnet, sofern Gegenstand des Rechtsvorgangs ein inländisches Grundstück ist. Die GrESt wird als eine Verkehrsteuer bezeichnet, ungeachtet ihrer verbrauchsteuermäßigen Belastungswirkung. Das Steueraufkommen steht allein dem jeweiligen Bundesland zu. Die in den bis zum 31. Dezember 1982 maßgebenden Ländergesetzen enthaltenden Befreiungen für Grundstückserwerbe zu steuerbegünstigten Zwecken gibt es seit dieser Zeit nicht mehr. Mit Wirkung zum 01.09.2006 ist das Grundgesetz (GG) geändert worden. Durch eine Neuregelung in Art. 105 Abs. 2a GG sind nunmehr wieder die Länder ermächtigt, die Höhe des Steuersatzes für die GrESt festzulegen. Unklar ist derzeit die Umsetzung dieser Ermächtigung in den einzelnen Ländern. In Berlin ist der Steuersatz im Dezember 2006 angehoben worden. Für den Besteuerungsfall ist grundsätzlich das Finanzamt zuständig, in dessen Bezirk das Grundstück oder dessen wertvollster Teil liegt.

Bemessungsgrundlage für die GrESt ist nach § 8 Abs. 1 GrEStG der **Wert der Gegenleistung** (§ 9 GrEStG), z. B. der Kaufpreis. Zur Gegenleistung gehört jede Leistung, die der Erwerber dem Veräußerer und anderen Personen für den Verzicht auf das Grundstück gewährt und Leistungen Dritter an den Veräußerer, die im Zusammenhang mit der Veräußerung stehen. So gehören auch die Übernahme von Kosten, die den Veräußerer betreffen (z. B. Makler, Vermessungskosten), oder übernommene Schulden, z. B. Hypotheken und Grundschulden, in Höhe der Valutierung zur Gegenleistung. Daneben nennt das Gesetz in § 8 Abs. 2 GrEStG weitere Bemessungsgrundlagen, wenn z. B. eine **Gegenleistung nicht vor-**

handen ist oder nicht ermittelt werden kann. In der Praxis sind diese Fälle nicht selten und insbesondere auch bei Umstrukturierungen von Krankenhauskörperschaften häufig anzutreffen. Art und Umfang der Ermittlung einer Gegenleistung nach bewertungsrechtlichen Vorschriften (§§ 138, 145, 146 ff. Bewertungsgesetz – BewG) ist wegen der Komplexität der Sach- und Rechtsfragen nicht Gegenstand dieser Darstellung. Hier sollte in jedem Fall fachlicher Rat eingeholt werden.

Der **Steuersatz** beträgt seit dem 01. Januar 1997 einheitlich 3,5 v.H. (§ 11 GrEStG) der Bemessungsgrundlage, soweit die Länder von ihrer o.a. Ermächtigung keinen Gebrauch gemacht haben. In Berlin beträgt er ab 01.01.2007 4,5 v.H.

Steuerschuldner sind nach § 13 Nr. 1 bzw. Nr. 2 GrEStG regelmäßig der bisherige Eigentümer und der Erwerber des Grundstücks als Gesamtschuldner (§ 44 Abs. 1 AO). In den Vertragsverhandlungen wird in der Regel eine davon abweichende Vereinbarung getroffen, die im Vertrag dann ganz überwiegend den Erwerber als alleinigen Schuldner der GrESt ausweist. Da dem zuständigen Finanzamt grundsätzlich der vom **Notar** einzureichende notarielle Kaufvertrag vorliegt (§§ 18, 20, 21 GrEStG), setzt es den vertraglichen Steuerschuldner bei der Steuerfestsetzung in der Regel zutreffend im GrESt-Bescheid ein und zieht ihn zur Zahlung heran.

Der Erwerber des Grundstücks darf in das **Grundbuch** erst dann eingetragen werden, wenn eine Bescheinigung des für die Besteuerung zuständigen Finanzamts vorgelegt wird, dass der Eintragung steuerliche Bedenken nicht entgegenstehen (§ 22 Abs. 1 GrEStG). Hier liegt im Einzelfall auch das Interesse des Erwerbers an einer schnellen Abwicklung, weil er z.B. für Zwecke der Refinanzierung des Kaufpreises zeitnah ins Grundbuch eingetragen werden möchte. Das Finanzamt hat die **Unbedenklichkeitsbescheinigung** zu erteilen, wenn die GrESt entrichtet, sichergestellt oder gestundet worden ist oder wenn Steuerfreiheit gegeben ist (§ 22 Abs. 2 GrEStG). Neben der **Anzeigepflicht** von Rechtsvorgängen durch Notare und Behörden trifft auch den Steuerschuldner in einer Reihe von Fällen, die in § 19 GrEStG aufgeführt sind, eine Verpflichtung zur Anzeige (zum Inhalt vgl. § 20 GrEStG), z.B. beim Erwerb von Gebäuden auf fremdem Boden, Änderungen bei der Gegenleistung etc. Die Anzeigepflichtigen haben innerhalb von zwei Wochen nach der Beurkundung bzw. nachdem sie von den anzeigepflichtigen Vorgängen Kenntnis erhalten haben, die Anzeige dem zuständigen Finanzamt schriftlich zu erstatten.

Es kommt auch vor, dass ein **Erwerbsvorgang rückgängig** gemacht wird, bevor das Eigentum am Grundstück auf den Erwerber übergegangen ist. Auf Antrag wird die GrESt dann nicht festgesetzt bzw. die bereits erfolgte Steuerfestsetzung aufgehoben. Welche Fälle hier konkret betroffen sein können regelt § 16 GrEStG.

Im Falle eines Grundstücksverkaufs, der aufgrund des Verzichts durch den Verkäufer (§ 9 UStG) auf die USt-Befreiung (§ 4 Nr. 9 a UStG) der **Umsatzsteuer** unterliegt, fällt die GrESt auch auf die USt an, denn die in Rechnung gestellte USt gehört zur Bemessungsgrundlage der GrESt. Das GrEStG kennt keine Befreiung von der GrESt für den Fall der USt-Pflicht. Andererseits gehört die halbe

GrESt zum umsatzsteuerlichen Entgelt, wenn die Parteien des Kaufvertrags vereinbaren, dass der Erwerber die GrESt allein zu tragen hat.[1] Damit kann sich eine wechselseitige Abhängigkeit der Bemessungsgrundlagen beider Steuerarten ergeben, auf die wir hier nur hinweisen. Ob und in welchen Fällen des Verkaufs eines Grundstücks durch eine Krankenhauskörperschaft ein Verzicht auf die USt-Befreiung überhaupt in Betracht kommt und als sinnvoll in Erwägung zu ziehen ist, muss im konkreten Einzelfall geprüft und entschieden werden.

5.2.2 Steuerbare Erwerbsvorgänge

Das GrEStG enthält in § 2 eine **Definition des Grundstücks**. Den Vorschriften des BGB folgend ist ein Grundstück ein räumlich abgegrenzter, d. h. katastermäßig vermessener und bezeichneter Teil der Erdoberfläche, einschließlich der Bestandteile (§§ 93, 94, 96 BGB). Zu den wesentlichen Bestandteilen eines Grundstücks gehören nach § 94 Abs. 1 BGB die mit dem Grund und Boden fest verbundenen Sachen, insbesondere Gebäude. Ausdrücklich ausgenommen (§ 2 Abs. 1 Satz 2 GrEStG) vom vorstehenden Begriff sind Maschinen und sonstige Vorrichtungen aller Art, die zu einer Betriebsanlage gehören (Betriebsvorrichtungen), sowie Mineralgewinnungsrechte und sonstige Gewerbeberechtigungen. Dagegen sind die Erbbaurechte, die Gebäude auf fremdem Boden und dinglich gesicherte Sondernutzungsrechte i. S. d. § 15 Wohnungseigentumsgesetz und des § 1010 BGB den Grundstücken gleichgesetzt.

Auf **inländische Grundstücke** bezogene **Rechtsvorgänge** i. S. d. § 1 GrEStG unterliegen der GrESt. Dies gilt auch dann, wenn eine steuerbegünstigte Krankenhauskörperschaft beteiligt ist. Sie werden von der Besteuerung nicht (mehr) ausgenommen.

Grunderwerbsteuerbar ist das schuldrechtliche Verpflichtungsgeschäft, das auf die Übereignung eines Grundstücks (Erfüllungsgeschäft) gerichtet ist. Neben diesem allseits bekannten und ausdrücklich in das GrEStG aufgenommenen Tatbestand des Kaufvertrags (**§ 1 Abs. 1 Nr. 1 GrEStG** i. V. m. § 433 BGB) kommen auch andere, hier nicht abschließend aufgezählte Rechtsvorgänge in Betracht, wie z. B.:

- Tausch (§ 515 BGB, vgl. dazu auch § 1 Abs. 5 GrEStG)
- Schenkung (§ 518 BGB) und Verträge, die der vorweggenommenen Erbfolge dienen
- Erbschaftskauf (§§ 2371 ff. BGB)
- Einbringungsverträge, z. B. bei Sacheinlagen in eine Kapitalgesellschaft, es sei denn, der Wechsel des Grundeigentums ist Rechtsfolge einer Umwandlung im Wege der Gesamtrechtsnachfolge.

Grunderwerbsteuerbar nach **§ 1 Abs. 1 Nr. 3 GrEStG** ist ferner der Übergang des Eigentums, wenn kein den Anspruch auf Übereignung begründendes Rechtsgeschäft vorausgegangen ist und es auch keiner Auflassung bedarf. **Hauptfälle** sind

---

[1] Abschn. 149 Abs. 7, UStR 2005.

die Grundstückserwerbe durch **Gesamtrechtsnachfolge**, also durch Erbschaft (§§ 1922 ff. BGB), Anfall des Vereinsvermögens an den Fiskus bei Auflösung des Vereins (§§ 45, 46 BGB) und die Umwandlungsvorgänge wie Verschmelzung i. S. d. §§ 2 bis 122 UmwG, Spaltung i. S. d. §§ 123 ff. UmwG. Bei Umstrukturierungsmaßnahmen kann es sich aus Sicht der Festsetzung von GrESt als Belastung (im Einzelfall natürlich nur bei Abwägung aller übrigen Interessen) empfehlen, die Gesellschaft oder Körperschaft als übernehmenden Rechtsträger zu bestimmen, in deren Eigentum alle oder die wertvollsten Grundstücke stehen. **Nicht** zur Grunderwerbsteuerbarkeit führen der (reine) **Formwechsel** eines gemeinnützigen Vereins in eine Kapitalgesellschaft und einer Kapitalgesellschaft in die jeweils andere Rechtsform, z. B. AG oder GmbH.

GrESt kann grundsätzlich auch anfallen, wenn Personengesellschaften bzw. Kapitalgesellschaften Eigentümer von Grundstücken sind und nicht deren Grundstücke, sondern die Beteiligungen bzw. **Anteile an den grundbesitzhaltenden Gesellschaften** übertragen werden (§ 1 Abs. 2 a und 3 GrEStG). Bei einer **Personengesellschaft** liegt dann ein Rechtsvorgang i. S. d. GrEStG vor, wenn sich innerhalb von fünf Jahren der Gesellschafterbestand unmittelbar oder mittelbar dahingehend ändert, dass mindestens 95 v. H. der Anteile auf neue Gesellschafter übergehen. Bei einer **Kapitalgesellschaft** liegt ein Erwerbsvorgang in Bezug auf das ihr gehörende inländische Grundstück insbesondere auch bei einem Rechtsgeschäft vor, welches den Anspruch auf Übertragung eines oder mehrerer Anteile der Gesellschaft begründet, wenn sich die Übertragung unmittelbar oder mittelbar mit 95 v. H. der Anteile der Gesellschaft als **sogenannte unmittelbare oder mittelbare Anteilsvereinigung** in einer Hand darstellt. Derartige Anteilsvereinigungen können sich bei nur geringfügigen Anteilsübertragungen ergeben und führen dann wegen der nicht bedachten GrESt zu erheblichen Liquiditätsbelastungen. Bei Übertragungen von Anteilen an Grundbesitz haltenden Gesellschaften sind im konkreten Einzelfall stets vor der Übertragung der Anteile Berater hinzuzuziehen.

5.2.3 Steuerbefreiungen

Eingangs wird gleich darauf hingewiesen, dass es im GrEStG **keine Befreiungstatbestände** für **steuerbegünstigte Körperschaften** gibt. Auch der Status einer Körperschaft als steuerbegünstigt ist für die Anwendung der Befreiungsvorschriften unerheblich.

Das GrEStG kennt auch **keine Befreiung** für den Fall der USt-Pflicht der Grundstücksübertragung, auch wenn dies wegen der eingangs erwähnten verbrauchsteuermäßigen Belastungswirkung angezeigt sein könnte.

Auch die **Freigrenze** von 2.500 € als maßgebender Wert für die Berechnung der GrESt (**§ 3 Nr. 1 GrEStG**) dürfte in der Praxis wegen der in der Regel hohen Immobilienwerte keine Rolle spielen.

Von der **Besteuerung ausgenommen** sind nach **§ 3 Nr. 2 GrEStG** der Grundstückserwerb von Todes wegen und Grundstücksschenkungen unter Lebenden i. S. d. Erbschaftsteuergesetzes (ErbStG):

Die Voraussetzungen sind erfüllt, wenn der **Erwerb von Todes** wegen (z. B. durch die steuerbegünstigte Krankenhauskörperschaft) einen erbschaftsteuerlichen Tatbestand i. S. d. § 3 ErbStG erfüllt:

- der Erwerb durch Erbanfall (§ 1922 BGB)
- der Erwerb aufgrund eines Erbersatzanspruchs (§§ 1934 a ff. BGB)
- der Erwerb durch Vermächtnis (§§ 2147 ff. BGB)
- der Erwerb durch Schenkung auf den Todesfall (§ 2301 BGB)
- der Übergang vom Vermögen auf eine vom Erblasser angeordnete Stiftung.

Wichtig ist in diesem Zusammenhang die Befreiung von der ErbSt nach § 13 Abs. 1 Nr. 16 lit. b) ErbStG für Zuwendungen an inländische **steuerbegünstigte Körperschaften**. Diese ErbSt-Befreiung ändert nichts an der (zusätzlichen) GrESt-Befreiung.

Die Voraussetzungen sind auch erfüllt, wenn der **Erwerb unter Lebenden** einen schenkungsteuerbaren Tatbestand i. S. d. § 7 ErbStG erfüllt. Schenkung ist jede freigebige Zuwendung unter Lebenden, soweit der Bedachte durch sie auf Kosten des Zuwendenden bereichert wird. Der Grundstückserwerb muss sich im Verhältnis zwischen Schenker und Bedachtem vollziehen. Unerheblich ist auch hier die (bereits vorliegende) Befreiung von der Schenkungsteuer (= ErbSt) nach der o. a. Vorschrift im ErbStG.

Auf den koordinierten **Ländererlass** bzgl. der allgemeinen Ausnahmen von der Besteuerung nach dem GrEStG ist hinzuweisen.[2] Bei der Übertragung von **Grundstücken des öffentlichen Rechts** auf landesgesetzlich errichtete Stiftungen hat die Finanzverwaltung **bisher** einen nach § 3 Nr. 2 GrEStG von der GrESt ausgenommenen Sachverhalt unterstellt, da diese Zuwendungen von Grundstücken als Schenkungen unter Lebenden angesehen worden sind. Nunmehr ist in diesen Fällen eine **Abkehr von der Befreiung** eingetreten und zwar mit der Begründung, dass der Staat bzw. die staatliche Verwaltung nichts verschenken dürfe. Dazu erfolgte der Hinweis auf die gebotene Beachtung von Rechtsstaatsprinzipien, insbesondere des Willkürverbots in der Ausprägung dieses Grundsatzes. Auch wenn der o. a. Erlass die Beteiligten der Grundstücksübertragung nennt ist davon auszugehen, dass dieser (allgemeine) Grundsatz auf andere Fälle mit Beteiligung von Trägern öffentlicher Gewalt angewendet wird, so z. B., wenn auch steuerbegünstigte Körperschaften beteiligt sind und eine Gegenleistung nicht vorhanden oder ihr Wert nicht angemessen ist. Nach der neuesten **Finanzrechtsprechung**[3] sind unentgeltliche Vermögensübertragungen zwischen Trägern öffentlicher Verwaltung (z. B. Kommune und Tochter-GmbH) im Regelfall nicht freigebig. Aufgrund der Bindung der vollziehenden Gewalt an Gesetz und Recht (darunter fallen auch die haushaltsrechtlichen Vorschriften) handeln die Träger öffentlicher Ver-

---

2 FinMin Hamburg v. 28.12.2004, DStR 2005, S. 196; FinMin Baden-Württemberg v. 20.01.2005, DB 2005, S. 198.
3 FG Brandenburg, Urteil v. 16.12.2003, 3 K 899/02, EFG 2004, 835; BFH-Urteil v. 29.03.2006, II R 15/04, BStBl II 2006, 557 (hier Übertragung von Grundstücken mit Krankenhausgebäuden); BFH-Urteil v. 29.03.2006, II R 68/04, BStBl II 2006, 632 (hier Senioren- und Pflegeheim).

waltung in Wahrnehmung und Erfüllung der ihnen obliegenden Aufgaben. Diese Grundsätze wendet der BFH[4] dann nicht an, wenn Kirchen bzw. deren Untergliederungen beteiligt sind. Diese unterliegen nicht dem staatlichen Haushaltsrecht, sondern ordnen und verwalten ihre Angelegenheiten selbständig.

Soweit eine **natürliche Person** oder **Personengesellschaft** (z. B. BGB-Gesellschaft, oHG, KG) ein Krankenhaus auf eigenem Grund und Boden betreibt, sind bei diesbezüglichen Gestaltungen und Grundstücksübertragungen stets auch die **Steuervergünstigungen nach §§ 5, 6 GrEStG** zu beachten. Danach sind Rechtsvorgänge von der GrESt befreit, die auf den Übergang eines Grundstücks zwischen einer Gesamthand und den an dieser beteiligten Personen gerichtet sind. Damit trägt das Gesetz der Tatsache Rechnung, dass die o. a. Beteiligten unmittelbar am Gesamthandseigentum berechtigt sind. GrESt soll daher nur insoweit anfallen als ein tatsächlicher Zuwachs in der Berechtigung erzielt wird. Dies gilt nicht für Gesellschafter von Kapitalgesellschaften, da keine Gesamthandsgemeinschaft vorliegt.

Bei der **Übertragung auf eine Gesamthand** (§ 5 GrEStG) von einem Alleineigentümer oder Bruchteilseigentümer ist der Vorgang in dem Umfang befreit, wie der bisherige Eigentümer fortan am Vermögen der Gesamthand beteiligt ist. Vermindert sich der Anteil des Veräußerers am Vermögen der Gesamthand innerhalb von fünf Jahren nach dem Übergang des Grundstücks auf die Gesamthand, entfällt die gewährte Vergünstigung wieder (§ 5 Abs. 3 GrEStG).

Bei der **Übertragung von einer Gesamthand** (§ 6 GrEStG) auf eine Bruchteilsgemeinschaft, einen Alleineigentümer oder eine andere Gesamthand tritt insoweit Befreiung von der GrESt ein, als ein Anteil, den der Beteiligte erhält, seiner vermögensmäßigen Beteiligung an der abgebenden Gesamtheit entspricht. Nach § 6 Abs. 4 GrEStG gilt die Befreiung nicht, wenn ein Gesamthänder seinen Anteil an der abgebenden Gesamthand innerhalb von fünf Jahren vor dem Erwerbsvorgang durch Rechtsgeschäft unter Lebenden erworben hat.

Die personenbezogenen Befreiungsvorschriften des § 3 GrEStG sind auch im Rahmen dieser Gesamthandregelungen anzuwenden.

5.3 Erbschaft- und Schenkungsteuer

5.3.1 Wesentliche steuerpflichtige Vorgänge

Der Erbschaft- und Schenkungsteuer unterliegen u. a. der Erwerb von Todes wegen und die Schenkungen unter Lebenden (§§ 1, 3, 7 ErbStG). Als **Erwerb von Todes wegen** (§ 3 ErbStG) gilt:

- der Erwerb durch Erbanfall (§ 1922 BGB)
- der Erwerb durch Vermächtnis (§§ 2147 ff. BGB)
- der Erwerb durch Schenkung auf den Todesfall (§ 2301 BGB).

---

4 BFH-Urteil v. 17.05.2006, II R 46/04, BStBl II 2006, S. 720.

Die ErbSt entsteht grundsätzlich mit dem Tode des Erblassers. Als **Schenkung unter Lebenden** (§ 7 ErbStG) gilt jede freigebige Zuwendung, sofern der Beschenkte auf Kosten des Schenkers bereichert wird. Maßgeblich ist die tatsächliche Zuwendung und nicht unbedingt der im Schenkungsversprechen bestimmte Gegenstand. Die Steuer entsteht mit dem Zeitpunkt der Ausführung der Zuwendung.

Steuerschuldner ist im Erbfall der Erwerber, bei einer Schenkung sind Schenker und Beschenkter Gesamtschuldner (§ 20 ErbStG). Jeder der ErbSt unterliegende **Erwerb ist** dem für die Verwaltung der ErbSt zuständigen Finanzamt vom Erwerber binnen einer Frist von drei Monaten nach erlangter Kenntnis von dem Anfall schriftlich **anzuzeigen** (§ 30 Abs. 1 ErbStG). Erfolgt der steuerpflichtige Erwerb durch ein Rechtsgeschäft unter Lebenden, ist zur Anzeige auch derjenige verpflichtet, aus dessen Vermögen der Erwerb stammt. Ferner obliegt die Anzeige auch den Notaren, Behörden und Gerichten (§§ 30 Abs. 2 und Abs. 3, 33, 34 ErbStG).

5.3.2 Steuerbefreiungen für Krankenhäuser

Im Zusammenhang mit dem Betrieb eines Krankenhauses ist nur von Interesse, ob ein steuerbarer Erwerb durch Erbanfall oder Zuwendung unter Lebenden für den Träger des Krankenhauses auch erbschaftsteuerpflichtig ist. Das ist nicht der Fall, wenn eine **Steuerbefreiung nach § 13 ErbStG** greift oder **Freibeträge** bei der Berechnung der Steuer zu berücksichtigen sind, die den Erwerb insoweit steuerfrei stellen.

Eine Steuerbefreiung nach **§ 13 Abs. 1 Nr. 16 lit. b) ErbStG** setzt voraus, dass Zuwendungen an inländische Körperschaften vorliegen:

> „[...]die nach der Satzung, dem Stiftungsgeschäft oder der sonstigen Verfassung und nach ihrer tatsächlichen Geschäftsführung ausschließlich und unmittelbar kirchlichen, gemeinnützigen oder mildtätigen Zwecken dienen. Die Befreiung fällt mit Wirkung für die Vergangenheit weg, wenn die Voraussetzungen für die Anerkennung der Körperschaft, [...], als kirchliche, gemeinnützige oder mildtätige Institution innerhalb von zehn Jahren nach der Zuwendung entfallen und das Vermögen nicht begünstigten Zwecken zugeführt wird."

Diese Voraussetzungen müssen zunächst im **Zeitpunkt der Zuwendung** vorliegen. Sie können **nur** von den nach §§ 51 ff. AO **steuerbegünstigten Krankenhausträgern** in der Rechtsform der GmbH, des Vereins und der Stiftung sowie von gemeinnützigen Betrieben gewerblicher Art (BgA) einer jPdöR erfüllt werden, **nicht** aber durch **andere Krankenhäuser**, die natürliche Personen oder Personengesellschaften betreiben. Weiter wird vorausgesetzt, dass die erhaltenen Zuwendungen von der Körperschaft nicht in einem steuerpflichtigen wirtschaftlichen Geschäftsbetrieb (wGb) i.S.d. §§ 64, 14 AO verbraucht werden. Die Verwendung in einem (ertragsteuerfreien) Zweckbetrieb (z. B. Krankenhaus nach § 67 AO) ist nun wohl unstreitig.[1]

Eine **Nachversteuerung** kann gleichwohl noch drohen, wenn die Voraussetzungen für die Anerkennung als steuerbegünstigte Institution innerhalb von zehn Jahren seit dem Zeitpunkt der Zuwendung entfallen und das betreffende Vermögen (die ursprüngliche Zuwendung) nicht begünstigten Zwecken zugeführt worden ist. Zwar haben die Feststellungen zur Steuerbegünstigung der Körperschaft nach den anderen Steuerarten (KSt, GewSt) eine besondere Indizwirkung, aber Verstöße gegen die abgabenrechtlichen Vorschriften zur Steuerbegünstigung nach §§ 51 ff. AO sind im ErbSt-Verfahren eigenständig zu prüfen und darzulegen. Die Steuerbefreiungen nach dem ErbStG stellen im Vergleich zu den strengen abgabenrechtlichen Vorschriften der Mittelverwendung auf die **Sicherung der Verwendung** der Zuwendungen für steuerbegünstigte Zwecke ab und nicht auf eine zeitnahe Verwendung (vgl. § 55 Abs. 1 Nr. 5 AO). So kommt es nicht allein deswegen zu einer Nachversteuerung, weil die Zuwendung nicht innerhalb von zehn Jahren steuerbegünstigten Zwecken zugeführt wurde, sondern nur im Zusammenhang mit dem Entfallen der Voraussetzungen für die Anerkennung als steuerbegünstigte Körperschaft. Eine nur vorübergehende Aberkennung der Steuerbefreiung in dem Fall, dass die Körperschaft ihre Mittel nicht zeitnah verwendet hat und das Finanzamt nunmehr eine angemessene Frist zur Nachholung der Verwendung setzt (§ 63 Abs. 3 AO), wird daher nicht zur Nachversteuerung führen.[2]

Eine **Nachversteuerung** kommt in folgenden **Fällen** in Betracht:[3]

- Die steuerbegünstigte Körperschaft ändert ihre Satzungsbestimmungen zum Vermögensanfall. Danach ist die dauerhafte Vermögensbindung nicht mehr gesichert (§§ 55 Abs. 1 Nr. 4, 61 AO).
- Die tatsächliche Geschäftsführung (§ 63 AO) verstößt schwerwiegend gegen den Grundsatz der Selbstlosigkeit (§ 55 AO), da sie z. B. wesentliche Teile des Vermögens an die Mitglieder der Körperschaft auskehrt (§ 55 Abs. 1 Nr. 1 Satz 2 AO).
- Die steuerbegünstigte Körperschaft ändert ihre tatsächliche Geschäftsführung dahingehend, dass zukünftig keine steuerbegünstigten Zwecke mehr verfolgt werden und sie in diesem Zusammenhang die Vermögensbindung nicht beachtet (z. B. aus dem Altenheim wird nach kurzer Umbauphase ein Hotel).
- Entfällt die ErbSt-Befreiung aufgrund der Nachversteuerung mit Wirkung für die Vergangenheit, kann sich folgende Steuerbelastung für eine Körperschaft (Steuerklasse III nach § 15 Abs. 1 ErbStG) ergeben:
  - Freibetrag für Personen der Steuerklasse III 5.200 € (§ 16 ErbStG)
  - Steuersatz beginnend mit 17 v.H. bei Erwerben bis 52.000 € und steigend bis auf 50 v.H. bei Erwerben über 25.565 Mio. € (§ 19 ErbStG).

---

1 Buchna, Gemeinnützigkeit im Steuerrecht, 8. Auflage 2003, zu 4.8, S. 445, m.w.N.; Abschn. 47 Abs. 2 ErbStR, 2003.
2 Buchna: a.a.O., zu 4.8, S. 447.
3 Ebenda S. 447.

Eine Steuerbefreiung nach § 13 Abs. 1 Nr. 17 ErbStG hat folgende Voraussetzungen:

> „Steuerfrei bleiben Zuwendungen, die ausschließlich kirchlichen, gemeinnützigen oder mildtätigen Zwecken gewidmet sind, sofern die Verwendung zu dem bestimmten Zweck gesichert ist."

Unverkennbar ist, dass die hier besprochenen Steuerbefreiungen in der **Zielrichtung** vergleichbar sind: Unabhängig vom Status des Zuwendungsempfängers als steuerbegünstigte Institution (Nr. 16 b) kommt es hier (Nr. 17) vordergründig auf die **Widmung der Zuwendung** zu steuerbegünstigten Zwecken **und deren Sicherung** zu diesen Zwecken an. Die „Widmung" i. S. d. Vorschrift soll grundsätzlich zur Bildung eines selbständigen Zweckvermögens führen.[4] Als „gesichert" ist die Verwendung anzusehen, wenn der Zuwendende selbst den Zuwendungszweck in rechtsverbindlicher Form bestimmt hat und dieser umgesetzt wurde oder seine Umsetzung beaufsichtigt wird, z. B. durch eine öffentliche Behörde, eine Religionsgemeinschaft oder auch steuerbegünstigte Körperschaft. Dagegen soll es grundsätzlich nicht genügen, dass mit der Verwendung eine Privatperson beauftragt ist bzw. es soll in diesem Fall eine besondere Nachweispflicht über Art und Umfang der Verwendung gelten.[5] Hat der Zuwendende eine ausdrückliche **Widmung unterlassen**, soll § 13 Abs. 1 Nr. 17 ErbStG nicht zur Anwendung kommen.[6] Für die Praxis führt dieses Verständnis u. E. nicht zur Rechtssicherheit.

Vor diesem Hintergrund ist es u. E. **fraglich, ob** die Befreiungsvorschrift nach Nr. 17 für den Fall, dass es zu einer Nachversteuerung nach § 13 Abs. 1 Nr. 16 b) Satz 2 ErbStG kommt, als **Auffangvorschrift** greift.[7] Denn mangels Widmung durch den Zuwendenden kann es u. E. nach wörtlicher Auslegung der Vorschrift nicht darauf ankommen, dass die steuerbegünstigte Körperschaft im Zeitpunkt der Zuwendung (quasi von sich aus) die Voraussetzungen der Befreiungsvorschrift nach Nr. 17 erfüllt habe. Die Zuwendung sei – wie gewollt – z. B. für gemeinnützige Zwecke verwendet worden, nur der Zuwendungsempfänger habe danach (innerhalb von zehn Jahren) seinen Status als steuerbegünstigte Körperschaft verloren. Allein die eingangs erwähnte Vergleichbarkeit der Zielrichtung beider Befreiungsvorschriften sollte u. E. als Rechtfertigung einer Vermeidung der Nachbesteuerung in diesem Fall nicht ausreichen. Allerdings wird diese vertretbare Auffassung u. E. von dem Gedanken getragen, dass nach dem (vermutlichen) Willen des Zuwendenden grundsätzlich „eine gute Sache" gefördert werden sollte und wenn dieser Wille durch die steuerbegünstigte Körperschaft rechtzeitig mit der Zuwendung umgesetzt wurde, sollte es grundsätzlich bei der Steuerbefreiung bleiben. Die Vorschrift verlangt letztlich, dass die Zuwendung ausschließlich für steuerbegünstigte Zwecke verwendet wird und dies muss gesichert sein.

---

4 Abschn. 49 Abs. 2 ErbStR 2003.
5 Knapp/Ebeling: ErbStG Kommentar, Stand September 2004, zu § 13 Rn 168.
6 Jülicher, in: Troll/Gebel/Jülicher: ErbStG Kommentar, Stand Oktober 2004, zu § 13 ErbStG Rn 222.
7 Jülicher: a. a. O., zu § 13 ErbStG Rn 208 und 222.

Nach dieser Befreiungsvorschrift (Nr. 17) sind auch Zuwendungen an **ausländische Institutionen** zur Verwendung für die bezeichneten Zwecke im Ausland steuerbefreit. Es muss sich aber um begünstigte Zwecke i. S. d. deutschen Steuerrechts handeln.[8]

Liegen die **Voraussetzungen der** hier besprochenen **Steuerbefreiungen** für Zuwendungen **nicht vor**, kommen für (die steuerbegünstigten und nicht steuerbegünstigten) Krankenhausträger aus dem Katalog des § 13 ErbStG grundsätzlich keine weiteren Befreiungen in Betracht. Ob im Einzelfall aufgrund der Art der Zuwendung einzelne Begünstigungen, wie z. B. bei Betriebsvermögen mit zusätzlichen Freibeträgen (§ 13 a ErbStG) oder einer Tarifbegrenzung (§ 19 a ErbStG), in Betracht kommen, führen wir hier nicht aus. Bezogen auf den **einzelnen Steuerfall** sind ferner die Steuerklassen (§ 15 ErbStG), die Freibeträge (§ 16 ErbStG) und eventuell auch frühere Erwerbe (§ 14 ErbStG) zu beachten. So kommt die nachteilige Steuerklasse III (§ 15 ErbStG) mit einem Freibetrag von 5.200 € (§ 16 ErbStG) und Steuersätzen beginnend mit 17 v. H. bis 52 T€ und 23 v. H. bis 256 T€ bis hin zu 50 v. H. ab 25,565 Mio. € zwar für Erwerber wie z. B. Kapitalgesellschaften zur Anwendung, aber für natürliche Personen und Personengesellschaften, die als Betreiber von Krankenhäusern auch Zuwendungen im erbschaftsteuerlichen Sinn empfangen können, kann der einzelne Steuerfall durchaus zu anderen Einstufungen führen.

Von einer weiteren Darstellung der Erbschaft- und Schenkungsteuer nehmen wir Abstand. Gleichzeitig empfehlen wir, bei Ankündigung einer beabsichtigten Zuwendung bereits frühzeitig das Gespräch mit dem „Gönner bzw. Schenker" und einem Berater im wohlverstandenen Sinne zu führen, denn die Steuer ist in jedem Fall eine Belastung.

5.4 Ökosteuern

5.4.1 Begriff

Zu den Ökosteuern gehören die **Stromsteuer**, die **Mineralölsteuer** und die **Erdgassteuer**. Der Begriff Ökosteuer wurde erstmals im Zusammenhang mit dem Gesetz zum Einstieg in die ökologische Steuerreform verwendet. Während die Mineralöl- und Erdgassteuer schon seit längerem erhoben wird, trat das Stromsteuergesetz zum 1. April 1999 in Kraft. Ökosteuern sind mengenabhängige Steuern, bei denen es auf die Verkaufserlöse nicht ankommt.

Soweit die Ökosteuern in die Verkaufspreise für Mineralöle und Strom eingehen, erhöht sich auch die umsatzsteuerliche Bemessungsgrundlage. Die Einführung der Stromsteuer und die Erhöhung der Mineralölsteuersätze hatte daher auch eine Erhöhung der Umsatzsteuerbelastung zur Folge.

---

8 Buchna: a. a. O., zu 4.8, S. 448.

Die Ökosteuern gehören zu den sogenannten **Verbrauchsteuern,** die typischerweise von den Steuerschuldnern auf die Endverbrauchern abgewälzt werden. Ob es den Steuerschuldnern (Energieversorgungsunternehmen, EVU) immer gelingt, die Ökosteuern auf den Abnehmer abzuwälzen, ist eine zivilrechtliche Frage. Nach einer Erhöhung der Ökosteuern ist es auch von der Marktlage abhängig, ob die Erhöhungen an die Kunden der EVU weitergegeben werden können.

Die Ökosteuern erhöhen die laufenden **Betriebskosten** der Krankenhausträger.

Während für die Stromsteuer ein eigenes Gesetz, das StromStG gilt, werden die Mineralöl- und Erdgassteuer bis zum 31.Juli 2006 im MinöStG abgehandelt.

Zum 01. August 2006 ist das neue **Energiesteuergesetz** in Kraft getreten[1], welches das MinöStG ablöst. Mit dem Energiesteuergesetz werden die wesentlichen Vorgaben der EU-Energierichtlinie in nationales Recht umgesetzt.

5.4.2 Systematik des Mineralölsteuergesetzes[2]

Die in § 1 MinöStG genannten Mineralöle (z. B. Benzin, Öl und Erdgas) unterliegen der Mineralölsteuer bzw. der Erdgassteuer. Die Steuer entsteht im Zeitpunkt der Verwendung, also in der Regel bei Lieferung der Mineralöle an den Endverbraucher (§ 9 MinöStG). Schuldner der Mineralölsteuer ist regelmäßig der Versorger, der die Mineralöle an den Endverbraucher liefert. Es gibt für die einzelnen Mineralöle verschiedene Regelsteuersätze (§ 2 MinöStG), die in Abhängigkeit von einer bestimmten Verwendung der Mineralöle (z. B. Erdgas zum Verheizen, Erdgas zum Antrieb von Verbrennungsmotoren) ermäßigt werden (§ 3 MinöStG). In § 4 MinöStG sind die Fälle der steuerfreien Verwendung von Mineralöl geregelt und in §§ 24 bis 25 d MinöStG der Erlass, die Erstattung und Vergütung der Mineralölsteuer.

Eine steuerfreie Verwendung von Mineralölen durch Krankenhäuser kommt nicht in Betracht. Der Erlass, die Erstattung und Vergütung der Mineralölsteuer soll u. a. die Unternehmen des produzierenden Gewerbes[3] teilweise von der Mineralölsteuer entlasten. Da die Krankenhäuser nicht zu den Unternehmen des produzierenden Gewerbes gehören können diese Vergünstigungen von ihnen nicht beansprucht werden.

5.4.3 Systematik des Energiesteuergesetzes

Das neue Energiesteuergesetz enthält eine vollständige Neuregelung der Besteuerung von **Mineralölen** und **Erdgas,** die bislang im Mineralölsteuergesetz gere-

---

1 BGBl I, 2006, S. 1534
2 Bis zur Geltung des neuen Energiesteuergesetzes ab dem 01.08.2006.
3 Zu den Unternehmen des produzierenden Gewerbes gehören: Unternehmen des Bergbaus, des Verarbeitenden Gewerbes, des Baugewerbes, der Elektrizitäts-, Gas-, Fernwärme oder Wasserversorgungswirtschaft, die einem entsprechenden Wirtschaftszweig der Klassifikation der Wirtschaftszweige des Statistischen Bundesamtes, Ausgabe 1993 (WZ 93), zuzuordnen sind.

gelt waren. Ferner wird der Katalog der Steuergegenstände um die Energieträger **Steinkohle, Braunkohle** und **Koks** erweitert.

Die **Steuertarife** für alle Energieträger und die begünstigten Anlagen werden in Kapitel 1 des Energiesteuergesetzes genannt. Kapitel 2 enthält die Bestimmungen zur Besteuerung der Energieerzeugnisse außer Kohle und Erdgas. Dieses Kapitel umfasst damit die bislang im Mineralölsteuergesetz enthaltenen Regelungen zur Besteuerung von Benzin, Diesel und Ölen. Die Bestimmungen für Kohle (Kapitel 3) und für Erdgas (Kapitel 4) werden erstmals gesondert gefasst. Die Erdgassteuer entsteht zukünftig bei der Lieferung an den Letztverbraucher und damit analog zur jetzigen Strombesteuerung. Die durch das Energiesteuergesetz vorgenommenen systematischen Änderungen bei der Erdgasbesteuerung haben für die Krankenhäuser, gegenüber der bisherigen Besteuerungspraxis, keine Änderungen zur Folge.

Eine steuerfreie Verwendung von Energieträgern durch Krankenhäuser kommt auch nach dem Energiesteuergesetz nicht in Betracht. Eine **Steuerentlastung** ist u.a. für Unternehmen des produzierenden Gewerbes[4] vorgesehen (§ 54 Energiesteuergesetz). Da die Krankenhäuser nicht zu den Unternehmen des produzierenden Gewerbes gehören können diese Vergünstigungen von ihnen nicht beansprucht werden.

5.4.4 Systematik des Stromsteuergesetzes

Elektrischer Strom unterliegt gemäß § 1 StromStG der Stromsteuer. Der **Regelsteuersatz** beträgt gemäß § 3 StromStG seit dem 01. Januar 2003 20,50 € für eine Megawattstunde (MWh). Die Steuer entsteht regelmäßig im Zeitpunkt der Stromentnahme durch den Letztverbraucher. Der Stromversorger schuldet die Stromsteuer. Von der **Steuer befreit** ist gemäß § 9 StromStG:

- Strom, der aus erneuerbaren Energien erzeugt wird (sog. „grüner" Strom z.B. aus Fotovoltaikanlagen und Windkraftanlagen)
- Strom der zur Stromerzeugung entnommen wird
- Strom der in Anlagen mit einer Nennleistung bis zu 2 Megawatt erzeugt und im räumlichen Zusammenhang zu dieser Anlage entnommen wird.

Steuerermäßigt ist z.B. Strom, der zum Betrieb von Nachtspeicherheizungen bis zum 31.12.2006 entnommen wird. Dem ermäßigten Steuersatz von 12,30 €/ MWh unterliegt Strom, der von Unternehmen des **produzierenden Gewerbes** für betriebliche Zwecke entnommen wird. Außerdem können Unternehmen des produzierenden Gewerbes nach Maßgabe des § 10 StromStG den Erlass, die Erstattung oder Vergütung der Stromsteuer beantragen.

Da Krankenhäuser nicht zu den Unternehmen des produzierenden Gewerbes gehören kommen diese Vergünstigungen für ihre Träger nicht in Betracht.

---

4 Vgl. 5.4.2.

5.4.5 Möglichkeiten zur Reduzierung der Ökosteuern

Die Möglichkeiten zur Reduzierung der Ökosteuern sind für die Krankenhausträger begrenzt. Es kommen u.E. die folgenden Möglichkeiten in Betracht, wobei wir eingangs darauf hinweisen, dass die vorgeschlagenen Alternativen der Stromerzeugung und des Verkaufs insoweit zu einem steuerpflichtigen Gewerbebetrieb führen können:

- **Reduzierung des Energieverbrauchs:** Da die Ökosteuern verbrauchsabhängig sind, führt eine Reduzierung des Energieverbrauchs auch zu einer Minderung des Ökosteueraufwands.
- **Betrieb von Blockheizkraftwerken (BHKW):** Gelegentlich betreiben Krankenhäuser eigene BHKW, die sich auf dem Krankenhausgelände befinden. Der in diesen BHKW erzeugte **Strom** darf gemäß § 9 Abs. 1 Nr. 3 StromStG steuerfrei abgegeben werden, wenn die Nennleistung der Anlage bis zu 2 Megawatt beträgt, der Strom in räumlichen Zusammenhang mit dieser Anlage entnommen wird und von demjenigen geleistet wird, der die Anlage betreibt oder betreiben lässt. Ein BHKW mit einer Nennleistung von 1 Megawatt, welches jährlich eine Strommenge von 5.500 MWh erzeugt, erzielt dadurch eine jährliche Steuerentlastung von derzeit 112.750 € (5.500 MWh x 20,50 €/MWh). Die Einschaltung eines Anlagenbetreibers (der den im BHKW erzeugten Strom an das Krankenhaus liefert, sog. **Contracting**) steht der steuerfreien Entnahme des Stroms nicht entgegen. Daher kommen zunehmend Contracting-Modelle auf den Markt, bei denen sich das Krankenhaus des Betriebs des BHKW durch die Einschaltung eines EVU (Contracter) entledigt, ohne die Steuervorteile zu verlieren. Auch nach dem neuen Energiesteuergesetz werden die Contracting-Projekte steuerlich begünstigt (§§ 54, 55 Energiesteuergesetz, §§ 9, 10 StromStG).
- **„Umwandlung" von Stromlieferungen:** Vermehrt sind Gestaltungen anzutreffen, bei denen die EVU nicht mehr den Strom liefern, sondern Licht, Wärme, Kälte usw. Dazu übernimmt das EVU den Betrieb der entsprechenden Anlagen (Lichtquellen, Kälteanlagen usw.). Da die EVU zu den Unternehmen des produzierenden Gewerbes gehören, unterliegt der in Licht, Kälte usw. „umgewandelte" Strom dem ermäßigten Steuersatz. Diesen Vorteil geben die EVU im Rahmen der Gestaltungen z.T. an ihre Kunden (z.B. auch Krankenhäuser) weiter.
- **Erzeugung von steuerfreiem Strom:** Sofern ein Krankenhaus steuerfreien „grünen" Strom selbst produziert (z.B. aus Fotovoltaikanlagen) und diesen für den eigenen Betrieb verwendet kommt dem Krankenhaus die Stromsteuerentlastung zugute. Natürlich rechnet sich die Eigenerzeugung von Strom nur dann, wenn die Kosten für die Stromerzeugung niedriger sind als bei einem Fremdbezug.
Zu berücksichtigen ist, dass „grüner" Strom nach dem Gesetz für den Vorrang Erneuerbarer Energien (EEG) über garantierte Abnahmepreise subventioniert wird. Daher bietet es sich an, dass das Krankenhaus selbsterzeugten Solarstrom zu den gesetzlich garantierten Preisen in das Netz des EVU einspeist

und im Gegenzug „normalen" Strom vom EVU bezieht, der preiswerter ist als der eingespeiste Solarstrom. Der dadurch erzielte Gewinn ist höher als die Stromsteuerersparnis aus dem Eigenverbrauch des erzeugten Solarstroms.

Der Bezug von **steuerfreiem oder steuerbegünstigtem Strom** führt regelmäßig nicht zu einer Reduzierung der Stromkosten. Die EVU geben die Steuervorteile meistens nicht an die Kunden weiter. Außerdem sieht das EEG vor, dass die Stromletztverbraucher gleichmäßig mit den Mehrkosten aus der gesetzlich vorgeschriebenen Förderung bestimmter erneuerbarer Energieträger („grüner Strom" aus Fotovoltaikanlagen und Windkraftanlagen) belastet werden.

5.5 Kraftfahrzeugsteuer

5.5.1 Allgemeines

Nachfolgend ein kurzer Abriss über eine Steuerart, die jeder als Belastung kennt und sich freut, wenn er je nach (Konjunktur-)Lage der Politik z.B. nach dem Kauf eines schadstoffarmen Fahrzeugs die Kraftfahrzeugsteuer (Kfz-Steuer) für einen festgelegten Zeitraum ganz oder teilweise erlassen bekommt. Ob diese Art der Förderung der (belasteten) Umwelt zugute kommt, sei dahin gestellt.

Die Rechtsgrundlagen dieser Steuer sind das **Kraftfahrzeugsteuergesetz 2002** (KraftStG) und die entsprechende Durchführungsverordnung dazu. Es liegt eine Verkehrsteuer vor, die allein dem jeweiligen Bundesland zusteht. Der Steuer unterliegt in erster Linie das Halten von inländischen Fahrzeugen zum Verkehr auf öffentlichen Straßen. Fahrzeuge i.S.d. KraftStG sind Kraftfahrzeuge und Kraftfahrzeuganhänger. Steuerschuldner ist die Person, für die das Fahrzeug zum Verkehr zugelassen ist (Halter; § 7 KraftStG). Die **Steuer** bemisst sich u.a. bei:

- **Krafträdern und Personenkraftwagen** (PKW) nach dem Hubraum und der Antriebsart; sofern diese Fahrzeuge durch Hubkolbenmotoren angetrieben werden, bei PKW zusätzlich nach Schadstoff- und Kohlenmonoxidemissionen.
- **anderen Fahrzeugen** nach dem verkehrsrechtlich zulässigen Gesamtgewicht; bei Kraftfahrzeugen mit einem verkehrsrechtlich zulässigen Gesamtgewicht über 3.500 kg zusätzlich nach Schadstoff- und Geräuschemissionen.

Der **Steuersatz** hängt wiederum von den vorstehenden Merkmalen ab sowie von verschiedenen Staffelungen nach dem Besteuerungszeitraum. Die Steuersätze z.B. für PKW divergieren je 100 Kubikzentimeter und beginnen derzeit bei 6,75 € (§§ 8, 9, 10 KraftStG). Weitere Details sind hier nicht nützlich.

5.5.2 Steuerbefreiungen

Von Interesse (und nur darauf gehen wir im Folgenden ein) sind die Steuerbefreiungen für steuerbegünstigte Körperschaften als Halter von Kraftfahrzeugen. Eine Steuerbefreiung wird **nur auf Antrag** des steuerpflichtigen Halters gewährt, der diese nach § 7 Abs. 1 Satz 1 und Satz 5 KraftStDV beim Finanzamt unter Angabe der Gründe geltend zu machen hat. Den **Wegfall** der Voraussetzungen für eine Steuervergünstigung hat der Halter dem Finanzamt **unverzüglich anzuzeigen**. Diese Anträge und Anzeigen sind bei der **Zulassungsstelle** einzureichen, **wenn** sie bei der **Zulassung** des Fahrzeugs gestellt werden.
Voraussetzungen für die Steuerbefreiung sind (**§ 3 Nr. 5 KraftStG**):

- Das Halten von Fahrzeugen ist steuerbefreit, solange sie ausschließlich im Feuerwehrdienst, im Katastrophenschutz, für Zwecke des zivilen Luftschutzes, bei **Unglücksfällen**, im **Rettungsdienst** oder zur **Krankenbeförderung** verwendet werden.
- Die Zweckbestimmung der Fahrzeuge muss **äußerlich erkennbar** sein.[1] Die Kennzeichnung mit dem „DRK-Symbol" reicht nicht zur Befreiung eines serienmäßigen Kleinbusses von der Kfz-Steuer aus. Dies gilt auch, wenn das Fahrzeug ausschließlich als Mannschaftstransporter für Zwecke des Katastrophenschutzes eingesetzt wird und weitere Umbauten zur Anpassung an den Verwendungszweck nicht erforderlich sind, da die serienmäßige Ausstattung bereits alle Anforderungen der Zweckbestimmung erfüllt.[2] Schriftzug und Symbol weisen lediglich auf die Zugehörigkeit des Fahrzeugs zum Verband hin, nicht aber auf eine spezielle Nutzung innerhalb des (breiten) Tätigkeitsspektrums des Verbandes.
- Diese Fahrzeuge müssen nach ihrer Bauart und Einrichtung den bezeichneten Verwendungszwecken (im Zeitpunkt der Beförderung) angepasst sein.[3] Es soll dadurch einerseits der Missbrauch der Steuerbefreiung und andererseits ein unangemessener hoher Aufwand für die Kontrolle der Einhaltung der Befreiungsvoraussetzungen vermieden werden.
- Die begünstigten Verwendungen müssen durch die Notwendigkeit eines dringenden Soforteinsatzes gekennzeichnet sein, mit dem einem akuten Notstand begegnet werden soll.[4] Eine begünstigte Verwendung kommt u. a. in Betracht für:
  - Einsatzfahrzeuge z. B. des Technischen Hilfswerk (Katastrophenschutz)
  - Notarzt- und Rettungswagen der Hilfsorganisationen wie „Deutsches Rotes Kreuz", „Johanniter", „Malteser" und „Arbeiter-Samariter-Bund" (Rettungsdienst)

---

1 BFH-Urteil v. 02.08.1988, VII R 144/85, BStBl II 1988, S. 904.
2 FG Rheinland-Pfalz, Urteil v. 21.04.2005, EFG 2005, S. 1230.
3 Zur USt § 4 Nr. 17 b) UStG: BFH-Urteil v. 12.08.2004, V R 45/03, BFH/NV 2005, S. 149.
4 BFH-Urteil v. 22.08.1989, VII R 9/87, BStBl II 1989, S. 936.

– Krankentransportfahrzeuge sowie speziell für den Transport von Schwerbehinderten hergerichtete Fahrzeuge, z.B. der Verbände der freien Wohlfahrtspflege oder der Behindertenorganisationen (Krankenbeförderung). Auch handelsübliche Fahrzeuge ohne besondere Einrichtungen und Ausstattungen können für die Krankenbeförderung als hinreichend angesehen werden.[5]
Die Tierrettung ist nicht nach dieser Vorschrift befreit.

Abschließend wird auf die Steuerbefreiung nach § 3 Nr. 5 a KraftStG hingewiesen, die **humanitäre Hilfsgütertransporte in das Ausland** und Vorbereitungsfahrten für Halter vorsieht, die gemeinnützige oder mildtätige Organisationen sind. Der Begriff „humanitär" ist wohl als Gegensatz zu dem Begriff „kommerziell" zu verstehen und daher wäre eine Verwendung von Fahrzeugen für Hilfsgütertransporte einer gemeinnützigen Körperschaft im Rahmen eines steuerpflichtigen wirtschaftlichen Geschäftsbetriebs (wGb) (§§ 14, 64 AO) wohl nicht begünstigt. Reine **Begleitfahrzeuge**, in denen selbst keine Hilfsgüter (z.B. Nahrungsmittel, Kleidung, Medikamente und medizinische Geräte) befördert werden, erfüllen die Voraussetzungen ebenfalls. Das **Ziel** des Transports muss **im Ausland** sein; eine Begrenzung auf Regionen ist nach dem Wortlaut des Gesetzes nicht möglich. Begünstigt sind auch Fahrzeuge, die **Vorbereitungsfahrten** durchführen, wie z.B. Fahrten zum Einsammeln der Hilfsgüter, Fahrten in die vorgesehenen Zielgebiete zur Erkundung der Fahrroute und zur Vorbereitung von Zwischenlagern (auch mit dem PKW).

Voraussetzung für die o.a. Steuerbefreiungen ist die **ausschließliche Verwendung** zu den dort aufgeführten Zwecken. „Ausschließlich" bedeutet, dass das Fahrzeug allein dem begünstigten Zweck dienen muss, ohne eine anderweitige Mitbenutzung. Bereits die einmalige zweckfremde Benutzung soll zum Wegfall der Steuerbefreiung führen.

---

5 Vgl. o.a. BFH-Urteil v. 12.08.2004 entgegen UStR 2004, R 102 Abs. 1 und 2, BFH/NV 2005, S. 149.

6 Steuerbegünstigung im Krankenhausbetrieb

Norbert Ellermann

Gliederung

6.1 Grundlagen der Steuerbegünstigung (§§ 51–54, 56, 57 AO)
6.2 Die eine Steuerbegünstigung rechtfertigende Selbstlosigkeit und unschädliche Betätigungen (§§ 55, 58 AO)
6.3 Satzungsgestaltung und steuerliche Anerkennung
6.4 Der Krankenhausbetrieb mit seinen Aktivitäten
6.5 Einzelne ertragsteuerliche Regelungen
6.6 ABC der wirtschaftlichen Tätigkeiten
6.7 ABC der Grundlagen der Steuerbegünstigung

Vorbemerkung

Bevor wir nachfolgend für die Körperschaft, die ein **Krankenhaus** betreibt,

- die praxisbezogenen Grundlagen der Steuerbegünstigung darstellen,
- die wegen ihrer praktischen Bedeutung ausgewählten Schwerpunkte zu den Fragen der Besteuerung setzen und
- die Darstellungen mit Beispielsfällen und der in der Praxis bewährten ABC Systematik ergänzen,

hier einige wesentliche Ausführungen für das **Verständnis** zum Sinn und Zweck der Regelungen:

Steuerbefreiungen bedürfen der **Rechtfertigung**. Zum einen, weil der Gesetzgeber die Besteuerung aus der gleichmäßigen Verteilung der Lasten legitimiert, zum anderen, weil eine unterschiedliche Besteuerung der gleichen wirtschaftlichen Betätigung den Wettbewerb nicht mehr als unvermeidbar beeinträchtigen soll. Wirtschaftliche Betätigungen dürfen daher nur dann von der Steuer befreit werden, wenn dies u. a. zur **Verwirklichung von Gemeinwohlzwecken** angezeigt ist und zu **keinen Wettbewerbsverzerrungen** führt. Durch selbstlose ideelle Tätigkeiten soll das Gemeinwohl gefördert werden, so dass der Staat sich entlastet sieht und deshalb auf die Besteuerung dieser Tätigkeiten im vorgegebenen Rahmen verzichtet. Für den Bereich der Gesundheitspflege wird die Gewährung von Steuervergünstigungen überwiegend noch als gerechtfertigt angesehen.[1]

Es gibt sachlich unbegrenzte **persönliche Steuerbefreiungen**, die in der Regel nur für juristische Personen des öffentlichen Rechts (jPdöR) gelten, die mit ihren → *Betrieben gewerblicher Art* (BgA) häufig Monopolcharakter haben und daher nicht im Wettbewerb stehen; hier sollen die Steuerbefreiungen stets gerechtfertigt

---
1 Zur Ausgangslage vgl. auch 2.2.1, m.w.N.

sein. Für weitere Steuerbefreiungen ist ein einheitliches Konzept des Gesetzgebers nicht erkennbar. Erkennbar z. B. aber für Körperschaften, die öffentliche Aufgaben wahrnehmen, die aus Gründen des Gemeinwohls handeln oder denen der Gesetzgeber aus sozialpolitischen Erwägungen heraus Steuerbefreiungen gewährt. Uneinheitlich stellt sich auch der **Umfang der Steuerbefreiungen** nach den Einzelsteuergesetzen dar, aber da der Gesetzgeber wegen der Wahrung der → *Wettbewerbsneutralität* gehalten ist, Beeinträchtigungen dieses Gebots weitestgehend zu vermeiden, „lebt" die Steuerpraxis mit (und häufig auch von) dem Für und Wider. Ob und in welchem Umfang für die Körperschaft eines Krankenhausbetriebs steuerliche Vorteile möglich sind, erschließt sich aus dem Folgenden.

6.1 Grundlagen der Steuerbegünstigung (§§ 51–54, 56, 57 AO)

Wie bereits ausgeführt,[2] werden nicht alle Träger von Krankenhausbetrieben steuerlich gleich behandelt (**keine rechtsformneutrale Besteuerung**). Neben der Rechtsform der Trägerschaft, die öffentlich-rechtlich oder privatrechtlich strukturiert sein kann, ist von Bedeutung, ob → *steuerbegünstigte Zwecke* im Sinne der Abgabenordnung (AO) verfolgt werden oder nicht. Die **Verfolgung steuerbegünstigter Zwecke** ist an den Vorschriften der §§ 51 bis 68 AO zu messen, während die **Steuerpflicht** (Steuersubjekt) **und** die **Besteuerungsgrundlagen** (das sind die tatsächlichen und rechtlichen Verhältnisse, die für die Steuerpflicht und für die Bemessung der Steuer maßgebend sind, wie z. B. Einkünfte, Umsätze, Vermögen) durch die Einzelsteuergesetze (z. B. KStG, GewStG) festgelegt werden.

6.1.1 Steuerbegünstigte Zwecke (§ 51 AO)

Im allgemeinen **Sprachgebrauch** wird häufig von „gemeinnützigen Zwecken" gesprochen, wenn im gesetzestechnischen Sinn die steuerbegünstigten Zwecke des § 51 AO gemeint sind:

gemeinnützig   mildtätig   kirchlich

Diese drei Formen hat der Gesetzgeber in der AO begrifflich festgelegt und bestimmt, dass **nur** Körperschaften, Personenvereinigungen und Vermögensmassen i. S. d. KStG[3] die in den Einzelsteuergesetzen gewährten Steuervergünstigungen erhalten, wenn sie diese Zwecke nach den weiteren Vorschriften der §§ 55 bis 68 AO verfolgen.

---

2 Vgl. zu 2
3 Vgl. 2.2.2, insbes. zu 2.2.2.1.

Die gesetzlich zulässige Rechtsform bei der Inanspruchnahme einer Steuerbegünstigung ist also die **Körperschaft** (Rechtsträger); dieser Begriff ist unabhängig davon anwendbar (und wird im Folgenden so verwendet), ob der Träger privatrechtlich oder öffentlich-rechtlich strukturiert ist. Häufig wird von steuerbegünstigten Körperschaften als „Non-Profit-Gesellschaften" im sogenannten → *dritten Sektor* gesprochen; diese Begriffe sind u.E. rechtlich nicht gesichert.

Funktionale Untergliederungen *(→ Abteilungen)* von Körperschaften, die nicht als selbständige Steuersubjekte gelten (§ 51 Satz 3 AO), sind bei einem Krankenhausträger grundsätzlich nicht anzutreffen. Der Wortlaut der Vorschrift ist u.E. etwas missglückt und meint nicht „Abteilungen" eines Krankenhauses wie z.B. Apotheke, Labor, Radiologie, Forschungsabteilung oder Wäscherei, sondern regionale oder funktionale Untergliederungen von Großvereinen, Verbänden oder anderen großen gemeinnützigen Trägern.[4] Die Vorschrift soll den möglichen Missbrauch durch mehrfache Inanspruchnahme von möglichen steuerlichen Freigrenzen verhindern.

6.1.2 Gemeinnützigkeit (§ 52 AO)

Die in § 51 AO definierten → *steuerbegünstigten Zwecke* werden durch §§ 52 bis 54 AO inhaltlich näher umschrieben. Nach § 52 **Abs. 1 Satz 1 AO** verfolgt eine Körperschaft gemeinnützige Zwecke, *„wenn ihre Tätigkeit darauf gerichtet ist, die Allgemeinheit auf materiellem, geistigem oder sittlichem Gebiet selbstlos zu fördern."*

„Fördern" ist eine auf Entwicklung gerichtete Betätigung, die hilft, unterstützt, begünstigt oder verbessert. Dies setzt ein eigenes Handeln der Körperschaft durch ihre Organe und/oder → *Mitglieder* voraus, wobei eine Vollendung der Förderung nicht erforderlich ist; es genügen im Einzelfall schon vorbereitende zweckgerichtete Handlungen.[5] Eine Förderung auf „**materiellem Gebiet**" kann auf die Verbesserung der wirtschaftlichen Versorgung, der finanziellen Ausstattung, allgemein auf die Verbesserung des körperlichen Lebensstandards ausgerichtet sein. Hierzu zählen z.B. die Jugend- und Altenhilfe, die Förderung des **öffentlichen** → *Gesundheitswesens* und → *Wohlfahrtswesens* oder auch die → *mildtätige* Unterstützung Hilfsbedürftiger. Die weiterhin genannten Gebiete „geistig" und „sittlich" stehen in keinem Rangverhältnis zueinander und verdeutlichen, dass der Gesetzgeber nicht jegliche Förderung der → *Allgemeinheit* den Gemeinwohlzwecken genügen lässt. Während beim **„geistigen Gebiet"** auf das denkende, erkennende Bewusstsein des Menschen, dessen Erkenntnisfähigkeit, Verständnis des Seins oder die verstandesmäßige Wahrnehmung abzustellen ist, betrifft das „**Sittliche**" ethisch-moralische Wertbegriffe der Bevölkerung in Bezug auf Verhalten und Gesinnung jedes Einzelnen.

Die „**Förderung der Allgemeinheit**" entspricht dem Grundgedanken der Gemeinnützigkeit mit seinen Werten, Wertvorstellungen und Anschauungen der Be-

---
4 Koenig, in: Pahlke/Koenig: Abgabenordnung (AO) 2004, zu § 51 AO Rn 17 und 18.
5 Buchna: Gemeinnützigkeit im Steuerrecht, 8. Aufl. 2003, zu 2.2.1, S. 32, m.w.N.;
Koenig: a.a.O., zu § 52 AO Rn 9 f.

völkerung; sie braucht nicht wertneutral zu sein und kann auf bestimmten religiösen, politischen, weltanschaulichen oder sozialen Einstellungen beruhen, die wiederum nicht in den Vordergrund treten dürfen. Der Begriff wird wesentlich geprägt durch die objektive Wertordnung, wie sie im Grundrechtskatalog der Art. 1 bis 19 GG zum Ausdruck kommt. Eine Tätigkeit, die mit diesen Wertvorstellungen nicht vereinbar ist, ist keine Förderung der Allgemeinheit.[6]

Dass der **Begriff** der „**Allgemeinheit**" nur noch als Abgrenzungsmerkmal gegenüber der Verfolgung von Individual- bzw. Partikularinteressen verstanden werden kann,[7] ist u.E. nachvollziehbar, wenn der Gesetzgeber den Begriff nicht definiert, sondern wie folgt negativ abgrenzt:

> „Eine Förderung der Allgemeinheit ist **nicht** gegeben, wenn der Kreis der Personen, dem die Förderung zugute kommt, fest abgeschlossen ist, zum Beispiel Zugehörigkeit zu einer Familie oder zur Belegschaft eines Unternehmens, oder infolge seiner Abgrenzung, insbesondere nach räumlichen oder beruflichen Merkmalen, dauernd nur klein sein kann." (§ 52 Abs. 1 Satz 2 AO)

Die gesetzlichen Vorgaben lassen sich wohl am besten umsetzen, wenn die Tätigkeit der Körperschaft im Interesse der Allgemeinheit liegt, also dem Gemeinwohl nützt; nicht die Quantität (Personengruppen oder -kreise), sondern die Qualität der verfolgten Ziele entscheidet über die Gemeinnützigkeit einer Tätigkeit.[8] Die Bestimmung eines begünstigten Personenkreises anhand festgelegter Merkmale hat sich in der Praxis nicht herausgebildet bzw. nicht bewährt. Bei einem **Krankenhaus richten** sich die **Aktivitäten** bereits nach dem allgemeinen Verständnis **an die Allgemeinheit**, so dass von einer Begrenzung grundsätzlich nicht auszugehen ist.

Das **öffentliche Gesundheitswesen** hat die Erhaltung und Förderung der Gesundheit der Bürger zur Aufgabe. Dies ist eine Förderung der Allgemeinheit auf materiellem Gebiet. Da der Gesetzgeber in **§ 52 Abs. 2 Nr. 2 AO** [Referentenentwurf Dez. 2006: § 52 Abs. 2 Nr. 3 AO] ausdrücklich davon ausgeht, sind Krankenhäuser allein nach dieser Festlegung grundsätzlich steuerbefreit.

Die in § 52 Abs. 2 AO aufgeführten Förderungsarten sind beispielhaft und nicht abschließend [Referentenentwurf Dez. 2006: Ziffern 1. bis 23. Aufzählung als abgeschlossener Katalog]. Sie sollen nur eine Wertungshilfe sein, weil in jedem Einzelfall positiv festzustellen ist, ob die Voraussetzungen der Gemeinnützigkeit erfüllt sind. Welche Tätigkeiten zum öffentlichen → *Gesundheitswesen* zählen, ist in der AO nicht erläutert. Ferner ist davon ausgehen, dass eine **Abgrenzung** zur Förderung des → *Wohlfahrtswesens* (§ 52 Abs. 2 Nr. 2 AO) nicht zweifelsfrei gelingen wird, wenn dieser Begriff jede Maßnahme erfasst, die der allgemeinen Fürsorge hilfsbedürftiger Menschen dient (z.B. Krankenhilfe, Behindertenhilfe,

---

[6] BFH-Urteil v. 31.05.2005, I R 105/04, HFR 2005, S. 621.
[7] Vgl. 2.2.4; Schäfers in Anm. zum BFH-Urteil vom 14.07.2004, IStR 2004, S. 757 zu 5; BMF-Schreiben v. 20.09.2005 zur Förderung der Allgemeinheit und Satzungsbestimmungen zur Ausschließlichkeit und Unmittelbarkeit, DB 2005, S. 2106; **a.A.:** Thömmes/Nakhai: Anm. zum vorstehenden BMF-Schreiben, DB 2005, S. 2259.
[8] Koenig: a.a.O., zu § 52 AO Rn 18.

Begleitung Schwerstkranker). Diese Differenzierung ist aus steuerlicher Sicht nicht erforderlich, weil beide Zwecke gleichermaßen als gemeinnützig eingestuft werden. In der Praxis sind Körperschaften anzutreffen, die nach ihrer → *Satzung* nebeneinander → *gemeinnützige* und → *mildtätige* Zwecke verfolgen.

6.1.3 Mildtätigkeit (§ 53 AO)

Möchte die Körperschaft mit dem Betrieb eines Krankenhauses mildtätige Zwecke verfolgen, so kann sie dies nur umsetzen, wenn dieser Zweck in der → *Satzung* steht. Ob Krankenhäuser in der Praxis möglicherweise sogar überwiegend mildtätige Zwecke verfolgen,[9] kann zwar zutreffend sein, ist unter steuerlichen Gesichtspunkten aber nur an der Satzung und → *tatsächlichen Geschäftsführung* zu messen (§§ 59, 60, 63 AO).

Die **mildtätige Unterstützung** hilfsbedürftiger Personen gehört zum Kernbereich der den Sozialstaat entlastenden Förderung des Gemeinwohls. Sie zielt darauf ab, Personen, die sich in einer Notlage befinden, mit der Zielrichtung zu helfen und zu unterstützen, die eingetretene Notlage zu beseitigen oder zu lindern. Nach § 53 Nr. 1 AO sind dies Personen, *„die infolge ihres körperlichen, geistigen oder seelischen Zustands auf die Hilfe anderer angewiesen sind"* und ferner nach § 53 Nr. 2 AO hilfsbedürftige Personen in wirtschaftlicher Notlage (**persönliche oder wirtschaftliche Hilfsbedürftigkeit**). Entscheidend ist nicht die Anzahl der Begünstigten, sondern die **Uneigennützigkeit der Tätigkeit** der Körperschaft. Auf die gesetzliche Vorgabe, dass im sachlichen Unterschied zu § 52 AO nicht die → *Allgemeinheit* zu fördern ist, kommt es daher nicht entscheidend an.[10] Ein selbstloses Unterstützen **erfordert nicht**, dass die Körperschaft ihre Leistungen **unentgeltlich** erbringt; das Entgelt sollte sich jedoch nicht am Wert der erbrachten Leistung orientieren, sondern im Einzelfall vorrangig an der wirtschaftlichen Lage des Hilfsbedürftigen.[11]

Da im **Krankenhausbetrieb** stets auch eine selbstlose Unterstützung von Personen erfolgt, die persönlich hilfsbedürftig sind, liegen **gemeinnützige und mildtätige Zwecke** vor; auf die Dauer der Hilfsbedürftigkeit kommt es dabei nicht an. Bei Personen, die das 75. Lebensjahr vollendet haben, unterstellt die Finanzverwaltung die körperliche Hilfsbedürftigkeit ohne weitere Nachprüfung.[12] **Nachweise** wegen persönlicher Bedürftigkeit können im Übrigen durch Behindertenausweise, Einstufungen der Sozialversicherungsträger oder ärztliche Gutachten geführt werden. Diese Nachweise sind erfahrungsgemäß in geeigneter Form (z. B. Kopie, Eigenbeleg über durchgeführte Überprüfungen) vorzuhalten, denn im Rahmen von Betriebsprüfungen werden dazu häufig Auskünfte verlangt.

Die Unterscheidung zwischen gemeinnützigen und mildtätigen Zwecken ist für den Betrieb eines Krankenhauses nachvollziehbar. **Zu empfehlen** ist, in die **Satzung** der Körperschaft stets die Förderung des öffentlichen Gesundheitswe-

---
9 Vgl. Buchna: a.a.O., zu 2.2.3.2, S. 51, Stichwort: öffentliches Gesundheitswesen.
10 Koenig: a.a.O., zu § 53 AO Rn 6.
11 AEAO § 53 Tz 2; Koenig a.a.O., zu § 53 AO Rn 5.
12 AEAO § 53 Tz 4.

sens als **gemeinnützigen Zweck** aufzunehmen und **daneben** eventuell als (zusätzlichen) **mildtätigen Zweck** die unmittelbare Unterstützung von Bedürftigen.[13] Im Folgenden steht für die Steuerbegünstigung einer Krankenhauskörperschaft die Verfolgung gemeinnütziger Zwecke im weitesten Sinn.

6.1.4 Kirchliche Zwecke (§ 54 AO)

Eine Körperschaft kann (allein) mit der Verfolgung „kirchlicher Zwecke" kein steuerbegünstigtes Krankenhaus betreiben. Der Begriff der kirchlichen Zwecke stellt **nicht** auf die **Religionsausübung** ab, **sondern** nach § 54 AO soll eine die Religionsausübung gewährleistende **Institution** gefördert werden. Die Förderung umfasst über die staatlich anerkannten Religionsgemeinschaften deren gesamten Bereich des kirchlichen Wirkens, vom Kultus- und Verkündungsbereich bis zum Organisations- und Verwaltungsbereich der Kirchen.[14] Religionsgemeinschaften des öffentlichen Rechts sind z.B. die evangelische und katholische Kirche, Bistum und Pfarrgemeinde, die jüdischen Kultusgemeinden und andere kirchliche Gemeinschaften, die als Körperschaft des öffentlichen Rechts anerkannt sind; private Religionsgemeinschaften sind von der Vergünstigung des § 54 AO ausgeschlossen.

Ob **Krankenhäuser** der **öffentlich-rechtlichen Religionsgemeinschaften** den kirchlichen Verkündungsauftrag verfolgen und damit nicht gemäß § 4 KStG der Besteuerung unterworfen werden, ist zurzeit nicht zweifelsfrei geklärt. Es wird die Auffassung vertreten, dass bei Alten- und Pflegeheimen, Krankenhäusern, Mahlzeitendiensten oder Sozialstationen grundsätzlich der **kirchliche Verkündungsauftrag** überwiege.[15]

6.1.5 Gebot der Ausschließlichkeit (§ 56 AO)

Das Gebot, dass eine Körperschaft ihre → *steuerbegünstigten Zwecke* ausschließlich verfolgen muss, schreibt § 56 AO ausdrücklich fest:

> „Ausschließlichkeit liegt vor, wenn eine Körperschaft nur ihre steuerbegünstigten satzungsmäßigen Zwecke verfolgt."

Die Ausschließlichkeit ist eines der **Grundelemente steuerbegünstigten Handelns** neben der → *Selbstlosigkeit* (§ 55 AO) und → *Unmittelbarkeit* (§ 57 AO). Der Wortlaut des Gesetzes verlangt zum einen die alleinige **Verfolgung satzungsmäßiger Zwecke** und zum zweiten, dass **die Satzungszwecke uneingeschränkt – auch mehrere nebeneinander – steuerbegünstigt sind**. Beabsichtigt die Körperschaft

---

13 Vgl. Knorr/Klaßmann: Die Besteuerung der Krankenhäuser, 3. Auflage 2004, Düsseldorf, IDW Verlag GmbH, S. 51/52, m.w.N..
14 Koenig: a.a.O., zu § 54 AO Rn 2, 6, m.w.N.
15 Vgl. 2.2.2.1.

ihre Förderung auf steuerbegünstigte, bisher aber noch nicht satzungsmäßige Ziele zu erweitern, bedarf es grundsätzlich einer vorherigen Satzungsänderung.[16] Eine kumulative und gleichgewichtete Verfolgung begünstigter und nicht begünstigter Zwecke sowie deren Aufnahme in die Satzung sind (aus rein steuerlicher Sicht) wohl unzulässig.[17] Nebentätigkeiten dürfen aber ausgeübt werden.

Beispiel: Verfolgung satzungsmäßiger Zwecke

> Die Geschäftsführung der gemeinnützigen Krankenhaus-GmbH plant, zukünftig persönlich hilfsbedürftige Personen zu unterstützen. Dies soll geschehen durch a) Betreuung der Personen in leerstehenden Wohnungen eines zum Krankenhaus gehörenden Schwesternwohnheims; b) Übernahme des Managements gegen Honorar auf Zeitbasis (ca. 10 Wochenstunden) in einer anderen Körperschaft, die mildtätige Zwecke verfolgt. Was ist bezüglich der Satzung zu beachten?
>
> **zu a)** Unterstellt, die Betreuung der Personen geht über die Maßnahmen des Wohlfahrtswesens (§ 52 Abs. 2 Nr. 2 AO) hinaus und Hilfsbedürftigkeit nach § 53 AO liegt vor, muss die Körperschaft den Satzungszweck vor Aufnahme der Tätigkeit um mildtätige Zwecke erweitern. Wird dies unterlassen, kann im Einzelfall die Gemeinnützigkeit gefährdet sein. Das Finanzamt wird in der Regel unter Fristsetzung auf Anpassung der Satzung drängen, wenn die Tätigkeit im Rahmen der Steuererklärung bekannt wird und die Aufnahme der Tätigkeit noch im Veranlagungsjahr liegt.
>
> **zu b)** Mit der entgeltlichen Übernahme des Managements erfüllt die Geschäftsführung keinen eigenen steuerbegünstigten Zweck, sondern wird gewerblich tätig (steuerpflichtiger wGb). Zwar ist diese zusätzliche Tätigkeit aufgrund des geringen Zeitumfangs nicht schädlich für die Gemeinnützigkeit, aber eine Satzungserweiterung um mildtätige Zwecke ist aufgrund dieser Tätigkeit nicht zulässig. Mit dieser Tätigkeit wird nicht unmittelbar selbst ein mildtätiger Zweck verfolgt, sondern allenfalls mittelbar über die weitere Tätigkeit der anderen Körperschaft.

Das Beispiel verdeutlicht, dass nicht jede Betätigung der Körperschaft außerhalb der satzungsmäßigen Zwecke schädlich ist. Wie zu b) ausgeführt, darf eine Körperschaft in gewissem Rahmen andere (wirtschaftliche) Tätigkeiten ausüben, ohne das Ausschließlichkeitsgebot zu verletzen. Die **nicht begünstigten Tätigkeiten** dürfen nach Art, Umfang und finanzieller Bedeutung der Körperschaft nicht das „Gepräge" geben, sondern **müssen von untergeordneter Bedeutung bleiben**.[18] Der Gesetzgeber spricht sich für eine (fast) ausschließliche Gemeinwohlbindung aus und will damit Zielkonflikte zwischen privaten Interessen und steuerbegünstigtem Handeln vermeiden.

---

16 AEAO § 56
17 Buchna: a.a.O., zu 2.6, S. 143, m.w.N.; vgl. 6.2.2 und 6.3.1 mit Hinweisen auf zulässige Aktivitäten.
18 AEAO § 55 Tz 2; vgl. zu 6.2.2.

6.1.6 Gebot der Unmittelbarkeit (§ 57 AO)

Ein weiteres **Grundelement steuerbegünstigten Handelns** ist das Gebot der Unmittelbarkeit (§ 57 Abs. 1 AO):

> „Eine Körperschaft verfolgt unmittelbar ihre steuerbegünstigten satzungsmäßigen Zwecke, wenn sie **selbst** diese Zwecke verwirklicht. Das kann auch durch Hilfspersonen geschehen, wenn nach den Umständen des Falles, [...], das Wirken der Hilfsperson wie eigenes Wirken der Körperschaft anzusehen ist."

Entscheidend ist die **Zweckverfolgung** durch **eigenes oder zurechenbares Verhalten Dritter**.

Eigenes Handeln erfolgt durch die vertretungsberechtigten Organe sowie die Angestellten der Körperschaft. Hier verwirklicht die Körperschaft ihre Zwecke nach allgemeinen Grundsätzen *„selbst"*. Die **Zurechenbarkeit** des **Verhaltens Dritter** (→ *Hilfsperson*) wird in § 57 Abs. 1 Satz 2 AO normiert (*„wie eigenes Wirken"*) und erfolgt grundsätzlich über das Tätigwerden von sonstigen Personen (freien Mitarbeitern und/oder Beauftragten) auf **schuldrechtlicher Vereinbarung** zwischen diesen (natürlichen oder juristischen) Personen und der Körperschaft. Hierfür ist es erforderlich, dass je nach Einzelfall die rechtlichen und tatsächlichen Beziehungen durch Vorlage entsprechender Vereinbarungen nachgewiesen werden können. Ferner muss die Körperschaft in der Lage sein, Inhalt und Umfang der Tätigkeit der Hilfsperson zu bestimmen, so dass diese Tätigkeit den Satzungsbestimmungen der Körperschaft entspricht.

Ob im **Innenverhältnis** zur Hilfsperson auch Weisungsgebundenheit erforderlich ist,[19] erscheint u.E. nicht zwingend, weil einerseits die zivilrechtliche Gestaltung genügen sollte und andererseits wegen der Vielfalt denkbarer Einzelfälle keine klare Linie vorgegeben werden kann.[20] Die Körperschaft ist in ihrer Entscheidung völlig frei, wann, wozu und in welchem Umfang sie sich Dritter zur Erfüllung ihrer satzungsmäßigen Aufgaben bedient; es besteht **kein Rangverhältnis** zum eigenen satzungsmäßigen Handeln. Die Steuerbegünstigung der Körperschaft, die nur über eine Hilfsperson das Merkmal der → *Unmittelbarkeit* erfüllt, ist unabhängig davon zu gewähren, ob und ggf. wie die Hilfsperson (selbst mit eigenen Zwecken) gemeinnützigkeitsrechtlich behandelt wird.[21] Wer allerdings ausschließlich als Hilfsperson für eine andere steuerbegünstigte Körperschaft tätig wird, kann daneben wohl kaum eigene steuerbegünstigte Zwecke verwirklichen; für ein eigenes Handeln (§ 57 Abs. 1 Satz 1 AO) dürfte kein Raum mehr sein.[22] In Bezug auf jede einzelne Aktivität kann sich die Zweckverwirklichung nur einmal zu Gunsten einer steuerbegünstigten Einrichtung auswirken. Ist z.B. die auftraggebende Einrichtung selbst nicht steuerbegünstigt, ist für die

---

19 AEAO § 57 Tz 2
20 Koenig: a.a.O., zu § 57 AO Rn 2, m.w.N.
21 AEAO § 57 Tz 2 Satz 10.
22 Vgl. Hüttemann: a.a.O., DStJG, Bd. 26, 2003, S. 49 ff (56/57), m.w.N.

Anwendung der Hilfspersonenregelung kein Raum.[23] Tätigkeiten, die der Körperschaft als **Hilfstätigkeiten** zur (unmittelbaren) Zweckverwirklichung dienen (z. B. Verwaltungstätigkeiten, Spendenwerbung) **oder** die ausdrücklich als steuerlich → *unschädliche Betätigungen* in § 58 AO geregelt sind, brechen den Grundsatz der Unmittelbarkeit zulässig auf.

§ 57 Abs. 2 AO fingiert für **Dach- und Spitzenverbände**, die ihre steuerbegünstigten Mitgliedskörperschaften fördern oder betreuen, eine steuerliche Gleichstellung. Verfolgen sie selbst unmittelbar steuerbegünstigte Zwecke, bedarf es der Inanspruchnahme dieser Fiktion für die Dachverbände nicht.[24]

Soweit in der Fachliteratur unter den Aspekten „Hilfspersonenregelung" oder analoger Anwendung des „Dachverbandsprivilegs" sog. **Holdingstrukturen** von „Wohlfahrtskonzernen" mit sozialen Einrichtungen (z. B. Krankenhäusern, Alten- und Pflegeheimen, Werkstätten, Schulen) erörtert werden,[25] verweisen wir nur auf die angegebenen Fundstellen.[26] U.E. dient es stets der Sicherstellung der Steuerbegünstigung, wenn (nach Möglichkeit) die Holdingkörperschaft unmittelbar eigene steuerbegünstigte Zwecke verfolgt[27] (z. B. im Krankenhausbereich der Betrieb einer akademischen Lehranstalt oder einer Krankenpflegeschule). In jedem Einzelfall ist eine eingehende zivil- und steuerrechtliche Beratung unbedingt zu empfehlen.

6.2 Die eine Steuerbegünstigung rechtfertigende Selbstlosigkeit und unschädliche Betätigungen (§§ 55, 58 AO)

Die eine Steuerbegünstigung rechtfertigende Selbstlosigkeit ist geprägt durch uneigennütziges, altruistisches, nicht den eigenen Vorteil suchendes Handeln. Kennzeichnend hierfür ist die von eigenen Egoismen weitgehend befreite Motivation, das **Wohl der Allgemeinheit** zu fördern. Dieser Gemeinsinn ist an der Körperschaft (und – soweit vorhanden – ihren Mitgliedern) festzumachen, weil sie nach

---

23 AEAO § 57 Tz 2 Satz 11; Holland: Neue Verwaltungsauffassung zur Unmittelbarkeit – Gefahren für die Gemeinnützigkeit? – Darstellung am Beispiel des öffentlichen Rettungsdienstes, DB 2005, S. 1487 ff; OFD Düsseldorf, Vfg. v. 15.08.2005, S-2729 A-St 132, (insbes. bei Rettungsdiensten); Holland: Hilfspersonenregelung – eine Zwischenbilanz, DStR 2006, S. 1783 ff.
24 AEAO § 57 Tz 3.
25 Vgl. Knorr/Klaßmann: a. a. O., S. 119, m. w. N.
26 Schröder: Die steuerbegünstigte und steuerpflichtige GmbH bei Non-Profit-Organisationen (Gründung, Ausgliederung und Hilfspersonen), DStR 2004, S. 1815 ff und 1859 ff; m. w. N.; Strahl: Gemeinnützige Körperschaften: Gepräge, Unmittelbarkeit, Ausgliederung, KÖSDI, 8/2004, S. 14 291, m. w. N.
27 So auch Knorr/Klaßmann: a. a. O., S. 119.

dem Gesetz (§ 51 AO) Adressat der steuerlichen Förderung von Gemeinwohlaktivitäten ist.

Die Körperschaft muss also ihre gesamten **personellen, sachlichen und finanziellen Ressourcen** für die Verwirklichung der → *steuerbegünstigten Zwecke* einsetzen. Das Gesetz spricht diese Erwartung in § 55 AO in verschiedener Hinsicht an und konkretisiert das **Gebot der Selbstlosigkeit**: Das Handeln einer selbstlos tätigen Körperschaft ist dadurch geprägt, dass sie ihre Mittel in erster Linie für steuerbegünstigte Zwecke verwendet und damit fremdnützig tätig wird. Diese Form des Gemeinsinns muss **Ausdruck in Satzung und Tätigkeit** der Körperschaft finden. Gesellschaftliche Anerkennung oder Befriedigung über das eigene Handeln (abgestellt auf die Mitglieder der Körperschaft) lassen die Selbstlosigkeit unberührt.

Das Erfordernis der Selbstlosigkeit ist frühzeitig von der Rechtsprechung entwickelt worden und für alle steuerbegünstigten Zwecke nunmehr gesetzlich ausdrücklich vorgeschrieben.[1] Der Gesetzgeber stellt in § 55 AO auf keine ideellen Wertungen ab, sondern definiert die **Selbstlosigkeit** allein **unter wirtschaftlichen Aspekten**. Danach werden als **schädlich** angesehen:

- die in erster Linie verfolgte Förderung eigener wirtschaftlicher Zwecke
- die nicht satzungsgemäße, zeitnahe Mittelverwendung
- die zweckfremde Vermögensverwendung

Diese Abgrenzungskriterien sollen keinesfalls dafür herangezogen werden, die wirtschaftliche Betätigung als Mittel zur Erreichung der steuerbegünstigten Zwecke zu unterbinden. Es gilt vielmehr, die Verselbstständigung der wirtschaftlichen Tätigkeit als Hauptzweck (nicht so sehr als Nebenzweck) einzuschränken, weil diese nach den Gegebenheiten des Einzelfalls nicht mehr der zielgerichteten Förderung des steuerbegünstigten Zwecks dienen kann. Das Verständnis muss zu einer **funktionalen Unterordnung der wirtschaftlichen Tätigkeiten** unter den steuerbegünstigten Hauptzweck führen.[2] Für die steuerbegünstigten Körperschaften folgt daraus in der Regel die Besteuerung ihrer wirtschaftlichen Tätigkeiten, soweit diese am Markt wettbewerbsrelevant und für die Verwirklichung der steuerbegünstigten Zwecke nicht unbedingt notwendig sind.[3]

6.2.1 Keine prägenden eigenwirtschaftlichen Zwecke

Eine Körperschaft, die Steuervergünstigungen wegen Verfolgung → *steuerbegünstigter Zwecke* begehrt, hat dies (zunächst) in der → *Satzung* und (dann auch) mit ihrer Tätigkeit zum Ausdruck zu bringen (vgl. § 59 AO) und (grundsätzlich über alles) Nachweise zu führen (vgl. § 63 Abs. 3 AO), dass sie entsprechend gehandelt hat. Vom Ergebnis her scheint es naheliegend zu sein, **selbstloses Handeln** daran

---

1 Koenig: a.a.O., zu § 55 AO Rn 4; vgl. Buchna: a.a.O., zu 2.5.1, S. 90 ff.
2 Koenig: a.a.O., zu § 55 AO Rn 10; Hüttemann: DStJG Bd 26, 2003, S. 49 ff (69).
3 Allgemeine Definition „Zweckbetrieb" (§ 65 AO i.V.m. § 64 Abs. 1 AO); vgl. 6.4.2.3.

zu messen bzw. festzumachen, dass schädliches (eigenwirtschaftliches) Handeln immer dann vorliegt, wenn die Körperschaft mit ihrer Tätigkeit eigenen wirtschaftlichen Interessen nachgeht. Die Finanzverwaltung nimmt dies an, wenn die Tätigkeit der Körperschaft darauf abzielt, eigenes Einkommen zu erwirtschaften und das eigene Vermögen zu mehren.[4]

Nach dem Gesetz (§ 55 Abs. 1 Satz 1 AO) dürfen *„nicht in erster Linie eigenwirtschaftliche Zwecke – zum Beispiel gewerbliche Zwecke oder sonstige Erwerbszwecke – verfolgt werden [...]"*. Ohne Nennung von Kriterien oder Maßstäben im Gesetz,[5] **wann** eine eigenwirtschaftliche Betätigung vorliegt und/oder **wie** das Handeln oder Verfolgen von Zwecken zu bewerten ist, geht es dabei weniger um die Art und Weise von Betätigungen und/oder prozentualen Gewichtungen als vielmehr um **Wertentscheidungen**, inwieweit wirtschaftliche Vorteile, die durch die fördernde Tätigkeit entstehen, zugunsten der Interessen der Gemeinwohlförderung akzeptabel (und damit unschädlich) sind oder der Körperschaft bzw. ihren Mitgliedern (in erster Linie und damit schädlich)[6] zugute kommen. Betätigungen zum eigenen wirtschaftlichen Vorteil dienen → *eigenwirtschaftlichen Zwecken*.[7]

Beispiel: Wahrnehmung eigenwirtschaftlicher Interessen der Gesellschafter?[8]

> **a)** Eine gemeinnützige GmbH wird ausschließlich zu dem Zweck gegründet, eine ihren Gesellschaftern per Gesetz gemeinschaftlich übertragene Aufgabe wahrzunehmen. Einziger Zweck ist die Entwicklung, Errichtung und Pflege eines Vergütungssystems für die allgemeinen vollstationären und teilstationären Krankenhausleistungen. Diese Aufgabe ist nach § 17 b KHG vorrangig den Gesellschaftern der GmbH übertragen (hier: Körperschaften des öffentlichen Rechts und (steuerbefreite) eingetragene Vereine; i. S. d. Gesetzes Selbstverwaltungspartner).

---

4 AEAO zu § 55 Tz 1; Buchna: a. a. O., zu 2.5.1, S. 90; kritisch: Koenig: a. a. O., zu § 55 AO Rn 5, 9.

5 In Erlassen der Finanzverwaltung z. B. OFD Koblenz v. 26.4.2002, DB 2002, S. 1585; OFD Kiel v. 25.8.2003, DB 2003, S. 2360: Beurteilung neben den Einnahmen auch Zeit- und Personalaufwand.

6 FG Köln, Urteil v. 15.07.2004, 13 K 2530/03, EFG 2005, S. 222; Revision eingelegt: BFH I R 90/04, mit BFH-Beschluss v. 27.04.2005, DStRE, 2005, S. 957 wurde der BMF zum Verfahrensbeitritt aufgefordert.
Zur Entgeltlichkeit der Leistungen einer (gemeinnützigen) Kapitalgesellschaft gegenüber ihren Gesellschaftern, die als Selbstverwaltungspartner den öffentlich-rechtlichen Verpflichtungen nach KHG unterliegen: kein umsatzsteuerlicher Leistungsaustausch! So FG Köln, Urteil v. 31.08.2005, 7 K 2550/03, EFG 2005, S. 1970, Revision eingelegt, BFH V R 60/05.

7 Vgl. Buchna: a. a. O., zu 2.5.1, S. 93–95; Koenig: a. a. O., zu § 55 AO Rn 5, 6, 9, 10, m. w. N.

8 Sachverhalt nach Urteil FG Köln, a. a. O., EFG 2005, S. 222.

b) Die gemeinnützige GmbH betreibt ein eigenes Krankenhaus und nimmt außerhalb ihrer Satzungszwecke durch schriftliche Vereinbarung mit ihren Gesellschaftern und Dritten die o. g. Aufgaben gegen ein angemessenes Entgelt wahr.

zu a) Das **FG Köln** stellt dazu auszugsweise fest: Eine GmbH handele **nicht selbstlos**, wenn sie lediglich Aufgaben wahrnehme, zu deren Durchführung ihre Gesellschafter kraft Gesetz ohnehin verpflichtet seien. Selbstloses Handeln sei dort nicht mehr anzunehmen, wo die ihm eigene Opferwilligkeit zu Gunsten anderer wegfällt oder in den Hintergrund gedrängt werde. In diesem Fall fehle es der GmbH im Hinblick auf die öffentlich-rechtliche Tätigkeitsverpflichtung (sog. Pflichtaufgabe) ihrer Gesellschafter an der erforderlichen „Opferwilligkeit zu Gunsten der Allgemeinheit". Sie werde lediglich als Gehilfe der Gesellschafter zur Erfüllung der dieser obliegenden Aufgaben tätig. Da die GmbH Aufgaben ihrer Gesellschafter wahrnehme, diene sie eigenwirtschaftlichen Interessen ihrer Gesellschafter (weil diesen Ausgaben erspart blieben) und damit nicht (eigenen) gemeinnützigen Zwecken. Eigenwirtschaftliches Handeln i.S.v. § 55 Abs. 1 AO sei nicht auf gewerbliche Zwecke oder sonstige Erwerbszwecke beschränkt, da nur beispielhaft erwähnt. Die wirtschaftlichen Vorteile der Gesellschafter seien auch nicht lediglich ein Nebenprodukt einer in erster Linie altruistisch motivierten Tätigkeit der GmbH gewesen. Denn nach der Satzung der GmbH war die effektive Wahrnehmung und Umsetzung der den Gesellschaftern auferlegten Aufgabe der eigentliche und wesentliche Zweck der GmbH. Die GmbH habe mangels Selbstlosigkeit keinen Anspruch auf Anerkennung der Gemeinnützigkeit durch Erlass eines Steuerfreistellungsbescheides.

Die Frage, ob eine Körperschaft selbstlos ideelle Zwecke verfolgen kann, soweit sie hoheitliche Pflichtaufgaben ihrer Gesellschafter wahrnimmt, wird der BFH im Revisionsverfahren (BFH I R 90/04) beantworten müssen.

zu b) Die gemeinnützige GmbH wird durch Aufnahme dieser zusätzlichen entgeltlichen Tätigkeit ihre Steuerbegünstigung grundsätzlich nicht gefährden, weil der Betrieb des Krankenhauses (nach wie vor) ihre Tätigkeit prägt und sie damit ihren wesentlichen Zweck verfolgt. Sollte Personal und Know-how den Ausschlag für die Auftragserteilung gegeben haben, erfolgt die Abwicklung außerhalb des Zweckbetriebs Krankenhaus im steuerpflichtigen wGb. Es werden nur **nebenbei** (nicht in erster Linie) eigenwirtschaftliche Zwecke verfolgt, wenn bei einem angemessenen (marktüblichen) Entgelt der Auftraggeber (teilweise Gesellschafter) auch davon ausgegangen werden kann, dass die Gesellschafter weder eine Zuwendung noch eine Begünstigung erhalten (§ 55 Abs. 1 Nr. 1 Satz 2 und Nr. 3 AO). Sollte die GmbH hoheitliche Pflichtaufgaben ihrer Gesellschafter wahrnehmen, ändert dies u.E. nichts an einer Tätigkeit außerhalb des Zweckbetriebs Krankenhaus.

Die Verfolgung eigenwirtschaftlicher Zwecke würde schon dem → *Ausschließlichkeitsgebot* (§ 56 AO) widersprechen, wenn die gesetzliche Formulierung der Selbstlosigkeit nicht eine Durchbrechung (*„nicht in erster Linie"*) zulassen würde.

Mit den **Umschreibungen** wie „nebenbei", „beiläufig", „anlässlich", „nachrangig", „in ihrer Bedeutung deutlich hinter die steuerbegünstigten Zwecke zurücktretende Betätigung" wird die (Mit-)Verfolgung von Hilfs- bzw. Nebenzwecken erläutert. Dabei werden das Unterhalten von steuerpflichtigen → *wirtschaftlichen Geschäftsbetrieben (wGb)* und die → *vermögensverwaltenden Tätigkeiten* grundsätzlich nicht als Verstoß gegen die Selbstlosigkeit angesehen. Die von der Körperschaft „beiläufig" erwirtschafteten Vermögensmehrungen sind für steuerbegünstigte Zwecke zu verwenden, damit die → *Allgemeinheit* ausschließlich und selbstlos gefördert wird; unterbleibt dieser Verbrauch bzw. diese Verwendung können (schädliche) eigenwirtschaftliche Interessen vorliegen. Insoweit **unterbindet** § 55 AO in seiner weiteren konkreten Anwendung **auch** die **eigennützige Mittelverwendung**.

6.2.2 Umfang der wirtschaftlichen Betätigung (Geprägetheorie)

Aus der Sicht des Rechtsanwenders sind **Umschreibungen** für die Praxis wenig hilfreich, weil selten griffig. Dennoch werden, um „Wegweiser" aufzustellen, die im Einzelfall Verwendung finden können, hier Anregungen und Hinweise aus der Finanzverwaltung, Literatur und Praxis aufgenommen. Bei (unschädlichen) wirtschaftlichen Betätigungen steuerbegünstigter Einrichtungen geht es primär darum, **Freiheiten und Grenzen** zu **kennen**, um mögliche **Fehlentwicklungen** rechtzeitig **begegnen** zu können.

Abgrenzungskriterien zwischen steuerbegünstigtem und wirtschaftlichem Handeln (§ 55 Abs. 1 Satz 1 AO: *„nicht in erster Linie eigenwirtschaftliche Zwecke verfolgen"*):	
Fundstelle	Kriterien
BMF AEAO zu § 55 Tz 2	„Gewichten" d.h., bei einer Gesamtbetrachtung der Tätigkeiten werten, welches Handeln im Vordergrund steht (welcher Zweck wird durch das Handeln geprägt); „wie" dies festgestellt werden soll, wird nicht ausgeführt
BMF Schreiben vom 15.02.2002 (BStBl I 2002, 267) zu 1.	Auch hiernach ist zu „gewichten"; gibt eine wirtschaftliche Tätigkeit bei einer Gesamtbetrachtung das „Gepräge", ist die Gemeinnützigkeit zu versagen; die Frage nach dem „wie" dies festgestellt werden soll, wird auch hier nicht beantwortet

Abgrenzungskriterien zwischen steuerbegünstigtem und wirtschaftlichem Handeln (§ 55 Abs. 1 Satz 1 AO: *„nicht in erster Linie eigenwirtschaftliche Zwecke verfolgen"*):	
Fundstelle	Kriterien
OFD Koblenz Verfügung vom 26.04.2002 (DB 2002, 1585)	Die Verfügung bestätigt die bisherige Verwaltungsauffassung (vorstehend BMF) und nennt als **Bezugsgrößen** nicht nur die durch die verschiedenen Tätigkeitsbereiche erzielten **Einnahmen**, sondern auch die **Gesamtaktivitäten** der handelnden Personen (Organe, Mitglieder, Mitarbeiter, Hilfspersonen) sowie deren **zeitliche Gewichtung**.
OFD Frankfurt am Main, Verfügung vom 06.08. 2003 (DStZ 2003, 817); OFD Kiel, Verfügung vom 25.08.2002 (DB 2003, 2360)	Die Verfügungen bestätigen die vorstehenden Bezugsgrößen und führen aus, dass nicht nur die erzielten **Einnahmen** entscheidend sind, sondern vielmehr **welche Tätigkeit** der Körperschaft **das Gepräge gibt**; maßgebend sind dabei der Zeit- und Personalaufwand, den die Körperschaft in den jeweiligen Bereichen aufwendet.
Buchna zu 2.5.1, Seite 93 f	Hier findet sich eine beispielhafte Aufzählung von **Bezugsgrößen**: zahlenorientierte Abgrenzung unter Abstellen auf das Verhältnis der Einnahmen, aber geringe Einnahmen im begünstigten Bereich vernachlässigen das ebenfalls wichtige Kriterium des Umfangs der jeweiligen Betätigung; auf den Arbeitseinsatz von Mitarbeitern könne abgestellt werden
Erfahrungen aus der Praxis mit der Finanzverwaltung	Die vorstehenden **Bezugsgrößen sind brauchbar** und finden in der Regel Anwendung; **Indizfunktion** (insbesondere bei prozentualer Gewichtung der Einnahmen) kommt ihnen allemal zu und zwar als **Einstieg in eine mögliche Fehlentwicklung**, die von der Finanzverwaltung aufgegriffen wird. Ob hier „überwiegend" mit mehr als 50 v.H. gleichgesetzt werden sollte, kann nicht bestätigt werden. Entscheidend ist der **Einzelfall** und seine Gegebenheiten, wobei bis zu 30 v.H. der Gesamteinnahmen im wGb noch als Nichtaufgriffsgrenze angesehen worden sind.

Abgrenzungskriterien zwischen steuerbegünstigtem und wirtschaftlichem Handeln (§ 55 Abs. 1 Satz 1 AO: *„nicht in erster Linie eigenwirtschaftliche Zwecke verfolgen"*):	
Fundstelle	Kriterien
Erfahrungen aus der Praxis mit der Finanzverwaltung	Stets als positiv hat sich herausgestellt, **mehrere Bezugsgrößen** als Abgrenzung zu nennen, z. B. Einnahmen, aber auch Personaleinsatz und Zeitaufwand. Dabei sollte hier **weiter differenziert werden** z. B. nach **einmaligen oder nachhaltigen Einnahmen** und ggf. nach deren Bezugsgröße, **Qualifikation, Anzahl** der (qualifizierten oder nicht qualifizierten) **Mitarbeiter** und deren Einsatz in den verschiedenen Bereichen; der **Zeitaufwand** in den verschiedenen Tätigkeitsbereichen auch nach Qualifikationen. **Sachgerechten Differenzierungen** ist die Finanzverwaltung durchaus zugänglich, insbesondere auch dann, wenn Unterschiede, Schwankungen und bedeutende Abweichungen bestehen und dies für mehrere Veranlagungsjahre betrachtet. **Problembewusstsein** (Kennen der Grenzen) sollte vorhanden sein, dann gibt es grundsätzlich keine Beschränkungen für kreative Lösungsansätze.

Die steuerbegünstigten Krankenhausträger haben erfahrungsgemäß keine Probleme mit dem Verbot vorrangiger Verfolgung eigenwirtschaftlicher Zwecke, was in der Natur der Sache liegt. Die **typische Ausrichtung eines Krankenhauses** mit den ärztlichen und pflegerischen Leistungen unter Einsatz des Fachpersonals und die damit erzielten Einnahmen lassen – nach heutigem Stand auch unter Einbeziehung von → *Wahlleistungen* – keine begründeten Zweifel an einer Anerkennung als steuerbegünstigte Körperschaft aufkommen, wenn Satzung und tatsächliche Geschäftsführung (§ 59 AO) dem ebenfalls entsprechen. Ob darüber hinaus ein **Verbot der nachhaltigen Erzielung hoher Gewinne** besteht,[9] kann u.E. einerseits mangels eindeutiger Hinweise aus der Finanzverwaltung[10] und andererseits aufgrund des geltenden Krankenhausfinanzierungsrechts dahinstehen. Über mögliche Einzelfälle hinaus sollte dies zzt. für die Mehrheit aller steuerbegünstigten Krankenhäuser kein Thema sein.

Die vorstehenden Ausführungen machen deutlich, warum eine Körperschaft für sich selbst **primär keine eigenwirtschaftlichen Vorteile** anstreben darf. Es geht hier (nur) um **Vorteile**, die **zugleich** durch die Förderung der Allgemeinheit, also ein und dieselbe (steuerbegünstigte satzungsmäßige) Tätigkeit ausgelöst werden.

---

9 Klaßmann: Aktuelle Besteuerungsfragen für Krankenhäuser und Krankenhausträger, 2. Auflage, 2002, S. 26; so aber nicht mehr in der 3. Auflage, 2005; Knorr/Klaßmann: a. a. O., S. 186.
10 Vgl. andeutungsweise Buchna: a. a. O., zu 2.15.1, S. 248.

Dies hindert die Körperschaft nach den gesetzlichen Vorgaben nicht, **anlässlich** dieser Tätigkeit (quasi nebenbei) eine Verbesserung der Einnahmen zu betreiben, also insoweit auch eine Gewinnerzielung anzustreben. Dabei sind die **Risiken** stets **gegen die Chancen**, die sich bieten, **abzuwägen**. Gibt es kein vernünftiges Verhältnis (mehr), sollte die Nebentätigkeit nicht aufgenommen (bzw. eingestellt) werden. So ist das **Betreiben einer Krankenhausapotheke** zunächst grundsätzlich als sinnvoll zu bezeichnen, aber Umfang und Ergebnis dieses Betriebs sollten nicht aus den Augen verloren werden.

Welche (zusätzlichen) wirtschaftlichen Aktivitäten eines Krankenhauses in der Praxis üblich sind und wie deren steuerliche Beurteilung ausfällt, wird an anderer Stelle beispielhaft erläutert.[11]

6.2.3 Keine eigennützige Mittelverwendung (Grundsatz)

Nicht die (nachrangige) Einnahmenerzielung aus wirtschaftlicher Betätigung, sondern die **eigennützige Mittelverwendung** will § 55 Abs. 1 Nr. 1 bis 4 AO **unterbinden**; dazu tritt die **Pflicht** (§ 55 Abs. 1 Nr. 5 AO), die Mittel grundsätzlich **zeitnah** für → *steuerbegünstigte satzungsmäßige Zwecke* **zu verwenden**. Der „korrekten" Mittelverwendung kommt eine zentrale Bedeutung zu, weil die Körperschaft u. a. ihre sachlichen und finanziellen Ressourcen für die Verwirklichung ihrer steuerbegünstigten Zwecke einsetzen soll. Bei bestehender Rechtsunsicherheit über die Rechtsfolgen einer Fehlverwendung der Mittel ist für den Krankenhausträger angezeigt, diesem Bereich besondere Aufmerksamkeit zu widmen; der in der Praxis häufig nur gegebene Hinweis, die Gemeinnützigkeit sei bei einem Verstoß „gefährdet", weist nur auf die Vielfalt der Probleme hin, nicht aber auf mögliche Sanktionen.

Vorab ein **Überblick** über die grundsätzlichen **Verbote nach** § 55 AO:

- Keine Mittel für satzungsfremde Zwecke (§ 55 Abs. 1 Nr. 1 Satz 1 AO); dies gilt auch für die Verwendung des Gewinns aus Zweckbetrieben und steuerpflichtigen wGb oder Überschüssen aus der Vermögensverwaltung[12]
- Zuwendungsverbot an Mitglieder oder Gesellschafter (§ 55 Abs. 1 Nr. 1 Satz 2 AO) und Verbot der Parteienfinanzierung (§ 55 Abs. 1 Nr. 1 Satz 3 AO)
- Rückzahlung nur von Kapital- und/oder Sacheinlagen an Mitglieder der Kapitalgesellschaft bei deren Ausscheiden oder bei Auflösung oder Aufhebung der Kapitalgesellschaft (Liquidation) (§ 55 Abs. 1 Nr. 2 AO); Nennwert bei Kapitaleinlagen, höchstens gemeiner Wert bei Sacheinlagen zum Zeitpunkt der Einlage (§ 55 Abs. 2 AO)
- Begünstigungsverbot für Personen (Nichtmitglieder und Mitglieder) durch Ausgaben, die dem Zweck fremd sind, oder durch unverhältnismäßig hohe Vergütungen (§ 55 Abs. 1 Nr. 3 AO)

---

11 Vgl. 6.4 und 6.6.
12 AEAO zu § 55 Tz 3 Satz 2.

- Grundsatz der Vermögensbindung (§ 55 Abs. 1 Nr. 4 AO), der die steuerbegünstigte Verwendung von Vermögen grundsätzlich (Ausnahme § 55 Abs. 1 Nr. 2 AO) über den Bestand der Körperschaft hinaus sicherstellen will[13]
- Verbot, Mittel lediglich grundlos anzusammeln (§ 55 Abs. 1 Nr. 5 AO zeitnahe Mittelverwendung)

Nachfolgend wird nur auf die Fragestellungen eingegangen, die unserer Einschätzung nach Krankenhausträgern von Bedeutung sind.

6.2.3.1 Begriffe: Mittel und Vermögen

Die Begriffe „**Mittel**" und „**Vermögen**" finden nicht nur in § 55 Abs. 1 Nr. 1, 4 und 5 AO Verwendung, sondern auch in den §§ 58, 61, 62, 63 und 64 AO. Sie bedürfen für die weitere Verwendung einer Klarstellung, da sie gesetzlich nicht definiert sind und die AO an einer Stelle (§ 58 Nr. 11 AO) davon spricht, dass *„eine Körperschaft folgende Mittel ihrem Vermögen zuführt"*.

Mittel sind sämtliche Vermögenswerte der Körperschaft, die in ihrem Eigentum und in ihrer Verfügungsmacht stehen und deren Erträgnisse. Dazu zählen nach heutigem Stand Mitgliedsbeiträge, Spenden, Zuschüsse, Rücklagen, Gewinne aus Zweckbetrieben, Erträge aus der Vermögensverwaltung, Gewinne aus steuerpflichtigen wGb, alle Wirtschaftgüter bzw. Vermögensgegenstände (z. B. Grundstücke, Bauten, Geschäftsausstattung, Finanzanlagen, Wertpapiere, Guthaben bei Kreditinstituten, Forderungen) und alle sonstigen Vermögenswerte (z. B. das Stammkapital einer GmbH).[14] Grundsätzlich ist anzuraten, von einem weiten Mittelbegriff auszugehen. Dieser Mittelbegriff besagt noch nichts darüber, ob auch eine Pflicht zur → *zeitnahen Mittelverwendung* besteht.

Vermögen sind sämtliche Mittel, die nicht verausgabt werden dürfen oder müssen und deswegen dem Vermögen zugeführt werden (z. B. zur Erhaltung des Ausstattungskapitals erforderliches Vermögen). Zum Vermögen gehören auch diejenigen Mittel, die den → *zweckgebundenen* oder → *freien Rücklagen* zugeführt worden sind (§ 58 Nr. 6 und 7 AO).[15] Aus derart verstandenem Vermögen können z. B. durch Veräußerung in Geldvermögen wiederum Mittel werden (Umschichtung).

Im Weiteren wird von einem **weiten Mittelbegriff** ausgegangen und nur dort nach möglichen Inhalten differenziert, wo es im Einzelfall geboten ist. Entsprechendes gilt für die Zusammensetzung des Vermögens, wobei der Begriff für das **Vermögen** steht, das sich **aufgrund der Steuerbegünstigung gebildet** hat.

---

13 Später dazu 6.3.1.2 im Rahmen der satzungsmäßigen Vermögensbindung.
14 Buchna: a. a. O., zu 2.5.3, S. 98; teilweise AEAO zu § 55 Tz 3, 4; Vgl. Orth, DStJG Bd. 26, 2003, S. 207 f, alle m. w. N. auch auf die Rechtsprechung.
15 So nach Orth: DStJG Bd 26, 2003, S. 207/208.

6.2.4 Mittelverwendung nur für die satzungsmäßigen Zwecke (§ 55 Abs. 1 Nr. 1 Satz 1 AO)

Eine gemeinnützige Körperschaft verfolgt mit dem **Betrieb eines Krankenhauses** einen **Zweckbetrieb** (§ 67 AO)[16] und hat dafür ihre → *Mittel* einzusetzen (zu verbrauchen). Mittel werden für die satzungsmäßigen Tätigkeiten eingesetzt, wenn sie im Zusammenhang mit diesen Tätigkeiten abfließen oder wenn Wirtschaftsgüter angeschafft werden, die zur Verwirklichung der Satzungszwecke in Gebrauch genommen werden. Die Mittel sind grundsätzlich vollständig und zeitnah den satzungsmäßigen Zwecken zuzuführen. In jedem **Einzelfall** hat dies mit der Maßgabe zu erfolgen, dass die einzelne Ausgabe **angemessen** ist, d.h. sie sollte **wirtschaftlich sinnvoll** sein und dazu beitragen, die steuerbegünstigten Zwecke **unmittelbar und effektiv** zu fördern.[17] In der Regel sind die laufenden Ausgaben eines Krankenhauses, z.B. für Mieten, Löhne, Gehälter, Verwaltung, Ausstattung, Verpflegung, Hygiene, Medikamente, medizinische Geräte, Gebäude und Wartung, angemessen. Das Ausgabeverhalten der Körperschaft bei wiederkehrenden Abläufen zum Betrieb eines Krankenhauses gibt der Finanzverwaltung somit wenig Anlass zu Prüfungen. Angesichts der Entwicklungen im Krankenhaussektor mit seit Jahren rückläufigen Umsatzrenditen und Deckelungen der Krankenhausbudgets kann in diesem Umfeld per se von dem „**Grundsatz der sparsamen Mittelverwendung**" gesprochen werden; eines zusätzlichen steuerlichen Prüfungsmaßstabs sollte es daher eigentlich nicht bedürfen.

Hier liegt nach unseren Erfahrungen nicht der Schwerpunkt steuerlicher betriebsnaher Veranlagungen oder Betriebsprüfungen (Außenprüfung). Im Blickfeld stehen vielmehr die **sonstigen** (gewohnheitsmäßigen) **wirtschaftlichen Aktivitäten** eines Krankenhausbetriebs.[18] Zum einen bieten die Körperschaften ihre herkömmlichen, teilweise aber untypischen Tätigkeiten und Dienstleistungen ihren Patienten, Begleitpersonen und Besuchern weiterhin an, zumal in der Regel zusätzliche Einnahmen und (auch) Gewinne erwirtschaftet werden, die in der Vergangenheit (möglicherweise) nicht Gegenstand steuerlicher Erörterungen waren. Zum anderen hat u.E. die Finanzverwaltung in den letzten Jahren zur Kenntnis nehmen müssen, dass interne Prüfungen der Rechnungshöfe auf Ungleichbehandlungen von Sachverhalten bei den Steuerbelastungen hingewiesen haben, die es nach den Gesetzen so nicht geben dürfte und die deshalb den Wettbewerb in diesen Bereichen verzerren.

So überrascht es denn nicht, dass die Rechtsprechung[19] die → *Konkurrentenklage* dort zulässt, wo sogenannte drittschützende Normen den Zweck haben,

---

16 Vgl. 2.2.2.4 und 6.4.2.
17 Buchna: a.a.O., zu 2.5.3.1, S. 99, m.w.N.
18 Vgl. 6.4 und 6.6.
19 BFH-Urteil v. 15.10.1997, I R 10/92, BStBl II 1998, S. 63; zum **Auskunftsrecht** der privaten Mitwettbewerber im Vorfeld einer Konkurrentenklage: vgl. FG Sachsen-Anhalt, Urteil v. 10.2.2003, 1 K 30456/99, EFG 2003, S. 910; Revision BFH VII R 24/03, Vorlagebeschluss v. 08.07.2004 an den EuGH, BStBl II 2004, S. 1034; Entscheidung des EuGH mit Urteil v. 08.06.2006, Rs C-430/04, DStR 2006, S. 1082 ff;

die Wettbewerbsgleichheit zu gewährleisten. Wird ein steuerpflichtiger wGb nicht besteuert, kann dies zu einer Verletzung von Rechten der (Mit-)Wettbewerber führen. Mit einer Klage gegen die Finanzverwaltung kann diese verpflichtet werden, die Körperschaft hinsichtlich ihrer nicht steuerbegünstigten Zwecke zu besteuern. Mit dieser Klagemöglichkeit ist zwar keine „Lawine" losgetreten worden, aber der Druck auf die steuerbegünstigten Körperschaften dürfte sich erhöht haben; wir meinen, dass dies in der Praxis durch die Finanzverwaltung (noch) mit Augenmaß geschieht.

Da der Grundsatz der sparsamen Mittelverwendung per se für Krankenhäuser gilt, sollten die Körperschaften aus den vorgenannten Gründen nicht davon ausgehen, dass ihre sonstigen wirtschaftlichen Aktivitäten nicht ins Gewicht fallen und sie von ihrem Finanzamt (wie in den Vorjahren) nichts zu befürchten hätten bzw. eine Betriebsprüfung eher überflüssig sei. Unser Hinweis, dass steuerpflichtige Mehrergebnisse in der Regel zusätzlich das Krankenhausbudget mit Steuern belasten und bei knappen Mitteln stets zur Unzeit finanziert werden müssen, mag an dieser Stelle genügen.

Die Frage der **Angemessenheit** der → *Mittelverwendung* für den **Verwaltungsaufwand** hat in der Fachliteratur stets eine gewisse Bedeutung,[20] aber überwiegend in Zusammenhängen, die für das Krankenhaus nicht im Vordergrund stehen (z.B. Mitglieder- und Spendenwerbung). Nur eine **effiziente Verwaltung** kann eine wirkungsvolle Planung, erfolgreiche Durchführung und nachhaltige Kontrolle der satzungsmäßigen Arbeit gewährleisten. Die Ausgaben zur Begründung und Erhaltung der Funktionsfähigkeit und damit auch zur Verfolgung der → *satzungsmäßigen Zwecke* sind stets erforderlich. Wenn die Finanzverwaltung die gesamten Verwaltungsausgaben zu den gesamten vereinnahmten Mitteln ins Verhältnis setzen will,[21] kann dies auch nur ein Maßstab sein, der u.E. auf den Einzelfall „Krankenhaus" nicht passt. Es gibt keine absolute oder prozentuale Obergrenze, weil Kennzahlen nicht weiterhelfen und eine Angemessenheitsprüfung überflüssig erscheinen lassen; sie kann allenfalls als Aufgreifgrenze (Indizwirkung) für die Finanzverwaltung sinnvoll sein. **Angemessen** ist ein Ausgabeverhalten, wenn es wirtschaftlich sinnvoll ist und dazu beiträgt, dass ein möglichst hoher Anteil der Mittel unmittelbar und wirkungsvoll zur Förderung des steuerbegünstigten Zwecks verwendet wird.[22] Bei der **Einzelfallprüfung** ist stets den Besonderheiten der Körperschaft, insbesondere Größe, Organisationsform, Finanzkraft sowie Personal- und Kapitalbedarf bei der Zweckverwirklichung Rechnung zu tragen.

Die **Überprüfung** der steuerlichen Situation eines steuerbegünstigten Krankenhauses (sei es durch das Finanzamt im Rahmen der Außenprüfung oder durch den Wirtschaftprüfer im Rahmen der Jahresabschlussprüfung) hat heute

---

UR 2006, S. 459 ff, mit Anm. von Widmann, S. 462 f; BFH-Urteil v. 05.10.2006, VII R 24/03, DStR 2006, S. 2310 ff.

20 Vgl. Buchna: a.a.O., zu 2.5.3.1, S. 99 f.; AEAO zu § 55 Tz 18–22; Patt/Patt, Neue Entwicklungen im Gemeinnützigkeitsrecht, DStR 2005, S. 1509 ff, hier vgl. 2.
21 AEAO zu § 55 Tz 18.
22 BFH-Beschluss v. 23.09.1998, I B 82/98, BStBl II 2000, S. 320.

regelmäßig auch die **Behandlung und Zuordnung der Verwaltungsaufwendungen** zum Inhalt. Dabei erfolgt die Überleitung des Jahresabschlusses bzw. der Einnahmen-/Ausgabenrechnung auf steuerliche Kategorien in der Regel nach den **Grundsätzen einer Spartenrechnung** (Trennung nach den unterschiedlichen Sphären).[23] Verwaltungs-, Werbekosten und Aufwendungen für die Öffentlichkeitsarbeit sollten vollständig und nachvollziehbar ausgewiesen sein, wobei in Einzelfällen auch diese Ausgaben den → *satzungsmäßigen Zwecken* oder einzelnen Projekten (anhand von Kostenstellen in der Rechungslegung und/oder nach festgelegten Zuordnungskriterien) unmittelbar zugeordnet werden können.[24]

Die **Verwaltungskosten** zählen zu den sogenannten **mittelbaren Ausgaben**, da sie inhaltlich den steuerbegünstigten Zwecken nicht unmittelbar zuzuordnen sind. Es sind Ausgaben für den Teil der betrieblichen Organisation, der einen reibungslosen Betriebsablauf für die ganze Körperschaft gewährleistet (Aufgabenbereiche wie Organisation, Rechnungswesen, Finanzwirtschaft, Personal- und Sachverwaltung). **Folgende Aufwendungen** kommen in Betracht: Verwaltungspersonal, Verwaltungsgebäude (Abschreibungen, Miete, Pacht, Energie) und deren Ausstattung (Büroeinrichtung), Bürobedarf, Personalverwaltung, Spender- und Mitgliederverwaltung, Versicherungen, Rechnungswesen, Wirtschaftsprüfung, Rechts- und Steuerberatung, Kommunikation und Repräsentation. Gegebenenfalls können Personalausgaben über entsprechend aufgewendete und dokumentierte Arbeitszeiten verteilt und zugeordnet werden; entsprechendes gilt für Beratungskosten bei Projekten. Die Kosten für die Geschäftsführung sind grundsätzlich Verwaltungsausgaben.[25]

Aufwendungen für die **Presse- und Öffentlichkeitsarbeit** werden dann nicht als Werbeausgaben angesehen, sondern als unmittelbare satzungsmäßige Ausgaben, wenn **Aufklärungs- und Informationsarbeit** als Aufgabe der Körperschaft in der Satzung verankert ist. Im Rahmen der Selbstdarstellung eines Krankenhausbetriebs sind die Kosten dem Zweckbetrieb zuzuordnen (auch ohne ausdrückliche Aufnahme in der Satzung). Erfolgt gleichzeitig ein Spendenaufruf wäre anteilig auch der ideelle Bereich (wegen der erwarteten Spenden) einzubeziehen; Aufteilungsmaßstab sowie Sinn und Zweck einer Aufteilung beim überwiegenden Betrieb eines Krankenhauses (der Zweckbetrieb ist) sind u.E. aber fraglich, so dass die Aufteilung unterbleiben sollte.

Auch die o.g. **Verwaltungskosten** sind bei einer überwiegenden Krankenhauskörperschaft dem **Zweckbetrieb** zuzuordnen, da der ideelle Bereich daneben stets nur einen kleinen Umfang haben dürfte und im steuerpflichtigen wGb grundsätzlich nur die unmittelbar veranlassten Ausgaben zu erfassen sind.

---

23 Buchna: a.a.O., zu 2.13.2, S.197, m.w.N.; vgl. 2.2.2.6 und 2.3.4.1.
24 AEAO zu § 55 Tz 21.
25 AEAO zu § 55 Tz 21 Satz 1; vgl. Geserich: Angemessenheit der Aufwendungen gemeinnütziger Körperschaften für Verwaltung und Spendenwerbung, DStR 2001, S.604.

6.2.5 Keine Zuwendungen an Mitglieder (§ 55 Abs. 1 Nr. 1 Satz 2 AO)

Eine Angemessenheitsprüfung zu Ausgaben der Körperschaft kann dort unterbleiben, wo das Gesetz ein Verbot ausspricht:

> „Die Mitglieder oder Gesellschafter [...] dürfen **keine Gewinnanteile** und in ihrer Eigenschaft als Mitglieder auch **keine sonstigen Zuwendungen** aus Mitteln der Körperschaft erhalten." (§ 55 Abs. 1 Nr. 1 Satz 2 AO)

Diese Vorschrift korrespondiert mit dem Begünstigungsverbot (§ 55 Abs. 1 Nr. 3 AO), wonach auch Zuwendungen an Dritte zweckwidrig sein können. Andererseits kann festgehalten werden, dass Zahlungen an Mitglieder und Außenstehende, die ein angemessenes **Entgelt für Leistungen** darstellen, **zulässig** sind. Was sollte die Praxis also beachten?

„*Selbstlos*" bedeutet stets die Förderung anderer. **Mitglieder, Gesellschafter**, Stifter oder dessen Erben, Trägerkörperschaften und wiederum deren Mitglieder, Vertretungsberechtigte oder wer sonst auf die Verwendung von Mitteln Einfluss hat (**weiter Begriff**),[26] sind i. S. d. Vorschrift gemeint und dürfen als solche weder Zuwendungen noch Gewinnanteile erhalten. Etwas anderes kann gelten, wenn das Mitglied selbst steuerbegünstigt ist (vgl. § 58 Nr. 1 und Nr. 2 AO).

Eine **Zuwendung ist** ein wirtschaftlicher **Vorteil**, den die Körperschaft einem Mitglied oder einer Person, die ihm nahe steht, unentgeltlich oder gegen zu geringes Entgelt zukommen lässt. Die Zuwendung muss aus → *Mitteln* der Körperschaft stammen, d. h. die Körperschaft hat Vermögenswerte eingesetzt, gleichgültig aus welchem ihrer → *Tätigkeitsbereiche*. Keine Zuwendung an Mitglieder liegt vor, wenn der Leistung der Körperschaft eine Gegenleistung des Empfängers gegenübersteht (z. B. bei Kauf-, Dienst- und Werkverträgen) und die Werte von Leistung und Gegenleistung nach wirtschaftlichen Grundsätzen gegeneinander abgewogen sind.[27] Bei der Beurteilung, ob bereits eine (schädliche) Zuwendung vorliegt, treten in der Praxis Probleme auf, so dass wir uns zunächst den weitgehend geklärten Sachverhalten widmen.

Annehmlichkeiten, wie sie im Rahmen der Betreuung von Mitgliedern allgemein üblich sind und nach allgemeiner Verkehrsauffassung als angemessen gelten, zählen zwar zu den Zuwendungen, sind aber **nicht schädlich**.[28] Da es für die „Üblichkeit" keine festen Größen geben kann, ist es für die Orientierung der Angemessenheit (Aufgreifgrenze) sachgerecht, den jeweils aktuellen Lohnsteuerrichtlinien[29] zu folgen: Kleine Aufmerksamkeiten und übliche Zuwendungen, (Geschenke bzw. Sachzuwendungen wie z. B. Blumen, Genussmittel, Buch, Tonträger, Gewährung von Speisen und Getränken zum Verzehr), an das Mitglied

---

26 Vgl. Buchna: a. a. O., zu 2.5.3.6, S. 115.
27 AEAO zu § 55 Tz 11; vgl. Buchna: a. a. O., zu 2.5.3.6, S. 115 f.; vgl. später in diesem Kapitel: Grundsätze der vGA als Beurteilungsmaßstab zu 6.2.5.1
28 AEAO zu § 55 Tz 10 Satz 2.
29 Z. B. R 73 LStR 2005.

umfassen derzeit bis zu 40 € pro Anlass. Zwar sollten Abweichungen bzw. Sonderzuwendungen bei vorgenannten Anlässen die Ausnahme bleiben, aber im begründeten Einzelfall (Bedeutung, Jubiläum, Größe und Ansehen der Körperschaft) muss dies möglich sein; dies gilt grundsätzlich **nicht für Geldgeschenke**. Auch die nicht nur gelegentlich **unentgeltliche Verköstigung** von Mitgliedern ist unzulässig. Die Finanzverwaltung zeigt hier erfahrungsgemäß Gespür, prüft allerdings bei Auffälligkeiten im Prüfungszeitraum, z. B.:

- wiederkehrende Zuwendungen bzw. nur bestimmte Mitglieder oder Gruppen werden bedacht,
- (relativ) große Vermögenswerte im Einzelfall oder in der Summe,
- Verhältnis des Mitteleinsatzes (hier zu den Maßnahmen in anderen Bereichen der Körperschaft),

verstärkt und erteilt zudem Hinweise bei nur geringen Verstößen bzgl. der zukünftigen Handhabung.

Die unentgeltlich oder gegen geringes Entgelt erfolgte **Überlassung von Wirtschaftsgütern** (Mittel/Vermögenswerte) der Körperschaft an die (nicht steuerbegünstigten) Mitglieder für deren (private oder betriebliche) Zwecke, z. B.:

- Einsatz von Fahrzeugen aus dem gemeinnützig genutzten Fuhrpark durch die Mitglieder oder
- gemeinnützig gewidmete Grundstücke, Gebäude, Räumlichkeiten, Lagerflächen und Wohnungen, die nicht nur vorübergehend von Mitgliedern genutzt werden,

fallen ebenso unter dieses Verbot wie der **Verzicht** der Körperschaft **auf werthaltige Ansprüche** gegenüber dem Mitglied.

Als schädliche Mittelverwendung ist die **Vergabe von Darlehen** an Mitglieder bzw. Gesellschafter anzusehen, wenn die Körperschaft das Darlehen zinsfrei oder zinsverbilligt gewährt (Drittvergleich: die Zinsen müssen sich in dem auf dem Kapitalmarkt üblichen Rahmen halten). Etwas anderes gilt bei **Arbeitnehmerdarlehen**: der teilweise Zinsverzicht kann als Bestandteil des Arbeitslohns angesehen werden, wenn dieser insgesamt angemessen ist und der Zinsverzicht als Arbeitslohn behandelt wird (mit Abführung von Lohnsteuer und Sozialversicherungsbeiträgen).[30] Liegt Arbeitslohn vor, ist für eine Zuwendung kein Raum. Bei Krankenhauskörperschaften werden Darlehen an Mitglieder zwar auch vergeben, aber neben den vorstehend erwähnten Fällen überwiegend zu üblichen Konditionen. Sind **Mitglieder** der Körperschaft ebenfalls als **steuerbegünstigt** anerkannt, so ist die Vergabe von Darlehen an sie auch aus → *zeitnah zu verwendenden Mitteln* zulässig, wenn die Mitgliederkörperschaft ihrerseits die im Darlehensweg erhaltenen Mittel unmittelbar für steuerbegünstigte Zwecke zeitnah verwendet (→ *mittelbare Zweckverwirklichung*).[31] Da der Mitteleinsatz zur Erfüllung eigener steuerbegünstigter satzungsmäßiger Zwecke erfolgen soll ist es

---

30 Vgl. zu Einzelheiten AEAO zu § 55 Tz 16; BFH-Urteil v. 04.05.2006, VI R 28/05, BStBl II 2006, S. 781 f.
31 AEAO zu § 55 Tz 15 Abs. 2; vgl. auch § 58 Nrn 1 und 2 AO.

naheliegend, wenn die Finanzverwaltung die Auffassung vertritt, dass sich durch die Gewährung von Darlehen eigene Maßnahmen grundsätzlich nicht verzögern dürfen.[32] Zudem ist die Vergabe von Darlehen im Rechnungswesen entsprechend kenntlich zu machen und die Rückflüsse (Tilgung und Zinsen) sind wieder zeitnah zu verwenden.[33]

Es ist nicht auszuschließen, dass **Mitglieder** einer Krankenhauskörperschaft (z. B. Verein, Kirchen oder Orden) **ehrenamtlich tätig** werden (z. B. Organe, Diakonissen oder Ordensschwestern). Erhalten diese Mitglieder eine **Vergütung**, obwohl in der → *Satzung* ausdrücklich festgelegt war, dass ihre Tätigkeit ehrenamtlich (im Sinne von unentgeltlich?) auszuüben sei, **kann** ein Verstoß gegen das → *Zuwendungsverbot* vorliegen (ggf. auch gegen das → *Begünstigungsverbot* nach § 55 Abs. 1 Nr. 3 AO).[34] Zunächst ist jedoch festzuhalten, dass eine → *„ehrenamtliche"* Tätigkeit nicht stets auch eine „unentgeltliche" sein muss, wie sich z. B. auch aus § 4 Nr. 26. lit. b) UStG ergibt. Ferner ist durch Auslegung der Satzung anhand der konkreten Gegebenheiten des Einzelfalls (z. B. Hinweise in der Geschäftsordnung oder in Protokollen von Versammlungen) zu ermitteln, ob ehrenamtlichen Mitgliedern außer einem nachgewiesenen **Auslagenersatz** ggf. auch eine **angemessene Entschädigung** für nachgewiesene Tätigkeiten/Zeiten gezahlt werden darf. Denn entscheidend für die Auslegung der Satzung ist nicht, „wie" der Begriff ehrenamtlich (generell) definiert ist, sondern wie er aufgrund der bei der Körperschaft bestehenden Umstände zu verstehen ist. Die Finanzverwaltung zeigt auch hier Augenmaß und Verständnis, wenn o. g. Nachweise vorgelegt werden können; allerdings dürfte sie unnachgiebig bleiben, wenn **nicht** nachvollziehbare **Pauschalen** gezahlt wurden, die keinem **Drittvergleich** standhalten würden. Der Blick in die Satzung und ggf. deren Änderung (Streichung von ehrenamtlich oder Ergänzung, dass Entgelt für diese Tätigkeit gezahlt wird) kann hier Abhilfe schaffen, denn Tätigkeiten/Leistungen für die Körperschaft verdienen eine angemessene (zulässige) Gegenleistung, die zudem **vorab** stets **schriftlich vereinbart** werden sollte, so dass für eine Zuwendung an das Mitglied kein Raum bleibt.

6.2.5.1 Grundsätze der verdeckten Gewinnausschüttung als Beurteilungsmaßstab

Das Gesetz erwähnt ausdrücklich, dass die **Mitglieder keine Gewinnanteile** erhalten dürfen. „Keine" deutet darauf hin, dass weder offene noch verdeckte Gewinnausschüttungen zulässig sind (**absolutes Ausschüttungsverbot**).[35] Dies gilt nicht nur für Kapitalgesellschaften an ihre Gesellschafter, sondern bedeutet auch, dass **Gewinne stets** in vollem Umfang **für die steuerbegünstigten Zwecke**

---

32 AEAO zu § 55 Tz 16 Abs. 3.
33 AEAO zu § 55 Tz 15 Abs. 3.
34 BFH-Beschluss v. 08.08.2001, I B 40/01, BFH/NV 2001, S. 1536.
35 Vgl. Gietz/Sommerfeld: Zulässigkeit von Gewinnausschüttungen steuerbegünstigter Kapitalgesellschaften, BB 2001, S. 1501 f; BFH-Beschluss v. 08.08.2001, I B 40/01, BFH/NV 2001, S. 1536; Knoop: Gewinnausschüttungen im gemeinnützigen Konzern, DStR 2006, S. 1263 ff.

zur Verfügung stehen müssen. Da auch „sonstige Zuwendungen" nicht möglich sind, ist für eine angemessene Verzinsung der Kapitalanteile der Gesellschafter kein Raum. Im Rahmen der → *mittelbaren Zweckverwirklichung*[36] sind „Ausschüttungen" der Körperschaft an ihre ebenfalls **steuerbegünstigten Anteilseigner zulässig**. Von den Mitgliedern erbrachte Geld- oder Sachleistungen bleiben diesen erhalten und dürfen bei Ausscheiden oder bei Auflösung bzw. Aufhebung der Körperschaft an die Mitglieder zurückgezahlt werden (§ 55 Abs. 1 Nr. 2 AO). Diese Rückzahlung erfolgt allerdings ohne Berücksichtigung zwischenzeitlicher Gewinne oder Wertsteigerungen, denn diese bleiben weiterhin dem steuerbegünstigten Zweck verhaftet.

Gewinnanteile an die (nicht steuerbegünstigten) Gesellschafter sind nicht nur die offen ausgeschütteten Gewinne, **auch verdeckte Gewinnausschüttungen** (vGA) i. S. v. § 8 Abs. 3 Satz 2 KStG an (nicht steuerbegünstigte) Gesellschafter verstoßen gegen das Gebot der Selbstlosigkeit. Deshalb werden in der Finanzrechtsprechung und Fachliteratur bei der **Beurteilung**, ob eine **Zuwendung oder Gewinnausschüttung** erfolgte, auf die entwickelten **Grundsätze zur vGA als Maßstab** zurückgegriffen. Dies gilt auch für die Frage der **Angemessenheit** einer Gegenleistung.[37] Im Übrigen sind vGA nicht auf Kapitalgesellschaften beschränkt; sie sind auch bei Vereinen möglich, obwohl die Mitglieder hier nicht am Vermögen beteiligt sind.[38]

Zum Verständnis genügen mangels gesetzlicher **Definition** folgende Hinweise: Bei einer **Kapitalgesellschaft** ist die vGA eine Vermögensminderung oder verhinderte Vermögensmehrung, die durch das Gesellschaftsverhältnis veranlasst ist, sich auf die Höhe des Einkommens auswirkt und nicht auf einem den gesellschaftsrechtlichen Vorschriften entsprechenden Gewinnverteilungsbeschluss beruht.[39] Bei einem **Verein** ist es die Minderung oder verhinderte Mehrung des Vermögens, die sich auf das Einkommen des Vereins auswirken und durch das Mitgliedschaftsverhältnis veranlasst sind. Eine Veranlassung durch das Mitgliedschaftsverhältnis ist anzunehmen, wenn der Verein einem Mitglied einen Vermögensvorteil zuwendet, den ein ordentlicher und gewissenhafter Vereinsvorstand (z. B. Sorgfalt eines ordentlichen Geschäftsmannes i. S. v. § 43 Abs. 1 GmbHG) einem Nichtmitglied unter sonst gleichen Umständen nicht gewährt hätte (Fremdvergleich).[40] Eine Veranlassung durch das Mitgliedschaftsverhältnis ist auch dann gegeben, wenn die vGA zugunsten einer **nahestehenden Person** er-

---

36 AEAO zu § 55 Tz 15 Abs. 2 bzgl. Darlehensvergabe, § 58 Nr. 1 und 2 AO; AEAO zu § 58 Tz 2.
37 FG Saarland, Urteil v. 30.08.2000, 1 K 223/96, EFG 2000, S. 1352; BFH-Beschluss vom 08.08.2001, I B 40/01, BFH/NV 2001, S. 1536, m. w. N.; Buchna: a. a. O., zu 2.5.3.6, S. 115 f.
38 Vgl. BFH/NV 2001, S. 1536; der BFH hat dies auch bei der Tätigkeit eines **Betriebs gewerblicher Art** für den Hoheitsbereich der Trägerkörperschaft ohne Deckung der Vollkosten festgestellt: BFH-Urteil v. 28.01.2004, I R 87/02, GmbHR 2004, S. 674.
39 KStR 2004 v. 13.12.2004, R 36, mit vielen Nachweisen.
40 BFH-Urteil v. 13.11.1991, I R 45/90, BStBl II 1992, S. 429; vgl. auch BFH/NV 2001, S. 1536.

folgt (zu diesem Kreis zählen sowohl natürliche als auch juristische Personen; Beziehungen, die ein Nahestehen begründen, können familien-, gesellschafts- und schuldrechtlicher, aber auch rein tatsächlicher Art sein[41]).

Merkmale einer vGA (bezogen auf Sachverhalte zwischen Körperschaft und Mitglieder) und damit auch einer **nicht zulässigen Zuwendung** können z. B. gegeben sein:[42]

- wenn die Leistung an ein Mitglied erfolgt ist ohne klare, im vorhinein getroffene zivilrechtlich wirksame Vereinbarung
- wenn ein Schriftformerfordernis nicht beachtet worden ist (vgl. §§ 125 ff BGB)
- wenn die Befreiung vom Selbstkontrahierungsverbot (§ 181 BGB) nicht vorliegt (zur Wirksamkeit bedarf es der Gestattung im Gesellschaftsvertrag und der Eintragung im Handelsregister; Nachholung kann als nachträglich genehmigt angesehen werden)
- wenn nicht einer klaren Vereinbarung gemäß verfahren wird (Fehlen der tatsächlichen Durchführung kann Indiz für nicht ernstlich gemeinte Vereinbarung sein)
- wenn nur auf die Existenz mündlich abgeschlossener Vereinbarungen Bezug genommen wird, ein entsprechender Nachweis aber nicht geführt werden kann
- wenn mündlich getroffene Abreden gelten sollen, obwohl für alle Vertragsänderungen die Schriftform vereinbart wurde (Beweisanzeichen, dass der Vertrag gleichwohl wirksam geändert wurde, können bei Dauerschuldverhältnissen z. B. die gleichförmigen monatlichen Zahlungen und Buchungen sein)
- wenn vertraglich ausdrücklich festgelegt wurde, dass ohne Schriftform vorgenommene Änderungen unwirksam sein sollen, so tritt ein diesbezüglicher Wille klar zu Tage
- wenn die Zivilrechtslage zweifelhaft ist und ein ordentlicher und gewissenhafter Geschäftsleiter nicht von der Wirksamkeit ausgehen konnte
- wenn rückwirkende Vereinbarungen vorliegen, weil diese steuerlich grundsätzlich unbeachtlich sind (Rückwirkungsverbot)
- wenn die gemeinnützige GmbH errichtet wird und die Kosten für die Beurkundung durch den Notar, für die Eintragung in das Handelsregister sowie für die Veröffentlichungen übernimmt, obwohl der Gesellschaftsvertrag der GmbH keine Regelung zur Übernahme von Gründungskosten enthält[43]
- wenn der Vorstand eines gemeinnützigen Vereins für diesen satzungsgemäß „ehrenamtlich" tätig ist, aber dennoch Tätigkeits- und Aufwandsvergütungen erhält (Zahlungen können gegen das Gebot der → *Selbstlosigkeit* verstoßen[44])
- wenn der Alleingesellschafter einer gemeinnützigen GmbH das Grundstück der GmbH, auf dem diese ein Pflegeheim betreibt, unter Wert und zugleich seine Geschäftsanteile über Wert jeweils an denselben Erwerber veräußert (die

---

41 KStR 2004, 36, zu Hinweisen (H 36) zu III. nahestehende Person, m. w. N.
42 Aufstellung nach KStR 2004, R 36, zu Hinweisen (H 36) zu I. Grundsätze.
43 Vgl. OFD Karlsruhe v. 07.01.1999, FR 1999, S. 276; FG Niedersachsen, EFG 2000, S. 811.
44 BFH/NV 2001, S. 1536; vgl. auch 6.2.5.

stillen Reserven im Vermögen können immer nur der Körperschaft selbst nicht jedoch ihren Anteilseignern zugute kommen)[45]
- wenn Zinsen für ein Darlehen gezahlt werden, das die Trägerkörperschaft einem gemeinnützigen Betrieb gewerblicher Art gewährt, kann insoweit eine vGA vorliegen, als die Darlehensmittel eine unzureichende Eigenkapitalausstattung des Betriebs ausgleichen (der Maßstab einer angemessenen Eigenkapitalquote bestimmt sich jeweils nach der Kapitalstruktur gleichartiger Unternehmen der Privatwirtschaft im maßgeblichen Zeitraum)[46]
- wenn eine dauernde Kostenunterdeckung des ausgelagerten Betriebs gewerblicher Art in eine Kapitalgesellschaft vorliegt, weil fortan die Kapitalgesellschaft ohne angemessenes Entgelt Geschäfte tätigt, die im Interesse des Gesellschafters (Trägerkörperschaft) liegen und bei der Kapitalgesellschaft selbst zu Verlusten führen[47]
- wenn Wirtschaftsgüter, die Betriebsvermögen eines gemeinnützigen Betriebs gewerblicher Art sind, ohne entsprechende Gegenleistung in den Hoheitsbereich der Trägerkörperschaft überführt werden, ist dies nicht als Entnahme, sondern als Gewinnausschüttung zu beurteilen[48]

Vorstehende Hinweise zeigen, dass nach den gegebenen Sachverhalten vGA und gleichzeitig auch Verstöße gegen die Selbstlosigkeit vorliegen können. Es ist aber zu beachten, dass die **Folgen unterschiedlich sind:**[49]

- Die vGA dürfen das Einkommen nicht mindern (§ 8 Abs. 3 Satz 2 KStG) und erhöhen den Gewinn außerhalb der (Steuer-)Bilanz für das Veranlagungsjahr.
- Verstöße der tatsächlichen Geschäftsführung (§§ 59, 63 Abs. 1 AO) gegen das Gebot der Selbstlosigkeit führen grundsätzlich zur Aberkennung der Steuerbegünstigung für das Veranlagungsjahr des Verstoßes. Möglicherweise wirkt der Verstoß über das Veranlagungsjahr der schädlichen → *Mittelverwendung* hinaus,[50] was letztlich nur anhand des konkreten Sachverhalts zu beurteilen ist.

---

45 FG Saarland, Urteil v. 30.08.2000, 1 K 223/96, EFG 2000, S. 1352.
46 BFH-Urteil v. 09.07.2003, I R 48/02, BStBl II 2004, S. 425; zu **Umlagenzahlungen** an die Trägerkörperschaft vgl. OFD Düsseldorf und Münster, Vfg. v. 29.04.2005, DB 2005, S. 1030; OFD Koblenz, Vfg. v. 17.11.2005, DB 2006, S. 187: Mittelzuwendung für hoheitliche Zwecke z. B. Schule; OFD Chemnitz, Vfg. v. 13.10.2005, DB 2005, S. 2440; Beiser: Verluste zum Wohl der Allgemeinheit („bonum commune") im Ertragsteuerrecht, DB 2005, S. 2598 ff; Binnewies: Verdeckte Gewinnausschüttungen bei Betrieben der öffentlichen Hand, DB 2006, S. 465 ff.
47 BFH-Urteil v. 15.02.2002, I R 92/00, DStR 2002, S. 1660; Kalwarowskyj: Kommunale Dauerverlustbetriebe und verdeckte Gewinnausschüttungen, DB 2005 S. 2260; Pinkos: Einkommensermittlung von BgA mit strukturellen Dauerverlusten, DB 2006, S. 692 ff; Kalwarowskyj/Pinkos mit Erwiderung und Replik in DB 2006, S. 1809.
48 BFH-Urteil v. 24.04.2002, I R 20/01, BStBl II 2003, S. 412; OFD Magdeburg v. 28.12.2004, DB 2005, S. 367.
49 Vgl. 2.4 ABC der Ertragsbesteuerung, Stichwort: vGA.
50 AEAO zu § 61 AO Tz 8; aber BFH/NV 2002, S. 309; vgl. auch 6.2.6 zu Rechtsfolgen.

6.2.6 Zweckfremde Begünstigung (§ 55 Abs. 1 Nr. 3 AO)

Das Gebot satzungsmäßiger → *Mittelverwendung* zieht die Verbote von → *Zuwendungen* und → *Begünstigungen* für fremde Zwecke folgerichtig nach sich. Nach § 55 Abs. 1 Nr. 3 AO gilt:

> „Die Körperschaft darf keine Person durch Ausgaben, die dem Zweck der Körperschaft fremd sind, oder durch unverhältnismäßig hohe Vergütungen begünstigen."

Die Vorschrift richtet sich an die Körperschaft und – auch hier – an deren **Mitglieder**, soweit sie nicht in ihrer Eigenschaft als Mitglied dem Verein gegenübertreten sowie an **Nichtmitglieder (Dritte)**. Steuerschädlich ist sowohl die zweckfremde Bereicherung in jedweder Form als auch die Begünstigung durch unverhältnismäßig hohe **Vergütungen.** Hierzu zählen insbesondere Gehälter, pauschalierte Aufwandsentschädigungen, Sitzungsgelder, unangemessene Reisekosten an Organ-, Beirats- oder Ausschussmitglieder, Beratungshonorare, Mieten und Zinsen. Stehen sich Leistung und Gegenleistung gleichwertig gegenüber (Leistungsaustausch), ist grundsätzlich kein Raum für eine Begünstigung. Wo der Sachverhalt es zulässt (Verhältnis Körperschaft/Mitglied) können zur Beurteilung der Angemessenheit von Zahlungen die Grundsätze zur verdeckten Gewinnausschüttung (vGA) herangezogen werden.[51] Ob Zahlungen **angemessen** sind, ist durch Vergleich mit ähnlichen Sachverhalten und vergleichbaren Tätigkeiten oder Leistungen abzuwägen (**Fremd- bzw. Drittvergleich**). Grenzen mit absoluten Beträgen lassen sich mangels Einzelfallgerechtigkeit – jeder Sachverhalt weist in der Regel Besonderheiten und Interessenlagen auf – nicht festlegen. Die Interessenlage der steuerbegünstigten Körperschaft, einen möglichst hohen Anteil der Mittel unmittelbar und effektiv den satzungsmäßigen Zwecken zuzuführen, ist gegen die Inhalte und Werte der geleisteten Tätigkeit und/oder erbrachten Leistung der Person abzuwägen. Das Entgelt für den notwendigen Wertetransfer wird bei einem „Grundsatz der sparsamen Mittelverwendung" die Schwelle zur Verschwendung in der Regel wohl kaum überschreiten. Überhöhte Zahlungen, gleich welchem Bereich (→ *Sphäre*) der Körperschaft sie zuzuordnen sind, können zur Aberkennung der Steuerbegünstigung führen, da das Begünstigungsverbot für alle Bereiche (auch im Rahmen des wGb) gilt.[52]

Eine Frage beschäftigt die **Praxis** u.E. zunehmend: Die **Bemessung der Geschäftsführervergütung** im steuerbegünstigten Krankenhausmanagement. Nicht, dass hier mögliche Fehlentwicklungen aufzuzeigen wären, die rechtzeitig erkannt und vermieden werden müssen. Vielmehr ist bei Betriebsprüfungen festzustellen, dass Aufwendungen für die Geschäftsführung und sonstige Verwaltung zunehmend (allein) unter dem Gesichtspunkt einer **sparsamen Mittelverwendung** für satzungsmäßige Zwecke beurteilt werden. Das steuerliche Gebot, dass ein mög-

---

51 Vgl. Buchna: a.a.O., zu 2.5.5, S. 120 f; vgl. 6.2.5
52 BFH-Beschluss v. 28.10.2004, I B 95/04, BHF/NV 2005, S 160.

lichst hoher Anteil der Mittel unmittelbar und effektiv eingesetzt wird,[53] ist als Handlungsmaxime für die Körperschaft brauchbar, eignet sich u.E. aber nicht als Prüfungsmaßstab für die Finanzverwaltung. Es sollte nicht die Aufgabe der steuerlichen Betriebsprüfung sein, „die operativen Leistungen von Vereinsmanagern zu überprüfen, zumal wenig für die Annahme spricht, dass Finanzbeamte oder Finanzrichter immer die besseren Vereinsvorstände sind."[54] Außerdem ist es u.E. wenig sinnvoll, die Finanzverwaltung in eine Garantenstellung für Angemessenheitsprüfungen zu drängen, weil die Praxis fließende Grenzen braucht. Die vom Management **tatsächlich geleistete Arbeit** kann hier zwar am **Interesse der Körperschaft** gemessen werden, aber es lassen sich wohl nur auffällige Sachverhalte beanstanden, die mit viel Erfahrung und bei Anlegung eines weiten unternehmerischen Ermessensspielraums als wirtschaftlich unvertretbar anzusehen sind. Von „Selbstbedienungsmentatlität" ist beim Management steuerbegünstigter Krankenhäuser regelmäßig nicht auszugehen, da das Ergebnis ihrer Tätigkeit weder den Initiatoren zugute kommt noch Beispiele mit fehlendem Gemeinsinn auf diesen Sachverhalt übertragbar sind.

Mit den Ausführungen von Herrn Ferdinand Hofmeister (Richter am BFH in München)[55] folgen einige **Hinweise**, die u.E. für die Argumentation mit der Finanzverwaltung nützlich sind, wenn dergleichen Sachverhalte aufgegriffen werden:

Der Begriff der Vergütung ist weit auszulegen. Vergütungen i.S. der Norm sind nicht nur Löhne, Gehälter, Beratungshonorare, Mieten und Darlehenszinsen, sondern alle von der Körperschaft zu zahlenden Entgelte. Denn § 55 Abs. 1 Nr. 3 AO ist eine Ausprägung des allgemeinen Mittelverwendungsgebots des § 55 Abs. 1 Nr. 1 Satz 1 AO. Das Verbot bezieht sich deshalb auf sämtliche aus Mitteln der Körperschaft aufzubringende Entgelte.

Es bezieht sich zudem auf alle Personen, nicht nur auf Mitglieder oder Gesellschafter der Körperschaft und ihnen nahestehende Personen. § 55 Abs. 1 Nr. 3 AO betrifft somit – anders als § 55 Abs. 1 Nr. 1 Satz 2 AO – nicht speziell die Fälle offener oder verdeckter Gewinnausschüttungen. Dies wirkt sich auf den Maßstab aus, nach dem zu beurteilen ist, ob eine Vergütung unverhältnismäßig hoch ist. Entgegen der im Schrifttum vertretenen Auffassung bin ich der Auffassung, dass die Grundsätze der Rechtsprechung zur verdeckten Gewinnausschüttung nicht entsprechend anwendbar sind.

Bei verdeckten Gewinnausschüttungen werden bekanntlich zwei Maßstäbe angelegt, um beurteilen zu können, ob eine Vergütungsvereinbarung durch das Mitgliedschafts- oder Gesellschafterverhältnis veranlasst ist. Es sind dies der normative Maßstab des ordentlichen und gewissenhaften Geschäftsleiters und der Fremdvergleich. Bei der Prüfung, ob

---

53 BFH-Beschluss v. 23.09.1998, I B 82/98, BStBl II 2000, S. 320.
54 Hüttemann: a.a.O., DStJG Bd. 26, 2003, S. 63, m.w.N.
55 Hofmeister: Wirtschaftliche Betätigung gemeinnütziger Organisationen, DStJG Bd. 26, 2003, S. 159 ff. (S. 174 f.: "Inwieweit ist das Begünstigungsverbot des § 55 Abs. 1 Nr. 3 AO eine Grenze bei Vergütungsansprüchen?").
Wir danken dem Verlag Dr. Otto Schmidt KG, Köln für die freundliche Zustimmung zur unverkürzten Widergabe der Textpassage aus: DStJG Bd. 26, „Gemeinnützigkeit" 27. Jahrestagung der Deutschen Steuerjuristischen Gesellschaft e.V. Erfurt, 23. und 24. September 2002.

gegen das Begünstigungsverbot des § 55 Abs. 1 Nr. 3 AO verstoßen wurde, geht es nicht um die Frage, ob die Vergütungshöhe durch ein Mitgliedschafts- oder Gesellschaftsverhältnis veranlasst ist. Die Empfänger der von gemeinnützigen Körperschaften gezahlten Vergütungen sind oft weder Mitglieder oder Gesellschafter der Körperschaft noch ihnen nahestehende Personen. In Fällen umfangreicher wirtschaftlicher Betätigungen werden die Vergütungen sogar weit überwiegend an fremde Dritte gezahlt. Diese Vergütungen können nicht mit der Begründung als überhöht beanstandet werden, einander fremde Personen hätten sich auf eine niedrigere Vergütung geeinigt.

Dennoch ist auch beim Begünstigungsverbot des § 55 Abs. 1 Nr. 3 AO ein Fremdvergleich der richtige Maßstab. Die gezahlte Vergütung ist mit den Vergütungen zu vergleichen, die unter anderen fremden Dritten üblicherweise für entsprechende Leistungen vereinbart und gezahlt werden. Die der Höhe nach übliche Vergütung wird von einer Vielzahl von Personen mit widerstreitenden Interessen ausgehandelt oder bildet sich als Marktpreis aus. Dies rechtfertigt in der Regel den Schluss, dass zwischen Leistung und Gegenleistung kein Missverhältnis besteht und somit die übliche Vergütung nicht unverhältnismäßig hoch ist.

In der Realität ist die übliche Vergütung ein meist unscharfer Maßstab. Insbesondere die für Dienst- und Arbeitsleistungen üblicherweise gezahlten Vergütungen weisen erhebliche Bandbreiten auf. Daher stellt sich die Rechtsfrage, inwieweit die Bandbreiten nach oben ausgeschöpft werden dürfen, ohne gegen das Begünstigungsverbot zu verstoßen.

Der Zweck des § 55 Abs. 1 Nr. 3 AO legt es nahe, das Begünstigungsverbot als ein Gebot zur sparsamen und effektiven Mittelverwendung zu verstehen und daraus den Schluss zu ziehen, dass sich die gemeinnützigen Körperschaften stets an der unteren Grenze der Bandbreite orientieren müssen. Dieser Schluss wäre meiner Auffassung nach jedoch verfehlt. § 55 Abs. 1 Nr. 3 AO verbietet nur „unverhältnismäßig" hohe Vergütungen. Die Vergütung muss daher in ein Verhältnis zu einer anderen Größe gesetzt werden. Diese andere Größe ist der Wert der vom Empfänger der Vergütung zu erbringenden Leistung. Die Bandbreite darf deshalb nach oben voll ausgeschöpft werden, soweit dadurch kein Missverhältnis zwischen Leistung und Gegenleistung zu Ungunsten der gemeinnützigen Körperschaft entsteht.

Überschreitet die Vergütung den statistischen (nicht: den arithmetischen) Mittelwert der Bandbreite, muss die gemeinnützige Körperschaft jedoch in Streitfällen nachweisen, warum sie die Bandbreite über den Mittelwert hinaus ausgeschöpft hat und dass dies zu keinem Missverhältnis zwischen erlangter Leistung und Vergütung führte.

Zwar darf die wirtschaftliche Tätigkeit der Körperschaft nicht das → *Gepräge* geben, aber wie in der Praxis wiederkehrend zu erfahren ist, richten die **erfolgreichen und engagierten Geschäftsführer** steuerbegünstigter Körperschaften ihre Tätigkeiten primär nicht an den Beschränkungen des Steuerrechts aus, sondern suchen eine gesunde wirtschaftliche Basis, die einer dauerhaften Verwirklichung der Zwecke und Zielsetzungen ihrer Körperschaft nicht nur nahe kommt, sondern sie trägt. Dazu gehört es, Wachstumsquellen zu suchen und neue Geschäftsfelder zu erschließen. Der (steuerliche) Maßstab, nach dem im **konkreten Einzelfall** zu beurteilen ist, ob z. B. die gezahlte Managervergütung unverhältnismäßig hoch ist, hat zunächst die Leistungen der Person und deren unternehmerischen Einsatz zu erfassen, um dann die gezahlte Vergütung zu vergleichen mit den Vergütungen, die unter anderen fremden Dritten üblicherweise für entsprechende Leistungen vereinbart und gezahlt werden[56].

Sollte die gezahlte **Vergütung im Fremdvergleich unangemessen** sein, können die Grundsätze der vGA[57] greifen und ein Verstoß gegen die Selbstlosigkeit vorliegen. Bezüglich der **Rechtsfolgen** für die Körperschaft hinsichtlich der Steuerbegünstigung besteht durchaus Rechtsunsicherheit: Die Finanzverwaltung[58] hält gar die → *Nachversteuerung* i. S. d. § 61 Abs. 3 AO[59] für möglich, wenn der Verstoß so schwerwiegend ist, dass er einer Verwendung des gesamten Vermögens für satzungsfremde Zwecke gleichkommt; die Rechtsprechung[60] zieht dies (u.E. zu Recht) in Zweifel, weil es für diese Sanktion keine Rechtsgrundlage gäbe. Die Konsequenz könnte aber wohl sein, dass – wie beim → *Zuwendungsverbot* an Mitglieder – für das Jahr des Verstoßes die Steuervergünstigung zu versagen ist.

6.2.7 Keine Mittel für den Verlustausgleich im steuerpflichtigen wirtschaftlichen Geschäftsbetrieb (Grundsatz)

Welche Folgen ergeben sich bei einer gemeinnützigen Krankenhauskörperschaft, wenn im steuerpflichtigen wGb statt der erhofften Gewinne Verluste erwirtschaftet werden, die auszugleichen sind? **Verlangt** die Steuerbegünstigung von den zuständigen Organen einer Körperschaft, dass wirtschaftliche Aktivitäten mit Risiken zu vermeiden sind?

Die **Antwort** könnte schlicht lauten: Ein Verlustausgleich stellt eine **Mittelfehlverwendung** dar und führt zum Verlust der Gemeinnützigkeit, weil auch den zuständigen Organen nach dem Satzungszweck wirtschaftliche Aktivitäten nicht erlaubt sind. Dieses Ergebnis wäre vorgegeben durch die Art und Weise der Betätigung der Körperschaft, würde aber die Antworten einer vom **Einzelfall** abhängigen – häufig auch schwierig zu entscheidenden – **Wertungsfrage**[61] unberücksichtigt lassen: Inwieweit sind wirtschaftliche Aktivitäten, die durch die fördernde Tätigkeit entstehen, zugunsten der Interessen der Gemeinwohlförderung akzeptabel und damit unschädlich?

Nach § 55 Abs. 1 Nr. 1 Satz 1 AO sind **Mittel** nur für die satzungsmäßigen Zwecke zu verwenden; Mittel dürfen grundsätzlich **weder** für die (erstmalige) **Ausstattung** eines steuerpflichtigen wGb **noch** zum **Ausgleich von Verlusten** im wGb eingesetzt werden.[62] Nicht der Verlust im wGb an sich ist schädlich, son-

---

56 Zu den Möglichkeiten von Mitarbeiterbeteiligungen vgl. Leuner/Dumser: Gemeinnützigkeit: Steueroptimale Gestaltung von Mitarbeiterbeteiligungen, BB 2006, S. 1993 ff.
57 KStR 2004, 36; bzgl. Auswirkungen vgl. 6.2.5.
58 AEAO zu § 61 AO Tz 8.
59 Vgl. auch 6.3.1.2
60 FG Berlin, EFG 2001, S. 1338; BFH/NV 2002, S. 309.
61 Vgl. 6.2.1 und 6.2.2.
62 AEAO zu § 55 Tz 4, S. 1.

dern nur der Fall, dass **Mittel des ideellen Bereichs, des Zweckbetriebs** oder aus **der Vermögensverwaltung** für den Verlustausgleich verwendet werden.

Bis Ende 1996 vertrat der BFH[63] dazu noch die Auffassung, dass einmalige geringfügige Verluste ausgeglichen werden konnten, wenn die Körperschaft bemüht war, das Entstehen neuer Verluste, z. B. durch Rationalisierungsmaßnahmen oder Erhöhung von Entgelten, zu vermeiden. Die Finanzverwaltung folgte dieser Rechtsprechung durch entsprechende Erlasse und die Praxis profitierte u. E. von einer Billigkeitsregelung. Fortan zeigten sich die Körperschaften bemüht, Dauerverluste im steuerpflichtigen wGb zu vermeiden. Diese Handlungsmaxime gilt nicht mehr.

Beispiel: Einstellung eines wGb bei Dauerverlusten

> Eine gemeinnützige Krankenhauskörperschaft bot ihren Patienten von 1990 bis 1994 Friseurleistungen an, die sie mit einem angestellten Friseurmeister erbrachte. Während 1990 ein Gewinn nach Personalkosten erwirtschaftet wurde, gab es 1991 einen Verlust und 1992 nach einer Teilzeitvereinbarung mit dem Angestellten einen geringfügigen Gewinn; 1993 und 1994 waren es wieder zunehmende Verluste. Sowohl die Einnahmen als auch die Lohnzahlungen wurden über den Zweckbetrieb „Krankenhaus" abgerechnet. Der Angestellte machte sich 1995 selbständig.
> Es lag ein steuerpflichtiger wGb vor, denn z. B. das Frisieren oder Rasieren der (nicht pflegebedürftigen) Patienten gehört nicht zu den Leistungen des Zweckbetriebs Krankenhaus. Das Bemühen des Krankenhauses führte von der Teilzeitregelung bis zum Ausscheiden des Mitarbeiters über eine Verlustminderung zur Vermeidung eines Dauerverlustes. Die Betriebsprüfung in 1996 nahm keine Mittelfehlverwendung für den Verlustausgleich durch Mittel des Zweckbetriebs an.
> Diese relativ einfache Lösung trägt heute nicht mehr, auch nicht bei offenen Veranlagungsjahren in der Betriebsprüfung bis einschließlich 1996, weil die Änderung der Rechtsprechung und die Auffassung der Finanzverwaltung dazu (vgl. AEAO zu § 55 AO Tz 4 bis 8) auf alle offenen Fälle zu übertragen ist.

6.2.7.1 Ist ein Verlustausgleich ausgeschlossen? (Bestandsaufnahme und Appelle)

Für die **Praxis** ist derzeit von folgender **Rechtslage** auszugehen (**Bestandsaufnahme**):

- Der **BFH**[64] hat **Ende 1996** ausdrücklich von einer „*Änderung der Rechtsprechung*" gesprochen und sich dabei von folgenden Erwägungen leiten lassen: Nach dem Gesetzeswortlaut (§ 55 Abs. 1 Nr. 1 Satz 1 AO) *„dürfen Mittel der Körperschaft nur – also ausschließlich – für die satzungsmäßigen Zwecke*

---

63 BFH-Urteil v. 02.10.1968, I R 40/68, BStBl II 1969, S. 43.
64 BFH-Urteil v. 13.11.1996, I R 152/93, BStBl II 1998, S. 711.

verwendet werden." Der Zweck und die Auslegung dieser Vorschrift seien eindeutig und demnach ein **Verlustausgleich ausgeschlossen**. Zu wahren sei auch das Gebot der → *Wettbewerbsneutralität* des Steuerrechts, da es für den → *Nichtzweckbetrieb* im Vergleich zu einem Wettbewerber von Vorteil sei, wenn der Nichtzweckbetrieb mit steuerbegünstigten Mitteln (z. B. Spenden, Zuschüssen, steuerfreie Erträge) unterstützt werde.

Eine **Einschränkung** will der BFH[65] machen, wenn die Verluste aufgrund einer Fehlkalkulation entstanden sind und die Mittel (weil sie z. B. nur zeitweilig dem begünstigten Bereich entzogen werden) binnen einer Frist von mindestens zwölf Monaten wieder zurückgeführt werden. Bei dieser Ausnahme ist u.E. zu berücksichtigen, dass der BFH über den Sachverhalt eines Golf-Vereins urteilte und die zwölf Monate in den Zusammenhang mit einer Mitgliederversammlung stellte, die bis dahin über eine Umlage der Mitglieder beschließen könne.

Diese **Verschärfung der Rechtsprechung** fand nicht nur Zustimmung in der Fachliteratur,[66] sondern warf **neue Probleme** auf, da ein Verlustausgleich nun nahezu nicht mehr möglich schien. Was sind Verluste i. S. d. Rechtsprechung? Wie sind Verluste zu behandeln, die aufgrund von Abschreibungen und/oder Zinsen entstanden sind? Was ist eine Fehlkalkulation und was gilt dann, wenn die Geschäftsführung über ein überdurchschnittliches wirtschaftliches Fachwissen verfügt?

In der Tat sind Feststellungen zu operativen Leistungen und Fähigkeiten von Managern stets bedenklich und fehl am Platz, weil sie in der Regel über den Einzelfall hinaus keine Allgemeingültigkeit beanspruchen können. Die Praxis zeigt, dass es weiterhin viele Fragen und keine abschließenden Antworten gibt; das **Problembewusstsein** sollte also geschärft bleiben.

- Die **Finanzverwaltung** hat auf das Urteil reagiert und über ein BMF-Schreiben[67] ihre **Auffassung** im (noch) aktuellen **AEAO zu § 55 AO Tz 4 bis 8** niedergelegt und dabei die sich aus dem Urteil ergebenden Konsequenzen im Interesse der Praxis relativiert.

Bei dieser restriktiven Rechtsprechung und der (nicht alle Fragen berücksichtigenden) Auffassung der Finanzverwaltung einige **Appelle für die Praxis**:

---

65 Soweit der BFH hier auf die Geschäftsführer von gemeinnützigen Körperschaften hinweist, die häufig ihre Tätigkeit ehrenamtlich ausüben und über keine betriebswirtschaftlichen Kenntnisse verfügen würden, ist dies in Urteilsbesprechungen u.E. zu Recht kritisiert worden.

66 Vgl. Schauhoff: Verlust der Gemeinnützigkeit durch Verluste? DStR 1998, S. 701 ff.; Dißars/Berssenbrügge: Ausgleich von Verlusten aus einem wirtschaftlichen Geschäftsbetrieb und bei Vermögensanlagen gemeinnütziger Vereine, BB 1999, S. 1411 ff.

67 BMF-Schreiben: Gemeinnützigkeitsrecht; Ausgleich von Verlusten des steuerpflichtigen wirtschaftlichen Geschäftsbetriebs (IV C 6 – S 0171 – 10/98), BStBl I 1998, S. 1423.

➔ **Kritische Abwägung der wirtschaftlichen Aktivitäten!**
Die Geschäftsführung der steuerbegünstigten Körperschaft sollte – falls eine Planung möglich ist – **vor Aufnahme** einer wirtschaftlichen Aktivität außerhalb des eigenständigen Krankenhauses (Kernbereich und steuerbefreiter Zweckbetrieb) z. B. folgenden **Fragen** nachgehen und die Ergebnisse kritisch abwägen (es ist zu unterstellen, dass die Fragen und Antworten nicht steuerlich motiviert sind):

- ✓ Welche Tätigkeiten sind neben dem Kernbereich erforderlich?
- ✓ Welche Förderung des Kernbereichs erfolgt mit dieser Tätigkeit?
- ✓ Was geschieht, wenn die Tätigkeit nicht aufgenommen wird?
- ✓ Wie stellt sich das Umfeld/Markt für diese Tätigkeit dar?
- ✓ Welche Ziele werden verfolgt und sind diese erreichbar?
- ✓ Welche Ergebnisse werden erwartet und sind diese realistisch?
- ✓ Welche Leistungen sollen zu welchem Preis angeboten werden?
- ✓ Welches Personal ist einzusetzen und steht zur Verfügung?
- ✓ Welche Mittel sind erforderlich und können aufgebracht werden?
- ✓ Welche Aufgaben, Abläufe, Vorschriften etc. sind zu beachten?
- ✓ Welche Folgen ergeben sich bei Einstellung der Tätigkeit?
- ✓ Welche Berater sind ggf. zu konsultieren?
- ✓ Was ist von einer verbindlichen Auskunft beim Finanzamt zu erwarten?

➔ **Nach Möglichkeit Verluste vermeiden!**
Ist ein steuerpflichtiger wGb neu eingerichtet worden oder besteht dieser schon länger, sollten Verluste (nach Möglichkeit) vermieden werden. Die Gefahr eines Verlustes der Steuerbegünstigung kann dann nicht entstehen. Eine **klare und eindeutige Trennung** zwischen den verschiedenen Bereichen und Tätigkeiten ist nicht nur hilfreich für das Controlling, sondern grundsätzlich erforderlich für eine **ordnungsmäßige Aufzeichnung**. Die Möglichkeiten des modernen Rechnungswesens sollten genutzt werden, damit die Ergebnisse des wGb stets präsent sind (und nicht erstmalig für die Steuererklärung oder die Betriebsprüfung ermittelt werden müssen). Eine Zuordnung von Einnahmen und Ausgaben, von Investitionen, von Beständen, von Personen und Wirtschaftsgütern nach Einsatzplänen bzw. Tätigkeits- oder Nutzungsnachweisen (z. B. Nutzung nach Köpfen, Zeitaufwand, Verbrauch von Stoffen, von Energie etc.) sollte stets dort erfolgen, wo es in der Regel anerkannte **Zuordnungskriterien** gibt. Treten im Einzelfall Probleme auf, sind die vielfältigen **Abgrenzungsmöglichkeiten** einer Zuordnung mit dem Bestreben einer nachvollziehbaren Darstellung und Durchsetzbarkeit gegenüber der Finanzverwaltung **kreativ wahrzunehmen**, denn wenn gar nichts vorbereitet ist, wird der Argumentation die Grundlage entzogen. Insoweit sind die Einnahmen und Ausgaben für den wGb mit Ausnahme der direkten Zuordnung ergebniswirksam gestaltbar. Eines ist sicher: Standardlösungen sind weder bei der Finanzverwaltung vorrätig noch für alle denkbaren Fälle einheitlich gegeben.

➜ **Ausgleich eines Verlustes zwischen mehreren wGb zulässig!**
Unterhält die Körperschaft während des Wirtschaftsjahres mehrere steuerpflichtige wGb (vgl. § 64 Abs. 2 AO) und treten Verluste in einem wGb auf, ist nach derzeitiger Rechtslage zunächst ein Ausgleich des Verlustes zwischen den wGb zulässig, da **nur** ein **Gesamtverlust** aller steuerpflichtigen (einheitlichen) wGb des Wirtschaftsjahres für die Steuerbegünstigung **schädlich** ist.[68] Ein Verlustausgleich mit Erträgen aus dem Bereich der Vermögensverwaltung ist nach Auffassung der Finanzverwaltung nicht zulässig.

➜ **Ausgleich eines Verlustes durch Umlagen der Mitglieder zulässig!**
Ein Ausgleich von Verlusten durch Umlagen bzw. Zuschüsse der (nicht steuerbegünstigten) Mitglieder/Gesellschafter ist ebenfalls ein steuerlich unschädlicher Weg, allerdings dürfen diese Mittel der Mitglieder keine Spenden sein. Da niemand gerne Verluste übernimmt, bewegt sich dieser Vorschlag bekanntermaßen nur auf einem sehr schmalen Pfad.

6.2.7.2 Verlustausgleich anhand von Beispielsfällen

Die (großzügige) **Auffassung der Finanzverwaltung**, die allgemein nach der als streng bezeichneten BFH-Rechtsprechung begrüßt wurde,[69] ist **von Amts wegen** (und nicht auf Antrag) **anzuwenden** und stellt sich wie folgt dar (die Reihenfolge dient **nicht** unbedingt der **Prüfungsabfolge** in der Praxis):

1) Ist bereits bei **Gründung** des steuerpflichtigen wGb mit dem Eintritt von (Dauer-)Verlusten zu rechnen oder sind sie billigend in Kauf genommen, ist der eingetretene Verlust dem Grunde nach schädlich für die Steuerbegünstigung.
   ➜ **Appell**: kritische Abwägung der Gründung eines steuerpflichtigen wGb neben dem Kernbereich Krankenhaus und Dokumentation der getroffenen Entscheidung!
   Die Finanzverwaltung unterstellt, dass eine steuerbegünstigte Körperschaft ihre steuerpflichtigen wGb regelmäßig nur unterhält (und fortführt), um dadurch zusätzliche Mittel für die Verwirklichung der steuerbegünstigten Zwecke zu beschaffen.[70] Der vorstehende Appell ergibt sich damit zwangsläufig aus der Zielsetzung.
2) Der eingetretene schädliche **Verlust kann** im Entstehungsjahr mit Gewinnen anderer steuerpflichtiger wGb **verrechnet werden**, weil für das Vorliegen eines Verlustes das (Gesamt-)Ergebnis des **einheitlichen steuerpflichtigen wGb** maßgeblich ist. Entscheidende Bedeutung hat hier die Wertung nach **§ 64 Abs. 2 AO**:

---

68 AEAO zu § 55 Tz 4 Sätze 2 und 3.
69 AEAO zu § 55 Tz 4 bis 8; Wallenhorst: Anm. zum BMF-Schreiben v. 19.10.1998, DStR 1998, S. 1914; **a.A.**: Hüttemann: a.a.O., DStJG 26, 2003, S. 49 ff. (72/73).
70 AEAO zu § 55 Tz 8 Satz 1.

> „Unterhält die Körperschaft mehrere wirtschaftliche Geschäftsbetriebe, die keine Zweckbetriebe (§§ 65 bis 68) sind, werden diese als **ein** wirtschaftlicher Geschäftsbetrieb behandelt."

Diese Verrechnungsmöglichkeit des § 64 Abs. 2 AO wird grundsätzlich nicht in Zweifel gezogen, wenn sie für **frei-gemeinnützige Körperschaften** zur Anwendung kommt.

Bei **BgA von jPdöR** könnte allerdings die Rechtsprechung des BFH[71] zur Anwendung kommen. Danach soll die Regelung des § 64 Abs. 2 AO nicht greifen, weil bei jPdöR nicht die Gefahr bestehe, dass sie Steuervergünstigungen verliere, falls sie Gewinne eines der Besteuerung unterliegenden BgA zur Abdeckung eines Verlustes aus einem anderen erwerbswirtschaftlichen Betrieb verwende. Für jeden einzelnen Betrieb sei gesondert zu prüfen und zu entscheiden, ob nach Satzung und tatsächlicher Geschäftsführung steuerbegünstigte Zwecke verfolgt werden. Ob die Finanzverwaltung diese Rechtsprechung auf den **Betrieb eines Krankenhauses in öffentlich-rechtlicher Trägerschaft**[72] überträgt, ist u.E. sehr zweifelhaft. Verschiedene Einzeltätigkeiten einer jPdöR sind zwar grundsätzlich für sich zu beurteilen, aber Nebenbetriebe wie z.B. Kantine, Apotheke oder Wäscherei sind u.E. typische Bestandteile eines Krankenhausbetriebs (so die Verkehrsauffassung) und nicht nur deshalb vom Kernbereich zu trennen, weil die o.a. Nebenbetriebe steuerpflichtige wGb sein können.[73] Wir halten die Verrechnungsmöglichkeit nach § 64 Abs. 2 AO auch für Krankenhäuser von jPdöR für geboten.

Beispiel: Einheitlicher steuerpflichtiger wGB (§ 64 Abs. 2 AO)[74]

Die gemeinnützige Krankenhaus-GmbH unterhält in 2006 folgende steuerpflichtigen wGb mit ihren Ergebnissen:	
	Euro
Überschuss aus dem Betrieb eigener Automaten	1.500
Auftragsforschung im Bereich Pharmakologie	11.700
entgeltliche Überlassung von Parkplätzen an Patienten, Besucher	2.800
Notarzt- bzw. Notfalldienst	- 6.500
Stehcafé, Zeitungen, Blumen etc. (Besucherangebote)	- 1.500
Gesamtergebnis steuerpflichtiger wGb (§ 64 Abs. 2 AO)	8.000

---

71 BFH-Urteil v. 11.02.1997, I R 161/94, BFH/NV 1997, S. 625; Knorr/Klaßmann: a.a.O., S. 68, m.w.N.
72 Vgl. 2.2.2.1 öffentlich-rechtliche Körperschaften.
73 Vgl. KStR 6 Abs. 3 Satz 3; Knorr/Klaßmann: a.a.O., S. 256: Einbeziehung wegen enger räumlicher Nähe möglich.
74 Vgl. 6.4.3.4 und 6.6: ABC der wirtschaftlichen Tätigkeiten.

> Die Verluste aus dem Notarztdienst und den Service-Leistungen an Besucher sind zwar steuerlich unschädlich, weil sie in 2006 im einheitlichen wGb ausgeglichen werden können, aber dennoch sollte die Notwendigkeit dieser wGb aufgrund der Verlustsituation überprüft werden: Bei Dauerverlusten wäre eine Einstellung naheliegend, andererseits sind Notarztdienste für den Zweckbetrieb „Krankenhaus" eine ergänzende (oft auch sinnvolle) Maßnahme. Bei den Besucherangeboten könnten beeinflussbare Änderungen auf der Einnahmen- wie Ausgabenseite (z.B. Preise, Einkauf, Personal, Öffnungszeiten) Ergebnisse zeigen.
> **Hinweis:** Bei Automatenumsätzen ist anzuregen, diese kritisch zu betrachten und ggf. das Recht an Dritte (z.B. Automatenaufsteller) zu vermieten. In der Regel liegt dann kein wGb vor, sondern ertragsteuerfreie Vermögensverwaltung. Im Beispiel müssten Überschüsse von 1.500 € nicht in das Ergebnis einbezogen werden und dennoch ließen sich die Verluste verrechnen. Allerdings ist zu beachten, dass ein laufender Mietzins in der Regel niedriger sein wird als der Überschuss aus den Automatenumsätzen.

3) **Verbleibt** nach der Verrechnung der Ergebnisse verschiedener steuerpflichtiger wGb eines Wirtschaftsjahres ein **Verlust**, ermöglicht die Finanzverwaltung außerdem den **Ausgleich** des Verlustes, wenn dem ideellen Bereich in den **sechs vorangegangenen Jahren Gewinne** des einheitlichen steuerpflichtigen wGb in mindestens gleicher Höhe zugeführt worden sind. Insoweit ist der Verlustausgleich im Entstehungsjahr als Rückgabe früherer, durch das Gemeinnützigkeitsrecht vorgeschriebener Gewinnabführungen anzusehen.[75] Da der ideelle Bereich bei Krankenhauskörperschaften in der Regel klein oder u.E. gar nicht vorhanden ist, tritt an die Stelle des ideellen Bereichs der steuerfreie Zweckbetrieb „Krankenhaus", dem die Gewinne zugeführt worden sind.

Bei der Anwendung dieser „**Gewinn-Rückgabe-Regelung**" treten Fragen auf, die von der Finanzverwaltung – soweit ersichtlich – bisher nicht beantwortet sind. **Unsere Erfahrung** mit der Anwendung der Regelung ist, dass die Finanzverwaltung der Praxis für den Einzelfall eine Hilfsmethode an die Hand gegeben hat und sie bereit ist, Vorschläge und Ergebnisse der betroffenen Körperschaft mitzutragen, wenn **vertretbare Lösungen** im vorgegebenen Rahmen **angeboten** werden:

a) Der **Zeitraum** von **sechs Jahren** ist im Erlass ohne Begründung vorgegeben worden; dieser Rahmen gilt zunächst als Ausgangsbasis für die Berechnungen. In Ausnahmefällen halten wir eine begründete Abweichung für möglich, insbesondere wenn in den sechs Jahren größere Schwankungen bei den Ergebnissen im steuerpflichtigen wGb aufgetreten sind.

b) Wir gehen von einem **kumulierten Gewinn** der sechs vorangegangenen Jahre **nach Ertragsteuern** aus, weil die Ertragsteuern den abgeführten Gewinn gemindert haben. Ferner sind im Erlass keine Anhaltspunkte dafür

---
75 AEAO zu § 55 Tz 4 Sätze 4 und 5.

6.2 Die eine Steuerbegünstigung rechtfertigende Selbstlosigkeit

ersichtlich, ob für den Verlustausgleich mit dem jeweiligen Gewinn z. B. aus dem sechsten oder ersten Jahr dieses Zeitraums zu beginnen ist.

c) Da auf den **Gewinn** des einheitlichen steuerpflichtigen wGb (§ 64 Abs. 2 AO)[76] eines Jahres abzustellen ist, kann es während des maßgebenden Zeitraums von sechs Jahren **grundsätzlich nicht** auf die **Identität der** tatsächlich vorhandenen und fortgeführten einzelnen steuerpflichtigen **wGb** ankommen.

Allerdings ist u. E. wegen der sechs Jahre stets dann auf den konkreten **Einzelfall** abzustellen, wenn wesentliche oder außergewöhnliche Veränderungen im kumulierten Gewinn eingetreten sind, weil z. B. einzelne wGb mit Dauerverlusten eingestellt werden konnten oder einzelne bisher erfolgreiche wGb durch Marktveränderungen im Umsatz und damit auch im Gewinn einbrechen. Diese Einzelfälle zeigen eine **flexible Handhabung** der „Gewinn-Rückgabe-Regelung" deutlich auf. Im Rahmen der eigenen Ermessensausübung sollte die Regelung mit vertretbaren Lösungen praktiziert werden. Eine Verlängerung des Zeitrahmens von sechs Jahren halten wir in diesen Fällen wegen der Schwankungen für möglich. Ob z. B. die Verluste aus einem eingestellten steuerpflichtigen wGb (weil Dauerverluste) den Gewinnvortrag aus sechs Jahren belasten oder ob diese Verluste nicht zur Anrechnung kommen, wissen wir mangels praktischer Erfahrung nicht. Wir meinen allerdings, dass allein die Einstellung des Dauerverlustbetriebs (z. B. nach einer Anlaufphase von bis zu drei Jahren) es rechtfertigt, den Gewinnvortrag nicht mit den Verlusten aus diesem einzelnen wGb zu belasten.

d) Sind im maßgebenden Zeitraum nur Teile des Gesamtgewinns (nach Ertragsteuern) an den ideellen Bereich (oder den Zweckbetrieb) der steuerbegünstigten Körperschaft abgeführt worden, da z. B. die Möglichkeit der **Rücklagenbildung im wGb**[77] zulässig in Anspruch genommen wurde, kann sich die Verrechnung nur auf die abgeführten Gewinne beziehen. Ist die Rücklage zwar gebildet, aber nicht eingesetzt worden, kann sie durch Auflösung einer Verlustverrechnung zugeführt werden.[78]

e) Ist im maßgebenden Zeitraum von sechs Jahren (z. B. im 3. Jahr) ein **Verlust** entstanden, der anhand der Erlass-Regelung ausgeglichen werden konnte, **verkleinert** sich vorab der (kumulierte) **Gewinnvortrag** in Höhe des bereits durchgeführten Ausgleichs für Vorjahre. Für den (weiteren) Verlustausgleich mit Mitteln des ideellen Bereichs (oder des Zweckbetriebs) steht somit nur der verbliebene Gewinnvortrag dieses maßgebenden Zeitraums zur Verfügung (**bereinigter Gewinnvortrag**).[79]

---

76 Vgl. 6.4.3.4
77 Vgl. 6.2.10.4; AEAO zu § 55 Tz 3 und 26.
78 So auch Buchna: a.a.O., zu 2.5.3.2, S. 105: Auflösung von Rücklagen, Beispiele S. 106/107.
79 Vgl. auch Klaßmann: a.a.O., zu C. II., S. 118–128.

6 Steuerbegünstigung im Krankenhausbetrieb

Beispiel: Verlustausgleich nach „Gewinn-Rückgabe-Regelung"

Der gemeinnützige Krankenhaus e. V. unterhielt in 2004 folgende steuerpflichtigen wGb mit ihren Ergebnissen (Rücklagen wurden nicht gebildet):

	Euro
Auftragsforschung im Bereich Pharmakologie	2.000
Notarzt- bzw. Notfalldienst	-5.000
Parkplatzüberlassung an Patienten, Besucher	1.500
Stehcafé, Zeitungen, Blumen etc. (Besucherangebote)	-2.500
Gesamtergebnis für 2004	**-4.000**

Da im einheitlichen steuerpflichtigen wGb (§ 64 Abs. 2 AO) ein Verlust im Entstehungsjahr 2004 verbleibt, kommt die (vorstehende) „Gewinn-Rückgabe-Regelung" zur Anwendung. Aus den Vorjahren sind im maßgebenden Zeitraum folgende Verluste einzubeziehen: 1999: 1.000 €; 2003: 2.000 €.

Steuerpflichtiger wirtschaftlicher Geschäftsbetrieb Krankenhaus e. V.

Zeitraum/ Jahre (max. sechs)	Laufendes Jahr	Ergebnis nach § 64 Abs. 2 AO u. Ertragsteuer:	Verrechnung Gewinnvortrag		
			vorab für das Verlustjahr		verbliebener Vortrag für
			1999	2003	2004
		Gewinn Verlust			
		Euro	Euro	Euro	Euro
	1996*	2.000	3 -1.000		0
	1997	2.000	2	6 -2.000	0
6	1998	1.000	1	5	6 -4.000
5	1999	1.000	Stand 98–96* + 5.000	4	5
4	2000	2.000		3	4
3	2001	2.000		2	3
2	2002	1.000		1	2
1	2003	2.000		Stand 02–97 + 8.000	1
	2004	4.000			Stand 03–98 + 6.000

*Aufgrund der geänderten Rechtsprechung in 1996 wird ab hier gerechnet

> Die **Tabelle** zeigt im Ergebnis (rechte Spalte), dass für den Verlustausgleich im Entstehungsjahr 2004 nach dem maßgebenden Zeitraum von 2003 bis 1998 6.000 € an zugeführten Gewinnen zum Ausgleich des Verlustes von 4.000 € zur Verfügung stehen; nach Verrechnung verbleibender Gewinnvortrag dann 2.000 €. Der im maßgebenden Zeitraum (2003 bis 1998) für das Entstehungsjahr 1999 ausgewiesene Verlust von 1.000 € kann mit dem Gewinnvortrag bis 1996 ausgeglichen werden. Entsprechendes gilt für den Verlust aus 2003 (2.000 €), der mit den kumulierten Gewinnen bis 1997 (8.000 €) ausgeglichen werden kann.
> **Abwandlung:** Würde der **Verlust aus 2003** (2.000 €) um 3.000 € **auf 5.000 € erhöht** werden, würde sich der verbliebene Gewinnvortrag für 2004 um den höheren Verlust auf 3.000 € verringern, da der maßgebende Zeitraum (2003 bis 1998) für den Verlustausgleich aus 2004 mit diesem Betrag (vor-)belastet sein würde. Dass für 1998 (nur) 1.000 € als Gewinn, für 1999 ein Verlust von 1.000 € und (erst) für 2000 wieder ein Gewinn von 2.000 € ausgewiesen ist, ist wegen der u. E. zulässigen Zusammenfassung der Gewinne im maßgebenden Zeitraum unerheblich. Der verbliebene Gewinnvortrag von 3.000 € deckt den Verlust aus 2004 mit 4.000 € allerdings nicht ab. **Mangels** vollständiger **Verlustabdeckung** (aus 2004 verbleiben 1.000 €) bedarf es grundsätzlich einer weiteren Ausgleichsmöglichkeit oder es läge insoweit eine schädliche **Mittelfehlverwendung** vor.

4) **Verbleibt** auch nach der vorstehenden Verrechnungsmöglichkeit ein nicht ausgeglichener **Verlust** (vgl. Abwandlung im vorstehenden Beispiel) **oder** gibt es **keine Verrechnungsmöglichkeit** (weder i. S. d. § 64 Abs. 2 AO noch gemäß vorstehender Billigkeits- „Gewinn-Rückgabe-Regelung"), **dann** hält die Finanzverwaltung eine weitere Billigkeitsregelung vor: **Vergabe eines „betrieblichen Darlehens".**[80] Auch hier tritt an die Stelle des ideellen Bereichs einer Krankenhauskörperschaft deren steuerfreier Zweckbetrieb „Krankenhaus".
a) Es soll auch dann keine schädliche Verwendung von Mitteln des ideellen Bereichs vorliegen, wenn dem Betrieb (wGb) die erforderlichen Mittel durch die Aufnahme eines betrieblichen Darlehens zugeführt werden oder bereits in dem Betrieb verwendete ideelle Mittel mittels eines Darlehens, das dem Betrieb zugeordnet wird, innerhalb der **Frist von zwölf Monaten** nach dem Ende des Verlustentstehungsjahres an den ideellen Bereich der Körperschaft zurückgegeben werden. Voraussetzung für die Unschädlichkeit ist, dass **Tilgung und Zinsen** für das Darlehen ausschließlich **aus Mitteln** des steuerpflichtigen **wGb geleistet** werden.
b) Für die **Abwicklung** dieses „rein betrieblichen Darlehens-Vorgangs" hat die Finanzverwaltung **keine Vorgaben** gemacht. Auch hier sind von der Praxis zielorientiert **vertretbare Lösungen** anzubieten. So bedarf es keines Darlehensvertrags, da die Körperschaft/Management mit sich selbst (zwischen den rein steuerlichen Bereichen „ideeller Art" oder hier „Zweckbetrieb

---

80 AEAO zu § 55 Tz 7 Sätze 1 und 2; OFD Hannover, Vfg. v. 12.07.2000, DStZ 2000, S. 764.

Krankenhaus" und dem „steuerpflichtigen wGb") keinen Vertrag schließen kann. Ein **Schriftstück**, das die wesentlichen Daten des „betrieblichen Darlehens" wie Betrag, Laufzeit, Tilgung und Zinsen[81] zusätzlich dokumentiert, kann gegenüber der Finanzverwaltung aber nützlich sein. Selbstverständlich sollten sich die Daten (mindestens Verlustentstehungsjahr, Betrag, Rückzahlung/Zuführung) aus dem Rechnungswesen der Körperschaft und den getrennten Aufzeichnungen für den wGb und die übrigen steuerlichen Bereiche ergeben. **Das Wesentliche** ist u.E., dass die tatsächliche Geschäftsführung nicht so sehr auf den eher „virtuellen Vorgang eines betrieblichen Darlehens" abstellt, sondern alles unternimmt, dass die vorübergehend im wGb eingesetzten bzw. verbrauchten Mittel rechtzeitig in voller Höhe (evtl. mit einem Aufschlag für eine angemessene Verzinsung bei einem Jahr Laufzeit (Drittvergleich)) zurückgeführt werden. Die Rückführung/Tilgung kann in Teilbeträgen oder einmalig erfolgen, aber der vorgegebene Zeitrahmen von zwölf Monaten sollte dabei grundsätzlich beachtet werden.

c) Die **Belastung von Vermögen** des ideellen Bereichs mit einer **Sicherheit** für ein betriebliches Darlehen (z. B. Bestellung einer Grundschuld) führt grundsätzlich zu keiner Mittelfehlverwendung. Denn die Eintragung einer Grundschuld bedeutet noch **keine Verwendung** des belasteten Vermögens für den steuerpflichtigen wGb.[82] Auch die (rein) steuerliche Zuordnung eines aufgenommenen Bankdarlehens zum steuerpflichtigen wGb ändert (ebenfalls) nichts daran, dass zivilrechtlich stets die Körperschaft mit ihrem Vermögen für alle Schulden haftet. Die Bestellung von Sicherheiten für den steuerpflichtigen wGb stellt zwar keine (Mittel-)Verwendung für den wGb dar, aber im **Bewusstsein** dessen, dass diese Sicherheiten zunächst vergeben sind und **möglicherweise** für **keine weitere Belastung** bei der Aufnahme von Fremdmitteln in den anderen Bereichen zur Verfügung stehen, sollte die Einräumung von Sicherheiten stets unter Beachtung aller Interessenlagen abgewogen werden.

5) **Beim Aufbau** eines steuerpflichtigen wGb ist häufig mit **Anlaufverlusten** zu rechnen. Die Finanzverwaltung hält diese Verluste mit Mitteln des ideellen Bereichs der Körperschaft im Entstehungsjahr für **ausgleichsfähig**, wenn mit den Verlusten (wahrscheinlich) zu rechnen war und wenn dem ideellen Bereich, in der Regel **innerhalb von drei Jahren** nach dem Ende des Entstehungsjahres des Verlustes, die zuvor entzogenen Mittel wieder zugeführt werden.[83] Die Zuführungen zum ideellen Bereich bzw. hier zum steuerfreien Zweckbetrieb „Krankenhaus" können entweder aus dem Gewinn des entsprechenden einheitlichen steuerpflichtigen wGb geleistet werden oder durch Umlagen oder Zuschüsse der Mitglieder/Gesellschafter, wenn diese

---

81 Zinsen laut AEAO zu § 55 Tz 7 Satz 2 u.E. zutreffend, **a.A.**: Buchna: a.a.O., zu 2.5.3.4, S.110, da der Gewinn des steuerpflichtigen wGb ohnehin für steuerbegünstigte Zwecke abzuführen sei.
82 AEAO zu § 55 Tz 7 Sätze 3 und 4.
83 AEAO zu § 55 Tz 8 Sätze 3 und 4.

ihre Mittel zur Auffüllung der zuvor entzogenen Mittel bestimmt haben und derartige Zuwendungen keine Spenden sind.[84]

a) Will die Praxis von dieser weiteren Billigkeits-Regelung Gebrauch machen, ist u.E. auf den Wortlaut und den Kontext der Regelung im AEAO und die interessengerechten Wertungen abzustellen. So ist wohl nur auf den **einzelnen wGb** abzustellen, weil es beim einheitlichen steuerpflichtigen wGb nach § 64 Abs. 2 AO wohl kaum einen gemeinsamen Aufbau und keine kumulierten Anlaufverluste geben dürfte, es sei denn, die Krankenhauskörperschaft nimmt insgesamt ihren Betrieb neu auf.

b) Sowohl der „**Aufbau**" eines steuerpflichtigen wGb als auch die während dieser Zeit entstandenen „**Anlaufverluste**" dürften in der Natur der Sache liegend keinen längeren **Zeitraum** in Anspruch nehmen, was letztlich aber im konkreten Einzelfall nach Art und Umfang des wGb zu entscheiden ist (z. B. neues Besucher-Cafe wegen der Investitionen und Anlaufzeiten mehrere Monate, dagegen Erweiterung der Patientenapotheke zur Lieferapotheke für das neu errichtete Altenheim eines anderen Trägers ohne Anlaufzeit, weil die neue Tätigkeit (wGb) jederzeit wieder eingestellt werden kann).

c) Ferner ist dieser drei Jahre während **Ausgleichszeitraum** länger als der zwölf Monate umfassende Zeitraum bei der „betrieblichen Darlehenslösung" und kürzer als der sechs Jahre dauernde bei der „Gewinn-Rückgabe-Regelung". Gründe für diese Differenzierung der Finanzverwaltung sind nicht ersichtlich[85]. Sie geht selbst davon aus, dass im Einzelfall wohl auch eine Fristverlängerung möglich ist, weil die tatsächliche Mittelzuführung „in der Regel" innerhalb von drei Jahren abgeschlossen sein soll.[86]

6) Der **Ausgleich** des Verlustes eines steuerpflichtigen wGb mit Mitteln des ideellen Bereichs soll außerdem dann **unschädlich** sein, **wenn** der **Verlust auf** einer **Fehlkalkulation beruht**, die Körperschaft innerhalb von zwölf Monaten nach dem Entstehungsjahr des Verlustes dem ideellen Bereich wieder Mittel in entsprechender Höhe zuführt und die zugeführten Mittel
– nicht aus Zweckbetrieben,
– nicht aus der steuerfreien Vermögensverwaltung,
– nicht aus Beiträgen oder aus anderen Zuwendungen
stammen, die zur Förderung der steuerbegünstigten Zwecke der Körperschaft bestimmt sind.[87] Da die Körperschaft steuerpflichtige wGb regelmäßig nur unterhalte, um dadurch zusätzliche Mittel zu beschaffen, könne **unterstellt** werden, dass etwaige Verluste bei Betrieben (wGb), die schon längere Zeit bestehen, auf einer Fehlkalkulation beruhen.[88]

---

84 AEAO zu § 55 Tz 6 Sätze 2 bis 4.
85 Zwölf Monate, evtl. in Anlehnung an BFH-Urteil v. 13.11.1996, a.a.O., BStBl II 1998, S. 711.
86 Vgl. Buchna: a.a.O., zu 2.5.3.2, S. 105.
87 AEAO zu § 55 Tz 6; vgl. auch BFH-Urteil v. 13.11.1996, a.a.O., BStBl II 1998, S. 711.
88 AEAO zu § 55 Tz 8 Sätze 1 und 2.

U.E. folgt die Finanzverwaltung hier nur den (einschränkenden) Ausführungen des BFH mit seiner den Verlustausgleich im Übrigen ausschließenden Auffassung. Ob mit dem BFH der Standpunkt einer „Fehlkalkulation" als zutreffend geteilt wird, kann u.E. dahingestellt bleiben, da im **Einzelfall** die abschließende Wertung einer im Zweifel nachzuweisenden „Fehlkalkulation" erfolgen muss. Es ist u.E. schwer vorstellbar, gegenüber der Finanzverwaltung allein mit dem Argument durchzudringen, „der wGb bestehe schon länger und die entstandenen Verluste beruhten deshalb auf einer Fehlkalkulation." Die weiteren Voraussetzungen bzgl. des Zwölf-Monats-Zeitraums und der Mittelzuführung gelten so oder ähnlich auch für die vorstehenden Möglichkeiten eines Verlustausgleichs. Ob diese Möglichkeit in der Anwendung für die Praxis eine Erleichterung darstellt, ist u.E. **zweifelhaft**. Im Einzelfall wird diese Regelung bei entsprechenden Nachweisen gelten müssen.

7) Die Finanzverwaltung ist an die Regelungen des AEAO gebunden, so auch an die **ertragsteuerlichen Grundsätze**, die hier für eine **Verlustermittlung** gelten. Für Zwecke der Einkommensermittlung erfolgt grundsätzlich für den einzelnen steuerpflichtigen wGb eine eigenständige Gewinnermittlung. Die Finanzverwaltung lässt es jedoch zu, die einzelnen steuerpflichtigen wGb als einen Betrieb zu behandeln.[89]

(1) **Gemischt genutzte Wirtschaftsgüter**
Im Rahmen der Gewinnermittlung ist zunächst zu entscheiden, ob und welche **Wirtschaftsgüter** im Einzelnen ausschließlich oder nur teilweise dem steuerpflichtigen wGb dienen. Hier setzt die Finanzverwaltung an, wenn es im Rahmen der Ergebnisermittlung für den steuerpflichtigen wGb um die **Berücksichtigung von Abschreibungen** geht: Denn beruht der Verlust dem Grund und der Höhe nach auf anteiligen Abschreibungen **gemischt genutzter Wirtschaftsgüter** ist der Verlust für die Steuerbegünstigung unschädlich.[90]
Vor Berücksichtigung dieser Absetzungen für Abnutzung (AfA) muss also mindestens ein ausgeglichenes Ergebnis vorliegen.
Es empfiehlt sich u.E. folgende Vorgehensweise:
(a) Vom positiven oder mindestens ausgeglichenem Ergebnis des steuerpflichtigen wGb sind nur noch AfA abzusetzen, die auf Wirtschaftsgüter entfallen, die **ausschließlich** dem steuerpflichtigen wGb dienen: Entsteht dadurch ein Verlust im steuerpflichtigen wGb ist dieser **schädlich!**
Die Regel-/Mindestabschreibungen sind zwingend vorzunehmen; andere Arten wie z. B. erhöhte AfA, Sonder-AfA und degressive AfA sind ausgenommen,[91] weil deren Inanspruchnahme in der Regel auf Wahlrechten zur Ergebnisgestaltung beruht und das Ergebnis im steuerpflichtigen wGb für die Schädlichkeitsprüfung nicht belasten soll.

---

89 AEAO zu § 64 Tz 11; vgl. 6.4.3.4 und 2.3, insbesondere 2.3.4.
90 AEAO zu § 55 Tz 5.
91 So auch Buchna: a.a.O., zu 2.5.3.2, S. 103.

(b) Der „reine Abschreibungsverlust" im steuerpflichtigen wGb ist dann **unschädlich, wenn** folgende Voraussetzungen vorliegen:[92]
Das Wirtschaftgut wurde für den ideellen Bereich (oder Zweckbetrieb) angeschafft oder hergestellt und wird zur besseren Kapazitätsauslastung und Mittelbeschaffung teil- oder zeitweise für den steuerpflichtigen wGb genutzt (sogenanntes **gemischt genutztes Wirtschaftsgut**).
Die Körperschaft darf nicht schon im Hinblick auf eine zeit- oder teilweise Nutzung für den steuerpflichtigen wGb ein größeres **Wirtschaftsgut** angeschafft oder hergestellt haben, als es **für** die **ideelle Tätigkeit** (oder den Zweckbetrieb) **notwendig** war.
Die Körperschaft gewährt die **Leistungen** des steuerpflichtigen wGb gegenüber Dritten nur **zu marktüblichen Preisen**.
Der steuerpflichtige wGb bildet **keinen eigenständigen Sektor eines Gebäudes** (z. B. Gaststättenbetrieb in einer Sporthalle).
(2) **Andere gemischte Aufwendungen**
Die vorstehenden **Grundsätze** für gemischt genutzte Wirtschaftsgüter **gelten entsprechend** auch für die Berücksichtigung **anderer gemischter Aufwendungen** (z. B. vorübergehender Einsatz von Personal des ideellen Bereichs oder des Zweckbetriebs in einem steuerpflichtigen wGb) bei der Beurteilung von Verlusten und deren Schädlichkeit für die Steuerbegünstigung.[93] Mit einem Beispiel soll dies verdeutlicht werden:

Beispiel:

> Die städtische gemeinnützige Krankenhaus-GmbH (Gesellschafterin ist die Stadt K) unterhält zur Versorgung der eigenen Patienten (800 Betten) eine Großküche. Mit dieser Küche werden gleichzeitig versorgt:
> a) ein benachbartes Altenheim (80 Personen), das in anderer Trägerschaft als gemeinnützig anerkannt ist und
> b) die Kantine des Gesundheitsamtes der Stadt K (40 Personen).
> Das Entgelt für die Essenslieferungen an das Altenheim ist ein Tagessatz, der marktüblich ist; dem Personal des Gesundheitsamtes werden die täglich bestellten Portionen in Rechnung gestellt. Auch hier sind die Preise marktüblich. In beiden Fällen ist davon auszugehen, dass die anteiligen laufenden Betriebskosten und Abschreibungen mit den Entgelten für die Essenslieferungen nicht erwirtschaftet werden.
> Vereinfacht ergeben sich aus der **Kostenstellenrechnung** der **Krankenhaus-GmbH** für den jeweiligen steuerpflichtigen wGb folgende Ergebnisse:

---

92 AEAO zu § 55 Tz 5.
93 AEAO zu § 55 Tz 5 Abs. 2; zu „gemischt veranlasste Kosten": AEAO zu § 64 Tz 4 bis 6; vgl. 2.3.4.2; Wallenhorst: Anm. zum BMF-Schreiben v. 19.10.1998, DStR 1998, S. 1914 (1915).

Aufstellung 1

Einnahmen und Ausgaben Kostenarten	a) Altenheim Euro		b) Gesundheitsamt Euro	
Entgelte für Essenslieferungen:		600.000		45.000
Wareneinsatz	410.000		30.000	
Lieferservice (Personal)	3.000		300	
Personalkosten (anteilig)	110.000		9.000	
Raumkosten (anteilig)	12.000		900	
Energie (anteilig)	30.000		2.300	
Abschreibung (anteilig):				
Gebäude	8.000		600	
Einrichtung	30.000		2.300	
Sonstige Kosten (anteilig)	5.000		400	
Summe Aufwendungen		608.000		45.800
Verlust aus wGb		8.000		800

Das nach ertragsteuerlichen Grundsätzen ermittelte Ergebnis führt sowohl beim „Altenheim" als auch beim „Gesundheitsamt" zu einem **Verlust im steuerpflichtigen wGb**. Denn insoweit liegen weder dem Zweckbetrieb „Krankenhaus" dienende Tätigkeiten vor, noch kommen für diese Tätigkeiten weitere (eigenständige) Zweckbetriebe (z. B. Selbstversorgungsbetrieb) in Betracht.[94]

Aufgrund dieser Verluste könnte eine → **Mittelfehlverwendung** vorliegen, denn die Verluste sind von der Krankenhaus-GmbH mit Mitteln aus ihrem Zweckbetrieb getragen worden. Erst wenn die folgende, von der Finanzverwaltung vorgegebene Ergebnisbereinigung **vor** Abschreibungen und vor anderen gemischten Aufwendungen weiterhin einen Verlust ausweist, ist mit den anderen Möglichkeiten für einen Verlustausgleich fortzufahren. Es kommt auf den jeweiligen Einzelfall eines steuerpflichtigen wGb an, mit welcher der vorstehenden Varianten[95] eines möglichen Verlustausgleichs begonnen wird.

---

94 Vgl. 6.4.2 und 6.4.3 sowie 6.6: ABC der wirtschaftlichen Tätigkeiten.
95 AEAO zu § 55 Tz 4 bis 8, alle ab 6.2.7 auf den vorstehenden Seiten dargestellt.

6.2 Die eine Steuerbegünstigung rechtfertigende Selbstlosigkeit

> Für dieses **Fallbeispiel** liegen die **Voraussetzungen** vor:
> Die Großküche dient bei 800 Betten ohne Zweifel dem Zweckbetrieb „Krankenhaus" und zur besseren Kapazitätsauslastung und Mittelbeschaffung werden zusätzlich Essen ausgeliefert (Erhöhung um 15 %, wenn das Krankenhaus stets voll belegt ist). Die vereinnahmten Entgelte sind auch (nachweisbar) marktüblich, denn zu höheren Preisen hätten weder das Altenheim noch das Gesundheitsamt einen Vertrag mit der Krankenhaus-GmbH abgeschlossen. Dass nicht alle anteiligen Kosten und Abschreibungen erwirtschaftet werden können, ist für diese Betrachtung unerheblich. Die Großküche dient in erster Linie der Versorgung der Krankenhauspatienten und somit liegt auch kein eigenständiger Sektor eines Gebäudes für den steuerpflichtigen wGb vor. Da das Personal ebenfalls ganz überwiegend in der Großküche zum Einsatz kommt und dies entsprechend auch für die anderen gemischten Aufwendungen gilt, stellt sich das **bereinigte Ergebnis** aus der Aufstellung 1 nun wie folgt dar

Aufstellung 2: Bereinigtes Ergebnis

Einnahmen und Ausgaben Kostenarten	a) Altenheim Euro		b) Gesundheitsamt Euro	
Entgelte für Essenslieferungen:		600.000		45.000
Wareneinsatz	410.000		30.000	
Lieferservice (Personal)	3.000		300	
Personalkosten (anteilig)	110.000	entfällt	9.000	entfällt
Raumkosten (anteilig)	12.000	entfällt	900	entfällt
Energie (anteilig)	30.000	entfällt	2.300	entfällt
Abschreibung (anteilig)				
Gebäude	8.000	entfällt	600	entfällt
Einrichtung	30.000	entfällt	2.300	entfällt
Sonstige Kosten (anteilig)	5.000	entfällt	400	entfällt
Summe Aufwendungen:	608.000	413.000	45.800	30.300
ertragsteuerlicher Verlust aus wGb		8.000		800
positiver Deckungsbeitrag bzw. bereinigtes Ergebnis		187.000		14.700

> **Auf Folgendes ist hinzuweisen:**
> - Für **ertragsteuerliche Zwecke** bleibt es bei den ermittelten (unschädlichen) Verlusten, so dass sich u.E. eine konkrete Zuordnung und Aufteilung der Betriebsausgaben nachweisbar auswirkt.
> - Da das **Altenheim** von einem anderen **gemeinnützigen Träger** geführt wird, wäre eine Belieferung mit Essen „unter Preis" für die Krankenhaus-GmbH auch nach § 58 Nr. 2 AO keine steuerlich schädliche Betätigung.[96]
> - Die Belieferung des **Personals vom Gesundheitsamt** (die Stadt K ist Gesellschafterin der Krankenhaus-GmbH) mit Essen „unter Preis" könnte aus Sicht der Finanzverwaltung unter ertragsteuerlichen Gesichtspunkten gleichwohl als Verstoß gegen das Mittelverwendungsgebot gewertet werden, wenn von einer **verdeckten Gewinnausschüttung** (vGA) auszugehen ist.[97] U.E. wäre diese Wertung hier verfehlt, weil marktübliche Preise verlangt worden sind, die auch die direkten Kosten decken. Die anteiligen Kosten aus der Vorhaltung der Großküche dürfen nicht in voller Höhe zum Tragen kommen, so dass eine Unterdeckung eben nicht auf dem Gesellschaftsverhältnis beruht.

6.2.7.3 Abschließende Betrachtung zum Verlustausgleich

Für den (großzügigen) Ansatz der Finanzverwaltung spricht,[98] dass eine punktuelle Betrachtung, die (nur) auf einzelne Veranlagungszeiträume abstellt, den vielschichtigen Themen wirtschaftlichen Handelns nicht gerecht wird. Allein die Tatsache, dass in einem Jahr Verluste erzielt werden, bedeutet noch nicht, dass eine Tätigkeit im steuerpflichtigen wGb unrentabel ist. Daher ist der Grundsatz wohl zutreffend, die Tätigkeiten zu untersagen, die Dauerverluste erwirtschaften. In einer marktwirtschaftlichen Ordnung sind „sichere Geschäfte" wohl die Ausnahme, so dass in der Regel jeder Gewinnchance auch ein Verlustrisiko gegenübersteht. Ein Verlust als solcher kann deshalb (u.E. von der Finanzverwaltung und der BFH-Rechtsprechung bis heute so nicht gewertet) noch nicht schädlich für die Steuerbegünstigung sein, sondern die Schädlichkeit tritt erst dann ein, wenn die Körperschaft von sich aus die verlustträchtige Tätigkeit nicht einstellt. Die Frage, ob und nach welchen Kriterien damit (zusätzlich oder allein) auf ein Fehlverhalten der tatsächlichen Geschäftsführung abzustellen sein wird, lässt sich ebenfalls nicht beantworten, weil das Management in kaufmännischer Selbstverantwortung anhand des Rechnungswesens und einer Prognose eine Entscheidung treffen muss. Jede Vorgabe oder Faustregel für die Praxis ist von der Finanzverwaltung oder Rechtsprechung bisher nach Möglichkeit vermieden worden und sie tun gut daran, da Regelwerke über den Einzelfall hinaus stets Schwächen

---
96 Vgl. 6.2.9.2
97 Vgl. 6.2.5.
98 In Anlehnung an Hüttemann: a.a.O., DStJG 26, 2003, S. 49 ff (72/73), m.w.N

haben werden. Mit den Regelungen im AEAO zu § 55 hat die Finanzverwaltung Augenmaß bewiesen und nicht nur Fehlanreize zum Weitermachen geschaffen,[99] denn die Verantwortung und Entscheidungsbefugnisse liegen primär bei der Geschäftsführung einer Körperschaft. Von außerhalb einer Körperschaft sollte deshalb mit gebotener Sorgfalt vorgegangen werden, wobei bestehende feste Größen oder Grenzen stets nach einem Einschreiten verlangen, wenn die Vorgaben überschritten werden. Deshalb sollte die Geschäftsführung der Körperschaft ihre Handlungsräume kennen und nutzen und der Finanzverwaltung vorbereitet und nachweisbar ihre Handlungsweisen darlegen.

6.2.8 Die zeitnahe Mittelverwendung (§ 55 Abs. 1 Nr. 5 AO)

Probleme mit der zeitnahen Verausgabung liquider Mittel stellen sich dem unbefangenen Betrachter aus Sicht einer Krankenhauskörperschaft in der Regel nicht. Dies hat zahlreiche Gründe, denen wir nicht nachgehen wollen. Thematisiert werden sollen vielmehr die Anforderungen, die das Steuerrecht hier vorhält. Jetzt mag sich der Betroffene wiederum fragen, warum das Recht der Steuerbegünstigung „nicht schon die Sparsamkeit in den Dienst der guten Sache stellt, sondern erst die tatkräftige Erfüllung der Satzungszwecke prämiert."[100] Wir meinen, dass beides zutrifft. In **§ 55 Abs. 1 Nr. 5 AO** heißt es:

> „Die Körperschaft muss ihre Mittel grundsätzlich zeitnah für ihre steuerbegünstigten satzungsmäßigen Zwecke verwenden. Verwendung in diesem Sinne ist auch die Verwendung der Mittel für die Anschaffung oder Herstellung von Vermögensgegenständen, die satzungsmäßigen Zwecken dienen. Eine **zeitnahe Mittelverwendung** ist gegeben, wenn die Mittel **spätestens in dem auf den Zufluss folgenden Kalender- oder Wirtschaftsjahr** für die steuerbegünstigten satzungsmäßigen Zwecke verwendet werden."

6.2.8.1 Gegenwartsnahe Zweckverfolgung als ein Grundprinzip

Die Körperschaft, die sich nicht mehr um die gegenwärtige Verwirklichung der → *steuerbegünstigten Zwecke* bemüht, verdient mangels → *Zweckverfolgung* keine Steuervergünstigung. Da die Verwirklichung der Zwecke in der Regel unter **Einsatz von** → *Mitteln* erfolgt, wird für den Bereich der → *Mittelverwendung* das Grundprinzip gegenwartsnaher Zweckverwirklichung im Gesetz ausdrücklich festgelegt. Diese Verpflichtung verlangt weder eine Verschleuderung von Vermögenswerten noch die Versilberung rechtlich oder tatsächlich gebundener Mittel (z. B. Grund- oder Stammkapital, Vermögenszuwendungen). Nicht un-

---

99 So Hüttemann, a.a.O., DStJG 26, 2003, S. 49 ff (73); vgl. auch Patt/Patt, Neue Entwicklungen im Gemeinnützigkeitsrecht, DStR 2005, S. 1509 ff, hier zu 5.
100 Thiel: Die zeitnahe Mittelverwendung – Aufgabe und Bürde gemeinnütziger Körperschaften, DB 1992, S. 1900 ff.

vernünftiger Aktionismus dient der Sache, sondern die Körperschaft sollte dafür Sorge tragen, dass liquide Mittel und vorhandene Vermögenswerte so zeitnah wie möglich bei **wirtschaftlich sinnvoller Betätigung** für satzungsmäßige Zwecke genutzt oder verbraucht werden.[101] Nur Mittel, die der Körperschaft mit der Maßgabe zugewendet worden sind, sie der Substanz oder dem Wert nach zu erhalten und nur die Erträge aus ihrer Nutzung zu verwenden, scheiden aus der zeitnahen Mittelverwendung aus, wenn sie zulässigerweise dem → *Vermögen* zugeführt worden sind (vgl. § 58 Nr. 11 AO). Darüber hinaus ist beim **Mittelbedarf** einer steuerbegünstigten Körperschaft stets der Tatsache Rechnung zu tragen, dass den wirtschaftlichen Erfordernissen einer nachhaltigen und dauerhaften Zweckverwirklichung in der Regel keine feststehenden Größen zugeordnet werden können; der Mittelbedarf unterliegt deshalb im Zeitablauf aufgrund möglicher Änderungen erheblichen Schwankungen. Für konkrete zukünftige Projekte lässt das Gesetz → *zweckgebundene Rücklagen* zu (§ 58 Nr. 6 AO, z. B. auch Betriebsmittelrücklage), zur Erhaltung und Stärkung der finanziellen Leistungsfähigkeit sind → *freie Rücklagen* möglich (§ 58 Nr. 7 AO).

6.2.8.2 Zeitnahe Verwendung von Mitteln

Die Verwendung von Mitteln für satzungsmäßige Zwecke erfolgt in erster Linie durch den Einsatz liquider Mitteln für **laufende Ausgaben** im Zweckbetrieb „Krankenhaus". Mittel werden für die satzungsmäßigen Zwecke eingesetzt (bzw. verbraucht), wenn sie in diesem Zusammenhang **für Tätigkeiten** abfließen **oder** wenn **Wirtschaftsgüter angeschafft** werden, die zur Verwirklichung der Satzungszwecke **in Gebrauch genommen** werden. Laufende Ausgaben für den Krankenhausbetrieb einschließlich der angemessenen Aufwendungen für die eigene Verwaltung sind bei einer überwiegend als Krankenhaus tätigen Körperschaft dem Zweckbetrieb zuzuordnen.[102] Bei Investitionen in Vermögensgegenstände, wie z. B.:

- Errichtung eines Krankenhausgebäudes, auch soweit neben der Förderung Eigenmittel für den Zweckbetrieb einzusetzen sind,
- Übernahme einer Klinik durch Kauf der Wirtschaftsgüter,
- Ausstattung mit medizinischen Geräten,
- Anschaffung eines Krankenwagens,

müssen die Wirtschaftsgüter zur Erfüllung der satzungsmäßigen Aufgaben bestimmt sein, so dass es nach erfolgter Anschaffung **allein** auf die **tatsächliche Nutzung** ankommt (dienen i. S. v. § 55 Abs. 1 Nr. 5 Satz 2 AO; nutzungsgebundene Mittel bzw. Kapital[103])

Werden die Wirtschaftsgüter zunächst im Zweckbetrieb „Krankenhaus" eingesetzt (in Gestalt der Investition in neues Vermögen sind die Mittel abgeflossen) und dort nach einiger Zeit nicht mehr benötigt, unterliegen diese Vermögens-

---
101 Vgl. Koenig: a. a. O., zu § 55 AO Rn 29 bis 31, m. w. N.
102 Vgl. 6.2.4
103 Thiel: a. a. O., DB 1992, S. 1900 (1902).

werte grundsätzlich weiterhin der zeitnahen Verwendungspflicht. Hier haben sich nicht die Voraussetzungen des Zweckbetriebs geändert,[104] sondern die **Nutzungsverhältnisse** an den tatsächlich eingesetzten Wirtschaftsgütern. Diese **Änderungen** können (allein) aus steuerlicher Sicht u.E. nicht dazu führen, dass die Wirtschaftsgüter veräußert werden müssen, um die als Kaufpreis vereinnahmten Mittel nunmehr zeitnah zu verwenden.[105] Die Verpflichtung zur **zeitnahen Mittelverwendung besteht** zwar grundsätzlich **fort**, aber sie ist in diesen Fällen neben dem zeitlichen Aspekt u.E. nicht absolut zu sehen, sondern in **Abhängigkeit von der Nutzungsdauer** nach der Regel- bzw. Mindest-AfA des bisher im Zweckbetrieb eingesetzten Wirtschaftsguts. Ist das Wirtschaftsgut bereits abgeschrieben und wird dann der Zweckbetrieb aufgegeben, ist u.E. ein Verbrauch der Mittel durch die vollständige Abschreibung eingetreten. Bei einer Restnutzungsdauer sollte das Bemühen ausreichen, das Wirtschaftsgut einer unmittelbaren (oder nach § 58 Nr. 2 AO auch mittelbaren) Zweckverwirklichung zuzuführen. Vergleichbar mit einer zulässigen Umschichtung von oder einer Zuführung zum → *Vermögen*[106] sollte **das Gebot** der zeitnahen Mittelverwendung dann **interessengerecht gelockert werden**, wenn kein endgültiger Mittelabfluss oder Mittelverbrauch eingetreten ist, weil die Vermögenswerte nach der unmittelbaren Verwendung für → *steuerbegünstigte Zwecke* fortan im Rahmen der → *Vermögensverwaltung* oder im → *steuerpflichtigen wGb* zur Mittelbeschaffung genutzt werden können.[107] Das Vermögen ist geblieben, hat aber eine andere „Qualität" erhalten. Förderrechtliche Bestimmungen mit anderen zeitlichen Auflagen könnten dieser Ansicht entgegenstehen und sind von der Krankenhauskörperschaft zu beachten.

Die **Mittel** sind so **frühzeitig** wie im Einzelfall nur möglich und geboten zu **verwenden**. Eine wirtschaftlich sinnvolle Betätigung für satzungsmäßige Zwecke setzt aber auch voraus, dass eine gewisse **Dispositionsfreiheit** vorhanden ist, wenn das Vermögen für das Gemeinwohl förderlich verwendet werden soll. Deshalb ist neu erworbenes Vermögen nicht schon im Jahr des Zuflusses, sondern (noch gegenwartsnah) **spätestens** zum **Ende des nachfolgenden Jahres** zu verwenden (§ 55 Abs. 1 Nr. 5 Satz 3 AO). Zu den Ausnahmen von diesem Gebot wird auf die Bildung von → *Rücklagen* nach § 58 Nr. 6 und 7 AO verwiesen.[108] Vermögenswerte, die zugesagt wurden oder erwartet werden, der Körperschaft aber noch nicht zugeflossen sind, können nicht für steuerbegünstigte Zwecke verwendet werden. Deshalb muss die Körperschaft zunächst ermitteln, **welche Mittel der Höhe** nach sie in dem betreffenden Wirtschaftsjahr zu verwenden hat (zu

---

104 Buchna: a.a.O., zu 2.5.3.1, S. 101/102: Wandel des Zweckbetriebs in einen stpfl. wGb.
105 Thiel: a.a.O., DB 1992, S. 1900 (1902); Buchna: a.a.O., zu 2.5.7.2, S. 139/140; Koenig: a.a.O., zu § 55 AO Rn 30.
106 AEAO zu § 55 Tz 28; § 58 Nr. 11 insbes. lit. d) AO; AEAO zu § 58 Nr. 11 Tz 21 Satz 3.
107 So ähnlich Buchna: a.a.O., zu 2.5.3.1, S. 102 beim Wandel des Zweckbetriebs in einen stpfl. wGb.
108 Vgl. 6.2.10

den Grundlagen der Berechnung siehe Erläuterungen zur → *Mittelverwendungsrechnung*[109]). Die gesetzliche Frist für die zeitnahe Verwendung von Mitteln kann auf Antrag nicht mit der Begründung verlängert werden, dass die Überlegungen zur Verwendung der Mittel noch nicht abgeschlossen seien. Auch der Hinweis auf eine Rücklage nach § 58 Nr. 6 AO (z. B. mögliche Übernahme einer Klinik) wird von der Finanzverwaltung nicht akzeptiert.[110] **Fristüberschreitungen** sollten die Ausnahme sein, werden von der Finanzverwaltung im Einzelfall aber mit einer sachlichen Begründung hingenommen, zumal ihr selbst das Recht zusteht, eine **Frist für** die **Verwendung** der Mittel zu **setzen**, wenn die Körperschaft die **Mittel (grundlos) angesammelt** hat (**§ 64 Abs. 4 AO**). Wir halten eine Mittelverwendungsnachholfrist von 2 Jahren grundsätzlich für angemessen und je nach Einzelfall auch eine längere Frist für geboten; unvernünftiger Aktionismus ist der Sache in der Regel nicht dienlich.[111] Im Krankenhausbereich haben wir zu den Fristen keine praktischen Erfahrungen.

In der **Praxis** stehen der laufende Krankenhausbetrieb und das ihn begleitende Rechnungswesen im Vordergrund. Im Rahmen des jährlichen bilanziellen Abschlusses und der Vorbereitung der Steuererklärungen sollte dann spätestens die Prüfung der Einhaltung der vorstehenden steuerlichen Grundsätze erfolgen, denn die **Körperschaft** hat die **Einhaltung** des Gebots der zeitnahen Mittelverwendung **nachzuweisen**. Sind die Mittel zunächst (teilweise) angesammelt worden (gleich, aus welchen Gründen), muss die Zuordnung der Mittel zum zulässigen Vermögen bzw. die Bestimmung ihrer Verwendung im Folgejahr durch eine → *Mittelverwendungsrechnung* erfolgen, es sei denn, der Nachweis kann unmittelbar durch den Jahresabschluss geführt werden,[112] was regelmäßig aufgrund der Darstellung eines handelsrechtlichen Jahresabschlusses (mit oder ohne Berichtsteil) nicht der Fall ist. Eine (amtliche) Form ist für die Mittelverwendungsrechung nicht vorgegeben; die Finanzverwaltung spricht „zweckmäßigerweise" von einer „**Nebenrechnung**", aus der sich ohne weitere Vorgaben die Einhaltung der gesetzlichen Verpflichtungen ersehen lässt.[113] Aus der Bilanz lassen sich zwar viele Angaben ableiten, aber Inhalt, Art und Umfang der Mittelverwendungsrechnung sind allein nach dem Grundsatz der zeitnahen Verwendungspflicht i. S. d. § 55 Abs. 1 Nr. 1 und Nr. 5 AO auszurichten. Nach Jahren unterschiedlichster Ausgestaltungen hat sich in der Praxis der Vorschlag von Buchna[114] durchgesetzt, dessen Berechnungsgrundlagen und -methoden einschließlich eines Musters bzw. Formblatts auch von der Finanzverwaltung im Rahmen der Veranlagung oder Betriebsprüfung anerkannt werden.

---

109 Vgl. 6.2.11 und Anhang: Beispiel Steuererklärung.
110 Vgl. BMF v. 15.02.2002, BStBl I 2002, S. 267.
111 Vgl. 6.3.3.4; vgl. dazu Buchna: a.a.O., zu 2.13.3, S. 201.
112 AEAO zu § 55 Tz 27; vgl. Buchna: a.a.O., zu 2.5.7.1, S. 124 ff.
113 AEAO zu § 55 Tz 27.
114 Buchna: a.a.O., zu 2.5.7.1, S. 124 ff (129/139); vgl. 6.2.11 und Anhang: Beispiel Steuererklärung.

6.2.8.3 Beispiel: Nutzungsänderung im Zweckbetrieb

Sachverhalt: Die gemeinnützige Krankenhaus-GmbH plant, eine Fachabteilung des Krankenhauses zum 31. Dezember aufzugeben. Die Bettenkapazität wird sich dadurch nur unwesentlich reduzieren, aber die Räumlichkeiten einschließlich eines OP-Traktes mit funktionsfähiger Ausstattung werden für den übrigen Zweckbetrieb „Krankenhaus" grundsätzlich nicht mehr benötigt. Die nicht geförderte Ausstattung der Fachabteilung hat einen Restbuchwert von 200.000 € und die Restnutzungsdauer soll einheitlich 2 Jahre betragen. Das Krankenhaus-Management wägt folgende Möglichkeiten ab, die mit dem Steuerberater einer Lösung zugeführt werden sollen:

a) Die vorhandene Ausstattung wird nach Prüfung auf das Krankenhaus verteilt und dort im Zweckbetrieb eingesetzt, teilweise nur als Ersatz; die Räumlichkeiten können vorerst nicht genutzt werden.
b) Die vorhandene Ausstattung wird veräußert und erzielt voraussichtlich nur einen Zerschlagungspreis weit unter dem Buchwert; die Räumlichkeiten bleiben auch hier ungenutzt.
c) Eine Gruppe von Belegärzten zeigt Interesse an einer zehnjährigen Nutzung durch entgeltliche Vereinbarung mit dem Krankenhaus ohne Personalgestellung, aber mit Patientenversorgung aus der Krankenhausküche und bei eigener Ersatzbeschaffung bzgl. der Ausstattung. Im Übrigen schätzen die Belegärzte die Nähe zum Krankenhaus für den Notfall.

Steuerliche Auswirkungen:

Unproblematisch ist die Gestaltung **zu a)**: Hier werden die in der Ausstattung gebundenen Mittel weiterhin im Zweckbetrieb „Krankenhaus" eingesetzt und genutzt, wenn auch teilweise nur als Ersatz, aber auch die Vorratshaltung dient der Aufrechterhaltung des Krankenhausbetriebs.

Eine Veräußerung der Ausstattung unter dem Buchwert (**zu b)**) wäre u.E. nicht zielführend, weil die Ausstattung im Krankenhausbetrieb Verwendung finden kann (vgl. zu a)). Zwar könnten in Höhe des Kaufpreises kurzfristig Mittel vereinnahmt werden, die dann wiederum zeitnah zu verwenden wären. Bei dem zu erwartenden Kaufpreis sind steuerliche Gründe für die Entscheidung u.E. nicht ausschlaggebend, sondern die Erfahrungen des Managements, diesen Sachverhalt mit wirtschaftlich sinnvollen Überlegungen abzuschließen. Wenn z.B. aus nachvollziehbaren Gründen **keine** weitere Verwendung der Ausstattung im Krankenhaus möglich ist, kommt entweder die Veräußerung oder die Nutzung durch die Belegärzte in Betracht.

In den Fällen **zu a) und zu b)** ist der Leerstand vorerst hinzunehmen, wenn sich insoweit durch Bemühungen des Managements keine Nutzungsmöglichkeiten für das Krankenhaus ergeben sollten. Eine anderweitige Nutzung ist weiter zu verfolgen. Förderrechtliche Bestimmungen werden nicht erörtert.

Sinnvoll und aus steuerlicher Sicht vertretbar ist die Gestaltung **zu c)**. Das Krankenhaus erhält eine sinnvolle und zweckdienliche Kooperation mit Aussicht auf gesicherte Einnahmen. Gleichzeitig werden für das Gemeinnützigkeitsrecht die Grenzen zulässiger wirtschaftlicher Betätigung nicht verletzt.

Die Zweckbetriebsdefinition des § 67 AO bezieht sich auf ein **Krankenhaus**. Dies kann auch ein Teil einer Einrichtung sein, wenn der Krankenhausteil räumlich oder nach seiner Versorgungsaufgabe (funktional) als Einheit von den anderen Bereichen der Einrichtung abgrenzbar ist (vgl. Abschnitt 82 Abs. 2 Satz 3 EStR 1999). Verbleibt ein abgrenzbarer Krankenhausteil und ist dieser ein Zweckbetrieb (§ 67 AO), ist für die übrige Tätigkeit (z. B. Ergänzungsbelegung durch Belegärzte) zu prüfen, ob ein steuerpflichtiger wGb vorliegt.

Ferner stellen sich aufgrund der **Nutzungsänderung** (Überführung der Wirtschaftsgüter vom Zweckbetrieb in einen → *Nichtzweckbetrieb*) folgende **Themen**: Zeitnahe **Mittelverwendung, Ertragsteuern** sowie mögliche **Optimierung** der Gestaltung.

(1) Die **Nutzungsüberlassung** der Räumlichkeiten mit Ausstattung sowie die Patientenversorgung durch die Küche sind Leistungen der Krankenhauskörperschaft an die Belegärzte, die als **steuerpflichtiger wGb** der Körperschaft angesehen werden. Soweit teilweise eine **Vermögensverwaltung** in Betracht kommen kann (vgl. § 21 Abs. 1 Nr. 2 EStG: Vermietung und Verpachtung von Sachinbegriffen als wirtschaftliche Einheit), ergeben sich ertragsteuerliche Vorteile; das Problem der satzungsmäßigen Mittelverwendung stellt sich in jedem Fall.

(2) Die **Räumlichkeiten** können (ertragsteuerlich) **selbständige Gebäudeteile** (Wirtschaftsgüter) sein, da sie einerseits für eigene Zwecke (z. B. Krankenhaus) und andererseits für fremdbetriebliche Zwecke (z. B. Belegärzte) genutzt werden (vgl. Abschnitt 13 Abs. 3 und 4 EStR). Ist eine gewisse Selbständigkeit und organisatorische Geschlossenheit der jeweils (funktionalen) Teile erkennbar, so kann dies im Einzelfall ausreichen; überzogene Forderungen an eine Trennung sind nicht zu stellen. Diese Voraussetzungen sind im Beispiel als erfüllt anzusehen.

(3) Trotz der funktionalen Trennung bei den Räumlichkeiten mit den unterschiedlichen Tätigkeiten liegt u.E. insoweit **kein Verstoß gegen** das Gebot der **zeitnahen Mittelverwendung** vor. Die vorgesehenen Räumlichkeiten für die Belegärzte werden nicht endgültig aus dem übrigen Krankenhaus-Zweckbetrieb herausgelöst, sondern stehen mit ihm in einem Funktionszusammenhang. Denn die Belegärzte stellen im Rahmen ihrer Tätigkeit wesentlich auf die Nähe zum Krankenhaus ab, um für den Notfall gut aufgestellt zu sein; für das Krankenhaus ist die Kooperation mit den Belegärzten und deren Patienten eine zweckdienliche und sinnvolle Ergänzung. Die **Nutzungsänderung** der Räumlichkeiten vom eigenen Zweckbetrieb zur Überlassung an die Belegärzte stellt sich u.E. nur **als eine „Lockerung des Mittelverwendungsgebots"** dar, wobei das (verbleibende zweckgebundene) Vermögen eine andere „Qualität" erhalten hat. Bei anders gelagerten Sachverhalten (z. B. Ergänzungsbelegungen durch Aufnahme von Urlaubsgästen in gemeinnützigen Kurkliniken und Sanatorien) ist die Nutzungsänderung im Rahmen eines

Nichtzweckbetriebs als „nur vorübergehende bessere Kapazitätsauslassung" für zulässig erachtet worden.[115]

(4) Die **anderen Wirtschaftsgüter**, die bisher dem Zweckbetrieb „Krankenhaus" gedient haben, werden zwei Jahre vor Ablauf ihrer Nutzungsdauer ausschließlich im steuerpflichtigen wGb eingesetzt, denn dort stehen sie nur den Belegärzten zur Verfügung. Sie unterliegen aber als Vermögenswerte (nutzungsgebundene Mittel) der zeitnahen Verwendungspflicht (§ 55 Abs. 1 Nr. 5 Satz 2 AO), da ein Verbrauch über die Abschreibung noch nicht eingetreten ist.[116] Demnach wäre die **Überlassung an den steuerpflichtigen wGb** eine fehlerhafte (**schädliche**) **Mittelverwendung**.

Dem Grunde nach sind dem Zweckbetrieb „Krankenhaus" zwar Mittel entzogen worden (wenn auf die Nutzungsdauer abgestellt wird, mindestens mit einem Restbuchwert von 200.000 €), aber ein endgültiger Mittelabfluss oder Mittelverbrauch ist damit nicht eingetreten. Es liegt eine **Umschichtung des Vermögens** vor oder das Vermögen hat, so Buchna[117], „*eine andere ‚Qualität' erhalten.*" Auch hier ist die **Wertungsfrage**:[118] *Inwieweit sind wirtschaftliche Aktivitäten, die durch die fördernde Tätigkeit entstehen, zugunsten der Interessen der Gemeinwohlförderung akzeptabel und damit unschädlich?* mit „Ja!" zu beantworten. Statt der unmittelbaren Verwendung für steuerbegünstigte Zwecke (hier könnte auch auf die Gestaltungen zu a) und zu b) verwiesen werden) „parkt" das Vermögen im steuerpflichtigen wGb.[119]

Damit ist **keine schädliche Mittelverwendung** eingetreten, die zur Gefährdung der Gemeinnützigkeit führt. Auch die Wertungen der Finanzverwaltung zum Verlustausgleich im steuerpflichtigen wGb[120] mit der „Gewinn-Rückgabe-Regelung" oder der „Vergabe eines betrieblichen Darlehens" lassen sich parallel auf diesen Sachverhalt übertragen: Zur Mittelbeschaffung „parkt" das Vermögen im wGb und so werden dem steuerfreien Zweckbetrieb „Krankenhaus" zukünftig die Erträge daraus zufließen (beim Verlustausgleich im wGb wird auf den Gewinnvortrag abgestellt). Andererseits könnte auch ein betriebliches (Sachmittel-)Darlehen des Zweckbetriebs an den wGb ausgereicht worden sein, im konkreten Fall allerdings wohl mit einer längeren Laufzeit als zwölf Monate (beim Verlustausgleich im wGb liegt der Ausgleichszeitraum auch zwischen zwölf Monaten und sechs Jahren).

(5) Es ist festzuhalten, dass die Beendigung eines Zweckbetriebs grundsätzlich **zu Problemen mit der zeitnahen Mittelverwendung** führen kann. Ob frei

---

115 OFD Cottbus, Vfg. v. 18.12.1998, BB 1999, S. 407; OFD Koblenz, Vfg. v. 07.10.2003, DB 2003, S. 2413; aber u.E. **Verschärfung durch OFD Frankfurt**, Vfg. v. 09.09.2003, DStR 2003, S. 2071 (zu 5.2) und Vfg. v. 08.12.2004, DStR 2004, S. 600.
116 Hier vertretene Auffassung, die die Nutzungsdauer einbezieht; **a.A.**: siehe Fn. zu Ausführungen zu 6.2.8.2.
117 Buchna: a.a.O., zu 2.5.3.1, S. 102 oben.
118 Vgl. zu 6.2.1 und zu 6.2.2.
119 So auch Buchna: a.a.O., zu 2.5.3.1, S. 102 oben; **a.A.**: aber zu 2.5.7.2, S. 139/140.
120 AEAO zu § 55 Tz 4 bis 8; vgl. auch 6.2.7 f

werdende Mittel thesauriert werden können[121] oder ob diese Mittel innerhalb kurzer Zeit für die satzungsmäßigen Zwecke eingesetzt werden müssen, ist als Vorfrage bei der Problemlösung zu berücksichtigen. Hierbei ist es nicht unbedingt notwendig, dieselben Vermögenswerte des (ehemaligen) Zweckbetriebs einzusetzen. Soweit die Krankenhauskörperschaft **wertmäßig** über anderes – zulässig gebildetes – Vermögen verfügt, kann dies freie Vermögen auch anstelle des Zweckbetriebsvermögens eingesetzt werden (quasi im Austausch).[122]

(6) Zur **Absicherung** einer Lösung außerhalb einer zeitnahen Mittelverwendung empfiehlt der Steuerberater die **Einholung einer** → *verbindlichen Auskunft*, weil die Auffassung der Finanzverwaltung dazu nicht bekannt ist und eine wirtschaftliche Entscheidung der Krankenhauskörperschaft von der Auskunft des zuständigen Finanzamtes abhängig sein kann.

(7) Im Zuge einer (zulässigen, weil mit der Finanzverwaltung abgestimmten) **Überführung von Vermögen** aus dem steuerfreien Zweckbetrieb in den eigenen steuerpflichtigen wGb der steuerbegünstigten GmbH ist Folgendes zu beachten:[123]

– Der Wegfall von Teilen eines Zweckbetriebs (hier einer Fachabteilung bei Fortbestand des Krankenhaus-Zweckbetriebs im Übrigen) kann insoweit zum Beginn eines steuerpflichtiger wGb führen, so dass **§ 13 KStG** grundsätzlich zu beachten ist. Ziel dieser Reglung ist u. a. die Steuerfreistellung der während der Steuerfreiheit gebildeten stillen Reserven. Für den wGb ist eine Anfangsbilanz aufzustellen.

– Die **Einlage** (§ 4 Abs. 1 Satz 5 EStG) der zugeführten Wirtschaftsgüter in den steuerpflichtigen wGb erfolgt grundsätzlich zum Teilwert nach § 6 Abs. 1 Nr. 5 Satz 1 EStG. Der Ansatz mit dem Teilwert gewährleistet hier eine Freistellung der zum Zeitpunkt der Einlage vorhandenen stillen Reserven von der Besteuerung und die zukünftig höhere Abschreibung (AfA).

– Die veranlasste **Vermögenszuführung** innerhalb derselben Körperschaft (im Sinne einer Verschiebung von Vermögen innerhalb der steuerbegünstigten GmbH mit ihren vier möglichen → *Tätigkeitsbereichen* ausnahmsweise möglich, weil die → *partielle Steuerpflicht* nur für den wGb gegeben ist) wird für die Gewinnermittlung beim steuerpflichtigen wGb wieder durch den Abzug als Einlage neutralisiert (§ 4 Abs. 1 Satz 1 EStG).

(8) Der **laufenden Besteuerung** im steuerpflichtigen wGb unterliegt ab Nutzungsüberlassung das vereinnahmte Nutzungsentgelt als Betriebseinnahme abzüglich der diesen Einnahmen unmittelbar und mittelbar (soweit Aufteilung von → *gemischt veranlassten Kosten* möglich und zulässig) zuzuordnenden Betriebsausgaben.

---

121 Vgl. 6.2.10: Mittelverwendung durch Rücklagenbildung.
122 Kümpel: Die steuerliche Behandlung von Zweckbetrieben, DStR 1999, S. 93 ff (95 zu 5.4).
123 Vgl. 6.5.2: Beginn und Erlöschen einer Steuerbefreiung, insbes. zu 6.5.2.3; vgl. Bott in: Schauhoff: Handbuch der Gemeinnützigkeit, 2. Auflage, 2005, zu § 7 Rn 98.

(9) Als **Alternative zur Gestaltung c)**, insbesondere wegen der **Optimierung** der vorstehenden steuerlichen Auswirkungen, schlägt der Steuerberater Folgendes vor:
Eine bloße Nutzungsüberlassung (ohne Patientenversorgung) könnte **steuerfreie Vermögensverwaltung** sein.
Dann müsste die **Ausstattung** vorab aus dem Zweckbetrieb an die Belegärzte **verkauft** werden, was möglich erscheint, da die Ersatzbeschaffung ohnehin von den Belegärzten übernommen werden soll. Die Finanzierung eines angemessenen Kaufpreises für die Ausstattung wäre von den Belegärzten zu prüfen. In diesem Fall gilt der Verkehrswert (bei üblichem Fremdvergleich) als Kaufpreis und nicht der Zerschlagungswert (wie zu b)), da eine wirtschaftliche Einheit (funktionell und technisch aufeinander abgestimmt) veräußert werden soll. Die (nackten) **Räumlichkeiten**, einschließlich der Versorgungsanschlüsse, wären dann zu einem ebenfalls angemessenen Zins langfristig zu **vermieten**. Da die Ausstattung wegen des Verkaufs nicht im Mietzins zu berücksichtigen ist, fällt der Mietzins gegenüber der Gestaltung zu c) geringer aus. Allein die **Patientenversorgung** aus der Küche erfolgt in Portionen gegen Entgelt – wie bisher zu c) – im Rahmen eines steuerpflichtigen **wGb** (ggf. auch in einem → *Selbstversorgungsbetrieb*).
Liegt ein erzielbarer Kaufpreis für die Ausstattung über den Buchwerten, unterliegt der gesamte Betrag zwar der zeitnahen Mittelverwendung nach § 55 Abs. 1 Nr. 5 AO, aber die aufgedeckten stillen Reserven im steuerfreien Zweckbetrieb unterliegen nicht der Ertragsbesteuerung. Ferner sind auch die laufenden Mieterträge aus der langfristigen Nutzungsüberlassung der Räumlichkeiten steuerfreie Einnahmen aus der Vermögensverwaltung. Förderrechtliche Bestimmungen bzgl. der entgeltlichen Nutzungsüberlassung oder eines Verkaufs der Ausstattung werden nicht erörtert.

(10) Die **Vorteile** dieser Alternative liegen auf der Hand:
- Kein Mittelverwendungsproblem durch Nutzungsänderung
- Keine Ertragsteuern für die Veräußerung der Wirtschaftgüter
- Keine Ertragsteuern auf die Nutzungsüberlassung der Räumlichkeiten
- Liquidität in Höhe des Kaufpreises für die Ausstattung, wobei eine Finanzierung oder Teilbeträge möglich sein dürften

Dieses Beispiel zeigt u.E. sehr deutlich, dass eine kritische Abwägung **vor** Aufnahme wirtschaftlicher Aktivitäten[124] sinnvoll und geboten ist. Wird dieser Sachverhalt erst im Rahmen einer Betriebsprüfung gewürdigt, kann u. U. nach Jahren die Steuerbegünstigung der Körperschaft mit nicht unerheblichen Steuernachzahlungen auf der aktuellen Tagesordnung stehen.

---

124 Vgl. 6.2.7.1, Appelle für die Praxis.

6.2.9 Steuerlich unschädliche Betätigungen (§ 58 AO)

Zu tun, was erlaubt ist, kann nicht verboten sein! Dieser Eindruck drängt sich auf, wenn nun Betätigungen beschrieben werden, die mit den gesetzlichen Grundprinzipien der → *Ausschließlichkeit*, der → *Unmittelbarkeit* und der → *Selbstlosigkeit* nicht vereinbar sind. Kraft gesetzlicher Regelung sind in den vorgegeben Grenzen Betätigungen als Ausnahmen beschrieben, so dass die Steuervergünstigung dadurch nicht ausgeschlossen wird. Ein Verbot ohne Ausnahmen ist wie eine Suppe ohne Salz!

Das „Regel-Ausnahme-Verhältnis" der §§ 55 bis 57 AO zu § 58 AO hat **keine direkte Zuordnung** der jeweiligen Ausnahme zum Einzelprinzip, da unterschiedslos alle drei Prinzipien betroffen sind. Es werden hier nur die Ausnahmetatbestände angesprochen, die für eine steuerbegünstigte Krankenhauskörperschaft von Bedeutung sind. Einer entsprechenden Satzungsbestimmung, die zulässige (gesetzliche) Ausnahmen in der → *Satzung* der Körperschaft regelt, bedarf es grundsätzlich nicht.[125] Sofern in Bezug auf die Steuervergünstigung einige der nach § 58 AO **zulässigen Betätigungen** steuerlich unschädlich sind, hat dies nicht zur Folge, dass insoweit (auch) eine Betätigung im → *ideellen Bereich* oder im → *Zweckbetrieb* erfolgt. Es liegt keine „Zweckbetriebsnorm" vor,[126] sondern im **Einzelfall** können **Tätigkeiten** nach § 58 Nr. 3, 4 oder 8 AO gegen Entgelt im → *steuerpflichtigen wGb* erfolgen oder der steuerfreien → *Vermögensverwaltung* zuzuordnen sein.[127]

6.2.9.1 Förderkörperschaften zur Mittelbeschaffung (§ 58 Nr. 1 AO)

Sogenannte Förderkörperschaften (häufig auch als „Spendensammelvereine" bezeichnet) streben nicht selbst eine unmittelbare Förderung der → *Allgemeinheit* an, sondern ihr **Zweck** ist es, die → *steuerbegünstigten Zwecke*, z.B. einer **gemeinnützigen Krankenhauskörperschaft, finanziell zu unterstützen**. Die Vorschrift des § 58 Nr. 1 AO gestattet es als Ausnahme vom Gebot der → *Unmittelbarkeit*, dass die Förderkörperschaften als steuerbegünstigt behandelt werden. Die von ihnen beschafften → *Mittel* müssen von einer anderen Körperschaft des privaten Rechts, die nach aktueller Gesetzesänderung selbst steuerbegünstigt sein muss, oder einer jPdöR für die Verwirklichung steuerbegünstigter Zwecke verwendet werden. Zwar muss ein steuerbegünstigter Zweck, für den die Mittel beschafft werden sollen, in der → *Satzung* der Förderkörperschaft angegeben werden, aber es ist nicht erforderlich, die Körperschaft, für die sie Mittel beschafft, namentlich zu benennen.[128] Es gelten die Grundprinzipien der Steuerbegünstigung, so dass

---

125 AEAO zu § 58 Tz 23 Satz 1.
126 So BFH-Urteil v. 30.11.1995, V R 29/91, BStBl II 1997, S. 189 ausdrücklich zu § 58 Nr. 3 AO.
127 AEAO zu § 58 Tz 23 Satz 2.
128 AEAO zu § 58 Tz 1; OFD Magdeburg, Vfg. v. 20.04.2005, DStR 2005, S. 1732; OFD Frankfurt a.M., Rdvfg. v. 05.10.2005, Gemeinnützigkeitsunschädliche Weitergabe von Mitteln, AO-StB 2006, S. 344 mit Anm. von Hütt.

die Beschaffung der Mittel vordergründig nicht durch eigene wirtschaftliche Aktivitäten erfolgen darf, um die eigene Steuerbegünstigung nicht zu gefährden; ein steuerpflichtiger wGb im gebotenen Umfang ist auch hier zulässig.

6.2.9.2 Zuwendung von Mitteln an andere Körperschaften (§ 58 Nr. 2 AO)

Nach § 58 Nr. 2 AO kann eine steuerbegünstigte Körperschaft „*ihre Mittel teilweise einer anderen, ebenfalls steuerbegünstigten Körperschaft oder einer Körperschaft des öffentlichen Rechts zur Verwendung zu steuerbegünstigten Zwecken*" zuwenden. Auch hier wird die Körperschaft von der (eigenen) unmittelbaren Zweckverwirklichung (§ 57 AO) befreit, soweit sie ihre → *Mittel* „teilweise" für alle nach §§ 52 bis 54 AO → *steuerbegünstigten Zwecke* überlässt (→ *mittelbare Zweckverwirklichung*). Einer entsprechenden Satzungsbestimmung bedarf es insoweit nicht.[129]

Die „**teilweise**" Zuwendung von Mitteln sieht die Finanzverwaltung als gegeben an, wenn eine „nicht überwiegende" Weitergabe erfolgt,[130] d.h. nicht mehr als die Hälfte der eigenen Mittel weitergegeben wird. Eine feste Obergrenze lässt sich aus dem Gesetzeswortlaut aber nicht ableiten,[131] so dass wir daran festhalten, dass die Körperschaft **nicht sämtliche Mittel** weitergibt bzw. selbst mehr als nur einen geringfügigen Anteil (mindestens 10 v.H.) für ihre → *steuerbegünstigten Zwecke* verwendet. In der Praxis wird u.E. nur ausnahmsweise großzügig verfahren, da die Krankenhauskörperschaften schon aus anderen Gründen ihre Mittel vorrangig für eigene Zwecke verwenden. Im Zweifel sollte die Finanzverwaltung vor Überlassung der Mittel im Rahmen einer → *verbindlichen Auskunft* einbezogen werden.

Die überlassenen **Mittel**, die sich nicht nur auf die der Körperschaft in dem jeweiligen Veranlagungszeitraum zufließenden Mittel oder nur auf die → *zeitnah zu verwendenden Mittel* beschränken, sondern nach Auffassung der Finanzverwaltung vielmehr **sämtliche Vermögenswerte** der Körperschaft erfassen sollen[132] (z.B. Barmittel, Sachleistungen, Überführung von Wirtschaftsgütern, Ausschüttungen,[133] wirtschaftliche Vorteile wie Preisnachlässe oder verminderter Zins) müssen bei der Empfängerkörperschaft **steuerbegünstigten Zwecken zugeführt** (d.h. dort grundsätzlich zeitnah verwendet) werden, wobei keine Identität der

---

129 AEAO zu § 58 Tz 23 Satz 1; OFD Magdeburg, Vfg. v. 20.04.2005, DStR 2005, S. 1732.
130 AEAO zu § 58 Tz 2; „höchstens zur Hälfte" OFD Frankfurt a.M. v. 04.12.2003, DStZ 2004, S. 276; OFD Magdeburg, Vfg. v. 20.04.2005, DStR 2005, S. 1732 (1733 zu 2.2).
131 Koenig: a.a.O., zu § 58 AO Rn 9; Gietz/Sommerfeld: a.a.O., BB 2001, S. 1501, m.w.N.
132 OFD Frankfurt a.M. v. 04.12.2003, DStZ 2004, S. 276; OFD Magdeburg: a.a.O., DStR 2005, S. 1732; **a.A.**: Gietz/Sommerfeld: a.a.O., BB 2001, S. 1501, zu II.2: „nur zeitnah zu verwendende Mittel".
133 Koenig: a.a.O., zu § 58 AO Rn 9; Buchna: a.a.O., zu 2.5.3.6, S. 119.

von beiden Körperschaften verfolgten Zwecke erforderlich ist. Dass die andere Körperschaft im Zeitpunkt der Weitergabe der Mittel einen steuerbegünstigten Zweck verfolgt, sollte u.E. stets gegen **Nachweis** erfolgen (Kopie des letzten → *Freistellungsbescheides* der Empfängerkörperschaft). Dies gilt auch für die korrekte Verwendung der Mittel, insbesondere dann, wenn → *Spenden* weitergegeben wurden (wegen der unterschiedlichen Spendenhöchstsätze).[134]

Beispiel: Mittelzuwendung an eine ausländische Körperschaft

> Die gemeinnützige Krankenhaus-GmbH in Berlin plant eine **Kooperation mit einer Krankenhauskörperschaft in Polen**. Die Körperschaft in Polen möchte eine neue medizinische Fachabteilung aufbauen und bittet um eine „Starthilfe". Das Krankenhaus-Management in Berlin fragt den Steuerberater, ob die gemeinnützige GmbH zunächst sowohl Bar- als auch Sachmittel bis ca. 100 T€ und später auch Personal zur Schulung an den Partner in Polen unschädlich überlassen kann. Fragen des Zuwendungsrechts sollen nicht beantwortet werden.
>
> Da die gemeinnützige Krankenhaus-GmbH Vermögenswerte nur teilweise überlässt, liegen insoweit keine Anhaltspunkte vor, die gegen eine unschädliche Betätigung sprechen. Allerdings ergeben sich Zweifel, da der Zuwendungsempfänger in Polen und damit im Ausland seinen Sitz hat. Nach Auffassung der Finanzverwaltung[135] kann die Weitergabe von Mitteln an Körperschaften, die im Inland weder ihre Geschäftsleitung noch ihren Sitz haben, nicht auf § 58 Nr. 2 AO gestützt werden. Der Wortlaut der Vorschrift sei insoweit zwingend (Zuwendung an „ebenfalls steuerbegünstigte Körperschaft" ist solche i. S. d. §§ 51 ff AO).
>
> Zwar lässt § 58 Nr. 1 AO zu, dass auch ausländische Körperschaften Zuwendungen erhalten können, wenn sie die erhaltenen Mittel der Art nach für steuerbegünstigte Zwecke verwenden.[136] Aber unsere Krankenhaus-GmbH dürfte nach ihrer Satzung wohl keine sogenannte Förder- oder Spendensammelkörperschaft sein (Beschaffung von Mitteln muss Satzungszweck sein[137]), so dass die Weitergabe von Mitteln auch nach § 58 Nr. 1 AO nicht zulässig ist. Ob bei diesem Sachverhalt als Lösung die Einschaltung einer ausländischen Hilfsperson (§ 57 Abs. 1 Satz 2 AO) in Betracht kommt,[138] ist u.E. durch das Krankenhaus-Management eventuell noch gestaltbar. Dieser Sachverhalt lässt die **Weitergabe von Mitteln an eine ausländische Organisation nicht zu**.

---

134 Vgl. Buchna: a. a. O., zu 2.8.2, S. 154 f; OFD Frankfurt a.M. v. 04.12.2003; DStZ 2004, S. 276; OFD Magdeburg: a. a. O., DStR 2005, S 1732 (1733 zu 2.1 Zuwendungsabzug).
135 OFD Hannover v. 15.06.2002, BB 2001, S. 1724.
136 OFD Hannover v. 15.06.2001, BB 2001, S. 1724; OFD Frankfurt a.M. v. 04.12.2003, DStZ 2004, S. 276..
137 AEAO zu § 58 Nr. 1 Tz 1 Satz 2; OFD Frankfurt a.M. v. 04.12.2003, DStZ 2004, S. 276.
138 So ein Hinweis der OFD Hannover v. 15.06.2001, BB 2001, S. 1724 zu Tz 5.

Die **Gestellung von Personal** für steuerbegünstigte Zwecke zum Aufbau der medizinischen Fachabteilung beim Kooperationspartner in Polen ist dagegen nach § 58 Nr. 3 AO zulässig. Wie dem nachfolgenden Kapitel (6.2.9.3) zu entnehmen ist, auch mit Überlassung von Arbeitsmitteln.

Es ist u.E. **kritisch anzumerken**, ob eine Vereinheitlichung der Maßstäbe für unschädliche Betätigungen nach § 58 AO angezeigt ist, damit ein zusammengefasster Lebenssachverhalt nicht zu den hier festgestellten unterschiedlichen Rechtsfolgen führt, zumal die Differenzierungen zu den Betätigungen nach § 58 Nr. 1 bis 3 AO nicht auf den ersten Blick einsichtig sind und in der Praxis auf Unverständnis stoßen.

Beispiel: Gewinnausschüttungen bei steuerbegünstigten Körperschaften

Eine gemeinnützige und mildtätige Stiftung ist Alleingesellschafterin einer Krankenhaus-GmbH mit zwei Krankenhausbetrieben. Die Stiftung hat ihren Zweckbetrieb Alten- und Pflegeheim (§ 68 Nr. 1 a) AO) durch einen Neubau erheblich erweitert und zur Finanzierung neben den eigenen Rücklagen auch einen Bankkredit aufgenommen. Die Krankenhaus-GmbH musste aufgrund der Änderungen im Krankenhausbedarfsplan ein Krankenhaus schließen und konnte im Rahmen der Abwicklung einen Überschuss aus Verkäufen erzielen. In der Handelsbilanz der GmbH ist ein Bilanzgewinn ausgewiesen. Der Stiftungsvorstand fragt nun den Steuerberater, ob die Tochter-GmbH den Bilanzgewinn an die Stiftung ausschütten könne, damit diese ihren Bankkredit mit den Mitteln aus der Ausschüttung vorzeitig ablösen kann. Fragen des Zuwendungsrechts sind nicht zu beantworten.

Mitglieder oder Gesellschafter dürfen von der Körperschaft keine Gewinnanteile erhalten (§ 55 Abs. 1 Nr. 1 Satz 2 AO). Dieses eindeutige **Ausschüttungsverbot**, das zum Verlust der Steuerbegünstigung für das entsprechende Veranlagungsjahr führen kann, **gilt dann nicht**, wenn der Gesellschafter der steuerbegünstigten GmbH auch eine steuerbegünstigte Körperschaft ist und die „Ausschüttung" an diesen bewirkt wird. Das Gebot, die Mittel nur für steuerbegünstigte Zwecke zu verwenden, ist sichergestellt, wenn der steuerbegünstigte Gesellschafter diese Mittel nun seinerseits für steuerbegünstigte Zwecke zeitnah verwendet (→ *mittelbare Zweckverwirklichung*). Dass die **Voraussetzungen des § 58 Nr. 2 AO** bei Weitergabe der Mittel vorliegen bzw. die korrekte Verwendung der Mittel erfolgt ist, muss stets von der zuwendenden Körperschaft nachgehalten und dem Finanzamt auf Anfrage nachgewiesen werden.

Die Stiftung kann zunächst zwar **keine Ausschüttung verlangen**, aber die Tochter-GmbH kann ihre Mittel teilweise (Finanzverwaltung: nicht mehr als die Hälfte; andere Ansichten: nicht sämtliche Mittel) der Stiftung zuwenden. Mangels eines gesellschaftsrechtlichen Anspruchs (in der Satzung der Tochter-GmbH ist die Ausschüttung nicht vorgesehen) ist u.E. auch **kein „Ausschüttungsbeschluss"** zu fassen, sondern die Stiftung als Gesellschafterin stellt den Jahresabschluss fest und beschließt über die Verwendung des Bilanzgewinns.

> Ein vom Gesellschafter gefasster „**Ausschüttungsbeschluss**", der den formellen Voraussetzungen entspricht, kann u.E. aber deshalb nicht schädlich sein, weil er dem Gesellschafter nun einen Anspruch verschafft; denn letztlich sind nur die Voraussetzungen des § 58 Nr. 2 AO maßgeblich und nachzuweisen. Mit der Ablösung des Finanzierungskredits für den Neubau im Zweckbetrieb verwendet die Stiftung die Mittel zeitnah i.S.v. § 55 Abs. 1 Nr. 5 Satz 2 AO, denn die Anschaffung oder Herstellung von Vermögensgegenständen, die satzungsmäßigen Zwecken dienen, ist auch dann eine satzungsmäßige Verwendung von Mitteln, wenn Zins- und Tilgungsverpflichtungen erfüllt werden.

6.2.9.3 Überlassung von Arbeitskräften und Arbeitsmitteln (§ 58 Nr. 3 AO)

Nach § 58 Nr. 3 AO kann eine Körperschaft „*ihre Arbeitskräfte anderen Personen, Unternehmen oder Einrichtungen für steuerbegünstigte Zwecke zur Verfügung*" stellen. Dass dabei **zugleich Arbeitsmittel** (z.B. Krankenwagen) zur Verfügung gestellt werden, ist ebenfalls eine → *unschädliche Betätigung*.[139] Die Gestellung/Überlassung stellt eine spezielle Art der „Mittelzuwendung" dar (tätigkeitsbezogen), so dass diese Ausnahmevorschrift schon vom Wortlaut her der Regelung des § 58 Nr. 2 AO vorgeht; die Frage, ob diese Überlassung nur „teilweise" i.S.v. § 58 Nr. 2 AO möglich ist, stellt sich hier also nicht. Auch dieser gesetzliche Ausnahmetatbestand bedarf keiner Aufnahme in die → *Satzung*.

Die Arbeitskräfte und Arbeitsmittel dürfen anderen Privatpersonen und Organisationen, die nicht steuerbegünstigt sind, zur Verfügung gestellt werden. Ihr Einsatz muss sich dann aber ausschließlich auf → *steuerbegünstigte Zwecke* beschränken. **Zulässig** wäre z.B. der Einsatz einer Ordensschwester für die Betreuung eines Pflegefalls in einem privaten Haushalt oder die Betreuung psychisch kranker Menschen innerhalb eines Selbsthilfevereins durch Therapeuten eines gemeinnützigen Krankenhauses.

Bedeutung wird dieser Regelung insbesondere für die Gestellung von **Ordensangehörigen** an Krankenhäusern, Schulen und anderen Einrichtungen beigemessen.[140] Deshalb ist es nicht schädlich, wenn z.B. die aufnehmende Körperschaft (auch) steuerbegünstigt ist. Allerdings sollte darauf hingewirkt werden, dass bereits bei Gestellung von Arbeitskräften durch die steuerbegünstigte Körperschaft feststeht, wo Personal und Arbeitsmittel ihren Einsatz finden; eine „ganz allgemein gehaltene Überlassung", bei der die aufnehmende Person oder Einrichtung allein über den Einsatz entscheiden kann, wird als steuerlich nachteilig angesehen.[141] Die **Anforderungen für die Praxis** sind u.E. nicht zu formalisieren, denn hier gehen im Regelfall Personen einer Tätigkeit nach, die sie kraft ihres Amtes oder Berufung ausüben (in der Regel für die steuerbegünstigte Einrichtung und

---

139 AEAO zu § 58 Tz 3.
140 Buchna: a.a.O., zu 2.8.3, S. 157.
141 Buchna: a.a.O., zu 2.8.3, S. 157

6.2 Die eine Steuerbegünstigung rechtfertigende Selbstlosigkeit

nur gelegentlich im Rahmen der Überlassung) und somit wissen, was sie zu tun und zu lassen haben.[142]

Zwar kann im **Einzelfall** die (zusätzliche) Betätigung unschädlich sein für die Steuervergünstigung, aber mit der **Betätigung** selbst kann ein **steuerpflichtiger wGb** begründet werden, weil § 58 AO insoweit keinen Zweckbetrieb fingiert. Folgende **Fälle** eines steuerbegünstigten Krankenhauses sollen dies beispielhaft verdeutlichen:

Krankenhaus setzt Arbeitskräfte und Arbeitsmittel ein	Betätigung nach § 58 Nr. 3 AO	Leistungen im steuerpflichtigen wGb	Sonstiges
bei Privatperson: Schwester für Pflegefall • **unentgeltlich**, weil gelegentlich oder im Notfall • **gegen Entgelt**, weil regelmäßiger Einsatz vor Ort	in beiden Fällen zwar für eigenen Zweckbetrieb unschädlich, **aber** Entgeltlichkeit bzw. Unentgeltlichkeit der Leistungen sind zu bewerten	grds. stpfl. wGb; allerdings bei unangemessenem Entgelt (oder Unentgeltlichkeit) Vorteil für Person, so dass Verstoß nach § 55 Abs. 1 Nr. 3 AO vorliegen kann; Verluste vermeiden	U.E. werden diese Fälle nicht als kritisch aufgegriffen; ein Notfall schon gar nicht. Das Entgelt ist im stpfl. wGb zu erfassen. Decken die Einnahmen nicht die Ausgaben liegt ein Verlust vor. Spenden wären u. U. kritisch
bei Selbsthilfegruppe: Arzt als Therapeut tätig für • Verein (e. V. und steuerbegünstigt) • BGB-Gesellschaft jeweils gegen nicht kostendeckendes Entgelt	in beiden Fällen zwar für eigenen Zweckbetrieb unschädlich, **aber** kostendeckendes Entgelt wird nicht erzielt und ist zu bewerten	in beiden Fällen **stpfl. wGb:** der Verein e. V. ist steuerbegünstigt, so dass der Vorteil eine Zuwendung nach § 58 Nr. 2 AO darstellt; bei BGB-Gesellschaft kann Verstoß nach § 55 Abs. 1 Nr. 3 AO vorliegen.	U.E. werden diese Fälle, wenn das Entgelt etwa dem Marktpreis entspricht, in der Praxis nicht unterschiedlich behandelt. Die vereinnahmten Entgelte sind dem wGb zugeflossen. Spenden wären u. U. kritisch.

---

142 So auch Knorr/Klaßmann: a. a. O., S. 175 mit anderer Begründung.

Krankenhaus setzt Arbeitskräfte und Arbeitsmittel ein	Betätigung nach § 58 Nr. 3 AO	Leistungen im steuerpflichtigen wGb	Sonstiges
bei Pharma-Unternehmen: Arzt als Referent über die Wirkung von Arzneimitteln im • Seminar gegen Entgelt • Rahmen der Auftragsforschung gegen zusätzliches nicht angemessenes Entgelt	in beiden Fällen **schädliche** Betätigung; der Arzt wird nicht für Zweckbetrieb tätig. Bei der Auftragsforschung könnte im Einzelfall ggf. gemeinnütziger Zweck „Forschung und Entwicklung" vorliegen.	in beiden Fällen stpfl. wGb. Ob Auftragsforschung u. Referententätigkeit zwei wGb sind, ist fraglich; i.d.R liegt eine entgeltliche Tätigkeit vor. Das Entgelt muss angemessen sein, damit kein Verstoß gegen § 55 Abs. 1 Nr. 3 AO vorliegt	§ 58 Nr. 3 AO verlangt keine Identität der steuerbegünstigten Zwecke zwischen Krankenhaus und verfolgtem Einsatz. Auftragsforschung eines Krankenhauses ist i.d.R. wGb; § 68 Nr. 9 AO liegt selten vor (evtl. bei Uni-Kliniken)

6.2.9.4 Überlassung von Räumen (§ 58 Nr. 4 AO)

Nach § 58 Nr. 4 AO kann eine Körperschaft „*ihr gehörende Räume einer anderen steuerbegünstigten Körperschaft zur Benutzung für deren steuerbegünstigte Zwecke*" überlassen. Es liegt eine Ausnahme vom Grundsatz der → *Unmittelbarkeit* vor und als spezielle tätigkeitsbezogene Vorschrift geht sie der Regelung des § 58 Nr. 2 AO vor (Werttransfer durch Nutzungsüberlassung von Räumen). Einer Aufnahme dieser Betätigung in der → *Satzung* bedarf es nicht.[143]

Zu den **Räumen** gehören (aufgrund einer weiten oder analogen Auslegung) z.B. auch Sportstätten, Sportanlagen und Freibäder.[144] Dabei ist u.E. nicht nur auf die im Eigentum stehenden Einrichtungen abzustellen („ihr gehörende Räume"), sondern auch auf solche, die aufgrund obligatorischer oder dinglicher Nutzungsrechte im Besitz der Körperschaft sind.[145] Die über die reine Begrifflichkeit hinausgehende sinngemäße Anwendung ist sach- und interessengerecht und trägt auch der Verantwortung der Körperschaft und ihrer → *Mitglieder* Rechnung. Eine mit den Räumen erfolgte (zusätzliche) **Überlassung von Sachinbegriffen** (Vielzahl von beweglichen Wirtschaftsgütern, die funktionell und technisch aufeinander abgestimmt sind, so dass sie eine wirtschaftliche Einheit bilden) entspricht dagegen **nicht** mehr dem **Gesetzeswortlaut**. Die Überlassung der Räume ist eine unschädliche Betätigung und zusammen mit der Überlassung von Sachin-

---
143 AEAO zu § 58 Tz 23.
144 AEAO zu § 58 Tz 4.
145 So auch Koenig: a.a.O., zu § 58 AO Rn 13, m.w.N.

begriffen im Einzelfall möglicherweise noch steuerfreie → *Vermögensverwaltung* oder ein steuerpflichtiger → *wGb*.

Eine Vereinheitlichung der Maßstäbe für unschädliche Betätigungen nach § 58 AO gibt es nicht. So verlangt das Gesetz hier, dass die **nutzende Körperschaft** (selbst) **steuerbegünstigt** sein muss und die Räume (zudem) **für steuerbegünstigte Zwecke nutzt**. Um den Nachweiszwecken zu genügen, sollten neben einer Kopie des letzten → *Freistellungsbescheides* der nutzenden Körperschaft der Zweck der Nutzung schriftlich festgelegt werden. Die Nutzungsüberlassung von Räumen begründet auch hier keinen eigenständigen Zweckbetrieb, sie ist im Rahmen des eigenen Wirkens eine unschädliche Betätigung (→ *mittelbare Zweckverwirklichung*). Erfolgt die Überlassung **unentgeltlich** an die andere steuerbegünstigte Körperschaft für deren Zwecke, treten keine ertragsteuerlichen Folgen ein (auch keine schädliche → *Mittelfehlverwendung* wegen § 58 Nr. 2 AO); dies gilt auch bei **Teil-Entgeltlichkeit**, aber in Höhe des vereinnahmten Entgelts liegt entweder steuerfreie Vermögensverwaltung oder ein steuerpflichtiger wGb vor.

Die Überlassung der Räume an Personen, Unternehmen oder Einrichtungen für **nicht steuerbegünstigte Zwecke** ist schädliche Betätigung (kein § 58 Nr. 4 AO) und nur gegen angemessenes Entgelt kein Verstoß gegen die Steuerbegünstigung (→ *Begünstigungsverbot* nach § 55 Abs. 1 Nr. 3 AO). Bei Entgeltlichkeit können zulässige steuerfreie Vermögensverwaltung oder steuerpflichtiger wGb vorliegen. Die relevanten Praxisfälle sind in der Regel nicht Gegenstand der Prüfung von unschädlichen Betätigungen i.S.v. § 58 AO.[146]

6.2.10 Mittelverwendung durch Rücklagenbildung (§ 58 Nr. 6 und 7 AO)

Mittelverwendung ist nicht gleichbedeutend mit Mittelabfluss, sondern meint auch steuerlich zulässige Dispositionen. Der Begriff „Verwendung von Mitteln" durch die verschiedensten Betätigungen für → *steuerbegünstigte Zwecke* ist einerseits nicht ausschließlich dahin zu verstehen, dass die Krankenhauskörperschaft – wie auch immer – Aufwendungen für ihre → *steuerbegünstigten satzungsmäßigen Zwecke* tätigt und im Rechnungswesen darstellt. Andererseits soll das → *Vermögen* (unter Außerachtlassung der satzungsmäßigen Ziele) grundsätzlich nicht vermehrt werden. Zwischen diesen Prämissen liegt das steuerlich nachprüfbare Betätigungsfeld für die Organe der Körperschaft. Das **Ausgabeverhalten** der Körperschaft muss bei Berücksichtigung der Gegebenheiten des Einzelfalles **wirtschaftlich sinnvoll** sein und dazu beitragen, dass ein möglichst hoher Anteil der → *Mittel* unmittelbar und effektiv eingesetzt wird.[147] Mit den Erfordernissen einer nachhaltigen und dauerhaften Zweckverwirklichung steht es daher insbesondere im Einklang, wenn der Gesetzgeber das **Gebot der zeitnahen**

---

146 Beispiele zur Raumüberlassung im ABC der wirtschaftlichen Tätigkeiten in Kapitel 6.6.
147 BFH-Beschluss v. 23.09.1998, I B 82/98, BStBl II 2000, S. 320 (324); vgl. auch zu 6.2.4.

Mittelverwendung (§ 55 Abs. 1 Nr. 5 AO) durch die Bildung von (steuerlichen) Rücklagen unter bestimmten Voraussetzungen einschränkt oder konkretisiert.[148] Dabei wird der Tatsache Rechnung getragen, dass der (evtl. jährlich geplante) **Bedarf an Mitteln** keine feststehende Größe ist, sondern im Zeitablauf durch die verschiedensten Einflüsse erheblichen Schwankungen unterliegen kann. Für **konkrete Projekte** können daher Rücklagen gebildet werden, was das geltende Recht zulässt. Daneben werden auch Rücklagen zur Erhaltung der finanziellen **Leistungsfähigkeit** benötigt, deren Bedarf je nach Rechtsform und Vermögensausstattung verschieden ist. Der Gesetzgeber hat hier Regelungen geschaffen, die auf anlage- und rechtsformspezifische Besonderheiten (z. B. Kapitalstiftungen einerseits und Mitgliederstrukturen andererseits) abgestimmt sind.

6.2.10.1 Grundlagen, Rechnungslegung und Aufzeichnungspflichten

Zum Gebot der → *zeitnahen Mittelverwendung* sind die gesetzlichen Regelungen zur steuerlichen Rücklagenbildung bzw. Vermögenszuführung nach § 58 Nr. 6, 7, 11 und 12 AO gleichwohl als **Ausnahmen** einzustufen. Hierfür ist keine Ermächtigung durch die → *Satzung* der Körperschaft erforderlich;[149] in der Praxis besteht u. E. weder Bedarf noch wird regelmäßig Gebrauch davon gemacht, Bestimmungen zur Bildung steuerlich zulässiger Rücklagen dem Grunde nach in die Satzung aufzunehmen.

In der Praxis treten u. E. häufiger Fragen zur Bildung der steuerlich zulässigen Rücklagen im Zusammenhang mit den handelsrechtlichen und bilanzsteuerlichen Rücklagen auf. Es ist deutlich darauf hinzuweisen, dass hier nur die steuerliche **Rücklagenbildung** angesprochen wird, **auf Grundlage** derer die **Abgabenordnung (AO)** Möglichkeiten der Ansammlung von Mitteln für steuerbegünstigte Körperschaften eröffnet. Die nach der AO möglichen und verwendeten Rücklagenbegriffe sind rein steuerlicher Natur und stehen in **keiner Beziehung** zu den **Rücklagen gemäß §§ 266, 272 HGB** in der Handelsbilanz.[150] So sollte bei bilanzierenden Körperschaften grundsätzlich nicht ohne weiteres von den in der Handelsbilanz ausgewiesenen Rücklagen auf Mittel geschlossen werden, die noch der Verwendungspflicht für → *steuerbegünstigte satzungsmäßige Zwecke* unterliegen. Dies kommt in der Praxis – insbesondere bei den sog. Einheitsbilanzen – immer wieder vor und wird von der Finanzverwaltung häufig auch im vorstehenden Sinn missverstanden, weil von den Körperschaften insoweit keine Aufklärung durch Nachweise im Rahmen der jährlichen Steuererklärung betrieben wird. Es genügt

---
148 AEAO zu § 55 Tz 26.
149 AEAO zu § 58 Tz 23 Satz 1.
150 Vgl. Buchna: a. a. O., zu 2.8.6, S. 164; Knorr/Klaßmann: a. a. O., S. 83/84; Hüttche: Zur Rechnungslegung der gemeinnützigen GmbH, GmbHR 1997, S. 1095 (1097): nach seiner Auffassung ist die Rücklage nach § 58 Nr. 6 AO ein **Fremdkörper in der Handelsbilanz**, was u. E. zutreffend bezeichnet ist; Schröder: Zeitnahe Mittelverwendung und Rücklagenbildung nach §§ 55 und 58 AO, DStR 2005, S. 1238 ff: Aufgliederung der Rücklagen wegen abschließender Regelung des § 272 HGB nicht zulässig.

in der Tat nicht, „*Mittel für einen bestimmten begünstigten Zweck anzusammeln und im Reinvermögen (undifferenziert) auszuweisen.*"[151] Wie der **Ausweis in der Handelsbilanz** der Körperschaft konkret erfolgen soll, ist u.E. mangels gesetzlicher Regelung bzw. fehlender Verwaltungsauffassung **ungeklärt**. Hinweise z.B. auf Trennung vom übrigen Reinvermögen und auf Erläuterungen „in den Anlagen zur Bilanz"[152] oder durch Darstellung des → *Verwendungsüberhangs* oder des *-rückstands* mittels eines „Davon-Vermerks bei den jeweiligen Bilanzpositionen"[153] sind u.E. Lösungsvorschläge, die Handlungsräume aufzeigen und je nach Einzelfall sinnvoll genutzt werden können, um Prüfungen der Rücklagenbildung durch die Finanzverwaltung zu ermöglichen. Nach den handelsrechtlichen Vorschriften (§§ 264, 284, 289 HGB) sind u.E. für die erforderlichen Angaben weder im Anhang noch im Lagebericht Möglichkeiten der Darstellung gegeben. Deshalb führt erfahrungsgemäß eine strikte Trennung der Darstellung und des Nachweises der steuerlich zulässigen Rücklagen nur außerhalb der handelsrechtlichen Vorschriften nicht zu Missverständnissen. Die Art der Darstellung ggf. mit verbaler Überleitung im Rahmen einer handelsrechtlichen Ergebnisverwendungsrechnung ist vom Einzelfall abhängig.

Ob die **Voraussetzungen** für die Bildung einer **steuerlichen Rücklage** gegeben sind, hat die steuerbegünstigte Körperschaft dem Finanzamt im Rahmen ihrer Erklärung zur Überprüfung der Steuerbegünstigung bzw. einer steuerlichen Außenprüfung darzulegen (§ 63 Abs. 3 AO). Die steuerlichen Rücklagen müssen in der **Rechnungslegung** der Körperschaft gesondert – ggf. getrennt nach dem jeweiligen Rechtsgrund und der Höhe nach – ausgewiesen werden, damit eine Kontrolle jederzeit und ohne besonderen Aufwand möglich ist.[154] Nach wiederholten Verfügungen der OFD Frankfurt am Main soll ferner Folgendes gelten: „*Bilanzierende Körperschaften haben daher die Rücklagen in ihrer Bilanz offen (getrennt vom übrigen Kapital) auszuweisen. Nicht bilanzierende Körperschaften haben die Rücklagen neben ihren Aufzeichnungen über ihre Einnahmen und Ausgaben (§ 63 Abs. 3 AO) in einer gesonderten Aufstellung auszuweisen.*"[155] Zwar unterstreicht die stetige Einforderung nach dem Bilanzausweis die ohne Zweifel vorhandene Ernsthaftigkeit der Schaffung nachprüfbarer Unterlagen, aber der **Praxis** wird nach wie vor kein konkreter Vorschlag zur Umsetzung unterbreitet, was u.E. wiederum **Handlungsräume** für den Einzelfall lässt, die bei systematischen Lösungsansätzen von der Finanzverwaltung erfahrungsgemäß nicht kleinlich angenommen werden.

---

151 Buchna: a.a.O., zu 2.8.6, S. 164.
152 Buchna: a.a.O., zu 2.8.6, S. 164.
153 Orth: a.a.O., DStJG 26, 2003, S. 219/220, m.w.N.
154 AEAO zu § 58 Tz 18.
155 Vfg. v. 04.03.1993, DStR 1993, S. 1144 f; Vfg. vom 06.08.2003, DB 2003, S. 2255 f, zu II. 2.; Vfg. v. 02.12.2004 bei Schröder: a.a.O., DStR 2005, S. 1238 ff, hier Fn. 5, 13, 20.

In der **Literatur**[156] gibt es einige **Vorschläge zur Rechnungslegung** und steuerlichen **Rücklagenbildung** steuerbegünstigter Körperschaften; u.E. hat sich bisher kein Ansatz in den Vordergrund gestellt, was an der Vielfalt handels- und steuerrechtlicher Themen liegen kann. Die steuerbegünstigten Körperschaften unterliegen ungeachtet ihres Satzungszwecks den jeweils für sie geltenden Rechnungslegungsvorschriften.[157] Im Gegensatz zum Steuerrecht (§§ 51 ff. AO) gibt es weder im Handelsrecht noch in den anderen Rechnungslegungsvorschriften Abschnitte, die sich den → *steuerbegünstigten Zwecken* von Körperschaften widmen.

Der **Hauptfachausschuss (HFA) des Instituts der Wirtschaftsprüfer (IDW)** kommt z.B. zu den eingehend begründeten Ergebnissen,[158]

- dass die steuerlichen Gliederungs- und Abgrenzungsregeln für die externe Rechnungslegung der spendensammelnden Organisationen grundsätzlich nicht maßgebend seien;
- dass die Vorschriften der AO (insbesondere § 58 AO) für die Rücklagenbildung aus Sicht der an das Handelsrecht angelehnten Rechnungslegung (hier für den Verein) grundsätzlich unbeachtlich seien.

Ferner:

- Zur Information über die Verwendungsmöglichkeiten der Rücklagen sei jedoch bei gemeinnützigen Vereinen zu empfehlen, die Rücklagen (abgeleitet aus den Vorschriften der AO) in freie Rücklagen und zweckgebundene Rücklagen aufzuteilen.
- Darüber hinaus werde empfohlen, in einer erläuternden Anlage oder als weitere Untergliederung die Zusammensetzung der Rücklagen aus steuerlicher Sicht aufzuzeigen. Sofern sie (die Untergliederung) mit der handelsrechtlichen Rechnungslegungsform nicht in Einklang gebracht werden könne, ermögliche der AEAO die Darstellung der Rücklagen für steuerliche Zwecke in einer Nebenrechnung, damit eine Kontrolle i.S.d. AO möglich sei.

---

156 Ley: Fragen der handelsrechtlichen Rechnungslegung gemeinnütziger Institutionen, StbJb 1998/99, S. 301 ff; Ley: Rücklagenbildung aus zeitnah zu verwendenden Mitteln gemeinnütziger Körperschaften, BB 1999, S. 626 ff; Hüttche: Zur Rechnungslegung der gemeinnützigen GmbH, GmbHR 1997, S. 1095; Hoppen in Schauhoff: Handbuch der Gemeinnützigkeit 2000, § 10 Rechnungslegung B. II, S. 590 ff; Hoppen in Schauhoff: a.a.O. (2. Auflage 2005), § 18 Rn 47, S. 55; Tönies: Die Darstellung der Mittelverwendung in der Rechnungslegung, Tagungsband der 4. Hamburger Tage des Stiftungs- und Non-Profit-Rechts 2004, Carl Heymanns Verlag, S. 85-110.
157 Vgl. 2.3.2
158 Vgl. IDW HFA-4/95 vom 15.10.1995, WPG 1995, S. 698 ff zu Abschn. A. (4) und (5); IDW ERS HFA 14, Entwurf Rechnungslegung von Vereinen (Stand: 14.10.2004), FN-IDW 2004, S. 754 ff; IDW RS HFA 14: Stellungnahme zur Rechnungslegung von Vereinen (Entwurf verabschiedet am 01.03.2006), FN-IDW 2006, S. 358 ff; WPG 2006, S. 692 ff.

Nach **Ley**[159] kann auch die Mittelverwendungsrechnung[160] Informationen über die Bildung, den Verbrauch und die Auflösung von Rücklagen enthalten. Werde keine Mittelverwendungsrechnung erstellt, hätten nicht bilanzierende steuerbegünstigte Körperschaften eine gesonderte Nebenrechnung über die Bildung und Fortentwicklung der Rücklagen zu erstellen. Bilanzierende steuerbegünstigte Einrichtungen hätten die Rücklagenbildung und -entwicklung in den Jahresabschluss aufzunehmen. In beiden Fällen könne die Bildung in Anlehnung an die **Darstellung der Ergebnisverwendungsrechnung** im Jahresabschluss erfolgen: nach der Ermittlung des Überschusses bzw. des Jahresüberschusses, der unter den Gesichtspunkten der Steuerbegünstigung ggf. zu modifizieren sei, folgten die Zuführung und Entnahme aus den für die steuerbegünstigte Körperschaft steuerlich zulässigen Rücklagen.

Demnach ist der handelsrechtliche Jahresabschluss zwar grundsätzlich geeignet, den steuerlich erforderlichen Einblick in die Mittelbindung und -verwendung zu gewähren. Aber u.a. die begrifflichen Unterschiede zwischen Handelsrecht und dem Recht der Steuerbegünstigung nach der AO sowie die eingangs erwähnten Praxiserfahrungen bezüglich der möglichen Missverständnisse lassen es u.E. zweifelhaft erscheinen, ob die Darstellung allein mittels der handelsrechtlichen Bilanz erfolgen sollte. Es mag Einzelfälle mit problemlosen Lösungen geben, aber mit einer **steuerlich ausgerichteten Nebenrechnung**, die u.E. neben dem handelsrechtlichen Jahresabschluss ihren Platz hat, können unterschiedslos alle steuerbegünstigten Körperschaften den steuerlichen Pflichten bei der Rücklagenbildung nachkommen.

Die vorstehenden **Ausführungen** lassen sich u.E. **wie folgt zusammenfassen**, wobei in jedem **Einzelfall** entschieden werden muss, ob diesen Hinweisen zu folgen ist:

- Weitere Rechnungslegungsvorschriften ergeben sich für steuerbegünstigte Körperschaften insoweit aus der Zulässigkeit der Bildung steuerlicher Rücklagen nach § 58 AO. Ordnungsmäßige Aufzeichnungen sind zur Prüfung durch die Finanzverwaltung erforderlich und geboten (§ 63 Abs. 3 AO).
- Die Rücklagen müssen in der Rechnungslegung der Körperschaft gesondert ausgewiesen werden, ggf. in einer Nebenrechnung.
- Bilanzierende Körperschaften sollten eine Rücklage nach § 58 Nr. 6 und Nr. 7 AO **soweit möglich** gesondert in der (Handels-)Bilanz als solche offen vom übrigen Reinvermögen ausweisen (ggf. mit weiteren, rein steuerlichen Zwecken dienenden Anlagen erläutern).
- Nicht bilanzierende Körperschaften sollten eine Rücklage nach § 58 Nr. 6 und Nr. 7 AO in einer gesonderten **Nebenrechung** zur Steuererklärung darstellen und entwickeln.
- U.E. gewährt die Finanzverwaltung für die Darstellung der steuerlichen Rücklagen **Handlungsräume**, die jede Körperschaft für sich nutzen sollte. Mit Sicherheit ist ein Rechtsfolgenverstoß anzunehmen, wenn dem Finanzamt zur

---

159 Ley: a.a.O., BB 1999, S. 626, m.w.N.
160 Vgl. 6.2.11

(erfolgten) Rücklagenbildung kaum etwas dargelegt wird. Als Rechtsfolge käme u. E. zunächst ein Nachholen der Aufzeichnungspflichten innerhalb angemessener Frist (analog § 63 Abs. 4 AO) in Betracht.
- Soll der Ausweis in der **Handelsbilanz** der Körperschaft erfolgen, sind die Möglichkeiten (z. B. Nebenrechnung als freiwilliger Bestandteil des Anhangs nach §§ 284, 285 HGB) u. E. frühzeitig mit dem Abschlussprüfer vor Aufstellung des Jahresabschlusses zu klären; fachliche Stellungnahmen des IDW (siehe vorstehend) sind zu berücksichtigen. In einer **Steuerbilanz** sollten die steuerlichen Rücklagen ebenfalls nur ausgewiesen werden, wenn dies möglich ist und eine zulässige Nebenrechnung nicht denselben Erfolg bringen würde. Eine Verpflichtung zum Bilanzausweis ergibt sich u. E. aus den o. a. Verfügungen der OFD Frankfurt am Main nicht, zumal der bundeseinheitliche AEAO dies mangels gesetzlicher Grundlage (noch) nicht verlangt. Einschlägige Rechtsprechung der Finanzgerichte liegt u. E. zu diesem Thema nicht (mehr) vor.[161]
- Unsere **praktischen Erfahrungen** haben gezeigt, dass eine **detaillierte steuerliche Nebenrechnung** mit Erläuterungen zur Rücklagenbildung im Rahmen der Steuererklärungen[162] bisher stets den Anforderungen der Finanzverwaltung entsprochen hat. Zu bedenken ist u. E. auch, dass außer der Rücklagen i. S. d. § 58 Nr. 6 AO alle anderen Rücklagen in der Regel erst nach Vorliegen des Jahresabschlusses im Rahmen der Steuererklärungen anhand der → *Spartenrechnung* zweckmäßig und zutreffend ermittelt werden können. Da es sich um steuerliche Rücklagen handelt, ist im Rahmen der Arbeiten zum Jahresabschluss weder Eile geboten noch liegt ein Verstoß gegen das Nachholungsverbot (für zurückliegende Jahre) vor. Diese rein praktischen Überlegungen kennt auch die Finanzverwaltung und hat sich dem bisher nicht verschlossen. Insoweit werden die von der Finanzverwaltung gegebenen Handlungsräume sinnvoll genutzt.

Ob als formale Voraussetzung der steuerlichen Rücklagenbildung ein entsprechender **Beschluss der zuständigen Organe** der steuerbegünstigten Körperschaft gefasst werden muss, ist u. E. vom **Einzelfall** abhängig. In der Literatur[163] wird dies vielfach ohne Angabe einer Rechtsgrundlage teilweise nur für die Rücklage nach § 58 Nr. 6 AO gefordert. Den einschlägigen Erlassen der Finanzverwaltung und der Finanzrechtsprechung haben wir keine Hinweise entnehmen können. In der **Praxis** haben wir die Erfahrung gemacht, dass ein Beschluss über die steuerliche Rücklagenbildung von der Finanzbehörde nicht angefordert wurde, wenn dieser den Steuererklärungen nicht beigefügt war oder im Rahmen der Außenprü-

---

161 Zur Offenlegung nach dem Steueranpassungsgesetz vor 1977: BFH-Urteil vom 20.12.1978, I R 21/76, BStBl II 1979, S. 496; nicht mehr auf Offenlegung abgestellt: BFH-Urteil vom 13.09.1989, I R 19/85, BStBl II 1990, S. 28.
162 Vgl. Anhang: Beispiel Steuererklärung.
163 Ley: a. a. O., BB 1999, S. 626 (628); Buchna: a. a. O., zu 2.8.6, S. 164/165; Stahlschmidt: Die Rücklagenbildung einer gemeinnützigen Körperschaft, FR 2002, S. 1109 (1110); IDW Stellungnahme v. 01.03.2006: a. a. O. FN-IDW 2006, S. 358 (360 zu 2.1.1.3 Tz 12).

fung nicht ausdrücklich vorlag. Ist die steuerliche Rücklagenbildung Gegenstand der Handelsbilanz, so wird in der Regel ein Beschluss über die Feststellung des Jahresabschlusses bzw. Verabschiedung der Jahresergebnisrechnung vorliegen. Dies gilt insbesondere für die Rücklagen nach § 58 Nr. 6 AO, über die u.E. auch außerhalb der Bilanz im Rahmen der steuerlichen Nebenrechnung aufgrund der Bedeutung dem Grunde und der Höhe nach stets per Beschluss im Rahmen der Ergebnisverwendungsrechnung entschieden werden sollte. Welche Organe dies sind, ist abhängig von der Körperschaft und der jeweiligen Satzung. Über die Rücklagen nach § 58 Nr. 7 AO wird regelmäßig auch durch die zuständigen Organe der Körperschaft befunden, weil diese Rücklagen in ihrer Bedeutung für die Körperschaft den anderen Rücklagen nicht nachstehen. **U.E. genügt** hier – sowie **im Zweifel** auch in allen anderen Fällen der Rücklagenbildung – die von der Geschäftsführung oder dem Vorstand der Körperschaft **unterschriebene Steuererklärung** mit den Bestandteilen Jahresabschluss, steuerliche Nebenrechnung und Mittelverwendungsrechnung.

6.2.10.2 Bildung zweckgebundener Rücklagen (§ 58 Nr. 6 AO)

Erfordert die nachhaltige Erfüllung der → *steuerbegünstigten Zwecke* eine zeitweilige Thesaurierung von → *Mitteln*, sind diese so frühzeitig wie nach den Gegebenheiten des Einzelfalls möglich und damit noch zeitnah einzusetzen. Nach § 58 Nr. 6 AO gilt:

> „Die Steuervergünstigung wird nicht dadurch ausgeschlossen, dass eine Körperschaft ihre Mittel ganz oder teilweise einer Rücklage zuführt, soweit dies erforderlich ist, um ihre steuerbegünstigten satzungsmäßigen Zwecke nachhaltig erfüllen zu können."

Das Gebot des selbstlosen Handelns in § 55 Abs. 1 Nr. 1 AO wird durch die Rücklagenbildung nicht außer Kraft gesetzt, sondern hier wird ein Rahmen bestimmt, in dem die Bildung eigenen Vermögens noch mit den **Zielen** der Steuerbegünstigung vereinbar ist.[164] Diese Regelung setzt einerseits voraus, dass die Rücklagen für die Verwirklichung steuerbegünstigter Zwecke angesammelt werden; hierzu zählt nicht die (bloße) → *Vermögensverwaltung*. Andererseits muss das angesammelte Kapital das geeignete und erforderliche Mittel zur nachhaltigen Erfüllung der satzungsmäßigen Zwecke sein. Es ist zu beachten (wie vorstehend bereits ausgeführt), dass dieser steuerliche Rücklagenbegriff nicht mit dem Rücklagenbegriff in der Handels- oder Steuerbilanz identisch ist.

Die **Bildung** der steuerlichen Rücklagen steht ohne Einschränkung allen steuerbegünstigten Körperschaften offen. Die **Herkunft der Mittel** ist gesetzlich ebenfalls nicht vorgegeben, so dass den Rücklagen grundsätzlich alle – auch zeitnah zu verwendende – Mittel ganz oder teilweise zugeführt werden dürfen (Beiträge, Spenden, Zuschüsse, Erträge aus Zweckbetrieben, Vermögensverwaltung oder

---

164 BFH-Urteil v. 13.09.1989, I R 19/85, BStBl II 1990, S. 29.

steuerpflichtigen wGb).¹⁶⁵ Die nicht der → *zeitnahen Mittelverwendung* unterliegenden Mittel (durch Gesetz oder Vertrag auf Zeit oder auf Dauer gebunden wie z. B. Ausstattungsvermögen, Zustiftungen und Einzelzuwendungen) erhöhen indes außerhalb der Rücklagen (unschädlich) das Vermögen der Körperschaft.¹⁶⁶ Selbstverständlich kann durch eine beabsichtigte Rücklage aus Erträgen des steuerpflichtigen wGb nicht das zu versteuernde Einkommen des wGb der Körperschaft gemindert werden, so dass die Rücklage erst nach Versteuerung zugeführt werden kann.¹⁶⁷

Ob – ausgehend von der Art der Rücklage – nur ein der **Höhe** nach **abgezinster Betrag** zugeführt werden darf und ob eine Rücklage während der **Ansparphase verzinslich** anzulegen ist, mit der Maßgabe, die Zinsen wiederum der Rücklage bis zur benötigten Finanzierungshöhe zuzuführen, wird in der Literatur uneinheitlich erörtert.¹⁶⁸ In der **Praxis** ist die Frage der Abzinsung bei z. B. langjährigen Projektrücklagen erfahrungsgemäß nicht relevant und ihr wird auch von Seiten der Finanzverwaltung nicht nachgegangen. Letztlich bestimmt sich die zulässige Dotierung der Rücklagen nach den vorhandenen Mitteln und Verhältnissen des Einzelfalls. Es ist u.E. auch nicht zwingend, vorab (fiktiv) von einer Abzinsung auszugehen, um spätere Zinseinnahmen den Rücklagen zuführen zu können.¹⁶⁹ Wird darauf abgestellt, dass die Gelder der Rücklagen im Rahmen der Vermögensverwaltung der Körperschaft verzinslich anzulegen sind, liegt aufgrund dieser zulässigen Betätigung u.E. auch eine Art der Umwidmung der Rücklagen (nur) für den Zeitraum von ihrer Bildung bis zur Inanspruchnahme vor, so dass diese Zinseinnahmen quasi als „Früchte dieser Tätigkeit" der Vermögensverwaltung zuzurechnen sind.¹⁷⁰ Erzielbare Zinserträge haben keinen Einfluss auf die zulässige Höhe der Rücklagen; etwas anderes lässt sich auch nicht aus § 58 Nr. 6 (oder Nr. 7) AO ableiten.¹⁷¹

Dem Gesetzestext lässt sich auch nicht entnehmen, dass die **Zuführung** von Mitteln zu einer Rücklage grundsätzlich nur in **Raten** erfolgen kann, wenn ein Projekt erst in einigen Jahren umgesetzt werden soll. Im jeweiligen Einzelfall können die *„Mittel ganz oder teilweise einer Rücklage"* zugeführt werden, so dass bei Vorliegen der Voraussetzungen die steuerliche Rücklagenbildung (in voller Höhe) zulässig ist. Fortan bis zur Inanspruchnahme (oder Auflösung) der Rücklagen sind in jedem **Prüfungszeitraum** (in der Regel jährlich) die Voraussetzungen erneut zu prüfen. Stellt sich heraus, dass die Berechtigung nicht mehr besteht, weil z. B. der Grund für die Rücklagenbildung im Nachhinein weggefal-

---

165 AEAO zu § 58 Tz 9; OFD Frankfurt a.M. v. 06.08.2003, DB 2003, S. 2255, zu II. 2.1.
166 Vgl. 6.2.8
167 AEAO zu § 58 Tz 12.
168 Vgl. Koenig: a.a.O., zu § 58 Rn 20, m.w.N.; Ley: a.a.O., BB 1999, S. 626, zu III. 2. a); Schröder: a.a.O., DStR 2005, S. 1238 ff zu 2.2, (S. 1239).
169 Vgl. Thiel: a.a.O., DB 1992, S. 1900 ff, zu V. 3.
170 Tätigkeitsbezogen auch Ley: a.a.O.,, BB 1999, S. 626, zu IV. 3.; **a.A.:** Buchna: a.a.O., zu 2.8.7.1, S. 169.
171 Vgl. Koenig: a.a.O., zu § 58 Rn 20; Ley: a.a.O., BB 1999, S. 626, zu III.2. a).

len ist oder die Körperschaft ihr Vorhaben aufgegeben hat, ist die Rücklage aufzulösen. Die frei werdenden Mittel unterliegen nunmehr wieder dem Gebot der → *zeitnahen Mittelverwendung*. Alternativ kann aber auch eine zulässige Rücklage für ein neues Projekt i. S. d. § 58 Nr. 6 AO gebildet werden.[172] Ist die Bildung einer Rücklage ganz oder teilweise unzulässig, wird die Finanzbehörde erfahrungsgemäß eine angemessene Verwendungsfrist für die angesammelten Mittel setzen (§ 63 Abs. 4 AO).

Das Merkmal „**erforderlich**" muss hinsichtlich des **Grundes**, der **Höhe** und dem **zeitlichen Umfang** nach gemessen an den **objektiven Kriterien** des Einzelfalls vorliegen.[173] Kapital zur Finanzierung eines oder mehrerer konkreter Projekte, die dauerhaft (i. S. v. nachhaltig) der Verwirklichung steuerbegünstigter Zwecke dienen, muss in der Regel angesammelt werden. Die **Art des Projekts**, dessen **Kosten** und der **Zeitpunkt der Umsetzung** müssen zu Beginn der Rücklagenbildung **konkret skizziert** sein. Besteht noch keine konkrete Zeitvorstellung, ist eine Rücklagenbildung zulässig, wenn die Durchführung des Vorhabens glaubhaft ist und bei den finanziellen Verhältnissen der steuerbegünstigten Körperschaft in einem angemessenen Zeitraum angestrebt wird. Auf die zeitliche Komponente wird erfahrungsgemäß viel Wert gelegt, weil sie ein wichtiger Maßstab für eine sinnvolle, zielgerichtete und realistische Durchführung der geplanten Maßnahme ist. Ein **schlüssiges Konzept** muss gegenwärtig konkret und zielstrebig verfolgt werden.[174] Mangels eines gesetzlich nicht festgelegten Zeitraums werden in der Literatur **Zeiträume** von bis zu zehn Jahren[175] genannt, während die OFD Frankfurt am Main[176] in Auslegung des AEAO zu § 58 Nr. 6 von grundsätzlich vier bis fünf Jahren ausgeht. Die **Praxis** wird nur in Ausnahmefällen die zehn Jahre in Anspruch nehmen, wenn das Vorhaben erhebliche Investitionen erfordert und noch realistisch darstellbar sein soll. Im Übrigen kann die Bildung einer Rücklage über einen längeren Zeitraum nicht damit begründet werden, dass die Überlegungen zur Verwendung der Mittel noch nicht abgeschlossen seien;[177] dies würde einen unzulässigen nicht projektgebundenen Aufbau eines Kapitalstocks darstellen.

Die Mittel zur **Dotierung der Rücklagen**[178] können sich der Herkunft nach im Ergebnis aus allen vier möglichen → *Tätigkeitsbereichen*[179] der Körperschaft zusammensetzen. Das um die nicht zeitnah zu verwendenden Mittel bereinigte Jahresergebnis (soweit diese Mittel hier erfasst wurden, wie z. B. Zustiftung oder

---

172 OFD Frankfurt a. M. v. 06.08.2003, DB 2003, S. 2255; Buchna: a. a. O., zu 2.8.6, S. 166.
173 BFH-Urteil v. 13.09.1989, I R 19/85, BStBl II 1990, S. 28.
174 Vgl. Fischer Anm. zum BFH-Urteil v. 23.07.2003, I R 29/02, FR 2004, S. 159 (hier: S. 147–149).
175 Koenig: a. a. O., zu § 58 Rn 19, m. w. N.; Fischer: a. a. O., FR 2004, S. 147/148, m. w. N.
176 OFD Frankfurt a. M. v. 06.08.2003, DB 2003, S. 2255, zu II. 2.1.
177 AEAO zu § 58 Tz 10.
178 Aufbau und Vorgehensweise nach Ley: a. a. O., BB 1999, S. 626, zu II.1.
179 Vgl. auch 2.2.2.6

Zuwendung auf das Vermögen) bildet grundsätzlich die Ausgangsgröße für mögliche Rücklagen. Die Höhe des (bereinigten) Jahresergebnisses hängt aber noch von der **Art der Jahresrechnung** der Körperschaft ab:

- Soweit die Körperschaft das Jahresergebnis auf Basis einer **Einnahmen-/Ausgabenrechnung** ermittelt, stellen sich die verfügbaren Mittel aus den Überschüssen der zugeflossenen Liquidität dar.
- Soweit die Körperschaft **bilanziert** (ist bei Krankenhauskörperschaften die Regel) sind in Anknüpfung an den Jahresüberschuss auch die nichtliquiden Vermögenszuwächse und Vermögensminderungen erfasst.
Der bilanzierte (bereinigte) Jahresüberschuss stellt somit die Obergrenze der Rücklagenbildung dar, es sei denn, dieses Ergebnis ist in eine Einnahmen-/Ausgabenrechnung überzuleiten und der sich dann ergebende Überschuss bildet die Obergrenze der Rücklagenbildung. Für die Krankenhaus-Körperschaften kommt diese Überleitung grundsätzlich nicht in Betracht, da sie nicht verpflichtet sind, von der bilanziellen Rechnungslegung abzuweichen. In der **Praxis** wird gleichwohl für steuerliche Zwecke eine nach den → *Tätigkeitsbereichen* gegliederte → *Spartenrechnung* erstellt, die Ausgangspunkt für die Steuererklärung und steuerliche Rücklagenbildung ist.

An dieser Stelle ist vorab darauf hinzuweisen und zukünftig zu beachten, dass nicht alle möglichen steuerlichen Rücklagen aus diesem bereinigten Jahresergebnis gebildet werden dürfen. Die Rücklagen für Zwecke der Vermögensverwaltung und die Rücklagen im Rahmen des steuerpflichtigen wGb sind grundsätzlich nur aus dem Ergebnis der Vermögensverwaltung bzw. des steuerpflichtigen wGb zu bilden. Auch aus diesem Grund sind die jeweiligen Ergebnisse der Tätigkeitsbereiche getrennt zu ermitteln und darzustellen.

In der Literatur[180] werden seit einiger Zeit folgende **Rücklagen nach § 58 Nr. 6 AO** begrifflich umschrieben (**Terminologie** ist teilweise **uneinheitlich**, aber ohne Unterschiede in der Sache), die wir kurz wiedergeben und die in der Praxis bei Vorliegen der Voraussetzungen im Einzelfall Anwendung finden können:

- **Investitionsrücklage** z. B. für konkrete Neuanschaffungen von Wirtschaftsgütern oder für die Herstellung, Erweiterung und Instandsetzung von Immobilien mit ihren Bauten etc., jeweils zur Erfüllung der steuerbegünstigten satzungsmäßigen Zwecke der Körperschaft, die Mittel ansammelt, da die Investition der Höhe nach nicht aus den Mitteln eines Jahres finanziert werden kann. **So z. B.:**
  - Baumaßnahmen zur Erweiterung der Gebäude, die zum Zweckbetrieb gehören, soweit sie nicht oder nur teilweise gefördert werden (Rücklage in Höhe der benötigten Eigenmittel)
  - Anschaffung eines (bisher nicht zum Fuhrpark zählenden) Krankenwagens mit kompletter Ausstattung

---

180 Vgl. Ley: a.a.O., BB 1999, S.626, zu III., m.w.N.; Knorr/Klaßmann: a.a.O., S.86 ff.

6.2 Die eine Steuerbegünstigung rechtfertigende Selbstlosigkeit

– Erwerb einer Fachklinik zum Aufbau einer weiteren Spezialabteilung des Krankenhauses

U.E. können zeitnah zu verwendende Mittel in voller Höhe der Projektkosten einmalig oder in jährlichen Teilbeträgen der Rücklage zugeführt werden. Eine Abzinsung ist nicht geboten.

- **Wiederbeschaffungsrücklage** z. B. für Ersatzinvestitionen von Wirtschaftsgütern, die in der Phase der Bildung der Rücklage der Körperschaft dienen, also in absehbarer Zeit wiederbeschafft werden sollen (z. B. Krankenwagen ist seit zwei Jahren im Einsatz und soll nach Ablauf von vier Jahren ersetzt werden). Auch hier müssen konkrete Überlegungen nachweisbar zur Rücklagenbildung geführt werden. Bei der Dotierung der Rücklage ist u.E. nichts gegen (Mindest-)Beträge einzuwenden, die der steuerlich zulässigen Regel-AfA entsprechen, wenn die Wiederbeschaffung „beschlossene Sache" ist; eine bereits ab Neuanschaffung eines Wirtschaftsguts parallel laufende „automatische AfA-Rücklage" führt u.E. zu einem nicht projektgebundenen Aufbau eines Kapitalstocks, der nicht gebildet werden darf.[181] Einem Preisanstieg ist durch Zuführung höherer Beträge Rechnung zu tragen. Eine Abzinsung ist nicht geboten.
- **Förderrücklage oder projektbezogene Rücklage** z. B. zur Durchführung eines bestimmten Projektes, das nicht aus den laufenden Einnahmen der Folgejahre finanziert werden kann. Werden für das konkrete Projekt Zuschüsse vergeben oder Spenden eingeworben, sind diese Mittel bei der Dotierung der Rücklage zu berücksichtigen und die Rücklage in Höhe einer Deckungslücke zu bilden.

Beispiel:

Ein Ärzte-Team der Abteilung Inneres an der Strategie-Krankenhaus gGmbH hat im Jahr 2005 mit einer neuen Behandlungsmethode international anerkannte Erfolge erzielt. Ein Industrieunternehmen unterstützt die Arbeit ohne feste Zusagen mit Bar- und Sachmitteln, erhält dafür aber keinerlei Gegenleistung. Für weitere Erkenntnisse im Rahmen der Fortsetzung der Behandlungsmethode und die Zusammenarbeit mit einem Wissenschaftler außerhalb des Krankenhauses werden in den nächsten fünf Jahren noch erhebliche Mittel benötigt. Das Krankenhaus plant daher für 2006/2007 ein Symposium für Fachärzte und Wissenschaftler und erhofft dadurch, zukünftig noch größere Aufmerksamkeit sowohl in der Fachwelt als auch bei den potenziellen Patienten zu erlangen sowie zusätzliche Finanzierungsmittel zu erschließen. Für die Durchführung des Symposiums werden nach schriftlichem Angebot durch einen Kongressveranstalter Kosten in Höhe von 150.000 € erwartet, für die das Krankenhaus in Vorleistung gehen muss.

Das Krankenhaus-Management möchte im Rahmen des Jahresabschlusses für 2005 im Jahr 2006 für die Ergebnisverwendung wissen, ob

---

181 Vgl. AEAO zu § 58 Tz 10; Buchna: a. a. O., zu 2.8.6, S. 163; **a.A.:** Ley: a. a. O., BB 1999, S. 626 (629).

a) für die zukünftige Tätigkeit des Ärzteteams (geschätzte 1,5 Mio. € für fünf Jahre) bereits Rücklagen aufgebaut und
b) für das Symposium Rücklagen gebildet werden können.

Zu a): Die zukünftige Tätigkeit des Ärzteteams in den Folgejahren zur Zweckerreichung ist (noch) nicht hinreichend schlüssig, so dass von einer Konkretisierung des Merkmals „Erforderlichkeit" für eine Rücklage nicht auszugehen ist. Zwar mag der Grund gelegt sein, aber weder die Höhe der Kosten noch der zeitliche Umfang der Tätigkeiten sind greifbar. Auch wenn aufgrund der Gegebenheiten noch keine konkrete Projektplanung vorliegen kann, fehlt es hier u.E. hinsichtlich der finanziellen Verhältnisse an einer **glaubhaften Darlegung** der Kosten, die zukünftig, je nach Entwicklung und Erfolg in der Sache selbst, möglicherweise ganz oder teilweise gegenfinanziert werden können. In der Ergebnisverwendung für 2005 können daher für die weitere Tätigkeit der Ärzte (noch) keine Mittel als Rücklagen berücksichtigt werden. In die Prüfung kann jederzeit wieder eingestiegen werden, so dass mit neuen Erkenntnissen eventuell eine Rücklage für 2006 ff. in Betracht kommt.

Zu b): Für die Durchführung des Symposiums kann u.E. eine projektbezogene Rücklage in voller Höhe gebildet werden. Der Grund dient zweckgerichtet der zukünftigen Tätigkeit des Krankenhauses. Die Höhe der Kosten kann durch das Angebot nachgewiesen werden. Eine Veranstaltung im Jahr 2006 oder 2007 entspricht der Realisierung in einem angemessenen Zeitraum. Ob eine teilweise oder volle Finanzierung des Symposiums durch Spenden, Sponsoring, Eintrittsgelder oder begleitender Ausstellung und Rahmenprogramm möglich ist, wird sich im Rahmen der weiteren Vorbereitung zeigen. Liegen dem Krankenhaus oder dem Veranstalter alsbald z. B. verbindliche Zusagen von Sponsoren vor, ist die Rücklage von 150.000 € in Höhe der zugesagten Mittel (teilweise oder ganz) wieder aufzulösen und die Mittel sind der zeitnahen Verwendung zuzuführen.

Hinweis: Bei der Rücklagenbildung ist zu beachten, dass der Rahmen des Symposiums ggf. zum steuerpflichtigen wGb des Krankenhauses werden kann. Auf Empfehlung des Steuerberaters an das Krankenhaus-Management ist nach vertraglicher Gestaltung mit dem Kongressveranstalter für den **Inhalt des Symposiums** allein das Krankenhaus (im Rahmen seines Zweckbetriebs) verantwortlich. Für die **Durchführung** des Symposiums von der Vorbereitung bis zur Abrechnung ist allein der Kongressveranstalter verantwortlich, der aus den von ihm erzielten Einnahmen dem Krankenhaus ein vertraglich festgelegtes Entgelt zahlt und seine Aufwendungen deckt.

- **Betriebsmittelrücklage** z. B. für periodisch wiederkehrende Ausgaben (z. B. Löhne, Gehälter, Mieten, Energiekosten, also laufende Verpflichtungen gegenüber Dritten) kann **Vorsorge** getroffen werden in Höhe des Mittelbedarfs für eine angemessene Zeitspanne. Erlassen der Finanzverwaltung[182] zufolge soll

---

182 AEAO zu § 58 Tz 10; OFD Frankfurt a.A. v. 06.08.2003, DB 2003, S. 2255, zu II. 2.1.

die Berechnung der Höhe der Rücklage davon abhängig sein, in welchem Umfang die Körperschaft regelmäßig Einnahmen erzielt. Insoweit bestimme sich die Zeitspanne (höchstens bis zu einem Geschäftsjahr) nach den Verhältnissen des jeweiligen Einzelfalls. Ein allgemein gültiger Zeitraum existiert zwar nicht, aber u.E. folgt aus der Art der Rücklage der Bezug zum Geschäftsjahr der Körperschaft, so dass bis zu zwölf Monate angemessen sind.

Zur Berechnung dieser wohl **häufigsten Rücklage in der Praxis**, mit der jede Körperschaft ihre Erfahrungen hat, nur einige Hinweise: Zunächst sollte für die wiederkehrenden Ausgaben der durchschnittliche Mittelbedarf eines Geschäftsjahres festgestellt und für einen Monat bestimmt werden. Durch diese Methode lassen sich relativ zuverlässig nachvollziehbare Werte ermitteln. Die Berechnung der Höhe einer Rücklage erfolgt dann unter Einbeziehung der bei der Körperschaft vorhandenen Wirtschafts- oder Haushaltspläne, der aktuellen wirtschaftlichen Situation mit Prognose, des Mittelbestands und der Mittelherkunft, mit allen denkbaren Einflüssen, Veränderungen und Unwägbarkeiten. Dem Außenstehenden muss sich in jedem Einzelfall ein **schlüssiges Rechenwer**k erschließen und die Erforderlichkeit der Rücklage aufdrängen. Die in der Literatur[183] geäußerte Annahme, dass z.B. bei **Krankenhäusern** von überwiegend „sicheren" Einnahmen auszugehen sei, die „allenfalls" einen **Mittelbedarf** für einen Monat rechtfertigen würden, ist u.E. als widerlegbare Vermutung nicht geeignet, Maßstab der Rücklage für eine Vielzahl von Krankenhäusern zu sein. Erfahrungsgemäß neigt die Praxis dazu, diesen Zeitrahmen zu übernehmen, auch wenn er im Einzelfall nicht sachgerecht ist. Mangels einer eigenen zeitnahen und ausreichenden Dokumentierung der Betriebsmittelrücklage, die so (spätestens) im Rahmen einer Betriebsprüfung angetroffen wird, werden Erfahrungen aus der Praxis nicht selten von der Finanzverwaltung als maßgebende Kriterien festgeschrieben. Im Nachhinein fehlt der Körperschaft für eine nachvollziehbare Aufarbeitung der Dokumentation die Zeit und die Sachverhalte haben sich häufig abweichend vom Zeitpunkt der Rücklagenbildung entwickelt. Für den Krankenhausbereich lassen sich **u.E.** im Einzelfall zurzeit für die Höhe einer Betriebsmittelrücklage durchaus **drei bis zu sechs Monate** darstellen, weil sowohl auf der Einnahmen- als auch auf der Ausgabenseite Schwankungen auftreten.

- **Instandhaltungsrücklage** z.B. für Gebäude, die in aller Regel von Zeit zu Zeit überholt werden müssen (z.B. Dach, Fenster, Außenfassaden, Isolierung, Elektrik, Wasser, Heizung). Wie auch bei den anderen Rücklagen muss die Maßnahme konkretisiert bzw. zumindest nachweislich die Willensbildung der Entscheidungsträger, die Instandhaltungsmaßnahmen durchzuführen, dokumentiert sein. Die Bezeichnung der Rücklage ist u.E. hier unerheblich (z.B. auch Investitions- oder Erneuerungsrücklage), wenn die Voraussetzungen insgesamt vorliegen.
- **Rücklagen** z.B. für die **Versorgung der eigenen Mitglieder** einer klösterlichen Ordensgemeinschaft zur Sicherstellung eingegangener Versorgungsverpflich-

---

183 So im September 2002 Buchna: a.a.O., zu 2.8.6, S. 162/163: die Gesamtsituation sei zu würdigen.

tungen. Diese Verpflichtungen haben entweder den Charakter einer (handels- und steuerrechtlichen) Pensionsrückstellung oder sind als Rücklage nach § 58 Nr. 6 AO zu werten.[184] Ebenfalls unschädlich ist die vorsorgliche Bildung einer Rücklage zur Bezahlung von **Steuern außerhalb eines steuerpflichtigen wGb**, solange Unklarheit darüber besteht, ob die Körperschaft insoweit in Anspruch genommen wird.[185] Welche Steuern hier gemeint sind, kann u. E. dahinstehen, wenn sie außerhalb des steuerpflichtigen wGb anfallen müssen (z. B. Grundsteuern, soweit eine mögliche Befreiung klärungsbedürftig ist; dagegen sind Grundsteuern auf Grundbesitz, der Wohnzwecken dient, rückstellungsfähig; Rückstellung auch für Kfz-Steuern des Fuhrparks im Zweckbetrieb und der Vermögensverwaltung; Rücklage für mögliche Lohnsteuerhaftung der Körperschaft für Arbeitnehmer des Zweckbetriebs, soweit eine Ermessensentscheidung der Finanzbehörde aussteht).

Weitere allgemeine Hinweise:[186] Soweit die Voraussetzungen des § 58 Nr. 6 AO erfüllt sind, stehen sämtliche Mittel der Körperschaft (auf die Herkunft der Mittel kommt es dann nicht an) für die Rücklagenbildung zur Verfügung. Mehrere Vorhaben sind gleichzeitig und nebeneinander nach § 58 Nr. 6 AO zulässig. Das gleiche gilt grundsätzlich für ein Nebeneinander der Rücklagen nach § 58 Nr. 6 und Nr. 7 AO. Allerdings soll die Rücklage nach § 58 Nr. 7 AO dann auf eine → *Betriebsmittelrücklage* angerechnet werden, wenn daraus bereits hinreichende Mittel zur Verfügung stehen.[187] Selbstverständlich sollte sein, dass gebildete Rücklagen in der Folgezeit „gepflegt" werden müssen. Die Voraussetzungen dafür sind mindestens in jedem Prüfungszeitraum erneut zu überprüfen.

In der Literatur[188] wird neben den vorstehend aufgeführten Rücklagen, die allgemein als „zweckgebundene Rücklagen" bezeichnet werden, auch der weitere **Begriff „gebundene Rücklagen"** verwendet. Diese Rücklage bindet nach ihrem Verständnis die **Mittel**, die entsprechend ihrer Zwecksetzung **bereits** für steuerbegünstigte Zwecke zeitnah **verwendet** wurden. Soweit also im Vorfeld, z. B. im Jahr 2004, eine Investitionsrücklage nach § 58 Nr. 6 AO gebildet wurde, kann diese mit Anschaffung oder Herstellung des Wirtschaftsguts im Jahr 2006 aufgelöst und der Betrag den gebundenen Rücklagen zugeführt werden. Ein eventueller Differenzbetrag, der z. B. fehlte, sollte aus den zeitnah zu verwendenden Mitteln des Jahres 2006 in die gebundenen Rücklagen eingestellt werden; war die Rücklage zu hoch, muss der Betrag im Jahr 2006 den zeitnah zu verwendenden Mitteln (wieder) zugeführt werden. Die gebundenen Rücklagen repräsentieren für steuerbegünstigte Zwecke verwendete Mittel und dienen zusammen mit der → *Mittelverwendungsrechnung* den steuerlichen Nachweiszwecken im Rahmen der Rechnungslegung. U.E. wird in der Praxis von dieser möglichen **Art einer**

---

184 Vgl. Buchna: a. a. O., zu 2.8.6, S. 164.
185 AEAO zu § 58 Tz 10.
186 OFD Frankfurt a. M. v. 06.08.2003, DB 2003, S. 2255.
187 Vgl. Buchna: a. a. O., zu 2.8.6, S. 162: die Gesamtsituation der Körperschaft sei zu würdigen; vgl. Schauhoff: Handbuch der Gemeinnützigkeit, 2. Auflage 2005, zu § 8 Rn 92.
188 Ley: a. a. O., BB 1999, S. 626, zu III. 1, m. w. N.

Rücklagendarstellung nur wenig Gebrauch gemacht; in der von Buchna[189] entwickelten Mittelverwendungsrechnung werden die bereits für steuerbegünstigte Zwecke eingesetzten Mittel als ein Bestandteil der Rechnung erfasst.

6.2.10.3 Bildung sogenannter freier Rücklagen (§ 58 Nr. 7 AO)

Das Gesetz unterscheidet in § 58 Nr. 7 AO **zwei Arten** von Rücklagen:

> a) Der freien Rücklage nach § 58 Nr. 7 Buchstabe a) AO darf jährlich *„höchstens ein Drittel des Überschusses der Einnahmen über die Unkosten aus Vermögensverwaltung"* zugeführt werden (**1. Alternative**). Darüber hinaus kann die Körperschaft *„höchstens 10 vom Hundert ihrer sonstigen nach § 55 Abs. 1 Nr. 5 AO zeitnah zu verwendenden Mittel einer freien Rücklage"* zuführen (**2. Alternative**).
>
> b) Die Körperschaft kann nach § 58 Nr. 7 Buchstabe b) AO *„Mittel zum Erwerb von Gesellschaftsrechten zur Erhaltung der prozentualen Beteiligung an Kapitalgesellschaften ansammeln oder im Jahr des Zuflusses verwenden; diese Beträge sind auf die nach Buchstabe a in demselben Jahr oder künftig zulässigen Rücklagen anzurechnen."*

Der Begriff *„frei"* macht deutlich, dass insoweit keine Verpflichtung zur → *zeitnahen Mittelverwendung* besteht und die steuerbegünstigte Körperschaft ausdrücklich die Möglichkeit erhält, ihre allgemeine Leistungsfähigkeit und finanzielle Flexibilität durch Bildung freier Rücklagen in unbegrenzter Höhe dauerhaft zu erhalten. Dagegen handelt es sich vorstehend zu b) dem Wortlaut nach um eine „zweckgebundene" Rücklage *„zur Erhaltung"* der prozentualen Beteiligungsquote an Kapitalgesellschaften (nicht erfasst sind Personengesellschaften), wobei anstelle der Ansammlung von Mitteln auch deren Verwendung im Jahr des Zuflusses möglich ist.

Insbesondere die **freien Rücklagen** sollten unter Beachtung von **Gestaltungsmöglichkeiten optimal genutzt** werden, um auch der Körperschaft einen zulässigen Ausgleich dafür zu verschaffen, nicht sämtliche Mittel zeitnah zu verausgaben und im Übrigen zur Erhaltung des realen Werts ihres Vermögens beizutragen. So können Einnahmen aus → *Vermögensverwaltung* in der Regel „kraft ihrer Quelle" eindeutig zugeordnet werden, aber bevor diese „Einnahmen sprudeln" sollte im Einzelfall geprüft und sinnvoll gestaltet werden, ob spätere Einnahmen unausweichlich aus einem steuerpflichtigen → *wGb* generiert werden oder doch die steuerfreie Vermögensverwaltung umsetzbar ist (z. B. Beteiligungen an Kapitalgesellschaften, Einnahmen aus Vermietung und Verpachtung, Vermeidung einer Betriebsaufspaltung). Diese Zuordnung zeigt letztlich auch Auswirkungen auf die Höhe der zulässigen freien Rücklagen, wie nachfolgend noch ausgeführt wird. Es ist u.E. daher grundsätzlich zu empfehlen, die freien Rücklagen **jährlich** in maximal zulässiger Höhe zu bilden. Über die nach § 58 Nr. 7 lit. a) AO zu-

---

[189] Buchna: a.a.O., zu 2.5.7.1, S. 124 ff (129/130); vgl. 6.2.11.2: Spalte c) der Darstellung.

rückgelegten Mittel kann jederzeit verfügt werden. Dies aber nur zur Verfolgung der steuerbegünstigten satzungsmäßigen Zwecke.

zu a) 1. Alternative:
Freie Rücklage aus Überschüssen der Vermögensverwaltung
Für die Bemessung der Rücklage nach § 58 Nr. 7 lit. a) AO ist zunächst der Überschuss der Einnahmen über die Unkosten aus der **Vermögensverwaltung** eines Jahres maßgebend. Alle Einnahmen und die Ausgaben aus den einzelnen vermögensverwaltenden Tätigkeiten der Körperschaft sind im Ergebnis zusammenzufassen. Der Begriff „Vermögensverwaltung" ist im Gesetz nicht definiert, sondern § 14 Satz 3 AO nennt nur einzelne typische Fälle. Danach ist Vermögensverwaltung die Nutzung des Vermögens im Sinne einer Fruchtziehung aus zu erhaltenden Substanzwerten (z. B. Einkünfte aus Kapitalvermögen i. S. v. § 20 EStG und die Einkünfte aus Vermietung und Verpachtung i. S. v. § 21 EStG). Die Ergebnisse aus den möglichen weiteren → *Tätigkeitsbereichen* (ideeller Bereich, Zweckbetrieb und steuerpflichtiger wGb) der Körperschaft sind nicht Teil dieser Bemessungsgrundlage. Nur wenn der **Überschuss** in der Vermögensverwaltung **positiv** ist, kann von dieser Bemessungsgrundlage **jährlich ein Drittel** (bis zum 31. Dezember 1999 war es ein Viertel) den freien Rücklagen zugeführt werden; bei einem Verlust (in der Vermögensverwaltung) ist kein Raum für eine Rücklage.
Zur **Ermittlung** des Überschusses aus Vermögensverwaltung einige Hinweise:

- Zu den jährlich laufenden **Einnahmen** zählen z. B. Zinsen, Dividenden, Mieten und Pachten, Gewinnanteile aus echten stillen Beteiligungen, Sponsoringeinnahmen, die in der Vermögensverwaltung erzielt wurden, Zinsabschlagsteuer und Kapitalertragsteuer nur dann, wenn die entsprechenden Einnahmen ohne Steuerabzug (also netto) erfasst wurden. Die im Rahmen der steuerlichen Einnahmen-/Ausgabenrechnung vereinnahmte Umsatzsteuer zählt zu den Einnahmen soweit diese auf die vorgenannten Umsätze entfällt.
- Sogenannte **Veräußerungsgewinne** werden grundsätzlich dem Bereich der Vermögensverwaltung zugerechnet. Es sind jedoch keine laufenden Einnahmen und sie entstehen in der Regel durch Umschichtungen des Vermögens. Mit der Finanzverwaltung ist davon auszugehen, dass sie nicht dem Gebot der zeitnahen Mittelverwendung unterliegen und damit auch **nicht** in die **Bemessungsgrundlage** für die Rücklagenbildung einzubeziehen sind.[190] Entsprechendes muss dann für **Veräußerungsverluste** in der Vermögensverwaltung gelten, gleichgültig, ob es sich um Buchverluste oder um durch Verkäufe realisierte Verluste handelt.
- „Unkosten" i. S. d. Gesetzeswortlauts meint entsprechend den einkommensteuerlichen Grundsätzen **„Werbungskosten"** (durch die Vermögensverwaltung veranlasste Aufwendungen). Der Ansatz dieser Aufwendungen hat nach den steuerlichen Vorschriften zu erfolgen, auch wenn der Überschuss aus Vermögensverwaltung steuerfrei ist und hier ausschließlich der Ermittlung der Bemessungsgrundlage dient. Welche Aufwendungen dem Grund und der Höhe nach zu berücksichtigen sind, sollte also nicht willkürlich erfolgen, um

---

190 AEAO zu § 55 Tz 28; Buchna: a. a. O., zu 2.8.7.1, S. 168.

im Ergebnis eine höhere Bemessungsgrundlage darzustellen, als dies nach den steuerlich zulässigen Ansätzen geboten wäre. Einzelne Aufwendungen hier aufzuzählen ist wegen der Vielfalt nicht zielführend. Im Rahmen einer Einnahmen-/Ausgabenrechnung sind die mit den Aufwendungen gezahlten Umsatzsteuern u.E. hier zu erfassen, ebenso die im Kalenderjahr an das Finanzamt abgeführten Umsatzsteuern auf die o. a. Einnahmen.
- **Keine Unkosten** sind – mangels ausdrücklich gesetzlicher Regelung – die Aufwendungen im Rahmen steuerlich unschädlicher Betätigungen nach § 58 AO; dies gilt insbesondere für die Rücklagenbildung nach § 58 Nr. 6 AO (insoweit liegen gar keine Aufwendungen vor). Zwar fehlt für den Vortrag des **Unkostenüberschusses** aus der Vermögensverwaltung eines Jahres auf das folgende Jahr ebenfalls eine gesetzliche Regelung. Aber die Finanzverwaltung sieht die Bildung einer freien Rücklage nur dann als gewährleistet an, wenn insgesamt (Totalperiode mit kumulierten Überschüssen, nicht Jahresprinzip) nicht mehr als ein Drittel des Überschusses aus der Vermögensverwaltung der freien Rücklage zugeführt wird.[191]

Die OFD Frankfurt am Main[192] führt dazu aus: *„Für die Ermittlung der Bemessungsgrundlage sind die Ergebnisse aus den einzelnen Bereichen der Vermögensverwaltung zusammenzurechnen. Ergibt sich hierbei ein Kostenüberhang (Unterdeckung), ist eine Rücklagenbildung in diesem Jahr nicht zulässig. Darüber hinaus ist der Unkostenüberschuss in nachfolgende Jahre vorzutragen und dort zunächst mit Überschüssen aus Vermögensverwaltung zu verrechnen, so dass eine Unterdeckung auch die Möglichkeiten der Bildung freier Rücklagen in den nachfolgenden Jahren einschränkt."*

Die Praxis sollte sich u.E. an dieser Vorgabe orientieren und sie im Zweifel beachten.
- **Keine Nachholung** von nicht ausgeschöpften Höchstgrenzen (jährlich höchstens ein Drittel) bei der Rücklagenbildung in späteren Jahren.[193] Im Übrigen ist die **Gesamthöhe** der freien Rücklage **unbegrenzt**. Während der Dauer des Bestehens braucht die Körperschaft die freie Rücklage nicht aufzulösen. Die angesammelten Mittel unterliegen zwar nicht dem Gebot der → *zeitnahen Mittelverwendung*, sind jedoch auf Dauer für steuerbegünstigte Zwecke zu verwenden. Eine Verwendung im Rahmen eines steuerpflichtigen wGb (z. B. Mitteleinsatz zum Ausgleich von Verlusten) ist unzulässig.[194] Dagegen ist die Errichtung eines steuerpflichtigen wGb unter Einsatz des Vermögens der Körperschaft, einschließlich ihrer freien Rücklagen (z. B. im Wege der Vermögensumschichtung), steuerlich unschädlich.[195] Nicht zum Vermögen gehören die zeitnah zu verwendenden Mittel.

---

191 Vgl. Buchna: a.a.O., zu 2.8.7.1, S. 167; **a.A.:** Knorr/Klaßmann: a.a.O., S. 93, m.w.N.
192 OFD Frankfurt a.M. v. 06.08.2003, DB 2003, S. 2255, zu II. 2.2.1.
193 AEAO zu § 58 Tz 15.
194 OFD Frankfurt a.M. v. 06.08.2003, DB 2003, S. 2255; Buchna: a.a.O., zu 2.8.7.1, S. 169.
195 OFD Frankfurt a.M. v. 09.09.2003, DStZ 2004, S. 55, zu 4.

zu a) 2. Alternative:
Freie Rücklage aus sonstigen zeitnah zu verwendenden Mitteln
Eine weitere Möglichkeit der freien Rücklagenbildung von **jährlich höchstens 10 v.H.** ist aus den „*sonstigen nach § 55 Abs. 1 Nr. 5 zeitnah zu verwendenden Mitteln*" ab dem Veranlagungszeitraum 2000 geschaffen worden. Diese gesetzliche Erweiterung zur Rücklagenbildung aus **sonstigen Mitteln** macht Sinn, da nicht alle Körperschaften mangels nennenswerter Einkünfte bereits Rücklagen aus der Vermögensverwaltung bilden können. Zur Vermeidung einer doppelten Begünstigung dürfen die Mittel aus der Vermögensverwaltung (dies gilt sowohl für Überschüsse als auch für Verluste in diesem Bereich) nicht (zusätzlich) in diese Bemessungsgrundlage einbezogen werden.[196] Zu den sonstigen Mitteln zählen also die **Überschüsse bzw. Gewinne** aus steuerpflichtigen **wGb** und **Zweckbetrieben** sowie die **Bruttoeinnahmen** aus dem → *ideellen Bereich* (z. B. Spenden). Für die Ergebnisermittlung ist sowohl auf den einheitlichen steuerpflichtigen wGb (§ 64 Abs. 2 AO) abzustellen als auch auf das Gesamtergebnis aller Zweckbetriebe; darüber hinausgehende Verluste mindern die Bemessungsgrundlage nicht (weder bei den Zweckbetrieben noch beim steuerpflichtigen wGb). Für den ideellen Bereich ist keine „Netto"-Größe zu ermitteln, hier können die Einnahmen berücksichtigt werden.[197] Auch hier gibt es **keine Nachholung** von nicht ausgeschöpften jährlichen Höchstgrenzen (wie vorstehend zur 1. Alternative).

Beispiel: Bildung freier Rücklagen nach § 58 Nr. 7 lit. a) AO

Die Strategie-Krankenhaus gGmbH zeigt für das **Jahr 2006** folgende Ergebnisse:		
	Euro	Euro
Spenden von ehemaligen Patienten		5.000
Zweckbetrieb „Krankenhaus" 1 (Gewinn)		500.000
Zweckbetrieb „Krankenhaus" 2 (Verlust)		150.000
Zuwendung eines Industrieunternehmens für das Krankenhaus 2 (Mittel für das Ärzte-Team zur Anschaffung eines Lasers für die neuartige Behandlungsmethode)		50.000
Vermögensverwaltung: Verlustvortrag aus 2005 Überschuss in 2006	2.000 22.000	20.000
Steuerpflichtiger wGb nach § 64 Abs. 2 AO (Gewinn)		10.000

---

196 AEAO zu § 58 Tz 14 Abs. 2 Sätze 3 und 4.
197 Zur Bemessungsgrundlage insgesamt: AEAO zu § 58 Tz 14; Buchna: a.a.O., zu 2.8.7.1, S. 168.

6.2 Die eine Steuerbegünstigung rechtfertigende Selbstlosigkeit

Neben der im Jahr 2005[198] gebildeten zweckgebundenen Rücklage (§ 58 Nr. 6 AO) für das Symposium von 150.000 € sollen die freien Rücklagen in zulässiger Höhe gebildet werden. Weitere Rücklagen, insbesondere die Aufstockung der zweckgebundenen Rücklagen ist nicht vorgesehen, weil insoweit keine neuen Erkenntnisse vorliegen.

a) Ein Drittel des Überschusses aus der **„Vermögensverwaltung"** stehen grundsätzlich jährlich für die Bildung einer freien Rücklage zur Verfügung (§ 58 Nr. 7 lit. a) AO). Für 2006 sind dies 22.000 €. Allerdings ist nach Auffassung der Finanzverwaltung der Vortrag eines Unkostenüberschusses (hier aus dem Jahr 2005) vorab als Minderung der Bemessungsgrundlage zu berücksichtigen. Aus den Überschüssen der Vermögensverwaltung im Jahr 2006 (**zu a**) beträgt die **Rücklage**
(22.000 € abzüglich 2.000 € = 20.000 € × 1/3 =) **6.666 €**

b) Eine weitere Rücklage kann aus den **„sonstigen Mitteln"** mit höchstens 10 v.H. gebildet werden. Dabei stehen die Überschüsse aus der Vermögensverwaltung nicht (mehr) zur Verfügung, weil sie insoweit bereits Berücksichtigung in der 1. Alternative zu a) gefunden haben. Die Überschüsse aus den Zweckbetrieben (Gesamtergebnis) und dem einheitlichen steuerpflichtigen wGb (§ 64 Abs. 2 AO) sowie die Bruttoeinnahmen aus dem ideellen Bereich bilden die Bemessungsgrundlage.

Das **Gesamtergebnis** der **Zweckbetriebe** (Krankenhaus 1 und 2) beträgt (500 T€ abzüglich 150 T€=) 350 T€. Allerdings werden hier nicht die **Spenden** berücksichtigt, die u.E. dem Zweckbetrieb zuzurechnen sind. An anderer Stelle[199] haben wir die Auffassung vertreten, dass bei einer Krankenhauskörperschaft, wie z.B. einer GmbH (Ausnahmen sind Verein und Stiftung), nur selten ein ideeller Bereich vorliegen dürfte. Allein die Tatsache, dass Spenden eingehen können, rechtfertigt u.E. nicht die Annahme eines ideellen Bereichs bei einer steuerbegünstigten Krankenhaus-GmbH. Hinzu treten im Beispielsfall die Widmungen der Spender: Auf der einen Seite sind es ehemalige Patienten der Krankenhäuser 1 und 2, die der gGmbH aus unterschiedlichen Motiven Beträge zugewendet haben und auf der anderen Seite fördert das Industrieunternehmen konkret für das Krankenhaus 2 die Anschaffung eines für medizinische Zwecke einzusetzendes Geräts. Insoweit liegt mangels Gegenleistung oder sonstiger Hinweise auf das Industrieunternehmen eine Spende vor. Ob das Industrieunternehmen mit der Spende eine Erwartungshaltung für die Zukunft hegt, wenn das Ärzte-Team weiterhin Erfolge vorweisen kann (Motive der Spende), ist u.E. zurzeit unbeachtlich. Die Spenden von insgesamt 55.000 € (ihnen stehen keine Aufwendungen gegenüber, auch

---

198 Vgl. Beispiel zu 6.2.10.2: Förderrücklage oder projektbezogene Rücklage.
199 Vgl. 2.2.2.6 und 6.2.4.

> nicht die (geförderte) Anschaffung des Lasers) erhöhen u.E. das Gesamtergebnis aus dem Zweckbetrieb auf 405 T€.[200]
> Der **Gewinn** aus dem steuerpflichtigen wGb (10.000 €) mindert sich um die KSt, den SolZ und die GewSt, die wir vereinfacht mit 40 v.H. ansetzen, so dass der Überschuss hier 6.000 € beträgt.
>
> | | |
> |---|---|
> | Die weitere Bemessungsgrundlage (**zu b**) für eine beträgt (411.000 € × 10 v.H. =) | **Rücklage** 41.100 € |
> | **Freie Rücklage im Jahr 2006** (§ 58 Nr. 7 lit. a) AO) abgerundet | 47.700 € |

zu b) Rücklagen zum Erwerb von Gesellschaftsrechten (§ 58 Nr. 7 lit. b) AO)
Zur Erhaltung der prozentualen Beteiligungsquote an Kapitalgesellschaften ist die Verwendung bzw. Ansammlung von Mitteln ebenfalls eine steuerlich → *unschädliche Betätigung*. Ausgeschlossen ist daher eine Rücklagenbildung zum Zwecke des erstmaligen Erwerbs oder der Aufstockung von Anteilsrechten an der Kapitalgesellschaft (§ 58 Nr. 7 lit. b) AO); so der eindeutige Gesetzeswortlaut, insbesondere auch keine Beteiligung an Personengesellschaften). Eine steuerbegünstigte Kapitalgesellschaft darf aber ihr Vermögen, das nicht dem Gebot der → *zeitnahen Mittelverwendung* unterliegt (z.B. die in der freien Rücklage nach § 58 Nr. 7 lit. a) AO angesammelten Beträge), für den erstmaligen Erwerb oder für eine Erhöhung der Beteiligungsquote an der Kapitalgesellschaft verwenden (Vermögensumschichtung).[201] Auf die Beteiligungshöhe (wenn sie der Erhaltung der Quote dient) kommt es nicht an; allerdings wird u.E. aus Gründen der Steuerbegünstigung wohl zu Recht darauf abgestellt, dass sich aus der Beteiligung auf Dauer ein Überschuss erzielen lassen muss (Ziel verfolgen, eine laufende Rendite aus der Anlageform zu erwirtschaften).[202] Aus dem Wortlaut des § 58 Nr. 7 AO kann u.E. aber nicht geschlossen werden, dass sich eine zulässige Rücklagenbildung nur auf Beteiligungen bezieht, die bei der steuerbegünstigten Körperschaft der → *Vermögensverwaltung* zuzuordnen sind;[203] soweit ersichtlich, wird dieser Schluss auch nicht von der Finanzverwaltung in ihren Erlassen gezogen.

Anders als für die sogenannten freien Rücklagen nach § 58 Nr. 7 lit. a) AO ist die → *Mittelverwendung* weder der Herkunft noch der Höhe nach begrenzt. Für die Rücklagenbildung stehen sämtliche Mittel der Körperschaft (Spenden, Zuschüsse, Gewinne aus steuerpflichtigen wGb und Zweckbetrieben sowie Über-

---

200 Hinweis: Im Beispiel führt die Zuordnung der Spenden zum Zweckbetrieb bzgl. der Höhe der Rücklagen zu keinem anderen Ergebnis. Würde das Gesamtergebnis der Zweckbetriebe vor Spenden einen Verlust ausweisen, führt die Hinzurechnung der Spenden zum Zweckbetrieb stets zu einem Nachteil für die Rücklagenbildung, weil in Höhe des Verlustausgleichs eine Rücklagenbildung ausscheidet. Wir halten dieses Ergebnis aufgrund der Zuordnung zum Zweckbetrieb für konsequent und vertretbar.
201 AEAO zu § 58 Tz 16 Sätze 3 und 4; OFD Frankfurt a.M. v. 06.08.2003, DB 2003, S. 2255, zu II. 2.2.2; OFD Frankfurt a.M. v. 09.09.2003, DStZ 2004, S. 55.
202 Vgl. Buchna: a.a.O., zu 2.8.7.2, S. 171.
203 Vgl. Buchna: a.a.O., zu 2.8.7.2, S. 171; Ley: a.a.O., BB 1999, S. 626 (632).

schüsse aus der Vermögensverwaltung) gleichwertig zur Verfügung. Erforderlich ist jedoch, dass sich der Bedarf und damit die Höhe der Mittel zur Aufrechterhaltung der prozentualen Beteiligung konkret abzeichnen und mit einiger Wahrscheinlichkeit in naher Zukunft bevorsteht.[204] Für die Kapitalerhöhung bei der Kapitalgesellschaft sollten nachprüfbare wirtschaftliche Gründe vorliegen, die eine Aufstockung des Kapitals durch die Gesellschafter quasi erforderlich machen (zu erwartender Anteil am Kapitalerhöhungsbedarf). Je höher die Beteiligungsquote des steuerbegünstigten Gesellschafters ist, umso kritischer wird erfahrungsgemäß geprüft, ob die Kapitalerhöhung bei der Beteiligungsgesellschaft wirtschaftlich sinnvoll ist.[205]

Zu beachten ist, dass die Bildung einer Rücklage i.S.d. § 58 Nr.7 **lit. b)** AO den für eine freie Rücklage nach § 58 Nr.7 **lit. a)** AO zur Verfügung stehenden Betrag in demselben Jahr oder die künftig zulässigen Rücklagen mindern. Die Rücklagenbildung nach § 58 Nr.6 AO bleibt davon unberührt. Zum Verständnis wird auf das Berechnungsbeispiel im AEAO verwiesen[206] und auf das folgende

Beispiel:

> Die Strategie-Krankenhaus gGmbH möchte neben der im Jahr 2005 gebildeten zweckgebundenen Rücklage (§ 58 Nr.6 AO) für das Symposium von 150.000 € und den im Jahr 2006 bereits beabsichtigten freien Rücklagen nach § 58 Nr.7 lit.a) AO mit gerundet 47.700 €[207] nach Möglichkeit eine weitere Rücklage zum Erwerb von Gesellschaftsrechten an der Laser-MedTec GmbH bilden, an der sie zu 25 v.H. mit 25.000 € beteiligt ist. Die Gesellschafter der Laser-MedTec GmbH wollen diese Kapitalerhöhung nun doch nach Empfehlung ihrer Hausbank zur Stärkung des Eigenkapitals der in 2003 gegründeten Gesellschaft in 2007 beschließen, wobei auf den Anteil von 25 v.H. 25.000 € entfallen. Das Krankenhaus-Management erkundigt sich beim Steuerberater nach den Möglichkeiten dieser zusätzlichen Rücklage.
>
> Der Steuerberater kennt die Beteiligung seit Bestehen in 2003 und fragt zunächst nach, ob und wann mit Gewinnausschüttungen der Laser-MedTec GmbH an ihre Gesellschafter zu rechnen sei. Auskunftsgemäß soll mit Ausschüttungen ab 2008 zu rechnen sein, wenn erstmals aufgrund steigender Lizenzeinnahmen ein Bilanzgewinn ausgewiesen werden könne. Da mit einer Rendite zu rechnen ist und auch wirtschaftliche Gründe für die Aufstockung des Kapitals vorliegen, kann eine Rücklage gebildet werden. Allerdings hat diese Rücklage Auswirkungen auf die Höhe der beabsichtigten freien Rücklage im Jahr 2006: Der Betrag von 47.700 € ist um 25.000 € auf 22.700 € zu mindern. Zweckgebundene Rücklagen (wie die z.B. in 2005 gebildete Rücklage) haben keinen Einfluss auf die möglichen Rücklagen nach § 58 Nr.7 AO. Somit ergibt sich folgender **Rücklagen-Spiegel:**

---

204 AEAO zu § 58 Tz 16; OFD Frankfurt a.M. v. 06.08.2003, DB 2003, S.2255, zu II. 2.2.2.
205 Vgl. Buchna: a.a.O., zu 2.8.7.2, S.171; Knorr/Klaßmann: a.a.O., S.101.
206 AEAO zu § 58 Tz 17.
207 Vgl. vorstehendes Beispiel: Bildung freier Rücklagen.

Rücklagen	01.01.2006	Zuführungen	Veränderungen	31.12.2006
§ 58 Nr. 6 AO	150.000	0	0	150.000
§ 58 Nr. 7 a) AO	0	22.700	0	22.700
§ 58 Nr. 7 b) AO	0	25.000	0	25.000
Summe:	150.000	47.700	0	197.700

Zwar ist hier kein zusätzlicher Betrag in die Rücklagen eingestellt worden, weil die gesetzliche Beschränkung zu beachten war. Wir empfehlen aber dennoch, die Möglichkeiten der Rücklagenbildung nach der AO grundsätzlich zu nutzen, da die Voraussetzungen der Mittelverwendung im Rücklagenbereich unterschiedlich und deshalb die Abweichungen in ihren Auswirkungen für die Körperschaft zu berücksichtigen sind.

6.2.10.4 Bildung weiterer Rücklagen und Vermögenszuführungen

Nach § 55 Abs. 1 Nr. 1 AO dürfen sämtliche Mittel grundsätzlich nur für die → *satzungsmäßigen Zwecke* verwendet werden, es sei denn, gesetzliche Ausnahmen liegen vor, wie die ausdrücklich zugelassenen Rücklagenbildungen (§ 58 Nr. 6 und Nr. 7 AO[208]). Zu den Mitteln gehören u. a. die Überschüsse aus dem → *steuerpflichtigen wGb* und der → *Vermögensverwaltung*. Wie den Voraussetzungen für die Bildung dieser Rücklagen zu entnehmen ist, dienen auch diese Mittel als Bestandteile der Bemessungsgrundlage.[209] Aus der Einbeziehung dieser Mittel darf u.E. nicht geschlossen werden, dass neben den zulässigen **Rücklagen für** den „ideellen Bereich" und den „Zweckbetrieb" für die weiteren möglichen → *Tätigkeitsbereiche* „**Vermögensverwaltung**" und „**steuerpflichtiger wGb**" keine Rücklagenbildungen zulässig sind.

(1) Finanzrechtsprechung und Finanzverwaltung erkennen **weitere Rücklagen** an, wenn die Voraussetzungen dafür vorliegen.[210] Die AO schreibt keine Reihenfolge der Rücklagen vor, aber wenn der „Topf" der zur Verfügung stehenden Mittel aus der Ergebnisrechnung der Körperschaft für die Rücklagendotierung nicht ausreicht, wird ihre Bildung abhängig sein von den jeweiligen Zwecken und ihren Notwendigkeiten sowie den unterschiedlichen Voraussetzungen. Die Rücklagenbildung steht dann insgesamt im Auswahlermessen der steuerbegünstigten Körperschaft, weil keine Verpflichtung besteht. Entfallen die Gründe einer Rücklagenbildung im Nachhinein oder

---

208 AEAO zu § 55 Tz 3 und Tz 26; AEAO zu § 58 Tz 18 und Tz 23 Satz 1.
209 Vgl. 6.2.10.2 und 6.2.10.3.
210 BFH-Urteil v. 15.07.1998, I R 156/94, BStBl II 2002, S. 162; AEAO zu § 55 Tz 3 und Tz 26; BMF v. 15.02.2002, BStBl I 2002, S. 267; OFD Frankfurt v. 06.08.2003, DB 2003, S. 2255, zu II. 2.3.

wird ein geplantes Vorhaben aufgegeben, müssen die dadurch frei werdenden Mittel wieder zeitnah für satzungsmäßige Zwecke verwendet werden. Eine neue Rücklage für ein anderes Vorhaben kann ebenfalls gebildet werden. Dagegen führt das Ansammeln von Mitteln ohne Grund zur Ausstattung der Körperschaft mit Vermögen, was grundsätzlich nicht zulässig ist.

(2) Im **Bereich der Vermögensverwaltung** dürfen Rücklagen nur für die Durchführung konkreter **Reparatur- oder Erhaltungsmaßnahmen** an Vermögensgegenständen i. S. d. § 21 EStG gebildet werden. Die Rücklage ist grundsätzlich aus den Überschüssen in der Vermögensverwaltung zu bilden. Im Vorgriff auf spätere Einnahmen aus der Vermögensverwaltung oder zur Abwendung von Vermögensnachteilen wird in begründeten Einzelfällen u.E. nicht zu beanstanden sein, wenn andere Mittel der Rücklage zugeführt werden, weil die Mittel aus der Vermögensverwaltung nicht ausreichen.[211] Die Maßnahmen müssen notwendig sein, um den ordnungsgemäßen Zustand des Vermögensgegenstands zu erhalten oder wiederherzustellen und in einem angemessenen Zeitraum durchgeführt werden können (z.B. geplante Erneuerung eines undichten Daches, Instandsetzung von Türen und Fenstern, Erneuerung der Heizung).[212] Da mit dieser Rücklage (bezogen auf die Vermögensgegenstände im Bereich der Vermögensverwaltung) allenfalls nur mittelbar steuerbegünstigte Zwecke gefördert werden, kommt hier eine zweckgebundene Rücklage nach § 58 Nr. 6 AO für Instandhaltungsmaßnahmen nicht in Betracht.

(3) Auch im **Bereich des steuerpflichtigen wGb** kann (ausschließlich) mit Mitteln aus diesem Bereich eine Rücklage gebildet werden, d.h. eine Rücklage aus dem Gewinn des steuerpflichtigen wGb nach Steuern.[213] Die Rücklage muss bei vernünftiger kaufmännischer Beurteilung wirtschaftlich notwendig sein und stets begründet werden. Für die Bildung einer Rücklage muss ein **konkreter Anlass** gegeben sein, der auch bei objektiver unternehmerischer Sicht die Bildung der Rücklage rechtfertigt, wenn z.B. die Zwecke des steuerpflichtigen wGb sonst nachhaltig nicht erfüllt werden können.[214] Eine fast vollständige Zuführung des Gewinns zu einer Rücklage ist nur dann unschädlich für die Steuerbegünstigung, wenn die Körperschaft nachweist, dass die betriebliche Mittelverwendung zur Sicherung ihrer Existenz geboten war.[215] Ein für den Geschäftsumfang des steuerpflichtigen wGb notwendiges Eigenkapital darf grundsätzlich gebildet werden, wenn dadurch die eigentliche Zielsetzung der steuerbegünstigten Einrichtung nicht in den Hintergrund tritt, denn eine zulässigerweise gebildete Rücklage führt zur Erhöhung des für den steuerpflichtigen wGb eingesetzten Vermögens. Auf betriebswirtschaftlich notwendige Rücklagen im wGb kann bei aller Abwägung nicht

---

211 Vgl. Ley: a.a.O., BB 1999, S. 626, III. 5.
212 AEAO zu § 55 Tz 3; OFD Frankfurt v. 06.06.2003, DB 2003, S. 2255, zu II. 2.3.2.
213 Vgl. AEAO zu § 58 Nr. 6 zu Tz 12.
214 So BMF-Schreiben v. 08.08.2005, DStR 2005, S. 1444; OFD Münster, Vfg. v. 23.08.2005, DB 2005, S. 1997.
215 AEAO zu § 55 Tz 3; OFD Frankfurt v. 06.06.2003, DB 2003, S. 2255, zu II. 2.3.1.

ausschließlich zu Gunsten der Steuerbegünstigung verzichtet werden.[216]
Für die **Rücklagenbildung** ist der **versteuerte Gewinn** des einheitlichen steuerpflichtigen wGb maßgeblich (§ 64 Abs. 2 AO), so dass nicht auf den einzelnen wGb abzustellen ist, für den eine Rücklagenbildung in Betracht kommt. Anders als bei der (vorstehend ausgeführten) Rücklagenbildung für Zwecke der Vermögensverwaltung halten wir für die Bildung einer Rücklage im steuerpflichtigen wGb weder einen Vorgriff auf spätere Gewinne noch die Zuführung von Mitteln aus den möglichen anderen Bereichen der steuerbegünstigten Körperschaft für geboten und damit für zulässig, sollte der Gewinn aus dem einheitlichen steuerpflichtigen wGb nicht ausreichen. Dem Grundsatz der ordnungsgemäßen und zeitnahen Mittelverwendung ist mit seinen gesetzlichen Ausnahmen nach § 58 AO Rechnung zu tragen, so dass u.E. den bisher schon praktizierten Ausnahmen von diesem Grundsatz durch den von der Finanzverwaltung zugelassenen Ausgleich von Verlusten im steuerpflichtigen wGb und in der Vermögensverwaltung[217] „ohne Not" keine weiteren (nicht gesetzlichen) Ausnahmen für die Rücklagenbildung im wGb hinzugefügt werden dürfen.

(4) Die **Finanzverwaltung** nennt beispielhaft im AEAO als **konkrete Anlässe** eine geplante Betriebsverlegung, Werkserneuerung oder Kapazitätsausweitung. Für eine steuerbegünstigte Krankenhauskörperschaft mit ihren möglichen steuerpflichtigen wGb lassen sich u.E. in Anlehnung an die vorgenannten Anlässe folgende (nicht abschließende) **Beispiele** nennen:

- **Ambulanz:** Haben Chefärzte die Möglichkeit, im eigenen Namen und auf eigene Rechnung eine Ambulanz zu betreiben, unterhält das steuerbegünstigte Krankenhaus außerhalb des eigenen Zweckbetriebs mit den dafür eigens vorgehaltenen Räumen und Sachmitteln (z.B. Räume im Erdgeschoß neben der Aufnahme mit Vollausstattung) einen steuerpflichtigen wGb und kann insoweit für konkrete Anlässe (z.B. beabsichtigte Renovierung, Wiederbeschaffungen) Rücklagen im wGb bilden.
- **Apotheke:** Aufwendungen für die geplante Verlegung der Apotheke (bisher im Zweckbetrieb „Krankenhaus") innerhalb des Krankenhauses in ein anderes Gebäude. Mit der Planung gehen einher die Erweiterung des Angebots für ambulante Patienten, Krankenhauspersonal, Krankenhäuser und Altenheime anderer Träger. Dass damit in der Zukunft ein steuerpflichtiger wGb unterhalten wird, ist konkreter Anlass für diese Rücklage im wGb.
- **Cafeteria:** Verlegung des Betriebs, der bisher nur den Patienten und dem Personal vorbehalten war, um die Cafeteria damit öffentlich zugänglich für Besucher zu machen. Die für die Ingangsetzung voraussichtlich anfallenden Aufwendungen können einer Rücklage im steuerpflichtigen wGb zugeführt werden.

---

216 U.E. sinngemäß BFH-Urteil v. 15.07.1998, I R 156/94, BStBl II 2002, S. 162; Ley: a.a.O., BB 1999, S. 626, III.6.
217 AEAO zu § 55 Tz 4 bis Tz 9; vgl. zu 6.2.7.

- **Fernsehgeräte/Fernsprecher:** Entgeltliche Überlassung an Patienten mittels eigener Geräte, die dafür angeschafft oder wiederbeschafft werden. Soweit die Telefonüberlassung ab 01. Januar 2005 sowohl ertrag- als auch umsatzsteuerlich von der Finanzverwaltung als steuerpflichtiger wGb eingestuft wird, halten wir Maßnahmen zur Erfassung damit zukünftig entstehender Aufwendungen (z. B. Änderungen im System der Telekommunikation, Einrichtung getrennter Leitungen mit Endgeräten für den steuerpflichtigen wGb einerseits und den Zweckbetrieb „Krankenhaus" anderseits) für rücklagenfähig.
- **Gästezimmer im Hotelbetrieb:** Geht die Beherbergung von Besuchern und Personal aufgrund zusätzlicher Leistungen und einer hotelartigen Organisation über die Vermögensverwaltung hinaus (Fälle außerhalb des ärztlich verordneten Status einer Begleitperson) sind auch hier geplante Aufwendungen für konkrete Anlässe einer Rücklage im steuerpflichtigen wGb fähig.
- **Parkplätze:** Die entgeltliche Überlassung von Parkplätzen an Bedienstete, Patienten und Besucher des Krankenhauses ist ein wGb. Auch hier können Instandsetzungen in Größenordnungen erforderlich werden (z. B. bei einem Parkhaus), für die Rücklagen im steuerpflichtigen wGb erforderlich sind.
- **Wäscherei:** Leistungen einer Wäscherei an andere Krankenhäuser oder Altenheime sind in der Regel dem steuerpflichtigen wGb zuzurechnen. Ersatzinvestitionen sind auch hier an der Tagesordnung und können im Einzelfall eine Rücklage rechtfertigen.

(5) Die vorstehend beschriebene Rücklagenbildung betrifft ausschließlich die Ebene der steuerbegünstigten **Körperschaft**. Ist diese **als Gesellschafterin** an einer anderen steuerpflichtigen Gesellschaft beteiligt, stellt sich die **Frage**, ob und inwieweit **Rücklagen im Beteiligungsunternehmen zulässig** gebildet werden dürfen, denn aufgrund der Beteiligung sollen auf Dauer Überschüsse erzielt werden. Gewerblich tätige Beteiligungsunternehmen (Personen- oder Kapitalgesellschaften) unterliegen (mangels Steuerbegünstigung) nicht dem Gebot der zeitnahen Mittelverwendung, so dass sich diese Frage u.E. erst unter der **Prämisse** stellt, dass z.B. die steuerbegünstigte Krankenhaus-Körperschaft eine **Mehrheitsbeteiligung** an einer Service-Gesellschaft hält. Liegt die Möglichkeit einer gesellschaftsrechtlichen Einflussnahme nicht vor, kann die Krankenhauskörperschaft beim Beteiligungsunternehmen eine Gewinnausschüttung oder eine Gewinnthesaurierung nur mitbestimmen. Liegt dagegen ein mehrheitlicher Einfluss vor, so gelten u.E. die Maßstäbe der Rücklagenbildung bei steuerbegünstigten Einrichtungen mittelbar auch für die Rücklagenbildung bei gewerblich tätigen Beteiligungsunternehmen. Mittelbar deshalb, weil der Einflussnahme grundsätzlich auch bei einer Mehrheitsbeteiligung durch die Rechtsordnung Grenzen gesetzt sind, die der Gesellschafter zu beachten hat. Die Einhaltung der Anforderungen an die Steuerbegünstigung wird in **Fällen einer missbräuchlichen Gewinnthesaurierung** bei der Beteiligungsgesellschaft auch die Finanzverwaltung stets

nur von der Geschäftsführung der steuerbegünstigten Körperschaft als Mehrheits-Gesellschafterin fordern können. Die eigene Rechtspersönlichkeit des Beteiligungsunternehmens wird (bei einer Kapitalgesellschaft mehr und bei einer Personengesellschaft eher weniger) einen unmittelbaren Durchgriff verhindern.[218]

Unsere **Erfahrungen** sind, dass die Finanzverwaltung die Mehrheitsbeteiligung an Gesellschaften unter dem Gesichtspunkt der Mittelverwendung (zunehmend) prüft und das Ausschüttungsverhalten der Beteiligungsgesellschaft bereits im Rahmen der betriebsnahen Veranlagung beobachtet. Bei begründeten Anlässen wird kritisch nachgefragt, weil als erste Informationsquelle in der Regel nur der Jahresabschluss des Beteiligungsunternehmens zur Verfügung steht. Werden Nachweise für konkrete Anlässe einer Gewinnthesaurierung erbracht, die wirtschaftlich notwendig und begründet sind, ist von Missbrauch nicht die Rede. Wir empfehlen einer steuerbegünstigten Mehrheitsgesellschafterin, entsprechende Nachweise für notwendige Gewinnthesaurierungen (z. B. Gesellschafterbeschlüsse, Protokolle, Berichte der Geschäftsführung, Korrespondenz) frühzeitig zu den eigenen internen Steuerunterlagen zu nehmen und damit nicht bis zur Nachfrage im Rahmen einer Betriebsprüfung zu warten. In den Gesellschaftsvertrag der Beteiligungsgesellschaft sollte zur Gewinnthesaurierung grundsätzlich nichts aufgenommen werden.

(6) Nicht dem Gebot der zeitnahen Mittelverwendung unterliegen neben den Rücklagen auch die sog. **Vermögenszuführungen (§ 58 Nr. 11 und Nr. 12 AO)**. Diese weiteren Ausnahmeregelungen bzw. steuerlich unschädlichen Betätigungen können für eine steuerbegünstigte Krankenhaus-Körperschaft nur dann zur Anwendung kommen, wenn ihr freigebige Zuwendungen zufließen (§ 58 Nr. 11 AO) oder die Körperschaft eine Stiftung des öffentlichen oder privaten Rechts ist.

– Nach § 58 Nr. 11 AO (gilt für alle steuerbegünstigten Körperschaften) wird die Steuervergünstigung nicht dadurch ausgeschlossen, dass die im Gesetz bezeichneten Mittel (freigebige Zuwendungen der verschiedensten Art) dem Vermögen zugeführt werden. Die Finanzverwaltung schreibt dem Gesetzgeber hier eine Einsicht in die Notwendigkeit zur Regelung von Ausnahmefällen zu, so dass eine abschließende Regelung vorliegen soll.[219] Bestehen keine ausdrücklichen Auflagen seitens des Zuwendenden besteht ein Wahlrecht. Die Zuordnung sollte stets durch ausdrückliche Festlegung im Jahresabschluss und der Mittelverwendungsrechnung mittels Erläuterung oder durch Beschluss der zuständigen Organe der Körperschaft erfolgen. Werden die Mittel dieser Vorschrift folgend dem Vermögen zugeführt, sind

---

218 Vgl. zu dieser Fragestellung auch Knorr/Klaßmann: a.a.O., S. 81/82, m.w.N.; Ley: a.a.O., BB 1999, S. 626, zu IV.1; Knopp; Gewinnausschüttungen im gemeinnützigen Konzern, DStR 2006, S. 1263 ff (1264 zu 1.3).
219 AEAO zu § 58 Tz 21; **a.A.:** Buchna: a.a.O., zu 2.8.11, S. 176, m.w.N.; Koenig: a.a.O., zu § 58 Rn 33.

sie aus der Bemessungsgrundlage für Zuführungen von sonstigen zeitnah zu verwendenden Mitteln nach § 58 Nr. 7 lit. a) AO herauszurechnen.[220]
- Nach § 58 Nr. 12 AO steht **nur** den **steuerbegünstigten Stiftungen** (tatsächliche Rechtsform ist entscheidend) eine Ansparrücklage zu.[221] Sie dürfen im Jahr ihrer Errichtung und in den zwei folgenden Kalenderjahren Überschüsse und Gewinne aus der Vermögensverwaltung, aus Zweckbetrieben und aus steuerpflichtigen wGb ganz oder teilweise ihrem Vermögen zuführen. Schädlich ist hingegen die Zuführung von sonstigen Mitteln, z. B. Zuwendungen, insbesondere Spenden und Zuschüsse der öffentlichen Hand.[222] Im Einzelfall soll insoweit eine Zuführung unter den Voraussetzungen des § 58 Nr. 11 AO zulässig sein.[223] Liegen in einem Kalenderjahr positive und negative Ergebnisse aus dem jeweiligen Einkunftsbereich vor, ist nach Auffassung der Finanzverwaltung eine Zuführung zum Vermögen auf den positiven Betrag begrenzt, der nach der Verrechnung aller Ergebnisse verbleibt (Saldierung).[224]

Die **OFD Frankfurt** am Main weist in ihrer bereits mehrfach zitierten Verfügung vom 06. August 2003 im letzten Absatz auf Folgendes hin: *„Die Rücklagenbildung und Vermögenszuführung bei den steuerbegünstigten Körperschaften soll regelmäßig nach den vorstehenden Grundsätzen überprüft werden und ggf. sollen die notwendigen Konsequenzen (Versagung der Steuerbefreiung nach § 5 Abs. 1 Nr. 9 KStG) gezogen werden."*

Unser Fazit geht davon aus, dass für steuerbegünstigte Körperschaften zahlreiche Möglichkeiten der Rücklagenbildung bestehen, die von den Organen der Körperschaften und ihren Beratern genutzt werden sollten, um zeitnah zu verwendende Mittel sinnvoll einer anderen zulässigen Art der Mittelverwendung zuzuführen. Werden die vorstehenden grundsätzlichen Voraussetzungen der Rücklagenbildung beachtet, entsprechende Dokumentationen zu den gebildeten Rückstellungen erstellt und die Sachverhalte zur Rücklagenbildung einschließlich ihrer Dokumentationen zukünftig nachhaltig überprüft und fortgeführt, ist die Nachvollziehbarkeit auch zu späteren Zeitpunkten stets gegeben. Der Hinweis[225] ist zutreffend, dass im Hinblick auf eine mögliche Heilung von Verstößen gegen das Gebot der zeitnahen Mittelverwendung durch Einräumung einer angemessenen Frist gemäß § 63 Abs. 4 AO **keine unzulässige Rücklagenbildung** betrieben werden sollte. Die Fristsetzung soll nur in den Fällen zur Anwendung kommen, in denen die Körperschaft Mittelüberhänge in Verkennung der Rechtslage nicht zeitgerecht verwendet hat, aber nicht in Fällen, in denen eine planmäßige unzulässige Mittelthesaurierung erfolgte.

---

220 AEAO zu § 58 Tz 21; OFD Frankfurt v. 06.08.2003, a. a. O., S. 2255, zu II. 3.1.
221 Koenig: a. a. O., zu § 58 Rn 34.
222 AEAO zu § 58 Tz 22.
223 Koenig: a. a. O., zu § 58 Rn 34, m. w. N.
224 AEAO zu § 58 Tz 22; **a.A.**: Koenig: a. a. O., zu § 58 Rn 34, jeweiliger Einkunftsbereich maßgebend.
225 Vgl. Knorr/Klaßmann: a. a. O., S. 104, m. w. N.

6.2.11 Steuerliche Mittelverwendungsrechnung

Der Grundsatz der → *zeitnahen Mittelverwendung* (§ 55 Abs. 1 Nr. 5 AO) verpflichtet die steuerbegünstigte Körperschaft, die zugeflossenen → *Mittel* gegenwartsnah, spätestens jedoch im Laufe des auf die Vereinnahmung der Mittel folgenden Kalender- oder Wirtschaftsjahres, für die → *steuerbegünstigten satzungsmäßigen Zwecke* zu verwenden (= verbrauchen). Die steuerlichen Anforderungen im Rahmen der → *tatsächlichen Geschäftsführung* (§ 63 AO) erfordern einen **Nachweis der zeitnahen Mittelverwendung**, der gegenüber dem Finanzamt geführt werden muss und von diesem geprüft wird. Die Mittelverwendungsrechnung ist ein Instrument, mit dessen Hilfe die Mittel (bzw. das → *Vermögen*) und deren Verwendung für das laufende Kalender- bzw. Wirtschaftsjahr dargestellt werden, um (auch im Vergleich mit dem Vorjahr) feststellen zu können, ob die gesetzlichen Voraussetzungen eingehalten worden sind. Als **ungeklärt** ist die **konkrete Gestaltung** der Mittelverwendungsrechnung zu bezeichnen, aber ungeachtet eines systematischen Ansatzes soll sie primär dem Nachweis der zeitnahen Mittelverwendung (auch über mehrere Jahre hinweg) dienen und somit die von der AO vorgeschriebenen Aufzeichnungen (§ 63 Abs. 3 AO) ergänzen. Eine Mittelverwendungsrechnung ohne **ordnungsmäßige Rechnungslegung** als **Ausgangspunkt** ist für die steuerbegünstigte Körperschaft nicht vorstellbar.

6.2.11.1 Aufzeichnungspflichten und Kontrollinstrument

Das **Handelsrecht** stellt u.a. die Dokumentation der Geschäftsvorfälle und den Gläubigerschutz in den Vordergrund. Die Verpflichtung, Bücher zu führen, richtet sich auch für Krankenhäuser nach den allgemeinen Vorschriften (§ 1 Abs. 1 KHBV). Diese Buchführungspflicht gilt unabhängig davon, in welcher Rechtsform das Krankenhaus betrieben wird. Der handelsrechtliche Jahresabschluss kann den Anforderungen an eine steuerliche Mittelverwendungsrechnung allein nicht genügen.

Das **Steuerrecht** verweist grundsätzlich auf die handelsrechtlichen Vorschriften der Rechnungslegung und spricht von abgeleiteten (vgl. § 140 AO) und von originären (vgl. § 141 AO) Buchführungs- und Aufzeichnungspflichten. Die Krankenhauskörperschaft unterliegt in der Regel den abgeleiteten Buchführungspflichten nach § 140 AO, die sie stets für den steuerpflichtigen Teil ihrer Tätigkeiten zu beachten hat und sofern sie im Wesentlichen steuerbegünstigt tätig ist, treten die §§ 51 bis 68 AO hinzu. Nach § **63 Abs. 3 AO** gehört zu den Anforderungen der tatsächlichen Geschäftsführung, dass die Körperschaft „*ordnungsmäßige Aufzeichnungen über ihre Einnahmen und Ausgaben zu führen*" hat. Aus dieser Vorschrift wird ganz überwiegend abgeleitet, dass die steuerbegünstigte Körperschaft auch der **Nachweispflicht**, die zugeflossenen Mittel zeitnah verwendet zu haben, durch die Aufstellung einer gesonderten **Mittelverwendungsrechnung** nachkommen muss.[226]

---

226 Buchna: a.a.O., zu 2.13.2, S. 192 ff (200); Thiel: a.a.O., DB 1992, S. 1900 (1901).

Die Körperschaft trägt also die Feststellungslast dafür, dass sie ihre **Mittel zeitnah für steuerbegünstigte Zwecke verwendet** hat. Wie sie diesen Nachweis führt, ist gesetzlich nicht vorgeschrieben. Mangels konkreter gesetzlicher Grundlagen bzw. Richtlinienvorgaben aus der Finanzverwaltung haben wir uns aus Gründen der Zweckmäßigkeit dafür entschieden, eine detaillierte **steuerliche Nebenrechnung** mit Erläuterungen zur Rücklagenbildung im Rahmen der Steuererklärungen dem Finanzamt vorzulegen.[227] Die Art der Rechnungslegung einer steuerbegünstigten Körperschaft ist in der Regel nicht geeignet Auskunft darüber zu geben, ob die zugeflossenen Mittel umgehend (gegenwartsnah) verwendet oder teilweise (gleich, aus welchen Gründen) angesammelt wurden. Das Ausgabeverhalten bis zum 31. Dezember eines Jahres (oder einem abweichenden Bilanzstichtag) ist von der Körperschaft nicht in der Weise zu steuern, dass die zugeflossenen Mittel auch tatsächlich für steuerbegünstigte Zwecke zeitnah verwendet wurden. So kann es sein, dass mehr Mittel als erforderlich zeitnah verwendet wurden (sog. **Verwendungsüberhang**); ferner können weniger Mittel zeitnah verwendet worden sein, als tatsächlich eingenommen wurden, so dass sich ein Mittelüberschuss ergibt (sog. **Mittelvortrag**, auch bezogen auf das Folgejahr); letztlich können die Mittel des laufenden Jahres (einschließlich eines evtl. Mittelvortrags) nicht verwendet worden sein, so dass ein Mittelrückstand vorliegt (sog. **Verwendungsrückstand**). Insoweit kann unterstellt werden, dass die ältesten Mittelzuflüsse als zuerst verwendet gelten.

Auf vielfältige (technische) Fragen zur Einordnung der Mittel für Zwecke der Nachweisführung[228] wird hier nicht eingegangen, da im Folgenden eine gesonderte Mittelverwendungsrechnung vorgestellt wird, die sich u.E. zurzeit in der **Praxis mit den Finanzbehörden** bewährt hat. Wir stellen auf die in den möglichen vier → *Tätigkeitsbereichen (Sphären)* erwirtschafteten und zugeflossenen Mittel sowie deren Verwendung (bzw. Verbrauch) nach den **Rechnungslegungsvorschriften für Körperschaften** ab, d.h. für die Krankenhauskörperschaft grundsätzlich auf die **Bilanz** und die dort ausgewiesenen Buchwerte. Dieser Ausgangspunkt gilt u.E. unabhängig von den Auffassungen zu den strittigen Fragen, ob eine Dotierung der steuerlich zulässigen Rücklagen betragsmäßig auf den handelsrechtlich ermittelten Jahresüberschuss begrenzt sei[229] oder ob eine betragsmäßige Übereinstimmung der steuerlichen Rücklagen mit den zulässigen Rücklagen nach Handelsrecht vorliegen müsse.[230] Zwar sind die Rechnungslegungsvorschriften auch Ausgangspunkt für die Ergebnisermittlung in den möglichen vier Tätigkeitsbereichen, aber darüber hinaus gibt es keine gemeinsamen Voraussetzungen, die für die Rücklagenbildung nach Handels- und Steuerrecht vergleichbar wären, so dass es u.E. weder eine handelsrechtliche Obergrenze noch eine

---

227 Vgl. 6.2.10.1 m.w.N.; AEAO zu § 55 Tz 27.
228 Buchna: a.a.O., zu 2.5.7.1, S. 124 ff; Knorr/Klaßmann: a.a.O., S. 104 ff; Thiel: a.a.O., DB 1992, S. 1900; Schröder: Zeitnahe Mittelverwendung und Rücklagenbildung nach §§ 55 und 58 AO, DStR 2005, S. 1238 ff.
229 Ablehnend Knorr/Klaßmann: a.a.O., S. 111/112, m.w.N.
230 Ablehnend Buchna: a.a.O., zu 2.5.7.1, S. 125/126; vgl. auch 6.2.10.1.

betragsmäßige Übereinstimmung mit den evtl. ausgewiesenen Rücklagen in der Handelsbilanz geben kann.

6.2.11.2 Berechnungsschema und Erläuterungen

Wie die sogenannte. Mittelverwendungsrechnung konkret gestaltet sein sollte, ist weder gesetzlich vorgeschrieben noch hat die Finanzverwaltung dazu Verlautbarungen erlassen. Neben den praxisbezogenen **Vorschlägen von Thiel**[231] **und Buchna**[232] gibt es u.E. (noch) keine weiteren Modelle, derer sich die Praxis bedient. Beide Verfahren sind nicht vollkommen und so sind Weiterentwicklungen anzutreffen; dabei setzt sich u.E. zunehmend die Auffassung durch, dass eine Nebenrechnung zur Handelsbilanz erstellt werden muss.[233] Wir stellen kein eigenes Muster vor, sondern die beiden o.a. Varianten und sprechen uns für die Darstellung von Buchna aus, weil sie uns bisher als sachgerecht erscheint und sich aufgrund eigener Erfahrungen in der Praxis bewährt hat; auch die Finanzverwaltung geht u.E. zunehmend in ihren Anforderungen auf diese Darstellung der Mittelverwendungsrechnung ein. Nach den Verhältnissen des Einzelfalls sollte in Abstimmung zwischen den Verantwortlichen der Körperschaft und ggf. mit den Beratern entschieden werden, welche Form der Nachweisführung innerhalb der Rechnungslegung für die Körperschaft zweckmäßig ist.

Die **Mittelverwendungsrechnung** stützt sich **grundsätzlich** auf das **Zu- und Abflussprinzip**. Mit einem ersten Blick auf Vermögensaufstellung oder Bilanz ist damit in der Regel nicht ersichtlich, welche Mittel bereits für satzungsmäßige Zwecke verwendet worden sind, welche Mittel der zulässigen Vermögensverwaltung zugeordnet werden können oder welche Mittel noch der zeitnahen Mittelverwendung unterliegen. Auf die Differenzierungen zwischen den bilanztechnischen Rücklagen und den steuerlichen Rücklagen nach der AO wird hier nur verwiesen.[234] **Thiel** hat aufgrund der Schwierigkeiten zur Einordnung der Mittel seiner Mittelverwendungsrechnung **folgende Gestalt** gegeben, die auf jedes Geschäftsjahr bezogen die Ermittlung eines Mittelvortrags oder eines Verwendungsrückstands ermöglicht (Seite 363).

In der **T-Konten-Form** einer „Bilanz" werden auf der „Aktivseite" die zugeflossenen Mittel und auf der „Passivseite" die Bindung der Mittel dargestellt. Die Ausrichtung erfolgt im Übrigen nach den Grundsätzen der Erfordernisse für steuerbegünstigte Einrichtungen und nicht nach handels- oder steuerrechtlichen Ansätzen. Wird allein auf die Einnahmen und Ausgaben abgestellt ist der Ansatz von Thiel u.E. nur sehr schwer mit der Bilanz und der Gewinn- und Verlustrechnung in Übereinstimmung zu bringen; in der Regel erfordert dies Umrechnungen der Bilanzpositionen mit schriftlichen Erläuterungen. Ein **Verwendungsüberhang** (auf der „Aktivseite" zu 2.) stellt sich dann dar, wenn die steuerbegünstigte

---

231 Thiel: a.a.O., DB 1992, S. 1900 ff.
232 Buchna: a.a.O., zu 2.5.7.1, S. 124 ff (Muster 126–130).
233 Schröder: Zeitnahe Mittelverwendung und Rücklagenbildung nach §§ 55 und 58 AO, DStR 2005, S. 1238.
234 Vgl. 6.2.10.1.

6.2 Die eine Steuerbegünstigung rechtfertigende Selbstlosigkeit

Mittelverwendungsrechnung für das Kalenderjahr ....

Mittel	EUR	Bindung
1. Zugeflossene Mittel bzw. Vermögenswerte		1. Ausstattungskapital
		2. Nutzungsgebundenes Kapital
a)......................		3. Rücklagen
b)......................		a) nach § 58 Nr. 6 AO
c)......................		b) nach § 58 Nr. 7 a AO
2. Verwendungsüberhang		c) nach § 58 Nr. 7 b AO
		d) im wirtschaftlichen Geschäftsbetrieb
		e) in der Vermögensverwaltung
		f) ....
		4. Abschreibungen
		5. Verbindlichkeiten
		6. Mittelverwendung
		a) Mittelvortrag aus Vorjahr
		b) verwendet im laufenden Jahr
		c) Rückstand aus Vorjahr
		d) zu verwenden aus laufendem Jahr
		e) verwendet im laufenden Jahr
		f) Mittelvortrag laufendes Jahr
Summe	**EUR**	**Summe**

Krankenhauskörperschaft in dem (Kalender- oder Wirtschafts-)Jahr mehr Mittel verwendet hat, als ihr zugeflossen sind. Der Ausgleich auf der „Passivseite" kann sich dann z.B. durch die Kreditaufnahme zur Finanzierung der Investition darstellen. Ein **Mittelüberhang** (auf der „Passivseite" zu 6.f)) muss bekanntlich im folgenden Geschäftsjahr verwendet werden (ergibt sich auch anschaulich aus der Reihenfolge der Darstellung zu 6. a)–f)), damit keine schädliche Mittelansammlung erfolgt (vgl. §§ 55 Abs. 1 Nr. 5, 63 Abs. 4 AO).

Buchna hat sich für eine **Ableitung** der Mittelverwendungsrechnung **aus dem handelsrechtlichen Jahresabschluss** entschieden und sein Berechnungsschema entwickelt, das wir aufgrund seiner Zweckmäßigkeit zur Übernahme empfehlen. Buchna verweist dabei auf die von Thiel entwickelten Grundsätze und betont, dass grundsätzlich sämtliche Vermögensgegenstände als → *Mittel* i.S.v. § 55 AO zu werten sind. Auf Umrechnungen der Bilanzpositionen kann dabei in der Regel verzichtet werden (Seite 365).

Erläuterungen zur Mittelverwendungsrechnung nach Buchna,[235] die wir nur zum besseren Verständnis mit **Spalten und Zeilen** benannt haben:

- Die Ableitung der jährlichen Berechnung erfolgt aus der jeweiligen **Handelsbilanz** zu den dort ausgewiesenen **Buchwerten** (Spalte b).
- **Wirtschaftsgüter der Aktivseite** (Spalte a, Zeilen 3 bis 12) sind nach den dort aufgeführten Bezeichnungen als Sammelposten (z. B. Sachanlagevermögen, Forderungen) mit dem Buchwert zu übernehmen (Spalte b) und einzeln zu betrachten (Spalten c und d, Zeilen 3 bis 5); soweit es sich nicht um Finanzanlagen, flüssige Mittel (z. B. Bank, Kasse, Wertpapiere) und Forderungen handelt (Spalte a, Zeilen 8, 9, 11, 12).
- Die **Eingruppierung der Wirtschaftsgüter** (Spalte a, Zeilen 3 bis 5) hat den Zweck, sie nach bereits für steuerbegünstigte Zwecke eingesetztes Vermögen (**Spalte c**) oder noch keiner steuerbegünstigten Verwendung zugeführtes Vermögen (**Spalte d**) zu differenzieren. Diese Zuordnung bedarf zunächst der grundlegenden **Einzelbetrachtung** bei der erstmaligen Eingruppierung und danach u. E. auch der jährlichen Prüfung bei Wirtschaftsgütern mit längerer Nutzungsdauer (z. B. bei Nutzungsänderungen und damit einhergehender Umwidmung innerhalb der möglichen Tätigkeitsbereiche). Vermögenswerte, die in Spalte d aufzunehmen sind (noch keiner steuerbegünstigten Verwendung zugeführt), dienen in der Regel ausschließlich der Vermögensverwaltung oder dem steuerpflichtigen wGb. Die Wirtschaftsgüter der Zeilen 8 bis 12 (Finanzanlagen, flüssige Mittel und Forderungen) bedürfen nach Buchna keiner Unterscheidung.[236]
- Die Erfassung **sämtlicher Forderungen** (Spalte a, Zeilen 11 und 12), der **Höhe** nach aber **nur soweit vergleichbare Verbindlichkeiten** bestehen, erscheint uns zweckmäßig und folgerichtig zu sein. Zwar wird insoweit für die Mittelverwendung der Grundsatz des Zu- und Abflussprinzips aufgegeben, aber für den Zweck der Nachweisführung anhand einer plausiblen Darstellung erscheint uns dies hinnehmbar. Forderungen und Verbindlichkeiten werden im Bestand und in der Höhe im Rahmen der Bilanzierung fortgeführt.
- **Bilanzposten mit Abgrenzungsfunktion** (z. B. aktive Rechnungsabgrenzungsposten, Ausgleichsposten für Eigenmittelförderung) können mangels Vermögenswert nicht auf der Mittelseite erfasst werden.

---

235 Zusammenfassung nach Buchna: a. a. O., zu 2.5.7.1, S. 126–133.
236 **Hinweis:** Die Finanzverwaltung hat diesen Ansatz in der Mittelverwendungsrechnung nach unseren Erfahrungen bisher nicht beanstandet. Bzgl. der **Finanzanlagen** mit den hier ausgewiesenen Beteiligungen, die i. d. R. in der Vermögensverwaltung oder dem steuerpflichtigen wGb gehalten werden, ist u. E. ebenfalls eine Differenzierung geboten. Entsprechendes gilt u. E. auch für einen Wertpapierbestand. Bei den **Forderungen** (z. B. im steuerpflichtigen wGb) kann die Differenzierung u. E. in der Tat unterbleiben, weil insoweit bereits die Erfassung der Forderungen nur bis zur Höhe bestehender **Verbindlichkeiten** (auch hier wäre für den steuerpflichtigen wGb dann wohl zu differenzieren) zweifelhaft ist; insgesamt erscheint uns dieser pragmatische Lösungsansatz vertretbar.

6.2 Die eine Steuerbegünstigung rechtfertigende Selbstlosigkeit

Spalte / Zeile	a	b	c	d
1		**Mittelverwendungsrechnung für** (Kalenderjahr- oder Wirtschafts-)**Jahr** EUR		
2		Bilanzwert (Buchwert)	bereits für steuerbegünstigte Zwecke eingesetzt	noch keiner steuerbegünstigten Verwendung zugeführt
3	Immaterielle Wirtschaftsgüter			
4	Sachanlagevermögen			
5	Vorräte			
6	**Zwischensumme 1**			
7	**Summe I**			
8	Finanzanlagen			
9	Bank, Kasse, Wertpapiere			
10	**Summe II**			
11	kurzfristige Forderungen (nur soweit vergleichbare Verbindlichkeiten bestehen)			
12	übrige Forderungen (nur soweit vergleichbare Verbindlichkeiten bestehen)			
13	**Summe III**			

14	**Gesamtbetrag der Mittel (Summe aus I + II + III)** EUR	
15	- bereits für begünstigte Zwecke eingesetzte Mittel (= nutzungsgebundenes Vermögen) **Zwischensumme 1** [Spalte c) Zeile 6]	
16	- Verbindlichkeiten	
17	- Rückstellungen	
18	- Wirtschaftsgüter der - zulässigen - Vermögensverwaltung (Buchwert)	
19	- Wirtschaftsgüter des steuerpflichtigen wirtschaftlichen Geschäftsbetriebs (Buchwert)	
20	- **Rücklagen** (§ 58 Nr. 6 und Nr. 7 lit. a) und b) AO) (ggf. gesonderten **Rücklagenspiegel** beifügen)	
21	**Verwendungsrückstand** (Ergebnis = positiv) oder **Verwendungsüberhang** (Ergebnis = negativ)	

- Der **Gesamtbetrag der Mittel i. S. v. § 55 AO** (Spalte a, Zeile 14) ergibt sich aus der Zusammenrechnung der Summen I + II + III (Spalte b, Zeilen 7, 10 und 13). Die weitere Darstellung (untere Tabelle von Zeile 14 bis 21) dient der Überprüfung der **Mittelverwendung** bzw. der **Mittelbindung**.
- Die Summe der Vermögenswerte (Zeile 15), die bereits für steuerbegünstigte Zwecke eingesetzt worden sind (**Zwischensumme 1** oder Ergebnis Spalte c, Zeile 6), ist zunächst als **nutzungsgebundenes Vermögen abzuziehen**.
- **Abzuziehen** sind auch „echte" **Verbindlichkeiten** (Zeile 16), weil die Körperschaft Mittel in dieser Höhe zur Erfüllung der Verbindlichkeiten vorzuhalten hat (z. B. echte Verpflichtungen aus Krediten, Verbindlichkeiten aus Lieferungen und Leistungen). Erhaltene Anzahlungen sind u. E. nicht abzuziehen, weil es sich hier in der Regel um Abgrenzungen handelt.
- Ferner sind „echte" **Rückstellungen abzuziehen** (Zeile 17), wenn auch hier – wie bei den Verbindlichkeiten – von einer Bindung der Mittel auszugehen ist (z. B. Rückstellungen für Pensionen, Urlaub der Arbeitnehmer, Jahresabschlussarbeiten). Sollten Rückstellungen für unterlassene Instandhaltungen gebildet worden sein, ist kritisch zu prüfen, ob insoweit auch steuerlich zulässige Rücklagen nach § 58 AO gebildet worden sind. Die Zweckbindung dieser Mittel kann nur einmal berücksichtigt werden.
- **Sonderposten** aus der Förderung nach KHG sind weder als Verbindlichkeiten noch als Rückstellungen zu berücksichtigen. **Passive Rechnungsabgrenzungsposten** sind ebenfalls nicht zu berücksichtigen.
- Sind Mittel zulässig dauerhaft der **Vermögensverwaltung** (Zeile 18) zugeführt worden (z. B. Kapitalausstattung als Grund-, Stamm- oder Stiftungskapital), liegt ebenfalls eine Bindung vor, die **als Abzug** zu berücksichtigen ist. Diese Summe korrespondiert bis auf das Ausstattungskapital in der Regel mit den Beträgen aus Spalte d, Zeilen 3 bis 5: noch keiner steuerbegünstigten Verwendung zugeführt.
- **Notwendiges** (bzw. ausschließliches) **Betriebsvermögen im steuerpflichtigen wGb** (Zeile 19) unterliegt mit den hierfür eingesetzten Mitteln ebenfalls der Bindung und ist **als Abzug** zu berücksichtigen. Auch hier ergeben sich bzgl. der Beträge Wechselwirkungen zu Spalte d, weil die Vermögenswerte dort differenziert eingruppiert worden sind.
- **Beteiligungen**, die bei den Finanzanlagen (Zeile 8) erfasst worden sind und zu den Tätigkeitsbereichen **Vermögensverwaltung oder steuerpflichtiger wGb** zählen, aber ohne Differenzierung mit ihrem Buchwert in voller Höhe Eingang in die Summe II (Spalte b, Zeile 10) gefunden haben, sind **u. E.** ebenfalls mit dem Buchwert in **Abzug** zu bringen, da diese Vermögenswerte bereits gebunden sind und damit zulässigerweise nicht der zeitnahen Mittelverwendung unterliegen können.
- Die zulässigerweise gebildeten steuerlichen **Rücklagen nach § 58 AO** sind **abzuziehen**, weil diese Mittel für ihre Zwecke gebunden sind.

- **Ergebnisbetrachtung** (Zeile 21):
  a) Verbleibt nach Abzug diverser Vermögenswerte ein **positiver Endbestand** an **Mitteln** (Mittelüberhang), besteht ein **Verwendungsrückstand**. Der Bestand an Mitteln ist ohne eine Betrachtung des Vorjahres noch nicht schädlich für die Steuerbegünstigung.
  Erst aus dem **Vergleich mit** dem Ergebnis der Mittelverwendungsrechnung für das **Vorjahr** kann abgeleitet werden, ob und ggf. in welchem Umfang dieser Überhang an Mitteln aus einem Zufluss an Mitteln des gerade abgelaufenen Wirtschafts- bzw. Kalenderjahres entstanden ist. Besteht der Mittelüberhang ganz oder teilweise aus Mitteln der Vorjahre, liegt ein Verstoß gegen die zeitnahe Mittelverwendung vor. In diesem Fall hat sich ein Mittelvortrag aus dem Vorjahr im laufenden Jahr also nicht vollständig bzw. gar nicht abgebaut. Es gilt der Grundsatz, dass die ältesten Mittel als zuerst verwendet gelten.
  Auf die **Mittelansammlung** kann das Finanzamt mit einer Fristsetzung für die Verwendung der Mittel reagieren (§ 63 Abs. 4 AO). Die Mittelverwendungsfrist liegt im Ermessen des Finanzamts und kann bis zu 3 Jahren betragen.[237]
  b) Verbleibt nach Abzug diverser Vermögenswerte ein **negativer Endbestand** an Mitteln, besteht ein **Verwendungsüberhang**.
  In diesem Fall sind bereits mehr Mittel zeitnah verwendet worden, als nach § 55 Abs. 1 Nr. 5 AO geboten war. Ein steuerschädlicher Verstoß liegt nicht vor. Nunmehr besteht ein **Wahlrecht**, demzufolge es zulässig ist, den eingetretenen Verwendungsüberhang beizubehalten oder das im Vorgriff geschmälerte Kapital in Höhe des Verwendungsüberhangs in den Folgejahren mit neuen Mitteln wieder aufzufüllen.

Beispiel:

> Im **Anhang** dieses Buches ist eine **Mittelverwendungsrechnung** im Rahmen einer Steuererklärung für die gemeinnützige Strategie-Krankenhaus gGmbH mit weiteren Erläuterungen zu den Ergebnisauswirkungen dargestellt.

Der handelsrechtliche Jahresabschluss ist als Basis grundsätzlich geeignet, den steuerrechtlich erforderlichen Einblick zu gewähren, wenn für den Nachweis der zeitnahen Mittelverwendung bzw. Mittelbindung zusätzliche Nebenrechnungen erstellt werden, die dem jeweiligen Einzelfall Rechnung tragen. So unterliegen die vorstehenden Muster einer Mittelverwendungsrechnung nebst Erläuterungen im Einzelfall keinesfalls einer strikten Handhabung noch stehen sie einer weiteren pragmatischen Entwicklung im Weg.

---

237 Vgl. 6.3.3.4

6.3 Satzungsgestaltung und steuerliche Anerkennung

Zu den Adressaten der steuerlichen Förderung von **Gemeinwohlaktivitäten** gehören nach den Steuergesetzen vorgegebene Organisationen, die bestimmte Zwecke verfolgen müssen. Ebenfalls Adressat ist die natürliche oder juristische Person, sofern sie durch finanzielle Zuwendungen an steuerbegünstigte Organisationen unterstützend tätig wird. Der Staat hat sich insoweit für ein einheitliches **organisationsgebundenes Förderkonzept** entschieden: der direkten Steuerentlastung für gemeinwohlfördernde Aktivitäten durch die Organisationen einerseits und der Zulässigkeit des Spendenabzugs andererseits.

Ein solches organisationsgebundenes Förderkonzept gibt dem Gesetzgeber schließlich die Möglichkeit, die steuerlichen Vorgaben der Steuerbegünstigung auch satzungsmäßig zu verankern. Für die Steuervergünstigung reicht es nicht aus, dass die Körperschaft tatsächlich → *steuerbegünstigte Zwecke* verfolgt, ihre **Zielsetzung** muss sich **aus der Satzung** selbst ergeben. Dafür sprechen vor allem zwei Erwägungen: Zum einen bedarf es für Zwecke des Spendenrechts einer ex-ante-Anerkennung der Körperschaft als tauglicher Empfängerorganisation, was naturgemäß nur auf der Grundlage einer → *Satzung* möglich ist. Zum anderen hat die Verankerung der Steuerbegünstigung in der Satzung den Vorteil, dass die handelnden Organe mit den Mitteln des Zivil- und Gesellschaftsrechts zur Einhaltung des Standards für steuerbegünstigte Einrichtungen verpflichtet werden.[1] Das **Steuerrecht definiert** also den **rechtlichen Rahmen** für das Dasein der steuerbegünstigten Körperschaft und rechtfertigt ihre Privilegierungen gegenüber anderen Steuerpflichtigen sowie die daraus folgenden Grundvoraussetzungen der Existenz als steuerbegünstigte Körperschaft. Vor- und Nachteile, die sich durch die Regelungen der Steuerbegünstigung ergeben, prägen das Verhalten der Körperschaft entsprechend der Festlegung in ihrer Satzung. Es muss festgelegt werden, welche steuerbegünstigten Zwecke (§§ 51 bis 54 AO) von der jeweiligen Körperschaft wie und mit welchen Mitteln verfolgt werden (§§ 59, 60 AO). Dies gilt natürlich auch für die **steuerbegünstigte Krankenhauskörperschaft**, so dass zunächst die **allgemeinen Grundsätze** darzustellen sind.

6.3.1 Satzungsgestaltung und notwendiger Inhalt (§§ 59, 60, 61 AO)

Die Gewährung der Steuervergünstigung knüpft an die schriftlich festgelegten Ziele der Tätigkeit der Organisation, die durch ihre Organe zu beachten und zu vollziehen sind. Die gesetzlich geforderte Festschreibung der Zwecke und die Art ihrer Verwirklichung dienen als buchmäßiger Nachweis der leichten und einwandfreien Prüfung der materiellen Voraussetzungen (sog. **formelle Satzungsmä-**

---

1 Vgl. Hüttemann: Grundprinzipien des steuerlichen Gemeinnützigkeitsrechts, DStJG Bd. 26, 2003, S. 49 ff (51/52), m.w.N.

ßigkeit).² Die in den einzelnen Steuergesetzen geregelten Steuervergünstigungen werden gewährt,

> „wenn sich aus der Satzung, dem Stiftungsgeschäft oder der sonstigen Verfassung (Satzung im Sinne dieser Vorschriften) ergibt, welchen Zweck die Körperschaft verfolgt, dass dieser Zweck den Anforderungen der §§ 52 bis 55 entspricht und dass er ausschließlich und unmittelbar verfolgt wird; die tatsächliche Geschäftsführung muss diesen Satzungsbestimmungen entsprechen." (§ 59 AO)

Eine weitere satzungsmäßige Voraussetzung in diesem Sinn ist die in § 61 AO geforderte Festlegung der materiellen Vermögensbindung.³ § 60 AO präzisiert die vorstehenden Regelungen (sog. **Bestimmtheitsgebot** in § 60 Abs. 1 AO):

> „(1) Die Satzungszwecke und die Art ihrer Verwirklichung müssen so genau bestimmt sein, dass auf Grund der Satzung geprüft werden kann, ob die satzungsmäßigen Voraussetzungen für Steuervergünstigungen gegeben sind. (2) Die Satzung muss den vorgeschriebenen Erfordernissen bei der Körperschaftsteuer und bei der Gewerbesteuer während des ganzen Veranlagungs- oder Bemessungszeitraums, bei den anderen Steuern im Zeitpunkt der Entstehung der Steuer entsprechen." (§ 60 AO)

6.3.1.1 Anforderungen an die Bestimmtheit der Satzung

Auf die grundsätzlichen **Wesensmerkmale der privat- und öffentlich-rechtlichen Körperschaften**, die steuerbegünstigten Zwecken nachgehen können,⁴ ist hier nicht einzugehen.⁵ Die Erscheinungsformen (Rechtsform wie z. B. e. V., GmbH) der Einrichtungen, die der Gesundheitspflege dienen, weichen vom Regelfall einer Körperschaft nicht auffällig ab. Generelle Satzungs- und Geschäftsführungsrichtlinien, die aus den **steuerrechtlichen Rahmenbedingungen** erwachsen, führen insoweit zwangsläufig zu Abweichungen bei der Gestaltung der Satzung und deren tatsächlichem Vollzug. Die steuerbegünstigte Körperschaft ist also keine Sonderform privat- oder öffentlich-rechtlicher Rechtsformen. Die Vorgaben des Steuerrechts sind zu beachten, ohne dass diesen Vorgaben vor dem Zivil-, Gesell-

---

2 AEAO zu § 60 Tz 1; vgl. BFH-Urteil v. 13.08.1997, I R 19/96, BStBl II 1997, S. 794 (Buchnachweis).
3 Vgl. 6.3.1.2
4 Vgl. 2.2.2.1
5 Zu den Rechtsgrundlagen der Körperschaften vgl. die einschlägige Fachliteratur zum Gesellschaftsrecht; von Holt/Koch: Gemeinnützige GmbH, Beck'sche Musterverträge, Bd. 50, München, Beck, 2005; Priester: Nonprofit-GmbH – Satzungsgestaltung und Satzungsvollzug, GmbHR, 1999, S. 149 ff; Schlüter: Die gemeinnützige GmbH, Gründungsverfahren, Satzungsgestaltung und steuerliche Anerkennung, GmbHR 2002, S. 535 ff und 578 ff; Thiel: Die gemeinnützige GmbH, Wesensmerkmale und körperschaftsteuerliche Struktur, GmbHR 1997, S. 10 ff.

schafts- oder Öffentlichem Recht ein Vorrang zukommt. Werden z. B. steuerliche Bestimmungen verletzt, sind die Handlungen rechtlich wirksam, nur der „Preis" dafür kann der Verlust der Steuerbegünstigung sein. Der **Satzungsgestaltung** ist daher besondere **Sorgfalt** zu widmen, da Finanzverwaltung und Rechtsprechung in der Regel hohe Anforderungen stellen. In der Rechtsprechung finden sich Tendenzen, an denen sich die Gestaltung und Prüfung der Satzung ausrichten sollten.

Satzung i. S. v. § 59 AO meint die Satzung des Vereins, das Stiftungsgeschäft oder die Stiftungssatzung sowie eine sonstige Verfassung, z. B. der Gesellschaftsvertrag der GmbH. Satzung ist (grundsätzlich) ein von den Gründungsmitgliedern geschlossener Vertrag, der als Verfassung (körperschaftliche Grundordnung) das **rechtliche Wollen der Körperschaft** verbindlich festlegt. Hat eine Körperschaft keine Mitglieder (wie z. B. die rechtsfähige Stiftung, der Betrieb gewerblicher Art (BgA) einer Körperschaft des öffentlichen Rechts) muss ihre Satzung durch die sie errichtende juristische Person oder natürliche Person festgeschrieben werden.[6] Für jedes Steuersubjekt ist also eine eigenständige Verfassung aufzustellen, auch dann, wenn die Tätigkeit der Körperschaft (z. B. Betrieb eines Krankenhauses) auf die Verwirklichung eines steuerbegünstigten Zwecks abzielt; denn mit der Tätigkeit und ggf. dem Namen der Körperschaft ist allein noch nicht gesagt, dass diese Körperschaft dadurch steuerbegünstigte Zwecke verfolgt.

Bei mehreren **Betrieben gewerblicher Art** (BgA) einer jPdöR ist für jeden Betrieb gewerblicher Art eine „eigene Satzung" erforderlich.[7] Der Begriff „Satzung" ist – wie oben dargelegt – inhaltlich eigentlich anders zu verstehen, aber hier ausschließlich an den steuerlichen Zwecken nach §§ 59, 60 AO ausgerichtet und für die Anerkennung der Steuerbegünstigung erforderlich. Kommunalordnungen oder Haushaltspläne einer Körperschaft des öffentlichen Rechts können die „Satzung" hier nicht ersetzen. Für Universitätskliniken soll eventuell etwas anderes gelten, aber auch nur dann, wenn die wesentlichen Bestimmungen einer Satzung nach § 60 AO in einer „sonstigen Verfassung" oder einem „ministerialen Erlass" eingehalten worden sind.[8]

Die formellen Anforderungen an die Satzung sind erfüllt, wenn die von § 60 AO geforderte **detaillierte Umschreibung** (Satzungszwecke und die Art ihrer Verwirklichung) zur Überprüfung der materiellen Voraussetzungen der Steuerbefreiung vorliegt. Die Konkretisierung ist dabei umso wichtiger, als ein Zweck verfolgt wird, dem kein bekanntes, begrifflich fest umrissenes gedankliches Konzept zu Grunde liegt.[9] Neben der Umschreibung des Satzungszwecks ist auch festzulegen, wie und mit welchen Mitteln der Zweck verwirklicht werden soll. So könnte **Zweck und Gegenstand** der Körperschaft z. B. wie folgt lauten:

---

6 Koenig: a. a. O., zu § 59 Rn 3.
7 AEAO zu § 59 Tz 2; BFH-Urteil v. 31.10.1984, I R 21/81, BStBl II 1985, S. 162.
8 Vgl. Knorr/Klaßmann: a. a. O., S. 128/129, m. w. N.
9 BFH-Urteil v. 26.02.1992, I R 47/89, BFH/NV 1992, S. 695; FG Berlin, Urteil v. 23.03.2004, 7 K 7175/02, EFG 2004, S. 1338 (sog. Caritas-Verein, rechtskräftig); Buchna: a. a. O., zu 2.9 und 2.10, S. 177 ff.

- *„Zweck der Körperschaft ist die Förderung des öffentlichen Gesundheitswesens. Zur Verwirklichung dieses Zwecks ist Gegenstand der Körperschaft der Betrieb eines Krankenhauses."* **Oder**
- *„Gegenstand der Gesellschaft ist die Übernahme, Finanzierung, Planung und Einrichtung sowie die Verwaltung und der Betrieb von Krankenhäusern und Pflegeeinrichtungen. Zweck der Gesellschaft ist es, diese Einrichtungen des Gesundheitswesens ärztlich, pflegerisch, kaufmännisch und technisch als wirtschaftliche Einheit zu betreiben und dadurch bestmögliche Krankenversorgung bei wirtschaftlicher Betriebsführung zu erreichen sowie sich an der praktischen Ausbildung von Studierenden der Humanmedizin zu beteiligen."*

Für den **notwendigen Satzungsinhalt** ist die Bezugnahme auf Satzungen oder andere Regelungen von Körperschaften sowie auf Unterlagen oder Werke außerhalb der Satzung nicht ausreichend.[10] Dabei wird nicht verlangt, dass die Vorschriften der AO wörtlich in der Satzung wiederholt werden, obwohl dies in der Praxis überwiegend anzutreffen und auch zu empfehlen ist, um die Verständigung mit der Finanzverwaltung zu erleichtern. Eine floskelhafte Wiederholung des Gesetzestextes genügt aber nur dann, wenn sich aus der Gesamtwürdigung der übrigen Satzungsbestimmungen das → *Bestimmtheitsgebot* bejahen lässt. Häufig bestehen die Schwierigkeiten einer Satzungsgestaltung in der **Formulierung der Zweckverwirklichung**, die auf der einen Seite die Zwecke der Körperschaft in Bezug auf die steuerbegünstigten Zielsetzungen möglichst genau präzisieren soll, auf der anderen Seite aber den Organen der Körperschaft ausreichend Handlungsspielraum lassen muss, um sich bei der tatsächlichen Zweckverfolgung zwischen möglichen Alternativen zu entscheiden. Hier hat sich eine **beispielhafte Aufzählung** als **sinnvoll** erwiesen, die bei der Darstellung der Art der Zweckverwirklichung das Wort „*insbesondere*" verwendet. Mit dieser Art der Darstellung (Aufzählung der **Kernbereiche**) erfüllt die Satzung die Vorgabe einer ausreichenden Nachprüfbarkeit, lässt aber auch andere Formen der Zweckerreichung offen. Eine abschließende Aufzählung aller geplanten Arten der Zweckverwirklichung wäre nicht sachgemäß und wohl eher hinderlich für die Effektivität der Arbeit.[11]

Erschließt sich der Satzungszweck nicht ohne weiteres, kann es ausreichen, wenn sich die satzungsmäßigen Voraussetzungen aufgrund einer **Auslegung aller Satzungsbestimmungen** ergeben.[12] In der Satzung muss eine steuerbegünstigte Tätigkeit tatsächlich zum Ausdruck kommen, auch wenn die in der Satzung verwendeten Begriffe z. B. historisch gewachsen sind („Werke der Caritas" sowie „caritative Aktionen und Werke").[13] Insofern haben diese Begriffe einen bei der Auslegung heranziehbaren Inhalt, der in seinem Kernbereich zeitüber-

---

10 AEAO zu § 60 Tz 1; BFH-Urteil v. 19.4.1989, I R 3/88, BStBl II 1989, S. 595.
11 BFH-Beschluss v. 11.06.2001, I B 30/01, BFH/NV 2001, S. 1223; FG Berlin, a.a.O., EFG 2004, S. 1338; Osterkorn: Zur Fassung des Satzungszwecks steuerbegünstigter Körperschaften, DStR 2002, S. 16.
12 AEAO zu § 60 Tz 1; FG Berlin, a.a.O., EFG 2004, S. 1338; BFH-Urteil v. 18.12.2002, I R 15/02, BStBl II 2003, S. 384.
13 FG Berlin a.a.O., EFG 2004, S. 1338 (1340): sog. Caritas-Verein.

dauernde Formen (z. B. auf Mildtätigkeit gerichtete Zweckverwirklichung) allgemein verständlich zum Ausdruck bringt: „*Hierzu gehören etwa die Pflegesorge für Kranke, soziale Sorge für dauerhaft Notleidende und Hilflose sowie Hilfe zur Abwendung akuter Notfälle bei Mittel-, Obdach und anderer Hilflosigkeit auf Grund eines aus dem Gebot christlicher Nächstenliebe folgenden Handlungsauftrags. Dieser Kernbereich von Tätigkeitsausprägungen zur Verwirklichung einer allgemeinen christlich-theologischen Caritas deckt sich mit der Verfolgung mildtätiger Zwecke, wie sie in § 53 AO vorausgesetzt ist.*"[14] Die Auslegung berechtigt nicht zu ergänzenden Interpretationen, wenn dafür in der Satzung keine Anhaltspunkte zu finden sind. Als **Maßstab** gilt grundsätzlich:

➔ **Die Satzung muss stets aus sich selbst heraus verständlich sein!**

Unklarheiten in der Satzung in Bezug auf das Bestimmtheitsgebot (§ 60 Abs. 1 AO) gehen im Zweifel zu Lasten der Körperschaft, so dass stets der **Formulierung des Satzungstextes** die größte **Sorgfalt** zukommen sollte. Die Finanzverwaltung prüft die Satzung regelmäßig im Rahmen der steuerlichen Veranlagung oder Betriebsprüfung und spricht Verstöße an, wenn diese aus ihrer Sicht vorliegen sollten. Bei Neugründungen von steuerbegünstigten Körperschaften oder bei sonstigen Satzungsänderungen, die aus verschiedenen Gründen anstehen, sollten deshalb die **Entwürfe des Satzungstextes** rechtzeitig vor Fassung der maßgebenden Beschlüsse innerhalb der Körperschaft dem für die Körperschaft zuständigem **Finanzamt zur Abstimmung** vorgelegt werden. Dieses Verfahren ist **kein Formalismus** gegenüber der Finanzverwaltung. Wir werden darauf wiederholt hinweisen, weil bei Vorliegen der Auffassung des Finanzamts vor Beschlussfassung Unklarheiten im Satzungstext vermieden werden können. Beanstandet das Finanzamt bei Anmeldung der steuerbegünstigten Körperschaft und vor Erteilung einer → *vorläufigen Bescheinigung* über die begehrte Steuerbegünstigung die Satzung erstmalig, wird allein dadurch eine zusätzliche Satzungsänderung erforderlich (mit Zeitaufwand für die erneute Beschlussfassung, den Notar, das Handels- bzw. Vereinsregister, die Stiftungsaufsicht sowie die dafür anfallenden Kosten).[15]

Die **tatsächliche Geschäftsführung** und **Satzung** müssen **übereinstimmen** (§ 59 AO). Es reicht nicht aus, dass zwar an sich → *steuerbegünstigte Zwecke* verwirklicht werden, aber diese tatsächliche Betätigung nicht den in der Satzung herausgestellten Zwecken entspricht.[16] Die Körperschaft setzt sich insoweit grundsätzlich der Gefahr aus, dass das Finanzamt die Steuervergünstigungen versagt. Um diese auch weiterhin zu erhalten, müsste die Satzung der → *tatsächlichen Geschäftsführung* angepasst werden (oder die Geschäftsführung stellt diese zusätzliche steuerbegünstigte Tätigkeit ein[17]).

---

14 FG Berlin a.a.O., EFG 2004, S. 1338 (1340).
15 Vgl. Buchna: a.a.O., zu 2.10, S. 179 ff. (182).
16 Vgl. das **Beispiel in 6.1.5 zu a)**: gemeinnütziger Krankenhausträger unterstützt hilfsbedürftige Personen in ansonsten leerstehenden Wohnungen des Schwesternhauses – mildtätige Zwecke.
17 Wie im vorstehenden Beispielsfall: die Wohnungen stehen leer.

Die **Rechtsfolgen bei Verstößen**[18] sind nach unserer Erfahrung abhängig von der Schwere und Dauer eines Verstoßes im jeweiligen Einzelfall. Sie reichen vom (nur) schriftlichen Hinweis mit der Aufforderung zur kurzfristigen Anpassung der Satzung für die Zukunft bzw. zur unverzüglichen Einstellung der zusätzlichen Tätigkeit bis zur Versagung der Steuervergünstigungen für den betroffenen Zeitraum bzw. (nur) zur Steuerbarkeit der zusätzlich entfalteten Tätigkeit, soweit diese eine Einkunftsart erfüllte. Zur → *Nachversteuerung* bei schädlichen Änderungen der Satzungsbestimmungen über die → *Vermögensbindung* verweisen wir auf den nächsten Gliederungspunkt 6.3.1.2. Vom Finanzamt aufgezeigte Satzungsmängel sollten erfahrungsgemäß sachlich und zeitnah behoben werden; mögliche Verstöße (abhängig von Art und Umfang) werden häufig dann nicht weiter verfolgt, wenn die → *tatsächliche Geschäftsführung* im Übrigen den Grundsätzen der Steuerbegünstigung entspricht und die Körperschaft die aufgezeigten Satzungsmängel tatsächlich beseitigt hat. Die Herstellung der Ordnungsmäßigkeit der Satzung wirkt sich grundsätzlich erst im folgenden Veranlagungszeitraum aus, da eine rückwirkende Erfüllung der Anforderungen an die Satzung steuerlich nicht möglich ist.[19] Bei einer überwiegenden Tätigkeit, die nicht zu den → *steuerbegünstigten Zwecken* gehört, kann der Körperschaft insgesamt nicht die Steuerbegünstigung zuerkannt werden.

In **§ 60 Abs. 2 AO** ist geregelt, dass die satzungsmäßigen Voraussetzungen für die → *Anerkennung* der Steuerbegünstigung bei der Körperschaft- und Gewerbesteuer **während** des **ganzen Veranlagungs- oder Besteuerungszeitraums** erfüllt sein müssen, bei den anderen Steuern (Umsatzsteuer, Erbschaftsteuer, Grundsteuer) im Zeitpunkt der Entstehung der Steuer.[20] Entsteht die Körperschaft während des Veranlagungszeitraums, gilt dies für den Zeitraum ihres Bestehens; für eine Rückwirkung ist im Regelfall kein Bedarf.[21] Wird im Laufe des o. a. Zeitraums (z. B. Veranlagungsjahr 2006) gegen den Grundsatz der → *Selbstlosigkeit* verstoßen (z. B. → *Zuwendungsverbot* wird nicht beachtet bei unentgeltlicher Überlassung eines PKW an ein Mitglied der Körperschaft) oder eine erforderliche Satzungsänderung einschließlich Eintragung im maßgebenden Register (z. B. anstatt bis zum 31. Dezember 2005 erst am 10. April 2006 und damit verspätet) vollzogen, können die steuerlichen Vergünstigungen für diesen Zeitraum (Veranlagungsjahr 2006) grundsätzlich nicht gewährt werden. Im Einzelfall wird hier mit dem Finanzamt auf die Fakten abzustellen sein, wobei ein Verstoß gegen die Selbstlosigkeit u. U. Rechtsfolgen nach sich ziehen muss, während ein

---

18 Vgl. dazu Koenig: a. a. O., zu § 59 Rn 8; Buchna: a. a. O., zu 2.9, S. 178 und zu 2.10, S. 183; Osterkorn: a. a. O., DStR 2002, S. 16; BMF-Schreiben v. 17.11.2004, BStBl I 2004, S. 1059: Vertrauensschutz für geprüfte Satzungen im Einzelfall; FG Münster, Urteil v. 11.03.2005, 9 K 1567/00 K (rkr), EFG 2005, S. 1003.
19 AEAO zu § 51 zu Tz 2; Niedersächsisches FG, Urteil v. 22.11.1990, VI 606/86, BB 1991, S. 1114.
20 AEAO zu § 60 Tz 6.
21 BFH-Urteil v. 17.09.2003, I R 85/02, DB 2004, S. 288 (keine steuerliche Rückwirkung bei Stiftung).

Verstoß gegen die formelle Satzungsmäßigkeit bei im Übrigen ordnungsmäßiger Geschäftsführung eine Billigkeitsregelung verdient.[22]

6.3.1.2 Vermögensbindung (§§ 55 Abs. 1 Nr. 4, 61 AO)

Eine Körperschaft, die ihrer **Satzung** zufolge ausschließlich → *steuerbegünstigte Zwecke* verfolgt, muss notwendigerweise auch ihre gesamten finanziellen **Mittel** für die Verwirklichung ihrer satzungsmäßigen steuerbegünstigten Zwecke einsetzen. Das Gesetz konkretisiert das Gebot der → *Mittelverwendung* unter dem Gesichtspunkt der ausschließlichen **Gemeinwohlbindung** steuerbegünstigter Körperschaften. So ist z. B. bei einer steuerbegünstigten GmbH die Zuordnung des Gesellschaftsvermögens zu den Gesellschaftern bis auf die eingezahlten Kapitalanteile bzw. geleisteten Sacheinlagen nahezu vollständig aufgehoben (§ 55 Abs. 1 Nr. 2 und 4 AO).[23] Ausschüttungen von Gewinnanteilen sowie alle sonstigen Zuwendungen an die Gesellschafter einer GmbH sind grundsätzlich nicht zulässig (§ 55 Abs. 1 Nr. 1 Satz 2 AO).[24] Bereits durch die Satzung der steuerbegünstigten Körperschaft (§ 61 AO) muss gewährleistet sein, dass das in der Körperschaft gebildete → *Vermögen* langfristig für steuerbegünstigte Zwecke zur Verfügung steht (**formelle Umsetzung der materiellen Vermögensbindung**).

§ 55 Abs. 1 Nr. 4 AO enthält eine wesentliche Voraussetzung für die Annahme der → *Selbstlosigkeit*,[25] nämlich den **Grundsatz der Vermögensbindung** für steuerbegünstigte Zwecke im Fall der Beendigung des Bestehens der Körperschaft oder des Wegfalls des bisherigen Zwecks:

> „Bei Auflösung oder Aufhebung der Körperschaft oder bei Wegfall ihres bisherigen Zwecks darf das Vermögen der Körperschaft, soweit es die eingezahlten Kapitalanteile der Mitglieder und den gemeinen Wert der von den Mitgliedern geleisteten Sacheinlagen übersteigt, nur für steuerbegünstigte Zwecke verwendet werden (Grundsatz der Vermögensbindung). Diese Voraussetzung ist auch erfüllt, wenn das Vermögen einer anderen steuerbegünstigten Körperschaft oder einer Körperschaft des öffentlichen Rechts für steuerbegünstigte Zwecke übertragen werden soll." (**§ 55 Abs. 1 Nr. 4 AO**)

Der bisherige Zweck der Körperschaft kann durch Satzungsänderung oder auch durch die tatsächliche Geschäftsführung bei einem Verstoß gegen den Grundsatz der Vermögensbindung wegfallen.

Dieser Grundsatz ist eindeutig und erfasst nur das Vermögen der steuerbegünstigten Körperschaft, das in der Zeit der Steuerbegünstigung gebildet wird, also im Fall der Beendigung noch vorhanden ist. Es ist daher unschädlich, wenn in der

---

22 vgl. Buchna: a. a. O., zu 2.10, S. 182/183; BMF-Schreiben v. 17.11.2004, a. a. O., BStBl I 2004, S. 1059; FG Münster, Urteil v. 11.03.2005, 9 K 1567/00 K (rkr), EFG 2005, S. 1003.
23 AEAO zu § 55 Tz 23.
24 Vgl. 6.2.5 und 6.2.6.
25 Vgl. 6.2.3

Satzung eine Regelung aufgenommen wird, wonach die Mitglieder (im Sinne dieser Vorschrift) das Vermögen, das sie im Zeitpunkt der Ausstattung der Körperschaft auf diese übertragen haben, bei Beendigung der Steuerbegünstigung wieder zurückerhalten sollen. Weitere Einzelheiten dieser „finalen" Zweckbestimmung sind in § 61 AO geregelt (satzungsmäßige Vermögensbindung). Das in der Zeit der Steuerbegünstigung gebildete (gebundene) **Vermögen** erfasst auch die selbstgeschaffenen immateriellen Wirtschaftsgüter und die während der Steuerfreiheit (möglicherweise) gebildeten stillen Reserven der einzelnen Wirtschaftsgüter, die steuerfrei aufgedeckt werden (§ 13 KStG). Diese gesetzliche Vermögensübertragung als „letzter Akt" der Vermögensbindung erschwert einen **Wechsel der** steuerbegünstigten Körperschaft in die **Steuerpflicht** natürlich ungemein und kann zudem mit Risiken verbunden sein, wenn eine Betriebsprüfung folgt. Hier erfolgt nur der allgemein gehaltene Hinweis, dass im Rahmen von **Umstrukturierungen** dem Thema „Vermögensbindung" hinreichend Aufmerksamkeit für Lösungen gewidmet wird, die wegen der Komplexität in der Regel vorab einer eingehenden Sachverhaltsaufnahme und Beratung bedürfen.[26]

Eine **Kapitalerhöhung aus Gesellschaftsmitteln** ist auch bei steuerbegünstigten Kapitalgesellschaften zulässig.[27] Dabei ist sicherzustellen, dass keine zeitnah zu verwendenden Mittel eingesetzt werden, was grundsätzlich durch eine Inanspruchnahme von zulässig gebildeten → *Rücklagen* erfolgen kann. Im **Hinblick auf § 55 Abs. 1 Nr. 2 und 4 AO** ist zu beachten, dass die Gesellschafter nur Anspruch auf Rückzahlung der von ihnen eingezahlten Kapitaleinlagen haben. Hierzu gehört nicht das durch die Umwandlung von Rücklagen entstandene Stammkapital, so dass u. E. **im Gesellschaftsvertrag eine Abrede** getroffen werden sollte, die den Zugriff auf diesen Teil des Stammkapitals dem Grund und der Höhe nach ausschließt. Sind die Gesellschafter selbst steuerbegünstigte Körperschaften kommt es auf den Einzelfall an: nur wenn der oder die Gesellschafter zugleich Empfänger des Restvermögens nach § 55 Abs. 1 Nr. 4 AO sind, kann auch insoweit eine Satzungsanpassung erfolgen; anderenfalls läge u. E. ein Verstoß gegen den eindeutigen Wortlaut des Gesetzes vor (§ 55 Abs. 1 Nr. 2 und 4 AO), der auch wegen der Dokumentations- und Nachweispflicht von eingezahlten Kapitalanteilen nicht zu rechtfertigen ist.

Als **Teil des Grundsatzes der formellen Satzungsmäßigkeit** (sog. → *Bestimmtheitsgebot*)[28] regelt § 61 Abs. 1 AO Folgendes:

> „Eine steuerlich ausreichende Vermögensbindung (§ 55 Abs. 1 Nr. 4 AO) liegt vor, wenn der Zweck, für den das Vermögen bei Auflösung oder Aufhebung der Körperschaft oder bei Wegfall ihres bisherigen Zwecks verwendet werden soll, in der Satzung so genau bestimmt ist, dass auf Grund der Satzung geprüft werden kann, ob der Verwendungszweck steuerbegünstigt ist."

---

26 Vgl. Schauhoff: Handbuch der Gemeinnützigkeit, 2. Aufl. 2005, zu § 19, S. 955 ff.
27 Buchna: a. a. O., zu 2.5.7.2, S. 140.
28 Vgl. 6.3.1.1

Lässt sich die Vermögensbindung aus der Satzung (auch durch Auslegung) nicht entnehmen, liegt bereits ein Verstoß vor, der die Steuervergünstigungen für die Körperschaft ausschließt.

Die **satzungsmäßige Vermögensbindung**[29] erfordert entweder die **präzise Angabe** einer Körperschaft mit der Bestimmung, dass das Vermögen ausschließlich und unmittelbar für eigene steuerbegünstigte Zwecke zu verwenden ist, oder die unmissverständliche Angabe eines konkreten steuerbegünstigten Verwendungszwecks. Verfolgt die benannte Körperschaft selbst mehrere steuerbegünstigte Zwecke, braucht nicht angegeben zu werden, welchem dieser Zwecke die Mittel zuzuführen sind. Der stets anzugebende Verwendungszweck braucht mit den (eigenen) satzungsmäßigen Zwecken der Körperschaft auch nicht überein zu stimmen. Treten bei der als Empfänger benannten Körperschaft aber Änderungen ein, die Auswirkungen auf den Verwendungszweck der Mittel haben oder ist die Körperschaft in ihrer Steuerbegünstigung selbst betroffen, muss die Satzung unverzüglich angepasst werden. Die Vertreter der obersten Finanzbehörden haben entschieden, dass die Festlegung einer sogenannten „treuhänderischen Übertragung" nicht den Voraussetzungen der satzungsmäßigen Vermögensbindung genügt.[30] Die Finanzverwaltung[31] hält Formulierungshilfen bereit, die auf eine im Vorhinein genau zu benennende Körperschaft hinauslaufen, was grundsätzlich zwar zu empfehlen ist, aber evtl. die vorgenannten Anpassungen der Satzung nach sich ziehen kann.

Nicht ausreichend i.S.v. § 61 Abs. 1 AO ist die bloße Verpflichtung in der Satzung zur Vermögensauskehrung an eine beliebige Körperschaft, die steuerbegünstigt sein soll oder wenn lediglich die Vermögensverteilung an die Zustimmung des Finanzamts geknüpft wird. Entsprechendes gilt, wenn die Satzung nicht alle Alternativen eines Vermögensanfalls (Auflösung oder Aufhebung der Körperschaft sowie Wegfall des bisherigen Zwecks) aufführt.[32]

§ 61 Abs. 2 AO lässt **ausnahmsweise** bei Vorliegen **zwingender Gründe** die Bestimmung in der Satzung zu, dass über die **Verwendung** des Vermögens zu steuerbegünstigten Zwecken erst nach Auflösung der Körperschaft oder bei Wegfall steuerbegünstigter Zweckverfolgung und **nach Einwilligung des Finanzamtes** bestimmt wird.[33] Die Gründe für das Fehlen eines genauen künftigen Verwendungszwecks sind dann von der Körperschaft gegenüber dem Finanzamt anzugeben. Beruft sich die Körperschaft auf diese **zwingenden Gründe**, muss sie diese substanziiert vortragen, soweit sie sich nicht bereits aus der Satzung ergeben. Außerdem trägt sie die Feststellungslast dafür, dass die Gründe im Zeitpunkt der

---

29 Koenig: a.a.O., zu § 61 Rn 2; Buchna: a.a.O., zu 2.11, S. 183 ff.
30 Vgl. nur OFD Chemnitz, Kurzinformation v. 17.08.2005, DB 2005, S. 1998.
31 AEAO zu § 60 Anlage 1 Mustersatzung für einen Verein dort § 5 mit Alternative.
32 Niedersächsisches FG, Urteil v. 18.03.2004, 6 K 136/01, EFG 2004, S. 1650 (rkr); Koenig: a.a.O., zu § 61 Rn 3; BFH-Urteil v. 25.01.2005, I R 52/03, BStBl II 2005, S. 514.
33 AEAO zu § 61 Tz 2: Hinweis auf Text in Mustersatzung; Buchna: a.a.O., zu 2.11, S. 184/185.

Aufstellung der Satzung bestanden.³⁴ Sind die Hinderungsgründe später entfallen, so besteht u.E. keine gesetzliche Verpflichtung der Körperschaft, nun eine Satzungsänderung durchzuführen;³⁵ der Zeitpunkt der Aufstellung der Satzung nach § 61 Abs. 1 AO ist verstrichen, so dass allenfalls von Seiten des Finanzamts anzuregen wäre, anlässlich einer aus anderen Gründen anstehenden Satzungsänderung bei der Körperschaft die Ausnahme in den Regelfall zu überführen.

§ 62 AO enthält ebenfalls wesentliche **Ausnahmen** von § 61 AO, indem er vom Grundsatz der satzungsmäßigen → *Vermögensbindung* befreit. Materiell unterliegen auch die dort genannten **Körperschaften** (BgA von jPdöR, geistliche Genossenschaften, selbständige und unselbständige Stiftungen, die staatlichen bzw. kirchlichen Kontrollbefugnissen und Einflussmöglichkeiten unterliegen) der Vermögensbindung.³⁶ Die Ausnahme gilt aber nur, wenn die Körperschaft während des ganzen Veranlagungszeitraums einer **Beaufsichtigung unterliegt**; eine spätere Anerkennung bewirkt keine Rückwirkung.³⁷ Liegen die Voraussetzungen des § 62 AO vor und wird die materielle Vermögensbindung dennoch satzungsmäßig festgelegt, ist es unschädlich, wenn die Satzung nicht oder nur teilweise den Erfordernissen des § 61 AO entspricht.³⁸

Die **steuerlichen Folgen**, die sich durch **Änderungen der** Satzungsbestimmungen über die **Vermögensbindung** ergeben können, sind im Einzelfall schwerwiegend. **§ 61 Abs. 3 AO** bestimmt Folgendes:

> „Wird die Bestimmung über die Vermögensbindung nachträglich so geändert, dass sie den Anforderungen des § 55 Abs. 1 Nr. 4 nicht mehr entspricht, so gilt sie von Anfang an als steuerlich nicht ausreichend." Änderungsvorschriften der AO sind „mit der Maßgabe anzuwenden, dass Steuerbescheide erlassen, aufgehoben oder geändert werden können, soweit sie Steuern betreffen, die innerhalb der letzten zehn Kalenderjahre vor der Änderung der Bestimmung über die Vermögensbindung entstanden sind."

Das Gesetz fingiert eine von Anfang an unzureichende satzungsmäßige Vermögensbindung. Entsprechendes gilt für eine die Vermögendbindung **verletzende tatsächliche Geschäftsführung** (§ 63 Abs. 2 AO).³⁹

Selbstverständlich (und von § 61 Abs. 3 AO nicht erfasst) kann die steuerbegünstigte Körperschaft die bei der Gründung getroffene Entscheidung zur Vermögensbindung in der Satzung zu einen späteren Zeitpunkt wieder ändern, wenn sie sich auf eine andere bestimmte steuerbegünstigte Körperschaft oder anderen bestimmten steuerbegünstigten Zweck festlegt. Die **Änderung** der Satzung

---

34 BFH-Urteil v. 25.01.2005, I R 52/03, BStBl II 2005, S. 514; Koenig: a.a.O., zu § 61 Rn 6.
35 Ebenso Koenig: a.a.O., zu § 61 Rn 6; **a.A.**: Buchna: a.a.O., zu 2.11, S. 185.
36 AEAO zu § 61 Tz 3 und § 62 Tz 1; Koenig: a.a.O., zu § 62 Rn 2
37 Niedersächsisches FG, a.a.O., EFG 2004, S. 1650.
38 BFH-Urteil v. 17.09.2003, I R 85/02, DB 2004, S. 288.
39 AEAO zu § 61 Tz 7: z.B. Verwendung entgegen Vermögensbindungsbestimmungen in der Satzung.

wird erst **mit Eintragung** (bzw. Genehmigung durch die Aufsichtsbehörde einer Stiftung) der neuen Satzungsbestimmung in das Handels- bzw. Vereinsregister wirksam,[40] d.h. Eintragung in das Register am 01. Dezember 2005 und Verlust der Steuerbegünstigung wegen schädlicher Änderungen (bereits) für das Veranlagungsjahr 2005. Ob im **Einzelfall Vertrauensschutz** auf der Grundlage der durch das Finanzamt geprüften Satzung der Körperschaft[41] zu gewähren ist, sollte stets wegen der großen Bedeutung der Steuervergünstigungen für die Körperschaft von Seiten der Körperschaft oder des steuerlichen Beraters geprüft werden.

Beispiel: Vertrauensschutz bei geprüfter Satzung; Vermögensbindung

Im Rahmen der Neugründung der gemeinnützigen Krankenhaus-GmbH empfahl der Steuerberater den Gesellschaftern im Jahr 2002, dem später zuständigen Finanzamt der GmbH den Entwurf des Gesellschaftsvertrags zur Prüfung vorzulegen. Das Finanzamt bestätigte zunächst umgehend den Entwurf und erteilte nach wirksamer Gründung der GmbH noch im Jahr 2002 eine vorläufige Bescheinigung über die Gemeinnützigkeit, weil der von den Gesellschaftern beschlossene Gesellschaftsvertrag dem vorgelegten Entwurf entsprach. Im Rahmen der Veranlagungen für 2002 bis 2004 in 2005 beanstandete das Finanzamt erstmals mit Schreiben vom 10. Juni 2005 den Gesellschaftsvertrag der gGmbH bzgl. der Vermögensbindung: Der Satzungstext enthalte mit der „Auflösung oder Aufhebung der gGmbH" nicht alle Alternativen eines möglichen Vermögensanfalls i.S.v. § 55 Abs. 1 Nr. 4 AO und ist daher zu ergänzen um „oder bei Wegfall des bisherigen steuerbegünstigten Zwecks". Dafür setzte das Finanzamt eine Erledigungsfrist bis zum 31. Mai 2006.

Gleichgültig, ob hier ein bewusstes oder unbewusstes Weglassen des Umfangs der Vermögensbindung vorliegt, der Gesellschaftsvertrag entspricht nicht der materiellen und satzungsmäßigen Vermögensbindung.[42] Die Geschäftsführung der gGmbH hat nun zu veranlassen, dass der Gesellschaftsvertrag entsprechend dem Hinweis des Finanzamts geändert wird. Bei im Übrigen ordnungsmäßiger Geschäftsführung spricht bei einem formellen Satzungsverstoß viel für eine Billigkeitsregelung. Dazu hat sich nunmehr auch die Finanzverwaltung verpflichtet, wenn sie Vertrauensschutz für geprüfte Satzungen gewährt:[43] *„Wird auf der Grundlage der Satzung eine vorläufige Bescheinigung über die Gemeinnützigkeit erteilt oder die Steuervergünstigung anerkannt, bei einer späteren Überprüfung der Körperschaft aber festgestellt, dass die Satzung doch nicht den Anforderungen des Gemeinnützigkeitsrechts genügt, dürfen aus Vertrauensschutzgründen hieraus keine nachteiligen Folgerungen für die Vergangenheit gezogen werden."* Nach den weiteren Vorgaben der

---

40 BFH-Urteil v. 24.04.2001, I R 22/00, BStBl II 2001, S. 518.
41 BMF-Schreiben v. 17.11.2004, BStBl I 2004, S. 1059.
42 Koenig: a.a.O., § 61 Rn 3; Niedersächsisches FG, Urteil v. 18.03.2004, 6 K 136/01, EFG 2004, S. 1650; BFH-Urteil v. 21.01.2005, I R 52/03, BStBl II 2005, S. 514.
43 BMF-Schreiben v. 17.11.2004, BStBl I 2004, S. 1059

> Finanzverwaltung ist der Körperschaft unter Nennung einer angemessenen Frist Gelegenheit zu geben, die beanstandeten Teile der Satzung so zu ändern, dass die Körperschaft die satzungsmäßigen Voraussetzungen für die Steuervergünstigung erfüllt. Wird die Satzung innerhalb der gesetzten Frist entsprechend den Anregungen des Finanzamts geändert, ist die Steuervergünstigung für das der Beanstandung der Satzung folgende Kalenderjahr auch dann anzuerkennen, wenn zu Beginn des Kalanderjahres noch keine ausreichende Satzung vorgelegen hat.
> Wird im Beispielsfall die Änderung des Gesellschaftsvertrags vor dem 01. Juni 2006 eingetragen (z. B. 31. März 2006) ist die Körperschaft trotz des fehlerhaften Gesellschaftsvertrags für die abgelaufenen Veranlagungszeiträume 2002 bis 2004 sowie für das Jahr 2005 (Jahr der Beanstandung) und das Jahr 2006 (folgende Jahr) als steuerbegünstigt zu behandeln. Bei der vom Finanzamt gesetzten Frist handelt es sich um keine gesetzliche Ausschlussfrist, so dass rechtzeitig mit ausreichender Begründung auch eine Verlängerung möglich sein dürfte. Die Gewährung von Vertrauensschutz für geprüfte Satzungen kann für mögliche weitere Verstöße im maßgebenden Zeitraum nicht gelten.

Der **zeitliche Anwendungsbereich** des § 61 Abs. 3 AO ist nicht auf den Zeitraum der Steuervergünstigung beschränkt. Die Regelung greift auch ein, wenn die Bestimmung über die → *Vermögensbindung* erst zu einem Zeitpunkt geändert wird, in dem die Körperschaft nicht mehr als steuerbegünstigt anerkannt ist.[44] Dies kann z. B. der Fall sein, wenn der Körperschaft wegen unzulässiger → *Rücklagenbildung* (Verletzung des → *Gebots der zeitnahen Mittelverwendung*) für 2001 bis 2003 die Steuervergünstigungen versagt worden sind und die Körperschaft in 2003 dann noch die bis dahin ausreichende satzungsmäßige Vermögensbindung in schädlicher Weise ändert. Dann tritt zu den bereits eingetretenen Folgen der Steuerpflicht für die Jahre 2001 bis 2003 die → *Nachversteuerung* innerhalb der letzten zehn Jahre vor Änderung der Bestimmung über die Vermögensbindung (das Jahr 2003 ist das Jahr der schädlichen Änderung und die Veranlagungszeiträume 1993 bis 2002 betreffen dann die zehn Jahre der Nachversteuerung).

Die gesetzlich angeordnete **Nachversteuerung** dient der steuerlichen Erfassung der erwirtschafteten Betriebsvermögenszuwächse einschließlich der stillen Reserven. Dieser Zweck wird regelmäßig durch die rückwirkende Erfassung der bisher steuerfreien Erträge erreicht.[45] Bei der nachträglichen Besteuerung ist so zu verfahren, als ob die Körperschaft von Anfang an uneingeschränkt steuerpflichtig gewesen wäre. § 13 Abs. 3 KStG ist nicht anwendbar. Steuern, die innerhalb der letzten zehn Jahre vor der schädlichen Änderung der Vermögensbindung entstanden sind, werden also durch erstmalige Steuerfestsetzungen oder Änderungen erlassener Steuerbescheide festgesetzt. Die Festsetzungsverjährung (§§ 169 ff AO)

---

44 AEAO zu § 61 Tz 4 Satz 2; Buchna: a. a. O., zu 2.11, S. 186.
45 Koenig: a. a. O., § 61 Rn 8.

steht der rückwirkenden Steuerfestsetzung nicht entgegen.[46] Die **steuerlichen Folgen** der Nachbesteuerung können sich in folgenden → *Tätigkeitsbereichen* ergeben:[47]

- Nachträgliche Besteuerung der Überschüsse aus der **Vermögensverwaltung** (z. B. Miet- und Zinseinkünfte). Soweit **Dividendenerträge** aus Beteiligungen oder **Gewinne aus der Veräußerung** eines Anteils an einer anderen Körperschaft bisher in dieser → *Sphäre* steuerfrei erfasst wurden, ändert sich an der Freistellung dieser Erträge wegen § 8 b KStG grundsätzlich nichts. Allerdings durften bis einschließlich Veranlagungszeitraum (VZ) 2003 Ausgaben, soweit sie mit steuerfreien Einnahmen in unmittelbarem wirtschaftlichen Zusammenhang stehen, nicht als Betriebsausgaben abgezogen werden (§ 3 c EStG). Ab VZ 2004 ist § 3 c Abs. 1 EStG insoweit nicht (mehr) anzuwenden (§ 8 b Abs. 3 Satz 2 KStG).
- Nachträgliche Besteuerung der Gewinne aus den bisher als **Zweckbetriebe** nach §§ 65 bis 68 AO steuerfrei gestellten wGb; für die steuerbegünstigte Krankenhauskörperschaft kam hier in der Regel nur § 67 AO zur Anwendung.
- Soweit im Rahmen steuerlich unschädlicher Betätigungen zulässig **Rücklagen** nach § 58 Nr. 6 und Nr. 7 AO[48] gebildet worden sind, haben diese keine Auswirkungen bei der Nachversteuerung. Im Rahmen der Nachversteuerung ist u.E. im Einzelfall zu prüfen, ob die Art der Rücklage einer Verpflichtung gleichkommt, für die nach handels- und steuerrechtlichen Grundsätzen eine Rückstellung hätte gebildet werden können, was aber unterblieben ist (z. B. zweckgebundene Rücklagen für Instandsetzung, Wiederbeschaffung, Pensionen etc; im Bereich der Vermögensverwaltung für konkrete Reparatur- oder Erhaltungsmaßnahmen). Dabei sind stets die steuerlichen Vorgaben bei der Gewinn- bzw. Überschussermittlung zu beachten.
- Für **Umsätze** in den Tätigkeitsbereichen Vermögensverwaltung und Zweckbetriebe kann im Nachhinein der ermäßigte Umsatzsteuersatz von zurzeit 7 % entfallen (vgl. § 12 Abs. 2 Nr. 8 UStG). Für die Krankenhauskörperschaft sind Erhöhungen zum Regelsteuersatz von zurzeit 16 % USt nicht wahrscheinlich, da die Umsätze aus dem Betrieb eines Krankenhauses nach § 4 Nr. 16 UStG umsatzsteuerfrei sind.
- Die Berechtigung zum Empfang steuerlich abzugsfähiger **Spenden** und **Zuwendungen** entfällt. Für die Vergangenheit ist eine nachträgliche Belastung mit entsprechender Steuer nicht auszuschließen. Gewährten **Zuschüssen**, die aufgrund der Steuerbegünstigung erlangt worden sind, kann die Rückforderung drohen.
- Zwar greift die Nachversteuerung ein, wenn die **tatsächliche Geschäftsführung** gegen die geforderte Vermögensbindung verstößt (§§ 63 Abs. 2, 61 Abs. 3 AO), aber die Auffassung, dass Verstöße der tatsächlichen Geschäftsführung

---

46 AEAO zu § 61 Tz 5 und Tz 9; BFH-Urteil v. 25.04.2001, I R 22/00, BStBl II 2001, S. 518.
47 Vgl. Buchna: a.a.O., zu 2.11, S. 186/187.
48 Vgl. 6.2.10

gegen § 55 Abs. 1 Nrn. 1 bis 3 AO (ebenfalls) die Möglichkeit der Nachversteuerung begründen, darf wohl zu Recht bezweifelt werden, auch wenn dies von der Finanzverwaltung wegen der Schwere des Verstoßes im Einzelfall so beurteilt werden kann.[49]

6.3.1.3 Anregungen zur Satzungsgestaltung

Bei der **Gestaltung der Satzung** einer Krankenhauskörperschaft, die die Steuerbegünstigung anstrebt, ist nicht nur auf die Fassung des Satzungszwecks und Gegenstands der Körperschaft[50] **besondere Sorgfalt** zu verwenden, sondern – wie u. a. den vorstehenden Ausführungen zu entnehmen ist – die Anforderungen an den Status der Steuerbegünstigung insgesamt machen in wesentlichen Strukturprinzipien der jeweiligen Körperschaft eine umfassende Anpassung in der Satzungsgestaltung notwendig. Der Hinweis auf notwendig einzuhaltende Regularien zur Vermögenszuordnung sowie die Gesamtschau der übrigen Satzungsbestimmungen (z. B. im Rahmen einer Auslegung) sollen hier genügen, um das stets sorgfältige Gestalten der Satzung von der Gründung bis zur Beendigung der Körperschaft zu verdeutlichen. Die Satzung des Krankenhausträgers sollte sehr präzise gefasst sein und von der **Innenrevision** stetig anhand der Aktivitäten überprüft werden (z. B. im Rahmen des Jahresabschlusses).[51] Von einer „Satzung" wird gesetzestechnisch nur bei Vereinen und Stiftungen gesprochen (bei Betrieben gewerblicher Art von jPdöR wird eine „eigene Satzung" zum Zwecke der Anerkennung der Steuerbegünstigung von der Finanzverwaltung gefordert), von einem „Gesellschaftsvertrag" bei Kapitalgesellschaften. Im Rahmen der Steuerbegünstigung werden beide Begriffe gleichbedeutend verwendet und in der Regel überwiegend der Begriff „Satzung".

Mit unseren Erkenntnissen aus der Praxis wollen wir **Anregungen** rund um die Satzungsgestaltung geben und das **Problembewusstsein** bezüglich der Anforderungen an die **Bestimmtheit der Satzung** verstärken.
- Aus der Satzung muss direkt hervorgehen, **welchen Zweck** die Körperschaft verfolgt, dass es sich um einen gemeinnützigen, mildtätigen oder kirchlichen Zweck handelt und dass der Zweck selbstlos, ausschließlich und unmittelbar verfolgt wird (§ 59 AO). Der Gesetzeswortlaut muss in der Satzung nicht wiederholt werden; jede Satzung sollte sich aber an den **Mustersatzungen der Finanzverwaltung**[52] orientieren, weil die Praxis gezeigt hat, dass häufig eine Übereinstimmung des Wortlauts der Satzung mit den Vorgaben der jeweiligen Mustersatzung geprüft wird. Mit dem Text einer Mustersatzung lässt sich

---
49 AEAO zu § 61 Tz 8; ernsthafte Zweifel an dieser Gesetzesauslegung äußert der BFH mit Beschluss v. 30.10.2001, V B 142/01, BFH/NV 2002, S. 309; Zweifel äußert auch das FG Münster, Urteil v. 11.03.2005, 9 K 1567/00 K (rkr), EFG 2005, S. 1003; zu § 55 Abs. 1 Nrn. 1 bis 3 AO; vgl. zu 6.2.3.
50 Vgl. 6.3.1.1
51 Gietz in Tanski: Interne Revision im Krankenhaus, Stuttgart, Kohlhammer Verlag, 2001, S. 157–159.
52 AEAO zu § 60 Anlagen 1–3.

natürlich die konkrete Ausgestaltung der Satzung nicht bewältigen und es gibt auch keine Vorschrift, die die Verwendung der Mustersatzungen vorschreibt oder deren Nichtanwendung sanktioniert.[53] Unklarheiten gehen in Zweifelsfällen zu Lasten des Krankenhausträgers und führen im ersten Schritt (nur) zu Rückfragen des Finanzamts zum Satzungstext.

- Die in der Regel **umfangreiche Satzung** einer Krankenhauskörperschaft **sollte** durch einen **Berater** (und soweit erforderlich von einem Notar) **vorbereitet** und mit den Verantwortlichen des Trägers besprochen werden, der neben den zivil- und gesellschaftsrechtlichen Kenntnissen zur Erstellung eines Satzungsentwurfs für die jeweilige Körperschaft **auch** über das **spezielle steuerliche Wissen** zur Satzungsgestaltung und Satzungsvollzug bzgl. der Steuerbegünstigung selbst verfügt oder diese Kenntnisse unter Hinzuziehung eines weiteren Experten auf diesem Gebiet einbeziehen kann.[54] Um letztlich ganz sicher zu gehen, sollte **in jedem Fall** der Satzungstext im Entwurf dem zuständigen **Finanzamt** schon vor **In-Kraft-Setzung** zur Abstimmung vorgelegt werden. Dies gilt auch für den Fall, dass die Satzung später zu bestimmten Punkten geändert werden soll.
- Werden gemeinnützige, mildtätige und kirchliche **Zwecke nebeneinander** verfolgt, sind die verschiedenen Zwecke und die Art ihrer Verwirklichung (auch im Interesse der Übersichtlichkeit und Klarheit) getrennt aufzuführen. Ein **Krankenhausträger**, der neben gemeinnützigen Zwecken auch mildtätige bzw. kirchliche Zwecke verfolgt, muss in seiner Satzung also deutlich machen, mit **welchen Tätigkeiten** (konkret) er **welchem Zweck** dient. Diese Abgrenzung ist u. a. auch für den Spendenabzug von Bedeutung (vgl. § 10 b Abs. 1 EStG), aber der wesentliche Unterschied besteht in den Voraussetzungen der jeweils steuerbegünstigten Zwecke, während der Betrieb eines Krankenhauses in den Fällen der Mildtätigkeit wohl zugleich auch gemeinnützige Zwecke erfüllen dürfte.[55] Da in der Regel der erhöhte Spendenabzug (bei Mildtätigkeit 10 v.H.) bei einer steuerbegünstigten Krankenhauskörperschaft keine wesentliche Rolle spielt, ist häufig nur der Status der Gemeinnützigkeit anzutreffen, der generell auch den größeren Aufgabenbereich bei der (gemeinnützigen) Förderung des öffentlichen Gesundheitswesens zulässt. Werden im Einzelfall neben einem Krankenhaus weitere Einrichtungen betrieben, ist die Differenzierung der Zwecke u. U. geboten und fortzuführen.
- Auch **mehrere gemeinnützige Zwecke**, die verfolgt werden, müssen **vollständig** in der Satzung **festgelegt** sein. Will der Krankenhausträger steuerbegünstigte Zwecke fördern, die (noch) nicht in der Satzung aufgenommen sind, ist (vor bzw. zeitnah zum Beginn dieser weiteren Tätigkeiten) eine Satzungsänderung

---

53 AEAO zu § 60 Tz 2; BFH-Beschluss v. 30.04.1997, I B 21/96, BFH/NV 1997, S. 732.
54 Vgl. zum Thema Satzung für eine GmbH: von Holt/Koch: Gemeinnützige GmbH, Bech'sche Musterverträge Bd. 50, 2005; Thiel: Die gemeinnützige GmbH, GmbHR 1997, S. 10 ff.; Priester: Nonprofit-GmbH, Satzungsgestaltung und Satzungsvollzug, GmbHR 1999, S. 149 ff.; Schlüter: Die gemeinnützige GmbH, GmbHR 2002, S. 535 ff und 578 ff; Osterkorn: Zur Fassung des Satzungszwecks steuerbegünstigter Körperschaften, DStR 2002, S. 16 ff.
55 Vgl. 6.1.2 bis 6.1.4.

erforderlich. Will er umgekehrt bisher verfolgte und verwirklichte Zwecke aufgeben, die in der Satzung verankert sind, ist nach einer angemessenen Übergangsphase u.E. ebenfalls eine Satzungsänderung geboten, wenn der Aufgabeentschluss endgültig ist.[56] So ist neben dem (Haupt-)Betrieb eines Krankenhauses (**gemeinnütziges Gesundheitswesen**) z. B. beim zusätzlichen Betrieb eines Krankenhaus-Kindergartens (**gemeinnützige Jugendhilfe**), beim zusätzlichen Betrieb eines Senioren- oder Altenheims (**gemeinnützige Altenhilfe**) oder bei der Einstellung des zusätzlichen Betriebs einer Kurzzeitpflegeeinrichtung (**gemeinnützige Altenhilfe**) stets darauf zu achten, dass Umfang der Tätigkeiten und Satzungszweck noch im Einklang miteinander stehen. Wird diese Prüfung nicht durch die Innenrevision des Krankenhausträgers geleistet sollten der Wirtschaftsprüfer im Rahmen der Jahresabschlussprüfung oder der steuerliche Berater im Rahmen der Steuererklärung darauf achten, bevor das zuständige Finanzamt tätig wird.

Beispiel: Umfang gemeinnütziger Tätigkeiten und Satzungszweck

Die gemeinnützige Krankenhaus-GmbH in Berlin verfolgt nach ihrer Satzung die „Förderung des öffentlichen Gesundheitswesens, insbesondere durch den Betrieb eines Krankenhauses in Berlin." Daneben fördert sie die „Altenpflege, insbesondere durch den Betrieb eines Altenheims in Potsdam."
Die Geschäftsführung der GmbH fragt den steuerlichen Berater,
a) ob der Betrieb des Altenheims eingestellt und stattdessen auch in Potsdam nach erfolgtem Umbau ein weiteres Krankenhaus seinen Betrieb aufnehmen kann **oder**
b) ob neben dem Altenheim in Potsdam auch eine Kurzzeitpflegeeinrichtung und ein Kindergarten eingerichtet und betrieben werden können.
Da alle beabsichtigten Tätigkeiten gemeinnützige Zwecke verfolgen, sieht die Geschäftsführung keinen Änderungsbedarf bei der Satzung.
zu a): Es werden mehrere gemeinnützige Zwecke verfolgt, die vollständig und konkret in der Satzung festgelegt sind. Der weitere Betrieb eines Krankenhauses in Potsdam steht der Art der Verwirklichung des konkreten gemeinnützigen Zwecks „öffentliches Gesundheitswesen" nicht entgegen. Denn die Darstellung der Art der Verwirklichung des Zwecks durch die beispielhafte Aufzählung mit dem Wort „insbesondere" orientiert sich einerseits an den Vorschlägen in der Mustersatzung und andererseits werden durch diese Art der Aufzählung ausdrücklich keine abschließenden Aktivitäten aufgeführt, sondern eine gewollte Flexibilität für zusätzliche Aktivitäten erhalten. Da der Betrieb des Altenheims mit Beginn des Umbaus in ein Krankenhaus endgültig aufgegeben wird, entfällt der gemeinnützige Zweck „Altenpflege". Die Satzung ist daher unter Streichung dieses Zwecks zu ändern. Bei dieser Gelegenheit sollte durch eine weitere Streichung des Standortes „Berlin" klargestellt werden, dass unabhängig vom Standort Krankenhäuser betrieben werden.

---
56 Vgl. Buchna: a.a.O., zu 2.10, S.178.

> zu b): Der bisherige Satzungszweck „Altenpflege" und dessen Verwirklichung „insbesondere" durch den Betrieb eines Altenheims lässt auch hier eine Erweiterung der Verwirklichung des konkreten Satzungszwecks durch einen weiteren Betrieb einer Kurzzeitpflegeeinrichtung ohne Satzungsänderung zu. Der Betrieb eines Kindergartens dient aber einem anderen gemeinnützigen Zweck, nämlich der Jugendhilfe; insoweit ist eine Satzungsänderung durch Aufnahme dieses konkreten Zwecks einschließlich der Art seiner Durchführung erforderlich. Es steht der GmbH frei, die Art der Verwirklichung des Zwecks „Altenhilfe" um die weitere Tätigkeit der Kurzzeitpflegeeinrichtung zu ergänzen. In beiden Fällen (a und b) ist eine notarielle Gesellschafterversammlung zum Zwecke der Beschlussfassung der Satzungsänderung mit anschließender Anmeldung und Eintragung im Handelsregister erforderlich.

- Bei der Abstimmung der Satzung mit dem Finanzamt (überwiegend bei Änderungen von älteren Satzungen) gab es gelegentlich Schwierigkeiten dadurch, dass nach Auffassung des Finanzamts der **konkrete Zweck** der Körperschaft **durch sogenannte Nebenbestimmungen erweitert** wird, die scheinbar mit den Grundprinzipien der Steuerbegünstigung (§§ 55, 56, 57 AO) nicht vereinbar sind. Hier einige **Beispiele** aus der Vergangenheit mit ihren „beanstandeten" sinngemäßen *Formulierungen* im Wortlaut der Satzung: **Liegen unzulässige Erweiterungen des Satzungszwecks durch Nebenbestimmungen im weiteren Satzungstext vor?**
  a) *„Die Gesellschaft darf alle Maßnahmen treffen, die dem Gesellschaftszweck dienen."* Diesen Wortlaut halten wir grundsätzlich für unschädlich, weil er sich mit den „Maßnahmen" auf die eigentliche steuerbegünstigte Zielsetzung der Gesellschaft beschränkt. Gleichwohl haben wir der Geschäftsführung die Streichung empfohlen, weil die Maßnahmen selbst zu unbestimmt sein dürften und Wortlaut und Kontext nicht zweifelsfrei erkennen ließen, dass keine Erweiterung des Satzungszwecks möglich war.
  b) *„Der Verein ist berechtigt, Geschäfte jeder Art durchzuführen, die dem Vereinszweck unmittelbar oder mittelbar dienen oder diesen ergänzen."* Diese (weit gefasste) Nebenbestimmung sollte gestrichen werden, weil sie u.E. eine Erweiterung des Satzungszwecks zulässt und damit schädlich ist. „Geschäfte jeder Art, die ... mittelbar" dem Vereinszweck „dienen oder diesen ergänzen", sind nicht nur auf den Vereinszweck beschränkt und daher zu unbestimmt. Das Unterhalten von → *Nichtzweckbetrieben* (steuerpflichtige wGb, Vermögensverwaltung) darf nicht um ihrer selbst willen erfolgen, weil dann grundsätzlich eine Erweiterung des Satzungszwecks vorliegt, die schädlich ist. Nach Auffassung der Finanzverwaltung liegt (generell ohne erkennbare Differenzierung) ein Verstoß gegen § 59 AO vor.[57] U.E. ist diese Ansicht im Beispiel zu b) vertretbar, wenn es nach dem Wortlaut in der Satzung ganz pauschal um die Zulässigkeit eines Nicht-

---

57 AEAO zu § 59 Tz 1 Satz 3.

zweckbetriebs geht, der eine Erweiterung des Satzungszwecks nicht von vornherein ausschließt.

Etwas anderes kann im **Einzelfall** gelten (vgl. folgende Beispiele zu c), wenn Wortlaut und Kontext über die Auslegung darauf schließen lassen, dass das Schaffen und Unterhalten eines Nichtzweckbetriebs **nur** der Erfüllung der steuerbegünstigten satzungsmäßigen Zwecke dienen kann (weil z. B. eine Modalität in der Verwirklichung) und somit keine Erweiterung in Betracht kommt.[58] Hier ist die satzungsmäßige Nebenbestimmung (zunächst) unschädlich, wenn auch die tatsächliche Geschäftsführung dem entspricht.

c) aa) *„Die Gesellschaft darf sich **an anderen Gesellschaften beteiligen.**"* oder **bb**) *„Die Gesellschaft darf sich zur Erreichung des satzungsmäßigen Zwecks **an Gesellschaften** mit beschränkter Haftung unmittelbar und mittelbar **beteiligen bzw.** solche Gesellschaften **selbst gründen** und **Mitglied anderer Vereine** werden, wenn diese Körperschaften ebenfalls ausschließlich und unmittelbar den gemeinnützigen Zwecken i. S. d. § 2 dieser Satzung dienen."* oder cc) *„Zur Erfüllung ihrer Aufgaben kann die Körperschaft sich auch **Einrichtungen anderer Rechtsformen bedienen** oder solche **Einrichtungen schaffen.**"* Hier geht es nicht um die Frage, welche Konsequenzen die Beteiligung an Gesellschaften für die steuerbegünstigte Körperschaft haben kann,[59] sondern ob eine (schädliche) Erweiterung des Satzungszwecks durch das Halten einer Beteiligung vorliegt.

Zu aa) wird diese Erweiterung u. E. vorliegen, weil jede Art von Beteiligung (auch an einer Personengesellschaft) möglich ist und der Bezug zur eigenen steuerbegünstigten satzungsmäßigen Tätigkeit in diesem konkreten Text fehlt.

Zu bb) liegt ein mit dem Finanzamt im Jahr 2003 abgestimmter Satzungstext vor, nachdem der BFH[60] die satzungsmäßige Erwähnung von → *Nichtzweckbetrieben* im entschiedenen Einzelfall für zulässig hielt.

Zu cc) wird der (zulässige) Satzungstext wiedergegeben, der dem Sachverhalt der BFH-Entscheidung entnommen ist.

d) *„Die Gesellschaft darf die **Geschäftsführung und Vertretung** von anderen steuerbegünstigten Krankenhauskörperschaften und Einrichtungen der Altenhilfe am Standort Berlin **übernehmen.** Dies gilt insbesondere **auch für** die Geschäftsführung und Vertretung von steuerbegünstigten **Tochtergesellschaften.**"* Als dieser Text vom Finanzamt seinerzeit unter Hinweis darauf, dass → **Nichtzweckbetriebe** nicht Satzungszweck sein dürfen (AEAO zu § 60 Tz 1 Satz 3), beanstandet wurde, haben der Krankenhausträger und

---

58 BFH-Urteil v. 18.12.2002, I R 15/02, BStBl II 2003, S. 384 und DStRE 2003, S. 761, mit Anm. Wallenhorst.
59 Vgl. Arnold: Gemeinnützigkeit von Vereinen und Beteiligung an Gesellschaften, DStR 2005, S. 581; FG Hamburg, Urteil v. 04.03.2005, VII-312/02, (rkr); vgl. DStZ 2006, S. 215.
60 Urteil v. 18.12.2002, I R 15/02, BStBl II 2003, S. 384.

wir die Streichung akzeptiert und auf den Finanzrechtsweg verzichtet. Dem Krankenhausträger ging es vorrangig um die satzungsmäßige Festlegung der **Befugnisse seiner Organe**, um hier **Klarheit** auf zivil- und gesellschaftsrechtlicher Ebene zu schaffen und um mögliche Auseinandersetzungen wegen der Verfolgung nicht satzungsgemäßer Zwecke auf Ebene der Gesellschafter zu vermeiden. Ferner sollte mit dieser Maßnahme das Ziel verfolgt werden, im **Vorfeld möglicher Kooperationen** eine spätere Übernahme weiterer steuerbegünstigter Einrichtungen vorzubreiten. Das Finanzamt konnte sich diesen Argumenten zwar grundsätzlich nicht verschließen, bestand aber unter Hinweis auf das tatsächliche Dürfen des Unterhaltens von Nichtzweckbetrieben im zulässigen steuerpflichtigen Rahmen[61] auf Einhaltung des Anwendungserlasses zur AO.

Unter Hinweis auf die **Entscheidung des BFH**[62] und die Veröffentlichung im BStBl könnte unser Krankenhausträger mit einer (erneuten) Satzungsänderung Erfolg haben. Denn aus **Gründen der Satzungsklarheit** ist es nach Auffassung des BFH eher geboten als zu beanstanden, wenn die Satzung ausdrücklich regelt, ob die Körperschaft zur Erfüllung ihrer steuerbegünstigten satzungsmäßigen Zwecke einen Nichtzweckbetrieb unterhalten darf oder nicht. Diese Entscheidung ist u.E. dennoch nicht dahingehend zu verstehen, dass nunmehr generell das Schaffen und Unterhalten von Nichtzweckbetrieben satzungsgemäß sein könnte, denn Nichtzweckbetriebe dürfen u.E. nach wie vor nicht „um ihrer selbst willen" jede Art von wirtschaftlicher Betätigung verfolgen, sondern müssen „zur Erfüllung der steuerbegünstigten satzungsmäßigen Zwecke" unterhalten werden (oder auch nicht).

Der Satzungstext zu d) (oder mit ähnlichem Inhalt) ist dem Finanzamt nicht erneut zur Abstimmung vorgelegt worden, so dass es hierzu kein abgestimmtes Ergebnis gibt. Wir sind jedoch der Auffassung, dass die von uns geforderten Bezugspunkte zu den verfolgten gemeinnützigen Zwecken des öffentlichen Gesundheitswesens und der Altenhilfe vorliegen. Im Einzelfall ist zu entscheiden, ob Entgeltlichkeit oder Unentgeltlichkeit sowie die Übernahme der Geschäftsführung bei einer Tochtergesellschaft aus steuerlichen Gründen (z. B. Besteuerung oder Steuerfreiheit) sinnvoll ist.

e) Die vorstehenden Hinweise zu c) **und d)** sind nicht vollständig, wenn nicht auch darauf hingewiesen wird, dass in diesen Fällen eine **Befreiung vom Verbot des Selbstkontrahierens** (§ 181 BGB) dienlich ist: *„Die Gesellschafterversammlung kann den Geschäftsführer allgemein oder im Einzelfall von den Beschränkungen des § 181 BGB befreien."* Das Finanzamt wird hier keine Nebenbestimmung beanstanden, wenn der Gesellschaftsvertrag diese Regelung enthält. Aber es kommt vor, dass die fehlende Befreiung für den Geschäftsführer zum Anlass genommen wird, die Merkmale einer vGA

---

61 Vgl. 2.3.3, zu 6.2.1 und 6.2.2.
62 Urteil v. 18.12.2003, I R 15/02, BStBl II 2003, S. 384.

im Rahmen eines angenommenen Verstoßes gegen das → *Zuwendungsverbot* zu prüfen.[63]

f) **Hinweis zum Vereinsrecht:** Unterhaltung eines wGb bei einem gemeinnützigen Verein (sog. **Nebenzweckprivileg**).
In Berlin kam es in den zurückliegenden Jahren gelegentlich zu Auseinandersetzungen mit dem Vereinsregister, wenn ein steuerbegünstigter Verein i.G. seine Eintragung oder später auch nur Satzungsänderungen verfolgte. Es kam zu gerichtlichen Zwischenverfügungen oder auch Ablehnungen der Eintragungen mit der Begründung, der Verein ginge wirtschaftlichen Betätigungen nach, wenn er z.B. schwerpunktmäßig im öffentlichen Gesundheitswesen, in der Altenhilfe oder Jugendhilfe tätig ist. Die bekannten vereinsrechtlichen Abgrenzungsfragen[64] zwischen nichtwirtschaftlichen und wirtschaftlichen Vereinen wurden bemüht, aber Hinweise auf das Steuerrecht bzgl. der Verfolgung steuerbegünstigter Zwecke durch den Verein als Haupttätigkeit fanden keine Berücksichtigung. Das Kammergericht in Berlin entschied nunmehr für einen Idealverein, der einen wGb unterhielt, wie folgt: *„Ist nach der Satzung eine wirtschaftliche Betätigung des zur Eintragung beim Vereinsregister angemeldeten Vereins nicht auszuschließen, verfolgt der Verein aber nach der Satzung ausschließlich gemeinnützige Zwecke und ist dies vom Finanzamt bestätigt worden, spricht dies dafür, dass die Unterhaltung eines wirtschaftlichen Zweckbetriebes nur Nebenzweck ist und damit der Eintragung nicht entgegen steht."*[65] Diese Entscheidung ist zu begrüßen, weil auch sie u.E. zu dem Verständnis beiträgt, dass die Satzungen nicht lediglich den Zweck haben, die Anforderungen einzelner Rechtsgebiete zu erfüllen, sondern auf dem Boden unserer Rechtsordnung die Organisation der Vereine und die Befugnisse ihrer Organe festzulegen.

g) *„Die Gesellschaft kann im Inland* **Zweigniederlassungen** *errichten."* Der einzige Grund, diese Satzungsbestimmung zu beanstanden, könnte in der Nichterwähnung des Textes in den Mustersatzungen der Finanzverwaltung liegen. Das Finanzamt konnte auf Rückfrage keinen Grund für die Beanstandung nennen, denn die Mustersatzungen sind eine Orientierungshilfe und keine Rechtsnormen.

- Gesellschaftsverträge von steuerbegünstigten Krankenhauskörperschaften enthalten häufig einen **Katalog zustimmungsbedürftiger Geschäfte** für die Geschäftsführung. Zum einen wird hier die Zustimmung oder Genehmigung der Gesellschafterversammlung für bestimmte Nebengeschäfte vorgesehen, zum anderen werden hier z.B. die Übernahme von **Bürgschaften** oder die **Gewährung von Darlehen** als zustimmungspflichtig benannt. Diese Regelungen im Gesellschaftsvertrag sind nach einer Prüfung durch das Finanzamt

---

63 Vgl. 6.2.5 und 6.2.5.1.
64 Lettl: Wirtschaftliche Betätigung und Umstrukturierung von Ideal-Vereinen, DB, 2000, S. 1449; von Hippel: Durchgriffshaftung der Vereinsmitglieder bei Verstößen gegen das Nebenzweckprivileg?, NZG 2006, S. 537f.
65 KG-Beschluss vom 26.10.2004, 1 W 295/04, DStR 8/2005, S.X; NZG 2005, S.360–361.

wegen der dort genannten Geschäfte nicht selten in der Beanstandung zu finden. Derartige Regelungen lassen natürlich auf die Geschäftstätigkeit der Körperschaft schließen und daher wird vorsorglich deren Streichung empfohlen. U.E. ist dieser Katalog gemessen an den Vorschriften der Steuerbegünstigung grundsätzlich nicht zu beanstanden, da sie nicht den Unternehmensgegenstand und damit nicht die nach außen gerichtete Tätigkeit der Körperschaft betreffen, sondern nur die Vertretungsbefugnis des Geschäftsführers im Innenverhältnis.

Das Finanzamt besteht in der Regel auf seinen eingenommenen Standpunkt, wenn eine Satzungsbestimmung die Übernahme von Bürgschaften und die Vergabe von Darlehen betrifft. Die tatsächliche Ausübung dieser Geschäfte kann die Steuerbegünstigung der Körperschaft ausschließen, wenn z.B. Mittel eingesetzt werden, die dem Gebot der → *zeitnahen Verwendung* unterliegen und die Mittelvergabe nicht im Rahmen einer steuerbegünstigten Zielsetzung erfolgt.[66] Um die Anerkennung der satzungsmäßigen Steuerbegünstigung nicht zu gefährden, ist es u.E. **sinnvoll**, den **Katalog** zustimmungsbedürftiger Geschäfte als Beschränkung der Vertretungsbefugnis des Geschäftsführers **in den Anstellungsvertrag** zu übernehmen. Bei mehreren Geschäftsführern bietet es sich auch an, dass die Gesellschafterversammlung eine **Geschäftsordnung** beschließt. Ohnehin sind diesbezügliche Regelungen u.E. außerhalb einer (schlanken) Satzung gut positioniert, weil spätere Änderungen in der Regel mit geringerem Aufwand und zudem kostengünstiger durchgeführt werden können als eine Festlegung in der Satzung.

- **Sonstige Hinweise und Überlegungen zur Satzungsgestaltung:**
  (1) Will die steuerbegünstigte Krankenhauskörperschaft ihre Zwecke auch mittels → *Hilfspersonen* (§ 57 Abs Satz 2 AO[67]) verwirklichen, wird mit Formulierungshilfe empfohlen,[68] diese Art des Tätigwerdens in der Satzung zum Ausdruck zu bringen: *„Die Körperschaft wird sich zur Erfüllung ihrer Aufgaben einer Hilfsperson im Sinne des § 57 Absatz 1 Satz 2 AO bedienen, soweit sie die Aufgaben nicht selbst wahrnimmt."* Dieser Empfehlung können wir uns grundsätzlich anschließen, denn in den Fällen von (aktuell auf der Tagesordnung anstehenden) Ausgliederungen von Tätigkeitsbereichen oder Kooperationen kann es erforderlich werden, dass der steuerbegünstigte Tätigkeitsbereich z.B. auf die Unterstützung von sogenannte Service-Gesellschaften oder anderen Rechtsträgern angewiesen ist. Außer dieser (vorausschauenden) Funktion mit Handlungsalternativen für die Geschäftsführung geht von dieser Regelung auch bei Nichtinanspruchnahme keine steuerschädliche Wirkung aus.
  (2) Die in § 58 Nrn. 2 bis 9, 11 und 12 AO genannten **steuerlich → *unschädlichen Betätigungen***, wie z.B. teilweise Weitergabe eigener Mittel, Gestellung von Arbeitskräften und zugleich Arbeitsmitteln, die Überlassung

---

66 AEAO zu § 55 Tz 15 bis 17 soweit dort die Vergabe von Darlehen angesprochen ist.
67 Vgl. AEAO zu § 57 Tz 2; vgl. 6.1.6.
68 Buchna: a.a.O., zu 2.10, S. 181.

von Räumen, die Bildung zweckgebundener Rücklagen bzw. freier Rücklagen können auch ohne entsprechende Satzungsbestimmung verwirklicht werden.[69] Im Einzelfall kommt es vor, dass auf Wunsch der Mitglieder oder Gesellschafter einer Körperschaft Satzungsbestimmungen aus Gründen der Klarstellung aufzunehmen sind. Da die Aufnahme von → *Nichtzweckbetrieben* in die Satzung nicht (mehr) grundsätzlich ausgeschlossen ist,[70] kann dem Verlangen insoweit aus steuerlicher Sicht entsprochen werden.

(3) Sollte die Krankenhauskörperschaft (zusätzlich) in der **Forschung** tätig sein, legen die Finanzämter zunehmend Wert darauf, dass die **Ergebnisse** aus der Forschung oder aus einer anderen wissenschaftlichen Tätigkeit „zeitnah" **veröffentlicht** werden und sich dies auch (wörtlich) aus der Satzung ergibt.

(4) Die **Übernahme der Gründungskosten und** die Übernahme von (späteren) **Kapitalerhöhungskosten** mit angemessener betragsmäßiger Begrenzung durch die steuerbegünstigte Gesellschaft kann im Gesellschaftsvertrag geregelt werden. Fehlt es an einer ausdrücklichen Regelung dem Grund und der Höhe nach (eine Spezifizierung der einzelnen Kosten ist nicht erforderlich) und trägt die Gesellschaft die Kosten, liegt in der Regel eine verdeckte Gewinnausschüttung (vGA) an den oder die Gesellschafter vor.[71] Ob die **Übernahme** der Kosten durch die steuerbegünstigte Gesellschaft nicht nur von den Gesellschaftern gewollt, sondern zugleich auch eine **sinnvolle Maßnahme** ist, sollte u.E. im jeweiligen **Einzelfall sorgfältig geprüft werden**. Der Gründungsaufwand dürfte in der Regel nicht erheblich sein, so dass eine Übernahme durch die Gesellschaft vertretbar ist. Andererseits liegen Aufwendungen vor, die naturgemäß (weil veranlasst) von den Gesellschaftern zu tragen wären; ferner würde dadurch die erste Kapitalausstattung der Gesellschaft nicht gemindert. Es drängt sich zudem die Frage auf, ob in der Übernahme ein Verstoß gegen das → *Zuwendungsverbot* (§ 55 Abs. 1 Nr. 1 Satz 2 AO) und damit gegen die → *Selbstlosigkeit* zu sehen ist.[72] Der Verstoß wird grundsätzlich gesehen, aber bei einer Erstattung durch die Gesellschafter auch eine Heilung für möglich gehalten. Kein Verstoß soll vorliegen, wenn die Gesellschafter selbst steuerbegünstigt sind, weil dann von der Gesellschaft eine Art der Zuwendung nach § 58 Nr. 2 AO an ihre Gesellschafter in Betracht kommt. Bei dieser Sach- und Rechtslage ist u.E. im Einzelfall eine (drohende) Auseinandersetzung mit dem Finanzamt nicht auszuschließen, so dass einige Gründe gegen eine Übernahme der Gründungskosten durch die steuerbegünstigte Gesellschaft sprechen. Gegen eine Zuwendung i.S.v. § 58 Nr. 2 AO könnte zudem sprechen, dass die Gesellschafter die

---

69 Vgl. zu 6.2.9; AEAO zu § 58 Tz 23, S. 1.
70 Vgl. AEAO zu § 58 Tz 23, S. 2; BFH-Urteil v. 18.12.2002, I R 15/02, BStBl II 2003, S. 384.
71 Vgl. 6.2.5.1 zu Grundsätze der vGA als Beurteilungsmaßstab; OFD Karlsruhe v. 07.01.1999, FR 1999, S. 276; Niedersächsisches FG, Urteil v. 15.02.2000, 6 K 305/98, EFG 2000, S. 811 (rkr.).
72 Knorr/Klaßmann: a.a.O., S. 60/61, m.w.N.

Beteiligung in der → *Vermögensverwaltung* oder im → *steuerpflichtigen wGb* halten, so dass insoweit keine (auch nicht sinngemäß) Verwendung zu steuerbegünstigten Zwecken erfolgt, auch nicht in Form der ersparten Gründungskosten.[73]

(5) Nützlich, weil für (weitere) Satzungsänderungen in der Regel Zeit und Kosten gespart werden, kann in **Satzungen von Vereinen** eine Regelung zur sogenannten **vereinfachten oder technischen Satzungsänderung** sein.

„Der Vorstand ist zu solchen Satzungsänderungen befugt, die erforderlich sind, um Beanstandungen des Registergerichts oder – im Hinblick auf die angestrebte Anerkennung der Gemeinnützigkeit – Beanstandungen der Finanzverwaltung auszuräumen, sofern damit nicht wesentliche Änderungen verbunden sind. Diese Änderungen sind den Mitgliedern alsbald mitzuteilen." Diese, ganz überwiegend redaktionellen Änderungen dienende Bestimmung, sollte sich in der Satzung und nicht nur im Gründungsprotokoll der Gründungsversammlung des Vereins befinden, weil mit seiner Eintragung nur noch die satzungsmäßigen Bestimmungen gelten.

(6) Der Hinweis, die **vorherige Abstimmung** mit dem **zuständigen Finanzamt** über die neue Satzung oder bei Satzungsänderungen zur satzungsmäßigen Unbedenklichkeit einzuholen, ist an dieser Stelle abschließend zu wiederholen. Die Finanzämter haben in der Regel ein Interesse, das Ergebnis der Prüfung zeitnah mitzuteilen. Im Einzelfall hat sich bewährt, die schriftliche Anfrage zusätzlich mündlich anzukündigen und die Bearbeitungsdauer zu erkunden, um diese Zeit ebenfalls einplanen zu können. Dass die Finanzverwaltung **Vertrauensschutz für geprüfte Satzungen** gewährt,[74] haben wir bereits erwähnt; er gilt u.E. auch hier, wenn die vorab abgestimmte Satzung ohne Veränderung beschlossen und eingetragen wird.

- **Die englische Limited (Ltd) in Deutschland.**

Bis vor einigen Jahren haben Gesellschaften ausländischer Rechtsform in Deutschland als Träger eines inländischen Geschäftsbetriebs keine wesentliche Rolle gespielt. Dies hat sich in jüngster Zeit als Folge von Grundsatzentscheidungen des Europäischen Gerichtshofs (EuGH) geändert. Die Niederlassungsfreiheit der Gesellschaften in den Mitgliedstaaten der EU hat sich zu einem „Boom" zu Gunsten der englischen „Limited" (Ltd) entwickelt. Grund ist die Kombination einer Kapitalgesellschaft mit haftungsrechtlicher Abschottung der Gesellschafter bei vergleichsweise geringem Kapitalaufwand. Die vom EuGH geförderte Rechtsangleichung macht Fortschritte, aber u.E. sollte **der inländischen Körperschaft**, die den Status der Steuerbegünstigung nach §§ 51 ff AO anstrebt, der **Vorzug gegenüber der englischen Limited** als Rechtsformalternative gegeben werden.[75] Dass Änderungsbedarf

---

73 Jost in: Dötsch/Eversberg/Jost/Witt: Die Körperschaftsteuer, Sept. 2001, zu § 5 KStG Rn 316, n.F..
74 BMF-Schreiben v. 17.11.2004, BStBl I 2004, S. 1059; DStR 2004, S. 2153.
75 Vgl. zu 2.2.4; Schauhoff: a.a.O., zu § 5 Rn 15; Korts/Korts: Die steuerrechtliche Behandlung der in Deutschland tätigen englischen Limited, BB 2005, S. 1474; Kessler/Eicke: Die Limited – Fluch oder Segen für die Steuerberatung? DStR 2005, S. 2101 ff.

am geltenden Recht besteht, hat sich spätestens seit der o.a. Rechtsprechung des EuGH abgezeichnet. Erste Entwürfe u.a. zur Modernisierung des GmbH-Rechts liegen vor, die eine Neuregelung des Mindestkapitals der GmbH vorsehen. Künftig soll das Mindestkapitals von 25.000 € auf 10.000 € abgesenkt werden. Voraussichtlich wird das Gesetz erst Ende 2007 in Kraft treten.[76]

Es gibt bei den vorstehenden Vorschlägen nichts, was nicht anders oder noch besser formuliert werden könnte. Die u.E. notwendige **Offenheit der Formulierungen** in der Satzung fördert spätere Entwicklungen und wenn es dabei gelingt, die erlaubten steuerbegünstigten Tätigkeiten von den nicht steuerbegünstigten Tätigkeiten zu unterscheiden, sollte dies zunächst als Maßstab notwendiger Klarstellungen gelten, bevor bereits Abweichungen vom Wortlaut des Gesetzes oder von Standardformulierungen (nicht zwingend) beanstandet werden. Intensive Satzungskontrollen durch das Finanzamt werden aufgrund des gewährten Vertrauensschutzes erfahrungsgemäß wieder zunehmen. Satzungsgestaltung und Satzungsvollzug stehen damit unter einem maßgeblichen Einfluss des Steuerrechts.

6.3.2 Verfahren der steuerlichen Anerkennung

Gegenwärtig beginnt die Steuerbegünstigung mit der **Erstellung einer Satzung**, um im Regelfall in zwei Schritten ans Ziel zu kommen: Zunächst ist damit die Errichtung einer Körperschaft verbunden (Gründungsverfahren; Ausnahme: BgA der jPdöR), um dann die Anerkennung als steuerbegünstigte Einrichtung zu erlangen. Beide Verfahren sind voneinander unabhängig, aber in der Weise miteinander verknüpft, dass die Anerkennung als steuerbegünstigte Einrichtung eine Körperschaft voraussetzt (§ 51 AO). Formell geht somit im Regelfall die Errichtung der Körperschaft durch Abschluss einer Satzung und anschließender Eintragung in ein Register der steuerlichen Anerkennung voraus. In der Praxis ist es aber üblich und empfehlenswert, vor der endgültigen Beschlussfassung der Satzung das zuständige Finanzamt mit in die Satzungsgestaltung einzubeziehen. Dazu wird der Entwurf der Satzung oder der Text von Satzungsänderungen dem Finanzamt zur Abstimmung mit den steuerlichen Voraussetzungen vorgelegt. Hinweise der Finanzbehörde können somit im Vorfeld berücksichtigt werden.[77] Ist der rechtliche Rahmen festgelegt, kann die eigentliche Prüfung beginnen, ob die geltende Satzung in gewünschter Weise das Verhalten der Körperschaft durch ihre Organe „steuert."

---

76 Pressemitteilung des Bundesministeriums der Justiz (BMJ) v. 29.05.2006: Zeit der Gründer – die GmbH-Reform
77 Vgl. 6.3.1

6.3.2.1 Vorläufige Anerkennung

Die AO kennt (noch) **kein eigenständiges Verfahren der Anerkennung** der Steuerbegünstigung. Das Finanzamt entscheidet im jeweiligen Veranlagungsverfahren von Amts wegen durch Steuerbescheid (ggf. → *Freistellungsbescheid*), ob und inwieweit eine Körperschaft steuerbegünstigt ist. Eine Körperschaft, bei der nach dem Ergebnis dieser Prüfung die gesetzlichen Voraussetzungen vorliegen (z. B. § 5 Abs. 1 Nr. 9 KStG i. V. m. §§ 51 ff. AO), muss deshalb als steuerbegünstigte Körperschaft behandelt werden, und zwar ohne Rücksicht darauf, ob ein entsprechender Antrag gestellt worden ist oder nicht. Da der **Steueranspruch** nicht frei disponibel ist, kann **nicht wirksam** auf die Steuerbefreiung **verzichtet** werden.[78] Gleichwohl setzt eine Freistellung neben den formellen Satzungserfordernissen stets eine den Satzungsbestimmungen entsprechende → *tatsächliche Geschäftsführung* voraus (§§ 59, 63 AO). Da die Steuerbegünstigung somit frühestens nach Ablauf eines Veranlagungszeitraums feststellbar ist, muss die Finanzverwaltung im Hinblick auf die Bedeutung der Anerkennung (z. B. für Zuwendungen oder Zuschüsse) vorab tätig werden.

Die **vorläufige Anerkennung** als steuerbegünstigte Körperschaft kommt nach ständiger Verwaltungsübung und Rechtsprechung **auf formlosen Antrag** (unter Beifügung der Satzung) auf der Grundlage einer den formalen Anforderungen i. S. d. §§ 59, 60 AO genügenden Satzung in Betracht.[79] Eine → *vorläufige Bescheinigung* über die Steuerbegünstigung darf vom Finanzamt (als Ergebnis der Prüfung) erst ausgestellt werden, wenn eine wirksame Satzung vorliegt, die den steuerlichen Vorschriften entspricht. Die **im Vorfeld** stets zu empfehlende **Abstimmung** des Satzungsentwurfs oder der Satzungsänderung mit dem Finanzamt dient sozusagen **als Vorbereitung des** dann erst folgenden formlosen **Antrags** zur vorläufigen Anerkennung der Steuerbegünstigung.

Die ausgestellte **vorläufige Bescheinigung** unterscheidet sich als **reine unverbindliche Rechtsauskunft** des Finanzamts vom→ *Freistellungsbescheid* durch ihre Rechtsnatur und ihre Bindungswirkung. Sie hat jedoch die gleiche faktische Wirkung wie ein Freistellungsbescheid im Hinblick auf die Möglichkeit zum Empfang von → *Spenden* und zur Ausstellung von → *Zuwendungsbestätigungen*. Ob die vorläufige Bescheinigung nach ständiger Rechtsprechung und ihr folgend die Finanzverwaltung **kein** → *Verwaltungsakt* i. S. d. § 118 AO ist[80] oder ob aufgrund des Regelungscharakters der Bescheinigung von einem Verwaltungsakt auszugehen ist,[81] wird hier nur im Ergebnis als gegensätzliche Rechtsauffassung mitgeteilt. Wird die Erteilung der vorläufigen Bescheinigung vom Finanzamt unter Nennung der Gründe abgelehnt, ist diese Ablehnung nicht mit dem Einspruch angreifbar. Die Körperschaft kann die aufgezeigten Ursachen – wenn es

---

78 AEAO zu § 59 Tz 3; Koenig: a. a. O., zu § 59 Rn 9 und zu § 51 Rn 21 bis 26.
79 AEAO zu § 59 Tz 4 Satz 1; vgl BFH-Beschluss v. 11.06.2001, I B 30/01, BFH/NV 2001, S. 1223.
80 BFH-Beschluss v. 23.09.1998, I B 82/98, BStBl II 2000, S. 320; BFH-Urteil v. 23.07.2003, I R 29/02, BStBl II 2003, S. 930; AEAO zu § 59 Tz 5 Satz 1.
81 Vgl. Koenig: a. a. O., zu § 51 Rn 24, m. w. N.; Reiffs: Vorläufige Bescheinigung zur Gemeinnützigkeit – ein Verwaltungsakt? DB 1992, S. 243 ff.

z. B. nur textliche Satzungsmängel sind, die nicht den steuerbegünstigten Zweck betreffen–beheben und erneut einen Antrag stellen. Eine Verpflichtungsklage gegen das Finanzamt auf Erteilung der vorläufigen Bescheinigung ist nicht zulässig. Im Rahmen des vorläufigen Rechtsschutzes (§ 114 FGO) kann der Rechtsweg jedoch gegeben sein (s.a. Anwendungsfälle).

Die **Geltungsdauer der Bescheinigung** ist in der Regel **befristet** und sollte 18 Monate nicht überschreiten; ein **Widerruf** ist jederzeit **möglich**.[82] Nach Ablauf der Frist bzw. nach Durchführung eines Veranlagungsverfahrens für einen Besteuerungsabschnitt der steuerbegünstigten Körperschaft wird die vorläufige Bescheinigung durch den Freistellungs- bzw. Steuerbescheid des Finanzamts ersetzt. Bei einer Neugründung hat bis zum (ersten) Veranlagunsverfahren eine Überprüfung der tatsächlichen Geschäftsführung, die den Satzungsbestimmungen entsprechen muss (§§ 59 63 AO), nicht stattgefunden, so dass das Finanzamt im Rahmen der **Abschnittsbesteuerung** in der Regel durch Einreichung der Steuererklärungen, des Jahresabschlusses und des Tätigkeits- oder Geschäftsberichtes der steuerbegünstigten Körperschaft erstmals in die Lage versetzt wird, auch die tatsächliche Geschäftsführung zu prüfen. Weil diese Prüfung nur anhand der Aktenlage möglich ist, erfolgen die Festsetzungen im Steuerbescheid regelmäßig unter dem Vorbehalt der Nachprüfung nach § 164 Abs. 1 AO. Ist der Steuerfall im Rahmen einer Betriebsprüfung abschließend geprüft worden, ist der Vorbehalt der Nachprüfung aufzuheben; im Übrigen ist die Aufhebung dieses Vorbehalts auch ohne Betriebsprüfung jederzeit möglich.

Aus der **vorläufigen Anerkennung** der Steuerbegünstigung mittels der ausgestellten vorläufigen Bescheinigung kann **kein Anspruch auf** die **abschließende Freistellung** im Veranlagungsverfahren hergeleitet werden.[83] Auf den von der Finanzverwaltung gewährten Vertrauensschutz für geprüfte Satzungen und die hierauf basierende vorläufige Bescheinigung ist hinzuweisen.[84]

Für die Erteilung einer vorläufigen Bescheinigung gibt es folgende **Anwendungsfälle:**

- **Neugründung** einer steuerbegünstigten Krankenhauskörperschaft, wobei der Nachweis nur durch eine den §§ 51 ff. AO entsprechenden → *Satzung* geführt werden kann, nicht hingegen über die Prüfung der Übereinstimmung der → *tatsächlichen Geschäftsführung* mit den Satzungszielen. Der Empfang von Spenden oder die Gewährung von Zuschüssen ist häufig in der Anlaufphase der Körperschaft für Finanzierungszwecke wichtig, so dass zeitnah eine Bescheinigung angestrebt wird. Auch sonst wird erfahrungsgemäß Wert auf diese Bescheinigung gelegt, um damit den Ansprüchen der Körperschaft im

---

82 AEAO zu § 59 Tz 5 Sätze 3 und 4; der Widerruf ist nach h.M. ebenfalls kein Verwaltungsakt.
83 BFH-Beschluss v. 23.09.1998, I B 82/98, BStBl II 2000, S. 320; Buchna: a. a. O., zu 4.1.2, S. 382/383.
84 Vgl. 6.3.1.2 (Beispiel); BMF-Schreiben v. 17.11.2004, BStBl I 2004, S. 1059.

Rahmen der Betätigungen Ausdruck zu verleihen (z. B. Hinweis im Briefkopf der Körperschaft).
- Hat die **Körperschaft** schon längere Zeit **existiert** und wurde die Steuerbegünstigung im Veranlagungsverfahren versagt, ist auf Antrag eine vorläufige Bescheinigung zu erteilen, wenn die Körperschaft die **Voraussetzungen** für die Steuerbegünstigung im gesamten Veranlagungsverfahren, der dem Zeitraum der Nichtgewährung folgt, **voraussichtlich erfüllen** wird. Die Geltungsdauer sollte 18 Monate nicht überschreiten.[85] Praktisch wird diese **Fallgestaltung** bei (zurückliegenden) Verstößen, insbesondere im Rahmen der tatsächlichen Geschäftsführung, die (lediglich) den Verlust der Steuerbefreiung für den betreffenden Veranlagungszeitraum bedeuten. Der dann zu erlassende letzte Steuerbescheid nach der Versagung der Steuerbegünstigung beinhaltet natürlich keine Freistellung für die Zukunft, so dass die Bescheinigung über die vorläufige Anerkennung der Steuerbegünstigung auch hier wieder die ihr beizumessende Bedeutung entfalten kann.

Beispiel: Anwendungsfall für vorläufige Anerkennung

> Die gemeinnützige Krankenhaus-GmbH hat in den Veranlagungsjahren 2003 und 2004 nach den Feststellungen des Finanzamtes unstreitig gegen das → *Begünstigungsverbot* verstoßen (§ 55 Abs. 1 Nr. 3 AO).[86] Das Finanzamt erlässt daraufhin im April 2006 geänderte Körperschaft- und Gewerbesteuerbescheide für 2003 und 2004 und versagt in diesen Steuerbescheiden ausdrücklich die Anerkennung der Gemeinnützigkeit. Außerdem wird die erteilte NV-Bescheinigung für Kapitalerträge (§ 44 a Abs. 4 Satz 1 EStG) widerrufen.
> **Was ist zu tun?**
> Der Steuerberater der GmbH versucht zunächst mit der Geschäftsführung der GmbH die Verhältnisse und → *Besteuerungsgrundlagen* für das Jahr 2005 zu klären. Ein weitergehender Verstoß für das Jahr 2005 ist auszuschließen. Aber das Veranlagungsjahr 2005 ist von der GmbH zu diesem Zeitpunkt noch nicht in der Form abgeschlossen, dass kurzfristig eine Steuererklärung erstellt und eingereicht werden könnte. Ferner würde die Veranlagung durch das Finanzamt weitere Zeit in Anspruch nehmen, so dass kurzfristig nicht mit einem Freistellungsbescheid durch das Finanzamt zu rechnen ist. Der Steuerberater empfiehlt, sofort einen Antrag auf Erteilung einer vorläufigen Bescheinigung über die Gemeinnützigkeit zu stellen, weil die Krankenhaus-GmbH die Voraussetzungen nach §§ 59, 60, 67 AO erfüllt und das Finanzamt dem Antrag auf der Grundlage des AEAO zu § 59 Tz 6.1 entsprechen wird. Das Finanzamt folgte dem Antrag und erteilte eine befristete Bescheinigung mit der Aufforderung, die Steuererklärungen, den Jahresabschluss und den Geschäftsbericht für das Jahr 2005 bis zum 30. September 2006 einzureichen. Eine aktuelle NV-Bescheinigung wurde ebenfalls ausgestellt.

---

85 Vgl. 6.3.1.2 (Beispiel); BMF-Schreiben v. 17.11.2004, BStBl I 2004, S. 1059.
86 AEAO zu § 59 Tz 6 und zu 6.1.

- Nach der **neueren Rechtsprechung** des BFH und ihr folgend die Finanzverwaltung[87] kann die Erteilung einer → *vorläufigen Bescheinigung* auch im **Rahmen des vorläufigen Rechtsschutzes** in Betracht kommen. Dieses Verfahren ist dann geboten, wenn das Finanzamt nach einer streitigen Aberkennung der Steuerbegünstigung weiterhin der Auffassung ist, dass z.B. die Gemeinnützigkeit nicht vorliegt. Im Wege der einstweiligen Anordnung (§ 114 FGO) kann das Finanzamt zur Ausstellung der Bescheinigung verpflichtet werden, sofern die im o.a. AEAO genannten Voraussetzungen vorliegen.

Wie bereits erwähnt, wird die vorläufige Bescheinigung über die Steuerbegünstigung durch den Steuerbescheid (ggf. → *Freistellungsbescheid*) ersetzt. Die Steuerbefreiung soll **spätestens** alle drei Jahre überprüft werden.[88] Aufgrund der steuerpflichtigen wGb, die von gemeinnützigen Krankenhauskörperschaften unterhalten werden, ist die Abgabe von jährlichen Steuererklärungen ohnehin die Regel. So finden bereits jetzt ganz überwiegend jährliche Überprüfungen (zumindest an Amtsstelle) statt, die wir angesichts der zunehmenden Bedeutung der Besteuerungsfragen und deren Auswirkungen für den Betrieb eines Krankenhauses (z.B. Wahlleistungen, Personalgestellungen, Kooperationen, Medizinische Versorgungszentren) für geboten und sinnvoll erachten.[89]

6.3.2.2 Abschnittsbesteuerung als abschließende Wertung

Über die Steuerbefreiung wegen Förderung → *steuerbegünstigter Zwecke* ist stets **für einen bestimmten Veranlagungszeitraum** zu entscheiden (Grundsatz der Abschnittsbesteuerung). Es gibt kein besonderes Verfahren in der AO für die Anerkennung der Steuerbegünstigung,[90] Entsprechendes gilt für eine Aberkennung. Vielmehr ist in jedem Einzelfall von dem für die Körperschaft zuständigen Finanzamt **für jede relevante Steuerart** festzustellen, ob die Voraussetzungen insgesamt für die Steuerbefreiungen vollständig oder teilweise erfüllt sind: Entspricht die → *Satzung* den Vorschriften der Steuerbegünstigung und genügt die → *tatsächliche Geschäftsführung* jederzeit und in vollem Umfang den Anforderungen an Satzung und Gesetz? Erst nach Ablauf des jeweiligen Veranlagungszeitraums kann festgestellt werden, ob die tatsächliche Geschäftsführung auf die ausschließliche und unmittelbare Erfüllung der steuerbegünstigten Zwecke gerichtet war und den Bestimmungen entspricht, die die Satzung und die AO enthalten. Für die **Folgejahre** wird somit **vorläufig** über die Steuerbegünstigung (mit-)entschieden.

In der **Praxis** erfolgt dieses Verfahren nebst **Entscheidung durch Steuer- oder Freistellungsbescheid** vorrangig für die Körperschaftsteuer. Diese Entscheidung wird in der Regel zwar für alle anderen Steuerarten übernommen, aber keinesfalls automatisch oder gar zwingend. So stellt der für Zwecke der Körper-

---

87 Vgl. 6.3.1.2 (Beispiel); BMF-Schreiben v. 17.11.2004, BStBl I 2004, S. 1059.
88 AEAO zu § 59 Tz 7.
89 Zu den Tätigkeiten vgl. 6.4 und 6.6.
90 AEAO zu § 51 Tz 2; zu § 59 Tz 3; Buchna: a.a.O., zu 4.1.2, S. 379–384.

schaftsteuer erteilte → *Freistellungsbescheid* keinen Grundlagenbescheid i. S. d. § 171 Abs. 10 AO für andere Steuerarten dar.[91] Die Überprüfung erfolgt im Veranlagungs- und Festsetzungsverfahren (§§ 149 ff. AO) nach Einreichung eines von den zuständigen Organen der Körperschaft unterschriebenen besonderen Erklärungsvordrucks zur Körperschaft- und Gewerbesteuer (Gem 1-Erklärung, vgl. Anhang zu 2) sowie der ggf. erforderlichen Erklärungen für den steuerpflichtigen wGb (KSt-, GewSt- und USt-Erklärung).

Die **Entscheidung** ergeht, wenn die steuerbegünstigte Körperschaft mit dem steuerpflichtigen wGb partiell steuerpflichtig ist, für den jeweiligen Veranlagungszeitraum durch **KSt-Bescheid und GewSt-Bescheid**, die **in ihren Anlagen** zu den Bescheiden (Vordruck Gem 4 a) auf die **Steuerbefreiung im Übrigen** hinweisen; ferner werden **Hinweise zu Spenden** gegeben. Über die Gewährung des in der eingereichten USt-Erklärung z. B. in Anspruch genommenen ermäßigten USt-Satzes für Zweckbetriebe (§ 12 Abs. 2 Nr. 8 UStG) ergeht in der Regel kein gesonderter Steuerbescheid, wenn der Erklärung zugestimmt wird (§§ 167, 168 AO). **Unterbleibt** trotz (erklärter) → *partieller Steuerpflicht* für den wGb die **Festsetzung von KSt und GewSt**, weil im Hinblick auf die Besteuerungsgrenze des § 64 Abs. 3 AO (Einnahmen einschl. USt nicht über 30.678 €) bzw. der Freibetragsregelungen nach § 24 KStG (3.835 €, wenn die Krankenhaus-Körperschaft z. B. ein BgA einer jPdöR, ein eingetragener Verein oder eine Stiftung privaten Rechts ist; Freibetrag gilt nicht für Kapitalgesellschaften) oder nach § 11 Abs. 1 Nr. 2 GewStG (3.900 € stets für alle Körperschaften) keine Steuer anfällt, **ergeht ein Freistellungsbescheid** zur KSt und GewSt (Vordruck Gem 2). Mit dem Freistellungsbescheid wird verbindlich festgestellt, dass die Körperschaft unter Angabe der gesetzlichen Vorschriften die genannte Steuer dem Grunde nach überhaupt nicht bzw. für den genannten Veranlagungszeitraum nicht schuldet. Auf die partielle Steuerpflicht (steuerpflichtiger wGb) wird ebenfalls dem Grunde nach aufmerksam gemacht. Ferner ergehen **Hinweise** zur Ausstellung von **Zuwendungsbestätigungen**, die als bloße Rechtsauskünfte des Finanzamts keinen Regelungscharakter haben und keinen → *Verwaltungsakt* darstellen (vgl. diesbezügliche Hinweise auf dem Freistellungsbescheid nach dem Vordruck Gem 2). Der Freistellungsbescheid für die jeweilige Steuerart **ist** wie ein **Steuerbescheid** zu behandeln (§ 155 Abs. 1 Satz 3 AO) und es **gelten** sämtliche **Vorschriften der AO**; er kann unter dem Vorbehalt der Nachprüfung (oder vorläufig) ergehen und jederzeit geändert werden. Werden Feststellungen zur KSt und GewSt vom Finanzamt in einem Vordruck zusammengefasst, liegen zwei verschiedne Steuerbescheide (Verwaltungsakte) vor.

Mit der **endgültigen Anerkennung** als steuerbegünstigte Einrichtung i. S. d. §§ 51 ff AO verliert die Bescheinigung über die vorläufige → *Anerkennung* ihre Bedeutung, selbst wenn die Befristung noch nicht abgelaufen sein sollte. Für die zurückliegende Zeit (z. B. Rumpfgeschäftsjahr 2002 und Geschäftsjahr 2003) gilt **im Nachhinein die Bestätigung des Finanzamts** für die Körperschaft, dass sie in den geprüften Veranlagungszeiträumen auf steuerbegünstigtem Gebiet tätig gewesen ist. Für die **Folgejahre** (z. B. Geschäftsjahre 2004 und laufendes Jahr

---

91 BFH-Urteil v. 10.01.1992, II R 201/90, BStBl II 1992, S. 684; Koenig: a. a. O., zu § 51 Rn 21.

2005) ist ebenfalls davon auszugehen, dass die Voraussetzungen für eine **Steuerbefreiung vorläufig** vorliegen. Zwar wirkt der Freistellungsbescheid nicht über den ausgestellten Veranlagungszeitraum hinaus, weil für die Folgezeit ein schutzwürdiger Vertrauenstatbestand nach den Grundsätzen von Treu und Glauben grundsätzlich nicht anzunehmen ist.[92] Aber der letzte Freistellungsbescheid gilt in seiner Bedeutung vorläufig fort bis zur nächsten verbindlichen Entscheidung des Finanzamts über die Steuerbegünstigung für den folgenden Veranlagungszeitraum.

Diese Vorläufigkeit gilt dann nicht mehr, wenn der **letzte Bescheid** auf gesetzlicher Grundlage (§§ 164, 165, 172 ff AO) **nachträglich geändert** oder durch einen „normalen" Steuerbescheid, der die Steuerbegünstigung aufgrund neuer Tatsachen nachträglich versagt, ersetzt wird. Ein bestandskräftiger Freistellungsbescheid für den zurückliegenden Besteuerungsabschnitt (z.B. das Jahr 2003) kann grundsätzlich nicht aufgehoben und durch Ertragsteuerbescheide (KSt/GewSt) ersetzt werden, wenn nach Auffassung des Finanzamts die Geschäftsführung in nachfolgenden Jahren (z.B. Jahre 2004 und 2005) die ideellen Satzungszwecke vernachlässigt hat. Denn „einfache Verstöße" reichen nur auf den Verletzungszeitpunkt zurück, rechtfertigen aber nicht den Aufgriff abgelaufener Jahre, die mit den üblichen Korrekturvorschriften nicht mehr erreicht werden können.[93] Ob Verstöße der tatsächlichen Geschäftsführung gegen § 55 Abs. 1 Nrn. 1 bis 3 AO so schwerwiegend sein können, dass sie eine → *Nachversteuerung* i.S.v. § 61 Abs. 3 AO begründen,[94] erscheint dagegen zweifelhaft.

Für den laufenden Veranlagungszeitraum kann die wirksame **nachträgliche Versagung** der Steuerbegünstigung zur Festsetzung von **Steuervorauszahlungen** führen, verbunden mit dem Hinweis, dass die Berechtigung zum Empfang von Spenden mit sofortiger Wirkung entfällt. Gegen den geänderten Freistellungsbescheid sowie die Vorauszahlungsbescheide für Steuern kann der Einspruch geführt werden; ggf. ist im Einzelfall auch zu prüfen, ob einer der o.a. Anwendungsfälle für die Beantragung einer **Bescheinigung auf vorläufige Anerkennung** der Steuerbegünstigung in Betracht kommt.

Natürlich kann das Finanzamt die **Steuerbegünstigung** für den **Veranlagungszeitraum** auch **versagen**, wenn es die Voraussetzungen im Einzelfall nicht als gegeben ansieht. Die **Prüfung des Finanzamts** erstreckt sich gemäß den gesetzlichen Anforderungen auf die → *formelle Satzungsmäßigkeit* sowie die → *tatsächliche Geschäftsführung* (§§ 59, 60, 63 AO) im abgelaufenen Besteuerungsabschnitt. Während die **Satzung** bereits nach Errichtung der Körperschaft und evtl. als Grundlage für den Antrag auf vorläufige → *Anerkennung* der Steuerbegünstigung einzureichen war, sind nun Satzungsänderungen von Bedeutung, falls diese dem Finanzamt nicht fortlaufend – was üblich ist – eingereicht worden sind. Für die Prüfung ist die im jeweiligen Veranlagungszeitraum geltende Satzung maßge-

---

92 Koenig: a.a.O., zu § 51 Tz 24; Buchna: a.a.O., zu 4.1.2, S. 380.
93 FG Münster, Urteil v. 11.03.2005, 9 K 1567/00 K (rkr), EFG 2005, S. 1003.
94 AEAO zu § 61 Tz 8; **a.A.**: BFH-Beschluss v. 30.10.2001, V B 142/01, BFH/NV 2002, S. 309; FG Münster, Urteil v. 11.03.2005, 9 K 1567/00 K (rkr), EFG 2005, S. 1003.

bend. Auf den Vertrauensschutz für geprüfte Satzungen wird hingewiesen.[95] Die **tatsächliche Geschäftsführung** wird mit den abgabenrechtlichen Vorschriften zur → *ausschließlichen*, → *unmittelbaren* und → *selbstlosen* Verfolgung der → *steuerbegünstigten satzungsmäßigen Zwecke* verprobt. Die gebotene → *zeitnahe Mittelverwendung* erfordert eine Prüfung der Vermögensverhältnisse und deren Entwicklung sowie der Bildung und Fortführung der → *Rücklagen*. Die Steuererklärungen sehen entsprechende Angaben in den Vordrucken vor, die z. B. mit Erläuterungen und dem Tätigkeitsbericht zu belegen sind (z. B. Vordruck Gem 1; Beispiel einer Steuererklärung im Anhang).

Gegen den **Steuerbescheid** des Finanzamts, der unter Nennung der Feststellungen im Veranlagungsverfahren die **Steuerbegünstigung nicht gewährt**, kann die Körperschaft den **Rechtsbehelf** des Einspruchs führen. Ein auf „Null" Euro lautender Steuerbescheid beschwert die Körperschaft gleichwohl, wenn geltend gemacht wird, dass die Voraussetzungen für eine Steuerbefreiung vorliegen und der angefochtene Bescheid rechtswidrig die sachliche Steuerpflicht zur KSt und GewSt dem Grunde nach voraussetzt.[96] Wäre in diesem Fall der Rechtsweg nicht eröffnet, hätte die Körperschaft keine Möglichkeit bei einer Versagung oder Aberkennung der Steuerbegünstigung durch das Finanzamt gerichtlich klären zu lassen, ob sie nach ihrer Satzung und Geschäftsführung steuerbegünstigte Zwecke verfolgt.

6.3.3 Anforderungen an die tatsächliche Geschäftsführung (§ 63 AO)

Die von der steuerbegünstigten Körperschaft festgelegten Satzungsbestimmungen müssen durch die tatsächliche Geschäftsführung verwirklicht werden. § 63 AO betrifft die **Umsetzung** der satzungsmäßigen Zwecke **durch die Tätigkeit** der Körperschaft und verlangt ergänzend zu § 59 AO, dass die tatsächliche Geschäftsführung die steuerbegünstigten Zwecke auch satzungsgemäß verwirklicht:

> „Die tatsächliche Geschäftsführung der Körperschaft muss auf die ausschließliche und unmittelbare Erfüllung der steuerbegünstigten Zwecke gerichtet sein und den Bestimmungen entsprechen, die die Satzung über die Voraussetzungen für Steuervergünstigungen enthält." (**§ 63 Abs. 1 AO**; sog. **materielle Satzungsmäßigkeit**)

Neben der Regelung in Absatz 2 zu den zeitlichen Anforderungen regeln Absatz 3 die Nachweispflichten durch ordnungsmäßige Aufzeichnungen und Absatz 4 die Fristsetzung zur → *Mittelverwendung* bei nicht zulässiger Ansammlung von → *Mitteln*. Insbesondere die satzungsmäßige Verwendung der Mittel ist Bestandteil der tatsächlichen Geschäftsführung und damit der Prüfung.

---

95 Vgl. 6.3.1.2 (Beispiel); BMF-Schreiben v. 17.11.2004, BStBl II 2004, S. 1059.
96 Koenig: a. a. O., zu § 51 Rn 21 und 25, m. w. N.; BFH-Urteil v. 13.11.1996, I R 152/93, BStBl II 1998, S. 711.

6.3.3.1 Prüfungsmaßstäbe für das Gesamtverhalten der Körperschaft

Der im **Einzelfall anzulegende Prüfungsmaßstab**, den § 63 Abs. 1 AO abstrakt enthält, ist u.E. grundsätzlich geeignet, die nach dem Ermessen der Geschäftsführung getroffenen Maßnahmen zu beurteilen. Das Finanzamt muss notwendigerweise nach dem „Start" der Körperschaft den „Alltag" prüfen, ob die **Ausrichtung der Tätigkeiten** auf die → *steuerbegünstigten Zwecke* insgesamt mit den Anforderungen übereinstimmen. „Wie" diese Prüfung anhand von Nachweisen im Einzelnen zu erfolgen hat, ist offen und die Art und Weise allein den Finanzbehörden vorbehalten.[97] Allerdings unterliegen die Bedeutung der einzelnen Maßnahme und deren Bewertung im **Gesamtverhalten der Körperschaft** im jeweiligen Zeitraum einer **Wertungsentscheidung** seitens der Finanzbehörde:

→ Die Tätigkeit muss im Nachhinein geeignet erscheinen, die Erfüllung der steuerbegünstigten Zwecke herbeizuführen. Ein Scheitern der Bemühungen, aus welchen Gründen auch immer, sollte nicht als steuerschädlich gewertet werden.[98]

Bei dieser Zielrichtung des Prüfungsmaßstabs stellt sich die Frage, ob jede **einzelne Maßnahme** der Geschäftsführung für sich betrachtet objektiv geeignet gewesen sein muss, die steuerbegünstigten Zwecke zu erfüllen, **oder** ob es (allein) auf das **Gesamtverhalten** im entsprechenden Zeitraum ankommt. Andererseits sind einzelne Verstöße der Geschäftsführung denkbar, die allein so schwerwiegend daherkommen, dass aus diesem Grund die Steuerbegünstigung aberkannt werden muss (z. B. entgegen § 55 Abs. 1 Nr. 1 AO ist eine → *Gewinnausschüttung* an nicht steuerbegünstigte Mitglieder erfolgt oder es liegen erhebliche Verstöße gegen das → *Zuwendungs-* bzw. → *Begünstigungsverbot* vor). **Ausnahmsweise** werden **einzelne** schwerwiegende **Verstöße** Berücksichtigung finden müssen, wenn diese Maßnahmen unter Abwägung aller Gesichtspunkte mit Zielrichtung auf die Erfüllung der steuerbegünstigten Zwecke nicht zu rechtfertigen sind und damit in der Wertung das übrige Gesamtverhalten der Körperschaft erheblich beeinträchtigen. Der Prüfungsmaßstab nach § 63 Abs. 1 AO lässt u.E. diese Betrachtung unter Beachtung des **Grundsatzes der Verhältnismäßigkeit** zu.[99] In der Praxis mit den Finanzbehörden konnte diese Vorgehensweise bereits erfolgreich umgesetzt werden, weil die Zielrichtung im **Gesamtkonzept** stimmte und einzelne Maßnahmen nicht überbewertet worden sind. Dem Argument „Einmal ist keinmal" fehlt die Begründung und von daher ist es nicht ernst zu nehmen.

6.3.3.2 Beginn bzw. Beendigung der steuerbegünstigten Zwecke

Ist der **rechtliche Rahmen** der Steuerbegünstigung durch die **Satzung** festgelegt, kann mit der Prüfung, ob die **tatsächliche Geschäftsführung** der Körperschaft auch auf die → *ausschließliche* und → *unmittelbare* Erfüllung der → *steuerbe-*

---

97 Vgl. BFH-Urteil v. 23.07.2003, I R 29/02, BStBl II 2003, S. 930, zu 5.
98 Vgl. Schauhoff: Handbuch der Gemeinnützigkeit, 2. Aufl. 2005, zu § 8 Rn 30–32, m.w.N.
99 Vgl. Schauhoff: Begründung und Verlust des Gemeinnützigkeitsstatus, DStJG Bd. 26, 2003, S. 133 ff (143/144); Koenig: a.a.O., zu § 63 Rn 2.

günstigten Zwecke gerichtet ist (so § 63 Abs. 1 AO) oder ob sie diese förderungswürdigen Zwecke vernachlässigt hat, begonnen werden. Dabei wird die **Umsetzung** der steuerbegünstigten satzungsmäßigen Zwecke regelmäßig über eine Laufzeit verfolgt und festgestellt, **wann** die Körperschaft nach ihrer Errichtung **welche Aktivitäten** zur Verfolgung der steuerbegünstigten Zwecke entfaltet hat. Im Folgenden wird nur die Steuerbegünstigung parallel zum Bestand der Körperschaft (von ihrer Errichtung bis zur Abwicklung) betrachtet ohne Berücksichtigung eines möglichen Wechsels zwischen Steuerfreiheit und Steuerpflicht.

a) Der **Beginn der Steuerbegünstigung** lässt sich im Einzelfall regelmäßig zweifelsfrei feststellen, wenn die Tätigkeit mit Umsetzung der Satzungszwecke aufgenommen wird.

Beispiel: Übernahme eines Krankenhauses durch Tochtergesellschaft

> Eine bestehende steuerbegünstigte Krankenhauskörperschaft in Berlin mit zwei Krankenhäusern in Berlin und Potsdam gliedert den Betrieb des Krankenhauses in Potsdam auf die Tochtergesellschaft aus. Bei der in Potsdam ansässigen Tochtergesellschaft handelt es sich um eine neu errichtete gemeinnützige Krankenhaus-GmbH, die den Betrieb ohne Unterbrechung mit eigenem Personal fortführt. An der Verwirklichung der gemeinnützigen Satzungszwecke, insbesondere durch den Betrieb eines Krankenhauses, bestehen keine Zweifel, auch dann nicht, wenn mangels Anzeige die neue GmbH in Potsdam als Träger des Krankenhauses noch nicht in den Krankenhausbedarfsplan aufgenommen wurde.

Insbesondere bei **Anlaufschwierigkeiten** in der **Gründungsphase** ist eine **verzögerte** oder **unvollständige Aufnahme** der steuerbegünstigten Betätigung möglich, so dass diese Fälle in der **Praxis** zu Problemen führen können. Es war umstritten, ob eine nach ihrer → *Satzung* steuerbegünstigte Körperschaft erst dann steuerbefreit ist, wenn sie mit der Verwirklichung ihrer Satzungszwecke begonnen hat. In der bisherigen Finanzrechtsprechung[100] wurde dazu die Steuerbefreiung mit der Begründung versagt, die Körperschaft sei noch nicht nennenswert und substanziell aktiv geworden, um ihr Satzungsziel zu verwirklichen. Auch nach anderer Auffassung im Schrifttum[101] reichten ausschließlich vorbereitende Maßnahmen zur Verwirklichung des Satzungszwecks – anders als ernsthafte und mangels Erfolg abgebrochene Versuche – für die Steuerbefreiung zwar nicht aus; der Körperschaft sei in der Regel aber eine angemessene Anlaufphase zuzubilligen. Der

---

[100] FG Hamburg, Urteil v. 30.05.1991, II 39/90, EFG 1991, S. 749; FG München, Urteil v. 24.10.2000, 6 K 2167/98, EFG 2002, S. 1326, aufgehoben mit BFH-Urteil v. 23.07.2003, I R 29/02, BStBl II 2003, S. 930.

[101] Vgl. Koenig: a. a. O., zu § 63 Rn 2, m. w. N.; dazu auch BFH-Urteil v. 23.07.2003, a. a. O., BStBl II 2003, S. 930.

BFH[102] billigt nunmehr neu gegründeten Körperschaften eine **angemessene Vorbereitungs- und Planungsphase** zu, deren Dauer von den Umständen des Einzelfalls abhängt. Die vorbereitenden Handlungen müssen demnach **ernsthaft** auf die Erfüllung des steuerbegünstigten satzungsmäßigen Zwecks gerichtet und hierzu **objektiv geeignet** sein. Die bloße Absicht, zu einem unbestimmten Zeitpunkt einen Satzungszweck zu verwirklichen, genügt nicht. Vielmehr muss die Körperschaft sich **aktiv und nachweisbar bemühen**, alsbald die organisatorischen und wirtschaftlichen Voraussetzungen für die Verwirklichung der steuerbegünstigten Zwecke zu schaffen. Erkennt sie bereits während dieser Phase, dass die ursprüngliche Planung nicht realisierbar ist, muss sie unverzüglich umplanen. Der BFH stützt seine vorstehenden **Überlegungen** auf § 63 Abs. 1 AO, der nicht zwischen den Handlungen unterscheide, die die Verwirklichung eines Satzungszwecks nur vorbereiten, und solchen, durch die ein Satzungszweck bereits verwirklicht wird. Ferner sieht der BFH diesen Gedanken auch in § 58 Nr. 6 AO bestätigt, wonach die Steuerbefreiung nicht dadurch ausgeschlossen werde, dass die Körperschaft ihre Mittel in vollem Umfang einer Rücklage zuführt, soweit dies erforderlich ist, um die steuerbegünstigten Zwecke nachhaltig erfüllen zu können. Wie auch die Praxis zeige, beschränkten gerade neu gegründete Körperschaften ihre tatsächliche Geschäftsführung in vielen Fällen zunächst auf das Einsammeln der für die Investitionen benötigten Eigenmittel und damit auf eine zweckgerichtete vorbereitende Maßnahme.

Diese **Rechtsprechung** dient der Praxis als **Orientierung** und gibt relative Sicherheit. Auch stellt der BFH bei der Beurteilung des entschiedenen Sachverhalts auf die *„Gesamtheit aller der Körperschaft zuzurechnenden Handlungen"* ab, die *„auf die Erfüllung der steuerbegünstigten Zwecke gerichtet"* sind. Diesen Ansatz halten auch wir grundsätzlich für richtig, wenn es um den **Prüfungsmaßstab** für die Anforderungen an die tatsächliche Geschäftsführung geht.

Ferner hebt der BFH[103] in dieser Entscheidung ausdrücklich hervor, dass die Körperschaft den **Nachweis**, dass sie tätig war und ihre **tatsächliche Geschäftsführung** den Anforderungen des § 63 Abs. 1 AO entsprach, nicht nur durch detaillierte Geschäfts- und Tätigkeitsberichte, Protokolle und Aufzeichnungen über ihre finanziellen Verhältnisse führen kann. **§ 63 Abs. 3 AO** verlange nur einen *„Nachweis, [...], durch ordnungsmäßige Aufzeichnungen über die Einnahmen und Ausgaben"*, der zwar sinnvoll mit diesen Unterlagen geführt werden könne, aber *„auch durch andere Unterlagen (z. B. Schriftverkehr und Notizen über vorbereitende Maßnahmen)*, wie sich dem Gesetz mangels Hinweis auf die Art und Weise der Nachweisführung entnehmen lasse.

---

102 Urteil v. 23.07.2003, a.a.O., BStBl II 2003, S. 930; HFR, 2004, S. 161; DStRE 2004, S. 31.
103 Urteil v. 23.07.2003, a.a.O., BStBl II 2003, S. 930, zu 5.

Beispiele: Vorbereitende Tätigkeiten in der Gründungsphase

a) Die gemeinnützige Krankenhaus-GmbH in Berlin bereitet die Übernahme eines weiteren Krankenhauses vor. Dazu gründet sie im Jahr 2003 eine weitere gemeinnützige (Vorrats-)GmbH, die nach Abschluss der soeben begonnenen Übernahmeverhandlungen das Krankenhaus betreiben soll. Aufgrund der mit dem Finanzamt abgestimmten Satzung wird nach Eintragung der Health-gGmbH im Mai 2003 eine Bescheinigung mit der vorläufigen Anerkennung der GmbH als gemeinnützige Körperschaft ausgestellt. Nach umfangreichen Verhandlungen scheitert die Übernahme des Krankenhauses im September 2004 endgültig. Gesellschafterin und Geschäftsführung der Health-gGmbH nehmen im Dezember 2004 erneut Verhandlungen mit einem anderen Krankenhausträger auf, die im August 2005 erfolgreich abgeschlossen werden können. Der Betrieb des Krankenhauses ging ohne Unterbrechung auf den neuen Träger über.

Wir haben keine Zweifel, dass nach der o.a. neueren Rechtsprechung des BFH die angemessene Vorbereitungs- und Planungsphase für die Inbetriebnahme eines Krankenhauses nach den Umständen des Einzelfalls nicht überschritten ist. Im vorliegenden Einzelfall ist das **Vorhalten einer Körperschaft** zur Umsetzung der steuerbegünstigten Satzungszwecke durch Übernahme eines bestehenden Krankenhauses u.E. ebenso geeignet wie z.B. die Planung, Organisation und Umsetzung eines Neubaus zum Betrieb einer Spezialklinik. Auch eine zeitliche Unterbrechung von laufenden oder wiederkehrenden Übernahmeverhandlungen ist zu akzeptieren, wenn die tatsächliche Geschäftsführung und die Gesamtheit aller der Körperschaft zuzurechnenden Handlungen (auch die der mitwirkenden Gesellschafterin u.E. über § 57 Abs. 1 Satz 2 AO) auf die Erfüllung der steuerbegünstigten Zwecke gerichtet sind.

b) Auch der **Aufbau einer Vereinsorganisation** oder **einer Stiftung** als Trägerkörperschaft und das Einsammeln von Mitteln zur Erfüllung der steuerbegünstigten Satzungszwecke (vorerst) durch die **Bildung einer Rücklage** für die geplante Errichtung einer Spezialklinik, können stets nur nach den Gegebenheiten des Einzelfalls beurteilt werden. Nachvollziehbare Handlungen und Aktivitäten zu den o.a. Maßnahmen sind in der Regel geeignet, den Erfordernissen des § 63 Abs. 1 AO zu entsprechen; dazu zählen z.B. die Einstellung von Mitarbeitern ebenso wie das Mieten und Pachten von Grundstücken und Gebäuden. **Bloße Absichten** ohne Tätigkeiten über einen unangemessenen Zeitraum können allerdings gegen eine ernsthafte Erfüllung sprechen. Ebenso dürfte die fast ausschließliche **Verfolgung von Nichtzwecken** (auch wenn sie der Mittelaufbringung dienen wie z.B. Blutspendedienste[104]) schädlich sein.

---

104 Vgl. FG Brandenburg, Urteil v. 17.10.2002, 2 K 2766/99 (rkr), EFG 2002, S. 121; BFH-Urteil v. 18.03.2004, V R 101/01, DStRE, 2004, S. 855 beide Entscheidungen prüfen einen Zweckbetrieb, lehnen ihn aber ab.

b) Die **Beendigung der Steuerbegünstigung** (Steuerbefreiung) kann sich im Einzelfall als Rechtsfolge aufgrund der durch das Finanzamt festgestellten Verstöße ergeben, aber auch durch Fallgestaltungen auf Seiten der Körperschaft. Ein erklärter **Verzicht** auf die Behandlung als steuerbegünstigte Körperschaft ist **nicht möglich**, weil eine Körperschaft, die die Voraussetzungen der Steuerbegünstigung nach §§ 51 bis 68 AO erfüllt, grundsätzlich von den Steuern nach den einzelnen Steuergesetzen befreit ist.[105] Ein vollständiger Wechsel zwischen Steuerpflicht und Steuerbefreiung durch Gewährung und Aberkennung des Status der Steuerbegünstigung ist in der Praxis eher selten. Dennoch ist ein Übergang durch **Fallgestaltungen** wie Aufgabe, Veräußerung und Verpachtung des (Zweck-)Betriebs „Krankenhaus" einerseits oder durch Änderung bzw. Aufgabe des Satzungszwecks andererseits denkbar.[106]

Hier soll zunächst nur der **Frage** nachgegangen werden, ob dem **Ausstieg** eines steuerbegünstigten Trägers **aus einem laufenden Krankenhausbetrieb** ein vergleichbarer **Zeitraum für die Abwicklung** steuerunschädlich eingeräumt werden kann, wie dem Beginn der Verwirklichung der → *steuerbegünstigten Satzungszwecke* in einer Gründungsphase.[107] Der **Praxisbezug** ergibt sich aus der Tatsache, dass Krankenhäuser z. B. örtlich wegen Überversorgung oder aus politischen Gründen vor der Schließung stehen und abgewickelt werden müssen. Die Abwicklung mit allen nur denkbaren Vorgängen vollzieht sich in der Regel nicht von „heute auf morgen" und wirft insbesondere steuerrechtliche Fragen für diesen Zeitraum auf. Mit dem Hinweis auf eine typische Marktentwicklung im deutschen Gesundheitswesen wird der von der Schließung betroffene Krankenhausträger möglichen steuerrechtlichen Ansprüchen von Seiten der Finanzverwaltung nicht allein begegnen können. Dem Finanzamt dürfte im Einzelfall auch unter Beachtung des o. a. Prüfungsmaßstabs der Bewertung aller Handlungen der steuerbegünstigten Körperschaft[108] nur wenig Ermessensspielraum bleiben, wenn es um die Beendigung der Steuerbegünstigung mit der materiellen → *Vermögensbindung* einerseits und um die Abwicklung der Körperschaft mit ihren unterschiedlichsten Sachverhalten und deren steuerlichen Auswirkungen andererseits geht.

Bei Beendigung durch **Auflösung oder Aufhebung** der steuerbegünstigten Körperschaft (sowie bei Wegfall des → *steuerbegünstigten Zwecks*) ist nach § 55 Abs. 1 Nr. 4 AO sicherzustellen, dass das Restvermögen der Körperschaft – wie gemäß der satzungsmäßigen Vermögensbindung vorgesehen (§ 61 AO) – nur für → *steuerbegünstigte Zwecke* verwendet wird. Die Zuordnung des Gesellschafts-

---

105 Vgl. 6.3.2.1; AEAO zu § 59 Tz 3; Koenig: a. a. O., zu § 59 Rn 9.
106 Vgl. Kümpel: Die steuerliche Behandlung von Zweckbetrieben, DStR, 1999, S. 93 ff; Kümpel: Die Besteuerung steuerpflichtiger wirtschaftlicher Geschäftsbetriebe, DStR, 1999, S. 1505 ff; Schmidt/Fritz: Besteuerung stiller Reserven bei wirtschaftlichen Geschäftsbetrieben gemeinnütziger Körperschaften? DB 2002, S. 2509 ff.
107 Vgl. Becker/Meining: Auswirkungen des Scheiterns einer Körperschaft auf deren gemeinnützigkeitsrechtlichen Status, FR 2006, S. 686 ff, m. w. N.; Niedersächsisches FG, Urteil v. 15.09.2005, 6 K 609/00, nrkr., Revision BFH, I R 14/06.
108 Vgl. 6.3.3.1

vermögens zu den Gesellschaftern einer steuerbegünstigten Krankenhaus-GmbH ist bei deren Beendigung in der Regel nahezu vollständig gesetzlich ausgeschlossen (vgl. auch § 55 Abs. 1 Nr. 1 Satz 2 AO; es sei denn, der/die Gesellschafter betätigen sich selbst als steuerbegünstigte Körperschaften). Wird der **Zweckbetrieb „Krankenhaus"** durch **Veräußerung** des Betriebs im Ganzen oder durch Veräußerung der wesentlichen Betriebsgrundlagen (einzelne Wirtschaftsgüter) beendet, liegen grundsätzlich steuerliche Vorgänge nach §§ 8 Abs. 1 KStG, 16 Abs. 1 Nr. 1 EStG vor, die jedoch **nicht körperschaftsteuerpflichtig** sind (§ 5 Abs. 1 Nr. 9 KStG bzw. § 3 Nr. 6 GewStG i. V. m. §§ 64 Abs. 1, 67 AO). Bei der Abwicklung einer steuerbegünstigten Körperschaft liegt **kein** Fall der Einkommensermittlung nach § 13 KStG vor.[109] Die Steuerbefreiung gilt somit auch für die im Zweckbetrieb enthaltenen stillen Reserven, die mit der Veräußerung aufgedeckt werden. Verläuft die Abwicklung des Zweckbetriebs zielgerichtet auf die Beendigung und die Pflicht zur Vermögensübergabe hinaus, wird im Einzelfall auch ein längerer Zeitraum nicht zu beanstanden sein. Dass die (ursprünglichen) steuerbegünstigten → *satzungsmäßigen Zwecke* jetzt nicht mehr verfolgt werden, liegt in der Natur der Sache und kann deshalb kein Grund für eine Besteuerung der stillen Reserven sein. Werden die weiteren → *Tätigkeitsbereiche* der Körperschaft im Zuge der Beendigung abgewickelt, gilt für die **Vermögensverwaltung** ebenfalls **Steuerbefreiung** (§§ 64 Abs. 1, 14 Satz 3 AO) und für den einheitlichen **steuerpflichtigen wGb** wie bisher **Steuerpflicht** (§§ 64 Abs. 1, 14 AO). Dies gilt für die Erzielung weiterer Einnahmen (z. B. Zinsen, Mieten) bis zur Beendigung ebenso, wie ggf. für die erforderlichen Veräußerungsvorgänge in diesen Bereichen (z. B. Besteuerung der aufgedeckten stillen Reserven im wGb).

Werden im **Rahmen der Abwicklung** des Zweckbetriebs Krankenhaus der laufende Betrieb zwar eingestellt, aber die vorhandenen Einrichtungen des Zweckbetriebs (z. B. Gebäude, Operationssäle, Labor, Küche, Großgeräte) **anderweitig** zur Erzielung von **Einnahmen aus Vermietung und Verpachtung** genutzt, stellt sich die Frage nach der Besteuerung dieser Einnahmen. Auf die Satzung ist nicht abzustellen bzw. eine Änderung wegen der weiterhin beschlossenen Abwicklung nicht erforderlich.

Da es den (eingerichteten und ausgeübten) Zweckbetrieb nicht mehr gibt, richtet sich die **Besteuerung** u. E. **nach der Zuordnung** dieser Aktivitäten zu den jeweiligen Tätigkeitsbereichen der steuerfreien **Vermögensverwaltung oder** dem steuerpflichtigen **wGb**. Voraussetzungen dafür sind, dass neben dem Vorliegen der Besteuerungsmerkmale des jeweiligen Tätigkeitsbereichs die **anderweitigen Nutzungen** im Wesentlichen anderen steuerbegünstigten Zwecken dienen und damit unter anderen Vorzeichen **ebenfalls förderungswürdig** sind, ohne dass sich dadurch die Abwicklung des Zweckbetriebs insgesamt unangemessen verzögert (z. B. Vermietung von Gebäuden an steuerbegünstigte Vereine, Überlassung der Küche an Einrichtungen der Wohlfahrtspflege zur Beköstigung hilfsbedürftiger Personen, Altenheimen oder Kindergärten). Gemessen an den bis zur Einstellung des Zweckbetriebs Krankenhaus steuerlich → *unschädlichen Betätigungen* nach

---

109 Buchna: a. a. O., zu 4.1.5, S. 410; Schmidt/Fritz: a. a. O., DB 2002, S. 2509; vgl. auch 6.5.2.

§ 58 Nr. 3 und Nr. 4 AO (z. B. Überlassung von Arbeitsmitteln und Räumen für steuerbegünstigte Zwecke oder an andere steuerbegünstigte Einrichtungen für deren steuerbegünstigte Zwecke) halten wir diese Aktivitäten **für einen** gewissen **Zeitraum** (z. B. bis zu 24 Monaten) für zulässig. Kürzere Zeiten (entsprechend einer Betriebsaufgabe i. S. d. § 16 Abs. 3 EStG in der Regel mit bis zu 6 Monaten) sind ohnehin kein Problem, so dass u. E. in der Praxis längere Zeiträume wahrscheinlicher sind, auch angesichts der Möglichkeiten der Verwertbarkeit eines Krankenhauses im Rahmen der Liquidation. Dass die anderweitige Nutzung zusätzlich Einfluss auf die Funktionstauglichkeit der Betriebsvorrichtungen nehmen kann und damit auch auf deren Wert, ist u. E. nicht entscheidend, weil diese Aspekte nicht typisch für die Abwicklung eines Zweckbetriebs sind. Ein Fall des § 13 KStG liegt hier nicht vor, weil sich an der Zuordnung der Wirtschaftsgüter im Rahmen der Abwicklung nichts ändert.

Dienen die anderweitigen Nutzungen während des Abwicklungszeitraums **ausschließlich der Erzielung von Einnahmen** und keinen förderungswürdigen Zwecken, wie z. B.

- Vermietung von leerstehenden Gebäuden an diverse gewerbliche Mieter,
- Vermietung der Küche an einen gewerblichen Caterer,
- Vermietung von Teilen des Krankenhauses an die Forschungsabteilung eines Pharmaunternehmens,

unterliegen die Einnahmen insoweit der **Besteuerung** im einheitlichen **steuerpflichtigen wGb**. Im Rahmen der Abwicklung findet **keine Umwidmung der** eingesetzten **Wirtschaftsgüter** aus dem ehemaligen Zweckbetrieb in den steuerpflichtigen wGb statt (auch nicht aufgrund der vorübergehenden Gewinnerzielung), so dass § 13 KStG nicht zur Anwendung kommt und eine Besteuerung der stillen Reserven ausscheidet.

c) Da eine steuerbegünstigte Krankenhauskörperschaft im Wesentlichen nur durch ihren Zweckbetrieb „Krankenhaus" tätig wird, kann die **Beendigung der Steuerbegünstigung durch Änderung des Zwecks** eintreten. Dies ist möglich durch:

- **Nutzungsänderung**, wenn z. B. das als Zweckbetrieb anerkannte Krankenhaus ab 01. Januar 2005 nur noch Privatpatienten zur Durchführung von Schönheitsoperationen behandelt
- **Nichterfüllung gesetzlicher Vorgaben**, das Krankenhaus erfüllt z. B. die Voraussetzungen des Zweckbetriebs nach § 67 AO nicht mehr
- schlichte **Satzungsänderung**, wenn z. B. die Gesellschafter der gemeinnützigen Krankenhaus-GmbH beschließen, angesichts der drohenden Überversorgung mit Krankenhausbetten künftig ein Altenheim zu betreiben

Allen Fällen ist gemeinsam, dass die Steuerbefreiung **nicht** durch **Abwicklung der Körperschaft** beendet wird, sondern sie ihre Tätigkeit mit anderen (steuerpflichtigen oder steuerbefreiten) Aktivitäten fortsetzt. Auf die steuerliche Behandlung eines Wechsels wird im Rahmen der Einkommensermittlung bei Beginn oder Erlöschen einer Steuerbefreiung nach § 13 KStG später eingegangen.[110] Abschließend folgendes

Beispiel: Schließung eines Krankenhauses

> Die gemeinnützige Krankenhaus-GmbH muss nach langen Verhandlungen mit der Landesregierung den Betrieb ihres einzigen Krankenhauses auf eigenem Gelände zum 31. Dezember 2005 einstellen. Die Geschäftsführung kann
> a) nach einer Übergangszeit für die Abwicklung des laufenden Betriebs künftig ein Altenheim auf dem Gelände betreiben, wenn die dafür erforderlichen Umbaumaßnahmen finanziert werden können **oder**
> b) mangels Finanzierung der Umbaumaßnahmen die GmbH i.L. abwickeln.
> Der Berater wird gebeten, die steuerlichen Auswirkungen der Planung aufzuzeigen.
> (**Anmerkung**: Hier liegt kein klassischer Sachverhalt aus der Praxis vor, aber wir wollen am Einzelfall zeigen, wie komplexe Zusammenhänge u.E. auch einer einvernehmlichen Lösung mit dem Finanzamt zugeführt werden können.)
> **Zu a)**: Bis zur Schließung des Krankenhauses ist die gGmbH steuerbegünstigt, wenn die tatsächliche Geschäftsführung in der Ausrichtung ihrer Tätigkeiten insgesamt den Anforderungen des § 63 AO entspricht. Für die Aktivitäten in den Tätigkeitsbereichen Vermögensverwaltung und steuerpflichtiger wGb gelten u.E. im Rahmen der Abwicklung des (Zweck-)Betriebs „Krankenhaus" grundsätzlich keine anderen steuerlichen Maßstäbe wie bisher. Auch die Auflösung einer Gesellschaft stellt (u.E. wie die Anlaufphase) einen Teil der bisherigen Tätigkeit dar (Sinn und Zweck der Steuerbegünstigung).[111] Sollte die Geschäftsführung die bisherigen Einrichtungen des Zweckbetriebs über die Schließung zum 31. Dezember 2005 hinaus anderweitig zur Erzielung von Einnahmen aus Vermietung und Verpachtung einsetzen wollen, ist dies im Rahmen der Abwicklung auch zulässig. Dient die anderweitige Nutzung im Wesentlichen anderen steuerbegünstigten Einrichtungen und ist damit ebenfalls steuerlich förderungswürdig (z.B. Vermietung der Gebäude und Küche an Einrichtungen der Wohlfahrtspflege für die aktuelle Winterhilfe oder generell für die Unterstützung hilfsbedürftiger Personen), fallen die Vermietungsumsätze u.E. in der steuerfreien Vermögensverwaltung an, wenn die Vermietung die Abwicklung des (bisherigen) Zweckbetriebs und die Planungen für die Zukunft nicht unangemessen verzögert. Sollen in der Übergangszeit nur weitere Einnahmen erwirtschaftet werden, fallen diese Einnahmen im steuerpflichtigen wGb an. Eine Umwidmung der Betriebsgrundlagen des ehemaligen Zweckbetriebs Krankenhaus geht mit diesen Aktivitäten u.E. noch nicht einher, so dass § 13 KStG nicht zur Anwendung kommt.

---

110 Vgl. 6.5.2
111 Vgl. auch Becker/Meining: a.a.O., FR 2006, S.686 ff (zu IV. u. VI. m.w.N.).

> Da die Planungen einen Wechsel der steuerbegünstigten Zweckbetriebe (vom „Krankenhaus" in ein „Altenheim") vorsehen ist der Satzungszweck der GmbH zu ändern: Fortan soll die Altenhilfe als gemeinnütziger (§ 52 Abs. 2 Nr. 2 AO) und/oder mildtätiger Zweck (§§ 53, 66 AO) gefördert werden. Ob neben der Streichung des alten Satzungszwecks noch weitere als der vorstehend genannte steuerbegünstigte Satzungszweck aufgenommen werden sollen und wie z. B. die neue Firma lautet, ist zeitnah von der GmbH zu befinden. Die anstehenden Satzungsänderungen sollten sodann vor ihrer Beschlussfassung im Entwurf mit dem Finanzamt abgestimmt werden, um nachträgliche Änderungen auf Empfehlung des Finanzamts zu vermeiden. Zu beachten ist insbesondere, dass die Satzungsänderung nur für die Zukunft wirkt. Da hier die Finanzierung der Umbaumaßnahmen für den Zweckbetrieb „Altenheim" (§ 68 Nr. 1 a) AO) ungewiss ist, könnte entweder ein notarieller (Vorrats-) Beschluss zur Satzungsänderung gefasst werden oder die Satzungsänderung folgt nach Klärung der Finanzierung.
> Haben Finanzierung und Satzungsänderung Bestand (z. B. November 2006) kann der Wechsel der Zweckbetriebe u. E. auch steuerlich problemlos erfolgen: Die Abwicklung des bisherigen Zweckbetriebs „Krankenhaus" endet spätestens mit dem Beginn der Vorbereitungs- und Planungsphase des neuen Zweckbetriebs „Altenheim". Das **Gesamtverhalten der Geschäftsführung** der gGmbH während dieser Zeit **ist zu werten** und wenn die Aktivitäten insgesamt darauf ausgerichtet sind, auch im Rahmen des Wechsels die Erfüllung der steuerbegünstigten Zwecke herbeizuführen, sind die Voraussetzungen des § 63 AO erfüllt.
> **Zu b)** Bei einem Scheitern der Finanzierung kommt ein Wechsel der Zweckbetriebe nicht zustande, auch wenn zu diesem Zeitpunkt bereits die Satzungsänderung wirksam sein sollte. Ob die Geschäftsführung zu diesem Zeitpunkt (steuerlich unschädlich) noch umplanen kann oder wie geplant die gGmbH i. L. abwickelt, sei dahingestellt.[112] Denn die Vorbereitungsphase für den neuen Zweckbetrieb wird abgebrochen und die Abwicklung des alten Zweckbetriebs setzt sich nunmehr mit der Auflösung der gGmbH einschließlich der Verteilung des Rest-Vermögens nach § 55 Abs. 1 Nr. 4 AO fort. (Zu den steuerlichen Folgen während der Abwicklung vgl. oben zu b).)

6.3.3.3 Tatsächliche Geschäftsführung und Zurechenbarkeit

Neugegründete Körperschaften erhalten in der Regel zeitnah die Bescheinigung über die vorläufige → *Anerkennung* ihrer Steuerbegünstigung, wenn die → *Satzung* den Anforderungen entspricht. Die Anforderungen an die → *tatsächliche Geschäftsführung* als **weitere Voraussetzung** der Steuerbegünstigung (§§ 59, 63 AO) sind in dieser frühen Phase nur durch den rechtlichen Rahmen aus Satzung

---
112 Vgl. BFH-Urteil v. 23.07.2003, I R 29/02, BStBl II 2003, S. 930 (933 zu 6.)

und allgemeiner Rechtsordnung vorgegeben, so dass die „**Akteure der Körperschaft**" fortan ihre **Aktivitäten** und somit ihr **Gesamtverhalten** danach **ausrichten** sollten, die **Erfüllung der** → *steuerbegünstigten Zwecke* nach Möglichkeit **zeitnah** herbeizuführen. Es genügt das Bemühen, die steuerbegünstigten Zwecke gegenwartsnah, d. h. so frühzeitig wie nach den Gegebenheiten möglich, herbeizuführen, wenn die Betätigung insgesamt geeignet ist, die Zwecke zu fördern. Art und Weise der geforderten tatsächlichen Geschäftsführung sind abschließend vorgeschrieben und insbesondere ist der zu verfolgende steuerbegünstigte Zweck (es können auch mehrere sein) in der Satzung konkret festgelegt. Es dürfen daher grundsätzlich keine anderen Zwecke verfolgt und gefördert werden, selbst wenn diese dem Grunde nach steuerbegünstigt sein sollten. So rechtfertigt z. B. die Förderung des öffentlichen Gesundheitswesens als Satzungszweck den Betrieb von Krankenhäusern, aber ohne Satzungsänderung grundsätzlich nicht auch den Betrieb eines Altenheims, weil dies gemeinnützige Altenhilfe ist. Die Abhängigkeit der Geschäftsführung von der Satzung ist grundsätzlich gegeben, es sei denn, die Betätigungen sind steuerlich unschädlich, weil nach der AO ausdrücklich zugelassen (vgl. §§ 58, 64, 14 AO).[113]

Die **Zurechenbarkeit der** für die Körperschaft entfalteten **Aktivitäten** bestimmt sich grundsätzlich **nach** den satzungs- bzw. verfassungsgemäß **berufenen Organen** (Geschäftsführung, Vorstand). Deren Handeln (einzelne Mitglieder bzw. sämtliche Organmitglieder) oder das Handeln der von ihnen eingesetzten Hilfspersonen (§ 57 Abs. 1 AO) muss der Körperschaft „wie eigenes Verhalten" zuzurechnen sein. Unerheblich kann es sein, auf welcher zivilrechtlichen Grundlage die Zurechnung erfolgt; Anscheins- oder Duldungsvollmacht sowie das Handeln als Erfüllungsgehilfe können genügen. Endet die Organstellung, können Handlungen des Organs bzw. einzelner Mitglieder bis zur Eintragung des Erlöschens im zuständigen Register zurechenbar sein. Den verantwortlichen Organen kann auch ein Auswahl- oder Überwachungsverschulden anzulasten sein. So kann ein Organ in wesentlichen Angelegenheiten der Körperschaft Aufgaben zwar delegieren, aber seine Verantwortung nicht dadurch vermeiden, dass er die delegierten Tätigkeiten nicht (ausreichend) kontrolliert. Alle **notwendigen Kontrollmaßnahmen** sollten durchgeführt sein, um **Verstöße** zu **vermeiden** (Organisationsverschulden).[114] In der Praxis eher selten und häufig nicht zu vermeiden sind die Fälle, dass einzelne **Organmitglieder** oder **Mitarbeiter** der Körperschaft das **Vermögen** der Körperschaft durch eigenmächtiges Handeln **bewusst schädigen**. Umstritten ist u. E., ob der Körperschaft nicht zurechenbare Verstöße, wie z. B. die Unterschlagung von Vereinsvermögen, Betrügereien eines Organmitglieds, gleichwohl zur Versagung der Steuerbegünstigung führen müssen, und zwar auch dann, wenn diese Handlungen und deren Ergebnisse bei hinreichender Kontrolle nicht

---

113 Vgl. dazu auch Buchna: a. a. O., zu 2.13.1, S. 189/190, m. w. N.; Koenig: a. a. O., zu § 63 Rn 2 f.
114 Vgl. dazu Kümpel: Anforderungen an die tatsächliche Geschäftsführung bei steuerbegünstigten (gemeinnützigen) Körperschaften, DStR 2001, S. 152 ff. (S. 155 zu 5.); Koenig; a. a. O., zu § 63 Rn 4.

hätten verhindert werden können.[115] Hier liegt zwar grundsätzlich eine → *Mittelfehlverwendung* (Verstoß gegen das → *Begünstigungsverbot*) vor, aber die weitere steuerliche Beurteilung dürfte u.E. von der Schwere des Einzelfalls (z. B. Art und Dauer des Handelns), dem Profil des Handelnden (z. B. starke Persönlichkeit) und der Stellung in der Körperschaft (z. B. Mitglied der Geschäftsführung) sowie einem möglichen Organisationsverschulden (z. B. Vernachlässigung von Überwachungspflichten oder gar Kenntnis mit Duldung) abhängig sein.[116] Regressansprüche sind – falls durchsetzbar – geltend zu machen; ein Verzicht könnte vom Finanzamt letztlich auch als schädlicher Verstoß gewertet werden.

Nach § 63 Abs. 2 und 3 i. V. m. § 60 Abs. 2 AO hat eine steuerbegünstigte Körperschaft für den jeweiligen **Veranlagungszeitraum**, der für die KSt und GewSt **dem Kalenderjahr** entspricht (vgl. §§ 7 Abs. 3 KStG; 7, 14 GewStG), durch **ordnungsgemäße Aufzeichnungen** der Einnahmen und Ausgaben das Vorliegen der Voraussetzungen für die Steuerbegünstigung nachzuweisen. Soll von der (Wahl-)Möglichkeit eines **abweichenden Wirtschaftsjahres** Gebrauch gemacht werden (entsprechend § 7 Abs. 4 KStG), ist dies nach Auffassung der Finanzverwaltung nicht (mehr) nur für das Unterhalten eines steuerpflichtigen wGb möglich, sondern auch dann, wenn kein wGb vorliegt.[117] In beiden Fällen ist der o. a. Nachweis durch Vorlage der Gewinnermittlungsunterlagen für zwei (abweichende) Wirtschaftsjahre zu erbringen.

6.3.3.4 Ordnungmäßige Aufzeichnungen (§ 63 Abs. 3 AO)

Die steuerbegünstigte Krankenhauskörperschaft kann nur dann wegen Verfolgung ihrer Zwecke von der Steuer nach Maßgabe der Steuergesetze befreit werden, wenn sie in dem zu beurteilenden **Veranlagungszeitraum** alle Voraussetzungen für die Steuerbegünstigung erfüllt. Es gelten der **Grundsatz der Abschnittsbesteuerung** und für die gegenüber dem Finanzamt zu erbringenden Nachweise die allgemeinen Beweislastregeln. Die Nichterfüllung von Aufzeichnungspflichten kann bei nur geringfügigen Fehlern oder unwesentlichen Mängeln in Abstimmung mit dem Finanzamt zu einer nachträglichen Beseitigung führen. Die Körperschaft trägt aber für geltend gemachte Ausnahmetatbestände grundsätzlich die Beweislast; soweit der Nachweis nicht ausreichend geführt werden kann, gelten für Verstöße die gesetzlichen Grundregeln. **Kein Ausnahmetatbestand** für das Absehen von Aufzeichnungspflichten ist die sogenannte Besteuerungsgrenze des **§ 64 Abs. 3 AO** (Einnahmen einschließlich USt im steuerpflichtigen wGb nicht über 30.678 €). Hier ist stets für Zwecke der eigenen Kontrolle und der Prüfung durch das Finanzamt eine steuerliche Gewinn- und Verlustrech-

---

115 Koenig: a. a. O., zu § 63 Rn 4: gegen eine Versagung der Steuerbegünstigung, m. w. N. zur a. A.
116 Vgl. Kümpel: a. a. O., DStR, 2001, S. 152 ff (S. 156 zu 5.2); Buchna: a. a. O., zu 2.13.1, S. 189/190; Bott in: Schauhoff: a. a. O., § 9 Rn 72 und 125 ff; BFH-Urteil v. 17.09.2001, V R 17/99, BStBl II 2002, S. 169.
117 OFD Frankfurt, Vfg. v. 20.6.2005; DB 2005, S. 1547; vgl. auch Buchna: a. a. O., zu 2.13.1, S. 191.

nung (bei Krankenhäusern keine Überschussrechnung)[118] nach Trennung der unterschiedlichen → *Tätigkeitsbereiche* der Körperschaft zu erstellen.

Wie der **Nachweis** konkret zu führen ist, regelt § 63 AO nicht; die Finanzverwaltung hat dazu sinnvolle, aber nicht vollständige Ausführungsbestimmungen erlassen.[119] Nur soweit entsprechende Verpflichtungen zur Führung von Aufzeichnungen nach steuerlichen und/oder sonstigen Vorgaben bestehen, kann deren Einhaltung von der Finanzverwaltung eingefordert werden bzw. deren Nichteinhaltung steuerlich negative Folgen für die Körperschaft nach sich ziehen.

Im Folgenden stellen wir auf die u.E. **wichtigsten Aufzeichnungspflichten** bzw. **Nachweise** ab, ohne dass wir der Reihenfolge eine Bedeutung gegeben haben:

- Besondere Aufzeichnungs- oder Buchführungsverpflichtungen i.S.d. § 63 AO gibt es nicht. Es gelten deshalb die **allgemeinen Grundsätze der AO** über das Führen von Büchern und Aufzeichnungen (§§ 140 ff AO) **und die des Handelsrechts**, soweit dies notwendig ist. **Auch** die Vorschriften der Krankenhaus-Buchführungsverordnung (**KHBV**) bzw. der Pflege-Buchführungsverordnung (**PBV**) sind für steuerbegünstigte Krankenhauskörperschaften, die unter diese Vorschrift fallen, zu beachten. Sie decken (Ordnungsmäßigkeit unterstellt) grundsätzlich bereits die nach § 63 Abs. 3 AO geforderten Nachweispflichten ab. Diese Vorschriften berühren aber nicht die Vorschriften über die steuerliche Gewinnermittlung, sondern beziehen sich nur auf den Betrieb des Krankenhauses.
- **Kapitalgesellschaften** sind ungeachtet ihres steuerbegünstigten Zwecks über das AktG, GmbHG bzw. nach dem HGB zur Erstellung von Jahresabschlüssen nebst Anhang und Lagebericht verpflichtet (§§ 238 ff, 264 ff HGB). **Vereine** haben nach bürgerlich-rechtlichen Vorschriften jährlich Rechenschaft mindestens gegenüber der Mitgliederversammlung abzulegen; für sie gelten § 27 Abs. 3 i.V.m. §§ 664 bis 670 BGB. **Rechtsfähige Stiftungen** unterliegen regelmäßig nach Maßgabe des für sie geltenden Stiftungsrechts des Landes und ihrer Satzung bestimmten Rechenschaftsverpflichtungen. Unabhängig von ihrer Rechtsform (und somit auch für den BgA) besteht **für jedes Krankenhaus oder jede Pflegeeinrichtung** die Verpflichtung zur Erstellung eines Jahresabschlusses nach **KHBV bzw. PBV**.[120]
- Neben diesen nach anderen Gesetzen bestehenden Verpflichtungen für steuerbegünstigte **Krankenhäuser** (vgl. § 140 AO), die über § 63 Abs. 3 AO dann auch für das Steuerrecht von Bedeutung sind, bleibt u.E. **kein Raum für** „ersatzweise" geltende steuerliche Buchführungs- und Bilanzierungspflichten aus **§ 141 AO**. Diese Verpflichtung kann vom Finanzamt ausgesprochen werden, wenn die Buchführungsgrenzen des § 141 AO überschritten werden. Auch wenn das Krankenhaus einen steuerpflichtigen wGb unterhält ist nicht

---

118 AEAO zu § 64 Abs. 3 Tz 14: Grundsätze der steuerlichen Gewinnermittlung gelten (§§ 4 Abs. 1, 5 EStG).
119 AEAO zu § 63 Tz 1; BFH-Urteil v. 23.07.2003, I R 29/02, BStBl II 2003, S. 930 (S. 932 zu 5. zu Nachweisen).
120 Vgl. Hentze/Kehres: Buchführung und Jahresabschluss in Krankenhäusern, 2. Aufl. 2005, Stuttgart, Kohlhammer Verlag.

auf § 141 AO abzustellen, weil die anderen Gesetze i.S.v. § 140 AO Vorrang haben.
- Der Vollständigkeit halber wird erwähnt, dass die **Aufzeichnungen** der **Wahrheit** entsprechen und so angelegt sein müssen, dass sie von einem sachverständigen Dritten in **angemessener Zeit geprüft** werden können (vgl. § 145 AO). Ferner dürfen in diesem Zusammenhang die (allgemeinen) Hinweise auf folgende **Grundsätze** nicht fehlen:
  – Die Buchungen und die sonst erforderlichen Aufzeichnungen müssen vollständig, richtig, zeitgerecht und geordnet erfolgen; sie sind im Geltungsbereich der AO zu führen und aufzubewahren sowie in einer lebenden Sprache vorzunehmen (vgl. § 146 AO).
  – Die ordnungsmäßige Rechnungslegung verlangt u.a. Klarheit, Übersichtlichkeit, Willkürfreiheit, keine Saldierung, Einzelbewertung der Vermögensgegenstände und Schulden, Vollständigkeit der Belege, vorsichtige Bewertung von Vermögen und Schulden, Bewertungs- und Gliederungsstetigkeit.
- **Sonstige Aufzeichnungen** können auch zur Nachweispflicht gehören: So können u.a. Zuschussgeber ihre Mittel mit Auflagen oder bestimmten Aufzeichnungspflichten vergeben; Sonderprüfungen durch Wirtschaftsprüfer müssen durchgeführt werden etc. Bei Anforderung von Unterlagen durch das Finanzamt, deren steuerlicher Bezug nicht deutlich erkennbar ist, sollte allerdings um Aufklärung gebeten werden. **Nachweise**, die **Aufschluss über die tatsächliche Geschäftsführung** der Körperschaft geben können, sind in der Regel vorzulegen: z.B. **Prüfberichte** des Jahresabschlussprüfers (Krankenhäuser sind prüfungspflichtige Körperschaften); **Sitzungsprotokolle** von Gesellschafter- oder Mitgliederversammlungen, auch solche von Vorstands- und Aufsichtsratssitzungen; **Verträge**, die mit der Körperschaft geschlossen wurden; **Tätigkeitsberichte** der Organe oder Projektleiter mit Angaben zur Art und Weise von durchgeführten Maßnahmen sowie einschlägiger **Schriftwechsel**, der für das Verständnis erforderlich sein könnte. Gibt es auch hier Zweifel darüber, ob eine Vorlagepflicht besteht, sollte in jedem Fall nachgefragt werden oder eine Abstimmung mit dem Steuerberater erfolgen.
- **Aufzeichnungspflichten** nach dem **UStG** bestehen immer bei Ausführung von Umsätzen und der Möglichkeit des Vorsteuerabzugs (§ 22 UStG; § 63 UStDV). Auf die **ertragsteuerlichen Vorschriften** allgemein, insbesondere zu den Grundlagen der steuerlichen **Gewinnermittlung**, wird hier nur verwiesen.[121]
- Hier ist die **Ausstellung steuerlicher Zuwendungsbestätigungen** anzusprechen, die Aufgabe der tatsächlichen Geschäftsführung ist. Bei (u.E. schweren) Missbräuchen auf diesem Gebiet, z.B. durch die Ausstellung von Gefälligkeitsbestätigungen, ist die Steuerbegünstigung zu versagen.[122] Ab dem 01. Januar 2000 gilt auch eine **besondere Aufzeichnungspflicht** (§ 50 Abs. 4 EStDV) über die Vereinnahmung von Zuwendungen, die zweckentsprechende Verwendung der Zuwendungen, die Grundlagen der Bewertung von Sachzuwendungen und die Grundlagen der Bewertung von zugewendeten Erstattungsansprüchen

---

121 Zur Umsatzsteuer vgl. 4.; zur Ertragsteuer vgl. 2.
122 AEAO zu § 63 Tz 2.

(z. B. Verzicht auf Honorar oder Reisekosten gegen Spendenquittung). Ein **Doppel** der ausgestellten Zuwendungsbestätigung ist stets aufzubewahren. Verstöße gegen die besonderen Aufzeichnungspflichten können zum einen zur Spendenhaftung führen (§§ 10 b Abs. 4 EStG; 9 Abs. 3 KStG; 9 Nr. 5 Satz 9 GewStG) und zum anderen die Steuerbegünstigung der Körperschaft gefährden.

- Zu den Anforderungen an die → *tatsächliche Geschäftsführung* gehörte schon immer die **Erstellung einer jährlichen Mittelverwendungsrechnung**.[123] Dieser Nachweis sollte grundsätzlich der Steuererklärung beigefügt werden; erfahrungsgemäß wird spätestens in der Betriebsprüfung eine Vorlage gewünscht, falls die Mittelverwendungsrechnung nicht im Rahmen der Veranlagung vom Finanzamt angefordert wird.

- Die Ordnungsvorschriften für die **Aufbewahrung von Unterlagen** (§ 147 AO) sind ebenso zu beachten wie bestimmte **steuerliche Anzeigepflichten** nach § 137 AO, wie z. B. „Umstände, die für die steuerliche Erfassung von Bedeutung sind". Hierzu zählen z. B. die Gründung bzw. Auflösung der Körperschaft, die Satzungsänderung, die Änderung der Rechtsform, die Verlegung des Sitzes oder der Geschäftsleitung. Diese Mitteilungen sind innerhalb eines Monats seit dem meldepflichtigen Ereignis zu erstatten.

6.3.3.5 Mögliche Verstöße und die Rechtsfolgen

Aus Verstößen, die durch die Finanzverwaltung bereits geahndet worden sind, können u. E. die Handelnden der steuerbegünstigten Körperschaft für die tägliche Praxis Erkenntnisse gewinnen und ihr Problembewusstsein schärfen. Im **Einzelfall** sollte nach der ersten Einschätzung des Sachverhalts **nicht jeder Verstoß** die möglichen steuerlichen Folgen nach sich ziehen. **Sondern** es sollte eine **Bewertung der Gesamtaktivitäten** der Körperschaft stattfinden und nur ins Gewicht fallende Verstöße sind mit dem Finanzamt einer Lösung zuzuführen bzw. zu ahnden (Grundsatz der Verhältnismäßigkeit).[124] Gewichtungen einzelner Fehlmaßnahmen hat der Gesetzgeber teilweise bereits vorgenommen, wenn das Finanzamt zum → *Verwendungsrückstand* unzulässig angesammelter Mittel eine Frist zur Nachholung der zweckentsprechenden Verwendung setzen kann (§ 63 Abs. 4 AO) oder wenn ein Verstoß gegen die → *Vermögensbindung* eine → *Nachversteuerung* für die letzten zehn Jahre auslösen kann (§§ 61 Abs. 3, 63 Abs. 2 AO).

Zu diesen **Verstößen** zählen nachfolgende, stichwortartig aufgeführte **Beispiele**:[125]

---

123 Vgl. 6.2.11
124 Vgl. 6.3.3.1, m. w. N.; vgl. Buchna: a. a. O., der an verschiednen Stellen seines Buches ebenfalls auf die Beachtung der Grundsätze der Steuerbegünstigung durch die Geschäftsführung abstellt, z. B. 2.13, 2.10., S. 183.
125 Nach Bott in: Schauhoff: a. a. O., zu § 9 Rn 65 ff, m. w. N., hier nur in Bezug zu Krankenhauskörperschaften.

a) Verstöße gegen den **Grundsatz der** → *Ausschließlichkeit* und → *Selbstlosigkeit*
   (1) können vorliegen, wenn aufgrund bloßer → *vermögensverwaltender Tätigkeit* und unzulässiger → *Rücklagenbildung* keine → *steuerbegünstigten Zwecke* verfolgt werden. Etwas anderes kann u.E. in den Phasen zu Beginn bzw. Beendigung der steuerbegünstigten Zwecke gelten, die der Vorbereitung bzw. Abwicklung dienen. Untätigkeiten sind schädlich, soweit nach Einstellung bzw. Unterbrechung der steuerbegünstigten Tätigkeiten kein Bestreben zur Fortsetzung erkennbar ist.
   (2) Werden → *eigenwirtschaftliche Zwecke*/Interessen der Körperschaft oder deren Mitglieder vorrangig und nicht nur nebenbei gefördert, ist die Tätigkeit nicht auf die erforderliche → *Selbstlosigkeit* gerichtet. Der zulässige → *steuerpflichtige wGb* sollte mit seinen wirtschaftlichen Aktivitäten grundsätzlich nicht einen Umfang einnehmen, der bei einer Gesamtbetrachtung der Körperschaft das Gepräge gibt. Umsätze sowie Personal- und Zeiteinsatz können für die Gewichtung zwischen den steuerbegünstigten und wirtschaftlichen Tätigkeiten von maßgebender Bedeutung sein.
   (3) Die Vornahme von → *Gewinnausschüttungen* einer steuerbegünstigten GmbH an ihre nicht steuerbegünstigten Gesellschafter verstößt gegen das Gebot der → *Mittelverwendung*; Entsprechendes kann für Vorteilsgewährungen eines Vereins an seine Mitglieder gelten. Das Ausschüttungsverbot greift nicht ein, wenn der Gesellschafter als Empfänger der „Zuwendung" ebenfalls eine steuerbegünstigte Körperschaft ist (§ 58 Nr. 2 AO).
   (4) Gegen das → *Zuwendungsverbot* wird verstoßen, wenn Gesellschaftern bzw. Mitgliedern der steuerbegünstigten Körperschaft nicht nur übliche Annehmlichkeiten gewährt werden, sondern Zuwendungen aus den → *Mitteln* der Körperschaft, wie z.B. zinsfreie oder zinsverbilligte Darlehen oder Vergütungen ohne Rechtsgrund. Die Grundsätze zum Institut der → *verdeckten Gewinnausschüttung* (vGA) werden von der Finanzverwaltung als Maßstab für den ordentlichen und gewissenhaften Geschäftsführer herangezogen (Kriterium zur Abgrenzung einer außerbetrieblichen Veranlassung).
   (5) Ferner gilt das → *Begünstigungsverbot* für sachfremde Ausgaben oder unverhältnismäßig hohe Vergütungen an Dritte mit dem Maßstab des Fremdvergleichs. Zunehmend prüft die Finanzverwaltung hier z.B. Vergütungen und Aufwandsentschädigungen von Organen oder Gehälter und Reisekosten hauptberuflicher Geschäftsführer.
   (6) Abschließend ist auf das „Regel-Ausnahme-Verhältnis" hinzuweisen, wonach der Gesetzgeber mit § 58 AO ausdrücklich die Verfolgung der dort genannten Nebenzwecke als steuerlich → *unschädliche Betätigungen* bezeichnet, die die Steuervergünstigung nicht ausschließen; im Einzelfall kann es sich um wirtschaftliche Aktivitäten handeln, die bei Entgeltlichkeit einen → *steuerpflichtigen wGb* begründen.

b) Verstöße gegen den **Grundsatz der** → **Unmittelbarkeit**
   (1) können vorliegen, wenn die → *steuerbegünstigten Zwecke* lediglich mittelbar und nicht durch die Körperschaft selbst, sondern durch Dritte verwirklicht werden, deren Handlungen der Körperschaft nicht nach § 57 Abs. 1 Satz 2 AO zugerechnet werden können.

   (2) **Beispiel: Wegfall des bisherigen steuerbegünstigten Zwecks**

> Die gemeinnützige Krankenhaus-GmbH muss wegen der Überkapazität von Krankenhausbetten in Berlin ihren einzigen Zweckbetrieb „Krankenhaus" zum 31. Dezember 2005 einstellen. Im Mai 2005 planen zunächst Geschäftsführung und Gesellschafter ohne Abwicklung der GmbH und ohne Änderung ihrer Satzung ab Januar 2006 mit einem Teil des Personals der GmbH **nur als Hilfsperson** für einen anderen gemeinnützigen Krankenhausträger tätig zu werden. Der Steuerberater soll die steuerlichen Folgen der Umsetzung kurz aufzeigen.
> Nach Einstellung des eigenen Krankenhausbetriebs läge mit Aufnahme der neuen Tätigkeit ab Januar 2006 keine unmittelbare gemeinnützige Tätigkeit der GmbH vor. Das zukünftige Handeln der GmbH nur auf vertraglicher Grundlage (möglicherweise als Hilfsperson nach § 57 Abs. 1 Satz 2 AO) für den anderen gemeinnützigen Träger begründet keine eigene steuerbegünstigte Tätigkeit (mehr).[126] Die GmbH muss wegen Aufnahme ihrer gewerblichen Tätigkeit ab 01. Januar 2006 unter Beachtung der steuerlichen Voraussetzungen in die Steuerpflicht wechseln (vgl. § 13 Abs. 2 KStG). Beim Wechsel ist der Grundsatz der → *Vermögensbindung* zu beachten, weil der bisherige steuerbegünstigte Zweck entfällt (§ 55 Abs. 1 Nr. 4 AO). Die GmbH wird wohl das überwiegend zweckgebundene Vermögen des Zweckbetriebs „Krankenhaus" dem nach der Satzung vorgesehenen Zweck (vgl. § 61 Abs. 1 AO) zuführen müssen. Geschieht dies nicht durch die Geschäftsführung, so wird darin in der Regel ein schwerwiegender Verstoß gegen die Vermögensbindung in tatsächlicher Hinsicht gesehen. Die Folgen der Vermögensbindung greifen aber dann nicht ein, wenn der bisherige steuerbegünstigte Zweck durch einen anderen, ebenfalls steuerbegünstigten Zweck satzungsmäßig und tatsächlich ersetzt wird.[127] Der Steuerberater weist die Geschäftsführung nachdrücklich daraufhin, dass das Handeln der Hilfsperson nach (neuerer) Auffassung der Finanzverwaltung spätestens ab dem VZ 2004 nicht mehr wie eine eigene steuerbegünstigte Tätigkeit i. S. d. §§ 51 ff AO gesehen wird. Die Planung sei deshalb zu überdenken, auch weil nach der Auskehrung des zweckgebundenen Vermögens das verbleibende (Rest-)Vermögen der GmbH eine ausreichende Grundlage für die zukünftigen Tätigkeiten bieten müsse. Wenn als Alternative eine Satzungsänderung mit Wechsel innerhalb der steuerbegünstigten Zwecke (z. B. gemeinnützige Altenhilfe durch Betrieb eines Altenheims

---

126 AEAO zu § 57 Tz 2 Abs. 2 gilt ab VZ 2004; OFD Frankfurt, Schreiben v. 11.03.2003, DStZ 2003, S. 320.
127 Vgl. Buchna: a. a. O., zu 2.5.6, S. 122 und zu 2.11, S. 187.

> mit dem bisherigen zweckgebundenen Vermögen des Krankenhauses) nicht in Betracht komme, müsse über eine Auflösung und Abwicklung der GmbH nachgedacht werden.

c) Eine **missbräuchliche „Spendenbescheinigungspraxis"**
   durch die tatsächliche Geschäftsführung sollte u.E. nur bei schweren Verstößen (wie z.B. das Ausstellen von Gefälligkeitsbescheinigungen[128]) geahndet werden, unabhängig von der Haftung des Ausstellers der Bestätigung z.B. nach § 10 b Abs. 4 EStG.
d) Verstöße gegen die **allgemeine Rechtsordnung, verfassungsmäßige Ordnung** sollten grundsätzlich nicht erfolgen, denn *„die Rechtsordnung (setzt) als selbstverständlich das gesetzestreue Verhalten aller Rechtsunterworfenen"* voraus.[129]
   (1) Als Verstoß kommt **gesetzeswidriges Verhalten** grundsätzlich gegen jede formell und materiell verfassungsgemäße Norm in Betracht. Da die Allgemeinheit die Rechtsordnung setzt, ist ein Verstoß gegen diese Rechtsordnung zugleich auch ein Verstoß gegen die Anforderungen der §§ 51 ff AO und damit grundsätzlich keine Förderung der Allgemeinheit.
   (2) Eine der Körperschaft zuzurechnende **Steuerverkürzung** (z.B. Lohnsteuerverkürzung, Verkürzung der Einnahmen oder Erhöhung der Aufwendungen im steuerpflichtigen wGb) kann die Steuerbegünstigung im Einzelfall (u.E. je nach Art und Umfang der Handlung) ausschließen.[130]
   (3) Soweit eine Körperschaft ihren **steuerlichen Erklärungspflichten** nicht oder nur verspätet nachkommt (im Urteilsfall des FG Berlin[131] z.B. trotz wiederholter Aufforderung und Erinnerung durch das Finanzamt), kann darin ein Verstoß gegen die allgemeine Rechtsordnung gesehen werden und im Zweifel die Steuerbegünstigung gefährden. Dazu sollte es in der Praxis nicht kommen, denn beide Seiten müssen Verständnis für die jeweiligen Aufgaben mitbringen und deshalb frühzeitig um eine Verständigung bemüht sein. Erst wenn von der Körperschaft keine nachvollziehbaren und glaubhaften Gründe für eine weitere Fristverlängerung vorgetragen werden und die üblichen Maßnahmen des Finanzamts nicht greifen, können Schätzbescheide unter Versagung der Steuerbegünstigung für den Veranlagungszeitraum ergehen. Werden die Erklärungen dann eingereicht und die Körperschaft entsprechend veranlagt, ist u.E. für eine weitere Versagung der Steuerbegünstigung kein (nachhaltiger) Grund mehr vorhanden.
e) Bei **fehlerhafter → *Mittelverwendung*** können Verstöße der unterschiedlichsten Art vorliegen und zur Aberkennung der Steuerbegünstigung führen:

---

128 Vgl. 6.3.3.3, Stichwort: Zuwendungsbestätigung.
129 So AEAO zu § 63 Tz 3; zu § 52 Tz 16.
130 AEAO zu § 63 Tz 3 Satz 2; Buchna: a.a.O., zu 2.13.1, S. 189/190.
131 Urteil v. 24.02.1997, EFG 1997, S. 1006.

(1) Eine Verwendung von Mitteln für Zwecke einer politischen Partei (§ 55 Abs. 1 Nr. 1 Satz 3 ASO).
(2) Der Ausgleich von laufenden Verlusten des → *steuerpflichtigen wGb* mit → *Mitteln* aus den übrigen → *Tätigkeitsbereichen* der Körperschaft (steuerschädliche Alimentation).
(3) Der Ausgleich von Verlusten aus der → *Vermögensverwaltung* mit → *Mitteln*, die für → *steuerbegünstigte satzungsmäßige Zwecke* zu verwenden sind.
(4) Die Verwendung von Spendenmitteln zur Ausstattung eines → *steuerpflichtigen wGb*.
(5) Gewinnausschüttungen an nicht steuerbegünstigte Gesellschafter, Zuwendungen an Mitglieder sowie Begünstigungen Dritter stellen ebenfalls eine fehlerhafte Mittelverwendung dar.
(6) Bei Fehlverhalten wie z. B. Unterschlagungen und Betrügereien kommt es auf die handelnden Personen der Körperschaft an, die Zurechnung der Handlungen „wie eigenes Verschulden" der Körperschaft unter Beachtung der Voraussetzungen für ein Organisationsverschulden der Vertretungsorgane.

f) Gegen die → *zeitnahe Mittelverwendung* (§ 55 Abs. 1 Nr. 5 AO) kann durch eine unzulässige Vermögensansammlung verstoßen werden. Die Körperschaft muss mit Ausnahme der gesetzlich zugelassenen Möglichkeiten (z. B. § 58 Nr. 6 und 7 AO bzgl. der Rücklagenbildung für vorgegebene Zwecke) die erlangten Mittel bis zum Ende des auf den Zufluss folgenden Kalender- oder Wirtschaftsjahrs für ihre steuerbegünstigten satzungsmäßigen Zwecke einsetzen.

Führt der Verstoß gegen den vorgenannten Grundsatz (lediglich) zu einer **vorübergehenden Mittelfehlverwendung**, hält das Gesetz mit der Regelung des **§ 64 Abs. 4 AO** eine den praktischen Bedürfnissen entsprechende Bestimmung bereit:

„Hat die Körperschaft Mittel angesammelt, ohne dass die Voraussetzungen des § 58 Nr. 6 und 7 vorliegen, kann das Finanzamt eine Frist für die Verwendung der Mittel setzen. Die tatsächliche Geschäftsführung gilt als ordnungsgemäß im Sinne des Absatzes 1, wenn die Körperschaft die Mittel innerhalb der Frist für steuerbegünstigte Zwecke verwendet."

Der Verlust der Steuerbegünstigung kann in diesen Fällen durch Beseitigung der Mittelthesaurierung (in der Praxis häufig nur von verhältnismäßig unbedeutenden Mitteln der Höhe nach) bis zur gesetzten Frist vermieden werden. Die thesaurierten Mittel wurden (noch) nicht fehlverwendet, sondern nur verspätet eingesetzt. Nach Auffassung der Finanzverwaltung[132] sollte diese **Frist zwei bis drei Jahre** nicht übersteigen. Es erfolgt im Einzelfall eine **Ermessensentscheidung** des Finanzamts, so dass sich die Dauer der Frist u. E.

---

132 OFD Frankfurt, Vfg. v. 04.03.1993, DStR 1993, S. 1144; Buchna: a. a. O., zu 2.12.3, S. 201.

an den durchschnittlichen Einnahmen und der Höhe des Verwendungsrückstands sowie den Möglichkeiten, die Mittel einer sinnvollen Verwendung zuzuführen, orientieren sollte.[133] Eine Fristsetzung erfolgt nicht mehr, wenn eine Körperschaft planmäßig, wider besseres Wissen, Mittel unzulässig angesammelt hat bzw. bereits in der Vergangenheit über die Verpflichtung zur zeitnahen Mittelverwendung durch Fristsetzung informiert wurde. In diesen Fällen geht das pflichtgemäße Ermessen des Finanzamts gegen Null. Deshalb sollte die Körperschaft die Grundsätze der → *zeitnahen Mittelverwendung* stets beachten und grundsätzlich nicht auf das Wohlwollen des Finanzamts setzen.

Es wird u.E. aus der Liste möglicher Verstöße sehr deutlich, dass den Steuervorteilen, die sich aus dem Status der Steuerbegünstigung ergeben, nicht gerade wenige Einschränkungen gegenüberstehen, die sich aus der Bindung zu diesem Status ergeben und das Verhalten der Körperschaft prägen.[134] Dies beginnt mit der satzungsmäßigen Festlegung auf ausschließlich steuerbegünstigte Aktivitäten (obwohl außerhalb der Satzung die Tätigkeitsbereiche Vermögensverwaltung und steuerpflichtiger wGb zulässig sind) und setzt sich fort in der permanenten Mittelverwendungskontrolle (obwohl nicht eindeutig geklärt ist, in welchen Fällen eine Mittelfehlverwendung vorliegt). Dazu wird unsererseits noch einmal angemerkt, dass eine **einzelfallbezogene Betrachtung** stets das Gesamtverhalten der Körperschaft im Veranlagungszeitraum mit in die Bewertung einbeziehen sollte.

Letztlich wird auch am vorstehenden Beispiel deutlich, dass ein **Wechsel in die Steuerpflicht besonders erschwert** wird, denn der Grundsatz der Vermögensbindung zwingt die Körperschaft quasi den einmal begonnenen Status beizubehalten oder mit der Auskehrung des Restvermögens aufzugeben. Die Praxis zeigt, dass die steuerbegünstigten Körperschaften ihre Handlungsfreiheiten nutzen können, wenn sie die Grenzen kennen bzw. sich deren bewusst sind. Das Finanzamt muss Kontrollen ausüben, weil sie notwendig und vom Gesetz geboten sind. Um Fehlverständnisse und rückwirkende Sanktionen zu vermeiden, ist es für die Praxis wichtig, dass das komplizierte Ausnahmeregelwerk der Steuerbegünstigung laufend an Rechtssicherheit gewinnt.

---

133 Vgl. Schauhoff: a.a.O., zu § 8 Rn 34; Koenig: a.a.O., zu § 63 Rn 12, m.w.N.
134 Vgl. dazu Anregungen von Schauhoff: Begründung und Verlust des Gemeinnützigkeitsstatus, DStJG Bd. 26, 2003, S. 133 ff.

6.4 Der Krankenhausbetrieb mit seinen Aktivitäten

Im Folgenden geht es um die Zuordnung und konkrete **ertragsteuerliche Beurteilung**[1] der wirtschaftlichen Aktivitäten im **steuerbegünstigten Krankenhausbetrieb**. Der insoweit → *gemeinnützige*, → *mildtätige* oder auch → *kirchliche* Krankenhausträger verfolgt seine Ziele in erster Linie durch die Förderung seiner → *steuerbegünstigten satzungsmäßigen Zwecke* (wie z. B. das öffentliche Gesundheitswesen, die mildtätige Unterstützung hilfsbedürftiger Personen und – soweit gewollt – jeweils verbunden mit einem kirchlichen Verkündungsauftrag). Die Umsetzung dieser Zwecke erfolgt insbesondere durch den Betrieb eines Krankenhauses mit all seinen Aktivitäten. Im Anschluss an das allgemeine Recht der Steuerbegünstigung[2], das der Körperschaft die Steuervergünstigungen gewähren kann, geht es hier um die ertragsteuerlichen Fragestellungen in Bezug auf die vielschichtigen Tätigkeiten, die der tägliche Betrieb eines Krankenhauses z. B. mit seinen Beschäftigten, seinen Patienten, den → *Begleitpersonen*, den Besuchern, niedergelassenen Ärzten, Lieferanten und anderen außenstehenden Dritten in der Regel mit sich bringt.[3]

6.4.1 Allgemeine ertragsteuerliche Zuordnung

Der **Betrieb** eines Krankenhauses (mit all seinen Tätigkeiten) wird unter steuerlichen Kriterien im **ersten Schritt** ganz allgemein **als wirtschaftlicher Geschäftsbetrieb** (§ 14 AO) gewertet. Denn unabhängig vom verfolgten Zweck wird eine selbständige (auf eigene Rechnung und Gefahr) nachhaltige Tätigkeit (mit Wiederholungsabsicht) zur Erzielung von Einnahmen oder anderen wirtschaftlichen Vorteilen ausgeübt. Dass der Krankenhausbetrieb über den Rahmen einer → *Vermögensverwaltung* hinausgeht, ist zweifelsfrei anzunehmen und wird als Abgrenzungskriterium hier nur der Vollständigkeit halber erwähnt. Die Voraussetzungen des § 14 AO liegen vor,[4] auch dann, wenn keine Gewinnerzielungsabsicht vorliegt. Diese allgemeine steuerliche Zuordnung des „Betriebs" im Ganzen sagt nichts darüber aus, wie die Vielzahl der möglichen (wirtschaftlichen) Tätigkeiten im konkreten Fall steuerlich behandelt wird, insbesondere, ob und wie die Abgrenzung der zusätzlichen Tätigkeiten vom eigentlichen Betrieb „Krankenhaus" erfolgt. Die Abgrenzung der verschiedenen → *Tätigkeitsbereiche* dient im Ergebnis der Zuordnung der jeweiligen Tätigkeit zum steuerbefreiten oder zum steuerpflichtigen Bereich.

Im **zweiten Schritt** muss also eine **systematische Prüfung** erfolgen, um festzustellen, ob für die konkrete Tätigkeit die Steuervergünstigung nach dem Gesetz

---
1 Zu den anderen Steuerarten s. folgende Kapitel: Lohnsteuer vgl. 3, Umsatzsteuer vgl. 4, sonstige Steuern vgl. 5.
2 Vorstehende Kapitel vgl. 6.1 bis 6.3.
3 Zu einzelnen Aktivitäten vgl. 6.6.
4 Vgl. 6.4.3.3

gewährt wird oder nicht. Die Abgrenzungen und deren Möglichkeiten werden in der Praxis zu Recht als schwierig empfunden, weil die Tätigkeiten im Ablauf in der Regel eine Einheit bilden (natürliche Zugehörigkeit bzw. Sachzusammenhang) und auf den ersten Blick weder isoliert betrachtet noch abgespalten werden können. Grundsätzlich zählen die **Leistungen** zu einem Krankenhaus, die regelmäßig und allgemein beim laufenden Betrieb des Krankenhauses vorkommen, für diesen typisch sind und damit unmittelbar oder mittelbar zusammenhängen und in der Regel dem Patienten gewidmet sind.[5] Danach muss stets die Frage gestellt und kritisch geprüft werden, ob die einzelne Leistung noch dem **Kernbereich des Krankenhausbetriebs** zugerechnet werden kann oder bereits eine zusätzliche Leistung außerhalb dieses Kernbereichs vorliegt.

Der **Betrieb** mit den Tätigkeiten im Kernbereich „Krankenhaus" ist als steuerbegünstigter **Zweckbetrieb** (§ 67 AO) einzustufen. Mit weiteren **Tätigkeiten** neben dem Kernbereich können **weitere** eigenständige steuerfreie **Zweckbetriebe** (§§ 65, 66, 68 AO) unterhalten werden (z. B. Altenheim, Pflegeheim, Kindergarten, Selbstversorgungseinrichtung) oder es liegt ein **steuerpflichtiger wGb** (§§ 14, 64 AO) vor, soweit keine steuerfreie **Vermögensverwaltung** gegeben ist.

§ 64 Abs. 1 AO hat folgenden **Regelungsinhalt**:

> „Schließt das Gesetz die Steuervergünstigung insoweit aus, als ein wirtschaftlicher Geschäftsbetrieb (§ 14) unterhalten wird, so verliert die Körperschaft die Steuervergünstigung für die dem Geschäftsbetrieb zuzuordnenden Besteuerungsgrundlagen (Einkünfte, Umsätze, Vermögen), soweit der wirtschaftliche Geschäftsbetrieb kein Zweckbetrieb (§§ 65 bis 68) ist."

Als Besteuerungsgrundlagen werden in der Regel die tatsächlichen und rechtlichen Verhältnisse angesehen, die für die Steuerpflicht und für die Bemessung der Steuer maßgebend sind (vgl. § 199 Abs. 1 AO). Für den jeweiligen Krankenhausträger (und die **Prüfungsreihenfolge** in der Praxis) bedeutet dies, dass **nach** den Feststellungen zu den **Voraussetzungen der Steuerbegünstigung** nach §§ 51 ff. AO (einschließlich der nach § 67 AO) eine **Prüfung der konkreten Aktivitäten** mit ihren steuerlichen Auswirkungen erfolgen muss. Zusätzliche wirtschaftliche Aktivitäten sind die Regel und führen häufig zur **Besteuerung**, wobei die **Ertragsteuer** als Belastung bereits bei der Budgetierung zu berücksichtigen ist. Die steuerfreien → *Tätigkeitsbereiche* einerseits (ideeller Bereich, Zweckbetrieb und Vermögensverwaltung) und die zur partiellen Steuerpflicht führenden Aktivitäten andererseits (steuerpflichtiger wGb) haben im täglichen Betrieb eines Krankenhauses viele Berührungspunkte, die für steuerliche Zwecke kritischen Abgrenzungsfragen unterliegen.[6]

---

5 Vgl. zu 1., m. w. N.; BFH-Urteil v. 18.10.1990, V R 35/85, BStBl II 1991, S. 157; BFH-Urteil v. 06.04.2005, I R 85/04, BStBl II 2005, S. 545.
6 Vgl. 2.2.2.6

Die **Umsatzsteuer**[7] führt (nur dann) nicht zur finanziellen Belastung des „Unternehmens Krankenhaus", wenn sie vor Ausführung von steuerpflichtigen Umsätzen beachtet, in das Entgelt (§ 10 UStG) einbezogen und dem Leistungsempfänger in Rechnung gestellt wird (durchlaufender Posten). Häufig ist von **Wechselwirkung** bei der **Beurteilung der Aktivitäten** und ihrer steuerlichen Auswirkung auf die USt und die Ertragsteuern zu lesen. Die Beurteilung der Aktivitäten als steuerpflichtiger wGb nach der AO stimmt häufig mit der umsatzsteuerlichen Beurteilung der Umsätze zum Regelsteuersatz nach § 12 Abs. 1 UStG überein. Umgekehrt sollte diese Schlussfolgerung aber nicht gezogen werden. Denn Aktivitäten der Krankenhauskörperschaft, für die wegen ihrer engen Verbundenheit zum Krankenhausbetrieb eine USt-Befreiung gewährt wird (§ 4 Nr. 16 a) oder b) UStG), können gleichwohl steuerpflichtige wGb begründen.[8] Die **unterschiedlichen Anforderungen** führen in der Praxis zu einer erheblichen Unsicherheit in der zutreffenden steuerlichen Beurteilung, lassen sich zurzeit aber nicht vermeiden, es sei denn, der Gesetz- oder Richtliniengeber schafft einheitliche Grundlagen für die vielen Aktivitäten einer steuerbegünstigten Krankenhauskörperschaft.

6.4.2 Krankenhaus-Zweckbetrieb und weitere Zweckbetriebe

Die allgemeine steuerliche Beurteilung einer steuerbegünstigten Krankenhauskörperschaft mit ihrem Kernbereich und den zusätzlichen wirtschaftlichen Tätigkeiten sagt noch nichts darüber aus, wie die jeweiligen Aktivitäten im konkreten Fall steuerlich behandelt werden.

6.4.2.1 Krankenhaus-Zweckbetrieb (§ 67 AO)

Der Betrieb eines Krankenhauses kann steuerlich ein sogenannter Zweckbetrieb sein, wenn er zur Förderung des öffentlichen Gesundheitswesens tätig ist. Im Vordergrund stehen die ärztlichen und pflegerischen Leistungen, wobei die Leistungen der Belegärzte oder anderer Personen (z. B. Beleghebammen) nicht zu den allgemeinen Krankenhausleistungen gehören. Nur Behandlungen von Erkrankungen, Maßnahmen zur Früherkennung oder medizinisch zweckmäßige oder notwendige Maßnahmen fallen unter die allgemeinen Krankenhausleistungen, nicht dagegen Leistungen, wie z. B. nicht medizinisch indizierte Schönheitsoperationen, (reine) Gutachtertätigkeiten ohne Therapiebezug. Diese Umschreibungen sind in der Praxis zwar geläufig, genügen aber nicht um festzulegen, was unter „Krankenhaus" zu verstehen ist. Der **Begriff „Krankenhaus"** ist weder in den Steuergesetzen noch in der AO definiert; die Bestimmung erfolgt vielmehr nach

---

[7] Vgl. 4.; vgl. z. B. Kohlhepp/Kohlhepp: Kritische Anmerkungen zur Verschärfung der USt-Erhebung, Krhs 2005, S. 975 ff; Böhme: Zur Änderung der Umsatzbesteuerung bei Krankenhäusern ab 1. Januar 2005, DStZ 2005, S. 629 ff.

[8] Vgl. zur Ertragsteuer: BFH-Urteil v. 06.04.2005, I R 85/04, BStBl II 2005, S. 545 (547); sowie zur Umsatzsteuer: BFH-Urteil v. 18.01.2005, V R 35/02, BStBl II 2005, S. 507.

6.4 Der Krankenhausbetrieb mit seinen Aktivitäten

Maßgabe der §2 Nr. 1 KHG und §107 SGB V.[9] Zu den Einzelheiten vgl. Kapitel 1.

Das Krankenhaus muss die Voraussetzungen als sogenannter **Zweckbetrieb nach §67 AO** erfüllen, um einer steuerbegünstigten Körperschaft insoweit auch die steuerlichen Vergünstigungen zu verschaffen. Es ist nicht erforderlich, dass das Krankenhaus eine Konzession nach §33 Gewerbeordnung besitzt oder dass es in den Krankenhausbedarfsplan aufgenommen ist. Das Vorhandensein oder Fehlen derartiger Bestätigungen wird im Einzelfall gern als Indiz dafür gewertet, ob ein Krankenhaus vorliegt oder nicht.[10]

In §67 AO wird unterschieden zwischen Krankenhäusern, die in den Anwendungsbereich des KHEntgG oder der BPflV fallen und solchen, bei denen dies nicht der Fall ist. Zu den **Voraussetzungen im Einzelnen** vgl. Kapitel 2.2.2.4. Die Krankenhaus-Finanzierungssystematik ist für die Zeit ab 01. Januar 2004 geändert worden. Bis zur Einführung des **DRG-Fallpauschalensystems**[11] war die Unterscheidung nach der BPflV in der Anwendung des §67 AO möglich, aber bis zur Änderung durch das JStG 2007 schien sie ins Leere zu laufen, wenn man von den psychiatrischen Einrichtungen sowie den Einrichtungen für Psychosomatik und psychotherapeutische Medizin absieht.[12] Bei der Abrechnung der allgemeinen Krankenhausleistungen und der gesondert berechenbaren Leistungen haben sich keine wesentlichen Änderungen ergeben, so dass zunächst grundsätzlich kein Anlass für den Gesetzgeber bestanden haben mag, das Merkmal „Pflegetage" durch andere Merkmale in §67 AO zu ersetzen. Die Praxis musste §67 AO bis zur Änderung im JStG 2007 sachgerecht und zweckmäßig anwenden.[13] Für den steuerlichen **Nachweis** müssen über die **Anzahl der Pflegetage** gesonderte Aufzeichnungen vorliegen.

Treffen die **Voraussetzungen** des Krankenhaus-Zweckbetriebs nur auf einen **Teil der Einrichtung** zu, ist die Einrichtung **insoweit** als **Krankenhaus** anzusehen, wenn dieser Teil räumlich oder nach seiner Versorgungsaufgabe als Einheit, z. B. als Abteilung oder besondere Einrichtung, abgrenzbar ist (R 82 Abs. 1 und 2 EStR). Für diese Annahme eines funktional abgrenzbaren Krankenhauses reicht eine nur buchmäßige Abgrenzung nicht aus. So können z. B. Trägerkörperschaften von Reha-Einrichtungen, Sanatorien und Kuranstalten unter den bekannten Voraussetzungen (Satzung und tatsächliche Geschäftsführung nach

---

9 Aktuell vgl. nur BHF-Urteil v. 06.04.2005, I R 85/04, BStBl II 2005, S. 545.
10 Buchna: a. a. O., zu 2.17, S. 258.
11 Vergütungssystem nach den „Diagnosis Related Groups"
12 Vgl. zum Thema DRG ab 01.01.2004 insgesamt Klaßmann: a. a. O., 3. Auflage (2005), S. 10–12.
13 Vgl. Knorr/Klaßmann: a. a. O., S. 151–154; OFD Rheinland, Vfg. v. 10.03.2006, S 0186-1000-St 1/S 7172-1000-St 4, Krhs 2006, S. 521 ff, mit Anm. von Nauen; §67 AO in der Fassung des JStG 2007 gilt ab 01.01.2003 (Art. 97 §1c Abs. 3 EGAO).

§§ 59, 60, 63 AO) insoweit steuerbegünstigt behandelt werden, als ein abgrenzbarer Krankenhausteil verbleibt, für den § 67 AO zur Anwendung kommt.[14]

6.4.2.2 Besondere eigenständige Zweckbetriebe (§§ 66, 68 AO)

Eine steuerbegünstigte Krankenhauskörperschaft kann auch Aktivitäten ausüben, die nicht zum Kernbereich bzw. Hauptzweck „Krankenhaus" gehören. Sofern keine steuerpflichtigen wGb vorliegen, kommen daneben **weitere eigenständige Zweckbetriebe** nach §§ 66, 68 AO mit der Maßgabe in Betracht, dass insoweit auch der Satzungszweck diese Tätigkeiten zulässt. Die regelmäßig mit einem Krankenhaus verbundenen besonderen Zweckbetriebe werden nachfolgend kurz genannt:

- **Einrichtungen der Wohlfahrtspflege (§ 66 AO)**
Betätigungen auf dem Gebiet der Wohlfahrtspflege werden in erster Linie durch Spitzenverbände der freien Wohlfahrtspflege, ihre Untergliederungen und Mitglieder erfüllt. Betreiben diese Träger auch ein Krankenhaus, können mehrere Zweckbetriebe vorliegen. Ein Zweckbetrieb nach § 66 AO kann jedoch nur vorliegen, wenn er tatsächlich und unmittelbar wohlfahrtspflegerische Zwecke verfolgt, die in besonderem Maße den in § 53 AO genannten „hilfsbedürftigen Personen" dienen (Personen, die infolge ihres persönlichen Zustands oder wegen ihrer finanziellen Lage der Hilfe anderer bedürfen). Wohlfahrtspflege zielt mit seinen Maßnahmen darauf ab, Abhilfe zu schaffen oder vorbeugend zu wirken. Dabei können sich die Tätigkeiten auf das gesundheitliche, sittliche, erzieherische oder wirtschaftliche Wohl der hilfsbedürftigen Personen erstrecken. Zu den **Zweckbetrieben** zählen z. B.: Betreuungseinrichtungen für Behinderte, Pflegeheime, Altentages- oder Altenbegegnungsstätten, Flüchtlingsheime und Obdachlosenheime. Kein Zweckbetrieb liegt mangels Unmittelbarkeit der Leistungen gegenüber den hilfsbedürftigen Personen vor, wenn z. B. die (zentrale) Krankenhausapotheke eines gemeinnützigen Krankenhausträgers Arzneimittel direkt an die jeweils angeschlossenen Träger liefert.[15] Einzelne Zweckbetriebe werden **ferner** in § 68 Nr. 1 bis 9 AO angesprochen, wobei diese Norm der insoweit allgemeineren Norm des § 66 AO vorgeht.[16]

- **Einzelne Zweckbetriebe kraft Gesetz (§ 68 AO):**
Durch die rechtsbegründende Wirkung des § 68 AO ist die Prüfung der Tatbestandsmerkmale eines Zweckbetriebs nach der Definition des § 65 AO entbehrlich. Die Betätigung muss aber stets die allgemeinen Grundsätze der Steuerbegünstigung erfüllen, also → *selbstlos* und → *ausschließlich* die

---

14 Buchna: a.a.O., zu 2.17, S. 258/259; vgl. OFD Cottbus, Vfg. v. 18.12.1998, BB 1999, S. 407.
15 BFH-Urteil v. 18.10.1990, V R 76/89, BStBl II 1991, S. 268.
16 Vgl. zu § 66 AO Buchna: a.a.O., zu 2.16, S. 252 ff; Koenig: a.a.O., zu § 66 Rn 2, 3, S. 9.

→ *steuerbegünstigten satzungsmäßigen Zwecke* verfolgen.[17] Einzelne Zweckbetriebe aus dem Katalog der Vorschrift:

(1) **Altenheime, Altenwohn- und Pflegeheime, Erholungsheime und Mahlzeitendienste**, wenn diese Zweckbetriebe in besonderem Maße den in § 53 AO genannten „hilfsbedürftigen Personen" dienen (**§ 68 Nr. 1 a) AO**). Den Heimen ist gemeinsam, dass sie alten, pflege- oder sonst hilfsbedürftigen Menschen nicht nur vorübergehend Unterkunft gewähren und im erforderlichen Maße Betreuung leisten. Nicht hierzu gehören Kurzzeitpflegeeinrichtungen, die nach § 65 AO Zweckbetrieb sein können. Mahlzeitendienste werden z. B. auch durch Essen auf Rädern erbracht.[18]

(2) **Kindergärten**, wenn diese der → *Allgemeinheit* zur Verfügung stehen und nicht nur den Kindern von Angehörigen der Körperschaft, z. B. Mitarbeitern des Krankenhausbetriebs (**§ 68 Nr. 1 b) AO**). Nach überwiegender Auffassung ist die Beköstigung Teil des steuerbegünstigten Zwecks.[19] Ein **Betriebskindergarten**, der der Allgemeinheit nicht zur Verfügung steht, ist zwar kein Zweckbetrieb, aber eine **zulässige** (rein) **betriebliche Maßnahme** des Arbeitgebers für seine Arbeitnehmer (je nach Sachverhalt z. B. steuerfreie Arbeitgeberleistung nach § 3 Nr. 33 EStG). Steht ein Teil der Betreuungsplätze im Kindergarten auch der Allgemeinheit zur Verfügung, ist von einem weiteren eigenständigen Zweckbetrieb der steuerbegünstigten Krankenhauskörperschaft nur auszugehen, wenn die Förderung der Jugendhilfe (neben der Förderung des öffentlichen Gesundheitswesens) auch Satzungszweck ist (§ 52 Abs. 2 Nr. 2; §§ 59, 60, 63 AO).

(3) **Selbstversorgungsbetriebe**, wie **landwirtschaftliche Betriebe** und **Gärtnereien**, die der Selbstversorgung von Körperschaften dienen und dadurch die sachgemäße Ernährung und ausreichende Versorgung von Anstaltsangehörigen sichern (**§ 68 Nr. 2 a) AO**) oder
andere Einrichtungen, die für die Selbstversorgung von Körperschaften erforderlich sind, wie z. B. Tischlereien, Schlossereien (**§ 68 Nr. 2 b) AO**), wenn die Lieferungen und sonstigen Leistungen dieser Einrichtungen an Außenstehende dem Wert nach 20 % der gesamten Leistungen des Betriebs – einschließlich der an die Körperschaften selbst bewirkten – nicht übersteigen.

Die sogenannten Selbstversorgungsbetriebe, die (**unselbständiger**) **Teil** der steuerbegünstigten Körperschaft sein müssen,[20] beteiligen sich mit den von ihnen erbrachten Leistungen an die Körperschaft (für Zwecke der Betätigung der Körperschaft) nicht am wirtschaftlichen Verkehr. Daher ist die eigene Versorgung – weil erforderlicher Teil der Betätigung – steuerlich

---

17 AEAO zu § 68 Tz 1; Buchna: a.a.O., zu 2.19, S. 287; Koenig: a.a.O., zu § 68 Rn 1, m.w.N.
18 AEAO zu § 68 Tz 2; zu diesen Zweckbetrieben vgl. Buchna: a.a.O., zu 2.19.1, S. 288.
19 Buchna: a.a.O., zu 2.19.2, S. 289; Koenig: a.a.O., zu § 68 Tz 5.
20 AEAO zu § 68 Tz 4 Satz 1; Baumann/Penné-Goebel: Die Tätigkeit steuerbegünstigter Körperschaften im Rahmen von Selbstversorgungseinrichtungen i.S.v. § 68 Nr. 2 AO, DB 2005, S. 695.

zunächst nicht relevant. Erst die (zusätzlichen) **entgeltlichen Leistungen an Außenstehende** können eine Anerkennung als Zweckbetrieb ausschließen, wenn die o. a. gesetzliche Wertgrenze überschritten wird. Während der Kreis der Selbstversorgungsbetriebe mit einem landwirtschaftlichen Betrieb oder einer Gärtnerei heute so gut wie gar nicht mehr für Krankenhauskörperschaften vorstellbar ist und damit ausscheidet, kommen als „andere Einrichtungen" i. S. d. § 68 Nr. 2 b) AO weitere Dienstleistungs- oder Handwerksbetriebe in Betracht (z. B. Küche, Wäscherei, Druckerei, Bäckerei, Reparaturwerkstatt, Nähstube, soweit diese Teil einer Krankenhauskörperschaft sind), **nicht** aber **Handelsbetriebe**, die überwiegend Waren ein- und verkaufen. **Außenstehende** sind andere Personen als die Körperschaft selbst, die Angehörigen der Körperschaft oder die begünstigten Nutzer.[21]

(4) **Werkstätten für behinderte Menschen**, die nach den Vorschriften des Dritten Buches Sozialgesetzbuch förderfähig sind und Personen Arbeitsplätze bieten, die wegen ihrer Behinderung nicht auf dem allgemeinen Arbeitsmarkt tätig sein können (§ 68 Nr. 3 a) AO).[22]

(5) **Einrichtungen für Beschäftigungs- und Arbeitstherapie**, in denen behinderte Menschen aufgrund ärztlicher Indikation außerhalb eines Beschäftigungsverhältnisses zum Träger der Therapieeinrichtung mit dem Ziel behandelt werden, körperliche oder psychische Grundfunktionen zum Zwecke der Wiedereingliederung in das Alltagsleben wiederherzustellen oder die besonderen Fähigkeiten und Fertigkeiten auszubilden, zu fördern oder zu trainieren, die für eine Teilnahme am Arbeitsleben erforderlich sind (§ 68 Nr. 3 b) AO).[23]

(6) **Integrationsprojekte** i. S. d. § 132 Abs. 1 des Neunten Buches Sozialgesetzbuch, wenn mindestens 40 % der Beschäftigten besonders betroffene schwerbehinderte Menschen i. S. d. genannten Vorschrift sind (§ 68 Nr. 3 c) AO).

(7) **Einrichtungen** der Fürsorge für Blinde und für Körperbehinderte, zu denen im Wesentlichen Werkstätten für die Beschäftigung zu rechnen sind (§ 68 Nr. 4 AO).[24]

(8) **Wissenschafts- und Forschungseinrichtungen**, deren Träger sich überwiegend aus Zuwendungen der öffentlichen Hand oder Dritter oder aus der Vermögensverwaltung finanziert. Der Wissenschaft und Forschung dient auch die Auftragsforschung. Nicht zum Zweckbetrieb gehören aber Tätigkeiten, die sich auf die Anwendung gesicherter wissenschaftlicher Erkenntnisse beschränken, ebenso wenig die Übernahme von Projektträgerschaften sowie wirtschaftliche Tätigkeiten ohne Forschungsbezug (§ 68 Nr. 9 AO). Eine steuerbegünstigte Krankenhauskörperschaft fördert

---

21 AEAO zu § 68 Tz 4; zu Selbstversorgungseinrichtungen vgl. Buchna: a. a. O., zu 2.19.3, S. 290 f.
22 AEAO zu § 68 Tz 5 und 6.
23 AEAO zu § 68 Tz 7.
24 AEAO zu § 68 Tz 8

in der Regel nach ihrem Satzungszweck nicht auch die Wissenschaft und Forschung (§ 52 Abs. 2 Nr. 1 AO), es sei denn, es handelt sich um eine der Hochschule angeschlossene Universitätsklinik mit entsprechender Satzung für den BgA. Ferner liegen regelmäßig die weiteren Voraussetzungen des § 68 Nr. 9 AO nicht vor, denn eine Krankenhauskörperschaft finanziert sich nicht überwiegend aus Zuwendungen der öffentlichen Hand oder Dritter oder aus der Vermögensverwaltung.[25]

6.4.2.3 Der allgemeine Zweckbetrieb (§ 65 AO)

Liegen im Einzelfall die in den o. a. Spezialvorschriften (§ 66 bis 68 AO) genannten besonderen Zweckbetriebe nicht vor, kann ein **Zweckbetrieb** nach der **allgemeinen Norm des § 65 AO** gegeben sein. Bei all den durch die o. a. Spezialvorschriften genannten Aktivitäten bedarf es keiner weiteren Prüfung der Voraussetzungen nach § 65 AO,[26] so dass sich daraus die Reihenfolge der Prüfung im Einzelfall ergibt.

Ein **Zweckbetrieb ist ein wGb** (§ 14 AO), der wegen seiner engen Verbindung mit der steuerbegünstigten Betätigung unter bestimmten **Voraussetzungen** dem steuerfreien Bereich zugeordnet und deshalb steuerlich begünstigt ist:[27]

> „Ein Zweckbetrieb ist gegeben, wenn
> 1. der wirtschaftliche Geschäftsbetrieb in seiner Gesamtrichtung dazu dient, die steuerbegünstigten satzungsmäßigen Zwecke der Körperschaft zu verwirklichen,
> 2. die Zwecke nur durch einen solchen Geschäftsbetrieb erreicht werden können und
> 3. der wirtschaftliche Geschäftsbetrieb zu nicht begünstigten Betrieben derselben oder ähnlichen Art nicht in größerem Umfang in Wettbewerb tritt, als es bei Erfüllung der steuerbegünstigten Zwecke unvermeidbar ist." (§ 65 AO)

Diese Definition eines Zweckbetriebs durchbricht den Grundsatz → *wettbewerbsneutraler* Besteuerung und das Gebot steuerrechtlicher Gleichbehandlung, indem die wirtschaftlichen Aktivitäten der Körperschaft nicht der Besteuerung unterworfen werden (im Gegensatz zu den konkurrierenden Wettbewerbern am Markt, die nicht den Status der Steuerbegünstigung besitzen). Vor diesem Hintergrund ist es verständlich, wenn für den massiven Eingriff in den Wettbewerb ein hinreichender sachlicher Grund für eine steuerliche Bevorzugung bzw. Benachteiligung vorliegen muss. Eine Rechtfertigung erfährt die stärkere steuerliche Belastung eines Wettbewerbers nur unter den engen Voraussetzungen des § 65

---

25 AEAO zu § 68 Tz 14 mit Hinweis auf das BMF-Schreiben v. 22.09.1999, BStBl I 1999, S. 944.
26 AEAO zu § 68 Tz 1 Satz 1; BFH-Urteil v. 04.06.2003, I R 25/02, BStBl II 2004, S. 660.
27 AEAO zu § 65 Tz 1; vgl. Buchna: a.a.O., zu 2.15, S. 244 ff.

AO.[28] Hieraus wird verständlich, dass die häufig kritisierte Strenge der Finanzverwaltung bei der Anwendung des Rechts der Steuerbegünstigung generell geboten erscheint, im Einzelfall unter Abwägung des Gesamtverhaltens der Körperschaft jedoch ein gemäßigter Maßstab zur Anwendung kommen sollte.

Im Einzelnen ist zu den **Voraussetzungen** des § 65 AO, die kumulativ erfüllt sein müssen,[29] Folgendes anzumerken:

(1) **Verwirklichung steuerbegünstigter Zwecke**
Dem wGb muss eine **dienende Funktion** für die Zweckerreichung zukommen. Beide, steuerbegünstigter Zweck und wGb, müssen untrennbar miteinander verwoben sein, gewissermaßen eine Einheit bilden, so dass der verfolgte Zweck sich mit der Unterhaltung des wGb deckt und sich die steuerbegünstigte Tätigkeit mithin in der äußeren Form eines wGb vollzieht. Der Zweckerfüllung **lediglich förderliche Aktivitäten genügen nicht**, insbesondere durch sogenannte Mittelbeschaffungsbetriebe, wie gesellige Veranstaltungen, Basare, Tag der offenen Tür. Die zu beurteilende Tätigkeit selbst und nicht (nur) die durch sie erzielten Einnahmen müssen der Verwirklichung der verfolgten Zwecke dienen. Auch aus der Verwendung der beschafften Mittel für die satzungsmäßigen Zwecke (Verpflichtung nach § 55 Abs. 1 Nr. 1 AO) kann nicht auf das Vorliegen eines Zweckbetriebs geschlossen werden. Die Formulierung „Gesamtrichtung" ist wohl dahin zu verstehen, dass nicht jede geringfügige, außerhalb des Satzungszwecks liegende Tätigkeit die Annahme eines Zweckbetriebs stört (Gesamtbild der Betätigung). Als unbedeutend wird regelmäßig ein Anteil von bis zu 10 % der Gesamtbetätigung angesehen.[30]

(2) **Erforderlichkeit des Geschäftsbetriebs**
Die Erforderlichkeit des Geschäftsbetriebs beurteilt sich allein nach der **angebotenen Leistung**. Maßgeblich ist die verwirklichte Betätigung, nicht die Art des Geschäftsbetriebs. Bildet der **Geschäftsbetrieb** nicht **das einzige Mittel** (unbedingt und unmittelbar) zur Zweckerreichung, liegt kein unentbehrlicher Hilfsbetrieb (Zweckbetrieb) vor. Die Betätigung darf sich von der Verfolgung des steuerbegünstigten Zwecks nicht trennen lassen. Das bedeutet auch hier, dass die Tätigkeit selbst der Zweckerreichung und nicht lediglich zur Mittelbeschaffung dient. Eine Körperschaft, dessen Zweck z. B. darauf gerichtet ist, Kinder tagsüber zu betreuen (Förderung der Jugendhilfe), kann diesen Zweck nur durch den (Zweck-)Betrieb eines Kindergartens erfüllen (vgl. § 68 Nr. 1 b) AO). Sollen hilfsbedürftige Personen i. S. d. § 53 AO mit warmen Mahlzeiten versorgt werden, so kann dieser mildtätige Zweck nur durch einen Mahlzeitendienst (Zweckbetrieb nach § 68 Nr. 1 a) AO) erfüllt

---

28 In dieser Deutlichkeit vgl. Koenig: a.a.O., zu § 65 Rn 1, m.w.N. zur einschlägigen Rechtsprechung.
29 BFH-Urteil v. 18.03.2004, V R 101/01; DStRE 2004, S. 855.
30 AEAO zu § 65 Tz 2; vgl. zu (1) Buchna: a.a.O., zu 2.15.1, S. 245/246; Koenig: a.a.O., zu § 65 Rn 5.

werden.³¹ Es wird u. E. deutlich, dass diese Voraussetzung im Einzelfall einen nur sehr engen Handlungsraum lässt.

(3) **Unvermeidbarer Wettbewerb**
Diese Regelung dient dem **Schutz** der mit dem Zweckbetrieb konkurrierenden steuerlich nicht begünstigten Unternehmen. Dabei soll nicht die konkret bestehende, auf die örtliche Region bezogene Wettbewerbssituation entscheidend sein, sondern die **abstrakte**, auch **potenziell** vom wGb ausgehende **Beeinträchtigung des Wettbewerbs**, soweit sie einen möglichen am Markt befindlichen Wettbewerber in seinen Chancen beschränkt und für weitere Wettbewerber den Marktzutritt in der Zukunft erschwert.³² Diese (noch) h.M. ist u. E. dadurch ins Wanken geraten, dass der BFH³³ entschieden hat, dass es von der konkreten möglichen Wettbewerbssituation vor Ort abhänge und nicht von der theoretischen Möglichkeit, dass auch andere Anbieter tätig werden könnten. Die Entwicklungen sind hier abzuwarten, wobei u. E. bereits treffende Argumente anhand von Beispielsfällen aufgezeigt worden sind,³⁴ die im konkreten Einzelfall eine schädliche Wettbewerbssituation als nicht wahrscheinlich erscheinen lassen. An einer **Wettbewerbssituation** fehlt es, wenn z. B. mit dem wGb (fast) ausschließlich Leistungen angeboten werden, die nach ihrer Art und Gestaltung nicht von anderen Unternehmen angeboten werden (z. B. Suppenküche für Bedürftige; Vertrieb von Einmalspritzen an Drogenabhängige; kommunale Schwimmanlagen für das sog. „Jedermannschwimmen" versus sog. „Spaßbäder"³⁵). Die Wettbewerbsklausel verlangt auch ein **Abwägen** zwischen dem Interesse der Allgemeinheit an einem nicht (durch steuerrechtliche Begünstigungen) beeinträchtigten Wettbewerb und dem Interesse der Allgemeinheit an der Förderung des steuerbegünstigten Zwecks. Erweist sich im Einzelfall, dass z. B. der verfolgte steuerbegünstigte Zweck auch ohne die begünstigte entgeltliche Tätigkeit zu erreichen ist, dann soll das Interesse an der → *Wettbewerbsneutralität* vorrangig sein und der Wettbewerb vermeidbar.³⁶ Unschädlich ist dagegen der (uneingeschränkte) **Wettbewerb zwischen Zweckbetrieben**, die demselben steuerbegünstigten Zweck dienen und ihn in gleicher oder ähnlicher Form verwirklichen.³⁷

Die vorstehenden Ausführungen sollen insgesamt verdeutlichen, dass die **Voraussetzungen** für den allgemeinen **Zweckbetrieb in der Praxis schwer zu erfüllen**

---

31 AEAO zu § 65 Tz 3; vgl. zu (2) Buchna: a. a. O., zu 2.15.1, S. 246; Koenig a. a. O., zu § 65 Rn 8, m. w. N. zur Rechtsprechung.
32 AEAO zu § 65 Tz 4; vgl. zu (3) Koenig: a. a. O., zu § 65 Rn 9; Buchna: a. a. O., zu 2.15.1, S. 247.
33 Urteil v. 30.03.2000, V R 30/99, BStBl II 2000, S. 705.
34 Vgl. Schauhoff: Handbuch der Gemeinnützigkeit, 2. Aufl. 2005, zu § 6 Rn 88, m. w. N.; Knorr/Klaßmann: a. a. O., S. 182/183.
35 OFD Münster, Kurzinformation Körperschaftsteuer Nr. 10/2004 v. 19.11.2004, DB 2004, S. 2723.
36 Vgl. Buchna: a. a. O., zu 2.15.1, S. 247; Koenig: a. a. O., zu § 65 Rn 9.
37 AEAO zu § 65 Tz 4 Satz 4.

sind, wenn sie ernst genommen werden. Häufig herrscht die Meinung vor, dass neben dem Kernbereich des Krankenhauses die weiteren (gut gemeinten) Aktivitäten in einem steuerfreien Zweckbetrieb stattfänden, da die eingenommenen Mittel doch letztlich nur dem steuerbegünstigten Zweck zugute kämen; deshalb sei mit einer steuerlichen Belastung auch nicht gerechnet worden. Schafft es der Berater oder noch später die Betriebsprüfung **Klarheit** in die bereits verwirklichten Sachverhalte zu bringen, können die steuerlichen Auswirkungen in der Regel kaum noch beseitigt, allenfalls gemindert werden. Für die **Orientierung** und das **Problembewusstsein** soll dieses Buch der Praxis als Wegweiser dienen.

6.4.2.4 Mittelausstattung des Zweckbetriebs

Liegt ein steuerbegünstigter Zweckbetrieb vor, können hierfür sämtliche Mittel eingesetzt werden. Mit der **Errichtung** eines zulässigen Zweckbetriebs werden stets steuerbegünstigte Zwecke verfolgt, so dass hierfür **sämtliche Mittel** (zeitnah einzusetzende → *Mittel* und das zulässige → *Vermögen*) verwendet werden können. Ein Zweckbetrieb zeichnet sich auch dadurch aus, dass Mittelbeschaffung und steuerbegünstigte Mittelverwendung einhergehen. Verwendung in diesem Sinne ist auch die Verwendung der Mittel für die Anschaffung oder Herstellung langlebiger Wirtschaftsgüter (z. B. Erwerb oder Errichtung eines Gebäudes, in dem das Krankenhaus betrieben wird), die satzungsmäßigen Zwecken dienen (§ 55 Abs. 1 Nr. 5 Satz 2 AO).[38] Durch die Nutzung der Wirtschaftgüter im Rahmen des Zweckbetriebs werden die Mittel satzungsgemäß verwendet, so dass bei Investitionen in einem Zweckbetrieb grundsätzlich keine Zweifel an der Zulässigkeit aufkommen. Im **laufenden Betrieb** muss der Zweckbetrieb immer entsprechend den Satzungszwecken tätig werden, so dass auch hier die allgemeinen Grundsätze der → *Mittelverwendung* gelten.[39] Da die Tätigkeit im Zweckbetrieb auf die ausschließlich steuerbegünstigte Zweckerfüllung gerichtet sein muss, darf bei der Preisgestaltung nicht die Mittelbeschaffung im Vordergrund stehen.

6.4.3 Steuerpflichtige wirtschaftliche Geschäftsbetriebe (§ 64 AO)

Die steuerbegünstigten Körperschaften begründen durch eine Vielzahl von möglichen Aktivitäten wGb; dies gilt auch für die Krankenhauskörperschaft auf den verschiedensten Ebenen im Rahmen der Versorgung ihrer Patienten. Dabei muss nicht immer der Patient im Mittelpunkt stehen, es kann auch die **Mittelbeschaffung** für steuerbegünstigte Zwecke **Grundmotiv** für den wGb sein.[40]

---

38 AEAO zu § 55 Tz 26; OFD Frankfurt, Vfg. v. 09.09.2003, DStR 2003, S. 2071; vgl. auch 6.2.8.2.
39 Vgl. 6.2.8 bis 6.2.11: von der zeitnahen Mittelverwendung, unschädlichen Betätigungen, Rücklagenbildung bis zur Mittelverwendungsrechnung.
40 Vgl. AEAO zu § 55 Tz 8 Satz 1.

Die generelle **Zulässigkeit und Inbetriebnahme** steuerpflichtiger wGb ist durch den Gesetzgeber in § 64 AO legitimiert worden. Auch die **satzungsmäßigen Voraussetzungen** bzgl. der Nennung von → *Nichtzweckbetrieben* in der → *Satzung*[41] sind u.E. auf Seiten der Finanzverwaltung in Bewegung und weitestgehend im Sinne einer unschädlichen Aufnahme in der Satzung geklärt. Aus Gründen der Satzungsklarheit ist es eher geboten als zu beanstanden, wenn die Satzung ausdrücklich regelt, ob zur Erfüllung → *steuerbegünstigter satzungsmäßiger Zwecke* auch Nichtzweckbetriebe unterhalten werden dürfen oder nicht.[42] U.E. ist die **Verankerung des steuerpflichtigen wGb in der Satzung sinnvoll**, wird dadurch doch möglich, die innere Verknüpfung zu den von der Körperschaft verfolgten Zwecken deutlich zu machen. Die **Aktivitäten** liegen in der Regel außerhalb der steuerbegünstigten Betätigung und fördern nur durch die Beschaffung zusätzlicher Mittel, in diesem Fall wohl nur durch die Erzielung von Gewinnen, die steuerbegünstigten Zwecke. So müssen die Aktivitäten stets im **Spannungsfeld** zu den Geboten der → *Selbstlosigkeit* (§§ 55, 58 AO) und der → *Ausschließlichkeit* (§ 56 AO) gesehen werden. Dies ist Ausgangspunkt einer steuerlichen Wertung und für die Beurteilung und Zuordnung stets mit zu beachten. Die Körperschaften können (ausnahmsweise) ihre gesamte Steuerbegünstigung verlieren, wenn der steuerpflichtige wGb zum (ausschließlichen) Satzungszweck erhoben wird und der dann „steuerschädliche" Geschäftsbetrieb das Wirken der Körperschaft bestimmt.[43]

6.4.3.1 Steuerbegünstigung und Entfaltung wirtschaftlicher Aktivitäten

Aus Sicht der Steuerbegünstigung ist es nicht gleichgültig, **ob** und in **welchem Umfang** von einer steuerbegünstigten Körperschaft steuerpflichtige wGb unterhalten werden. Diesen Ansatz verdeutlicht der Grundsatz der Ausschließlichkeit in § 56 AO, der wGb zwar nicht ausschließt, aber verlangt, dass die erwirtschafteten Überschüsse grundsätzlich nur den steuerbegünstigten satzungsmäßigen Zwecken zugeführt werden.[44] Sind wirtschaftliche Tätigkeiten danach zulässig, sind sie nach § 63 Abs. 1 AO auch dann noch auf die Erfüllung der steuerbegünstigten Zwecke gerichtet, wenn ihre Durchführung die gegenwärtige Verwirklichung der satzungsmäßigen Zwecke weniger einschränkt, als sie durch die zusätzlichen Einnahmen gefördert wird. Die **Entfaltung von Aktivitäten** zur Mittelbeschaffung (wie z.B. der Einsatz von Personal, die Nutzbarmachung vorhandener Vermögenswerte, der Einsatz ungenutzter Kapazitäten der Einrichtungen steuerbefreiter Bereiche) kann **Ausdruck einer effizienten Gesamttätigkeit** mit dem Ziel einer größtmöglichen gegenwärtigen Förderung der → *Allgemeinheit* auf **Grundlage** der gegebnen **personellen, sachlichen und finanziellen Ressourcen**

---
41 AEAO zu § 59 Tz 1 Satz 3; vgl. 6.3.1.3.
42 BFH-Urteil v. 18.12.2003, I R 15/02, BStBl II 2003, S. 384; Koenig: a.a.O., zu § 59 Rn 4.
43 Vgl. Buchna: a.a.O., zu 2.14.1, S. 204/205 (Grundsätzliches).
44 Koenig: a.a.O., zu § 56 Rn 2, m.w.N.

der Körperschaft sein.⁴⁵ Lässt sich im steuerpflichtigen wGb allerdings keine **angemessene Rendite** nach Steuern erwirtschaften, sollte der Betrieb gar nicht erst eröffnet bzw. eine begonnene Tätigkeit auch wieder eingestellt werden. Es ist grundsätzlich **nicht** zulässig, dass eine steuerbegünstigte Körperschaft auf Dauer einen **Verlustbetrieb** subventioniert.⁴⁶

Spendeneinnahmen stehen erfahrungsgemäß für eine Krankenhauskörperschaft nicht im Vordergrund, so dass rückläufige Einnahmen in der Regel nicht besonderer Auslöser von Aktivitäten zur Einwerbung von → *Spenden* sind.⁴⁷ Die Kombination der steuerbegünstigten Zielsetzungen mit den klassischen wirtschaftlichen Tätigkeiten ist häufig Ursache für Probleme mit den Vorschriften der Steuerbegünstigung. Auch die damit verbundene Notwendigkeit, zu bestimmen, in welchem Maße es einer steuerbegünstigten Körperschaft erlaubt ist, den steuerpflichtigen Tätigkeiten nachzugehen, haben wir an anderer Stelle bereits ausführlich dargelegt.⁴⁸

6.4.3.2 Mittelausstattung des steuerpflichtigen wGb

Vor Aufnahme einer wirtschaftlichen Aktivität außerhalb des Kernbereichs „Krankenhaus-Zweckbetrieb" sollte u. a. stets der **Frage** nachgegangen werden, **welche Mittel** für den wGb **erforderlich** sind und **wie** sie **aufgebracht** werden können.⁴⁹ Wenn vorstehend vom Verbot der Subventionierung von Dauerverlusten im (bestehenden und ausgeübten) steuerpflichtigen wGb gesprochen worden ist, so ist dies nur ein spezieller Anwendungsfall des Gebots, die Mittel ausschließlich für → *steuerbegünstigte Zwecke* zu verwenden (§ 55 Abs. 1 Nr. 1 Satz 1 AO). Für die **Finanzierung** einer steuerpflichtigen Tätigkeit stehen grundsätzlich nur die Mittel aus den freien → *Rücklagen*, Zuwendungen Dritter ohne Spendenabzug sowie das sog. → *Ausstattungskapital* bzw. die Vermögenszuführungen zur Verfügung.⁵⁰

Im Folgenden werden entlang der Grundsätze der → *ordnungsgemäßen* sowie der → *zeitnahen Mittelverwendung* einige, nicht abschließende **Hinweise** gegeben, die bei der Finanzierung und dem laufenden Betrieb eines steuerpflichtigen wGb stets zu beachten sind.⁵¹ Verstöße gegen die Grundsätze der → *Mittelverwendung* sind grundsätzlich schädlich und können zum Verlust der Steuerbe-

---

45 Schauhoff: a. a. O., § 6 F I. 1. Rn 111.
46 Vgl. 6.2.7
47 Zum Spendenrecht: vgl. 6.5.1; zur Spendenwerbung: Schauhoff: a. a. O., zu § 8 Rn 19, m. w. N.
48 Vgl. 6.2.1 und 6.2.2 (Geprägetheorie).
49 Vgl. 6.2.7.1, Appelle zur Vermeidung eines Verlustausgleichs.
50 AEAO zu § 58 Tz 16, Tz 21, Tz 22; OFD Frankfurt , Vfg. v. 09.09.2003, DB 2003, S. 2071; gleich lautender Erlass FinMin Brandenburg v. 22.12.2004, DStR 2005, S. 290.
51 Grundsätze vgl. 6.2.4 und 6.2.8; Buchna: a. a. O., zu 2.5.3.4, S. 109 ff; Kümpel: Die Besteuerung steuerpflichtiger wirtschaftlicher Geschäftsbetriebe, DStR 1999, S. 1505 ff, S. 1506, zu 5.

günstigung führen. Im jeweiligen Einzelfall ist der Sachverhalt entscheidend und diese Hinweise bieten allenfalls eine Orientierung:

- Die erstmalige **Ausstattung** bzw. Errichtung eines steuerpflichtigen wGb **mit Mitteln**, die der **zeitnahen Verwendungspflicht** unterliegen, ist **nicht zulässig**, denn das im wGb eingesetzte Kapital ist auf Dauer der zeitnahen Verwendung für satzungsmäßige Zwecke entzogen.
- Für zulässig wird **ausnahmsweise** der Fall angesehen, wenn eine kurzfristige Finanzierung des steuerpflichtigen wGb erfolgt und die Mittel innerhalb der Verwendungsfrist wieder zurückgeführt werden, um für steuerbegünstigte Zwecke Verwendung zu finden (z. B. Vorfinanzierung eines Sommerfestes bzw. Tag der offenen Tür im Krankenhaus mit Rückführung der Mittel (zzgl. Gewinn) nach Durchführung der Veranstaltung). Diese Ausnahme wird in der Praxis zwar häufig anzutreffen sein, aber sie findet über die genannten Beispielsfälle hinaus u. E. keine Beachtung, weil die Finanzverwaltung eine derartige Veranstaltung erfahrungsgemäß nur aufgreift, wenn Verluste erwirtschaftet worden sind.
- **Nicht** dem Gebot der **zeitnahen Mittelverwendung** unterliegen die nach den Vorschriften des § 58 Nrn. 6, 7, 11 und 12 AO zulässigen Rücklagen bzw. Vermögenszuführungen. Zu unterscheiden ist hierbei zwischen projektbezogenen, gebundenen Rücklagen (§ 58 Nr. 6 AO), freien Rücklagen (§ 58 Nr. 7 a AO), Rücklagen zum Erwerb von Gesellschaftsrechten (§ 58 Nr. 7 b AO) sowie Vermögenszuführungen i. S. d. § 58 Nrn. 11 und 12 AO. Darüber hinaus sind Rücklagenbildungen im Bereich der Vermögensverwaltung sowie im steuerpflichtigen wGb zulässig, soweit hierfür bei vernünftiger kaufmännischer Beurteilung eine wirtschaftliche Begründung besteht. Der **Einsatz dieses Vermögens** zur Errichtung eines steuerpflichtigen wGb ist nach den Vorschriften der Steuerbegünstigung unschädlich.[52]
- Die Errichtung des steuerpflichtigen wGb durch **Darlehensaufnahme** ist grundsätzlich möglich, denn der Körperschaft steht es frei, sich auf diesem Weg die Mittel z. B. bei einer Bank zu beschaffen. Dabei ist jedoch sicherzustellen, dass das Darlehen nebst Finanzierungskosten durch die Erträge aus dem laufenden Betrieb des wGb bedient werden können. Für die Tilgung und die Zinsleistungen dürfen keine zeitnah zu verwendenden Mittel eingesetzt werden. Die **Bestellung von Sicherheiten** für das Darlehen ist üblich und solange für die Steuerbegünstigung unschädlich, wie eine Belastung der Körperschaft daraus nicht entsteht. Die Bestellung der Sicherheit ist keine Verwendung von nicht zur Verfügung stehenden Mitteln.[53]
- Der Einsatz von **Spendenmitteln** im steuerpflichtigen wGb ist nicht zulässig, soweit dem Spender dafür eine steuerlich wirksame Zuwendungsbestätigung erteilt wurde. Spenden i. S. d. § 10 b EStG sind ausschließlich zur Förderung der bescheinigten steuerbegünstigten Zwecke einzusetzen. Soweit die Spender mit ihren Zuwendungen die Errichtung eines steuerpflichtigen wGb fördern

---

52 OFD Frankfurt , Vfg. v. 09.09.2003, DStR 2003, S. 2071, DStZ 2004, S. 55.
53 AEAO zu § 55 Tz 7.

wollten und sie die Zuwendungen bereits in Kenntnis der geplanten Verwendung hingegeben haben, ist dies – ebenfalls ohne Zuwendungsbestätigung – zulässig.

Beispiel: Sachspende und deren Verwertung im steuerpflichtigen wGb

a) Wird eine Sachspende mit der Bestimmung gegeben, sie in einem steuerpflichtigen wGb zu verwenden (z. B. **Speisen und Getränke** zum unentgeltlichen Verzehr im Rahmen eines Sommerfestes), ist dies möglich.
b) **Zweifelhaft** ist der Fall allerdings dann, wenn der Spender ausdrücklich eine Verwendung zu steuerbegünstigten satzungsmäßigen Zwecken bestimmt und kein Sponsoring vorliegt, die Verwertung von Speisen und Getränken aber nur im Rahmen eines steuerpflichtigen wGb möglich ist.
Hier muss es möglich sein, dass z. B. der volle Erlös (vor Ertragsteuern) aus dem Verkauf der Speisen und Getränke im steuerpflichtigen wGb dem steuerbegünstigten Zweck zugeführt wird und der Spender eine abzugsfähige Sachspende gegen Zuwendungsbestätigung leistet. Der **Verkauf** im wGb ist hier **nur Mittel zum Zweck**, der u.E. auch nicht besteuert werden darf. Erreichen lässt sich dies aber nur durch eine „Einlage" der Speisen und Getränke zum Teilwert in den steuerpflichtigen wGb (§ 6 Abs. 1 Nr. 5 EStG). Eine Verwendung des „Gewinns" aus dem Verkauf als Spende an den eigenen Zweckbetrieb ist nicht möglich, weil die Zuführung der Überschüsse aus dem steuerpflichtigen wGb von Gesetzes wegen Voraussetzung für die Steuerbegünstigung ist.[54] Soweit keine Umsatzsteuerbefreiung greift und die Kleinunternehmerregelung (§ 19 UStG) nicht in Anspruch genommen werden kann, erfolgt der Verkauf mit Umsatzsteuer.

- Der Einsatz eigener Mittel ist dann kein Verbrauch im steuerpflichtigen wGb und in eingeschränktem Umfang möglich, wenn es sich um die Aufnahme eines **sogenannten „rein" betrieblichen Darlehens** handelt.[55] Hier investiert die Körperschaft mit den Mitteln, die im Zeitpunkt der Investition (noch) nicht der Verpflichtung zur zeitnahen Verwendung für die steuerbegünstigten Zwecke unterliegen, im eigenen Betrieb. Ihr wird ein Wahlrecht zugestanden zwischen einer Kapitalanlage bei einem Dritten (z. B. Bank) oder der Anlage im eigenen Betrieb. Denn eine Körperschaft darf ihre Mittel, solange sie nicht für steuerbegünstigte Zwecke verwendet werden müssen (zeitnah i. S. d. § 55 Abs. 1 Nr. 5 AO), zur Ertragsmehrung investieren, wie sie möchte. Der „Transfer" von Barmitteln und Wirtschaftgütern aus dem steuerbefreiten in den steuerpflichtigen Bereich ist (fast) jederzeit möglich und geschieht häufig unbewusst, wenn die wirtschaftliche Aktivität erst nachträglich als steuerpflichtiger wGb aufgedeckt wird. So kann die Körperschaft entscheiden,

---

54 Vgl. A. Koenig: a.a.O., zu § 64 Rn 10 bzgl. Anlass und Einlage zum Teilwert; Buchna: a.a.O., zu 3.10, S. 366 mit ähnlichem Beispiel S. 367; Vgl. 4.1.4.2, S. 408 bzgl. nicht zulässiger eigener Spende; **a.A.:** Knorr/Klaßmann: a.a.O., S. 481 (wGb).
55 Buchna: a.a.O., zu 2.5.3.4, S. 110; vgl. AEAO zu § 55 Tz 7; vgl. 6.2.7.2 zu 4): Verlustausgleich.

ob sie das zur Ausstattung des steuerpflichtigen wGb benötigte Geld z. B. durch einen Bankkredit aufbringt oder durch Auflösung einer Geldanlage innerbetrieblich neu investiert. Bei einem Vergleich der Konditionen wird die Entscheidung von der aktuellen Marktlage für Kredite und Geldanlagen beeinflusst. Wird ein betriebliches Darlehen gewährt, ist **sicherzustellen**, dass die eingesetzten innerbetrieblichen **Mittel nach Maßgabe der bestehenden Bindungen** zu den richtigen Zeitpunkten wieder für die Verwendung zu steuerbegünstigten Zwecken zur Verfügung stehen.[56] Für die **Abwicklung** des bewusst in Anspruch genommenen „rein betrieblichen Darlehens" sollte die Körperschaft nachvollziehbare Unterlagen bereithalten. Ein Schriftstück, das die wesentlichen Daten, wie Betrag, Laufzeit, Tilgung und Zinsen, dokumentiert, kann gegenüber dem Finanzamt nützlich sein.

- Für die **Finanzierung des Erwerbs** oder die Erhöhung von **Beteiligungen** an gewerblich tätigen **Personengesellschaften**, atypisch stillen Beteiligungen oder Anteilen an **Kapitalgesellschaften** gelten die vorstehenden Hinweise zur Ausstattung mit Mitteln entsprechend, wenn diese **Beteiligungen einen steuerpflichtigen wGb begründen**. Mit dem Übergang der Mittel auf eine steuerpflichtige Personen- oder Kapitalgesellschaft verlieren diese bisher von der steuerbegünstigten Körperschaft unmittelbar gehaltenen Mittel grundsätzlich ihre Bindung zur Steuerbegünstigung. Weder die Mittel noch deren Erträge unterliegen bei den steuerpflichtigen Beteiligungsgesellschaften fortan den strengen Anforderungen der Mittelverwendung. Die Abhängigkeiten zwischen Beteiligungsgesellschaft und steuerbegünstigter Körperschaft als Gesellschafterin sind gleichwohl vielseitig und im Lichte der Steuerbegünstigung stets sorgfältig zu bewerten (z. B. Gewinnausschüttung, Thesaurierung, Bildung von Rücklagen, Liefer- und Leistungsbeziehungen).

Zur **Einordnung und Besteuerung** von Beteiligungen sowie steuerpflichtigen wGb sind mittlerweile von der **Finanzverwaltung** eine **Vielzahl von Erlassen** ergangen, die differenzieren und im jeweiligen Einzelfall heranzuziehen sind.[57] Für die Frage, ob die Kapitalausstattung einer Kapitalgesellschaft für die Steuerbegünstigung des Gesellschafters unbedenklich ist, soll es entscheidend darauf ankommen, ob die Empfängerkörperschaft selbst steuerbegünstigt ist und welche Mittel verwendet werden. Auch den Fragen zur Schädlichkeit für die Steuerbegünstigung bei einer entgeltlichen Überlassung der bisher einem Zweckbetrieb gewidmeten Räumlichkeiten einschließlich des Inventars an die zuvor ausgegliederten **Dienstleistungs-Kapitalgesellschaften** im Rahmen einer **Betriebsaufspaltung** hat sich die Finanzverwaltung durch Erlasse gestellt.[58] Zu derartigen Sachverhalten und den steuerlichen Auswirkungen für eine Kran-

---

56 Buchna: a. a. O., zu 2.5.3.4, S. 110; Schauhoff: a. a. O., § 6 F I.3. Rn 115, m. w. N.
57 AEAO zu § 64 Tz 3; OFD Frankfurt, Vfg. v. 09.09.2003, DStR 2003, S. 2071; FinMin Brandenburg, Erlass v. 22.12.2004, DStR 2005, S. 290; OFD Rostock, Vfg. v. 12.07.2002, DStR 2002, S. 1484.
58 AEAO zu § 64 Tz 3; OFD Koblenz, Vfg. v. 07.10.2003, DB 2003, S. 2413; OFD Frankfurt, Rdvfg. v. 08.12.2004, DStR 2005, S. 600 (zur Dienstleistungs-GmbH und Mittelverwendung).

kenhauskörperschaft vgl. Hinweise und Beispiele an anderer Stelle (z. B. ABC der Ertragsbesteuerung (Kap. 2.4) oder ABC der wirtschaftlichen Tätigkeiten (Kap. 6.6)).

6.4.3.3 Besteuerung des steuerpflichtigen wGb (§ 64 AO)

Unterhält die steuerbegünstigte Krankenhauskörperschaft einen steuerpflichtigen wGb, wird die Körperschaft bei **Vorliegen der weiteren Voraussetzungen** insoweit (partiell) mit KSt, GewSt, USt und GrSt belastet. Dies besagt § 64 Abs. 1 AO und bezieht sich dabei für den wGb auf § 14 AO und für den Ausschluss der Steuervergünstigung allgemein auf die Steuergesetze mit den Voraussetzungen zu den → *Besteuerungsgrundlagen*.[59] Damit regelt § 64 Abs. 1 AO die Gewinnermittlung nicht selbst, sondern verweist auf die allgemeinen Vorschriften (z. B. §§ 7, 8 KStG). Im Folgenden gehen wir weiter auf die abgabenrechtlichen Vorschriften ein und verweisen bzgl. der **Gewinnermittlung** und der **Ertragsbesteuerung** auf **Kapitel 2** mit den entsprechenden Unterpunkten.

Der **Begriff** „wirtschaftlicher Geschäftsbetrieb" (wGb) ist einheitlich für alle Steuerarten in **§ 14 AO** geregelt. Danach ist ein wirtschaftlicher Geschäftsbetrieb eine selbständige, nachhaltige Tätigkeit, durch die Einnahmen oder andere wirtschaftliche Vorteile erzielt werden. Die Absicht, **Gewinn** zu erzielen, ist nach § 14 Satz 2 AO für einen wGb nicht erforderlich, weil auch die kostendeckende Einnahmeerzielung wettbewerbswirksam ist[60] (wGb z. B. bei Einnahmen aus Leistungen für jedes Tun, Dulden oder Unterlassen, das Gegenstand eines entgeltlichen Vertrags sein kann und um des Entgelts willen erbracht wird; z. B. Verkauf von Kleidung mit Firmen- bzw. Vereinsaufdruck an Mitarbeiter bzw. Mitglieder zum Selbstkostenpreis). Die steuerunschädliche **Vermögensverwaltung** ist vom Wortlaut ausdrücklich ausgenommen und durch Tätigkeiten der Körperschaft wie Nutzung des Vermögens durch Dritte gegen Entgelt gekennzeichnet.

Für die Annahme eines wGb müssen **sämtliche Begriffsmerkmale**[61] gegeben sein; dazu nur kurz einige Feststellungen: **Selbständig** meint nicht die (kraft Rechtsform gegebene) Selbständigkeit der Körperschaft an sich, sondern die sachliche Selbständigkeit. Sie liegt vor, wenn eine Tätigkeit von dem steuerbegünstigten Wirkungskreis der Körperschaft (Gesamtverhalten) abgrenzbar ist, sich von diesem Gesamtverhalten also wirtschaftlich abhebt und damit keine Einheit bildet.[62] **Nachhaltig** ist eine Tätigkeit, wenn der Wille besteht, gleichartige oder ähnliche Handlungen bei sich bietender Gelegenheit zu wiederholen.[63] Bereits die einmalige Handlung kann ausreichen, wenn dafür objektive Anzeichen festgemacht werden können; die Anforderungen an dieses Merkmal sind erfahrungsgemäß

---

59 Vgl. AEAO zu § 64 Tz 1 mit Angabe der maßgebenden Steuergesetze.
60 Koenig: a. a. O., zu § 14 Rn 21, zu § 64 Rn 5.
61 Vgl. Schauhoff: a. a. O., § 6 F II. Rn 117 ff; Buchna: a. a. O., zu 2.14.2, S. 206 ff; Koenig: a. a. O., zu § 14.
62 BFH-Urteil v. 18.01.1984, I R 138/79, BStBl II 1984, S. 451; kritisch: Koenig: a. a. O., zu § 14 Rn 11.
63 AEAO zu § 64 Tz 2; Koenig: a. a. O., zu § 14 Rn 15.

gering. Darüber hinaus ist eine **Teilnahme am wirtschaftlichen Verkehr** erforderlich. Dies soll aber schon dann der Fall sein, wenn ein Leistungs- oder Güteraustausch vorliegt, selbst wenn sich die Betätigung nur auf den Kreis der Mitglieder beschränken sollte oder nur kostendeckende Einnahmen angestrebt werden.[64] Damit wird jede erwerbswirtschaftliche Betätigung erfasst, es sei denn, sie ist als Vermögensverwaltung nach § 14 Satz 3 AO ausgenommen. Durch die Tätigkeit werden **Einnahmen oder andere wirtschaftliche Vorteile** erzielt, wenn dafür Geld und Zahlungsmittel, aber auch geldwerte Vorteile hingegeben werden. Andere wirtschaftliche Vorteile sind rechtliche oder wirtschaftliche Positionen, denen am Markt ein Wert beigemessen wird. Da diese Vorteile durch die **Tätigkeit ursächlich** erzielt werden müssen, fallen Spenden, Schenkungen oder Erbschaften sowie grundsätzlich auch Mitgliedsbeiträge und Zuschüsse nicht darunter.[65]

Für die sich stets anschließende Prüfung der **konkreten steuerpflichtigen Einkünfte** (als Besteuerungsgrundlage) der Körperschaft kann der **weit gefasste Begriff** wGb im Einzelfall (allein) nicht genügen, denn fehlen z. B. bei einem **Verein** und seinen wirtschaftlichen Tätigkeiten die (weiteren) Merkmale „Teilnahme am *allgemeinen* wirtschaftlichen Verkehr" oder „eine Gewinnerzielungsabsicht" liegen keine gewerblichen Einkünfte i. S. d. § 15 EStG vor. Auf eine **Kapitalgesellschaft** (z. B. AG, GmbH) trifft dies allerdings nicht zu, da für sie alle Einkünfte als Einkünfte aus Gewerbebetrieb gelten bzw. sie bereits kraft Rechtsform einen Gewerbebetrieb begründen (§ 8 Abs. 2 KStG und § 2 Abs. 2 GewStG).[66] Liegen umgekehrt die Voraussetzungen eines **Gewerbebetriebs** vor, ist **stets** auch ein **wGb** gegeben; davon ist – ungeachtet von dessen möglicher Steuerbefreiung als Zweckbetrieb – z. B. bei einer gemeinnützigen Krankenhaus-GmbH auszugehen.

Nach dem Wortlaut des § 64 Abs. 1 AO wird deutlich, dass dem steuerpflichtigen wGb die **innere Verknüpfung** zu den von der Körperschaft verfolgten steuerbegünstigten Zwecken **fehlt**. Er ist weder zur Zweckerreichung erforderlich noch dient er unmittelbar der Verwirklichung der begünstigten Zwecke. Von der reinen Steuersystematik der AO ausgehend ist in der Praxis aber nur ganz selten eine steuerbegünstigte Körperschaft anzutreffen, die keinen steuerpflichtigen wGb unterhält. Die Gründe für weitergehende Aktivitäten sind vielfältig, aber leider nicht immer (steuerlich) stichhaltig, wenn es darum geht, das Finanzamt nicht nur von der Zulässigkeit, sondern insbesondere von der Notwendigkeit und Verknüpfung mit den übrigen verfolgten steuerbegünstigten Zwecken zu überzeugen, mit dem Ziel, eine Besteuerung weitestgehend zu vermeiden. Mit stichwortartigen **Beispielen aus der Praxis** der steuerbegünstigten Krankenhauskörperschaften haben wir **in Kapitel 6.6** die Einordnung und ertragsteuerliche Behandlung von wirtschaftlichen Aktivitäten **in ABC-Form** aufgezeigt.

Steuersubjekt ist in jedem Fall die **Krankenhauskörperschaft**, die den steuerpflichtigen wGb betreibt. Im jeweiligen Veranlagungsverfahren des Kalender- bzw. Geschäftsjahres (Abschnittsbesteuerung) wird über die Anerkennung der

---

[64] BFH-Urteil v. 27.10.1993, I R 60/91, BStBl II 1994, S. 573 (574).
[65] Koenig: a. a. O., zu § 14 Rn 18, 19; Schauhoff: a. a. O., zu § 6 Rn 121–123.
[66] BFH-Urteil v. 19.11.2003, I R 33/02, DB 2004, S. 416; vgl. Buchna: a. a. O., zu 2.14.2, S. 206–208/zu 4.1.4, S. 396/397, m. w. N.

Körperschaft als steuerbegünstigt sowie die Einordnung ihrer wGb als steuerpflichtig oder als steuerbegünstigte Zweckbetriebe entschieden.[67] Zur **Abgrenzung** der möglichen **Zweckbetriebe** und den Voraussetzungen ist auf §§ 65 ff. AO zu verweisen.[68] Zur **Vermögensverwaltung** als (steuerfreie und steuerunschädliche) passive Tätigkeit durch Nutzung des Vermögens durch Dritte gegen Entgelt verweisen wir auf das folgende Kapitel.[69]

6.4.3.4 Mehrere steuerpflichtige wGb (§ 64 Abs. 2 AO)

Nach **§ 64 Abs. 2 AO** gilt Folgendes:

> „Unterhält die Körperschaft mehrere wirtschaftliche Geschäftsbetriebe, die keine Zweckbetriebe (§§ 65 bis 68) sind, werden diese als ein wirtschaftlicher Geschäftsbetrieb behandelt."

Während im ersten Schritt das Ergebnis eines einzelnen steuerpflichtigen wGb zu ermitteln ist (§ 64 Abs. 1 AO), wird vom Gesetzgeber seit 1990 quasi in einem zweiten Schritt fingiert, dass die Ergebnisse mehrerer unterhaltener steuerpflichtiger wGb zusammengefasst und damit saldiert werden. Diese einzuhaltende **Vorgehensweise** zeigt auch konkrete Auswirkungen bei der Einkommensermittlung, denn grundsätzlich sind ihrer Art nach unterschiedliche Tätigkeiten (wie z. B. Lieferapotheke, Auftragsforschung, Besucher-Cafeteria, Gutachtentätigkeit, Laborleistungen für niedergelassene Ärzte, Einkünfte aus Beteiligungen etc.) nach den Bestimmungen der Einzelsteuergesetze zu erfassen und die Ergebnisse getrennt zu ermitteln. Auf die Möglichkeit, dass ein Verlustausgleich zwischen mehreren steuerpflichtigen wGb nach § 64 Abs. 2 AO vorgenommen werden kann, haben wir bereits hingewiesen.[70] Diese Möglichkeit bedeutet allerdings nicht, dass steuerpflichtige wGb, die erkennbar keine Überschüsse oder zumindest Kostendeckung erreichen können, auf Dauer in diese **interne Verlustverrechnung** einbezogen werden dürfen (Ausnahmen bei einzelnen Tätigkeiten werden mit nachweisbaren Gründen für eine Übergangszeit auch von der Finanzverwaltung akzeptiert).[71] Die Steuerbegünstigung einer Körperschaft ist wegen → *Mittelfehlverwendung* stets gefährdet, wenn mehrere steuerpflichtige wGb insgesamt (als ein wGb nach § 64 Abs. 2 AO) Verluste erwirtschaften. Für die Frage, ob die Grenzen der **Buchführungspflicht** nach § 141 AO überschritten sind, kommt es ebenfalls auf die Werte des Gesamtbetriebs an. Krankenhauskörperschaften sind bereits nach § 140 AO i. V. m. den maßgebenden Rechnungslegungsvorschriften

---

67 Vgl. 6.3.2
68 Vgl. 6.4.2, insbesondere 6.4.2.2.
69 Vgl. 6.4.4
70 Vgl. 6.2.7.2, m. w. N. und Beispielen; AEAO zu § 55 Tz 4 bis 8; AEAO zu § 64 Tz 12 und 13.
71 Koenig: a. a. O., zu § 64 AO Rn 16; **a.A.**: Knorr/Klaßmann: a. a. O., S. 188, m. w. N. aber auch Zweifeln.

buchführungspflichtig, so dass für den steuerpflichtigen wGb u.E. grundsätzlich nicht mehr auf § 141 AO abzustellen ist.[72]

6.4.3.5 Besteuerungsgrenze und deren Wirkungen (§ 64 Abs. 3 AO)

Ungeachtet der dem Grunde nach bestehenden **Steuerpflicht** unterliegen die → *Besteuerungsgrundlagen* des wGb **ausnahmsweise nicht** der **KSt und GewSt**, wenn die umsatzabhängige Besteuerungsgrenze nach **§ 64 Abs. 3 AO** im Kalender- bzw. Wirtschaftsjahr nicht überschritten wird:

> „Übersteigen die Einnahmen einschließlich Umsatzsteuer aus wirtschaftlichen Geschäftsbetrieben, die keine Zweckbetriebe sind, insgesamt nicht 30.678 Euro im Jahr, so unterliegen die diesen Geschäftsbetrieben zuzuordnenden Besteuerungsgrundlagen nicht der Körperschaftsteuer und der Gewerbesteuer."

Die Vorschrift setzt **keinen Antrag** voraus und ist vom zuständigen Finanzamt von Amts wegen anzuwenden, wenn in der Steuererklärung nicht darauf geachtet worden ist.

Die ebenfalls seit 1990 geltende Vereinfachungsregelung soll nach dem Willen des Gesetzgebers für viele kleinere steuerbegünstigte Einrichtungen eine Erleichterung gegenüber dem Finanzamt bewirken. Den **Aufzeichnungspflichten** nach § 63 Abs. 3 AO zum Nachweis der tatsächlichen Geschäftsführung muss stets nachgekommen werden, denn der Gesetzeswortlaut befreit nicht von dieser Pflicht und letztlich muss das Unterschreiten der Freigrenze und damit die Inanspruchnahme der Vorschrift nachgewiesen werden.

Wird die **Besteuerungsgrenze nicht erreicht**, sind neben den genannten Rechtsfolgen folgende **Wirkungen** zu beachten: Ausdrücklich gilt die sachliche Befreiung nur für die KSt und GewSt (nicht für die GrSt und nicht für die USt); sie werden aus Vereinfachungsgründen lediglich nicht erhoben. Auf die steuerliche Qualifikation der Betätigung als steuerpflichtiger wGb wirkt sich das ebenfalls nicht aus; er wird nicht zum Zweckbetrieb.[73] Der allgemeine Grundsatz, dass für → *steuerbegünstigte Zwecke* gebundene Mittel nicht für den Ausgleich von Verlusten aus steuerpflichtigen wGb verwendet werden dürfen, wird durch die sachliche Befreiung nicht aufgehoben. Es soll jedoch genügen, wenn bei überschlägiger Prüfung der Aufzeichnungen erkennbar ist, dass keine Verluste entstanden sind.[74] Schließlich gibt die Finanzverwaltung für diese Grenzfälle weitere großzügige Hinweise, die im Einzelfall bei Verlusten oder Gewinnen zu beachten sind.[75] Steuerbegünstigte Krankenhauskörperschaften üben regelmäßig eine **Vielzahl entgeltlicher Nebentätigkeiten** aus, die – sofern steuerpflichtig – als ein

---

72 Vgl. 2.3, m.w.N.
73 AEAO zu § 64 Tz 20; Koenig: a.a.O., zu § 64 AO Rn 20.
74 AEAO zu § 64 Tz 22.
75 AEAO zu § 64 Tz 23; Koenig: a.a.O., zu § 64 AO Rn 20; vgl. 2.4 Ertragsteuer-ABC mit Beispiel.

wGb gelten (§ 64 Abs. 2 AO), so dass die Freigrenze mit den Bruttoeinnahmen überschritten wird und der Vorschrift u.E. insoweit **kaum eine praktische Bedeutung** zukommt. Dies gilt auch für die Anwendungsfälle des § 64 Abs. 4 AO, dem sogenannten Zellteilungsverbot, das wir aus der Praxis nicht kennen.

Zu den **Einnahmen** i.S.d. § 64 Abs. 3 AO gehören die leistungsbezogenen Einnahmen, die durch den wGb aus dem laufenden Geschäft veranlasst und der steuerbegünstigten Körperschaft in Geld oder Geldeswert zugegangen sind.[76] Für die **Ermittlung** sind die Grundsätze der jeweiligen steuerlichen Gewinnermittlung maßgebend, d.h., der Betriebsvermögensvergleich i.S.d. §§ 4, 5 EStG berücksichtigt die „Soll-Einnahmen" (z.B. Forderungen, erhaltene Anzahlungen), die Einnahmenüberschussrechnung nach § 4 Abs. 3 EStG grundsätzlich alle zugeflossenen Einnahmen (Zu- und Abflussprinzip nach § 11 EStG). Die USt erhöht unabhängig von der Ermittlungsart als Teil des Entgelts die Einnahmen; das gilt nicht für die vom Finanzamt erstattete USt als Vorsteuerüberhang.[77] Alle Einnahmen, die keinen unmittelbaren Leistungsbezug haben, werden von der Finanzverwaltung zur Ermittlung der Freigrenze nicht berücksichtigt.[78] Der Betrag von 30.678 € (bis 31. Dezember 2001 60.000 DM) ist **kein Freibetrag**, der von den ermittelten Einnahmen abzuziehen wäre, sondern eine Freigrenze, deren Überschreiten die KSt- und GewSt-Pflicht bedeutet.[79]

Freibeträge auf steuerpflichtige Gewinne werden für die KSt nach § 24 KStG mit 3.835 € (aber nicht für Kapitalgesellschaften, auch wenn diese auf Dauer keine Ausschüttung vornehmen[80]) und für die GewSt nach **§ 11 Abs. 1 Satz 3 Nr. 2** GewStG mit 3.900 € (für alle Körperschaften) gewährt.

6.4.4 Steuerfreie Vermögensverwaltung

Wie zu diesem Kapitel eingangs ausgeführt, zählt zu den Aktivitäten einer steuerbegünstigten Krankenhauskörperschaft im weitesten Sinne auch die Vermögensverwaltung. Zwar soll die selbständige nachhaltige Tätigkeit im wGb (§ 14 AO) über den Rahmen einer Vermögensverwaltung hinausgehen, aber das ändert nichts daran, dass unter dem (nicht nur) als Abgrenzungskriterium eingesetzten Begriff „Vermögensverwaltung" auch **Tätigkeiten ausgeübt** werden, die der Mittelbeschaffung und damit der Finanzierung der steuerbegünstigten Körperschaft dienen. Die Vermögensverwaltung fällt also nicht unter den Begriff „wirtschaftlicher Geschäftsbetrieb" und verstößt grundsätzlich nicht gegen das → *Ausschließlichkeitsgebot* (§ 56 AO), sofern die Erträge für steuerbegünstigte Zwecke verwendet werden.

---

76 AEAO zu § 64 Tz 14 und 15; Buchna: a.a.O., zu 2.14.6, S. 235/236; Koenig: a.a.O., zu § 64 AO Rn 19.
77 Koenig: a.a.O., zu § 64 AO Rn 20 sowie AEAO zu § 64 Tz 16 g).
78 AEAO zu § 64 Tz 16.
79 Der Betrag von 30.678 € wird möglicherweise ab 01.01.2007 auf 35.000 € aufgestockt, wenn ein Referentenentwurf vom 14.12.2006 Gesetz wird.
80 BFH-Urteil v. 24.01.1990, I R 33/86, BStBl II 1990, S. 470 f.

6.4.4.1 Vermögensverwaltung im Rahmen der Steuerbegünstigung

Das Erscheinungsbild der Vermögensverwaltung und die steuerliche Einordnung im Rahmen der Steuerbegünstigung stellen sich wie folgt dar:

Der Grundsatz der → **Wettbewerbsneutralität** gebietet es, erwerbswirtschaftliche Betätigungen der steuerbegünstigten Körperschaften zu besteuern. Davon klammert § 14 Satz 3 AO den Bereich der Vermögensverwaltung aus, weil eine Beeinträchtigung der wettbewerblichen Ausgangslage miteinander konkurrierender Steuerpflichtiger hier typischerweise ausgeschlossen ist. Das Gebot der → *zeitnahen Mittelverwendung* soll hier sicherstellen, dass das Vermögen und die daraus fließenden Erträge zwar nicht sofort, aber zeitlich gestreckt gemeinwohl wirksam verwendet werden. Überschüsse aus der Vermögensverwaltung sind grundsätzlich zeitnah für die steuerbegünstigten Zwecke zu verwenden; aber sie dürfen auch einer Reihe von → *Rücklagen* zugeführt werden.[81]

Welche rechtlichen Maßstäbe für steuerbegünstigte Körperschaften bei der **Wahl der Anlagearten** gelten, ist u.E. noch nicht ausreichend geklärt. Die AO schreibt keine bestimmte Anlageform vor. Die Körperschaften sind daher grundsätzlich in ihren Dispositionen frei. Als Richtschnur gilt in der Praxis oftmals noch Sicherheit vor Rendite bzw. eine eher konservative Anlagestrategie.[82] Was u.E. von den Organen der steuerbegünstigten Körperschaften stets angestrebt werden sollte ist, dass die gewählten Anlageformen ständig beobachtet werden, um rechtzeitig reagieren zu können.

Verluste aus Vermögensverwaltung sollen nach Auffassung der Finanzverwaltung unter den gleichen Voraussetzungen wie Verluste aus steuerpflichtigen wGb steuerschädlich sein.[83] In der Praxis ist unklar, wie nach Meinung der Finanzverwaltung eine entsprechende Anwendung im Einzelfall umzusetzen ist, wenn z.B. vorab an die Möglichkeit einer Saldierung der Ergebnisse aus steuerpflichtigem wGb und der Vermögensverwaltung gedacht wird. Ist das Wirken der steuerbegünstigten Körperschaft im Bereich der Mittelbeschaffung generell und nachweisbar auf die Erwirtschaftung von Gewinnen gerichtet, kann es im Einzelfall nicht entscheidend sein, ob ausnahmsweise ein Verlust im steuerpflichtigen wGb oder im Bereich der Vermögensverwaltung angefallen ist. Diese Verlustentstehung ist dann nicht steuerschädlich.[84]

6.4.4.2 Gesetzliche Grundlagen der Steuerbefreiung

Vermögensverwaltung ist die Nutzung des Vermögens im Sinne einer Fruchtziehung aus den zu erhaltenden Substanzwerten. **§ 14 Satz 3 AO** definiert den Begriff nicht, sondern nennt nur einige typische Fälle einer Vermögensverwaltung:

---

81 Vgl. 6.2.10 mit Beispielen.
82 vgl. Buchna: a.a.O., zu 2.5.3.3, S. 107/108; Schauhoff: Wertberichtigungen im Stiftungsvermögen, Stiftungsrecht, Gemeinnützigkeitsrecht, bilanzielle Darstellung, DStR 2004, S. 471 ff.
83 AEAO zu § 55 Tz 9; Buchna: a.a.O., zu 2.5.3.3, S. 107/108; vgl. 6.2.7 für den steuerpflichtigen wGb; vgl. 6.4.4.4 Verluste in der Vermögensverwaltung.
84 Vgl. Schauhoff: a.a.O., zu § 6 A. I. 2. Rn 5–7.

> „Eine Vermögensverwaltung liegt in der Regel vor, wenn Vermögen genutzt, zum Beispiel Kapitalvermögen verzinslich angelegt oder unbewegliches Vermögen vermietet oder verpachtet wird."

Steht dagegen die Ausnutzung substanzieller Vermögenswerte durch Umschichtung im Vordergrund, verhalten sich die Organe der Körperschaft am Markt wie ein Händler oder tritt die Nutzung des Vermögens hinter die Bereitstellung einer einheitlichen unternehmerischen Organisation zurück, liegt eine wirtschaftliche Tätigkeit vor.[85] Die steuerfreie Vermögensverwaltung erfordert, dass sich die steuerbegünstigte Körperschaft nach dem **Gesamtbild der Verhältnisse** und unter **Berücksichtigung der Verkehrsanschauung** auf die **Nutzung des vorhandenen Vermögens** beschränkt. Danach können diesem Bereich regelmäßig die Tätigkeiten zugeordnet werden, die auf die Erzielung von Einkünften aus Kapitalvermögen i.S.d. § 20 EStG oder aus Vermietung und Verpachtung i.S.d. § 21 EStG gerichtet sind.

Dass die Einkünfte aus der Vermögensverwaltung im **Einzelfall steuerfrei** sind, ergibt sich wie folgt: Die nach §§ 51 ff. AO steuerbegünstigte Körperschaft ist mit ihren steuerpflichtigen wGb i.S.v. §§ 14, 64 Abs. 1 AO nicht steuerbefreit (§ 5 Abs. 1 Nr. 9, § 3 Nr. 6 GewStG). Ein steuerpflichtiger wGb liegt vor, wenn die entfaltete bzw. ausgeübte Tätigkeit über den Rahmen einer Vermögensverwaltung hinausgeht (§ 14 Satz 1 AO). Liegt dagegen nur eine Tätigkeit im Rahmen der Vermögensverwaltung vor, bleiben diese Einkünfte steuerlich unberücksichtigt. Die Frage nach der Einkunftsart stellt sich aber, wenn keine Tätigkeit im Bereich der Vermögensverwaltung vorliegt, so dass grundsätzlich Steuerpflicht eintritt. Bei einer Kapitalgesellschaft liegen kraft gesetzlicher Fiktion stets Einkünfte aus Gewerbebetrieb vor (§§ 8 Abs. 2 KStG, 2 Abs. 2 GewStG).[86]

6.4.4.3 Grenzbereiche der Vermögensverwaltung

Es gibt bei den steuerbegünstigten Krankenhauskörperschaften in diesem Bereich eine Vielzahl von Sachverhalten, zu denen die Frage der Steuerpflicht oder Steuerfreiheit der einzelnen Tätigkeit eindeutig beantwortet werden kann (z.B. Zinsen aus einer Geldanlage; Mieten für das Schwesternwohnheim; aber wie sind die Einkünfte aus einer Beteiligung zu bewerten?). Die vorab entscheidende Abgrenzung zwischen Vermögensverwaltung und steuerpflichtigem wGb (stets außerhalb des Kernbereichs „Krankenhaus-Zweckbetrieb") kann häufig in den Zusammenhängen sehr komplex und systematisch nur sehr schwierig durchzuführen sein.[87]

---

85 Koenig: a.a.O., zu § 14 AO Rn 22, m.w.N.; vgl. Schauhoff: a.a.O., zu § 6 D. I. 1 Rn 61.
86 Vgl. 6.4.3.3 bzgl. Voraussetzungen bei den übrigen Körperschaften wie z.B. Verein, Stiftung.
87 Vgl. Bott in Schauhoff: a.a.O., zu § 7 B. 4. Rn 235 ff; Buchna: a.a.O., zu 4.1.4, S. 395 ff.

Es beginnt in der Regel mit der **Gewinnermittlungstechnik**, wobei für eine buchführungspflichtige Krankenhauskörperschaft grundsätzlich auf den Betriebsvermögensvergleich abzustellen ist. Es setzt sich fort mit der **Zuordnung und dem Umfang des Betriebsvermögens**, wobei in der Regel nur ausschließlich und unmittelbar für betriebliche Zwecke genutzte Wirtschaftsgüter als notwendiges Betriebsvermögen für den steuerpflichtigen wGb anzusetzen sind. Es sind die **Einnahmen** zum steuerbefreiten oder partiell steuerpflichtigen Bereich zuzuordnen, wobei vorab die eindeutig dem ideellen bzw. steuerbefreiten Bereich gewidmeten Einnahmen, wie z. B. Spenden, (echte) Mitgliedsbeiträge bei Vereinen oder (echte) Zuschüsse, außen vor bleiben. Können die Einnahmen nach ihrer Entstehung in der Regel eindeutig zugeordnet werden, ist dies bereits bei steuerlich unterschiedlich zu beurteilenden Tätigkeiten nicht mehr der Fall (z. B. Sonderentgelte neben Mitgliedsbeiträgen für die Inanspruchnahme von Leistungen der Körperschaft). Ferner können im Einzelfall auch außerbetrieblich veranlasste Vermögensmehrungen wie Einlagen der Gesellschafter zu berücksichtigen sein. Letztlich sind es die **Aufwendungen bzw. Ausgaben**, die durch das Veranlassungsprinzip den Tätigkeitsbereichen zugeordnet werden müssen. Beruht das Entstehen einer Ausgabe auf mehreren steuerlich unterschiedlich zu beurteilenden Tätigkeiten, setzt die Zuordnung nach Auffassung der Finanzrechtsprechung eine Gewichtung der verschiedenen Anlässe der Entstehung der Ausgabe voraus. Diesen restriktiven Vorgaben folgt die Finanzverwaltung nicht, weil sie in großzügigerem Umfang einen Abzug gemischt veranlasster Aufwendungen bei Vorliegen eines objektiven Aufteilungsmaßstabs zulässt, wenn die primäre Veranlassung im ideellen bzw. steuerbefreiten Bereich den Ausgangspunkt hat.[88]

Mit stichwortartigen **Beispielen aus der Praxis** haben wir **in Kapitel 6.6 in ABC-Form** die Einordnung und ertragsteuerliche Auswirkung von wirtschaftlichen Aktivitäten aufgezeigt. Im Folgenden gehen wir auf **Bereiche der Abgrenzung** zwischen **Vermögensverwaltung und steuerpflichtigen wGb** ein, die u.E. einen praxisbezogenen Stellenwert haben und für das Verständnis der Erläuterung bedürfen.

(1) **Vermietung und Verpachtung** von unbeweglichem Vermögen (z. B. Parkplätze, Wohnungen in Schwesternhäuser) ist grundsätzlich[89] typische Vermögensverwaltung, auch bei Untervermietung einschließlich Möblierung. Dies gilt insbesondere bei langfristiger Vermietung von eigenem, aber auch fremden Grundbesitz (sofern nicht die Verwaltung und Vermietung für den Eigentümer als Dienstleistung im Vordergrund stehen). Die Vermietung von beweglichen Wirtschaftsgütern ist ebenfalls vermögensverwaltend, wenn eine Vielzahl von funktionell und technisch so aufeinander abgestimmten Sachen vorliegt, dass sie eine wirtschaftliche Einheit bilden (sog. Sachinbegriff). Treten zur Vermietung wesentliche **Nebenleistungen** hinzu oder weicht eine **kurzfristige Vermietungsleistung** erheblich von einer auf Dauer angelegten Vermögensnutzung ab, vollzieht sich die Nutzung im Rahmen eines steu-

---

[88] BFH-Urteil v. 05.06.2003, I R 76/01, DB 2003, S. 2526; AEAO zu § 64 Tz 5 und 6.
[89] Beachte folgend aber die Grundsätze der Betriebsaufspaltung: zu (4) c).

erpflichtigen wGb. Als Nebenleistungen sind z.B. regelmäßig anzutreffen, Verpflegung, Reinigung, Bewachung oder sonstige Leistungen, die losgelöst von der reinen Vermietung zusätzlich angeboten werden. Von einer kurzfristigen Nutzung ist dann auszugehen, wenn z.B. die stunden- oder tageweise Vermietung von Räumen oder anderen Räumlichkeiten planmäßig betrieben wird und die ständige Bereitschaft, mit Interessenten den Kontakt aufrecht zu erhalten, diese Tätigkeiten fördern.

Der Sachverhalt einer kurzfristigen entgeltlichen Überlassung von Räumen steht wegen der Preisgestaltung häufig auf dem steuerlichen Prüfstand, weil eine Gewährung von steuerlichen Vorteilen grundsätzlich nicht zu einem Wettbewerbsvorteil führen darf. Nun betreiben die Krankenhäuser in der Regel **keine Hotels**, so dass allenfalls die entgeltliche Überlassung von möblierten Zimmern an **Begleitpersonen von Patienten** zur Übernachtung (**sog. Gästezimmer**) steuerlich problematisch ist. Die Anwesenheit und damit ständige und unverzügliche Erreichbarkeit der → *Begleitperson* des Patienten steht neben der besonderen Situation des erforderlichen Krankenhausaufenthalts des Patienten u.E. so sehr im Vordergrund, dass die „kurzfristige Vermietung eines Gästezimmers" dem **Krankenhaus-Zweckbetrieb** zuzuordnen ist und daher **ertragsteuerfrei** bleibt.[90] Eine Förderung des Gesundungsprozesses wie ein ärztlich gewünschter Aufenthalt der Begleitperson sind u.E. im Einzelfall stets zu unterstellen und nicht gesondert nachzuweisen. Denn im Krankenhaus werden die Gästezimmer dafür vorgehalten und sie dienen den angesprochenen Zwecken, insbesondere aber auch der Möglichkeit eines Rückzugs in die Privatsphäre der Begleitperson zur Pflege persönlicher Bedürfnisse.

Im Einzelfall greift das Finanzamt nicht jeden Sachverhalt auf, wenn er für das **Gesamtverhalten** der steuerbegünstigten Körperschaft relativ unbedeutend ist. Die ordnungsmäßigen **Aufzeichnungen** und die → *Spartenrechnung* sollten die eigene Zuordnung der Vermietungstätigkeit aber deutlich machen und für Rückfragen eine Begründung bereithalten. So liegt u.E. zur **Auslastung von Kapazitäten** noch eine steuerfreie Vermögensverwaltung vor, wenn außerhalb der Nutzung für eigene Zwecke nur eine Vielzahl kurz- und langfristiger entgeltlicher Vermietungen einen wirtschaftlich nicht sinnvollen Leerstand vermeidet und der Verwaltungsaufwand dafür gering ist.[91] So kann z.B. die **zeitweise Überlassung von eigenen Schwimmhallen** an Schulen, Vereine oder Personengruppen steuerfreie Vermögensverwaltung sein.[92] Ein steuerpflichtiger wGb liegt dagegen z.B. vor, wenn die Schwimmhalle (evtl. nebst Sauna und Solarium) außerhalb der Nutzungen für den Krankenhaus-

---

90 Vgl. Knorr/Klaßmann: a.a.O., S.179 und S.195.
91 BFH-Urteil v. 17.12.1957, I 182/55, BStBl III 1958, S.96; zweifelnd Buchna: a.a.O., zu 2.14.3, S.211; **a.A.:** FG Düsseldorf, EFG, 1979, S.308; AEAO zu § 67 a Tz 11 und 12 bei Vermietung von Sportstätten.
92 Vgl. OFD Münster, Kurzinfo v. 19.11.2004, DB 2004, S.723 gerichtet an Vereine und BgA.

betrieb gegen Abend und am Wochenende von der Krankenhauskörperschaft selbst betrieben wird.

(2) **Nutzung von Kapitalvermögen** auf Zeit gehört zur steuerfreien Vermögensverwaltung. Wertpapiergeschäfte auf eigene Rechnung, die auch einen gewissen Umschlag des Vermögens erforderlich machen, um eine angemessene Rendite zu erwirtschaften, sind nicht schädlich. Gelegentliche Spekulationsgeschäfte führen nicht zur Gewerblichkeit. Nur dann, wenn die Tätigkeit dem Bild entspricht, das nach der Verkehrsauffassung eine gewerbliche Tätigkeit ausmacht (z.B. Wertpapierhändler am Markt), liegt ein steuerpflichtiger wGb vor. In der Praxis gibt es hier für eine Krankenhauskörperschaft regelmäßig keine Probleme.

(3) **Überlassung von Werberechten und -flächen** kann ebenfalls zur Vermögensverwaltung zählen. Dabei stellt die Finanzverwaltung darauf ab, ob die Überlassung an eine fremde Werbeagentur erfolgt, die ihrerseits die Werbeflächen in ihrem Namen und auf ihre Rechnung (mit einem angemessenen Gewinn) an Dritte vertreibt und dafür ein Entgelt an den Überlassenden zahlt (dann steuerfreie Vermögensverwaltung)[93] oder ob die stets wiederkehrende Vermarktung in eigener Regie erfolgt, was dann einen steuerpflichtigen wGb begründen würde.[94] Im Krankenhausbereich kommt es hier gelegentlich zu Einnahmen aus dem **Anzeigengeschäft** im Rahmen der Herausgabe von Publikationen an Mitarbeiter, Patienten und Besucher des Krankenhauses oder bei öffentlichen Veranstaltungen mit Plakatwerbung, wie z.B. „**Tag der offenen Tür**". Auch ein bekanntes „**Logo**" der Krankenhauskörperschaft kommt schon mal als entgeltlicher Werbeträger für Dritte in Betracht oder auch Haus- und Dachflächen.

Eine steuerfreie Vermögensverwaltung liegt immer dann vor, wenn
– das Krankenhaus mit der Vermarktung nichts zu tun hat (z.B. wenn die Druckerei gegen Aufrechnung mit den Kosten für den Druck der Publikation das Anzeigengeschäft übernimmt);
– die einmalige Vermarktung mittels langfristiger Vereinbarungen in eigener Regie erfolgt (z.B. Hinweisschild an der Gebäudefläche auf eine nahe gelegene Kurklinik).

Liegt dagegen ein **steuerpflichtiger wGb** vor, stehen den Einnahmen aus Werbung in der Regel kaum Ausgaben gegenüber. Diese sind entweder gar nicht oder nur in geringem Umfang angefallen oder stehen (fast) ausschließlich im Zusammenhang mit den übrigen steuerbegünstigten Tätigkeiten (sog. gemischt veranlasste Kosten).[95] Mit **§ 64 Abs. 6 Nr. 1 AO** ist seit dem Jahr 2000 eine spezielle Vorschrift geschaffen, wonach der Gewinn aus der werb-

---

93 Vgl. FG München, Urteil v. 14.11.2005, 7 K 3705/03 (rkr), EFG 2006, S. 285 f mit Abgrenzung zur Betriebsaufspaltung.
94 Vgl. AEAO zu § 67 a Tz 9, wobei nicht verständlich ist, warum die Agentur einen angemessenen Gewinn anstreben muss, wenn sie ihrerseits ein Entgelt für die Überlassung der Rechte zahlt.
95 AEAO zu § 64 Tz 5 und 6.

lichen Tätigkeit **auf Antrag** mit 15 v.H. der Einnahmen ohne USt fingiert wird.[96]

(4) **Beteiligung an einer Kapitalgesellschaft** (z.B. GmbH, AG) wird prinzipiell als steuerlich unschädliche Vermögensverwaltung qualifiziert, unabhängig vom Umfang der Beteiligung (z.B. auch bei Halten einer Mehrheitsbeteiligung). Dies gilt ferner für die Fälle, dass die Kapitalgesellschaft, an der die Beteiligung gehalten wird, selbst ausschließlich vermögensverwaltend tätig wird *oder* eine steuerbegünstigte Kapitalgesellschaft i.S.d. §§ 51 ff. AO ist.[97] Die Fragestellungen der rechtlichen Umsetzung einer „Integrierten Versorgung" unter Beteiligung eines steuerbegünstigten Krankenhausträgers sind vielschichtig und vom Einzelfall abhängig. Soweit die partnerschaftliche Zusammenarbeit der Leistungserbringer zu regeln ist, spielt auch das rechtliche Gewand eine wichtige Rolle (z.B. Integrations-GmbH);[98] auf Einzelheiten dazu wird hier nicht näher eingegangen.

Eine **Beurteilung als steuerpflichtiger wGb** ist möglich, wenn die Krankenhauskörperschaft über eine Zusammenfassung mehrerer Beteiligungen in einer Holding planmäßige Unternehmenspolitik betreibt *oder* wenn sie in anderer Weise entscheidenden Einfluss auf die Geschäftsführung nimmt und dadurch selbst am allgemeinen wirtschaftlichen Geschäftsverkehr teilnimmt *oder* wenn ein Fall der Betriebsaufspaltung vorliegt.[99] Eine **Einflussnahme** auf die Kapitalgesellschaft lediglich im Rahmen der gesetzlich zustehenden Gesellschaftsrechte und -pflichten (z.B. Mehrheitsbeteiligung oder Stimmrechtsbündelung) genügt allein nicht. Erst ein **zusätzliches aktives Eingreifen** in die Geschäftsführung der Kapitalgesellschaft (neben den bestehenden Mehrheitsverhältnissen) weist diese Tätigkeit als einen steuerpflichtigen wGb aus. Dieser Fall ist stets anzunehmen, wenn hinsichtlich der **Geschäftsführung** in beiden Gesellschaften **Personalunion** besteht. Entsprechendes kann gelten, wenn bei bestehenden Mehrheitsverhältnissen z.B. ein leitender Angestellter (Prokurist) des Gesellschafters zugleich Alleingeschäftsführer der Kapitalgesellschaft ist.

Die Beteiligung an einer Kapitalgesellschaft, welche die **Komplementärstellung** bei einer **GmbH & Co. KG** einnimmt, ist stets dann ein steuerpflichtiger wGb, wenn die steuerbegünstigte Körperschaft gleichzeitig auch als Kommanditistin dieser GmbH & Co. KG auftritt und diese Beteiligung als steuerpflichtiger wGb zu behandeln ist. Die Beteiligung an der Kapitalgesellschaft stellt das sogenannte notwendige Betriebsvermögen bei der Personengesellschaft dar.[100]

In den zuvor genannten Fällen nehmen Finanzverwaltung und Rechtspre-

---

96 AEAO zu § 64 Tz 28 ff.; Buchna: a.a.O., zu 2.14.10, S. 243/244.
97 AEAO zu § 65 Tz 3 Sätze 3, 5 und 6; Buchna: a.a.O., zu 2.14.3, S. 212/213.
98 Stopper/Schillhorn/Dietze: Gemeinnützige Krankenhäuser: rechtliche Umsetzung einer Integrierten Versorgung, Krhs 2005, S. 281 ff.
99 BFH-Urteil v. 30.06.1971, I R 57/70, BStBl II 1971, S. 753; AEAO zu § 64 Tz 3 Satz 4; vgl. 2.4, Ertragsteuer-ABC.
100 Buchna: a.a.O., zu 2.14.3, S. 213.

chung die **Zuordnung zum steuerpflichtigen wGb** vor, allerdings ist diese Rechtsauffassung in der Literatur auch umstritten.[101] Wir können diese Kritik teilweise teilen (ohne weiter darauf einzugehen) und empfehlen im Einzelfall kritisch abzuwägen, welche Folgen die Zuordnung zum steuerpflichtigen wGb mit sich bringt. Im Folgenden stellen wir die **praktischen Auswirkungen der Zuordnung** zum Bereich Vermögensverwaltung oder steuerpflichtigen wGb für die steuerbegünstigte Krankenhauskörperschaft dar, soweit sich diese im Einzelfall ergeben und von Bedeutung sind:[102]

a) Die Zuordnung der Beteiligung weist für **Zwecke der Besteuerung** der Erträge (Gewinnausschüttungen/Dividenden und Gewinne aus einem Verkauf der Beteiligung) folgende Unterschiede aus:

In der **Vermögensverwaltung** sind die Erträge KSt- und GewSt-frei. Die bei der Gewinnausschüttung grundsätzlich einzubehaltende Kapitalertragsteuer wird auf Antrag vom Bundesamt für Finanzen erstattet. Dem Antrag sind die Dividendenbescheinigung und die sog. NV-Bescheinigung beizufügen.

Im **steuerpflichtigen wGb** sind die Einkünfte zwar grundsätzlich steuerpflichtig, aber nach Einführung des Halbeinkünfteverfahrens ab dem Jahr 2001 bleiben die Einkünfte aus Gewinnausschüttungen und Anteilsveräußerungen außer Ansatz, bis auf 5 v.H. der jeweiligen Einkünfte, die als Ausgaben gelten (ab VZ 2004) und nicht abgezogen werden dürfen (§ 8 b Abs. 1, 2, 3 und 5 KStG, § 8 Nr. 5 GewStG).

Sind die **Geschäftsanteile** an der Kapitalgesellschaft **einbringungsgeboren** (latenter steuerpflichtiger wGb), weil die Beteiligung aus der Einbringung eines z.B. steuerpflichtigen wGb ohne Aufdeckung sämtlicher stiller Reserven hervorgegangen ist (z.B. die aufnehmende Kapitalgesellschaft hat die Wirtschaftsgüter des steuerpflichtigen wGb lediglich mit dem Buchwert fortgeführt), wird der Veräußerungsgewinn aufgrund der besonderen Bestimmung des § 21 Abs. 3 Nr. 2 UmwStG besteuert; insoweit liegen stets Einkünfte aus steuerpflichtigen wGb vor.[103]

Nach Einführung des Halbeinkünfteverfahrens ab dem Jahr 2001 hat die Unterscheidung für Zwecke der Besteuerung der Beteiligungserträge oder Veräußerungsgewinne u.E. nur geringe Bedeutung, so dass Gestaltungen zur Vermeidung eines steuerpflichtigen wGb allein aus diesem Grund nicht mehr unbedingt ausschlaggebend sind.

b) Die **Beteiligung** an einer Kapitalgesellschaft kann – unabhängig davon, ob sie zur Vermögensverwaltung gerechnet wird oder einen steuerpflichtigen

---

101 a.A.: Schauhoff: a.a.O., zu § 6 D.I.2.d) Rn 68; Koenig: a.a.O., zu § 14 AO Rn 26; Schick: Die Beteiligung einer steuerbegünstigten Körperschaft an Personen- und Kapitalgesellschaften, DB, 1999, S. 1187 ff; Arnold: a.a.O., S. 581 ff; vgl. auch Knorr/Klaßmann: a.a.O., S. 199/200.
102 Vgl. 2.4. Ertragsteuer-ABC; vgl. Buchna: a.a.O., zu 4.1.3, S. 384 ff. mit Darstellung des alten KSt-Rechts.
103 BFH-Urteil v. 07.08.2002, I R 84/01, DB 2003 244; Bott in: Schauhoff: a.a.O., zu § 7 Rn 370 f.

wGb begründet – **nur** mit **zulässigem Vermögen finanziert** werden (z. B. freie → *Rücklagen*, Zuwendungen Dritter ohne Spendenabzug, mit sog. → *Ausstattungskapital* bzw. Vermögenszuführungen). Durch den Erwerb einer Beteiligung werden im Ergebnis langfristig Mittel einer zeitnahen steuerbegünstigten Verwendung entzogen, so dass der Einsatz von zeitnah zu verwendenden Mitteln nicht zulässig ist.[104] Wenn jedoch eine steuerbegünstigte Körperschaft eine Beteiligung an einer anderen Gesellschaft hält, können zur Erhaltung der Beteiligungsquote auch zeitnah einzusetzende Mittel einer Rücklage nach § 58 Nr. 7 b) AO zugeführt werden. **Zulässig** ist in beiden Bereichen **auch** eine Finanzierung der Beteiligung durch **Vermögensumschichtung**, z. B. Veräußerung von Wertpapieren der Vermögensverwaltung oder Wirtschaftsgütern des steuerpflichtigen wGb für Zwecke des Beteiligungserwerbs oder Gründung einer Kapitalgesellschaft. Im Einzelfall führt die **korrekte und zeitnahe Mittelverwendung** nach Maßgabe des § 55 AO u. E. auch hier zu keinen bedeutenden Unterschieden für das Halten der Beteiligung in einem der beiden Bereiche.[105]

c) Eine steuerbegünstigte Körperschaft, die mehrheitlich an einer Kapitalgesellschaft beteiligt ist, unterhält einen **steuerpflichtigen wGb**, wenn sie zugleich (kumulativ) eine wesentliche Betriebsgrundlage für den Betrieb der Kapitalgesellschaft besitzt und diese der Kapitalgesellschaft (in der Regel entgeltlich) zur Verfügung stellt. Hier gelten für die dem Grunde nach vermögensverwaltende Tätigkeit (sei es das Halten der Beteiligung oder z. B. das Verpachten einer Immobilie) die **Grundsätze der Betriebsaufspaltung**. Diese Grundsätze sind jedoch nicht anzuwenden, wenn sowohl das Betriebs- als auch das Besitzunternehmen steuerbegünstigt sind.[106] Sachverhalte, die zu einer Betriebsaufspaltung führen können, ergeben sich bei einer steuerbegünstigten Krankenhauskörperschaft insbesondere bei **Auslagerungen von** nicht begünstigten **Leistungen** (wie z. B. Küche, technischer Dienst, Reinigungsdienst, Wäscherei) auf eine **steuerpflichtige Dienstleistungs-GmbH**, an der die Mehrheit gehalten wird.[107]

Aktueller Hinweis: Sind die überlassenen Räumlichkeiten nebst Inventar aus zeitnah zu verwendenden Mitteln finanziert worden, weil sie **bisher** einem **Zweckbetrieb gewidmet** waren, soll die Überlassung an die Dienstleistungs-GmbH für die Krankenhauskörperschaft steuerschädlich sein, da insoweit ein Verstoß gegen das **Gebot der zeitnahen Mittelverwendung** (§ 55 Abs. 1 Nr. 5 AO) angenommen wird.[108] Mangels Mittelabfluss oder

---

104 Vgl. OFD Frankfurt, Vfg. v. 09.09.2003, DStR 2003, S. 2071; vgl. 6.2.10.4 und 6.4.3.2.
105 Vgl. auch Knorr/Klaßmann: a. a. O., zu II. 5.3.3.2, S. 201 ff.
106 AEAO zu § 64 Tz 3; Schauhoff: a. a. O., zu § 6 Rn 68 f; Arnold: a. a. O., S. 581 (583 zu 3.); vgl. 2.4 Ertragsteuer-ABC.
107 Vgl. OFD Koblenz, Vfg. v. 07.10.2003, DB 2003, S. 2413; vgl. FG München, Urteil v. 14.11.2005, 7 K 3705/03 (rkr), EFG 2006, S. 285 f.
108 OFD Frankfurt v. 08.12.2004, DStR 2005, S. 600; **a. A.:** OFD Koblenz, a. a. O., DB 2003, S. 2413.

Mittelverbrauch für die außerhalb der steuerbegünstigten Körperschaft liegenden Zwecke halten wir diese Überlassung für steuerunschädlich. Die steuerbegünstigte Körperschaft nutzt die Wirtschaftsgüter (des bisherigen Zweckbetriebs) durch die Vermietung an einen Dritten weiterhin, nur das Vermögen hat eine andere „Qualität" erhalten. Insoweit liegt u.E. eine Lockerung des (strengen) Mittelverwendungsgebots in der Anwendung vor, wodurch das Gebot grundsätzlich nicht infrage gestellt ist. Bei einem angemessenen Entgelt für die Vermietung „parkt" das Vermögen quasi außerhalb des Zweckbetriebs.[109] Eine andere Lösung des Problems würde ein Verkauf der Wirtschaftsgüter zum Verkehrswert an die Dienstleistungs-GmbH darstellen. Die dadurch erzielten Mittel müssten wiederum einer zeitnahen Verwendung zugeführt werden.

d) Sollte zwischen einer steuerbegünstigten Körperschaft als Organträgerin und der Tochter-Kapitalgesellschaft als Organgesellschaft ein **ertragsteuerliches Organschaftverhältnis** mit Ergebnisabführungsvertrag bestehen, liegt immer ein steuerpflichtiger wGb vor. Die Frage, ob diese Art von Organschaftsverhältnis anzuerkennen und gestaltbar ist, steht u.E. nach wie vor auf dem Prüfstand der Meinungen. Den umgekehrten Fall, dass als Organgesellschaft eine steuerbegünstigte Körperschaft anzuerkennen ist, dürfte es u.E. wegen eines Verstoßes gegen die → *Mittelverwendung* einschließlich → *Zuwendungsverbot* (§ 55 Abs. 1 Nr. 1 AO) nicht geben.[110]

(5) **Beteiligung an einer Personengesellschaft** (z. B. KG. oHG, GmbH & Co. KG, BGB-Gesellschaft) stellt nach überwiegender Auffassung einen **steuerpflichtigen wGb** dar, wenn die steuerbegünstigte Körperschaft die Stellung eines sogenannten. Mitunternehmers hat (§ 15 Abs. 1 Nr. 2 EStG), also Mitunternehmerrisiko trägt und Mitunternehmerinitiative entfaltet. Dafür bedarf es keiner aktiven Einflussnahme auf die Geschäftsleitung, z. B. genügt die Stellung eines Kommanditisten einer gewerblich tätigen oder gewerblich geprägten Personengesellschaft. Der Gewerbebetrieb i. S. d. § 15 Abs. 1 EStG ist die klassische Form eines „wirtschaftlichen Geschäftsbetriebs" i. S. v. § 14 AO.[111] Bei der Beteiligung an einer Personengesellschaft sind dieselben Grundsätze zu beachten, wie bei der Errichtung eines steuerpflichtigen wGb in eigener Regie. Gehen steuerbegünstigte Körperschaften ausnahmsweise **typisch stille Beteiligungen** ein und vereinbaren dabei eine Verlustbeteiligung ist – abhängig vom Einzelfall – grundsätzlich (noch) von steuerfreier Vermögensverwaltung auszugehen.[112]

---

109 Vgl. 6.2.8.3: Beispiel Nutzungsänderung im Zweckbetrieb; vgl. Schauhoff: a.a.O., zu § 19 C. I., III. Rn 34 ff.
110 Vgl. Buchna: a.a.O., zu 2.14.3, S. 213; Milatz/Schäfers: a.a.O., S. 761 ff.; vgl. 2.4 Ertragsteuer-ABC.
111 Vgl. Buchna: a.a.O., zu 2.14.3, S. 213/214, m.w.N.; Koenig: a.a.O., zu § 14 AO Rn 27, m.w.N.; BFH-Urteil vom 27.03.2001, I R 78/99, BStBl II, 2001, S. 449, m.w.N.
112 Buchna: a.a.O., zu 2.5.7.2, S. 140/141 und zu 2.14.3, S. 214.

Ausnahmen: Wird die Personengesellschaft **ausschließlich** im **vermögensverwaltenden Bereich** tätig, weil sie nur Einkünfte aus Vermietung und Verpachtung oder aus Kapitalvermögen erzielt, ist der Anteil an der Personengesellschaft bei der steuerbegünstigten Körperschaft der **Vermögensverwaltung** zuzurechnen. Dies ist z. B. der Fall, wenn mindestens zwei oder mehrere steuerbegünstigte Krankenhauskörperschaften nach der Ausgliederung aus einer steuerbegünstigten Stiftung gemeinsam ein Schwesternwohnheim betreiben und für die Bewirtschaftung der Immobilie u. a. auch ein Festgeldkonto unterhalten. Obwohl eine Personengesellschaft keinen Zweckbetrieb unterhalten kann (sie ist keine Körperschaft i. S. v. § 51 AO), kann die **Beteiligung** an einer Personengesellschaft für die steuerbegünstigte Körperschaft selbst zu einem **Zweckbetrieb** führen. Denn schließen sich z. B. mehrere steuerbegünstigte Körperschaften zu einer BGB-Gesellschaft (auch GbR) zusammen, um gemeinsam steuerbegünstigte Zwecke zu verwirklichen (z. B. Betrieb eines entgeltlichen Flugrettungsdienstes[113]), kann insoweit durch eine **isolierte Betrachtungsweise** für jeden einzelnen Gesellschafter ein Zweckbetrieb vorliegen. Die dazu erforderlichen Feststellungen trifft das Finanzamt der steuerbegünstigten Körperschaft.[114]

(6) **Betriebsverpachtung im Ganzen** (z. B. Wechsel des Pächters einer Besuchercafeteria) ist in der Regel steuerfreie **Vermögensverwaltung**. Werden neben der Verpachtung erhebliche **Zusatzleistungen** von der steuerbegünstigten Krankenhauskörperschaft als Verpächterin erbracht (z. B. tägliche Reinigung oder Gestellung von Personal) oder erfolgt die Verpachtung an eine Kapitalgesellschaft, an der die Verpächterin mehrheitlich beteiligt ist, so dass eine **Betriebsaufspaltung** vorliegt, ist von einem **steuerpflichtigen wGb** auszugehen.

(7) **Betriebsaufgabe durch Verpachtung:** Wird ein bisher **in eigener Regie** betriebener **steuerpflichtiger wGb** verpachtet (z. B. Besucher-Cafeteria oder Zentralwäscherei mit Versorgung fremder Einrichtungen) hat die steuerbegünstigte Krankenhauskörperschaft ein sogenanntes **Verpächter-Wahlrecht**, das sie gegenüber dem zuständigen Finanzamt schriftlich ausüben kann:

a) **Erklärt** die Körperschaft, dass sie den Betrieb mit der Verpachtung nicht aufgeben will, **oder** gibt sie **keine** derartige **Erklärung** ab, so gilt der steuerpflichtige wGb (trotz Verpachtung) als fortbestehend. Die Einkünfte aus der Verpachtung des Betriebs sind solche aus Gewerbebetrieb (KSt; aber keine GewSt mangels werbender Tätigkeit[115]) und auch die verpachteten Wirtschaftgüter bleiben Betriebsvermögen in einem steuerpflichtigen wGb. Bis zur Erklärung einer Betriebsaufgabe, die jederzeit erfolgen kann, ändern sich die steuerlichen Folgen grundsätzlich nicht.

---

113 Zweckbetrieb i. S. v. § 66 AO; vgl. Buchna: a. a. O., zu 2.15.2, S. 249 und zu 2.16.2, S. 255, m. w. N.
114 Zu beiden Ausnahmen vgl. Buchna: a. a. O., zu 2.14.3, S. 214; BFH-Urteil v. 27.07.1988, I R 113/84, BStBl II 1989, S. 134; BFH-Urteil v. 04.03.1976; IV R 189/71, BStBl II 1976, S. 472; AEAO zu § 64 Tz 3 Sätze 1 und 2.
115 Vgl. GewStR 1998 Abschnitt 11 Abs. 3.

b) **Erklärt** die Körperschaft, dass mit der **Verpachtung eine Betriebsaufgabe** gewollt ist, sind die Pachtzinsen und die verpachteten Wirtschaftgüter der steuerfreien **Vermögensverwaltung** zuzurechnen. Eine Betriebsaufgabe (§ 16 Abs. 3 EStG) hat grundsätzlich die Aufdeckung der eventuell vorhandenen stillen Reserven und deren Besteuerung zur Folge. Nach Rechtsauffassung der Finanzverwaltung[116] liegt in der Überführung eines steuerpflichtigen wGb in den steuerfreien Bereich der Körperschaft ein unter § 13 Abs. 4 i. V. m. Abs. 5 KStG fallender teilweiser Beginn der Steuerbefreiung vor, so dass der im Gesetz vorgeschriebene Buchwertansatz gilt und eine Besteuerung der stillen Reserven bei der steuerbegünstigten Krankenhauskörperschaft dadurch vermieden wird. Dies gilt allerdings nicht, wenn die Wirtschaftgüter in engem zeitlichem Zusammenhang zur Betriebsaufgabe veräußert werden.[117]

6.4.4.4 Verluste im Bereich der Vermögensverwaltung

Es ist grundsätzlich nicht zulässig, → *Mittel* des → *ideellen Bereichs* (z. B. → *Spenden*, → *Rücklagen*), Gewinne aus → *Zweckbetrieben* oder aus steuerpflichtigen → *wGb* für einen Ausgleich von Verlusten z. B. im Bereich der Vermögensverwaltung einzusetzen.[118] Das **Gebot der** → *Selbstlosigkeit* (§ 55 Abs. 1 Satz 1 AO) verpflichtet die steuerbegünstigte Körperschaft dazu, ihre Mittel nur für → *satzungsmäßige Zwecke* einzusetzen. Die Rechtsprechung änderte ihre Auffassung zum Verlustausgleich im steuerpflichtigen wGb Ende des Jahres 1996, so dass sich die **Finanzverwaltung veranlasst** sah, diesbezügliche **Grundsätze aufzustellen**, die sie mit einem Erlass gegen Ende des Jahres 1998 veröffentlichte und mittels eines weiteren Erlasses aus dem Sommer 1999 kurzer Hand auch für den Bereich der Vermögensverwaltung für anwendbar erklärte.[119] Ob die Übertragung dieser Grundsätze auf den Bereich der Vermögensverwaltung zutrifft und falls ja, wie die entsprechende Anwendung bei einem Verlustausgleich dann in der Praxis nach Meinung der Finanzverwaltung umgesetzt werden soll, ist in der Literatur zu Recht infrage gestellt worden.[120] Eine Klarstellung der Finanzverwaltung ist bisher nicht erfolgt, so dass es keine Standardlösung gibt.

Natürlich muss die Körperschaft ihre Aktivitäten in der Vermögensverwaltung **in erster Linie** so betreiben, dass **keine Verluste** entstehen (Vermeidung von Verlusten). Zeichnen sich im Laufe eines Geschäftsjahres Verluste ab, die sich trotz

---

116 BMF-Schreiben v. 01.02.2002, BStBl I 2002, S. 221; R 55 KStR 2004 H 55 KStH.
117 Vgl. Buchna: a. a. O., zu 2.14.3, S. 211 und 4.1.5, S. 413/414; Knorr/Klaßmann: a. a. O., S. 217 f und S. 283 f.
118 AEAO zu § 55 Tz 4 Satz 1 und Tz 9.
119 Vgl. dazu ausführlich 6.2.7 mit Beispielen; OFD Hannover v. 29.07.1999, DStR 1999, S. 1565.
120 Hüttemann, Der neue Anwendungserlass zum Gemeinnützigkeitsrecht, FR 2002, S. 1337 (1341 zu 2.b)); Schauhoff: Wertberichtigungen im Stiftungsvermögen, DStR 2004, 471 ff.; Schauhoff: a. a. O., zu § 6 A.I.2. Rn 5 f.; Knorr/Klaßmann: a. a. O., S. 72 f.

gegensteuernder Maßnahmen bis zum Jahresende nicht vermeiden lassen, ist hier von den angebotenen **Verrechnungslösungen**, die für einen Verlustausgleich im steuerpflichtigen wGb in Betracht kommen, in einer nachvollziehbaren Darstellung (kreativ) Gebrauch zu machen. Das eigene Rechnungswesen sollte für eine mögliche Nachfrage des Finanzamts stets vorbereitet sein, damit einer möglichen Darstellung und Durchsetzbarkeit einer Lösung nicht die Grundlagen fehlen. Es sind viele Fragen offen, aber wenn das Problembewusstsein vorhanden ist, stellen sich auch Lösungen ein.

Steuerbegünstigte Körperschaften müssen ihre Mittel, die sie bis zur endgültigen Verwendung für steuerbegünstigte Zwecke halten, ertragbringend anlegen. Vorschriften, die eine bestimmte **Anlageform** nennen, gibt es nicht; Anlageempfehlungen dagegen sehr häufig. Die Geschäftsführung der Körperschaft ist daher in ihren Dispositionen grundsätzlich frei, sollte **besondere Risiken** allerdings **meiden**. Sie muss darauf achten, dass die gewählte Anlageform eine zeitgerechte Finanzierung der steuerbegünstigten Zwecke gewährleistet, d.h. die Mittel müssen z.B. zum Zeitpunkt der Verwirklichung des Projektes zur Verfügung stehen. Ferner sollten die Anlagen in ausreichendem Maße sicher sein. Kommt es zu Wertverlusten aufgrund der **Entwicklungen** an den **Kapitalmärkten**, haben diese zunächst einmal nicht ihre Ursache in der gewissenhaften und auf Gewinnerzielung ausgerichteten Anlagepolitik der Geschäftsführung. Diese Buchverluste sind grundsätzlich nicht steuerschädlich. Müssen allerdings Wertpapierverkäufe getätigt werden, weil keine flüssigen Mittel zur Verfügung stehen, und werden dadurch Verluste realisiert, kommt es u.E. stets auf den Einzelfall an, ob das Anlageverhalten einem ordentlichen und gewissenhaften Geschäftsleiter einer steuerbegünstigten Einrichtung (als Maßstab oder **Drittvergleich**) entsprach. Damit ist u.E. auf die Ordnungsmäßigkeit der Anlage abzustellen, aber nicht deren Erfolg als Maßstab für die steuerliche Beurteilung zu nehmen.[121]

Entsprechende Anwendung der o.a. **Grundsätze der Finanzverwaltung**[122] für einen Verlustausgleich in der Vermögensverwaltung würde aber bedeuten, dass z.B. der in einem Jahr eingetretene Gesamtverlust (evtl. auch aus nicht realisierten Wertverlusten) mit Gewinnen in den sechs vorangegangenen Jahren (evtl. auch aus nicht realisierten Wertsteigerungen) ausgeglichen werden kann. Dies scheint nicht nur fragwürdig, sondern angesichts nicht realisierter Wertveränderungen wenig praktikabel zu sein. Ein genereller Verlustausgleich vorab mit Gewinnen aus dem steuerpflichtigen wGb ist nicht zulässig und lässt sich ernsthaft auch aus dem Gedanken der Zusammenfassung aller steuerpflichtigen wGb nach § 64 Abs. 2 AO nicht ableiten. Die Vergabe eines „betrieblichen Darlehens" mit der Rückführungsvorgabe innerhalb einer Frist von zwölf Monaten nach dem Ende des Verlustausgleichsjahres scheint dagegen eine Möglichkeit zu sein.[123]

Dass die **Finanzverwaltung u.E.** bemüht ist, einen **Verlustausgleich** auch in der Vermögensverwaltung **zuzulassen**, genügt angesichts der (hier nur teilweise)

---

121 Vgl. Buchna: a.a.O., zu 2.5.3.3, S. 108; insbes. Schauhoff: a.a.O., zu § 6 A.I.2. Rn 5, D.II.1. Rn 73.
122 Vgl. zu 6.2.7.2 mit Beispielen für den steuerpflichtigen wGb.
123 AEAO zu § 55 Tz 7 und 9.

aufgezeigten Schwächen nicht wirklich. Sachgerechte Ergebnisse lassen sich nur schwer aufzeigen, so dass wir nur empfehlen können, nach Möglichkeit keine Verluste zu erwirtschaften und falls diese unvermeidbar eingetreten sind, das Finanzamt davon zu überzeugen, dass die handelnden Personen nach bestem Wissen und Gewissen realistische Erfolgschancen sehen durften und ihr Wirken ganz in diesem Sinne ausgerichtet hatten. Wenn dann zusätzlich eine Verrechnungslösung nach den Grundsätzen der Finanzverwaltung greift und der Verlust ausgeglichen werden kann, dürfte die Aberkennung der Steuerbegünstigung (zudem noch ausgerichtet am übrigen Gesamtverhalten der Körperschaft) nicht in Betracht kommen. Aufgrund der derzeitigen unklaren Verhältnisse sollte die Führung eines Rechtsstreits u.E. nur in schwerwiegenden Einzelfällen in Erwägung gezogen werden.

6.5 Einzelne ertragsteuerliche Regelungen

Die Erläuterungen zur Steuerbegünstigung von Krankenhauskörperschaften sind **aus Sicht der Körperschaft** nicht vollständig, wenn außerhalb der vorstehend ausgeführten §§ 51 bis 68 AO nicht auch die Rechtsgrundlagen des **Spendenrechts** und die Wirkungsweise des § 13 KStG bei **Beginn und Erlöschen der Steuerbefreiung** dargestellt werden. Soweit keine Steuerbefreiung vorliegt und damit grundsätzlich die allgemeine Steuerpflicht nach den einzelnen Steuerarten gilt, wie z. B. die → *partielle Steuerpflicht* für den → *wGb*, sind wir auf die → *Besteuerungsgrundlagen* nach den Einzelsteuergesetzen in den anderen Kapiteln eingegangen, die für alle Krankenhausträger jeder Rechtsform gelten.

6.5.1 Entgegennahme steuerlich abzugsfähiger Spenden

Zahlreiche steuerbegünstigte Körperschaften finanzieren ihre Aufgaben im Wesentlichen aus ihnen gemachten Zuwendungen. Dazu gehören in erster Linie **Spenden**, aber auch **Erbschaften**.[1] Für den überwiegenden Teil der steuerbegünstigten Krankenhauskörperschaften zählen **diese Arten der Finanzierung** erfahrungsgemäß zu den **Ausnahmen**, so dass sich Aktivitäten zur Spendeneinwerbung auf bestimmte Aktionstage, wie z. B. „Tag der offenen Tür" oder „Basare" zu bestimmten Anlässen, beschränken. Das EStG, KStG und GewStG erlauben es Spendern, freiwillige Zuwendungen an die steuerbegünstigte Krankenhauskörperschaft unter bestimmten Voraussetzungen steuermindernd geltend zu machen. Durch den **Spendenabzug** soll das private, uneigennützige Handeln angeregt werden. Der Begriff „**Ausgaben**" in § 10 b EStG und anderen Spendenabzugs-

---

[1] Vgl. 5.3: Befreiungen von der Erbschaft- und Schenkungsteuer.

vorschriften wird in § 48 Abs. 3 EStDV als Zuwendungen definiert, worunter „Spenden" und „Mitgliedsbeiträge" fallen.

Mitgliedsbeiträge[2] werden von Vereinen erhoben. Diese Rechtsform ist unter den Krankenhausträgern zwar nicht selten, da aber der körperschaftlich organisierte Zusammenschluss einer Anzahl von Personen, die ein gemeinschaftliches Ziel verfolgen und dafür in der Regel keine entgeltlichen Beiträge leisten, im Vordergrund stehen dürfte, gehen wir auf diese Art des Spendenabzugs im Folgenden nicht ein.

6.5.1.1 Mögliche Spender und Begriff der „Spende"

Spenden können von **natürlichen** wie auch von **juristischen Personen** getätigt werden. Ein **steuerpflichtiger wGb** ist keine selbständige juristische Person und auch kein Steuersubjekt, so dass „Spenden" an die eigene privatrechtliche steuerbegünstigte Trägerkörperschaft das eigene steuerliche Ergebnis natürlich nicht mindern können (Gewinnverwendung).[3] Dagegen sind Spenden des steuerpflichtigen wGb an andere steuerbegünstigte Körperschaften zulässig und auch steuerlich abziehbar. Auch die durch Auslagerung entstandene gewerbliche **Dienstleistungs-Kapitalgesellschaft** (Tochter) kann ihrer steuerbegünstigten Gesellschafterin (Mutter) grundsätzlich eine steuerlich abzugsfähige Spende zukommen lassen. Damit die Abzugsfähigkeit der Spende nicht gefährdet wird, sind hier jedoch die Grundsätze der verdeckten Gewinnausschüttung (vGA nach § 8 Abs. 3 KStG) zu beachten.

Der Begriff „**Spende**" ist gesetzlich nicht definiert, dürfte seinen Ursprung aber wohl im Steuerrecht haben. Zivilrechtlich ist die Spende als Schenkung anzusehen. Das BGB spricht hier übrigens – nunmehr gleichlautend auch das Steuerrecht – von einer „Zuwendung". Eine Spende wird als eine freiwillige oder aufgrund einer freiwillig eingegangenen Rechtspflicht erbrachte Leistung einer Person definiert, die kein Entgelt für eine bestimmte Leistung des Empfängers ist und die in keinem tatsächlichen wirtschaftlichen Zusammenhang mit einer Leistung des Empfängers steht. Unschädlich ist, wenn sich der Spender aus moralischen oder sittlichen Gründen zur Hingabe der Zuwendung verpflichtet fühlt. Beim Spender tritt eine Vermögensminderung und beim Spendenempfänger eine Vermögensmehrung ein. Eine Spende ist dann kein Entgelt für eine Leistung, wenn sie um der Sache willen ohne Erwartung eines besonderen (wirtschaftlichen) Vorteils erbracht wird.[4] Die Förderungsleistung muss erkennbar auf einen spendenbegünstigten Zweck ausgerichtet sein, als da sind: ausschließliche und unmittelbare Förderung mildtätiger, kirchlicher, religiöser, wissenschaftlicher und als besonders förderungswürdig anerkannte gemeinnützige Zwecke.[5]

---

2 Beiträge, die von Mitgliedern einer Personenvereinigung (Verein) aufgrund der Satzung in ihrer Eigenschaft als Mitglied erhoben werden.
3 Vgl. Abschnitt 47 Abs. 7 KStR 2004.
4 Vgl. 6.5.1.7: Abgrenzung zum Sponsoring.
5 BFH-Urteil v. 12.09.1990, X R 64/89, BStBl II 1991, S. 258; BFH-Urteil v. 19.12.1990, X R 40/86, BStBl II 1991, S. 234; Buchna: a.a.O., zu 3.3.2, S. 310 f.; Schauhoff: Handbuch der Gemeinnützigkeit, 2. Aufl. 2005, zu § 10 A.III.1. Rn 11.

6.5.1.2 Rechtsgrundlagen des Spendenabzugs

Der steuerliche Spendenabzug ist in folgenden **Gesetzen** geregelt:

- § 10 b EStG; § 9 Abs. 1 Nr. 2, Abs. 2 und 3 KStG; § 8 Nr. 9, § 9 Nr. 5 GewStG
  Diese gesetzlichen Regelungen werden ergänzt durch **Rechtsverordnungen**:
- §§ 48 bis 50 EStDV

Als **Spendenempfänger** (Zuwendungsempfänger) kommen in Betracht:

- Inländische juristische **Personen des öffentlichen Rechts** und inländische öffentliche Dienststellen (§ 49 Nr. 1 EStDV);
- in **§ 5 Abs. 1 Nr. 9 KStG** bezeichnete Körperschaften, Personenvereinigungen und Vermögensmassen (§ 49 Nr. 2 EStDV), d. h. Vereine, Stiftungen und Kapitalgesellschaften, die nach der Satzung und der tatsächlichen Geschäftsführung ausschließlich und unmittelbar gemeinnützigen, mildtätigen oder kirchlichen Zwecken dienen.

Das frühere Durchlaufspendenverfahren ist grundsätzlich abgeschafft worden.[6] Alle steuerbegünstigten Körperschaften, die spendenbegünstigte Zwecke verfolgen, können nun selbst Zuwendungsbestätigungen ausstellen. Eine besondere förmliche **Anerkennung als steuerbegünstigte Körperschaft** kennt die AO nicht. Das zuständige Finanzamt entscheidet über die Steuerbegünstigung im Veranlagungs- oder Festsetzungsverfahren für die jeweilige Steuer und für den jeweiligen Besteuerungsabschnitt rückwirkend durch einen Steuer- oder **Freistellungsbescheid**. Bei neu gegründeten Körperschaften wird in der Regel eine Bescheinigung über die vorläufige → Anerkennung der Steuerbegünstigung erteilt, wenn (zunächst nur) die → Satzung den abgabenrechtlichen Vorschriften entspricht.[7] Spenden, die vor Erteilung der vorläufigen (oder später dann auch endgültigen) → *Freistellungsbescheinigung* des Finanzamts durch den Spender geleistet werden, sollen nicht abziehbar sein; die Freistellungsbescheinigung soll auch keine Rückwirkung entfalten.[8]

Die **förderungswürdigen Zwecke** nach **§ 10 b Abs. 1 Satz 1 EStG** und damit spendenbegünstigt sind → *mildtätige*, → *kirchliche*, religiöse, wissenschaftliche und die als besonders förderungswürdig anerkannten gemeinnützigen Zwecke. Die mildtätigen Zwecke sind in § 53 AO erwähnt, die kirchlichen Zwecke nennt § 54 AO. Religiöse und wissenschaftliche Zwecke sind dagegen → *gemeinnützige* Zwecke i. S. d. § 52 Abs. 2 Nr. 1 AO; daneben werden die in der **Anlage 1 zu § 48 Abs. 2 EStDV** bezeichneten gemeinnützigen Zwecke als besonders för-

---

[6] Vgl. zur Unterrichtung der Gemeinden über die Gemeinnützigkeit von Vereinen durch die Finanzämter bei Durchlaufspenden: OFD Düsseldorf v. 05.10.2005, DB 2005, S. 2270.
[7] Vgl. 6.3.2
[8] Niedersächsisches FG, Urteil v. 18.03.2004, 6 K 777/01, DStRE 2005, S. 1209, Revision BFH I R 20/05: im Urteilsfall half dem Spender kein Vertrauensschutz, da steuerliche Verhältnisse des Spendenempfängers (Verein) zum Zeitpunkt der Zahlung bekannt waren; vgl. 6.5.1.6; zur Unterscheidung zwischen echter Spende und sog. Beitrittsspende bei Vereinen vgl. FG München, Urteil v. 18.03.2003, EFG 2005, S. 1027, Revision beim BFH (XI R 34/05), mit Anm. von Wüllenkemper.

derungswürdig anerkannt, wozu u.a. natürlich auch die Förderung der öffentlichen Gesundheitspflege und des Wohlfahrtswesens auch durch Krankenhäuser i.S.d. § 67 AO zählen.

Der Spendenabzug setzt voraus, dass der Empfänger die Spenden tatsächlich für die spendenbegünstigten Zwecke verwendet und damit die → *steuerbegünstigten* Zwecke gefördert werden. Die Spenden sind deshalb **grundsätzlich zeitnah** den satzungsmäßigen Zwecken, also dem **ideellen Bereich** oder dem Bereich der **Zweckbetriebe zuzuführen**. Sie dürfen nicht in einem steuerpflichtigen wGb (z.B. zum Ausgleich von Verlusten) eingesetzt werden. Die Vereinnahmung von Spenden und ihre zweckentsprechende Verwendung sind ordnungsgemäß aufzuzeichnen und ein Doppel der Zuwendungsbestätigung aufzubewahren (§ 50 Abs. 4 EStDV). Ein Nachweis darüber, wie jede einzelne Spende tatsächlich verwendet wurde, ist u.E. nicht erforderlich.[9]

6.5.1.3 Spendenarten

Die häufigste **Spendenart** ist die **Geldspende**; sie ist einfach zu handhaben und ihr Wert steht fest. **Die Sachspendenregelung** (§ 10 b Abs. 3 Satz 1 EStG) erfasst die Übergabe von körperlichen oder nicht körperlichen Gegenständen (Wirtschaftsgütern), die in das Eigentum des Empfängers übergehen; Nutzungen und Leistungen zählen nicht dazu. Bedeutung kommt hier dem Wertansatz der Spende zu. In der Zuwendungsbestätigung muss angegeben werden, nach welchen Kriterien und Unterlagen der Wert der Sachspende ermittelt wurde. Dabei ist zu unterscheiden, ob die **Sachspende** aus dem Privatvermögen oder aus dem Betriebsvermögen des Spenders kommt.

Kommt die Spende aus dem **Privatvermögen**, ist der **gemeine Wert** anzusetzen (§ 10 b Abs. 3 Satz 3 EStG). Der gemeine Wert ist der im gewöhnlichen Geschäftsverkehr erzielbare Preis (Marktpreis oder Wiedererlangungspreis einschl. USt.). Ungewöhnliche oder persönliche Verhältnisse sind nicht zu berücksichtigen. Erfolgt die Sachspende aus dem **Betriebsvermögen** des Spenders, so darf dieser die Spende **höchstens** mit dem **Entnahmewert** ansetzen (§ 10 b Abs. 3 Satz 2 EStG). Bei Entnahmen von Wirtschaftsgütern zu Gunsten steuerbegünstigter Einrichtungen kommt das **sogenannte Buchwertprivileg** zum Ansatz (§ 6 Abs. 1 Nr. 4 Satz 4 EStG), das beim Spender eine Gewinnrealisierung vermeidet, wenn der Teilwert des Wirtschaftsguts höher ist als der ausgewiesene Wert in der Bilanz. Ist für das gespendete Wirtschaftsgut bei der Anschaffung im Unternehmensvermögen der Vorsteuerabzug in Anspruch genommen worden, fällt grundsätzlich **USt** nach dem früher so bezeichneten „**Verwendungseigenverbrauch**" an (§ 3 Abs. 1 b UStG: unentgeltliche Wertentnahme). Der Spendenwert ist um die anfallende USt zu erhöhen.[10]

---

9 Vgl. Schauhoff: a.a.O., zu § 10 B. III. 1. Rn 31 ff (36); Buchna: a.a.O., zu 3.9, S. 365 geht wohl davon aus, dass jede Einzelspende im Zufluss und der Verwendung vollständig aufzuzeichnen ist.

10 Vgl. Schauhoff: a.a.O., § 10 Rn 54 ff; Buchna: a.a.O., zu 3.4, S. 318 ff; R 111 Abs. 1 Satz 5 EStR.

Nutzungen und Leistungen gelten **nicht als Spenden** i. S. d. steuerlichen Spendenrechts (§ 10 b Abs. 3 Satz 1 EStG). Unentgeltliche Nutzungen und Leistungen (z. B. kostenlose Überlassung von Räumen oder beweglichen Wirtschaftsgütern, Gewährung eines zinslosen Darlehens, Ausübung von ehrenamtlichen Tätigkeiten) können deshalb nicht als Spenden berücksichtigt werden. Wesentlich ist, dass in dieser Art von Unterstützung keine Wertabgaben aus dem Vermögen des Zuwendenden gesehen werden. Derselbe Rechtsgedanke gilt auch für die **kostenlose Blutspende** oder die **Organspende**; denn auch in diesen Fällen fehlt es an einem Opfer aus dem Vermögen des Zuwendenden.[11]

Möglich ist es, mittels der **sogennnten Aufwandsspende** den Spendenabzug zu erreichen:

> „Aufwendungen zugunsten einer zum Empfang steuerlich abzugsfähiger Zuwendungen berechtigten Körperschaft sind nur abzugsfähig, wenn ein Anspruch auf die Erstattung der Aufwendungen durch Vertrag oder Satzung eingeräumt und auf die Erstattung verzichtet worden ist. Der Anspruch darf nicht unter der Bedingung des Verzichts eingeräumt worden sein." (**§ 10 b Abs. 3 Satz 4 und 5 EStG**)

Bei dem **Verzicht auf den Ersatz** der Aufwendungen (z. B. Fahrtkosten der Bahn, eigene Benzinkosten, Porto oder Telefonkosten) handelt es sich nicht um eine Spende des Aufwands, sondern um eine **Geldspende**, bei der entbehrlich ist, dass Geld zwischen dem Zuwendungsempfänger und dem Zuwendenden tatsächlich hin- und herfließt. Damit kann jeglicher Anspruch auf Aufwendungsersatz nach § 670 BGB grundsätzlich Gegenstand einer Aufwandsspende sein. **Voraussetzung** ist, dass vor der zum Aufwand führenden bzw. zu vergütenden Tätigkeit ein Anspruch auf Erstattung des Aufwands durch Vertrag oder Satzung eingeräumt worden ist. Er muss ernsthaft und rechtswirksam bzw. einklagbar sein und darf nicht unter der Bedingung des Verzichts stehen. Wesentliches Indiz für die Ernsthaftigkeit ist die wirtschaftliche Leistungsfähigkeit der steuerbegünstigten Körperschaft. Diese muss ungeachtet des späteren Verzichts in der Lage sein, den geschuldeten Aufwendungsersatz zu leisten. Ferner muss der Anspruch der Höhe nach festgestellt und verbucht worden sein, bevor er durch die Annahme einer Verzichtserklärung beseitigt wurde.[12]

Bei **angestellten Personen**, die nachträglich auf ihren zustehenden **Arbeitslohn verzichten**, kann eine Zuwendungsbestätigung ausgestellt werden. Hierbei ist jedoch darauf zu achten, dass die steuerbegünstigte Körperschaft als Arbeitgeberin die von ihr zu erfüllenden Arbeitgeberpflichten durchzuführen hat. Es liegen insoweit **Barspenden** vor und keine Aufwandsspenden.

Entsprechendes gilt, wenn der **leistende Unternehmer** nach Erbringung seiner Leistung eine Rechnung erteilt und danach auf die **Begleichung der Rechnung** verzichtet. Zugewendet wird die **Barspende** durch Ausspruch des Verzichts auf

---

11 Schauhoff: a.a.O., § 10 B. VI. 2 Rn 55; Buchna: a.a.O., zu 3.10, S. 369, m.w.N.
12 BMF-Schreiben v. 07.06.1999, BStBl I 1999, S. 551; vgl. Schauhoff: a.a.O., zu § 10 Rn 61 ff.

Zahlung des geschuldeten Entgelts. Aus- und Rückzahlung des Entgelts werden zwar durch die Verzichtserklärung des Spenders ersetzt, aber eine buchmäßige Erfassung des Vorgangs bei der steuerbegünstigten Körperschaft muss dennoch zwingend erfolgen. Ebenso hat der Unternehmer zunächst eine Betriebseinnahme im Rahmen seiner Gewinnermittlung anzusetzen und mit der Verzichtserklärung die Forderung als Barspende auszubuchen; die USt ist zu erklären und abzuführen.

6.5.1.4 Spendenabzugsbeschränkung der Höhe nach

Die (steuerliche) Förderung des Spendenabzugs könnte nach Maßgabe der guten Tat und nicht nach den Einkommensverhältnissen des „Täters" als Spender erfolgen. Dann wäre die Verwendung von Zuwendungen wohl im disponiblen Einkommensbereich anzusiedeln und der Spendenabzug nicht als Lenkungsnorm oder als Minderung der Leistungsfähigkeit des Spenders im Rahmen der ESt oder KSt zu verstehen.[13]

Spenden sind bekanntlich **nicht unbegrenzt abzugsfähig**, was sich gelegentlich auf die Spendenbereitschaft niederschlägt, wenn von Seiten der potenziellen Spender vorgetragen wird, der Spendenrahmen sei für dieses Jahr bereits ausgeschöpft. Die Spenden mindern den Gesamtbetrag der Einkünfte einer natürlichen Person als Sonderausgaben (§ 10 b EStG), die Summe der Einkünfte einer Körperschaft als abziehbare Ausgaben (§ 9 Abs. 1 Nr. 2 KStG) und den Gewerbeertrag (§ 9 Nr. 5 GewStG). Die Abzugsfähigkeit der Spenden nach den vorstehenden Einzelsteuergesetzen beträgt im **Grundhöchstbetrag bis zu 5 v.H.** des Gesamtbetrags der Einkünfte natürlicher Personen oder des Einkommens einer Körperschaft oder des erhöhten Gewerbeertrags. **Alternativ** ist der Höchstbetrag mit 2 v.T. der Summe der gesamten Umsätze und der im Kalenderjahr aufgewendeten Löhne und Gehälter zu bemessen. Werden Spenden an steuerbegünstigte Körperschaften geleistet, die sich den **Satzungszwecken** der Förderung der Wissenschaft und Forschung, der Kunst und Kultur und **mildtätigen Zwecken** verschrieben haben, ergibt sich ein Spendenabzug **bis zu 10 v.H** der zuvor genannten Bemessungsgrundlagen. Zur **Großspendenregelung** bei Förderung mildtätiger Zwecke verweisen wir hier nur auf § 10 b Abs. 1 Satz 4 EStG. Die Höhe des Abzugssatzes beim Spender richtet sich nach dem Verwendungszweck, der auf der Zuwendungsbestätigung entsprechend der tatsächlichen Verwendung bescheinigt wird.[14]

Verfolgt die **Krankenhauskörperschaft** mit der Förderung des Gesundheitswesens ausschließlich → *gemeinnützige Zwecke* ist die an sie ausgereichte Spende beim Spender bis zum Grundhöchstbetrag von **5 v.H.** abzugsfähig. Werden auch → *mildtätige Zwecke* verfolgt kann sich der Spendenabzug auf **10 v.H.** erhöhen. Für diesen Fall fordert die **Finanzverwaltung** zur Anerkennung des erhöhten Spendenabzugs, dass

---
13 Vgl. Schauhoff: a.a.O., zu § 10 Rn 6 zum Spendenabzug und Verfassungsrecht, m.w.N.
14 Vgl. Buchna: a.a.O., zu 3.5, S. 325 ff; Schauhoff: a.a.O., zu § 10 C. Rn 71 ff.

- die höher begünstigten Zwecke organisatorisch und buchhalterisch von den anderen Zwecken getrennt sind,
- die Spende tatsächlich für den höher begünstigten Zweck verwendet wird und auch die tatsächliche Geschäftsführung die Tätigkeiten trennt.[15]

Fehlt die für die Inanspruchnahme des erhöhten Spendenabzugs erforderliche Trennung, ordnet die Finanzverwaltung[16] an, dass die Zuwendungsbestätigungen folgenden Zusatz zu tragen haben: *„Diese Zuwendungsbestätigung berechtigt nicht zum Spendenabzug im Rahmen des erhöhten v.H.-Satzes nach § 10 b Abs. 1 Satz 3 EStG oder zum Spendenrück- bzw. -vortrag nach § 10 b Abs. 1 Satz 3 EStG."* Der Tatsache, dass in der Praxis die Spendenzwecke zum Teil voneinander kaum abzugrenzen sind und deshalb nicht verlässlich dem einen oder anderen Höchstbetrag zugeordnet werden können, kann dadurch begegnet werden, dass der Spender selbst bei der Hingabe der Zuwendung eine Widmung vornimmt oder bei organisatorischer und buchhalterischer Trennung der Barspende diese geteilt und zwei gesonderte Zuwendungen bestätigt werden.

6.5.1.5 Ausstellung von Zuwendungsbestätigungen (Spendenbescheinigungen)

Die (ehemals) Spendenbescheinigung (jetzt: Zuwendungsbestätigung) ist der formalrechtliche Nachweis für die Hingabe einer Spende und damit die materiellrechtliche Voraussetzung für den steuerlichen Spendenabzug des Spenders. Die Zuwendungsbestätigung erfolgt durch den Empfänger der Spende auf einem **amtlich vorgeschriebenen Vordruck** (§ 50 Abs. 1 EStDV). Das BMF hat in umfangreichen **Verwaltungsschreiben Vorgaben** gemacht, wie die seit dem 01. Januar 2000 geltende Zuwendungsbestätigung gestaltet werden muss.[17] Die veröffentlichten amtlichen Vordrucke sind **verbindliche Muster**. Sie sind vom jeweiligen Zuwendungsempfänger anhand dieser Muster selbst herzustellen.

Bei der **Ausgestaltung** wird es als zulässig erachtet, dass optische Hervorhebungen von Textpassagen z.B. durch Einrahmungen und vorangestellte Ankreuzkästchen zulässig sind; es bestehen auch keine Bedenken, den Namen des Zuwendenden und dessen Adresse untereinander anzuordnen. Die Wortwahl und die Reihenfolge der in den amtlichen Vordrucken vorgeschriebenen Textpassagen sind aber beizubehalten. Es dürfen weder Danksagungen noch Werbung für die eigenen begünstigten Zwecke aufgenommen werden. Entsprechende Texte auf der Rückseite sind jedoch zulässig. Ob es sich um einen **Verzicht auf Erstattung von Aufwendungen** handelt, ist stets in der Zuwendungsbestätigung zu bestimmen. Der entsprechende Vermerk ist nach dem Betrag der Zuwendung anzugeben. Bei **Sachspenden** sind genaue Angaben über den zugewendeten Ge-

---
15 BMF-Schreiben v. 09.01.2001, BStBl I 2001, S. 81; DB 2001, S. 173.
16 BMF-Schreiben v. 02.06.2000, BStBl I 2001, S. 592; Schauhoff: a.a.O., zu § 10 B. V. 2. Rn 42.
17 BMF-Schreiben v. 18.11.1999, BStBl I 1999, S. 979; BMF-Schreiben v. 14.01.2000, BStBl I 2000, S. 132; BMF-Schreiben v. 02.06.2000, BStBl I 2000, S. 592; BMF-Schreiben v. 07.12.2000, BStBl I, 2000, S. 1557.

genstand aufzunehmen,[18] d. h. Alter, Zustand und Angaben zum Kaufpreis, soweit bekannt. Werden von einem Spender mehrere Zuwendungen geleistet, kann die Bescheinigung in Form der **„Sammelbestätigung"** erfolgen. In dieser können für einen bestimmten Zeitraum für einen Spender Geldspenden zusammengefasst werden; für den Text der Bestätigung sind Besonderheiten zu beachten. In besonderen **Ausnahmefällen** wird von der formalrechtlichen Ausstellung der Zuwendungsbestätigung Abstand genommen, ohne dass dadurch der Spendenabzug gefährdet ist (§ 50 Abs. 2 EStDV). Von Interesse für den steuerbegünstigten Krankenhausträger ist hier nur die Zuwendung, die den **Betrag von 100 Euro** nicht übersteigt. Es genügt für den Spender in diesen Fällen der Bareinzahlungsbeleg oder die Buchungsbestätigung eines Kreditinstituts.

Die Empfängerkörperschaft muss jeweils ein **Doppel** der erstellten Bestätigung **aufbewahren**. Aufzuzeichnen ist die Vereinnahmung der Zuwendung und ihre zweckentsprechende Verwendung. Bei Sachzuwendungen und beim Verzicht auf die Erstattung von Aufwand müssen sich aus den Aufzeichnungen auch die Grundlagen für den vom Empfänger bestätigten Wert der Zuwendung ergeben (§ 50 Abs. 4 EStDV). Es ist zulässig, dass das jeweilige Doppel in elektronischer Form gespeichert wird.

Die Zuwendungsbestätigung ist mit **Ort** und **Datum** sowie der **Unterschrift** des Zuwendungsempfängers zu versehen. Werden die Bestätigungen nicht im maschinellen Verfahren ausgestellt, kann auf die Vollziehung der handschriftlichen Unterschrift nicht verzichtet werden. Die erstellte Bestätigung darf die Größe DIN A4 nicht überschreiten.[19]

6.5.1.6 Vertrauensschutz des Spenders und Spendenhaftung der Körperschaft

Der **Spender darf** auf die Richtigkeit der Zuwendungsbestätigung **vertrauen**, es sei denn, dass er die Bestätigung durch unlautere Mittel oder falsche Angaben erwirkt hat oder dass ihm die Unrichtigkeit der Bestätigung bekannt oder infolge grober Fahrlässigkeit nicht bekannt war. Damit wird das Vertrauen in die Angaben, die nach den amtlich vorgeschriebenen Vordrucken in der Zuwendungsbestätigung zu machen sind, geschützt und nicht die objektiv gegebene Steuerbegünstigung der Empfängerkörperschaft. Dieser **Vertrauensschutz** bewirkt, dass die Steuerfestsetzung des Spenders nicht aufgehoben oder geändert werden kann, wenn die Spendenabzugsvoraussetzungen zwar bescheinigt wurden, aber tatsächlich nicht vorlagen oder nachträglich weggefallen sind (**§ 10 b Abs. 4 Satz 1 EStG; § 9 Abs. 3 Satz 1 KStG**).[20]

Dadurch entstehende Steuerausfälle sucht der Gesetzgeber mit dem **Haftungstatbestand** auszugleichen, indem er die verschuldensabhängige **Ausstellerhaftung** oder die **Veranlasserhaftung**, die als Gefährdungstatbestand ausgestaltet wurde,

---

18 OFD Frankfurt, Rdvfg. v. 06.11.2003, DStR 2004, S. 180.
19 Vgl. Schauhoff: a. a. O., zu § 10 B. V. Rn 41 ff.; Buchna: a. a. O., zu 3.9, S. 358 ff.
20 Kein Vertrauensschutz nach dem Sachverhalt des Niedersächsisches FG, Urteil v. 18.03.2004, DStRE 2005, S. 1209 (1210), Revision BFH Az. I R 20/05.

vorsieht (§ 10 b Abs. 4 Satz 2 EStG; § 9 Abs. 3 Satz 2 KStG). Damit wird grundsätzlich der Zuwendungsempfänger zum Garanten, denn wenn der (vorstehende) Vertrauensschutztatbestand trotz Unrichtigkeit der Zuwendungsbestätigung eingreift, kommt die Spendenhaftung in Betracht. Die **Ausstellerhaftung** trifft grundsätzlich nur die Körperschaft, da als Zuwendungsempfänger nur die in § 49 EStDV genannten Einrichtungen in Betracht kommen. Auch hinsichtlich der **Veranlassungshaftung** ist die Körperschaft in Haftung zu nehmen, da durch die Haftung ein Fehlverhalten des Empfängers der Zuwendung im Zusammenhang mit der Spendenverwendung sanktioniert werden soll. Typische Fälle liegen vor, wenn Spendengelder nicht für steuerbegünstigte Zwecke Verwendung finden, sondern als unzulässige Zuwendung an Mitglieder oder bewusst und nachweislich zum Ausgleich von Verlusten im steuerpflichtigen wGb eingesetzt werden.

Die **Spendenhaftung** ist der Höhe nach gesetzlich festgelegt. Die entgangene **ESt** oder **KSt** ist mit **40 v.H.** des jeweils zugewendeten Betrags anzusetzen. Ist darüber hinaus auch **GewSt** ausgefallen, was den konkreten Nachweis voraussetzt, ist dieser Steuerausfall mit **10 v.H.** neben der Haftung für ESt oder KSt anzusetzen (§ 10 b Abs. 4 Satz 3 EStG; § 9 Abs. 3 Satz 3 KStG; § 9 Nr. 5 Satz 11 GewStG). Die Frage, in welchem Umfang sich der Abzug der Zuwendung beim Zuwendenden steuerlich ausgewirkt hat, bleibt ohne Bedeutung für die Haftungsfrage. Im Falle der Ausstellerhaftung bestimmt sich die Bemessungsgrundlage für die Haftungshöhe nach den Zuwendungen für die eine unrichtige Zuwendungsbestätigung ausgestellt wurde. Im Fall der Veranlasserhaftung bestimmt sie sich nach den fehlverwendeten Zuwendungen.[21]

6.5.1.7 Abgrenzung des Spendenabzugs vom Sponsoring

Unternehmen steht die Möglichkeit offen, im Rahmen echten **Mäzenatentums** Spenden an steuerbegünstigte Körperschaften zu leisten. Diese Spenden setzen Unentgeltlichkeit voraus und können im Rahmen bestimmter Höchstgrenzen für Zwecke der Besteuerung abgezogen werden. Dass bei der deutlich überwiegenden **Motivation** zur Spende auch ein **Werbeeffekt als Nebenzweck** für das Unternehmen eine Rolle gespielt hat, ist für die Anerkennung und Abzugsfähigkeit der Spende unschädlich. So z.B., wenn die Öffentlichkeit auf die Person des „Spenders" lediglich aufmerksam gemacht wird oder auf einem Gegenstand, für dessen Anschaffung oder Herstellung Geld oder Sachmittel zur Verfügung gestellt worden sind (z.B. Kunstwerke, Sitzgelegenheiten oder Pavillon im Park eines Krankenhauses), ein entsprechender Hinweis auf die Person des „Spenders" angebracht wird (z.B. Hinweisplakette in dezenter Aufmachung).[22]

Im Unterschied zu Spenden werden **Einnahmen beim Sponsoring** nicht unentgeltlich entgegengenommen, sondern es besteht auf Seiten des „Sponsors" die Erwartung einer Gegenleistung durch die steuerbegünstigte Körperschaft, die in der Regel auf einer Vereinbarung beruht. Unter **Sponsoring** wird die Bereitstellung

---

21 Vgl. Schauhoff: a.a.O., zu § 10 E. II. Rn 121 ff.; Buchna: a.a.O., zu 3.8, S. 349 ff.
22 Buchna: a.a.O., zu 3.3.2, S. 313/314; Schauhoff: a.a.O., zu § 10 A. III. 1 Rn 11, jeweils m.w.N.

von Geld, geldwerten Vorteilen oder anderen Zuwendungen durch Unternehmen zur Förderung von Personen, Gruppen und/oder Organisationen in sportlichen, kulturellen, sozialen, ökologischen oder ähnlich bedeutsamen gesellschaftspolitischen Bereichen verstanden, mit der gleichzeitig eigene unternehmensbezogene Marketing- und Kommunikationsziele erstrebt werden. Sponsoring wird daher als **Leistungsaustausch** zwischen dem leistenden Unternehmer (Sponsor) und dem Empfänger dieser Leistung (z.B. gemeinnütziger Krankenhausträger) verstanden, wobei Letzterer seine Gegenleistung z.B. in Form von Werbemaßnahmen für den Sponsor erbringen kann.[23] Die Leistung des Sponsors ist bei ihm nicht als „Spende" zu berücksichtigen, sondern aufgrund der erhaltenen Gegenleistung liegen grundsätzlich Betriebsausgaben vor. Dies gilt auch dann, wenn sich die Sponsoring-Aufwendungen und die Gegenleistung nicht gleichwertig gegenüberstehen. Besteht im Einzelfall zwischen Leistung und Gegenleistung ein krasses Missverhältnis (vgl. § 4 Abs. 5 Satz 1 Nr. 7 EStG), lässt die Finanzverwaltung auch den Betriebsausgabenabzug nicht zu.

Beim **Empfänger** als steuerbegünstigte Körperschaft liegen je nach Einzelfall Einnahmen im Bereich der **steuerfreien Vermögensverwaltung** vor **oder** ein **steuerpflichtiger wGb** ist gegeben. Die steuerliche Behandlung der Leistungen beim Empfänger hängt grundsätzlich nicht davon ab, wie die entsprechenden Aufwendungen beim leistenden Unternehmen behandelt werden. Die Finanzverwaltung hat zwischenzeitlich für die **Abgrenzung** zwischen Vermögensverwaltung und steuerpflichtigen wGb im sogenannten Sponsoring-Erlass Kriterien aufgestellt und diese durch weitere Erlasse in Einzelfällen versucht zu konkretisieren.[24] Die Grenze zum steuerpflichtigen wGb soll dann überschritten sein, wenn eine „Mitwirkung der Körperschaft an den Werbemaßnahmen" erfolgt, die über Hinweis und Danksagung hinausgeht. Entscheidend ist dabei auf den jeweiligen Sachverhalt abzustellen, der im vorhinein durch entsprechende Vereinbarungen auch gestaltbar ist.

Sind die Entgelte im **steuerpflichtigen wGb** zu erfassen, ist auch **umsatzsteuerlich** von einem Leistungsaustausch zum Regelsteuersatz auszugehen. Bei „nicht hervorgehobenem Sponsoren-Logo auf Plakat, Anzeige, Homepage" dürften regelmäßig Einnahmen im **Bereich der Vermögensverwaltung** vorliegen, für die der ermäßigte USt-Satz zur Anwendung kommt.[25]

---

23 AEAO zu § 64 Tz 7 bis 10; Schauhoff: a.a.O., zu § 6 C. IV. Rn 52 ff; Rasche, Sponsoring von Vereinen und öffentlicher Hand, Abgrenzung zum Leistungsaustausch und Steuersatz, UStB 2001, S. 208.
24 BMF-Schreiben v. 18.02.1998, BStBl I 1998, S. 212; FinMin Bayern, Erlass v. 11.02.2000, DB 2000, S. 548; OFD Frankfurt, Vfg. v. 07.05.2003, DB 2003, S. 1544; OFD Hannover, Vfg. v. 11.02.2003, DStZ 2003, S. 360 zur USt.
25 OFD Karlsruhe, Vfg. v. 05.03.2001, DStR 2001, S. 853; FG München, Urteil v. 15.05.2006, 7 K 4052/03, EFG 2006, S. 1362, mit Anm. von Trossen, S. 1364 vgl. 4.2, USt-ABC.

6.5.2 Beginn und Erlöschen einer Steuerbefreiung (§ 13 KStG)

§ 13 KStG regelt die Besonderheiten der Einkommensermittlung bei Beginn oder Erlöschen der **persönlichen Steuerbefreiung** einer Körperschaft i. S. d. § 5 Abs. 1 KStG; dabei kann es sich innerhalb der Körperschaft **auch** um eine **partielle Steuerbefreiung** handeln, die beginnt oder erlischt (z. B. Übergang zwischen Steuerfreiheit und Steuerpflicht durch Wegfall bzw. Erfüllung von Zweckbetriebsvoraussetzungen). Praktische Bedeutung hat diese Vorschrift damit auch für die steuerbegünstigten Körperschaften, die nach § 5 Abs. 1 Nr. 9 KStG befreit sind, soweit kein steuerpflichtiger wGb vorliegt. Da ein Wechsel der Besteuerung aufgrund von Veränderungen weder für die Körperschaft selbst noch für ihre → Tätigkeitsbereiche ausgeschlossen ist, widmen wir uns der Anwendung dieser Vorschrift zur Einkommensermittlung für die Fälle der Steuerverhaftung des Vermögens (Abgrenzung der stillen Reserven). **Ziel der Regelung** ist die steuerliche Erfassung (und Versteuerung) der während der Steuerpflicht gebildeten stillen Reserven und die Steuerfreistellung der während der Steuerfreiheit gebildeten stillen Reserven.[26] Der Wertansatz der dem Betriebsvermögen zuzuordnenden Wirtschaftsgüter entscheidet darüber, wann und in welchem Umfang stille Reserven dieser Wirtschaftgüter einer Besteuerung unterliegen. Da insbesondere Grundstücke und Beteiligungen erhebliche stille Reserven enthalten können, kann deren Besteuerung zur Unzeit zu erheblichen steuerlichen Belastungen führen.

6.5.2.1 Anwendungsbereiche des § 13 KStG für steuerbegünstigte Körperschaften

Bestehende steuerpflichtige Körperschaften können in den **Status** der Steuerbegünstigung **wechseln**; eine Neugründung ist dafür nicht erforderlich. Umgekehrt können auch steuerbegünstigte Körperschaften zur Steuerpflicht wechseln, was aufgrund der materiellen → *Vermögensbindung* (§ 55 Abs. 1 Nr. 4 AO) und der damit verbundenen Folgen für die vermögensmäßige Ausstattung der nunmehr steuerpflichtigen Körperschaft in der Praxis eher selten zu verzeichnen ist.

Bei einer → *Nachversteuerung* aufgrund eines Verstoßes gegen die → *satzungsmäßige Vermögensbindung* (§ 61 Abs. 3 AO) liegt **kein Wechsel** der Besteuerung vor, da die Anforderungen an die Steuerbegünstigung von Beginn an als nicht erfüllt gelten.[27] Verstöße gegen die allgemeinen Bestimmungen der Steuerbegünstigung führen dagegen grundsätzlich zum **Verlust der Steuerbegünstigung** für die betroffenen Veranlagungszeiträume (§ 63 Abs. 2 AO i. V. m. § 60 Abs. 2 AO) und damit in der Rechtsfolge zwangsläufig zu einem **Wechsel der Besteuerung**. Neben der Besteuerung der laufenden Ergebnisse führt hier der Beginn der Steuerpflicht zu einer Steuerverhaftung des Vermögens im betrieblichen Einkunftsbereich (Abgrenzung der stillen Reserven), soweit die Körperschaft mit einem steuerpflichtigen wGb nicht bereits → *partiell steuerpflichtig* war.

---

26 Buchna: a. a. O., zu 4.1.5, S. 410.
27 Buchna: a. a. O., zu 4.1.5, S. 414

Bei der Besteuerung der **steuerpflichtigen wGb** (partielle Steuerpflicht der steuerbegünstigten Körperschaft) bestehen im Vergleich zur Besteuerung nicht begünstigter Unternehmen zahlreiche Besonderheiten, die wir – bis auf § 13 KStG – ganz überwiegend in den vorstehenden Abschnitten ausgeführt haben.[28] **Beginn und Ende der partiellen Steuerpflicht** oder ein Wechsel der Besteuerung aufgrund von **Veränderungen in den → *Tätigkeitsbereichen*** der steuerbegünstigten Körperschaft können ebenfalls dazu führen, dass stille Reserven in der Einkommensermittlung zu berücksichtigen sind. Bei den Veränderungen, die einen partiellen Übergang zwischen Steuerfreiheit und Steuerpflicht bewirken können (z. B. Zweckänderung, Nutzungsänderung, Nichterfüllung gesetzlicher Vorgaben), sind auch Verstöße gegen die Anforderungen der Steuerbegünstigung möglich, die in diesem Abschnitt aber nicht bewertet werden.

6.5.2.2 Regelungsinhalte des § 13 KStG (Überblick)

(1) Beginn einer Steuerbefreiung
Wird eine bisher in vollem Umfang **steuerpflichtige Körperschaft** von der KSt **befreit,** hat sie die während des Bestehens der Steuerpflicht gebildeten stillen Reserven des Betriebsvermögens aufzudecken und der Besteuerung zuzuführen. Zu diesem Zweck hat sie auf den Zeitpunkt des Beginns der Steuerbefreiung (grundsätzlich) eine Schlussbilanz aufzustellen. In dieser Schlussbilanz sind die Wirtschaftsgüter (vorbehaltlich des § 13 Abs. 4 KStG) mit den Teilwerten anzusetzen (§ 13 Abs. 1 und Abs. 3 Satz 1 KStG). Wurde der Gewinn bisher nach § 4 Abs. 3 EStG ermittelt, ist ein Übergang zum Betriebsvermögensvergleich auf den Zeitpunkt des Beginns der Steuerbefreiung zu fingieren. Durch den Ansatz der Teilwerte wird erreicht, dass die gelegten stillen Reserven aufgedeckt und vor Eintritt in die Steuerbefreiung besteuert werden.

(2) Erlöschen einer Steuerbefreiung
Wird eine von der KSt **befreite Körperschaft steuerpflichtig** und ermittelt sie ihren Gewinn durch Betriebsvermögensvergleich, so hat sie auf den Zeitpunkt, in dem die Steuerpflicht beginnt, eine Anfangsbilanz aufzustellen. Die während der Dauer der Steuerbefreiung angesammelten stillen Reserven sind nicht steuerpflichtig, weil sie durch den Ansatz der Wirtschaftsgüter mit dem Teilwert in der Anfangsbilanz erfolgsneutral aufgedeckt werden (§ 13 Abs. 2 und Abs. 3 Satz 1 KStG). Wurde der Gewinn bisher nach § 4 Abs. 3 EStG ermittelt, ist keine Anfangsbilanz aufzustellen.

(3) Sonderregelung des § 13 Abs. 4 KStG:
Nur für eine bisher **steuerpflichtige Körperschaft**, für die nach § 5 Abs. 1 **Nr. 9** KStG die **Steuerbefreiung beginnt,** ist in Verbindung mit den Regelungen zum Spendenabzug in § 9 Abs. 1 Nr. 2 KStG vorgesehen, dass sie auf das Ende ihrer Steuerpflicht eine **Schlussbilanz** aufstellt, in der das betreffende Betriebsvermögen **mit dem Buchwert** anzusetzen ist. Abweichend vom Grundsatz (§ 13 Abs. 3 KStG), wonach der Teilwert maßgebend wäre, verzichtet der Gesetzgeber hier gezielt auf die Versteuerung der gelegten stillen Reserven, weil die Körperschaft

---

28 Vgl. 6.4.3

zukünftig ausschließlich und unmittelbar die **spendenbegünstigten Zwecke** fördert. Für die Gewährung des Buchwertprivilegs ist zu beachten, dass der Kreis der spendenbegünstigten Zwecke enger ist als der der steuerbegünstigten Zwecke i. S. d. §§ 52 bis 54 AO.[29] Verfolgt die steuerbegünstigte Körperschaft keine spendenbegünstigten Zwecke, sind in der Schlussbilanz die Wirtschaftgüter mit den Teilwerten anzusetzen.

(4) Partielle Steuerbefreiung
Wenn eine **Steuerbefreiung** nur **teilweise** beginnt oder endet, sind die Vorschriften des § 13 Abs. 1 bis 4 KStG auf den entsprechenden Teil des Betriebsvermögens anzuwenden (**§ 13 Abs. 5 KStG**). Praktische Bedeutung hat diese Vorschrift u. a. bei der Begründung oder Aufgabe eines steuerpflichtigen wGb durch eine im Übrigen steuerbefreite Körperschaft oder durch die Erfüllung und den Wegfall der Voraussetzungen eines Zweckbetriebs.

6.5.2.3 Rechtsfolgen nach einem Wechsel in der Besteuerung

Die Vorschriften des § 13 KStG regeln den Wertansatz von Wirtschaftsgütern in den Fällen, in denen eine bislang steuerpflichtige Körperschaft in den Status der KSt-Freiheit bzw. eine bisher steuerbefreite Körperschaft in den Status der KSt-Pflicht wechselt. Nun folgen zusammengefasst die steuerlichen Auswirkungen eines Wechsels der Besteuerung in den u.E. wesentlichen **Fällen der Praxis**:[30]

(1) Aberkennung der Steuerbegünstigung bei Sachverhalten außerhalb einer Nachversteuerung gemäß § 61 Abs. 3 AO
Ist die **Steuerbegünstigung** aufgrund eines Verstoßes gegen die allgemeinen Bestimmungen (außerhalb des Falls einer → *Nachversteuerung* wegen eines Verstoßes gegen die → *Vermögensbindung* – § 61 Abs. 3 AO) **abzuerkennen**, werden die Steuervergünstigungen nach den Einzelsteuergesetzen für den Besteuerungsabschnitt nicht (mehr) gewährt, der von dem Verstoß betroffen ist. Ein nicht behobener Verstoß bzw. eine nicht behobene Fehlmaßnahme schließt für die Folgezeit ebenfalls eine Anerkennung als steuerbegünstigte Körperschaft aus und zwar so lange, bis die Anforderungen der Steuerbegünstigung wieder erfüllt sind. Das Finanzamt entscheidet über die Aberkennung der Steuerbegünstigung und damit über die volle **Steuerpflicht** der Körperschaft im Rahmen des steuerlichen Veranlagungsverfahrens für den jeweiligen Besteuerungsabschnitt.[31]

Für die **Einkommensermittlung** bei einer **Krankenhaus-GmbH** hat dies zur Folge, dass der Umfang der steuerbaren Einkünfte nach Maßgabe der steuerlichen Vorschriften zur Gewinnermittlung erfolgt (soweit ein Verein oder eine Stiftung

---

29 Zur Abgrenzung der spendenbegünstigten Zwecke: vgl. Abschnitt 47 Abs. 1 KStR 2004 sowie Anlage 1 zu § 48 Abs. 2 EStDV.
30 Vgl. Bott in: Schauhoff: a. a. O., zu § 9 B. II. 2. Rn 80 bis 98; Schmidt/Fritz: Besteuerung stiller Reserven bei wirtschaftlichen Geschäftsbetrieben gemeinnütziger Körperschaften? DB 2002, S. 2509 bis 2513; Kümpel: Die steuerliche Behandlung von Zweckbetrieben, DStR 1999, , S. 93 (95/96); Kümpel, Die Besteuerung steuerpflichtiger wirtschaftlicher Geschäftsbetriebe, DStR 1999. , S. 1505 (1510/1511).
31 Vgl. 6.3.2

buchführungspflichtig sind, dürfte entsprechendes gelten). Die einschränkenden Voraussetzungen einer partiellen Steuerpflicht für den wGb gelten dann nicht mehr. Die volle **Steuerpflicht** der GmbH bedeutet grundsätzlich die Erfassung sämtlicher Vermögensmehrungen im nunmehr ausschließlichen betrieblichen Bereich, wohl einschließlich der Spenden und Zuschüsse. Die Freistellung der Einkünfte im Bereich der Vermögensverwaltung entfällt ebenso wie die Freistellung der Einkünfte im Zweckbetrieb. Neben der vollen Steuerpflicht der laufenden Ergebnisse führt der Wechsel der Besteuerung auch zur **Abgrenzung der stillen Reserven** und damit zur Anwendung des § 13 KStG, denn nunmehr sind alle Wirtschaftsgüter in den steuerpflichtigen Bereich überführt und dort bilanziell zu erfassen (Ausnahme: Wirtschaftsgüter, die ausschließlich dem steuerpflichtigen wGb gewidmet sind, unterliegen stets der Steuerverhaftung). Die vor dem Beginn der Steuerpflicht gelegten stillen Reserven werden dadurch von der Besteuerung freigestellt, dass die Körperschaft ihre Wirtschaftsgüter in einer **Anfangsbilanz mit den Teilwerten** einstellt (§ 13 Abs. 2 und Abs. 3 KStG; soweit bereits steuerpflichtige wGb vorhanden auch § 13 Abs. 5 KStG). Im Rahmen der folgenden bilanziellen Gewinnermittlung gelten die allgemeinen Regelungen, so dass in der Anfangsbilanz die bis zum Beginn der Steuerpflicht vorhandenen stillen Reserven die Buchwerte erhöht haben und nunmehr die Teilwerte Bemessungsgrundlage für die Abschreibungen sind. Auf Einzelheiten der Gewinnermittlung, wie z. B. der Beachtung von Aktivierungsverboten, wird nicht näher eingegangen.

Der **Anwendung** dieser bilanziellen Grundsätze (§ 13 Abs. 2, 3 und 5 KStG) steht **nicht entgegen**, dass der Eintritt in die volle Steuerpflicht **nur vorübergehend** ist (z. B. für ein Veranlagungsjahr) und/oder die steuerlichen Auswirkungen gering sind. Der anschließende erneute Wechsel in die Steuerbefreiung führt dann zu einer Schlussbilanz, in der die im Zeitraum der Steuerpflicht gelegten stillen Reserven grundsätzlich aufzudecken und der Schlussbesteuerung zuzuführen sind (§ 13 Abs. 1 und 2 KStG). Greift in diesem Fall die **Sonderregelung des § 13 Abs. 4 KStG** (wovon bei steuerbegünstigten Krankenhauskörperschaften in der Regel auszugehen ist), sind die Wirtschaftsgüter zu Buchwerten in die Steuerbefreiung zu überführen.

(2) Beginn der partiellen Steuerpflicht
Folgende Sachverhalte können den **Eintritt** einer steuerbegünstigten Körperschaft in die **partielle Steuerpflicht** bewirken:
a) **Wegfall der Zweckbetriebsvoraussetzungen i. S. v. §§ 65 bis 68 AO**[32]
   Dieser Fall kann eintreten, wenn z. B. bei einer steuerbegünstigten **Krankenhauskörperschaft** die gesetzlich festgelegten Voraussetzungen des § 67 AO nicht mehr eingehalten werden, ein anerkanntes Krankenhaus seine **Nutzung** dahingehend **ändert**, dass nur noch Privatpatienten aufgenommen werden oder das Krankenhaus durch Nutzungsänderung zum medizinischen Versorgungszentrum (MVZ) wird.[33] Ferner liegen insoweit keine Zweckbetriebe (mehr) vor, wenn bei einer steuerbegünstigten Krankenhauskörperschaft

---

32 Vgl. 6.4.2
33 Vgl. 6.2.8.3: Beispiel einer Nutzungsänderung ohne Verlust der Eigenschaft eines Zweckbetriebs.

in den sog. **Nebenbetrieben** auch Leistungen gegenüber Fremden erbracht werden, also z. B. die **Apotheke** nicht nur an die stationären Patienten liefert, sondern überwiegend an Dritte außerhalb des Krankenhauses oder die **Krankenhaus-Wäscherei** für andere Krankenhäuser, Altenheime oder sonstige Empfänger tätig wird.

In die **Anfangsbilanz** zu Beginn der partiellen Steuerpflicht des wGb (ehemaliger Zweckbetrieb) sind die Wirtschaftsgüter mit dem **Teilwert** aufzunehmen (§ 13 Abs. 5 i. V. m. Abs. 2 und 3 KStG). Der Teilwertansatz bewirkt die steuerfreie Aufdeckung der stillen Reserven, die während der Nutzung im steuerfreien Zweckbetrieb gelegt worden sind. Der Besteuerung unterliegen fortan neben den laufenden Gewinnen im steuerpflichtigen wGb nur die stillen Reserven, die während der Zeit der Steuerpflicht entstehen. Die bilanzielle **Gewinnermittlung** nach den allgemeinen Regelungen ist für die partielle Steuerpflicht fortzusetzen, was für eine Krankenhauskörperschaft aufgrund der gesetzlichen Verpflichtung ohnehin der Fall ist.

Kein Wechsel der Steuerpflicht liegt vor (d. h. § 13 KStG ist nicht einschlägig), wenn eine Zweckänderung in der Weise erfolgt, dass der **bisherige Zweckbetrieb nun** für Zwecke der → *Vermögensverwaltung* genutzt wird, denn auch die Vermögensverwaltung ist eine steuerbefreite Tätigkeit der steuerbegünstigten Körperschaft (z. B. Einstellung der bisher selbst betriebenen Cafeteria für Patienten und Personal und Vermietung der Einrichtung an einen fremden Dritten, der den Betrieb fortführt und auch für Besucher zugänglich macht). Zu **prüfen** ist in jedem Fall, **ob** mit der Nutzungsänderung **Mittel freigesetzt** werden, die zeitnah für die satzungsmäßigen Zwecke einzusetzen sind, um einen Verstoß zu vermeiden (§§ 55 Abs. 1 Nr. 1 und Nr. 5, 59, 63 AO).[34] Um Probleme mit der (anschließenden) Mittelverwendung zu vermeiden, sollte dieser Punkt stets vor einer Beendigung des Zweckbetriebs geprüft werden (z. B. Zweckbetriebsvermögen im Austausch mit zulässig gebildetem Vermögen der Vermögensverwaltung).[35]

b) **Aufnahme oder Erwerb eines steuerpflichtigen wGb (§§ 64, 14 AO)**
Liegen die Voraussetzungen eines Zweckbetriebs nicht vor, führt jede selbständige nachhaltige Tätigkeit durch die Einnahmen oder andere wirtschaftliche Vorteile erzielt werden und die über den Rahmen einer Vermögensverwaltung hinausgehen zur **Aufnahme eines steuerpflichtigen wGb**; dafür können (auch) Wirtschaftsgüter der steuerbefreiten → *Sphären* eingesetzt werden. Auch die **Umqualifizierung einer Beteiligung** an einer Kapitalgesellschaft, die bislang der (steuerbefreiten) Vermögensverwaltung zuzurechnen war, kann zur Aufnahme eines steuerpflichtigen wGb führen (z. B. erstmalige Einflussnahme auf die Geschäftsführung der Tochtergesellschaft durch Personalunion oder durch die erstmalige Überlassung wesentlicher Betriebsgrundlagen zur Nutzung bei der Tochtergesellschaft – Betriebsaufspaltung). Der **Erwerb eines steuerpflichtigen wGb** erfolgt durch die steuerbegünstigte

---

34 Vgl. 6.2.8
35 Kümpel: a. a. O., DStR 1999, S. 93 (96).

Körperschaft in der Regel gegen Entgelt; ausnahmsweise auch unentgeltlich im Wege der Schenkung oder Erbschaft.

In den vorgenannten Fällen sind die Vorschriften des § 13 KStG nicht anzuwenden, weil es sich nach der ganz überwiegenden Auffassung in der Literatur[36] **nicht** um einen **Wechsel** in der Steuerpflicht handele, **sondern** um die **Begründung** der partiellen Steuerpflicht der steuerbegünstigten Körperschaft (subsidiäre Funktion des § 13 KStG). Die Wirtschaftsgüter sind – soweit sie ausschließlich dem steuerpflichtigen wGb zuzurechnen sind – nach den allgemeinen Gewinnermittlungsvorschriften mit ihrem Teilwert, höchstens jedoch mit den Anschaffungs- bzw. Herstellungskosten anzusetzen.

Das **Über- oder Unterschreiten der Besteuerungsgrenze** i. S. d. § 64 Abs. 3 AO i. H. v. 30.678 € stellt ebenfalls keinen Anwendungsfall des § 13 KStG dar, da die partielle Steuerpflicht (unabhängig von der Besteuerungsgrenze) bereits mit Aufnahme der Tätigkeit begründet wird.[37] Entsprechendes gilt für den **Tarif-Freibetrag** i. S. v. § 24 KStG i. H. v. 3.835 €. In beiden Fällen handelt es sich um einen Verzicht auf die Besteuerung, die keine Steuerbefreiung i. S. v. § 13 KStG darstellt.

(3) Ende der partiellen Steuerpflicht

Folgende Sachverhalte können den **Austritt** einer steuerbegünstigten Krankenhauskörperschaft aus der **partiellen Steuerpflicht** bewirken:

a) **Erfüllung der Voraussetzungen eines Zweckbetriebs** i. S. v. §§ 65 bis 68 AO[38]

Ein steuerpflichtiger **wGb** einer steuerbegünstigten Krankenhauskörperschaft kann dadurch **beendet** werden, dass durch eine **Nutzungsänderung** oder **Erfüllung gesetzlicher Vorgaben** die Voraussetzungen für die Annahme eines steuerbegünstigten Zweckbetriebs erfüllt werden. Dies ist z. B. der Fall, wenn in den **sogenannten Nebenbetrieben** (z. B. Apotheke, Wäscherei, Cafeteria) nach einer vorübergehenden erweiterten Tätigkeit auch für Dritte zukünftig ausschließlich nur noch Zwecke des Krankenhausbetriebs verfolgt werden (z. B. die Apotheke versorgt nur die stationären Patienten des Krankenhauses; die Wäscherei wäscht nur für den Bedarf des Krankenhauses). Motiv für die Beendigung des steuerpflichtigen wGb kann u. a. die Wirtschaftlichkeit sein, wenn sich z. B. bei einer kritischen Betrachtung Dauerverluste ergeben. Auch eine **steuerbegünstigte Körperschaft**, die mehrere **Krankenhäuser** betreibt und auch **Altenheime** unterhält, unterliegt für jede Einrichtung aufgrund der tatsächlichen Verhältnisse einem stetigen **Prozess der Veränderungen**, der für das Vorliegen der Voraussetzungen eines Zweckbetriebs wesentlich ist (z. B. jährliche Pflegetage des jeweiligen Krankenhauses, Patientenstruktur, Hilfsbedürftigkeit oder Alter der Personen) und deshalb **stets überprüft** werden muss (z. B. §§ 67, 68 Nr. 1.a), 66 Abs. 3, 53 AO). Ein Wechsel zwischen den Sphären der Körperschaft und damit auch der steuerlichen Folgen ist möglich, im Einzelfall der Praxis aber nicht vorherrschend.

---

36 Schmidt/Fritz: a. a. O., DB 2002, S. 2509 (2511), m. w. N.; Bott in: Schauhoff: a. a. O., zu § 7 B. 3. d) aa) Rn 138, m. w. N.
37 AEAO zu § 64 Tz 20; Bott in: Schauhoff: a. a. O., zu § 7 Rn 144.
38 Vgl. 6.4.2

In der **Schlussbilanz** zur Beendigung des steuerpflichtigen wGb sind die Wirtschaftsgüter **grundsätzlich** mit den **Teilwerten** anzusetzen (§§ 13 Abs. 5 i. V. m. Abs. 1 und 3 KStG). Ob im Falle der Beendigung eine sogenannte Betriebsaufgabe i. S. v. § 16 Abs. 3 EStG mit der Folge vorliegt, dass § 16 EStG anzuwenden wäre, muss nach der Auffassung der **Finanzverwaltung**[39] nicht mehr geprüft werden, weil auch für Fälle der Betriebsaufgabe dem § 16 Abs. 3 EStG nicht mehr der Vorrang vor § 13 Abs. 5 und 4 KStG zukommt (Betriebsaufgabe als (teilweiser) Beginn der Steuerbefreiung).[40] Der für den bisher steuerverhafteten betrieblichen Bereich (wGb) der Körperschaft maßgebende Teilwertansatz steht unter dem **Vorbehalt des Buchwertprivilegs** nach **§ 13 Abs. 4 Satz 1 und Abs. 5 KStG**. Danach verzichtet der Steuergesetzgeber auf eine mögliche Aufdeckung der in der steuerpflichtigen Zeit entstandenen stillen Reserven und ihrer Schlussbesteuerung, wenn die Voraussetzungen vorliegen. Der **Buchwertansatz**, der in der Schlussbilanz eine Aufdeckung und Versteuerung der stillen Reserven verhindert, **ist möglich**, wenn die Körperschaft mit Beginn oder Erweiterung der Steuerbefreiung die betroffenen **Wirtschaftsgüter** in den steuerbefreiten Bereich überführt und (zukünftig) **für spendenbegünstigte Zwecke** i. S. d. § 9 Abs. 1 Nr. 2 KStG einsetzt. Soweit Wirtschaftsgüter vor der Überführung in den steuerbefreiten Bereich oder in einem engen zeitlichen Zusammenhang danach veräußert werden, ist der Buchwertansatz nicht möglich. Durch die Nutzung der Wirtschaftsgüter im Krankenhausbetrieb werden in der Regel Zwecke erfüllt, die spendenbegünstigt sind.

Die Schlussbilanz ist auf den **Zeitpunkt der Beendigung** des steuerpflichtigen wGb zu erstellen; dieser kann auch innerhalb eines Wirtschaftsjahres liegen. Ob zusätzlich die **Änderung der Satzung** durch den Wechsel der Tätigkeit der Körperschaft (und damit der Besteuerung) erforderlich ist, sollte im Einzelfall unbedingt geprüft werden.

Die vorstehenden **Grundsätze** gelten grundsätzlich **auch bei dem Übergang** eines bisher steuerpflichtigen wGb in die **steuerbefreite Vermögensverwaltung** einer spendenbegünstigten Körperschaft. Auch hier kann das Betriebsvermögen zu Buchwerten übertragen werden, so dass keine stillen Reserven aufgedeckt werden, denn auch in der Vermögensverwaltung dienen die Wirtschaftsgüter grundsätzlich den steuerbegünstigten Zwecken. So kann z. B. die von der steuerbegünstigten Krankenhauskörperschaft geführte Cafeteria, die bisher den Patienten, dem Personal und den Besuchern zugänglich war (steuerpflichtiger wGb), zukünftig mit den Räumlichkeiten und der Einrichtung an einen fremden Betreiber vermietet (steuerfreie Vermögensverwaltung) werden.[41]

---

39 BMF-Schreiben v. 01.02.2002, BStBl I, 2002, S. 221; KStR 2004 H 55.
40 Schmidt/Fritz: a. a. O., DB 2002, S. 2509, zu III.2 (2511); **teilweise a.A.:** Bott in: Schauhoff: a. a. O., § 7 Rn 159, S. 161.
41 BMF-Schreiben v. 01.02.2002, BStBl I 2002, S. 221; Bott in: Schauhoff: a. a. O., § 7 Rn 165.

b) **Aufgabe des steuerpflichtigen wGb (§§ 14, 64 AO)**
Die **Aufgabe** eines Betriebs oder Teilbetriebs im Ganzen **liegt vor**, wenn alle wesentlichen Betriebsgrundlagen des steuerpflichtigen wGb innerhalb kurzer Zeit (in der Regel bis zu sechs Monaten) und in einem einheitlichen Vorgang entweder an verschiedene Erwerber veräußert oder zum Teil veräußert und zum Teil in die übrigen Sphären der Krankenhauskörperschaft überführt werden und damit der steuerpflichtige wGb als selbständige Organisation des Wirtschaftslebens zu bestehen aufhört.[42] Der **Begriff** erfordert nicht, dass die steuerbegünstigte Körperschaft künftig keine wirtschaftliche Tätigkeit mehr ausübt. Fälle, die durch einen **Wechsel** der Tätigkeit der Körperschaft **zum Zweckbetrieb** führen (Umqualifizierung eines steuerpflichtigen wGb), sind vorstehend erörtert worden und führen grundsätzlich **nicht** zu einer **Betriebsaufgabe** i.S.v. § 16 Abs. 3 EStG. Dort wird der Betrieb in einer steuerfreien Sphäre der Körperschaft fortgeführt, während er bei einer Betriebsaufgabe vollständig eingestellt wird (z.B. die Einrichtung der Krankenhaus-Wäscherei, die auch für andere Einrichtungen tätig war, wird an eine neu gegründete GmbH, an der die Krankenhauskörperschaft mehrheitlich beteiligt ist, veräußert; die GmbH führt die Wäscherei in Räumlichkeiten, die nicht zum Krankenhaus gehören, fort).
Zur **Ermittlung** des steuerpflichtigen **Aufgabegewinns** sind die in den steuerfreien Bereich übernommenen Wirtschaftsgüter **grundsätzlich** mit ihrem gemeinen Wert anzusetzen, einzelne veräußerte Wirtschaftsgüter sind mit ihren Veräußerungspreisen anzusetzen und ihren Buchwerten gegenüberzustellen (§ 16 Abs. 3 EStG). Dadurch werden die während des Bestehens des steuerpflichtigen wGb gebildeten stillen Reserven aufgedeckt und versteuert. Für die **Anwendbarkeit des sogenannten. Buchwertprivilegs** (§ 13 Abs. 4 Satz 1 und Abs. 5 KStG) auch in Fällen der Betriebsaufgabe hat sich nunmehr **die Finanzverwaltung** entschieden.[43] Dafür kann angeführt werden, dass diese Regelung als Spezialnorm für steuerbegünstigte Körperschaften den allgemeinen Regelungen des § 16 EStG vorgeht. Dagegen kann angeführt werden, dass die Betriebsaufgabe eine Einstellung der betrieblichen Tätigkeit bedeutet und eine Schlussrechnung erfordert; ein Wechsel in der Steuerpflicht nach § 13 KStG ist nicht erkennbar.[44] Mit der Berücksichtigung der Betriebsaufgabe im Anwendungsbereich des § 13 Abs. 4 Satz 1 und Abs. 5 KStG hat die Praxis durch die Verwaltungsanweisung einen Vorteil, der u.E. auf keinen sachfremden Überlegungen beruht und bei Vorliegen der Voraussetzungen zur Anwendung kommt. Die **erfolgneutrale Überführung** der stillen Reserven in den steuerfreien Bereich ist daher möglich.
c) **Veräußerung und Verpachtung eines steuerpflichtigen wGb**
Bei der **Veräußerung** eines steuerpflichtigen wGb hat auch die steuerbegünstigte Körperschaft einen steuerpflichtigen **Veräußerungsgewinn** zu

---
42 R 139 Abs. 2 EStR 2003; Bott in: Schauhoff: a.a.O., § 7 Rn 158.
43 BMF-Schreiben v. 01.02.2002, BStBl I 2002, S. 221.
44 Vgl. Schmidt/Fritz: a.a.O., DB 2002, S. 2509 (pro, S. 2512); Bott in: Schauhoff: a.a.O., § 7 Rn 159, 160 (kontra).

ermitteln, der zu den gewerblichen Einkünften gehört (allgemeine Gewinnermittlungsvorschriften; § 8 Abs. 1 KStG i. V. m. § 16 Abs. 1 Nr. 1 EStG). Die mit der Veräußerung realisierten stillen Reserven sind Bestandteil des Ergebnisses aus dem steuerpflichtigen wGb und werden im Rahmen der partiellen Steuerpflicht einer Schlussbesteuerung zugeführt. Die besondere Ermittlungsvorschrift des § 13 KStG findet **keine Anwendung**; nach dem Sinn dieser Vorschrift ist der zukünftige Einsatz der betroffenen Wirtschaftsgüter selbst für spendenbegünstigte Zwecke Voraussetzung für den Verzicht auf die Besteuerung der stillen Reserven.[45]

Wird der steuerpflichtige **wGb** nicht aufgelöst, sondern **mit** seinen **wesentlichen Betriebsgrundlagen** an einen **Dritten verpachtet**, stellt sich die Frage nach der Schlussbesteuerung der stillen Reserven und einer zukünftigen Zuordnung zur Sphäre der Vermögensverwaltung. Nach der h.M. sind hier die von der Rechtsprechung entwickelten **Grundsätze zur Betriebsverpachtung** entsprechend anzuwenden:[46] Es gelten die gegenüber der Bestimmung des § 13 KStG vorrangig anzuwendenden **allgemeinen ertragsteuerlichen Grundsätze**, wonach die steuerbegünstigte Körperschaft auch im Rahmen der Verpachtungstätigkeit **weiterhin** einen partiell **steuerpflichtigen wGb** unterhält (mit den steuerverhafteten stillen Reserven), es sei denn, es wird ausdrücklich die Aufgabe des Betriebs erklärt (Verpächterwahlrecht). Ist die **Aufgabe des Betriebs erklärt**, ist grundsätzlich der Aufgabegewinn nach § 16 Abs. 3 EStG zu ermitteln; die zukünftigen Einkünfte aus der Verpachtung des bisherigen wGb sind der steuerfreien Vermögensverwaltung zuzuordnen. Soweit die **Finanzverwaltung** eine Anwendung des sog. **Buchwertprivilegs** (§ 13 Abs. 4 Satz 1 und Abs. 5 KStG) auch **für Fälle** der **Betriebsaufgabe** bejaht (weil die bislang dem wGb zuzuordnenden Wirtschaftsgüter aufgrund der Aufgabeerklärung mit der Einstellung der betrieblichen Tätigkeit in den steuerfreien, spendenbegünstigten Bereich überführt werden), ist ein Buchwertansatz möglich, der eine steuerfreie Aufdeckung der stillen Reserven bei der Überführung zulässt.[47]

---

45 H.M. im Schrifttum: vgl. Schmidt/Fritz: a. a. O., DB 2002, S. 2509 (2512), m. w. N.; Bott in: Schauhoff: a. a. O., § 7 Rn 153 bis 157, m. w. N.; AEAO zu § 64 Abs. 3 Tz 15 und 16 a): der Veräußerungserlös von Wirtschaftsgütern des Anlagevermögens des steuerpflichtigen wGb zählt nicht zu den leistungsbezogenen Einnahmen.
46 Bott in: Schauhoff: a. a. O., § 7 Rn 162, m. w. N.; Schmidt/Fritz: a. a. O., DB 2002, S. 2509 (2512/2513).
47 BMF-Schreiben v. 01.02.2002, BStBl I 2002, S. 221; Schmidt/Fritz: a. a. O., DB 2002, S. 2509 (2512); **a.A.:** Bott in: Schauhoff: a. a. O., § 7 Rn 162 mit Darstellung zur konsequenten Übertragung der neuen Verwaltungsanweisung.

6.6 ABC der wirtschaftlichen Tätigkeiten

Eine **steuerbegünstigte Körperschaft** muss → *ausschließlich* ihre → *steuerbegünstigten satzungsmäßigen Zwecke* verfolgen. **Ziel** muss es sein, alle Tätigkeiten auf die Erreichung des steuerbegünstigten Zwecks auszurichten. Dieser Grundsatz ist zwar primär zu verfolgen, aber er bedeutet nicht, dass jede einzelne Tätigkeit für sich betrachtet steuerbegünstigt sein müsste.[1] Wirtschaftliche Aktivitäten sind daher nicht verboten, sondern notwendig, um u. a. die erforderlichen Mittel zur Finanzierung der steuerbegünstigten Aktivitäten zu erhalten und im Rahmen von zulässigen Dispositionen ergänzende Maßnahmen zur Unterstützung des Hauptzwecks umzusetzen.

Das „**Unternehmen Krankenhaus**" kann originär nur mit seinen ärztlichen und pflegerischen Leistungen einen → *Zweckbetrieb* i. S. d. § 67 AO begründen. Führt das Krankenhaus daneben andere Leistungen gegen Entgelt an → *Patienten* oder sonstige Dritte aus, ist gesondert zu prüfen, ob insoweit ein eigenständiger **steuerpflichtiger** → *wGb* nach §§ 14, 64 AO unterhalten wird, der über die steuerfreie → *Vermögensverwaltung* hinausgeht oder ob ein **weiterer Zweckbetrieb** i. S. d. §§ 65 bis 68 AO vorliegt. Die Einordnung der Tätigkeit hat grundsätzlich auch Auswirkungen auf den anzuwendenden Steuersatz bei der Umsatzsteuer, wobei stets die Frage der USt-Steuerbarkeit und der USt-Steuerbefreiung der einzelnen Leistung des Krankenhausträgers gesondert zu prüfen ist.[2]

Nachfolgend werden die in der Praxis **wesentlichen wirtschaftlichen Aktivitäten** eines Krankenhauses und deren abgabenrechtliche **Einordnung tabellarisch** aufgeführt. Die Form der Darstellung und die Aufzählung von Aktivitäten erfolgt teilweise in Anlehnung an eine Arbeitshilfe der OFD Münster, Körperschaftsteuerreferat, die wir hier wesentlich fortgeschrieben haben. Die **Tabelle** kann aufgrund laufender Änderungen und Fortschreibung des Steuerrechts **nicht abschließend** sein. Sie dient der Orientierung und **ersetzt nicht** die sorgfältige **Einzelfallprüfung**.

Soweit für das Verständnis erforderlich, sind **Erläuterungen** (Stichwort mit Fettdruck und *) zu den einzelnen Tätigkeiten **unter 6.6.2** aufgeführt. Die Tätigkeiten sind ganz überwiegend auch im **Umsatzsteuer-ABC** aufgeführt und dort für Zwecke der USt erläutert.

---

[1] Vgl. 6.1 und 6.2.1 bis 6.2.2 sowie insbes. 6.4: Der Krankenhausbetrieb mit seinen Aktivitäten.
[2] Umsatzsteuer zu 4., insbes. Umsatzsteuer-ABC zu 4.2.

6.6.1 ABC der Tätigkeiten im Betrieb eines steuerbegünstigten Krankenhauses

Zuordnung Tätigkeiten	Zweckbetrieb	Vermögens- verwaltung (V+V)	Steuerpflichtiger wirtschaftlicher Geschäftsbetrieb (stpfl. wGb)	Bemerkungen
A				
Altenheime, Altenwohnheime und Pflegeheime	• § 68 Nr. 1 a) AO			Satzungszweck beachten
Alternative Heilbehandlungen	• § 67 AO (möglich)			USt-ABC; vgl. Wahlleistungen
Ambulante ärztliche Versorgung und Operieren*	• § 67 AO (Einzelfall)		• § 64 AO (Einzelfall)	vgl. Gestellung Personal*; vgl. Wahlleistung*
Ambulanter Pflegedienst	• §§ 66, 53 AO (möglich)		• § 64 AO	vgl. Pflegedienst*
Anlagevermögen*, Verkauf von ... (beweglich, wie z. B. Röntgeneinrichtung, Krankenwagen, Großgeräte u. a.)	• § 67 AO*	V+V (möglich)	• § 64 AO (möglich)	i. d. R. Hilfsgeschäfte des Zweckbetriebs
Anzeigengeschäft*		V+V*	• § 64 AO*	
Apotheke* mit der Lieferung an: • stationäre Patienten • ambulante Patienten • Personal • Besucher • andere Einrichtungen	• § 67 AO* • § 67 AO*		 • § 64 AO* • § 64 AO* • § 64 AO* • § 64 AO*	Arbeitshilfe OFD Münster; aktuelles s. Klähn, BP 2006, S. 197 f. bei Entgelt liegt i.d.R. Wettbewerbssituation vor
Arbeitnehmer- und Arbeitsmittel-Überlassung (entgeltlich)	Ausnahme, wenn Chefarzt mit Wahlleistung: • § 67 AO		Grundsatz: • § 64 AO (Einzelfall entscheidet)	vgl. Gestellung Personal, Sachmittel* und Wahlleistung*
Arbeitstherapie im Krankenhaus mit Herstellung und Verkauf von Gegenständen	• §§ 67, 66, 68 Nr. 3 AO			Beschäftigung von geistig und körperlich behinderten Menschen

6 Steuerbegünstigung im Krankenhausbetrieb

Tätigkeiten \ Zuordnung	Zweckbetrieb	Vermögens-verwaltung (V+V)	Steuerpflichtiger wirtschaftlicher Geschäftsbetrieb (stpfl. wGb)	Bemerkungen
A				
Arzneimittelverkauf*			• § 64 AO*	vgl. Apotheke*
Arzneimittelstudien, Auftragsforschung* im Krankenhaus für die Pharmaindustrie			• § 64 AO*	keine Fiktion nach § 68 Nr. 9 AO möglich
Aufwandserstattung für Sach- und Personalkosten bei Organentnahmen*	• § 67 AO			Pauschalen der DSO; vgl. USt-ABC
Automatenumsatz*: • Betrieb eigener Automaten • Vermietung des Rechts an Dritte		V+V*	• § 64 AO*	
B				
Babyschwimmen unter Anleitung (Kurse)			• § 64 AO	grds. keine Heilbehandlung
Basare, Stände, Markt u. a.			• § 64 AO	anlässlich von Veranstaltungen
Begleitpersonen* und Besucher*: • Gästezimmer • Hotelbetrieb • Parkhaus/-plätze • Kiosk/Blumen • Schwimmen • Sauna • Verpflegung	• § 67 AO* • § 67 AO*	V+V*	 • § 64 AO • § 64 AO • § 64 AO • § 64 AO • § 64 AO*	vgl. USt-ABC; Böhme, Bp 2006, S. 347 ff
Belegarztvertrag (Nutzungsentgelte)			• § 64 AO	vgl. Gestellung* an Belegärzte
Belegkrankenhaus*	• § 67 AO*			
Beschaffungsstelle* (Zentraleinkauf)			• § 64 AO*	
Beteiligung an: • Kapital- • Personen- • typisch stiller • atypisch stiller Gesellschaft		V+V V+V	• § 64 AO • § 64 AO • § 64 AO	vgl. 6.4.4.3; Mittelausstattung in 6.4.3.2; Einzelfall entscheidet
Beteiligungserträge		V+V	• § 64 AO	vgl. Beteiligung

6.6 ABC der wirtschaftlichen Tätigkeiten

Tätigkeiten / Zuordnung	Zweckbetrieb	Vermögens-verwaltung (V+V)	Steuerpflichtiger wirtschaftlicher Geschäftsbetrieb (stpfl. wGb)	Bemerkungen
B				
Betriebe, öffentlich • Blumenverkauf • Friseur, Kosmetik • Gärtnerei bzw. Landwirtschaft • Hotel • Kantine • Kiosk, Bücher • Laborleistungen • Parkhaus, Parkplätze • Schwimmbad, Kurse, Solarium, Sauna, Massagen (Wellness)	• § 68 Nr. 2 a) AO (möglich) • i. d. R. kein Zweckbetrieb (Einzelfall)		• § 64 AO • § 64 AO • § 64 AO • § 64 AO • § 64 AO • § 64 AO • § 64 AO • § 64 AO • § 64 AO	Betrieb wird **selbst** geführt; bei Vermietung an Dritte V+V möglich; soweit Zweckbetrieb möglich auf Satzungszweck achten; Betrieb eines Schwimmbads: OFD Münster v. 19.11.2004, DB 2004, S. 2723
Betriebsaufspaltung			• § 64 AO	vgl. 2.4 ABC-Ertragsteuer; vgl. 6.4.4.3
Blockheizkraftwerk	• § 68 Nr. 2 b) AO (möglich)		• § 64 AO	
Blutalkohol-Untersuchung (vgl. Gutachten)			• § 64 AO	BMF-Schreiben v. 08.11.2001, BStBl I 2001, S. 826
Blutspendedienste (i. d. R. nur Mitwirkung oder Hilfsdienste für Andere)			• § 64 AO	BFH-Urteil v. 18.3.2004 DStR 2004, S. 855
Blutkonserven (Verkauf)			• § 64 AO	
C				
Cafeteria für:* • Patienten • Personal • Besucher • öffentlich	wohl selten: • § 65 AO* • § 65 AO* • § 65 AO*		 • § 64 AO	*Arbeitshilfe OFD Münster; bei Vermietung an Dritte V+V

473

Tätigkeiten \ Zuordnung	Zweckbetrieb	Vermögens-verwaltung (V+V)	Steuerpflichtiger wirtschaftlicher Geschäftsbetrieb (stpfl. wGb)	Bemerkungen
C				
Catering, Speisenlieferung an andere Einrichtungen	• § 68 Nr. 2 b) AO (möglich)		• § 64 AO	vgl. Küche*
Chefarzt (Nutzungsentgelte)	• § 67 AO (möglich)		• § 64 AO (möglich)	vgl. Gestellung* u. Ambulanz*
D				
Diakonissen			• § 64 AO	vgl. Gestellung*
Dividenden		V+V	• § 64 AO	vgl. Beteiligung
Druck- und Festschriften (Verkauf)	• § 67 AO (soweit Info)	V+V (möglich)	• § 64 AO (Anzeigen)	vgl. Anzeigengeschäft*
E				
Ein-/Zweibett-Zimmerzuschlag (Unterkunft bzw. Ausstattung)	• § 67 AO (möglich, weil typisch und unerlässlich)		• § 64 AO (bei Wahl und in erster Linie zusätzliches Entgelt)	vgl. Komfort;* OFD Rheinland, Vfg. v. 10.03.2006
Einrichtungen ärztlicher Befunderhebung	i. d. R. selbständige Krankenhäuser		i. d. R. selbständig, z. B. Großgeräte- und Laborpraxen	
Einrichtungen der freien Wohlfahrtspflege	Krankenhäuser, Alten- und Pflegeheime		Blutspendedienste i. d. R. § 64 AO	
Erste-Hilfe (Notfall)	• § 67 AO (möglich)		• § 64 AO (möglich)	vgl. Ambulanz*
F				
Fahrdienste (Notarzt) für den ärztlichen Notfalldienst (auch öffentlicher Rettungsdienst)	im öffentlichen Notfallrettungsdienst wohl: • § 66 AO; falls im Auftrag über § 57 Abs. 1 Satz 2 AO: streitig		im Not- und Bereitschaftsdienst: • § 64 AO; (a.A.: Holland in DB 2005, S. 1487 ff)	grds. stpfl. wGb: OFD Frankfurt v. 21.10.2002, S. 49; aktuell OFD Düsseldorf v. 15.08.2005 S-2729 A-St 132

6.6 ABC der wirtschaftlichen Tätigkeiten

Zuordnung / Tätigkeiten	Zweckbetrieb	Vermögens-verwaltung (V+V)	Steuerpflichtiger wirtschaftlicher Geschäftsbetrieb (stpfl. wGb)	Bemerkungen
F				
Fernsehgeräte, Fernsprecheinrichtungen, Internet*: • Überlassung an Patienten • Vermietung des Rechts an Dritte	• § 67 AO (sehr strittig)	V+V*	• § 64 AO* (h.M., da Wahl und zusätzliches Entgelt)	diverse aktuelle Erlasse der Finanzverwaltung: dient grds. nicht der Heilbehandlung*
Fest- und Druckschriften (Verkauf von....)	• § 67 AO (nur Info)		• § 64 AO (Anzeigen)	vgl. Anzeigengeschäft*
Forschung (Pharma)			• § 64 AO	vgl. Auftragsforschung*
Friseur, Kosmetik, Fußpflege (ohne Therapiebezug)			• § 64 AO	vgl. Betriebe
G				
Gästezimmer oder Gästehaus für: • Besucher (für Genesung des Patienten) • Personal (Bereitschaftsdienst) • Fremde	• § 67 AO	V+V V+V V+V	 • § 64 AO	vgl.: Besucher und Begleitpersonen* (R 137 EStR 2003); Hotelbetrieb (kurzfristig)
Geschäftsbesorgung oder Leistungen für Dritte: • Buchhaltung • EDV-Leistungen • Fahrdienst • Gehaltsabrechnung • Management • Reinigung • Verwaltung	im Einzelfall Selbstversorgungseinrichtung möglich		Grundsatz: stpfl. wGb • § 64 AO	vgl. USt-ABC; Leistungen (entgeltlich) im nicht medizinischen Bereich (vgl. Verwaltungsdienstleistungen)
Gesellige Veranstaltung	• §§ 66, 53 AO (Ausnahme)		• § 64 AO	AEAO zu § 66 AO Tz 7
Getränkeverkauf an • Patienten • Mitarbeiter • Besucher	• § 67 AO		 • § 64 AO • § 64 AO	vgl. Warenverkauf *

6 Steuerbegünstigung im Krankenhausbetrieb

Tätigkeiten \ Zuordnung	Zweckbetrieb	Vermögens-verwaltung (V+V)	Steuerpflichtiger wirtschaftlicher Geschäftsbetrieb (stpfl. wGb)	Bemerkungen
G				
Gestellung* von: • Arbeitskräften • Arbeitsmitteln • Diakonissen • Großgeräten • Laboratorien • Notarzt/Fahrdienst • OP-Räume • Personal • Räumlichkeiten • Sachmitteln • Stationen	Ausnahmen:* • § 67 AO (soweit Wahlleistung beim Chefarzt) • Zweckbetrieb (u.E. soweit Notarzt im Fahrdienst mit Notarzteinsatzfahrzeug)		Grundsatz: stpfl. wGb* • § 64 AO; bei Leistungen an: Arztpraxen, angestellte Ärzte, Belegärzte, Chefärzte mit Nebentätigkeit, Krankenhäuser, private Kliniken, weitere Dritte, hoheitliche Träger	diverse aktuelle Erlasse der Finanzverwaltung (Einzelfall entscheidet); vgl. auch Fahrdienste*
Gesundheitszentrum* (Nachbehandlung)	• §§ 66, 53 AO (möglich)		• § 64 AO	vgl. physikalische Therapie*
Gewinnausschüttung: • offen • verdeckt		V+V V+V	• § 64 AO • § 64 AO	vgl. Beteiligung
Großgeräte-* • Überlassung • Kooperationen		V+V (möglich)	• § 64 AO • § 64 AO	vgl. Gestellung;* vgl. USt-ABC
Gutachten für niedergelassene Ärzte und andere Einrichtungen	• § 68 Nr. 2 b) AO (möglich)		• § 64 AO (Regelfall)	vgl. USt-ABC; OFD Münster
H				
Hotelbetrieb*: • Besucher • Kurkliniken • Sanatorien			• § 64 AO	vgl. aber Gästezimmer und Gästehaus (Begleitperson)
Hörsaal- oder Seminarraum-Vermietung		V+V	• § 64 AO bei zusätzlichen Leistungen (Ausstattung)	vgl. Raumüberlassung* und Gestellung*

6.6 ABC der wirtschaftlichen Tätigkeiten

Tätigkeiten / Zuordnung	Zweckbetrieb	Vermögens-verwaltung (V+V)	Steuerpflichtiger wirtschaftlicher Geschäftsbetrieb (stpfl. wGb)	Bemerkungen
I/J				
Inseratenwerbung in Fest- u. Druckschriften		V+V (möglich)	• § 64 AO	vgl. Anzeigengeschäft*
Integrierte Versorgung (IV) mit Krankenhaus als Leistungserbringer	• §§ 67, 65 AO (Ausnahmen)		• § 64 AO (grds. wohl für alle Konzepte)	vgl. MVZ; dazu auch in: Krhs 2005, S. 281 ff; KK 2007, S. 211 ff
Internetnutzung (entgeltlich)			• § 64 AO	vgl. Fernsprecheinrichtung*
K				
Kantine	• § 65 AO (möglich)	V+V (möglich)	• § 64 AO	vgl. Cafeteria*
Kindergarten, Kindertagesstätte*	• § 68 Nr. 1 b) AO			Satzungszweck beachten
Kiosk, eigener Betrieb	• § 68 Nr. 2 b) AO (möglich)		• § 64 AO	vgl. Betriebe
Komfortelemente* für Patienten u.a.: • Ein-/Zweibett-Zimmer • Service • Unterkunft • Verpflegung • Wahlleistungen*	• § 67 AO (für Leistungen, die typisch u. unerlässlich sowie vom Heilungsprozess nicht zu trennen sind)		• § 64 AO (Finanzverwaltung: da Wahl möglich und in erster Linie zusätzliches Entgelt)	nichtärztliche Wahlleistungen (Abgrenzung u.U. schwierig, da medizinisch oft notwendig) OFD Rheinland Vfg. v. 10.03.2006
Kooperationen mit Dritten			• § 64 AO	vgl. Gestellung*, IV*, MVZ*; KU 2007, S. 211 ff
Kosmetische Chirurgie	• § 67 AO (soweit med. indiziert)		• § 64 AO	vgl. Schönheitsoperation*
Krankenbeförderung: • Notfalleinsatz* • Spezialfahrzeug* • PKW/Taxi-Dienst*	• § 66 AO • § 66 AO		• § 64 AO	vgl. Fahrdienste und Gestellung Notarzt/Fahrdienst*

477

Zuordnung / Tätigkeiten	Zweckbetrieb	Vermögens-verwaltung (V+V)	Steuerpflichtiger wirtschaftlicher Geschäftsbetrieb (stpfl. wGb)	Bemerkungen
K				
Krankenhaus-... z.B.: • Apotheke • Kantine • Küche • Wäscherei andere Tätigkeiten nach Stichworten	• § 67 AO • § 65 AO • § 67 AO • § 67 AO • Zweck-betriebe möglich	V+V V+V V+V V+V (möglich)	• § 64 AO • § 64 AO • § 64 AO • § 64 AO • § 64 AO (möglich)	vgl. Apotheke* vgl. Cafeteria* vgl. Küche* vgl. Wäscherei* vgl. jeweiliges ABC-Stichwort
Krankenpflege-schule*	• § 67 AO* • § 68 Nr. 8 AO*			Satzungszweck beachten
Küche, Versorgung: • nur Krankenhaus* • andere Einrich-tungen (z.B. Krankenhäuser, Alten- u. Pflege-heime, Schulen)* • Kantinen Dritter* • Partyservice* • Selbstversorgung* • Vermietung der Küche an Dritte*	• § 67 AO • § 68 Nr. 2 b) AO	V+V (möglich)	• § 64 AO • § 64 AO • § 64 AO • § 64 AO	vgl. USt-ABC; Betrieb erfolgt durch Kranken-haus (Darstellung gilt nicht, falls Dienstleistung ausgegliedert in Tochter-gesellschaft); beachte Möglich-keit einer Betriebs-aufspaltung
Kühlzellen (z.B. Nutzung durch Bestatter)	• § 68 Nr. 2 b) AO (möglich)		• § 64 AO	Pathologie*; USt-ABC
Kurse, Lehrgänge u.Ä. gegen Entgelt als ... • Fortbildungs-maßnahme • Teil der Öffent-lichkeitsarbeit	• § 68 Nr. 8 AO • § 67 AO		• § 64 AO (falls keine Zweckbetriebe vorliegen)	Info-Veranstal-tungen über aktu-elle Gesundheits-themen; Satzungszweck beachten
L				
Laborleistungen: • für niedergelassene Ärzte oder andere Einrichtungen • Selbstversorgung*	• § 68 Nr. 2 b) AO		• § 64 AO	radiologische und pathologische Untersuchungen

6.6 ABC der wirtschaftlichen Tätigkeiten

Zuordnung / Tätigkeiten	Zweckbetrieb	Vermögens-verwaltung (V+V)	Steuerpflichtiger wirtschaftlicher Geschäftsbetrieb (stpfl. wGb)	Bemerkungen
L				
Leichenkühlung (z.B. für Bestattungsunternehmen)	• § 68 Nr. 2 b) AO (möglich)		• § 64 AO	Pathologie*; USt-ABC
Lieferungen und Leistungen an: • Begleitpersonen und Besucher* • Patienten • Personal • Öffentlichkeit	Zweckbetriebe möglich	V+V (möglich)	• § 64 AO	abhängig vom Einzelfall der Tätigkeit nicht der Person; vgl. Stichwort-ABC und USt-ABC
M				
Markt, Basare u.a.			• § 64 AO	
Medizinisches Versorgungszentrum (MVZ) mit Krankenhaus als Beteiligter	• §§ 66, 53 AO (strittig, u.E. im Einzelfall möglich)	V+V (möglich)	• § 64 AO (grds. wohl für eine Vielzahl von Fällen)	vgl. Krhs 2005, S. 865 ff; f&w 2005, S. 602 ff; KU 2007, S. 211 ff
Mitgliedsbeiträge (echte, z.B. Verein)				steuerfrei; vgl. § 8 Abs. 5 KStG
Mobilfunkanlagen (Überlassung von Standflächen/Dach)		V+V		auch Funkfeststationen u.a. (UMTS)
N				
Notarzt, Bereitstellung für den Rettungsdienst mit Medikamenten	Zweckbetrieb (u.E.), soweit im Notarzteinsatzfahrzeug		• § 64 AO	vgl. Gestellung und Fahrdienste*
Notfall (Erste-Hilfe)	• § 67 AO (möglich)		• § 64 AO (möglich)	vgl. Ambulanz*
Notrufzentrale der Wohlfahrtspflege	• §§ 66, 53 AO (möglich)		• § 64 AO (möglich)	Notfalldienste u. Bereitschaft
Nutzungsentgelte für... (maßgebend ist die jeweilige Tätigkeit)	• §§ 65, 67 AO (möglich)	V+V (möglich)	• § 64 AO (möglich)	Tätigkeit im Einzelfall

Tätigkeiten / Zuordnung	Zweckbetrieb	Vermögens-verwaltung (V+V)	Steuerpflichtiger wirtschaftlicher Geschäftsbetrieb (stpfl. wGb)	Bemerkungen
N				
Nutzungsüberlassung bzw. Mitbenutzung von z.B. • Fernsehgeräten* • Fernsprechern* • Internetzugang* • Großgeräten* • Parkplätzen* • Räumlichkeiten • sonstigen Sachen	Zweckbetrieb im Einzelfall wohl möglich (strittig)	V+V (möglich)	• § 64 AO (h.M., da Wahl möglich und in erster Linie zusätzliches Entgelt)	Gestellung* und Stichwort-ABC je nach Art der Tätigkeit; USt-ABC; bei Ausgliederung z.B. an Service-GmbH beachte Betriebsaufspaltung
O				
Organentnahmen (Aufwandserstattung durch die DSO)	• § 67 AO, da u.E. einheitliche Leistung			vgl. Aufwandserstattung*; USt-ABC
Orthopädie bzw. orthopädische Versorgung mit Hilfsmitteln	• § 67 AO • § 68 Nr. 2 b) AO (möglich)		• § 64 AO (nur soweit ausschließlich Verkauf)	orthopädische Werkstätten
P				
Pacht / Vermietung (entgeltliche Nutzungsüberlassung)		V+V	• § 64 AO	Einzelfall; Betriebsaufspaltung beachten
Parkhaus/bewachter Parkplatz* für: • Besucher • Patienten • Personal • Öffentlichkeit		V+V (möglich)	Grundsatz: stpfl. wGb • § 64 AO	
Pathologie* (Leistungen für Dritte)	• § 68 Nr. 2 b) AO (möglich)		Grundsatz: stpfl. wGb • § 64 AO	
Personalgestellung an z.B.: • angestellte und freie Ärzte* • Belegärzte* • Chefärzte* • Gemeinschaftspraxen • Kliniken • Service-Gesellschaften	falls Wahlleistung durch .... • § 67 AO*		Grundsatz:* • § 64 AO • § 64 AO • § 64 AO • § 64 AO • § 64 AO • § 64 AO	Gestellung*, diverse aktuelle Erlasse der Finanzverwaltung; USt-ABC;

6.6 ABC der wirtschaftlichen Tätigkeiten

Zuordnung / Tätigkeiten	Zweckbetrieb	Vermögens-verwaltung (V+V)	Steuerpflichtiger wirtschaftlicher Geschäftsbetrieb (stpfl. wGb)	Bemerkungen
P				
Pflegeeinrichtungen*: • Lang- und Kurzzeitpflege • Hospizarbeit	in beiden Fällen: • § 68 Nr. 1 a) AO			OFD Münster eigener Zweckbetrieb
Physikalische Therapie* (Gesundheitszentrum), Pflegedienste* (ambulant)	in beiden Fällen: • §§ 66, 53 AO (möglich)		• § 64 AO	OFD Münster; Satzungszweck beachten
Plastische Chirurgie	• § 67 AO (soweit med. indiziert)		• § 64 AO	vgl. Schönheitsoperation*
Poliklinik			• § 64 AO	vgl. Ambulanz*
Präventivmaßnahmen und Behandlungen zur Früherkennung	• § 67 AO (soweit med. indiziert) • §§ 66, 53 AO (möglich)		• § 64 AO	physikalische Therapie*; USt-ABC
R				
Raumüberlassung* (ohne zusätzliche Leistungen)		V+V (Regelfall)	• § 64 AO (falls kurzfristig)	R 137 EStR 2005
Restauration, Speisen			• § 64 AO	vgl. Cafeteria*
S				
Sachmittelüberlassung* z.B.: • kurzfristige Vermietung z.B. Fahrzeuge, Computer, medizinische Geräte • Großgeräte mit Personalgestellung	• §§ 67, AO (ausnahmsweise bei Chefarzt)	V+V (nur bei Sachinbegriffen möglich)	• § 64 AO • § 64 AO	Gestellung*, Großgeräte*; Einzelfall entscheidet; USt-ABC
Sachverständigentätigkeit für Dritte	• § 68 Nr. 2 b) AO (möglich)		• § 64 AO (Regelfall)	vgl. Gutachten; USt-ABC

Zuordnung / Tätigkeiten	Zweckbetrieb	Vermögens-verwaltung (V+V)	Steuerpflichtiger wirtschaftlicher Geschäftsbetrieb (stpfl. wGb)	Bemerkungen
S				
Schönheits-operationen*(mit Unterbringung und Verpflegung): • med. indiziert • nicht med. indiziert	• § 67 AO		• § 64 AO	USt-ABC
Schwesternheim, Betrieb eines ... (ohne weitere Leistungen)	• § 67 AO (soweit für Bereitschafts-dienst)	V+V (Regelfall)		vgl. Raumüber-lassung*
Selbstversorgungs-einrichtung/-betrieb	• § 68 Nr. 2 AO			Einzelfall; vgl. 6.4.2.2
Seminare, Kurse, Lehrgänge	• §§ 67, 68 Nr. 8 AO		• § 64 AO	vgl. Kurse; Satzungszweck
Serviceleistungen besonderer Art gegenüber Patienten	• § 67 AO (Ausnahme im Einzelfall)		• § 64 AO (Grundsatz bei Wahlmöglichkeit)	vgl. Komfort*
Sponsoring, Einnahmen aus ...		V+V (möglich)	• § 64 AO	USt-ABC; vgl. 6.5.1.7
Springer (Überlas-sung von Personal an anderes Kranken-haus)			• § 64 AO	Gestellung*
T				
Telefonnutzung, Telefonkarten (entgeltlich)	• § 67 AO (sehr strittig)		• § 64 AO (h.M.)	vgl. Nutzungs-überlassung*
U				
Überlassung von Personal an Dritte	• § 67 AO (Ausnahme)		• § 64 AO (Regelfall)	Gestellung*
Universitätsklini-kum, Uni-Klinik	Betrieb gewerblicher Art (BgA)			mit eigener Sat-zung: §§ 52, 67 AO möglich
Unterbringung von Angehörigen	• § 67 AO (möglich)	V+V	• § 64 AO (Hotelbetrieb)	Begleitperson*
Untersuchungen für niedergelassene Ärzte oder andere Einrichtungen	• § 68 Nr. 2 b) AO (möglich)		• § 64 AO (Regelfall)	vgl. Gutachten, Laborleistungen

6.6 ABC der wirtschaftlichen Tätigkeiten

Zuordnung / Tätigkeiten	Zweckbetrieb	Vermögensverwaltung (V+V)	Steuerpflichtiger wirtschaftlicher Geschäftsbetrieb (stpfl. wGb)	Bemerkungen
V				
Verkauf von Gegenständen des Anlagevermögens	• § 67 AO	V+V (möglich)	• § 64 AO (möglich)	vgl. Anlagevermögen* (Hilfsgeschäfte)
Vermietung von Sauna, Solarium, Schwimmbädern		V+V (möglich)	• § 64 AO	Stichwort-ABC; Überlassung an Betreiber
Verwaltungsdienstleistungen aller Art: • an fremde Dritte • von städtischen Krankenhäusern an andere BgA	• bei jPdöR: Amtshilfe hoheitlich		• § 64 AO • kein BgA	vgl. Geschäftsbesorgung; OFD Münster Vfg. v. 06.06.2003
Vorträge, Kurse, Seminare/Veranstaltungen	• §§ 67, 68 Nr. 8 AO		• § 64 AO	vgl. Kurse; Satzungszweck beachten
W				
Wahlleistungen,* Art der Leistungen: • Unterkunft und Verpflegung • Behandlung durch besondere Ärzte • medizinische Wahlleistungen (vier Fallgruppen)	med. indizierte Leistungen (typisch, unerlässlich): • § 67 AO* • § 67 AO* • § 67 AO*		med. nicht indizierte Leistungen (Wahl möglich): • § 64 AO* • § 64 AO* • § 64 AO*	Einzelfall entscheidet; OFD Rheinland Vfg. v. 10.03.2006 (Az. S 0186-1000-St 1/S 7172-1000-St 4): enge Maßstäbe; wGb, wenn in erster Linie zusätzliches Entgelt
Warenverkauf* • medizinische Hilfsmittel* • sonstiger Warenverkauf* – an Patienten – an Besucher – aus der Arbeitstherapie*	• § 67 AO • §§ 67, 66, 68 Nr. 3 a) AO		 • § 64 AO • § 64 AO • § 64 AO ohne Satzungszweck	regelmäßig Hilfsgeschäfte; Satzungszweck beachten

Zuordnung / Tätigkeiten	Zweckbetrieb	Vermögens-verwaltung (V+V)	Steuerpflichtiger wirtschaftlicher Geschäftsbetrieb (stpfl. wGb)	Bemerkungen
W				
Wäscherei,* Versorgung • Krankenhaus* • andere Einrichtungen (wie z.B. Krankenhäuser, Alten- u. Pflegeheime, sonstige Empfänger)* • Selbstversorgung* Vermietung des Betriebs an Dritte*	• § 67 AO • § 68 Nr. 2 b) AO	 V+V (möglich)	• § 64 AO • § 64 AO	Betrieb erfolgt unmittelbar durch Krankenhaus (Darstellung gilt nicht, soweit Dienstleistung in Tochtergesellschaft, ausgegliedert ist, Betriebsaufspaltung beachten)
Wellnessbehandlung (keine Therapie)			• § 64 AO	Gesundheitszentrum*
Werbemobil		V+V	• § 64 AO	vgl. 6.4.4.3
Werbeeinnahmen		V+V	• § 64 AO	vgl. 6.4.4.3
Werkstätten (in Eigenregie)	• §§ 67, 66, 68 Nr.3 AO		falls kein Satzungszweck: • § 64 AO	Warenverkauf*
Z				
Zentraleinkauf/Beschaffungsstelle			• § 64 AO	Beschaffungsstelle*
Zentralwäscherei	• § 67 AO	V+V	• § 64 AO	Wäscherei*
Zinseinnahmen aus Bankeinlagen, z.B.: • Fördermittel • sonstige Mittel	 • § 67 AO	 V+V		Abgrenzung für Bildung freier Rücklagen entscheidend
Zuschläge (z.B. Ein-/Zweibett-Zimmer, Komfort, Zusatzleistungen)	• § 67 AO (med. indiziert, typisch und unerlässlich)		• § 64 AO (med. nicht indiziert, individuelle Wahl)	vgl. Komfort, Wahlleistungen*

6.6.2 Erläuterungen zu den einzelnen Aktivitäten

Nachfolgend werden bestimmte Aktivitäten (Stichwort im Fettdruck und *) aus der vorstehenden Tabelle bezüglich ihrer abgabenrechtlichen Einordnung ausführlicher erläutert, soweit dies u.E. für das Verständnis geboten ist:

Stichworte

A	Ambulante ärztliche Leistungen und Operieren 485		H	Hotelbetrieb 497
	Anlagevermögen................486		K	Kindergarten/Kindertagesstätte 497
	Anzeigengeschäft...............487			Komfortelemente..............497
	Apotheke.......................487			Krankenbeförderung bzw. Krankentransporte 498
	Arzneimittelverkauf...............487			Krankenpflegeschule..........499
	Auftragsforschung........488			Küche.............................499
	Aufwandserstattung bei Organentnahmen (DSO)........488		P	Parkhaus/bewachter Parkplatz 500
	Automatenumsatz 489			Pathologie 500
B	Begleitpersonen und Besucher 489			Pflegeeinrichtungen 500
	Belegkrankenhaus 490			Physikalische Therapie und ambulante Pflegedienste 501
	Beschaffungsstelle; zentrale 490		R	Raumüberlassung...............501
C	Cafeteria 490		S	Sachmittelüberlassung.........502
F	Fernsehgeräte und Fernsprecheinrichtungen 491			Schönheitsoperationen 502
G	Gestellung von Personal und Sachmitteln 492		W	Wahlleistungen................503
	Großgeräte-Überlassung/ Großgeräte-Kooperation 495			Warenverkauf...................505
				Wäscherei........................505

Ambulante ärztliche Leistungen und Operieren

Eine allgemein gültige Aussage zur steuerlichen Einordnung der **vielfältigen Leistungen** in diesem Bereich kann nicht getroffen werden; es kommt auf den **Einzelfall** an.[3] Dass die Annahme eines Krankenhauses bei Vorliegen der Voraussetzungen im Übrigen (z. B. § 67 AO) nicht dadurch ausgeschlossen wird, dass in der Einrichtung auch eine ambulante Versorgung von Kranken oder Verletzten erbracht wird, ist unstreitig.[4] Ferner erfolgen weitere Erläuterungen je nach Bezug auch unter anderen Stichworten, z. B. „Gestellung"[5] oder „Wahlleistungen".

(1) **Erste-Hilfe-Ambulanz** (Notaufnahme): Wird diese Station unmittelbar im Rahmen der Ermächtigungsambulanzen von Krankenhausärzten betrieben, geht die Finanzverwaltung wegen fehlender „Unmittelbarkeit" von einem steuerpflichtigen wGb aus. Ist dies nicht der Fall, kann u.E. auch hier eine Institutsambulanz vorliegen und damit eine Leistung im Rahmen des Krankenhaus-Zweckbetriebs.

---

3 Thier: Teilstationäre Krankenhausleistungen (Rechtliche Definition und Abgrenzung), Krhs 2006, S. 969 ff.
4 Vgl. BFH-Urteil v. 02.03.1989, IV R 83/86, BStBl II 1989, S. 506 zu 1. c).
5 Vgl. Buchna: a.a.O., zu 2.14.4.2, S. 219/220 sowie 259/260; Knorr/Klaßmann: a.a.O., S. 20, 169–172; Klaßmann: a.a.O., S. 86–94 mit Hinweis auf die zurzeit ungeklärte steuerliche Rechtslage im Bereich „Privatambulanzen"; zur steuerlichen Behandlung der **Praxisgebühr** bei der Gewinnermittlung BMF-Schreiben v. 25.05.2004, DB 2004, S. 1235.

(2) **Ermächtigungsambulanz** (Privatambulanz) im Rahmen der den angestellten und freien Ärzten eingeräumten Möglichkeit, im Krankenhaus Patienten „auf eigene Rechnung" zu behandeln. Die entgeltliche Überlassung von notwendigen Sachmitteln (z. B. Räume, Ausstattung, Verbrauchsmaterial) und/oder dem erforderlichen Personal an diese Ärzte begründen einen steuerpflichtigen wGb (fehlende Unmittelbarkeit, weil die Gestellung gegenüber den Ärzten erfolgt, die wiederum ihre eigenwirtschaftlichen Zwecke verfolgen). Häufig werden auch nur die Ambulanzen der Chefärzte im Krankenhausbereich intern als Ermächtigungsambulanz bezeichnet (vgl. § 14 Abs. 7 Gesetz über das Apothekenwesen ApoG i. V. m. §§ 116–119 SGB V).

(3) **Institutsambulanzen**, d. h. die vom Krankenhaus selbst betriebenen Ambulanzen, werden u. E. im Krankenhaus-Zweckbetrieb unterhalten (z. B. tagsüber psychiatrische und psychotherapeutische Betreuung und Versorgung von Patienten im Krankenhaus, auch Notaufnahme).

(4) **Konsularleistungen/Kooperationsvertrag** (z. B. bestimmte medizinische Fremd-Untersuchungen im Rahmen von gegenseitigen Unterstützungsabkommen oder Kooperationen) gegenüber anderen Krankenhäusern für deren Patienten sind dem jeweiligen Krankenhaus-Zweckbetrieb zuzuordnen, weil insoweit typische Tätigkeiten eines Krankenhauses vorliegen. Die Vergütung zwischen den beteiligten Krankenhäusern erfolgt in der Regel auf Basis der tatsächlichen Kosten. Werden lediglich medizinische Großgeräte zur Mitbenutzung überlassen liegt insoweit wohl ein steuerpflichtiger wGb vor;[6] wir halten im begründeten Einzelfall eine Vermögensverwaltung für gestaltbar (→ *Großgeräteüberlassung/-Kooperation*).

(5) **Operieren** im Rahmen der Ermächtigungs- oder Privatambulanz durch angestellte Ärzte oder Belegärzte mit Gestellung der notwendigen Sachmittel und ggf. auch mit Gestellung von Personal erfolgt für den steuerpflichtigen wGb des Krankenhauses.

(6) **„Poliklinik"** (staatliche Einrichtung in der ehemaligen DDR) bzw. die entsprechende Nachfolgeeinrichtung ist u. E. mangels Voraussetzungen nach § 67 AO regelmäßig **kein** Krankenhaus. Gleichwohl wird sie z. B. im Land Brandenburg u. E. noch als Zweckbetrieb nach § 65 AO anerkannt.[7]

Anlagevermögen
Anlagevermögen des Krankenhauses (beweglich, wie z. B. Röntgeneinrichtungen, diverse Großgeräte, Laborausstattung, Krankenwagen etc.) zählt **grundsätzlich** zum **Zweckbetrieb** (§ 67 AO), wenn es dort überwiegend genutzt wurde. Deren **Verkauf** im Einzelfall stellt im Verhältnis zur (medizinischen und pflegerischen) Haupttätigkeit des Krankenhauses **ein Hilfsgeschäft** dar. Die Erlöse sind regelmäßig im steuerfreien Zweckbetrieb zu erfassen. Gehören die Wirtschaftsgüter zum steuerpflichtigen wGb (§ 64 AO) oder gar zum Bereich der steuerfreien Vermögensverwaltung sind die Erlöse in den jeweiligen Bereichen zu erfassen.

---

6 Vgl. Knorr/Klaßmann: a. a. O., S. 166–169, 174–176; § 58 Nr. 3 und Nr. 4 AO begründen keinen Zweckbetrieb, sondern beschreiben steuerlich unschädliche Betätigungen.
7 So auch Knorr/Klaßmann: a. a. O.; S. 22, m. w. N.

Anzeigengeschäft

Bringt das Krankenhaus regelmäßig oder zu besonderen Anlässen, wie z.B. „Programmheft zum Tag der offenen Tür", Informationsschriften für Patienten, Besucher und Personal heraus, in denen andere Unternehmen entgeltliche Anzeigen schalten können, liegt für die Einnahmen im Anzeigengeschäft ein **steuerpflichtiger wGb** vor. Dies gilt auch dann, wenn das Anzeigengeschäft entgeltlich verpachtet wird (z.B. Druckerei übernimmt das Recht auf eigene Rechnung, um damit die Druckkosten für das Krankenhaus zu senken), sich das Krankenhaus aber weiterhin aktiv an der Gewinnung der Anzeigenkunden und der Abwicklung der Anzeigengeschäfte beteiligt.[8] Wird nur das **Recht verpachtet**, das Krankenhaus aber **selbst nicht aktiv** im vorgenannten Umfang, gehören die Pachteinnahmen zum Bereich der **Vermögensverwaltung**.[9] Auf die **Gewinnpauschalierung für Werbeeinnahmen** nach § 64 Abs. 6 Nr. 1 AO wird hingewiesen. Im Einzelfall muss der erforderliche Zusammenhang mit der steuerbegünstigten Tätigkeit ebenso vorliegen wie der Antrag der Körperschaft, als Gewinn 15 v.H. der Einnahmen zu Grunde zu legen.[10]

Apotheke

Die **Erlaubnis** zum Betrieb einer Krankenhausapotheke berechtigt nicht nur zur Abgabe von Medikamenten an Patienten im stationären/teilstationären Aufenthalt, sondern auch an (eigene) ambulante Patienten sowie Krankenhäuser anderer Träger, Altenheime und die im Krankenhaus beschäftigten Personen (§ 14 Abs. 4 ApoG). Die **Versorgung** der aufgenommenen Patienten mit Arzneimitteln erfolgt im Rahmen der originären Krankenhausleistung, d.h. im **Zweckbetrieb** (§ 67 AO), weil die Verwendung der Medikamente für die Behandlung durch das Krankenhaus selbst erfolgt. Bei Patienten, die das Krankenhaus zu einer **ambulanten Behandlung** aufsuchen und Medikamente zusätzlich gegen Entgelt erhalten, erfolgt die Abgabe im **steuerpflichtigen wGb** „Krankenhausapotheke".[11]

Arzneimittelverkauf

Die **entgeltliche Abgabe** von Arzneimitteln **an andere** Einrichtungen, das Krankenhauspersonal und Besucher erfolgt im steuerpflichtigen wGb. Die Leistungen der Krankenhausapotheke kommen auch **nicht** dem Kreis der bedürftigen Personen i.S.v. **§§ 66, 53 AO** unmittelbar zugute, sondern dienen vielmehr eigenwirtschaftlichen Zwecken sowohl des Trägers als auch der (anderen) Körperschaft, die die Medikamente abnimmt, nämlich in Form der Einnahmenerzielung des Trägers und der günstigeren Arzneimittelbeschaffung der anderen Körperschaft.[12] Es liegt insoweit auch **keine sogenannte Selbstversorgungseinrichtung**

---

8 BFH-Beschluss v. 25.03.1997, I B 20/96, BFH/NV 1997, S. 688 zu 2. c).
9 Vgl. FG München, Urteil v. 14.11.2005, 7 K 3705/03, rkr, EFG 2006, S. 285.
10 AEAO zu § 64 Abs. 6 Tz 28 bis 30.
11 Vgl. OFD Frankfurt, aktuelle Rdvfg. v. 09.08.2005, KSt-Kartei § 5 H 25; Klähn, Gemeinnützigkeitsrechtliche Behandlung der Arzneimittelabgabe von Krankenhausapotheken, BP 2006, S. 197 f mit kritischen Anm. zur o. a. Rdvfg..
12 BFH-Urteil v. 18.10.1990, V R 76/89, BStBl II 1991, S. 268; Knorr/Klaßmann: a.a.O., S. 158/159 u. 379–381.

(§ 68 Nr. 2 b) AO) vor, weil Handelsbetriebe grundsätzlich nicht als solche Einrichtung angesehen werden. Die Anwendung der allgemeinen Vorschrift „Zweckbetrieb" kommt hier nicht in Betracht.

Auftragsforschung
Im Bereich der **medizinischen Forschung** und der Weiterentwicklung von Arzneimitteln und anderen medizinischen Produkten arbeiten viele Krankenhäuser mit der Pharmaindustrie zusammen. Die gegen Entgelt erbrachten Forschungsleistungen werden von den Krankenhäusern nicht im Rahmen des Krankenhaus-Zweckbetriebs nach § 67 AO erbracht.

Die **Finanzverwaltung** wendet **§ 68 Nr. 9 AO** nur auf gemeinnützige Einrichtungen an, deren satzungsmäßiger Zweck **ausschließlich** die **Förderung von Wissenschaft und Forschung** ist. Deswegen werden Krankenhäuser (und auch Universitätskliniken), deren Zweck die Förderung des öffentlichen Gesundheitswesens ist, nicht gleichzeitig auch einen Zweckbetrieb nach § 68 Nr. 9 AO begründen können, da die Forschungstätigkeit bei der tatsächlichen Geschäftsführung nicht überwiegt. Ferner wird die Finanzierung nach den Voraussetzungen des § 68 Nr. 9 AO (überwiegend Zuwendungen der öffentlichen Hand oder Dritter oder Erträge aus der Vermögensverwaltung) nicht gegeben sein. Ein Zweckbetrieb kann nicht fingiert werden, wenn die Forschung überwiegend durch Entgelte (aus Auftragsforschung oder Krankenhausbetrieb) finanziert wird.[13]
Auch die Vorschrift des § 65 AO kommt **nicht zur Anwendung**, weil die Voraussetzungen unter Beachtung der Grundsätze des BFH-Urteils vom 30.11.1995[14] nicht vorliegen. **Klinische Studien** als Auftragsforschung sollen nur bei einer medizinischen Hochschule in Betracht kommen (§ 5 Abs. 1 Nr. 23 KStG).[15] Ob sie zukünftig als Zweckbetrieb auch auf steuerbegünstigte Krankenhäuser anzuwenden sind, bleibt abzuwarten.

Krankenhäuser begründen insoweit **stets** einen **steuerpflichtigen wGb**.[16] Im Rahmen von **Betriebsprüfungen** werden über **Kontrollmitteilungen** gelegentlich Zahlungen der Pharmaindustrie an Krankenhäuser und/oder die angestellten Krankenhausärzte überprüft. Die Zahlungen sind in der Regel als Betriebseinnahmen des Krankenhauses zu erfassen, weil sie mit dem Betrieb im Zusammenhang stehen und daher dem Krankenhaus zuzurechnen und von diesem zu versteuern sind.

Aufwandserstattung für Sach- und Personalkosten bei Organentnahmen
Werden die Organentnahmen von einem steuerbegünstigten Krankenhaus entsprechend der Vereinbarung über die Durchführungsbestimmungen zur

---
13 FG Baden-Württemberg, Urteile v. 11.07.2002, EFG 2003, S. 22, Nichtzulassungsbeschwerden vom BFH am 08.12.2003 (I B 160/02 und 162/02) als unbegründet zurückgewiesen.
14 BFH V R 29/91, BStBl II, 1997, S. 189.
15 OFD Frankfurt, Vfg. v. 09.08.2005, DB, 2005, S. 2052.
16 Knorr/Klaßmann: a.a.O., S. 172–174, m.w.N.; Schauhoff: Handbuch der Gemeinnützigkeit, 2. Aufl. 2005, § 6 E.II.9. Rn 106.

Aufwandserstattung nach § 8 Abs. 2 des Vertrages gemäß § 11 TPG[17] vorbereitet und erhält das Krankenhaus dafür eine pauschale **Vergütung von der Deutschen Stiftung Organtransplantation** (DSO), so geschieht dies u.E. im Zweckbetrieb „Krankenhaus". Es liegt eine **einheitliche ärztliche Leistung „Organtransplantation"** vor, die mit der Organentnahme beim Organspender beginnt. Dass der Organempfänger in der Regel in einem anderen Krankenhaus auf die Transplantation vorbereitet wird, ist für die Einheitlichkeit der Organtransplantation nicht entscheidend. Mit Feststellung des Hirntods endet u.E. die ärztliche Leistung des Krankenhauses gegenüber dem Organspender, so dass die Leistungen zur Organentnahme quasi mit oder unmittelbar nach der Feststellung des Hirntods beginnen. Zwar deuten die vorbereitenden Leistungen des Krankenhauses auf eine sog. Gestellungs- oder Überlassungsleistung hin, aber sie dienen nur einem einheitlichen medizinischem Zweck, auch wenn die Organentnahme (aus welchen Gründen auch immer) abgebrochen werden muss.

Automatenumsatz
Aus den in Krankenhäusern aufgestellten Automaten können Blumen, Süßwaren, Getränke und Ähnliches gekauft werden. Diese Vorrichtungen sind für jedermann zugänglich. Ist das Krankenhaus selbst **Aufsteller**, handelt es sich um Einnahmen in einem steuerpflichtigen wGb. Betreibt nicht das Krankenhaus den Automaten, sondern ein Dritter, weil ihm das Recht zur Aufstellung und zum Betrieb entgeltlich überlassen wurde, sind diese Einnahmen im Bereich der steuerfreien Vermögensverwaltung zu erfassen.

Begleitpersonen und Besucher
Die entgeltlichen Angebote an Nicht-Patienten können vielfältig sein. Angehörige von Patienten sowie sonstige → *Begleitpersonen* und Besucher finden diese Angebote vor und nehmen sie aus den verschiedensten Motiven wahr. Generell ist bei all diesen wirtschaftlichen Aktivitäten, die sich überwiegend an die Besucher richten, von steuerpflichtigen wGb auszugehen. Erfolgt z.B. die **Beherbergung von Angehörigen** gegen Entgelt in eigens dafür vorgesehenen Gästezimmern oder Gästehäusern **aufgrund ärztlicher Vorgaben**, weil die Anwesenheit im allgemeinen den **Heilungsprozess fördert** und somit unmittelbar dem nach der Satzung zu fördernden Personenkreis, nämlich den Patienten, zugute kommt, liegt u.E. insoweit noch ein **Zweckbetrieb** vor.[18] Dies schließt u.E. **auch** die **Verpflegung** mit ein, gleich ob insoweit ein Zweckbetrieb nach § 67 AO oder nach § 65 AO (so die OFD Münster in der Arbeitshilfe) vorliegt. Die **OFD Münster** sieht die Beherbergung von Besuchern noch als steuerfreie Vermögensverwaltung an und verlangt u.E. nur für die Umsatzsteuer den Status als ärztlich verordnete → *Begleitperson*. Die Anwesenheit wird für die Behandlung oder den Behandlungserfolg allgemein als medizinisch zweckmäßig angesehen, wenn die Patienten Kinder bis zu 14 Jahren sind oder bei Schwerbehinderten (R 137 EStR 2003 und R 82 Abs. 2 Nr. 2 EStR 1999).

---

17 Vgl. 4.2, USt-ABC, Stichwort: Aufwandserstattung.
18 Knorr/Klaßmann: a.a.O., S. 179 und 195.

Führt die Krankenhauskörperschaft auf dem Gelände einen separaten **Hotelbetrieb**, der über den Standard von Gästehäusern hinausgeht, liegt u.E. wegen der damit einhergehenden zusätzlichen Leistungen gegenüber den Hotelgästen stets ein steuerpflichtiger wGb vor.

Belegkrankenhaus

Es stellt sich häufig die Frage, ob ein reines Belegkrankenhaus (ohne eigenen ärztlichen Dienst) die **Steuerbegünstigung nach § 67 AO** erreichen kann. Dies wird in der Literatur[19] dahingehend beantwortet, dass der Belegarzt höchstens 60 v.H. der jährlichen „Pflegetage" (Belegungs- oder Berechnungstage) gegenüber den Patienten nach der Gebührenordnung für Ärzte (GOÄ) abrechnet. Es müssen also mindestens 40 v.H. der jährlichen „Pflegetage" auf Patienten entfallen, deren ärztliche Behandlung über Krankenschein oder entsprechend den für Kassenabrechnungen geltenden Vergütungssätzen abgerechnet wird. Zusatzleistungen (→ *Wahlleistungen*) sind grundsätzlich nicht Teil des eingeführten pauschalierten Entgeltsystems i.S.d. § 67 AO und daher schädlich im Sinne der vorgenannten 40 v.H.-Grenze (Ausnahme: sog. geringfügige Annehmlichkeiten wie Telefon-, Rundfunk- oder Fernsehgeräte).

Beschaffungsstellen

Zentrale Beschaffungsstellen die für verbundene oder andere selbstständige Krankenhäuser den **Einkauf übernehmen** und die erworbenen Gegenstände (z.B. einheitliche Kleidung, Wäsche, Verbrauchsmaterial, Hilfsmittel etc.) ohne oder mit einem Gewinnaufschlag weiterveräußern, dienen insoweit nicht unmittelbar der Förderung des öffentlichen Gesundheitswesens. Mit den Einnahmen aus der zentralen Beschaffungsstelle wird daher ein steuerpflichtiger **wGb** begründet.[20] Anders als bei einer zentralen **Dienstleistungsstelle** kann kein eigenständiger besonderer Zweckbetrieb in Form einer Selbstversorgungseinrichtung (§ 68 Nr. 2 b) AO) vorliegen, da Handelstätigkeiten nicht der Selbstversorgung dienen.

Cafeteria

Die Einnahmen aus einer öffentlich zugänglichen Cafeteria gehören **grundsätzlich** zum steuerpflichtigen wGb. Wenn das Café **nur den Patienten und ihren Besuchern** zur Verfügung steht und für die Genesung der Patienten unerlässlich ist, handelt es sich um Einnahmen aus einem Zweckbetrieb i.S.v. § 65 AO (so die Arbeitshilfe der OFD Münster in Anlehnung an R 82 Abs. 2 EStR 1999). Die Einrichtung dient nicht unmittelbar dem Krankenhaus-Zweckbetrieb und daher kann allenfalls der allgemeine Zweckbetrieb in Betracht kommen, was u.E. in der Praxis äußerst selten der Fall sein dürfte. Eine **Selbstversorgungseinrichtung** (§ 68 Nr. 2 b) AO) scheitert u.E. an den Voraussetzungen und den im Zweifel zu erbringenden Nachweisen gegenüber der Finanzverwaltung/Betriebsprüfung.[21]

---

19 Buchna: a.a.O., zu 2.17.1, S. 261/262; Knorr/Klaßmann: a.a.O., S. 150/151.
20 BFH-Urteil v. 15.10.1997, II R 94/94, BFH/NV 1998, S. 150; OFD Köln, Vfg. v. 25.03.1996, DStR 1996, S. 748; OFD Düsseldorf, Vfg. v. 09.02.1996, BB 1996, S. 676.
21 Vgl. 6.4.2.2; Klaßmann: a.a.O., S. 98/99, der Selbstversorgungseinrichtung für möglich hält.

Der **Betrieb** einer Cafeteria erfolgt (u.E. sinnvoll) vielfach **über** einen **Pächter**, so dass beim Krankenhausträger als Verpächter steuerfreie **Vermögensverwaltung** vorliegt.

Fernsehgeräte und Fernsprecheinrichtungen
Die Nutzungsüberlassung derartiger Geräte an die Patienten erfolgt gegen gesondertes Entgelt. Nach Auffassung der Finanzverwaltung[22] und dem Urteil des FG Köln (bzgl. Telefone)[23] sind die erzielten Umsätze **nicht** dem **Zweckbetrieb**, **sondern** dem steuerpflichtigen **wGb** zuzurechnen, weil Krankenhäuser nur mit ihren ärztlichen oder pflegerischen Leistungen einen Zweckbetrieb i.S.d. § 67 AO begründen können. Eine Überlassung als Ausfluss der pflegerischen Leistung „Unterbringung" komme nicht in Betracht, da die Telefon- und Fernsehnutzung nicht zu den pflegesatzfähigen Krankenhausleistungen i.S.d. BPflV, sondern zu den gesondert abzurechnenden Wahlleistungen nach § 22 BPflV gehöre. Ferner komme weder ein Zweckbetrieb nach § 65 AO (mangels Voraussetzungen nach § 65 Nr. 2 AO) noch, weil mittlerweile Standard, eine Billigkeitsregelung nach § 163 AO (Nutzungsüberlassung keine unschädliche Annehmlichkeit[24]) in Betracht.

Ob tatsächlich nur eine äußerliche und mittelbare Verbindung mit den steuerbegünstigten Satzungszwecken vorliegt, die auch ohne eine **Überlassung von Fernsprechanlagen** an Patienten erreicht werden können, wird u.E. **zu Recht noch in Zweifel** gezogen.[25] Die (ertrag-)**steuerliche Behandlung** aller denkbaren zusätzlichen Serviceleistungen scheint u.E. zurzeit **noch nicht** abschließend **geklärt zu sein**,[26] so dass die Entwicklungen zu verfolgen sind.[27] Da ein Mobiltelefon im Krankenhaus aus guten Gründen nicht benutzt werden darf, halten wir die Überlassung von **Fernsprechanlagen** aus Gründen des unmittelbaren Einflusses auf den Heilungsprozess heute für unerlässlich und damit im Rahmen des Zweckbetriebs nach § 67 AO für möglich. Zur Begründung eines Zweck-

---

22 OFD Düsseldorf/OFD Köln, Vfg. v. 19.04.2005, nur Hinweis in AO-StB, 2005 S. 170; FinMin NRW, Erlass v. 09.03.2005, DB 2005, S. 582/583; OFD München/Nürnberg, Erlass v. 12.04.2005, DStZ 2005, S. 425; OFD Hannover, Vfg. v. 10.11.2004, KStK § 5 KStG Karte H 17.2.
23 FG Köln, Urteil v. 01.02.2002, 13 K 6633/00 (rkr) nicht veröffentlicht.
24 Im Rahmen der Prüfung der 40 v.H.-Grenze nach § 67 AO (Krankenhaus-Zweckbetrieb) bleibt die Überlassung als unschädliche Annehmlichkeit außer Betracht (so die vorstehenden OFD-Erlasse).
25 Vgl. Klaßmann: a.a.O.,, S. 107/108; Knorr/Klaßmann: a.a.O., S. 181.
26 OFD Düsseldorf, Vfg. v. 19.04.2005 zu 6. (Auskunftsverfahren als Pilotcharakter); geklärt wohl bzgl. der USt, vgl. 4.2: USt-ABC.
27 Vgl. OFD Rheinland, Vfg. v. 10.03.2006, (Az.: S 0186-1000-St 1/S 7172-1000-St 4) zur Anwendung des § 67 AO in seiner alten Fassung und zu sog. nicht-ärztlichen Wahlleistungen: Telefon, Fernsehen, Erledigung von Botengängen etc. begründen einen steuerpflichtigen wGb (weil individuelle Wahlmöglichkeiten durch Patient gegeben und **keine** typischen unerlässlichen Leistungen vorliegen, die nach der Verkehrsauffassung regelmäßig und allgemein mit dem laufenden Krankenhaus-Betrieb zusammenhängen).

betriebs ist nicht nur auf Kinder bis zu 14 Jahren oder auf Schwerbehinderte als Patienten hinzuweisen (vgl. → *Begleitpersonen und Besucher*), sondern ganz allgemein auf die **Bedeutung** und den Stellenwert **der Kommunikation**, die heute stets und überall bedingt durch das Mobiltelefon gegeben ist und die u.E. wesentlichen Einfluss auf das Wohlbefinden der Patienten hat.

Die **Überlassung von Fernsehgeräten** an Patienten kann (auch) **durch Dritte** erfolgen, so dass die Krankenhauskörperschaft ein Entgelt des Dritten für die langfristige Überlassung des Rechts in der steuerfreien Vermögensverwaltung erzielen könnte.

Gestellung von Personal und Sachmitteln
Gestellung von Personal und Sachmitteln durch die steuerbegünstigte Krankenhauskörperschaft wird **stichwortartig** häufig auch danach steuerlich eingeordnet, **an wen die Sondertätigkeit erfolgt.** Nach einem bundeseinheitlich abgestimmten Erlass entsprechend den Vorgaben aus dem Finanz-Ministerium (FinMin) des Landes NRW in Düsseldorf vom 09. Juni 2004 haben mehrere Finanzverwaltungen in neuerer Zeit fast gleich lautende Verfügungen herausgegeben.[28] Derzeit scheint auch hier (z.B. neue Muster-Beratungsverträge für die Ärzte) vieles noch nicht abschließend geklärt zu sein, so dass die weitere **Entwicklung** aufmerksam zu **verfolgen** ist.[29] Derzeit gilt Folgendes:

- **Grundsätzlich** ist festzuhalten, dass jede Art der **Gestellung** von **Personal** (z.B. Ärzte, nichtärztliches medizinisch-technisches Personal, Verwaltungsfachkräfte) **und Sachmitteln** (im weitesten Umfang, wie z.B. Räumlichkeiten, **Groß-Geräte** (z.B. LHM, CT, MR, MRT, LIN), Ausstattung, Verbrauchsmaterial, Energie) durch das Krankenhaus an Dritte (**Ausnahme:** Gestellung an Chefärzte zur Erbringung von Wahlleistungen; dagegen nicht für den Betrieb seiner ambulanten Praxis, s.u.) gegen Entgelt **keine Tätigkeit** darstellt, die zu den allgemeinen (als ärztlich oder pflegerisch zu qualifizierenden) Krankenhausleistungen i.S.d. § 67 AO gehört.

- Es liegt auch **kein** Zweckbetrieb i.S.d. § 65 AO vor, denn der wäre nur dann gegeben, wenn die Tätigkeit selbst, nicht die Entgelterhebung als solche, für die Verwirklichung der steuerbegünstigten Satzungszwecke erforderlich ist.[30] Diese Tätigkeiten dienen nicht der unmittelbaren Verwirklichung der eigenen steuerbegünstigten Zwecke (§ 57 Abs. 1 Satz 1 AO), sondern den eigenwirtschaftlichen Zielen der Dritten, an die das Personal und die Sachmittel überlassen worden sind. Im Rahmen des zu würdigenden Gesamtverhaltens der steuerbegünstigten Krankenhauskörperschaft sind diese Tätigkeiten für

---

28 FinMin NRW, Erlass v. 09.03.2005, DB 2005, S.582; OFD Düsseldorf, Vfg. v. 19.04.2005, AO-StB 2005, S.170; OFD München, Vfg. v. 12.04.2005, DStZ 2005, S.425; OFD Hannover, Vfg. v. 10.11.2004, KStG Karte H 17.2; zur Personalgestellung durch eine jPdöR, hier Arbeitnehmerüberlassung zwischen Universität und Universitätsklinikum: OFD München/OFD Nürnberg, Vfg. v. 25.01.2005, Versorgungswirtschaft 2006, S.139 zu II..
29 Vgl. Klaßmann: a.a.O., S.86 ff.; Knorr/Klaßmann: a.a.O., S.169–172.
30 BFH-Urteil v. 06.04.2005, I R 85/04, BStBl II 2005, S.545.

die Steuerbegünstigung in der Regel unschädlich (vgl. §§ 55 Abs. 1 Nr. 1, 58 Nrn. 2, 3 und 4 AO).
Unerheblich (für die ertragsteuerliche Zuordnung) ist, wie die Nutzungsüberlassung von Großgeräten und die Gestellung von Personal **umsatzsteuerlich zu beurteilen** sind, denn die Voraussetzungen für die KSt- und GewSt-Befreiung einerseits und die einer USt-Befreiung andererseits sind nicht deckungsgleich.[31]

- **Angestellte Ärzte** (z. B. Ermächtigungs- oder Privatambulanz): In diesen Fällen räumt das Krankenhaus seinen angestellten Ärzten in den Dienstverträgen die Möglichkeit von **Nebentätigkeiten** ein, wie z. B. ambulante Beratung und Behandlung, nicht stationäre Gutachtertätigkeit, ambulante Durchgangsarzttätigkeit für gesetzliche Unfallversicherungsträger und konsiliarische Beratung. Die Ärzte erbringen ihre Leistungen direkt gegenüber ihren eigenen Patienten und sonstigen Leistungsempfängern und rechnen ihre Leistungen in der Regel diesen gegenüber selbst ab (**Liquidationsrecht**). Das Krankenhaus stellt den Ärzten dazu die notwendigen Sachmittel und das erforderliche Personal zur Verfügung. Die anfallenden Kosten werden von den Ärzten erstattet. Die genauen Leistungen des Krankenhauses und die von den Ärzten zu entrichtenden Nutzungsentgelte werden in der Regel in **Nutzungsverträgen** mit den angestellten Ärzten festgelegt. Vielfach wird nicht nur eine **Kostenerstattung**, sondern auch ein **Vorteilsausgleich** vereinbart. Der Vorteilsausgleich beinhaltet letztlich die Erlaubnis einer Nebentätigkeit, das Recht auf eigene Liquidation und die Inanspruchnahme einer funktionierenden Krankenhausorganisation als Ganzes. Dieser Vorteilsausgleich wird prozentual von den Einnahmen unterschiedlich vereinbart (schwankt nach den Leistungen von Arzt zu Arzt). Das Krankenhaus wird insoweit in einem steuerpflichtigen **wGb** tätig.[32]

- **Chefärzte mit genehmigter Nebentätigkeit** betreiben im Krankenhaus ebenfalls eine **ambulante Praxis** (zu den Wahlleistungen im Rahmen des dienstlichen Pflichtenkreises eines Chefarztes später). So haben die Chefärzte im Regelfall die Möglichkeit, im Rahmen einer von ihnen betriebenen Ambulanz im eigenen Namen und auf eigene Rechnung solche Patienten zu behandeln, die sich nicht in stationärer Behandlung des Krankenhauses befinden. Das **Krankenhaus** stellt den Chefärzten hierfür gegen Nutzungsentgelt ebenfalls Personal und Sachmittel zur Verfügung und begründet damit einen steuerpflichtigen **wGb**. Anders als bei der Erbringung von Wahlleistungen durch den Chefarzt, kann die ambulante Tätigkeit des Chefarztes nicht als Hilfstätigkeit angesehen werden, denn der Chefarzt wird im eigenen Namen und für eigene Rechnung gegenüber den Patienten tätig. Damit kann das **Wirken des Chefarztes nicht** wie eigenes Wirken der Krankenhauskörperschaft angesehen werden, was für die Annahme einer **Hilfspersonentätigkeit** erforderlich wäre.[33] Zu den Mög-

---

31 So auch BFH-Urteil v. 06.04.2005, I R 85/04, BStBl II 2005, S. 545 (547); **zur USt:** BFH-Urteil v. 18.01.2005, V R 35/02, BStBl. II 2005, S. 507; vgl 4.2: USt-ABC.
32 Arbeitshilfe OFD Münster; vgl. nachfolgend „Chefärzte mit Nebentätigkeit".
33 FinMin NRW, Erlass v. 09.03.2005, DB 2005, S. 582 (583 zu 3.b)); OFD Düsseldorf, Vfg. v. 19.04.2005, zu 5 (nur Hinweis in AO-StB 2005, S. 170).

lichkeiten des Abzugs von Aufwendungen als **Betriebsausgaben des wGb** wird auf die angegebenen Erlasse der Finanzverwaltung verwiesen.
- **Chefärzte** und ihre Erbringung von **Wahlleistungen gegenüber** den **Krankenhaus-Patienten**: Im Rahmen von **Verträgen** zwischen Krankenhaus und Chefarzt wird dem Chefarzt in der Regel das Recht eingeräumt, sogenannte Wahlleistungen gegenüber stationär aufgenommenen Patienten des Krankenhauses zu erbringen und diese selbst zu liquidieren. Den Wahlleistungen liegt eine vertragliche Vereinbarung zwischen dem Krankenhaus und dem Patienten zu Grunde. Hierin vereinbaren Krankenhaus und Patient, dass die ärztlichen Leistungen dem Patienten gegenüber nur von dem jeweiligen Chefarzt der Abteilung oder dessen Vertreter persönlich erbracht werden. Diese Wahlleistungen gehören nicht zu den allgemeinen Krankenhausleistungen. Von den erzielten Behandlungserlösen führen die Chefärzte ihrerseits **Nutzungsentgelte für** die Inanspruchnahme von **Personal und Sachmittel** an das Krankenhaus ab, die dem **Krankenhaus-Zweckbetrieb** i.S.d. § 67 AO zuzurechnen sind. Da der Vertrag über die ärztlichen Wahlleistungen ausschließlich zwischen dem Patienten und dem Krankenhaus zustande kommt und die Nutzungsentgelte unmittelbaren Einfluss auf die Höhe des Budgets und der Pflegesätze haben, wird davon ausgegangen, dass das Krankenhaus mit dieser Personal- und Sachmittelgestellung an den Chefarzt **unmittelbar** seine steuerbegünstigten satzungsmäßigen Zwecke verfolgt. Außerdem gehören die wahlärztlichen Leistungen zum **dienstlichen Pflichtenkreis** des Chefarztes, was wiederum als Erfüllung des satzungsmäßigen Zwecks als Hilfsperson i.S.d. § 57 Abs. 1 Satz 2 AO zu werten ist.[34]
- **Belegärzte, ärztliche Gemeinschaftspraxen, private Kliniken oder auch andere steuerbegünstigte Einrichtungen** als Empfänger der Personal- und Sachmittelgestellung durch das Krankenhaus:
  Der **Belegarzt** steht zum Krankenhaus weder in einem Arbeitsverhältnis noch in einem arbeitnehmerähnlichen Verhältnis. Als freiberuflich tätiger Arzt schließt er mit seinen Patienten den Vertrag über die ärztliche Behandlung, so z.B. als HNO-Arzt oder Urologe über den stationären Aufenthalt und die Behandlung in einem Krankenhaus. In sog. **Belegarztverträgen** zwischen Krankenhaus und Belegarzt werden die Rechte und Pflichten beider Parteien festgelegt. Der Belegarzt erbringt seine Leistungen direkt gegenüber seinem Patienten und rechnet diese auch selbst mit ihm ab. Das Krankenhaus stellt dem Belegarzt die vereinbarten Leistungen zur Verfügung und rechnet diese mit ihm ab. Auch diese Tätigkeit des Krankenhauses begründet einen steuerpflichtigen wGb, weil es an der eigenen Verwirklichung des Zwecks i.S.d. § 57 AO mangelt. Der Belegarzt kann den vertraglichen Beziehungen zufolge nicht Hilfsperson sein.
- Soweit **Arztpraxen, Kliniken** oder auch andere **steuerbegünstigte Einrichtungen** vertraglich gegen Entgelt die Möglichkeit in Anspruch nehmen, ihre

---

34 FinMin NRW, Erlass v. 09.03.2005, a.a.O., S. 582 (583 zu 3.a)); OFD Düsseldorf, Vfg. v. 19.04.2005, zu 4.; lohnsteuerliche Behandlung beim Chefarzt: vgl. aktuelle BFH-Rechtsprechung in Kapitel 3: Lohnsteuer-ABC.

Patienten an das Krankenhaus zu überweisen, die dort stationär versorgt werden sollen, wird ebenfalls ein steuerpflichtiger **wGb** begründet.[35]
- **Dienstleistungs-GmbH** (oder sog. Servicegesellschaften), **Laborgemeinschaften**: Die Überlassung von Personal (z. B. in den Bereichen Verwaltung, Reinigung, Küche, Labor) gegen Aufwendungsersatz führt zum steuerpflichtigen **wGb**. Es handelt sich nicht um einen steuerbegünstigten Zweckbetrieb nach §§ 65 bis 68 AO, da die Überlassung von Arbeitnehmern keine Tätigkeit darstellt, die zum Betrieb eines Krankenhauses gehört.
- **Notarzt im Rettungsdienst bzw. Notfalldienst**: Die Gestellung (ggf. auch im Fahrdienst) von Ärzten und medizinischem Hilfspersonal an andere Einrichtungen gegen Aufwendungsersatz dient der ambulanten ärztlichen Versorgung, z. B. außerhalb der üblichen Sprechzeiten der Arztpraxen. Dies führt grundsätzlich zum steuerpflichtigen **wGb**, weil die Überlassung von Personal keine Tätigkeit darstellt, die zu den allgemeinen Krankenhausleistungen gehört.[36]

Für die **Notfallversorgung und** den **Krankentransport** durch Krankentransport-, Rettungs- und Notarztwagen und Notarzteinsatzfahrzeuge (Fahrdienst durch Krankenhaus selbst oder nur Gestellung von Notärzten für die Fahrzeuge anderer Einrichtungen) kann u.E. etwas anderes gelten, weil mit den ärztlichen Leistungen unmittelbar unter den gegebenen Verhältnissen begonnen werden muss und es nicht darauf ankommen kann, ob die ärztliche Versorgung erst im Krankenhaus beginnt. Da der Verlauf eines Notfalls nicht vorhersehbar ist, dürften in jedem Einzelfall **Abgrenzungsprobleme** auftreten, so dass **u.E.** hier die **Hilfsbedürftigkeit** (§§ 66, 53 AO) grundsätzlich zu **unterstellen** ist und auch bei Notarzteinsätzen auf Fahrzeugen für andere Einrichtungen ein **Zweckbetrieb** des Krankenhauses vorliegt.[37]

Großgeräte-Überlassung bzw. -Kooperation

Welche medizinisch-technischen Geräte bis auf weiteres als Großgeräte gelten, haben wir im USt-ABC aufgeführt.[38] In der Arbeitshilfe der OFD Münster wird eine **reine** Überlassung dieser Geräte, die lediglich zur Kapazitätsauslastung vom steuerbegünstigten Krankenhaus an niedergelassene Ärzte, Belegärzte und an andere Einrichtungen erfolgt, noch der steuerfreien Vermögensverwaltung zugerechnet. Es wird jedoch darauf hingewiesen, dass dies nicht die Regel sei, sondern das Krankenhaus müsse vielmehr auch entsprechend geschultes **Bedienungspersonal** zur Verfügung stellen. Mit dieser als **einheitliche Leistung** zu beurteilenden Tätigkeit werde der Rahmen der Vermögensverwaltung überschritten und es läge

---
35 FinMin. NRW, Erlass v. 09.03.2005, DB 2005, S. 582 (583 zu 2.); OFD Düsseldorf, Vfg. v. 19.04.2005, zu 2. und 3.
36 Arbeitshilfe OFD Münster.
37 Vgl. OFD Frankfurt, Vfg. v. 21.10.2002, DStZ 2003, S. 49: Fahrdienste der freien Wohlfahrtspflege; AEAO zu § 66 Tz 6; vgl. dazu Holland, DB 2005, S. 1487 ff, zur Vfg. der OFD Düsseldorf v. 15.08.2005: Wahrnehmung des öffentlichen Rettungsdienstes und § 57 Abs. 1 S. 2 AO.
38 Vgl. 4.2 „Nutzungsüberlassung"; BMF-Schreiben v. 16.10.1997; BStBl I 1997, S. 887.

ein steuerpflichtiger wGb vor. Es liegt auch kein weiterer Zweckbetrieb i. S.d. § 65 AO vor. Diese Auffassung der Finanzverwaltung ist durch die Rechtsprechung bestätigt worden.[39]

In der **Praxis** gibt es **weitere Formen** von Großgeräte-Kooperationen zwischen Krankenhäusern und Dritten:[40]

a) Rein **schuldrechtliche** Vertragsgestaltungen (z. B. Nutzungsüberlassungsvertrag mit Bedienungspersonal) sind wie vorstehend ausgeführt steuerpflichtige wGb.

b) Bei **gesellschaftsrechtlichen** Vertragsgestaltungen zwischen Krankenhauskörperschaft und niedergelassenen Ärzten oder anderen Beteiligten zur Anschaffung und Nutzung von Großgeräten ist Folgendes zu beachten:
Die Gründung einer **BGB-Gesellschaft** (GbR) führt für das steuerbegünstigte Krankenhaus zur Beteiligung an einer Personengesellschaft und damit grundsätzlich zu einem steuerpflichtigen wGb.[41] Soweit die GbR mit ihrem Gesellschaftszweck nur die Anschaffung und den Betrieb des Gerätes ohne Gewinnerzielungsabsicht verfolgt, weil sie z. B. für ihre Leistungen nicht in ihrem Namen unmittelbar von den Patienten ein Entgelt fordert, sondern die Leistungsabrechnung gegenüber den Patienten nur durch die Gesellschafter erfolgt, liegt eine reine Innengesellschaft vor, die im Ergebnis lediglich ihre Aufwendungen für das Großgerät unter den Gesellschaftern verhältnismäßig aufteilt. Werden aber nicht nur die Kosten an die Gesellschafter weiterbelastet, sondern ihnen gegenüber ein Gewinnaufschlag berechnet, soll die Tätigkeit gewerblich sein (steuerpflichtiger wGb).[42]
Die Gründung einer **Kapitalgesellschaft** (z. B. GmbH) führt für die Krankenhauskörperschaft zu einer Beteiligung, die sie grundsätzlich in der Vermögensverwaltung hält. Erst bei einer gesellschaftsrechtlichen Einflussnahme der Krankenhauskörperschaft als Gesellschafterin der GmbH auf die laufende Geschäftsführung der GmbH oder bei Vorliegen einer Personalunion in der Geschäftsführung beider Körperschaften ist ein steuerpflichtiger wGb gegeben. Ferner kann im Rahmen einer Betriebsaufspaltung ein steuerpflichtiger wGb vorliegen, wenn das Großgerät in Räumlichkeiten des Krankenhauses aufgestellt ist, die der GmbH dafür von der Krankenhauskörperschaft vermietet worden sind.

Grundsätzlich sollte sich das **Nutzungsentgelt** bei allen Vertragsgestaltungen an der **Marktüblichkeit** orientieren und andere Verstöße gegen das Zuwendungs-

---

39 FG Mecklenburg-Vorpommern, Urteil v. 16.06.2004, EFG 2004, S. 1745; bestätigt durch BFH-Urteil v. 06.04.2005, I R 85/04, BStBl II 2005, S. 545.
40 Knorr/Klaßmann: a. a. O., S. 166–169; Klaßmann a. a. O., S. 99–103; Buchna: a. a. O., zu 2.14.4.2, S. 219/220; Stopper/Schillhorn/Dietze: Gemeinnützige Krankenhäuser: Rechtliche Umsetzung einer Integrierten Versorgung, Krhs 2005, S. 281 ff.
41 Vgl. zu 6.4.4.3: dort Unterpunkte „Beteiligungen an Kapital- bzw. Personengesellschaften" m. w. N.
42 BMF-Schreiben v. 25.03.1987, DB 1987, S. 1016; BMF-Schreiben v. 18.06.1996, DB 1996, S. 1548.

verbot (§ 55 Abs. 1 Nr. 1 Satz 2 AO) oder gegen das Begünstigungsverbot (§ 55 Abs. 1 Nr. 3 AO) sowie verdeckte Gewinnausschüttungen vermieden werden.[43]

Hotelbetrieb

Infolge der Gesundheitsstrukturreform ist die Auslastung der Krankenhäuser durch Patienten zum Teil drastisch zurückgegangen; dies gilt insbesondere für Kurkliniken und Sanatorien. Diese nutzen ihre freien Kapazitäten häufig für sogenannte **Ergänzungsbelegungen**, d. h. zur **Unterbringung von Urlaubsgästen**. Unter keinem Gesichtspunkt kann diese Tätigkeit etwas anderes sein als ein steuerpflichtiger **wGb**.

Die **OFD Münster** weist zu Recht darauf hin, dass für die Einrichtung im Ganzen (z. B. Kurklinik) aufgrund der Ergänzungsbelegungen die Voraussetzungen für die Annahme eines Zweckbetriebs nicht mehr gegeben sein können. Die Definition des § 67 AO bezieht sich auf ein „Krankenhaus", welches aber **auch** ein **Teil der Einrichtung** sein kann. Voraussetzung ist, dass der Krankenhausteil räumlich oder nach seiner Versorgungsaufgabe (funktional) als Einheit, z. B. als Abteilung oder besondere Einrichtung, von den anderen Bereichen der (übrigen) Einrichtung abgrenzbar ist. So genügt es, wenn bei der Abgrenzung nach räumlichen Merkmalen eine Trennung von Patienten und Urlaubsgästen bei der Unterbringung (z. B. verschiedene Etagen oder Gebäudeteile) gegeben ist. Verbleibt ein abgrenzbarer Krankenhausteil und ist dieser ein Zweckbetrieb, ist nur die Ergänzungsbelegung als steuerpflichtiger wGb zu behandeln. Die Trägerkörperschaft verliert nur dann die Steuerbegünstigung, wenn in der Gesamtbetrachtung ihre steuerpflichtige Tätigkeit überwiegt und ihr das Gepräge gibt. Die **Nutzungsänderung**, die durch die Ergänzungsbelegung in einem Nichtzweckbetrieb erfolgt, kann u. E. für die **Mittelverwendung** als steuerlich unschädlich hingenommen werden, weil sie nur der vorübergehenden besseren Kapazitätsauslastung dient.[44]

Kindergarten/Kindertagesstätte

Durch die Unterhaltung eines Kindergartens zur Betreuung der Kinder von Mitarbeitern des Krankenhauses wird das öffentliche Gesundheitswesen nicht unmittelbar gefördert. Wenn jedoch der Kindergarten der Allgemeinheit zur Verfügung steht, d. h. auch für Kinder deren Eltern nicht in einem Arbeitsverhältnis zum Krankenhaus stehen, kann ein **eigenständiger Zweckbetrieb** in Betracht kommen (§ 68 Nr. 1 b) AO). Allerdings ist die Förderung der Kinder- und Jugendhilfe in der Satzung der Krankenhauskörperschaft zwingend mit aufzunehmen.[45]

Komfortelemente

Es handelt sich in der Regel um zusätzliche **nichtärztliche Wahlleistungen**, die nicht unbedingt als Bestandteil des Krankenhaus-Zweckbetriebs (§ 67 AO) ange-

---

43 Vgl. 6.2.5 und 6.2.5.1 sowie 6.2.6.
44 So auch OFD Cottbus, Vfg. v. 18.12.1998, BB 1999, S. 407; **Beispiel zur Nutzungsänderung** zu 6.2.8.3.
45 Vgl. 6.3.1.3 (Satzungsgestaltung) und zu 6.4.2.2 (eigenständige Zweckbetriebe).

sehen werden. Zwar haben sich in den letzten Jahren viele Annehmlichkeiten als Standards entwickelt, aber einen unmittelbaren medizinischen Hintergrund haben sie in der Regel nicht. Ein Einfluss auf den **Heilungsprozess** ist u.E. aber gegeben, wenn z.B. auf die **Verpflegung und Unterkunft** der Patienten als Bestandteil des Krankenhausbetriebs abgestellt wird, so dass hier kein steuerpflichtiger wGb anzunehmen ist, auch nicht für Zuschläge bei Ein- und Zweibettzimmern.[46] In einer Verfügung der **OFD Düsseldorf**[47] wird zur steuerlichen Behandlung zusätzlicher Komfortelemente ausgeführt, dass diesbezüglich ein Antrag auf Erteilung einer verbindlichen Auskunft vorliegt, der verfahrensrechtlich **Pilotcharakter** habe, um die Fragen zum steuerbegünstigten Zweckbetrieb der Krankenhäuser und zur USt (damit eng verbundene Umsätze) zu klären.[48] Die weitere Entwicklung bleibt u.E. gleichwohl abzuwarten, insbesondere, ob die Finanzverwaltung anhand eines **Leistungskatalogs** die steuerliche Behandlung aufzeigen wird. Wir halten eine sinnvolle Abgrenzung dieser Leistungen von den Leistungen, die für den Heilungsprozess erforderlich sind, (mit Ausnahmen) für schwierig. Darüber hinaus dürfte sich erfahrungsgemäß eine sachgerechte Ermittlung von Einnahmen und Ausgaben, die diesen Leistungen nur für steuerliche Zwecke zuzuordnen sind, aufwändig gestalten. Die Finanzverwaltung sollte hier u.E. bei vielen Zusatzleistungen aus Gründen der Billigkeit von einem Zweckbetrieb nach §67 AO ausgehen.

Krankenbeförderung bzw. Krankentransporte
Mit der Beförderung von kranken und verletzten Personen mit **Fahrzeugen**, die hierfür **besonders eingerichtet** sind, begründet das Krankenhaus in der Regel einen eigenständigen **Zweckbetrieb** nach §66 AO. Hierzu zählen Fahrzeuge, die nach ihrer gesamten Bauart und Ausstattung (z.B. Liegen, Spezialsitzen) speziell für die Beförderung von kranken und verletzten Personen bestimmt sind, wie z.B. Krankentransportwagen, Rettungswagen und Notarztwagen.[49] Mit Krankenfahrten, für die **keine speziellen Fahrzeuge** eingesetzt werden und keine fachgerechte Betreuung notwendig ist (z.B. eine Art Taxi-Dienst), begründet das Krankenhaus einen steuerpflichtigen **wGb**.

---

46 So auch Klaßmann: a.a.O., S.108.
47 Vfg. v. 19.04.2005 zu 6., Hinweis in AO-StB 2005, S.170.
48 Neue Verlautbarung: OFD Rheinland, Vfg. v. 10.03.2006, (Az.: S0186-1000-St 1/S 7172-1000-St 4), u.a. zur Behandlung der **sog. nichtärztlichen Wahlleistungen**: nur die Wahlleistungen, die nach der Verkehrsauffassung typisch und unerlässlich sind, regelmäßig und allgemein beim lfd. Betrieb vorkommen und damit zusammenhängen, können Teil des Zweckbetriebs nach §67 AO sein. So dürfen die Wahlleistungen insbesondere nicht dazu bestimmt sein, dem Krankenhaus in erster Linie zusätzliche Einnahmen durch Tätigkeiten zu verschaffen, die in unmittelbarem Wettbewerb zu steuerpflichtigen Wettbewerben stehen (z.B. Wahlleistungen „Unterkunft/Zimmerausstattung" können als medizinisch notwendig und damit dem Zweckbetrieb zugehörig angesehen werden; anders dagegen wohl weitere „Zusatzleistungen", die individuell vom Patienten ausgewählt werden können).
49 Vgl. 6.6.2.5 Gestellung „Notarzt im Rettungsdienst"; OFD Frankfurt, Vfg. v. 21.10.2002, DStZ 2003, S.49.

Krankenpflegeschule

Nach der Arbeitshilfe der OFD Münster soll ein eigenständiger Zweckbetrieb nach § 68 Nr. 5 und Nr. 8 AO vorliegen. Dies kann u.E. der Fall sein, wenn der Lehrbetrieb dem steuerbegünstigten Krankenhausträger nicht unmittelbar angeschlossen ist, weil insoweit z.B. eine eigenständige Schule betrieben wird. Findet der Lehrbetrieb des eigenen Krankenhauspersonals am Krankenhaus statt, gehört diese Tätigkeit u.E. zum Kernbereich des eigentlichen Krankenhaus-Zweckbetriebs nach § 67 AO.[50] Dies gilt u.E. auch dann, wenn in geringem Umfang gegen Kostenerstattung das Personal anderer steuerbegünstigter Krankenhäuser am Lehrbetrieb teilnimmt. Zu empfehlen ist, Art und ggf. auch Umfang der Lehrtätigkeit als Umsetzung des steuerbegünstigten Zwecks in die Satzung aufzunehmen.

Küche

Versorgt der Krankenhausträger mit seiner Küche nur die eigenen Patienten (Kernbereich) und sein Personal liegt ein Zweckbetrieb vor (§§ 67, 68 Nr. 2 b) AO).[51]

Soll die **Versorgung** über den vorgenannten Personenkreis hinausgehen, weil dies aus vielerlei Gründen sinnvoll sein kann, stellen sich häufig vorab **die Fragen**, ob der Krankenhausträger künftig die Küche **selbst** betreiben will, die Räumlichkeiten und Ausstattung zur Küche an einen **Dritten verpachtet** oder eine **Ausgliederung der Küche** auf eine Service-Kapitalgesellschaft erfolgt. Aus umsatzsteuerlichen Gründen sollten die Essenslieferungen (weiterhin) von der Umsatzsteuer befreit sein. Eine Verpachtung der Küche (Sachgesamtheit) an eine natürliche Person (z.B. den bisher angestellten Koch) stellt zwar eine steuerfreie Vermögensverwaltung dar, aber die Essenslieferungen durch den Pächter an das Krankenhaus werden umsatzsteuerpflichtig, da eine USt-Organschaft[52] nur mit einer Kapitalgesellschaft möglich ist. Ist der Pächter der Küche eine Kapitalgesellschaft, so lässt sich die USt-Organschaft zwar begründen, aber bei einer mehrheitlichen Beteiligung des Krankenhausträgers an dieser Kapitalgesellschaft und der gleichzeitigen Verpachtung wesentlicher Betriebsgrundlagen (Küche) liegt eine Betriebsaufspaltung vor, die von der an sich steuerfreien Vermögensverwaltung zum steuerpflichtigen wGb führt. Bei Verpachtungs- und Ausgliederungsgestaltungen ist stets die satzungsmäßige Mittelverwendung zu beachten. Mit Essenslieferungen der selbst **betriebenen Krankenhausküche** an Dritte begründet die Krankenhauskörperschaft grundsätzlich einen steuerpflichtigen wGb. Auf die Ausnahme der Selbstversorgungseinrichtung[53] haben wir eingangs hingewiesen.

---

50 Gl.A.. Knorr/Klaßmann: a.a.O., S. 144 und 181; Klaßmann: a.a.O., S. 79.
51 Zur Selbstversorgungseinrichtung vgl. 6.4.2.2.
52 Vgl. 4.2: USt-ABC, Stichwort: Organschaft/Organkreis, mit Beispielen in Ausgliederungsfällen.
53 Zweckbetrieb nach § 68 Nr. 2.b) AO, wenn die Lieferungen und sonstigen Leistungen an Außenstehende die Wertgrenze von 20 v.H. der gesamten Leistung – einschließlich der Innenumsätze – nicht übersteigen.

Parkhaus/bewachter Parkplatz
Durch die entgeltliche (kurzfristige) Überlassung von Parkplätzen an Bedienstete, Patienten und Besucher des Krankenhauses wird ein steuerpflichtiger wGb unterhalten. Dies gilt erst Recht, wenn die Nutzung generell der Öffentlichkeit freisteht. Erfolgt die Überlassung an Bedienstete (langfristig) ohne feste Zuordnung der Parkfläche und ohne weitere Leistung nimmt die Finanzverwaltung im Einzelfall schon mal steuerfreie Vermögensverwaltung an.[54]

Pathologie
Pathologische Untersuchungen für niedergelassene Ärzte oder andere Einrichtungen sind in der Regel steuerpflichtige wGb. Gelegentlich kommt es vor, dass (selbständigen) Bestattungsunternehmen das Recht eingeräumt wir, Leichen bis zur Bestattung vorübergehend in Kühlzellen der Krankenhaus-Pathologie einzulagern. Da auf die Kühlung als wesentliche Leistung abzustellen ist und nicht (nur) auf die Überlassung der dafür vorhandenen Einrichtung, kommt u.E. eine steuerfreie Vermögensverwaltung nicht in Betracht. Es kann bei Vorliegen der Voraussetzungen nach § 68 Nr. 2 b) AO aber eine Selbstversorgungseinrichtung für alle von der Pathologie erbrachten Dienstleistungen gegenüber Dritten vorliegen.

Im Rahmen der Pathologie ist zunehmend anzutreffen, dass der Krankenhausträger das **Sterbefallmanagement** auf ein örtlich ansässiges Bestattungsunternehmen überträgt. Verschiedene Gestaltungsmodelle, die z.B. die Aufgabenverteilung, die Nutzung der Infrastruktur einschließlich Kühlung und die Vergütung regeln, sind denkbar. Abhängig vom Einzelfall und unter Wahrung der Verantwortung der Krankenhauskörperschaft wäre es sinnvoll, eine Vereinbarung abzuschließen, nach der die Einnahmen nicht im steuerpflichtigen wGb anfallen, sondern in der steuerfreien Vermögensverwaltung. Dies ist u.a. davon abhängig, ob neben den Nutzflächen auch Betriebsvorrichtungen verpachtet werden oder diese vorab veräußert werden können.

Pflegeeinrichtungen (Lang- und Kurzzeitpflege, Hospizarbeit)
Infolge der Gesundheitsstrukturreform ist die Auslastung von einigen Krankenhäusern mit Patienten zurückgegangen. Daher nutzen einige steuerbegünstigte Krankenhäuser diese freien Kapazitäten für die Einrichtung einer **Kurzzeitpflegestation** oder als **Hospiz**. Die Betreuung und Pflege von Personen, die wegen einer körperlichen, geistigen oder seelischen Krankheit oder Behinderung für die gewöhnlichen und regelmäßig wiederkehrenden Verrichtungen im Ablauf des täglichen Lebens in erheblichem Maße der Hilfe bedürfen, gehört **nicht** zum Tätigkeitsbereich eines Krankenhauses i.S.d. Begriffsbestimmungen.[55]

Will ein steuerbegünstigtes Krankenhaus diese Leistungen erbringen, sind in der Regel vorab die **satzungsmäßigen Zwecke** zu prüfen und ggf. anzupassen. Ferner ist für diese Leistungen ein eigener Buchführungskreis nach der **Pflegebuchführungsverordnung** (PBV) aufzustellen. Die Einnahmen und Ausgaben aus

---
54 OFD Hannover, Vfg. v. 26.01.1999, DB 1999, S. 506; Klaßmann: a.a.O., S. 105.
55 Vgl. 1. und zu 6.4.2.

dem Pflegebereich sind daher auch nicht dem Zweckbetrieb „Krankenhaus" (§ 67 AO) zuzuordnen, sondern sie bilden regelmäßig einen selbstständigen Zweckbetrieb (§ 68 Nr. 1 a) AO).

Physikalische Therapie (Gesundheitszentrum) und ambulante Pflegedienste
Einige Krankenhäuser sind aus vielerlei Gründen dazu übergegangen, dem Patienten in Ergänzung zu den, während des Krankenhausaufenthaltes gewährten, ärztlichen und pflegerischen Leistungen, auch die Möglichkeit einer physikalischen Therapie anzubieten. Unter **physikalischer Therapie** versteht man medizinische Anwendungen, die sich bestimmter physikalischer Faktoren bedienen. Dazu zählen häufig: Wärme und Kälte, mechanische Energie, sichtbare und unsichtbare Lichtstrahlung, elektrische Energie. In den Krankenhäusern werden zu diesem Zweck **eigene Abteilungen**, z. B. Massage, Bäder, Krankengymnastik oder Rehabilitationssport eingerichtet bzw. unterhalten. Darüber hinaus wird eine weitere Betreuung der Patienten im Rahmen einer **häuslichen ambulanten Pflege** angeboten. Die Einnahmen und Ausgaben aus einem **Gesundheitszentrum dieser Art** bzw. der ambulanten Pflegedienste sind **nicht** dem **Zweckbetrieb „Krankenhaus"** (§ 67 AO) zuzuordnen. Durch die Leistungen des Gesundheitszentrums tritt das Krankenhaus zu vergleichbaren Anbietern (z. B. Krankengymnast) eindeutig in einen vermeidbaren Wettbewerb (§ 65 Nr. 3 AO),[56] daher scheidet die Anwendung eines Zweckbetriebs nach § 65 AO aus.

Es kann **aber im Einzelfall** ein Zweckbetrieb i.S.d. § 66 AO vorliegen, wenn mit der Therapie zu mehr als 2/3 eine **Grundversorgung zur Gesundheitshilfe** gedeckt wird. Anzeichen hierfür ist z. B. die Kostenübernahme durch Krankenkassen. Auch der **ambulante Pflegedienst** kann grundsätzlich die Voraussetzungen für die Annahme eines Zweckbetriebs nach **§ 66 AO** erfüllen. Allerdings muss die Satzung des Krankenhausträgers die Förderung der Altenhilfe und des Wohlfahrtswesens enthalten (ggf. ist der Träger aufzufordern die Satzung entsprechend zu ergänzen).[57]

Raumüberlassung
Die Vermietung von Räumen **ohne** zusätzliche Leistungen führt zu steuerfreien Einnahmen aus der Vermögensverwaltung. Etwas anderes kann gelten, wenn im Zusammenhang mit der Vermietung oder Verpachtung ein Verwaltungsaufwand erforderlich ist, der über das bei langfristiger Vermietung erforderliche Maß hinausgeht und/oder wenn außer der (reinen) Nutzungsüberlassung der Flächen **Nebenleistungen** erbracht werden, die üblicherweise nicht mit einer Vermietung verbunden sind und die sich nicht gesondert erfassen lassen (z.B. Verpflegung, Reinigung, Bewachung, mediengerechte Ausstattung von Vortragssälen, Einrichtungsgegenstände). Auch die stunden- oder tageweise Vermietung von Räumen oder Sälen ist häufig nicht mehr Vermögensverwaltung, jedenfalls, wenn sie planmäßig betrieben wird.[58]

---

56 Vgl. 6.4.2.3
57 Vgl. Klaßmann: a.a.O., S. 23, 41; Knorr/Klaßmann: a.a.O., S. 124, 144, 154.
58 Vgl. 6.4.4.3 Abgrenzungsbereiche der Vermögensverwaltung.

Die Vermietungen von Räumen in einem „**Schwesternwohnheim**" an das Personal (z. B. Krankenschwestern, Ärzte, Praktikanten) oder Außenstehende (z. B. Studenten, Angehörige der Patienten, Gäste) dienen primär Wohnzwecken, so dass die Mietzinsen grundsätzlich zur steuerfreien Vermögensverwaltung gehören.

Hält sich das Krankenhauspersonal im Schwesternwohnheim nur während des **Bereitschaftsdiensts** auf (unabhängig davon, ob dafür ein Entgelt zu zahlen ist), kann u.E. nur hinsichtlich dieser funktionalen Nutzung und der damit im Zusammenhang stehenden Räumlichkeiten ein Teilbereich des Krankenhaus-Zweckbetriebs vorliegen.[59] Ob eine funktionale Aufteilung des Schwesternwohnheims je nach Nutzung in Vermögensverwaltung und Zweckbetrieb möglich und sinnvoll ist, hängt u.E. vom Einzelfall und den möglichen Folgen für die Mittelverwendung ab (z. B. Nutzungsänderung; Unterdeckung/Verluste aus dem Betrieb „Schwesternwohnheim"). Werden zusätzliche Leistungen vom Krankenhausträger erbracht (z. B. Reinigung, Verpflegung im Schwesternwohnhaus) liegt ein steuerpflichtiger wGb vor.

Die Überlassung von Räumen geschieht häufig im **Zusammenhang mit Personalgestellungen** (z. B. Überlassung von Küchenräumen und Küchenpersonal; Stationen, Op-Säle mit medizinisch-technischem Personal z. B. an Belegärzte) und stellt dann in der Regel eine **einheitliche Leistung** dar. Die Überlassung von Räumen überschreitet den Rahmen der Vermögensverwaltung, es gelten die Ausführungen zu den Tätigkeiten „Gestellung", „Hotel/Gästezimmer" u.Ä. entsprechend. Dies gilt u.E. auch für die Vermietung krankenhauseigener „**Ärztehäuser**" an niedergelassene Ärzte. Hier ist u.E. kein Raum für einen Zweckbetrieb.[60]

Sachmittelüberlassung
Die kurzfristige Vermietung von **beweglichem** Vermögen stellt grundsätzlich **keine** steuerfreie Vermögensverwaltung dar. Die Einnahmen sind daher in der Regel dem steuerpflichtigen wGb zuzuordnen.

Steuerfreie **Vermögensverwaltung** kann aber vorliegen, wenn es sich um eine **Vielzahl von beweglichen Sachen** handelt, die funktionell und technisch so aufeinander abgestimmt sind, dass sie eine wirtschaftliche Einheit bilden, z. B. Groß-Rechenanlage, Wohnungseinrichtung eines Gästezimmers bzw. in einem Schwesternheim (sog. **Sachinbegriff** nach § 21 Abs. 1 Nr. 2 EStG). Die Abgrenzung ist im Einzelfall nicht einfach und ggf. mit dem Finanzamt abzustimmen, wenn es gilt, größere ertrag- oder auch umsatzsteuerliche Risiken zu vermeiden.

Schönheitsoperationen
Schönheitsoperation, die nicht medizinisch indiziert sind, d. h. somit rein **ästhetischen Charakter haben** (Wahlleistung), sind nicht dem Kernbereich eines Krankenhauses zuzuordnen. Damit begründet ein Krankenhaus aus den Einnahmen der Schönheitsoperationen **und** den damit im Zusammenhang stehenden

---
59 a.A.: Knorr/Klaßmann: a.a.O., S. 180: generell Zweckbetrieb.
60 a.A.: Knorr/Klaßmann: a.a.O., S. 180: wegen der parallelen Tätigkeit der Ärzte im Krankenhaus: Zweckbetrieb.

Nebenleistungen (z. B. Unterbringung, Verpflegung, Service) einen eigenständigen steuerpflichtigen **wGb**.[61]

Wahlleistungen

Mit dem Angebot **medizinischer Wahlleistungen im Krankenhaus** an die stationär behandelten Patienten wird in letzter Zeit zunehmend ein bisher weitgehend ungeregeltes Terrain betreten. Jeder Krankenhausträger kann selbst entscheiden, ob und inwieweit er sein Engagement in diesem Segment für richtig hält. In diesem Bereich unterliegen die Krankenhäuser keinem Kontrahierungszwang, sondern definieren ihr Angebot im Rahmen der gesetzlichen Vorgaben selbst (u.E. aber mit zunehmender Bedeutung auch wegen der raschen Veränderungen auf dem Gesundheitsmarkt). Für öffentlich-rechtliche und freigemeinnützige Häuser ergibt sich neben den Fragen zur Umsatzbesteuerung **möglicherweise die Konsequenz**, dass die Erbringung ihrer Wahlleistungen im Rahmen eines **steuerpflichtigen wGb** erfolgt. Auf den aktuellen Stand der Meinungen zu den medizinischen Wahlleistungen[62] wollen wir hier nicht eingehen, weil u.E. die Entwicklungen noch nicht abgeschlossen und in steuerlicher Hinsicht auch die Einschätzungen der Finanzverwaltung abzuwarten sind (vgl. u. a. aktuelle Hinweise zu Stichworten → *Gestellung* und → *Komfortelemente*).[63]

Für das Verständnis wollen wir aber kurz darstellen, wie die **medizinischen Wahlleistungen** neben den allgemeinen Krankenhausleistungen (und den Wahlleistungen wie Unterkunft, Verpflegung, besonderer Arzt) einzuordnen sind, wie sie erbracht und wie sie abgerechnet werden:

Die **Vereinbarungen** über die Gewährung von Wahlleistungen schließen die Patienten unmittelbar mit dem Krankenhausträger nach Maßgabe der einschlägigen Bestimmungen für die medizinischen Wahlleistungen ab. Den leitenden **Krankenhausärzten** wird in der Regel in den **Dienstverträgen** die Behandlung von allen stationären Patienten einschließlich der Wahlleistungspatienten **als Dienstaufgabe** übertragen. In ihrer ärztlichen Verantwortung bei der Diagnostik und Therapie sind die Ärzte aber unabhängig, auch wenn sie im Übrigen an die Weisungen des Krankenhausträgers und des leitenden Arztes des Krankenhauses gebunden sind. Für erbrachte stationäre wahlärztliche Leistungen wird ihnen im Dienstvertrag regelmäßig das **Liquidationsrecht** eingeräumt. Die ärztlichen Leistungen sind im Krankenhaus mit dessen Geräten und Einrichtungen zu erfüllen. Dafür

---

61 Boehmer/Petereit: Umsatzsteuerliche und gemeinnützigkeitsrechtliche Behandlung von Schönheitsoperationen und den damit im Zusammenhang stehenden Leistungen, DStR 2003, S. 2058; Klaßmann: a.a.O., S. 196 f, zur USt.
62 Vgl. Wagener/Nösser/Korthus: Medizinische Wahlleistungen, Krhs 2005, S. 396 ff; Informationspapier der DKG zum Angebot medizinischer Wahlleistungen durch Krankenhäuser, Krhs 2005, S. 401 ff.
63 Vgl. z. B. Erlasse der Finanzverwaltung zum Stichwort „Gestellung" sowie den Leistungen dort: FinMin. NRW, Erlass v. 09.03.2005, DB 2005, S. 582; OFD Düsseldorf, Vfg. v. 19.04.2005, AO-StB 2005, S. 170; OFD Rheinland, Vfg. v. 10.03.2006, (Az.: S 0186-1000-St 1/S 7172-1000-St 4).

entrichten die Ärzte an das Krankenhaus ein Nutzungsentgelt, in der Regel bestehend aus Kostenerstattung und Vorteilsausgleich (vgl. zur steuerlichen Einordnung insoweit „Gestellung"). Die **Honorare** aus dem Liquidationsrecht der Ärzte zieht das Krankenhaus zusammen mit den eigenen Forderungen für allgemeine Leistungen von den Krankenkassen und den Patienten ein. Hierfür erhebt das Krankenhaus von den Ärzten regelmäßig eine Einzugsgebühr. Unter Würdigung des Gesamtbildes der Verhältnisse im Einzelfall hat der BFH in einem aktuellen Urteil[64] entschieden, dass ein angestellter **Chefarzt** aus dem ihm eingeräumten Liquidationsrecht für die gesondert berechenbaren wahlärztlichen Leistungen in der Regel **Arbeitslohn** bezieht, wenn die wahlärztlichen Leistungen innerhalb des Dienstverhältnisses erbracht werden. Davon unabhängig ist die Nebentätigkeitserlaubnis der Ärzte u.a. für ambulante Beratung und Behandlung von (eigenen) Patienten zu beurteilen; insoweit werden (u.E. unstreitig) Einkünfte aus selbständiger Tätigkeit als Arzt erzielt.

Mögliche medizinische **Wahlleistungen** werden nach dem Informationspapier der DKG zum Angebot medizinischer Wahlleistungen durch Krankenhäuser[65] in **vier Fallgruppen** unterteilt, die wir hier übernehmen:

1. **Fehlende medizinische Indikation**, d.h. es fehlt an einer Erkrankung, die eine Behandlung notwendig macht (z.B. Schönheitsoperation, Sterilisation, verlängerte Verweildauer im Krankenhaus).
2. **Leistungen anlässlich** einer medizinisch indizierten **Krankenhausbehandlung**, d.h. neben der stationären Behandlung einer Krankheit weitere (**Zusatz-**)**Leistungen** wie z.B. Labordiagnostik (z.B. HIV, Cholesterin), Massagen, zusätzliche Anwendungen alternativer Behandlungsmethoden oder naturheilkundlicher Verfahren.
3. **Alternativleistungen** sind die Fälle, in denen für eine medizinisch notwendige Behandlung innovative Alternativen zur Verfügung stehen, die mit höheren Kosten verbunden sind und die mit Blick auf den nachhaltigen Behandlungserfolg auch nicht als gleichwertig bezeichnet werden können (z.B. unterschiedliche Qualitäten bzw. Eigenschaften von Arzneimitteln oder Implantaten).
4. **Ambulante (Wahl-)Behandlung**, d.h. das Krankenhaus nimmt mit derartigen Leistungen grundsätzlich nicht an der vertragsärztlichen Versorgung teil (die Wahl richtet sich insoweit auf die Person des Leistungserbringers, da das Krankenhaus nicht zur ambulanten Behandlung von GKV-Versicherten befugt ist). Ein Leistungsangebot des Krankenhauses in dieser Fallgruppe muss auf eine den Chefärzten eingeräumte Privatliquidationsbefugnis abgestimmt sein.

Soweit im vorgenannten Informationspapier der DKG auch **steuerrechtliche Aspekte** angesprochen werden, können wir uns diesen teilweise wie folgt anschließen:

Mangels medizinisch indizierter Leistungen nach der **Fallgruppe 1.** liegt ein steuerpflichtiger **wGb** vor. Bei den Leistungen nach den **Fallgruppen 2. und 4.** liegt

---
64 BFH-Urteil v. 05.10.2005, VI R 152/01; vgl. 3: Lohnsteuer-ABC.
65 Krhs 2005, S. 401 ff.

u.E. ebenfalls ein steuerpflichtiger **wGb** vor. Die Voraussetzungen eines Krankenhaus-Zweckbetriebs (§ 67 AO) sind grundsätzlich nicht gegeben, es sei denn in Ausnahmefällen (z. B. Erste-Hilfe oder Notfall im Krankenhaus). Weitere Zweckbetriebe, z. B. Selbstversorgungseinrichtung (§ 68 Nr. 2 AO) oder nach der allgemeinen Definition (§ 65 AO), kommen nach den Voraussetzungen nicht in Betracht. Leistungen der **Fallgruppe 3.** gehören u.E. zum **Krankenhaus-Zweckbetrieb** (§ 67 AO), weil eine Abgrenzung dieser Leistungen vom Umfang der allgemeinen Krankenhausleistungen für steuerliche Zwecke nicht zu leisten ist. Es gibt u.E. keine einheitlichen Standards einer Methode, weil sich die Beurteilung aufgrund der stetigen Veränderungen in der Wissenschaft im Wandel befindet und die Voraussetzungen nach § 67 AO nicht geeignet sind, hier einen eindeutigen Raum für steuerschädliche medizinische Wahlleistungen zu schaffen.

Warenverkauf
Häufig werden an Patienten neben der allgemeinen Verpflegung Getränke, Süßigkeiten und Ähnliches verkauft. Daneben besteht für die Patienten die Möglichkeit, Zeitungen, Postkarten und ähnliche Gegenstände zu erwerben. Es handelt sich hier stets um Einnahmen eines steuerpflichtigen **wGb.** Für Besucher gilt Entsprechendes. Werden diese Lieferungen über einen selbständigen Unternehmer erbracht, der dieses Vertriebsrecht vom Krankenhaus entgeltlich übernommen hat, so erfolgt diese Überlassungsleistung im Bereich der steuerfreien Vermögensverwaltung.

In Krankenanstalten, in denen körperlich und geistig behinderte Patienten untergebracht sind, werden die Kranken vielfach mit ihrem Krankenzustand entsprechenden Arbeiten beschäftigt (**Arbeitstherapie**). Die im Zuge dieser Beschäftigung hergestellten Gegenstände werden sowohl an private Abnehmer als auch an den Handel veräußert. Der Verkauf stellt ein Hilfsgeschäft dar und ist – anders als bei den Selbstversorgungsbetrieben – nicht beschränkt. Die Erlöse sind im **Zweckbetrieb** zu erfassen. Nicht als Zweckbetrieb, sondern als steuerpflichtiger wGb ist demgegenüber der Verkauf von zugekaufter (nicht von den Patienten hergestellter) Ware zu beurteilen.[66]

Wäscherei
Versorgt der Krankenhausträger mit seiner Wäscherei **nur** die eigene Einrichtung (**Kernbereich**) liegt ein **Zweckbetrieb** vor (§ 67 AO). Die Einnahmen einer Wäscherei für Leistungen an **andere Einrichtungen** (z. B. andere Krankenhäuser, Alten- und Pflegeheime) sind im Hinblick auf den Wettbewerb (§ 65 Nr. 3 AO) zwischen der Wäscherei und den gewerblichen Anbietern dem steuerpflichtigen **wGb** zuzuordnen.[67] Ein Selbstversorgungsbetrieb (Zweckbetrieb nach § 68 Nr. 2 b) AO) kann in Betracht kommen.

Soweit der Betrieb der **Wäscherei ausgelagert** werden soll (z. B. Verpachtung an Dritten oder Gründung einer Service-Gesellschaft), stellen sich in der Regel ähnliche Fragen wie bei der Ausgliederung der Küche, so dass auf die Ausführungen dort verwiesen wird.

---

66 OFD Hannover, Vfg. v. 01.08.2006, DB 2006, S. 1871.
67 BFH-Urteil v. 18.10.1990, V R 35/85, BStBl II 1991, S. 157.

6.7 ABC der Grundlagen der Steuerbegünstigung

Im Folgenden werden in alphabetischer Reihenfolge Stichworte angesprochen, die u.E. einen **praktischen Bezug** haben oder zum **Verständnis der Steuerbegünstigung** beitragen sollen. Die Stichworte werden inhaltlich beschrieben, nach Möglichkeit wird der Bezugspunkt oder der Zusammenhang angegeben und auf weitere → *Stichworte* zur Erklärung verwiesen. Auf ein Kapitel im Buch wird in Klammern verwiesen (z.B. vgl. 6.1.2), soweit sich dieses Kapitel dem Begriff inhaltlich und ggf. mit Beispielen widmet. Häufig werden nur Anhaltspunkte oder Hinweise gegeben, die – wie in allen Fällen – eine Beurteilung des Einzelfalls nicht ersetzen können. Zum ABC der Ertragsbesteuerung vgl. Kapitel 2.4, zum Lohnsteuer-ABC vgl. Kapitel 3, zum Umsatzsteuer-ABC vgl. Kapitel 4.2 und zu den wirtschaftlichen Tätigkeiten nach Stichworten vgl. Kapitel 6.6.

Stichworte

A	Abteilungen	508		Frist zur Mittelverwendung ... 514
	Allgemeinheit	508		Frist für die Verwendung der Mittel ... 514
	Anerkennung	508		
	Ansparrücklage	508	G	Gebot der ...(diverse Begriffe) ... 514
	Arbeitnehmerdarlehen	509		Gemeinnützigkeit ... 514
	Aufzeichnungspflichten/ Nachweise	509		Gemisch veranlasste Kosten ... 514
				Geprägetheorie ... 515
	Ausschließlichkeit	509		Geschäftsbetrieb ... 515
	Ausstattungskapital	509		Geschäftsführervergütung ... 515
B	Begleitperson	509		Geschäftsführer ... 515
	Begünstigungsverbot	510		Gesellschafter ... 515
	Bestimmtheitsgebot	510		Gesundheitspflege ... 515
	Besteuerungsgrundlagen	510		Gesundheitswesen ... 515
	Betrieb gewerblicher Art (BgA)	510		Gewinnausschüttung ... 515
	Betriebsmittelrücklage	511		Grundsatz der Vermögensbindung . 516
D	Dachorganisation	511	H	Hilfsperson ... 516
	Dritter Sektor	511	I	Ideeller Bereich ... 516
E	Ehrenamtliche Tätigkeit	511	K	Kirchliche Zwecke ... 516
	Eigenbetrieb	511		Konkurrentenklage ... 517
	Eigennützige Zwecke	512		Körperschaft ... 517
	Eigenwirtschaftliche Zwecke	512		Krankenhaus ... 518
	Einheitlicher wirtschaftlicher Geschäftsbetrieb	512	M	Materielle Satzungsmäßigkeit ... 518
				Mildtätigkeit ... 518
F	Formelle Satzungsmäßigkeit	512		Mitglieder ... 518
	Förderverein	513		Mittel ... 518
	Förderung politischer Parteien	513		Mittelbare Zweckverwirklichung ... 518
	Freie Rücklage	513		Mittelfehlverwendung ... 519
	Freigemeinnützige Träger	513		Mittelverwendung ... 519
	Freistellungsbescheid	513		Mittelverwendungsrechnung ... 519

6.7 ABC der Grundlagen der Steuerbegünstigung

	Mittelvortrag 520		Steuerpflichtiger wirtschaftlicher
	Mittelzuwendung 520		Geschäftsbetrieb (wGb) 526
	Mustersatzung 520	T	Tatsächliche Geschäftsführung 526
N	Nachversteuerung 520		Tätigkeitsbereiche 526
	Nachweis/Aufzeichnungspflichten .. 521	U	Unmittelbarkeit 526
	Nebenbetriebe 521		Unschädliche Betätigungen 527
	Nichtzweckbetriebe 521	V	Verbindliche Auskunft/Zusage 527
	Nicht zeitnah zu verwendende		Verbot von… (diverse Begriffe) 527
	Mittel 521		Verfassung 527
O	Öffentliches Gesundheitswesen 521		Verdeckte Gewinnausschüttung
	Öffentliches Wohlfahrtswesen 521		(vGA) 527
	Öffentlich-rechtliche		Vergütung 527
	Krankenhausträger 521		Vermögen 528
	Ordnungsgemäße		Vermögensbindung 528
	Mittelverwendung 521		Vermögenssphäre 528
	Ordnungsmäßige Aufzeichnungen/		Vermögensverwaltung (V+V) 528
	Nachweise 522		Vermögenszuführungen 528
P	Partielle Steuerpflicht 522		Verlustausgleich im steuer-
	Patient 522		pflichtigen wGb 528
	Pflegetage 522		Verlustausgleich in der V+V 529
	Politische Parteien 522		Vertrauenstatbestand 529
	Privatrechtliche Krankenhausträger 522		Verwaltungsakt (VA) 529
	Projektträgerschaft 523		Verwendungsrückstand 529
R	Regiebetrieb 523		Verwendungsüberhang 530
	Rücklagen 523		Verwirkung 530
	Rücklagenbildung 523		Vorläufige Bescheinigung 530
S	Satzung 523	W	Wahlleistungen 530
	Satzungsmäßige Vermögens-		Wettbewerbsneutralität 530
	bindung 524		Wirtschaftlicher Geschäfts-
	Selbstlosigkeit 524		betrieb (wGb) 531
	Selbstversorgungsbetrieb 524		Wohlfahrtspflege 531
	Spartenrechnung 524		Wohlfahrtswesen 531
	Spende 525	Z	Zeitnahe Mittelverwendung 531
	Spendenbescheinigung 525		Zellteilungsverbot 532
	Sphären 525		Zweckbetrieb 532
	Spitzenverband 525		Zweckgebundene Rücklage 532
	Sponsoring 525		Zweckverfolgung 532
	Steuerbegünstigte satzungsmäßige		Zuwendung von Mitteln 532
	Zwecke 526		Zuwendungsbestätigung 533
	Steuerbegünstigte Zwecke 526		Zuwendungsverbot 533

Abteilungen
Steuerlicher Begriff in § 51 Satz 3 AO, wonach funktionale Untergliederungen der Körperschaft nicht als selbständige Steuersubjekte gelten. Der Wortlaut der Vorschrift ist u.E. etwas missglückt und meint z.B. nicht einzelne Abteilungen einer Krankenhauskörperschaft. Grundsätzlich sind regionale und funktionale Untergliederungen von Großvereinen, Verbänden oder auch anderen großen gemeinnützigen Trägern gemeint, um die mehrfache Inanspruchnahme möglicher steuerlicher Freigrenzen auszuschließen.

Allgemeinheit (vgl. 6.1.2)
Begriff in § 52 Abs. 1 Satz 2 AO in Bezug auf die → *gemeinnützigen Zwecke*, die von der Körperschaft verfolgt werden, um die Allgemeinheit auf materiellem, geistigem und sittlichem Gebiet selbstlos zu fördern. Das Gesetz enthält keine Definition, sondern grenzt den Begriff negativ ab. Für den Betrieb eines steuerbegünstigten Krankenhauses ist dies grundsätzlich nicht zu problematisieren, denn die Aktivitäten richten sich nach dem allgemeinen Verständnis stets an die Allgemeinheit (z.B. keine Begünstigung exklusiver Kreise). Das BMF hat mit Schreiben vom 20. September 2005 (DB 2005, 2106) ausgeführt, dass unter „Allgemeinheit" i.S.d. § 52 Abs. 1 AO die Bevölkerung von Deutschland bzw. ein Ausschnitt daraus zu verstehen sei. Ob diese Auffassung aufgrund des fortschreitenden Prozesses der europäischen Integration Bestand haben wird, bleibt abzuwarten.

Anerkennung
Anerkennung der Körperschaft als steuerbegünstigte Einrichtung (Verfahren zur Anerkennung vgl. 6.3.2): Die rechtlich vorgegebene Reihenfolge mit Errichtung der Körperschaft (Ausnahme: Betrieb gewerblicher Art von jPdöR) und anschließender Anerkennung als steuerbegünstigte Körperschaft sollte aus praktischen Gründen umgekehrt verlaufen: zunächst erfolgt die informelle Prüfung des Entwurfs der → *Satzung* über die steuerlichen Voraussetzungen der Steuerbegünstigung durch das zuständige Finanzamt und anschließend die Beschlussfassung der Satzung zur Errichtung der Körperschaft. Diese Vorgehensweise kann zusätzliche Versammlungen der Mitglieder oder Gesellschafter vermeiden und damit Zeit und Kosten einsparen. Ein besonderes gesetzliches Verfahren für die Anerkennung der Steuerbegünstigung gibt es zurzeit nicht. Es wird vielmehr für jeden Veranlagungszeitraum und für jede Steuerart geprüft, ob die Voraussetzungen für die Steuerbefreiung sämtlich erfüllt sind. Bei einer Neugründung wird auf Antrag eine vorläufige Anerkennung mittels Bescheinigung durch das Finanzamt ausgesprochen. Die → *vorläufige Bescheinigung* ist befristet und kann jederzeit widerrufen werden; sie sollte nicht länger als 18 Monate gelten. Über die Steuerbefreiung wegen Förderung steuerbegünstigter Zwecke ist stets für einen bestimmten Veranlagungszeitraum zu entscheiden (Grundsatz der Abschnittsbesteuerung).

Ansparrücklage
nur für Stiftungen nach § 58 Nr. 12 AO möglich, erweitert deren Möglichkeiten einer Rücklagenbildung; vgl. → *Vermögenszuführungen*

Arbeitnehmerdarlehen
(vgl. 6.2.3.3) kann bei teilweisem Verzicht auf übliche Verzinsung schädliche → *Mittelverwendung* sein (Zuwendung), es sei denn, der Zinsvorteil wird als Arbeitslohn angesehen und dieser ist insgesamt (einschließlich des Zinsvorteils) angemessen; Lohnsteuer und Sozialversicherungsbeiträge müssen angemeldet und abgeführt sein (AEAO zu § 55 Tz 16 Abs. 2).

Aufzeichnungspflichten/Nachweis (vgl. 6.3.3.4)
Die steuerbegünstigte Körperschaft hat anhand der Einnahmen und Ausgaben (ordnungsmäßige Aufzeichnungen nach § 63 Abs. 3 AO) gegenüber dem Finanzamt den Nachweis zu führen, dass die tatsächliche → *Geschäftsführung* den Erfordernissen entspricht, die die AO, insbesondere in § 63 Abs. 1 an sie stellt: die Geschäftsführung muss auf die → *ausschließliche* und → *unmittelbare* Erfüllung der → *steuerbegünstigten Zwecke* gerichtet sein und den Bestimmungen entsprechen, die die → *Satzung* über die Voraussetzungen für Steuervergünstigungen enthält. Eine besondere Form zur Aufzeichnung wird gesetzlich nicht vorgegeben.

Ausschließlichkeit (vgl. 6.1.5)
Grundbegriff, den § 56 AO im Wortlaut festlegt; danach darf eine Körperschaft nur ihre → *steuerbegünstigten* satzungsmäßigen *Zwecke* verfolgen. Das Nebeneinander mehrerer steuerbegünstigter Satzungszwecke ist zulässig, (grundsätzlich) nicht dagegen die kumulative Verfolgung begünstigter und nicht begünstigter Zwecke. Ausschließlichkeit, → *Selbstlosigkeit* und → *Unmittelbarkeit* bilden die Grundelemente steuerbegünstigten Handelns und seiner → *Anerkennung*. Trotz des (eindeutigen) Wortlauts gibt es wiederum Ausnahmen, Einschränkungen und Durchbrechungen für steuerlich unschädliche Betätigungen im gesetzlich zulässigen Rahmen (§§ 55, 58, 64 bis 68 AO).

Ausstattungskapital
§ 58 Nr. 11 AO regelt ausdrücklich, dass eine Körperschaft die ihr auf dem dort beschriebenen Weg überlassenen → *Mittel* nicht → *zeitnah* für → *steuerbegünstigte Zwecke* verwenden muss (→ *Vermögenszuführungen*). Zum Ausstattungskapital gehört der Teil des Eigenkapitals einer steuerbegünstigten Körperschaft, der z. B. vom Stifter, dem Gesellschafter oder anderen Mitgliedern bzw. Dritten an die steuerbegünstigte Körperschaft mit der Auflage gegeben worden ist, das → *Vermögen* dauerhaft zu erhalten, um die steuerbegünstigte Tätigkeit aus den Erträgen dieses Vermögens zu finanzieren (vgl. 6.2.10.4).

Begleitperson (vgl. 1)
Begleitperson ist eine nicht in der Einrichtung „Krankenhaus" beschäftigte Person, die im Einzelfall an der Versorgung des Patienten beteiligt ist und deren Unterbringung in der Einrichtung für die Erbringung von Leistungen i.S.v. § 2 Nr. 1 KHG oder für den Behandlungserfolg medizinisch notwendig oder zweckmäßig ist. Bei Kindern bis zu 14 Jahren und bei Schwerbehinderten ist stets von der Notwendigkeit der Anwesenheit einer Begleitperson auszugehen.

Begünstigungsverbot (vgl. 6.2.6)
§ 55 Abs. 1 Nr. 3 AO regelt, dass eine steuerbegünstigte Körperschaft keine Person durch Ausgaben, die dem Zweck der Körperschaft fremd sind, oder durch unverhältnismäßig hohe Vergütung begünstigen darf (generelles Angemessenheitsgebot). Das Gebot → *satzungsmäßiger Mittelverwendung* zieht dieses Verbot folgerichtig nach sich. Steuerschädlich ist sowohl die zweckfremde, d. h. eine die satzungsmäßigen Zwecke nicht vollziehende Bereicherung in jedweder Form (z. B. kostenlose Benutzung von Räumlichkeiten) als auch die Begünstigung durch unverhältnismäßig hohe Vergütungen (z. B. Geschäftsführervergütung, Gehälter, pauschalierte Aufwandsentschädigungen, Beratungshonorare, Mieten, Zinsen). Zur Beurteilung der Angemessenheit können die Grundsätze zur → *verdeckten Gewinnausschüttung* (vGA) herangezogen werden. Die Erfüllung des angemessenen Ersatzanspruchs eines → *Mitglieds* für den nachgewiesenen Aufwand bei Erledigung der satzungsmäßigen Zwecke ist zulässig. Auch wenn eine Begünstigung ausschließlich dem → *wGb* zuzuordnen sein sollte, gilt dieses Verbot.[1] Siehe → *Zuwendungsverbot* nach § 55 Abs. 1 Nr. 1 Satz 2 AO.

Bestimmtheitsgebot
→ sogenannte *formelle Satzungsmäßigkeit* nach § 60 Abs. 1 AO: (vgl. 6.3.1) Die detaillierte Umschreibung der Satzungszwecke und die Art ihrer Verwirklichung soll die Überprüfung der materiellen Voraussetzungen der Steuerbefreiung anhand der schriftlichen Festlegung in der körperschaftlichen Verfassung ermöglichen. Die Konkretisierung ist umso erforderlicher, als ein Zweck verfolgt wird, dem kein jedermann bekanntes, begrifflich fest umrissenes gedankliches Konzept zu Grunde liegt.

Besteuerungsgrundlagen
Dieser Begriff ist wiederholt in den Steuergesetzen (z. B. §§ 64, 199 AO) anzutreffen und beinhaltet die tatsächlichen und rechtlichen Verhältnisse, die für die Steuerpflicht und für die Bemessung der Steuer maßgebend sind (z. B. Einkünfte, Umsätze, Vermögen).

Betrieb gewerblicher Art (BgA)
→ *Öffentlich-rechtliche Körperschaften*, die ein Krankenhaus betreiben, unterhalten in der Regel einen BgA (vgl. 2.2.1). Als BgA werden alle Einrichtungen bezeichnet, die einer nachhaltigen wirtschaftlichen Tätigkeit zur Erzielung von Einnahmen dienen; sie müssen sich innerhalb der Gesamtbetätigung der jPdöR wirtschaftlich herausheben (§ 4 KStG). Für den BgA kommt die Steuerbegünstigung nach §§ 51 ff AO in Betracht (nicht für die jPdöR als solche), wenn sich der BgA eine eigene → *Satzung* gibt (AEAO zu § 59 Tz 2). Zur Wahl zwischen → *Eigen-* und → *Regiebetrieb* siehe dort; zur privatrechtlichen Trägerschaft bei Krankenhäusern siehe → *freigemeinnützige Träger*.

---

1 BFH-Beschluss v. 28.10.2004, I B 95/04, BFH/NV 2005, S. 160.

Betriebsmittelrücklage (vgl. 6.2.10.2)
siehe → *Rücklagenbildung* in 6.2.10; für periodisch wiederkehrende Ausgaben kann für eine angemessene Zeitspanne Vorsorge in Höhe des Mittelsbedarfs getroffen werden.

Dachorganisation (vgl. 6.1.6)
Dachverbandsprivileg, wonach § 57 Abs. 2 AO fingiert, dass eine Körperschaft, in der steuerbegünstigte Körperschaften zusammengefasst sind, einer Körperschaft gleichgestellt wird, die unmittelbar → *steuerbegünstigte Zwecke* verfolgt. Voraussetzung ist, dass jede der zusammengefassten Körperschaften sämtliche Voraussetzungen für die Steuervergünstigung erfüllt. Verliert eine Mitgliedskörperschaft die Steuerbegünstigung, schlägt dies auf den Dachverband durch, sofern er sich nicht unverzüglich von diesem Mitglied trennt. Verfolgt der Dachverband selbst unmittelbar steuerbegünstigte Zwecke, bedarf es der Fiktion des § 57 Abs. 2 AO eigentlich nicht, wenn alle weiteren Voraussetzungen ebenfalls vorliegen. § 57 Abs. 2 AO erstreckt sich nicht auf Zusammenschlüsse, die lediglich zur gemeinsamen Aufgabenwahrnehmung gegründet werden, wie z. B. die Zentralwäscherei für mehrere Krankenhäuser.

Dritter Sektor
Mit diesem Begriff werden die steuerbegünstigten Organisationen häufig bezeichnet, weil sie in Abgrenzung zu Staat und Wirtschaft gesehen werden. Die Übergänge zu beiden Bereichen sind jedoch fließend: zum Staat, weil dieser teilweise in erheblichem Maße zur Finanzierung der Einrichtungen beiträgt; zur Wirtschaft, weil die Einrichtungen dem allgemeinen Trend der Kommerzialisierung folgen müssen und damit in den Wettbewerb zur Wirtschaft treten.

Ehrenamtliche Tätigkeit
Ein allgemeines Recht oder einen Rechtsstatus für eine ehrenamtliche Tätigkeit gibt es nicht. Von einer ehrenamtlichen Tätigkeit wird ausgegangen, wenn ein „Amt" i. S. d. Gesetzes, der → *Satzung*, der Verfassung u. a. ausgeübt wird, z. B. als Vorstands-, Ausschuss-, Aufsichtsrats- oder Beiratsmitglied sowie Schöffe oder ehrenamtlicher Richter. Ferner werden häufig Personen aus ideellen, altruistischen oder anderen Motiven tätig, ohne ein „Amt" zu bekleiden. Für die geleisteten Tätigkeiten erhalten die Personen in der Regel kein Entgelt, so dass die unentgeltlichen Tätigkeiten häufig ebenfalls als ehrenamtliche Tätigkeit bezeichnet werden. Welche Rechtsgrundlagen bestehen und welche Folgen eintreten können, ist vom Einzelfall abhängig (vgl. 6.2.5).

Eigenbetrieb
Öffentlich-rechtliche Krankenhausträger (vgl. 2.2.2.1) können im Rahmen der BgA (§§ 1 Abs. 1 Nr. 6, 4 KStG) zwischen Eigenbetrieb oder → *Regiebetrieb* wählen. Der Eigenbetrieb ist eine nicht rechtsfähige, organisatorisch und wirtschaftlich selbständige Einrichtung der jeweiligen Gebietskörperschaft (Bund, Länder, Städte, Gemeinden, Gemeindeverbände, Zweckverbände). Der Eigenbetrieb besitzt weitgehende organisatorische und wirtschaftliche Selbständigkeit. Wählen

die jPdöR Rechtsformen des Privatrechts, sind sie nicht im Rahmen eines BgA tätig.

Eigennützige Zwecke (vgl. 2.2.1 und 6.2.1)
Eigennützige Zwecke verfolgt eine Körperschaft u. a. durch einen → *wirtschaftlichen Geschäftsbetrieb* i.S.v. §§ 14, 64 AO. Dieser wird dann aus Wettbewerbsgründen wie jeder andere Steuerpflichtige der regulären Besteuerung unterworfen. Deshalb ist selbstloses Handeln zu verneinen, wenn die ihm eigene Opferwilligkeit zu Gunsten anderer wegfällt oder in den Hintergrund gedrängt wird und an deren Stelle in erster Linie Eigennutz tritt.[2]

Eigenwirtschaftliche Zwecke (vgl. 6.2.1)
Eine steuerbegünstigte Einrichtung darf weder die eigenen noch die wirtschaftlichen Interessen ihrer → *Mitglieder* zum vorrangigen Ziel ihrer Betätigung machen. Das Gesetz (§ 55 Abs.1 Satz 1 AO) nennt als Beispiel für eigenwirtschaftliche Zwecke „gewerbliche Zwecke oder sonstige Erwerbszwecke". Die Betätigung um des Erwerbens willen, zum eigenen wirtschaftlichen Vorteil dient eigenwirtschaftlichen Zwecken: eine Körperschaft darf nicht in erster Linie auf die Mehrung ihres eigenen Vermögens bedacht sein (so die ganz h.M.). Erschöpft sich die Betätigung der Einrichtung im Betrieb eines → *wGb*, ohne zugleich → *steuerbegünstigte Zwecke* zu verfolgen, handelt sie aus eigenwirtschaftlichen Interessen.

Einheitlicher wirtschaftlicher Geschäftsbetrieb (vgl. 6.4.3.4)
unterhält die Körperschaft mehrere → *wirtschaftliche Geschäftsbetriebe (wGb)*, die keine → *Zweckbetriebe* (§§ 65 bis 68) sind, werden diese als ein wGb behandelt (§ 64 Abs.2 AO). Die Zusammenfassung mehrerer wGb beseitigt nicht das Gebot ausschließlicher ideeller → *Zweckverfolgung* jedes einzelnen Geschäftsbetriebs, so dass wGb, die erkennbar keine Überschüsse oder zumindest Kostendeckung erreichen können, eingestellt werden müssen. Die Fortführung verlustbringender Betriebe beruht häufig nicht auf Motiven, die steuerbegünstigt sind.

Formelle Satzungsmäßigkeit (vgl. 6.3.1)
§§ 59, 60 AO präzisieren die Vorschriften zum Satzungsinhalt der steuerbegünstigten Körperschaft (auch sog. → *Bestimmtheitsgebot*). Demzufolge müssen in der → *Satzung* nicht nur die Satzungszwecke festgelegt werden, sondern auch die Art der Verwirklichung der Satzungszwecke. Dies muss so genau bestimmt sein, dass aufgrund der Satzung geprüft werden kann, ob die Voraussetzungen für die Steuervergünstigung gegeben sind. Die Satzungszwecke müssen so weit wie möglich konkretisiert werden, so dass die Verfolgung nicht steuerbegünstigter Zwecke eindeutig auszuschließen ist. Die Satzung hat die Funktion eines Buchnachweises und dient insoweit der leichten und einwandfreien Prüfung der materiellen Voraussetzungen. Auf die Fassung des Satzungszwecks ist besondere Sorgfalt zu verwenden, da die Finanzverwaltung und Rechtsprechung hier regel-

---
2 BFH-Urteil v. 15.07.1998, BStBl II 2002, S.162

mäßig hohe Anforderungen stellen. Entspricht die Satzung nicht den gesetzlichen Anforderungen oder weicht die tatsächliche → *Geschäftsführung* (§ 63 AO) davon ab, ist die Steuervergünstigung in der Regel zu versagen. Die Umsetzung der satzungsmäßigen Zwecke durch die Geschäftsführung wird gelegentlich als sogenannte → *materielle Satzungsmäßigkeit* (§ 63 AO) bezeichnet.

Förderverein oder auch Spendensammelverein (vgl. 6.2.9.1)
§ 58 Nr. 1 AO gestattet es, jene Körperschaften als steuerbegünstigt zu behandeln, die ihre → *Mittel* in vollem Umfang für die Verwirklichung → *steuerbegünstigter Zwecke* einer anderen steuerbegünstigten Körperschaft des privaten Rechts beschaffen und dieser zur Verfügung stellen; jPdöR müssen selbst nicht steuerbegünstigt sein. Die darlehensweise Überlassung von Mitteln genügt nicht. Mittel sind sämtliche Vermögenswerte einer Körperschaft, die aus → *Spenden*, Beiträgen, Einkünften aus → *Vermögensverwaltung*, → *Zweckbetrieben* und → *wGb* stammen können.

Förderung politischer Parteien
Nach § 55 Abs. 1 Nr. 1 Satz 3 AO darf eine steuerbegünstigte Körperschaft ihre → *Mittel* weder für die unmittelbare noch mittelbare Unterstützung oder Förderung politischer Parteien verwenden.

Freie Rücklage (vgl. 6.2.10.3)
§ 58 Nr. 7 AO → *Rücklagenbildung*

Freigemeinnützige Träger
(Bezeichnung für steuerbegünstigte Körperschaften, die häufig Verwendung findet): Bei den privat-rechtlichen Krankenhausträgern (vgl. 2.2.2.1) ist zwischen freigemeinnütziger Trägerschaft und privatwirtschaftlicher Trägerschaft zu differenzieren. Als privat-rechtliche gemeinnützige Träger kommen der Verein (eingetragen und rechtsfähig (e. V.) sowie nicht eingetragen und nicht rechtsfähig), die Aktiengesellschaft (AG), die Gesellschaft mit beschränkter Haftung (GmbH) oder die Stiftung privaten Rechts in Betracht. Die Gesellschaft bürgerlichen Rechts (als GbR oder BGB-Gesellschaft bezeichnet), die Personen-Handelsgesellschaften (oHG; KG; GmbH & Co. KG) und die natürlichen Personen kommen zwar als privatrechtlich strukturierte Krankenhausträger, aber nicht als gemeinnützige Krankenhäuser in Betracht. Letztere sind keine Körperschaften und können den Status der Steuerbegünstigung (§§ 5 Abs. 1 Nr. 9 KStG, 51 bis 68 AO) von Gesetzes wegen nicht erhalten. Streben die vorgenannten Körperschaften des privaten Rechts die Steuerbegünstigung nicht an, sind auch sie nicht freigemeinnützig tätig. Zur → *öffentlich-rechtlichen Trägerschaft* bei Krankenhäusern mit den → *BgA* in Form von → *Eigen-* oder → *Regiebetrieben* vgl. jeweils das betreffende Stichwort.

Freistellungsbescheid (vgl. 6.3.2.2)
Über Art und Umfang der Steuerbefreiung wird von Amts wegen für die jeweilige Steuerart und den jeweiligen Besteuerungsabschnitt entschieden. Für die → *An-*

erkennung der Körperschaft als steuerbegünstigt sieht die AO kein besonderes förmliches Verfahren vor. Die Freistellung ist Bestandteil des laufenden Veranlagungs- bzw. Festsetzungsverfahrens.
Die amtlichen Vordrucke sehen mit dem amtlichen Freistellungsbescheid eine Freistellung für Zwecke der KSt und GewSt auf einem Vordruck vor.

Frist zur Mittelverwendung (vgl. 6.2.8)
→ *zeitnahe Mittelverwendung* nach § 55 Abs. 1 Nr. 5 AO: spätestens in dem auf den Zufluss folgenden Kalender- oder Wirtschaftsjahr.

Frist für die Verwendung der Mittel (vgl. 6.3.3.5 f))
hat die Körperschaft → *Mittel* angesammelt, ohne dass dafür abgabenrechtlich zulässige Gründe vorliegen, kann das Finanzamt der Körperschaft eine Frist setzen, bis zu deren Ablauf die Mittel für → *steuerbegünstigte Zwecke* zu verwenden sind (§ 64 Abs. 4 AO). Das Finanzamt hat eine Ermessensentscheidung im Einzelfall zu treffen, die in der Regel eine Frist von zwei bis drei Jahren nicht überschreiten wird.

Gebot der
→ *Ausschließlichkeit* → *zeitnahen Mittelverwendung* → *Selbstlosigkeit* → *Unmittelbarkeit* → *Wettbewerbsneutralität*

Gemeinnützigkeit (vgl. 6.1.2)
Begriff, der in § 52 Abs. 1 AO definiert ist und anhand einer beispielhaften Aufzählung in § 52 Abs. 2 AO die wichtigsten gemeinnützigen Zwecke verdeutlicht. Eine Krankenhauskörperschaft verfolgt mit ihren Tätigkeiten im diagnostischen Bereich sowie der vorbeugenden → *Gesundheitspflege* regelmäßig gemeinnützige Zwecke. Daneben können auch → *mildtätige Zwecke* verfolgt werden. Der Betrieb eines → *Krankenhauses* kann steuerfreier → *Zweckbetrieb* sein. Der Begriff „Gemeinnützigkeit" wird im allgemeinen Sprachgebrauch auch für alle steuerbegünstigten Zwecke nach §§ 52 bis 54 AO verwandt, also im weitesten Sinn für alle steuerbegünstigten Organisationen, die im Dienst der → *Allgemeinheit* tätig werden.

Gemischt veranlasste Kosten
Betriebsausgaben sind Aufwendungen, die durch den Betrieb veranlasst sind. Die erforderliche Verknüpfung mit der betrieblichen Tätigkeit liegt vor, wenn die Aufwendungen objektiv mit dem Betrieb zusammenhängen und subjektiv dem Betrieb zu dienen bestimmt sind. Überschneidungen bei den Aufwendungen, die eine Abgrenzung des steuerpflichtigen → *wGb* bei der steuerlichen Gewinnermittlung erfordern, können sich einerseits zwischen mehreren steuerpflichtigen wGb, andererseits aber auch bei den einzelnen steuerbefreiten Bereichen der Körperschaft ergeben (ideeller Bereich, Zweckbetrieb, Vermögensverwaltung). Vor diesem Hintergrund ist die Ermittlung des Gewinns vorzunehmen, wobei die Auffassungen der Finanzverwaltung und Finanzrechtsprechung zu beachten sind (vgl. 2.3.4.2; AEAO zu § 64 Tz 4 bis 6).

Geprägetheorie (vgl. 6.2.2)
Bei einer Betrachtung des Gesamtverhaltens einer steuerbegünstigten Körperschaft darf die wirtschaftliche (nicht steuerbegünstigte) Aktivität der Körperschaft nicht das Gepräge geben. Ausdrücklich (AEAO zu § 55 Tz 2) bezieht die Finanzverwaltung die Geprägetheorie nur auf das Unterhalten eines → *steuerpflichtigen wGb*, doch darf auch die → *Vermögensverwaltung* nicht Selbstzweck der steuerbegünstigten Körperschaft werden.

Geschäftsbetrieb
→ *wirtschaftlicher Geschäftsbetrieb* (wGb) (§ 14 AO)

Geschäftsführervergütung (vgl. 6.2.6)
→ *Begünstigungsverbot* → *Vergütung*

Geschäftsführung (vgl. 6.3.1.1 und 6.3.3)
betrifft die Umsetzung der satzungsmäßigen Zwecke durch die Tätigkeit der Körperschaft. § 63 AO verlangt ergänzend zu § 59 AO, dass die tatsächliche Geschäftsführung die steuerbegünstigten Zwecke satzungsgemäß verwirklicht. Zum → *Nachweis* der Ordnungsmäßigkeit der tatsächlichen Geschäftsführung wird die Körperschaft zur → *Aufzeichnung* von Einnahmen und Ausgaben verpflichtet (§ 63 Abs. 3 AO).

Gesellschafter (vgl. 6.2.5)
→ *Mitglieder*

Gesundheitspflege
(*öffentliches*) → *Gesundheitswesen*

Gesundheitswesen
(*öffentliches*) (vgl. 6.1.2) gemeinnütziger Zweck i. S. v. § 52 Abs. 2 Nr. 2 AO; hat die Erhaltung und Förderung der Gesundheit der Bürger zur Aufgabe. Dies geschieht durch: Verhinderung und Bekämpfung von epidemischen Krankheiten und Seuchen einschließlich Tierseuchen, Lebensmittelüberwachung, Überwachung des Apotheken- und Arzneimittelwesens sowie des Verkehrs mit Giften, Unfallverhütung, Arbeitsschutz, Bekämpfung des Missbrauchs von Alkohol, Nikotin und Drogen und Förderung der Volksgesundheit (z. B. Vorsorgemaßnahmen, Schuluntersuchungen, Zahnpflegeschulungen). Kostenlose Heilfürsorge Bedürftiger oder seelische Begleitung Schwerstkranker ist Förderung des → *Wohlfahrtswesens*. Gleichwohl können → *gemeinnützige* und → *mildtätige* Zwecke nebeneinander verfolgt werden.

Gewinnausschüttung (vgl. 6.2.5.1)
in § 55 Abs. 1 Nr. 1 Satz 2 AO ist geregelt, dass die → *Mitglieder* oder Gesellschafter einer steuerbegünstigten Körperschaft keine Gewinnanteile und keine sonstigen → *Zuwendungen* aus → *Mitteln* der Körperschaft erhalten dürfen. Offene oder → *verdeckte Gewinnausschüttungen* sind also untersagt, es sei denn,

die Mitglieder oder Gesellschafter als Begünstigte sind ihrerseits ausschließlich steuerbegünstigte Körperschaften.

Grundsatz der Vermögensbindung (vgl. 6.2.3 und 6.3.1.2)
→ *Vermögensbindung*

Hilfsperson (vgl. 6.1.6)
Begriff in § 57 Abs. 1 Satz 2 AO, wonach eine → *Körperschaft* zur Verwirklichung ihrer → *steuerbegünstigten* satzungsmäßigen *Zwecke* auch (natürliche oder juristische) Hilfspersonen einsetzen kann. Um den Grundsatz der → *Unmittelbarkeit* zu verwirklichen, besteht kein Rangverhältnis zwischen eigenem Handeln und dem Einsatz von Hilfspersonen. Die Körperschaft kann daher völlig frei entscheiden, ob, wann, wozu und in welchem Unfang sie Dritte zur Erfüllung ihrer Aufgaben einsetzt. Hierfür ist im Einzelfall erforderlich, dass nach den rechtlichen und tatsächlichen Beziehungen das Wirken der Hilfsperson wie eigenes Wirken der Körperschaft anzusehen ist, d. h. die Hilfsperson nach den Vorgaben der Körperschaft einen konkreten Auftrag ausführt. Als Vertragsformen kommen z. B. Arbeits-, Dienst- oder Werkverträge in Betracht, die wegen der Nachweis- und Dokumentationspflicht der Körperschaft schriftlich und im Vorhinein klar und eindeutig erfolgen sollten[3]: z. B. nach Tätigkeitsmerkmale, Erfolge, Verwendung und Einsatz erforderlicher Mittel, Rechnungslegung. Die Hilfsperson muss selbst nicht als steuerbegünstigt anerkannt sein. Ein Handeln als Hilfsperson nach § 57 Abs. 1 Satz 2 AO begründet andererseits keine eigene steuerbegünstigte Tätigkeit (anders noch bis Veranlagungszeitraum 2003: AEAO § 57 zu Tz 2).[4]

Ideeller Bereich (vgl. 2.2.2.6)
Ein Teilbereich von vier möglichen → *Tätigkeitsbereichen* einer steuerbegünstigten Körperschaft; häufig auch als eine → *Sphäre* innerhalb der vier möglichen Vermögenssphären bezeichnet. Die Steuergesetze verwenden diesen Begriff nicht, aber die Finanzrechtsprechung und die Finanzverwaltung. In diesem Bereich wird die Möglichkeit geschaffen, die steuerbegünstigte Tätigkeit zu entfalten, ihre administrativen Aufgaben wahrzunehmen, die → *Mittel* zu beschaffen, zu bewirtschaften und zur Verwirklichung der ideellen Zwecke zu verwenden. Mittel, die diesem Bereich zufließen, können z. B. sein: Mitgliedsbeiträge, → *Spenden*, echte Zuschüsse, Zuwendungen. Bei einer Krankenhauskörperschaft in der Rechtsform eines Vereins oder einer Stiftung ist ein ideeller Bereich wohl gegeben, bei einer GmbH mit einem Krankenhaus als Zweckbetrieb u.E. hingegen nicht. Weitere Tätigkeitsbereiche können sein: → *Zweckbetrieb* → *Vermögensverwaltung* → *steuerpflichtiger wGb*

Kirchliche Zwecke (vgl. 6.1.4)
Begriff, der in § 54 AO definiert, dass eine Körperschaft kirchliche Zwecke verfolgt, wenn ihre Tätigkeit darauf gerichtet ist, eine Religionsgemeinschaft, die

---
3 So z. B. OFD Frankfurt a.M., Vfg. v. 02.07.1997, DB 1997, S 1745
4 Vgl. BMF-Schreiben v. 21.01.2003, BStBl I 2003, S. 107.

Körperschaft des öffentlichen Rechts ist, selbstlos zu fördern. § 54 Abs. 2 AO zählt die wichtigsten kirchlichen Zwecke auf. Allein mit der Verfolgung kirchlicher Zwecke kann eine Körperschaft kein steuerbegünstigtes → *Krankenhaus* betreiben, → *gemeinnützige* Zwecke müssen schon hinzutreten.

Konkurrentenklage
wird ein Steuerpflichtiger rechtswidrig oder zu niedrig besteuert, verletzt dies in der Regel nur die Rechte der Steuergläubiger, die von den Behörden der Finanzverwaltung im Interesse der Allgemeinheit wahrzunehmen sind. Eine Verletzung der Rechte eines an dem betreffenden Steuerschuldverhältnis nicht beteiligten Dritten kommt nur in Betracht, wenn die Nichtbesteuerung oder zu niedrige Besteuerung gegen eine Norm verstößt, die nicht ausschließlich im Interesse der Allgemeinheit erlassen wurde, sondern auch dem Schutz der Interessen einzelner an dem betreffenden Steuerschuldverhältnis nicht beteiligter Dritter dient (sog. drittschützende Norm). Verstößt die Finanzbehörde z. B. gegen das Gebot der → *Wettbewerbsneutralität* kann ein Wettbewerber wegen der drittschützenden Wirkung der §§ 64 bis 68 AO grundsätzlich Klage erheben. Der Dritte muss die gegen die steuerbegünstigte Körperschaft erlassenen → *Freistellungs-* bzw. Steuerbescheide anfechten. Die Klage ist auf Feststellung der Steuerpflicht der Körperschaft für den steuerpflichtigen wGb zu erheben. Die Klage ist jedoch nur zulässig, wenn der Wettbewerber als Kläger geltend machen kann, die rechtswidrige Nichtbesteuerung oder zu geringe Besteuerung der mit ihm in Wettbewerb stehenden Körperschaft beeinträchtige in wettbewerbsrelevanter Weise konkret seine eigene wirtschaftliche Betätigung.[5] Der vom Kläger zu führende Nachweis verlangt es, einen **Auskunftsanspruch** des Wettbewerbers gegen die Finanzbehörde zu gewähren, damit eine etwaige Klage vorbereitet werden kann.[6] Dazu sind das Konkurrenzverhältnis und seine mögliche Beeinträchtigung durch etwaige Steuerbefreiungen darzulegen. Das Steuergeheimnis dürfte es i. d. R. nicht ausschließen, Rechte Dritter z. B. auch aus den §§ 64 bis 68 AO bzw. § 2 Abs. 3 UStG herzuleiten.[7] Eine wettbewerbskonforme Besteuerung verlangt das Recht eines Konkurrenten auf Auskunft bei den Finanzbehörden über die Besteuerung und eröffnet damit den Weg für die Konkurrentenklage vor dem Finanzgericht.[8]

Körperschaft
Subjekt einer → *Steuerbegünstigung* nach §§ 51 ff AO. Der Begriff knüpft an das KStG; (vgl. 2.2.2.1) → *freigemeinnützige Träger*

---

5 Vgl. BHF-Urteil v. 15.10.1997, I R 10/92, BStBl II 1998, S. 63.
6 FG Sachsen-Anhalt, Urteil v. 10.02.2003, 1 K 30456/99, EFG 2003, S. 910.
7 Vorlage des BFH, VII R 24/03, an den EuGH durch Beschluss v. 08.07.2004, BStBl II 2004, S. 1034; Buchna: a. a. O., zu 3.10, Seite 375/376, vgl. auch 4.2 und 6.2.4.
8 EuGH-Urteil v. 08.06.2006, Rs C-430/04, DStR 2006, S. 1082 ff; UVR 2006, S. 459 ff mit Anm. von Widmann; BFH-Urteil v. 05.10.2006, VII R 24/03, DStR 2006, S. 2310 ff.

Krankenhaus (vgl. 1)
Einrichtung, in der durch ärztliche und pflegerische Hilfeleistungen Krankheiten, Leiden oder Körperschäden festgestellt, geheilt oder gelindert werden sollen, in der Geburtshilfe geleistet wird und in der die zu versorgenden Personen untergebracht und verpflegt werden können. Das Krankenhaus kann ein steuerfreier → *Zweckbetrieb* (§ 67 AO, zu 6.4.2.1) sein, wenn der Träger insoweit → *steuerbegünstigte satzungsmäßige Zwecke* verfolgt.

Materielle Satzungsmäßigkeit (vgl. 6.3.3)
Nach § 63 Abs. 1 AO muss die tatsächliche → *Geschäftsführung* der Körperschaft auf die ausschließliche und unmittelbare Erfüllung der steuerbegünstigten Zwecke gerichtet sein und den Bestimmungen entsprechen, die die → *Satzung* über die Voraussetzungen der Steuervergünstigung enthält. Neben der sogenannten → *formellen Satzungsmäßigkeit* (§§ 59, 60 AO) wird die Umsetzung der satzungsmäßigen Zwecke durch die Geschäftsführung gelegentlich so bezeichnet.

Mildtätigkeit (vgl. 6.1.3)
Begriff, der in § 53 AO definiert ist und darauf abzielt, dass die Tätigkeit der Körperschaft darauf gerichtet ist, Personen selbstlos zu fördern, die entweder infolge ihres körperlichen, geistigen oder seelischen Zustands auf die Hilfe anderer angewiesen sind oder die nach näherer Maßgabe des § 53 Nr. 2 AO wirtschaftlich bedürftig sind (persönliche und wirtschaftliche Hilfsbedürftigkeit). Eine Krankenhauskörperschaft kann somit nebeneinander das öffentliche → *Gesundheitswesen* fördern (→ *Gemeinnützigkeit*) und persönlich bedürftige Personen unterstützen. In die Satzung können beide Zwecke aufgenommen und verfolgt werden. Der Betrieb eines → *Krankenhauses* kann steuerfreier → *Zweckbetrieb* sein.

Mitglieder (vgl. 6.2.5)
Begriff in § 55 Abs. 1 Nr. 1 Satz 2 AO, der nicht nur Mitglieder oder Gesellschafter der Körperschaft erfasst (Mitglieder im Sinne dieser Vorschrift), sondern auch Stifter oder dessen Erben, Trägerkörperschaften und wiederum deren Mitglieder, Vertretungsberechtigte oder wer sonst auf die Verwendung von Mitteln Einfluss hat.

Mittel
Der Begriff ist gesetzlich nicht definiert und wird in Kapitel 6.2.3.1 beschrieben.

Mittelbare Zweckverwirklichung
Begriff im AEAO zu § 55 Tz 15 Abs. 2, der die Zulässigkeit der → *Mittelverwendung* an andere steuerbegünstigte Körperschaften i.S.v. § 58 Nr. 1 und 2 AO beschreibt, wenn diese Körperschaft die erhaltenen → *Mittel* unmittelbar für ihre → *steuerbegünstigten Zwecke* → *zeitnah* verwendet (vgl. 6.2.9.2). Mittelbar handelt diejenige Körperschaft, die nicht selbst eine Förderung der → *Allgemeinheit* anstrebt, sondern lediglich die steuerbegünstigten Zwecke anderer Steuer-

pflichtiger durch finanzielle, sachliche oder personelle Mittel unterstützt; siehe
→ *Unmittelbarkeit* (§ 57 AO).

Mittelfehlverwendung
Das Gebot der → *Selbstlosigkeit* verbietet es der steuerbegünstigten Körperschaft, ihre → *Mittel* für andere als die steuerbegünstigten satzungsmäßigen Zwecke zu verwenden (satzungsmäßige bzw. ordnungsgemäße → *Mittelverwendung*). Das Gesetz und die Rechtsprechung knüpfen die Steuerbegünstigung nicht an eine optimale Verwendung der Mittel durch die Organe der Körperschaft (→ *Geschäftsführung*), sondern sanktionieren in der Regel nur gravierende Verstöße der Mittelverwendung. Werden gebundene Mittel nicht rechtzeitig für steuerbegünstigte Zwecke eingesetzt (→ *zeitnahe Mittelverwendung*), kann das Finanzamt im Einzelfall nach § 63 Abs. 4 AO eine Frist setzen, bis zu deren Ablauf die Mittel für die steuerbegünstigten Zwecke verwendet sein müssen. Die Dauer der Frist ist eine Ermessensentscheidung des Finanzamts und soll berücksichtigen, dass die Mittel einer sinnvollen Verwendung zugeführt werden. Sie soll in der Regel drei Jahre nicht übersteigen. Bei planmäßiger unzulässiger Mittelansammlung, die als bewusster Verstoß der Körperschaft gewertet werden kann, dürfte eine Fristsetzung nicht mehr in Betracht kommen, so dass nicht auf das Wohlwollen des Finanzamts gesetzt werden sollte.

Mittelverwendung
(vgl. 6.2.8) nach § 55 Abs. 1 Nr. 1 und Nr. 5 AO erfolgt eine Verwendung der → *Mittel* für → *satzungsmäßige Zwecke*, insbesondere durch Verausgabung liquider Mittel in der Idealsphäre einschließlich Zweckbetrieb, aber auch durch die Anschaffung oder Herstellung von Vermögensgegenständen und deren Nutzung für den steuerbegünstigten Zweck. Nach erfolgter Anschaffung oder Herstellung kommt es allein auf die tatsächliche Nutzung an (nutzungsgebundene Mittel, z.B. Kauf von medizinischen Geräten, Errichtung eines Krankenhauses; vgl. AEAO zu § 55 Tz 26). Die Mittel sind so frühzeitig wie im Einzelfall möglich zu verwenden. Mit dem Gesetz ist hiervon auszugehen, wenn die in einem Geschäftsjahr zugeflossenen Mittel spätestens bis zum Ende des folgenden Jahres für die satzungsmäßigen Zwecke verwendet worden sind. Durchbrechungen des Grundsatzes → *zeitnaher Mittelverwendung* sind durch die Bildung von → *Rücklagen* (vgl. 6.2.10) zulässig (vgl. AEAO zu § 55 Tz 3, 26; § 58 Nr. 6 und 7 AO) oder durch Umschichtungen von oder Zuführungen zum Vermögen (vgl. AEAO zu § 55 Tz 28). Mittelverwendung ist also nicht gleichbedeutend mit Mittelabfluss, sondern meint auch zulässige Dispositionen.

Mittelverwendungsrechnung
(vgl. 6.2.8.2 und 6.2.11) soweit die steuerbegünstigte Einrichtung ihre → *Mittel* nicht schon im Jahr des Zuflusses für die → *steuerbegünstigten Zwecke* verwendet oder zulässigerweise dem → *Vermögen* zugeführt werden, ist ihre zeitnahe Verwendung nachzuweisen, zweckmäßigerweise durch eine Nebenrechnung (AEAO zu § 55 Tz 27). Die tatsächliche → *Geschäftsführung* der Körperschaft (§ 63 AO) ist stets gut beraten, den Nachweis der von ihr geforderten → *zeit-*

nahen Mittelverwendung für jedes Kalenderjahr zu führen, denn aus der Rechnungslegung selbst ergibt sich dieser Nachweis in der Regel nicht. Die konkrete Form schreiben weder das Gesetz (vgl. § 63 Abs. 4 AO) noch Richtlinien der Finanzbehörden vor. Wir empfehlen das auch in der **Praxis** zurzeit bewährte **Berechnungsschema von Buchna** (vgl. 6.2.11.2). Aus dem Berechnungsschema lassen sich folgende Feststellungen ableiten: Hat die steuerbegünstigte Körperschaft *mehr* Mittel verwendet als sie tatsächlich eingenommen hat (z. B. bei kreditfinanzierten Investitionen), besteht ein Verwendungsüberhang. Die im Folgejahr zeitnah zu verwendenden Mittel können dann zunächst mit diesem Überhang verrechnet werden. Wenn umgekehrt weniger Mittel verwendet wurden als der Körperschaft zugeflossen sind, besteht zunächst ein Mittelvortrag. Dieser Überschuss an Mitteln muss in dem darauffolgenden (Kalender- oder Wirtschafts-)Jahr für steuerbegünstigte Zwecke verwendet werden. Da eine → *zeitnahe Mittelverwendung* nur vorliegt, wenn die eingenommenen Mittel spätestens in dem auf den Zufluss folgenden Jahr für die steuerbegünstigten satzungsmäßigen Zwecke verwendet werden, liegt ein → *Verwendungsrückstand* vor, wenn der Mittelvortrag des Vorjahres im laufenden Jahr nicht verwendet worden sein sollte. Es ist davon auszugehen, dass die ältesten Mittel als zuerst verwendet gelten.

Mittelvortrag
Begriff im Rahmen der → *Mittelverwendungsrechnung* (vgl. 6.2.11); die steuerbegünstigte Körperschaft hat im maßgebenden Jahr weniger → *Mittel* verwendet als ihr zugeflossen sind, so dass in Höhe der Differenz ein Mittelvortrag für das nächste Jahr besteht.

Mittelzuwendung (vgl. 6.2.9.2)
§ 58 Nr. 2 AO → *Zuwendung von Mitteln*

Mustersatzung (vgl. 6.3 und 6.3.1.3)
Dem AEAO zu § 60 sind Mustersatzungen beigefügt, die den steuerlichen Anforderungen aus Sicht der Finanzverwaltung Rechnung tragen. Die Verwendung dieser Mustersatzungen ist nicht vorgeschrieben, jedoch wird in der Praxis stets Bezug darauf genommen, so dass sie für die Orientierung durchaus hilfreich sind.

Nachversteuerung (vgl. 6.3.1.2)
wird die gesetzlich angeordnete Satzungsbestimmung über die → *Vermögensbindung* (§ 61 Abs. 1 AO als Teil der sog. → *formellen Satzungsmäßigkeit*) dergestalt geändert, dass die materiellen Anforderungen i. S. d. § 55 Abs. 1 Nr. 4 AO nun nicht mehr gewährleistet sind, fingiert das Gesetz eine von Anfang an unzureichende satzungsmäßige → *Vermögensbindung*. § 61 Abs. 3 AO sieht deshalb vor, dass in einem solchen Fall die Steuern, die innerhalb der letzten zehn Jahre vor der Verletzung der Bestimmungen über die Vermögensbindung entstanden sind, durch Erlass, Aufhebung oder Änderung von Steuerbescheiden nacherhoben werden (AEAO zu § 61 Tz 5). Im Falle einer rückwirkenden Besteuerung ist so zu verfahren, als sei die Körperschaft von Anfang an steuerpflichtig gewesen.

Nachweis/Aufzeichnungspflichten (vgl. 6.3.3.4)
nach § 63 Abs. 3 AO ist die steuerbegünstigte Körperschaft verpflichtet, durch ordnungsmäßige → *Aufzeichnungen* über Einnahmen und Ausgaben den Nachweis zu führen, dass die tatsächliche → *Geschäftsführung* den festgelegten Anforderungen in der AO und den Satzungsbestimmungen entspricht.

Nebenbetriebe (vgl. 6.6)
Bezeichnung für Kantinen, Kioske, Blumenläden, Wäschereien etc., die wegen der engen räumlichen Verbindung mit dem Krankenhausbetrieb unterhalten werden. Ist der Krankenhausbetrieb ein BgA, sind die Nebenbetriebe in der Regel keine weiteren BgA, sondern sie bilden mit dem „BgA Krankenhaus" einen einheitlichen Betrieb. Ob sie bei steuerbegünstigten Einrichtungen auch zum Zweckbetrieb „Krankenhaus" (§ 67 AO) gehören, ist im Einzelfall zu entscheiden.

Nichtzweckbetrieb
kein gesetzlicher Begriff, sondern eine andere Bezeichnung für den steuerpflichtigen → *wGb* (§§ 64, 14 AO), die gelegentlich in den Entscheidungen der Finanzrechtsprechung zu finden ist.

Nicht zeitnah zu verwendende Mittel
siehe → *Mittel* (vgl. 6.2.3.1) und → *Mittelverwendung* (vgl. 6.2.8): Mittel, die durch Gesetz oder Vertrag auf Zeit oder auf Dauer gebunden sind (z. B. Ausstattungsvermögen, d. h. Grund- oder Stammkapital, Stiftungsvermögen, Zustiftungen, Zuwendungen von Todes wegen zum Vermögen). Regelmäßig handelt es sich um betragsmäßige, nicht um gegenständliche Bindungen. Die Vermögenserträge sind zeitnah zu verwenden, so dass insoweit das Gebot der → *zeitnahen Mittelverwendung* zur Verwirklichung → *steuerbegünstigter satzungsmäßiger Zwecke* (→ *ordnungsgemäße Mittelverwendung*) greift.

Öffentliches Gesundheitswesen
siehe → *Gesundheitswesen*

Öffentliches Wohlfahrtswesen
siehe → *Wohlfahrtswesen*

Öffentlich-rechtliche Krankenhausträger (vgl. 2.2.2)
die Gebietskörperschaften (Bund, Länder, Städte, Gemeinden, Gemeindeverbände, Zweckverbände), die Religionsgemeinschaften und die Personalkörperschaften (z. B. Universitäten) soweit sie ein Krankenhaus betreiben. Es liegt dann ein → *Betrieb gewerblicher Art* (BgA) vor (§§ 1 Abs. 1 Nr. 6, 4 KStG); siehe → *Eigenbetrieb* und → *Regiebetrieb*.

Ordnungsgemäße Mittelverwendung (vgl. 6.2.4)
nach § 55 Abs. 1 Nr. 1 AO dürfen → *Mittel* der steuerbegünstigten Körperschaft nur für satzungsmäßige Zwecke verwendet werden, mit Ausnahme der in § 58 AO aufgeführten unschädlichen Betätigungen. Die satzungsmäße → *Mittel-*

verwendung erlaubt grundsätzlich nur den Einsatz der Mittel für die → ideellen Satzungszwecke einschließlich der steuerbegünstigten → *Zweckbetriebe*. Zudem müssen die Körperschaften ihre Mittel grundsätzlich zeitnah für ihre → *steuerbegünstigten Zwecke* verwenden (Grundsatz der → *zeitnahen Mittelverwendung* nach § 55 Abs. 1 Nr. 5 AO).

Ordnungsmäßige Aufzeichnungen/Nachweise (vgl. 6.3.3.4)
Das Finanzamt prüft anhand der Einnahmen und Ausgaben die Art und Weise der tatsächlichen → *Geschäftsführung;* siehe → *Aufzeichnungspflichten* und → *Nachweise*.

Partielle Steuerpflicht
bedeutet eine nach Maßgabe der Einzelsteuergesetze lediglich eingeschränkte (teilweise) Heranziehung zu einer Steuer bei gleichzeitiger Freistellung weiterer, begünstigter → *Tätigkeitsbereiche* des jeweiligen Steuersubjekts (z. B. steuerbegünstigte Körperschaften, Personenvereinigungen und Vermögensmassen). Die in der Praxis bekannteste Form ist der steuerpflichtige → *wGb* (§§ 64, 14 AO). Im Rahmen seiner Steuerpflicht unterliegt die Körperschaft insoweit der KSt und GewSt. Außerhalb des ertragsteuerlichen Bereichs wird eine partielle Steuerpflicht in der Regel durch eine im Vorhinein auf die begünstigten Bereiche beschränkte Vergünstigung begründet (z. B. USt, GrSt, GrESt, KfzSt).

Patient
Begriff in § 67 AO, der in Bezug auf den steuerfreien → *Zweckbetrieb* „Krankenhaus" generell Personen meint, die sowohl „krank" als auch „nicht krank" sein können (z. B. zur Untersuchung aufgenommene Personen, Schwangere zur Entbindung); daneben hat der Begriff keine rein steuerliche Bedeutung.

Pflegetage
Ein → *Krankenhaus*, das unter die/ das BPflV/ KHEntgG fällt, ist ein steuerfreier → *Zweckbetrieb* (§ 67 AO, a. F. zu 6.4.2.1), wenn mindestens 40 v.H. der jährlichen Pflegetage auf → *Patienten* entfallen, bei denen nur Entgelte für allgemeine Krankenhausleistungen berechnet werden. Unter Pflegetage ist grundsätzlich die Anzahl der Tage zu verstehen, an denen sich ein Patient um 24.00 Uhr im Krankenhaus aufhält.

Politische Parteien
dürfen nach § 55 Abs. 1 Nr. 1 Satz 3 AO von einer steuerbegünstigten Körperschaft mit deren → *Mittel* weder unmittelbar noch mittelbar unterstützt oder gefördert werden.

Privatrechtliche Krankenhausträger (vgl. 2.2.2)
siehe → *freigemeinnützige Krankenhausträger*

Projektträgerschaft
fachliche sowie verwaltungsmäßige Betreuung und Abwicklung von Projekten anderer Träger (häufig für Forschungs- und Entwicklungsvorhaben).

Regiebetrieb
Öffentlich-rechtliche Krankenhausträger (vgl. 2.2.2.1) können im Rahmen der → *BgA* zwischen Regiebetrieb und → *Eigenbetrieb* wählen. Regiebetrieb ist eine nicht rechtsfähige unselbständige Einrichtung der jeweiligen Körperschaft mit einer nach krankenhausrechtlichen Vorschriften vorgesehenen haushaltsmäßigen Verselbständigung. Er ist Bestandteil der allgemeinen Verwaltung des Trägers und erfüllt ausschließlich Aufgaben der Kommune als Mittel der Erfüllung des Trägerauftrages „Krankenhausversorgung". Wählt die jPdöR für den Krankenhausbetrieb eine Rechtsform des Privatrechts, ist sie nicht als BgA tätig.

Rücklagen
siehe → *Rücklagenbildung*

Rücklagenbildung (vgl. 6.2.10)
mit dem Gebot der → *zeitnahen Mittelverwendung* (§ 55 Abs. 1 Nr. 5 AO) zur nachhaltigen und dauerhaften Zweckverwirklichung durch die steuerbegünstigte Körperschaft steht es im Einklang, wenn bestimmte steuerliche Rücklagen gebildet werden können. Der Gesetzgeber hat dieses Gebot durch ausdrückliche Regelungen nach § 58 Nr. 6 und Nr. 7 AO insoweit konkretisiert. Dabei ist der Tatsache Rechnung getragen worden, dass der Bedarf an → *Mitteln* keine feststehende Größe ist, sondern im Zeitablauf durch die verschiedensten Einflüsse erheblichen Schwankungen unterliegen kann. Für konkrete Projekte müssen daher Rücklagen gebildet werden, um diese sinnvoll umsetzen zu können (eine Verpflichtung dazu besteht aber nicht). Zur Erhaltung der finanziellen Leistungsfähigkeit werden ebenfalls Mittel benötigt, deren Bedarf je nach Rechtsform und Vermögensausstattung unterschiedlich ist und über die Rücklagen gesteuert werden kann. Die gebildeten Rücklagen müssen in der Rechnungslegung der Körperschaft gesondert ausgewiesen werden, ggf. in einer steuerlichen Nebenrechnung (vgl. 6.2.10.1). Zweckgebundene Rücklagen vgl. 6.2.10.2; freie Rücklagen vgl. 6.2.10.3; weitere Rücklagen für den steuerpflichtigen wGb und den Bereich der Vermögensverwaltung vgl. 6.2.10.4.

Satzung (vgl. 6.3)
ist ein von den Gründungsmitgliedern geschlossener Vertrag, der als Verfassung (körperschaftliche Grundordnung) das rechtliche Wollen der Körperschaft verbindlich festlegt. Hat eine Körperschaft keine → *Mitglieder* (rechtsfähige Stiftung, → BgA einer Körperschaft des öffentlichen Rechts), muss ihre Verfassung durch die sie errichtende juristische oder natürliche Person festgeschrieben werden. Für jedes Steuersubjekt ist eine eigenständige Verfassung aufzustellen. Unter Satzung i. S. v. §§ 59, 60 AO ist die Satzung bei Vereinen (§ 25 BGB), das Stiftungsgeschäft oder die Stiftungssatzung sowie eine sonstige Verfassung (z. B. Gesellschaftsvertrag der GmbH) zu verstehen. Der Satzungszweck und die Art der

Verwirklichung müssen so genau bezeichnet sein, dass ihr die Voraussetzungen für die Steuervergünstigung entnommen werden können (sog. → *formelle Satzungsmäßigkeit*; vgl. 6.3.1). Siehe → *Vertrauenstatbestand* und Vertrauensschutz bei geprüften Satzungen.

Satzungsmäßige Vermögensbindung (vgl. 6.3.1.2)
siehe → *Vermögensbindung*; § 61 AO bestimmt ausdrücklich, dass die → *Satzung* auch den Zweck hat zu benennen, für wen das → *Vermögen* bei Auflösung oder Aufhebung der Körperschaft oder bei Wegfall ihres bisherigen Zwecks verwendet werden soll. Der Verwendungszweck muss dabei in der Satzung so genau bezeichnet sein, dass allein aufgrund dieser Bestimmung geprüft werden kann, ob die → *Vermögensbindung* den materiellen Erfordernissen des § 55 Abs. 1 Nr. 4 AO entspricht. Die Finanzverwaltung hat in den → *Mustersatzungen* (AEAO zu § 60) Formulierungshilfen gegeben, die die Vorgaben des § 61 AO abdecken.

Selbstlosigkeit (vgl. 6.2)
Begriff in § 55 AO, der besagt, dass eine Körperschaft ihre → *steuerbegünstigten* satzungsmäßigen *Zwecke* nur selbstlos fördert oder unterstützt, wenn dadurch nicht in erster Linie → *eigenwirtschaftliche Zwecke* – z. B. gewerbliche Zwecke oder sonstige Erwerbszwecke – verfolgt werden und wenn weitere Voraussetzungen (die das Gesetz nennt) im Einzelfall gegeben sind. Der Gemeinsinn muss in → *Satzung* und Tätigkeit der Körperschaft Ausdruck finden. Im Gegensatz dazu steht das Streben nach eigenem Nutzen. Auf die weiteren **Grundsätze**, die die Selbstlosigkeit prägen, wird hier nur hingewiesen:

- → *Mittelverwendung* nur für → *steuerbegünstigte satzungsmäßige Zwecke*
- → *Zuwendungsverbot* gegenüber → *Mitgliedern/Gesellschaftern*
- Verbot der → *Förderung politischer Parteien*
- Rückzahlung nur von Kapitalanteilen und Sacheinlagen an Mitglieder/Gesellschafter
- → *Begünstigungsverbot* gegenüber Nichtmitgliedern/Nichtgesellschaftern und Mitgliedern/Gesellschaftern
- Grundsatz der → *Vermögensbindung*
- Grundsatz der → *zeitnahen Mittelverwendung*

Selbstversorgungsbetrieb (vgl. 6.4.2.2 und 6.6)
→ *Zweckbetrieb* nach § 68 Nr. 2 AO, der der Selbstversorgung der Körperschaft dient und z. B. dadurch die sachgemäße Ernährung und ausreichende Versorgung sichert.

Spartenrechnung (vgl. 2.3.4)
die → *steuerbegünstigten* Krankenhausträger sind nur mit ihren Einkünften aus → *steuerpflichtigen wGb* ertragsteuerpflichtig. Bei der steuerlichen Gewinnermittlung für diesen → *partiell steuerpflichtigen Bereich* sind die Vorschriften des EStG und KStG grundsätzlich zu beachten. In der Praxis wird der Gewinn der ertragsteuerpflichtigen Aktivitäten häufig durch Aufspaltung der Gewinn- und Verlustrechnung des Trägers ermittelt. So ist für jedes der bis zu vier möglichen

Tätigkeitsfelder bzw. → *Sphären* eine gesonderte Gewinn- und Verlustrechnung zu erstellen. Zur Technik und den Methoden vgl. Kapitel 2.3.4 und die Steuererklärung im Anhang.

Spende (vgl. 6.5.1)
Der Begriff Spende ist gesetzlich nicht definiert. Allgemein bedeutet das Wort „Spende" eigentlich „Gabe" oder „Schenkung" und assoziiert, dass von einer Person etwas an eine andere Person ohne weitere Bedingung abgegeben werden soll. Für steuerliche Zwecke ist diese Bedeutung jedoch zu erweitern, da es sich bei den Spenden um Ausgaben handelt, die freiwillig und unentgeltlich geleistet werden. Zudem muss die Verwendung der Spenden ausschließlich und unmittelbar zur Förderung mildtätiger, kirchlicher, religiöser, wissenschaftlicher und der als besonders förderungswürdig anerkannter gemeinnütziger Zwecke erfolgen (z.B. § 10b EStG, § 9 Abs. 1 Nr. 2 KStG). Dem Spender muss für die Zuwendung grundsätzlich eine → *Zuwendungsbestätigung* ausgestellt werden.

Spendenbescheinigung
→ *Zuwendungsbestätigung*

Sphären (vgl. 2.2.2.6)
vier mögliche Bereiche, die bei einer steuerbegünstigten Körperschaft anzutreffen sind:

- → *ideeller Bereich*
- → *Vermögensverwaltung*
- → *Zweckbetrieb*
- → *steuerpflichtiger wGb*

Häufig auch als Vermögenssphären oder Tätigkeitsbereiche bezeichnet. Der Begriff wird in den Steuergesetzen nicht verwendet. Eine eigenständige Bedeutung kommt ihm u.E. nicht zu; nützlich z.B. für die Zuordnung der täglichen Abläufe innerhalb der Körperschaft und für die steuerlichen Anforderungen an die Rechnungslegung.

Spitzenverband
vgl. → *Dachorganisation*; steuerliche Fiktion in § 57 Abs. 2 AO

Sponsoring (vgl. 6.5.1.7; zu 4.2 USt-ABC)
unter Sponsoring wird üblicherweise die Gewährung von Geld oder geldwerten Vorteilen durch Unternehmen zur Förderung von Personen, Gruppen und/oder Organisationen in sportlichen, kulturellen, kirchlichen, wissenschaftlichen, sozialen, ökologischen oder ähnlichen bedeutsamen gesellschaftspolitischen Bereichen verstanden, mit der regelmäßig auch eigene unternehmensbezogene Ziele der Werbung oder Öffentlichkeitsarbeit verfolgt werden. Leistungen eines Sponsors beruhen häufig auf einer vertraglichen Vereinbarung zwischen dem Sponsor und dem Empfänger der Leistung (Sponsoring-Vertrag), in dem Art und Umfang der Leistungen des Sponsors und des Empfängers geregelt sind.

Steuerbegünstigte satzungsmäßige Zwecke
Dieser Begriff besagt, dass sich die → *steuerbegünstigten Zwecke* und die Art ihrer Verwirklichung aus der → *Satzung* oder sonstigen Verfassung der Körperschaft ergeben müssen, damit die Steuervergünstigung gewährt wird (satzungsmäßigen Voraussetzungen vgl. §§ 59, 60 AO).

Steuerbegünstigte Zwecke (vgl. 2.2.2 und 6.1.1)
gesetzliche Definition in § 51 AO, die umschreibt, dass eine Körperschaft bei Verfolgung → *gemeinnütziger*, → *mildtätiger* oder → *kirchlicher Zwecke* die nach den Einzelsteuergesetzen gewährten Steuervergünstigungen nach Maßgabe dieser Vorschrift erhalten kann. Die steuerbegünstigten Zwecke müssen nach den folgenden Vorschriften der §§ 52 ff AO grundsätzlich → *ausschließlich*, → *unmittelbar* und → *selbstlos* verfolgt werden. Die Regelungen nach §§ 51 ff AO können auch als das „Recht vor der Klammer" bezeichnet werden, weil sie maßgebend für den Status der Körperschaft sind. Die Einzelsteuergesetze bestimmen → *partiell* über eine Steuervergünstigung bezüglich Tätigkeitsfeld und Steuerart. Eine Körperschaft verfolgt mit dem Betrieb ihres → *Krankenhauses* regelmäßig gemeinnützige und daneben eventuell auch mildtätige Zwecke. Die Zwecke und die Art ihrer Verwirklichung müssen sich aus der → *Satzung* der Körperschaft ergeben.

Steuerpflichtiger wirtschaftlicher Geschäftsbetrieb (wGb)
(vgl. 2.2.3 Grundzüge; vgl. auch 6.4.3 und 6.6) → *wirtschaftlicher Geschäftsbetrieb (wGb)*.

Tatsächliche Geschäftsführung (vgl. 6.3.3)
Begriff in § 63 AO, der die Umsetzung der satzungsmäßigen Zwecke durch die Tätigkeit der Körperschaft betrifft; siehe → *Geschäftsführung* und → *Aufzeichnungspflichten* und → *Nachweise* sowie → *Zurechenbarkeit* (vgl. 6.3.3.3).

Tätigkeitsbereiche (vgl. 2.2.2.6)
siehe → *Sphären*

Unmittelbarkeit (vgl. 6.1.6)
Begriff, den § 57 Abs. 1 Satz 1 AO im Wortlauf festlegt und der eigenes und/oder zurechenbares Verhalten Dritter für die → *steuerbegünstigte* satzungsmäßige Zweckverwirklichung durch die Körperschaft verlangt. Entscheidend ist die → *Zweckverfolgung* durch Selbstverwirklichung. Eigenes körperschaftliches Handeln erfolgt durch die vertretungsberechtigten Organe der Körperschaft; es liegt ferner auch dann vor, wenn ein Tätigwerden von Angestellten oder freien Mitarbeitern der Körperschaft auf schuldrechtlicher oder gesetzlicher Grundlage zuzurechnen ist. Natürliche oder juristische → *Hilfspersonen* können eingesetzt werden. Hilfstätigkeiten sind zulässig; ebenso lässt § 58 AO Ausnahmen zu. Siehe auch → *mittelbare Zweckverfolgung*.

Unschädliche Betätigungen
Gesetzesüberschrift in § 58 AO, der Ausnahmen regelt, die den Grundsatz des § 51 AO, wonach steuerbegünstigte Zwecke ausschließlich, selbstlos und unmittelbar verfolgt werden müssen, durchbrechen. Eine Zuordnung der jeweiligen Ausnahme zum Einzelprinzip ist entbehrlich, da sie unterschiedslos von allen drei Prinzipien dispensieren. Tun, was erlaubt ist.

Verbindliche Auskunft/Zusage
Das Institut der verbindlichen Auskunft/Zusage trägt dem Interesse des Steuerpflichtigen an Planungs- und Rechtssicherheit Rechnung. Neben den teilweise neuen Regelungen in §§ 89 Abs. 2 bis 5, 204 AO galt bis September 2006 auch das BMF-Schreiben vom 29. Dezember 2003 (BStBl I 2003, S. 742). Auf schriftlichen Antrag des Steuerpflichtigen erhält dieser von der zuständigen Finanzbehörde eine „Auskunft mit Bindungswirkung nach Treu und Glauben (verbindliche Auskunft)". Die Finanzbehörde erteilt eine steuerliche Beurteilung über einen genau bestimmten Sachverhalt, wenn daran im Hinblick auf die erheblichen steuerlichen Auswirkungen ein besonderes Interesse des Steuerpflichtigen besteht. Die Antragstellung verlangt einen bestimmten Aufbau und Angaben, die vom Gesetz und von der Finanzverwaltung vorgegeben sind. Die Erteilung einer verbindlichen Auskunft ist ausgeschlossen, wenn der Sachverhalt im Wesentlichen bereits verwirklicht ist. Die Bindungswirkung einer erteilten Auskunft gilt grundsätzlich nur dann, wenn der Sachverhalt zutreffend vorgetragen worden ist und später keine Veränderungen eintreten. Für die Bearbeitung des Antrags auf verbindliche Auskunft erhält die Finanzbehörde seit Mitte Dezember 2006 eine Gebühr (§ 89 Abs. 3 bis 5 AO n. F.). Siehe → *Vertrauenstatbestand*

Verbot von
→ *Begünstigungen* und → *Zuwendungen* an → *Mitglieder* und Dritte

Verfassung
siehe → *Satzung*

Verdeckte Gewinnausschüttung (vGA)
→ *Mitglieder* dürfen keine offene oder verdeckte → *Gewinnausschüttung* und in ihrer Eigenschaft als Mitglieder auch keine sonstigen → *Zuwendungen* jedweder Art erhalten (§ 55 Abs. 1 Nr. 1 Satz 2 AO). Eine unzulässige → *Mittelzuwendung* z. B. an den Gesellschafter einer steuerbegünstigten GmbH kann angenommen werden, wenn die Grundsätze einer vGA nach § 8 Abs. 3 KStG anzunehmen sind (vgl. 6.2.5.1 Beurteilungsmaßstab bei → *Zuwendungen* und → *Begünstigungen*).

Vergütung
Hinweis auf § 55 Abs. 1 Nr. 3 AO, wonach eine steuerbegünstigte Körperschaft keine Person durch unverhältnismäßig hohe Vergütungen begünstigen darf (vgl. 6.2.6 → *Begünstigungsverbot*); nur angemessene Vergütungen entsprechen dem Grundsatz der ordnungsgemäßen Mittelverwendung (Gebot der Selbstlosigkeit § 55 AO). Der Begriff Vergütung ist weit auszulegen und erfasst Löhne, Gehälter,

Beratungshonorare, Mieten, Darlehenszinsen und alle von der Körperschaft zu zahlenden Entgelte. Zur Angemessenheit z. B. von Geschäftsführervergütungen vgl. Kapitel 6.2.6.

Vermögen (vgl. 6.2.3.1)
sämtliche → *Mittel*, die nicht verausgabt werden dürfen oder müssen und deswegen dem Vermögen zugeführt werden

Vermögensbindung (vgl. 6.2.3 und 6.3.1.2)
§ 55 Abs. 1 Nr. 4 AO enthält als Voraussetzung für die → *Selbstlosigkeit* den wichtigen Grundsatz der materiellen Vermögensbindung. Durch ihn soll die Verwendung von → *Vermögen*, das sich aufgrund der Steuervergünstigung gebildet hat, über den Bestand der Körperschaft hinaus sichergestellt werden. Das Vermögen, das nach Rückgewähr von Einlagen verbleibt, muss auch im Fall der Auflösung oder Aufhebung der Körperschaft oder bei Wegfall ihres bisherigen → *steuerbegünstigten Zwecks* für steuerbegünstigte Betätigungen i. S. d. §§ 52 ff AO verwendet werden. Diese materielle Vermögensbindung wird durch die → *satzungsmäßige Vermögensbindung* i. S. d. § 61 AO umgesetzt. Dieser Grundsatz ist wiederum Teil der sogenannten → *formellen Satzungsmäßigkeit* (§§ 59, 60 AO) und beinhaltet, dass in der → *Satzung* der Verwendungszweck des Restvermögens für die Fälle der Beendigung der steuerbegünstigten Tätigkeit anzugeben ist. § 61 Abs. 3 AO enthält eine (spezielle) Regelung zur → *Nachversteuerung* als Folge einer nachträglichen schädlichen Änderung der Bestimmungen über die Vermögensbindung.

Vermögenssphäre
siehe → *Sphären*

Vermögensverwaltung (V+V) (vgl. 6.4.4)
ist die Nutzung des → *Vermögens* im Sinne einer Fruchtziehung aus den zu erhaltenden Substanzwerten. § 14 Satz 3 AO definiert den Begriff nicht, sondern nennt nur einige typische Fällte einer Vermögensverwaltung; siehe → *Sphären*.

Vermögenszuführungen (vgl. 6.2.10.4)
Eine steuerbegünstigte Körperschaft kann die in § 58 Nrn. 11 und 12 AO bezeichneten Mittel ohne schädliche Folgen für die Steuerbegünstigung ihrem → *Vermögen* zuführen. Während § 58 Nr. 11 AO bei freigebigen → *Zuwendungen* der verschiedensten Art für alle Körperschaften gilt, wendet sich § 58 Nr. 12 AO mit einer → *Ansparrücklage* nur an Stiftungen. Neben der → *Rücklagenbildung* nach § 58 Nrn. 6 und 7 AO gelten die Vermögenszuführungen als Ausnahmeregelung zum Gebot der → *zeitnahen Mittelverwendung*.

Verlustausgleich im steuerpflichtigen wGb (vgl. 6.2.7)
nach § 55 Abs. 1 Nr. 1 Satz 1 AO sind → *Mittel* nur für die → *satzungsmäßigen Zwecke* zu verwenden; sie dürfen grundsätzlich nicht zum Ausgleich von Verlusten im wGb eingesetzt werden. Nicht der Verlust im wGb an sich ist schäd-

lich, sondern nur der Fall, dass Mittel des → *ideellen Bereichs*, des → *Zweckbetriebs* oder aus der → *Vermögensverwaltung* für den Verlustausgleich verwendet werden. Die Finanzverwaltung hat ihre Auffassung und eine moderate Regelung mit Möglichkeiten eines Verlustausgleichs im AEAO zu § 55 AO Tz 4 bis 8 niedergelegt. Ist eine Verlustabdeckung nach den Regelungen im AEAO nicht möglich, liegt eine steuerschädliche → *Mittelfehlverwendung* für das Verlustentstehungsjahr vor. Sind auch in den Folgejahren Verluste im wGb entstanden, die ebenfalls nicht ausgeglichen werden können, ist auch für diese Jahre jeweils eine Mittelfehlverwendung gegeben. Die Finanzverwaltung stellt dabei grundsätzlich auf das Zu- und Abflussprinzip ab (vgl. § 11 EStG) und entzieht bei einer Mittelfehlverwendung grundsätzlich die Steuerbegünstigung für das entsprechende Veranlagungsjahr. Werden auf Dauer Verluste erwirtschaftet, sollte die Körperschaft von sich aus den steuerpflichtigen wGb so schnell wie möglich einstellen.

Verlustausgleich in der Vermögensverwaltung (vgl. 6.4.4.4)
es ist grundsätzlich nicht zulässig, → *Mittel* des → *ideellen Bereichs*, Gewinne aus → *Zweckbetrieben* oder aus → *steuerpflichtigen wGb* für einen Ausgleich von Verlusten in der Vermögensverwaltung einzusetzen. Die Grundsätze für einen möglichen Verlustausgleich im steuerpflichtigen wGb gelten nach Auffassung der Finanzverwaltung entsprechend.

Vertrauenstatbestand
Eine durch Treu und Glauben bewirkte Bindung durch eigenes Verhalten setzt voraus, dass der Beteiligte (Steuerpflichtiger oder Finanzbehörde) einen von ihm zu verantwortenden Vertrauenstatbestand gesetzt hat. Ein Vertrauenstatbestand besteht in einem bestimmten Verhalten des einen Teils, aufgrund dessen der andere bei objektiver Beurteilung annehmen kann, jener werde an seiner Position oder seinem Verhalten konsequent und auf Dauer festhalten. Das Vertrauen muss schutzwürdig sein; daran fehlt es, wenn die Vertrauensfolge auf eine rechtswidrige Maßnahme gerichtet ist oder wenn sich der Steuerpflichtige bzw. sein Vertreter seinerseits treuwidrig oder widersprüchlich verhält. Ein behördlich gesetzter Vertrauenstatbestand setzt voraus, dass die Finanzbehörde bzw. der handelnde Beamte im gegebenen Zuständigkeitsrahmen gehandelt hat. Zum **Vertrauensschutz bei geprüften Satzungen** siehe BMF-Schreiben vom 17.11.2004, BStBl I 2004, S. 1059 (vgl. 6.3.1.2 mit Beispiel).

Verwaltungsakt (VA)
Begriff i.S.d. § 118 AO, wonach ein VA jede Verfügung, Entscheidung oder andere hoheitliche Maßnahme ist, die eine Behörde zur Regelung eines Einzelfalls auf dem Gebiet des öffentlichen Rechts trifft und die auf unmittelbare Rechtswirkung nach außen gerichtet ist. Die Steuerbescheide sind z.B. Verwaltungsakte.

Verwendungsrückstand
Begriff im Rahmen der → *Mittelverwendungsrechnung* (vgl. 6.2.11)

Verwendungsüberhang
Begriff im Rahmen der → *Mittelverwendungsrechnung* (vgl. 6.2.11)

Verwirkung
eine Ausprägung des im Grundsatz von Treu und Glauben enthaltenen Verbots rechtsmissbräuchlichen Handelns und ein Anwendungsfall des Verbots widersprüchlichen Tuns. Verwirkung bedeutet, dass ein Recht nicht mehr ausgeübt werden darf, wenn seit der Möglichkeit, es geltend zu machen, längere Zeit verstrichen ist und besondere Umstände hinzutreten, welche die verspätete Rechtsausübung als Verstoß gegen Treu und Glauben erscheinen lassen.

Vorläufige Bescheinigung (vgl. 6.3.2.1)
das örtlich zuständige Finanzamt unterrichtet die Körperschaft mittels eines → *Freistellungsbescheides*, in der Anlage zum KSt-Bescheid oder einer vorläufigen Bescheinigung darüber, ob die Körperschaft berechtigt ist, steuerwirksame Zuwendungsbestätigungen zu erstellen. Ein eigenständiges Verfahren der → *Anerkennung* der Steuerbegünstigung gibt es nicht. So kann eine vorläufige Bescheinigung nach formlosen Antrag unter Beifügung der Satzung erteilt werden; sie ist nach h.M. kein → *Verwaltungsakt*.

Wahlleistungen (vgl. 6.6)
können z. B. sein: besondere Unterbringung (Ein- oder Zweibettzimmer), besondere Ausstattung des Zimmers, bessere Verpflegung, Behandlung durch einen bestimmten Arzt, medizinische Wahlleistungen (z. B. Alternativleistungen, ambulante Behandlung). Den Wahlleistungen liegt eine vertragliche Vereinbarung zwischen dem Krankenhaus und dem → *Patienten* zu Grunde. Diese Wahlleistungen gehören nicht zu den allgemeinen Krankenhausleistungen und sind auch nicht pflegesatzfähig. Bei der Ermittlung der 40 v.H.-Grenze des § 67 AO sind diese Wahlleistungen schädlich; nicht dagegen geringfügige Wahlleistungen (z. B. eigenes Telefon, Rundfunk- oder Fernsehgeräte am Krankenbett), wenn diese als Wahlleistungen mit abgerechnet worden sind.

Wettbewerbsneutralität
Die Rechtsordnung anerkennt, dass sich der Status der Steuerbegünstigung und (mögliche) wirtschaftliche Betätigungen grundsätzlich nicht ausschließen. Dabei ist jedoch zu beachten, dass das Prinzip einer wettbewerbsneutralen Besteuerung nicht verletzt wird. Dieses Prinzip verlangt, dass miteinander konkurrierende Unternehmen grundsätzlich steuerlich gleich zu behandeln sind. Für → *steuerbegünstigte* Körperschaften ergibt sich daraus zwingend die Forderung nach einer Besteuerung ihrer wirtschaftlichen Tätigkeiten, soweit diese wettbewerbsrelevant und für die Verwirklichung der → *steuerbegünstigten Zwecke* nicht unbedingt notwendig sind. Das geltende Recht trägt dem in der Weise Rechnung, dass es die Steuervergünstigungen wegen Verfolgung steuerbegünstigter Zwecke insoweit ausschließt, als ein → *wirtschaftlicher Geschäftsbetrieb* (wGb), der nicht → *Zweckbetrieb* ist, i.S.v. § 14 AO unterhalten wird. Diese → *partielle* Steuerpflicht soll nicht begünstigte konkurrierende Unternehmen vor einem steuerlich

verfälschten Wettbewerb schützen. Damit wird wohl überwiegend anerkannt, dass auch das Gebot der Wettbewerbsneutralität zu den Prinzipien der Steuerbegünstigung zählt. Dies lässt sich auch an folgenden Punkten festmachen: Aus dem drittschützenden Charakter der Besteuerung steuerpflichtiger wGb folgt die Zulässigkeit der heute unstreitigen → *Konkurrentenklage*. Der Gedanke der Wettbewerbsneutralität gebietet nur eine steuerliche Gleichbehandlung steuerbegünstigter und nicht steuerbegünstigter Körperschaften (z. B. Gewinnermittlung in allen Fällen nach den allgemeinen Grundsätzen). Der Wettbewerbsgedanke ist bei der Abgrenzung der steuerfreien und steuerpflichtigen → *Sphäre* von steuerbegünstigten Körperschaften tragendes Element. Dies gilt für den Begriff der steuerfreien → *Vermögensverwaltung* in § 14 Satz 3 AO sowie bei der Konkretisierung der Zweckbetriebsdefinition in § 65 AO (§ 65 Nr. 3 AO Wettbewerbsklausel).

Wirtschaftlicher Geschäftsbetrieb (wGb)
(vgl. 2.2.3 Grundzüge; 6.4.3 und 6.6); Begriff in § 14 AO, wonach ein wGb eine selbständige nachhaltige Tätigkeit ist, durch die Einnahmen oder andere wirtschaftliche Vorteile erzielt werden und die über den Rahmen einer → *Vermögensverwaltung* hinausgeht. Die Absicht, Gewinn zu erzielen, ist nicht erforderlich. § 64 Abs. 1 AO nimmt diesen Begriff auf und schließt für die steuerbegünstigte Körperschaft die Steuervergünstigung insoweit aus, als ein wGb unterhalten wird. Damit trägt der Gesetzgeber seiner → *Wettbewerbsneutralität* Rechnung.

Wohlfahrtspflege
siehe → *Wohlfahrtswesen*

Wohlfahrtswesen (vgl. 6.1.2)
→ *gemeinnütziger Zweck* i. S. v. § 52 Abs. 2 Nr. 2 AO; umfasst jede Maßnahme, die der allgemeinen Fürsorge hilfsbedürftiger Menschen dient (Wohlfahrtspflege). Zu den Tätigkeitsbereichen gehören u. a. die Altenhilfe, Jugendpflege, Familienhilfe, Kranken-, Suchtkranken- und Behindertenhilfe sowie die Asylantenhilfe. Im Kern handelt es sich um die gesamten Maßnahmen der Sozialhilfe nach SGB XII (öffentliche Fürsorge). Körperschaften, die schwer vermittelbare Personen (z. B. Suchtkranke, Behinderte) zum Zwecke der Eingliederung in den normalen Arbeitsprozess arbeitstherapeutisch beschäftigen und berufs- und sozialpädagogisch betreuen, handeln gemeinnützig (BFH I R 35/93, BStBl II 1995, S. 767). Allein der Grund, dass erkrankte Personen zu persönlich „hilfsbedürftigen Menschen" werden, genügt für die Annahme eines Krankenhausbetriebs nicht. → *Krankenhäuser* fördern insoweit zwar auch → *mildtätige Zwecke* i. S. d. § 53 AO, da sich ihre Tätigkeiten aber wohl überwiegend auf den diagnostischen Bereich und/oder auf das Gebiet der vorbeugenden Gesundheitspflege erstrecken, sind sie wegen der Förderung des → *öffentlichen Gesundheitswesens* gemeinnützig tätig.

Zeitnahe Mittelverwendung (vgl. 6.2.8.2)
Dieser Grundsatz des § 55 Abs. 1 Nr. 5 AO verpflichtet die → *steuerbegünstigte* Körperschaft die zugeflossenen → *Mittel* gegenwartsnah, spätestens im Laufe des

auf die Vereinnahmung der Mittel folgenden Kalender- oder Wirtschaftsjahres, für die → *steuerbegünstigten satzungsmäßigen Zwecke* (→ *ordnungsgemäße Mittelverwendung*) zu verwenden (siehe → *Mittelverwendung* und → *nicht zeitnah zu verwendende Mittel*).

Zellteilungsverbot
Dieser Begriff umschreibt die Regelung des § 64 Abs. 4 AO, wonach die missbräuchliche, mehrfache Inanspruchnahme der Vorteile der Besteuerungsgrenze i.S.d. § 64 Abs. 3 AO und der Freibeträge nach § 24 KStG und § 11 Abs. 1 GewStG verhindert werden soll.

Zweckbetrieb
(vgl. 2.2.2, 6.4.2 und 6.6) ist ein → *wGb*, der wegen seiner engen Verbindung mit der → *steuerbegünstigten* Betätigung unter bestimmten Voraussetzungen dem steuerfreien Bereich zugeordnet und deshalb steuerlich begünstigt ist. § 65 AO (Zweckbetrieb) durchbricht mit seinen Voraussetzungen den Grundsatz → *wettbewerbsneutraler* Besteuerung und das Gebot steuerrechtlicher Gleichbehandlung, indem die wirtschaftliche Betätigung der Körperschaft bei Vorliegen der gesetzlichen Voraussetzungen nicht der Besteuerung unterworfen wird. § 65 AO regelt die Voraussetzungen allgemein für die Annahme eines Zweckbetriebs, die kumulativ zu erfüllen sind. Daneben enthalten die §§ 66 bis 68 AO spezielle, vorrangige Regelungen. Der Gesetzgeber nimmt in den vorgenannten Sonderfällen einen Zweckbetrieb auch dann an, wenn die Tatbestandsmerkmale des allgemeinen Zweckbetriebs nach § 65 AO nicht erfüllt sind.

Zweckgebundene Rücklage (vgl. 6.2.10.2)
§ 58 Nr. 6 AO → *Rücklagenbildung*. Für periodisch wiederkehrende Ausgaben in Höhe des Mittelbedarfs wird für eine angemessene Zeitspanne regelmäßig eine Rücklage gebildet (Betriebsmittelreserve).

Zweckverfolgung
Die Grundelemente steuerbegünstigten Handelns (§ 56 AO → *Ausschließlichkeit*, § 55 AO → *Selbstlosigkeit*, § 57 AO → *Unmittelbarkeit*) verlangen zum einen die alleinige Verfolgung → *satzungsmäßiger Zwecke* und zum zweiten, dass die Satzungszwecke uneingeschränkt steuerbegünstigt sind. Nicht begünstigte Tätigkeiten dürfen nach Art, Umfang und finanzieller Bedeutung der Körperschaft nicht das → *Gepräge* geben, sondern müssen von untergeordneter Bedeutung bleiben.

Zuwendung von Mitteln (vgl. 6.2.9.2)
§ 58 Nr. 2 AO befreit die → *steuerbegünstigte* Körperschaft von der (eigenen) → *unmittelbaren* Zweckverwirklichung, soweit sie ihre → *Mittel* teilweise einer steuerbegünstigten oder öffentlich-rechtlichen Körperschaft zu steuerbegünstigten Zwecken überlässt. Ob „teilweise" als feste Obergrenze die Hälfte der eigenen Mittel meint, ist strittig; der Körperschaft müssen jedoch hinreichende Mittel zur Verwirklichung ihrer eigenen Zwecke verbleiben.

Zuwendungsbestätigung (vgl. 6.5.1.5)

abzugsfähige → *Spenden-* und Mitgliedsbeiträge i.S.d. § 10b EStG, § 9 Abs. 1 Nr. 2 KStG und § 9 Nr. 5 GewStG sind gemäß § 50 Abs. 1 EStDV durch eine Zuwendungsbestätigung (ehemals Spendenbescheinigung) nachzuweisen. Ohne die förmliche Bestätigung des Spendenempfängers ist der Spendenabzug durch den Spender grundsätzlich ausgeschlossen (Ausnahme: vereinfachtes Verfahren bei Spenden bis 100 €).

Zuwendungsverbot (vgl. 6.2.5)

→ *Mitglieder* dürfen nach § 55 Abs. 1 Nr. 1 Satz 2 AO grundsätzlich keine offenen oder verdeckten → *Gewinnausschüttungen* und in ihrer Eigenschaft als Mitglieder auch keine sonstigen Zuwendungen jedweder Art erhalten. Eine Zuwendung ist ein wirtschaftlicher Vorteil, den die Körperschaft einem Mitglied oder einer ihm nahestehenden Person unentgeltlich oder gegen zu geringes Entgelt zukommen lässt. Ein Verstoß gegen das Ausschüttungsverbot liegt ausnahmsweise dann nicht vor, wenn z. B. der Gesellschafter der → *steuerbegünstigten* Körperschaft selbst ebenfalls eine steuerbegünstigte Körperschaft ist und „Ausschüttungen i.S.v. § 58 Nr. 2 AO" an sie bewirkt werden. Das → *Mittelverwendungsgebot* ist in diesem Fall sichergestellt, da der steuerbegünstigte Gesellschafter die erhaltenen → *Mittel* nun seinerseits für steuerbegünstigte Zwecke zeitnah verwenden muss. Siehe auch zweckfremde → *Begünstigung* an Nichtmitglieder und Mitglieder (§ 55 Abs. 1 Nr. 3 AO), soweit sie nicht in ihrer Eigenschaft als Mitglied dem Verein gegenübertreten.

Anhang

Beispiel einer Steuererklärung für eine steuerbegünstigte Krankenhaus-GmbH
Strategie-Krankenhaus gGmbH, Berlin; Jahresabschluss zum 31.12.2006

Erläuterungen und Besteuerungsgrundlagen:

Das Beispiel soll praxisorientiert **Hinweise** für die Vorbereitung und Erstellung der Steuererklärung der gemeinnützigen Krankenhaus-GmbH geben. Geschäftsjahr ist das Kalenderjahr. Bilanz sowie Gewinn- und Verlustrechnung entsprechen grundsätzlich dem Jahresabschluss eines steuerbegünstigten Krankenhauses. Der Jahresabschluss sowie die nachfolgend aufgeführten Unterlagen befinden sich im Anhang.

Die Gewinn- und Verlustrechnung wird zunächst nach den **möglichen Tätigkeitsbereichen** des gemeinnützigen Krankenhauses aufgeteilt (**Spartenrechnung**; vgl. 2.3.4). Anhand der Summen- und Saldenliste sowie anderer geeigneter Unterlagen aus dem Rechnungswesen des Krankenhauses sind die Erlöse/Erträge und Aufwendungen den möglichen vier Bereichen (ideeller Bereich, Zweckbetrieb, steuerpflichtiger wirtschaftlicher Geschäftsbetrieb [wGb] und Vermögensverwaltung) zuzuordnen. Die laufende Finanzbuchhaltung kann auch entsprechend dieser Bereiche eingerichtet werden, um die erforderlichen Daten für die Steuererklärung zu erfassen. Da ein Krankenhaus bilanzieren muss, können diese Daten grundsätzlich für die Erstellung der Steuererklärungen verwendet werden; daneben ist eine gesonderte Einnahmen- und Ausgabenrechnung u.E. nicht erforderlich.

Die Spartenrechnung kann bezüglich der Erlöse/Erträge zugleich als **Verprobung der Umsatzsteuer** dienen. Erfahrungsgemäß bitten die Finanzbehörden zunehmend um eine Abstimmung der „Umsätze" laut Gewinn- und Verlustrechnung mit der Umsatzsteuererklärung; eine Verprobung der Vorsteuer ist in der Regel nicht Ziel der Anfrage und im Übrigen nach wie vor schwierig durchzuführen. Die Ergebnisse der Verprobung sind mit den einzelnen Umsatzsteuerkonten abzustimmen. Differenzen zur Buchführung können sich z.B. aus Umgliederungen innerhalb der Spartenrechnung ergeben (z.B. vom überwiegenden umsatzsteuerfreien Zweckbetrieb in den umsatzsteuerpflichtigen wGb) oder aus der nachträglichen Beurteilung eines bisher als umsatzsteuerfrei eingestuften Umsatzes in einen umsatzsteuerpflichtigen Umsatz. In einer formlosen Anlage zur Umsatzsteuererklärung sollten die Ergebnisse der Verprobung dargestellt werden.

Ideeller Bereich:

Die Einnahmen im ideellen Bereich (hier z.B. T€ 20) betreffen ausschließlich **Spenden**. Strittig könnte u.E. sein (vgl. 2.2.2.6), ob eine steuerbegünstigte Krankenhaus-GmbH, die im Wesentlichen nur einen Zweckbetrieb (§ 67 AO) führt, auch einen ideellen Bereich unterhält und ob die Spendeneinnahmen (daher) nur dem Zweckbetrieb zuzuordnen sind. Betriebsprüfungen gehen in der Regel auch bei einer gemeinnützigen Krankenhaus-GmbH von einem ideellen Bereich aus, ohne dieser eher theoretischen Frage nachzugehen, weil die Spenden auch für den Zweckbetrieb angenommen und dort verwendet werden können. Wir haben die Spendeneinnahmen hier dem ideellen Bereich zugeordnet.

Vermögensverwaltung:

Die Krankenhaus-gGmbH vermietet ein **Gebäude** zum Teil an einen anderen gemeinnützigen Verein und zum Teil an einen gewerblichen Unternehmer, der zum vollen Vorsteuerabzug berechtigt ist. Beim gewerblichen Unternehmer wurde von der Möglichkeit Gebrauch gemacht, die Vermietungsleistungen der Umsatzsteuer zu unterwerfen (Option nach § 9 UStG). Nach § 12 Abs. 2 Nr. 8 a UStG unterliegen die Umsätze dem ermäßigten Steuersatz.

Das **Sachanlagevermögen** der Vermögensverwaltung hat zum 31. Dezember 2006 einen Buchwert von TEUR 1.450. Die Anteile an verbundenen Unternehmen (**Finanzanlagen**) werden in der Vermögensverwaltung gehalten (vgl. Mittelverwendungsrechnung).

Bezüglich der **Zinseinnahmen** einer Krankenhaus-gGmbH kommt i. d. R. eine differenzierte Zuordnung in Betracht. Zinseinnahmen, wie z. B. für angelegte Fördermittel gemäß Landeskrankenhausgesetz, sind nicht in der Vermögensverwaltung, sondern im Zweckbetrieb zu erfassen. Für die Bildung einer freien Rücklage (§ 58 Nr. 7 Buchstabe a AO) aus der Vermögensverwaltung stehen diese Zinsen nicht zur Verfügung; wohl aber als Bestandteil der „sonstigen Mittel" zur Bildung dieser Rücklage (vgl. 6.2.10.3).

Folgende Tätigkeiten
werden gegen Entgelt ausgeübt (vgl. dazu auch Stichworte in 6.6):

- Betrieb eines Krankenhauses mit den typischen Wahlleistungen
- Personalgestellung von Ärzten an andere Krankenhäuser
- wahlärztliche Ambulanz, die vom übrigen Krankenhausbetrieb getrennt in einem gesonderten Gebäude untergebracht ist. Alle Leistungen werden auf einer gesonderten Kostenstelle erfasst.
- Personal- und Sachmittelgestellung an Chefärzte
- Erfüllung eines Managementvertrags gegenüber einem anderen Krankenhaus durch die Geschäftsführung der Krankenhaus-gGmbH
- Wahlleistungen Telefon-, Internet- und Fernsehüberlassung
  (**Hinweis:** Die Zuordnung erfolgte gemäß Auffassung der Finanzverwaltung ausschließlich zum wGb. In den UStR 2005 werden diese Umsätze nicht mehr als eng verbundene Umsätze berücksichtigt und ab dem 01. Januar 2005 als umsatzsteuerpflichtige Umsätze angesehen. Beim EuGH waren unter den Aktenzeichen C-394/04 und C-395/04 zwei Verfahren anhängig (Beteiligte aus Griechenland) u. a. zu dem Streitgegenstand, ob die Telefon- und Fernsehüberlassung an Krankenhauspatienten zu den eng verbundenen Umsätzen gehören. Mit Urteil vom 01. Dezember 2005 hat der EuGH entschieden, dass diese Umsätze in der Regel **keine** mit der Krankenhausbehandlung und der ärztlichen Heilbehandlung eng verbundenen Umsätze darstellen. In unserem

Beispiel ist zu unterstellen, dass die vom EuGH zugelassenen Ausnahmen nicht vorliegen.)
- Arzneimittellieferungen der Krankenhausapotheke an andere Krankenhäuser
- Auftragsforschung/Arzneimittelstudien der Chefärzte für die Pharmaindustrie

Zum **steuerpflichtigen wGb** gehören mit Buchwert zum 31. Dezember 2006 die nachstehenden Wirtschaftsgüter (vgl. Mittelverwendungsrechnung):

	TEUR
immaterielle Wirtschaftgüter	30
Sachanlagevermögen	3.600
Vorräte	<u>140</u>
Summe Buchwerte	3.770

Anhang

Strategie-Krankenhaus gGmbH
Bilanz zum 31.12.2006

Aktiva

	31.12.06 €	31.12.05 €
A. Anlagevermögen		
I. Immaterielle Vermögensgegenstände		
Software	285.000	255.000
II. Sachanlagen		
1. Grundstücke, grundstücksgleiche Rechte mit Betriebsbauten	53.615.000	54.830.000
2. Technische Anlagen	2.615.000	3.150.000
3. Andere Anlagen, Betriebs- und Geschäftsausstattung	2.870.000	3.530.000
4. Geleistete Anzahlungen und Anlagen im Bau	4.960.000	1.548.000
	64.060.000	63.058.000
III. Finanzanlagen		
1. Anteile an verbundenen Unternehmen	25.000	25.000
2. Wertpapiere des Anlagevermögens	18.000	3.000
	43.000	28.000
	64.388.000	**63.341.000**
B. Umlaufvermögen		
I. Vorräte		
1. Roh-, Hilfs-, und Betriebsstoffe	1.015.000	1.000.000
2. Unfertige Leistungen	490.000	36.000
	1.505.000	1.036.000
II. Forderungen und sonstige Vermögensgegenstände		
1. Forderungen aus Lieferungen und Leistungen	9.035.000	9.580.000
(davon mit einer Restlaufzeit von mehr als einem Jahr € 0,00; Vorjahr T€ 0)		
2. Forderungen nach dem Krankenhausfinanzierungsrecht	2.755.000	2.250.000
(davon nach der BPflV und dem KHEntgG T€ 1.800; Vorjahr T€ 325)		
(davon mit einer Restlaufzeit von mehr als einem Jahr € 0,00; Vorjahr T€ 0)		
3. Forderungen gegen verbundene Unternehmen	140.000	80.000
(davon mit einer Restlaufzeit von mehr als einem Jahr € 0,00; Vorjahr T€ 0)		
4. Sonstige Vermögensgegenstände	320.000	810.000
(davon mit einer Restlaufzeit von mehr als einem Jahr € 0,00; Vorjahr T€ 0)		
	12.250.000	12.720.000
III. Kassenbestand, Guthaben bei Kreditinstituten	8.200.000	11.500.000
	21.955.000	**25.256.000**
C. Ausgleichsposten für Eigenmittelförderung	2.900.000	2.700.000
D. Rechnungsabgrenzungsposten	122.000	155.000
	89.365.000	**91.452.000**

Anhang

Strategie-Krankenhaus gGmbH
Bilanz zum 31.12.2006

Passiva

	31.12.06 €	31.12.05 €
A. Eigenkapital		
I. Gezeichnetes Kapital	2.500.000	2.000.000
II. Gewinnrücklagen	500.000	1.000.000
III. Gewinnvortrag	420.000	240.000
IV. Jahresüberschuss	237.660	180.000
	3.657.660	**3.420.000**
B. Sonderposten aus Zuschüssen und Zuweisungen zur Finanzierung des Anlagevermögens		
1. Sonderposten aus Fördermitteln nach dem KHG	46.044.000	44.430.000
2. Sonderposten aus Zuwendungen und Zuschüssen der öffentlichen Hand	17.000	39.200
3. Sonderposten aus Zuwendungen Dritter	10.220.000	10.745.000
	56.281.000	**55.214.200**
C. Rückstellungen		
Sonstige Rückstellungen	9.020.000	8.350.000
D. Verbindlichkeiten		
1. Verbindlichkeiten gegenüber Kreditinstituten	2.640.000	2.530.000
(davon nach dem KHG T € 900; Vorjahr T € 1.400)		
(davon mit einer Restlaufzeit bis zu einem Jahr € T € 1.100; Vorjahr T € 0)		
(davon mit einer Restlaufzeit über fünf Jahre T € 2.400; Vorjahr T € 2.500)		
2. Verbindlichkeiten aus Lieferungen und Leistungen	3.775.000	3.220.000
(davon mit einer Restlaufzeit bis zu einem Jahr T € 3.775; Vorjahr: T € 3.220)		
3. Verbindlichkeiten nach dem Krankenhausfinanzierungsrecht	8.900.000	8.025.000
(davon nach der BPflV und dem KHEntgG T € 2.300; Vorjahr T € 650)		
(davon mit einer Restlaufzeit bis zu einem Jahr T € 8.900; Vorjahr T € 8.010)		
4. Verbindlichkeiten aus sonstigen Zuwendungen zur Finanzierung des Anlagevermögens	62.500	62.500
(davon mit einer Restlaufzeit bis zu einem Jahr T € 62,5; Vorjahr T€ 62,5)		
5. Verbindlichkeiten gegenüber Gesellschaftern	2.368.840	8.517.300
(davon mit einer Restlaufzeit bis zu einem Jahr T € 110; Vorjahr T € 5.500)		
(davon aus Lieferungen und Leistungen T € 1.900)		
6. Verbindlichkeiten gegenüber verbundenen Unternehmen	340.000	75.000
(davon mit einer Restlaufzeit bis zu einem Jahr T € 340 Vorjahr T€ 75)		
7. Sonstige Verbindlichkeiten	1.780.000	2.030.000
(davon mit einer Restlaufzeit bis zu einem Jahr T € 1.780; Vorjahr T € 2.025)		
(davon aus Steuern T € 538; Vorjahr T € 646)		
(davon im Rahmen der sozialen Sicherheit T € 628; Vorjahr T € 767)		
	19.866.340	**24.459.800**
D. Rechnungsabgrenzungsposten	540.000	8.000
	89.365.000	**91.452.000**

Anhang

Strategie-Krankenhaus gGmbH
Gewinn- und Verlustrechnung für die Zeit vom 1. Januar bis 31. Dezember 06

		31.12.06	31.12.05
		€	€
1.	Erlöse aus allgemeinen Krankenhausleistungen	57.300.000	56.800.000
2.	Erlöse aus Wahlleistungen	120.000	100.000
3.	Erlöse aus ambulanten Leistungen des Krankenhauses	250.000	230.000
4.	Nutzungsentgelte der Ärzte	278.000	260.000
5.	Bestandveränderungen an unfertigen Leistungen	455.000	100.000
6.	Zuweisungen und Zuschüsse der öffentlichen Hand soweit nicht unter Nr. 10	127.000	160.000
7.	Sonstige betriebliche Erträge	3.680.000	3.000.000
	(davon aus Ausgleichbeiträgen nach der BPflV, soweit nicht unter Nr.1 € 0,00 Vorjahr T€ 0) (davon Spenden T€ 20)	62.210.000	60.650.000
8.	Personalaufwand		
	a) Löhne und Gehälter	32.108.550	32.050.000
	b) Soziale Abgaben und Aufwendungen für Altersversorgung und für Unterstützung	6.576.450	6.560.000
	(davon für Altersversorgung T€ 550; Vorjahr T€ 450)		
9.	Materialaufwand		
	a) Aufwendungen für Roh- Hilfs- und Betriebsstoffe	10.086.000	8.950.000
	b) Aufwendungen für bezogene Leistungen	6.724.000	4.550.000
	Zwischenergebnis	6.715.000	8.540.000
10.	Erträge aus Zuwendungen zur Finanzierung von Investitionen	3.850.000	5.250.000
	(davon Fördermittel nach dem KHG T€ 3.815; Vorjahr T€ 5.100)		
11.	Erträge aus der Einstellung von Ausgleichsposten aus Darlehensförderung und für Eigenmittelförderung	207.000	207.000
12.	Erträge aus der Auflösung von Sonderposten/Verbindlichkeiten nach dem KHG und aufgrund sonstiger Zuwendungen zur Finanzierung des Anlagevermögens	3.220.000	4.370.000
13.	Aufwendungen aus der Zuführung zu Sonderposten/Verbindlichkeiten nach dem KHG und auf Grund sonstiger Zuwendungen zur Finanzierung des Anlagevermögens	3.632.000	6.650.000
14.	Aufwendungen für die nach dem KHG geförderte Nutzung von Anlagengegenständen	224.000	260.000
	Aufwendungen für nach dem KHG geförderten, nicht aktivierungsfähigen Maßnahmen	30.000	200.000
15.	Abschreibungen auf immaterielle Vermögensgegenstände und Sachanlagen	3.566.000	4.115.000
16.	Sonstige betriebliche Aufwendungen	6.060.000	6.538.000
	(davon aus Ausgleichbeiträgen nach der BPflV, soweit nicht unter Nr.1 € 0,00 Vorjahr T€ 0)		
		6.235.000	7.936.000
	Zwischenergebnis	480.000	604.000
17.	Sonstige Zinsen und ähnliche Erträge	198.000	160.000
	(davon aus verbundenen Unternehmen € 0,00; Vorjahr T€ 0)		
18.	Zinsen und ähnliche Aufwendungen	409.000	550.000
	(davon gegenüber Gesellschaftern T€ 100; Vorjahr T€ 300)		
19.	**Ergebnis der gewöhnlichen Geschäftstätigkeit**	269.000	214.000
20.	Steuern vom Einkommen und Ertrag	12.340	15.000
21.	Sonstige Steuern	19.000	19.000
22.	**Jahresüberschuss**	237.660	180.000

Anhang

Strategie-Krankenhaus gGmbH

Aufstellung der Gewinn- und Verlustrechnung nach Tätigkeitsbereichen für den Zeitraum vom 01.01. bis 31.12.2006

Erlöse und Erträge (hier: Ideeller Bereich und Vermögensverwaltung):

Positionen lt. Gewinn- und Verlustrechnung	Gesamtbetrag EUR	Ideeller Bereich EUR Umsätze nicht steuerbar	Vermögensverwaltung	
			EUR Umsätze steuerfrei	EUR Umsätze 7 % USt
I. Erlöse und Erträge				
Erlöse aus allgemeinen Krankenhausleistungen	57.300.000			
Erlöse aus Wahlleistungen	120.000			
Erlöse aus ambulanten Leistungen des Krankenhauses	250.000			
Nutzungsentgelte der Chefärzte	278.000			
Bestandveränderungen an unfertigen Leistungen	455.000			
Zuweisungen und Zuschüsse der öffentlichen Hand soweit nicht unter Nr. 10	127.000			
Sonstige betriebliche Erträge (davon Spenden T€ 20)	3.680.000	20.000	30.000	10.000
Zwischensumme (Positionen 1 bis 7)	62.210.000			
Erträge aus Zuwendungen zur Finanzierung von Investitionen (Position 10)	3.850.000			
Erträge aus der Einstellung von Ausgleichsposten aus Darlehensförderung und für Eigenmittelförderung (Position 11)	207.000			
Erträge aus der Auflösung von Sonderposten/Verbindlichkeiten nach dem KHG und aufgrund sonstiger Zuwendungen zur Finanzierung des Anlagevermögens (Position 12)	3.220.000			
Sonstige Zinsen und ähnliche Erträge (Position 17)	198.000		123.000	
Summe I:	**69.685.000**	**20.000**	**153.000**	**10.000**

Strategie-Krankenhaus gGmbH

Aufstellung der Gewinn- und Verlustrechnung nach Tätigkeitsbereichen für den Zeitraum vom 01.01. bis 31.12.2006 Erlöse und Erträge (hier: Zweckbetrieb):

Positionen lt. Gewinn- und Verlustrechnung	Gesamtbetrag		Zweckbetrieb		
	EUR	keine Umsätze i.S. des UStG EUR	Umsätze nicht steuerbar EUR	Umsätze steuerfrei EUR	Umsätze 7 % USt EUR
I. Erlöse und Erträge					
Erlöse aus allgemeinen Krankenhausleistungen	57.300.000			57.300.000	
Erlöse aus Wahlleistungen	120.000			100.000	
Erlöse aus ambulanten Leistungen des Krankenhauses	250.000				
Nutzungsentgelte der Chefärzte	278.000			100.000	
Bestandsveränderungen an unfertigen Leistungen	455.000	455.000			
Zuweisungen und Zuschüsse der öffentlichen Hand soweit nicht unter Nr. 10	127.000		127.000		
Sonstige betriebliche Erträge (davon Spenden T € 20)	3.680.000			3.420.000	
Zwischensumme (Positionen 1 bis 7)	62.210.000				
Erträge aus Zuwendungen zur Finanzierung von von Investitionen (Position 10)	3.850.000		3.850.000		
Erträge aus der Einstellung von Ausgleichsposten aus Darlehensförderung und für Eigenmittelförderung (Position 11)	207.000	207.000			
Erträge aus der Auflösung von Sonderposten/Verbindlichkeiten nach dem KHG und aufgrund sonstiger Zuwendungen zur Finanzierung des Anlagevermögens (Position 12)	3.220.000	3.220.000			
Sonstige Zinsen und ähnliche Erträge (Position 17)	198.000			75.000	
Summe I:	**69.685.000**	**3.882.000**	**3.977.000**	**60.995.000**	**0**

541

Strategie-Krankenhaus gGmbH

Aufstellung der Gewinn- und Verlustrechnung nach Tätigkeitsbereichen für den Zeitraum vom 01.01. bis 31.12.2006

Erlöse und Erträge (hier: steuerpflichtiger wirtschaftlicher Geschäftsbetrieb):

Positionen lt. Gewinn- und Verlustrechnung	Gesamtbetrag EUR	steuerpflichtiger wirtschaftlicher Geschäftsbetrieb (wGb)		Kontrollsumme EUR
		Umsätze USt - steuerfrei EUR	Umsätze 16 % USt EUR	
I. Erlöse und Erträge				
Erlöse aus allgemeinen Krankenhausleistungen	57.300.000			0,00
Erlöse aus Wahlleistungen	120.000			0,00
Erlöse aus ambulanten Leistungen des Krankenhauses	250.000	250.000		0,00
Nutzungsentgelte der Chefärzte	278.000	178.000	20.000	0,00
Bestandsveränderungen an unfertigen Leistungen	455.000			0,00
Zuweisungen und Zuschüsse der öffentlichen Hand soweit nicht unter Nr. 10	127.000			0,00
Sonstige betriebliche Erträge (davon Spenden T€ 20)	3.680.000	40.000	160.000	0,00
Zwischensumme (Positionen 1 bis 7)	62.210.000			
Erträge aus Zuwendungen zur Finanzierung von Investitionen (Position 10)	3.850.000			0,00
Erträge aus der Einstellung von Ausgleichsposten aus Darlehensförderung und für Eigenmittelförderung (Position 11)	207.000			
Erträge aus der Auflösung von Sonderposten/Verbindlichkeiten nach dem KHG und aufgrund sonstiger Zuwendungen zur Finanzierung des Anlagevermögens (Position 12)	3.220.000			0,00
Sonstige Zinsen und ähnliche Erträge (Position 17)	198.000			0,00
Summe I:	**69.685.000**	**468.000**	**180.000**	**0,00**

Strategie-Krankenhaus gGmbH
Aufstellung der Gewinn- und Verlustrechnung nach Tätigkeitsbereichen für den Zeitraum vom 01.01. bis 31.12.2006
Aufwendungen und Ermittlung der Überschüsse (hier für alle Tätigkeitsbereiche):

Positionen lt. Gewinn- und Verlustrechnung	Gesamtbetrag EUR	Ideeller Bereich EUR	Vermögens-verwaltung EUR	Zweckbetrieb EUR	steuerpflichtiger wGb EUR	Kontroll-summe EUR
Übertrag der Summe I: Erlöse und Erträge	69.685.000	20.000	163.000	68.854.000	648.000	0,00
II. Aufwendungen						
Personalaufwand	38.685.000		2.000	38.254.500	428.000	0,00
Materialaufwand	16.810.000	500	600	16.679.400	130.000	0,00
Aufwendungen aus der Zuführung zu Sonderposten/Verbind-lichkeiten nach dem KHG und auf Grund sonstiger Zuwen-dungen zur Finanzierung des Anlagevermögens	3.632.000			3.632.000		0,00
Aufwendungen für die nach dem KHG geförderte Nutzung von Anlagengegenständen	224.000			224.000		0,00
Aufwendungen für nach dem KHG geförderten, nicht akti-vierungsfähigen Maßnahmen	30.000			30.000		0,00
Abschreibungen auf immaterielle Vermögensgegenstände und Sachanlagen	3.566.000		8.000	3.543.000	15.000	0,00
Sonstige betriebliche Aufwendungen	6.060.000		2.000	6.018.000	40.000	0,00
Zinsen und ähnliche Aufwendungen	409.000		6.000	403.000		0,00
Steuern vom Einkommen und Ertrag	12.340				12.340	0,00
Sonstige Steuern	19.000		8.000	9.000	2.000	0,00
Summe II	69.447.340	500	26.600	68.792.900	627.340	0,00
Summe I: Erlöse und Erträge	69.685.000	20.000	163.000	68.854.000	648.000	0,00
Summe II: Aufwendungen	-69.447.340	-500	-26.600	-68.792.900	-627.340	0,00
Jahresüberschuss	237.660	19.500	136.400	61.100	20.660	

Hinweis: Die Darstellung erfolgt aus drucktechnischen Gründen auf 4 Blättern.

Strategie-Krankenhaus gGmbH
Gewinn- und Verlustrechnung der einzelnen steuerpflichtigen wirtschaftlichen Geschäftsbetriebe vom 01.01. bis 31.12.2006

Positionen lt. Gewinn- und Verlustrechnung	Gesamtbetrag	Einzelne steuerpflichtige wirtschaftliche Geschäftsbetriebe							Kontroll-summe
		von der Umsatzsteuer befreite Umsätze			Umsätze mit 16 % Umsatzsteuer				
		Personalgestellung von Ärzten an andere Krankenhäuser	selbständige Ambulanz	Chefärzte (ohne Wahlleistungen Zweckbetrieb)	Managementvertrag mit "Z" Krankenhaus	Wahlleistungen Telefon (u. a.)	Arzneimittellieferungen an andere Krankenhäuser	Arzneimittelstudien für die Pharmaindustrie	
	EUR	EUR	EUR	EUR	EUR	EUR	EUR	EUR	EUR
Erlöse und Erträge									
Erlöse aus Wahlleistungen	20.000					20.000			0,00
Erlöse aus ambulanten Leistungen des Krankenhauses	250.000		250.000						0,00
Nutzungsentgelte der Chefärzte	178.000			178.000					0,00
Sonstige betriebliche Erträge	200.000	40.000			92.000		50.000	18.000	0,00
Summe Erlöse und Erträge	**648.000**	**40.000**	**250.000**	**178.000**	**92.000**	**20.000**	**50.000**	**18.000**	**0,00**
Aufwendungen									
Personalaufwand	428.000	40.000	200.000	115.000	58.000		1.000	14.000	0,00
Materialaufwand	130.000		29.300	48.200	500		50.000	2.000	0,00
Abschreibungen auf immaterielle Vermögensgegenstände und Sachanlagen	15.000		7.000	5.000	1.000	2.000			0,00
Sonstige betriebliche Aufwendungen	40.000		7.000	9.800	4.700	18.000	500		0,00
Sonstige Steuern	2.000		2.000						0,00
Summe Aufwendungen vor Steuern vom Einkommen und Ertrag	**615.000**	**40.000**	**245.300**	**178.000**	**64.200**	**20.000**	**51.500**	**16.000**	**0,00**
Gewinn vor Steuern vom Einkommen und Ertrag	33.000	0	4.700	0	27.800	0	-1.500	2.000	0,00
Steuern vom Einkommen und Ertrag	12.340								
Jahresüberschuss steuerpflichtiger wirtschaftlicher Geschäftsbetrieb nach § 64 Nr. 2 AO	20.660								

Strategie-Krankenhaus gGmbH
Aufstellung der Gewinn- und Verlustrechung nach Tätigkeitsbereichen für den Zeitraum vom 01.01. bis 31.12.2006

Zusammenfassung der Umsätze und Verprobung der Umsatzsteuer:

	Bemessungs-grundlage	USt 7 %	USt 16 %
1. Umsätze 7 % Umsatzsteuer	EUR	EUR	EUR
Vermögensverwaltung	10.000	700	
Zweckbetrieb	0		
Wirtschaftlicher Geschäftsbetrieb	0		
Summe:	10.000	700	
2. Umsätze 16 % Umsatzsteuer			
Wirtschaftlicher Geschäftsbetrieb	180.000		28.600
3. Steuerfreie Umsätze			
Vermögensverwaltung	153.000		
Zweckbetrieb	60.995.000		
Wirtschaftlicher Geschäftsbetrieb	468.000		
Summe:	61.616.000		
4. Nicht steuerbare Umsätze			
Ideeller Bereich	20.000		
Vermögensverwaltung	0		
Zweckbetrieb	3.977.000		
Wirtschaftlicher Geschäftsbetrieb	0		
Summe:	3.997.000		

5. Verprobung der Umsatzsteuer (ohne Vorsteuer)

Saldo des Bilanzkontos 7 % Umsatzsteuer	700	
7 % Umsatzsteuer laut Spartenrechnung	700	
Differenz:	0	
(sofern nicht 0 Ursachen klären)		
Saldo des Bilanzkontos 16 % Umsatzsteuer	28.600	
16 % Umsatzsteuer laut Spartenrechnung	28.600	
Differenz:	0	
(sofern nicht 0 Ursachen klären)		

6. Abstimmung Gewinn- und Verlustrechnung (GuV) mit der Umsatzsteuer-Erklärung

	EUR	EUR
Positionen 1 bis 7 der GuV	62.210.000	
Positionen 10 bis 12 der GuV	7.277.000	
Position 17 der GuV	198.000	
Summe Erlöse und sonstige Erträge	69.685.000	69.685.000
Umsätze Bemessungsgrundlagen 7 %/16 % USt	190.000	
Umsätze steuerfrei	61.616.000	
Summe Bemessungsgrundlagen	61.806.000	61.806.000
Differenz:		7.879.000
nicht steuerbare Umsätze	3.997.000	
keine Umsätze	3.882.000	
Rundungsdifferenzen	0	
Summe nicht steuerbare und keine Umsätze:	7.879.000	7.879.000
Differenz nach Verprobung		0

Anhang

Strategie-Krankenhaus gGmbH
Ermittlung und Entwicklung der freien Rücklage gemäß § 58 Nr. 7a AO zum 31.12.2006

I. Ermittlung

	EUR		EUR		EUR
Überschuss Vermögensverwaltung:	136.400,00	Spendeneinnahmen:	20.000,00	1. Zuführungsbetrag:	45.467,00
davon 1/3 freie Rücklage:	45.466,67	Überschuss Zweckbetrieb:	61.100,00	2. Zuführungsbetrag:	10.176,00
1. Zuführungsbetrag (gerundet):	**45.467,00**	Überschuss wGb:	20.660,00	**Gesamtzuführung:**[1]	**55.643,00**
		sonstige zeitnah zu verwendende Mittel:	101.760,00		
		davon 10 % freie Rücklage:	10.176,00		
		2. Zuführungsbetrag:	**10.176,00**		

II. Entwicklung

Jahr	Bestände am 01.01.	Verbrauch	Zuführung	Bestände zum 31.12.
	EUR	EUR	EUR	EUR
2005	370.000	0	30.000	400.000
2006	400.000	0	55.643	455.643

[1] Der Gesamtbetrag kann auf glatte Beträge abgerundet werden.

Anhang

Strategie-Krankenhaus gGmbH
Mittelverwendungsrechnung zum 31.12.2006 (alle Angaben in **EUR**)

#	Position	Bilanzwert	Bereits für steuerbegünstigte Zwecke eingesetzt	Noch keiner steuerbegünstigten Verwendung zugeführt
3	Immaterielle Wirtschaftsgüter	285.000	255.000	30.000
4	Sachanlagevermögen	64.060.000	59.010.000	5.050.000
5	Vorräte	1.505.000	1.365.000	140.000
6	Zwischensumme I		60.630.000	
7	**Summe I**	**65.850.000**	Nebenrechnung:	
8	Finanzanlagen	43.000	kurzfristige Forder.	12.250.000
9	Bank, Kasse	8.200.000	kurzfristige Verbind.	1.100.000 / 3.775.000
10	**Summe II**	**8.243.000**		8.900.000 / 62.500
11	Kurzfristige Forderungen (nur soweit vergleichbare Verbindlichkeiten bestehen)	12.250.000		110.000 / 340.000 / 1.780.000 / 16.067.500
12	Übrige Forderungen (nur soweit vergleichbare Verbindlichkeiten bestehen)	0	übrige Forderungen	0
			übrige Verbindlich.	3.798.840
13	**Summe III**	**12.250.000**		
14	**Gesamtbetrag der Mittel (Summe I+II+III)**	**86.343.000**	Probe: 86.343.000 Mittel / 2.900.000 Ausgleichsp. / 122.000 RAP / 89.365.000 ∑ Aktiva	
15	- Bereits für begünstigte Zwecke eingesetzte Mittel (= nutzungsgebundenes Vermögen) **Zwischensumme I**	60.630.000		
16	- Verbindlichkeiten	19.866.340		
17	- Rückstellungen	9.020.000		
18	- Wirtschaftsgüter der – zulässigen – Vermögensverwaltung (Buchwert)	2.500.000 / 25.000 / 1.450.000	Wert des Stammkapitals / Beteiligungen / vermietetes Gebäude	
19	- Wirtschaftsgüter der steuerpflichtigen wirtschaftlichen Geschäftsbetriebe (Buchwert)	3.770.000	Ambulanz	
20	- **Rücklagen nach § 58 Nr. 6, 7 Buchst. a und b AO**	455.643	Gesamtbetrag der Rücklagen nach § 58 Nr. 7a AO (nicht nur die Zuführung)	
21	**Verwendungsrückstand (Ergebnis = positiv) oder Verwendungsüberhang (Ergebnis = negativ)**	**-11.373.983**		

Hinweis:
Die Neuberechnung zu den Forderungen und Verbindlichkeiten sowie die Verprobung mit der Summe der Aktiva sind ausschließlich wegen der besseren Nachvollziehbarkeit eingearbeitet worden.

Darstellung grundsätzlich nach Buchna: a.a.O., S. 122 ff;
Erläuterungen in diesem Buch in Kapitel 6.2.11.2.

Anhang

Strategie-Krankenhaus gGmbH
Ergebnisbetrachtung zur Mittelverwendungsrechnung

I. Die Strategie-Krankenhaus gGmbH hat zum **31.12.2006** einen Verwendungsüberhang von € 11,37 Mio. und damit mehr Mittel als gefordert zeitnah verwendet. Es liegt kein Verstoß gegen das Gebot der zeitnahen Mittelverwendung gem. § 55 AO vor. Nach T h i e l (DB 1992, S. 1900 zu Tz.IV. 6.) und B u c h n a (a.a.O., S. 129) hat die Körperschaft ein Wahlrecht. Sie kann den Verwendungsüberhang beibehalten oder das bisher im Vorgriff geschmälerte Kapital in Höhe des Verwendungsüberhanges in den Folgejahren mit neuen Mitteln wieder auffüllen.

II. **Ergänzungen** zu möglichen Ergebnissen einer Mittelverwendungsrechnung und den Ausführungen in Kapitel 6.2.11.2: Für die Vorjahre unterstellen wir beispielhaft folgende Annahmen:

	1. Alternative	2. Alternative	Ergebnis nach § 55 AO
Verwendungsüberhang zum **31.12.02**	-4.000.000 €	-4.000.000 €	kein Verstoß
Verwendungsrückstand zum 31.12.03 verbleibender Verwendungsrückstand zum **31.12.03**	5.000.000 € 1.000.000 €	5.000.000 € 1.000.000 €	kein Verstoß, da Mittel aus laufendem Jahr (Mittelvortrag)
Verwendungsrückstand zum **31.12.04**	500.000 €	3.000.000 €	Verstoß

Erläuterungen zu II.:
Zum **31.12.03** besteht noch kein Verstoß gegen das Gebot der zeitnahen Mittelverwendung. Zum 31.12.02 lag ein Verwendungsüberhang vor und die Mittel des Verwendungsrückstands zum 31.12.03 sind bis zum 31.12.04 zu verwenden.

Der Verwendungsrückstand zum **31.12.04** hat sich gegenüber dem Verwendungsrückstand zum 31.12.03 lt. **1. Alternative** um € 0,5 Mio. verringert, konnte aber nicht vollständig abgebaut werden. In Höhe von € 0,5 Mio. (Rest aus Mittelvortrag 03) liegt ein Vestoß gegen das Gebot der zeitnahen Mittelverwendung vor. Das Finanzamt kann reagieren und eine angemessene Frist zur Verwendung der Mittel setzen.

Nach der **2. Alternative** hat sich der Verwendungsrückstand zum **31.12.04** um € 2 Mio. auf € 3 Mio. weiter erhöht. Hier liegt ein Verstoß gegen das Gebot der zeitnahen Mittelverwendung in i.H.v. € 1 Mio. (Mittelvortrag aus 03) vor. Zur Verwendung kann das Finanzamt gem. § 63 Abs. 4 AO eine angemessene Frist setzen.

Anhang

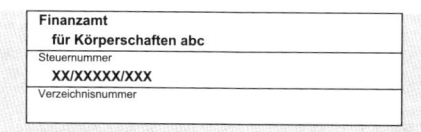

Finanzamt
für Körperschaften abc
Steuernummer
XX/XXXXX/XXX
Verzeichnisnummer

Erklärung

zur Körperschaftsteuer und Gewerbesteuer von Körperschaften, die gemeinnützigen, mildtätigen oder kirchlichen Zwecken dienen

(§§ 51 - 68 Abgabenordnung, § 5 Abs. 1 Nr. 9 Körperschaftsteuergesetz und § 3 Nr. 6 Gewerbesteuergesetz)

für das Kalenderjahr 06

Zeile	A. Allgemeine Angaben			
	Bezeichnung der Körperschaft, Personenvereinigung oder Vermögensmasse			
1	Strategie-Krankenhaus gGmbH			
2				
	Straße, Hausnummer und Postfach			
3	Y-Straße 11			
	Postleitzahl	Ort		tagsüber telefonisch erreichbar unter Nr.
4	XXXXX	Z		XXX - XXXXX
	Ort der Geschäftsleitung / des Sitzes			
5	s. o.			
	Rechtsform (z.B. Verein, Stiftung, Kapitalgesellschaft)			
6	GmbH			
	Vorsitzender oder Geschäftsführer (mit Anschrift)			
7	Herr Dr. Mustermann, C-Straße 15 in XXXXX Z			
				tagsüber telefonisch erreichbar unter Nr.
8				XXX - XXXXX
	Gegenstand des Unternehmens oder Zweck der Körperschaft			
9	Betrieb von Krankenhäusern			
10				
		Nummer des Bankkontos	Bankleitzahl	
11	Bankverbindung	XXXXXXXXXX	XXXXXXXX	
	Geldinstitut (Zweigstelle) und Ort			
12	XXXXXXXXXXXXXXXX			
	Name eines von Zeile 1 abweichenden Kontoinhabers (bitte Abtretungserklärung beifügen)			
13				
14	Der Steuerbescheid soll einem von den Zeilen 1 bis 8 **abweichenden Empfangsbevollmächtigten/Postempfänger** zugesandt werden			
15		Zustellungs- bzw. Empfangsvollmacht	ist beigefügt.	X liegt dem Finanzamt vor.
16	Abschrift der **Satzung** in der zur Zeit gültigen Fassung vom XX.XX.XXXX		ist beigefügt.	X liegt dem Finanzamt vor.
17	Abschrift des Beschlusses über die Festsetzung der **Mitgliederbeiträge, Umlagen und Aufnahmegebühren** für das o.g. Kalenderjahr		ist beigefügt.	liegt dem Finanzamt vor.

Gem 1 - Erklärung
Juli 01

Anhang

- 2 -

Zeile	B. Einzureichende Unterlagen
	Bitte reichen Sie eine möglichst weitgehend aufgegliederte Gegenüberstellung der Einnahmen und Ausgaben und eine Aufstellung über das Vermögen am 31.12. des o.g. Kalenderjahres bzw. den Jahresabschluss (Bilanz und Gewinn- und Verlustrechnung) sowie den Geschäfts- oder Tätigkeitsbericht ein. Fügen Sie bitte auch die entsprechenden Unterlagen für die beiden vorangegangenen Jahre bei.①

C. Einzelangaben

Zeile			
18	Die **Gesamteinnahmen** (einschließlich Beiträge, Spenden, Zuschüsse, Einnahmen aus der Vermögensverwaltung und aus wirtschaftlichen Betätigungen, Umsatzsteuer) betragen:		
		☐ nicht mehr als 60 000 DM / 30 678 € (weiter in Zeile 40)	
		☒ mehr als 60 000 DM / 30 678 € (weiter in Zeile 19)	
19	Die **Einnahmen** (einschließlich der Umsatzsteuer) aus steuerpflichtigen wirtschaftlichen Geschäftsbetrieben ② betragen:		
		☐ nicht mehr als 60 000 DM / 30 678 € (weiter in Zeile 40)	
		☒ mehr als 60 000 DM / 30 678 € (weiter in Zeile 21)	
20	**Hinweis:** Dazu gehören auch	a) Einnahmen aus sportlichen Veranstaltungen, die nach § 67 a Abs. 1 oder 3 Abgabenordnung (AO) ein steuerpflichtiger wirtschaftlicher Geschäftsbetrieb sind, ③ b) Einnahmen aus geselligen Veranstaltungen, c) Einnahmen aus der Verwertung von Altmaterial (dies gilt auch dann, wenn beantragt wird, den Überschuss aus der Verwertung von Altmaterial nach § 64 Abs. 5 AO in Höhe des branchenüblichen Reingewinns zu schätzen) d) Einnahmen aus steuerpflichtigen wirtschaftlichen Geschäftsbetrieben, bei denen der steuerpflichtige Gewinn nach § 64 Abs. 6 AO pauschal mit 15% der Einnahmen angesetzt wird (z.B. Werbung für Unternehmen, die im Zusammenhang mit der steuerbegünstigten Tätigkeit einschließlich der Zweckbetriebe stattgefunden hat) und e) die anteiligen Einnahmen aus Beteiligungen an Personengesellschaften und Gemeinschaften (auch Fest- bzw. Arbeitsgemeinschaften), soweit die Beteiligungen einen steuerpflichtigen wirtschaftlichen Geschäftsbetrieb darstellen.	

Zeile	Art der steuerpflichtigen wirtschaftlichen Geschäftsbetriebe ②	Einnahmen (einschließlich Umsatzsteuer) ☐ DM ☒ €	Ausgaben ☐ DM ☒ €	Überschuss / Fehlbetrag ☐ DM ☒ €
21	vgl. Gewinn- u. Verlustrechnung zum wirtsch. Geschäftsbetrieb	648.000	627.340	20.660
22	Summe	648.000	627.340	20.660

Zeile	Art der Zweckbetriebe ② einschließlich ideeller Bereich	Einnahmen (einschließlich Umsatzsteuer) ☐ DM ☒ €
23	Ideller Bereich: Spenden	20.000
	Zweckbetrieb: Krankenhaus gemäß § 67 AO	68.854.000
24	Summe	68.874.000

Die mit einem Kreis versehenen Zahlen beziehen sich auf die beiliegenden Erläuterungen zu dieser Erklärung.

Anhang

Zeile				
25	▼ Nur ausfüllen, wenn die Einnahmen aus steuerpflichtigen wirtschaftlichen Geschäftsbetrieben (siehe Zeile 22) 60 000 DM / 30 678 € übersteigen und darin Einnahmen aus der Verwertung von Altmaterial enthalten sind.			
26	Wir beantragen, den Überschuss aus der Verwertung des Altmaterials nach § 64 Abs. 5 AO in Höhe des branchenüblichen Reingewinns zu schätzen. Wir erklären, dass das Altmaterial nicht im Rahmen einer ständig dafür vorgehaltenen Verkaufsstelle gesammelt und verwertet wurde.			☐ DM ☑ €
27	Einnahmen aus der Verwertung von	☐ Altpapier		
28		☐ anderem Material		☐ DM ☑ €
29	In den in Zeile 22 angegebenen Ausgaben enthaltene Ausgaben, die mit den Einnahmen aus der Verwertung des Altmaterials in Zusammenhang stehen			
30	Hinweis: - Der branchenübliche Reingewinn beträgt bei der Verwertung von Altpapier 5% und bei der Verwertung von anderem Altmaterial 20% der Einnahmen. Zu den maßgeblichen Einnahmen gehört nicht die im Bruttopreis enthaltene Umsatzsteuer. - Wenn Sie keinen Antrag auf Schätzung des Überschusses aus der Verwertung von Altmaterial nach § 64 Abs. 5 AO stellen, wird der Überschuss nach den allgemeinen Grundsätzen ermittelt (Gegenüberstellung der gesamten Einnahmen und Ausgaben - siehe Zeile 21 - der steuerpflichtigen wirtschaftlichen Geschäftsbetriebe).			
31	▼ Nur ausfüllen, wenn die Einnahmen aus steuerpflichtigen wirtschaftlichen Geschäftsbetrieben (siehe Zeile 22) 60 000 DM / 30 678 € übersteigen und darin Einnahmen aus Werbung für Unternehmen, die im Zusammenhang mit der steuerbegünstigten Tätigkeit einschließlich der Zweckbetriebe stattgefunden hat, aus Totalisatorbetrieben oder aus der Zweiten Fraktionierungsstufe der Blutspendedienste enthalten sind.			
32	☐ Wir beantragen, den Gewinn aus dem steuerpflichtigen wirtschaftlichen Geschäftsbetrieb			
33	☐ Werbung für Unternehmen, die im Zusammenhang mit der steuerbegünstigten Tätigkeit einschließlich der Zweckbetriebe stattgefunden hat			
34	☐ Totalisator			
35	☐ Zweite Fraktionierungsstufe			
37	nach § 64 Abs. 6 AO pauschal mit 15% der Einnahmen in Höhe von		anzusetzen.	☐ DM ☑ €
38	In den in Zeile 22 angegebenen Ausgaben enthaltene Ausgaben, die mit diesen Einnahmen in Zusammenhang stehen			☐ DM ☑ €
39	Hinweis: Wenn Sie nicht beantragen, den Gewinn des steuerpflichtigen wirtschaftlichen Geschäftsbetriebs nach § 64 Abs. 6 AO pauschal mit 15% der Einnahmen anzusetzen, wird er nach den allgemeinen Grundsätzen ermittelt (Gegenüberstellung der gesamten Einnahmen und Ausgaben - siehe Zeile 21 - des steuerpflichtigen wirtschaftlichen Geschäftsbetriebs).			
	▼ Nur für Körperschaften, die mildtätige Zwecke verfolgen④			
40	☐ Wir erklären, dass wir uns von der Hilfsbedürftigkeit (§ 53 Nr. 1 und 2 AO) des von uns betreuten Personenkreises überzeugt haben und Aufzeichnungen darüber vorliegen.			
	▼ Nur für Einrichtungen der Wohlfahrtspflege⑤			
41	☐ Wir erklären, dass mindestens zwei Drittel der Leistungen der Einrichtung hilfsbedürftigen Personen (§ 53 Nr. 1 und 2 AO) zugute kommen. Von der Hilfsbedürftigkeit haben wir uns überzeugt. Aufzeichnungen darüber liegen vor.			
	▼ Nur für Krankenhäuser⑥			
42	☒ Wir erklären, dass die Voraussetzungen des § 67 AO für die Annahme eines Zweckbetriebes erfüllt sind.			
	▼ Nur für Körperschaften, die Rücklagen gebildet haben⑦			
43	Am Ende des o.a. Jahres bestanden folgende Rücklagen:			
44	Rücklagen nach § 58 Nr. 6 AO für die folgenden Vorhaben: ⑧			☐ DM ☑ €
45	☒ Freie Rücklage nach § 58 Nr. 7 a AO ⑨			☐ DM ☑ € 455.643
46	Rücklage für den Erwerb von Gesellschaftsrechten zur Erhaltung der prozentualen Beteiligung nach § 58 Nr. 7 b AO ⑨			
47	an der	Kapitalgesellschaft		☐ DM ☑ €
48	Hinweis: Bitte erläutern Sie auf einem gesonderten Blatt, wie sich die Rücklagen nach § 58 Nr. 7 a und b AO seit der letzten Erklärung entwickelt haben. Geben Sie dazu bitte auch an, wie hoch die Einnahmen, Ausgaben und Überschüsse aus der Vermögensverwaltung und - bei Rücklagenzuführung ab dem 1.1.2000 - die sonstigen nach § 55 Nr. 1 Nr. 5 AO zeitnah zu verwendenden Mittel in den Jahren waren, in denen Zuführungen zu der freien Rücklage vorgenommen wurden, und ob in diesen Jahren Mittel für den Erwerb von Gesellschaftsrechten ausgegeben wurden.			

551

Anhang

Zeile				
49		Zuführungen zum Vermögen nach § 58 Nr. 11 und 12 AO ⑩⑪ (ggf. 0 DM / € eintragen)		☐ DM ☑ €
50	**Zuwendungen** ⑫ Mitglieder, Gesellschafter oder außenstehende Personen haben unentgeltliche Zuwendungen, die nicht in Erfüllung des Satzungszweckes geleistet wurden, erhalten:			
	X Nein	☐ Ja ▼		
		Grund	Betrag	☐ DM ☑ €

D. Sonstiges

Es wird darauf hingewiesen, dass dem zuständigen Finanzamt nach § 137 AO die Umstände anzuzeigen sind, die für die steuerliche Erfassung von Bedeutung sind, insbesondere der Erwerb der Rechtsfähigkeit, die Änderung der Rechtsform, die Beschlüsse, durch die für steuerliche Vergünstigungen wesentliche Satzungsbestimmungen geändert werden, die Verlegung der Geschäftsleitung oder des Sitzes und die Auflösung. Mitteilungen dieser Art sind innerhalb eines Monats seit dem meldepflichtigen Ereignis zu erstatten (§ 137 Abs. 2 AO).

Diese Erklärung ist eine Steuererklärung im Sinne der Abgabenordnung.

Unterschrift

Ich versichere, dass die tatsächliche Geschäftsführung den satzungsmäßigen Zwecken entspricht und dass ich die Angaben in dieser Erklärung und in den ihr beigefügten Anlagen nach bestem Wissen und Gewissen richtig und vollständig gemacht habe.

Bei der Ausfertigung dieser Erklärung hat mitgewirkt:
(Name, Anschrift, Rufnummer)

XXXXXXXXXXXXXXXXXXX

XXXXXXXXXXXXXX
XXXX   XXXX   Telefon: XXX - XXXXXX

Ort, Datum

(Unterschrift)

Die Steuererklärung muss vom gesetzlichen Vertreter bzw. vom Vertretungsberechtigten der Körperschaft eigenhändig unterschrieben sein.

Hinweis nach den Datenschutzgesetzen: Die mit der Steuererklärung angeforderten Daten werden auf Grund der §§ 149 ff. der Abgabenordnung erhoben.

Abkürzungsverzeichnis

a. A.	=	anderer Ansicht
a. a. O.	=	am angeführten Ort
abl.	=	ablehnend
Abs.	=	Absatz
Abschn.	=	Abschnitt
a. E.	=	am Ende
AEAO	=	Anwendungserlass zur AO 1977
a. F.	=	alte Fassung
AfA	=	Absetzungen für Abnutzung
AFG	=	Ausbildungsförderungsgesetz
AG	=	Aktiengesellschaft
AktG	=	Aktiengesetz
Alt.	=	Alternative
Anh.	=	Anhang
Anm.	=	Anmerkung
AO	=	Abgabenordnung 1977
Art.	=	Artikel
ArbZg	=	Arbeitszeitgesetz
ASiG	=	Gesetz über Betriebsärzte, Sicherheitsingenieure und andere Fachkräfte der Arbeitssicherheit
AStG	=	Außensteuergesetz
Aufl.	=	Auflage
Az.	=	Aktenzeichen
BB	=	Zeitschrift „Der Betriebs-Berater"
BBK	=	Zeitschrift „Buchhaltungs-Briefe für Buchführung, Bilanz- und Kostenrechnung"
Bd.	=	Band
BdF	=	Bundesminister(ium) der Finanzen
bestr.	=	bestritten
betr.	=	betreffend
BetrAufsp.	=	Betriebsaufspaltung
BetrEinn.	=	Betriebseinnahmen
BewG	=	Bewertungsgesetz
BfF	=	Bundesamt für Finanzen
BFH	=	Bundesfinanzhof
BFH/NV	=	Zeitschrift „Sammlung amtlich nicht veröffentlichter Entscheidungen des Bundesfinanzhofs"
BgA	=	Betrieb gewerblicher Art
BGB	=	Bürgerliches Gesetzbuch
BGBl	=	Bundesgesetzblatt
BGH	=	Bundesgerichtshof

BHKW	=	Blockheizkraftwerk
BMF	=	Bundesminister der Finanzen
BP	=	Zeitschrift „Die steuerliche Betriebsprüfung"
BPflV	=	Bundespflegesatzverordnung
BSG	=	Bundessozialgericht
BSHG	=	Bundessozialhilfegesetz
BSSichG	=	Beitragssatzsicherungsgesetz
BStBl	=	Bundessteuerblatt
Buchst.	=	Buchstabe
BVerfG	=	Bundesverfassungsgericht
bzw.	=	beziehungsweise
DB	=	Zeitschrift „Der Betrieb"
DBA	=	Doppelbesteuerungsabkommen
dgl.	=	dergleichen
d. h.	=	das heißt
dieselb.	=	dieselben
DKG	=	Deutsche Krankenhaus Gesellschaft
DM	=	Deutsche Mark
DRG	=	Diagnosis Related Group(s)
DSO	=	Deutsche Stiftung Organtransplantation
DStJG	=	Deutsche Steuerjuristische Gesellschaft
DStPr	=	Zeitschrift „Deutsche Steuer-Praxis"
DStR	=	Zeitschrift „Deutsches Steuerrecht"
DStRE	=	Zeitschrift „Deutsches Steuerrecht Entscheidungsdienst"
DStZ	=	Zeitschrift „Deutsche Steuerzeitung"
DStZ/E	=	Zeitschrift „Deutsche Steuerzeitung Eildienst"
DVR	=	Zeitschrift „Deutsche Verkehrsteuer-Rundschau"
EAV	=	Ergebnisabführungsvertrag
EDV	=	Elektronische Datenverarbeitung
EEG	=	Gesetz über den Vorrang Erneuerbarer Energien
EFG	=	Zeitschrift „Entscheidung der Finanzgerichte"
EG	=	Europäische Gemeinschaft
EGAO	=	Einführungsgesetz zur AO 1977
e. G.	=	eingetragene Genossenschaft
einschr.	=	einschränkend
EK	=	Eigenkapital
entspr.	=	entsprechend
Entw.	=	Entwurf
ErbStG	=	Erbschaftsteuer- und Schenkungsteuergesetz
ErbStR	=	Erbschaftsteuer-Richtlinien
ESt	=	Einkommensteuer
EStDV	=	Einkommensteuer-Durchführungsverordnung
EStG	=	Einkommensteuergesetz
EStR	=	Einkommensteuer-Richtlinien
etc.	=	et cetera
EU	=	Europäische Union

EÜR	=	Einnahmenüberschussrechnung
EuGH	=	Europäischer Gerichtshof
e. V.	=	eingetragener Verein
evtl.	=	eventuell
EVU	=	Energieversorgungsunternehmen
EWS	=	Zeitschrift „Europäisches Wirtschafts- und Steuerrecht"
f	=	und eine folgende
ff	=	folgende
FG	=	Finanzgericht
FGG	=	Gesetz über die Angelegenheiten der freiwilligen Gerichtsbarkeit
FGO	=	Finanzgerichtsordnung
FinMin	=	Finanzminister oder Finanzministerium
FinVerw	=	Finanzverwaltung
Fn.	=	Fußnote
FN-IDW	=	Zeitschrift „Fachnachrichten" des IDW
FördG	=	Fördergebietsgesetz
FPÄndG	=	Fallpauschalenänderungsgesetz vom 17.07.2003
FR	=	Zeitschrift „Finanz-Rundschau"
f & w	=	Zeitschrift „Führen und Wirtschaften im Krankenhaus"
GAV	=	Gewinnabführungsvertrag
GbR	=	Gesellschaft des bürgerlichen Rechts
GewO	=	Gewerbeordnung
GewSt	=	Gewerbesteuer
GewStDV	=	Gewerbesteuer-Durchführungsverordnung
GewStG	=	Gewerbesteuergesetz
GewStR	=	Gewerbesteuer-Richtlinien
GG	=	Grundgesetz
ggf.	=	gegebenenfalls
gGmbH	=	gemeinnützige GmbH
GKV	=	gesetzliche Krankenversicherung
gl. A.	=	gleicher Ansicht
GmbH	=	Gesellschaft mit beschränkter Haftung
GmbHG	=	Gesetz betreffend die Gesellschaften mit beschränkter Haftung
GmbHR	=	Zeitschrift „GmbH-Rundschau"
GMG	=	GKV-Modernisierungsgesetz vom 14.11.2003
GOÄ	=	Gebührenordnung für Ärzte
GoB	=	Grundsätze ordnungsmäßiger Buchführung
grds.	=	grundsätzlich
GrESt	=	Grunderwerbsteuer
GrEStG	=	Grunderwerbsteuergesetz
GrS	=	Großer Senat (des Bundesfinanzhofes)
GrSt	=	Grundsteuer
GrStG	=	Grundsteuergesetz
GrStR	=	Grundsteuer-Richtlinien

GSG	=	Gesundheitsstrukturgesetz (vom 21.12.1992)
GuV	=	Gewinn- und Verlustrechnung
H	=	Hinweis
Hdb.	=	Handbuch
HdGmbH	=	Handbuch der GmbH
Hess.	=	hessisch
HFA	=	Hauptfachausschuss
HFR	=	Zeitschrift „Höchstrichterliche Finanzrechtsprechung"
HGB	=	Handelsgesetzbuch
h. M.	=	herrschende Meinung
Hrsg.	=	Herausgeber
IAS	=	International Accounting Standards
i. d. F.	=	in der Fassung
i. d. R.	=	in der Regel
IDW	=	Institut der Wirtschaftsprüfer
iG	=	in Gründung
i. Gr.	=	in Gründung
i. L.	=	in Liquidation
incl.	=	inklusiv
i. S.	=	im Sinne
i. S. d.	=	im Sinne des oder der
IStR	=	Zeitschrift „Internationales Steuerrecht"
i. S. v.	=	im Sinne von
IV	=	Integrierte Versorgung
i. V. m.	=	in Verbindung mit
jPdöR	=	juristische Person des öffentlichen Rechts
Jg.	=	Jahrgang
JStG	=	Jahressteuergesetz 2007 vom 13.12.2006
KapESt	=	Kapitalertragsteuer
KapVerm	=	Kapitalvermögen
KFHA	=	Krankenhausfachausschuss des IDW
KFPV	=	Verordnung zum Fallpauschalensystem für Krankenhäuser
KFR	=	Zeitschrift „Kommentierte Finanzrechtsprechung"
KG	=	Kommanditgesellschaft
KGaA	=	Kommanditgesellschaft auf Aktien
KGNW	=	Krankenhausgesellschaft Nordrhein-Westfalen
KHBV	=	Krankenhaus-Buchführungsverordnung
KHEntgG	=	Krankenhausentgeltgesetz vom 23.04.2002
KHG	=	Krankenhausfinanzierungsgesetz
KLNV	=	Kosten- und Leistungsnachweis-Verordnung
KÖSDI	=	Zeitschrift „Kölner Steuerdialog"
KöR	=	Körperschaft des „öffentlichen Rechts"
Krhs	=	Zeitschrift „Das Krankenhaus"
krit.	=	kritisch
KSt	=	Körperschaftsteuer
KStDV	=	Körperschaftsteuer-Durchführung

KStG	=	Körperschaftsteuergesetz
KStR	=	Körperschaftsteuer-Richtlinien
KVStDV	=	Kapitalverkehrsteuer-Durchführungsverordnung
KVStG	=	Kapitalverkehrsteuergesetz
KWG	=	Gesetz über das Kreditwesen
LuF	=	Land- und Forstwirtschaft
LStDV	=	Lohnsteuer-Durchführungsverordnung
MBO	=	Management-Buy-Out
MHK	=	Management Handbuch Krankenhaus
MinöStG	=	Mineralölsteuergesetz
MVZ	=	Medizinisches Versorgungszentrum
MWh	=	Megawattstunde
m. w. N.	=	mit weiteren Nachweisen
MwSt	=	Mehrwertsteuer
n. F.	=	neue Fassung
Nieders.	=	niedersächsisch
NJW	=	Zeitschrift „Neue juristische Wochenschrift"
Nr.	=	Nummer
nrkr.	=	nicht rechtskräftig
Nrn.	=	Nummern
NRW	=	Nordrhein-Westfalen
NW	=	Nordrhein-Westfalen
NWB	=	Zeitschrift „Neue Wirtschafts-Briefe"
NWB/EN	=	Zeitschrift „Neue Wirtschafts-Briefe", Eilnachrichten
NZG	=	Zeitschrift „Neue Zeitschrift für Gesellschaftsrecht"
o. a.	=	oben angegeben
OFD	=	Oberfinanzdirektion
o. g.	=	oben genannte
oHG	=	offene Handelsgesellschaft
o. J.	=	ohne Jahrgang(sangabe)
p. a.	=	per anno
PBV	=	Pflegebuchführungsverordnung
PflegeVG	=	Pflegeversicherungsgesetz
Pkw	=	Personenkraftwagen
R	=	Richtlinie
Rdn	=	Randnummer
Rn	=	Randnummer
Rev.	=	Revision
Rdvfg.	=	Rundverfügung
RFH	=	Reichsfinanzhof
RL (6. RL)	=	Richtlinie (Richtlinie 77/388 EWG des Rates, sog. 6. EG-Umsatzsteuer-Richtlinie)
rkr.	=	rechtskräftig
RS	=	Rechnungslegungs-Standard
Rspr.	=	Rechtsprechung
RWP	=	Zeitschrift „Rechts- und Wirtschaftspraxis"

Rz.	=	Randziffer
S.	=	Seite
s.	=	siehe
s. a.	=	siehe auch
SachBezV	=	Sachbezugsverordnung
SGB	=	Sozialgesetzbuch
Sen. Fin.	=	Senator für Finanzen
sog.	=	so genannt(e)
SolZ	=	Solidaritätszuschlag
SolZG	=	Solidaritätszuschlaggesetz
StÄndG	=	Steueränderungsgesetz
StAnpG	=	Steueranpassungsgesetz
StandOG	=	Standortsicherungsgesetz vom 13.09.1993
StB	=	Zeitschrift „Der Steuerberater"
Stbg	=	Zeitschrift „Die Steuerberatung"
StbJb	=	Steuerberater-Jahrbuch
StEK	=	Steuererlasse in Karteiform
StEntlG	=	Steuerentlastungsgesetz
Stpfl.	=	Steuerpflichtiger
stpfl.	=	steuerpflichtig
str.	=	strittig
StromStG	=	Stromsteuergesetz
StuW	=	Zeitschrift „Steuer und Wirtschaft"
teilw.	=	teilweise
TPG	=	Transplantationsgesetz
Tz.	=	Textziffer
Tzn.	=	Textziffern
u.	=	und
u. a.	=	unter anderem
u. E.	=	unseres Erachtens
UmwG	=	Umwandlungsgesetz
UmwStG	=	Umwandlungssteuergesetz
UR	=	Zeitschrift „Umsatzsteuer-Rundschau"
US-GAAP	=	Generally accepted Accounting Principles
USt	=	Umsatzsteuer
UStDV	=	Umsatzsteuer-Durchführungsverordnung
UStG	=	Umsatzsteuergesetz
USt-IdNr.	=	Umsatzsteuer-Identifikationsnummer
UStR	=	Umsatzsteuer-Richtlinien 2005
UStR (2000)	=	Umsatzsteuer-Richtlinien 2000
u. U.	=	unter Umständen
UVR	=	Zeitschrift „Umsatzsteuer- und Verkehrssteuer-Recht"
v.	=	von oder vom
VA	=	Verwaltungsakt
vE	=	verdeckte Einlage/n
vEK	=	verwendbares Eigenkapital

Verf.	=	Verfasser
Verm.Verwaltung	=	Vermögensverwaltung
Vfg.	=	Verfügung
vGA	=	verdeckte Gewinnausschüttung/en
VO	=	Verordnung
v. H.	=	vom Hundert
v. T.	=	vom Tausend
VStG	=	Vermögensteuergesetz
VStR	=	Vermögensteuer-Richtlinien
VuV	=	Vermietung und Verpachtung
VVaG	=	Versicherungsverein auf Gegenseitigkeit
VZ	=	Veranlagungszeitraum
wGb	=	wirtschaftlicher Geschäftsbetrieb
WPG	=	Zeitschrift „Die Wirtschaftsprüfung"
z. B.	=	zum Beispiel
Ziff.	=	Ziffer
ZögU	=	„Zeitschrift für öffentliche und gemeinwirtschaftliche Unternehmen"
ZSEG	=	Gesetz zur Entschädigung von Zeugen und Sachverständigen
z. T.	=	zum Teil
zust.	=	zustimmend
zutr.	=	zutreffend
zzt.	=	zurzeit